개발부담금 실무총론

세무사 이기재 지음

光敎 | 광교이택스

머리말

개발부담금은 토지공개념 실현을 위한 핵심 제도로서, 「개발이익 환수에 관한 법률」에 근거하여 부과됩니다. 이는 개발이익의 사유화를 방지하고, 토지 투기를 억제하며, 개발이익을 환수하여 낙후지역에 재투자하는 것을 목표로 합니다. 이를 통해 균형 있는 토지개발과 효율적인 활용을 촉진하고, 사회·경제적 불균형 해소에 기여합니다.

부동산 개발사업의 성공은 철저한 계획과 실행에서 비롯되지만, 개발부담금 제도를 이해하고 효과적으로 관리하는 것 또한 필수 요소입니다. 그러나 이 제도는 복잡한 법령과 까다로운 실무절차로 인해 많은 사업자에게 부담이 되며, 부적절한 대응은 사업 일정과 성공 여부에 치명적인 영향을 미칠 수 있습니다.

지난 30여 년간 저자는 건설업 관련 조세 및 개발부담금 분야에서 전문성을 쌓아오며, 시행자와 실무자들이 직면한 다양한 문제를 해결해 왔습니다. 단순한 이론을 넘어, 현장에서 실제로 발생하는 상황에 대한 실질적인 해결책을 제시하는 것이 목표였습니다.

이 책은 이러한 실무 중심의 경험과 노하우를 담아 다음과 같이 집필되었습니다.

- 개발부담금 제도의 핵심이론과 실무절차를 일목요연하게 정리한 실무지침서
- 개발부담금(건설업) 30년 경험을 바탕으로 상세한 해설과 해결방안 제시
- 최신개정법령, 질의회신, 판례 및 실무적용 사례까지 한 권에 집약
- 복잡하고 난해한 내용을 도표와 도식으로 쉽게 풀어낸 직관적 구성
- 최근 주요 쟁점에 대한 명쾌한 해설과 실무적 대응방안의 길잡이
- 실무 담당자부터 관리자까지, 누구나 이해할 수 있는 핵심요약 수록

이 책이 개발부담금 업무를 담당하는 관계자들에게 제도의 핵심을 명확히 이해하고, 실무 효율성을 높이며, 시행착오를 최소화하는 데 기여하기를 바랍니다. 또한, 개발사업 시행자들에게 든든한 조력자가 되어 성공적인 프로젝트 완수를 돕기를 바랍니다.

끝으로, 이 책이 출간되기까지 아낌없는 성원을 해주신 ㈜광교이택스 출판사 관계자 여러분과 항상 묵묵히 응원해 준 가족 및 직원들에게 깊은 감사를 전합니다.

2025년 10월

건설업조세 및 개발부담금 전문 세무사 이 기 재

추천사

국토·도시정책, 도시개발, 그리고 부동산 제도와 시장 안정화 등 다양한 부동산 개발 정책 연구를 수행하는 공공기관의 책임자로서, 나는 현장의 문제를 실질적으로 해결하고 제도의 개선 방향을 제시하는 전문가의 중요성을 누구보다 잘 알고 있다. 오랜 세월 동안 저자를 가까이에서 지켜보며, 그의 탁월한 전문성과 진정성에 깊은 인상을 받아왔다.

『개발부담금 실무총론』은 저자의 30여 년간 축적된 현장 경험과 법적 통찰을 집대성한 결과물이다. 이 책은 복잡한 법령, 행정 절차, 그리고 개발이익환수제도의 세부 계산 구조를 논리적으로 정리하여 실무자들이 현장에서 즉시 적용할 수 있도록 구성되어 있다. 또한 관련 질의회신, 판례, 예규를 통합적으로 분석함으로써 제도의 법리적 구조와 실무적 맥락을 명확하게 조명하고, 독자가 일관된 논리 속에서 제도의 작동 원리를 체계적으로 이해할 수 있도록 안내한다.

저자는 개발부담금 제도를 단순한 금전적 부담의 틀에서 벗어나 사회적 형평과 공공이익 실현의 수단으로 바라본다. 이는 부동산 정책 연구자로서 내가 늘 강조해온 '제도의 사회적 가치 구현'이라는 목표와도 깊이 맞닿아 있다. 그는 현실적이면서도 원칙에 충실한 태도로 복잡한 제도를 이해하기 쉽게 풀어내며, 학문과 실무의 간극을 메우는 가교 역할을 수행하고 있다. 이 책은 현장의 혼란을 줄이고 제도의 실효성을 높이는 데 기여할 수 있는 실무 지침서로서 큰 의미를 가진다.

『개발부담금 실무총론』은 현장에서 일하는 실무자뿐 아니라 부동산정책을 기획·결정하는 관계자와 연구자에게도 유익한 지침이 될 것이다. 제도의 근간과 실제 적용을 동시에 다루며, 토지공개념 실현이라는 공공정책적 목표가 어떻게 현실 속에서 구현되는지를 구체적으로 설명하고 있다.

이 책이 앞으로 부동산 개발정책과 조세제도 연구의 중요한 참고자료로 자리 잡기를 기대하며, 나아가 공공과 민간의 협력, 그리고 균형 있는 개발문화를 정착시키는 데 큰 역할을 하리라 확신한다.

2025년 10월

한국부동산원 연구원장 김 근 용

content

제1장 개발부담금의 총설

제2장 개발부담금의 부과대상 및 납부의무자

제3장 개발부담금의 부과 및 산정

제4장 개발부담금의 부과와 징수

제5장 개발부담금의 권리구제절차

제6장 개발부담금의 실무사례와 전략

제7장 부 록

질의회신 및 판례

질의회신

제2장 개발부담금의 부과대상 및 납부의무자

제3장 개발부담금의 부과기준 및 산정

제4장 개발부담금의 부과와 징수

판 례

제2장 개발부담금의 부과대상 및 납부의무자

제4장 개발부담금의 부과와 징수

제5장 개발부담금의 권리구제절차

제1장

개발부담금의 총설

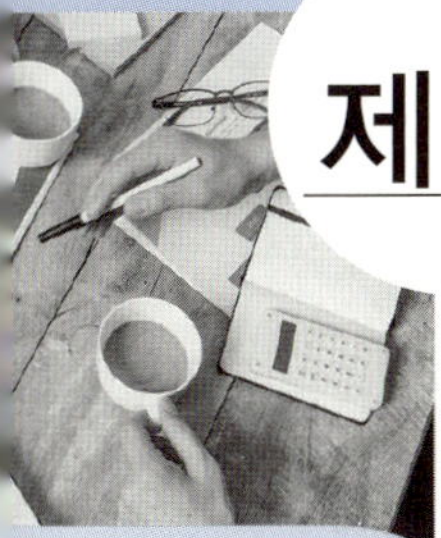

제1장 개발부담금의 총설

제1절 개발부담금의 도입 배경 및 제정 목적

1. 도입 배경

우리나라는 1970년대 이후 도시화와 산업화가 급격히 진행되면서 각종 도시개발 및 주택개발사업이 활발히 추진되었다. 그러나 1980년대 후반 정부의 토지공급 제한 정책으로 지가(地價)가 급등하고, 무분별한 개발과 토지 투기가 확산하면서 토지 시장의 불균형은 심화 되었다.

이에 따라 개발이익이 일부 토지소유자에게 집중되면서 소득 불균형과 계층 간 갈등의 양상이 사회문제로 확산하였고, 이에 따라 정부는 개발이익을 공정하게 환수하고 토지를 효율적으로 이용하기 위한 제도적 장치의 필요성을 인식하게 되었다.

국가는 국토의 효율적 이용과 균형 개발을 위해 필요한 제한과 의무를 법률로 정할 수 있도록 규정하고 있는바(헌법 제122조), 이에 따라 정부는 1989년 「개발이익 환수에 관한 법률」을 제정하였다. 이를 통해 개발사업자가 공공의 자원을 활용해 얻은 개발이익에 대해 적정한 개발부담금을 부과하는 체계가 마련되었다.

이 제도는 개발이익이 특정 소수에게 집중되는 것을 방지하고, 공공 기반 시설 확충과 균형 발전을 촉진하는 역할을 했다. 개발부담금은 공공시설 투자와 지역발전에 활용되며, 도시개발의 형평성을 높이는 데 기여하고 있다.

해당 법률은 지속적인 개정과 보완을 거치며 보다 정교한 부과기준과 운영 체계를 갖추게 되었으며, 제정 이후 16차례 개정을 통해 국토 이용의 효율성을 제고하고 개발이익의 공공 환수를 위한 핵심 법적 장치로 자리 잡았다.

2. 제정 목적

개발이익 환수 제도는 각종 개발사업과 사회·경제적 요인으로 인한 지가 상승으로 발생하는 개발이익이 특정 토지소유자나 사업자에게 사유화되고, 이를 목적으로 한 투기가 성행하는 것을 방지하며 이를 공공의 이익으로 환원하기 위해 도입되었다. 개발이익은 공공 자원인 토지와 기반 시설에 크게 의존하므로, 이를 소수의 사업자나 개인이 독점하지 못하도록 하고, 환수된 이익을 도로·공원·환경시설 등 공공 기반 시설 확충에 활용함으로써 토지의 효율적인 이용을 촉진하며 국민경제의 건전한 발전을 도모하는 것을 목적으로 한다.

【개발부담금제도의 주요 개정내용】

개 정 일	주 요 내 용
1989.12.30.	• 최초 도입(1990.1.1. 시행)
1998.9.19.	• 한시적으로 개발부담금을 면제(1999.12.31.까지) • 부담률을 25%로 인하(2000.1.1. 이후에 인가받은 사업)
2000.1.21.	• 조합의 재산이 부족한 경우에는 조합원에게 개발부담금을 부과·징수 가능
2005.12.7.	• 2006년 1월 1일 이후 인가 등을 받은 사업에 대해 개발부담금을 다시 부과·징수하도록 함.[「부담금관리기본법」을 제정(2001.12.31., 법률 제6589호) 할 당시 비수도권은 2002년 1월 1일부터, 수도권은 2004년 1월 1일부터 개발부담금의 부과를 중지하도록 규정]
2009.3.25.	• 관광단지조성사업 및 물류단지개발사업의 개발부담금을 면제
2011.5.19.	• 표준비용 제도를 도입(면적이 2,700㎡ 이하인 개발사업의 경우)
2015.8.11.	• 계획입지사업에 대한 개발부담금 감면(수도권 50% 감면, 지방 100% 면제) 규정의 효력을 3년 연장(2018.6.30.)
2017.12.26.	• 결정·부과 이후 사업시행자가 납부한 학교용지부담금 등 투입한 비용 등이 있는 경우 개발부담금을 다시 산정·조정
2020.2.18.	• 부과 및 징수 등에 관한 권한을 국가에서 시·군·구로 이양

제2절 개발부담금 제도의 개요

1. 개발부담금의 개념과 용어 정의

가. 개발부담금의 개념

「개발이익 환수에 관한 법률」 제2조 제4항에 따르면, 개발부담금이란 개발이익 중 개발이익환수법에 따라 특별자치시장·특별자치도지사·시장·군수 또는 구청장(자치구의 구청장을 의미)이 부과·징수하는 금액으로 정의한다.

개발부담금은 국가 또는 지방자치단체가 인가·허가·면허 등 법령에 따른 승인 절차를 거쳐 시행된 개발사업에서 발생하는 초과 개발이익을 공공재원으로 환수하기 위하여 부과되는 준조세적 성격의 부담금이다. 여기서 초과 개발이익이란 정상적인 지가상승분을 초과하여 발생한 이익을 의미하며, 이는 해당 개발사업이 토지이용계획의 변경, 기반시설의 설치, 사회·경제적 여건 변화 등을 통해 직접적으로 창출한 부가가치로 평가된다.

개발부담금의 적용대상은 택지개발사업, 산업단지조성사업, 관광단지개발사업 등 법령에서 정한 대규모 개발사업 전반을 포함하며, 토지이용계획의 변경이나 각종 인·허가로 인하여 발생한 지가 상승이 명확히 입증되는 경우 부과된다.

개발부담금 부과율은 개발사업의 성격, 규모, 그리고 사회적·공공적 기여 수준에 따라 달라지며 일반적으로 20% 또는 25%의 부담률이 적용된다. 계획입지사업은 도시계획에 따라 체계적으로 추진되며 기반시설 기여도가 높고 공공성이 있는 사업에는 20%의 부과율이 적용된다. 반면 개별입지사업은 독립적으로 추진되는 경우가 많아 공공 기여도가 부족하고, 무분별한 개발로 인한 환경적·사회적 부작용을 초래할 가능성이 높기 때문에 공익을 보장하기 위한 제도적 장치로서 25%의 높은 부담률이 적용된다.

개발부담금은 단순한 세입 확보 수단이 아니라, 개발이익을 사회 전체의 자산으로 환원하는 중요한 제도다. 이렇게 환수된 재원은 도로, 공원, 환경시설 등 공공 기반시설 확충과 지역사회 발전에 활용된다. 또한 부과는 개발사업 종료시점(예 : 준공인가일, 사용승인일 등)으로부터 5개월 이내에 산정·결정·부과해야 하며, 이를 통해 개발이익의 공정한 분배와 토지의 효율적 이용을 도모한다.

나. 용어의 정의

(1) 개발사업

"개발사업"이란 국가 또는 지방자치단체로부터 신고, 인가, 허가, 면허 등을 받아 시행하는 택지개발사업, 산업단지개발사업 등을 포함하는 사업을 의미한다. 이는 토지, 건축물 또는 기타 시설을 조성·변경하거나 용도를 변경하여 경제적·공공적 가치를 증대시키는 계획적 행위로, 토지개발, 건축물 신축, 도시 정비 등의 활동을 포함한다. (법 제2조 제1항)

(2) 부과종료시점

개발부담금의 부과종료시점은 국가 또는 지방자치단체로부터 개발사업의 준공 인가 등을 받은 날로 한다. 이는 관계 법령에 따라 정해지며, 개발사업이 공식적으로 완료된 시점을 기준으로 부담금 부과 절차가 확정된다. 다만, 일부 예외적인 경우에는 법령에서 정한 추가 기준이 적용될 수 있다.

(3) 부과개시시점

개발부담금의 부과개시시점은 사업시행자가 국가 또는 지방자치단체로부터 개발사업의 인가 등을 받은 날로 한다. 다만, 인가 등을 받기 전 5년 이내에 토지 이용 계획 등의 변경이 있는 경우로서 그 토지 이용 계획 등의 변경 전에 취득한 토지의 경우에는 취득일을 부과개시시점으로 한다.

(4) 종료시점지가

개발사업 종료시점에서의 지가는 개발이 완료된 후 해당 부동산(토지 또는 건물)의 시장가치를 평가하는 것을 의미한다. 이는 개발부담금 산정의 핵심 요소로, 개발이익 산정의 기준점이 된다. 개발부담금 산정을 위한 종료시점지가는 관계 법령에 따라 국가나 지자체로부터 개발사업의 준공 인가 등을 받은 날 「부동산 가격공시에 관한 법률」과 「개발이익 환수에 관한 법률」의 규정에 따라 해당 토지와 이용 상황이 가장 유사한 표준지의 공시지가를 기준으로 산정하며, 특정 경우에는 처분 가격(실거래가)을 적용할 수 있다.

(5) 개시시점지가

① 원칙 : 사업시행자가 국가 또는 지방자치단체로부터 개발사업의 인가 등을 받은 날을 기준으로 산정된 개별공시지가를 적용한다.
② 예외 : 종료시점지가를 처분 가액으로 산정하는 경우에는 개시시점지가는 해당 토지의 매입 가액을 기준으로 한다.
③ 특수한 경우 : 개별공시지가가 적절하지 않거나 토지가 특수한 용도로 사용된 경우, 감정평가를 통해 개시시점지가를 산정할 수 있다.

(6) 정상지가상승분

금융기관의 정기예금 이자율 또는 「부동산 거래 신고 등에 관한 법률」에 따라 국토교통부 장관이 조사한 그 개발사업 대상 토지가 속하는 해당 시·군·자치구의 해당 사업의 개시시점부터 종료시점까지의 부과기간에 각 연도의 정상지가상승분을 합하여 산정한 금액을 말한다.(법 제2조 제3호)

즉, 개발사업을 시행하지 않았더라도 해당 지역의 가치가 시장 환경이나 경제적 요인으로 인해 자연적으로 상승한 토지의 가치를 의미한다. 이 부분은 개발이익에서 합리적으로 공제하여 개발부담금 산정하게 된다.

(7) 개발비용

개발비용은 개발사업의 시행과 관련하여 지출된 다음 금액을 합하여 산출한다.(법 제11조)

① 순공사비, 조사비, 설계비 및 일반관리비
② 관계법령이나 해당 개발사업 인가 등의 조건에 따른 다음 금액
  - 납부의무자가 국가나 지방자치단체에 공공시설이나 토지 등을 기부채납 하였을 때는 그 가액
  - 납부의무자가 부담금을 납부하였을 때는 그 금액
③ 해당 토지의 개량비, 제세공과금, 보상비 및 그 밖에 대통령령으로 정하는 금액

(8) 개발이익

개발사업의 시행이나 토지이용계획의 변경, 그 밖에 사회적·경제적 요인에 따라 정상지가(正常地價)상승분을 초과하여 개발사업 시행자 또는 토지소유자에게 귀속되는 토지 가액의 증가분을 말한다.(법 제2조 제1항) 즉, 개발사업의 인·허가일로부터 준공일까지의 기간 중 토지 및 건물 등의 개발사업을 통해 증가한 토지의 금액에서 개발비용과 정상적인 지가상승분을 차감한 순수한 초과 이익을 의미한다.

(9) 부담률

개발부담금 부담률은 개발사업으로 얻은 초과 개발이익 중 일정 비율을 국가나 지방자치단체가 환수하는 제도를 뜻한다. 조세의 세율과 비슷하게 비율 개념을 사용하지만, 목적과 적용범위에서 명확한 차이가 있다. 조세는 소득이나 재산 전체를 대상으로 국가 재정을 충당하려는 것이고, 개발부담금은 특정 개발사업에서 생긴 초과이익을 환수해 사회적 형평성과 공공성을 확보하려는 데 초점을 둔다.

부담률은 법에서 정한 기준에 따라 다르게 적용된다. 도시계획에 따라 추진되는 택지개발이나 산업단지 조성사업처럼 공공성이 큰 계획입지 개발사업에는 20%가 적용된다. 반면 기반시설 기여도가 낮고 공공성이 부족한 개별입지 개발사업에는 25%가 적용된다.

2. 부과대상 개발사업

가. 부과대상사업

사업 종류	근거 법률
① 택지개발사업 (주택단지조성사업을 포함)	• 「주택법」 • 「택지개발 촉진법」
② 산업단지개발사업	• 「산업입지 및 개발에 관한 법률」 • 「중소기업진흥에 관한 법률」
③ 관광단지조성사업 (온천 개발사업을 포함)	• 「관광진흥법」 • 「국토의 계획 및 이용에 관한 법률」 • 「도시공원 및 녹지 등에 관한 법률」 • 「온천법」

사업 종류	근거 법률
④ 도시개발사업, 지역개발사업 및 도시 환경정비사업	• 「경제자유구역의 지정 및 운영에 관한 특별법」 • 「도시개발법」 • 「도시및 주거환경정비법」 • 「지역특화발전특구에 관한 규제특례법」 등
⑤ 교통시설 및 물류시설 용지조성사업	• 「국토의 계획 및 이용에 관한 법률」 • 「물류시설의 개발 및 운영에 관한 법률」 • 「여객자동차 운수사업법」
⑥ 체육시설 부지조성사업 (골프장 건설사업 및 경륜장·경정장 설치사업을 포함)	• 「경륜·경정법」 • 「국토의 계획 및 이용에 관한 법률」 • 「체육시설의 설치 및 이용에 관한 법률」
⑦ 사실상 또는 공부상의 지목변경이 수반되는 사업	• 「건축법」에 따른 건축물의 건축(용도변경 포함)으로 사실상 또는 공부상 지목변경이 수반되는 사업 [건축법 시행령 (별표1) 참조]
⑧ 그 밖에 위와 유사한 사업으로서 대통령령으로 정하는 사업	• 「건축법」에 따른 창고시설 • 「중소기업창업지원법」에 따른 공장용지」 • 「농지법」에 따른 농지전용허가 등

나. 부과대상 건축물

건축물의 용도	부과대상 포함	부과대상 제외
1. 단독주택	가. 단독주택 나. 다중주택 다. 다가구주택	라. 공관
2. 공동주택	가. 아파트 나. 연립주택 다. 다세대 주택 라. 기숙사	
3. 1종 근린 생활시설	가. 소매점 (1천m² 미만) 나. 휴게음식점 등 (300m² 미만) 다. 이용원, 목욕장, 세탁소 등 라. 의원, 한의원, 산후조리원 등 마. 탁구장 등 (500m² 미만) 자. 금융업소등 일반업무시설 (30m²미만) 카. 동물병원 등 (300m² 미만)	바. 지역자치센터 등 공공업무 수행시설 (1천m² 미만) 사. 마을회관 등 주민 공동 시설 아. 변전소, 정수장 등 공익용 시설 차. 전기자동차 충전소(1천m² 미만)

건축물의 용도	부과대상 포함	부과대상 제외
4. 2종 근린 생활시설	가.~머. : 공연장, 종교집회장, 자동차영업소, 서점, 총포판매소, 사진관, 휴게음식점, 일반음식점, 학원, 독서실, 테니스장, 안마시술소, 노래연습장 등	
5. 문화 및 집회 시설	가. 공연장 나. 집회장 다. 관람장 및 운동장 (1천m² 이상)	라. 전시장(박물관, 미술관, 과학관, 문화관, 기념관, 박람회장 등) 마. 동·식물원, 수족관 등
6. 종교시설		가. 종교집회장 나. 종교집회장에 설치하는 봉안당(奉安堂)
7. 판매시설	가. 도매시장 나. 소매시장 다. 상점	
8. 운수시설	가. 여객자동차터미널	나. 철도시설 다. 공항시설 라. 항만시설 마. 위 항과 시설이 비슷한 시설
9. 의료시설, 교육연구시설, 노유자시설, 수련시설		전부 부과제외
10. 운동시설	가. 탁구장, 테니스장, 볼링장, 당구장, 실내낚시터, 골프연습장, 놀이형시설 등(제1종 및 제2종 근린생활시설 제외) 나.~다. : 체육관 및 운동장으로서 관람석이 없거나 관람석의 바닥면적이 1천m² 미만인 것	
11. 업무시설	나. 일반업무시설	가. 공공업무시설 (제1종 근린생활시설 제외)
12. 숙박시설	가. 일반숙박시설 및 생활숙박시설 나. 관광숙박시설	

건축물의 용도	부과대상 포함	부과대상 제외
	다. 다중생활시설(제2종 근린생활시설 제외)	
13. 위락시설	전부 부과대상	
14. 공장, 창고시설	전부 부과 대상	
15. 위험물 저장 및 처리 시설	가. 주유소 및 석유 판매소 나. 액화석유가스 충전소·판매소·저장소	다~차. 위험물 제조소·저장소·취급소, 고압가스 충전소·판매소·저장소, 화약류 저장소 등
16. 자동차 관련 시설	가~아 : 주차장, 세차장, 폐차장, 검사장, 매매장, 정비공장, 운전학원 및 정비학원, 차고 및 주기장(駐機場)	자. 전기자동차 충전소로서 제1종 근린생활시설에 해당하지 않는 것
17. 동물 및 식물 관련 시설, 자원순환 관련 시설, 교정시설, 국방·군사시설, 방송통신시설, 발전시설, 묘지 관련 시설, 장례시설, 야영장 시설		전부 부과제외
19. 관광 휴게시설	전부 부과대상	

다. 사업면적에 따른 부과대상사업의 구분

【부과기준 면적의 변천 과정】

구 분 (사업 인·허가일)	특별·광역시 도시지역	특별·광역시외 도시지역	도시지역 중 개발제한구역	비도시 지역
• 2006.12.31. 이전 • 2020.1.1. 이후 • 2025.1.1. 이후 (비수도권 포함)	660㎡	990㎡	1,650㎡	1,650㎡
• 2017.1.1.~2019.12.31. • 2023.9.1.~2024.12.31. (비수도권)	1,000㎡	1,500㎡	2,500㎡	2,500㎡

라. 개발부담금 부과대상인 개발사업 사전 고지

개발부담금의 부과대상인 개발사업에 관하여 인가 등을 한 행정청은 인가 등을 한 날부터 15일 이내에 그 사실을 시장·군수·구청장에게 알려야 하며, 그 사실을 통보받은 시장·군수·구청장은 납부의무자에게 다음 사항을 미리 고지 해야 한다. (영 제27조, 규칙 제22조 제1항, 제2항)

① 해당 개발사업에 대한 인가 등의 내용
② 개발부담금 납부의무자
③ 개발부담금 산정 방법
④ 개발비용 산출명세서의 제출의무 및 과태료 부과에 관한 사항
⑤ 개발부담금 납부 및 이의신청 방법 등
⑥ 그 밖에 개발부담금 부과대상 개발사업의 고지에 필요한 사항

마. 비과세 및 감면

구 분	대 상 기 관	대 상 사 업
제외사업	국 가	모든 사업
	지방자치단체	① 택지개발사업(주택단지조성사업 포함) ② 산업단지개발사업 ③ 관광지조성사업 및 관광단지조성사업 ④ 도시개발사업, 지역개발사업 및 도시환경정비사업(시행령 별표1 제4호 사목 제외) ⑤ 물류단지개발사업 및 물류터미널사업을 위한 용지조성사업
100% 경감	모든 시행자	① 산업단지개발사업(수도권 제외) ② 공장용지조성사업(「중소기업창업 지원법」) ③ 관광단지조성사업(수도권 제외) ④ 물류단지개발사업(수도권 제외)
50% 경감	지방자치단체	100% 면제 이외의 사업
	국가철도공단	철도의 역세권 및 철도 부근 지역 개발사업
	한국교통안전공단	자동차 관련시설 부지조성사업
	농업협동조합 및 중앙회	미곡종합처리장 설치사업
	항만공사	항만시설의 신설·개축(改築)·유지·보수·준설(浚渫) 등의 사업
	한국철도공사	역시설 및 역세권 개발사업
	• 공공기관(「공공기관의 운영에 관한 법률」) 중 시행령 제6조 제2항 제1호의 공공기관 • 감면 사업을 목적으로 설립된 지방공사 및 지방공단(「지방공기업법」) • 공기업과 조합(특별법) 중 제6조 제2항 제3호의 공기업과 조합	① 택지개발사업(주택단지조성사업 포함) ② 산업단지개발사업 ③ 관광지조성사업 및 관광단지조성사업 ④ 도시개발사업, 지역개발사업 및 도시환경정비사업(시행령 별표1 제4호 사목 제외) ⑤ 물류단지개발사업 및 물류터미널사업을 위한 용지조성사업
	중소기업	① 공장용지조성사업(수도권 제외) ② 관광단지조성사업(수도권 제외) ③ 물류시설 용지조성사업(수도권 제외) ④ 창고시설의 설치를 위한 용지조성사업(수도권 제외)

구 분	대 상 기 관	대 상 사 업
	모든 시행자	① 국민주택 건설을 하기 위한 택지개발사업(「주택법」 제2조 제5호 나목) ② 공여구역주변지역·반환공여구역 또는 반환공여구역주변지역에서 시행하는 개발사업 단, 공여구역 또는 반환공여 구역이 소재한 연접한 읍·면·동의 경우 법 시행 전에 확정된 공여구역 주변지역 등 발전종합계획에 따라 시행하는 개발사업만 해당(「주한미군 공여구역주변지역 등 지원 특별법」) ③ 접경지역 중 비무장지대, 해상의 북방한계선 또는 민간인통제선과 잇닿아 있는 읍·면·동지역에서 시행하는 개발사업(「접경지역 지원 특별법」)

3. 납부의무자

개발부담금의 납부의무자는 법령에 따라 개발이익을 실현한 사업자 또는 토지 소유자로 규정된다. 원칙적으로 개발부담금은 개발사업을 시행한 자가 부담해야 한다. 그러나 부과기준시점 이후에 개발사업의 시행권이 승계되거나 부동산 소유권이 이전된 경우에도 납부의무는 새로운 권리자로 승계된다.

또한, 위탁·도급 또는 임차한 토지에서 개발사업이 이루어진 경우, 개발부담금 납부의무는 관련 법률에 따라 위탁자, 도급자 또는 토지 소유자에게 전가될 수 있다.

아울러 원래의 납부의무자가 부담금을 납부하지 못하는 경우에는 일정 요건을 충족하는 조합원이 부족분을 대신 부담하는 제2차 납세의무가 적용될 수 있다.

【납부의무자의 구분】

납부의무자	내 용
① 사업시행자	개발사업을 직접 시행하는 경우
② 위탁이나 도급을 한 자	개발사업을 위탁 또는 도급한 경우

납부의무자	내 용
③ 토지의 소유자	타인 소유의 토지를 임차하여 개발사업을 시행한 경우
④ 지위를 승계하자	① 또는 ②에 해당하는 자의 지위를 승계하는 경우
⑤ 조합원	납부의무자가 조합인 경우, 조합이 해산 또는 재산이 부족한 경우

4. 개발부담금은 이렇게 산정 합니다.

종료시점지가	• 원칙 : 개발사업의 완료일 표준지 공시지가 • 예외 : 처분가액 또는 감정가액을 적용할 수 있음
개시시점지가	• 원칙 : 개발사업 인·허가일 개별 공시지가 • 예외 : 매입가액을 인정할 수 있음
정상지가상승분	• 부과기간 중 정상지가상승분을 합산하여 계산
개 발 비 용	• 순공사비, 조사비, 설계비, 일반관리비, 기부채납비 등 개발비용의 합계 금액(일부는 한도금액 존재)
개 발 이 익	• 종료시점지가−(개시시점지가+정상지가상승분+개발비용)
부 담 률	• 20% : 계획입지사업(6개) • 25% : 개별 입지사업(2개)
개발부담금	• 개발이익 × 부담률(20%, 25%)

가. 종료시점 및 지가산정

(1) 부과종료시점

부과종료시점은 일반적으로 개발사업 완료일 또는 인가·허가 등에 따른 준공 승인일을 기준으로 설정되며, 법 제9조 제3항 단서에 해당하는 특정 사업 유형에 따라 세부적인 부과기준이 달라질 수 있다.

(2) 종료시점지가 산정 방법

1) 공시지가 기준으로 산정 방법

① 종료시점지가를 산정할 토지와 이용 상황이 가장 유사한 표준지 선택
② 비교표 활용하여 지가 조정
③ 정상적인 지가상승분 반영
④ 종료시점지가의 적정성에 대해 2개 이상 감정평가법인 등의 검증

2) 처분 가액으로 산정 방법

① 부과대상토지를 분양하거나 처분할 때 종료시점지가는 일반적으로 공시지가 기준으로 산정된다. 그러나 국가나 지방자치단체의 인가·승인을 받은 정상적인 시장가액을 반영한 처분 가격은 예외적으로 그 처분가액을 종료시점지가로 할 수 있다.
② 처분 가격을 종료시점지가로 산정하는 경우는 매입 가격으로 개발부담금 부과개시시점의 부과대상토지의 가액을 산정하는 경우로 한정한다. (영 제11조 제2항)

나. 개시시점 및 지가산정

(1) 부과개시시점

개발부담금의 부과개시시점은 개발사업의 성격에 따라 다소 차이가 있을 수 있으나, 일반적으로 사업시행자가 국가 또는 지방자치단체로부터 개발사업의 인가 등을 받은 날로 한다. 다만, 인가 등을 받기 전 5년 이내에 토지 이용 계획 등의 변경이 있는 경우로서 그 토지 이용 계획 등의 변경 전에 취득한 토지의 경우에는 취득일을 부과개시시점으로 한다. (법 제9조 제1항 제1호)

(2) 개시시점지가 산정 방법

1) 산정 원칙

개발부담금의 개시시점지가는 부과개시시점이 속한 연도의 부과대상토지의 개별공

시지가(부과개시시점으로부터 가장 최근에 공시된 지가를 말한다)에 그 공시지가의 기준일부터 부과개시시점까지의 정상지가상승분을 합한 가액으로 한다. (법 제10조 제3항)

개시시점지가 (1.1. ~ 부과개시시점) = 부과개시시점 개별공시지가 + 정상지가상승분

2) 지가산정의 특례

개시 시점과 종료 시점에 개별공시지가가 없거나 특정 요건을 충족하는 경우, 「감정평가 및 감정평가사에 관한 법률」에 따라 감정평가업자 두 명 이상이 평가한 금액의 평균을 적용한다. (법 제10조 제5항, 영 제11조 제7항, 규칙 제8조 제2항)

가. **개별공시지가가 없는 경우** : 개시시점지가와 종료시점지가 산정 시 공시지가가 없는 경우 감정평가를 통해 지가를 결정한다.

나. **매입 가격을 개시시점지가로 적용한 경우** : 종료시점지가를 산정할 때 법 제10조 제3항 단서에 따라 매입 가격으로 개시시점지가를 산정한 경우

다. 정상지가상승분의 산정

정상지가상승분은 개발부담금 산정 시 금융기관 정기예금 이자율 또는 국토교통부가 조사한 평균지가변동률(시·군·자치구 기준)을 반영하여 계산한다. 부과기간 동안 각 연도의 정상지가상승분을 합산하며, 개별 연도의 상승분은 해당 연도 1월 1일 기준 지가에 정상지가변동률을 곱해 산정한다. (영 제2조 제1항)

라. 개발비용의 산정

(1) 개발비용의 항목

개발비용은 개발사업 시행 과정에서 지출된 비용을 합산하여 산정되며, 「개발이익 환수에 관한 법률」 제11조 제1항을 근거로 구분된다.

1) 기본 개발비용 항목

① 순 공사비 : 부지조성 및 기반 시설 구축 비용
② 조사비 : 개발사업을 위한 조사 및 분석 비용

③ 설계비 : 기본설계 및 실시설계 비용
④ 일반관리비 : 사업 운영 및 관리 비용

2) 법령 및 인가 조건 개발비용 항목

① 기부채납 가액 : 공공시설이나 토지를 국가·지자체에 제공한 경우
② 부담금 납부액 : 기반시설부담금 등 법령상 납부액

3) 추가 비용 항목

① 토지 개량비 : 지반 강화 및 정비 비용
② 세금 및 공과금 : 조세 및 공공요금
③ 보상비 : 기존 건축물 및 영업권 보상 비용
④ 측량비, 각종 영향평가에 드는 비용, 지반조사에 드는 비용, 양도소득세 등으로 법에서 정하는 금액

(2) 개발비용의 한도

구 분	한 도 기 준
순공사비	• 예정가격 결정 기준 중 공사 원가계산을 위한 재료비·노무비·경비의 산출 방법을 적용하여 산출 • 정부표준품셈과 단가에 따른 금액
조사비 및 설계비	「엔지니어링산업 진흥법」 제31조에 따른 엔지니어링 사업대가의 기준에 따라 산정한 금액
일반관리비	기획재정부 계약예규 '예정가격 작성 기준'에 따른 금액

다만, 납부의무자가 제시한 개발비용의 금액이 정부표준품셈과 단가에 따라 산정된 재료비 노무비 경비, 엔지니어링 사업 대가 기준에 따라 산정된 조사비와 설계비를 초과하는 경우로서 개발이익환수법 시행령 제12조 제4항에 해당하는 경우에는 위 원칙에도 불구하고 그 금액을 개발비용으로 인정할 수 있다.

(3) 개발비용 산정기준의 특례 (표준비용)

2,700제곱미터 이하의 개발사업(토지개발 비용의 지출 없이 용도변경 등으로 완료되는

개발사업은 제외한다)의 경우에는 순 공사비, 조사비, 설계비 및 일반관리비의 합계액을 산정할 때 국토교통부 장관이 고시하는 단위 면적당 표준비용을 적용할 수 있다. 다만, 납부의무자가 원하지 아니하는 경우에는 그러하지 아니하다.

※ 표준비용 방식을 적용 시 개발비용 산출 방법

개발비용 = (사업 면적(㎡) × 단위 면적당 표준비용) + 기부채납액 + 부담금 납부액 + 토지의 개량비 + 제세공과금 + 보상비

(4) 개발비용 항목별 산정 방법

1) 순 공사비

① 순 공사비 공사 항목

순 공사비는 개발사업 수행에 필요한 재료비, 노무비, 경비의 합계로, 개발부담금 산정 시 인정되는 공사 항목은 다음과 같다. (「개발부담금 부과·징수 업무처리규정」 제11조의2)

- 토공사, 구조물 공사, 배수 공사, 포장 공사, 연약지반 공사
- 조경공사, 진입로 개설 공사, 철거 및 폐기물 처리 공사
- 오염된 토양 정화 공사(「토양환경보전법」 준수)

② 인정 요건

개발부담금 산정 시 인정되는 순 공사비는 부지조성과 기반 시설 구축을 위한 필수 공사비만 포함되며, 건축물 관련 비용은 제외된다.

- 필수 토목공사 및 기반 시설 조성 공사일 것
- 공사 계약서, 설계도서, 세금계산서 등 증빙 자료 제출

③ 산정기준

순 공사비는 『건설공사 표준품셈(국토교통부 고시)』을 기준으로 하며, 주요 항목은 다음과 같다.

- 재료비 : 콘크리트, 철근, 목재 등 공사 자재비(정부 고시가격 또는 시중 가격 적용)
- 노무비 : 건설업종별 표준노임 단가 적용(초과 금액은 인정 불가)
- 경비 : 장비 사용료, 현장 유지비 등(공공공사 원가계산 기준 적용)

④ 개발비용 인정 한도

- 정부 표준품셈 및 고시가격이 있는 경우, 해당 금액을 한도로 인정

• 세금계산서, 계약서, 송금 내역 등을 검토하여 초과 금액은 개발부담금에서 제외

2) 조사비

개발부담금 산정 시 개발비용으로 인정되는 조사비는 해당 개발사업을 시행하기 위해 필수적으로 수행해야 하는 조사 및 분석 비용의 합계액을 의미하며, 「엔지니어링산업 진흥법」 제31조에 따른 엔지니어링 사업 대가의 기준에 따라 산정한 금액에 의거 산정한다.

3) 설계비

개발사업을 수행하기 위해 필수적으로 진행되는 설계 및 기술 검토 비용을 의미하며 「엔지니어링산업 진흥법」 제31조에 따른 엔지니어링 사업 대가의 기준에 따라 산정한다.

4) 일반관리비 산정 방법

개발비용으로 인정되는 일반관리비는 기업의 유지를 위한 관리 활동 부문에서 발생하는 모든 비용으로서 제조원가에 속하지 아니하는 모든 영업 비용 중 판매비 등을 제외한 비용을 말하며, 공사원가 규모에 따라 차등 적용되는 요율을 적용하여 산정한다.

【공사 규모별 적용 요율】

순공사비 금액	적용 요율
50억원 미만	6.0%
50억원 이상 300억원 미만	5.5%
300억원 이상	5.0%

5) 기부채납비

납부의무자가 관계 법령이나 해당 개발사업의 인가 등의 조건에 따라 국가 또는 지방자치단체에 기부하는 토지 또는 공공시설 등의 가액을 말한다.

① 기부채납 비용이 개발비용으로 인정받기 위한 요건

㉠ 개발목적 : 개발된 부지를 타인에게 분양 또는 처분하는 경우여야 한다.
㉡ 법적요건 충족 : 기부채납이 개발사업 인허가 조건에 부합해야 한다.
㉢ 처분가격 승인 : 국가 또는 지방자치단체의 승인을 받은 해당 처분 가격에 기부하는 토지·공공시설가액이 포함되어야 한다.
㉣ 지가산정 기준
- 종료시점지가 : 처분 가격을 기준으로 산정
- 개시시점지가 : 매입 가격을 기준으로 적용

㉤ 분양가 산정기준 : 분양가상한제 적용 주택의 경우, 기본형 건축비 및 가산 비용을 기준으로 산정해야 한다.
㉥ 공공시설 조성비 : 도로, 상하수도 등은 기획재정부 '공공공사 원가계산 기준'에 따라 산정해야 한다.

② 기부채납 비용의 산정 방법 [시행령 제12조 제1항 제5호(개발비용의 산정)]
㉠ 토지의 가액 : 개시시점지가에 부과기간의 정상지가상승분을 합한 금액
㉡ 공공시설 등의 가액 : 토지의 가액에 그 시설의 조성원가를 합산한 금액

6) 부담금 납부액

「부담금관리 기본법」에 따라 토지개발 사업 시행과 관련하여 지출된 다음에 해당하는 부담금 중 관계 법령이나 해당 개발사업의 인가 조건에 따라 국가 또는 지방자치단체에 납부한 도로, 주차장, 공원, 하천, 운동시설, 학교, 도서관 등 공공시설의 설치 비용은 개발비용에 포함될 수 있다.

부담금	목적 및 법령근거	산정기준
학교용지부담금	대규모 개발사업에 따라 증가하는 학령인구에 대응하여 학교용지를 적정하게 확보함으로써 안정적인 교육환경의 개선 목적(「학교용지 확보 등에 관한 특례법」 제5조)	• 공동주택 : 세대별 공동주택 분양가격 × 0.4% • 단독주택을 건축하기 위한 토지 : 단독주택지 분양가격 × 1.4%
공공시설의 수익자 분담금	공공시설의 설치, 운영 및 유지·보수로 인해 직접적인 혜택을 받는 수익자가 해당 비용의 일부를 부담하는 부담금(「지방자치법」 제155조)	• 지방자치단체 조례로 정함 (10~50%)

부담금	목적 및 법령근거	산정기준
농지보전부담금	농지전용으로 인한 손실을 보전하고, 농지의 보전 및 효율적인 관리 재원을 확보하기 위한 목적(「농지법」 제38조)	• 농업진흥지역의 농지 : 개별공시지가의 30% • 농업진흥지역 밖의 농지 : 개별공시지가의 20%
대체초지조성비	초지를 다른 용도로 전용할 때 초지 보전과 조성을 위한 재원 확보를 목적(「초지법」 제23조 ⑧)	초지 1제곱미터를 조성하는 데 필요한 비용으로서 농림축산식품부장관이 매년 산출·고시하는 금액과 초지조성 후 3년간의 초지관리비
수도 원인자부담금	수도시설의 신설 또는 증설이 특정 개발행위나 신규 수요로 인해 필요하게 될 경우 및 수도시설을 손괴하거나 수도공사 비용의 발생 원인을 제공한 경우 그 비용의 전부 또는 일부를 원인을 제공한 개발사업자 등에게 부과하는 부담금(「수도법」 제71조)	• 지방자치단체 조례로 정함 • 수도시설의 신설·증설 비용 및 복구비 • 수도시설 손괴 시 수선·유지비 및 손괴 예방시설 설치비 등
생태계보전부담금	개발행위로 인해 자연환경과 생태계가 훼손되는 경우, 그 보전 및 복원을 위한 재원을 확보하기 위해 부과하는 부담금(「자연환경보전법」 제46조)	• 개발면적(m²) × 단위면적당 부과금액(원/m²) × 지역계수
하수도 원인자부담금	건축물의 신축·증축 또는 용도변경으로 인해 오수 배출량이 일정 기준(하루 10m³ 이상)을 초과할 때, 공공하수도의 설치·확충·개축에 필요한 비용 중 일부를 개발사업자나 건축물 소유자에게 부과하는 부담금 (「하수도법」 제61조)	• 오수 발생량(m³/일) × 구역별 단위단가(원/m³)
개발제한구역 보전부담금	개발제한구역의 환경적 가치를 보전하고 공익적 기능의 저하를 방지하기 위한 목적 (「개발제한구역의 지정 및 관리에 관한 특별조치법」 제21조)	• (개발제한구역이 있는 시군구의 개발제한구역 외 같은 지목의 개별공시지가 평균치－허가 대상 토지의 개별공시지가) × (토지형질변경 면적과 건축물 바닥면적의 2배) × 시설별 부과율 (상한 100분의 150)

부담금	목적 및 법령근거	산정기준
광역교통시설 부담금	대규모 개발사업으로 인해 증가하는 교통, 상하수도, 공원 등 광역기반시설의 수요를 충당하기 위해 도입된 부담금(「대도시권 광역교통관리에 관한 특별법」 제11조)	• 택지조성 : (1㎡당 표준개발비 × 부과율 × 개발면적 × (용적률/200) − 공제액 • 주택건설 : (1㎡당 표준건축비 × 부과율 × 건축연면적) − 공제액
도로 원인자부담금	타공사 또는 타행위로 인하여 도로공사를 시행하게 된 경우 원인자로부터 해당 도로공사 비용의 전부 또는 일부를 징수하는 금액(「도로법」 제91조)	• 부담금 = 직접복구비 + 간접복구비 + 감독업무비
도시개발구역 밖의 기반시설의 설치 비용 부담금	개발사업 시행자가 도시 개발구역에 이용하기 위하여 도시개발구역 외부에 기반시설을 설치하거나 확충해야 하는 경우 그 비용을 부담하도록 하는 부담금(「도시개발법」 제58조)	• 개발계획서와 설계도 등의 서류를 근거로 산정
대체산림자원조성비	산지전용이나 일시적 사용으로 인해 줄어드는 산림자원을 보호하고, 훼손된 산림을 복원하기 위한 재원을 확보하는 것이 목적(「산지관리법」 제19조)	• 산지전용 면적(㎡) × 단위면적당 금액(원/㎡)
해양생태계보전부담금	해양생태계에 영향을 미치거나 해양생물다양성 감소를 초래하는 개발사업에 부과되는 환경부담금(「해양생태계의 보전 및 관리에 관한 법률」 제49조)	• 훼손면적(㎡) × 단위면적당 부과금액(원/㎡) × 지역계수
기반시설설치비용 부과금	기반시설부담구역으로 지정된 지역에서 개발사업으로 인해 증가하는 기반시설 수요를 충당하고, 도시 내 공공 인프라 확충과 유지에 필요한 재원을 마련하기 위한 목적(「국토의 계획 및 이용에 관한 법률」 제67조, 제68조)	• (표준시설비용 + 용지비용) × 부과대상 건축연면적 × 부담률(15~25 %)
과밀부담금	수도권 내에서 대규모 건축물의 신축, 공장·업무시설의 신설·증축·이전 등 인구집중을 유발하는 행위를 억제하기 위한 목적(「수도정비계획법」 제12조)	• (신축 면적 − 주차장 면적 − 기초공제 면적) × 단위 면적당 건축비 × 0.1 ※ 기초공제 면적 : 5천 ㎡

7) 토지의 개량비

해당 개발사업의 인가 등을 받은 날을 기준으로 그 이전 3년 이내에 부과대상토지를 개량하기 위하여 지출한 비용으로서 개시시점지가에 반영되지 아니한 비용을 말한다.

8) 제세공과금

해당 개발사업의 시행과 관련하여 국가 또는 지방자치단체에 납부한 제세공과금의 합계액. 다만, 다음 각 목의 어느 하나에 해당하는 금액은 제외한다.

① 개발사업 대상 토지의 취득이나 보유로 인하여 납부한 금액. 다만, 지목변경으로 인한 취득세는 제외한다.
② 벌금, 과태료, 과징금 또는 가산금 등 각종 법령이나 의무 위반으로 납부한 금액

9) 보상비

토지의 가액에 포함되지 않은 개발사업 구역의 건축물, 공작물, 입목 및 영업권 등에 대한 보상비를 말한다.

10) 양도소득세 등 비용

부과개시시점 후 개발부담금을 부과하기 전에 개발부담금 부과대상토지를 양도하여 발생한 소득에 대하여 양도소득세 또는 법인세가 부과되었으면 해당 세액을 개발비용에 계상할 수 있다. (법 제12조 제1항)

참고_ 개발비용으로 인정되지 않는 비용

개발사업의 시행과 관련하여 지출된 비용인 경우에도 다음 각호의 어느 하나에 해당되는 금액은 법 제11조에 따른 개발비용에 포함되지 않는다. (「개발부담금 부과·징수 업무처리규정」 제11조 제4항)

① 개발사업 시행과정에서 발생하는 민원보상비
② 산업단지 조성사업 시행시 폐수처리장 시설물 설치비용
③ 사업지구 밖에서 철거되는 건축물이전비 (건축물이 개발사업구역 경계에 걸친 경우 또는 제2항 각 호 외의 부분 단서에 따라 개발비용으로 인정되는 경우에는 개발비용에 포함한다) <개정 2016.7.20.>
④ 아파트 공사시 건축물에 부수하여 설치하는 단지 내 전기·도로·상하수도·가스공급시설·주차장·조경·담장·포장비 <개정 2016.7.20.>

⑤ 토지 매입비 또는 공사비 등 개발사업 시행에 소요되는 비용의 조달을 위하여 금융기관 등에 지급한 이자 등의 자본비용

(5) 개발비용의 산정 절차

1) 개발비용 산출명세서의 제출

납부의무자는 국가나 지방자치단체로부터 개발사업의 준공인가 등을 받은 경우에는 부과종료시점부터 40일 이내에 개발비용의 산정에 필요한 명세를 시장·군수·구청장에게 제출하여야 한다.(법 제24조 및 영 제25조의2)

2) 개발비용 산정기관에의 의뢰

시장·군수·구청장은 납부의무자가 제시한 금액의 사실 여부를 확인하고 개발비용 금액을 산출할 때, 해당 개발사업의 내용·성질 등이 특수하여 그 확인 또는 금액 산출이 곤란한 경우에는 개발비용산정기관에 그 확인 또는 금액 산출을 의뢰할 수 있다.(영 제12조 제5항)

3) 개발비용 산정

제출된 산출명세서가 증빙 자료와 일치하고 산정기준에 부합하면 개발비용으로 인정하여 부담금을 산정한다.

마. 개발이익의 산정

개발사업의 시행이나 토지이용계획의 변경, 그 밖에 사회적·경제적 요인에 따라 정상지가(正常地價)상승분을 초과하여 개발사업을 시행하는 자나 토지 소유자에게 귀속되는 토지 가액의 증가분을 말한다.(법 제2조 제1호) 즉, 개발사업의 인·허가일로부터 준공일까지의 기간 중 토지 및 건물 등의 개발사업을 통해 증가한 토지의 금액에서 개발비용과 정상적인 지가상승분을 차감한 순수한 초과 이익을 의미한다.

(1) 공시지가 적용 산정

개발이익 = [종료시점지가 − (개시시점지가 + 정상지가상승분 + 개발비용)]

(2) 처분가액 적용 산정

개발이익 = [종료시점의 감정가액 또는 처분가액 - (개시시점 매입가액 + 정상지가상승분 + 개발비용)]

바. 부담률

개발부담금 부담률은 법령에 따라 구분되며, 계획적으로 추진되는 택지개발이나 산업단지 조성사업 등 공공성이 높은 개발사업에는 20%가 적용된다. 반대로 개별입지 개발사업처럼 기반시설 기여도가 낮고 공공성이 부족한 사업에는 25%의 부담률이 적용된다.

【 개발부담금 부담률 】

<table>
<tr><th>구 분</th><th>부담률</th></tr>
<tr><td>① 택지개발사업(주택단지조성사업 포함)</td><td rowspan="6">20%</td></tr>
<tr><td>② 산업단지개발사업</td></tr>
<tr><td>③ 관광단지조성사업(온천 개발사업 포함)</td></tr>
<tr><td>④ 도시개발사업, 지역개발사업 및 도시환경정비사업</td></tr>
<tr><td>⑤ 교통시설 및 물류시설 용지조성사업</td></tr>
<tr><td>⑥ 체육시설 부지조성사업(골프장 건설사업 및 경륜장·경정장 설치사업 포함)</td></tr>
<tr><td>⑦ 국토교통부령으로 정하는 건축물로 건축으로 사실상 또는 공부상의 지목변경이 수반되는 사업(「건축법」 따른 용도변경 포함)</td><td rowspan="2">25%</td></tr>
<tr><td>⑧ 그 밖에 위와 유사한 사업으로서 대통령령으로 정하는 사업</td></tr>
</table>

사. 개발부담금

(1) 공시지가 적용 방식에 의한 산정

종료시점지가 - (개시시점지가 + 정상지가상승분 + 개발비용) × 부담률(%)

- 종료시점지가 ↑ 준공, 임시사용일 또는 지목 변동 시점
- 개시시점지가 ↑ 인허가 시점
- 정상지가상승분 ↑ 개시~종료시까지의 지가 상승분
- 개발비용 ↑ 순 공사비 기부채납 등
- 부담률(%) ↑ 20% 25%

(2) 처분가액 적용 방식에 의한 산정

$$\left\{ \begin{matrix} \text{종료시점의 감정가액} \\ \text{또는 처분가액} \end{matrix} - \left(\begin{matrix} \text{개시시점} \\ \text{매입가액} \end{matrix} + \begin{matrix} \text{정상지가} \\ \text{상승분} \end{matrix} + \text{개발비용} \right) \right\} \times \text{부담률(\%)}$$

5. 개발부담금의 부과 · 징수 업무 절차도

개발사업의 인가 및 통보	• 부과대상 : 택지 개발 사업 외 8개 사업(시행령 별표 1) • 인가 등을 한 행정청은 15일 이내에 관계 기관에 통보
대상 사업 고지	• 인가 등을 통보받은 날부터 15일 이내 사업자에게 고지
개발사업의 준공	• 준공일 등(법 제9조, 영 제7조, 제10조)
개발비용 명세서 제출	• 준공 후 40일 이내에 개발비용 산정 내역서 제출
개발비용 적정성 검증	• 외부 기관에 개발비용 적정성 여부 검증 의뢰
부담금 부과 예정 통지	• 비용명세서 제출일부터 60일 이내에 부과 예정 통지
고지 전 심사청구	• 부과 예정 통지에 이의가 있는 경우 예정 통지를 받은 날부터 30일 이내에 고지 전 심사청구
심사청구 결과 통지	• 청구를 받은 날부터 15일 이내에 결과 통보
결정 후 부과 고지	• 사업 종료 5월 이내에 개발부담금 부과 고지
물납, 연·분납 신청	• 물납 신청 : 현금 대신 토지로 납부 • 납부 연기 : 3년의 범위 내에서 납부 연기 • 분납 신청 : 5년의 범위 내에서 분납 가능
연·분납신청 결과 통보	• 신청 후 30일 이내에 결과 통보
납부	• 고지 후 6개월 이내에 납부
불복청구	• 행정심판 : 고지일부터 90일, 처분일부터 180일 이내 • 행정소송 : 통지를 받은 날부터 90일, 처분일부터 1년 이내

개발부담금의 부과·징수 업무 절차도 해설

① 개발사업의 인가 및 통보(개발부담금 부과개시시점)
- 승인권자 : 관계 행정청
- 부과대상 : 시행령 별표 1에 열거된 사업(택지개발 등 8개 종류 30여 개 사업)

② 대상 사업의 고지(법 제25조, 영 제27조, 규칙 제22조)
- 시장·군수·구청장은 관계 행정청의 인허가 사항에 대한 통보를 받으면 15일 이내에 납부의무자에게 국토교통부령으로 정하는 사항을 미리 고지 해야 한다.

③ 개발사업의 준공(개발부담금 부과종료시점) (법 제9조 제3항)
- 사용검사일, 준공 인가 등을 받은 날(준공 전이라도 건축물의 사용 또는 사업 토지의 처분 때에는 이를 준공으로 간주)

④ 개발비용 명세서 제출(법 제24조)
- 제 출 자 : 사업시행자(납부의무자)
- 개발비용 : 개발사업의 시행과 관련하여 지출된 순공사비, 기부채납 비용 등
- 제출 기한 : 사업 종료 후 40일 내
- 벌 칙 : 기한 내 미제출 시 100만원, 3개월 이내에 미제출하거나 거짓으로 제출할 경우 200만원의 과태료 부과

⑤ 개발비용 산정기관에 비용산정 용역의뢰(영 제12조 제5항)
- 의뢰기관 : 시장·군수·구청장 (사업 시행자가 제출한 비용명세서의 사실 여부 확인이 필요할 때 용역 의뢰)
- 개발비용 산정기관 : 개발비용 산정기관의 요건(규칙 제10조의2)을 갖춘 기관

⑥ 부담금 부과 예정 통지(영 제15조)
- 사업 시행자가 개발비용 명세서를 제출하면 부과권자는 60일 이내에 부담금을 산정하여 부과 예정 통지

⑦ 고지 전 심사청구(영 제16조 제1항)
- 통지받은 부과기준과 부담금에 대하여 이의가 있는 납부의무자는 예정 통지를 받은 날부터 30일 이내에 시장·군수·구청장에게 고지 전 심사청구

⑧ 심사청구에 관한 결과 통지(영 제16조 제3항)
- 부과권자는 심사청구에 대한 심사를 한 후 15일 이내에 그 결과를 사업시행자에게 통지

⑨ 부과 · 고지(법 제15조, 영 제19조)

- 부과권자는 사업 종료 후 5월 내에 개발부담금 부과 고지

⑩ 물납, 납부 연기 · 분납 신청(법 제20조 제2항 · 제3항, 영 제24조)

- 물납신청 : 현금 대신 토지 또는 건축물로 물납(물납 부동산 가액이 부담금 부과액을 초과하지 못함 ; 물납 토지 가액은 개별공시지가로 산정, 물납 건축물은 시가표준액으로 산정)
- 납부 기한의 연기, 분납 신청 : 재해 또는 부도 등 사유가 있는 경우에는 3년의 안의 범위에서 납부 연기 또는 5년의 안의 범위에서 분납 가능

※ 납부 기한 연기 · 분납의 경우에는 연 3.1% (2025.7.1.~ 2026.6.30.) 이자율로 산정한 금액을 가산하여 징수

⑪ 물납 또는 납부 기한의 연기, 분납 신청 결과 통지(법 제20조, 영 제24조)

- 부과권자는 신청 후 30일 이내에 물납 허용 여부 및 연 · 분납 허용 여부에 관한 결과 통지

⑫ 납부(법 제18조 제1항)

- 사업 시행자는 부과 일로부터 6개월 이내에 부담금 납부
  ※ 부담금의 부과 기한
- 개발부담금은 부과 고지 할 수 있는 날부터 5년이 지난 후에는 부과할 수 없다. (법 제15조 제2항)

⑬ 개발부담금 환급

- 사유 : 개발부담금 재산정이나 행정심판 · 소송 결과 과오납이 확인된 경우, 또는 부과일로부터 6개월 내 전액 납부 시 일부 환급 가능.
- 방식 : 납부일부터 환급 결정일까지의 이자를 포함해 지급하며, 이자는 「국세기본법 시행령」의 기본이자율을 따른다.
- 예외 : 납부 연기나 분할납부를 받은 경우, 그리고 환급액이 10만원 미만인 경우에는 환급하지 않는다.

⑭ 개발부담금의 추가징수

- 목적 외 사용
  감면 사업 후 5년 내 토지를 목적 외로 사용하거나 양도하면 감면분을 추징한다. 다만, 천재지변으로 손실 발생, 기업 도산 등의 경우는 제외한다.
- 기부채납 미이행
  국가 · 지자체에 기부 약속한 토지나 시설을 기한 내 이행하지 않으면, 해당 금액

을 개발비용에서 제외하고 부담금으로 징수한다.

⑮ 권리구제절차(행정심판청구)(법 제26조)

구 분	행 정 심 판	행 정 소 송
청구권자	• 사업시행자(납부의무자)	• 사업시행자(납부의무자)
청구기한	• 납부고지일(처분이 있음을 안 날)로 부터 90일 이내 ※ 처분이 있은 날로부터 180일 경과 시 청구 못 함	• 납부고지일(처분이 있음을 안날)로 부터 90일 이내 ※ 처분이 있음을 안 날로부터 1년 경과 시 청구 못 함
피청구기관	• 중앙토지수용위원회	• 소재지 관할 행정법원
(재결)기한	• 청구서를 받은 날부터 60일 이내(연장 30일 가능)	• 패소시 항소(상고)여부 : 판결문 접수된 날부터 14일 이내
관련 법령	• 「개발이익 환수에 관한 법률」 제26조 및 「행정심판법」 제27조	• 「행정소송법」 제18조~제20조

개발부담금 요약 정리

구 분	내 용
대상 사업	• 택지개발사업(주택단지조성사업 포함) • 산업단지개발사업 • 관광단지조성사업(온천 개발사업 포함) • 도시개발사업, 지역개발사업 및 도시환경정비사업 • 교통시설 및 물류시설 용지조성사업 체육시설 부지조성사업(골프장 건설사업 및 경륜장·경정장 설치사업 포함) • 지목변경이 수반되는 사업으로서 「개발이익 환수에 관한 법률 시행령」 별표 1로 정하는 사업 • 위의 사업과 유사한 사업으로서 「개발이익 환수에 관한 법률 시행령」 별표 1로 정하는 사업 등
납부 의무자	• 위의 대상 사업의 사업시행자 • 개발사업을 위탁하거나 도급하였으면 그 위탁이나 도급을 한 자 • 타인이 소유하는 토지를 임차해 개발사업을 시행한 경우에는 그 토지의 소유자 • 개발사업을 완료하기 전에 사업시행자의 지위나 위에 해당하는 자의 지위를 승계할 때는 그 지위를 승계한 자 • 다음의 조합이 해산하거나 조합의 재산으로 그 조합에 부과되거나 그 조합이 납부할 개발부담금·가산금 등에 충당하여도 부족한 경우

구 분	내 용
	• 주택조합 • 도시개발구역의 토지 소유자가 도시개발을 위해 설립한 조합 • 재개발사업 조합
부과 기준	■ 부과종료시점의 부과대상토지의 가액에서 다음의 금액을 뺀 금액 • 부과개시시점의 부과대상토지의 가액 • 부과기간의 정상지가상승분 • 개발비용[순 공사비, 조사비, 설계비, 일반관리비 및 그 밖의 경비] • 납부의무자가 국가나 지방자치단체에 공공시설이나 토지 등을 기부채납하였을 경우에는 그 가액, 의무자가 부담금을 납부하였을 때는 그 금액 • 해당 토지의 개량비, 각종 세금과 공과금, 보상비 및 그 밖에 「개발이익 환수에 관한 법률 시행령」 제12조에 따른 금액
부담률	• 대상 사업 1.~ 6.의 경우 : 개발이익 × 20/100 • 대상 사업 7.~ 8.의 경우 : 개발이익 × 25/100 • 개발제한구역에서 개발사업을 시행하는 경우로서 납부의무자가 개발제한구역으로 지정될 당시부터 토지 소유자인 경우 : 개발이익 × 20/100
납 부	• 납부의무자는 부과 일부터 6개월 이내에 개발부담금을 납부해야 함 • 납부 기한 연장 : 3년 이내 • 분납 : 5년 이내 • 연·분납의 경우에는 유예기간이 1년 이상시 1년 초과기간에 대하여 국토교통부장관이 매년 결정·고시하는 이자율로 산정한 금액을 가산하여 징수(2025.7.1. ~ 2026.6.30 : 3.10%)

개발비용 산정 업무에 필요한 주요 서류 목록

구 분	서 류 내 용
1. 사업관련 자료	㉠ 토지관련 : 토지조서(면적, 지목), 매매 계약서, 등록세 납부 영수증 ㉡ 인허가 관련 자료 : 건축허가서, 주택건설 사업 계획, 도시개발계획 승인서 등 인허가 관련 서류 ㉢ 준공 관련 자료 : 준공 확인서, 사용승인서, 사용검사서 등 ㉣ 토지조서 : 사업부지 면적, 지목, 기부채납토지 명세 등 ㉤ 기부채납 조건이 포함된 개발허가서 ㉥ 사업 시행 승인 시 관할 행정기관의 공식 문서

구 분	서 류 내 용
2. 순공사비	㉠ 도급 공사 관련 계약서 ㉡ 토목설계도 : 종, 횡 단면도, 옹벽 구조물 공사 내용, 배수 공사 등 토목 관련 설계도면 일체 ㉢ 절토 및 성토 공사 관련 증빙 서류
3. 조사비	㉠ 조사 용역 계약서(조사 시행업체와 체결한 계약 내용 포함) ㉡ 조사 보고서 및 결과물(환경영향평가서, 교통영향평가서 등) ㉢ 법적 요건충족 증빙 자료(조사가 필수적으로 요구되었음을 증명하는 공문 등) ㉣ 조사비 관련 계약서, 세금계산서, 지급증빙 서류
4. 설계비	㉠ 설계 용역 계약서(설계업체와 체결한 계약 내용 포함) ㉡ 설계 도서 및 관련 보고서(도면, 기술 검토 자료 등) ㉢ 법적 요건충족 증빙 자료(설계가 필수적으로 요구되었음을 증명하는 공문 등)
5. 기부채납 가액	㉠ 기부채납 협약서 또는 계약서 ㉡ 기부채납 대상 시설의 상세 내역 및 감정평가서 ㉢ 도시개발계획, 주택건설사업계획 승인서 ㉣ 기부채납 조건이 포함된 개발인·허가서 ㉤ 사업 시행 승인 시 관할 행정기관의 공식 문서 ㉥ 분양가 산정 자료(공급가액 산정서, 회계자료 등) ㉦ 준공 확인서 및 사용승인서 ㉧ 기부채납 비용이 분양가에 반영되었음을 입증하는 자료(공급가액 산정서, 회계자료 등) ㉨ 기부채납이 정상적으로 완료되었음을 증명하는 서류(준공 확인서, 사용승인서 등)
7. 부담금 납부액	각종 부담금 및 분담금 납부 증명서류
8. 토지의 개량비	계약서, 세금계산서 및 지급 증명서류
9. 제세공과금	납부 증명서류
10. 보상비	계약서 세금계산서 및 지급 증명서류
11. 양도소득세 등	신고서 및 납부 증명서류, 매매 계약서

제2장

개발부담금의 부과대상 및 납부의무자

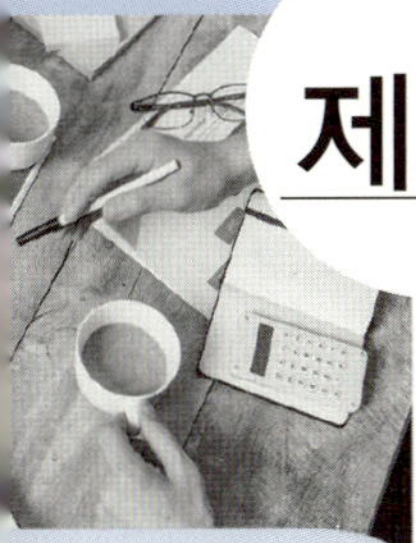

제2장 개발부담금의 부과대상 및 납부의무자

제1절 개발부담금 부과대상

1. 개발사업의 개념

"개발사업"이란 국가 또는 지방자치단체로부터 인가·허가·면허 등의 법적 절차(신고 포함)를 거쳐 시행되는 계획적인 사업 행위를 의미한다. (「개발이익 환수에 관한 법률」 제2조 제2호) 대표적으로는 택지개발사업, 산업단지개발사업, 도시개발사업, 유원지 및 관광단지조성사업 등이 이에 해당한다.

이러한 개발사업은 단순한 토지 조성이나 건축물의 신축을 넘어, 토지 및 건축물의 물리적 조성 또는 용도의 변경을 통해 경제적·공공적 가치를 체계적으로 증대시키는 활동을 의미한다. 이를 통해 도시와 지역의 공간 구조를 재편하고, 기반 시설을 확충하며, 주거환경을 개선하고, 산업 기능을 유치·정비하는 등 종합적인 도시 및 지역개발을 실현하는 것을 목표로 한다. 주요 행위로는 토지의 형질변경, 건축물의 신축 및 개보수, 공공시설 설치 등이 포함된다.

개발사업은 공공부문뿐 아니라 민간 부문에서도 활발히 추진되며, 그 결과로 지역경제 활성화, 고용 창출, 도시 경쟁력 제고 등의 효과를 가져온다. 특히, 개발로 인해 발생하는 토지 가치 상승과 초과 이익은 공공이 일부 환수하여 공공 재정 및 기반 시설 투자에 재투자되도록 설계되어 있다. 이는 개발부담금 제도를 통해 실현되며, 개발이익의 사적 독점을 방지하고 사회 전체의 균형 있는 발전을 도모하는 제도적 기반이 된다.

2. 부과대상 개발사업

가. 부과대상 개발사업

"개발부담금의 부과대상이 되는 개발사업"이란, 국가나 지방자치단체로부터 인가·허가·면허 등을 받아 시행하는 택지개발사업 등 7개 유형의 개발사업과 이에 유사한 기타 개발사업을 말한다. 구체적인 대상은 「개발이익 환수에 관한 법률」 제5조 제1항 및 같은 법 시행령 제4조 제1항 별표 1에 세부적으로 열거되어 있다.

구체적으로 개발부담금의 부과대상이 되는 개발사업은 택지개발사업, 산업단지개발사업, 관광단지조성사업, 도시개발사업·지역개발사업 및 도시환경정비사업, 교통시설 및 물류시설 용지조성사업, 체육시설 부지조성사업(골프장 건설사업 및 경륜장·경정장 설치사업을 포함), 지목변경 수반 개발사업(농지·산지전용허가·개발행위허가) 등 7개의 사업과 그 밖에 이와 유사한 사업으로 종 8개 분야의 사업이다. (개발이익환수법 제5조 제1항)

이러한 개발부담금은 '법령에 열거된 사업'에 한해 부과할 수 있으며, 부과대상사업은 법률과 시행령 별표 1에 열거주의 방식으로 한정적으로 규정되어 있다. 따라서 이에 해당하지 않는 사업은 과세할 수 없으며, 이는 열거주의 원칙에 따른 것이다. 다시 말해, 법령에 명시되지 않은 개발사업은 개발이익이 발생하더라도 개발부담금 부과대상에 포함되지 않는다. 따라서 과세 관청은 법령에 명시된 사업 유형 외의 개발사업에 대해 임의로 부과대상을 확대 해석할 수 없으며, 반드시 열거된 사업 유형에 해당해야 과세할 수 있다.

이는 조세법률주의 원칙에 부합하는 것으로, 과세 요건은 법률에 명확히 규정된 범위 내에서만 해석 및 적용되어야 함을 의미한다.

또한, 부담금 부과대상인 개발사업의 세부 유형은 「개발이익 환수에 관한 법률 시행령」 제4조 제1항의 별표 1에 구체적으로 규정되어 있다. 특히 별표 1 제7호에 해당하는, 「건축법」에 따른 건축행위로 인해 사실상 또는 공부상 지목변경이 수반되는 사업의 경우, 납부의무자와 과세 관청 간에 과세 여부를 둘러싸고 주요 쟁점이 되고 있다.

따라서 개발부담금의 적용 가능성을 사전에 검토하려는 사업자는 시행령 별표 1에서 규정한 대상 사업의 범위를 정확히 이해하고, 자신이 추진하려는 개발사업이 해당

요건에 부합하는지를 면밀히 확인해야 한다. 만약 사업의 성격이 모호하거나 법령상 경계에 있는 경우에는 관계 행정청의 유권해석을 참고하거나 전문가의 의견을 구하는 것이 바람직하다.

이러한 개발사업은 크게 계획입지사업과 개별입지사업으로 구분되며, 이 구분은 개발의 성격 및 절차에 따라 개발부담금의 부담률에도 직접적인 영향을 미친다.

나. 계획입지사업

계획입지사업은 국토의 계획적 개발을 유도하고 체계적인 도시관리를 목표로 수립되는 지구단위계획, 도시개발계획, 산업단지계획 등의 선계획 후개발 방식에 의해 진행되는 사업을 말한다. 이는 「개발이익 환수에 관한 법률」 제5조 제1항 제1호부터 제6호까지에 해당하는 택지개발사업, 산업단지개발사업, 관광단지조성사업, 도시개발사업, 교통시설 및 물류시설 용지조성사업, 체육시설 부지조성사업 등이 포함된다.

이러한 사업은 국가나 지방자치단체 또는 민간사업자가 개발 구역을 지정받고 인가를 받아 시행하는 체계적인 개발사업으로, 공공성과 계획성이 강하다는 특징이 있다. 이에 따라 개발이익에 대한 개발부담금 부담률은 20%로 규정되어 있다.

다. 개별입지사업

개별입지사업은 기반 시설이 미비한 지역에서 개별 필지 단위로 이뤄지는 개발로서, 대개 지목변경을 수반하는 건축사업이나 무계획적인 난개발 형태의 사업을 말한다. 「개발이익 환수에 관한 법률」 제5조 제1항 제7호 및 제8호에 해당하며, 지목변경이 수반되는 건축사업, 그 밖에 ①~⑦항들에 준하는 유사한 개발사업이 포함된다.

개별입지사업은 공공계획과의 연계가 부족하고, 도시 기능 및 환경에 부담을 줄 수 있는 사업 유형으로 간주한다. 이에 따라 개발이익 환수에 있어 보다 높은 수준의 부담률이 적용되며, 개발이익의 25%를 개발부담금으로 납부해야 한다.

라. 계획입지와 개별입지의 부담률 차등 적용의 정책적 의미

이와 같이 계획입지사업과 개별입지사업의 부담률을 달리 적용하는 것은, 개발사업의 공공성, 계획성, 기반 시설 기여도 등을 종합적으로 반영한 정책적 조치이다. 계획

된 개발사업에 대해서는 일정 수준의 개발이익을 보장해 주되, 난개발로 인한 사회적 비용을 유발할 수 있는 사업에 대해서는 더 높은 부담을 부과함으로써 형평성과 공공성의 균형을 도모하고자 한다.

<table>
<tr><th>사 업 종 류</th><th>구 분</th><th>부담률</th></tr>
<tr><td>① 택지개발사업(주택단지조성사업 포함)</td><td rowspan="6">계획입지 사업</td><td rowspan="6">20%</td></tr>
<tr><td>② 산업단지개발사업</td></tr>
<tr><td>③ 관광단지조성사업(온천 개발사업 포함)</td></tr>
<tr><td>④ 도시개발사업, 지역개발사업 및 도시환경정비사업</td></tr>
<tr><td>⑤ 교통시설 및 물류시설 용지조성사업</td></tr>
<tr><td>⑥ 체육시설 부지조성사업(골프장 건설사업 및 경륜장·경정장 설치 사업 포함)</td></tr>
<tr><td>⑦ 국토교통부령으로 정하는 건축물로 건축으로 사실상 또는 공부상의 지목변경이 수반되는 사업(「건축법」 따른 용도변경 포함)</td><td rowspan="2">개별입지 사업</td><td rowspan="2">25%</td></tr>
<tr><td>⑧ 그 밖에 위와 유사한 사업으로서 대통령령으로 정하는 사업</td></tr>
</table>

마. 부과대상 개발사업의 범위

(1) 택지개발사업(주택단지조성사업을 포함)

"택지개발사업"은 「택지개발촉진법」에 따라 정부, 지방자치단체, 공공기관 등이 주택 공급을 목적으로 대규모 토지를 조성하는 사업이다. 또한, 「주택법」에 따른 대지조성사업과 주택건설사업도 포함될 수 있으며, 대도시의 주택난 해소를 위해 정부가 계획적으로 추진하여 안정적인 주택 공급과 체계적인 도시 개발을 통한 주거환경 개선을 주요 목적으로 한다.

택지개발사업은 시행 주체와 방식에 따라 공공주도형, 민간 참여형, 도시개발사업 연계형으로 구분된다. 공공기관이 직접 시행하는 공공주도형 개발은 공공임대주택 공급과 주거 안정을 목표로 하며, 민간 참여형 개발은 다양한 주택 유형을 공급하는 데 초점을 둔다. 또한, 도시개발사업과 연계하여 주거·상업·공공시설을 함께 조성하는 방식도 있으며, 이는 종합적인 도시계획을 기반으로 한 개발이 특징이다.

즉, 택지개발사업은 「택지개발촉진법」에 따른 택지개발사업 및 주택단지조성사업과 「주택법」에 따른 대지조성사업 또는 주택건설사업이 이에 해당한다.

택지개발사업이라도 「개발이익 환수에 관한 법률 시행령」 별표 1에 따라 일부 사업은 제외된다. 이주 대책 대상자를 위한 주택지조성사업 및 주택건설사업과 일정기간 이상 임대하기 위하여 건설하는 국민주택규모(전용면적 85㎡ 이하)의 공공임대주택(5년) 또는 민간임대주택(4년)을 건설하는 사업등 다음사업은 택지개발사업에 포함되지 않는다. 다만 법에서 정한 기한 이내에 분양 전환하거나 임대사업자가 아닌 자에게 양도하는 경우 해당 건설사업은 그러하지 아니한다.

이러한 예외 규정은 공익성이 높은 개발사업에 대해 동일한 부담을 지우지 않음으로써, 사회적 형평성과 정책 목표를 동시에 달성하고자 하는 법의 취지를 반영한다.

【 택지개발사업에서 제외하는 사업 】

구 분	내 용
① 공공임대주택 건설사업	5년 이상 임대를 목적으로 「임대주택법」에 따라 임대주택을 건설하는 사업 단, 5년이 되기 전에 임대주택을 분양하는 경우, 임대사업자가 아닌 자에게 양도하는 경우 해당 건설사업은 제외되지 않음.
② 민간임대주택	민간사업자가 건설하여 4년 이상 임대하는 주택 단, 4년이 되기 전에 임대주택을 분양하는 경우, 임대사업자가 아닌 자에게 양도하는 경우 해당 건설사업은 제외되지 않음.
③ 이주대책 대상자를 위한 주택지 조성사업	「공익사업을 위한 토지 등의 취득 및 보상에 관한 법률」 제78조에 따른 이주 대책대상자를 위한 주택지의 조성사업 및 주택의 건설사업
④ 토지개발사업 완료후 최초 주택건설사업	「택지개발촉진법」에 따른 택지개발사업 등으로 조성이 완료된 토지에서 최초로 시행하는 주택건설사업
⑤ 환지(換地) 방식의 최초 주택건설사업	「도시개발법」에 따른 환지(換地) 방식의 도시개발사업 시행으로 조성이 끝난 토지나 해당 주택건설 사업과 동시에 이루어지는 주택건설사업

(2) 산업단지 개발사업

1) 산업단지의 개념

“산업단지”란 공장, 지식산업 관련 시설, 문화산업 관련 시설, 정보통신산업 관련 시설, 재활용산업 관련 시설, 자원비축시설, 물류시설, 교육·연구시설의 용지와 이와 관련된 교육·연구·업무·지원·정보처리·유통 시설 및 이들 시설의 기능 향상을 위하여 주거·문화·환경·공원녹지·의료·관광·체육·복지 시설 등을 집단적으로 설치하기 위하여 포괄적 계획에 따라 지정·개발되는 일단(一團)의 토지를 의미하며 (산업입지 및 개발에 관한 법률 제2조 제8호) 다음과 같은 유형으로 구분된다.

가. 국가산업단지 : 국가기간산업, 첨단과학기술산업 등을 육성하거나 개발 촉진이 필요한 낙후지역이나 둘 이상의 특별시·광역시·특별자치시 또는 도에 걸쳐 있는 지역을 산업단지로 개발하기 지정된 산업단지
나. 일반산업단지 : 산업의 적정한 지방 분산을 촉진하고 지역경제의 활성화를 위하여 지정된 산업단지
다. 도시첨단산업단지 : 지식산업·문화산업·정보통신산업, 그 밖의 첨단산업의 육성과 개발 촉진을 위하여 「국토의 계획 및 이용에 관한 법률」에 따른 도시지역에 지정된 산업단지
라. 농공단지(農工團地) : 대통령령으로 정하는 농어촌지역에 농어민의 소득 증대를 위한 산업을 유치·육성하기 위하여 지정된 산업단지

2) 산업단지 개발사업의 개념

산업단지 개발사업은 국가 산업정책을 구체적으로 실현하고 지역 경제를 활성화하기 위한 종합적이고 전략적인 개발사업이다. 단순한 토지 조성을 넘어서 산업용지 공급, 기반 시설 확충, 기업 유치, 산업 불균형 해소, 친환경 산업 기반 조성 등 다양한 목적을 통합적으로 추구한다.

해당 사업은 「산업입지 및 개발에 관한 법률」에 따라, 국가, 지방자치단체 또는 민간사업자가 일정 구역을 산업단지로 지정한 후 산업시설용지, 지원시설 용지, 공공시설 용지 등을 계획적이고 종합적으로 조성하는 방식으로 진행된다. 이는 산업 입지의 효율화, 고용 창출, 기업 집적 효과 강화, 에너지 효율화 및 지속 가능한 산업 기반 마련을 주요 목표로 한다.

이러한 개발사업은 「산업입지 및 개발에 관한 법률」에 따라 국가, 지방자치단체 또는 민간사업자가 시행할 수 있으며, 산업단지를 조성하기 위하여 시행하는 다음의 사업을 포함한다.(산업입지 및 개발에 관한 법률 제2조 제9호)

가. 지식산업 관련 시설 등의 용지조성사업 및 건축사업
나. 첨단과학기술 산업의 발전을 위한 교육·연구시설 용지 조성사업 및 건축사업

다. 산업단지의 효율 증진을 위한 업무시설·정보처리시설·지원시설·전시시설·유통 시설 등의 용지조성사업 및 건축사업
라. 산업단지의 기능 향상을 위한 주거시설·문화시설·의료복지시설·체육시설·교육시설·관광 휴양시설 등의 용지 조성사업 및 건축사업과 공원 조성 사업
마. 공업용수와 생활용수의 공급시설 사업
바. 도로·철도·항만·궤도·운하·유수지(溜水池) 및 저수지 건설사업
사. 전기·통신·가스·유류·증기 및 원료 등의 수급시설 사업
아. 하수도·폐기물처리시설, 그 밖의 환경오염방지시설 사업
자. 그 밖에 가목부터 아목까지의 사업에 부대되는 사업

산업단지 개발은 통상적으로 ① 입지 여건 및 수요 분석 ② 계획 수립 ③ 행정 인허가 ④ 환경영향평가 및 재해 영향성 평가 ⑤ 기반 시설 조성 ⑥ 분양 및 입주의 단계를 걸쳐 조성된다. 각 단계는 관련 법령과 행정 절차에 따라 정교하게 설계되어야 하며, 특히 환경 및 사회적 영향을 고려한 지속 가능성 확보가 필수적이다.

최근에는 공공과 민간이 공동으로 참여하는 민관협력(PPP) 방식이 활성화되면서, 다양한 사업 모델이 등장하고 있다. 이는 공공성 확보와 민간의 창의성·효율성 결합을 통해 보다 탄력적이고 효과적인 개발이 가능하도록 한다. 외국인 투자자에게도 개방된 산업단지 개발은 다국적 기업 유치를 통한 기술이전과 지역 경제의 국제화를 촉진하는 계기가 되기도 한다.

3) 산업단지 개발사업의 정책 효과 및 기대 성과

① 지역 일자리 창출 및 지역 내 소비 확대를 통한 지역경제 활성화
② 산업 분산을 통한 수도권 집중 완화 및 지방 도시 경쟁력 강화
③ 에너지 절감 설계, 녹지 확보를 통한 친환경 개발과 연관 산업 간 시너지 효과를 창출할 수 있다.

4) 부과대상 산업단지 개발사업

「개발이익 환수에 관한 법률 시행령」 별표 1에 따르면, 「산업입지 및 개발에 관한 법률」에 따른 국가산업단지 개발사업, 일반산업단지 개발사업, 도시첨단산업단지 개발사업, 농공단지 개발사업, 「중소기업진흥에 관한 법률」에 따른 협동화 사업 단지 조성 사업이 해당한다.(「개발이익 환수에 관한 법률 시행령」 별표 1)

이처럼 산업단지 개발사업은 국가 산업전략과 지역 균형 발전을 통합적으로 실현하는 핵심 수단이다. 또한 이러한 다양한 구성 요소를 통합하여 지역경제 활성화와 산업 경쟁력 강화를 도모하는 포괄적인 개발 형태이며, 개발이익 환수제도의 적용 대상 사업으로 명시되어 있다.

산업단지 개발사업의 성공적인 추진을 위해서는 환경, 법적 요건, 수요 분석, 공공성, 재무 건전성 등 다양한 요소를 면밀히 검토해야 하며, 실무자와 정책 입안자는 개발이익 환수 제도의 이해를 바탕으로 공익성과 경제성을 동시에 달성하는 전략적 접근이 요구된다. 산업단지 개발은 단지 조성에 머무르지 않고, 지속 가능한 산업생태계를 구축하는 장기적 비전의 프로젝트임을 명확히 인식해야 한다.

(3) 관광단지조성사업

관광단지조성사업은 국민의 여가·문화생활 향상, 지역 관광산업의 진흥, 그리고 지역경제 활성화를 목적으로 체계적으로 추진되는 종합 개발사업이다. 이 사업은 자연경관, 역사 유산, 지역 특화 자원 등을 활용하여 관광지, 유원지, 공원, 온천지 등 다양한 형태의 관광 인프라를 계획적이고 지속 가능하게 조성하는 것을 목표로 한다.

관광단지조성사업은 단순한 관광 시설의 설치를 넘어, 지역의 고유한 자원을 활용한 콘텐츠 개발, 기반 시설 조성, 숙박 및 편의시설 유치, 친환경 설계 등을 포함하는 포괄적인 개념으로 이해되어야 한다. 이를 통해 지역의 상표 가치를 제고하고, 내외국인의 방문을 유도하여 장기적인 지역경제의 활력을 도모할 수 있다.

특히 최근에는 다양한 형태의 운영 모델이 등장하고 있으며, 문화관광자원과 연계한 체험형 관광지, 복합리조트형 단지, 스마트관광 클러스터 등 창의적이고 지속 가능한 개발이 강조되고 있다.

개발부담금 부과대상 관광지조성사업은 「개발이익 환수에 관한 법률 시행령」 별표 1에 따라 「관광진흥법」에 따른 관광지조성사업, 「국토의 계획 및 이용에 관한 법률」에 따른 유원지 설치사업, 「도시공원 및 녹지 등에 관한 법률」에 따른 공원 조성 사업, 「온천법」에 따른 온천 굴착 및 개발사업, 「자연공원법」에 따른 자연공원 조성 사업 등이 개발부담금 부과대상에 해당되며, 일정 규모 이상의 개발이익이 발생할 경우 이에 상응하는 개발부담금이 부과된다.

관광단지조성사업은 개발 과정에서 환경 보전, 주민 수용성, 문화재 보호 등 다각적인 요소들을 고려해야 하며, 개발이익에 대한 공공의 정당한 환수와 함께 지역 주민의 삶의 질 향상을 동반해야 진정한 성과로 이어질 수 있다. 실무자 및 정책 입안자는 관련 법령 및 개발부담금 부과기준을 정확히 숙지하고, 경제성과 공익성이 균형을 이루는 방식으로 전략적으로 접근해야 한다.

관광단지조성사업은 일반적으로 다음과 같은 절차에 따라 추진된다.

① 관광 자원에 대한 기초 조사 및 수요 분석
② 관광단지 개발 기본계획 및 실시계획 수립
③ 관련 법령에 따른 인허가 취득
④ 환경영향평가 및 교통·재해 영향성 검토
⑤ 기반 시설 조성 및 관광 인프라 구축

(4) 도시개발사업, 지역개발사업 및 도시환경정비사업

1) 도시개발사업

도시개발사업은 도시의 체계적인 조성과 기능 강화를 목적으로 시행되는 종합적인 개발 프로젝트로, 「도시개발법」 및 「국토의 계획 및 이용에 관한 법률」 등에 근거하여 추진된다.

"도시개발사업"이란 「도시개발법」에 따라 도시개발구역을 지정한 후 도시개발구역에서 주거, 상업, 산업, 유통, 정보통신, 생태, 문화, 보건 및 복지 등의 기능이 있는 단지 또는 시가지를 조성하기 위하여 시행하는 사업을 말한다. (도시개발법 제2조 제1항 제2호)

이를 위해 기반시설(도로, 공원, 상하수도 등)을 체계적으로 설치하고, 토지이용을 계획적으로 배분하여 도시의 기능성과 환경을 향상시키는 것이 핵심 목표이다.

도시개발사업은 인구 증가, 노후화된 도시기능의 재정비, 균형 있는 도시 성장 등을 위한 전략적 수단이며, 지속 가능한 도시 조성과 효율적인 토지 이용을 도모하는 데 중요한 역할을 한다. 도시개발사업의 종류로는 주택지조성사업, 공업용지조성사업, 시가지조성사업, 토지구획정리사업 등이 있다.

시행 방식은 수용방식, 환지방식, 혼용방식으로 구분된다. 수용방식은 공공기관이 토지를 매입해 직접 개발하는 형태이며, 주로 공공 주도 사업에서 활용된다. 환지방식은 토지 소유자가 일부 토지를 제공하는 대신, 개발 완료 후 정리된 토지를 배분받는 방식으로, 민간 참여가 활발하다. 혼용방식은 두 방식을 결합하여 지역 여건에 맞게 개발 효과를 극대화하는 형태이다.

도시개발사업은 공공과 민간이 협력하여 추진할 수 있다. 공공 주도 개발은 국가나 지방자치단체가 시행하며, 기반 시설 조성과 공공성 확보에 초점을 둔다. 반면, 민간 주도 개발은 민간사업자가 시행하되, 공공과 협력하여 계획을 수립하고 실행하는 방식이다. 이러한 협력 모델은 도시 경쟁력을 강화하고 주거 및 상업 공간을 효과적으로 조성하는 데 기여한다.

도시개발사업은 도시 공간 정비뿐만 아니라 경제 성장과 사회 발전을 위한 중요한 정책 수단이다. 사업 시행 시 지역 주민 의견을 반영하고, 환경적·경제적 지속 가능성을 고려하는 것이 필수적이다. 이를 통해 균형 잡힌 도시 개발과 쾌적한 환경을 조성할 수 있다.

2) 지역개발사업

"지역개발사업"이란 지역의 성장 동력을 창출하고 자립적 발전을 도모하기 위하여 실시계획을 승인받아 지역개발사업구역에서 시행하는 사업을 말한다. (지역개발 및 지원에 관한 법률 제2조 제3호)

지역개발사업은 국가 또는 지방자치단체가 지역 균형 발전과 경제 활성화를 목적으로 시행하는 사업으로, 농촌 개발, 산업단지 조성, 관광지 개발 등 다양한 형태를 포함한다. 이 사업은 「지역개발 및 지원에 관한 법률」을 근거로 하며, 지역의 특성을 고려한 맞춤형 개발을 통해 산업 발전과 정주 환경 개선을 유도하는 것을 목표로 한다.

주요 추진 방식으로는 낙후 지역개발을 위한 공공 기반 시설 확충, 산업 및 관광 기반 조성, 농촌 경제 활성화 등이 있으며, 이를 통해 지역 경제의 자립도를 높이고 주민 생활 수준을 향상하는데 기여한다. 또한, 국가와 지방자치단체가 협력하여 시행하며, 지역별 특성에 맞춘 개발 전략을 수립하여 효율적인 사업 추진이 이루어지도록 한다. 이러한 지역개발사업은 장기적인 지역 경쟁력 강화를 위한 필수적인 정책 수단으로 평가된다.

3) 도시환경정비사업

도시환경정비사업은 도심 내 노후화된 건축물이 밀집한 지역을 정비하여 도시 기능을 회복하여 쾌적하고 안전한 생활환경을 조성하기 위한 정비사업의 한 형태이다. 이 사업은 주거환경이 열악하고 기반 시설이 부족한 지역에 대해 종합적이고 계획적인 정비를 추진함으로써, 도시의 균형 발전과 공공복리 증진을 목적으로 시행된다.

도시환경정비사업의 주요 대상은 노후·불량 건축물이 밀집된 상업지역, 준공업지역 및 주거지역 등으로, 물리적 환경뿐만 아니라 사회적·경제적 환경 개선까지 포함하는 종합적인 도시재생사업이다. 주거시설뿐 아니라 업무, 상업, 문화시설 등 다양한 기능이 복합적으로 도입될 수 있으며, 공공기반 시설의 정비도 함께 추진된다.

이러한 도시환경정비사업은 「도시 및 주거환경정비법」에 근거하여 시행된다. 동 법 제2조 제3호에서는 도시환경정비사업을 다음과 같이 정의하고 있다.

"도시환경정비사업"이란 상업지역, 준공업지역 또는 이와 유사한 지역에서 도시 기능의 회복 및 상권 활성화 등을 위하여 노후·불량 건축물의 정비와 더불어 업무, 상업, 문화 등 다양한 기능이 복합된 도시 환경을 조성하기 위하여 시행하는 정비사업을 말한다.

또한, 해당 법령에서는 도시환경정비사업의 시행 절차, 정비구역 지정 요건, 추진위원회 구성, 조합 설립, 사업시행계획 인가 및 관리처분계획 승인 등 구체적인 절차와 요건을 규정하고 있다.

요약하면, 도시환경정비사업은 단순한 물리적 재개발을 넘어 도시의 구조와 기능을 전반적으로 재편하고, 주민의 삶의 질을 향상시키는 것을 목표로 하는 종합적인 도시재생사업이며, 「도시 및 주거환경정비법」에 따라 시행된다.

개발부담금 과세대상 도시환경정비사업은 다음과 같다.

① 「경제자유구역의 지정 및 운영에 관한 특별법」에 따른 경제자유구역 개발사업 (수도권 외의 지역에서 산업 용지를 조성하는 경우는 제외)
② 「도시개발법」에 따른 도시개발사업 (환지방식의 도시개발사업)
③ 「도시 및 주거환경정비법」에 따른 정비사업 (공장을 건설하는 경우, 국민주택규모의 임대주택을 건설하는 사업 부분 제외)
④ 「제주특별자치도 설치 및 국제자유도시 조성을 위한 특별법」에 따른 국제자유도시 개발사업. 다만 다음의 어느 하나에 해당하는 경우는 제외한다.
  1) 특별개발우대 사업의 경우
  2) 제주 투자진흥지구 안의 토지를 개발하는 경우
  3) 산업 용지를 조성하는 경우
⑤ 「주한미군기지 이전에 따른 평택시 등의 지원 등에 관한 특별법」에 따른 평택시개발사업

⑥「주한미군기지 이전에 따른 평택시 등의 지원 등에 관한 특별법」에 따른 국제화 계획지구 개발사업
⑦「지역개발 및 지원에 관한 법률」에 따른 지역개발사업
⑧「규제자유특구 및 지역특화발전특구에 관한 규제특례법」에 따른 특화사업(중소기업이 공장용지를 조성하는 경우는 제외한다.)

(5) 교통시설 및 물류시설 용지조성사업

"교통시설 및 물류시설 용지 조성사업"이란 「개발이익 환수에 관한 법률 시행령」 별표 1에 따라 개발부담금의 부과대상이 되는 개발사업 중 하나로, 도로, 철도, 항만, 공항 등 교통 기반시설 또는 화물 유통, 물류 집적 기능을 수행하는 물류시설의 건설 및 운영을 목적으로 일정한 용지를 조성하는 사업을 의미한다.

이러한 사업은 교통 및 물류의 원활한 흐름을 도모하고 국가 및 지역 간 물류 체계를 효율적으로 구축하기 위한 핵심 인프라 개발사업으로서, 다음과 같은 특징을 지닌다.

1) **공공성과 경제성을 동시에 지닌 사업** : 국민의 이동 편의와 산업 물류의 효율화를 동시에 도모하는 성격을 가지며, 물류비 절감과 지역 간 균형발전에 크게 기여한다.
2) **계획적 개발을 기반으로 함** : 단순한 토지 이용을 넘어, 교통 네트워크와 연계된 종합적인 계획 하에 용지를 확보하고 기반시설을 체계적으로 조성한다.
3) **국가 또는 지방자치단체의 인가 등을 요함** : 개발사업으로 인정받기 위해서는 관계 법령에 따라 일정 규모 이상이거나 해당 용도지역에서 허가를 요하는 사업이어야 하며, 법령에 따른 인허가 절차를 이행해야 한다.

대표적인 예로는 신규 고속도로 개설을 위한 도로부지 확보 사업, 항만 배후단지 조성, 복합물류단지 조성 등은 모두 교통 및 물류시설 용지 조성사업에 해당할 수 있으며, 이들 사업에서 발생하는 개발이익에 대해서는 개발부담금이 부과된다.

개발부담금 부과대상이 되기 위해서는 반드시 해당 사업이 다음과 같이 시행령 별표 1에 명시된 개발사업 유형에 해당해야 하며, 그렇지 않은 경우에는 개발부담금이 부과되지 않는다. 예를 들어, 단순한 물류창고의 신축 또는 기존 창고의 리모델링 등은 해당 범주에 포함되지 않아 개발부담금 부과대상에서 제외될 수 있으므로 주의해야 한다.

따라서 실무자는 해당 사업이 법령에서 열거한 개발사업 유형에 해당하는지를 반드

시 확인하고, 인허가 요건과 면적 기준 등을 충족하는지를 면밀히 검토한 후 개발부담금의 적용 여부를 판단할 필요가 있다.

① 「국토의 계획 및 이용에 관한 법률」에 따른 자동차 및 건설기계 운전학원 설치 사업
② 「국토의 계획 및 이용에 관한 법률」에 따른 여객자동차터미널사업
③ 「국토의 계획 및 이용에 관한 법률」에 따른 유통업 무설비 설치 사업(국토교통부령으로 정하는 경우는 제외)
④ 「물류시설의 개발 및 운영에 관한 법률」에 따른 물류단지개발사업
⑤ 「물류시설의 개발 및 운영에 관한 법률」에 따른 물류터미널사업
⑥ 「여객자동차 운수사업법」에 따른 여객자동차터미널사업

(6) 체육시설 부지조성사업(골프장 건설사업 및 경륜장 · 경정장 설치사업을 포함한다)

체육시설 부지조성사업은 「개발이익 환수에 관한 법률 시행령」 별표 1에서 개발부담금 부과대상사업으로 명시된 유형 중 하나로, 골프장 건설사업, 경륜장 및 경정장 설치사업 등을 포함한다. 이는 스포츠 및 여가 활동을 위한 체육시설 설치를 전제로, 해당 부지를 계획적이고 종합적으로 조성하는 개발사업을 의미한다.

이러한 사업은 일반적인 체육시설 건립과 달리, 토지 형질 변경, 기반시설 조성 등 종합적이고 물리적인 토지 개발 행위를 수반하며, 사업의 성격상 개발이익이 발생할 가능성이 높아 개발부담금 부과대상이 된다.

관련 법령상 구체적 사업 유형은 다음과 같다.

① 「경륜 · 경정법」에 따른 경륜장 설치사업
② 「경륜 · 경정법」에 따른 경정장 설치사업
③ 「국토의 계획 및 이용에 관한 법률」에 따른 골프장 건설사업
④ 「체육시설의 설치 · 이용에 관한 법률」에 따른 체육시설업을 위한 부지조성 사업(골프장업, 스키장업, 자동차경주장업, 승마장업 및 종합체육 시설업으로 한정)

▶ 유의사항

단순한 체육시설의 신축 또는 리모델링은 「시행령」 별표 1에서 정한 부지조성 개발행위에 해당하지 않기 때문에 개발부담금 부과대상에서 제외된다.

따라서 실무자는 사업 착수 전, 해당 개발사업이 법령상 열거된 유형에 해당하는지 여부를 명확히 검토해야 하며, 개발이익 산정 범위도 정확히 설정해야 한다.

유사한 형태의 개발이라 하더라도 법령에 명시되지 않은 경우에는 개발부담금 부과대상에서 제외됨을 인지하고 주의깊게 판단할 필요가 있다.

(7) 지목변경이 수반되는 사업

「건축법」에 따른 건축물(국토교통부령으로 정하는 건축물로 한정한다)의 건축(「건축법」 제19조에 따른 용도변경을 포함한다)으로 사실상 또는 공부상의 지목변경이 수반되는 사업은 개발부담금 부과대상사업이다.[개발이익환수법 제5조 제1항 7호] 다만, 지목변경으로 인해 부담금이 부과된 토지에 대한 사업의 경우 그 부담금 부과 당시의 지목을 그 부담금 부과 전의 지목으로 변경하는 경우는 제외한다.(시행령 별표 1)

"지목변경이 수반되는 사업"이란 개발사업의 과정에서 기존 토지의 용도를 변경하여 새로운 용도로 활용하는 사업을 의미한다. 지목(地目)이란 토지의 법적·공부상 용도를 나타내는 개념으로, 대지, 농지(전·답·과수원), 임야, 공장용지, 상업용지 등으로 구분되며, 각 지목은 법적으로 정해진 용도로만 사용할 수 있다.

개발사업을 원활히 추진하기 위해서는 토지가 사업 목적에 적합한 용도로 지정되어 있어야 하므로, 경우에 따라 기존 지목을 변경하는 절차가 필수적으로 요구된다. 예를 들어, 농지를 택지로 개발하거나 임야를 산업단지로 조성하는 경우에는 반드시 지목을 대지 또는 공업 용지로 변경하여야 한다. 이러한 지목변경은 「국토의 계획 및 이용에 관한 법률」, 「농지법」 등 관련 법령에 따라 적법한 절차를 거쳐 허가를 받아야 하며, 각 지자체의 행정 절차를 준수하여 이루어진다.

지목변경이 수반되는 사업은 단순한 행정 절차를 넘어 개발사업의 핵심적인 요소로 작용하며, 이를 통해 토지의 가치가 상승하고, 해당 부지를 새로운 용도로 활용할 수 있는 법적 기반이 마련된다. 또한, 지목이 변경됨에 따라 취득세, 재산세, 개발부담금 등의 세금과 부담금이 변동될 수 있으므로, 사업시행자는 사전에 관련 법령과 규정을 철저히 검토할 필요가 있다.

따라서, 지목변경이 수반되는 사업은 단순한 개발을 넘어 토지 이용의 합리성과 법적 적합성을 확보하는 중요한 과정이며, 토지 이용의 효율성과 법적 적합성을 확보하기 위한 핵심 절차로 기능한다.

(8) 그 밖에 제1호부터 제6호까지의 사업과 유사한 사업

① 「건축법」에 따른 창고시설의 설치로 사실상 또는 공부상의 지목변경이 수반되는 사업을 위한 용지조성사업
② 「국토의 계획 및 이용에 관한 법률」에 따른 창고시설의 설치를 위한 용지조성사업

③ 「중소기업창업 지원법」에 따른 공장 공장용지조성사업
④ 「산업집적활성화 및 공장설립에 관한 법률」에 따른 산업단지 외의 지역에서의 공장용지 조성사업 및 공장설립을 위한 부지조성 사업
⑤ 「국토의 계획 및 이용에 관한 법률」에 따른 개발행위 허가(신고), 「농지법」에 따른 농지 전용 허가(신고), 「산지관리법」에 따른 산지전용 허가(신고), 「초지법」에 따른 초지전용 허가(신고)에 따라 시행하는 사업으로서 다음의 어느 하나에 해당하는 사업
- 주택을 건축하기 위한 용도로 토지를 개발하는 사업 등 국토교통부령으로 정하는 사업
- 사실상 또는 공부상의 지목변경이 수반되는 사업

3. 부과대상에서 제외되는 개발사업

「개발부담금 부과·징수 업무처리규정」 제2조 제2항은 공익적 목적의 개발사업 또는 공공성이 높은 다음의 사업을 예외적으로 개발부담금 과세대상에서 제외하도록 규정하고 있다. 이러한 규정은 국가 정책과 조화를 이루며, 개발부담금 제도의 실효성을 유지하는 역할을 한다.

① 농지전용허가, 산림 훼손 허가를 받아 「가축분뇨의 관리 및 이용에 관한 법률」 제24조에 따라 설치하는 공공 처리 시설
② 「도로법」에 따른 고속국도 노선지정과 도로구역 결정고시가 있은 후 고속도로 사업으로서 고속도로 내에 휴게소를 설치하는 사업
③ 「도시 및 주거환경정비법」에 따른 주거환경개선사업, 재개발사업(다만, 시행령 별표 1 제4호 다목에 따른 정비사업은 제외한다), 재건축사업 <2022.7.15.>
④ 「공유수면 관리 및 매립에 관한 법률」에 따라 시행하는 공유수면 매립 사업
⑤ 「벤처기업 육성에 관한 특별조치법」에 따라 벤처기업집적시설을 설치하는 사업
⑥ 「사회기반시설에 대한 민간 투자법」에 따른 민간 투자 사업(부대사업을 포함한다)
⑦ 「산업기술단지 지원에 관한 특례법」에 따라 시행하는 산업기술단지 조성 사업
⑧ 「중소기업진흥에 관한 법률」에 따른 소기업 중 다음 각 목의 어느 하나에 해당하는 경우 <개정 2014.12.29.>
㉠ 「산업집적활성화 및 공장설립에 관한 법률」 제2조 제1호에 따른 공장의 건축면적 또는 이에 준하는 사업장의 면적이 1천 제곱미터 미만인 소기업이 「수도권정비계획법」 제2조 제1호에 따른 수도권 외의 지역에서 공장을 신축·증축 또는 이전하려는 경우
㉡ 「수도권정비계획법」 제2조 제1호에 따른 수도권 외의 지역에서 소기업을 100분의 50 이상 유치하는 국가산업단지·일반산업단지·도시첨단산업단지 또는 농공단지를 조성하는 사업

⑨ 「주한미군기지 이전에 따른 평택시 등의 지원 등에 관한 특별법」에 따른 주한미군시설사업
⑩ 「기업도시개발특별법」에 따른 기업도시개발사업
⑪ 「공공주택 특별법」에 따른 공공주택사업 <개정 2016.7.20.>
⑫ 「산업입지 및 개발에 관한 법률」에 따른 산업단지 재생사업 <개정 2016.12.30.>
⑬ 「산업집적 활성화 및 공장설립에 관한 법률」에 따른 산업 단지구조 고도화 사업 <개정 2016.12.30.>

4. 부과대상 개발사업의 규모 기준

가. 사업 대상 토지의 면적규모 기준

개발부담금의 부과대상이 되는 개발사업의 규모는 관계 법률에 따라 국가 또는 지방자치단체로부터 인가·허가·면허 등(신고 포함)을 받은 사업 대상 토지의 면적이 다음에 해당하는 경우로 한다. (영 제4조 제1항)

① 특별시 광역시 또는 특별자치시의 지역 중 도시지역인 지역에서 시행하는 사업의 경우 660㎡ 이상
② 위 ①외의 도시지역인 지역에서 시행하는 사업의 경우 990㎡ 이상
③ 도시지역 중 개발제한구역에서 그 구역의 지정 당시부터 토지를 소유한 자가 그 토지에 대하여 시행하는 사업의 경우 1,650㎡ 이상
④ 도시지역 외의 지역에서 시행하는 사업의 경우 1,650㎡ 이상

이 경우 부과 종료시점 전에 「공간정보의 구축 및 관리 등에 관한 법률」 제84조에 따라 등록 사항 중 면적을 정정한 경우 그 정정된 면적을 기준으로 한다. 다만 「개발이익 환수에 관한 법률 시행령」 별표 1 제7호에 따른 지목변경이 수반되는 개발사업의 경우 부담금 부과대상이 되는 규모는 국가 또는 지방자치단체로부터 인가등을 받은 토지의 면적 중 사실상 또는 공부상(公簿上) 지목이 변경되는 토지의 면적이 해당하는 경우로 한다. 이 경우 하나의 필지가 사실상 둘 이상의 용도로 이용되고 있는 토지의 지목은 「공간정보의 구축 및 관리 등에 관한 법률 시행령」 제59조에 따른다.

나. 면적규모의 특례

(1) 개발사업이 위 ① 내지 ④의 지역 중 둘 이상의 지역에 걸쳐 시행되는 경우에는

부과대상이 되는 토지 면적을 다음의 기준에 의하여 산정한다. (영 제4조 제2항)

- 위 ①의 지역의 1㎡는 ②의 지역의 1.5㎡, ③ 및 ④ 지역의 2.5㎡에 해당.
- 위 ②의 지역의 1㎡는 ③ 및 ④의 지역의 5/3㎡에 해당하는 것으로 본다.

(2) 부분 준공된 토지 등에 대한 부담금 부과대상 면적 산정

① 관계 법령에 따라 부분 준공된 토지의 경우에는 관계 서류상 부분 준공된 면적으로 한다.

② 개발사업의 목적 용도로 사용을 개시한 경우에는 사용 면적으로 하되, 그 사용 면적을 서류 등으로 알 수 없을 때는 건축허가 또는 사업 승인 받은 건축물 또는 구축물의 바닥면적에 시행규칙 제5조에 따른 배율을 곱한 면적으로 한다. 이 경우 대상 토지는 건축물의 착공 또는 실제 사용 개시 시점에서 목적 용도로 사용할 수 있도록 완전히 조성된 상태이어야 하며, 허가 관청의 사용승인이 필요한 경우에는 그 사용승인을 받은 토지를 기준으로 한다.

③ 타인에게 분양 등 처분한 경우에는 처분 면적으로 하되, 처분한 토지가 사실상 개발이 완료된 상태이어야 한다. (징수업무처리규정 제10조)

(3) 기부 토지 또는 국공유지의 면적 제외

종료시점지가와 개시시점지가를 산정할 때 부과대상토지에 국가 또는 지방자치단체에 기부하는 토지 또는 국공유지가 포함되어 있으면 그 부분은 종료시점지가와 개시시점지가의 산정 면적에서 제외한다. (법 제10조 제4항)

(4) 지목변경이 수반되는 개발사업의 경우 면적 산정

지목변경이 수반되는 개발사업(시행령 별표 1 제7호)의 경우 부담금 부과대상이 되는 규모는 국가 또는 지방자치단체로부터 인가 등을 받은 토지의 면적 중 사실상 또는 공부상 지목이 변경되는 토지의 면적이 부과대상 면적에 해당하는 경우로 한다. (하나의 필지가 사실상 둘 이상의 용도로 이용되고 있는 토지의 지목은 「공간정보의 구축 및 관리 등에 관한 법률 시행령」 제59조에 따름)

또한, 시행령 별표 1 제7호에 따른 지목변경이 수반되는 개발사업의 경우 인가 등을 받은 면적 중 그 사업이 종료된 후 사실상 또는 공부상 지목이 변경된 면적에 한하여

개발이익이 발생한 것으로 본다. (영 제4조 제4항, 영 제14조 제2항)

관련법령 「공간정보의 구축 및 관리 등에 관한 법률 시행령」 제59조(지목의 설정 방법 등)

① 법 제67조 제1항에 따른 지목의 설정은 다음의 방법에 따른다.
  1. 필지마다 하나의 지목을 설정할 것
  2. 1필지가 둘 이상의 용도로 활용되는 경우에는 주된 용도에 따라 지목을 설정할 것
② 토지가 일시적 또는 임시적인 용도로 사용될 때는 지목을 변경하지 아니한다.

이 경우 개발사업에 대한 부담금을 산정할 때 그 개발비용은 총지출 비용 중 지목이 변경된 부분에 지출된 비용으로 하되, 지목이 변경된 부분에 지출된 비용을 명확하게 구분할 수 없는 경우에는 면적 비율에 의한다. (영 제14조 제3항)

(5) 부과대상사업의 면적산정 방법(개발부담금 부과·징수 업무처리규정 제3조)

① 임대의무기간이 4년 이상인 국민주택규모 이하의 임대아파트와 분양아파트 건설사업을 단일사업으로 시행할 경우에는 전체 면적 중 임대아파트에 해당하는 면적(임대아파트 단지 내 부대 복리시설을 포함한다)을 제외한 분양아파트 면적(동 면적이 부과대상 규모인 경우에 한한다)에 대해서만 개발부담금을 부과한다.

② 사업 종료에 따른 확정측량 결과 지적 오차 등으로 인해 당초 인가 등을 받은 면적과 차이가 있어 면적 기재 사항이 변경되는 경우에는 그 변경된 면적을 인가 등을 받은 면적으로 보아 개발부담금을 부과한다.

③ 관계 법률의 규정에 의하여 국가 또는 지방자치단체로부터 부과대상사업 규모 이상으로 인가를 받아 개발사업을 착수한 후에 사업 계획 변경으로 사업 면적이 축소된 경우에는, 사업 계획의 변경으로 축소된 부분은 부과개시시점부터 사업 계획 변경 시점까지의 기간에 대하여 개발부담금을 부과하고, 나머지 부분에 대해서는 전체 사업 기간에 대하여 부과한다. 다만, 개발사업의 인가 등을 받은 후 형질변경 등 사업착수를 하지 않은 상태에서 사업 계획의 변경으로 사업 면적만이 축소된 경우 또는 사업 계획의 변경으로 대상 사업 면적에서 제외된 부분에 사업을 착수하지 않은 경우(후자의 경우 해당 토지를 「공간정보의 구축 및 관리 등에 관한 법률」 제79조에 따라 분할한 경우에 한한다)에는 변경 승인된 면적을 기준으로 개발부담금을 부과하되 축소된 면적이 영 제4조에서 정한 면적 이하일 경우에는 개발부담금을 부과하지 않는다. 이 경우 사업에 착수하지 않았다는 사실 증명은 해당 사업시행자가 하여야 한다.

④ 토지형질 변경 허가 사업과 관련하여 당해 사업 면적에 도로용지 등 국가나 지방자치단체에 기부하는 토지나 국·공유지가 포함되어 있는 경우에는 종료시점지가와 개시시점지가의 산정 면적에서 이를 제외한다.

⑤ 「지역특화발전특구에 대한 규제특례법」에 따른 특화사업의 경우 인가 등을 받은 전체 면적 중 토지개발이 이루어지는 면적에 대해서만 개발부담금을 부과한다.

다. 연접사업(법 제5조 제2항·제3항, 영 제4조 제1항)

(1) 개념 및 규정의 목적

"연접사업"이란 동일인이 소유한 인접한 토지에서 일정 기간 내에 연속적으로 개발사업을 시행하는 경우, 이를 하나의 개발사업으로 간주하는 개념이다. 이는 「개발이익 환수에 관한 법률」 제5조 제2항 및 제3항, 같은 법 시행령 제4조 제1항에 근거하여, 개발부담금의 부과대상과 범위를 명확히 규정하기 위한 법적 기준으로 마련되었다.

이 제도의 주요 목적은 개발이익의 공정한 환수를 보장하고, 개발부담금 부과를 회피하기 위한 인위적인 사업 분할을 방지하는 것이다. 즉, 개발사업을 인위적으로 분할하여 부담금을 줄이려는 시도를 방지하고, 적정한 수준의 개발부담금을 부과하기 위해 도입된 제도적 장치다.

따라서, 사업시행자는 연접사업 요건을 면밀히 검토하여, 불필요한 법적 분쟁을 예방하고 예상치 못한 개발부담금이 부과되는 상황을 방지해야 한다. 또한, 개발사업을 추진하기 전에 법적·재정적 위험성을 철저히 분석하고, 연접사업에 대한 법적 기준을 정확히 이해하는 것이 필수적이다.

(2) 연접사업 성립 요건

① 5년 이내 개발사업 연속 시행

동일인이 하나의 개발사업이 종료된 후 5년 이내에 연접한 토지에서 새로운 개발사업의 인가를 받은 경우 연접사업으로 간주한다.

② 동일인 여부

법적으로 서로 다른 명의로 등재되어 있어도 실질적인 소유권이 동일한 경우 연접사업으로 간주할 수 있다. '동일인'의 범위에는 법인뿐만 아니라, 자연인의 경우 배우자 및 직계 존·비속 등과 실질적인 지배 관계가 인정되는 소유관계도 포함될 수 있다.

③ 사실상 분할 개발 여부

동일인이 연접한 토지 또는 연속된 일단의 토지에서 개발사업을 분할하여 시행한 경우 개별 사업이 아닌 하나의 개발사업으로 간주 된다. 특히, 인위적인 사업 분할을 통해 개발부담금 부과를 회피하려는 시도가 확인될 경우, 관계 기관은 이를 종합적으로 판단하여 하나의 개발사업으로 간주할 수 있다.

(3) 부과대상 면적의 산정

개발부담금의 부과 면적도 연접사업 기준에 따라 달라진다. 동일인이 5년 이내 연접하여 시행한 개발사업의 면적은 모두 합산하여 하나의 개발사업 면적으로 산정되며, 이에 따라 개발부담금이 부과된다. 즉, 개별적으로 사업 인가를 받았더라도 연접사업으로 인정될 경우, 개발부담금이 전체 면적 기준으로 적용될 수 있다. 또한, 사업이 서로 다른 시기에 인가되었더라도, 연접사업으로 인정되면 모든 사업지의 면적을 합산하여 개발부담금이 부과된다.

특히, 연접사업이 인정될 경우, 개발부담금 부과 시점 또한 사업 간의 연속성을 고려하여 조정될 수 있다. 따라서, 사업자는 개별 사업의 진행 시점뿐만 아니라, 장기적인 사업 계획 내에서 개발부담금의 영향을 분석하는 것이 중요하다.

(4) 예외(협동화 사업 단지 조성 사업)

연접사업의 일반적인 적용 원칙에도 불구하고, 특정한 사업 유형의 경우 연접사업 규정에서 예외가 인정된다. 대표적인 예외로 「중소기업진흥에 관한 법률」 및 「산업집적활성화 및 공장설립에 관한 법률」에 따라 시행되는 협동화 사업 단지 조성 사업과 일부 산업단지 조성 사업이 이에 해당한다. 협동화 사업 단지 조성 사업은 중소기업들이 공동으로 산업단지를 조성하면서도 각 기업이 독립적으로 운영하는 사업으로, 일반적인 연접사업과는 다른 기준이 적용된다. 이는 「중소기업진흥에 관한 법률」에 근거하여 시행되며, 중소기업의 경쟁력 강화를 위한 특례 규정이 인정된다.

협동화 사업 단지 조성 사업과 유사하게, 특정 공공 기반 시설 조성 사업 또한 연접사업의 적용 대상에서 제외될 수 있다. 이는 국가 및 지자체 차원에서 추진되는 도시개발 및 산업단지 조성뿐만 아니라, 일부 공공목적의 개발사업에도 적용될 수 있으며,

단순한 연접 여부보다 정책적 목적이 우선 고려되기 때문이다.

「중소기업진흥에 관한 법률」에 따라 시행되는 협동화 사업 단지 조성 사업의 개발부담금은 참여한 중소기업별로 개별적으로 산정되며, 각 기업이 실질적으로 사용하는 부지만 부담금 부과대상이 된다. 또한, 도로·공원 등 공동시설 부지에 대해서는 단순한 지분 비율뿐만 아니라, 실질적인 이용 형태 및 공공 기여도를 고려하여 부담금이 배분될 수 있도록 조정된다. 이는 협동화사업단 지가 하나의 단일 개발사업이 아닌, 개별 기업이 독립적으로 운영하는 형태임을 반영한 조치이다.

따라서, 협동화 사업 단지 조성 사업의 개발부담금 대상 규모를 산정할 때에는 참여 중소기업별 면적(공동시설 부지에 대한 지분 면적 포함)을 기준으로 각각의 개발사업이 개별적으로 진행되는 것으로 간주한다.

이러한 특례를 통해 중소기업들의 산업단지 조성이 촉진되며, 사업시행자의 재정적 부담이 완화될 수 있다.

관련법령

[법 제5조 제2항]

동일인이 연접(連接)한 토지를 대통령령으로 정하는 기간 이내에 사실상 분할하여 개발사업을 시행한 경우에는 전체의 토지에 하나의 개발사업이 시행되는 것으로 본다.

[영 제4조 제1항 후단]

이 경우 동일인[법인을 포함하며, 자연인인 경우에는 배우자 및 직계존비속(直系尊卑屬)을 포함한다. 이하 같다]이 연접(連接)한 토지[동일인이 소유한 연속된 일단(一團)의 토지인 경우를 포함한다]에 하나의 개발사업이 끝난 후 5년 이내에 개발사업의 인가 등을 받아 사실상 분할하여 시행하는 경우에는 각 사업의 대상 토지 면적을 합한 토지에 하나의 개발사업이 시행되는 것으로 본다.

[영 제4조 제3항]

③ 「중소기업진흥에 관한 법률」에 따라 시행하는 협동화 사업 단지 조성 사업의 규모를 산정하는 경우에는 제1항에도 불구하고 해당 협동화 사업 단지 조성 사업에 참여한 중소기업자별 면적(공동시설부지에 대하여 중소기업자별 지분에 따라 산정한 면적을 포함한다)의 토지에 각각의 개발사업이 시행되는 것으로 본다.

관련법령 | 비수도권 지역에서 시행하는 개발부담금 부과대상사업의 토지 면적에 관한 임시 특례(영 제4조의3)

「수도권정비계획법」에 따른 수도권이 아닌 지역에서 시행하는 별표 1에 따른 개발사업으로서 2023년 9월 1일부터 2024년 12월 31일까지 인가 등을 받은 사업의 개발부담금 부과대상 토지 면적에 대해서는 제4조 제1항 제1호부터 제4호까지의 규정에도 불구하고 다음의 구분에 따른다.

① 특별시·광역시 또는 특별자치시의 지역 중 도시지역인 지역에서 시행하는 사업의 경우 1천 제곱미터 이상
② 제①호 외의 도시지역인 지역에서 시행하는 사업의 경우 1천500제곱미터 이상
③ 도시지역 중 개발제한구역에서 그 구역의 지정 당시부터 토지를 소유한 자가 그 토지에 대하여 시행하는 사업의 경우 2천500제곱미터 이상
④ 도시지역 외의 지역에서 시행하는 사업의 경우 2천500제곱미터 이상

관련법령 | 부과대상사업의 토지 면적 임시 특례(영 제4조의2)

2017년 1월 1일부터 2019년 12월 31일까지 인가 등을 받은 사업의 개발부담금 부과대상토지 면적에 대해서는 제4조 제1항 제1호부터 제4호까지의 규정에도 불구하고 다음 각호의 구분에 따른다.
① 특별시·광역시 또는 특별자치시의 지역 중 도시지역인 지역에서 시행하는 사업의 경우 1천 제곱미터 이상
② 제①호 외의 도시지역인 지역에서 시행하는 사업의 경우 1천500제곱미터 이상
③ 도시지역 중 개발제한구역에서 그 구역의 지정 당시부터 토지를 소유한 자가 그 토지에 대하여 시행하는 사업의 경우 2천500제곱미터 이상
④ 도시지역 외의 지역에서 시행하는 사업의 경우 2천500제곱미터 이상

관련예규 개발부담금 부과대상사업의 토지 면적에 관한 임시 특례 적용 규제 완화 사항 알림 (토지정책과-2355, 2020.3.16.)

1. 우리부 토지정책과-9155(2019.12.11.) 및 「2020년 제1회 규제혁신심의회」 관련입니다.
2. 개발부담금 부과대상사업의 토지 면적에 관한 임시 특례 기간(2017년 1월 1일부터 2019년 12월 31일까지) 중 인가 등을 받은 개발사업에 대하여 특례기간이 종료된 후 변경 인가를 받게 되면 「개발이익 환수에 관한 법률 시행령」(이하 "영") 제4조가 적용되나,

   「2020년 제1차 규제혁신심의회」의 심의 의결에 따라 토지 면적의 변경이 없거나 토지 면적이 축소되는 변경 인가의 경우에 한하여, 영 제4조의2의 임시 특례를 계속 적용할 수 있도록 규제 완화하였음을 알려 드립니다.

* (일시) 2020.3.11.~3.13.(3일간 · 서면), (위원)국토교통부 1차관(위원장) 등 15인(심의 · 의결) 개발부담금 부과대상사업 임시 특례 적용례 완화 등 12건 규제 완화

3. 다만, 특례기간 중 인가 등을 받아 특례기간이 종료된 후 변경 인가를 받았더라도 토지면적이 증가하는 경우나 연접 규정을 적용하는 경우 등에는 영 제4조를 적용하여야 하오니, 업무에 착오 없으시길 바라며 민원인(사업시행자) 등에게도 동 내용을 안내하여 주시기 바랍니다.

※ 부과기준 면적의 변천 과정

구 분 (사업 인 · 허가일)	특별 · 광역시 도시지역	특별 · 광역시 외 도시지역	도시지역 중 개발제한구역	비도시 지역
• 2006.12.31. 이전 • 2020.1.1. 이후 • 2025.1.1. 이후 (비수도권 포함)	660㎡	990㎡	1,650㎡	1,650㎡
• 2017.1.1.~2019.12.31. • 2023.9.1.~2024.12.31. (비수도권)	1,000㎡	1,500㎡	2,500㎡	2,500㎡

[부담금 부과대상 개발사업 (제4조 관련)]

[개발이익환수법 시행령 별표 1] (개정 2021.7.27.)

사업 종류	근거 법률 및 사업명	비 고
1. 택지개발사업(주택단지조성사업을 포함한다)	다음 각 목의 어느 하나에 해당하는 사업	다음의 어느 하나에 해당하는 사업은 제외한다. 1) 다음의 구분에 따른 기간 이상 임대하기 위하여 국민주택규모(「주택법」 제2조 제6호에 따른 국민주택규모를 말한다. 이하 같다) 이하의 임대주택(「공공주택 특별법」에 따른 공공임대주택 또는 「민간임대주택에 관한 특별법」에 따른 민간임대주택을 말한다)을 건설하는 사업. 다만, 다음의 구분에 따른 기간이 되기 전에 분양전환하거나 임대사업자가 아닌 자에게 양도하는 경우 해당 건설사업은 제외한다. 가) 공공임대주택 : 5년 나) 민간임대주택 : 4년 2) 「공익사업을 위한 토지 등의 취득 및 보상에 관한 법률」 제78조에 따른 이주대책대상자를 위한 주택지조성사업 및 주택건설사업

사업 종류	근거 법률 및 사업명	비　　고
		3) 「주택법」 제4조제1항제4호에 따른 공익법인이 무주택자를 위하여 시행하는 주택지조성사업 및 국민주택규모 이하의 주택건설사업
	가. 「주택법」에 따른 대지조성사업	
	나. 「주택법」에 따른 주택건설사업	다음의 어느 하나에 해당하는 주택건설사업은 제외한다. 1) 「택지개발촉진법」에 따른 택지개발사업 등 국토교통부령으로 정하는 개발부담금 부과대상 개발사업의 시행(이하 "토지개발사업시행"이라 한다)으로 조성이 끝난 토지에서 최초로 시행하는 주택건설사업 2) 주택건설사업과 동시에 이루어지는 토지개발사업시행으로 조성되는 토지에서 최초로 시행하는 주택건설사업 3) 「도시개발법」에 따른 환지(換地) 방식의 도시개발사업 시행으로 조성이 끝난 토지나 해당 주택건설사업과 동시에 이루어지는 환지방식의 도시개발사업 시행으로 조성되는 토지에서 최초로 시행하는 주택건설사업
	다. 「택지개발촉진법」에 따른 택지개발사업	
2. 산업단지개발사업	가. 「산업입지 및 개발에 관한 법률」에 따른 국가산업단지개발사업	
	나. 「산업입지 및 개발에 관한 법률」에 따른 일반산업단지개발사업	
	다. 「산업입지 및 개발에 관한 법률」에 따른 도시첨단산업단지개발사업	

사업 종류	근거 법률 및 사업명	비 고
	라. 산업입지 및 개발에 관한 법률」에 따른 농공단지개발사업	
	마. 「중소기업진흥에 관한 법률」에 따른 협동화사업 단지조성사업	
3. 관광단지조성사업(온천개발사업을 포함한다)	가. 「관광진흥법」에 따른 관광지조성사업	
	나. 「관광진흥법」에 따른 관광단지조성사업	
	다. 「국토의 계획 및 이용에 관한 법률」에 따른 유원지 설치사업	국토교통부령으로 정하는 사업으로 한정한다.
	라. 「도시공원 및 녹지 등에 관한 법률」에 따른 공원사업	국토교통부령으로 정하는 사업으로 한정한다.
	마. 「온천법」에 따른 굴착사업	
	바. 「온천법」에 따른 온천 개발사업	
	사. 「자연공원법」에 따른 공원 사업	국토교통부령으로 정하는 사업으로 한정한다.
4. 도시개발사업, 지역개발사업 및 도시환경정비사업	가. 「경제자유구역의 지정 및 운영에 관한 특별법」에 따른 경제자유구역개발사업	수도권 외의 지역에서 산업용지(「산업입지 및 개발에 관한 법률」 제2조제7호의2에 따른 산업시설용지와 이와 관련된 교육·연구·업무·지원·정보처리·유통 시설용 용지를 말한다)를 조성하는 경우는 제외한다.
	나. 「도시개발법」에 따른 도시개발사업	환지 방식의 도시개발사업은 제외한다.
	다. 「도시 및 주거환경정비법」에 따른 정비사업	1) 상업지역·공업지역 등에서 도시기능의 회복 및 상권 활성화 등을 위해 도시환경을 개선하기 위한 사업으로서 「도시 및 주거환경정비법 시행령」

사업 종류	근거 법률 및 사업명	비 고
		별표 1 제2호 가목부터 바목까지에 해당하는 지역에서 시행하는 정비사업으로 한정한다. 2) 공장을 건설하는 경우는 제외한다. 3) 「주택법」 제2조 제6호에 따른 국민주택규모의 임대주택(「공공주택 특별법」에 따른 공공임대주택 또는 「민간임대주택에 관한 특별법」에 따른 민간임대주택을 말하며, 다음의 구분에 따른 기간이 되기 전에 분양전환하거나 임대사업자가 아닌 자에게 양도하는 임대주택은 제외한다)을 건설하는 사업 부분은 제외한다. 가) 공공임대주택의 경우 : 5년 나) 민간임대주택의 경우 : 4년
	라. 「제주특별자치도 설치 및 국제자유도시 조성을 위한 특별법」에 따른 국제자유도시개발사업	다음의 어느 하나에 해당하는 경우는 제외한다. 1) 특별개발우대사업의 경우 2) 제주투자진흥지구 안의 토지를 개발하는 경우 3) 산업용지(「산업입지 및 개발에 관한 법률」 제2조제7호의2에 따른 산업시설용지와 이와 관련된 교육·연구·업무·지원·정보처리·유통 시설용 용지를 말한다)를 조성하는 경우
	마. 「주한미군기지 이전에 따른 평택시 등의 지원 등에 관한 특별법」에 따른 평택시개발사업	
	바. 「주한미군기지 이전에 따른 평택시 등의 지원 등에 관한 특별법」에 따른 국제화계획지구 개발사업	
	사. 「지역 개발 및 지원에 관한 법률」에 따른 지역개발사업	

사업 종류	근거 법률 및 사업명	비 고
	아.「규제자유특구 및 지역특화발전특구에 관한 규제특례법」에 따른 특화사업	중소기업이 공장용지를 조성하는 경우는 제외한다.
5. 교통시설 및 물류시설 용지 조성사업	다음 각 목의 어느 하나에 해당하는 사업을 위한 용지조성사업	
	가.「국토의 계획 및 이용에 관한 법률」에 따른 자동차 및 건설기계 운전학원 설치사업	「국토의 계획 및 이용에 관한 법률」 제86조제5항에 따라 특별시장·광역시장·특별자치시장·특별자치도지사·시장 또는 군수 외의 자가 도시·군계획시설사업으로 시행하는 경우를 말한다.
	나.「국토의 계획 및 이용에 관한 법률」에 따른 여객자동차터미널사업	
	다.「국토의 계획 및 이용에 관법률」에 따른 유통업무설비 설치사업	「국토의 계획 및 이용에 관한 법률」 제86조제5항에 따라 특별시장·광역시장·특별자치시장·특별자치도지사·시장 또는 군수 외의 자가 도시·군계획시설사업으로 시행하는 경우를 말하며, 국토교통부령으로 정하는 경우는 제외한다.
	라.「물류시설의 개발 및 운영에 관한 법률」에 따른 물류단지개발사업	
	마.「물류시설의 개발 및 운영에 관한 법률」에 따른 물류터미널사업	
	바.「여객자동차 운수사업법」에 따른 여객자동차터미널사업	

사업 종류	근거 법률 및 사업명	비 고
6. 체육시설 부지조성사업(골프장건설사업 및 경륜장·경정장 설치사업을 포함한다)	가. 「경륜·경정법」에 따른 경륜장 설치사업	
	나. 「경륜·경정법」에 따른 경정장 설치사업	
	다. 「국토의 계획 및 이용에 관한 법률」에 따른 골프장 건설사업	
	라. 「체육시설의 설치·이용에 관한 법률」에 따른 체육시설업을 위한 부지조성사업	골프장업, 스키장업, 자동차경주장업, 승마장업 및 종합체육시설업으로 한정한다.
7. 지목변경이 수반되는 사업	「건축법」에 따른 건축물(국토교통부령으로 정하는 건축물로 한정한다)의 건축(「건축법」 제19조에 따른 용도변경을 포함한다)으로 사실상 또는 공부상의 지목변경이 수반되는 사업	지목변경으로 부담금이 부과된 토지에 대한 사업의 경우 그 부담금 부과 당시의 지목을 그 부담금 부과 전의 지목으로 변경하는 경우는 제외한다.
8. 그 밖에 제1호부터 제6호까지의 사업과 유사한 사업	가. 「건축법」에 따른 창고시설의 설치로 사실상 또는 공부상의 지목변경이 수반되는 사업을 위한 용지조성사업	
	나. 「국토의 계획 및 이용에 관한 법률」에 따른 창고시설의 설치를 위한 용지조성사업	창고시설의 설치는 「국토의 계획 및 이용에 관한 법률」 제56조에 따른 개발행위허가를 받거나, 같은 법 제86조제5항에 따라 특별시장·광역시장·특별자치시장·특별자치도지사·시장 또는 군수 외의 자가 도시·군계획시설사업으로 시행하는 경우를 말한다.

사업 종류	근거 법률 및 사업명	비 고
	다.「중소기업창업 지원법」에 따른 공장용지조성사업	
	라.「산업집적활성화 및 공장설립에 관한 법률」에 따른 산업단지 외의 지역에서의 공장용지조성사업 및 공장설립을 위한 부지조성사업	
	마.「국토의 계획 및 이용에 관한 법률」에 따른 개발행위 허가(신고),「농지법」에 따른 농지전용 허가(신고),「산지관리법」에 따른 산지전용 허가(신고),「초지법」에 따른 초지전용 허가(신고)에 따라 시행하는 사업으로서 다음의 어느 하나에 해당하는 사업	
	1) 주택을 건축하기 위한 용도로 토지를 개발하는 사업 등 국토교통부령으로 정하는 사업	
	2) 사실상 또는 공부상의 지목변경이 수반되는 사업	다음의 어느 하나에 해당하는 경우는 제외한다. 가) 건축물을 건축하거나 농지·산지 또는 초지를 조성하는 경우 나) 지목변경으로 부담금이 부과된 토지에 대한 사업의 경우 그 부담금 부과 당시의 지목을 그 부담금 부과 전의 지목으로 변경하는 경우

※ 비고
개별 법령에서 특정한 사업에 대하여 인가등을 받으면 위 표 제1호부터 제8호까지에서 규정한 개발사업의 인가등을 받은 것으로 보는 경우에는 부담금 부과대상 개발사업으로 본다.

[유원지 설치사업 및 공원사업으로서 개발부담금 부과대상 개발사업]

(제4조 제3항 관련)

■ 개발이익 환수에 관한 법률 시행규칙 [별표 1] <개정 2014.7.14.>

1. 유원지 설치사업 : 「도시·군계획시설의 결정·구조 및 설치기준에 관한 규칙」 제58조 제2항 각 호의 시설 중 유희시설·골프연습장·휴게실·숙박시설(유스호스텔은 제외한다) 및 일반음식점을 설치하기 위한 사업
2. 「도시공원 및 녹지 등에 관한 법률 시행규칙」 별표 1에 따른 공원시설 중 유희시설·골프연습장 및 일반음식점을 설치하기 위한 사업
3. 「자연공원법」 제2조 제10호에 따른 공원시설로서 「건축법 시행령」 별표 1 제15호 나목에 따른 휴양 콘도미니엄을 설치하기 위한 사업

[개발부담금 부과대상 개발사업]

(제4조 제5항 및 제6항 관련)

■ 개발이익 환수에 관한 법률 시행규칙 [별표 2] <개정 2023.4.24.>

1. 「건축법 시행령」 별표 1에 따른 건축물 중 다음 각 목의 어느 하나에 해당하는 건축물을 건축하기 위한 용도로 토지를 개발하는 사업(「건축법」 제22조에 따른 사용승인을 받은 날부터 5년 이내에 「건축법」 제19조에 따라 다음 각 목의 건축물로 용도를 변경하는 경우를 포함한다)
   가. 「건축법 시행령」 별표 1 제1호에 따른 단독주택(라목은 제외한다) 및 같은 표 제2호에 따른 공동주택. 다만, 「주택법」 제9조 제1항 제4호에 따른 공익법인이 무주택자를 위하여 단독주택 또는 공동주택을 건축하는 경우는 제외한다.
   나. 「건축법 시행령」 별표 1 제3호에 따른 제1종 근린생활시설(바목·사목·아목 및 차목은 제외한다) 및 같은 표 제4호에 따른 제2종 근린생활시설
   다. 「건축법 시행령」 별표 1 제5호에 따른 문화 및 집회시설(라목 및 마목은 제외한다), 같은 표 제7호에 따른 판매시설, 같은 표 제8호에 따른 운수시설(가목으로 한정한다) 및 같은 표 제13호에 따른 운동시설
   라. 「건축법 시행령」 별표 1 제14호에 따른 업무시설(가목은 제외한다), 같은 표 제15호에 따른 숙박시설, 같은 표 제16호에 따른 위락시설, 같은 표 제17호에 따른 공장 및 같은 표 제18호에 따른 창고시설

마. 「건축법 시행령」 별표 1 제19호에 따른 위험물 저장 및 처리 시설(가목 및 나목으로 한정한다), 같은 표 제20호에 따른 자동차 관련 시설(건설기계 관련 시설을 포함하되, 같은 호 자목은 제외한다) 및 같은 표 제27호에 따른 관광휴게시설

2. 「체육시설의 설치·이용에 관한 법률 시행규칙」 별표 4 제2호 가목·카목 및 하목에 따른 골프장업·골프연습장업 및 썰매장업을 운영하기 위하여 토지를 개발하는 사업

[건축물의 건축 관련 부과대상사업 판정 점검 사항]

■ 개발부담금 부과·징수 업무처리규정 제2조의2

① 건축물 사용승인일부터 5년 이내에 변경하는 경우
지목변경, 개발행위허가 등을 수반하는 건축물의 건축으로서 당초에는 부과대상인 건축물의 종류에 해당하지 아니하였으나, 건축물 사용승인일부터 5년 이내에 부과대상인 건축물의 종류로 「건축법」 제19조에 따라 용도변경을 하는 경우는 지목변경, 개발행위허가 등을 수반하지 않더라도 개발부담금 부과대상사업에 포함되며, 이 경우 부과개시시점은 용도변경 인가일이 된다.

② 건축사업의 시행 기간 중에 건축물의 종류가 변경되는 경우
지목변경, 개발행위허가 등을 수반하는 건축물의 건축으로서 건축사업의 시행기간 중에 「건축법」 제16조에 따른 변경에 의하여 건축물의 종류가 변경되는 경우는 최종 사용승인을 득한 건축물의 종류가 부과대상인 건축물의 종류에 해당하는지에 따라 부과대상사업 여부가 결정되며, 부과개시시점은 부과대상사업에서 부과대상사업으로 변경된 경우는 최초 인허가를 받은 날, 부과제와 사업에서 부과대상사업으로 변경된 경우는 변경인가 등을 받은 날이 된다.

③ 지목변경이나 별도의 개발행위허가 절차를 수반하지 않는 단순 건축물의 건축허가 사업은 부과대상사업에 포함되지 않는다.

[개발부담금 부과대상 건축물 〈밑줄〉]
용도별 건축물의 종류 (제3조의5 관련)

■ 건축법 시행령 [별표 1] <개정 2025.1.21.>

1. 단독주택[단독주택의 형태를 갖춘 가정어린이집·공동생활가정·지역아동센터·공동육아나눔터(「아이돌봄 지원법」 제19조에 따른 공동육아나눔터를 말한다.
이하 같다)·작은도서관(「도서관법」 제4조 제2항 제1호 가목에 따른 작은도서관을 말하며, 해당 주택의 1층에 설치한 경우만 해당한다. 이하 같다) 및 노인복지시설(노인복지주

택은 제외한다)을 포함한다]

가. 단독주택

나. 다중주택 : 다음의 요건을 모두 갖춘 주택을 말한다.

1) 학생 또는 직장인 등 여러 사람이 장기간 거주할 수 있는 구조로 되어 있는 것

2) 독립된 주거의 형태를 갖추지 않은 것(각 실별로 욕실은 설치할 수 있으나, 취사시설은 설치하지 않은 것을 말한다)

3) 1개 동의 주택으로 쓰이는 바닥면적(부설 주차장 면적은 제외한다. 이하 같다)의 합계가 660제곱미터 이하이고 주택으로 쓰는 층수(지하층은 제외한다)가 3개 층 이하일 것. 다만, 1층의 전부 또는 일부를 필로티 구조로 하여 주차장으로 사용하고 나머지 부분을 주택(주거 목적으로 한정한다) 외의 용도로 쓰는 경우에는 해당 층을 주택의 층수에서 제외한다.

4) 적정한 주거환경을 조성하기 위하여 건축조례로 정하는 실별 최소 면적, 창문의 설치 및 크기 등의 기준에 적합할 것

다. 다가구주택 : 다음의 요건을 모두 갖춘 주택으로서 공동주택에 해당하지 아니하는 것을 말한다.

1) 주택으로 쓰는 층수(지하층은 제외한다)가 3개 층 이하일 것. 다만, 1층의 전부 또는 일부를 필로티 구조로 하여 주차장으로 사용하고 나머지 부분을 주택(주거 목적으로 한정한다) 외의 용도로 쓰는 경우에는 해당 층을 주택의 층수에서 제외한다.

2) 1개 동의 주택으로 쓰이는 바닥면적의 합계가 660제곱미터 이하일 것

3) 19세대(대지 내 동별 세대수를 합한 세대를 말한다) 이하가 거주할 수 있을 것

라. 공관(公館)

2. 공동주택[공동주택의 형태를 갖춘 가정어린이집 · 공동생활가정 · 지역아동센터 · 공동육아나눔터 · 작은도서관 · 노인복지시설(노인복지주택은 제외한다) 및 「주택법 시행령」 제10조 제1항 제1호에 따른 소형 주택을 포함한다]. 다만, 가목이나 나목에서 층수를 산정할 때 1층 전부를 필로티 구조로 하여 주차장으로 사용하는 경우에는 필로티 부분을 층수에서 제외하고, 다목에서 층수를 산정할 때 1층의 전부 또는 일부를 필로티 구조로 하여 주차장으로 사용하고 나머지 부분을 주택(주거 목적으로 한정한다) 외의 용도로 쓰는 경우에는 해당 층을 주택의 층수에서 제외하며, 가목부터 라목까지의 규정에서 층수를 산정할 때 지하층을 주택의 층수에서 제외한다.

가. 아파트 : 주택으로 쓰는 층수가 5개 층 이상인 주택

나. 연립주택 : 주택으로 쓰는 1개 동의 바닥면적(2개 이상의 동을 지하주차장으로 연결하는 경우에는 각각의 동으로 본다) 합계가 660제곱미터를 초과하고, 층수가 4개 층 이하인 주택

다. 다세대주택 : 주택으로 쓰는 1개 동의 바닥면적 합계가 660제곱미터 이하이고, 층수가 4개 층 이하인 주택(2개 이상의 동을 지하주차장으로 연결하는 경우에는 각각의 동으로 본다)

라. 기숙사 : 다음의 어느 하나에 해당하는 건축물로서 공간의 구성과 규모 등에 관하여 국토교통부장관이 정하여 고시하는 기준에 적합한 것. 다만, 구분 소유된 개별 실(室)은 제외한다.

1) 일반기숙사 : 학교 또는 공장 등의 학생 또는 종업원 등을 위하여 사용하는 것으로서 해당 기숙사의 공동취사시설 이용 세대 수가 전체 세대 수(건축물의 일부를 기숙사로 사용하는 경우에는 기숙사로 사용하는 세대 수로 한다. 이하 같다)의 50퍼센트 이상인 것(「교육기본법」 제27조 제2항에 따른 학생복지주택을 포함한다)

2) 임대형기숙사 : 「공공주택 특별법」 제4조에 따른 공공주택사업자 또는 「민간임대주택에 관한 특별법」 제2조 제7호에 따른 임대사업자가 임대사업에 사용하는 것으로서 임대 목적으로 제공하는 실이 20실 이상이고 해당 기숙사의 공동취사시설 이용 세대 수가 전체 세대 수의 50퍼센트 이상인 것

3. 제1종 근린생활시설

가. 식품 · 잡화 · 의류 · 완구 · 서적 · 건축자재 · 의약품 · 의료기기 등 일용품을 판매하는 소매점으로서 같은 건축물(하나의 대지에 두 동 이상의 건축물이 있는 경우에는 이를 같은 건축물로 본다. 이하 같다)에 해당 용도로 쓰는 바닥면적의 합계가 1천 제곱미터 미만인 것

나. 휴게음식점, 제과점 등 음료 · 차(茶) · 음식 · 빵 · 떡 · 과자 등을 조리하거나 제조하여 판매하는 시설(제4호 너목 또는 제17호에 해당하는 것은 제외한다)로서 같은 건축물에 해당 용도로 쓰는 바닥면적의 합계가 300제곱미터 미만인 것

다. 이용원, 미용원, 목욕장, 세탁소 등 사람의 위생관리나 의류 등을 세탁 · 수선하는 시설(세탁소의 경우 공장에 부설되는 것과 「대기환경보전법」, 「물환경보전법」 또는 「소음 · 진동관리법」에 따른 배출시설의 설치 허가 또는 신고의 대상인 것은 제외한다)

라. 의원, 치과의원, 한의원, 침술원, 접골원(接骨院), 조산원, 안마원, 산후조리원 등 주민의 진료 · 치료 등을 위한 시설

마. 탁구장, 체육도장으로서 같은 건축물에 해당 용도로 쓰는 바닥면적의 합계가 500제곱미터 미만인 것

바. 지역자치센터, 파출소, 지구대, 소방서, 우체국, 방송국, 보건소, 공공도서관, 건강보험공단 사무소 등 주민의 편의를 위하여 공공업무를 수행하는 시설로서 같은 건축물에 해당 용도로 쓰는 바닥면적의 합계가 1천 제곱미터 미만인 것

사. 마을회관, 마을공동작업소, 마을공동구판장, 공중화장실, 대피소, 지역아동센터(단독주택과 공동주택에 해당하는 것은 제외한다) 등 주민이 공동으로 이용하는 시설

아. 변전소, 도시가스배관시설, 통신용 시설(해당 용도로 쓰는 바닥면적의 합계가 1천제곱미터 미만인 것에 한정한다), 정수장, 양수장 등 주민의 생활에 필요한 에너지공급 · 통신서비스제공이나 급수 · 배수와 관련된 시설

자. 금융업소, 사무소, 부동산중개사무소, 결혼상담소 등 소개업소, 출판사 등 일반업무시설로서 같은 건축물에 해당 용도로 쓰는 바닥면적의 합계가 30제곱미터 미만인 것

차. 전기자동차 충전소(해당 용도로 쓰는 바닥면적의 합계가 1천제곱미터 미만인 것으로 한정한다)

카. 동물병원, 동물미용실 및 「동물보호법」 제73조 제1항 제2호에 따른 동물위탁관리업을 위한 시설로서 같은 건축물에 해당 용도로 쓰는 바닥면적의 합계가 300제곱미터 미만인 것

4. 제2종 근린생활시설

가. 공연장(극장, 영화관, 연예장, 음악당, 서커스장, 비디오물감상실, 비디오물 소극장, 그 밖에 이와 비슷한 것을 말한다. 이하 같다)으로서 같은 건축물에 해당 용도로 쓰는 바닥면적의 합계가 500제곱미터 미만인 것

나. 종교집회장[교회, 성당, 사찰, 기도원, 수도원, 수녀원, 제실(祭室), 사당, 그 밖에 이와 비슷한 것을 말한다. 이하 같다]으로서 같은 건축물에 해당 용도로 쓰는 바닥면적의 합계가 500제곱미터 미만인 것

다. 자동차영업소로서 같은 건축물에 해당 용도로 쓰는 바닥면적의 합계가 1천제곱미터 미만인 것

라. 서점(제1종 근린생활시설에 해당하지 않는 것)

마. 총포판매소

바. 사진관, 표구점

사. 청소년게임제공업소, 복합유통게임제공업소, 인터넷컴퓨터게임시설제공업소, 가상현실체험 제공업소, 그 밖에 이와 비슷한 게임 및 체험 관련 시설로서 같은 건축물에 해당 용도로 쓰는 바닥면적의 합계가 500제곱미터 미만인 것

아. 휴게음식점, 제과점 등 음료·차(茶)·음식·빵·떡·과자 등을 조리하거나 제조하여 판매하는 시설(너목 또는 제17호에 해당하는 것은 제외한다)로서 같은 건축물에 해당 용도로 쓰는 바닥면적의 합계가 300제곱미터 이상인 것

자. 일반음식점

차. 장의사, 동물병원, 동물미용실, 「동물보호법」 제73조 제1항 제2호에 따른 동물위탁관리업을 위한 시설, 그 밖에 이와 유사한 것(제1종 근린생활시설에 해당하는 것은 제외한다)

카. 학원(자동차학원·무도학원 및 정보통신기술을 활용하여 원격으로 교습하는 것은 제외한다), 교습소(자동차교습·무도교습 및 정보통신기술을 활용하여 원격으로 교습하는 것은 제외한다), 직업훈련소(운전·정비 관련 직업훈련소는 제외한다)로서 같은 건축물에 해당 용도로 쓰는 바닥면적의 합계가 500제곱미터 미만인 것

타. 독서실, 기원

파. 테니스장, 체력단련장, 에어로빅장, 볼링장, 당구장, 실내낚시터, 골프연습장, 놀이형시설(「관광진흥법」에 따른 기타유원시설업의 시설을 말한다. 이하 같다) 등 주민의 체육 활동을 위한 시설(제3호 마목의 시설은 제외한다)로서 같은 건축물에 해당 용도로 쓰는 바닥면적의 합계가 500제곱미터 미만인 것

하. 금융업소, 사무소, 부동산중개사무소, 결혼상담소 등 소개업소, 출판사 등 일반업무시설로서 같은 건축물에 해당 용도로 쓰는 바닥면적의 합계가 500제곱미터 미만인 것(제1종 근린생활시설에 해당하는 것은 제외한다)

거. 다중생활시설(「다중이용업소의 안전관리에 관한 특별법」에 따른 다중이용업 중 고시원업의 시설로서 국토교통부장관이 고시하는 기준과 그 기준에 위배되지 않는 범위에서 적정한 주거환경을 조성하기 위하여 건축조례로 정하는 실별 최소 면적, 창문의 설치 및 크기 등의 기준에 적합한 것을 말한다. 이하 같다)로서 같은 건축물에 해당 용도로 쓰는 바닥면적의 합계가 500제곱미터 미만인 것

너. 제조업소, 수리점 등 물품의 제조·가공·수리 등을 위한 시설로서 같은 건축물에 해당 용도로 쓰는 바닥면적의 합계가 500제곱미터 미만이고, 다음 요건 중 어느 하나에 해당하는 것

1) 「대기환경보전법」, 「물환경보전법」 또는 「소음·진동관리법」에 따른 배출시설의 설치 허가 또는 신고의 대상이 아닌 것

2) 「물환경보전법」 제33조 제1항 본문에 따라 폐수배출시설의 설치 허가를 받거나 신고해야 하는 시설로서 발생되는 폐수를 전량 위탁처리하는 것

더. 단란주점으로서 같은 건축물에 해당 용도로 쓰는 바닥면적의 합계가 150제곱미터 미만인 것

러. 안마시술소, 노래연습장

5. 문화 및 집회시설

가. 공연장으로서 제2종 근린생활시설에 해당하지 아니하는 것

나. 집회장[예식장, 공회당, 회의장, 마권(馬券) 장외 발매소, 마권 전화투표소, 그 밖에 이와 비슷한 것을 말한다]으로서 제2종 근린생활시설에 해당하지 아니하는 것

다. 관람장(경마장, 경륜장, 경정장, 자동차 경기장, 그 밖에 이와 비슷한 것과 체육관 및 운동장으로서 관람석의 바닥면적의 합계가 1천 제곱미터 이상인 것을 말한다)

라. 전시장(박물관, 미술관, 과학관, 문화관, 체험관, 기념관, 산업전시장, 박람회장, 그 밖에 이와 비슷한 것을 말한다)

마. 동·식물원(동물원, 식물원, 수족관, 그 밖에 이와 비슷한 것을 말한다)

6. 종교시설

가. 종교집회장으로서 제2종 근린생활시설에 해당하지 아니하는 것

나. 종교집회장(제2종 근린생활시설에 해당하지 아니하는 것을 말한다)에 설치하는 봉안당(奉安堂)

7. 판매시설

가. 도매시장(「농수산물유통 및 가격안정에 관한 법률」에 따른 농수산물 도매시장, 농수산물공판장, 그 밖에 이와 비슷한 것을 말하며, 그 안에 있는 근린생활시설을 포함한다)

나. 소매시장(「유통산업발전법」 제2조 제3호에 따른 대규모 점포, 그 밖에 이와 비슷한 것을 말하며, 그 안에 있는 근린생활시설을 포함한다)

다. 상점(그 안에 있는 근린생활시설을 포함한다)으로서 다음의 요건 중 어느 하나에 해당하는 것
   1) 제3호 가목에 해당하는 용도(서점은 제외한다)로서 제1종 근린생활시설에 해당하지 아니하는 것
   2) 「게임산업진흥에 관한 법률」 제2조 제6호의2 가목에 따른 청소년게임 제공업의 시설, 같은 호 나목에 따른 일반게임제공업의 시설, 같은 조 제7호에 따른 인터넷컴퓨터게임시설제공업의 시설 및 같은 조 제8호에 따른 복합유통게임제공업의 시설로서 제2종 근린생활시설에 해당하지 아니하는 것

8. 운수시설
   가. 여객자동차터미널
   나. 철도시설
   다. 공항시설
   라. 항만시설
   마. 그 밖에 가목부터 라목까지의 규정에 따른 시설과 비슷한 시설

9. 의료시설
   가. 병원(종합병원, 병원, 치과병원, 한방병원, 정신병원 및 요양병원을 말한다)
   나. 격리병원(전염병원, 마약진료소, 그 밖에 이와 비슷한 것을 말한다)

10. 교육연구시설(제2종 근린생활시설에 해당하는 것은 제외한다)
   가. 학교(유치원, 초등학교, 중학교, 고등학교, 전문대학, 대학, 대학교, 그 밖에 이에 준하는 각종 학교를 말한다)
   나. 교육원(연수원, 그 밖에 이와 비슷한 것을 포함한다)
   다. 직업훈련소(운전 및 정비 관련 직업훈련소는 제외한다)
   라. 학원(자동차학원·무도학원 및 정보통신기술을 활용하여 원격으로 교습하는 것은 제외한다), 교습소(자동차교습·무도교습 및 정보통신기술을 활용하여 원격으로 교습하는 것은 제외한다)
   마. 연구소(연구소에 준하는 시험소와 계측계량소를 포함한다)
   바. 도서관

11. 노유자시설
   가. 아동 관련 시설(어린이집, 아동복지시설, 그 밖에 이와 비슷한 것으로서 단독주택, 공동주택 및 제1종 근린생활시설에 해당하지 아니하는 것을 말한다)
   나. 노인복지시설(단독주택과 공동주택에 해당하지 아니하는 것을 말한다)
   다. 그 밖에 다른 용도로 분류되지 아니한 사회복지시설 및 근로복지시설

12. 수련시설
   가. 생활권 수련시설(「청소년활동진흥법」에 따른 청소년수련관, 청소년문화의집, 청소년특화시설, 그 밖에 이와 비슷한 것을 말한다)
   나. 자연권 수련시설(「청소년활동진흥법」에 따른 청소년수련원, 청소년야영장, 그 밖에

이와 비슷한 것을 말한다)

다. 「청소년활동진흥법」에 따른 유스호스텔

라. 「관광진흥법」에 따른 야영장 시설로서 제29호에 해당하지 아니하는 시설

13. 운동시설

가. 탁구장, 체육도장, 테니스장, 체력단련장, 에어로빅장, 볼링장, 당구장, 실내낚시터, 골프연습장, 놀이형시설, 그 밖에 이와 비슷한 것으로서 제1종 근린생활시설 및 제2종 근린생활시설에 해당하지 아니하는 것

나. 체육관으로서 관람석이 없거나 관람석의 바닥면적이 1천제곱미터 미만인 것

다. 운동장(육상장, 구기장, 볼링장, 수영장, 스케이트장, 롤러스케이트장, 승마장, 사격장, 궁도장, 골프장 등과 이에 딸린 건축물을 말한다)으로서 관람석이 없거나 관람석의 바닥면적이 1천 제곱미터 미만인 것

14. 업무시설

가. 공공업무시설 : 국가 또는 지방자치단체의 청사와 외국공관의 건축물로서 제1종 근린생활시설에 해당하지 아니하는 것

나. 일반업무시설 : 다음 요건을 갖춘 업무시설을 말한다.

1) 금융업소, 사무소, 결혼상담소 등 소개업소, 출판사, 신문사, 그 밖에 이와 비슷한 것으로서 제1종 근린생활시설 및 제2종 근린생활시설에 해당하지 않는 것

2) 오피스텔(업무를 주로 하며, 분양하거나 임대하는 구획 중 일부 구획에서 숙식을 할 수 있도록 한 건축물로서 국토교통부장관이 고시하는 기준에 적합한 것을 말한다)

15. 숙박시설

가. 일반숙박시설 및 생활숙박시설(「공중위생관리법」 제3조제1항 전단에 따라 숙박업 신고를 해야 하는 시설로서 국토교통부장관이 정하여 고시하는 요건을 갖춘 시설을 말한다)

나. 관광숙박시설(관광호텔, 수상관광호텔, 한국전통호텔, 가족호텔, 호스텔, 소형호텔, 의료관광호텔 및 휴양 콘도미니엄)

다. 다중생활시설(제2종 근린생활시설에 해당하지 아니하는 것을 말한다)

라. 그 밖에 가목부터 다목까지의 시설과 비슷한 것

16. 위락시설

가. 단란주점으로서 제2종 근린생활시설에 해당하지 아니하는 것

나. 유흥주점이나 그 밖에 이와 비슷한 것

다. 「관광진흥법」에 따른 유원시설업의 시설, 그 밖에 이와 비슷한 시설(제2종 근린생활시설과 운동시설에 해당하는 것은 제외한다)

라. 삭제 <2010.2.18.>

마. 무도장, 무도학원

바. 카지노영업소

17. 공장

물품의 제조·가공[염색·도장(塗裝)·표백·재봉·건조·인쇄 등을 포함한다] 또는 수리에 계속적으로 이용되는 건축물로서 제1종 근린생활시설, 제2종 근린생활시설, 위험물저장 및 처리시설, 자동차 관련 시설, 자원순환 관련 시설 등으로 따로 분류되지 아니한 것

18. 창고시설(위험물 저장 및 처리 시설 또는 그 부속용도에 해당하는 것은 제외한다)
    가. 창고(물품저장시설로서 「물류정책기본법」에 따른 일반창고와 냉장 및 냉동 창고를 포함한다)
    나. 하역장
    다. 「물류시설의 개발 및 운영에 관한 법률」에 따른 물류터미널
    라. 집배송 시설

19. 위험물 저장 및 처리 시설
    「위험물안전관리법」, 「석유 및 석유대체연료 사업법」, 「도시가스사업법」, 「고압가스 안전관리법」, 「액화석유가스의 안전관리 및 사업법」, 「총포·도검·화약류 등 단속법」, 「화학물질 관리법」 등에 따라 설치 또는 영업의 허가를 받아야 하는 건축물로서 다음 각 목의 어느 하나에 해당하는 것. 다만, 자가난방, 자가발전, 그 밖에 이와 비슷한 목적으로 쓰는 저장시설은 제외한다.
    가. 주유소(기계식 세차설비를 포함한다) 및 석유 판매소
    나. 액화석유가스 충전소·판매소·저장소(기계식 세차설비를 포함한다)
    다. 위험물 제조소·저장소·취급소
    라. 액화가스 취급소·판매소
    마. 유독물 보관·저장·판매시설
    바. 고압가스 충전소·판매소·저장소
    사. 도료류 판매소
    아. 도시가스 제조시설
    자. 화약류 저장소
    차. 그 밖에 가목부터 자목까지의 시설과 비슷한 것

20. 자동차 관련 시설(건설기계 관련 시설을 포함한다)
    가. 주차장
    나. 세차장
    다. 폐차장
    라. 검사장
    마. 매매장
    바. 정비공장
    사. 운전학원 및 정비학원(운전 및 정비 관련 직업훈련시설을 포함한다)
    아. 「여객자동차 운수사업법」, 「화물자동차 운수사업법」 및 「건설기계관리법」에 따른 차고 및 주기장(駐機場)
    자. 전기자동차 충전소로서 제1종 근린생활시설에 해당하지 않는 것

21. 동물 및 식물 관련 시설
    가. 축사(양잠·양봉·양어·양돈·양계·곤충사육 시설 및 부화장 등을 포함한다)
    나. 가축시설[가축용 운동시설, 인공수정센터, 관리사(管理舍), 가축용 창고, 가축시장, 동물검역소, 실험동물 사육시설, 그 밖에 이와 비슷한 것을 말한다]
    다. 도축장
    라. 도계장
    마. 작물 재배사
    바. 종묘배양시설
    사. 화초 및 분재 등의 온실
    아. 동물 또는 식물과 관련된 가목부터 사목까지의 시설과 비슷한 것(동·식물원은 제외한다)
22. 자원순환 관련 시설
    가. 하수 등 처리시설
    나. 고물상
    다. 폐기물재활용시설
    라. 폐기물 처분시설
    마. 폐기물감량화시설
23. 교정시설(제1종 근린생활시설에 해당하는 것은 제외한다)
    가. 교정시설(보호감호소, 구치소 및 교도소를 말한다)
    나. 갱생보호시설, 그 밖에 범죄자의 갱생·보육·교육·보건 등의 용도로 쓰는 시설
    다. 소년원 및 소년분류심사원
    라. 삭제 <2023.5.15.>

23의2. 국방·군사시설(제1종 근린생활시설에 해당하는 것은 제외한다)

「국방·군사시설 사업에 관한 법률」에 따른 국방·군사시설

24. 방송통신시설(제1종 근린생활시설에 해당하는 것은 제외한다)
    가. 방송국(방송프로그램 제작시설 및 송신·수신·중계시설을 포함한다)
    나. 전신전화국
    다. 촬영소
    라. 통신용 시설
    마. 데이터센터
    바. 그 밖에 가목부터 마목까지의 시설과 비슷한 것
25. 발전시설

    발전소(집단에너지 공급시설을 포함한다)로 사용되는 건축물로서 제1종 근린생활시설에 해당하지 아니하는 것
26. 묘지 관련 시설
    가. 화장시설

나. 봉안당(종교시설에 해당하는 것은 제외한다)
다. 묘지와 자연장지에 부수되는 건축물
라. 동물화장시설, 동물건조장(乾燥葬)시설 및 동물 전용의 납골시설

27. 관광 휴게시설
가. 야외음악당
나. 야외극장
다. 어린이회관
라. 관망탑
마. 휴게소
바. 공원·유원지 또는 관광지에 부수되는 시설

28. 장례시설
가. 장례식장[의료시설의 부수시설(「의료법」 제36조 제1호에 따른 의료기관의 종류에 따른 시설을 말한다)에 해당하는 것은 제외한다]
나. 동물 전용의 장례식장

29. 야영장 시설
「관광진흥법」에 따른 야영장 시설로서 관리동, 화장실, 샤워실, 대피소, 취사시설 등의 용도로 쓰는 바닥면적의 합계가 300제곱미터 미만인 것

[비고]

1. 제3호 및 제4호에서 "해당 용도로 쓰는 바닥면적"이란 부설 주차장 면적을 제외한 실(實) 사용면적에 공용부분 면적(복도, 계단, 화장실 등의 면적을 말한다)을 비례 배분한 면적을 합한 면적을 말한다.
2. 비고 제1호에 따라 "해당 용도로 쓰는 바닥면적"을 산정할 때 건축물의 내부를 여러 개의 부분으로 구분하여 독립한 건축물로 사용하는 경우에는 그 구분된 면적 단위로 바닥면적을 산정한다. 다만, 다음 각 목에 해당하는 경우에는 각 목에서 정한 기준에 따른다.
   가. 제4호 더목에 해당하는 건축물의 경우에는 내부가 여러 개의 부분으로 구분되어 있더라도 해당 용도로 쓰는 바닥면적을 모두 합산하여 산정한다.
   나. 동일인이 둘 이상의 구분된 건축물을 같은 세부 용도로 사용하는 경우에는 연접되어 있지 않더라도 이를 모두 합산하여 산정한다.
   다. 구분 소유자(임차인을 포함한다)가 다른 경우에도 구분된 건축물을 같은 세부 용도로 연계하여 함께 사용하는 경우(통로, 창고 등을 공동으로 활용하는 경우 또는 명칭의 일부를 동일하게 사용하여 홍보하거나 관리하는 경우 등을 말한다)에는 연접되어 있지 않더라도 연계하여 함께 사용하는 바닥면적을 모두 합산하여 산정한다.
3. 「청소년 보호법」 제2조 제5호 가목 8) 및 9)에 따라 여성가족부장관이 고시하는 청소년 출입·고용금지업의 영업을 위한 시설은 제1종 근린생활시설 및 제2종 근린생활시설에서 제외하되, 위 표에 따른 다른 용도의 시설로 분류되지 않는 경우에는 제16호에 따른 위락시설로 분류한다.
4. 국토교통부장관은 별표 1 각 호의 용도별 건축물의 종류에 관한 구체적인 범위를 정하여 고시할 수 있다.

5. 개발부담금의 부과제외(비과세) 및 감면

개발부담금의 부과제외(비과세) 및 감면은 특정 개발사업에 대해 개발이익 환수를 면제하거나 완화하는 제도를 의미한다. 부과제외(비과세)는 법령에 따라 개발부담금의 적용 대상에서 원천적으로 제외되는 경우로, 공익적 성격이 강한 사업이나 국가·지방자치단체가 시행하는 일부 사업 등이 해당한다. 반면, 감면은 개발부담금이 부과되는 대상이지만 일정 요건을 충족할 경우 부담금을 일부 또는 전부 경감해 주는 것으로, 주로 서민 주거 안정, 지역 균형 발전, 산업 육성 등을 고려하여 적용된다.

가. 부과제외 및 면제

개발부담금의 부과제외 및 면제는 법령에 따라 특정 개발사업을 부담금 부과대상에서 원천적으로 제외하는 것을 의미한다. 이러한 조치는 공익적 목적을 실현하고 경제적 형평성을 고려하여 개발이익의 공정한 배분을 촉진하는 역할을 한다. 특히, 공공성이 강한 사업이나 국가 및 지방자치단체가 직접 시행하는 공공사업, 사회 기반 시설 조성 사업 등에 적용되며, 법령에서 개발부담금 부과대상에서 제외하도록 규정한 경우에도 해당한다.

(1) 국가 · 지방자치단체가 시행하는 개발사업

1) 국가가 시행하는 개발사업과 지방자치단체가 공공목적을 위하여 시행하는 다음의 개발사업에 대해서는 개발부담금을 부과하지 아니한다. (법 제7조 제1항, 영 제6조 제1항)

① 택지개발사업 (주택단지조성사업 포함)
② 산업단지개발사업
③ 관광지조성사업 및 관광단지조성사업 (「관광진흥법」)
④ 도시개발사업, 지역개발사업 및 도시환경정비사업 (「지역균형개발 및 지방중소기업 육성에 관한 법률」에 따른 지역개발사업 제외)
⑤ 물류단지개발사업 및 물류터미널사업을 위한 용지조성사업 (「물류시설의 개발 및 운영에 관한 법률」)

2) 개발부담금 부과대상사업이 시행되는 서울특별시·인천광역시·경기도 지역 외의 지역에서 발생하는 개발이익에 대해 2002년 1월 1일부터 2005년 12월 31일까지,

서울특별시·인천광역시·경기도 지역에서 발생하는 개발이익에 대해 2004년 1월 1일부터 2005년 12월 31일까지 각각 인가 등을 받은 사업은 개발부담금을 징수하지 아니한다. (법 부칙 제9045호, 2008.3.28. 제4조)

(2) 면제 대상 개발사업

다음 각호의 어느 하나에 해당하는 개발사업에 대하여는 개발부담금을 면제한다. (법 제7조 제3항)

① 「산업입지 및 개발에 관한 법률」에 따른 산업단지개발사업(수도권에 있는 산업단지인 경우는 부과)
② 「중소기업창업 지원법」에 따라 공장 설립계획 승인을 받아 시행하는 공장용지 조성 사업
③ 「관광진흥법」에 따른 관광단지조성사업(수도권에 있는 관광단지인 경우는 부과)
④ 「물류시설의 개발 및 운영에 관한 법률」에 따른 물류단지개발사업(수도권에 있는 물류단지인 경우는 부과)

▶ 「개발이익 환수에 관한 법률」(제5572호, 1998.9.19.) 개정(부칙 제3조)으로 1999년 12월 31일 이전에 허가 등을 받은 개발사업에 대해 개발부담금을 면제한다. 단, 이 법 시행 당시 부과종료시점부터 3월이 경과하지 아니한 경우로서 개발부담금이 부과되지 아니한 사업분부터 적용한다. 따라서, 1998.6.18.일까지 부과종료시점이 도달한 사업은 부과대상임.

나. 개발부담금의 감면 : 50% 경감 개발사업(법 제7조 제2항)

감면이란 개발부담금 부과대상사업에 해당하지만, 일정 요건을 충족하는 경우 부담금의 일부 또는 전부를 경감해 주는 제도를 의미한다. 감면 제도는 주로 서민 주거 안정을 위한 공공주택 사업, 지역 균형 발전을 고려한 개발사업, 산업 육성을 위한 특정 개발사업과 같은 정책적 목적을 고려하여 적용된다.

(1) 지방자치단체·공공기관 등이 시행하는 개발사업

다음의 어느 하나에 해당하는 개발사업에 대해 개발부담금의 100분의 50을 경감한다. 이 경우 각호의 규정을 중복하여 적용하지 아니한다. (법 제7조 제2항, 영 제6조 제3항)

① 지방자치단체가 시행하는 개발사업으로서 부과제외 개발사업에 해당하지 아니하는 사업(제1호)
② 「공공기관의 운영에 관한 법률」에 따른 공공기관, 「지방공기업법」에 따른 지방공기업 및

특별법에 따른 공기업 등 대통령령으로 정하는 공공기관(영 제6조 제2항의 규정)이 시행하는 다음 사업(제2호)

- 택지개발사업(주택단지조성사업 포함), 산업단지개발사업, 관광지조성사업 및 관광단지조성사업(관광진흥법), 도시개발사업, 지역개발사업 및 도시환경정비사업(「지역균형개발 및 지방중소기업 육성에 관한 법률」에 따른 지역개발사업 제외), 물류단지개발사업 및 물류터미널사업을 위한 용지조성사업(「물류시설의 개발 및 운영에 관한 법률」) (영 제6조 제3항 제1호)

③ 중소기업(「중소기업기본법」 제2조 제1항에 해당)이 공장용지조성사업, 「관광진흥법」에 따른 관광지조성사업, 「물류시설의 개발 및 운영에 관한 법률」에 따른 물류터미널사업을 위한 용지조성사업, 「건축법」에 따른 창고시설의 설치로 사실상 또는 공부상 지목변경이 수반되는 사업을 위한 용지조성사업, 「국토의 계획 및 이용에 관한 법률」에 따른 창고시설의 설치를 위한 용지조성사업(다만, 「수도권정비계획법」 제2조 제1호의 규정에 의한 수도권에서 시행하는 사업을 제외) (제3호, 영 제6조 제4항)

④ 「주택법」 제2조 제5호 나목의 국민주택 중 「주택 도시기금법」에 따른 주택도시기금으로부터 자금을 지원받아 국민주택을 건설하기 위하여 시행하는 택지개발사업 (제4호)

⑤ 「주한미군 공여구역주변지역 등 지원 특별법」 제2조 제2호부터 제4호까지에 따른 공여구역 주변 지역·반환공여구역 또는 반환공여구역주변지역에서 시행하는 개발사업. 다만, 공여구역 또는 반환공여구역이 소재한 읍·면·동(행정동을 말한다. 이하 같다)에 연접한 읍·면·동 지역의 경우에는 같은 법 제8조에 따라 법률 제13699호 「개발이익 환수에 관한 법률」 일부개정법률 시행 전에 확정된 공여구역 주변 지역 등 발전 종합계획에 따라 시행하는 개발사업만 해당(제5호)

⑥ 「접경지역 지원 특별법」 제2조 제1호에 따른 접경지역 중 비무장지대, 해상의 북방한계선 또는 민간인통제선과 잇닿아 있는 읍·면·동 지역에서 시행하는 개발사업 (제6호)

⑦ 국가 철도공단이 시행하는 철도의 역세권 및 철도 부근 지역 개발사업(「국가철도공단법」 제23조) (제2호, 영 제6조 제3항 제2호)

⑧ 교통안전공단이 시행하는 자동차 관련시설 부지조성사업(「교통안전공단법」) (제2호, 영 제6조 제3항 제3호)

⑨ 농업협동조합 및 중앙회가 시행하는 미곡종합처리장 설치사업(「양곡관리법」 제22조) (제2호, 영 제6조 제3항 제4호)

⑩ 항만공사가 시행하는 항만시설의 신설·개축·유지·보수·준설 등의 사업(「항만공사법」 제8조 제1항 제1호) (제2호, 영 제6조 제3항 제6호)

⑪ 한국철도공사가 시행하는 역시설 및 역세권 개발사업(「한국철도공사법」 제9조 제1항 제5호 및 제6호, 제13조의 규정) (제2호, 영 제6조 제3항 제7호)

▶ 부담금의 100분의 50을 경감받는 공공기관이 당초의 사업시행자라 하더라도 위임·위탁 또는 허가 등을 통해 실질적으로 사업 시행을 제3자가 하는 경우에는 그 제3자를 사업시행자로 보아 개발부담금을 부과

한다. 다만, 해당 사업으로 인한 개발이익이 제3자에게 귀속되지 않는 것으로 관계 서류 등에 의하여 명백하게 입증되는 경우에는 개발부담금을 부과하지 아니한다. (업무처리규정 제8조 제2항)

(2) 개발부담금의 추가 경감 (법 제7조 제4항)

① 지방자치단체에 귀속되는 귀속분의 추가 경감

시장·군수·구청장은 지역에 대한 민간 투자의 활성화 등을 위하여 지방의회의 승인을 받아 관할 구역에서 시행되는 제5조 제1항 각호의 개발사업에 대한 개발부담금을 제4조 제1항에 따라 지방자치단체에 귀속되는 귀속분의 범위에서 경감할 수 있다. 다만, 해당 지방자치 단체의 지가가 급격히 상승할 우려가 있는 등 대통령령으로 정하는 사유가 있는 경우에는 그러하지 아니하다. (2009.3.25. 신설)

② 경감 제외 사유 (영 제6조의2)

- 경감요청 직전 월의 지방자치단체 지가상승률이 전국 소비자 물가상승률의 100분의 130보다 높은 경우
- 직전 월부터 소급하여 지방자치단체의 2개월간의 월평균 지가상승률이 전국 소비자 물가상승률의 100분의 130보다 높은 경우

(3) 개발부담금 감면에 대한 임시 특례 (법 제7조의2)

법 제5조 제1항 제1호부터 제6호까지의 개발부담금 부과대상사업으로서 2015년 7월 15일부터 2018년 6월 30일까지 인가 등을 개발사업에 대해서는 제7조 제2항 및 제3항(제3항 제2호는 제외)에도 불구하고 개발부담금을 경감하거나 면제

1) 수도권에서 시행하는 개발사업 : 개발부담금 50% 경감

2) 수도권 외의 지역에서 시행하는 개발사업 : 개발부담금 면제

※ 구「개발이익 환수에 관한 법률, 제12245호, 2014.1.14. 개정, 2014.7.15. 시행」부칙 제8조에 따라 2014.7.15.~2015.7.14.까지 인가 등을 받은 사업(법 제5조 제1항 제1호부터 제6호까지 사업)도 경감 또는 면제(수도권 50% 경감, 지방 면제)

다. 개별법의 개발부담금 면제규정과 개발이익환수법의 관계

(1) 개별법 우선원칙

법체계에서 일반법과 개별법이 충돌하는 경우, 개별법이 우선 적용될 수 있다. 개발부담금 감면과 관련하여, 개발이익환수법은 개발부담금의 부과 및 감면을 규율하는 일반법으로 기능하며, 특정 개발사업을 대상으로 하는 개별법은 특정 목적을 위한 법률로 운영된다. 예를 들어, 「군 공항 이전 및 지원에 관한 특별법」 등은 특정 지역이나 사업 유형을 고려하여 개발부담금 감면을 규정할 수 있다. 그러나 개별법이 감면 기준과 절차를 명확하게 규정하지 않는다면, 개발이익환수법이 우선 적용된다. 이는 조세법률주의 및 공정한 부담 원칙을 유지하고 법적 혼란을 방지하기 위한 조치이다.

(2) 개발부담금 감면과 개별법 적용 가능성

① 개별법이 감면 기준을 명확히 규정한 경우 : 감면요건, 절차, 감면비율 및 적용대상을 명확히 규정한 경우, 개별법 우선원칙이 적용될 가능성이 높다.

② 개별법이 감면의 일반적 근거만 제시한 경우 : 감면의 가능성만 명시하고 구체적인 기준을 설정하지 않은 경우, 개발이익환수법의 규정을 따라야 한다는 해석이 가능하다. 이는 법적 안정성과 조세 형평성을 유지하기 위한 것이다.

(3) 법제처 및 판례의 해석 경향

법제처는 개별법이 개발부담금 감면을 규정하더라도, 개발이익환수법의 감면요건과 절차를 따르는 것이 타당하다는 해석을 유지하고 있다. 대법원 판례(2007두9884, 2024.10.26.)에서도 감면요건이 추상적이거나 불명확한 경우, 부과 관청의 자의적 해석과 집행이 발생할 가능성이 있으므로 제한적으로 적용해야 한다는 원칙을 제시하고 있다.

(4) 신법 우선원칙

법 적용 시 신법과 구법이 충돌하는 경우, 일반적으로 신법이 우선 적용된다. 이는 신법이 사회적, 경제적, 정책적 변화를 반영하여 새롭게 마련된 기준을 포함하기 때문이다. 개발부담금 감면과 관련하여 신법이 기존 법률보다 나중에 제정되었고, 그 내용이 기존 법률과 상충하는 경우에는 신법이 우선 적용될 수 있다. 대법원 판례(2020두

3828, 2020.12.10.)에서도 신법의 제정 목적과 입법 취지를 고려하여 우선 적용할 수 있음을 인정하였다. 다만, 신법이 기존 법률을 명시적으로 대체한다는 규정이 없거나 감면 요건이 구체적으로 규정되지 않은 경우에는 기존 법률이 적용될 수 있다.

(5) 개별법 및 신법 우선원칙의 한계

개별법 및 신법 우선원칙은 원칙적으로 적용될 수 있으나, 감면 기준이 명확하지 않을 경우 개발이익환수법의 규정을 따라야 한다. 즉, 개별법이나 신법이 개발부담금 감면의 구체적인 기준과 절차를 명확하게 정하고 있는 경우에만 우선 적용될 수 있으며, 그렇지 않은 경우에는 개발이익환수법이 기본법률로서 적용 우선권을 가진다. 이러한 원칙은 법 적용의 일관성을 유지하고, 개발부담금 부과의 공정성을 확보하기 위한 중요한 법리로 작용한다.

【개별법에서 규정하고 있는 개발부담금 면제 또는 감면 규정】

관련 법률 규정	개발부담금 면제 대상
①「군 공항 이전 및 지원에 관한 특별법」 제10조	국가 또는 지방자치단체는 이전 사업의 원활한 추진을 위하여 이전 사업시행자에 대한 「개발이익 환수에 관한 법률」에 따른 개발부담금,
②「농업협동조합법」 제8조	조합 등, 중앙회 및 이 법에 따라 설립된 농협 경제지주회사 · 농협 금융지주회사 · 농협은행 · 농협생명보험 · 농협손해보험(이하 "농협 경제지주회사 등"이라 한다) 의 업무와 재산에 대해 국가와 지방자치단체의 조세 외의 부과금을 면제한다.
③ 동 · 서 · 남해안 및 내륙권 발전 특별법」 제20조의3	해양 관광진흥 지구에서 시행하는 개발사업에 대해서는 「개발이익 환수에 관한 법률」에 따른 개발부담금을 면제한다.
④「벤처기업육성에 관한 특별조치법」 제22조 제1항	벤처기업집적시설에 대해 다음 각호의 부담금을 면제한다. 1)「개발이익 환수에 관한 법률」 제5조에 따른 개발부담금
⑤「산림조합법」 제8조	조합 등과 중앙회의 업무 및 재산에 대해 국가 및 지방자치단체의 조세 및 「장애인고용촉진 및 직업재활법」 제33조에 따른 장애인 고용부담금 외의 부과금을 면제한다. 다만, 그 재산이 조합 등과 중앙회의 사업(제46조 제1항 · 제2항, 제86조의8, 제108조 제1항에 따른 사업에 한정한다) 외의 목적으로 사용될 때는 그러하지 아니하다.
⑥「산업기술단지 지원에 관한 특례법」 제16조	① 산업기술단지에 대해 다음 각호의 부담금을 면제한다. 1)「개발이익 환수에 관한 법률」 제5조에 따른 개발부담금

관련 법률 규정	개발부담금 면제 대상
⑦ 「수산업협동조합법」 제8조	조합 등, 중앙회 및 제141조의4에 따른 수협은행(이하 "수협은행"이라 한다)의 업무 및 재산에 대해 국가 및 지방자치단체의 조세 외의 부과금을 면제한다. 다만, 그 재산이 조합 등, 중앙회 및 수협은행의 사업(제60조 제1항, 제107조 제1항, 제112조 제1항, 제113조의8, 제138조 제1항 및 제141조의9 제1항에 따른 사업에 한정한다) 외의 목적으로 사용될 때는 그러하지 아니하다.
⑧ 「역세권의 개발 및 이용에 관한 법률」 제25조 (역세권 개발이익의 재투자)	① 사업시행자는 역세권 개발 사업으로 발생하는 개발이익의 100분의 25를 해당 개발 구역의 「철도산업발전기본법」 제3조에 따른 철도시설이나 「국토의 계획 및 이용에 관한 법률」 제2조에 따른 공공시설의 설치비용에 충당하여야 한다. 이 경우 「개발이익 환수에 관한 법률」에 따른 개발부담금은 징수하지 아니한다.
⑨ 「주한미군기지 이전에 따른 평택시 등의 지원 등에 관한 특별법」 제7조	국가 또는 지방자치단체는 주한미군시설사업의 원활한 추진을 위하여 주한미군시설사업시행자에서 「개발이익 환수에 관한 법률」에 의한 개발부담금, 농지법에 의한 농지 보전부담금, 초지법에 의한 대체초지조성비, 산지관리법에 의한 대체 산림자원조성비 및 「공유수면 관리 및 매립에 관한 법률」에 따른 공유수면 점·사용료를 면제한다.
⑩ 「중소기업은행법」 제50조	중소기업은행의 재산과 업무에 관하여는 국가 또는 지방자치단체의 조세와 부과금을 면제한다.
⑪ 중소기업진흥에 관한 법률」 제62조의10(소기업의 공장설립에 관한 특례)	② 소기업 중 「산업집적활성화 및 공장설립에 관한 법률」 제2조 제1호에 따른 공장의 건축면적 또는 이에 준하는 사업장의 면적이 1천 제곱미터 미만인 기업이 「수도권정비계획법」 제2조 제1호에 따른 수도권 외의 지역(이하 이 조에서 "수도권 외의 지역"이라 한다)에서 공장을 신축·증축 또는 이전하려는 경우(신축·증축 또는 이전 후 공장의 총 건축면적과 이에 준하는 사업장 총면적의 합이 1천 제곱미터 미만인 경우에 한정한다)에는 다음 각호의 부담금을 면제한다. 3) 「개발이익 환수에 관한 법률」 제5조에 따른 개발부담금 ③ 「산업입지 및 개발에 관한 법률」 제2조 제8호에 따른 국가산업단지·일반산업단지·도시첨단산업단지 또는 농공단지(農工團地)를 조성하려는 자가 수도권 외의 지역에서 소기업을 100분의 50 이상 유치하는 국가산업단지·일반산업

관련 법률 규정	개발부담금 면제 대상
	단지·도시첨단산업단지 또는 농공단지를 조성하는 경우에는 제2항 각호의 부담금을 면제한다. ④ 제1항 및 제2항에 따른 공장의 건축면적 또는 이에 준하는 사업장의 면적을 산정하는 방법 등은 대통령령으로 정한다.
⑫ 「중소기업창업 지원법」 제23조	① 제45조에 따라 공장 설립계획의 승인을 받은 창업기업에 대해 사업을 개시한 날부터 7년 동안 다음 각호의 부담금을 면제한다. 4) 「개발이익 환수에 관한 법률」 제7조에 따른 개발부담금
⑬ 「친수구역 활용에 관한 특별법」 제31조	① 국가는 친수구역 조성 사업으로 인하여 정상지가상승분을 초과하여 발생하는 토지 가액의 증가분의 일부(이하 "친수구역개발이익"이라 한다)를 이 법에 따라 환수하여야 한다. 이 경우 「개발이익 환수에 관한 법률」에 따른 개발부담금은 징수하지 아니한다.
⑭ 「협동조합 기본법」 제99조	사회적협동조합의 사업과 재산에 대하여는 국가와 지방자치단체의 조세 외의 부과금을 면제한다.

【개발부담금 감면 대상 기관 및 사업】

(시행령 제6조)

구분	대 상 기 관	대 상 사 업
제외사업	국가	모든 사업
	지방자치단체	① 택지개발사업(주택단지조성사업 포함) ② 산업단지개발사업 ③ 관광지조성사업, 관광단지조성사업 ④ 도시개발사업·지역개발사업·도시환경정비사업 (시행령 별표 1 제4호 사목 제외) ⑤ 물류단지개발사업 및 물류터미널사업을 위한 용지조성사업
100% 면제	모든 시행자	• 산업단지개발사업(수도권 제외) • 관광단지조성사업(수도권 제외) • 물류단지개발사업(수도권 제외)
		공장용지조성사업(중소기업창업지원법)
	지방자치단체	100% 면제 이외의 사업

<table>
<tr><th>구분</th><th>대 상 기 관</th><th>대 상 사 업</th></tr>
<tr><td rowspan="7">50%
경감</td><td>한국철도시설공단</td><td>철도역세권 및 철도연변 개발사업</td></tr>
<tr><td>교통안전공단</td><td>자동차 관련시설 부지조성사업</td></tr>
<tr><td>농업협동조합 및 중앙회</td><td>미곡종합처리장 설치사업</td></tr>
<tr><td>항만공사</td><td>항만시설사업</td></tr>
<tr><td>한국철도공사</td><td>역시설 및 역세권개발사업</td></tr>
<tr><td>• 한국토지주택공사
• 한국수자원공사
• 한국농어촌공사
• 한국관광공사
• 한국철도공사
• 우측의 개발사업을 목적으로 설립된 지방공사 및 지방공단
• 중소기업진흥공단
• 한국산업단지공단
• 공무원연금공단
• 농업협동조합 및 중앙회,
• 조합공동사업법인
• 수산업협동조합 및 중앙회
• 산림조합 및 중앙회, 조합공동사업법인
• 한국철도시설공단
• 교통안전공단
• 한국공항공사
• 한국도로공사
• 인천국제공항공사
• 중소기업협동조합
• 한국자산관리공사
• 항만공사
• 제주국제자유도시 개발센터</td><td>① 택지개발사업(주택단지조성사업 포함)
② 산업단지개발사업
③ 관광지조성사업, 관광단지조성사업
④ 도시개발사업 · 지역개발사업 · 도시환경정비사업 (시행령 별표 1 제4호 사목 제외)
⑤ 물류단지개발사업 및 물류터미널사업을 위한 용지조성사업</td></tr>
<tr><td>중소기업</td><td>• 공장용지조성사업(수도권 제외)
• 물류시설용지조성사업(수도권 제외)
• 관광단지조성사업(수도권 제외)</td></tr>
</table>

구분	대 상 기 관	대 상 사 업
	모든 시행자	국민주택 건설을 하기 위한 택지개발사업(주택법 제2조 제5호 나목)
	모든 시행자	공여구역주변지역·반환공여구역 또는 반환공여 구역 주변지역에서 시행하는 개발사업. 단, 공여구역 또는 반환공여구역이 소재한 연접한 읍·면·동의 경우 법 시행 전에 확정된 공여구역주변 지역등 발전종합계획에 따라 시행하는개발사업만해당(주한미군 공여구역주변지역 등 지원 특별법)
	모든 시행자	접경지역 중 비무장지대, 해상의 북방한계선 또는 민간인통제선과 잇닿아있는 읍·면·동지역에서 시행하는 개발사업(접경지역 지원 특별법)

6. 인가자료등 통보 및 사업의 고지

가. 개발사업 인가등 자료의 통보

개발부담금의 부과대상인 개발사업에 관하여 인가등을 한 행정청은 인가등을 한 날부터 15일 이내에 그 사실을 시장·군수·구청장에게 알려야 한다.(법 제25조 제1항)

나. 대상 사업의 고지

시장·군수·구청장은 위의 관계 행정청의 통보를 받으면 납부의무자에게 국토교통부령으로 정하는 다음 사항을 미리 고지해야 한다.(영 제27조)

① 해당 개발사업에 대한 인가 등의 내용
② 개발부담금 납부의무자
③ 개발부담금 산정 방법
④ 개발비용 산출명세서의 제출 의무 및 과태료 부과에 관한 사항
⑤ 개발부담금 납부 및 이의신청 방법 등
⑥ 그 밖에 개발부담금 부과대상 개발사업의 고지에 필요한 사항

다. 개발부담금 자료의 통보

시장·군수·구청장이 개발부담금을 부과한 경우에는 국토교통부령으로 정하는 바에 따라 대상 사업. 납부의무자, 부과 금액, 사업 기간 및 부과일 등에 관한 사항을 부과일부터 15일 이내에 국토교통부장관 및 국세청장에게 통보하여야 한다. (법 제25조)

라. 자료 미통보 시 조치

시장·군수·구청장은 부담금의 부과대상인 개발사업의 누락을 방지하기 위하여 자료의 통보 규정에 따른 관계 행정청의 통보가 없는 경우에는 진행 중인 개발사업에 대한 현지 조사 또는 관계 행정청에 대한 사실조회 등 필요한 조치를 해야 한다. (영 제26조)

제2절 납부의무자

개발부담금의 납부의무자는 법령에 따라 개발이익을 실현한 사업자 또는 토지 소유자로 규정된다. 원칙적으로 개발부담금은 개발사업을 시행한 자가 부담해야 한다. 그러나 부과기준시점 이후에 개발사업의 시행권이 승계되거나 부동산 소유권이 이전된 경우에도 납부의무는 새로운 권리자로 승계된다. 즉, 사업시행자가 변경되거나 부동산 소유권이 이전된 경우에는 개발이익을 최종적으로 귀속 받는 자가 개발부담금을 납부해야 한다. 이러한 규정은 조세 회피를 방지하고, 개발부담금의 징수 공정성을 확보하려는 조치이다.

또한, 위탁·도급 또는 임차한 토지에서 개발사업이 이루어진 경우, 개발부담금 납부의무는 관련 법률에 따라 위탁자, 도급자 또는 토지 소유자에게 전가될 수 있다. 이에 더하여, 개발부담금의 제2차 납부의무가 적용될 수 있다. 이는 원래의 납부의무자가 개발부담금을 납부하지 못할 경우, 일정한 요건을 충족하는 다른 관계인이 부족분을 대신 부담해야 하는 제도이다. 이는 사업시행자의 재정적 책임을 강화하고, 개발이익 환수의 공정성을 유지하는 역할을 한다.

이와 같은 규정은 개발이익이 발생한 시점과 부담금 부과 시점 사이의 법적 공백을 최소화하고, 부담금 납부의 일관성을 유지하며, 조세 정의를 실현하는 데 중요한 역할을 한다.

1. 사업시행자

개발부담금은 개발사업으로 인해 발생하는 초과 이익을 공공에 환원하기 위한 제도로, 개발사업의 시행자는 이에 대한 납부의무를 진다. 법 제6조 제1항에 따르면, 개발부담금은 「개발이익 환수에 관한 법률」이 정하는 바에 따라 부과되며, 개발사업을 직접 시행하는 주체가 그 납부의무를 부담한다. 즉, 개발사업을 추진하여 토지의 가치가 상승하거나 기반 시설이 조성되는 경우, 그 사업시행자가 개발부담금을 부담해야 한다.

사업시행자의 범위에는 다음과 같은 주체들이 포함된다.

가. 공공기관 : 국가 또는 지방자치단체가 직접 시행하는 공공 개발사업의 경우에도 개발부담금 납부의무가 발생할 수 있다.

나. 민간사업자 : 민간 기업이나 개인이 시행하는 주거·상업·산업 개발사업의 경우, 해당 개발의 시행자가 부담금을 납부해야 한다.

다. 조합 및 공동 시행자 : 지역주택조합, 도시개발조합 등 조합 형태로 사업을 시행하는 경우에도 조합이 납부의무를 지게 된다.

라. 사업 양수인 : 개발사업의 시행자가 사업을 제3자에게 양도하는 경우, 일정한 조건에서 개발부담금 납부의무가 승계될 수 있다.

따라서, 개발부담금의 부과대상자는 해당 개발사업의 인가·허가를 받은 시행자이며, 사업시행자가 법률에서 정한 기준에 따라 개발부담금을 산정하고 납부해야 한다.

2. 예외(시행자 이외 납부의무자)

개발부담금의 납부의무자는 원칙적으로 사업시행자에게 있으나, 위탁·도급 또는 임차 토지에서의 개발사업과 같은 특정한 상황에서는 해당 법률에 따라 납부의무가 전가될 수 있다. 이러한 규정은 개발이익 환수를 더욱 공정하게 적용하기 위한 법적 장치로 해석된다.

개발부담금은 개발사업을 시행하는 사업시행자가 납부할 의무가 있지만 다음과 같이 특정한 경우에는 개발부담금을 사업시행자가 아닌 다른 주체가 납부해야 한다.

가. 개발사업 위탁 또는 도급 시 납부의무자

개발사업이 위탁되거나 도급된 경우, 개발부담금 납부의무는 위탁자 또는 도급을 맡긴 자에게 있다. 즉, 개발사업을 직접 시행하지 않고 타인에게 맡긴 경우에도, 해당 사업을 위탁하거나 도급한 자가 개발부담금을 납부해야 한다.

나. 임차 토지에서 시행된 개발사업의 납부의무자

개발사업이 타인의 토지를 임차하여 시행된 경우, 개발부담금 납부의무는 해당 토지의 소유자에게 있다. 이는 임차인이 직접 개발사업을 수행하더라도, 궁극적으로 토지 가치 상승의 혜택을 받는 소유자가 개발이익 환수의 책임을 져야 한다는 원칙에 따른 것이다.

따라서, 개발부담금의 납부의무자는 원칙적으로 사업시행자에게 있으나, 위탁·도급 또는 임차 토지에서의 개발사업과 같은 특정한 상황에서는 해당 법률에 따라 납부의무가 전가될 수 있다. 이러한 규정은 개발이익 환수를 더욱 공정하게 적용하기 위한 법적 장치로 해석된다.

3. 납부의무의 승계 등

개발부담금 납부의무는 원칙적으로 개발사업을 시행하는 사업시행자가 부담하지만, 사업이 완료되기 전에 위탁 및 도급, 토지 임차, 사업시행자의 지위 변경 등의 사유가 발생하는 경우에는 납부의무가 승계될 수 있다. 이러한 승계규정은 개발사업 과정에서 발생하는 법적 변화를 반영하여 납부의무의 공정성과 법적 안정성을 확보하는 역할을 한다. 또한, 개발이익이 실질적으로 귀속되는 자가 부담금을 납부하도록 함으로써, 공정한 개발이익 환수를 실현하는 법적 장치로 기능한다.

가. 개발부담금 납부의무의 승계 및 제2차 납부의무에 관하여서는 지방세기본법 제41조부터 제43조까지 및 제45조부터 제48조까지의 규정을 준용하고, 개발부담금 연대납부의무에 관하여서는 지방세기본법 제44조, 민법 제413조부터 제416조까지, 제419조, 제421조, 제423조 및 제425조부터 제427조까지의 규정을 준용한다. (법 제6조 제3항)

나. 주택건설 사업의 사업시행자인 법인이 부도 등의 원인으로 사실상 사업을 계속할 수 없게 됨으로써 입주자 등이 조합을 구성하여 사업을 준공한 경우에는 당해 조합(조합이 해산된 경우에는 조합원을 말한다)이 사업시행자의 지위를 승계한 것으로 본다. (업무처리규정 제5조 제3항)

> ① 개발사업을 위탁 또는 도급하였으면 그 위탁이나 도급을 한 자
> ② 타인 소유의 토지를 임차하여 개발사업을 시행한 경우에는 토지 소유자
> ③ 개발사업을 완료하기 전에 사업시행자의 지위나 위 ① 또는 ②에 해당하는 자의 지위를 승계할 때는 그 지위를 승계한 자

4. 연대납부의무

연대납부의무는 다수의 납세자가 특정 조세 또는 공과금의 납부 책임을 공동으로 부담하는 제도로, 개별 납세자가 자신의 지분만 납부하는 것이 아니라 전체 금액에 대한 책임을 지도록 하는 방식이다. 따라서 일부 납세자가 납부하지 않을 경우, 나머지 납세자가 이를 대신 부담해야 할 법적 책임이 발생할 수 있다.

이 제도는 개발부담금 부과 및 징수 과정에서도 동일하게 적용된다. 개발부담금은 원칙적으로 개발사업 시행자나 토지 소유자가 부담하지만, 개발사업이 공동으로 추진되거나 대상 토지가 공유 재산인 경우, 부담금 납부 책임은 공동사업자 또는 공유자 전체에게 연대하여 부과된다. 이에 따라 개별 납세자는 개발부담금 전액에 대한 법적 책임을 지며, 일부 납세자가 납부하지 않으면 나머지 연대납세자가 그 금액을 대신 부담해야 한다.

이러한 연대납부의무는 국가 및 지방자치단체가 조세를 안정적으로 확보하고 조세 회피를 방지하는 제도적 장치로 기능한다. 이를 통해 조세 징수의 실효성이 높아지고, 개발부담금과 같은 공공재원의 안정적 확보가 가능해진다. 또한, 조세 회피 방지를 통해 납세 형평성을 확보하고, 개발이익이 공공에 환원될 수 있도록 하는 역할을 한다.

관련조문 | 지방세기본법 제44조

공유물(공동주택의 공유물은 제외), 공동사업 또는 그 공동사업에 속하는 재산에 관계되는 지방자치단체의 징수금은 공유자 또는 공동사업자가 연대하여 납부할 의무를 진다.

5. 제2차 납부의무

개발부담금의 제2차 납부의무는 원래의 납부의무자가 개발부담금을 납부하지 못할 경우 일정한 요건을 충족하는 관계인이 그 부족분을 대신 납부해야 하는 의무를 의미한다. 이는 국가가 개발부담금을 안정적으로 징수하고, 법인을 통한 조세 회피를 방지하기 위해 마련된 제도적 장치이다.

특히 조합이 사업시행자인 경우, 조합이 해산되거나 재산이 부족하여 개발부담금을 납부할 수 없는 상황에서 조합원이 그 부족분을 부담하는 것이 이에 해당한다. 이러한 제도는 법인의 청산 시 과점주주에게 제2차 납세의무를 부과하는 것과 유사한 개념으로 운영되며, 개발이익 환수의 공정성을 보장하는 역할을 한다.

가. 조합원

조합원의 개발부담금 제2차 납세의무는 원래의 납부의무자인 사업시행자가 조합인 경우, 조합이 해산되거나 재산이 부족하여 개발부담금을 납부할 수 없는 상황에서 조합원이 그 부족분을 부담해야 하는 법적 의무를 의미한다. 이는 「개발이익 환수에 관한 법률」 및 시행령에 따라 규정되며, 조합을 통한 조세 회피를 방지하고 개발부담금의 안정적인 징수를 보장하기 위한 제도적 장치이다.

이 제도는 법인이 해산되거나 재산이 부족할 때 청산인 또는 과점주주에게 제2차 납세의무를 부과하는 것과 유사한 개념으로, 조합의 특성을 반영하여 조합원에게 납세 책임을 부과하는 구조를 갖는다. 따라서, 조합원은 조합의 개발부담금 부족분에 대한 법적 책임이 발생할 수 있으며, 조합을 통한 개발사업 참여 시 이러한 법적 부담을 신중히 고려해야 한다.

(1) 조합원의 제2차 납세의무 발생 요건

① 조합이 해산한 경우

사업시행자가 조합으로 구성된 상태에서 조합이 해산한 후, 잔여재산을 분배하면서 개발부담금을 납부하지 않은 경우, 조합원의 제2차 납세의무가 발생한다.

② 조합의 재산이 부족한 경우

조합이 해산하지 않았더라도, 조합이 보유한 재산만으로 부과된 개발부담금, 가산금 및 체납처분비 등을 모두 충당할 수 없는 경우, 그 부족한 금액은 조합원이 각자의 지분에 따라 분담하여 납부해야 한다.

(2) 조합원이 납부해야 하는 금액의 산정

조합원이 부담해야 하는 개발부담금의 금액은 조합이 납부해야 할 개발부담금 및 가산금을 조합의 정관 또는 규약에 따라 조합원별 지분 비율로 산정한 금액이다.

관련조문 | 조합의 범위(영 제5조 ①)

① 「주택법」 제11조에 따른 주택조합
② 「도시개발법」 제11조 제1항 제6호에 따른 조합
③ 「도시 및 주거환경정비법」 제35조에 따른 재개발사업 조합

나. 법인이 해산된 경우

법인이 해산된 후 해당 법인에 부과된 개발부담금, 가산금, 체납처분비를 납부하지 않고 잔여재산을 분배하거나 인도한 경우, 해당 법인으로부터 개발부담금을 징수할 수 없는 상황이 발생할 수 있다. 이러한 경우, 국가 또는 지방자치단체는 청산인 또는 잔여재산을 분배받거나 인수한 자에게 부족분을 징수할 수 있다.

다. 법인의 재산으로 개발부담금을 충당할 수 없는 경우

법인(단, 상장법인은 제외)의 재산만으로 부과된 개발부담금과 이에 따른 가산금, 체납처분비를 납부할 수 없는 경우, 해당 부족분은 다음의 특정한 관계자에게 징수될 수 있다.

(1) 무한책임사원

법인의 모든 채무에 대해 연대하여 무한 책임을 지는 사원(조합원, 파트너 등)은 법인이 부담하는 개발부담금에 대해 제2차 납부의무를 부담하게 된다.

(2) 과점주주

법인의 주주 또는 유한책임사원 중에서, 「국세기본법 시행령」 제20조에서 규정하는 친족 관계 또는 특수 관계인과 함께, 법인의 발행 주식 총액 또는 출자 총액의 과반수 이상을 소유한 경우, 해당 과점주주는 법인의 개발부담금 납부의무를 부담할 수 있다.

라. 무한책임사원 또는 과점주주의 재산으로도 충당할 수 없는 경우

무한책임사원 또는 과점주주가 개발부담금·가산금·체납처분비를 납부해야 하는

상황에서, 그들의 재산으로도 이를 충당할 수 없는 경우, 당해 법인이 무한책임사원 또는 과점주주의 개발부담금 납부의무에 대하여 제2차 납부의무를 지게 된다.

국세기본법 제14조 제1항 실질과세의 원칙 적용 여부

국세기본법 제14조 제1항은 실질과세의 원칙을 규정하고 있습니다. 이는 소득, 수익, 재산, 행위 또는 거래의 명의자와 실제 귀속자가 다를 경우, 형식적인 명의자가 아닌 실제로 해당 소득이나 재산을 소유하거나 통제하는 자를 납세의무자로 본다는 의미입니다. 즉, 세법 적용 시 거래의 실질 내용은 형식상의 기록 내용이나 거래 명의에 불과하고 상거래 관례, 구체적인 증빙, 거래 당시의 정황 및 사회통념 등을 고려하여 판단 한다. 이는 형식보다 실질을 중시하여, 조세 회피를 방지하고 과세의 공정성을 확보하고자 하는 취지입니다.

국세기본법 제14조 제1항 실질과세의 원칙은 개발부담금 납부의무자 판정에도 적용되는 것으로 판단된다.

【납부의무자의 구분】

납부의무자	내　　용
① 사업시행자	개발사업을 직접 시행하는 경우
② 위탁이나 도급을 한 자	개발사업을 위탁 또는 도급한 경우
③ 토지의 소유자	타인 소유의 토지를 임차하여 개발사업을 시행한 경우
④ 지위를 승계한 자	① 또는 ②에 해당하는 자의 지위를 승계하는 경우
⑤ 조합원	납부의무자가 조합인 경우, 조합이 해산 또는 재산이 부족한 경우

납부의무의 승계, 연대납부의무, 제2차 납세의무 관련 규정(지방세기본법 제41~48조)

납세의무의 승계

제41조 (법인의 합병으로 인한 납세의무의 승계)

법인이 합병한 경우에 합병 후 존속하는 법인 또는 합병으로 설립된 법인은 합병으로 인하여 소멸된 법인에 부과되거나 그 법인이 납부할 지방자치단체의 징수금을 납부할 의무를 진다.

제42조 (상속으로 인한 납세의무의 승계)

① 상속이 개시된 경우에 상속인[「상속세 및 증여세법」 제2조 제5호에 따른 수유자 (受遺

者)를 포함한다. 이하 같다] 또는 「민법」 제1053조에 따른 상속재산관리인은 피상속인에게 부과되거나 피상속인이 납부할 지방자치단체의 징수금(이하 이 조에서 “피상속인에 대한 지방자치단체의 징수금”이라 한다)을 상속으로 얻은 재산의 한도 내에서 납부할 의무를 진다.

② 제1항에 따른 납세의무 승계를 피하면서 재산을 상속받기 위하여 피상속인이 상속인을 수익자로 하는 보험 계약을 체결하고 상속인은 「민법」 제1019조 제1항에 따라 상속을 포기한 것으로 인정되는 경우로서 상속포기자가 피상속인의 사망으로 보험금(「상속세 및 증여세법」 제8조에 따른 보험금을 말한다)을 받는 때에는 상속포기자를 상속인으로 보고, 보험금을 상속받은 재산으로 보아 제1항을 적용한다. <신설 2020.12.29.>

③ 제1항의 경우 상속인이 2명 이상일 때에는 각 상속인은 피상속인에 대한 지방자치단체의 징수금을 「민법」 제1009조·제1010조·제1012조 및 제1013조에 따른 상속분(다음 각 호의 어느 하나에 해당하는 경우에는 대통령령으로 정하는 비율로 한다)에 따라 나누어 계산한 금액을 상속으로 얻은 재산의 한도에서 연대하여 납부할 의무를 진다. 이 경우 각 상속인은 상속인 중에서 피상속인에 대한 지방자치단체의 징수금을 납부할 대표자를 정하여 대통령령으로 정하는 바에 따라 지방자치단체의 장에게 신고하여야 한다. <개정 2020.12.29., 2023.3.14.>

1. 상속인 중 수유자가 있는 경우
2. 상속인 중 「민법」 제1019조 제1항에 따라 상속을 포기한 사람이 있는 경우
3. 상속인 중 「민법」 제1112조에 따른 유류분을 받은 사람이 있는 경우
4. 상속으로 받은 재산에 보험금이 포함되어 있는 경우

제43조 (상속재산의 관리인)

① 제42조 제1항의 경우 상속인이 있는지 분명하지 아니할 때는 상속인에게 하여야 할 납세의 고지, 독촉, 그 밖에 필요한 사항은 상속재산 관리인에게 하여야 한다.

② 제42조 제1항의 경우에 상속인이 있는지가 분명하지 아니하고 상속재산관리인도 없을 때에는 지방자치단체의 장은 상속개시지(相續開始地)를 관할하는 법원에 상속재산관리인의 선임(選任)을 청구할 수 있다.

③ 제42조 제1항의 경우에 피상속인에게 한 처분 또는 절차는 상속인이나 상속재산 관리인에게도 효력이 미친다.

연대납부 의무

제44조 (연대납세의무)

① 공유물(공동주택의 공유물은 제외한다), 공동사업 또는 그 공동사업에 속하는 재산에 관계되는 지방자치단체의 징수금은 공유자 또는 공동사업자가 연대하여 납부할 의무를 진다. <개정 2017.12.26.>

② 법인이 분할되거나 분할합병된 후 분할되는 법인(이하 이 조에서 “분할법인”이라 한다)

이 존속하는 경우 다음 각호의 법인은 분할등기일 이전에 분할 법인에 부과되거나 납세의무가 성립한 지방자치단체의 징수금에 대하여 분할로 승계된 재산가액을 한도로 연대하여 납부할 의무가 있다. <개정 2020.12.29.>

1. 분할법인
2. 분할 또는 분할합병으로 설립되는 법인(이하 이 조에서 "분할신설법인"이라 한다)
3. 분할 법인의 일부가 다른 법인과 합병하는 경우 그 합병의 상대방인 다른 법인(이하 이 조에서 "존속하는 분할합병의 상대방 법인"이라 한다)

③ 법인이 분할되거나 분할합병된 후 분할 법인이 소멸하는 경우 다음 각호의 법인은 분할법인 게 부과되거나 납세의무가 성립한 지방자치단체의 징수금에 대하여 분할로 승계된 재산가액을 한도로 연대하여 납부할 의무가 있다.<개정 2020.12.29.>

1. 분할신설법인
2. 존속하는 분할합병의 상대방 법인

④ 법인이 「채무자 회생 및 파산에 관한 법률」 제215조에 따라 신회사(新會社)를 설립하는 경우 기존의 법인에 부과되거나 납세의무가 성립한 지방자치단체의 징수금은 신회사가 연대하여 납부할 의무를 진다.

⑤ 제1항부터 제4항까지의 연대납세의무에 관하여서는 「민법」 제413조부터 제416조까지, 제419조, 제421조, 제423조 및 제425조부터 제427조까지의 규정을 준용한다.

제2차 납세의무

제45조 (청산인 등의 제2차 납세의무)

① 법인이 해산한 경우에 그 법인에 부과되거나 그 법인이 납부할 지방자치단체의 징수금을 납부하지 아니하고 남은 재산을 분배하거나 인도(引渡)하여, 그 법인에 대하여 체납처분을 집행하여도 징수할 금액보다 적은 경우에는 청산인과 남은 재산을 분배받거나 인도받은 자는 그 부족한 금액에 대하여 제2차 납세의무를 진다.

② 제1항에 따른 제2차 납세의무는 청산인에게는 분배하거나 인도한 재산의 가액을, 남은 재산을 분배받거나 인도받은 자에게는 각자가 분배·인도받은 재산의 가액을 한도로 한다.

제46조 (출자자의 제2차 납세의무)

법인(주식을 「자본시장과 금융투자업에 관한 법률」에 따른 증권시장으로서 대통령령으로 정하는 증권시장에 상장한 법인은 제외한다)의 재산으로 그 법인에 부과되거나 그 법인이 납부할 지방자치단체의 징수금에 충당하여도 부족한 경우에는 그 지방자치단체의 징수금의 과세기준일 또는 납세의무 성립일(이에 관한 규정이 없는 세목의 경우에는 납기 개시일) 현재 다음 각호의 어느 하나에 해당하는 자는 그 부족액에 대하여 제2차 납세의무를 진다. 다만, 제2호에 따른 과점주주의 경우에는 그 부족액을 그 법인의 발행주식총수(의결권이 없는 주식은 제외한다. 이하 이 조에서 같다) 또는 출자 총액으로 나눈 금액에 해당

과점주주가 실질적으로 권리를 행사하는 소유 주식 수(의결권이 없는 주식은 제외한다) 또는 출자액을 곱하여 산출한 금액을 한도로 한다.

1. 무한책임사원
2. 주주 또는 유한책임사원 1명과 그의 특수 관계인 중 대통령령으로 정하는 자로서 그들의 소유 주식의 합계 또는 출자액의 합계가 해당 법인의 발행 주식 총수 또는 출자 총액의 100분의 50을 초과하면서 그에 관한 권리를 실질적으로 행사하는 자들(이하 "과점주주"라 한다)

제47조 (법인의 제2차 납세의무)

① 지방세(둘 이상의 지방세의 경우에는 납부 기한이 뒤에 도래하는 지방세를 말한다)의 납부 기간 종료일 현재 법인의 무한책임사원 또는 과점주주(이하 이 조에서 "출자자"라 한다)의 재산(그 법인의 발행 주식 또는 출자지분은 제외한다)으로 그 출자자가 납부할 지방자치단체의 징수금에 충당하여도 부족한 경우에는 그 법인은 다음 각호의 어느 하나에 해당하는 경우에만 그 출자자의 소유 주식 또는 출자지분의 가액 한도 내에서 그 부족한 금액에 대하여 제2차 납세의무를 진다. <개정 2023.12.29.>

1. 지방자치단체의 장이 출자자의 소유 주식 또는 출자지분을 재공매하거나 수의계약으로 매각하려 하여도 매수희망자가 없는 경우
2. 법률 또는 법인의 정관에서 출자자의 소유 주식 또는 출자지분의 양도를 제한하고 있는 경우(「지방세 징수법」 제71조 제5항 본문에 따라 공매할 수 없는 경우는 제외한다)
3. 그 법인이 외국 법인인 경우로서 출자자의 소유 주식 또는 출자지분이 외국에 있는 재산에 해당하여 「지방세징수법」에 따른 압류 등 체납처분이 제한되는 경우

② 제1항에 따른 법인의 제2차 납세의무는 그 법인의 자산총액에서 부채총액을 뺀 가액을 그 법인의 발행 주식 총액 또는 출자 총액으로 나눈 가액에 그 출자자의 소유 주식 금액 또는 출자액을 곱하여 산출한 금액을 한도로 한다.

질의회신 및 판례

질의회신

가. 부과대상 개발사업

「주택법」에 주택건설사업 개발부담금 부과여부

[질의 요지]

「주택법」에 따른 주택건설사업(37,699㎡)으로 사업계획승인을 받아 아파트를 건설하였고, 산지전용 허가(3,634㎡) 및 개발행위 허가(35,164㎡)가 의제 처리된 경우 「주택법」에 따른 주택건설사업으로 개발부담금 부과대상인지 여부

➲ 회신 내용 (토지정책과-11972, 2021.12.22.)

「개발이익 환수에 관한 법률 시행령」 별표1 제1호 나목에 따르면, 따른 주택건설사업”은 개발부담금 부과대상 개발사업의 범위에 해당하는 것으로 규정하고 있습니다.

다만, 영 별표1 제1호 나목의 비고란에 따라 「주택법」에 따른 주택건설사업이 ① 「택지개발촉진법」에 따른 택지개발사업 등 국토교통부령으로 정하는 개발부담금 부과대상 개발사업의 시행(이하 “토지개발 사업 시행”)으로 조성이 끝난 토지에서 최초로 시행하는 경우, ② 주택건설사업과 동시에 이루어지는 토지개발 사업 시행으로 조성되는 토지에서 최초로 시행하는 경우, ③ 「도시개발법」에 따른 환지방식의 도시개발사업 시행으로 조성이 끝난 토지나 해당 주택건설사업과 동시에 이루어지는 환지방식의 도시개발사업 시행으로 조성되는 토지에서 최초로 시행하는 경우에는 개발부담금 부과대상 개발사업이 범위에서 제외하도록 규정하고 있습니다.

영 [별표1] 제8호 마목 1) 호에 따르면 「국토의 계획 및 이용에 관한 법률」에 따른 개발행위 허가, 「산지관리법」에 따른 산지전용 허가(신고) 등에 따라 시행하는 사업으로서 같은 법 시행규칙(이하 “시행규칙”) 별표2에 따른 건축물을 건축하기 위한 용도

등으로 토지를 개발하는 사업은 개발부담금 부과대상 개발사업 범위에 해당합니다.

참고로, 최근 법원은 대지조성공사 없이 주택건설사업만을 시행하는 경우는 개발부담금 부과대상이 아니라고 판시(대법원 2015.11.26. 선고, 2014두43349 등)하고 있어, 이에 당초 대지조성공사가 수반되지 않더라도 주택건설사업을 개발부담금 부과대상으로 하였던 입법 취지대로의 제도유지를 위하여 주택건설사업(대지조성공사를 수반하지 않는 경우 포함)을 「개발이익 환수에 관한 법률」에서 부과대상사업으로 명확하게 규정하기 위한 「개발이익 환수에 관한 법률」 일부 개정안이 발의(소병훈 의원 대표, 2020.8.13.)되었으며, 동 법안은 현재 국회(국토교통위원회 법안소위)에 계류 중에 있으며 동 법안의 개정·시행에 따라 대지조성공사가 없는 주택건설사업의 개발부담금 부과대상 개발사업의 범위 및 적용례 등이 결정될 것임을 알려 드립니다.

대법원은 개발부담금 부과대상사업인 「개발이익 환수에 관한 법률」 제5조, 같은 법 시행령 제4조 [별표1] 제1호 소정의 '주택건설을 위한 대지조성사업'의 범위를 "절토, 성토, 정지 작업, 매립 등 토지의 형질변경 행위를 통하여 대지가 아닌 토지를 대지화 하는 경우는 물론 건축물의 건축에 적합하도록 대지로서의 효용을 높이기 위한 공사를 하는 경우도 이에 포함된다."라고 판시<2000.9.8., 선고, 98두5903, 판결>하였습니다.

따라서, 질의사업이 위의 규정, 판례 등에 해당하는 경우라면 영 [별표1] 제1호 나목 주택법에 따른 주택건설사업에 해당할 수 있을 것으로 사료됨.

▣ 대지조성공사를 수반하지 않는 주택건설사업이 개발부담금 부과대상인지 여부

[안건 번호20-0204 회신 일자2020-08-03 (「개발이익 환수에 관한 법률 시행령」 별표1등 관련)]

[질의 요지]

「개발이익 환수에 관한 법률」 (이하 "개발이익환수법"이라 함) 제5조 제1항 제1호에서는 택지개발사업(주택단지조성사업을 포함)을 개발부담금의 부과대상인 개발사업으로 규정하고 있고, 해당 개발사업의 구체적인 범위를 정하고 있는 같은 법 시행령 별표1 제1호 나목에서는 「주택법」에 따른 주택건설사업을 규정하고 있는바, 이때 "주택건설사업"은 대지조성공사[1]를 수반하는 주택건설사업으로 한정되는지?

---

1) 「주택법」 제15조에 따른 사업계획승인 대상 규모에 미치지 못하는 대지조성사업으로서 「주택건설 기준 등에 관한 규정」 제56조(대지의 안전) 및 제57조(간선시설)의 기준에 부합하게 대지를 조성하는 공사를

➲ 회답

「개발이익환수법 시행령」 별표1 제1호 나목의 주택건설사업은 대지조성공사를 수반하는 주택건설사업으로 한정됩니다.

➲ 이유

「개발이익환수법」 제5조 제1항에서는 택지개발사업(주택단지조성사업을 포함하며, 이하 같음) 등 각호의 어느 하나에 해당하는 사업을 개발부담금의 부과대상인 개발사업으로 규정하고 있고, 같은 조 제3항에서는 제1항에 따른 개발사업의 범위·규모 등에 관하여 필요한 사항은 대통령령으로 정하도록 규정하고 있으며, 그 위임에 따른 같은 법 시행령 별표1에서는 같은 법 제5조 제1항 각호의 개발부담금 부과대상인 개발사업의 종류별로 구체적인 사업의 근거 법률과 사업의 범위를 구체화하고 있는바, 같은 별표에 따른 개발사업은 법률에서 개발부담금 부과대상으로 규정한 개발사업의 범위에서 체계적으로 해석해야 합니다.

그런데 「개발이익환수법」은 토지에서 발생하는 개발이익을 환수하여 이를 적정하게 배분함으로써 토지에 대한 투기를 방지하고 토지의 효율적인 이용을 촉진하는 것을 목적(제1조)으로 하며, 같은 법 제5조 제1항 제1호에 따른 "택지개발사업"은 일단의 토지를 활용하여 택지를 개발하는 사업이고, 같은 호에서 택지개발사업에 포함하도록 한 "주택단지조성사업"도 「주택법」 제2조 제12호에서 주택 등을 건설하거나 대지를 조성하는 데 사용되는 일단의 토지를 주택 단지라고 정의하고 있으므로 「개발이익환수법」 제5조 제1항 제1호에 따른 개발부담금 부과대상사업은 토지에 대한 개발사업으로 한정하는 것이 타당합니다.

그렇다면 「개발이익환수법 시행령」 별표1 제1호 가목의 「주택법」에 따른 대지조성사업 외에 같은 호 나목에서 「주택법」에 따른 주택건설사업을 별도로 규정한 것은, 「주택법」의 적용 대상인 일정 면적 이상의 대지조성사업이 주택건설사업과 함께 이루어지는 경우는 물론 대지조성 면적이 그 이하인 경우에도 그 대지조성과 함께 시행되는 주택건설의 규모가 「주택법」에 따른 사업계획 승인 대상인이면 그 주택건설사업도 개발부담금 부과대상사업에 해당한다는 의미로 보아야 하는바, 대지조성공사가 필요 없는 토지에서 주택건설사업만을 하는 경우까지 개발부담금의 부과대상으로 볼 수는 없습니다.[2)]

말하며, 이하 같음.

2) 대법원 2015.11.26. 선고 2014두43349 판결례 및 2009.12.24. 선고 2008두3968 판결례 등 참조

만약 이와 달리 「개발이익환수법 시행령」 별표1 제1호 나목의 주택건설사업을 대지조성공사를 수반하지 않는 주택건설사업까지 포함한다고 본다면 같은 법 제5조 제1항 제1호에서 개발부담금 부과대상으로 규정하고 있는 개발사업의 범위를 벗어나게 되는바, 개발부담금의 부과와 같이 침익적 행정처분의 근거가 되는 행정 법규는 엄격하게 해석·적용해야 하고 행정처분의 상대방에게 불리한 방향으로 지나치게 확장하거나 유추해 해석하는 것은 허용되지 않는다.3)

대지조성을 수반하지 않는 주택건설사업이 개발부담금 부과대상인지 여부에 대한 해석

「개발이익환수법」 제5조 제1항은 택지개발사업(주택단지조성사업 포함) 등 일정한 개발사업을 개발부담금 부과대상으로 규정하고 있으며, 그 구체적인 범위와 기준은 「개발이익환수법 시행령」 별표1에서 정하도록 하고 있다. 이 법의 목적은 토지에서 발생하는 개발이익을 환수하여 투기를 방지하고 효율적인 이용을 촉진하는 것이다.(제1조)

택지개발사업은 일정 규모의 토지를 활용하여 택지를 조성하는 사업으로, 「주택법」상 주택단지조성사업도 이에 포함된다. 이에 따라, 개발부담금 부과대상사업은 토지를 대상으로 하는 개발사업으로 한정되며, 단순한 건축행위가 아닌 대지조성공사를 수반하는 경우에만 개발부담금이 부과될 수 있다. 이는 개발이익환수법이 토지의 개발이익을 환수하는 것이 목적이지, 단순한 건축을 통한 가치 상승을 대상으로 하지 않기 때문이다.

「개발이익환수법 시행령」 별표1에서는 「주택법」에 따른 대지조성사업과 주택건설사업을 각각 규정하고 있다. 이에 따라, 대지조성공사와 함께 시행되는 주택건설사업은 개발부담금 부과대상이 될 수 있지만, 대지조성공사가 필요 없는 토지에서 이루어지는 단순한 주택건설사업은 부과대상이 아니다.

1. 대지조성공사의 개념

대지조성공사는 건축할 수 있는 대지를 조성하는 과정으로, 토지의 형질변경(평탄화, 땅깎기·성토), 기반 시설 조성(도로, 상하수도, 전기, 통신), 지목변경(농지·임야 → 대지) 등의 작업을 포함한다. 이는 택지개발, 도시개발, 산업단지 조성 등에서 시행되는 토지 정비 과정으로, 건축물을 신축하기 전 토지의 형상, 지반, 기반 시설 등을 정비하는 작업을 의미한다.

2. 개발부담금 부과대상의 기준

개발부담금 부과대상은 일정 규모 이상의 대지조성과 함께 시행되는 주택건설사업만 포

3) 대법원 2008.2.28. 선고 2007두13791 판결례 참조는 해석의 원칙에도 반하게 됩니다.

함되며, 대지조성공사를 수반하지 않는 단순한 주택건설사업은 개발부담금 부과대상에서 제외된다. 이러한 해석은 대법원 판례(2014두43349, 2008두3968) 및 법제처 해석(안건번호 20-0204, 2020.8.3.)과 같은 법적 근거에 의해 명확히 확인된다.

3. 침익적 행정처분으로서 개발부담금 부과의 한계

만약 대지조성 없이 시행되는 주택건설사업까지 개발부담금 부과대상으로 포함한다면, 이는 개발이익환수법이 규정한 부과대상의 범위를 초과하는 해석이 되어 법적 정당성을 상실하게 된다. 개발부담금 부과는 납부의무자에게 침익적(불리한) 행정처분이므로 엄격하게 해석되어야 하며, 법령의 내용을 확장 해석하거나 유추 적용하는 것은 허용되지 않는다.(대법원 2007두13791 판결 참조)

따라서, 개발부담금 부과대상은 원칙적으로 토지개발을 수반하는 사업에 한정되며, 단순한 주택건설사업은 개발부담금 부과대상에서 제외된다. 이는 법령이 정한 부과요건의 명확성을 유지하고, 행정처분의 남용을 방지하며, 개발이익환수법의 입법취지를 준수하기 위한 필수적인 해석이다.

["「주택법」에 따른 주택건설사업" 관련 개발부담금 업무처리요령]

(토지정책과–2607, '21.3.10.)

□ 배경

• 최근 법원은 대지조성공사가 없는 토지에 주택건설사업만을 시행하는 경우는 개발부담금 부과대상이 아니라고 판시하고 있음.(대법원 2014두43349 등)

* "주택법 에 따른 주택건설사업"은 개발이익 환수에 관한 법률 제5조 부과대상사업인 "택지개발사업"의 하위 범주로 시행령에서 규정하고 있으나, 법원은 "택지개발사업"이 대지조성공사를 수반하는 사업으로만 한정된다는 판단

• 이에 따라 국토교통부는 주택건설사업(대지조성공사를 수반하지 않는 경우 포함)을 개발이익 환수에 관한 법률에서 부과대상사업으로 명확하게 규정하기 위한 법률 개정을 검토 중에 있음.

□ 업무처리 요령

• 향후, 법령이 정비(주택건설사업을 법률에서 부과대상사업으로 명확히 규정) 되기 전까지는 대지조성공사를 수반하지 않는 주택법에 따른 주택건설사업에 대해 개발부담금을 부과하지 않음.

• 이미, "주택법에 따른 주택건설사업"으로 개발부담금을 부과한 건 중에서 대지조성공사 수반여부 등 다툼의 소지가 있는 경우,

- 행정심판(취소심판) 청구기간 또는 행정소송(취소소송) 제소기간이 도과하지 않은 건에 대하여 상기 쟁점(대지조성공사 수반 여부) 사유 등을 통한 행정심판·소송으로 권리행사가 가능함을 납무의무자에게 통지

* 행정심판(취소심판) 청구기간은 행정심판법 제27조를 참조

* 행정소송(취소소송) 제소기간은 행정소송법 제20조를 참조

「건축법」에 민간임대주택 건설 시 부과제외 여부

[질의 요지]

민간임대주택을 「주택법」에 따른 인가를 받지 않고 「건축법」에 따른 건축허가를 받았는데, 「개발이익 환수에 관한 법률 시행령」 별표1 제1호의 비고란에 따라 개발부담금 부과가 제외되는지 여부

➲ 회신 내용 (토지정책과-12080, 2021.12.27.)

「개발이익 환수에 관한 법률」(이하 "법") 제5조 제1항 및 같은 법 시행령(이하 "영") 제4조 제1항에 따르면, 개발부담금 부과대상이 되는 개발사업의 범위는 별표1로 규정하고 있습니다.

영 [별표1] 제1호에 따르면, "1. 택지개발사업(주택단지조성사업을 포함한다)"은 가. 주택법에 따른 대지조성사업, 나. 주택법에 따른 주택건설사업, 다. 택지개발촉진법에 따른 택지개발사업의 어느 하나에 해당하는 사업으로 규정하고 있습니다.

영 [별표1] 제8호 마목 1) 호에 따르면 「국토의 계획 및 이용에 관한 법률」에 따른 개발행위 허가(신고), 「농지법」에 따른 농지전용 허가(신고), 「산지관리법」에 따른 산지전용 허가(신고), 「초지법」에 따른 초지전용 허가(신고)에 따라 시행하는 사업으로서 같은 법 시행규칙(이하 "시행규칙") 별표2에 따른 건축물을 건축하기 위한 용도 등으로 토지를 개발하는 사업은 개발부담금 부과대상 개발사업 범위에 해당합니다.

따라서, 질의사업이 건축법에 따른 건축허가 사업이라면 영 [별표1] 제1호의 가목, 나목, 다목에 따른 사업에 해당하지 않으며 제8호 마목 1) 호 등에 해당할 수 있을 것으로 판단됨.

「건축법」에 민간임대주택 건설 시 부과제외 여부

[질의 요지]

「개발부담금 부과·징수 업무처리규정」 제3조 제1호에 따른 부과대상사업의 면적 산정 규정을 「건축법」에 따른 민간임대주택 건설 시에도 적용할 수 있는지 여부

※ 「개발부담금 부과·징수 업무처리규정」 제3조(부과대상사업의 면적산정)
영 제4조에 따른 부과대상사업의 면적은 다음 각 호의 기준에 따라 산정한다.
1. 임대의무기간이 4년 이상인 국민주택규모 이하의 임대아파트와 분양아파트 건설사업을 단일사업으로 시행할 경우에는 전체면적 중 임대아파트에 해당하는 면적(임대아파트단지 내 부대복리시설을 포함한다)을 제외한 분양아파트 면적(동 면적이 부과대상규모인 경우에 한한다)에 대해서만 개발부담금을 부과한다.

회신 내용 (토지정책과-1851, 2023.3.21.)

「개발이익 환수에 관한 법률」 제5조 및 같은 법 시행령(이하 "영") 제4조 별표1 제1호의 비고란 1)은 4년 이상 임대하기 위하여 국민주택규모(「주택법」 제2조 제6호에 따른 국민주택규모를 말함) 이하의 임대주택(「공공주택 특별법」에 따른 공공임대주택 또는 「민간임대주택에 관한 특별법」에 따른 민간임대주택을 말함)을 건설하는 사업은 개발부담금 부과대상 개발사업의 범위에서 제외하는 것으로 규정하고 있고,

영 제4조 별표1 제4호의 다목 비고란 3)은 4년 이상 임대하기 위하여 국민주택규모(「주택법」 제2조 제6호에 따른 국민주택규모를 말함) 이하의 임대주택(「공공주택 특별법」에 따른 공공임대주택 또는 「민간임대주택에 관한 특별법」에 따른 민간임대주택을 말함)을 건설하는 사업은 개발부담금 부과대상 개발사업의 범위에서 제외하는 것으로 규정하고 있습니다.

또한 「개발부담금 부과·징수 업무처리규정」(이하 "업무처리규정") 제3조 제1호에 따르면, 영 제4조에 따른 임대의무기간이 4년 이상인 국민주택규모 이하의 임대아파트와 분양아파트 건설사업을 단일사업으로 시행할 경우에는 전체 면적 중 임대아파트에 해당하는 면적(임대아파트단지 내 부대 복리시설을 포함)을 제외한 분양아파트 면적(동 면적이 부과대상 규모인 경우에 한함)에 대해서만 개발부담금을 부과하도록 규정하고 있습니다.

따라서 업무처리규정 제3조 제1호는 영 별표1 제1호 가목, 나목, 다목 및 제4호 다목의 개발사업에 해당하는 경우에 적용하는 규정으로 「건축법」에 따른 건축허가

를 받아 민간임대주택을 건설한 경우라면 개발부담금 부과제외 대상에는 해당하지 않을 것으로 판단됨.

▦ 임대주택 건설사업을 5년이 경과되기 전에 분양하였을 경우 개발부담금 부과여부

[질의 요지]

「개발이익 환수에 관한 법률 시행령」 제4조 별표1의 규정에 의거 "5년 이상 임대하기 위하여 「임대주택법」에 의하여 「주택건설촉진법 시행령」 제30조 제1항 단서의 규정에 따른 규모(85㎡) 이하의 주택을 건설하는 사업"은 부담금 부과대상에서 제외하고 있으나, 5년이 경과되기 전에 임대주택을 분양하였다면 개발부담금 부과대상인지 아닌지

➲ 회신 내용 (토정 58300-404, 2000.4.21.)

「개발이익 환수에 관한 법률 시행령」 제4조 별표1에서 "5년 이상 임대하기 위하여 임대주택법에 의하여 임대주택을 건설하는 사업"은 부과대상에서 제외하도록 하고 있는바, 위 규정에 따른 요건은 5년 동안 계속되어야 하며 5년 기간의 진행 중에 일부를 분양하는 경우에는 위 요건이 충족되지 않으므로 부담금 부과대상이 됨.

▦ 산업단지 개발사업 부지 외 주택건설사업

[질의 요지]

한국전력공사가 월성 전원 단지 개발사업을 시행하면서 당해 사업 부지에는 포함되지 않으나, 사업부지 인근의 일반주거지역에서 주택건설촉진법 제33조에 의한 사업계획승인을 받아 "사원아파트 대지조성 및 주택건설사업"을 시행하는 경우 개발부담금 부과대상에 해당 되는지

➲ 회신 내용 (토정 58383-1218, 1998.7.30.)

「개발이익 환수에 관한 법률 시행령」 별표1 제1호의 규정에 의거 「주택건설촉진법」에 의한 대지조성사업 및 주택건설사업은 개발부담금 부과대상으로 되어 있고, 귀 질의의 사원아파트 대지조성 및 주택건설사업은 월성 전원 단지 사업 구역 내에 포함되지 아니하여 산업단지개발사업에 해당한다고 볼 수 없으므로 개발부담금 부과대상에 해당함.

수도권 외 지역의 산업단지 내 「산업입지 및 개발에 관한 법률」에 따른 주택지 조성사업에 대한 개발부담금 부과여부

[질의 요지]

수도권이 아닌 지역에서 산업입지 및 개발에 관한 법률에 따라 조성되는 산업단지 안의 주택지조성사업의 경우, 「개발이익 환수에 관한 법률」 제7조 제3항 제1호에 따라 개발부담금이 면제되는지?

➲ **회신 내용**(법제처 법령해석총괄과-3535호, '14.10.28, 안건 번호14-0606호)

[회답] 수도권이 아닌 지역에서 「산업입지 및 개발에 관한 법률」에 따라 조성되는 산업단지 안의 주택지조성사업의 경우, 「개발이익 환수에 관한 법률」 제7조 제3항 제1호에 따라 개발부담금이 면제된다고 할 것입니다.

[이유] 「산업입지 및 개발에 관한 법률」 제2조 제8호에 따르면 산업단지는 공장 등 산업시설과 이와 관련된 교육·연구·업무·지원·정보처리·유통 시설 및 이들 시설의 기능 향상을 위하여 주거·문화·환경·공원녹지 시설 등을 집단적으로 설치하기 위하여 포괄적 계획에 따라 지정·개발되는 일단(一團)의 토지로서, 같은 조 제9호 라목에서는 산업단지개발사업에 산업단지의 기능 향상을 위한 주거시설의 용지조성사업이 포함된다고 명시하고 있고, 또한, 같은 법 시행령 제21조부터 제23조까지에 따르면 산업단지개발실시계획에 주택지 조성에 관한 사항까지 포함된다는 점에 비추어 볼 때, 산업단지는 주택지조성사업을 포함하여 전체적으로 하나의 개발사업으로서 승인·추진되는 사업이라 할 것입니다.

그렇다면, 「개발이익 환수에 관한 법률 시행령」 별표1에서 개발부담금 부과대상을 「산업입지 및 개발에 관한 법률」에 따른 산업단지 안의 주택지조성사업(제1호 가목)과 「산업입지 및 개발에 관한 법률」에 따른 산업단지개발사업(제2호 가목부터 라목까지)을 따로 구분하여 규정하고 있다 하더라도, 개발부담금 면제 대상을 판단함에 있어서는 산업단지 전체를 하나의 사업으로 보아 개발부담금의 면제 여부를 판단하여야 할 것입니다.

이상과 같은 점을 종합해 볼 때, 수도권이 아닌 지역에서 「산업입지 및 개발에 관한 법률」에 따라 조성되는 산업단지 안의 주택지조성사업의 경우, 「개발이익 환수에 관한 법률」 제7조 제3항 제1호에 따라 개발부담금이 면제된다고 할 것입니다.

도시환경정비사업으로 지식산업센터를 건설하는 경우 개발부담금 부과여부

[질의 요지]

「도시 및 주거환경정비법」에 따른 도시 정비형 재개발 사업 시행계획을 인가받아 「산업집적활성화 및 공장설립에 관한 법률」에 따른 지식산업센터(공장)를 설립하는 경우 개발부담금 제외 여부

➲ 회신 내용 (토지정책과-1666, 2023.3.14)

「개발이익 환수에 관한 법률」(이하 "법") 제5조 및 같은 법 시행령(이하 "영") 제4조 제1항 별표1 제4호 다목에 「도시 및 주거환경정비법」에 따른 도시환경정비사업은 개발부담금 부과대상 개발사업의 범위에 해당하고, 비고 2) 에서 공장을 건설하는 경우는 제외한다고 규정하고 있습니다.

「산업집적활성화 및 공장설립에 관한 법률」 제2조 제1호 및 같은 법 시행령 제2조 제1항에 따르면 "공장"이란 건축물 또는 공작물, 물품 제조공정을 형성하는 기계·장치 등 제조시설과 그 부대 시설(이하 "제조시설 등"이라 한다)을 갖추고 한국표준산업분류에 따른 제조업을 하기 위한 사업장으로서 제조업을 하기 위하여 필요한 ①제조시설(물품의 가공·조립·수리시설 포함) 및 시험생산시설, ②제조업을 하는 경우 그 제조시설의 관리·지원, 종업원의 복지후생을 위하여 해당 공장용지 안에 설치하는 부대 시설로서 산업통상자원부령으로 정하는 것, ③제조업을 하는 경우 관계 법령에 따라 설치가 의무화된 시설, ④ ①~③까치의 시설이 설치된 공장용지를 말합니다.

따라서, 해당 지식산업센터가 공장을 건설하는 경우에 해당 된다면 개발부담금 부과제외 대상에 해당할 것으로 판단되나, 개발부담금 부과여부는 개발부담금 부과권자가 관련 법령, 해당 인·허가 내용 등을 종합적으로 조사·검토하여 최종 판단하시기를 바랍니다.

가로주택정비사업 개발부담금 부과대상 여부

[질의 요지]

도시 및 주거환경정비법 (이하 "도시정비법")에서 규정한 '가로주택정비사업'이 빈집 및 소규모주택 정비에 관한 특례법(이하 "소규모주택 정비법")으로 이관되어 2018.2.9.부터 시행됨에 따라 소규모주택 정비법에 의해 인·허가되는 '가로주택정비사업'이 개발부담금 부과대상사업인지 여부

➲ **회신 내용** (토지정책과-9643, 2019.12.31.)

가. 「개발이익 환수에 관한 법률」 제5조 및 같은 법 시행령 제4조 제1항 별표1 제1호 나목에 따르면 「주택법」에 따른 주택건설사업은 개발부담금 부과대상 개발사업의 범위에 포함되어 있으며, 「빈집 및 소규모주택 정비에 관한 특례법」 제55조 제1항에 따라 사업시행자가 사업 시행계획 인가를 받은 때에는 「주택법」 제15조에 따른 사업계획의 승인이 있는 것으로 보도록 규정하고 있고, 「개발이익 환수에 관한 법률」 제5조 및 같은 법 시행령 제4조 제1항 별표1 비고에 따르면 “개별 법령에서 특정한 사업에 대하여 인가 등을 받으면 위 표 제1호부터 제8호까지 규정한 개발사업의 인가 등을 받은 것으로 볼 때는 부담금 부과대상 개발사업으로 본다”라고 규정하고 있습니다.

나. 「개발부담금 부과·징수 업무처리규정」 제2조 제2항 제4호에 따르면 「도시정비법」의 주거환경개선사업, 주택재개발사업, 주택재건축사업은 영 제4조 제1항 별표1에 따른 개발부담금 부과대상 개발사업 범위에 포함되지 아니하는 것으로 규정하고 있습니다.

다. 따라서, ‘가로주택정비사업’이 「빈집 및 소규모주택 정비에 관한 특례법」 제55조 제1항에 따라 사업 시행계획 인가를 받아 「주택법」 제15조에 따른 사업계획의 승인을 받은 것으로 보는 경우 「개발이익 환수에 관한 법률」 제5조 및 같은 법 시행령 제4조 제1항 별표1 제1호 나목에 따른 개발부담금 부과대상 개발사업에 해당하는 반면, 「개발부담금 부과·징수 업무처리규정」 제2조 제2항 제4호에 따른 개발부담금 부과제외 대상 개발사업의 범위에는 포함되지 않으므로 동 사업은 개발부담금 부과대상 개발사업에 해당하는 것으로 판단됩니다. 다만, 최종적인 개발부담금 부과여부에 대해 해당 사업의 인허가 내용 및 관계 법률 등을 종합적으로 검토하여 개발부담금 부과권자가 결정하시기를 바랍니다.

소규모 재건축사업 개발부담금 부과대상 여부

[질의 요지]

「빈집 및 소규모주택 정비에 관한 특례법」에 따른 소규모 재건축사업을 시행한 경우 개발부담금 부과대상인지

➲ **회신 내용** (국민신문고, 2023.2.21.)

「개발부담금 부과·징수 업무처리규정」 (이하 “업무처리규정”) 제2조 제2항 제4호에

따르면 "「도시 및 주거환경정비법」의 주거환경개선사업, 재개발 사업(다만, 영 별표1 제4호 다목에 따른 정비사업은 제외한다.), 재건축사업은 「개발이익 환수에 관한 법률 시행령」 제4조 제1항 별표1에 따른 개발부담금 부과대상 개발사업 범위에 포함되지 아니한다."라고 규정하고 있습니다.

2017.2.8. 「소규모주택 정비법」을 제정하여 「도시 및 주거환경정비법」에서 규정하고 있던 소규모 재건축사업은 기존의 주택재건축사업 중 소규모사업이 「빈집 및 소규모주택 정비에 관한 특례법」에 이관되었습니다.

따라서, 소규모 재건축사업은 기존의 주택재건축사업 중 소규모사업이 「빈집 및 소규모주택 정비에 관한 특례법」으로 이관된 것이므로 업무처리규정 제2조 제2항 제4호에 따라 개발부담금 부과대상 개발사업 범위에 포함되지 아니할 것으로 판단되나, 구체적인 사항에 대해서는 인·허가 내용 및 사실관계 등을 확인하여 판단할 사항으로 해당 개발부담금 부과 징수권자인 시장·군수·구청장에게 문의하여 주시기 바랍니다.

환지방식의 도시개발 사업지구 내 공동주택사업

[질의 요지]

환지방식의 도시개발사업 지구 내 공동주택사업이 개발부담금 부과대상에서 제외되는지 여부

➲ 회신 내용 (토지정책과-1258, 2020.2.11.)

「개발이익 환수에 관한 법률」 제5조 및 같은 법 시행령 제4조 제1항 별표1에 따르면 도시개발법에 따른 도시개발사업(환지방식 제외)과 「주택법」에 따른 주택건설사업은 개발부담금 부과대상 개발사업의 범위로 규정하고 있습니다.

다만, 2019.11.5. 「개발이익 환수에 관한 법률 시행령」(대통령령 제30190호) 이 일부 개정되어, 「도시개발법」에 따른 환지방식의 도시개발사업 시행으로 조성이 끝난 토지나 해당 주택건설사업과 동시에 이루어지는 환지방식의 도시개발사업 시행으로 조성되는 토지에서 최초로 시행하는 주택건설사업은 개발부담금 부과대상에서 제외되었으며, 같은 법 시행령 부칙 제2조에 따르면 이는 2019.11.5. 이후 개발부담금을 결정·부과하는 개발사업부터 적용됨을 알려 드립니다.

따라서, 환지방식의 도시개발사업 시행으로 조성되는 토지에서 최초로 시행되는

주택건설사업은 개발부담금 부과대상에서 제외되는 것으로 판단됩니다.

環 환지방식의 도시개발 사업지구 내 공동주택사업

[질의 요지]

환지방식의 도시개발사업으로 조성된 토지에서 최초로 시행하는 주택조합의 공동 주택 신축 사업의 경우, 주택건설사업이 개발부담금 부과대상인지

➲ 회신 내용 (토지정책과-7118, 2020.8.11.)

「개발이익 환수에 관한 법률」 제5조 및 같은 법 시행령(이하 "영") 제4조 제1항 제1호, 별표1 제1호 나목에 따르면, "주택법에 따른 주택건설사업"은 개발부담금 부과대상 개발사업의 범위에 해당하는 것으로 규정하고 있습니다.

다만, 영 별표1 제1호 나목의 비고란에 따라 「주택법」에 따른 주택건설사업이 ① 「택지개발촉진법」에 따른 택지개발사업 등 국토교통부령으로 정하는 개발부담금 부과대상 개발사업의 시행(이하 "토지개발 사업 시행"이라 한다)으로 조성이 끝난 토지에서 최초로 시행하는 경우, ② 주택건설사업과 동시에 이루어지는 토지개발 사업 시행으로 조성되는 토지에서 최초로 시행하는 경우, ③ 「도시개발법」에 따른 환지방식의 도시개발사업 시행으로 조성이 끝난 토지나 해당 주택건설사업과 동시에 이루어지는 환지방식의 도시개발사업 시행으로 조성되는 토지에서 최초로 시행하는 경우에는 개발부담금 부과대상 개발사업이 범위에서 제외하도록 규정하고 있습니다.

참고로 2019.11.5. 「개발이익 환수에 관한 법률 시행령」(대통령령 제30190호)이 일부 개정되어, 도시개발법에 따른 환지(換地) 방식의 도시개발사업에 대한 개발이익은 지방자치단체의 특별회계로 귀속되고 있으나 해당 토지에서 시행하는 주택건설사업의 경우 개발부담금을 부과하고 있어 개발이익이 중복으로 회수되고 있으므로 개발사업자의 부담을 완화하기 위하여 환지방식의 도시개발사업 시행으로 조성이 끝난 토지나 주택건설사업과 동시에 이루어지는 환지방식의 도시개발사업 시행으로 조성되는 토지에서 최초로 시행하는 주택건설사업은 개발부담금 부과대상에서 제외하였습니다.

따라서, 환지방식의 「도시개발법」에 따른 도시개발사업 시행으로 조성이 끝난 토지에 최초로 시행하는 주택법에 따른 주택건설사업은 개발부담금 부과대상 개발사업에서 제외되는 것으로 판단됩니다.

공공주택사업지구 내 주택건설사업의 개발부담금 부과대상 여부

[질의 요지]

「공공주택 특별법」(구 보금자리주택건설 등에 관한 특별법)에 따라 조성한 토지를 민간 사업시행자가 공급받아「구 개발이익 환수에 관한 법률 시행령」2014.7.15. 시행, 대통령령 제25452호 개정 이후 주택법 제16조에 따라 주택건설사업 승인을 득한 경우 개발부담금 부과대상에 해당하는지?

➲ 회신 내용 (토지정책과-449, 2016.1.19.)

「구 개발이익 환수에 관한 법률 시행령」2014.7.15. 시행, 대통령령 제25452호[별표1] 제1호 다목 비고란 1) 에서「택지개발촉진법」에 따른 택지개발사업 등 국토교통부령으로 정하는 개발부담금 부과대상 개발사업의 시행으로 조성이 끝난 토지에서 최초로 시행하는 주택건설사업은 개발부담금 부과대상에서 제외하도록 규정하고 있습니다.

이는 택지개발사업 시행 등으로 이미 개발부담금을 부과하여 개발이익이 환수된 토지에서 최초로 시행하는 주택건설사업에 대해 개발부담금의 부과를 제외하도록 한 것으로 개발부담금의 이중 부과를 방지하고자 하는 취지의 규정입니다.

한편,「개발부담금 부과·징수 업무처리규정」제2조 제2항 제12호에 따르면「공공주택 특별법」에 따른 공공주택사업(지구조성 사업 등)은 개발부담금 부과대상이 되는 개발사업의 범위에 포함하지 않는 것으로 되어 있습니다.

따라서, 귀 질의의「공공주택건설 등에 관한 특별법」에 따른 공공주택사업은 개발부담금 부과대상에서 제외하도록 하고 있으므로 동 사업으로 조성된 토지에서 시행하는 주택법에 따른 주택건설사업은 개발부담금 부과대상사업으로 판단됩니다.

도시개발사업 중 체비지

[질의 요지]

「도시개발법」에 의한 개발사업의 경우 환지받은 토지를 제외한 체비지가 개발부담금 부과대상인지 아닌지

➲ 회신 내용 (토지정책팀-1874, 2006.5.9.)

「개발이익 환수에 관한 법률」제5조 및 같은 법 시행령 제4조 제1항 별표1의 규정

에 따라 환지방식에 의한 도시개발사업은 개발부담금 부과대상이 아니므로 환지방식의 도시개발사업 시행 과정에서 발생한 체비지의 경우도 개발부담금 부과대상이 되지 아니할 것임.

다만, 동 사업지구 내에서 주택법에 따른 주택건설사업 등을 시행하는 경우에는 개발부담금 부과대상이 됨.

형질변경 없이 건축허가만을 받은 경우

[질의 요지]

도시계획구역(녹지지역 제외) 내의 전 등을 건축법에 따른 건물을 건축 할 경우 개발을 위한 별도의 절토·성토·정지 등 토지형질 변경 행위나 건축물의 건축에 적합한 상태인 토지로서의 효용을 높이기 위한 공사가 필요 없는 단순한 건축허가만을 받아 사실상·공부상 지목이 변경되었다면 이를 지목변경사업으로 보아 부담금을 부과할 수 있는지

➲ 회신 내용 (토재 58307-44, 1998.1.17.)

개발부담금 부과대상사업으로 「개발이익 환수에 관한 법률 시행령」 별표1 제9호에는 지목변경이 수반되는 개발사업을 개발부담금 부과대상사업으로 규정하고 있으므로, 같은 법 시행규칙 별표2에서 정하고 있는 건축물의 건축으로 지목변경이 수반되는 경우에는 개발부담금 부과대상으로 보아야 함.

단순히 공부상 지목을 정리하는 경우

[질의 요지]

1991.2.11.에 근린생활시설로 건축물의 준공검사를 받아 대지로 이용 중에 있으나 공부상 지목은 현재까지 답으로 되어 있는 토지 2,076㎡에 기존의 건축물을 철거하고 새로운 건축물을 신축하는 경우 개발부담금 부과대상에 해당하는지

➲ 회신 내용

「개발이익 환수에 관한 법률 시행령」 별표1 제9호 및 같은 법 시행규칙 별표2의 규정에 의거 건축허가를 받아 근린생활시설을 건축함으로써 사실상 또는 공부상의 지목변경이 수반되는 경우에는 개발부담금 부과대상사업에 해당하나 귀 질의와 같

이 1991.2.11.에 근린생활시설로 이미 건축물의 준공검사를 받아 대지로 이용되고 있는 토지가 공부상 지목 정리만 되지 않은 상태에서, 기존 건축물을 철거하고 동일한 토지에 동일한 용도의 건축물을 신축함으로써 공부상 지목만을 "대"로 정리하는 경우에는, 위 규정에 의한 지목변경 수반 사업이라고 볼 수 없어 개발부담금 부과대상에 해당되지 않는 것으로 판단됨.

단순히 공부상 지목을 정리하는 경우

[질의 요지]

기존 축사 건물이 1982년도에 준공이 되어 건축물 관리대장에 등재되어 현존하고 있으나, 지목변경이 안 되어 지목이 "답"과 "임"으로 되어 있는 경우, 인허가를 새로 받으면 개발부담금 납부 대상인지 아닌지

회신 내용

「개발이익 환수에 관한 법률 시행령」 별표1 제9호의 규정에 따라 첨부파일의 부과대상 건축물에 대한 건축허가를 받아 건축함으로써 사실상 또는 공부상의 지목변경이 수반되는 경우에는 개발부담금 부과대상에 해당하나, 기존 적법한 건축물로서 축사(목장 용지)로 이용되고 있는 토지가 공부상 지목 정리만 되지 않은 상태에서 기존 건축물을 철거하고 동일한 토지에 동일한 용도의 건축물을 신축함으로써 공부상 지목만을 "목장 용지"로 정리하는 경우라면 지목변경 수반 사업이라고 볼 수 없으므로 개발부담금 부과대상이 되지 않는 것으로 판단됨.

개발부담금 부과대상 여부 등

[질의 요지]

1) 2종 근린생활시설(종교집회장) 부지조성 목적으로 건축허가 등을 받아 개발사업을 완료한 경우 개발부담금 부과대상에 해당하는지?
2) 개발부담금 종료시점지가 산정 시 토지이용 상황을 '임야 기타 또는 특수토지'로 평가가 가능한지?

회신 내용 (토지정책과-2481, 2017.4.12., 토지정책과-3382, 2017.5.24.)

[질의 1에 대하여] 「개발이익 환수에 관한 법률 시행령」 제4조와 같은 법 시행령

[별표1] 제7호의 규정에 따르면 같은 법 시행규칙 [별표2]의 건축물 건축으로 사실상 또는 공부상의 지목변경이 수반되는 사업은 개발부담금 부과대상에 해당하며,

같은 법 시행령 [별표1] 제8호에 따르면 「국토의 계획 및 이용에 관한 법률」에 따른 개발행위 허가, 「산지관리법」에 따른 산지전용 허가 등을 받아 시행하는 사업으로서 주택을 건축하기 위한 용도로 토지를 개발하는 사업 등 같은 법 시행규칙[별표2]에서 정한 사업은 개발부담금 부과대상에 해당합니다.

아울러, 같은 법 시행규칙 [별표2]의 규정에 따르면 「건축법」상의 종교시설은 개발부담금 부과대상사업에서 제외하고 있으나, 제2종 근린생활시설(종교집회장, 바닥면적의 합계가 500㎡ 미만)은 개발부담금 부과대상사업으로 규정하고 있습니다.

따라서, 「건축법」상의 제2종 근린생활시설(종교집회장) 건축으로 사실상 또는 공부상의 지목이 변경된 경우와 제2종 근린생활시설(종교집회장)의 건축목적으로 개발행위 허가, 산지전용 허가 등을 받아 토지형질 변경을 수반하는 사업이라면 개발부담금 부과대상에 해당하는 것으로 판단되나, 개발부담금 부과대상 여부에 대한 최종 판단은 귀 시에서 관련 인·허가 서류, 현장 조사 등 사실관계를 조사하여 결정하시기 바랍니다.

[질의 2에 대하여] 「개발이익 환수에 관한 법률」 제10조에 따르면 종료시점지가는 부과종료시점 당시의 부과대상토지와 이용 상황이 가장 비슷한 표준지의 공시지가를 기준으로 부동산 가격공시에 관한 법률 제3조 제7항에 따른 표준지와 지가산정 대상 토지의 지가 형성 요인에 관한 표준적인 비교표에 따라 산정한 가액(額)에 해당 연도 1월 1일부터 부과종료시점까지의 정상지가상승분을 합한 가액으로 산정하도록 규정하고 있습니다.

귀 질의의 개발부담금 종료시점지가 산정 시 토지이용 상황 판단은 법령해석 사항이 아닌 사실 판단 사항으로써 부과권자인 귀 시에서 관계 법령, 개별공시지가 산정 지침, 인허가 서류, 각종 공부, 현장 조사 등 사실관계를 조사하여 판단하시기를 바랍니다.

1차 개발사업에서 개발이익이 없어 부과하지 않은 토지에 원래의 지목으로 변경하는 개발사업(2차 사업)의 경우 부과대상 여부

[질의 요지]

지목이 대지인 토지에 창고시설 건축허가를 받아 건축물 사용승인(1차 개발사업)을 득함으로써 지목이 대지에서 창고 용지로 변경되었으나 개발부담금 부과 관청은 해당 토지에 개발이익이 없다고 판단하여 개발부담금을 부과하지 않았는데, 그 이후 동 사업시행자가 동 창고시설을 제2종 근린생활시설로 건축물 용도를 변경(2차 개발사업)하여 창고 용지에서 원래의 지목인 대지로 환원되었으면 2차 개발사업의 개발부담금 부과대상 여부

회신 내용 (토지정책과-2882, 2012.6.12.)

「개발이익 환수에 관한 법률 시행령」 제4조 제1항 [별표1 제9호]에 의하면 국토해양부령으로 정하는 건축물의 건축(「건축법」 제19조에 따른 용도변경을 포함한다)으로 사실상 또는 공부상 지목변경이 수반되는 사업을 개발부담금 부과대상사업으로 규정하면서, 다만, 지목변경으로 부담금이 부과된 토지에 대한 사업의 경우 그 부담금 부과 당시의 지목을 그 부담금 부과 전의 지목으로 변경하는 경우는 제외한다고 규정하고 있습니다.

위 질의의 경우 '대지'에서 '창고 용지'로 지목 변경된 1차 개발사업은 개발부담금이 부과된 사업이 아니므로, 개발사업 허가를 받아 공부상 지목인 '창고 용지'에서 '대지'로 지목 변경된 2차 개발사업은 「개발이익 환수에 관한 법률 시행령」 [별표1 제9호] 단서 규정 적용 대상이 아닌 것으로 판단됩니다.

따라서, 2차 개발사업에 대한 개발부담금 부과대상 여부는 같은 법 시행령 [별표1 제9호] 본문의 규정에 따라 판단하여 결정하여야 할 사항으로 봅니다.

택지조성사업으로 시행한 토지(근린 상업용지)에 주유소를 건축한 경우

[질의 요지]

택지조성사업을 시행한 토지(근린 상업용지)를 사업자가 분양받아 별도의 건축법에 의한 건축허가를 받아 주유소를 신축하는 경우 지목변경 수반 사업으로 보아 개발부담금 부과대상에 해당 되는지 여부

➲ **회신 내용** (토재 58307-402, 1997.6.16.)

「개발이익 환수에 관한 법률 시행령」 별표1 제9호의 규정에 의거 주유소 시설의 건축으로 사실상 또는 공부상의 지목변경이 수반 되는 경우에는 개발부담금 부과대상으로 보도록 되어 있고 지적법상 주유소의 지목은 잡종지로 되어 있으므로, 귀 질의의 경우 택지개발 사업지구 내의 토지를 분양받아 건축법에 의한 주유소를 건축하였다면 지목이 "대"에서 "잡종지"로 변경되는 것이므로 개발부담금 부과대상에 해당되는 것임.

▣ 대지가 잡종지(주유소)로 변경 시 부담금 부과 후, 법 개정으로 주유소 용지로 지목 변경 뒤 다시 주유소를 철거하고 근린생활시설을 준공한 경우 부과대상 여부

[질의 요지]

1995.4.26 건축허가 받아 위험물저장 및 처리시설(주유소) 준공되어 "대"에서 "잡종지"로 사실상의 지목변경으로 1996.10. 개발부담금 부과되었고 이후 관련 법 개정으로 지목이 세분되어 "주유소 용지"로 지목 변경된 토지나 2013년 주유소 철거·멸실 및 근린생활시설 준공으로 "대"로 지목변경 됨.

위와 같이 지목변경 수반 사업으로 이미 개발부담금이 부과(1996년)된 토지에 대해 다시 근린생활시설 준공으로 지목이 "대"로 환원된 경우 개발부담금이 부과되는지 여부 및 주유소 준공(1995년) 당시 토지소유자와 근린생활시설 준공(2013년) 당시 토지소유자가 서로 다를 경우 개발부담금이 부과여부

➲ **회신 내용** (국민신문고 2013.11.23.)

「개발이익 환수에 관한 법률 시행령」 별표1 제9호 하단에 따르면 지목변경으로 부담금이 부과된 토지에 대한 사업의 경우 그 부담금 부과 당시의 지목을 그 부담금 부과 전의 지목으로 변경하는 경우는 개발부담금 부과대상에서 제외하도록 규정하고 있습니다.

귀 질의의 경우 최초 인허가 사업은 시행령 별표1 제9호에 따라 대지에서 잡종지(주유소)로 지목변경을 수반하는 개발사업에 해당하여 개발부담금이 부과되었으며 이후 지적법 개정(2001.1.26. 개정, 2002.1.27. 시행) 이로 잡종지 지목이 세분되어 주유소 용지로 변경되었습니다. 잡종지 지목이 주유소 용지로 변경된 것은 개발사업에 따른 지목변경이 아니고 지적법 개정에 따른 것이 명백합니다.

따라서 지목이 주유소 용지인 토지에 주유소를 철거하고 근린생활시설을 건축 준

공하여 지목이 대지로 변경된 경우에는 이미 개발부담금이 부과된 토지에서 지목변경이 수반되는 사업을 하면서 지목이 다시 개발부담금 부과 전의 지목으로 변경되는 경우에 해당하는 것으로 볼 수 있습니다. 따라서 개발부담금 부과대상에서 제외되는 것으로 판단됩니다.

경제자유구역 개발사업으로 조성된 토지 내에서 공장 등을 신축하는 경우

[질의 요지]

경제자유구역 개발사업으로 조성이 완료된 토지(지목 : 대지)에 공장, 자동차 관련 시설 등을 신축하는 경우 이를 지목변경 수반 사업으로 보아 개발부담금 부과대상에 해당하는지?

* 00지구는 경제자유구역 개발사업 실시계획에 의하여 조성되어 지구단위계획에 따라 토지별 건축물 용도가 지정되어 있으나, 지목은 지구단위계획의 토지 용도를 구체적으로 반영하지 않고 신규 등록 당시 대부분 '대'로 등록되었음.

➲ 회신 내용 (토지정책과-8189, 2016.10.11.)

「개발이익 환수에 관한 법률 시행령」 제4조와 같은 법 시행령 [별표1] 제7호에 따르면 동법 시행칙 [별표2]에 해당하는 「건축법」에 따른 건축물의 건축(건축법 제19조에 따른 용도변경 포함)으로 사실상 또는 공부상 지목변경이 수반되는 사업은 개발부담금 부과대상에 해당합니다.

따라서, 시행규칙[별표2]에 해당하는 「건축법」에 따른 건축물의 건축으로 사실상 또는 공부상의 지목이 변경(대지→공장 등)되는 경우라면 개발부담금 부과대상에 해당하는 것으로 판단되나, 개발부담금 부과대상 여부에 대한 최종 판단은 관계 법령 및 인허가 서류, 현장 조사 등 사실관계를 조사하여 귀 구에서 결정하시기 바랍니다.

아파트 건설사업 승인 조건에 의하여 상가건축을 하는 경우

[질의 요지]

아파트 건설사업 시행 시 구매시설을 건축하는 조건으로 사업 승인을 얻은 후 아파트사업부지와 100m가량 떨어진 곳에 상가건축을 하는 경우 개발부담금 부과여부

➲ 회신 내용

아파트 건설사업 시 사업 승인 조건에 의하여 건축하게 되는 구매시설 등에 대해 그 구매시설이 아파트사업 부지와 떨어져 있다 하더라도 아파트 건설사업의 관련 시설로서 사업 승인 조건에 의하여 시행하는 경우라면 개발부담금 부과대상임.

학교법인이 학교 근처에 주차장을 조성한 경우

[질의 요지]

학교법인(비영리법인)이 시행자로 개발행위허가(자동차 관련 시설)를 득하여 학교 근처에 주차장 부지를 조성하였을 경우 개발부담금 부과대상이 되는지 여부

<학교 측 주장>

가. 학교법인이 시행한 개발사업이므로 학교 용지 확보 등에 관한 특례법 제5조 제4항 제4호에 따라 개발부담금 면제 대상이 된다.

나. 학교법인은 비영리법인이므로 개발부담금을 면제받아야 한다.

➲ 회신 내용 (토지정책과-2782, 2013.8.20.)

주차장 부지를 조성하면서 「국토의 계획 및 이용에 관한 법률」 제56조, 「산지관리법」에 따른 산지전용 허가, 「농지법」에 따른 농지전용허가, 「초지법」에 의한 초지전용 허가를 받아 주차장을 만든 것이 원인이 되어 공부상 또는 사실상 지목변경은 수반되었다면 개발부담금 부과대상이 됩니다. (근거 : 「개발이익 환수에 관한 법률 시행령」 제4조 및 별표1 중 제10호)

가. 「학교 용지 확보 등에 관한 특례법」 제5조 제4항 제4호에서 면제하도록 한 부담금은 개발부담금을 지칭하는 것이 아니라 “학교 용지부담금”을 의미한다고 사료됩니다. (근거 : 학교시설 확보 등에 관한 특례법 제2조 제3호)

나. 개발사업 시행 주체별로 개발부담금을 감면받을 수 있는 경우는 「개발이익 환수에 관한 법률」 제7조 제2항 및 같은 법 시행령 제6조 제2항에서 열거하고 있는바, 학교법인은 위 근거 조항에 열거되지 아니하였으므로 개발부담금 감면 대상이 될 수 없다고 봅니다.

양성화 무허가건축물이 일부 포함되어 있는 경우 개발부담금 부과대상 여부

[질의 요지]

건축허가를 받은 면적은 685㎡이나 이중 양성화된 무허가건축물 용지가 일부 있을 경우 개발부담금 부과대상 여부

➲ 회신 내용(토지정책팀 3387, 2006.8.29.)

개발부담금이 부과되는 경우 중 지목의 변경은 사실상 또는 공부상의 지목변경을 의미하므로 사실상 대지로 활용되던 농지 등이 일정한 절차를 거쳐 공부상 대지로 변경되는 경우는 부과대상이 됩니다.

즉, 「개발이익 환수에 관한 법률 시행령」 제4조 제1항의 규정에 따르면 특별시 또는 광역시 지역 내 도시지역의 경우 관계 법률의 규정에 따라 국가 또는 지방자치단체로부터 인가 등을 받은 사업 대상 토지의 면적이 660㎡ 이상이고, 같은 법 시행령 별표1 제9호의 규정에 따라 같은 법 시행규칙 별표2에 해당하는 건축물의 건축으로 사실상 또는 공부상의 지목변경이 수반되는 경우에는 개발부담금 부과대상으로 되어 있습니다.

무허가건축물 추인 시 개발부담금 부과대상 여부(무허가건축물 양성화)

[질의 요지]

「개발이익 환수에 관한 법률」 시행(1990.1.1.) 전에 건축되어(1978년) 사용 중인 무허가건축물을 추인하여 지목이 변경된 경우, 개발부담금 부과대상 여부

※ (무허가) 1905년 신축, 1978년 개축 → (추인) 2019.1.21. 건축허가,
2019.9.4. 사용승인 [지목변경 (임야) 1,799㎡, (대) 175㎡ → (종교 용지) 1,974㎡]

➲ 회신 내용(토지정책과-1628, 2020.2.21.)

「개발이익 환수에 관한 법률」(이하 "법") 제5조, 같은 법 시행령(이하 "영") 제4조 제1항 별표1 제7호 및 같은 법 시행규칙 제4조 제5항 별표2 제1호 나목에 따르면, 건축법 시행령 별표1에 따른 제2종 근린생활시설인 "종교집회장" 건축으로 사실상 또는 공부상의 지목변경이 수반되는 사업은 개발부담금의 부과대상 개발사업의 범위에 해당하며, 아울러, 법 제5조, 영 별표1 제8호 마목 1) 및 같은 법 시행규칙 제4조

제6항 별표 2 제1호 나목에 따르면, 「국토의 계획 및 이용에 관한 법률」에 따른 개발행위허가(신고), 「산지관리법」에 따른 산지전용 허가(신고) 등에 따라 시행하는 사업으로서 「건축법 시행령」 별표1에 따른 제2종 근린생활시설인 "종교집회장"을 건축하기 위한 용도로 토지를 개발하는 사업 또한, 개발부담금 부과대상 개발사업의 범위에 해당하는 것으로 규정하고 있습니다.

따라서, 당초 적법한 절차에 따라 인허가 등을 받아 준공되었다면 부과대상이 아니나, 이와 같은 경우가 아니라면 관계 법령에 따른 인가 등의 절차를 받는 사업이 영 별표1 제7호 및 제8호 마목 1) 등에 해당하게 되면 그 사업에 대하여 개발부담금을 부과하여야 할 것으로 판단됩니다.

다만, 추인에 따른 개발부담금 부과여부에 대한 최종적인 판단은 해당 추인 사업을 인허가한 내용 및 관계 법령 등을 종합적으로 검토하여 개발부담금 부과권자가 결정하시기를 바랍니다.

기존 화력발전소 건물을 철거하고 열병합 발전소를 신축할 경우 부과여부

[질의 요지]

① 지목이 대지인 상태에서 기존 화력발전소 건물을 철거하고 열병합 발전소를 신축할 경우 지목이 장으로 변경되어야 하는데 지목변경으로 인한 부담금 부과대상 여부
② 지목이 대지인 상태에서 79년부터 자동차운전학원을 운영해 오다가 금번 건축물 증축(형질변경 없음)으로 지목이 잡종지로 변경하였는바 건축물 건축으로 인한 지목변경으로 부담금 부과대상 여부

➲ 회신 내용 (토정 58307-10, 1998.1.7.)

「개발이익 환수에 관한 법률 시행령」 별표1 제9호 및 같은 법 시행규칙 별표 2의 규정에 의한 건축물의 건축으로 사실상 또는 공부상의 지목변경이 수반되는 경우에는 개발부담금 부과대상사업으로 되어 있으나, 귀 질의에서 「건축법 시행령」 별표1 제25호의 발전소 시설 설치 사업은 개발부담금 부과대상이 아니고, 같은 법 시행 이전부터 자동차운전학원을 운영해 오던 토지에 건축물의 증축과 함께 공부상 지목만을 정리하는 경우에는 위 규정에 따른 개발부담금 부과대상사업에 해당한다고 볼 수 없음.

사용승인을 받은 날부터 5년이 지난 후에 사실상 또는 공부상 지목이 변경되는 경우

[질의 요지]

「개발이익 환수에 관한 법률 시행규칙」 제3조의2와 관련되는 별표2 제1호 본문 규정 괄호 안의 "건축법 제18조의 규정에 의한 사용승인을 받은 날부터 5년 이내에 다음 각 목의 건축물로 건축법 제14조의 규정에 의하여 용도변경을 하는 경우"를 해석함에 있어, 사용승인을 받은 날부터 5년이 지난 후에 사실상 또는 공부상 지목이 변경되는 경우는 개발부담금의 부과대상이 되지 아니하는지 여부

➲ 회신 내용 (토지정책팀-2308, 2006.6.9.)

건축물 사용승인을 받은 날로부터 5년 이상이 경과하였다 하더라도 별도의 지목변경을 수반하여 건축법 제14조에 의한 건축물의 용도변경을 하는 경우는 「개발이익 환수에 관한 법률 시행령」 별표1의 제9호에 해당하여 개발부담금 부과대상사업이 됩니다.

나. 그 밖의 이와 유사한 사업(제8호)

건축허가와 개발행위허가를 받아 개발사업을 진행하는 경우

[질의 요지]

건축허가와 개발행위허가를 받아 개발사업을 진행하는 경우 「개발이익 환수에 관한 법률 시행령」 별표1의 제7호 적용 대상인지, 제8호 적용 대상인지

➲ 회신 내용

「개발이익 환수에 관한 법률」 제5조 및 같은 법 시행령 제4조 별표1에 따라 개발부담금 부과대상사업으로 제7호에는 지목변경이 수반되는 개발사업, 제8호에는 제1호부터 제6호까지의 사업과 유사한 사업으로서 대통령령으로 정하는 사업으로 정하고 있습니다.

귀 질의의 경우와 같이 건축허가와 개발행위허가를 받는 경우에는 같은 법 시행령 별표1 제8호 사업에 해당하는 것으로 판단됩니다. (참고 판례 : 대법원 2005.5.13. 선고 2004두2073 판결)

대지와 농지(전)에 하나의 개발행위 허가를 받은 경우

[질의 요지]

대지(760㎡)에 있던 기존 건축물을 철거하고 '전'인 토지를 추가하여 근린생활시설 건축을 위하여 1,300㎡(대지 760㎡, 전 540㎡)에 대해 개발행위 허가를 받았으며(기존 대지 760㎡는 건축물신축 및 부지조성, 포장 등이 이루어져 개발행위 면적에 포함), 사업종료 후 지목변경("전"→"대")되는 토지 면적은 540㎡인데 개발부담금 부과대상사업에 해당하는지?

※ 개발부담금 부과대상토지 면적 기준 : 660㎡ 이상

➲ 회신 내용 (토지정책과-3248, 2022.5.24.)

「개발이익 환수에 관한 법률」 제5조, 같은 법 시행령(이하 "영") 제4조 제1항 별표1 제8호 마목 1) 호에 따르면, 「국토의 계획 및 이용에 관한 법률」에 따른 개발행위 허가(신고), 「농지법」에 따른 농지전용 허가(신고), 「산지관리법」에 따른 산지전용 허가(신고) 등에 따라 시행하는 사업으로서 같은 법 시행규칙(이하 "시행규칙") 별표2에 따른 건축물을 건축하기 위한 용도 등으로 토지를 개발하는 사업은 개발부담금 부과대상 개발사업 범위에 해당합니다.

참고로, 대법원은 개발부담금 부과대상이 되는 개발사업의 규모는 실제 개발한 면적이 아닌 관련 법령의 규정에 의하여 "인가 등을 받은 사업 대상 토지의 면적을 기준"으로 하여야 한다 라고 판시(대법원 1999.12.10., 선고, 98두2881, 판결)하였음을 참고로 알려 드립니다.

따라서, 질의사업이 별표1 제8호 마목 1)에 해당하는 개발사업이면서 개발부담금 부과대상 규모(영 제4조 제1항 각호) 이상이라면 개발부담금 부과대상사업에 해당할 것으로 판단됨.

건축물의 건축만을 위한 개발행위 허가의 경우

[질의 요지]

지목변경을 수반하지 아니하는 건축물(공장)의 건축허가 사업입니다. 국토계획법 제56조는 "건축물의 건축"도 개발행위허가를 받도록 규정하고 있으므로 이 경우 「개발이익 환수에 관한 법률 시행령」 별표1 제10호에 의한 개발부담금 부과대상에 해당하는지 여부

➲ 회신 내용 (토지정책팀-834, 2006.2.28.)

「개발이익 환수에 관한 법률 시행령」 제4조 및 별표1은 "지목변경을 수반하는 건축허가 사업" (제9호) 및 "개발행위허가를 득하여 시행하는 건축허가 사업"(제10호)을 각각 개발부담금의 부과대상사업으로 규정하고 있습니다.

질의하신 사안의 경우 지목변경을 수반하지 아니하므로 제9호에 해당하지 않고, "토지의 형질변경 등"이 아닌 "건축물의 건축"만을 이유로 개발행위허가의 대상이 된 것이라면 제10호에도 해당하지 않아 개발부담금 부과대상이 아닙니다.

건축물의 건축 없이 양어장 설치 시 개발부담금 부과대상 여부

[질의 요지]

본래 지목이 답인 토지에 건축물의 건축 없이 양어장 설치 부지 조성 목적으로 개발행위허가 및 준공을 마친 경우 개발부담금 부과대상 여부?

➲ 회신 내용 (토지정책과-9837, 2015.12.24.)

「개발이익 환수에 관한 법률 시행령」 [별표1] 제8호 마목 2)에 따르면 건축법상의 건축물의 건축(건축허가 및 용도변경 포함)을 수반하지 않고 국토의 계획 및 이용에 관한 법률에 따른 개발행위 허가, 「산지관리법」에 따른 산지전용 허가, 농지법에 따른 농지전용허가 등을 받아 시행하는 사업으로서 사실상 또는 공부상의 지목변경이 수반되는 사업은 개발부담금 부과대상으로 규정하고 있습니다.

따라서, 귀 군에서 질의한 건축물의 건축 없이 양식장 설치부지 조성 목적으로 「국토의 계획 및 이용에 관한 법률」에 따른 개발행위 허가를 받아 사실상 또는 공부상의 지목이 변경된 경우라면 개발부담금 부과대상에 해당합니다.

다만, 개발부담금 부과대상 여부에 대해서는 부과 징수권자인 귀 군에서 관련 인허가 서류, 현지 확인 등을 통해 사실상 또는 공부상의 지목변경 수반 여부에 대해 사실관계를 조사하여 부과여부를 판단하시기를 바랍니다.

⊇ 법제처 법령해석 예 :
기존 건축물에 딸린 시설(양어장 수조)을 인접 토지에 증설하는 사업이 개발부담금 부과대상인지 여부(법제처 19-0036, 2019.6.21.)

□ 질의 요지

「국토의 계획 및 이용에 관한 법률」 제56조 제1항 제1호에 따른 개발행위허가를 받아 기존 건축물인 양어장에 딸린 수조[4]를 인접 토지에 추가로 설치[5]함으로써 해당 양어장의 전체 대지면적 및 시설 현황이 변경되는 경우 「개발이익 환수에 관한 법률 시행령」 별표1 제8호 마목 2)의 개발부담금 부과대상 개발사업에 해당하는지?

□ 회답

이 사안의 경우 개발부담금 부과대상 개발사업에 해당합니다.

□ 이유

건축물에 딸린 시설인 공작물만을 별도로 설치하는 행위는 「건축법」상 "건축"에 해당하지 않으므로 건축허가 또는 건축신고의 대상이 아니며, 다만 국토계획법 제56조 제1항 제1호에 따른 "공작물의 설치"에 해당하여 개발행위 허가의 대상이 되므로 그러한 행위가 지목변경을 수반하는 경우는 「개발이익 환수에 관한 법률 시행령」 별표 1 제8호 마목 2)에 따른 개발부담금 부과대상에 해당합니다.

개발행위가 개발부담금의 부과대상에 해당 하는지 여부는 실제 이루어진 개발행위 별로 각각 판단해야 하는바, 기존에 건축되어 있는 양어장의 인근 토지에 「건축법」상의 건축을 수반하지 않고 공작물인 수조만 설치하는 행위는 과거에 이루어진 건축행위와 구별되는 별개의 개발행위이므로 새로 설치한 공작물이 기존 건축물에 딸린 시설에 해당하게 된다는 이유로 나중에 이루어진 공작물의 설치 행위를 과거에 이루어진 건축물의 건축행위와 동일한 행위로 볼 수는 없다.

---

4) 「건축법」 제83조에 따른 공작물 축조 신고의 대상인 높이 8미터를 넘는 고가수조에 해당하지 않는 것을 말하며, 이하 같음.

5) 지목의 변경을 수반하는 경우를 전제함.

건축물의 건축 없이 주차장부지 조성사업 개발부담금 부과대상 여부

[질의 요지]

사업시행자인 "갑"이 A 토지에 장례식장 건축허가를 득하여 사용승인을 받았고 이후, 동 장례식장 대지와 접한 B 토지에 '장례식장 부지 증설'*을 목적으로 하는 토지형질 변경에 대한 개발행위 허가를 받아 주차장을 준공한 경우 개발부담금 부과대상 개발사업인지 여부

* (장례식장 부지 증설) 건축물의 건축을 목적으로 하지 않는 토지만을 개발

➲ **회신 내용** (토지정책과-9644, 2019.12.31.)

가. 「개발이익 환수에 관한 법률」 제5조, 같은 법 시행령 제4조 제1항 별표1 제8호 마목 2)에 따르면 「국토의 계획 및 이용에 관한 법률」에 따른 개발행위 허가(신고)에 따라 시행하는 사업으로서 사실상 또는 공부상의 지목변경이 수반되는 사업(건축물을 건축하거나 농지 산지 또는 초지를 조성하는 경우에 해당하는 사업은 제외함)은 개발부담금 부과대상 개발사업의 범위로 규정하고 있습니다.

나. 질의의 경우, 장례식장 용도에 해당하는 건축물의 건축을 목적으로 하는 개발행위가 아니라 장례식장 방문객의 주차 공간 확보를 위해 장례식장과 접한 토지만을 개발하는 사업으로 개발행위 허가를 득한 후 사업을 시행하여 사실상 또는 공부상 지목변경이 수반된다면 「개발이익 환수에 관한 법률 시행령」 별표1 제8호 마목 2)에 따라 개발부담금 부과대상 개발사업의 범위에 해당하는 것으로 판단됩니다. 다만, 최종적인 개발부담금 부과여부에 대해 해당 사업의 인허가 내용 및 관계 법률 등을 종합적으로 검토하여 개발부담금 부과권자가 결정하시기를 바랍니다.

「농어촌정비법」에 의한 관광농원 개발사업의 부과대상 여부

[질의 요지]

1) 「농어촌정비법」 제9조 제6항의 규정에 따라 개간 사업 시행계획 승인을 받아 기존 임야를 개발하여 농지로 지목 변경되는 개발사업인 경우 개발부담금 부과대상인지 여부?
2) 「농어촌정비법」 제83조 및 같은 법 시행령 제72조의 규정에 따라 관광농원 개발사업 계획 승인을 받아 기존 임야를 개발하여 지목이 변경(유원지, 농지)되는 경우 개발부담금 부과대상인지 여부?

➲ **회신 내용** (토지정책과-5110, 2019.7.14.)

가. 「개발이익 환수에 관한 법률 시행령」 제4조 제1항 및 별표1 8호 마목에 따르면 "「국토의 계획 및 이용에 관한 법률」에 따른 개발행위 허가(신고), 「농지법」에 따른 농지전용 허가(신고), 「산지관리법」에 따른 산지전용 허가(신고), 「초지법」에 따른 초지전용 허가(신고)에 따라 시행하는 사업으로서 사실상 또는 공부상의 지목변경이 수반되는 사업(농지·산지 또는 초지를 조성하는 경우는 제외한다)은 개발부담금 부과대상"으로 규정하고 있고, 같은 별표1 비고란에는 "개별 법령에서 특정한 사업에 대하여 인가 등을 받으면 위 표 제1호부터 제8호까지 규정한 개발사업의 인가 등을 받은 것으로 보는 경우에는 부담금 부과대상 개발사업으로 본다"라고 규정하고 있습니다.

나. <질의 1) 에 대하여> 「농어촌정비법」에 따른 개간 사업이 「개발이익 환수에 관한 법률 시행령」 별표1. 8호 마목에 따른 어느 하나의 허가(신고)를 받은 것으로 보는 경우에 해당하고 사실상 또는 공부상의 지목변경이 수반되는 경우에는 개발부담금 부과대상으로 보아야 합니다. 다만, 농지를 조성하는 경우에는 개발부담금 부과대상에서 제외되는 것으로 판단되며,

다. <질의 2) 에 대하여> 「농어촌정비법」에 따른 관광농원 개발사업이 「개발이익 환수에 관한 법률 시행령」 별표1. 8호 마목에 따른 어느 하나의 허가(신고)를 받은 것으로 보는 경우에 해당하고 임야에서 유원지로 지목이 변경되는 경우에는 개발부담금 부과대상사업에 해당하는 것으로 판단되나, 개별적인 사례가 이에 해당하는지 여부는 부과권자가 관련 법령 및 인허가 서류 등 사실관계를 조사하여 결정할 사항임을 알려 드립니다.

「농어촌발전특별조치법」에 의한 지역 지구 내 산림훼손허가

[질의 요지]

○ 「농어촌발전특별조치법」에 의거 농어촌휴양단지 지정을 받은 토지에 산림형질변경허가를 받아 눈썰매장을 조성하는 경우 개발부담금 부과대상에 해당하는지
○ 개발부담금의 고지 전 심사청구 전에 개발비용 내역서를 제출한다면 개발비용으로 인정받을 수 있는지

➲ **회신 내용**

개발부담금 부과대상은 「개발이익 환수에 관한 법률 시행령」 별표1 및 같은 법

시행규칙 별표2의 규정에 의거 산림형질변경허가를 받아 눈썰매장 등을 조성하는 경우에는 개발부담금 부과대상에 해당되며 같은 법 제11조의 규정에 의거 개발사업의 시행과 관련하여 지출된 순공사비 등은 개발비용으로 산정하도록 되어 있으므로, 귀 질의의 경우 당해 개발사업과 관련하여 지출된 순공사비 등을 개발비용으로 인정받지 못하였다면 추후 그 지출내역서를 제출하여 개발비용 인정이 가능함.

태양광 발전시설

[질의 요지]

태양광 발전시설(23,159㎡) 목적으로 건축허가 없이 국토의 계획 및 이용에 관한 법률 제56조 규정에 의거 개발행위허가만을 받아 지목변경(답, 도로, 대 ⇒ 잡종지, 도로)을 수반하는 사업의 경우 개발부담금 부과대상 여부

➲ 회신 내용 (토지정책과-6951, 2014.11.4.)

「건축법」상의 건축물의 건축(건축허가 및 용도변경 포함)을 수반하지 않고 「국토의 계획 및 이용에 관한 법률」에 따른 개발행위 허가, 산지관리법에 따른 산지전용 허가, 「농지법」에 따른 농지전용허가 등을 받아 시행하는 사업으로서 공부상 또는 사실상 지목변경이 수반되는 "태양광 발전시설 설치 사업"은 「개발이익 환수에 관한 법률 시행령」 별표 1 제8호 마목 2) 사업에 해당하여 개발부담금 부과대상입니다.

참고로, 「건축법」을 담당하고 있는 우리부 건축정책과에서는 건축물의 건축 없이 임야 등 토지에 설치하는 "태양광 발전시설(태양전지판+기둥)"은 「건축법」 제2조 제1항 제2호에 따른 "건축물"에 해당하지 않는다고 해석하고 있으므로 「건축법 시행령」 별표1 제25호 발전시설에도 해당하지 않는 것으로 보아야 합니다.

[질의 요지]

태양 에너지 발전시설 설치 사업을 위한 산지는 지목변경 대상이 아닌데, 개발부담금 부과대상이 될 수 있는지?

➲ 회신 내용 (토지정책과-7391, 2019.10.8.)

가. 「개발이익 환수에 관한 법률」 제5조 및 영 제4조 제1항 별표1 제8호 마목 2)에 따라 「국토계획법」에 따른 개발행위 허가(신고) 등에 따라 시행하는 사업으로서

사실상 또는 공부상의 지목변경이 수반되는 사업의 경우에는 개발부담금 부과대상으로 규정하고 있고,

나. 「공간정보의 구축 및 관리 등에 관한 법률 시행령」 제59조 제2항에 따르면 "토지가 일시적 또는 임시적인 용도로 사용될 때는 지목을 변경하지 아니한다"라고 규정하고 있으며,

다. 「산지관리법」 제21조의 3(산지의 지목변경 제한)에 따르면 "제14조에 따른 산지전용 허가 또는 제15조에 따른 산지전용 신고의 목적사업을 완료한 후 제39조 제3항에 따라 복구 의무를 면제받거나 제42조에 따라 복구준공검사를 받은 경우 등을 제외하고 산지를 임야 외의 지목으로 변경하지 못한다"라고 규정하고 있는데, 「산지관리법 시행령」 제18조의2 제2항 제1호의 개정·시행(2018.12.4.)으로 산지일시 사용 허가 용도에 "태양 에너지 발전시설"이 추가됨으로써 해당 산지가 기존에는 지목변경 대상이었으나 지목변경 제한 대상으로 변경되었습니다.

라. 따라서, 「개발이익 환수에 관한 법률 시행령」 별표1 제8호 마목 2) 에 따르면 개발행위 허가 등을 받아 사실상 또는 공부상 지목변경이 수반되는 사업을 개발부담금 부과대상으로 규정하고 있으나, "태양 에너지 발전시설"은 산지 일시 사용 허가 대상으로 「산지관리법」 제21조의3 및 공간정보의 구축 및 관리 등에 관한 법률 시행령 제59조 제2항에 따라 공부상 지목변경이 허용되지 않으며, 관련 규정에 의하여 지목의 변경에 관한 소정의 요건과 절차가 이루어져 지목변경이 가능한 상태가 아니므로 사실상 지목변경이 수반되는 사업으로도 볼 수 없어 개발부담금 부과대상이 아닌 것으로 판단됩니다.

교회 및 유치원

[질의 요지]

○○시 ○○구 ○○동 산140-2번지 외 7필지(5,365㎡)에 대하여 건축 가능 부지 조성을 목적(일부는 교회 및 유치원 건축, 나머지는 지목변경을 수반하지 않는 단순 개발행위)으로 개발행위허가를 받았을 경우 각 토지에 대한 개발부담금 부과대상 여부

➲ 회신 내용 (토지정책팀-2126, 2006.5.29.)

개발부담금은 「개발이익 환수에 관한 법률 시행령」 별표1 제9호의 규정에 따라 같은 법 시행규칙 별표2에서 규정하고 있는 건축물의 건축으로 사실상 또는 공부상

의 지목변경이 수반되는 경우 부과대상으로 되어 있습니다.

따라서, 위 별표2에서 정하고 있는 건축물의 건축으로 사실상 또는 공부상의 지목변경을 수반하지 않는 단순 개발행위라면 개발부담금 부과대상이 되지 않습니다.

참고로, 향후 동 토지에 기존 부과대상 건물의 직원 또는 방문객용 주차장 부지 등을 조성하는 경우에는 연접개발로 보아 부과대상이 될 수 있을 것입니다. 구체적인 부과대상 여부는 부과권자인 시장, 군수 또는 구청장에게 문의하여 주시기를 바랍니다.

학교 통학로 설치 공사

[질의 요지]

개발행위허가를 받아 초등학교 통학로 설치 공사(계단조성)하는 경우 개발부담금 부과대상인지 아닌지

➲ 회신 내용 (토지정책과-619, 2008.2.18.)

개발부담금 부과대상은 「개발이익 환수에 관한 법률 시행령」 제4조 별표1 및 같은 법 시행규칙 별표2에 열거된 사업에 한하도록 되어 있습니다.

귀 질의의 초등학교 통학로 설치 공사(계단조성)는 「건축법 시행령」 별표1 제10호 교육 연구시설로 사료 됩니다만, 그에 대한 판단은 사실 판단 사항으로 사업승인권자 및 개발부담금 부과 징수권자가 사업목적 및 승인 관계 서류 등을 검토하여 판단할 사항입니다. 참고로 교육 연구시설인 경우는 부과대상이 아닙니다.

마을 공동 저온저장고 / 창고시설

[질의 요지]

“국토의 계획 및 이용에 관한 법률” 제56조에 따라 개발행위허가를 받아 마을 공동 저온저장고 및 창고시설을 설치하는 사업이 개발부담금 대상 사업 여부

➲ 회신 내용 (토지정책과-3430, 2008.10.20.)

개발부담금 부과대상은 「개발이익 환수에 관한 법률 시행령」 제4조 별표1 및 같은

법 시행규칙 별표1에 열거된 사업에 한하도록 되어 있으므로 「건축법 시행령」 별표1 제3호 사목 마을 공동작업소와 유사한 시설인 경우는 부과대상이 아니며, 제18호의 창고시설인 경우는 부과대상입니다.

귀 질의의 마을 공동 저온저장고 및 창고시설이 「건축법 시행령」 별표1 제3호 사목 마을 공동작업소와 유사한 시설인지 또는 제18호의 창고시설인지의 여부는 개발부담금 부과 징수권자가 사업목적 및 승인 관계 서류 등을 검토하여 판단할 사항입니다.

버섯재배사

[질의 요지]

버섯재배사 부대시설(종균장 및 가공장)이 개발부담금 부과대상인지 여부

➲ 회신 내용 (토지정책팀-2359, 2006.6.13.)

개발부담금 부과대상은 「개발이익 환수에 관한 법률 시행령」 제4조 제1항 별표1, 같은 법 시행규칙 별표2에 그 대상 사업을 정하고 있는바, 귀 질의 상의 건축물이 「건축법 시행령」 별표1 제17호에서 정하고 있는 동물 및 식물 관련 시설인 경우에는 개발부담금 부과대상사업에 해당되지 않습니다.

마을 공동 농기계 보관창고

[질의 요지]

광역시에서 정부 보조금을 받아 농지 679㎡를 전용하여 마을 공동소유의 농기계 보관창고를 건축했을 경우 개발부담금 부과대상 여부

➲ 회신 내용

「개발이익 환수에 관한 법률 시행령」 제4조 제1항의 규정에 의거 개발부담금 부과대상은 특별시 및 광역시 지역 내 도시계획구역인 지역의 경우 관계 법률의 규정에 의하여 국가 또는 지방자치단체로부터 인가 등을 받은 사업 대상 토지의 면적이 660㎡ 이상인 경우로 되어 있고, 그 대상 사업은 같은 법 시행령 별표1에 열거된 사업에 한하도록 되어 있는바, 위 규정에 따르면, 광역시 지역 내의 도시계획구역인 지역에서 679㎡의 토지에 농지전용 신고를 하여 같은 법 시행규칙 별표2에서 정하고 있는

건축물을 건축한 경우에는 개발부담금 부과대상에 해당되며

다만, 귀 질의에서 농기계보관창고가 마을 공동소유로서 정부의 80% 사업비를 지원받아 건립되는 정부 보조사업으로 시행한 경우라면, 사실상 「건축법 시행령」 별표1 제5호 근린공공시설 나목의 "마을 공동작업소·마을 공동구판장 기타 이와 유사한 것에 해당한다고 볼 수 있으므로 개발부담금 부과대상에 해당되지 않는 것으로 판단됨.

방송통신시설

[질의 요지]

'94.11.8. 스튜디오 및 창고부지 조성 목적으로 농지법에 따른 농지전용허가를 받아 사업을 시행하였으며, '97.8.25. 건축물의 주 용도를 방송·통신시설(스튜디오)로 변경한 후에, '98.3.27. 건축물에 대한 사용승인을 받은 경우 개발부담금 부과대상에 해당하는지

➲ 회신 내용

「개발이익 환수에 관한 법률 시행령」 별표1 제10호의 규정에 의거 「농지법」에 의한 농지전용허가를 받아 개발부담금 부과대상이 되는 사업은 같은 법 시행규칙 별표2의 규정에 따른 건축물 또는 시설물을 설치하기 위한 용도로 개발하는 사업으로 규정하고 있으므로 귀 질의의 경우, 「건축법 시행령」 별표1 제28호에 의한 방송·통신시설을 건축하기 위한 용도로 농지전용허가를 받은 경우에는 개발부담금 부과대상에 해당 되지 않으나, 창고 목적으로 농지전용을 한 경우에 그 창고 부지는 개발부담금 부과대상에 해당함.

일시적인 개발행위

[질의 요지]

공사용 가도 조성, 건축자재 야적장 부지조성, 임시 숙소 및 사무소 설치, 시멘트공장 설치 등을 위하여 사업시행자가 토지소유주의 토지 사용 승낙을 받아 이용한 데 사업 시행 기간 만료 후에는 원상복구 하는 경우(지목변경은 수반되지 않음)

1. 일시적으로 개발행위허가를 받은 경우에도 개발부담금 부과대상이 되는지
2. 공장은 계속적으로 이용되는 건축물이 아니더라도 부과대상인지,
3. 임시 야적장도 창고시설로 볼 수 있는지

4. 임시 숙소 및 사무소를 업무시설로 볼 수 있는지
5. 가도 개설 이용 후 농지로 원상복구 한 경우 등

➲ 회신 내용

공사 준공 후 원상회복을 하는 조건으로 공사용 숙소, 사무실 등으로 사용하기 위하여 일시적인 개발행위를 받은 경우(토지소유자는 토지의 임대료만 받게 되고 당해 토지는 공사 준공 후 원상 복구되므로 당해 토지에 대해 개발이익이 발생하지 않을 것으로 판단)라면 개발부담금 부과대상이 되지 않을 것으로 판단되므로 개발행위 허가 시의 허가 조건, 당해 토지의 임대차계약서 등을 종합적으로 검토하여 판단하시기를 바랍니다.

노외주차장법에 의한 신고만으로 노외주차장을 설치한 경우

[질의 요지]

개발 제한구역 내 일정 규모(900㎡) 이상 노외주차장 설치신고 수리 및 지목변경(하천⇒잡종지)되어 영업 중인 유료주차장에 대한 개발부담금 부과대상 여부

➲ 회신 내용(토정 58383-1552, 1998.9.24.)

개발부담금 부과대상은 「개발이익 환수에 관한 법률 시행령」 별표1에 그 대상 사업이 구체적으로 열거되어 있는 바, 별도의 건축허가나 토지형질변경허가 절차가 필요 없는 토지에 노외주차장법에 의한 신고만으로 노외주차장을 설치하는 경우에는 위 규정에 의한 개발부담금 부과대상사업에 해당되지 않는 것으로 판단됨.

노외주차장법에 의한 신고와 보전임지전용협의(허가)를 득한 경우

[질의 요지]

노외주차장법에 의한 신고에 의하여 별도의 인·허가 신청 없이 관계부서로부터 보전임지 전용에 대한 협의(허가)를 득하여 노외주차장을 설치한 경우 개발부담금 부과대상에 해당하는지

➲ 회신 내용

「개발이익 환수에 관한 법률 시행령」 별표1 제9호 및 같은 법 시행규칙 별표2의

규정에 따르면, 산림법에 의한 보전임지 전용 허가를 받아 자동차 관련 시설을 설치할 때는 개발부담금 부과대상사업으로 되어 있는바,

귀 질의의 경우, 보전임지 전용 허가가 노외주차장법에 의해 의제 처리된 것이 아니라(노외주차장법에는 보전임지 전용 허가에 대한 의제 처리 규정이 없음) 산림법에 의하여 직접 협의(허가) 처분된 것이므로, 위 규정에 의한 개발부담금 부과대상에 해당됨.

▦ 야적장 부지조성 사업의 개발부담금 부과대상 여부

[질의 요지]

3,000㎡ 토지에 자원순환 관련 시설(고물상) 부지조성 사업에 대한 개발행위허가를 받아 사업 시행 후 준공하였을 경우 개발부담금 부과대상 여부

* 지목 (당초) 전, 답, 임야 → (준공 후) 잡종지

➲ 회신 내용 (국민신문고, 2019.12.4.)

가. 「개발이익 환수에 관한 법률」 (이하 "법") 제5조, 같은 법 시행령(이하 "영") 제4조 [별표1] 제7호 및 제8호 마목에 따르면

- ① 「건축법」에 따른 건축물("국토교통부령으로 정하는 건축물"로 한정)의 건축(건축법에 따른 용도변경 포함)으로 사실상 또는 공부상의 지목변경이 수반되는 사업과
- 「국토의 계획 및 이용에 관한 법률」에 따른 개발행위 허가(신고), 농지법에 따른 농지전용 허가(신고), 산지관리법에 따른 산지전용 허가(신고) 등에 따라 시행하는 사업으로서 ② "주택을 건축하기 위한 용도로 토지를 개발하는 사업 등 국토교통부령으로 정하는 사업"과 ③ 사실상 또는 공부상의 지목변경이 수반되는 사업을 개발부담금의 부과대상사업의 범위로 규정하고 있습니다.

같은 법 시행규칙(이하 "시행규칙") 제4조 제5항에 따라 영 별표1 제7호의 근거 법률 및 사업 명란에서 "국토교통부령으로 정하는 건축물"이란 별표2에 따른 개발사업의 용도로 건축하는 건축물(창고시설은 제외한다)을 말하며,

같은 조 제6항에 따라 영 별표1 제8호 마목 1)의 근거 법률 및 사업 명란에서 "주택을 건축하기 위한 용도로 토지를 개발하는 사업 등 국토교통부령으로 정하는 사업"이란 별표 2에 따른 사업(창고시설을 건축하기 위한 용도로 토지를 개발하는 사업으로서 「국토의 계획 및 이용에 관한 법률」 제56조에 따른 개발행위허가를 받아 시행하는 사업은 제외한다)으로 규정하고 있습니다.

나. 따라서, 자원순환 관련 시설(고물상 - 건축법 시행령 별표1 제22호) 부지 조성 사업은 시행규칙 별표2에 따른 개발사업이 아니므로 법 제5조, 영 제4조 [별표1] 제7호 및 제8호 마목 1) 에 따른 개발부담금 부과대상 개발사업에는 해당하지 않는 것으로 사료되며, 동 사업이 건축물을 건축하는 것이 아닌 고물상 야적장 등 부지조성을 위한 것으로 개발행위 허가(신고), 농지전용 및 산지전용 허가(신고) 등에 따라 시행하는 사업으로 사실상 또는 공부상 지목변경이 수반되는 사업이라면 영 제4조 별표1 제8호 마목 2) 에 해당하여 개발부담금 부과대상 개발사업으로 보이나, 이는 관계 법령, 인허가 내용, 현지 상황 등을 종합적으로 검토한 후에 개발부담금 부과권자가 판단할 사항이므로 구체적인 사항에 대해서는 자세한 자료를 구비하시어 시장·군수 구청장에게 문의하시기 바랍니다.

"단독주택"과 "문화 및 집회 시설(전시장)"을 함께 건축한 경우

[질의 요지]

개발부담금 부과대상 건축물인 "단독주택"과 부과대상이 아닌 "문화 및 집회 시설(전시장)"을 함께 건축하는 경우 개발부담금 부과대상 여부

➲ 회신 내용 (토지정책과-8387, 2021.7.23.)

「개발이익 환수에 관한 법률」 제4조 및 같은 법 시행령(이하 "영") 제4조 제1항[별표1] 제8호 마목 1)에 따르면, 국토의 계획 및 이용에 관한 법률에 따른 개발행위 허가(신고) 등에 따라 시행하는 사업으로서 같은 법 시행규칙 제1호 각 목에 따른 건축물을 건축하기 위한 용도로 토지를 개발하는 사업 등은 개발부담금 부과대상 개발사업의 범위에 해당하도록 규정하고 있습니다.

따라서, 하나의 개발사업에 다른 용도의 건축물이 각각 건축될 때 건축물 중 하나라도 시행규칙 [별표2]의 제1호 각 목에서 정한 용도로 건축하기 위한 토지 개발사업은 영 별표1 제8호 마목 1)에 따른 개발부담금 부과대상 개발사업에 해당하며, 개발부담금 부과대상 규모는 영 제4조 제1항에 따라 인가 등을 받은 전체 토지 면적에 대하여 개발부담금이 부과되어야 할 것으로 판단됩니다.

참고로, 대법원은 '지목변경이 수반되는 건축물의 건축사업에 대하여 부과되는 개발부담금은 건축면적, 높이, 층수 등 그 지상에 건축되는 건축물의 규모와는 무관하

게 지목변경에 따른 토지 가액의 증가분에 대하여 부과되는 것이므로, 반드시 그 건축물의 전체가 법 시행규칙 [별표2] 제1호 각 목에서 정한 용도로 건축되어야 할 필요는 없고, 그 용도가 독립성을 가지지 못한 채 다른 용도의 기능에 필수적으로 이용되는 부속용도에 불과하다는 등의 특별한 사정이 없으면, 건축물 중 일부라도 구법 시행규칙 [별표 2] 제1호 각 목에서 정한 용도로 건축되기만 하면 그 건축물의 건축으로 지목변경이 수반되는 사업은 개발부담금의 부과대상인 개발사업에 해당한다'고 판시(대법원 2009.1.30., 선고, 2008두19673)하였음을 알려 드립니다.

수입 자동차 판매장이 건축물대장에 문화 및 집회 시설(전시장)로 등록된 경우

[질의 요지]

주유소 용지에 수입 자동차 판매 전시장의 건축으로 건축허가를 받고 건축물의 주 용도가 문화 및 집회 시설(근린생활시설, 업무시설)로 사용승인을 득하여 건축물의 각 층은 문화 및 집회 시설(전시장), 주차장, 근린생활시설(수리장), 업무시설(사무소)로 혼재된 경우 개발부담금 부과대상 여부

➲ 회신 내용 (토지정책과-3485, 2013.10.1.)

「개발이익 환수에 관한 법률 시행규칙」 별표1 제1호 다목에 따르면 "제5호의 문화 및 집회시설 중 라목(전시장)은 부과대상에서 제외하도록 규정되어 있으나,

위 규정의 취지는 「건축법 시행령」 별표에 따른 라목(전시장) "박물관, 미술관, 산업전시장, 박람회장 등 그 밖에 이와 비슷한 것"으로 볼 수 있는 건축물을 개발부담금 부과대상에서 제외하도록 한 것으로 해석됩니다.

귀 질의하신 수입 자동차 전시판매장은 건축 법령상 문화 및 집회시설로 사용승인을 받았더라도 해당 건축사업의 인허가 서류, 실제 건축물의 이용 상황 파악 등을 통해 주된 목적이 자동차 판매를 위한 것이라면 「건축법 시행령」 별표1의 제4호 카목(자동차영업소), 제7호 판매시설 또는 제20호 자동차 관련 시설로 건축물의 주 용도를 판단하여야 하며 이 경우 개발부담금 부과대상에 해당하는 것으로 판단됩니다.

공항 내 공항시설로 건축물 사용 승인받은 경정훈련원이 부과대상인 여부

[질의 요지]

△△체육진흥공단과 ㅁㅁ공항 공사가 공항 공사 소유 토지에서 경정훈련원 조성 사업을 시행함에 있어서 수도권신공항 건설촉진법에 따라 실시 인가를 받았고 건축물관리대장상 건축물 용도가 "공항시설"로 되어 있을 경우 개발부담금 부과대상이 되는지 여부

➲ 회신 내용 (토지정책과-4699, 2013.11.21.)

「개발이익 환수에 관한 법률 시행령」 별표1의 제9호 사업(지목변경이 수반되는 개발사업)에 따르면 국토교통부령으로 정하는 건축물의 건축으로 사실상 또는 공부상의 지목변경이 수반되는 사업의 경우 개발부담금 부과대상이 됩니다.

또한, 동법 시행규칙 별표1 제1호에는 개발부담금 부과대상이 되는 건축물의 용도를 「건축법 시행령」 별표1에 따라 정해 놓았으며 "다" 목에 "제8호 운수 시설 중 철도시설, 공항시설, 항만시설"은 개발부담금 부과대상이 아닙니다.

귀 질의하신 경정훈련원은 「수도권신공항건설 촉진법」에 따라 사업 승인을 받고 준공되었으며 공항시설에 대한 인허가 부서인 ◇◇항공청에서도 해당 건축물은 공항시설에 해당한다는 의견이므로 개발부담금 부과대상에 해당하지 않는 것으로 판단됨을 알려 드립니다.

한시감면 기간에 인가받은 사업을 부과기간에 건축물 용도변경 시 부과대상 여부 (기존 해석 변경)

[질의 요지]

수도권에 대한 개발부담금 한시 면제 기간('04.01.01.～'05.12.31.)에 건축물 건축을 위해 개발행위 허가('05.12.30.)를 받고 부담금 부과기간에 건축법의 건축허가를 받은 후 용도변경 등을 하여 준공('14.6.20.)하였으면 개발부담금 부과대상 인지 여부

➲ 회신 내용 (토지정책과-7600, 2014.11.27.)

개발부담금 한시 면제(수도권 : '04.1.1.～'05.12.31., 지방 : '02.1.1.～'05.12.31.) 기간에 관계 법률에 따른 인허가를 받고 그 인허가가 취소되지 않은 상태에서 사업시행자가 변경되거나 건축물 용도변경 등이 있더라도 최초 인가 받은 개발행위 허가가 유효하므로 개발부담금 면제 대상입니다.

다만, 개발부담금 면제 대상은 한시면 제 기간에 개발행위허가('05.12.30.)를 받은 면적에 한하여 면제가 되나, 면적이 증가하는 등의 경우에는 새로운 부과대상 여부를 판단하여야 할 것입니다.

일반 아파트 개발사업의 일부를 임대주택으로 변경한 경우

[질의 요지]

당초 사업 승인 시는 일반 아파트 개발사업으로 인가를 받은 후 다시 「주택건설촉진법 시행령」 제30조 제1항의 단서 규정에 의한 규모 이하의 임대주택으로 일부 전환하여 변경 승인을 득하고 일부는 그대로 일반 분양하였을 경우 개발부담금 부과대상사업에 해당하는지 여부

➲ 회신 내용 (토재 58323-763, '95.10.20.)

「개발이익 환수에 관한 법률 시행령」 제4조 별표1 제1호에는 5년 이상 임대하기 위하여 「주택건설촉진법 시행령」 제30조 제1항 단서의 규정에 의한 규모 이하의 임대주택을 건설하는 경우에는 이를 개발부담금 부과대상사업에서 제외하도록 되어 있으므로 귀 질의와 같이 부담금 부과대상사업인 주택건설사업 승인을 받은 후, 준공 전에 사업 토지 중 일부를 부과대상사업이 아닌 임대주택 건설사업으로 변경 승인을 받은 경우에는 임대주택 건설용 토지를 제외하고 남은 면적을 기준으로 부과대상 여부를 판단하여야 할 것임.

허가가 취소된 개발사업의 개발부담금 부과여부

[질의 요지]

기존 개발사업 진행 중 위법 사항이 발견되어 허가가 취소되었으나, 추후 적법하게 허가 신청을 다시 하여 개발사업이 사용이 승인된 경우 별개의 개발사업으로 보아 개발부담금을 각각 부과하여야 하는지?

➲ 회신 내용 (토지정책과-2028, 2023.3.28.)

기존 개발사업에 대한 허가취소 처분이 취소되는 등의 경우에는 전체를 하나의 개발사업으로 보아 개발부담금을 부과하여야 하고, 별도의 새로운 허가 처분을 받은 후 개발사업이 사용이 승인된 경우라면, 별개의 개발사업으로 보아 허가가 취소된

기존의 개발사업과 추후 허가 처분을 다시 받은 개발사업에 대하여 개발부담금을 각각 부과하여야 할 것으로 판단되나, 개발부담금 부과여부는 개발부담금 부과권자가 관련 법령, 해당 인·허가 내용 등을 종합적으로 조사·검토하여 최종 판단하시기 바랍니다.

항만시설공사 실시계획 승인 후 건축허가를 받은 경우

[질의 요지]

항만공사법 제22조에 의거 해수부 장관으로부터 항만시설공사 실시계획 승인('06.8.29.)을 득한 후에 별도의 건축법 등 개별 법률에 따른 허가(건축허가)를 받아 사업을 한 경우 개발부담금 대상인지 아닌지

➲ 회신 내용 (토지정책과-975, 2007.12.21.)

개발부담금의 부과대상사업은 「개발이익 환수에 관한 법률」 제5조 및 같은 법 시행령 제4조 별표1에 구체적으로 열거하고 있으며, 항만공사법 제22조에 따라 항만시설공사를 시행하는 경우에는 개발부담금 대상 사업이 아니나

「개발이익 환수에 관한 법률 시행령」 제4조 별표1 및 같은 법 시행규칙 별표2에 의거 별도로 건축법에 의한 인허가 등을 받아 시행한 같은 법 시행규칙 별표2의 사업으로 사실상 또는 공부상의 지목이 변경되는 경우에는 개발부담금 부과대상사업이 됩니다.

따라서 귀 질의의 경우 「항만공사법」에 따른 실시계획 승인과는 별도로 건축허가를 득하여 「개발이익환수법 시행규칙」 별표2의 사업으로 사실상 또는 공부상 지목이 변경될 때 해당하면 개발부담금 부과대상이 될 것으로 보이나, 해당 사업이 사실상 또는 공부상 지목변경을 수반하는지 등에 대한 구체적인 사실 판단은 부과 징수권자가 판단할 사항으로 해당 시·군·구에 문의하시기 바랍니다.

산림욕장 조성 사업 개발부담금 부과대상 여부

[질의 요지]

산림문화·휴양에 관한 법률 제20조에 따른 산림생태문화 체험단지(산림욕장 조성) 조성사업이 개발부담금 부과대상인지 여부?

➲ **회신 내용** (토지정책과-5785, 2015.8.10.)

「산림문화·휴양에 관한 법률」 제20조에 따른 산림생태문화 체험단지(산림욕장 조성) 조성 사업은 구 「개발이익 환수에 관한 법률 시행령」(대통령령 제22626호, 2011.1.17. 시행) 제4조와 같은 법 시행령의 부과대상사업으로 열거되어 있지는 않습니다.

다만, 개별 법령에서 인가 등을 받으면 같은 법 시행령의 부과대상사업으로 인허가가 의제되는 경우 부과대상에 해당하며, 같은 법 시행령 [별표1] 제8호의 규정에 따라 개발행위허가, 산지전용 허가 등을 받아 동법 시행규칙 [별표1]에서 정하는 건축물의 건축사업을 시행하거나 사실상 또는 공부상 지목변경 수반 사업을 시행할 경우에는 개발부담금 부과대상에 해당합니다.

따라서, 귀 질의의 「산림문화·휴양에 관한 법률」 제20조에 따른 산림생태문화 체험단지(산림욕장 조성) 조성 사업의 개발부담금 부과대상 여부에 관한 판단은 개발부담금 부과·징수권자가 위 규정에 따라 관련 인·허가 서류, 현지 확인 등 사실관계를 조사하여 결정할 사항임을 알려 드립니다.

「개발제한구역의 지정 및 관리에 관한 특별조치법」에 의한 행위허가

[질의 요지]

「개발제한구역의 지정 및 관리에 관한 특별조치법」 제11조의 규정에 의한 행위허가를 득하여 건축물의 건축사업을 시행하는 경우 개발부담금 부과대상 여부

➲ **회신 내용** (토지정책팀-872, 2006.03.02.)

개발부담금 부과대상사업은 「개발이익 환수에 관한 법률 시행령」 제4조 및 별표1에 열거되어 있는 바, 「개발제한구역의 지정 및 관리에 관한 특별조치법」 제11조에 의한 행위허가를 득하여 시행하는 사업에 대하여 별도로 부과대상으로 하고 있지 않습니다. 다만, 질의하신 사업의 인허가 관계를 확인하시어 별도로 법에 열거된 부과대상사업 중 어느 하나(별표1 제9호 등)에 해당하는지 여부를 검토하시기 바랍니다.

개발사업 시행 전 사인 간의 토지거래 개발부담금 부과대상 여부

[질의 요지]

개인 → A 업체(중간 매입자) → B 사업자(사업 시행 인가)에게 이전되면서 인근 유사 사업지역의 매매가격 보다 높게 매입하였을 경우, A 업체(중간 매입자)에 "개발이익이 발생되었다." 하여 B사 업자에게 개발부담금(사업 시행 이전에 A 업체의 개발이익)으로 부과할 수 있는지 여부?

➲ **회신 내용** (토지정책과-1198, 2016.2.15.)

개발부담금은 「개발이익 환수에 관한 법령」에서 정한 개발부담금 부과대상 개발사업 시행으로 인하여 정상적인 지가상승분을 초과하여 개발사업 시행자나 토지소유자에게 귀속되는 개발이익에 대하여 부과 · 징수하는 것으로써 개발사업 시행 인가를 받기 이전에 사인 간의 토지거래에 따라 발생하는 개발이익은 「개발이익 환수에 관한 법령」에서 규정한 개발부담금 부과대상에 해당하지 않는 것으로 판단됩니다.

별도의 대지조성사업 없이 주택건설사업을 한 경우의 개발부담금 부과대상 해당 여부

(「개발이익 환수에 관한 법률 시행령」 별표1 등 관련)

[법제처 법령 해석 12-0482, 2012.12.14., 국토해양부]

[질의 요지]

구 「개발이익 환수에 관한 법률 시행령」(2006.12.15. 대통령령 제19752호로 개정되기 전의 것을 말함) 별표1 제1호에서는 개발부담금 부과대상의 하나로 택지개발사업을 규정하고 그 개발사업의 범위로 구 「주택건설촉진법」(2003.5.29. 법률 제6916호 「주택법」으로 전부 개정되기 전의 것을 말함)에 따른 "대지조성사업 및 주택건설사업"을 규정하고 있었는데, 2006.12.15. 그 개발사업의 범위가 「주택법」에 따른 "대지조성사업 또는 주택건설사업(토지개발 사업 시행으로 조성이 완료된 토지나 해당 주택건설사업과 동시에 이루어지는 토지개발 사업 시행으로 조성되는 토지에서 시행하는 주택건설사업은 제외함)"로 변경되었는바,

가. 지방자치단체가 「공유수면 관리 및 매립에 관한 법률」(이하 "공유수면법"이라 함)에 따라 공유수면을 매립하여 대지조성을 완료한 토지를 사업자가 매입한 후, 2006.12.15. 전에 「주택법」 제16조 제1항에 따른 주택건설사업계획 승인을 받아 주택건설사업을 시행하는 경우가 개발부담금 부과대상에 해당하는지?

나. 지방자치단체가 공유수면법에 따라 공유수면을 매립하여 대지조성을 완료한 토지를 사업자가 매입한 후, 2006.12.15. 이후에 「주택법」 제16조 제1항에 따른 주택건설사업계획 승인을 받아 주택건설사업을 시행하는 경우가 개발부담금 부과대상에 해당하는지?

➲ 회답

가. 지방자치단체가 공유수면법에 따라 공유수면을 매립하여 대지조성을 완료한 토지를 사업자가 매입한 후, 2006.12.15. 전에 「주택법」 제16조 제1항에 따른 주택건설사업계획 승인을 받아 주택건설사업을 시행하는 경우는 구 「개발이익 환수에 관한 법률 시행령」(2006.12.15. 대통령령 제19752호로 개정되기 전의 것을 말함) 별표1 제1호에 따른 개발부담금 부과대상에 해당하지 않는다고 할 것입니다.

나. 지방자치단체가 공유수면법에 따라 공유수면을 매립하여 대지조성을 완료한 토지를 사업자가 매입한 후, 2006.12.15. 이후에 「주택법」 제16조 제1항에 따른 주택건설사업계획 승인을 받아 주택건설사업을 시행하는 경우는 「개발이익 환수에 관한 법률 시행령」 별표1 제1호에 따른 개발부담금 부과대상에 해당한다고 할 것입니다.

➲ 이유

가. 질의 가에 대하여

구 「개발이익 환수에 관한 법률」(2008.2.29. 법률 제8852호로 개정되기 전의 것을 말하며, 이하 "구 개발이익환수법"이라 함) 제2조에 따르면 "개발이익"이란 개발사업의 시행 또는 토지이용계획의 변경 기타 사회 · 경제적 요인에 따라 정상지가상승분을 초과하여 개발사업을 시행하는 자 또는 토지소유자에게 귀속되는 토지 가액의 증가분을 말하고(제1호), "개발부담금"이란 개발이익 중 같은 법에 따라 국가가 부과 · 징수하는 금액을 말하며(제4호), 같은 법 제3조에 따르면 국가는 같은 법 제5조에 따른 개발부담금 부과대상사업이 시행되는 지역에서 발생되는 개발이익을 같은 법이 정하는 바에 따라 개발부담금으로 징수하여야 하고, 같은 법 제5조 제1항 제1호에서는 개발부담금의 부과대상인 개발사업의 하나로 택지개발사업(주택단지조성사업을 포함하며, 이하 같음)을 규정하고 있으며, 같은 조 제2항에서 개발사업의 범위 및 규모 등에 관하여 필요한 사항은 대통령령으로 정하도록 함에 따라 구 「개발이익 환수에 관한 법률 시행령」(2006.12.15. 대통령령 제19752호로 개정되기 전의 것을 말하며, 이하 "구 개발이익환수법 시행령"이라 함) 제4조 및 별표1 제1호에서는 개발부담금 부과대상인 택지개발사업의 하나로 구 「주택건설촉진법」(2003.5.29. 법률 제6916호 「주택법」으로 전부 개정되기 전의 것을 말하며, 이하 "구 주택건설촉진법"이라 함)에 따른 "대지조성사업 및 주택건설사업"을 규정하고 있습니다.

한편, 구 주택건설촉진법 제33조 제1항(「주택법」 제16조 제1항과 동일함) 본문에 따르면 20세대(단독주택, 공동주택의 경우) 이상의 주택건설사업 또는 1만 제곱미터 이상의 대지조성사업을 시행하고자 하는 자는 시 · 도지사 등에게 그 사업계획승인을 받아야 하는바, 이 사안에서는 지방자치단체가 공유수면법에 따라 공유수면을 매립하여 대지조성을 완료한 토지를 사업자가 매입한 후 2006.12.15. 전에 사업 계획 승인을 받아 주택건설사업을 시행하는 경우가 구 개발이익 환수 법령에 따른 개발부담금 부과대상에 해당하는지가 문제 됩니다.

살피건대, 구 「개발이익환수법 시행령」 별표1 제1호에서 개발부담금의 부과대상으로 규정한 구 주택건설촉진법에 따른 "대지조성사업 및 주택건설사업"은 구 주택건설촉진법의 적용 대상인 일정 면적 이상의 대지조성사업이나 같은 면적의 대지조성과 함께 시행되는 주택건설사업의 경우는 물론 대지조성 면적이 구 주택건설촉진법의 적용 대상 이하인 경우에도 그 대지조성과 함께 시행되는 주택건설의 규모가 주택법에 의한 사업계획승인의 대상에 해당하는 경우에는 그 주택건설사업도 개발부담금 부과대상사업에 포함된다는 의미라고 할 것입니다.(대법원 2001.10.23. 선고, 99두8770 판결, 대법원 2009.12.24. 선고 2008두3968판결 참조)

즉, 구 개발이익환수법 시행령 별표1 제1호에 따라 개발부담금의 부과대상이 되는 주택건설사업은 「주택법」의 적용을 받는 대지조성사업의 면적과 관계 없이 반드시 그 대지조성사업과 함께 시행되어야 할 것입니다.

따라서, 지방자치단체가 공유수면법에 따라 공유수면을 매립하여 대지조성을 완료한 토지를 사업자가 매입한 후, 2006.12.15. 전에 「주택법」에 따른 주택건설사업계획 승인을 받아 주택건설사업을 시행한 경우에는 구 「개발이익환수법 시행령」 별표1 제1호에 따른 개발부담금 부과대상에 해당하지 않는다고 할 것입니다.

나. 질의 나에 대하여

「개발이익 환수에 관한 법률 시행령」(이하 "개발이익환수법 시행령"이라 함) 별표1 제1호에서는 개발부담금 부과대상인 택지개발사업의 하나로 「주택법」에 따른 "대지조성사업 또는 주택건설사업"을 규정하되, 「택지개발촉진법」에 따른 택지개발사업, 「산업입지 및 개발에 관한 법률」에 따른 산업단지개발사업, 「도시개발법」에 따른 도시개발사업, 「보금자리 주택건설 등에 관한 특별법」 제2조 제3호 가목에 따른 보금자리 주택 지구 조성 사업 및 그 밖에 개발부담금 부과대상사업의 시행(이하 "토지개발사업 시행"이라 함)으로 조성이 끝난 토지나 해당 주택건설사업과 동시에 이루어지는 토지개발 사업 시행으로 조성되는 토지에서 시행하는 주택건설사업은 제외한다고 규정하고 있는바, 이 사안에서는 지방자치단체가 공유수면법에 따라 공유수면을 매립하여 대지조성을 완료한 토지를 사업자가 매입한 후 2006.12.15. 이후에 사업계획 승인을 받아 주택건설사업을 시행하는 경우가 개발이익 환수 법령에 따른 개발부담금 부과대상에 해당하는지가 문제 됩니다.

먼저, 「개발이익환수법 시행령」 별표1 제1호는 문언에 비추어 볼 때 「주택법」에 따른 대지조성사업 또는 주택건설사업을 각각 독립적이고 개별적인 개발부담금의 부과대상사업으로 하되, 다만, 개발부담금 부과대상인 토지개발 사업에 따라 대지조성이 완료된 토지나 해당 토지 개발사업과 동시에 시행되는 주택건설사업에 대해서는 개발부담금의 중복 부과를 방지하기 위하여 토지개발 사업에 대해서만 개발부담금을 부과하고 주택건설사업에 대해서는 그 부과대상에서 제외함으로써 사업자의 경제적 부담을 완화하려는 규정으로 보아야 할 것입니다. (법제처 09-0058, 2009.3.24. 해석례 참조)

또한, 「개발이익환수법 시행령」 별표1 제1호의 규정은 종전에 "대지조성사업 및 주택건설사업"으로 되어 있던 것을 「주택법」에 따른 "대지조성사업 또는 주택건설사업(토지개발 사업 시행으로 조성이 완료된 토지나 해당 주택건설사업과 동시에 이루어지는 토지개발 사업 시행으로 조성되는 토지에서 시행하는 주택건설사업은 제외함)"으로 개정한 것인바, 이는 「주택법」에 따른 주택건설사업만으로도 지가 상승의 요인이 되는 현실을 고려하여 「주택법」에 따른 주택건설사업을 독립적인 개발부담금의 부과대상사업으로 규정함으로써 해당 주택건설사업이 이루어지는 토지가 개발부담금의 부과대상이 아닌 사업으로 조성된 토지인 경우에는 해당 주택건설사업에 따른 개발이익에 대해서는 개발부담금을 부과할 수 있도록 한 것으로 보아야 할 것입니다.

그렇다면, 이 사안의 주택건설사업이 시행된 토지는 공유수면법에 따라 대지조성이 완료된 것으로서 「개발이익환수법 시행령」 별표1에 따른 개발부담금 부과대상에 해당하지 아니하나, 해당 토지를 매입한 후 「주택법」에 따른 주택건설사업계획 승인을 받아 주택건설사업을 시행한 경우에는 해당 주택건설사업 자체가 독립적으로 개발부담금의 부과대상에 해당한다고 할 것입니다.

따라서, 지방자치단체가 공유수면법에 따라 공유수면을 매립하여 대지조성을 완료한 토지를 사업자가 매입한 후, 2006.12.15. 이후에 「주택법」 제16조 제1항에 따른 주택건설사업계획 승인을 받아 주택건설사업을 시행하는 경우는 개발이익환수법 시행령 별표1 제1호에 따른 개발부담금 부과대상에 해당한다고 할 것입니다.

※ 법령 정비 의견

개발이익환수법 제5조 제1항 제1호 및 같은 법 시행령 별표1 제1호의 법령상 표현이 모호하여 개발부담금 부과대상에 대한 해석상 혼란을 야기하고 있으므로 별도의 입법적 조치가 검토될 필요가 있습니다.

창고시설만의 설치로 사실상 또는 공부상의 지목변경이 수반되는 사업이 「개발이익 환수에 관한 법률 시행령」 별표1 제8호 가목의 용지조성사업에 해당하는지 여부

(「개발이익 환수에 관한 법률 시행령」 별표1 제8호 가목 등 관련)

[법제처 법령해석 23-0081, 2023.5.31., 국토교통부]

[질의 요지]

「개발이익 환수에 관한 법률」 (이하 "개발이익환수법"이라 함) 제5조 제1항 제8호에서는 개발부담금[6]의 부과대상인 개발사업 중 하나로 같은 항 제1호부터 제6호까지의 사업과 유사한 사업으로서 대통령령으로 정하는 사업을 규정하고 있고, 같은 항 제8호의 위임에 따라 마련된 같은 법 시행령 별표1 제8호 가목에서는 '「건축법」에 따른 창고시설(이하 "창고시설"이라 함)의 설치로 사실상 또는 공부상(公簿上)의 지목변경이 수반되는 사업을 위한 용지조성사업'을 같은 법 제5조 제1항 제8호에 따른 개발사업 중 하나로 규정하고 있는바,

'창고시설만의 설치로 사실상 또는 공부상의 지목변경이 수반되는 사업'[7]이 개발부담금의 부과대상인 개발이익환수법 시행령 별표1 제8호 가목에 따른 사업에 해당하는지?

➲ 회답

'창고시설만의 설치로 사실상 또는 공부상의 지목변경이 수반되는 사업'은 개발부담금의 부과대상인 「개발이익환수법 시행령」 별표1 제8호 가목에 따른 사업에 해당하지 않습니다.

➲ 이유

우선 법령의 문언 자체가 비교적 명확한 개념으로 구성되어 있다면 원칙적으로 더 이상 다른 해석방법은 활용할 필요가 없거나 제한될 수밖에 없다고 할 것인데,[8] 「개발이익환수법 시행령」 별표1 제8호 가목에서는 개발부담금 부과대상인 사업을 '창고시설의 설치로 사실상 또는 공부상의 지목변경이 수반되는 사업'이 아니라, 그 사업을 위한 '용지조성사업'으로 명확하게 규정하고 있습니다.

그리고 개발이익환수법 제8조에서 개발부담금의 부과기준을 부과종료시점의 부과대상 '토지'의 가액에서 부과개시시점의 부과대상 '토지'의 가액 등을 뺀 금액으로

---

6) 「개발이익환수법」 제2조 제4호에 따른 개발부담금을 말하며, 이하 같음.

7) 그 사업의 내용에 창고시설의 부지를 조성하는 내용이 포함되지 않고, 사업 시행을 위하여 「국토의 계획 및 이용에 관한 법률」 제56조 제1항에 따른 토지의 형질변경 개발행위허가 등도 별도로 받지 않은 경우로 한정하며, 이하 같음.

8) 대법원 2009.4.23. 선고 2006다81035 판결례 참조

규정하고 있는 점, 개발부담금의 부과대상인 개발사업에 토지 개발사업이 아닌 '시설의 설치 사업'까지 포함하려는 경우에는 같은 법 시행령 별표1 제6호 가목부터 다목까지 및 같은 표 제7호에서와 같이 명시적인 규정을 두고 있는 점 등을 종합해 볼 때, 개발이익 환수의 대상이 되는 개발사업은 원칙적으로 토지 개발사업을 의미하는 것으로 보는 것이 타당하고, 그렇다면 「개발이익환수법 시행령」 별표1 제8호 가목에 따른 '용지조성사업' 역시 '토지의 개발사업'일 것이 전제되어 있다고 보아야 합니다.[9)]

그런데 창고시설 설치 사업과 창고시설의 용지조성사업은 원칙적으로 구분되는 사업이고, 창고시설의 부지조성을 함께 시행하지 않고 창고시설 설치만을 내용으로 하는 사업이라면, 이는 어디까지나 '시설의 설치 사업'일 뿐, '토지 개발사업'의 성격을 가진다고 볼 수 없으므로, 결국 개발이익환수법 시행령 별표1 제8호 가목에 따른 '용지조성사업'에도 해당하지 않는다고 보는 것[10)]이 개발이익 환수 법령의 체계에 부합하는 해석입니다.

아울러 개발이익환수법에 따른 개발이익 부담금은 「부담금관리 기본법」 제2조에 따른 부담금의 일종에 해당하고, 같은 법 제4조 본문에서는 부담금 부과의 근거가 되는 법률에는 부담금의 부과 및 징수주체, 설치목적, 부과요건, 산정기준, 산정방법, 부과요율 등이 구체적이고 명확하게 규정되어야 한다고 규정하고 있는 점, 개발부담금 부과는 침익적 행정처분에 해당하므로 헌법상 요구되는 명확성의 원칙에 따라 그 근거가 되는 행정 법규를 더욱 엄격하게 해석·적용하여야 하고, 행정처분의 상대방에게 지나치게 불리한 방향으로 확대해석이나 유추해석을 해서는 안 될 것이라는 점[11)] 등도 이 사안을 해석할 때 고려할 필요가 있습니다.

따라서 '창고시설만의 설치로 사실상 또는 공부상의 지목변경이 수반되는 사업'은 개발부담금의 부과대상인 「개발이익환수법 시행령」 별표1 제8호 가목에 따른 사업에 해당하지 않습니다.

---

9), 10), 11) 대법원 2018.3.27. 선고 2014두43158 판결례 참조

다. 개발사업의 부과기준 면적

부과대상을 판단할 때 기부채납토지 면적 포함 여부

[질의 요지]

기부채납토지 면적을 포함하여 개발사업을 인가받은 경우, 개발부담금 부과대상 규모 판단 시 기부채납토지 면적을 포함시켜야 하는지

➲ **회신 내용** (토지정책과-1651, 2023.5.9.)

「개발이익 환수에 관한 법률」 제5조 제1항 및 같은 법 시행령(이하 "영") 제4조 제1항에 따르면, 개발부담금 부과대상이 되는 개발사업의 범위는 별표1과 같고, 그 규모는 관계 법률에 따라 국가 또는 지방자치단체로부터 인가·허가·면허 등을 받은 사업 대상 토지의 면적을 기준으로 부과대상 여부가 결정된다고 규정하고 있습니다.

아울러 대법원은 "개발부담금의 부과대상이 되는 개발사업의 범위는 사업 시행으로 인하여 시행자에게 귀속되는 토지의 면적과 관계없이 관계 법령의 규정에 의하여 인가 등을 받은 사업 대상 토지의 면적을 기준으로 판단하여야 한다"라고 판시하였습니다. 따라서, 개발부담금 부과대상 규모 판단 시 기부채납토지를 포함한 면적을 기준으로 영 제4조 제1항 각호에 해당하는지 여부를 결정하여야 할 것으로 판단됨.

※ 「개발이익 환수에 관한 법률」(1993.6.11. 법률 제4563호로 개정되기 전의 것, 이하 법이라고 한다.) 제2조 제1호, 제2호, 제4호, 제5조, 법 시행령(1992.8.25. 대통령령 제13718호로 개정되기 전의 것, 이하 시행령이라고 한다) 제4조의 각 규정을 종합하여 보면, 개발부담금(이하 부담금이라고 한다)의 부과대상이 되는 개발사업의 범위는 사업 시행으로 인하여 시행자에게 귀속되는 토지의 면적과 관계없이, 관계 법령의 규정에 의하여 인가 등을 받은 사업 대상 토지의 면적을 기준으로 판단하여야 할 것이다.

부담금 부과대상이 되는 특정 개발사업을 수인이 공동으로 시행하는 경우에는 개별적으로는 그 사업 규모가 3,300㎡ 이하라고 하더라도 그 전체 면적을 합산하여 부과대상 여부를 판단하여야 하는 것이며, 또한 토지의 공유자들이 공유토지에 대한 개발사업을 공동으로 시행하는 경우 그 사업의 규모는 전체 면적을 기준으로 하여야 하고, 공유자별 지분에 상응하는 면적을 기준으로 판단하여야 하는 것은 아니다.(당원 1993.12.24. 선고 93누20337 판결, 1995.4.25. 선고 93누13728 판결 등 참조) … [대법원 1996.7.12., 선고, 95누10464, 판결]

2개 이상의 용도지역에 걸친 경우

[질의 요지]

지목이 답인 도시 계획 지역(자연녹지) 740㎡, 도시 계획 외지 역(관리지역) 840㎡가 걸쳐진 토지 1,580㎡에 개발행위허가를 득하고 소매점, 주택 용도의 건물을 도시 계획 외지 역 부분에만 신축하였을 경우 개발부담금 부과대상인지 여부

➲ 회신 내용

「개발이익 환수에 관한 법률 시행령」 별표1 제9호의 규정에 의하면 건축물의 건축으로 사실상 또는 공부상의 지목변경이 수반되는 경우에는 개발부담금 부과대상에 해당되며,

같은 법 시행령 제4조 제2항의 규정에 따라 특별시 또는 광역시 지역 외의 도시계획구역인 지역의 1㎡는 도시계획구역 외의 지역의 5/3㎡에 해당하는 것으로 보도록 규정되어 있습니다.

도시 계획 지역 740㎡는 도시계획구역 외 지역의 1,233평방미터(740㎡ × 5 / 3㎡ = 1,233㎡)에 해당하여 귀 질의의 경우 개발사업 면적은 도시계획구역 외 지역으로 볼 때 2,073㎡(1,233㎡ + 840㎡)가 되어 개발부담금 부과대상이 됩니다.

(1) 인가 이후 시 구역이 변경된 경우

인가 후 광역시로 편입된 경우 부과대상 면적 기준

[질의 요지]

특별시 또는 광역시 이외의 도시계획구역인 지역에서 1997.4.2.자로 905㎡의 토지에 개발사업의 인가 등을 받아 사업을 진행하던 중, 해당 지역이 1997.7.15.자로 광역시로 편입된 후 1997.8.6.에 개발사업이 종료된 경우 개발부담금 부과대상에 해당하는지

➲ 회신 내용(토정 58383-1651, 1998.10.14.)

「개발이익 환수에 관한 법률 시행령」 제4조 제1항의 규정에 의거 개발부담금 부과대상은 관계 법률의 규정에 의하여 국가 또는 지방자치단체로부터 인가 등을 받은 사업 대상 토지의 면적을 기준으로 하도록 되어 있고, 특별시 또는 광역시 이외의 도시계획구역인 지역에서 개발부담금 부과대상이 되는 사업 대상 토지의 면적은 990

㎡ 이상인 경우에 해당되므로

귀 질의와 같이 사업 대상 토지가 광역시로 편입되기 이전에 일반 시 지역의 도시계획구역인 지역에서 개발사업의 인가 등을 받은 사업 대상 토지의 면적이 990㎡ 미만이면 개발부담금 부과대상에 해당되지 않는 것이며

1997.6.25. 개정된 같은 법 부칙 제2항의 규정에 의하면 "제4조 제1항 제1호의 개정규정은 이 영 시행일 이후 최초로 개발사업이 종료되는 사업분부터 적용"한다고 되어 있는바, 동 개정 규정은 「특별시 또는 광역시의 지역 중 도시계획구역인 지역에서 시행하는 사업의 경우 개발제한 구역 안에서 당해 구역의 지정 당시부터 토지를 소유한 자가 당해 토지에 대하여 시행하는 사업은 개발부담금 부과대상 기준면적을 "660㎡ 이상"으로 적용하는 것이 아니라 "1,650㎡ 이상"으로 적용하는 것」으로 개정된 것으로서, 동 개정 규정을 적용함에 있어서는 동 개정령 시행일인 1997.6.25. 이후에 최초로 개발사업이 종료되는 사업분부터 적용된다는 의미임.

(2) 부과대상사업과 부과면제사업을 함께 시행하는 경우

임대와 분양아파트가 혼재된 경우 부대 복리시설에 대한 부과대상 면적

[질의 요지]

「주택건설촉진법 시행령」 제30조 제1항 단서의 규정에 의하여 전용면적 85㎡ 이하의 임대주택을 5년 이상 임대하기 위하여 건설하는 사업은 「개발이익 환수에 관한 법률 시행령」 제4조 별표1 규정에 의하여 개발부담금 부과대상사업에서 제외하도록 되어 있는바, 임대와 분양아파트가 혼재된 경우에 상가, 유치원 등 부대 복리시설에 대한 부과대상 면적산정 방법은

회신 내용 (토재 58383-289, '97.4.29.)

「개발이익 환수에 관한 법률 시행령」 별표1 제1호에 의하면 5년 이상 임대하기 위하여 임대주택법에 의하여 85㎡ 이하의 임대주택을 건설하는 경우에는 개발부담금 부과대상사업에서 제외하도록 되어있고, 이 경우 임대주택 건설에 따른 부대 복리시설도 임대주택 건설사업에 포함되는 것이므로, 귀 질의에서 택지개발 사업지구에서 위 규정에 의한 임대주택 건설 용지와 개발부담금 부과대상이 되는 분양주택 건설용지가 혼재된 경우에는 부대 복리시설 중 개발부담금 부과대상 면적은 임대주택과 분양주택의 지분 면적 비율로 안분하여 산정하는 것이 타당할 것임.

(3) 도로의 면적의 포함 여부

■ 개발사업과 도로를 함께 인가받은 경우

[질의 요지]

도시 계획 내의 답 총 1,050㎡를 토지형질변경허가를 득하여 750㎡는 대지로 활용하고 나머지 300㎡는 진입도로로 개발을 완료하여 진입도로에 해당하는 면적에 대하여 지목을 도로로 변경시킨다면 이는 개발부담금 부과대상사업에 해당하는지 여부

➲ **회신 내용** (토재 58307-826, 1996.12.21.)

「개발이익 환수에 관한 법률 시행령」 제4조의 규정에 의거 개발부담금 부과대상 규모는 관계 법률의 규정에 의하여 국가 또는 지방자치단체로부터 인가 등을 받은 면적이 되는 것이므로, 도시 계획 지역에서 진입도로를 포함하여 1,050㎡에 토지형질 변경 허가를 받아 근린생활시설을 건립한 경우에는 개발부담금 부과대상사업에 해당됨.

■ 개발사업과 도로점용허가를 득한 경우

[질의 요지]

근린생활시설(음식점)을 건립하기 위하여 1,487㎡에 대하여 농지전용허가를 받고 진입도로를 확보하기 위해 하천점용 허가(265㎡)와 도로점용허가(60㎡)를 받은 경우에 개발부담금 부과대상 여부

➲ **회신 내용** (토재 58307-9. '97.1.6.)

개발부담금 부과대상은 「개발이익 환수에 관한 법률 시행령」 제4조의 규정에 의거 별표1에 열거된 사업으로서 관계 법률의 규정에 의하여 국가 또는 지방자치단체로부터 인가 등을 받은 면적이 부과기준면적에 해당하는 경우로 규정되어 있는바, 귀 질의의 경우 진입도로를 확보하기 위한 하천점용 허가와 도로점용허가는 위 규정에 의한 개발부담금 부과대상이 아니므로 개발부담금 부과대상 여부는 농지전용허가를 받은 면적을 기준으로 판단하는 것임.

현황도를 존속시킨 경우

[질의 요지]

개발부담금 부과대상인 지목변경 수반 사업을 시행함에 있어, 그 사업부지 내에 이미 설치된 현황도(관할 구청장이 아스콘 포장을 함)를 그대로 존속시킨다는 공증 각서를 관할 구청장에게 제출하고 건축허가를 받아, 그 공증 각서대로 현황도로는 그대로 유지한 채 근린생활시설을 건축한 경우, 그 현황도로 부분에 대해 개발부담금 산정에서 제외시켜 줄 수 있는지

➲ 회신 내용

「개발이익 환수에 관한 법률 시행령」 제12조 제2항의 규정에 의거 지목변경 수반 사업에 대한 개발부담금의 산정은 그 인가 등을 받은 면적 중 당해 사업이 종료된 후 사실상 또는 공부상 지목이 변경된 면적에 한하여 산정 부과하게 되어 있는바,

귀 질의의 경우, 관할 구청장이 현황도로 부분은 건축부지에서 제외하도록 하여 현 상태를 그대로 유지한 채 개발사업을 시행한 경우라면, 그 현황도로 부분은 당해 개발사업으로 지목이 변경된 면적에 해당한다고 볼 수 없으므로, 위 규정에 의거 개발부담금 산정 시 제외될 수 있을 것으로 판단됨.

라. 면적규모의 특례

(1) 연접사업

연접의 정의

[질의 요지]

사업 토지가 다른 토지에 의하여 구분되는 경우에 연접한 사업으로 개발부담금 대상 사업이 되는지 여부

➲ 회신 내용 (토지정책과-305, 2007.5.7.)

「개발이익 환수에 관한 법률 시행령」 제4조 제1항 및 개발부담금 부과·징수 업무처리규정 제4조 제1항에 따라 동일인이 하나의 개발사업이 종료된 후 5년 이내에 연접한 토지에 개발사업의 인가 등을 받아 사실상 분할하여 시행하는 경우에는 각

사업의 대상 토지 면적을 합한 토지에 하나의 개발사업이 시행되는 것으로 보도록 되어 있는바,

이 경우 "연접" 여부는 반드시 필지가 붙어있는 경우만이 아니고 도로 등으로 구분된 토지라도 토지의 위치나 사업 내용 등으로 보아 일단의 사업으로 판단되는 경우에는 연접한 토지로 보도록 되어 있습니다. 다만, 이에 대한 구체적인 판단은 사실 판단에 관한 사항으로 부과권자가 판단하여야 할 사항입니다.

하나의 토지를 수인이 지분에 따라 개발사업을 시행한 경우

[질의 요지]

비도시지역에서 1인 소유의 연속 되어 있는 A, B, C, D 토지에 대하여 갑, 을, 병, 정이 사업시행자로서 각각 토지소유자의 토지 사용 승낙을 받아 개발행위허가를 득한 후, 개발사업 완료 전에 각각 소유권을 이전하고 개발사업을 완료한 경우 개발부담금 부과대상 여부

➲ 회신 내용 (토지정책과-356, 2007.5.21.)

「개발이익 환수에 관한 법률」 제2조 제1호에 의하면 개발이익이라 함은 개발사업을 시행하는 자 또는 토지소유자에게 귀속되는 토지 가액의 증가분이라 하였고 같은 법 제6조 제1항에 개발부담금의 납부의무자를 명시하고 있습니다. 또한, 같은 법 제5조 제2항 및 같은 법 제4조 제1항에는 인가 등을 받은 사업 대상 토지의 면적과 연접시행 등 개발부담금 부과대상사업의 규모를 규정하고 있습니다.

따라서, 개발부담금 부과대상사업 여부를 판단함에는 개발이익 환수제도의 목적이나 판례 등을 참고하여, 실질적으로 개발이익이 귀속되는 개발부담금의 납부의무자가 누구인지(개발사업 시행계획승인서 등에 나와 있는 사업시행자의 명의를 불문, 대법원 선고 93누2940), 각 사업 주체의 동일성 여부나 대상 사업을 사실상 분할하여 시행하는지 여부(대법원 판례 94누2459) 등 사실관계의 정확한 확인을 통하여 종합적으로 판단하여야 할 것입니다.

하나의 토지를 수인이 지분에 따라 개발사업을 시행한 경우

[질의 요지]

한 필지 내의 분할되지 않은 토지에 수인이 각자의 지분에 따라 각각 건축허가를 득하여 지목변경을 하는 경우 개발부담금 부과대상 여부

➲ 회신 내용

「개발이익 환수에 관한 법률 시행령」 제4조의 규정에 의하면 동일 필지를 수인이 각각 부과대상 규모 이하로 사실상 분할하여 개발사업을 시행한 후 소유권 이전을 하는 경우에는 연접한 토지에 동일한 개발사업을 시행한 것으로 보며, 연접한 토지에 둘 이상의 개발사업을 각각 인가 등을 받아 사실상 분할하여 시행하는 경우에도 그 사업지구의 면적을 합하여 개발부담금 부과대상 여부를 결정함.

하나의 토지를 분할한 후 개발사업을 한 경우

[질의 요지]

지목상 전·답인 토지 2,393㎡ 중 1,197㎡를 96년 3월 "갑"이 매입하여 공장 신설 승인 허가 및 농지전용허가 등을 득하여 명의 이전까지 마친 후, 96년 9월에 "을"이 분할되고 남은 1,196㎡를 매입하여 공장부지로 인·허가를 받았을 경우 개발부담금 부과대상 여부

➲ 회신 내용 (토재 58307-682, 1996.10.21.)

「개발이익 환수에 관한 법률 시행령」 제4조의 규정에 의거 하나의 필지를 토지소유자로부터 토지 사용 승낙을 받아 각각 부과대상 규모 이하로 사실상 분할하여 개발사업을 시행한 후 소유권을 이전하는 경우에는 연접한 토지에 하나의 개발사업을 시행한 것으로 보아 각 사업 대상 토지를 합한 면적에 대하여 개발부담금을 부과하게 되나, 각 소유자가 토지를 분할하여 소유권을 이전한 후 각각의 명의로 개발사업을 시행하면 각 사업 토지 면적을 기준으로 개발부담금 부과대상 여부를 판단하는 것임.

하나의 토지를 분할한 후 개발사업을 한 경우

[질의 요지]

도시계획구역 외 지역에서 면적이 2,315㎡로 되어 있는 1필지의 토지 중 1,123㎡를 토지소유자인 A가 사업 시행 허가를 받아 준공 후에 B 명의로 소유권을 이전하고, 나머지 1,192㎡는 B가 A로부터 토지 사용 승낙을 받아 B 명의로 사업 시행 허가를 받은 후 사업 시행 중에 B 명의로 소유권을 이전한 경우 개발부담금 부과대상인지 여부와 납부의무자가 누구인지

➲ 회신 내용

「개발이익 환수에 관한 법률 시행령」 제4조 제1항의 규정에 의거 동일인이 연접한 토지에 하나의 개발사업이 종료된 후 5년 이내에 개발사업의 인가 등을 받아 사실상 나누어 시행하는 경우에는 각 사업의 대상 토지 면적을 합한 토지에 하나의 개발사업이 시행되는 것으로 보도록 되어 있고, 같은 법 제6조 제1항 제2호의 규정에 의거 타인 소유 토지를 임차하여 개발사업을 시행하는 경우에는 토지소유자가 개발부담금의 납부의무를 지도록 되어 있으므로

귀 질의의 경우 개발부담금 부과기준면적(도시계획구역 외 지역 1,650㎡ 이상)을 초과하는 토지(2,315㎡)에 토지소유자 A와 토지소유자로부터 사용 승낙을 받은 B가 임차하여 개발사업을 시행하였으므로, 위 규정에 의한 연접사업에 해당하여 개발부담금 부과대상에 해당하는 것이며,

이 경우 개발부담금의 납부의무자는 토지소유자가 되나 준공 전에 사업시행자가 소유권을 이전받는 경우에는 개발부담금의 납부의무도 승계받게 되므로, 귀 질의에서 토지소유자인 A가 사업 시행 허가를 받아 준공한 토지(1,123㎡)에 대해서는 개발부담금의 납부의무도 토지소유자인 A가 지게 되며, 사업 시행 중(준공 전)에 B가 소유권을 이전받은 토지(1,192㎡)에 대해 개발부담금의 납부의무를 B가 승계받게 되는 것임.

하나의 토지를 부과대상 규모 미만으로 토지 승낙을 받아 2개 사업으로 개발한 경우

[질의 요지]

도시계획구역 외 지역에서 A 소유의 땅 2,500㎡ 중 B가 토지 사용 승낙을 받아 1,635㎡의 땅을 '95년 농지전용허가를 득하여 공장설립을 완료하고 같은 해 준공한 후 허가 면적에 대한 소유권 이전을 완료함.

이후 '96년 A 소유의 잔여 부지 중 700㎡의 땅을 C에게 토지 사용 승낙하여 농지전용허가를 득하여 개발한다면 B의 개발 면적과 C의 개발 면적이 합산되어 개발부담금이 부과되는지 여부와 C가 받은 700㎡의 농지전용허가 건에 대하여 사업 시행을 진행하지 않고 농지전용허가를 취소한다면 B의 경우 부과 면적 이하이므로 부과대상사업에서 제외되는지 여부

➲ 회신 내용 (토재 58383-522, 1996.08.09.)

동일인 소유 토지를 2인 이상이 토지소유자로부터 각각 토지 사용 승낙을 받아 동일한 개발사업을 시행하는 경우에는 「개발이익 환수에 관한 법률 시행령」 제4조 후단의 연접한 토지에 동일한 개발사업을 시행하는 경우로 보아 각 사업의 대상 토지 면적을 합한 토지에 하나의 개발사업이 시행되는 것으로 보며, 다만, 연접한 토지에 개발사업 인가 등이 있었으나 전혀 사업을 착수하지 않은 상태에서 인가 등이 취소되었다면 그 취소된 사업은 연접하여 시행하는 사업에 해당한다고 볼 수 없음.

연접개발에 의한 개발부담금 부과대상 여부

[질의 요지]

연접개발에 의한 개발부담금 부과대상 여부?

개발부담금 부과대상 규모 이상의 토지소유자(D)에게 토지 사용 승낙을 받아 A, B, C가 각각 부과대상 규모 미만으로 토지를 분할하여 공장설립 승인을 받은 후 토지소유권을 이전하여 각각 개발사업을 시행하는 경우

➲ 회신 내용 (토지정책과-5226, 2016.7.12.)

「개발이익 환수에 관한 법률」 제5조 제2항 및 같은 법 시행령 제4조에 따르면 동일인(법인을 포함하며, 자연인인 경우 직계 존·비속 및 배우자를 포함)이 연접(連接)한 토지를 5년 이내에 사실상 분할하여 개발사업을 시행한 경우에는 각 사업의 대상 토지 면적을 합한 토지에 하나의 개발사업이 시행되는 것으로 보도록 규정하고 있고,

「개발부담금 부과·징수 업무처리규정」 제4조에 따르면 동일인이 수인이 동일 필지를 각각 부과대상 규모 이하로 사실상 분할하여 개발사업을 시행한 후 소유권을 이전하는 경우에는 연접한 토지에 동일한 개발사업을 시행한 것으로 보도록 규정하고 있습니다.

한편, 「개발이익 환수에 관한 법률」 제6조에 따르면 타인이 소유하는 토지를 임차하여 개발사업을 시행하는 경우에는 그 토지의 소유자가 개발부담금 납부의무자가 되며, 개발사업 완료하기 전에 토지소유자의 지위를 승계할 때에는 그 지위를 승계한 자가 개발부담금 납부의무자가 됩니다.

따라서, 귀 질의의 사례는 부담금 부과대상 규모 이상의 하나의 토지를 그 토지소유자(D)로부터 토지 사용 승낙을 받아 A, B, C가 각각 개발부담금 부과대상 규모 이하로 사실상 분할하여 개발사업 인가 등을 받은 후 토지소유권을 이전하여 개발사업을 시행하는 경우에 해당하므로, A, B, C가 각각 개발사업 인가 등을 받을 당시 토지소유자(D)를 기준으로 연접한 토지에 하나의 개발사업을 시행하는 것으로 보아 개발부담금 부과대상에 해당하는 것으로 판단되나, 개발부담금 부과대상 여부에 대한 최종 판단은 부과 징수권자인 귀 시에서 실질적으로 개발이익이 귀속되는 개발부담금의 납부의무자가 누구인지, 각 사업 주체의 동일성 여부나, 대상 사업을 사실상 분할하여 시행하는지 여부 등 사실관계를 조사하여 결정하시기 바랍니다.

2개 법인(대표자 동일)이 연접에서 개발사업 시행 시 합산 여부

[질의 요지]

a 사업장에서 주택사업을 c 법인이 시행하고 있으며 본 사업장은 개발부담금 대상 사업장입니다. d 법인은 a 사업장과 연접된 b 토지에서 건축사업을 시행할 계획인데 b 토지는 도시지역이며 부지면적은 950㎡로 면적으로는 개발부담금 대상이 아닙니다. 단, c 법인과 d 법인은 서로 다른 별도의 법인이나 법인의 대표자는 동일인입니다. 이 경우 b 토지가 연접사업장의 규정 적용을 받는지 문의하오니 회신하여 주시기를 바랍니다.

회신 내용 (국민신문고 2013.9.6.)

「개발이익 환수에 관한 법률」은 자연인뿐만 아니라 법인에도 적용되는 것이므로 같은 법 시행령 제4조의 동일인에 관한 해석에 있어서도 법인이 포함된다고 해석하는 것이 타당함 다만, 법인은 법인격이 부인되지 아니하는 이상 개인과는 별개의 독립된 인격을 지니고 있으므로, 별도의 법인이 단지 대표자가 같다는 사유만으로 동일인에 해당한다고 볼 수는 없다고 판단됨.

따라서, 귀 질의하신 바와 같이 별도의 개발사업을 시행한 법인의 대표자가 같더라도 법인은 법인격이 부인되지 아니하는 이상 개인과는 별개의 독립된 인격을 지니고 있으므로 대표자가 같다는 사유만으로 동일인으로 보아 「개발이익 환수에 관한 법률 시행령」 제4조를 적용할 수는 없음을 알려 드립니다. 즉, 동일인이 아니므로 연접사업에서 합산하여 부담금 부과대상사업 면적을 산정하여 부담금 부과대상 여부를 판단할 수 없고 2개 법인의 대표자가 동일하더라도 각 법인마다 별도의 개발사업으로 각 사업 면적마다 개별적으로 부과대상 여부를 판단하여야 합니다.

토지소유자는 다르지만, 시행자는 동일한 경우 연접 여부

[질의 요지]

사업시행자 甲이 연접한 A(1,368㎡), B 토지(1,267㎡)에서 며칠간 차이를 두고 각각 건축허가를 받아 개발사업을 시행하고 준공한 경우(토지소유자는 A토지는 甲, B토지는 乙이며 甲과 乙은 형제 관계) 동일인 연접사업에 해당하여 개발부담금 부과대상이 되는지*(당해 토지는 개발사업 면적이 1,650㎡ 이상인 경우 부과대상인 지역임)

➲ 회신 내용 (토지정책과-4171호, '14.7.1.)

「개발이익 환수에 관한 법률」 제5조 제2항 및 같은 법 시행령 제4조 제1항에 따르면 "동일인이 연접한 토지에 하나의 개발사업이 끝난 후 5년 이내에 개발사업의 인가 등을 받아 사실상 분할하여 시행하는 경우에는 각 사업의 대상 토지 면적을 합한 토지에 하나의 개발사업이 시행되는 것으로 본다."로 규정하고 있습니다.

위 조문에 따르면 동일인이 연접한 토지에서 5년 내 개발사업을 사실상 분할하여 시행한 경우라고 규정하고 있어 토지소유자가 다르더라도 사업시행자가 같은 경우에는 인허가 등을 받은 각 사업 대상 토지의 면적을 합한 토지에 하나의 개발사업이 시행되는 것으로 보도록 적용하여야 할 것으로 판단됩니다. 따라서 개발부담금 부과대상이 됩니다.

토지소유자는 동일한데 사업시행자는 다른 경우 동일인 연접의 적용 가능 여부

[질의 요지]

A 소유의 농지(지목 : 답, 계획관리지역)인 면적 2,897㎡ 중 1,189㎡를, B에서 토지 사용승낙서로 B가 '13년 6월 13일 개발행위 허가(제조업소)를 받은 후, '13년 7월 9일 토지소유권을 B에서 이전하였으며,

'13년 8월 현재 A 소유의 토지 총면적은 1,708㎡이며, 총면적 중 1,500㎡를 개발행위허가(제조업소)를 받는다면, A B 각각 소유 토지에 대하여 개발부담금 대상 사업 유, 무에 대하여 질의합니다. (*1,650㎡ 부과대상 지역)

➲ **회신 내용** (국민신문고, '13.10.22.)

「개발이익 환수에 관한 법률 시행령」 제4조 제1항에 따르면 동일인(배우자 및 직계존비속 포함)이 연접한 토지에 하나의 개발사업이 끝난 후 5년 이내에 개발사업의 인가 등을 받아 사실상 분할하여 시행하는 경우에는 각 사업의 대상 토지 면적을 합한 토지에 하나의 개발사업이 시행되는 것으로 보도록 규정하고 있습니다.

또한, 도시지역 외 지역에서 시행하는 부담금 부과대상이 되는 면적은 1,650㎡ 이상이며 타인 소유의 토지를 임차하여 개발사업을 시행할 경우에는 그 토지의 소유자가 개발부담금 납부의무자가 됩니다. 따라서 최초 인허가 받은 개발사업(1,189㎡)은 부담금 부과대상 규모 미만으로 부과대상은 아니지만 만약 부과대상일 경우 부담금 납부의무자는 토지소유자인 A가 되며 토지 매매로 납부의무가 B에서 승계되게 됩니다.

A가 후에 연접한 토지(1,500㎡)에 대해서 개발행위 허가를 받고 사업을 시행하게 되면 동일인 연접사업에 해당하여 각 사업의 대상 토지 면적을 합한 토지에 하나의 개발사업이 시행되는 것으로 보아 개발부담금 납부의무가 생기게 되며 납부의무자는 토지소유자인 A가 됩니다.

결과적으로 A, B 모두 개발부담금 납부의무가 발생하며 A는 나중 토지개발 1,500㎡에 대해 B는 A로부터 토지매수로 부담금 납부의무를 승계받아 최초인허가 받은 토지 1,189㎡에 대해 개발부담금 납부의무를 지게 됩니다.

공동개발사업

[질의 요지]

12,833㎡의 임야에 주택 등을 건축하기 위하여 7인이 공동명의로 산림형질변경허가를 득한 후, 사업 시행 중에 7인 각자의 명의로 분할등기 및 토목공사, 건축행위를 한 경우 그중 1인 지분 846㎡에 대하여도 개발부담금 부과대상에 해당하는지 개발부담금 부과종료시점지가 산정을 위한 표준지공시지가를 적용함에 있어, 인근 대지의 공시지가와 관계없이 사업 시행 지역과 멀리 떨어진 전원주택단지의 공시지가를 적용해도 되는지

➲ 회신 내용

「개발이익 환수에 관한 법률 시행령」 제4조 제1항의 규정에 의거 개발부담금 부과대상은 관계 법률의 규정에 의하여 국가 또는 지방자치단체로부터 인가 등을 받은 사업 대상 토지의 면적을 기준으로 하도록 되어 있고, 귀 질의에서 7인이 공동명의로 산림형질변경허가를 받은 면적이 12,833㎡로서 개발부담금 부과대상 기준면적을 초과하므로 개인 지분 면적과 관계없이 전체 면적이 개발부담금 부과대상에 해당하는 것이며 같은 법 제10조 제1항의 규정에 의거 개발부담금 부과종료시점지가는 부과종료시점 당시의 부과대상토지와 이용 상황이 가장 유사한 표준지의 공시지가를 기준으로 하도록 되어 있고, 이때의 표준지 선정은 부과권자인 시장·군수·구청장이 부과대상토지의 이용 상황·위치·형상 등의 제반 요인을 종합적으로 검토하여 판단하게 되는 것임.

타 사업자가 인가받은 토지를 포함하여 개발하는 경우

[질의 요지]

비도시지역에 1993.6.23. 공장용지조성사업 790㎡를 준공(사업시행자 : 유OO)을 득하고, 그 옆의 토지에 대하여 1997.9.10. 855㎡ 공장 증설 승인(사업시행자 : 유OO)과 1997.9.18. 864㎡ 농지전용허가(사업시행자 : 최OO)를 각각 득하였음. (주)유OO이 전체 부지를 개발하여 준공하는 경우 개발부담금 부과대상인지 여부 및 공장 증설 승인을 받은 사업만 추가 개발하여 준공하는 경우 부과대상이 되는지 여부

➲ 회신 내용 (토지정책팀-341, 2006.1.23.)

「개발이익 환수에 관한 법률 시행령」 제4조 제1항은 "동일인(배우자 및 직계 존·비속을 포함한다. 이하 같다)이 연접한 토지(동일인 소유의 연속 되어 있는 일단의 토지인 경우를 포함한다.)에 하나의 개발사업이 종료된 후 5년 이내에 개발사업의 인가 등을 받아 사실상 분할 하여 시행하는 경우에는 각 사업의 대상 토지 면적을 합한 토지에 하나의 개발사업이 시행되는 것으로 본다."라고 규정하고 있음. 따라서 전체 부지를 개발하여 준공하는 경우 2,509㎡이므로 부과대상 면적(1,650㎡ 이상) 이므로 개발부담금 부과대상이 되며, (주)유OO이 공장 증설 승인을 받은 855㎡만 추가 개발하여 준공하고, 농지전용허가를 받은 부지는 상기 한 동일인이 아닌 자가 사업시행자인 경우는 대상 면적이 1,646㎡로서 부과대상 면적 미만이므로 부과대상이 아님.

(2) 지목변경이 수반되지 않는 면적이 포함된 경우

유원지 설치사업 중 지목변경이 수반되지 않는 토지가 포함된 경우

[질의 요지]

유원지 설치사업으로 개발사업 인가를 받아 개발부담금 부과대상이 된 경우 개발이익 산정 시 인가받은 전체 면적으로 산정하는지 아니면 지목이 변경되는 면적으로만 산정 하는지 여부

➲ **회신 내용** (토지정책팀-635, 2007.8.22.)

개발부담금 부과대상은 「개발이익 환수에 관한 법률 시행령」 제4조 별표1 및 같은 법 시행규칙 별표2에 열거된 사업이며, 그 규모는 관계 법률에 따라 국가 또는 지방자치단체로부터 인가·허가·면허 등(신고를 포함)을 받은 사업 대상 토지의 면적이 기준면적 이상인 경우에 부과됩니다. 다만 같은 법 시행령 제12조 제2항에 의거 별표1 제7호의 지목변경이 수반되는 개발사업의 경우에는 인가 등을 받은 면적 중 당해 사업이 종료된 후 사실상 또는 공부상 지목이 변경된 면적에 한하여 개발이익이 발생한 것으로 보도록 규정되어 있습니다.

따라서 귀 질의의 경우와 같이 같은 법 시행령 제4조 별표1 제8호 「국토의 계획 및 이용에 관한 법률」에 따른 유원지 설치사업으로 부과대상이 된 경우에는 같은 법 시행령 제12조 제2항의 규정에 해당하지 않으므로 인허가 등을 받은 면적을 기준으로 부과됩니다. 다만 당해 사업의 인허가 등의 관계 법률 및 면적 등은 사실 판단 사항으로 부과 징수권자가 판단할 내용입니다.

마. 설계변경으로 인한 면적 증감

등록정정에 의하여 면적이 변경된 경우

[질의 요지]

1. 최초의 허가 면적은 1,055㎡였으나 확정 측량 결과 1,029㎡로 허가 면적이 감소된 경우 지가산정 시 최초의 면적으로 하는지 아니면 감소된 면적으로 하는지
2. 본 사업 용지를 개발하다 보니 진입로가 없어 허가 조건상에 기부채납 하도록 되어 있는 토지를 매입하여 기부하면 실매입가를 인정 받을 수 있는지

➲ 회신 내용

가. 질의 1에 대하여

「개발이익 환수에 관한 법률 시행령」 제4조 제1항의 규정에 의거 개발부담금의 부과대상은 관계 법률의 규정에 의하여 국가 또는 지방자치단체로부터 인가 등을 받은 사업 대상 토지의 면적을 기준으로 산정하도록 되어 있으나, 다만 부과종료시점 전에 「지적법」 제38조의 규정에 의하여 등록 사항 중 면적의 정정이 있는 경우에는 그 정정된 면적을 기준으로 대상 면적을 산정하도록 되어 있음.

나. 질의 2에 대하여

「개발이익 환수에 관한 법률 시행령」 제10조 제1항 제6호의 규정에 의거 기부채납 토지의 가액은 개시시점지가에 부과기간 동안의 정상지가상승분을 합한 가액으로 하도록 되어 있고, 이 경우 개시시점지가는 같은 법 제10조 제3항의 규정에 의거 부과개시시점이 속한 연도의 대상 토지의 개별공시지가를 기준으로 산정하도록 되어 있으나, 다만 납부의무자가 같은 법 시행령 제9조 제5항 각호의 매입 가격을 부과종료시점부터 25일 이내에 신고하는 경우에는 그 가액에 매입일부터 부과개시시점까지의 정상지가상승분을 가감한 가액으로 개시시점지가를 산정할 수 있도록 되어 있으므로, 귀 질의 건의 경우에도 위 규정에 의거 매입하고 소정의 기간 내에 매입 가격을 소명하였다면 매입 가격을 기준으로 기부채납토지 가액을 산정할 수 있음.

▣ 면적의 증감이 있는 설계변경

[질의 요지]

1. 당초 건축허가(1,136㎡)를 득한 후 착수 전 건축 설계변경으로 부과기준 이하 면적으로 축소(633㎡)되었을 경우 개발부담금 부과대상 여부
2. 또한 건축 설계 변경으로 다시 부과기준 면적 이상으로 증가(661㎡)한 경우 개시시점 및 종료시점

➲ 회신 내용 (토지정책과-2226, 2008.7.29.)

「개발이익 환수에 관한 법률 시행령」 제4조 및 「개발부담금 부과 징수 업무처리규정」 제3조에 의거 관계 법률의 규정에 의하여 국가 또는 지방자치단체로부터 부과대상사업 규모 이상으로 인가를 받아 개발사업을 착수한 후에 사업계획 변경으로 사업면적이 축소된 경우에는, 사업계획의 변경으로 축소된 부분은 부과개시시점부터 사

업계획 변경 시점까지의 기간에 대하여 개발부담금을 부과하고, 나머지 부분에 대해서는 전체 사업기간에 대하여 부과하며, 다만 개발사업의 인가 등을 받은 후 형질변경 등 사업착수를 하지 않은 상태에서 사업계획의 변경으로 사업 면적만이 축소된 경우에는 변경 승인된 면적을 기준으로 개발부담금을 부과합니다.

다만 개발사업 착수 여부 등 구체적인 사실 판단은 부과 징수권자가 판단하여야 할 사항입니다. 또한 개발부담금의 부과개시시점은 같은 법 제9조 제1항 및 같은 법 시행령 제8조 제2항에 따라 부과대상사업의 인가 등을 받은 날이 됩니다. 다만 사업이 완료되기 전에 인가 등의 변경으로 면적이 변경된 경우 새로이 편입된 토지에 대해 인가 등의 변경일이 부과개시시점이 됩니다. 다만, 귀 질의의 경우 증가된 면적이 같은 법 시행령 제4조 제1항의 규정에 의한 지적법상의 면적 정정이라면 이를 합산하여 부과대상 여부를 판단하여야 합니다.

(1) 인가의 취소

▣ 사업착수를 하지 않은 상태에서 인허가가 취소된 경우

[질의 요지]

’06.7월 건축허가 후 ’08.5월 착공 신고를 하였으나 실지 공사는 이루어지지 않고 08.6월 인허가가 취소된 경우 개발부담금 부과대상 여부

➲ 회신 내용 (토지정책과-2232, 2008.7.29.)

「개발이익 환수에 관한 법률 시행령」 제4조 및 「개발부담금 부과 징수 업무처리규정」 제3조에 의거 관계 법률의 규정에 의하여 국가 또는 지방자치단체로부터 부과대상사업 규모 이상으로 인가를 받아 개발사업을 착수한 후에 사업계획 변경으로 사업면적이 축소된 경우에는, 사업계획의 변경으로 축소된 부분은 부과개시시점부터 사업계획 변경 시점까지의 기간에 대하여 개발부담금을 부과하고, 나머지 부분에 대해서는 전체사업 기간에 대하여 부과하며, 개발사업의 인가 등을 받은 후 형질변경 등 사업착수를 하지 않은 상태에서 사업계획의 변경으로 사업 면적만이 축소된 경우에는 변경 승인된 면적을 기준으로 개발부담금을 부과합니다.

다만 개발사업 착수 여부는 구체적 사실 판단 사항으로 인허가 서류 및 현지 확인 등을 통해 부과 징수권자가 판단하여야 할 사항입니다.

사업착수를 하지 않은 상태에서 인허가가 취소된 경우

[질의 요지]

건축 및 형질변경 허가를 받은 토지 중 일부(45평)가 도로부지로 무단 침범됨에 따라 당초 허가대로 주유소 영업을 정상적으로 할 수 있는 부지가 확보되지 못하여 실질적인 착공도 이루어지지 않은 상태에서 개발사업의 허가가 취소되는 경우 개발부담금 부과대상 여부

➲ 회신 내용 (토재 58307-378, 1996.6.5.)

「개발이익 환수에 관한 법률 시행령」 제8조 제3항의 규정에 의하면 사업 인가를 받아 개발사업을 착수한 후 인가 등이 당해 법률이 정하는 바에 의하여 취소되면 이를 개발사업의 준공 전 부과종료시점으로 보아 개발부담금을 부과하게 되어 있는 법의 취지로 보아 개발사업이 전혀 착수되지 않은 상태에서인가가 취소되었다면 개발부담금을 부과할 수 없음.

인허가 취소 시 개발부담금 부과대상 여부

[질의 요지]

1) 개발행위 허가를 받은 후 별도의 착공 신고 없이 토목공사가 착수된 상태에서 개발행위 허가가 취소된 경우 개발부담금 부과대상 여부?
2) 개발부담금 부과대상인 경우 종료시점지가 산정 시 토지 특성은 무엇으로 보아야 하는지?

➲ 회신 내용 (토지정책과-8708, 2016.10.26.)

[질의 1에 대하여] 「개발이익 환수에 관한 법률」 제9조 제3항 및 같은 법 시행령 제10조 제3항에 따르면 개발부담금 부과종료시점은 관계 법령에 따라 국가나 지방자치단체로부터 개발사업의 준공 인가 등을 받은 날로 하되, 다만, 개발사업에 대한 인가 등이 해당 법률에서 정하는 바에 따라 취소된 경우에는 그 취소 시점이 부과종료시점이 됩니다.

따라서, 개발부담금 부과대상 개발사업에 대한 인가 등을 받은 후 형질변경 공사(성토, 땅깎기 등)가 진행된 상태라면 당해 개발사업의 인가 등이 취소되더라도 개발부담금 부과대상이 됩니다.

[질의 2에 대하여] 「개발이익 환수에 관한 법률」 제10조에 따르면 부과종료시점 지가는 부과종료시점 당시의 부과대상토지와 이용 상황이 가장 비슷한 표준지의 공시지가를 기준으로 「부동산 가격공시에 관한 법률」 제3조 제7항에 따른 표준지와 지가산정 대상 토지의 지가 형성 요인에 관한 표준적인 비교표에 따라 산정한 가액(價額)에 해당 연도 1월 1일부터 부과종료시점까지의 정상지가상승분을 합한 가액으로 하고 있습니다.

따라서, 귀 질의의 개발부담금 부과종료시점 지가산정 시 토지이용 상황 판단은 법령해석 사항이 아닌 사실 판단 사항으로써 부과권자인 귀 시에서 부동산 가격공시법 등 관계 법령 및 지침, 인허가 서류, 현지 확인 등을 거쳐 판단하시기 바랍니다.

개발사업 준공 후 개발부담금 부과 전에 원상복구를 하는 경우 부과제외 여부

[질의 요지]

개발사업이 준공되어 개발부담금 부과 예정 통지를 받았으나 개발부담금이 부과되기 전에 공장설립 변경 신청을 하여 실제 개발되지 않은 토지 일부를 개발 전의 상태로 원상회복하면 당해 토지는 개발부담금 부과대상에서 제외될 수 있는지

➲ 회신 내용

개발사업 시행 시 사업 대상 토지에 포함 준공되어 일단 개발부담금 부과대상이 된 토지는 설사 개발부담금이 부과되기 전에 개발 전의 상태로 원상복구 한다고 하더라도 개발부담금 부과대상에서 제외될 수는 없는 것이며, 다만, 같은 법 시행령 제8조 제3항의 규정에 따르면 개발사업에 착수한 후 개발사업의 인가 등이 당해 법률이 정하는 바에 의하여 취소된 경우에는 그 취소일을 준공 전 부과종료시점으로 보아 개발부담금을 부과하게 되어 있으므로,

귀 질의의 경우 공장설립 당시 개발사업을 전혀 착수하지 않은 토지를 공장설립 변경 승인 등을 받아 사업 대상 토지에서 취소한 경우에는 그 부분은 개발부담금 부과대상에서 제외될 수 있을 것으로 판단되나, 사업착수 여부 등은 법령해석이 아닌 사실 판단 사항이므로 부과권자가 사업인가 등의 서류 및 현지 확인 등을 통하여 판단 처리할 사항임.

바. 부과제외 및 감면·면제

비영리법인이 경감대상에 포함되는지

[질의 요지]

비영리 법인체인 택시운송사업조합이 청사를 신축한 경우, 「개발이익 환수에 관한 법률 시행령」 제5조의 규정에 의한 개발부담금 경감대상 기관 및 대상 사업에 해당되는지와 경감대상에 포함되도록 시행령 개정이 가능한지

➲ 회신 내용 (토정 58307-511, 1998.4.23.)

「개발이익 환수에 관한 법률 시행령」 제5조의 규정에 의거 개발부담금의 100분의 50을 경감받는 대상 기관 및 대상 사업은 제2항 각호에서 열거한 정부 「투자관리기본법」에 의한 정부 투자기관, 「지방 공기업법」에 의하여 설립된 지방공사 및 지방공단, 「특별법」에 의한 공기업과 조합 등의 공공기관이 제3항 각호에서 열거한 공공성이 강한 택지개발사업 등을 시행하는 경우에 한하므로, 위에 해당되지 않는 일반법인체가 업무시설 등을 건축하는 경우에는 위 규정에 의한 경감대상이 될 수 없으며, 택시운송사업조합을 위 경감대상에 포함하도록 법령을 개정하는 문제는 타 법인들과의 형평성을 감안할 때 현재로서는 고려할 수 없음.

개발사업 준공시점 이후 감면요건(중소기업)이 충족된 경우

[질의 요지]

개발사업 준공시점(부과종료시점) 이후 감면요건(중소기업)이 충족된 경우 「개발이익 환수에 관한 법률」(법률 제9045호, 2008.3.28) 부칙 제2조(개발부담금 감면 및 부과 시점에 관한 적용례)에 따라가면 대상에 해당하는지 여부

➲ 회신 내용 (토지정책과-345, 2009.1.25.)

「개발이익 환수에 관한 법률(법률 제9045호, 2008.3.28.)」 제7조 제2항 제3호 및 부칙 제2조(개발부담금 감면 및 부과 시점에 관한 적용례)에 따라 중소기업기본법 제2조 제1항에 다른 중소기업(이하 '중소기업'이라 한다)이 시행하는 공장용지조성사업, 대통령령으로 정하는 물류시설 용지조성사업 및 관광단지조성사업(다만, 수도권정비계획법 제2조 제1호에 따른 수도권에서 시행하는 사업은 제외한다)은, 이 법 시행 후 최초로 개발

부담금을 결정·부과하는 사업부터 적용합니다.

이와 관련하여 판례에서는 "중소기업을 영위하는 내국인이 구 조세특례제한법 제7조의 특별세액감면을 적용받기 위해서는 적어도 감면 적용의 대상이 되는 과세기간 종료일 당시 당해 사업을 영위하고 있을 것을 요한다"(대법원 2006.1.13. 선고 2005두68) 하고 있고,

"조세나 부담금에 관한 법률의 해석에 관하여, 그 부과요건이거나 감면요건을 막론하고 특별한 사정이 없으면 법문대로 해석할 것이고 합리적 이유 없이 확장해석하거나 유추 해석하는 것은 허용되지 아니하고 특히 감면요건 규정 가운데에 명백히 특례규정이라고 볼 수 있는 것은 엄격하게 해석하는 것이 공평원칙에도 부합한다(대법원 2007.10.26. 선고 2007두9884 판결)"라고 판시하고 있습니다.

따라서 귀 질의의 경우 개발부담금 부과종료시점에 중소기업이 아니라면 감면 규정의 적용을 받을 수 없습니다.

▩ 중소기업 공장용지조성사업으로 개발부담금 경감대상 해당 여부

[질의 요지]

「개발이익 환수에 관한 법률 시행령」[별표1]의 제7호 사업(지목변경 수반 사업, 부속 창고 증축 및 야적장 조성) 에 해당하나, 개발사업 준공 이후 산업집적 활성화 및 공장설립에 관한 법률에 따라 공장부지로 등록할 예정인바, 이 경우 「개발이익 환수에 관한 법률」 제7조 제2항 제3호에 따라 중소기업이 시행하는 공장용지 조성 사업으로 보아 개발부담금 50% 경감이 가능한지?

➲ **회신 내용** (토지정책과-9506, 2015.12.17.)

「개발이익 환수에 관한 법률」 제7조 제2항 제3호에 따르면 수도권이 아닌 지역에서 중소기업기본법 제2조 제1항에 따른 중소기업이 시행하는 공장용지조성사업은 개발부담금의 50%를 경감하도록 하고 있습니다.

법 제7조 제2항 제3호의 공장용지조성사업은 산업집적활성화 및 공장설립에 관한 법률에 따른 산업단지 외의 지역에서의 공장용지 조성 사업 및 공장설립을 위한 부지 조성 사업(영 별표1 제8호 라목), 건축법 시행령 [별표1] 제17호에 따른 공장의 용지조성 사업[영 별표1 제7호, 제8호 마목 1)]에 의하여 새로이 공장용지를 조성하는 경우에 적용할 수 있으며, 이미 조성된 건축물(또는 토지)의 용도를 공장(용지)으로 변경하는 것

등은 개발부담금을 경감받을 수 있는 공장용지 조성 사업에 포함되지 않습니다.

따라서, 귀 군에서 질의하신 개발부담금 경감대상이 아닌 지목변경 수반 사업(부속창고 증축 및 야적장 조성)을 시행하여 준공(개발부담금 부과종료시점)한 이후 공장부지로 등록하는 사항은 위 규정에 의한 중소기업이 시행하는 공장용지 조성 사업으로 볼 수 없어 개발부담금 50% 경감대상에 해당하지 않습니다.

중소기업 공장용지조성사업으로 개발부담금 경감대상 해당 여부

[질의 요지]

개인사업자(개인기업)로 등록한 대표자 소유의 토지에서 동 회사의 대표자 명의로 인허가를 받아 공장용지조성사업을 준공한 경우 개발부담금 50% 경감이 가능한지?

➲ 회신 내용 (토지정책과-486, 2017.1.18.)

「개발이익 환수에 관한 법률」 제7조 제2항 제3호에 따르면 「중소기업기본법」 제2조 제1항에 따른 중소기업이 시행하는 공장용지 조성 사업은 개발부담금 50%(「수도권정비계획법」 제2조 제1호에 따른 수도권에서 시행하는 사업은 제외)를 경감하도록 규정하고 있습니다.

한편, 개인사업자(개인기업)는 등록된 회사 대표자가 경영의 모든 책임을 지는 사업자로서 기업이 완전한 법인격이 없으므로 소유와 경영이 소유자에게 종속되는 기업형태이고, 법인사업자(법인기업)는 기업이 완전한 법인격을 가지고 스스로의 권리와 의무의 주체가 되어 기업의 소유자로부터 분리되어 운영되는 기업형태입니다.

아울러, 귀 질의의 사례는 사업자등록증 및 중소기업 확인서상에 법인등록번호가 기재되어 있지 아니한 점으로 볼 때 법인사업자(법인기업)가 아닌 개인사업자(개인기업)에 해당 되는 것으로 판단됩니다.

따라서, 개인사업자(개인기업)로 등록된 대표자 소유의 토지에서 동 회사의 대표자 명의로 개발사업 인허가를 받아 비수도권에서 공장용지를 조성하는 경우에 해당되고, 개인사업자(개인기업)가 「중소기업기본법」 제2조 제1항에 따른 중소기업에 해당하는 경우라면 개발부담금 50% 경감이 가능할 것으로 판단되나,

개발부담금 감면 여부에 대한 최종 판단은 부과권자인 ○○구에서 중소기업기본법 등 관계 법령 검토 및 개인사업자 해당 여부, 중소기업 해당 여부 등 사실관계를

조사하여 결정할 사항임을 알려 드립니다.

개발부담금 소급면제 가능 여부

[질의 요지]

개발행위 허가, 건축허가, 공장설립 승인을 받은 후 개발행위 준공, 건축물 사용승인(공장)을 받아 개발부담금 부과 절차가 진행 중인 사항에 대하여 기존 산업집적활성화 및 공장설립에 관한 법률에 따른 공장설립 승인을 취소하고 중소기업창업지원법에 따라 사업계획승인을 받을 경우 개발부담금이 소급하여 면제되는지 여부?

회신 내용 (토지정책과-4172, 2015.6.10.)

「개발이익 환수에 관한 법률 시행령」 [별표1] 제8호 라목에 따라 산업집적 활성화 및 공장설립에 관한 법률에 따른 산업단지 외의 지역에서의 공장용지조성사업 및 공장설립을 위한 부지 조성 사업은 개발부담금 부과대상에 해당하며,

「개발이익 환수에 관한 법률 시행령」 제10조 제3항에 따르면 개발사업에 대한인가 등이 해당 법률에서 정하는 바에 따라 취소된 경우 그 취소된 시점을 부과종료시점으로 규정하여 취소 시점까지 개발부담금을 산정하여 부과하도록 하고 있으며, 개발이익 환수에 관한 법령상에는 개발부담금을 소급하여 면제하는 규정은 없습니다.

따라서, 귀 질의의 관계 법령에 따른 인허가 등을 받아 개발부담금 부과 절차가 진행 중인 상황에서 「산업집적활성화 및 공장설립에 관한 법률」에 따른 공장설립 승인을 취소하고 「중소기업창업지원법」에 따라 사업계획승인을 받을 경우 개발부담금이 소급하여 면제되지 않습니다.

개별법에서 규정하고 있는 개발부담금 면제 또는 감면

[질의 요지]

「개발이익 환수에 관한 법률」 제7조 제3항 제2호에 따른 중소기업창업 지원법에 따라 사업계획승인을 받아 시행하는 공장용지 조성 사업에 해당하여 개발부담금 면제 대상이나 사업시행자와 토지소유자가 다를 경우 개발부담금 면제 여부

회신 내용 (토지정책과-431, 2019.1.18.)

「개발이익 환수에 관한 법률」 제5조 제1항 제8호 및 같은 법 시행령 별표1 제8호

다목에 따르면 「중소기업창업 지원법」에 따른 공장용지 조성 사업은 부담금 부과대상 개발사업으로 규정하고 있으나, 같은 법 제7조 제3항 제2호에 따르면 「중소기업창업 지원법」에 따라 사업계획승인을 받아 시행하는 공장용지 조성 사업에 대하여는 개발부담금을 면제한다고 규정하고 있습니다.

「중소기업창업 지원법」에 따라 사업계획승인을 받아 시행하는 공장용지 조성 사업은 공장용지 조성 사업의 사업시행자와 토지소유자가 다를 경우에도 「개발이익 환수에 관한 법률」 제7조 제3항 제2호에 따라 개발부담금을 면제해야 할 것으로 판단됨을 알려 드립니다.

사업시행자(공장 설립자)와 토지소유자와 다른 경우 면제 여부

[질의 요지]

「중소기업진흥에 관한 법률」 제62조의10에 따라 개발부담금이 면제되는 소기업이 공장용지조성사업을 시행하는 경우, 사업시행자(공장 설립자)와 토지소유자와 다른 이유로 개발부담금 면제가 불가한지

회신 내용 (토지정책과-10425, 2020.11.26.)

「개발이익 환수에 관한 법률」(이하 "법") 제5조 및 같은 법 시행령 별표1 제8호 라목에 따라 「산업집적활성화 및 공장설립에 관한 법률」에 따른 산업단지 외의 지역에서의 공장용지 조성 사업 및 공장설립을 위한 부지 조성 사업은 개발부담금 부과대상 개발사업의 범위에 해당합니다.

다만, 「중소기업진흥에 관한 법률」 제62조의10(소기업의 공장설립에 관한 특례) 제2항 따르면, 「산업집적활성화 및 공장설립에 관한 법률」 제2조 제1호에 따른 공장의 건축면적 또는 이에 준하는 사업장의 면적이 1천 제곱미터 미만인 소기업이 「수도권정비계획법」 제2조 제1호에 따른 수도권 외의 지역에서 공장을 신축·증축 또는 이전하려는 경우(신축·증축 또는 이전 후 공장의 총 건축면적과 이에 준하는 사업장 총면적의 합이 1천 제곱미터 미만인 경우에 한정)에는 「개발이익 환수에 관한 법률」 제5조에 따른 개발부담금 등을 면제하도록 규정하고 있습니다.

법 제6조 제1항 제2호에 따라 개발부담금 부과대상인 개발사업의 사업시행자는 개발부담금을 납부할 의무가 있으며 다만, 타인이 소유하는 토지를 임차하여 개발사업을 시행하는 경우에는 그 토지의 소유자가 개발부담금을 납부하여야 합니다.

따라서, 「중소기업진흥에 관한 법률」 제62조의10 제2항에 따르면 소기업의 공장설립 사업의 경우 개발부담금이 면제되는 사업으로 규정하고 있고, 「개발이익 환수에 관한 법률」에서 개발부담금 면제 여부와 관련하여서는 개발이익 귀속 대상자가 사업시행자인지 토지소유자인지를 구별하여 규정하고 있지 않으므로 사업시행자와 토지소유자가 달라도 개발부담금이 면제될 수 있을 것으로 사료됩니다.

[소기업 공장설립부담금 감면을 위한 소기업 확인방법]

* 중소벤처기업부 창업촉진과-795(2022.7.1.)호 참조

□ 제도 개요

○ 중소기업 여부에 대한 확인은 원칙적으로 중소기업을 대상으로 지원시책을 시행하는 해당 중앙행정기관, 지방자치단체, 공공기관 등이 중소기업 여부를 확인할 수 있는 증빙자료를 제출받아 직접 판단해야 합니다.(근거 : 「중소기업기본법」 제27조)

○ 2015년 이전까지는 예외적으로 공공입찰용 목적으로만 중소기업확인서를 발급하였으며, 목적된 용도 외에 다른 용도로 확인서 제출을 요구하는 기관은 행정 편의를 위한 부당한 자료 요구에 해당하였습니다.

그러나 공공입찰 이외의 목적으로 중소기업 여부를 판단할 경우, 중소기업과 시책기관에서 중소기업 여부를 직접 판단하는 일이 쉽지 않은 게 사실입니다.

○ 이러한 확인제도의 제한성을 보완하기 위하여 2015년 이후 사용목적에 상관없이 범용 증빙자료로 사용가능한 「온라인 중소기업 확인서」 발급 서비스를 시행하고 있습니다.
  - 따라서, 소기업 공장 설립에 따른 부담금 면제 신청기업에게 소기업확인서를 요청하여 행정편의를 도모할 수는 있으나, 민원인이 이를 수용하지 않을 경우에는 해당서류를 제출받아 자체 판단하여야 합니다.
  - 특히, 부담금 환급을 요청하는 소기업에 대해서는 시스템 구조상 「온라인 중소기업 확인서」 발급이 곤란하기 때문에 다음 요령에 따라 소기업에 해당하는지 여부를 자체 판단하여야 합니다.

□ 소기업 확인방법

○ 주된 업종별 평균 매출액이 「중소기업기본법 시행령」 [별표3]에 해당하는 기업인 소기업임을 확인하는데 필요한 서류는 다음과 같습니다.
  - 최근 3개 사업연도 재무제표(또는 부가가치세 과세표준증명, 부가가치세면세사업자 수입금액증명)
  - 최근 3개 사업연도 조정후수입금액명세서(법인기업에 한함)

- 사업자등록증명, 법인등기부등본(법인기업에 한함)
- 주식등변동상황명세서(법인기업에 한함)
- 부가가치세 신고서(「부가가치세법 시행규칙」 별지 제21호서식) (다수 업종을 영위할 경우에 한함)

○ 통상 『온라인 중소기업 확인서』에 따른 소기업 여부 적용기간은 직전 사업연도 말일에서 3개월이 경과한 날부터 1년간으로 하고 있기 때문에 확인에 필요한 서류를 적정하게 제출받아야 합니다.(2022년의 경우 2022.4.1.~2023.3.31.)
- 예를 들어, 2022년 2월 1일 기준 소기업임을 확인하기 위해서는 확인해야 할 매출 신고 서류는 2018년, 2019년, 2020년 3개년간의 매출신고서를 제출받아 평균 매출액을 산정하여야 합니다.

첫째, 아래의 방법에 따라 기업의 전체 평균 매출액을 산정합니다.

○ 사업기간에 따른 평균매출액등 산정방법

직전 3개 사업연도의 총사업기간이 36개월인 경우	직전 3개 사업연도의 총 매출액을 3으로 나눈 금액
직전 사업연도 말일 현재 총 사업기간이 12개월 이상~36개월 미만인 경우	사업기간이 12개월인 사업연도의 총 매출액을 사업기간이 12개월인 사업연도 수로 나눈 금액

○ 직전 사업연도 또는 해당 사업연도에 창업·합병·분할한 경우

창업·합병·분할한 지 12개월 이상인 경우	산정일이 속하는 달의 직전 달부터 역산하여 12개월이 되는 달까지의 기간의 월 매출액을 합한 금액
창업·합병·분할한 지 12개월 미만인 경우	창업·합병·분할일이 속하는 달의 다음달부터 산정일이 속하는 달의 직전 달까지의 기간의 월 매출액을 합하여 해당 월수로 나눈 금액에 12를 곱한 금액
산정일이 창업·합병·분할한 달 또는 다음달에 포함된 경우	창업일·합병일·분할일부터 산정일까지의 매출액을 합산하여 해당 일수로 나눈 후 365를 곱한 금액

※ 참고사항

일반적으로 직전 3개 사업연도가 존재하는 경우에는 3년 평균매출액을 계산하지만, 사업연도가 3년이 되지 않는 경우에는 평균매출액에 준하는 '연간매출액'으로 환산하여 산출하기 때문에 포괄적인 의미에서 '평균매출액'이 아닌 '평균매출액등'이라고 표현합니다.

부과면제기간에 공장설립 승인을 득한 경우

[질의 요지]

1999.12.24. 공장설립 승인을 받고 2001.6.9. 건축허가를 받아 2003.10.28. 건축물 사용승인을 득한 경우 개발부담금 부과대상 여부

회신 내용 (토지정책팀-785, 2006.2.24.)

개발부담금 부과가 면제되는 시기에 「산업집적활성화 및 공장설립에 관한 법률」에 의한 공장설립 승인을 득하고, 그 후에 개발부담금이 부과되는 시기에 당초 공장설립 승인이 실효나 취소 대상 등이 되지 않은 상태에서 그 목적사업인 공장건축허가를 득한 경우에는 건축허가 사업에 대하여 별도로 개발부담금이 부과되지 아니합니다.

부과면제기간에 주택건설사업 인허가를 받은 뒤 부과기간에 다시 사업목적을 변경한 경우

[질의 요지]

- 최초 사업 승인 : 2004.4.10.
  - 사업 규모 : 59,165㎡ (5동 19층 462세대)
  - 사업 주체 : 개인
- 1차 사업 승인 변경 : 2005.2.22. (사업시행자 변경 A→B)
  - 공급 형태 : 분양 → 임대
- 착공신고 : 2005.4.11
- 2차 사업 승인 변경 : 2006.7.12.
  - 공급 형태 : 임대 → 분양
- 3차 사업 승인 변경 : 2007.2.28. (사업시행자 변경 B→C)
  - 준공예정일 : 2014.12.31.

개시 시점이 최초 사업승인일인 2005.4.11.로 보아 개발부담금 미징수 대상 사업인지 그렇지 않다면 임대에서 분양으로 전환되는 2006.7.12.을 최초 사업승인일로 보아 개발부담금 부과대상사업인지?

회신 내용 (국민신문고 2013.11.22.)

귀 질의하신 사례는 개발부담금 부과대상이 아님을 알려 드립니다. 개발부담금 한시 면제[지방 : '02.1.1.~'05.12.31., 수도권(서울특별시 인천광역시경기도 지역) : '04.1.1.

~'05.12.31.] 기간에 개발사업 인허가를 받고 당해 인허가가 취소되지 않은 상태에서 사업시행자만 변경되거나 임대에서 분양 등으로 변경되었을 뿐 최초 인허가 받은 주택건설사업이 유효하므로 개발부담금 면제 대상입니다.

부과면제기간 이후 증가된 면적

[질의 요지]

'04.10.05. 택지개발 예정지구 지정받아 택지개발사업을 시행하면서 개발 계획 변경 승인(7차례)으로 면적이 변경된 부분에 대하여 "구 개발이익 환수에 관한 법(1998.9.19. 개정)" 부칙 제3조 개발부담금 면제에 관한 특례 적용이 1999.12.31. 이후에 변경된 면적에도 적용되는지 여부

➲ 회신 내용 (토지정책팀-165, 2007.3.23.)

「개발이익 환수에 관한 법률」 제9조 및 같은 법 시행령 제6조의2에 따르면 인가 등의 변경으로 부과대상토지의 면적이 변경된 경우에는 인가 등의 변경일이 부과개시시점이 됩니다.

따라서 1999.12.31 이전에 인허가받은 사업에 대하여 개발부담금이 면제[구 개발이익 환수에 관한 법률('98.9.19. 개정) 부칙 제3조]된다고 하더라도 1999.12.31. 이후 개발계획 변경 승인 등으로 면적이 추가된 부분에 대하여는 별도로 「개발이익 환수에 관한 법률」에 의거 개발부담금 부과대상 여부를 판단하셔야 할 것으로 사료됩니다.

부과제외 기간 중 형질변경 허가를 받고 부과기간 중 건축허가를 받은 경우

[질의 요지]

1. 2004.1.9. 개발행위허가를 득하고, 목적사업인 건축허가를 개발부담금이 재 부과되는 2006년에 받는 경우도 부과대상인지 아닌지
2. 개발부담금이 부과되지 않는 기간에 개발행위허가를 득한 후, 허가 기간을 연장하고자 하는 경우도 부과대상인지 여부

➲ 회신 내용

1. 「개발이익 환수에 관한 법률」 제5조 및 시행령 별표1의 규정에 의하면 "지목변경을 수반하는 건축물의 건축"(제9호) 과 "개발행위허가에 의하여 시행하는 건축물의

건축”(제10호)를 각각 별개의 부과대상사업으로 하고 있음.

따라서, 건축행위의 내용이 개발행위허가의 목적사업으로서 사업계획에 구체적으로 포함되는 경우와 같이 두 개의 사업이 일련의 필수 불가결한 절차를 이루는 경우에는 2006년에 건축허가를 득하는 경우에 개발부담금이 부과되지 아니하며, 개발행위 허가 사업과 건축허가 사업이 별개의 사업이거나, 개발행위허가가 실효되거나 취소 대상이 되는 등의 사유로 2006년에 건축허가를 득하여 별도의 사실상 또는 공부상의 지목변경을 수반하는 토지개발 행위를 하는 경우에는 건축허가 사업에 대하여 개발부담금이 부과됨.

2. 개발부담금이 부과 징수되지 아니하는 기간에 개발행위 허가를 득 하여 2006년 이후에 단순히 허가 기간을 연장하는 경우에는 최초의 개발행위허가가 취소 사유가 되는 경우 등을 제외한다면 새로이 개발부담금 부과대상이 되는 것은 아님.

[질의 요지]

’05년 “전”을 “잡종지”로 농지 전용하여 사용하고 있는바, 추후 잡종지를 대지로 변경할 경우 개발부담금 부과대상인지 여부

➲ 회신 내용 (토지정책팀-1995, 2006.5.18.)

「개발이익 환수에 관한 법률 시행령」 별표1 제9호의 규정에 의하면 건축물의 건축으로 사실상 또는 공부상의 지목변경이 수반되는 사업은 개발부담금 부과대상에 해당하는바,

개발부담금 부과중지기간인 ’05년 건축물의 건축을 목적으로 농지전용허가를 받은 후 건축물을 건축하는 경우에는 두 개의 사업이 일련의 필수 불가결한 절차를 이루는 경우이므로 개발부담금 부과대상이 되지 아니할 것이나,

’05년 “전”을 “잡종지”로 농지전용허가를 받아 사용하다가 농지전용허가를 받은 것과는 별도로 건축허가를 받아 “잡종지”에서 “대”로 지목이 변경되는 경우에는 개발부담금 부과대상에 해당됩니다.

(가) 부과제외 기간 적용되지 않는 경우

▣ 부과제외 기간 이후 인허가를 득한 경우

[질의 요지]

농지에 대하여 일시 전용 허가를 받아 사무실과 창고를 건축하여 사용하여 오다가 2006. 1.1. 이후에 농지전용허가를 받아 상기 건축물을 건축물대장에 기재 신청만 할 경우 개발부담금 부과대상이 되는지

➲ 회신 내용

2006.1.1. 이후에 농지전용허가를 받아 부과대상 건축물을 건축하는 경우는 개발부담금 부과대상입니다.

▣ 부과중지기간에 불허가처분 받은 건이 이후 불허가처분 취소확정판결된 경우

[질의 요지]

「개발이익 환수에 관한 법률」에 따른 개발부담금 부과중지기간 중인 2005.12.2. 건축허가를 신청하여 2005.12.26. 불허가되었다가, 행정심판 재결에 따라 개발부담금 부과기간 중인 2007.3.23. 건축이 허가된 토지에 대하여 개발부담금을 부과하여야 하는지?

➲ 회신 내용(토지정책팀-659, 2007.9.3.)

「개발이익 환수에 관한 법률」에 따른 개발부담금 부과중지기간 중인 2005.12.2. 건축허가를 신청하여 2005.12.26. 불허가되었다가, 행정심판 재결에 따라 개발부담금 부과기간 중인 2007.3.23. 건축이 허가된 토지에 대하여는 개발부담금을 부과하여야 합니다.

「개발이익 환수에 관한 법률」 제3조 제1항에 따르면, 국가는 제5조에 따른 개발부담금 부과대상사업이 시행되는 지역에서 발생하는 개발이익을 이 법이 정하는 바에 의하여 개발부담금으로 징수하여야 한다고 되어 있고, 같은 법 제5조 제1항 제10호, 같은 법 시행령 제4조 제1항 및 별표1 제9호에 따르면, 개발부담금의 부과대상인 개발사업으로서 건설교통부령이 정하는 건축물의 건축으로 사실상 또는 공부상의 지목변경이 수반되는 사업이 규정되어 있습니다.

「개발이익 환수에 관한 법률」 제9조 제1항에 따르면, 개발부담금의 부과개시시점은 사업시행자가 국가 또는 지방자치단체로부터 개발사업의 인가 등을 받은 날로 한

다고 되어 있고, 같은 법 시행령 제7조 및 별표2 제9호에 따르면, 건설교통부령이 정하는 건축물의 건축으로 사실상 또는 공부상의 지목변경이 수반되는 사업의 경우에는 건축허가일을 법 제9조 제2항에 따른 개발사업의 인가 등을 받은 날로 하도록 되어 있습니다.

「개발이익 환수에 관한 법률」 부칙 제2조에 따르면, 국가는 제3조의 규정에 불구하고 제5조에 따른 개발부담금 부과대상사업이 시행되는 서울특별시·인천광역시·경기도 지역 외의 지역에서 발생하는 개발이익에 대하여는 2002년 1월 1일부터 2005년 12월 31일까지, 서울특별시·인천광역시·경기도 지역에서 발생하는 개발이익에 대하여는 2004년 1월 1일부터 2005년 12월 31일까지 각각 인가 등을 받은 사업은 개발부담금을 징수하지 아니한다고 되어 있습니다.

따라서 개발부담금을 면제받으려면 개발사업의 인가 등을 받은 날이 「개발이익 환수에 관한 법률」 부칙 제2조에서 정한 부과중지기간에 해당하여야 하고, 건축물의 건축으로 사실상 또는 공부상의 지목변경이 수반되는 사업의 경우에는 실제로 건축허가가 있은 날이 위 부칙 제2조에 따른 부과중지기간에 해당하지 아니하는 한 개발부담금이 면제되지 아니합니다.

한편, 「행정심판법」 제32조 제3항에 따르면, 재결청은 취소심판의 청구가 이유 있다고 인정할 때에는 처분을 취소 또는 변경하거나 처분청에게 취소 또는 변경할 것을 명하도록 되어 있고, 같은 법 제37조 제1항에 따르면 행정심판의 재결은 피청구인인 행정청과 그 밖의 관계행정청을 기속한다고 되어 있습니다.

그런데 이 건과 같이 건축허가를 신청하여 불허가처분을 받은 후 행정심판을 청구하여 불허가처분 취소 재결이 있는 경우에는, 위 「행정심판법」 제32조 제3항 및 제37조 제1항에 따라 종전의 불허가처분은 취소되고 행정청은 재결의 취지에 따라 다시 이전의 신청에 따른 처분을 하여야 하나, 이때의 처분은 이전의 신청에 대하여 새로이 이루어지는 처분이므로 종전의 불허가 처분 시에 소급하여 그 효력이 발생하는 것은 아니라 할 것입니다.

그렇다면, 「개발이익 환수에 관한 법률」에 따른 개발부담금 부과중지기간 중인 2005.12.2. 건축허가를 신청하여 2005.12.26. 불허가되었다가, 행정심판 재결에 따라 개발부담금 부과기간 중인 2007.3.23. 건축이 허가된 토지에 대하여는 개발부담금을 부과하여야 할 것입니다.

(1) 사업 면적의 증감

(가) 부과제외 기간에 면적이 증가된 경우

[질의 요지]

(1) 2003.5.7. 도시지역에서 허가(989㎡)를 득하고, 2004.4.2. 개발행위 변경으로 면적이 증가한 경우(1,430㎡) 면적 증가도 부과대상사업인지 여부
(2) 2004.1.9. 개발행위허가(2,000㎡)를 득하고, 목적사업인 건축허가를 개발부담금이 재 부과되는 2006년에 받는 경우도 부과대상사업인지 여부
(3) 개발부담금이 부과되지 않는 기간에 개발행위허가를 득한 후, 허가 기간을 연장하고자 하는 경우도 부과대상사업인지 여부

➲ **회신 내용** (토지정책팀-1411, 2005.11.30.)

(1) 2004.4.2 면적이 증가한 부분은 개발부담금이 부과 징수되지 아니하는 기간중(「부담금관리기본법」 부칙 제2조)에 추가되었으므로 부과대상이 아님.

(2) 「개발이익 환수에 관한 법률」 제5조 및 시행령 별표1의 규정에 의하면 “지목변경을 수반하는 건축물의 건축”(제9호)과 “개발행위허가에 의하여 시행하는 건축물의 건축”(제10호)를 각각 별개의 부과대상사업으로 하고 있음. 따라서, 개발행위허가 시 건축행위의 내용이 개발행위허가의 목적사업으로서 사업계획에 구체적으로 포함되는 경우와 같이 두 개의 사업이 일련의 필수 불가결한 절차를 이루는 경우에는 2006년에 건축허가를 득하는 경우에 개발부담금이 부과되지 아니하며,

개발행위 허가 사업과 건축허가 사업이 별개의 사업이거나, 개발행위허가가 실효되거나 취소 대상이 되는 등의 사유로 2006년에 건축허가를 득하여 별도의 사실상 또는 공부상의 지목변경을 수반하는 토지 개발행위를 하는 경우에는 건축허가 사업에 대하여 개발부담금이 부과되게 됨.

(3) 개발부담금이 부과 징수되지 아니하는 기간에 개발행위허가를 득하여 2006년 이후에 단순히 허가 기간을 연장하는 경우에는 최초의 개발행위허가가 취소 사유가 되는 경우 등을 제외한다면 새로이 개발부담금 부과대상이 되는 것은 아님.

[질의 요지]

2001.9.18. 개발부담금 부과대상 면적 이하(시 지역의 도시계획구역 내 대지면적 905㎡)로 건축허가를 받았으나, 2004.3.16.(부과 중단 시기에 근린생활시설 2,336㎡로 설계변경) 설계변경 허가를 받은 후 2006.1.23. 제1종 근린생활시설로 사용승인을 받았을 경우 개발부담금의 부과대상이 되는지 여부

➲ 회신 내용 (토지정책팀-2191, 2006.6.1.)

2001년에 건축허가를 받은 사업 면적은 개발부담금 부과대상 기준면적 미만이므로 부과대상이 되지 아니하며, 2004년에 설계변경 허가를 받아 늘어난 면적은 부과중지기간 중에 인가 등을 받은 사업 부지이므로 부과대상이 아닙니다.

[질의 요지]

경기도 오산시의 도시지역에서 개발부담금 부과 당시인 2003년도에 부과대상 면적이 아닌 975㎡에 대한 개발행위허가를 득하였고, 부과기간이 아닌 2005년도에 개발행위 허가 사항을 변경하여 부과대상 면적인 1,676㎡를 사업 면적에 추가하였으며,

사업의 준공 당시인 2006년 준공을 위한 분할 측량 시 56㎡가 증가하였으나, 준공신청은 증가분인 56㎡를 제외하고 신청하였음. 이러한 경우가 개발부담금의 부과대상에 속하는지의 여부

➲ 회신 내용

「개발이익 환수에 관한 법률(법률 제7709호, '05.12.7.)」 부칙 제2조의 규정에 따르면 서울특별시·인천광역시·경기도 지역에서 발생하는 개발이익에 대하여는 2004년 1월 1일부터 2005년 12월 31일까지 각각 인가받은 사업은 개발부담금을 징수하지 아니하는 것으로 규정하고 있습니다.

따라서, 부과중지기간 중에 인가 등을 받거나 변경인가로 면적이 증가된 부분은 개발부담금이 부과되지 않습니다.

다만, 귀 질의의 경우 증가된 56㎡가 동법 시행령 제4조 제1항의 규정에 의한 지적법상의 면적 정정이라면, 이를 합산하여 부과대상 여부를 판단하여야 합니다.

(나) 부과제외 기간에 인가를 득한 토지에 부과기간에 면적이 증가된 경우

[질의 요지]

주택법에 따른 주택건설사업을 개발부담금 부과제외 기간('02.01.01.~'05.12.31.)에 사업계획 승인('05.11.22.)을 받은 후 사업계획 변경 승인(2015.5.29.)으로 인가 등을 받은 면적이 증가한 경우 개발부담금 부과대상에서 제외되는지?

➲ **회신 내용** (토지정책과-2249, 2017.4.4.)

구「개발이익 환수에 관한 법률(법률 제7709호, 2005.12.7. 개정)」부칙 제2조에 따르면 국가는 제3조의 규정에 불구하고 제5조의 규정에 의한 개발부담금 부과대상사업이 시행되는 서울특별시·인천광역시·경기도 지역 이외의 지역에서 발생하는 개발이익에 대하여는 2002년 1월 1일부터 2005년 12월 31일까지 각각 인가 등을 받은 사업은 개발부담금을 징수하지 아니하도록 규정하고 있습니다. 따라서, 상기 부과중지기간 중에 개발부담금 부과대상사업을 인가 등을 받은 면적에 대하여는 개발부담금이 부과대상에 해당하지 않으나,

동 기간 이후 사업 시행인가 변경 등으로 증가된 면적에 대하여는 별도로 개발부담금 부과대상 여부에 대하여 판단하여야 합니다.

한편, 구「개발이익 환수에 관한 법률(일부개정 2014.1.14., 법률 제12245호)」부칙 제8조에 따르면 법 제5조 제1항 제1호부터 제6호까지의 개정 규정에 따른 개발부담금 부과대상사업으로서 2014.7.15.~2015.7.14.의 기간 내에 인가 등을 받은 개발사업에 대하여는 개발부담금을 수도권에서 시행하는 경우 50% 감면하도록 규정하고 있고 비수도권의 경우 개발부담금을 면제하도록 규정하고 있으며, 주택법에 따른 대지조성사업 또는 주택건설사업은 동법 제5조 제1항 제1호의 사업에 해당합니다.

따라서, 귀 질의의「주택법」에 따른 주택건설사업 사업계획 변경 승인으로 개발사업 면적이 증가 되었으나 증가된 면적이 상기 계획 입지 사업의 한시 감면 기간 내에 비수도권에서 인가 등을 받아 시행되는 경우라면 개발부담금이 면제되어야 할 것으로 판단되나, 개발부담금 부과대상 여부에 최종 판단은 관련 인허가 서류 등 사실관계를 조사하여 귀 구에서 결정하시기를 바랍니다.

(다) 부과면제기간에 사업과 부과기간의 사업을 연접 시행한 경우

[질의 요지]

2005.12.20. A번지 1,400㎡에 개발행위허가(공장부지 조성)를 득하였는데 개인 사정으로 2006년도에 허가받은 A번지 일부(700㎡)*와 A번지에 인접한 B번지(690㎡)로 면적을 변경하여 개발행위허가를 득하였을 경우 개발부담금 대상여부

* 나머지 700㎡는 허가 반납

➲ 회신 내용

2005년에 허가받은 A번지 700㎡는 부과중지기간에 인가 등을 받은 사업이므로 개발부담금 부과대상이 아니며, 하나의 개발사업으로 보는 연접사업 면적에도 합산하지 아니함. 2006년에 허가받은 B 번지에 대해서만 개발부담금을 부과함. (부과대상 면적 미만이면 부과제외)

(라) 부지면적, 지목변경 없이 건축물 면적만 변경되는 경우

[질의 요지]

2005년 12월에 창고 목적으로 부지(4,400㎡), 건축면적(1,982㎡)으로 허가를 득하여 공사를 진행 중에 있으나 건축계획의 변경으로 부지면적 및 목적은 동일한 상태에서 건축면적만 1,000㎡ 증가할 경우 2006년도에 설계변경을 받으면 개발부담금 부과대상이 되는지

➲ 회신 내용

「개발이익 환수에 관한 법률」 부칙 제2조의 규정에 의거 2005년에 인허가를 득한 토지 개발사업은 개발부담금이 부과되지 않습니다. 2006년에 사업 부지면적, 지목변경 등은 수반하지 않고, 건축물 면적만 변경되는 건축 설계 변경 허가를 득한 경우에는 별도로 개발부담금 부과대상이 되지 않음.

(4) 개발부담금 한시 감면 ('14.7.15. ~ '18.6.30. 인가 등을 받은 사업)

[질의 요지]

주택법에 따른 주택건설사업을 2016.3.17. 사업계획 승인을 받은 경우 개발부담금 부과대상 여부?

➲ **회신 내용** (토지정책과-6675, 2016.8.26.)

「개발이익 환수에 관한 법률」 제5조, 동법 시행령 제4조와 [별표1] 제1호에 따르면 「주택법」에 따른 주택건설사업 또는 대지조성사업은 개발부담금 부과대상사업에 해당합니다.

다만, 「개발이익 환수에 관한 법률」 제7조의2에 따르면 법 제5조 제1항 제1호부터 제6호까지의 개발부담금 부과대상사업으로서 2015년 7월 15일부터 2018년 6월30일까지 인가 등을 받은 개발사업에 대해서는 수도권 외의 지역에서 시행하는 개발사업에 대해서는 개발부담금을 면제하도록 규정하고 있고, 「주택법」에 따른 주택건설사업은 동법 제5조 제1항 제1호의 사업에 해당합니다.

따라서, 귀 질의의 주택건설사업은 상기 한시 감면 기간에 인가된 경우에 해당하므로 개발부담금이 면제되는 것으로 판단되나, 개발부담금 부과대상 여부에 관한 결정은 관련 관계 법령 및 인허가 서류 등 사실관계를 조사하여 귀 구에서 최종 판단하시기를 바랍니다.

(3) 토지 면적 임시 특례 ('17.1.1. ~ '19.12.31. 인가 등을 받은 사업)

[질의 요지]

갑이 보전관리지역 내 연접 A, B 토지에 대해 2018년도와 2019년도에 근린생활시설 건축을 위해 각각 인가 등을 받아 2019년도 준공하였으며,
A, B 토지와 인접한 C 토지에 2020년도에 갑이 개발사업 인가 등을 받을 경우,
A, B, C 토지에 시행한 개발사업 모두 부담금 부과대상에 해당하는지?

※ A 토지(685㎡) : 당초 지목 "전", 보전관리지역, 2018.9.20. 허가, 2019.12.10. 준공
B 토지(683㎡) : 당초 지목 "전", 보전관리지역, 2018.10.31. 허가, 2019.12.10. 준공
C 토지(683㎡) : 당초 지목 "전", 보전관리지역, 2020년도 인가 등 예정

➲ **회신 내용** (토지정책과-2363, 2020.3.16.)

개발부담금 부과대상사업의 토지 면적에 관한 임시 특례 기간(2017년 1월 1일부터 2019년 12월 31일까지) 중 인가 등을 받은 개발사업에 대하여 특례기간이 종료된 후 변경 인가를 받게 되면 「개발이익 환수에 관한 법률 시행령」(이하 "영") 제4조가 적용되나, 2020년 제1차 규제혁신심의회의 심의 의결에 따라 토지 면적의 변경이 없거나 토지 면적이 축소되는 변경 인가의 경우에 한하여, 영 제4조의2의 임시 특례를 계속

적용할 수 있도록 규제 완화하였음을 알려 드립니다.

다만, 특례기간 중 인가 등을 받아 특례기간이 종료된 후 변경 인가를 받았더라도 토지 면적이 증가하는 경우나 연접 규정을 적용하는 경우 등에는 영 제4조를 적용하여야 하오니, 업무에 착오 없으시길 바라며 민원인(사업시행자) 등에게도 동 내용을 안내하여 주시기를 바랍니다.

[개발부담금 부과대상사업의 토지면적에 관한 임시특례 적용 규제완화 사항 알림]

(토지정책과-2355, '20.3.16.)

1. 우리부 토지정책과-9155(2019.12.11.) 및 「2020년 제1회 규제혁신심의회」 관련입니다.
2. 개발부담금 부과대상사업의 토지면적에 관한 임시특례 기간(2017년 1월 1일부터 2019년 12월 31일까지) 중 인가 등을 받은 개발사업에 대하여 특례기간이 종료된 후 변경인가를 받게 되면 「개발이익 환수에 관한 법률 시행령」(이하 "영") 제4조가 적용되나, 「2020년 제1차 규제혁신심의회」*의 심의의결에 따라 토지면적의 변경이 없거나 토지면적이 축소되는 변경인가의 경우에 한하여, 영 제4조의2의 임시특례를 계속 적용할 수 있도록 규제 완화하였음을 알려드립니다.
   * (일시) 2020.3.11.~3.13.(3일간·서면), (위원) 국토교통부 1차관(위원장) 등 15인
   (심의·의결) 개발부담금 부과대상사업 임시특례 적용례 완화 등 12건 규제 완화
3. 다만, 특례기간 중 인가 등을 받아 특례기간이 종료된 후 변경인가를 받았더라도 토지면적이 증가하는 경우나 연접규정을 적용하는 경우 등에는 영 제4조를 적용하여야 하오니, 업무에 착오 없으시길 바랍니다.

[질의 요지]

토지 면적에 관한 임시 특례기간 전에 인가 등을 받은 사업에 대하여 임시 특례 기간(2017.1.1.~2019.12.31.)에 토지 면적 변경 없이 "사업 기간"만 연장하는 경우에 토지 면적 임시 특례를 적용받을 수 있는지?

➲ **회신 내용** (토지정책과-4182, 2020.5.20.)

「개발이익 환수에 관한 법률 시행령」 (이하 "영") 제4조의2에 따르면 별표1에 따른 개발사업으로서 2017년 1월 1일부터 2019년 12월 31일까지 인가 등을 받은 사업의 개발부담금 부과대상토지 면적에 대해서는 제4조의 규정에도 불구하고 '특별시·광역시 또는 특별자치시의 지역 중 도시지역인 지역에서 시행하는 사업(제3호의 사업은 제외)의 경우 1,000㎡ 이상' 등으로 규정하고 있습니다.

기존 민원 회신 및 운영 사례에 따르면, 영 별표1에 따른 개발사업으로서 임시 특례기간 전에 인가받아 개발부담금 부과대상사업에 해당한 사업이 2017년 1월 1일부터 2019년 12월 31일까지 기간에 변경인가 등을 받은 경우라도 면적 변경 없는 변경인가 등의 경우에는 영 제4조의 2(토지 면적에 관한 임시 특례)를 적용할 수 없을 것으로 사료됩니다.

[질의 요지]

2017년 1월 1일부터 2019년 12월 31일까지의 기간(이하 "임시 특례 적용 기간")에 인가 등을 받아 영 제4조의2의 임시 특례규정이 적용된 경우 임시 특례기간 종료 후 사업의 토지 면적이 증가 되는 변경인가 등을 받았으나, 증가한 면적의 토지에 대한 사업을 착수하지 않은 상태에서 임시 특례 적용 기간에 인가 등을 받은 면적대로 축소하는 변경인가 등을 다시 받음.

➠ 영 제4조의2를 적용할 수 있는지?

➲ 회신 내용 (토지정책과-7026, 2020.8.10.)

「개발이익 환수에 관한 법률 시행령」 제4조의2를 적용할 수 없을 것으로 판단됩니다.

임시 특례 적용 기간에 인가 등을 받아 영 제4조의2의 적용 대상이었다가 해당 기간 후에 사업대상토지 면적을 확대하여 변경 인가를 받았다면 이는 더 이상 같은 규정의 적용 대상이 아니라 개발부담금 부과대상사업의 토지 면적을 규정한 일반규정인 같은 영 제4조 제1항의 적용 대상으로 보아야 하고, 다시 임시 특례 적용 기간에 인가 등을 받은 면적으로 환원하는 변경인가 등을 받는다고 해서 이미 적용 기간이 끝난 특례규정을 소급하여 적용할 수는 없을 것으로 판단됩니다.

➠ … 개발부담금 부과대상사업의 토지 면적에 관한 임시 특례를 규정한 개발이익환수법 시행령 제4조의2는 경기 활성화 및 소규모 개발사업에 대한 부담 완화를 위해 일정 기간 내에 인가 등을 받은 개발사업에 대해서만 한시적으로 예외를 인정하여 개발부담금 부과대상사업의 면적 기준을 완화[12]하려는 것인바, 한정된 기간 또는 한정된 대상에 대해 예외적으로 둔 특례규정의 성격상 제한적으로 해석[13]할 필요가 있고, 조세나 부담금에 관한 법률은 그 부과요건 및 감면요건을 막론하고

12) 개발이익환수법 시행령(2016.12.30. 대통령령 제27745호로 일부개정 되어 같은 날 시행된 것을 말함) 개정 이유 및 주요 내용 참조

13) 법제처 2018.9.10. 회신 18-0289 해석례 참조

특별한 사정이 없는한 법문대로 해석해야 하고 특히 감면요건 규정 가운데에 명백히 특혜 규정이라고 볼 수 있는 것은 엄격하게 해석하는 것이 공평원칙에도 부합한다는 점[14]을 고려하면 개발이익환수법 시행령 제4조의2의 적용 대상은 문언 그대로 '임시 특례 적용 기간에 인가 등을 받은 개발사업'으로 보아야 합니다.

따라서 이 사안과 같이 임시 특례 적용 기간에 인가 등을 받아 개발이익환수법 시행령 제4조의2의 적용 대상이었다가 해당 기간 후에 사업대상토지 면적을 확대하여 변경 인가를 받았다면 이는 더 이상 같은 규정의 적용 대상이 아니라 개발부담금 부과대상사업의 토지 면적을 규정한 일반규정인 같은 영 제4조 제1항의 적용 대상으로 보아야 하고, 다시 임시 특례 적용 기간에 인가 등을 받은 면적으로 환원하는 변경인가 등을 받는다고 해서 이미 적용 기간이 끝난 특례규정을 소급하여 적용할 수는 없습니다. … [법제처 20-0297, 2020.8.3.]

[질의 요지]

(사업 1) "갑"은 임시 특례기간(2017년~2019년)인 2018.11월 비도시지역 1,264㎡에 개발사업 허가를 받아 사업 시행

* 개발부담금 부과대상사업 토지 면적규모 : 2,500㎡ 이상(영 제4조의2)

(사업 2) 동일인 "갑"은 임시 특례 기간(2017년~2019년) 종료 후, 2020년 9월 비도시지역 858㎡ 개발사업 인가를 받아 준공

* 개발부담금 부과대상사업 토지 면적규모: 1,650㎡ 이상(영 제4조 제1항)

➠ 두 사업이 연접으로 개발부담금 부과대상일 경우(두 사업 토지 합산 면적 2,122㎡) 개발부담금 부과대상토지 면적의 범위는?

➲ **회신 내용** (토지정책과-2098, 2021.2.24.)

개발부담금 부과대상이 되는 개발사업의 규모는 「개발이익 환수에 관한 법률 시행령」 (이하 "영") 제4조 제1항에 따라 관계 법률에 따른 지자체 등으로부터 인가 등을 받은 사업대상토지 면적이 각호의 기준에 해당하는 경우로 규정하고 있습니다.

다만, 개발부담금 부과대상사업의 토지 면적에 대한 임시 특례(영 제4조의2)에 따라 임시 특례기간(2017년 1월 1일~2019년 12월 31일)에 인가 등을 받은 개발사업에 대하여는 영 제4조 제1항의 규정에도 불구하고, 영 제4조의2 각호의 완화된 토지 면적

14) 법제처 2019.10.31. 회신 19-0398 해석례 참조

기준을 적용하도록 되어 있습니다.

임시 특례기간이 종료된 후에는 변경 인가나 연접 규정을 적용하는 경우 등에 대한 개발부담금 부과대상사업 규모 판단은 특례규정(영 제4조의2)이 아닌 일반규정인 영 제4조 제1항이 적용됩니다.

다만, 토지 면적의 변경이 없거나 토지 면적이 축소되는 변경 인가의 경우는 "2020년 제1차 규제혁신심의회"(2020.3.11.~3.13.)의 심의 의결에 따라 임시 특례(영 제4조의2)의 적용이 가능합니다.

법 제5조 제2항 및 영 제4조 제1항 후단에 따르면, 동일인(법인을 포함하며, 자연인인 경우에는 배우자 및 직계 존비속을 포함)이 연접한 토지(동일인이 소유한 연속된 일단의 토지인 경우를 포함한다)에 하나의 개발사업이 끝난 후 5년 이내에 개발사업의 인가 등을 받아 사실상 분할하여 시행하는 경우에는 "각 사업의 대상 토지 면적을 합한 토지에 하나의 개발사업이 시행되는 것으로 본다"라고 규정하고 있습니다.

따라서, 개발부담금 부과대상사업의 토지 면적에 관한 임시 특례기간 종료 후 인가받은 사업으로 인하여 연접 여부를 판단하는 경우에는 영 제4조 제1항 각호의 토지 면적 기준을 적용하며, 연접으로 개발부담금 부과대상사업이 되는 경우에는 각 사업의 대상 토지 면적을 합한 전체 토지 면적이 개발부담금 부과대상이 됨을 알려드립니다.

여수박람회 지원특별법에 따른 지원시설에 대한 부담금 면제 여부

[질의 요지]

「여수세계박람회 지원 및 사후 활용에 관한 특별법(이하 "여수세계박람회 지원법)」 제11조 규정에 의거 국가 및 지자체는 박람회 관련 시설의 설치를 지원하기 위하여, 필요한 경우에는 개발부담금을 감면할 수 있도록 규정하고 있는바, 박람회 지원시설 중 관광 진흥법에 따른 관광사업시설(관광호텔, 수영장, 골프장)을 설치하기 위한 개발사업의 부담금 면제 여부

➲ 회신 내용 (토지정책과-2304, 2012.5.11.)

「개발이익 환수에 관한 법률」(이하 "개발이익환수법") 제5조 및 같은 법 시행령 제4조의 규정에 따라 부담금의 부과대상이 되는 개발사업의 범위를 따로 정하고 있습니다. 따라서, 「여수세계박람회 지원법」에 따라 실시계획 승인을 득하여 실시하는 박람

회 직접 시설 사업은 「개발이익환수법」에 따른 부과대상으로 규정하고 있지 않으므로 개발부담금 부과대상에 해당되지 아니하나, 그 밖에 개별 법률에 따라 개발사업 인가 등을 득하여 「개발이익환수법 시행령」 별표1에 해당하는 개발사업을 시행하는 경우에는 개발부담금 부과대상에 해당함을 알려 드리니 개별적인 사례가 이에 해당되는지 여부에 대해 부과권자가 허가 내용 및 사실관계 등을 검토하여 판단하시기 바랍니다.

아울러, 부담금의 제외 및 감면에 대해 「개발이익환수법」 제7조 및 시행령 제6조에서 따로 정하고 있으므로 개발부담금 부과대상사업 중 부담금을 경감받기 위하여는 위 법령에서 규정되어야만 합니다. 따라서, 개별 법령에서 개발부담금을 감면할 수 있는 임의규정을 두고 있다 하더라도 개발이익환수법에서 감면 대상 사업으로 규정되어 있지 아니한 개발사업에 대해 부담금을 감면할 수 없다고 봅니다.

주한미군 공여구역 주변 지역 개발부담금 경감대상지역 적용범위

[질의 요지]

주한미군 공여구역주변지역 등 지원 특별법에 따른 "공여구역 주변 지역"으로서 공여구역이 소재한 읍면동에 연접한 읍면동 지역으로 볼 수 있는 "○○시 ○○구 ○○읍" 지역의 개발사업에 대한 개발부담금 부과 시 「개발이익 환수에 관한 법률」 제7조 제2항 제5호 단서를 적용하여야 하는지

➲ 회신 내용 (토지정책과-3663, 2020.4.28.)

「개발이익 환수에 관한 법률」 제7조 제2항 제5호에 따르면, 「주한미군 공여구역 주변 지역 등 지원특별법 시행령」 제2조 제2호에 따른 "공여구역 주변 지역"에서 시행하는 개발사업은 개발부담금의 100분의 50을 경감 하도록 규정하고 있습니다. 다만, 공여구역이 소재한 읍·면·동에 연접한 읍·면·동 지역의 경우에는 주한미군 공여구역 주변 지역 등 지원특별법 제8조에 따라 법률 제13699호 개발 - 152 - 이익 환수에 관한 법률 일부개정법률 시행 전에 확정된 공여구역 주변 지역 등 발전 종합계획에 따라 시행하는 개발사업만 해당하는 것으로 규정하고 있습니다.

* **"공여구역 주변 지역"** (주한미군 공여구역주변지역 등 지원 특별법 시행령 제2조 제2호) : 공여구역이 소재한 읍 · 면 · 동(행정동을 말함) 및 공여구역이 소재한 읍 · 면 · 동에 연접한 읍 · 면 · 동 지역으로서 대통령령이 정하는 지역, 다만, 제1호의 "공여구역"은 제외

따라서, 질의의 개발사업 토지가 공여구역이 소재한 읍·면·동에 연접한 읍·면·

동 지역으로서「주한미군 공여구역주변지역 등 지원 특별법 시행령」이 정한 지역인 경우에는「주한미군 공여구역주변지역 등 지원 특별법」제8조에 따라 법률 제13699호「개발이익 환수에 관한 법률」일부개정법률 시행일인 2015.12.29.전에 확정된 공여구역 주변 지역 등 발전 종합계획에 따라 시행하는 개발사업이어야 개발부담금의 100분의 50을 경감 할 수 있을 것으로 판단됩니다.

반환공여구역 주변지역의 개발부담금 감면 여부

[질의 요지]

「개발이익 환수에 관한 법률」제7조 제2항 제5호에 따라 반환 공여 구역 주변 지역에서 시행하는 모든 개발사업이 개발부담금 감면 대상이 되는지

➲ **회신 내용** (토지정책과-4406, 2021.4.8.)

「개발이익 환수에 관한 법률」제7조 제2항 제5호에 따르면, 주한미군 공여구역주변지역 등 지원 특별법 시행령 제2조 제2호부터 제4호까지에 따른 공여구역 주변 지역·반환 공여 구역 또는 반환 공여 구역 주변 지역에서 시행하는 개발사업은 개발부담금의 100분의 50을 경감하도록 규정하고 있습니다.

다만, 공여구역 또는 반환 공여 구역이 소재한 읍·면·동(행정동을 말함)에 연접한 읍·면·동 지역의 경우에는 주한미군 공여구역주변지역 등 지원 특별법 제8조에 따라 법률 제13699호「개발이익 환수에 관한 법률」일부개정법률 시행 전에 확정된 공여구역 주변 지역 등 발전 종합계획에 따라 시행하는 개발사업만 해당하는 것으로 규정하고 있습니다.

따라서, '반환 공여 구역 주변 지역' 중 ① 반환 공여 구역이 소재한 읍·면·동 지역에서 개발사업이 시행되는 경우에는 개발부담금의 100분의 50을 경감할 수 있으며(「개발이익 환수에 관한 법률」제7조 제2항 제5호 본문), ② 반환 공여 구역이 소재한 읍·면·동에 연접한 읍·면·동 지역에서 시행되는 경우에는 주한미군 공여구역주변지역 등 지원 특별법 제8조에 따라 법률 제13699호 개발이익 환수에 관한 법률 일부개정법률 시행일인 2015.12.29. 전에 확정된 공여구역 주변 지역 등 발전 종합계획에 따라 시행하는 개발사업이어야 개발부담금의 100분의 50을 경감할 수 있을 것으로 판단됩니다.(「개발이익 환수에 관한 법률」제7조 제2항 제5호 단서)

* **"반환 공여 구역 주변 지역"** (주한미군 공여구역주변지역 등 지원 특별법 제2조 제4호) :

반환 공여 구역이 소재한 읍 · 면 · 동 및 반환 공여 구역이 소재한 읍 · 면 · 동에 연접한 읍 · 면 · 동 지역으로서 대통령령이 정하는 지역, 다만, 제3호의 "반환 공여 구역"은 제외

공공기관 이전 특별법에 따른 혁신도시 내 개발사업 부과대상 여부

[질의 요지]

① 「공공기관 지방 이전에 따른 혁신도시 건설 및 지원에 관한 특별법(이하 "혁신도시 건설법")이라 함」에 따른 혁신도시 건설사업에 대하여 개발부담금을 감면할 수 있는지 여부

② 광주·전남 혁신도시 건설에 전남개발공사, LH공사, 광주 도시개발공사가 참여하여 택지개발하고 분양할 경우 개발부담금 부과대상이 시공사인지 분양자인지 아닌지

③ 한국전력이 혁신도시 내 택지를 분양받아 변전소를 신축하기 위해 건축허가신청 했는데 변전소 신축이 개발부담금 부과대상사업인지 여부 또한 납부의무자가 한전인지 전남개발공사인지 여부

④ 혁신도시 내 건축 중인 아파트의 개발부담금 부과대상은 택지개발 공사인지 분양받아 아파트 시공하는 사업자인지 여부

➲ 회신 내용 (토지정책과-896호, '14.2.10.)

[①의 답변] 부담금의 제외 및 감면에 대해 「개발이익 환수에 관한 법률」 제7조 및 시행령 제6조에서 따로 정하고 있으므로 개발부담금 부과대상사업 중 부담금을 경감받기 위해서는 위 법령에서 규정되어야만 합니다. 따라서, 개별 법령에서 개발부담금을 감면할 수 있는 임의규정을 두고 있다 하더라도 개발이익환수법에서 감면 대상사업으로 규정되어 있지 아니한 개발사업에 대해 부담금을 감면할 수 없다고 봅니다.

[②의 답변] 「개발이익 환수에 관한 법률」 제6조 제1항 및 같은 법 시행령 제4조 제1항에 따르면 부담금 부과대상이 되는 개발사업은 관계 법률에 따라 국가 또는 지자체로부터 인허가 등을 받은 사업으로 하고 있으며, 사업시행자는 개발부담금 납부의무를 지도록 규정하고 있으므로 혁신도시 건설사업의 시행자가 납부의무자가 되며 시공사는 도급을 받아 개발사업을 시행하는 자에 불과합니다.

[③의 답변] 개발부담금 부과대상이 되는 건축물의 용도는 「개발이익 환수에 관한 법률 시행규칙」 별표1에 규정되어 있고 제1호 나목에 따르면 「건축법 시행령」 별표1의 제3호 제1종 근린생활시설 중 아목(변전소) 및 제25호(발전시설)는 부과대상에서 제외하도록 규정되어 있습니다. 따라서 부과대상이 아닌 것으로 판단되나 이에 해당하는지는 귀 시에서 사실확인을 통해 판단하시기 바랍니다.

[④의 답변] 혁신도시 내 건축 중인 아파트 건설사업이 혁신도시 건설사업에 포함되어 인허가 받은 경우에는 인허가 시 사업시행자가 개발부담금 납부의무자가 됩니다.

🗉 토지 개발사업이 개발부담금의 부과가 면제되는 경우에도 면제된 토지에서 시행하는 주택건설사업 개발부담금의 부과대상 여부

[법제처 법령해석 09-0058, 2009.3.24., 국토해양부 주택토지실 토지정책과]

[질의 요지]

「개발이익 환수에 관한 법률」 제5조 및 같은 법 시행령 제4조 제1항, 별표1 제1호에서는 「택지개발촉진법」에 따른 택지개발사업, 「산업입지 및 개발에 관한 법률」에 따른 산업단지 개발사업, 「도시개발법」에 따른 도시개발사업, 「국민임대주택 건설 등에 관한 특별조치법」에 따른 국민임대주택단지조성사업, 그 밖에 개발부담금 부과대상 개발사업(이하 "토지개발사업"이라 함)의 시행으로 조성이 끝난 토지나 해당 주택건설사업과 동시에 이루어지는 토지 개발사업의 시행으로 조성되는 토지에서 시행하는 주택건설사업은 개발부담금의 부과대상 개발사업에서 제외하도록 규정하고 있는데, 토지개발 사업 또는 해당 주택건설사업과 동시에 이루어지는 토지 개발사업이 「개발이익 환수에 관한 법률」 제7조 제1항, 같은 법 부칙(제9045호, 2008.3.28.) 제3조 또는 제4조에 따라 개발부담금의 부과가 면제되는 경우에도 위 토지 개발사업의 시행으로 조성된 토지에서 시행하는 주택건설사업도 개발부담금의 부과대상 개발사업에서 제외되는지?

➲ 회신 내용

토지개발 사업 또는 해당 주택건설사업과 동시에 이루어지는 토지 개발사업이 「개발이익 환수에 관한 법률」 제7조 제1항, 같은 법 부칙(제9045호, 2008.3.28.) 제3조 또는 제4조에 따라 개발부담금의 부과가 면제되는 경우에도 위 토지 개발사업의 시행으로 조성된 토지에서 시행하는 주택건설사업은 개발부담금의 부과대상 개발사업에서 제외됩니다.

➲ 이유

○ 「개발이익 환수에 관한 법률」 제2조에서는 "개발이익"이란 개발사업의 시행 또는 토지이용계획의 변경 기타 사회·경제적 요인에 의하여 정상지가상승분을 초과하여 개발사업을 시행하는 자(이하 "사업시행자"라 함) 또는 토지소유자에게 귀속되는 토지 가액의 증가분을, "개발부담금"이란 개발이익 중 같은 법에 따라 국가가 부과·징수하는 금액을 말한다고 하고 있는데, 같은 법 제3조에서는 국가는 같은

법 제5조에 따른 개발부담금 부과대상사업이 시행되는 지역에서 발생하는 개발이익을 같은 법이 정하는 바에 따라 개발부담금으로 징수해야 한다고 하고 있고, 같은 법 제5조 제1항 제1호에서는 개발부담금의 부과대상인 개발사업의 하나로 택지개발사업(주택단지조성사업을 포함)을 규정하고 있으며, 같은 법 시행령 제4조 및 별표1 제1호에서는 개발부담금 부과대상 개발사업을 대지조성사업 또는 주택건설사업으로 하되, 토지 개발사업의 시행으로 조성이 끝난 토지나 해당 주택건설사업과 동시에 이루어지는 토지 개발사업의 시행으로 조성되는 토지에서 시행하는 주택건설사업은 제외한다고 규정하고 있습니다.

○ 또한, 「개발이익 환수에 관한 법률」 제7조 제1항에서는 국가가 시행하는 개발사업과 지방자치단체가 공공의 목적을 위하여 시행하는 사업으로서 대통령령으로 정하는 개발사업에는 개발부담금을 부과하지 아니한다고 규정하고 있고, 법률 제9045호 「개발이익 환수에 관한 법률」 전부 개정법률 부칙(이하 "법 부칙"이라 함) 제3조 및 제4조에서는 1999년 12월 31일 이전에 인가 등을 받은 개발사업에 대해 개발부담금을 면제하고, 서울특별시·인천광역시·경기도 지역 외의 지역에서 발생하는 개발이익에 대해 2002년 1월 1일부터 2005년 12월 31일까지, 서울특별시·인천광역시·경기도 지역에서 발생하는 개발이익에 대해 2004년 1월 1일부터 2005년 12월 31일까지 각각 인가 등을 받은 사업은 개발부담금을 징수하지 아니한다고 규정하고 있습니다.

○ 이 사안에서는 토지개발 사업 또는 해당 주택건설사업과 동시에 이루어지는 토지개발사업이 「개발이익 환수에 관한 법률」 제7조 제1항, 법 부칙 제3조 또는 제4조에 따라 개발부담금의 부과가 면제되는 경우에도 위 토지 개발사업의 시행으로 조성된 토지에서 시행하는 주택건설사업도 개발부담금의 부과대상 개발사업에서 제외되는지가 문제된다고 할 것입니다.

○ 「개발이익 환수에 관한 법률」상 개발부담금제도는 사업시행자가 개발사업을 시행한 결과 개발 대상 토지의 지가가 상승하여 정상지가상승분을 초과하는 불로소득적인 개발이익이 발생하면 이를 일부 환수함으로써 경제정의를 실현하고 토지에 대한 투기를 방지하여 토지의 효율적인 이용의 촉진을 도모하기 위한 제도인 바, 「개발이익 환수에 관한 법률 시행령」 별표1 제1호에서 「주택법」에 따른 대지조성사업이나 주택건설사업을 원칙적으로 개발부담금의 부과대상 개발사업으로 하되, 주택건설사업 중 토지 개발사업의 시행으로 조성이 끝난 토지에서 시행하

는 주택건설사업과 토지 개발사업과 동시에 시행하는 주택건설사업의 경우 주택건설사업이 시행되는 토지가 개발부담금 부과대상이므로 그 토지에서 시행하는 주택건설사업에 대해 이를 별도의 개발부담금 부과대상 개발사업으로 하지 아니하고 그 대상에서 제외하도록 한 것입니다.

○ 즉, 「개발이익 환수에 관한 법률 시행령」 별표1 제1호는, 특정 토지에 관하여 토지 개발사업이 시행되어 그 준공검사가 이루어지고 그에 대하여 개발부담금 부과에 대한 법률관계가 종료된 후, 그 토지에서 시행하는 주택건설사업이나, 해당 주택건설사업과 동시에 이루어지는 토지 개발사업의 시행으로 조성되는 토지에서 시행하는 주택건설사업에 대해 그 주택건설사업의 시행으로 개발이익이 발생하였다고 하더라도 토지개발 사업 또는 해당 주택건설사업과 동시에 이루어지는 토지 개발 사업에 대한 개발부담금을 실제로 부과하였는지 여부와 관계없이 개발부담금 부과대상사업에서 제외한 것입니다.

○ 이와 같은 취지로 「개발이익 환수에 관한 법률」 제7조 제1항, 법 부칙 제3조 또는 제4조에 따라 토지개발 사업 또는 해당 주택건설사업과 동시에 이루어지는 토지 개발 사업에 대한 개발부담금의 부과를 면제한 것은, 개발부담금 부과대상사업에 해당하는 토지 개발사업의 시행으로 발생한 개발이익에 대한 개발부담금의 부과에 관한 법률관계가 종료된 것에 해당하고, 해당 토지개발 사업 또는 해당 주택건설사업과 동시에 이루어지는 토지 개발사업의 시행으로 조성된 토지에서 시행하는 주택건설사업은 같은 법 시행령 별표1 제1호의 개발부담금 부과대상 개발사업에서 제외된다고 할 것입니다.

○ 따라서 토지개발 사업 또는 해당 주택건설사업과 동시에 이루어지는 토지 개발사업이 「개발이익 환수에 관한 법률」 제7조 제1항, 법 부칙 제3조 또는 제4조에 따라 개발부담금의 부과가 면제되는 경우에도 위 토지 개발사업의 시행으로 조성된 토지에서 시행하는 주택건설사업은 개발부담금의 부과대상 개발사업에서 제외된다고 할 것입니다.

수도권 지역에서 소기업을 100분의 50 이상 유치하는 산업단지를 조성하는 경우 개발부담금이 면제되는지 여부(「소기업 및 소상공인 지원을 위한 특별조치법」 제4조 제2항 등 관련)

[법제처 11-0617, 2011.12.1., 경기도 파주시]

[질의 요지]

「수도권정비계획법」 제2조 제1호에 따른 수도권 지역에서 국가나 지방자치단체가 아닌 산업단지개발사업 시행자가 소기업을 100분의 50 이상 유치하는 일반산업단지를 조성하는 경우 「소기업 및 소상공인 지원을 위한 특별조치법」 제4조 제2항 제3호에 따라 「개발이익 환수에 관한 법률」 제5조에 따른 개발부담금이 면제되는지?

회신 내용

「수도권정비계획법」 제2조 제1호에 따른 수도권 지역에서 국가나 지방자치단체가 아닌 산업단지개발사업 시행자가 소기업을 100분의 50 이상 유치하는 일반산업단지를 조성하는 경우에는 「소기업 및 소상공인 지원을 위한 특별조치법」 제4조 제2항 제3호에 따라 「개발이익 환수에 관한 법률」 제5조에 따른 개발부담금이 면제되지 않는다고 할 것입니다.

이유

「소기업 및 소상공인 지원을 위한 특별조치법」(이하 "소기업 지원법"이라고 함) 제4조 제2항에 따르면, 소기업 중 「산업집적활성화 및 공장설립에 관한 법률」(이하 "산집법"이라고 함) 제2조 제1호에 따른 공장의 건축면적 또는 이에 준하는 사업장의 면적이 1천 제곱미터 미만인 기업이 「수도권정비계획법」 제2조 제1호에 따른 "수도권 외의 지역에서" 공장을 신축·증축 또는 이전하려는 경우와 소기업을 100분의 50 이상 유치하는 국가산업단지·일반산업단지·도시첨단산업단지 또는 농공단지(이하 "산업단지 등"이라고 함)를 조성하는 경우에는 각호에서 규정하고 있는 농지 보전부담금, 대체 산림자원조성비 및 개발부담금을 면제해주고 있는바, 이 사안에서는 국가나 지방자치단체가 아닌 산업단지개발사업 시행자가 「수도권정비계획법」 제2조 제1호에 따른 "수도권 지역에서" 소기업을 100분의 50 이상 유치하는 일반산업단지를 조성하는 경우에 소기업 지원법 제4조 제2항 제3호에 따라 개발부담금이 면제될 수 있는지가 문제됩니다.

먼저, 소기업 지원법 제4조 제2항의 문언에만 충실하게 해석한다면 소기업을 100분의 50 이상 유치하는 산업단지 등을 조성하는 경우에는 개발부담금 등이 면제되고,

해당 산업단지 등이 「수도권정비계획법」 제2조 제1호에 따른 수도권 지역에서 조성되는지 수도권 외의 지역에서 조성되는지 여부는 고려 대상이 아니라고 볼 여지가 있습니다.

그러나, 소기업 지원법 제4조 제2항 각호 외의 부분에서 소기업 중 산집법 상 제2조 제1호에 따른 공장의 건축면적 또는 이에 준하는 사업장의 면적이 1천 제곱미터 미만인 기업이 "수도권 외의 지역에서" 공장을 신축·증축 또는 이전하려는 경우에 각호의 부담금을 면제하도록 하여 지역적인 요건을 추가하고 있다는 점을 감안하면, 이보다 조성의 면적이 큰 산업단지 등의 경우에 이러한 지역적 요건 적용 없이 "수도권 지역에서" 조성되는 경우에도 부담금을 면제해 준다는 것은 법의 형평성 차원에서 부당한 면이 있다고 할 것입니다.

즉, 소기업 지원법이 "소기업 및 소상공인의 자유로운 기업 활동 촉진"에 주된 목적(제1조)이 있다고 할 것이지만, 같은 법 제4조 제2항 각호 외의 부분에서 소기업 중 일정 규모의 기업이 수도권 외의 지역에서 공장을 신축·증축 또는 이전하려는 경우에 한정하여 부담금을 면제해주고 있는 것은 소기업의 기업 활동 촉진과 더불어 수도권 과밀 억제 및 균형 있는 지역발전이라는 목적도 함께 고려하도록 한 것인데, 이러한 목적이 소기업을 100분의 50 이상 유치하는 산업단지 등을 조성하는 경우에는 배제되어야 할 이유가 없다고 할 것이고, 또한 통상적으로 산업단지 등의 조성은 개별 소기업의 신축·증축·이전의 경우보다 그 규모가 대단위로 조성된다고 할 것이므로, 이러한 경우에 수도권 지역인지 수도권 외의 지역인지를 가리지 않고 개발부담금을 면제하도록 하는 것은 타당하다고 보기 어렵습니다.

또한, 개발이익환수법 제7조에서는 개발부담금 부과제외 사항과 100분의 50 경감 및 면제 사항을 별도로 규정하면서 이러한 부과제외나 감면을 받을 수 있는 주체 등에 대하여 제한적으로 규정하고 있다는 점, 특히 같은 조 제3항에서는 제2항에도 불구하고 개발부담금을 면제하는 경우를 적시하면서 수도권에 있는 산업단지(제1호)나 관광단지(제3호) 혹은 물류단지(제4호)의 경우는 개발부담금을 면제하는 경우에서 제외하고 있다는 점을 볼 때, 소기업 지원법 제4조 제2항이 수도권 외의 지역인지와 상관없이 소기업을 100분의 50 이상 유치하는 산업단지 등을 조성하는 경우에 해당하기만 하면 개발부담금이 면제된다고 보는 것은 합리성이 있다고 보기 어렵고, 개발이익 환수 법령과 소기업 지원 법령을 균형 있고 조화롭게 적용·집행하기 위해서는 소기업을 100분의 50 이상 유치하는 산업단지 등 조성의 경우에도 수도권 외의 지역에서 해당 산업단지 등을 조성할 때에만 개발부담금이 면제되는 것으로 보아야 할 것입니다.

따라서, 「수도권정비계획법」 제2조 제1호에 따른 수도권 지역에서 국가나 지방자치단체가 아닌 산업단지개발사업 시행자가 소기업을 100분의 50 이상 유치하는 일반산업단지를 조성하는 경우에는 소기업 지원법 제4조 제2항 제3호에 따라 개발이익환수법 제5조에 따른 개발부담금이 면제되지 않는다고 할 것입니다.

※ 법령 정비 권고사항

다만, 현행 「소기업 및 소상공인 지원을 위한 특별조치법」 제4조 제2항의 문언은 수도권지역인지 여부와 관련 없이 개발부담금 등 각호의 부담금이 면제되는 것으로 해석될 여지가 있어 법률 집행상 혼선이 야기될 가능성이 크므로, 「소기업 및 소상공인 지원을 위한 특별조치법」 제4조 제2항의 내용적 정합성과 「농지법」, 「산지관리법」 및 「개발이익 환수에 관한 법률」과의 관계 등을 감안하여 입법적으로 명확하게 규정할 필요성이 있다고 보입니다.

사. 납부의무자

(1) 사업시행자

개발사업을 위탁하거나 도급한 경우

[질의 요지]

○○시 ○○지구 택지개발사업에 대하여 ○○도지사를 사업시행자로 사업 승인을 하였으나, 위·수탁 협약을 통해 동 사업을 ○○지방공사 사장에게 위탁 시행한 경우 개발부담금 부과대상자는?

➲ 회신 내용 (토지정책팀-154, 2006.1.11.)

「개발이익 환수에 관한 법률」 제6조의 규정에 의거 개발부담금의 납부의무자는 당해 부과대상인 토지 개발사업의 사업시행자인 바, 위·수탁 협약 등을 통해 사업시행자의 법적 지위가 제3자에게 적법하게 양도된 경우에는 제3자가 납부의무자가 되며, 제3자가 단순히 공사를 도급받아 시행한 경우에는 위탁을 한 자가 납부의무자가 됨. 질의하신 사례는 위·수탁 협약서 등을 확인하여 판단하여야 할 부과권자의 사실판단 사항임.

법원의 토지소유권 이전절차 이행 화해권고 결정 시 납부의무자

[질의 요지]

개발사업 시행자인 甲은 → 소유 토지를 매수하기로 매매계약을 체결하였으나 토지소유권을 이전받지 못한 상태에서 乙로부터 대지 사용 승낙을 받아 지목변경 수반 개발사업을 시행하였는 바, 甲과 乙간에 토지소유권 이전절차 이행하는 사항과 관련하여 법적 분쟁이 발생함에 따라 법원에서는 乙이 제3의 은행에 진 채무를 인수하는 조건부(동시이행)로 토지소유권 이전절차를 이행하도록 화해권고 결정이 있는 경우 위 甲과 乙 중 누가 개발부담금 납부의무자로 보아야 하는지

회신 내용 (토지정책과-585, 2013.4.24.)

「개발이익 환수에 관한 법률」 제6조에 따르면 개발부담금 납부의무자는 당해 개발사업을 시행한 자로 보는 것이 원칙적이나, 예외적으로 위탁이나 도급한 자, 타인 소유 토지를 임차하여 개발사업을 시행한 경우 그 토지의 소유자를 개발부담금 납부의무자로 보도록 규정하고 있습니다.

만일 개발부담금 부과 시점에 토지소유권이 계속 乙에게 있다면 위 법률 제6조 제1항 제2호에 따라 甲이 乙의 소유 토지를 임차하여 개발사업을 시행한 것으로 보아 토지소유자인 乙에게 개발부담금을 부과하는 것이 타당하고, 그러나 토지 등기부(갑구)상 소유자 명의와 관계없이 토지 매매계약에 근거한 법원의 화해권고 결정에 따라 실제 토지소유권이 甲에게 이전된 것으로 보아야 하는 경우에는 같은 법률 제6조 제1항 본문 규정에 의하여 개발사업 시행자인 甲에게 개발부담금을 부과하는 것이 옳다고 사료됩니다.

따라서 개발부담금 부과 시점 현재에 위 토지에 대한 소유권이 누구에게 있는지에 관해서는 민사에 속하기 때문에 변호사 등 법률전문가에게 조언을 받아보시기를 바랍니다.

사업시행자와 토지소유자가 다른 경우

[질의 요지]

개발사업 준공 전에 사업부지 토지 일부를 소유권 이전을 받은 바, 당초 사업시행자 명의로 준공이 완료된 경우에도 준공시점의 토지소유자가 납부의무자 인지 여부

➲ **회신 내용** (토지정책팀-300, 2006.1.18.)

「개발이익 환수에 관한 법률」 제6조의 규정에 따라 개발부담금의 납부의무자는 원칙적으로 사업시행자이며, "타인 소유의 토지를 임차하여 개발사업을 시행한 경우에는 토지소유자"가 납부의무자가 됨. 따라서 질의하신 경우 토지소유자가 납부의무자가 됨.

사업시행자와 토지소유자가 다른 경우

[질의 요지]

1인 소유 토지를 18인이 각각 토지소유자로부터 임차하여 부담금 부과대상 규모 이하로 분할하여 농지전용허가 및 건축허가를 받아 사업을 시행한 후 준공된 경우 개발부담금 부과대상인지 여부 및 납부의무자는 누구이며, 만약 건축물 준공 전에 18인이 각각의 명의로 매수한 경우 납부의무자는 누구인가

➲ **회신 내용** (토재 58323-618, 1995.8.22.)

「개발이익 환수에 관한 법률 시행령」 제4조의 규정에 의하여 연접한 토지에 2 이상의 동일한 개발사업을 각각 다른 시기에 인가 등을 받아 사실상 나누어 시행하는 경우에는 각 사업의 대상 토지 면적을 합한 토지에 하나의 개발사업이 시행된 것으로 보아 개발부담금 부과대상으로 정하고 있으므로 타인 소유 토지를 임차하여 개발사업을 시행하였을 경우에는 각 사업의 대상 토지를 합한 하나의 토지에 개발사업이 시행된 것으로 보아 개발부담금 부과대상에 해당되며, 같은 법률 제6조의 규정에 의하여 타인 소유 토지를 임차하여 개발사업을 시행하였을 경우에는 토지소유자가 부담금 납부의무자가 되며,

같은 법 제6조 제1항 제3호의 규정에 의하여 개발사업을 완료하기 전에 사업 시행에 관한 권리·의무를 승계받은 자는 개발부담금 납부의무도 승계받은 것으로 보게 되므로 토지를 매입한 자가 납부의무자가 됨.

사업시행자의 명의를 대여한 경우

[질의 요지]

ㅇㅇ건설(주)는 아파트사업을 위하여 토지를 매입하면서 본인(이ㅇㅇ)의 명의로 등기하여 부동산 실권리자 명의 등기에 관한 법률 위반으로 처벌을 받은 사실이 있는데, 아파트사업이 완료된 후 부과 관청이 개발부담금을 ㅇㅇ건설(주)이 아닌 명의 대여자인 본인에게 부과 예정 통지를 한 것이 합당한지 여부

➲ 회신 내용 (토지정책팀-667, 2005.10.12.)

「개발이익 환수에 관한 법률」 제6조 제1항의 규정에 의하면 개발부담금의 납부의무자는 원칙적으로 개발부담금 부과대상사업의 사업시행자가 되며, 예외적으로 동조항 각호의 규정에 따라 "개발사업을 위탁 또는 도급한 경우에는 그 위탁이나 도급을 한 자", "타인 소유의 토지를 임차하여 개발사업을 시행한 경우에는 토지소유자" 등이 납부의무자가 된다고 규정하고 있습니다.

사업시행자의 명의를 대여한 경우

[질의 요지]

A의 토지에 A가 건축허가를 받아 건축을 하여 개발부담금 부과대상이 됨. 실질적으로는 A의 명의를 빌려 B가 개발사업을 시행함. 이 경우 B에게 개발부담금이 부과되는지

➲ 회신 내용

「개발이익 환수에 관한 법률」 제6조의 규정에 따라 개발부담금의 납부의무자는 사업시행자이자 토지소유자인 A임.

국가 또는 공공기관이 공동개발사업인 경우

[질의 요지]

주한미군 기지 이전에 따른 △△등의 지원 등에 관한 특별조치법에 의한 △△시 개발사업과 국제화 지구 개발사업을 지자체와 공공기관이 공동으로 개발사업을 시행할 경우 지자체와 공공기관이 모두 개발부담금 부과가 제외되는 지 여부

➲ **회신 내용** (토지정책과-4647, 2013.11.21.)

「개발이익 환수에 관한 법률」 제7조 제1항에 의하면 지자체가 공익목적으로 시행하는 개발사업에 대하여서는 개발부담금을 부과하지 아니하며, 같은 조 제2항 제2호에 따르면 대통령령으로 정하는 공공기관과 공기업에 대하여서는 개발부담금을 50% 경감받도록 규정하고 있습니다. 그런데, 공동사업자가 시행하는 개발사업에 대하여 한쪽 사업시행자가 비 부과대상이기 때문에 다른 한쪽의 사업시행자까지 비 부과대상으로 보는 것은 합리적이지 않다고 보고 공사참가 지분비율로 개발부담금을 안분하는 것이 합리적이라는 의견을 제시합니다.

지자체 출자 법인의 경우

[질의 요지]

△△일반산업단지 조성 사업은 당초 △△시장을 사업시행자로 2013.10.29. 실시계획이 승인되어 개발부담금 부과제외 대상이었으나, 개발사업 완료 전에 특수목적법인(SPC) 설립에 의한 민간 개발 방식으로 사업방식이 변경되어 사업시행자가 '△△시장'에서 '◇◇산단 개발 주식회사(민관 합동 출자법인)'로 변경

※ 2013.10월 실시계획 승인, 2015. 7월 변경 승인(사업시행자 변경*), 2019.12월 준공 예정

* (당초) 사업시행자 : **시 → (변경) **시 40%, **건설, ㅁㅁ건설, **증권 등 60%

→ ①개발부담금 부과대상인지, ②부과대상이라면 부과개시시점은?

➲ **회신 내용** (토지정책과-9157, 2019.12.11.)

「개발이익 환수에 관한 법률」 (이하 "법") 제5조 제2호에 따라 산업단지개발사업은 개발부담금 부과대상으로 규정하고 있으며, 법 제7조(부과제외 및 감면) 제1항에서는 "지방자치단체가 공공의 목적을 위하여 시행하는 개발사업으로서 대통령령으로 정하는 개발사업에는 개발부담금을 부과하지 아니한다"라고 규정하면서 같은 법 시행령 제6조 제2호에 따라 대통령령으로 정하는 개발사업으로 별표1 제2호에 따른 산업단지개발사업을 명시하고 있으므로 산업단지개발사업은 개발부담금 부과대상사업에 해당되나, 지방자치단체가 공공의 목적을 위하여 산업단지개발사업을 시행하는 경우에는 개발부담금 부과대상에서 제외됩니다.

따라서, 귀 질의의 경우 당초 지방자치단체인 '△△시장'이 공공의 목적을 위하여 시행한 산업단지개발사업은 개발부담금 부과제외 대상이었으나, 이후 변경된 사업시행자는 법 제7조 제1항에서 규정한 "지방자치단체"와 다른 민관합동법인인◇◇산단

개발 주식회사이므로 동 사업시행자는 법 제7조 제1항의 지위를 갖추었다고 볼 수 없을 것으로 판단됩니다.

아울러, 개발부담금 부과개시시점은 법 제9조 제1항에 따라 사업시행자가 국가나 지방자치단체로부터 개발사업의 인가 등을 받은 날로 규정하고 있으며, 대법원 [2009.10.15. 선고 2007두20263]은 "변경인가 등을 통하여 비로소 개발부담금 부과대상 규모에 해당하게 된 경우의 부과개시시점도 최초 인가 등을 받은 토지에 대해 최초 인가 등을 받은 날로, 새로이 편입된 토지에 대하여는 토지이용계획 등의 변경이 없는 한 변경인가 등을 받은 날로 함이 상당하다"라고 판시 - 180 - 하였음을 고려해 볼 때, 실시계획 승인 받은 날을 개발부담금 부과개시시점으로 보는 것이 타당할 것으로 판단됩니다.

경제자유구역

[질의 요지]

2006.12.15. 이전 경제자유구역의 지정 및 운영에 관한 법률에 따라 경제자유구역 개발사업의 실시계획 승인을 얻은 후 택지개발(부지조성) 사업을 완료하고 토지를 분양한 사업시행자와 해당 토지를 매입하고 주택건설(아파트 준공) 사업을 완료한 주택건설사업 시행자 중 개발부담금 납부의무자는 누구인지?

※「경제자유구역의 지정 및 운영에 관한 법률 11조(인허가의 의제)에 따라 경제자유구역 개발사업의 실시계획 승인을 받으면 택지개발촉진법에 제9조에 의한 택지개발사업 실시계획 승인 받은 것으로 봄.

➲ 회신 내용 (토지정책과-5784, 2015.8.10.)

「경제자유구역의 지정 및 운영에 관한 특별법」에 따른 경제자유구역 개발사업은 구「개발이익 환수에 관한 법률 시행령」(대통령령 제19752호, 2006.12.15. 시행) 제4조와 [별표1] 제10호 및 부칙 제3조에 따라 동 시행령 시행 이후 최초로 인가 등을 받는 사업부터 개발부담금 부과대상사업에 해당되나,

위 시행령 시행 이전에 경제자유구역의 지정 및 운영에 관한 특별법에 따른 실시계획 승인을 받으면 당시 개발부담금 부과대상사업인「택지개발촉진법」에 따른 택지개발사업의 인허가 등을 받은 것으로 보는 경우에는 개발부담금 부과대상에 해당됩니다.

또한, 위 시행령 [별표1] 제1호에는 주택법에 의한 주택건설사업을 별도의 개발부

담금 부과대상사업으로 규정하고 있으나, 「택지개발촉진법」에 따른 택지개발사업 등으로 조성이 완료된 토지에서 시행하는 주택건설사업은 개발부담금 부과대상에서 제외하도록 규정하고 있습니다.

따라서, 개발부담금 납부의무자에 관한 귀 질의의 경우 「경제자유구역의 지정 및 운영에 관한 특별법」 따라 실시계획 승인을 받아 「택지개발 촉진법」에 의한 택지개발 사업을 시행한 사업시행자가 개발부담금을 납부할 의무가 있는 것으로 판단되나, 개발부담금 부과대상 여부 및 납부의무자 결정은 귀 구에서 관련 인허가 서류 및 사실관계를 조사하여 최종 판단하시기를 바랍니다.

(2) 조합원

조합원에게 개발부담금 부과 시 배분 주체

[질의 요지]

- 조합이 해산되거나 조합 재산으로 개발부담금을 충당하기에 부족하여 조합원에게 개발부담금을 부과할 경우 배분 주체가 조합인지, 부과 관청인지 여부
- 조합이 해산되지 않았으나 조합장·임원 등이 조합업무를 태만히 하거나 성실하게 업무추진을 하지 않는 경우 조합 임원 재산을 압류하여 개발부담금을 징수할 수 있는지 여부

회신 내용 (토지정책팀-3016, 2005.5.30.)

「개발이익 환수에 관한 법률」 제6조 제2항 및 같은 법 시행령 제4조의2 제2항에 따라 개발부담금 납부의무자인 조합이 해산된 경우나 조합의 재산으로 개발부담금·가산금 등에 충당하여도 부족한 경우에는 조합의 규약에 따라 각 조합원에게 배분하는 금액을 조합원이 납부하도록 규정하고 있습니다.

따라서 개발부담금 납부의무자 변경(조합→조합원), 분담 비율, 납부 대상 조합원 결정 등에 대한 사항은 조합의 규약이나 총회의 의결 등 절차에 따라 결정된 바에 따라 개발부담금이 부과되어야 할 것으로 판단됩니다.

개발부담금 납부의무자인 조합이 해산된 경우나 조합의 재산으로 개발부담금·가산금 등에 충당하여도 부족한 경우에는 조합의 규약에 따라 각 조합원에게 배분하는 금액을 조합원이 납부하도록 규정하고 있으므로, 조합이 해산되지 않은 상태에서 조합 임원이 불성실하게 업무를 추진한다고 하여 조합 임원 재산을 압류하여 개발부

담금에 충당할 수는 없을 것으로 판단됩니다.

[질의 요지]

1. 당초 지역주택조합에 부과한 개발부담금을 조합원에게 부과 시 개발부담금 부과 산정 방식은?
   * 부과권자가 조합원의 주택공급 면적 비율에 따라 부과 또는 조합원에게 균등 부과 가능 여부
2. 지역주택조합에 부과한 개발부담금을 조합원에게 부과할 수 있는 시기는?
   * 최초 개발부담금 부과 때 조합원에게 부과 또는 조합 재산을 확인하고 조합이 납부 능력이 없음을 확인한 시기에 부과 등
3. 조합원에게 대한 개발부담금 부과 때 개발이익 환수에 관한 법령에 따라 예정 통지 절차, 고지 전 심사청구 절차를 거쳐야 하는지?
4. 지역주택조합에 부과한 가산금을 조합원에게 부과할 수 있는지?

➲ 회신 내용 (토지정책과-5671, 2017.9.5.)

[질의 1에 대하여] 「개발이익 환수에 관한 법률」 제6조 제2항 및 같은 법 시행령 제5조 제1항 및 제2항에 따르면 개발부담금 납부의무자인 조합(주택법에 따른 주택조합 등)이 해산된 경우(해산 당시 조합원을 말함)나, 조합의 재산으로 개발부담금·가산금 등에 충당하여도 부족한 경우에는 당초 조합이 내야 할 부담금·가산금을 조합의 규약에 따라 각 조합원에게 배분하는 금액을 그 조합원이 납부하도록 규정하고 있습니다.

따라서, 귀 질의하신 사항은 이미 회신한 바와 같이 조합원이 납부할 부담금·가산금의 분담 비율, 납부 대상 조합원 결정 등에 대한 사항은 해당 조합의 규약이나 총회의 의결 등의 절차에 의해 결정된 바에 따라 부과·납부되어야 할 것으로 판단됩니다.

[질의 2, 4에 대하여] 상기 규정에 따라 당초 개발부담금 납부의무자인 조합에게 부과된 개발부담금·가산금은 조합이 해산된 경우나, 조합의 재산으로도 기 조합에게 부과된 개발부담금·가산금을 충당할 수 없을 때 그 조합원에게 부과할 수 있을 것으로 판단됩니다.

[질의 3에 대하여] 상기 「개발이익 환수에 관한 법률」 제6조의 규정은 조합이 해산되거나, 조합의 재산이 부족한 경우 당초 조합에게 부과되어 납부하여야 할 개발부담금 등의 납부의무를 그 조합원이 대신하여 납부하게 하는 것으로 당초 조합에게 개발부담금 부과 때 개발이익 환수에 관한 법령에서 규정한 예정 통지, 고지 전 심사청구 절차를 거쳤다면 동 절차를 다시 거칠 필요는 없는 것으로 판단됨을 알려 드립니다.

(3) 납부의무의 승계

(가) 개발사업 완료 전에 토지를 매입한 경우

▩ 사업시행자가 임차하여 개발하던 토지를 매입한 경우

[질의 요지]

○○안전공단이 개인 토지를 임차하여 자동차 관련시설 부지조성사업을 하다가 공단에서 사업 토지를 매입한 후 준공한 경우 고가의 매도로 개발이익을 가져간 전 소유자가 납부의무자가 될 수 있는지 여부

➲ **회신 내용** (토지정책과-636, 2007.8.22.)

「개발이익 환수에 관한 법률」 제6조 제1항 제2호 및 제3호의 규정에 의거 타인 소유 토지를 임차하여 개발사업을 시행하는 경우에는 토지소유자가 개발부담금의 납부의무를 지며, 개발사업이 완료하기 전에 사업시행자의 지위나 제1호 또는 제2호에 해당하는 지위를 승계하는 경우에는 그 지위를 승계한 자가 납부의무자가 됩니다.

따라서 귀 질의의 경우와 같이 ○○안전공단이 토지소유자가 되어 개발부담금의 납부의무도 승계받게 된 경우에는 ○○안전공단이 납부의무자가 됩니다. 다만 납부의무 승계 여부 등 구체적인 사실 판단은 부과 징수권자가 판단할 사항입니다.

▩ 개발사업 인허가 후 부과대상 규모이하로 분할하여 다수에게 승계한 경우

[질의 요지]

1. 개발사업 허가를 득한 후 부과대상 면적 미만으로 분할하여 다수에게 사업을 승계하면 부과대상 여부 및 납부의무자는?
2. 사업승계 전 실시한 토지형질 변경에 따른 개발비용 산정 방법

➲ **회신 내용** (토지정책과-2454, 2012.5.18.)

「개발이익 환수에 관한 법률 시행령」 제4조의 규정에 의하면, 부담금의 부과대상이 되는 개발사업의 규모는 관계 법률에 따라 국가 또는 지방자치단체로부터 인가·허가·면허 등(신고를 포함)을 받은 사업 대상 토지의 면적을 기준으로 부과대상 여부를 결정하고 있으며, 같은 법 제6조 제1항에 따라 개발사업을 완료하기 전에 사업

시행자의 지위 등을 승계하는 경우에는 그 지위를 승계한 자가 개발부담금 납부의무를 가지도록 규정하고 있습니다.

따라서, 당초 개발사업 허가 면적이 부과대상 이상인 경우에는 개발부담금 부과대상에 해당된다고 보며, 이후 사업시행자의 지위를 승계받은 자가 부담금 납부의무를 가지게 됨을 알려 드립니다.

아울러 토지형질 변경에 따른 개발비용은 분할된 개발사업 면적에 안분하여 적용하여야 할 것으로 보며, 개별적인 사례에 대하여는 부과권자가 관계 법령 및 사실관계를 검토하여 판단하여야 할 사항으로 봅니다.

(나) 개발이 완료된 토지를 매입한 경우 승계 여부

공장 건축물 사용승인 후 토지를 매입한 경우

[질의 요지]

1. 공장 건축물 사용승인 후 토지와 건물을 매입. 그 이후 공장설립 완료 신고를 제가 하였는데 개발부담금을 납부 여부
2. 만약 제가 납부의무자라면 실제 토목공사를 했던 시공업체와의 도급계약서를 제출하려하는데 가능한지

➲ 회신 내용

「개발이익 환수에 관한 법률」 제6조 제1항의 규정에 의하면 개발부담금의 납부의무자는 부과대상사업의 사업시행자이나, 개발사업을 위탁이나 도급한 경우에는 그 위탁이나 도급을 한 자, 타인 소유의 토지를 임차하여 개발사업을 시행하면 토지소유자, 개발사업 완료 전에 사업시행자의 지위를 승계한 경우에는 그 지위를 승계한 자가 납부의무자가 됩니다.

질의하신 사업이 동법 시행령 별표1의 "지목변경이 수반되는 개발사업"이라면 개발부담금이 부과되는 사업 준공일은 건축물 사용승인일이 됩니다.

한편, 개발비용은 당해 개발사업의 시행과 관련하여 지출한 순공사비 등을 의미하는바, 귀하께서 지출하신 비용이 개발비용으로 인정되는지 여부는 부과권자인 시장·군수·구청장에게 문의하여 주시기를 바랍니다.

(다) 종전 사업자의 부도 등으로 사업시행자가 변경되는 경우

개발부담금 재부과 가능 여부

[질의 요지]

법원의 확정판결 결과에 따라 개발부담금 부과 처분을 취소하고, 재 부과하지 않는 것이 타당한지? 그렇지 않으면 부과대상자 및 부과개시시점 등을 변경하여 재 부과하여야 하는지?

➠ (확정판결 내용) 개발사업 진행 도중 사업시행자의 부도로 인해 사업이 완료되지 못한 토지를 경매 이후 토지를 취득한 자가 인허가 변경을 통해 개발사업을 완료한 사안에 대해 개발부담금 납부의무가 승계되는 것으로 판단하여 당해 개발사업 인허가 변경을 통해 개발사업을 완료한 자에게 개발부담금 전체를 부과하였으나,
법원은 경매에 의한 토지 취득의 경우 납부의무 승계에 대한 약정이 불가능하여 납부의무 승계로 볼 수 없으며, 경매 이후 토지를 취득하여 인허가 변경을 통해 개발사업을 완료한 자에게 정당하게 부과될 개발부담금이 제출된 증거자료만으로 불충분하여 개발부담금을 부과 처분 전체를 취소함.

➲ **회신 내용** (토지정책과-5489, 2016.7.20.)

「개발이익 환수에 관한 법률」 제9조 및 같은 법 시행령 제10조에 따르면 개발사업의 부과종료시점은 원칙적으로 준공 인가 등을 받은 날이나, 예외적으로 사업시행자의 파산이나 그 밖의 사유로 개발사업의 시행이 중단되어 사업을 끝낼 수 없게 된 경우 부과종료시점이 됩니다.

법원 경매로 낙찰받은 자는 당해 토지에 대한 소유권을 원시취득하고 당사자 간 개발부담금 납부의무 승계에 대한 약정이 불가능하므로 기 허가자의 부담금 납부의무를 승계한다고 볼 수 없으며(대법원 2000두2655 판례의 취지 및 우리부 유권해석 사례)

경락자가 당해 토지의 이미 허가를 취소하지 않고 개발사업을 계속하여 개발사업을 준공한 경우에는 개발이익 환수제도의 목적, 대법원 판례의 취지와 「개발이익 환수에 관한 법률」 제9조 및 같은 법 시행령 제9조에 개발사업의 인가 등의 받은 날을 부과개시시점으로 규정하고 있는 점을 고려하여 당해 개발사업의 인허가를 변경한 이후에 발생한 개발이익에 대한 개발부담금 납부의무자가 되며, 인허가변경일이 새로운 부과개시시점이 됩니다.

한편, 「개발이익 환수에 관한 법률」 제15조 제2항에 따르면 개발부담금은 부과 고지할 수 있는 날부터 5년이 지난 후에는 부과 할 수 없으나 행정심판이나, 소송에

의한 재결이나 판결이 확정된 날로부터 1년이 지나기 전까지는 개발부담금을 정정 부과하거나 그 밖에 필요한 처분을 할 수 있도록 규정하고 있고, 귀 질의의 법원 확정 판결 내용도 최초 사업시행자의 부도로 인해 경매 이후 토지를 취득하여 인허가 변경을 통해 개발사업을 완료한 자에게 부과될 개발부담금이 소송 과정에서 제출된 증거 자료만으로는 불충분하여 개발부담금 부과 처분 전체가 취소된 것으로 판단됩니다.

따라서, 귀 질의의 경우 행정소송 확정판결의 취지에 따라 최초 사업시행자에게 귀속되는 개발이익과 경매 이후 토지를 취득하여 인허가 변경을 통해 개발사업을 완료한 자에 귀속되는 개발이익을 각각 산정하여 개발부담금을 부과하여야 할 것으로 판단되나, 개발부담금 재 산정·부과 시 적용하여야 할 각각의 부과개시시점, 부과종료시점, 개발비용 등에 대하여는 인허가 서류 등 사실관계를 조사하여 귀 군에서 판단하시기를 바랍니다.

공매로 낙찰받은 토지에 대한 납부의무 승계 여부?

[질의 요지]

1) 2007.11.05.
   사업 승인 [제2007-8호] (A 사업체)
   - 대지면적 : 43,281.0000㎡ - 건축면적 : 6,757.2800㎡
   - 건축연면적 : 121,917.6000㎡
     지하 4층, 지상 18층 7동 492세대

2) 2011.05.01.
   - 공매로 낙찰 (B 사업체)

3) 2011.05.30.
   사업 변경 승인 [2007-8호] (A 사업체→B 사업체)
   - 대지면적 : 43,281.0000㎡ - 건축면적 : 6,757.2800㎡
   - 건축연면적 : 121,917.6000㎡
     지하 4층, 지상 18층 7동 492세대

4) 2011.07.29.
   사업 승인 [2011 - 건축 주택과 - 주택건설사업계획 승인 - 6] (B 사업체)
   - 대지면적 : 43,281.00㎡ - 건축면적 : 6,772.7353㎡
   - 건축연면적 : 114,377.1896㎡
     지하 4층, 지상 20층 11동 687세대

5) 2012.02.03.
사업 승인 변경 [2011 - 건축 주택과 - 주택건설사업계획 승인 - 6] (B 사업체)
- 대지면적 : 43,281.00㎡ - 건축면적 : 6,826.7475㎡
- 건축연면적 : 117,592.3745㎡
지하 4층, 지상 20층 12동 687세대

6) 2014.06.03.
사용검사 확인증 [2011 - 건축 주택과 - 주택건설사업계획 승인 - 6] (B 사업체)
- 대지면적 : 43,281.00㎡ - 건축면적 : 6,826.7475㎡
- 건축연면적 : 117,592.3745㎡
지하 4층, 지상 20층 12동 687세대

➲ **회신 내용** (국민신문고, '14.7.25.)

「민사집행법」에 의한 법원 경매는 당해 토지의 소유권을 원시취득한다고 보아 낙찰받은 자는 경매개시 전의 당초 개발부담금 부과대상토지의 개발부담금 납부의무를 승계한다고 보지 않습니다. 그러나, 한국자산관리공사에서 시행하는 공매는 위 법원 경매와는 다르다고 봅니다.

공매는 부동산의 매각 절차 등을 한국자산관리공사에서 운영하는 시스템(온비드)을 통해 실시하는 것으로서 다음 세 가지의 형태로 이루어지게 됩니다.

① 국세, 지방세 등의 세금 체납으로 인해 국가 또는 지자체에서 압류한 부동산공매 ② 수탁재산의 매각 ③ 유입자산의 매각이 가운데 ①의 경우는 「국세징수법」 또는 「지방세법」에 의한 체납자의 압류재산 매각 절차를 통해 공매 낙찰받으면 부동산 등기부의 권리관계(근저당, 압류 등)가 말소되어 낙찰자에게 부동산의 소유권이 이전되고 이 경우 개발부담금 납부의무가 승계된다고 볼 수 없습니다.

②, ③의 경우에는 공매를 통해 부동산을 낙찰받더라도 일반 매매와 동일하므로 「개발이익 환수에 관한 법률」 제6조에 따라 개발부담금 납부의무가 공매로 낙찰받은 사람에게 승계된다고 봅니다.

개발부담금 납부의무자에 대해서는 부담금 관할 관청(시군구청)에서 해당 부동산의 등기사항 등을 확인 검토하여 결정할 사항입니다.

부도로 중단된 사업을 인수한 경우

[질의 요지]

주택건설사업 시행 중 사업시행자의 부도로 보증회사가 사업을 추진하였으나 보증회사도 부도가 발생하여 사업추진이 어려워 제3자 건설회사가 사업을 인수 완공하는 경우 개발부담금 납부의무자는 누구인가?

➲ 회신 내용

「개발이익 환수에 관한 법률」 제6조 제1항 제3호의 규정에 의거 개발사업을 완료하기 전에 사업 시행에 관한 권리·의무를 승계받은 자는 개발부담금의 납부의무도 승계받도록 되어 있으므로 제3자 건설회사가 개발사업을 인수·완공하는 경우에는 개발부담금은 그 건설회사가 납부의무자에 해당됨.

법인의 대표가 시행한 개발사업의 납부의무자를 법인으로 변경할 수 있는지

[질의 요지]

농협의 임원이 농협의 자금으로 토지를 매입하여 자기명의로 개발사업을 시행한 후 농협 명의로 소유권을 이전한 경우의 개발부담금 납부의무자를 농협으로 변경할 수 있는지 여부

➲ 회신 내용 (토재 58323-701, 1995.9.27.)

「개발이익 환수에 관한 법률」 제6조 제1항 각호에 해당하는 자가 개발부담금 납부의무자로 되어 있으므로 위 각호에 해당하지 아니한 자를 개발부담금 납부의무자로 변경할 수 없음.

(4) 연대납부의무 등

(가) 연대납부의무

어느 연대납부의무자가 소멸시효 완성된 경우 그 부담부분에 대하여 다른 연대납부의무자의 책임 범위

[질의 요지]

공유물 또는 공동사업으로 개발부담금 부과대상사업을 시행하는 경우 그 공동 사업시행

자의 연대납부의무와 관련하여 연대납부의무자 총 3인 중 2인이 소멸시효 완성으로 채권이 소멸하면 다른 연대납부의무자 1인이 다른 2인의 개발부담금 부담부분에만 연대채무를 면한다고 주장할 수 있는지?

만약 연대채무가 면한다면, 자신의 지분 이상으로 개발부담금을 납부한 1인의 부동산 압류채권 해제 및 체납 금액에 대한 금전채권(개발부담금 국고 분 및 지방분)도 함께 소멸하는지?

➲ **회신 내용** (토지정책과-5860, 2015.8.12.)

「개발이익 환수에 관한 법률」 제6조 제1항의 규정에 따르면 개발부담금을 납부할 의무는 동 법 제5조 제1항 각호의 사업시행자 등이며, 동 조 제3항의 규정에 따르면 개발부담금 연대납부의무에 관하여는 「국세기본법」 제25조 및 「민법」 제413조부터 제416조까지 제419조, 제421조, 제423조 및 제425조부터 제427조까지의 규정을 준용하도록 하고 있습니다.

한편, 「민법」 제421조의 규정에 따르면 “어느 연대 채무자에 대하여 소멸시효가 완성한 때에는 그 부담부분에만 다른 연대 채무자도 의무를 면한다”라고 규정하고 있습니다.

따라서, 귀 질의의 개발부담금 연대납부의무와 관련하여 개발부담금 연대납부의무자 2인의 개발부담금 납부의무가 소멸시효 완성으로 소멸 되었고, 연대납부의무자 1인이 자신의 지분 이상 부담금을 납부하였다면 연대납부의무자 1인의 연대채무도 다른 2인이 부담할 부분에 한해 소멸 되었다고 보는 것이 타당하다고 판단됩니다.

다만, 다른 연대납부의무자의 개발부담금 납부의무가 소멸시효 완성으로 소멸하였는지에 관한 판단은 귀 구에서 사실관계를 조사하여 결정할 사항임을 알려 드립니다.

공동으로 개발한 경우

[질의 요지]

5인이 공동으로 개발사업을 시행한 경우 부담금 납부의무는 각각의 소유 지분에 한정되는지 여부

➲ **회신 내용** (토재 58323-642.1995.8.28.)

「개발이익 환수에 관한 법률」 제6조 제1항 본문의 규정에 의거 개발부담금은 사업

시행자가 납부의무를 지도록 되어 있으므로, 귀 질의와 같이 수인의 공동명의로 사업 시행을 한 경우에는 각각의 명의자는 개발부담금을 연대하여 납부할 의무가 있다고 보아야 함.

▣ 공동으로 개발한 경우

[질의 요지]

'03년 공동명의로 되어 있는 토지 약 1,500평 구입하기 위해서 개발신청을 대표로 한 사람의 명의로 하고 구매자별로 건축허가 신청(6명)

1. 처음 개발신청을 했던 대표자가 전 토지(약 1,500평)에 대한 부담금을 모두 납부해야 하는 것인지 아니면 제가 소유하고 있는 230평 토지에 대한분만 납부하면 되는 것인지
2. '06년 이전에 건축하여 준공 처리된 토지의 감면 여부
3. 주한미군 임대용으로 주택을 건축하였고 현재 몇 가구는 주한미군에게 임대하고 계약을 마친 상태인데 [평택 미군 기지 이전에 따른 특별지원법]에서 혹시 감면을 받거나 면제를 받을 수 있는 조항은 없는지

➲ 회신 내용

1. 공유토지에 개발행위 허가를 받아 지분권자들이 각각 개발사업을 시행하였다면 각각의 개발사업에 대한 개발부담금 부과는 각각의 사업대상토지 면적을 기준으로 산정 부과하며 개발부담금 납부의무자도 각각의 개발 사업시행자(토지소유자)가 됩니다.

2. 2003년도에 개발행위허가(건축허가 등)를 받았다면 개발부담금 부과대상이 됩니다. 건축 지연 등의 사유는 개발부담금 감면 사유에 해당되지 않습니다.

▣ 갑이 공장설립(2,680㎡) 인허가 시 1㎡의 토지를 갑에게 임차해 준 을의 개발부담금 납부의무 부분은?

[질의 요지]

1. 甲이 乙의 공장 설립사업 인·허가를 받을 당시 사업부지 2,680㎡ 중 1㎡에 대하여 사용승낙해 준 경우 甲은 乙과 연대하여 개발부담금을 납부 할 의무가 있는지, 아니면 자신의 지분율 1㎡에 대하여만 납부의무가 있는지 여부

2. 위 질의 1에서 甲이 乙에 대한 개발부담금 연대납부의무가 성립할 경우에 관할 관청이 乙의 파산 등으로 개발부담금을 체납한 경우 甲의 부동산 등을 압류하는 것이 정당한 것인지 여부

➲ **회신 내용** (토지정책과-2743, 2013.8.19.)

1. 질의 1에 대하여

[사례-1] 甲의 신분이 공장 설립에 관하여 乙과 공동개발사업자로 인·허가를 받았다면 개발이익 환수에 관한 법률 제6조 제3항에 의거 乙과 연대하여 개발부담금을 납부할 의무가 있다고 봅니다.

[사례-2] 하지만, 甲이 乙과 공동사업자 관계가 아니라 본인 소유토지 1㎡를 乙에게 단지 임대해 준 경우라면 개발이익 환수에 관한 법률 제6조 제1항 제2호에 따라 임대해 준 1㎡에 대한 개발부담금 납부의무만 있다고 봅니다.

2. 질의 2에 대하여

질의1의 답변 중 사례1에 해당할 경우는 甲과 乙은 개발부담금 연대납부의무를 가지게 되며 이 경우에 관할관청에서는 乙의 파산으로 체납액 징수가 불가능할 경우 甲의 부동산 등에 대하여 압류를 실시할 수 있음을 알려드립니다.

질의회신 및 판례

판 례

가. 부과대상 개발사업

대상 사업 고지의 신의성실의 원칙 적용 여부(대법원 2006.6.9. 선고 2004두46 판결)

[판시사항]

(1) 개발부담금 부과대상사업의 고지에 관한 규정인 「개발이익 환수에 관한 법률 시행령」 제20조의2 및 같은 법 시행규칙 제15조의2의 법적성질(=행정청에 대한 직무상 훈시규정)

(2) 행정청의 행위에 대하여 신뢰 보호의 원칙이 적용되기 위한 요건

(3) 「개발이익 환수에 관한 법률」에 정한 개발사업을 시행하기 전에, 행정청이 민원 예비심사에 대하여 관련 부서 의견으로 '저촉 사항 없음'이라고 기재하였다고 하더라도, 이후의 개발부담금 부과 처분에 관하여 신뢰 보호의 원칙을 적용하기 위한 요건인, 신뢰의 대상이 되는 공적인 견해 표명을 한 것이라고는 보기 어렵다고 한 원심의 판단을 수긍한 사례

➲ 판결 요지

(1) 「개발이익 환수에 관한 법률」 제20조, 제21조, 같은 법 시행령 제20조 등의 관련 규정과 개발부담금제도의 취지 등을 종합하여 보면, 같은 법 시행령 제20조의2 및 같은 법 시행규칙 제15조의2 소정의 개발부담금 부과대상사업의 고지에 관한 규정은 행정청에 대한 직무상 훈시규정이다.

(2) 일반적으로 행정상의 법률관계에 있어서 행정청의 행위에 대하여 신뢰 보호의 원칙이 적용되기 위해서는, 첫째 행정청이 개인에 대하여 신뢰의 대상이 되는 공적인 견해 표명을 하여야 하고, 둘째 행정청의 견해 표명이 정당하다고 신뢰한 데에 대하여 그 개인에게 귀책 사유가 없어야 하며, 셋째 그 개인이 그 견해 표명을 신뢰하고 이에 상응하는 어떠한 행위를 하였어야 하고, 넷째 행정청이 위 견해 표명에 반하는

처분을 함으로써 그 견해 표명을 신뢰한 개인의 이익이 침해되는 결과가 초래되어야 하며, 마지막으로 위 견해 표명에 따른 행정처분을 할 경우 이로 인하여 공익 또는 제3자의 정당한 이익을 현저히 해할 우려가 있는 경우가 아니어야 한다.

(3) 「개발이익 환수에 관한 법률」에 정한 개발사업을 시행하기 전에, 행정청이 토지 지상에 예식장 등을 건축하는 것이 관계 법령상 가능한지 여부를 질의하는 민원 예비 심사에 대하여 관련 부서 의견으로 「개발이익 환수에 관한 법률」에 '저촉 사항 없음'이라고 기재하였다고 하더라도, 이후의 개발부담금 부과 처분에 관하여 신뢰보호의 원칙을 적용하기 위한 요건인, 개인에 대하여 신뢰의 대상이 되는 공적인 견해 표명을 한 것이라고는 보기 어렵다고 한 원심의 판단을 수긍한 사례

'대지조성사업 및 주택건설사업'의 의미 등(대법원 2001.10.23. 선고 99두8770 판결)

[판시사항]

구 개발이익 환수에 관한 시행령 제4조 제1항 [별표1] 제1호 소정의 개발부담금 부과대상 사업인 택지개발사업에 포함되는 주택건설촉진법에 따른 '대지조성사업 및 주택건설사업'의 의미 및 특정 토지에 관하여 택지개발사업이 시행되어 그 준공검사가 이루어지고 그에 대하여 개발부담금 부과에 대한 법률관계가 종료된 후에 그 토지에 주택건설촉진법에 의한 주택건설사업 승인 대상에 해당하는 규모의 주택건설만을 하는 경우도 이에 포함되는지 여부(소극)

판결 요지

구 「개발이익 환수에 관한 법률」(1997.1.13. 법률 제5285호로 개정되기 전의 것) 제5조 제1항이 개발부담금의 부과대상사업의 종류를 정하여 제1호로 '택지개발사업(주택단지조성사업을 포함한다)'을 들고 있고, 같은 조 제2항은 개발사업의 종류가 아니라 그 범위 및 규모 등에 관하여 필요한 사항은 대통령령으로 정한다고 규정하고 있으며, 한편 주택건설촉진법 제33조 제1항, 같은법시행령(1998.4.30. 대통령령 제15786호로 개정되기 전의 것) 제32조, 같은법 시행규칙 제18조의3(2000.6.17. 건설교통부령 제242호로 삭제)은 20호 이상의 단독주택이나 20세대 이상의 공동주택을 건설하거나 1만㎡ 이상의 대지를 조성하고자 하는 경우 그 사업계획승인을 받게 한(다만 도시계획구역 중 상업지역이나 준주거지역에서 주택 이외의 시설과 주택을 동일 건축물 이른바 주상복합건물로 건축하는 경우에 주택의 규모가 주거용 연면적 중 공용면적을 제외한 면적을 전체 세대수로 나눈 면적이 150㎡ 이하이고, 당해 건축물의 연면적의 합계의 비율이 50% 미만인 경우의

요건을 모두 충족하는 경우에는 승인 대상에서 제외된다) 등 위 관련 규정의 취지를 종합하여 보면, 구 개발이익 환수에 관한 시행령(1997.6.25. 대통령령 제15398호로 개정되기 전의 것) 제4조 제1항 [별표1] 제1호에서 개발부담금의 부과대상사업인 택지개발사업(주택단지조성사업을 포함한다)의 범위를 정함에 있어 그 하나로 규정한 주택건설촉진법에 따른 '대지조성사업 및 주택건설사업'이라 함은, 주택건설촉진법의 적용 대상인 1만㎡ 이상의 대지조성사업이나 같은 규모의 대지조성과 함께 시행되는 주택건설사업의 경우는 물론 대지조성의 범위가 그 이하인 경우에도 그 대지조성과 함께 시행되는 주택건설의 규모가 주택건설촉진법에 의한 사업계획승인의 대상에 해당하는 경우에는 그 주택건설사업도 이에 포함된다는 것이지, 특정 토지에 관하여 택지개발사업이 시행되어 그 준공검사가 이루어지고 그에 대하여 개발부담금 부과에 대한 법률관계가 종료된 후에, 택지인 그 토지에 주택건설촉진법에 의한 주택건설사업 승인대상에 해당하는 규모의 주택건설만을 하는 경우도 이에 포함한다고 할 수는 없다. [구 「개발이익 환수에 관한 법률」(1997.1.13. 법률 제5285호로 개정되기 전의 것) 제9조 제3항 제2호, 같은법시행령(1997.6.25. 대통령령 제15398호로 개정되기 전의 것) 제8조 제1항 제2호에서 부과종료시점은 원칙적으로 개발사업의 준공인가 등을 받은 날로 하되, 다만 주택건설사업 등 토지의 개발과 건축물의 건축을 함께 행하는 개발사업의 경우에는 관계행정청의 인가 등을 받아 건축물의 사용을 개시하는 경우에는 그 건축물 사용개시일을 부과종료시점으로 본다고 규정한 취지는 토지의 개발과 건축물의 건축을 함께 행하는 주택건설사업에 있어 부과종료시점을 토지의 개발사업 완성시가 아니라 그 사업 전체의 준공검사일 또는 건축물 사용개시일로 보아 토지에 관한 개발사업만이 아니라 건축물의 건축으로 토지에 생긴 이익도 개발이익으로 보아 개발부담금을 부과하려고 한 것에 불과하다]

대지조성공사를 필요로 하지 않는 토지에 주택건설만 하는 경우 부과대상 해당 여부

(대법원 2009.12.24. 선고 2008두3968 판결)

[판시사항]

구 「개발이익 환수에 관한 법률 시행령」 제4조 제1항 별표 1에서 개발부담금의 부과대상인 택지개발사업의 하나로 규정하고 있는 구 「주택건설촉진법」에 의한 '대지조성사업 및 주택건설사업'에, 대지조성공사를 필요로 하지 않는 토지에 주택건설만 하는 경우도 포함되는지 여부(소극)

➲ 판결 요지

구 「개발이익 환수에 관한 법률」(2005.12.7. 법률 제7709호로 개정되기 전의 것) 제5조 제1항 제1호, 제2항, 구 「개발이익 환수에 관한 법률 시행령」(2006.12.15. 대통령령 제19752호로 개정되기 전의 것) 제4조 제1항 [별표1] 제1호의 규정 내용과 취지를 종합하여 보면, 위 시행령에 택지개발사업으로 '대지조성사업 및 주택건설사업'을 규정한 것은 구 주택건설촉진법(2003.5.29. 법률 제6916호 주택법으로 전부 개정되기 전의 것)의 적용 대상인 일정 면적 이상의 대지조성사업이나 같은 면적의 대지조성과 함께 시행되는 주택건설사업의 경우는 물론, 대지조성 면적이 그 이하인 경우에도 그 대지조성과 함께 시행되는 주택건설의 규모가 구 주택건설촉진법에 의한 사업계획승인의 대상에 해당하는 경우에는 그 주택건설사업도 개발부담금 부과대상사업에 포함된다는 의미이지, 대지조성공사를 필요로 하지 않는 토지에 주택건설만을 하는 경우까지 개발부담금 부과대상사업에 포함하는 것으로는 볼 수 없다.

📖 혁신도시 건설 및 지원에 관한 특별법에 근거하여 시행되는 혁신 도시개발사업이 개발부담금 부과대상사업인지 여부 (대법원 2020.9.3. 선고 2019두47728 판결)

[판시사항]

구 공공기관 지방 이전에 따른 혁신도시 건설 및 지원에 관한 특별법에 근거하여 시행되는 혁신 도시개발사업이 구 「개발이익 환수에 관한 법률」 제5조 제1항 제10호, 구 「개발이익 환수에 관한 법률 시행령」 제4조 [별표1] 제10호에서 정한 개발부담금 부과대상사업인지 여부(적극)

➲ 판결 요지

구 「개발이익 환수에 관한 법률」(2014.1.14. 법률 제12245호로 개정되기 전의 것, 이하 '구 개발이익환수법'이라 한다) 제5조 제1항은 "개발부담금의 부과대상인 개발사업은 다음 각호의 어느 하나에 해당하는 사업 등으로 한다."라고 규정하면서, 주택단지조성사업을 포함하는 택지개발사업(제1호), 산업단지개발사업(제2호), 관광단지조성사업(제3호), 공장을 건설하는 경우를 제외한 도시환경정비사업(제4호), 물류시설 용지조성사업(제5호), 온천 개발사업(제6호), 여객자동차터미널사업(제7호), 골프장 건설사업(제8호) 등을 열거한 후, 일반조항으로서 '제1호부터 제8호까지의 사업과 유사한 사업으로서 대통령령으로 정하는 사업 등'(제10호)을 개발부담금 부과대상사업으로 규정하고 있다. 그리고 구 「개발이익환수법」 제5조 제3항은, 제1항에 따른 개발사업의 범위 등에 관하여 필요한 사항은 대통령령으로 정하도록 규정하고 있다. 이러한 법률의 위임에 따라 구 「개발이익 환수에 관한 법률 시행령」(2014.7.14. 대통령령 제25452호로 개정되기 전의 것, 이하 '구개발이익환수법 시행령'이라 한다) 제4조 [별표1] 제10호는 '그 밖의 법률'에 근거하여 시행되는, '제1호부터 제8호까지의 사업과 비슷한 사업으로서 사실상 또는 공부상의 지목변경이 수반되는 사업'을 개발부담금 부과대상사업으로 정하고 있다.

한편 구 공공기관 지방 이전에 따른 혁신도시 건설 및 지원에 관한 특별법(2007.10.17. 법률 제8656호로 개정되기 전의 것, 이하 '구 혁신도시법'이라 한다) 제48조 제2항은 국가 및 지방자치단체는 공공기관의 지방 이전과 혁신도시 건설을 지원하기 위하여 「개발이익 환수에 관한 법률」 등이 정하는 바에 따라 개발부담금 등을 감면할 수 있다고 규정하고 있다.

위와 같은 구 개발이익 환수 법령 규정의 문언과 체계, 구 혁신도시법 제48조 제2항의 규정 내용 등을 종합하면, 구 혁신도시법에 근거하여 시행되는 혁신 도시개발사업은 구 「개발이익환수법」 제5조 제1항 제10호, 구 「개발이익환수법 시행령」 제4조 [별표1] 제10호에서 정한 개발부담금 부과대상사업이라고 보아야 한다.

전주 · 완주혁신 도시개발사업 개발부담금의 부과대상 해당 여부(전주지법 2018.6.20. 선고 2017구합1954 판결 : 항소)

[판시사항]

한국토지주택공사 등이 전주·완주혁신 도시개발사업 시행자로 지정되어 사업 관련 공사를 하고 위 사업이 준공되었는데, 관할 군수가 사업시행자들에게 위 사업의 개발부담금을 부과하자 한국토지주택공사 등이 위 처분은 근거 법령 없이 부과된 것이어서 위법하다며 취소를 구하는 소송을 제기한 사안에서, 구 공공기관 지방 이전에 따른 혁신도시 건설 및 지원에 관한 특별법에 의하여 구 「개발이익 환수에 관한 법률 시행령」 제4조 [별표1]에서 규정하고 있는 택지개발촉진법 등의 인허가가 의제되어 위 사업은 개발부담금의 부과대상이 되는 택지개발사업 등에 해당하므로 위 처분이 근거 법령 없는 위법한 처분이 아니라고 한 사례

판결 요지

한국토지주택공사 등이 전주·완주혁신 도시개발사업 시행자로 지정되어 사업 관

련 공사를 하고 위 사업이 준공되었는데, 관할 군수가 사업시행자들에게 위 사업의 개발부담금을 부과하자 한국토지주택공사 등이 위 처분은 근거 법령 없이 부과된 것이어서 위법하다며 취소를 구하는 소송을 제기한 사안이다.

부담금의 부과대상이 되는 개발사업의 범위를 규정한 구 「개발이익 환수에 관한 법률」(2014.1.14. 법률 제12245호로 개정되기 전의 것, 이하 '구 개발이익환수법'이라 한다) 제5조 제1항 및 구 「개발이익 환수에 관한 법률 시행령」(2014.7.14. 대통령령 제25452호로 개정되기 전의 것) 제4조 [별표1]에 명문으로 구 「공공기관 지방 이전에 따른 혁신도시 건설 및 지원에 관한 특별법」(2008.3.21. 법률 제8974호로 개정되기 전의 것, 이하 '구 혁신도시법'이라 한다) 또는 혁신도시 개발사업이 규정되어 있지 않으나, 혁신 도시개발사업의 실시 계획 승인으로 택지개발촉진법상 택지개발사업 실시 계획의 승인이 의제 되는 이상 택지개발사업 등을 개발부담금 부과대상으로 규정한 위 [별표1]의 적용 대상에 위 사업 역시 포함되는 점, 구 혁신도시법은 혁신 도시개발사업을 원활하게 시행하기 위하여 혁신 도시개발사업에 필요한 관련 법령의 인허가를 실시 계획의 승인으로 의제하는 규정을 둔 것이므로 구 혁신도시법의 의제 규정이 없었다면 위 사업은 택지개발촉진법 등 관련 법령에 따라 인허가를 개별적으로 받음으로써 당연히 위 [별표1]의 적용범위에 포섭되는데도 위 [별표1]에 구 혁신도시법이 명문으로 규정되어 있지 않다는 사정만으로 동일한 인허가의 실질을 가지는 위 사업이 개발부담금의 부과대상에서 제외되는 것은 구 혁신도시법의 입법 취지 및 목적에 부합하지 않는 점 등을 종합하면, 구 혁신도시법에 의하여 위 [별표1]에서 규정하고 있는 택지개발촉진법 등의 인허가가 의제되어 위 사업은 개발부담금의 부과대상이 되는 택지개발사업 등에 해당하므로 위 처분이 근거 법령 없는 위법한 처분이 아니라고 한 사례이다.

'개발부담금 부과대상 개발사업의 시행으로 조성이 끝난 토지'의 의미

(대법원 2014두43349 2015.11.26.)

[판시사항]

구 「개발이익 환수에 관한 법률 시행령」 제4조 제1항 [별표1] 제1호에 정한 '대지조성사업 또는 주택건설사업'의 의미 및 대지조성공사가 필요 없는 토지에 주택건설사업만을 하는 경우 개발부담금 부과대상사업에 해당하는지 여부(소극)

➲ 판결 요지

구 개발이익환수법 시행령 제4조 제1항 [별표1] 제1호에 정한 '대지조성사업 또는 주택건설사업'은 구 주택법의 적용 대상인 일정 면적 이상의 대지조성사업이나 같은 면적의 대지조성과 함께 시행되는 주택건설사업의 경우는 물론, 대지조성 면적이 그 이하인 경우에도 그 대지조성과 함께 시행되는 주택건설의 규모가 구 주택법에 의한 사업계획승인의 대상인 경우에는 그 주택건설사업도 개발부담금 부과대상사업에 해당한다는 의미로서, 대지조성공사가 필요 없는 토지에 주택건설사업만을 하는 경우는 개발부담금 부과대상사업에 해당한다고 볼 수 없다.

'개발부담금 부과대상 개발사업의 시행으로 조성이 끝난 토지'의 의미

(대법원 2013두26507 2014.12.24.)

[판시사항]

(1) 구 「개발이익 환수에 관한 법률 시행령」 제4조 제1항 [별표1] 제1호에 정한 '개발부담금 부과대상 개발사업의 시행으로 조성이 끝난 토지'의 의미

(2) 甲 주식회사가 乙 재단법인으로부터 토지를 매입하여 지상에 건립되어 있던 乙 법인 사택을 철거한 후 공동주택을 신축하자, 관할 시장이 위 공동주택건설사업이 개발부담금 부과대상사업이라는 이유로 甲 회사에 공동주택의 부지가 된 토지에 대하여 개발부담금을 부과한 사안에서, 위 공동주택건설사업은 개발부담금 부과대상에서 제외되는 개발사업으로 보아야 함에도 이와 달리 본 원심판결에 법리를 오해한 위법이 있다고 한 사례

➲ 판결 요지

(1) 구 「개발이익 환수에 관한 법률」(2013.3.23. 법률 제11690호로 개정되기 전의 것) 제1조, 제2조 제1호, 제2호, 제5조 제1항 제1호, 제3항, 구 「개발이익 환수에 관한 법률 시행령」(2012.3.23. 대통령령 제24443호로 개정되기 전의 것, 이하 '구 개발이익환수법 시행령'이라 한다) 제4조 제1항 [별표1] 제1호와 같은 개발부담금 관련 법령의 목적, 개발부담금 부과대상 개발사업에 관한 규정 내용과 취지 등을 종합하여 보면, 구 「개발이익환수법 시행령」 제4조 제1항 [별표1] 제1호에 정한 '개발부담금 부과대상 개발사업의 시행으로 조성이 끝난 토지'란 개발부담금 부과대상 개발사업의 시행이 완료된 토지로서 그 개발사업에 대하여 실제로 개발부담금이 부과되었는지 여부를 묻지 아니한다고 보아야 한다.

(2) 甲 주식회사가 乙 재단법인으로부터 토지를 매입하여 지상에 건립되어 있던 乙 법인 사택을 철거한 후 공동주택을 신축하자, 관할 시장이 위 공동주택 건설사업이 구 「개발이익 환수에 관한 법률 시행령」(2012.3.23. 대통령령 제24443호로 개정되기 전의 것, 이하 '구 개발이익환수법 시행령'이라 한다) 제4조 제1항 [별표1] 제1호에서 정한 개발부담금 부과대상사업이라는 이유로 甲 회사에 공동주택의 부지가 된 토지에 대하여 개발부담금을 부과한 사안에서, 위 토지는 구 「개발이익환수법 시행령」 제4조 제1항 [별표1] 제1호 단서에서 정한 '개발부담금 부과대상 개발사업의 시행으로 조성이 끝난 토지'에 해당하고, 위 공동주택 건설사업은 그러한 토지에서 시행하는 주택건설사업으로서 개발부담금 부과대상에서 제외되는 개발사업이라고 보아야 함에도, 이와 달리 본 원심판결에 법리를 오해한 위법이 있다고 한 사례

"대지조성"의 개념 및 주택건설사업이라도 개발부담금 부과대상이 되지 않는 경우 등

(대법원 1994.3.22. 선고 93누6256 판결)

[판시사항]

가. 개발부담금 부과대상이 되는 "대지조성"의 개념 및 주택건설사업이라도 개발부담금 부과대상이 되지 않는 경우

나. 개발부담금 부과대상이 되는 대지조성공사가 수반되었는지 여부에 관하여 심리미진의 위법이 있다고 한 사례

판결 요지

가. 개발부담금 부과대상사업에 관하여 규정하고 있는 구 「개발이익 환수에 관한 법률」(1993.6.11. 법률 제4563호로 개정되기 전의 것) 제5조, 같은법시행령(1991.9.13. 대통령령 제13465호로 개정되기 전의 것) 제4조 별표1은 제1호에서 택지개발사업을 대상 사업의 한 종류로 분류한 다음, 여기에 속하는 부과대상사업의 하나로서 주택건설촉진법에 의한 대지조성사업을 들면서 "주택건설사업계획 승인을 얻은 자가 주택건설을 위하여 시행하는 대지조성을 포함한다"고 규정하고 있는바, 여기서 대지조성이라고 함은 절토, 성토, 정지 작업, 매립 등 토지의 형질변경 행위를 통하여 대지가 아닌 토지를 대지로 바꾸는 경우는 물론 본래 대지인 토지라도 대지로서의 효용을 높이기 위한 공사를 하는 경우도 이에 포함된다 할 것이나, 주택건설사업이라고 하더라도 대지조성사업을 수반하지 아니하는 경우나 대지조성사업을 수반한다고 하더라도 해당 토지 중에 이미 건축에 적합한 상태로 대지화된 부분이 있어 별도의 대지조성공사

를 요하지 아니하는 경우에는 그 해당 부분은 개발부담금 부과대상에서 제외하여야 한다.

나. 개발부담금 부과대상이 되는 대지조성공사가 수반되었는지 여부에 관하여 심리미진의 위법이 있다고 한 사례

'주택건설을 위한 대지조성사업'의 범위 등(대법원 2000.9.8. 선고 98두5903 판결)

[판시사항]

(1) 개발부담금 부과대상사업인 구 「개발이익 환수에 관한 법률」 제5조, 같은법시행령 제4조 [별표1] 제1호 소정의 '주택건설을 위한 대지조성사업'의 범위

(2) 원래 지목이 전인 토지에 주택건축공사를 하면서 우기시 침수에 대비하기 위하여 토지의 지반고를 1m 이상 높이기로 하고 그 장래의 지반고에 건축물의 높이를 맞춰 건축한 다음 외부에서 대부분의 토석을 반입하여 건축물 주변의 토지를 1m 높게 성토한 것이 개발부담금 부과대상사업인 대지조성사업에 해당한다고 한 사례

(3) 주택건축공사 착공 당시에 아직 대지조성을 마치지 아니한 경우, 개발부담금 부과 완료 시점(=대지조성사업을 사실상 완료한 날)

➲ 판결 요지

(1) 개발부담금 부과대상사업에 관하여 규정하고 있는 구 「개발이익 환수에 관한 법률」(1993.6.11. 법률 제4563호로 개정되기 전의 것) 제5조, 같은법시행령(1991.9.13. 대통령령 제13465호로 개정되기 전의 것) 제4조 [별표1] 제1호 소정의 대지조성이라고 함은 절토, 성토, 정지 작업, 매립 등 토지의 형질변경 행위를 통하여 대지가 아닌 토지를 대지화하는 경우는 물론 건축물의 건축에 적합하도록 대지로서의 효용을 높이기 위한 공사를 하는 경우도 이에 포함된다.

(2) 원래 지목이 전인 토지에 주택건축공사를 하면서 우기시 침수에 대비하기 위하여 토지의 지반고를 1m 이상 높이기로 하고 그 장래의 지반고에 건축물의 높이를 맞춰 건축한 다음 외부에서 대부분의 토석을 반입하여 건축물 주변의 토지를 1m 높게 성토한 것이 개발부담금 부과대상사업인 대지조성사업에 해당한다고 한 사례

(3) 구 「개발이익 환수에 관한 법률」(1993.6.11. 법률 제4563호로 개정되기 전의 것) 제9조 제3항 단서 제2호의 규정에 따라 사업시행자가 주택건설을 위하여 대지조성을 마친 후 그 토지에 주택건축공사를 착공하였으면 그 착공 시기가 바로 '개발사업의

목적 용도로 사용을 개시한 때'에 해당하여 대지조성사업의 완료 시점이 되지만, 착공 당시에 아직 대지조성을 마치지 아니한 경우에는 착공 후 대지조성사업을 사실상 완료한 날이 그 부과 완료 시점이 된다.

➲ 이유

2. 원고 OO지역주택조합의 상고이유를 본다.

가. 제1점에 대하여

개발부담금 부과대상사업에 관하여 규정하고 있는 구 「개발이익 환수에 관한 법률」(1993.6.11. 법률 제4563호로 개정되기 전의 것, 이하 '법'이라 한다) 제5조, 같은법시행령(1991.9.13. 대통령령 제13465호로 개정되기 전의 것) 제4조 [별표1]은 제1호에서 택지개발사업을 대상 사업의 한 종류로 분류한 다음, 여기에 속하는 부과대상사업의 하나로서 주택건설촉진법에 따른 대지조성사업을 들면서 "주택건설사업계획 승인을 얻은 자가 주택건설을 위하여 시행하는 대지조성을 포함한다."고 규정하고 있는바, 여기서 대지조성이라고 함은 절토, 성토, 정지 작업, 매립 등 토지의 형질변경 행위를 통하여 대지가 아닌 토지를 대지화하는 경우는 물론 건축물의 건축에 적합하도록 대지로서의 효용을 높이기 위한 공사를 하는 경우도 이에 포함된다 할 것이다.(대법원 1994.3.22. 선고 93누6256 판결, 1999.4.9. 선고 98두6982 판결 등 참조)

이러한 법리와 기록에 비추어 살펴보면, 원고들이 원래 지목이 전으로 채소류를 재배하던 이 사건 토지의 지반고를 인접도로보다 1m 이상 높여 우기시 침수에 대비하기 위하여 먼저 이 사건 토지를 굴착하고 장래의 지반고에 건축물의 높이를 맞추어 주택건축공사를 한 다음 외부에서 대부분의 토석을 반입하여 건축물 주변의 토지를 1m 높게 성토한 것이 대지조성사업에 해당한다고 판단한 원심의 조치는 옳고, 거기에 심리미진 또는 판단유탈의 위법이 없다.

나. 제2점에 대하여

법 제9조 제3항 단서 제2호의 규정에 따라 사업시행자가 주택건설을 위하여 대지조성을 마친 후 그 토지에 주택건축공사를 착공하였으면 그 착공 시기가 바로 '개발사업의 목적 용도로 사용을 개시한 때'에 해당하여 대지조성사업의 완료 시점이 되지만, 착공 당시에 아직 대지조성을 마치지 아니한 경우에는 착공 후 대지조성사업을 사실상 완료한 날이 그 부과 완료 시점이 된다 할 것이다.

원심판결 이유를 기록에 비추어 보니, 원심이 이 사건 주택 건설공사의 경위를 감안하여 건축물의 바닥이 아닌 토지 부분에 대한 성토작업을 마친 때에 이 사건 토지 전부에 대한 대지조성사업이 사실상 완료되었다고 본 조치는 위와 같은 견해에 따른 것으로 정당하고, 거기에 상고이유로 주장하는 바와 같은 대지조성사업 완료 시점에 관한 법리 오해 또는 심리미진의 위법이 있다고 할 수 없다.

"연접(連接)한 토지"의 의미(대법원 2013.7.11. 선고 2011두17318 판결)

[판시사항]

「개발이익 환수에 관한 법률」 제5조 제2항의 '연접(連接)한 토지'의 의미와 연접 여부의 판단기준 및 서로 물리적으로 떨어져 있는 각 개발사업 구역과 그 사이에 위치한 제3의 토지가 모두 사회 통념상 하나의 토지로서 연접하였는지 판단하는 방법

➲ 판결 요지

「개발이익 환수에 관한 법률」(이하 '개발이익환수법'이라 제5조, 구 「개발이익 환수에 관한 법률 시행령」 2009.12.14., 대통령령 제21881호로 개정되기 전의 것) 제4조 제1항의 취지는 형식상 별개의 사업 대상 토지에 대하여 별도의 개발사업을 시행하는 것으로 되어 있으나 실질적으로 보아 하나의 사업 대상 토지에 대하여 동일한 개발사업을 사실상 분할하여 시행하는 것이라고 평가되는 경우에는 각 사업의 대상 토지 면적을 합산하여 개발사업의 범위 및 규모를 정하겠다는 것이므로, 이러한 취지에 비추어 보면 개발이익환수법 제5조 제2항의 '연접(連接)한 토지'란 개발사업의 대상이 된 토지가 사회 통념상 하나의 토지라고 평가될 수 있을 만큼 서로 맞닿아 있는 경우를 말한다.

여기서 연접 여부의 판단은 실제로 인가 등을 받아 개발사업을 시행하는 개발사업 구역을 기준으로 할 것이지, 개발사업 구역이 속한 지적공부상 하나의 필지를 기준으로 할 것은 아니다. 또한 위 규정의 취지와 개발이익환수법의 입법목적 및 '연접'의 사전적 의미 등에 비추어 서로 물리적으로 떨어져 있는 각 개발사업 구역과 그 사이에 위치한 제3의 토지까지 모두 사회 통념상 하나의 토지로서 연접하였다고 평가하려면, 각 개발사업 구역 사이의 거리, 각 개발사업 구역 토지의 위치 및 형상 등 그 물리적 측면을 일차적으로 고려하되, 제3의 토지의 면적, 소유관계 및 이용 현황, 각 개발사업으로 인한 상호 편익 증대 및 지가 상승 효과, 각 개발사업 시행의 경위, 각 개발사업 구역 내에 제3의 토지가 위치하게 된 경위 등도 함께 고려하여 판단하여야 한다.

연접토지상 개발부담금 부과대상 여부의 판정기준 및 토지 면적 합산의 범위

(대법원 1994.9.9. 선고 94누2459 판결)

[판시사항]

가. 연접토지상 각 개발사업의 사업 주체가 일부만 동일한 경우 구 개발이익 환수에 관한 시행령 제4조 후단에 의한 개발부담금 부과대상 여부의 판정기준 및 토지 면적 합산의 범위

나. 구「개발이익 환수에 관한 법률」 시행 이전에 이미 대지조성사업이 완료된 연접 토지의 면적도 같은법시행령 제4조 후단에 의한 부담금 부과대상사업 해당 여부를 결정하는 토지 면적에 합산되는지 여부

판결 요지

가. 구「개발이익 환수에 관한 법률 시행령」(1992.6.11. 대통령령 제13660호로 개정되기 전의 것) 제4조 후단의 규정에 의하여 연접 토지상의 각 대지조성사업이 개발부담금 부과대상이 되는 개발사업의 규모에 해당하는지 여부를 결정함에 있어서는 각 대지조성사업의 사업 주체가 동일한지 여부의 하나만을 기준으로 할 것은 아니고 사업 주체 등 여러 사정을 참작하여 볼 때 그 대지조성사업이 동일한 것으로서 각각 다른 시기에 인가 등을 받아 사실상 분할하여 시행하는 경우에 해당하는지 여부에 의하여야 하고, 만약 그 경우에 해당한다고 한다면 각 대지조성사업의 대상 토지 면적 전체를 합하여 부담금 부과대상에의 해당 여부를 결정하면 될 것이지 그 대지조성사업에서의 특정 사업 주체의 지분만을 합하여 그 해당 여부를 결정할 것은 아니다.

나. 구「개발이익 환수에 관한 법률」 시행 이전에 이미 대지조성사업이 완료된 연접 토지의 면적을 그 후 대지조성사업이 시행된 연접 토지 위의 토지 면적과 합하여 같은법시행령 제4조 후단에 의한 부담금 부과대상사업에의 해당 여부를 결정할 수 없다.

이유

원심이 적법하게 확정한 사실에 의하면, 원고는 신한은행 제4차 직장주택조합, 제5차 직장주택조합, 제6차 직장주택조합 등과 공동으로 서울 은평구 (주소 1 생략) 등 토지 3,277㎡(원고의 지분은 1,041㎡) 지상에 민영아파트 1동 90세대를 신축하기 위한 이 사건 대지조성사업을 시행하였는데, 그보다 앞서 신한은행 제3차 직장주택조합과 공동으로 위 토지에 연접한(주소 2 생략) 등 토지 4,373㎡(원고의 지분은 450.3㎡) 지상에

민영아파트 1동 111세대를 신축하기 위한 대지조성사업을 시행하였다는 것인바, 이러한 경우 이 사건 토지 자체만으로는 「개발이익 환수에 관한 법률」(1991.12.14. 법률 제4434호로 개정되기 전의 것, 이하 "법"이라고 한다) 제5조, 같은법시행령(1992.6.11. 대통령령 제13660호로 개정되기 전의 것, 이하 "시행령"이라고 한다) 제4조 전단 규정의 개발부담금 부과대상이 되는 개발사업의 규모(3,300㎡)에 해당하지 아니하므로, 나아가 시행령 제4조 후단의 규정에 의하여 그 개발사업의 규모에 해당하는지 여부를 결정함에 있어서는 위 각 대지조성사업의 사업 주체가 동일한지 여부의 하나만을 기준으로 할 것은 아니고 사업 주체 등 여러 사정을 참작하여 볼 때 그 각 대지조성사업이 동일한 것으로서 각각 다른 시기에 인가 등을 받아 사실상 분할하여 시행하는 경우에 해당하는지 여부에 의하여야 할 것이고, 만약 그 경우에 해당한다고 한다면 위 각 대지조성사업의 대상 토지 면적 전체를 합하여 부담금 부과대상에의 해당 여부를 결정하면 될 것이지 그 각 대지조성사업에서의 원고의 각 지분만을 합하여 그 해당 여부를 결정할 것은 아니라고 할 것이다.

원심은, 시행령 제4조 후단에 해당하기 위해서는 그 규정의 취지로 보아 2 이상의 개발사업을 시행하는 각 사업 주체가 동일한 경우라야만 하는데 이 사건에 있어서는 위 각 대지조성사업의 사업 주체가 동일하지 아니하고, 그뿐만 아니라 연접 토지 위의 위 대지조성사업은 법 시행 이전에 이미 완료된 관계로 당초부터 부담금 부과대상에 해당하지도 아니하므로 이 대지조성사업의 대상 토지 면적을 이 사건 토지의 면적과 합하여 부담금 부과대상사업에의 해당 여부를 판정할 수도 없다고 판단하였는바, 위에서 본 법리와 기록에 의하여 살펴볼 때 원심이 시행령 제4조 후단의 적용은 2 이상의 각 개발사업의 주체가 동일한 경우에 한하는 것처럼 설시한 부분은 적절하지 못하다고 하겠으나, 법 시행 이전에 이미 대지조성사업이 완료된 연접 토지의 면적을 이 사건 토지의 면적과 합하여 시행령 제4조 후단에 의한 부담금 부과대상사업에의 해당 여부를 결정할 수 없다고 설시한 부분은 정당하고, 그 사업 완료된 연접 토지 면적을 제외한 이 사건 토지의 면적은 3,300㎡에 미달하므로, 결국 이 사건 부담금 부과 처분이 부과대상에 해당하지 아니한 개발사업에 대하여 행하여진 것으로서 위법하다고 본 원심판결은 그 결론에 있어서 정당하다 할 것이다. 논지는 이유 없다.

분할된 토지에서 개발사업을 각각 시행한 경우 동일한 개발사업으로 볼 수 있는지 여부
(대법원 2001.12.11. 선고 2000두2167 판결)

[판시사항]

동일인이 개발사업을 두 차례 시행하였으나 그 중 첫 번째 개발사업으로 인한 개발이익이 실질적으로 타인에게 귀속되었다고 봄이 상당하다는 이유로, 두 차례의 개발사업을 동일한 개발사업으로 볼 수 없다고 한 사례

➲ 판결 요지

갑이 을, 병과의 공유인 토지의 일부 지상에 건축물을 건축한 후 갑의 건축물이 위치한 토지 부분이 분할되어 을의 단독 소유로 되고, 그 후 갑은 분할된 나머지 토지상에 별도의 건축물을 건축한 경우, 갑의 첫 번째 건축행위로 말미암아 그 건축물이 위치하는 토지 부분에 대하여 사실상의 지목변경이 이루어졌다 하더라도, 그 면적만으로 개발부담금 부과대상 면적에 이르지 아니한 상태에서, 그 부분 토지가 분할되어 을의 단독 소유로 된 이상, 그로써 갑의 사실상의 지목변경으로 인한 개발이익은 모두 을에게 귀속되었다고 봄이 상당하고, 그 후 갑이 분할된 나머지 토지상에서 별도의 건축행위를 하였다 하더라도, 이미 을에게 귀속된 개발이익이 도로 갑에게 귀속된다고 볼 수 없으므로, 양자를 동일한 개발사업으로 보아 그 면적을 합산할 수 없다고 한 사례

➲ 이유

1. 원심은, 원고가 원고, 소외 1 및 소외 2의 공유인 김천시 (주소 1 생략) 답 1,730㎡ 중 일부 지상에 근린생활시설(사무실) 32㎡ 및 근린생활시설(수리점) 48㎡를 건축한 후, 위 토지가 원고 및 소외 2 공유의 (주소 1 생략) 답 954㎡와 소외 1 단독소유인 (주소 2 생략) 답 776㎡로 분할되었고, 원고의 위 건축물들은 모두 위 (주소 2 생략) 토지에 위치하게 된 사실, 위 (주소 1 생략) 답 954㎡는 다시 원고 소유의 (주소 1 생략) 답 400㎡와 소외 2 소유의 (주소 3 생략) 답 554㎡로 분할되었는데, 원고는 분할 후 (주소 1 생략) 답 400㎡ 지상에 청소년유기장 96.25㎡ 및 수리점 77.25㎡를 건축한 사실, 피고는 원고가 위 (주소 2 생략) 답 776㎡ 지상에 하나의 개발사업을 종료한 후 5년 이내에 이와 연접한 위 (주소 1 생략) 답 400㎡ 지상에 개발사업을 하였으므로, 이는 사실상 분할하여 사업을 시행한 경우로서 그 사업 대상 면적을 모두 합한 1,176㎡는 개발부담금 부과대상 면적 990㎡를 초과한다고 하여 원고에게 개발부담금

1,951,660원을 부과한 사실을 인정한 다음, 원고의 위 각 개발사업의 시행이 2년 5개월여의 간격을 두고 공유물 분할 전후에 걸쳐 별개로 이루어졌고, 용도 또한 사무실, 청소년유기장 등인 점, 공유물 분할 후 위 (주소 1 생략) 답 400㎡는 원고의 소유로, 위 (주소 2 생략) 답 776㎡는 소외 1 소유로 각 귀속된 점에 비추어 보면, 위 각 개발사업은 그 성격이 전혀 달라 하나의 개발사업이 형식적으로 분할되어 시행되었다고 보기 어렵고, 따라서 위 각 개발사업은 개발부담금 부과대상이 되는 개발사업의 범위에 해당하지 않는다고 판단하였다.

2. 원고의 분할 전 (주소 1 생략) 답 1,730㎡ 지상에서의 건축행위로 말미암아 분할 후 (주소 2 생략) 토지가 위치하는 부분 776㎡ 전부에 대하여 사실상의 지목변경이 이루어졌다 하더라도, 그 면적만으로 개발부담금 부과대상 면적에 이르지 아니한 상태에서, 그 부분 토지가 분할되어 소외 1의 단독 소유로 된 이상, 그로써 원고의 사실상의 지목변경으로 인한 개발이익은 모두 소외 1에게 귀속되었다고 봄이 상당하고, 그 후 원고가 분할된 (주소 1 생략) 답 400㎡ 지상에서 별도의 건축행위를 하였다 하더라도, 이미 소외 1에게 귀속된 개발이익이 도로 원고에게 귀속된다고 볼 수 없으므로, 양자를 동일한 개발사업으로 보아 그 면적을 합산할 수 없다.

원심이 위 각 개발사업의 면적을 합산할 수 없다고 한 이유 설시 중에 상고이유가 지적하는 것과 같이 적절치 못한 부분이 있는 것은 사실이나, 결론에서 양자의 면적을 합산할 수 없다고 하여 이 사건 부과 처분을 위법하다고 본 것은 결국 옳고, 거기에 상고이유의 주장과 같은 법리 오해의 위법이 없다.

개발부담금 개발사업에 해당하기 위하여 물리적 개발행위에 의한 형질변경을 거쳐 지목변경이 이루어질 것을 요하는지 여부(대법원 1999.12.28. 선고 98두17449 판결)

[판시사항]

구「개발이익 환수에 관한 법률」 제5조 제1항 제10호 소정의 개발사업에 해당하기 위하여 반드시 그 부지에 대한 절토·성토·정지 등의 물리적 개발행위에 의한 형질변경을 거쳐 지목변경이 이루어질 것을 요하는지 여부(소극)

판결 요지

구「개발이익 환수에 관한 법률」(1997.1.13. 법률 제5285호로 개정되기 전의 것) 제5조 제1항 제10호는 개발부담금 부과대상 개발사업의 하나로 '지목변경이 수반되는 사업으로서 대통령령이 정하는 사업'을 규정하고, 같은법시행령(1996.12.31. 대통령령 제15238호로 개정되기 전의 것) 제4조 제1항 [별표1] 제10호는 지목변경이 수반되는 개발사업으로서 '건설교통부령이 정하는 건축물의 건축으로 사실상 또는 공부상의 지목변경이 수반되는 사업'을 규정하고 있으며, 같은법시행규칙(1997.2.15. 건설교통부령 제93호로 개정되기 전의 것) 제3조의2 제2항 [별표 2]는 그 건축물의 종류에 관하여 규정하고 있는바, 건축물의 건축으로 지목변경이 수반되는 사업이 개발부담금 부과대상으로 별도로 규정된 것은 건축물의 부지에 대한 물리적인 형질변경 없이 건축물의 건축만으로 그 부지의 지목이 변경되어 그로 인한 지가 상승의 이익이 발생한 경우에 이를 환수하고자 하는데 그 취지가 있다고 해석되므로, 이들 규정에 정해진 개발사업에 해당하기 위하여는 반드시 그 부지에 대한 절토·성토·정지 등의 물리적 개발행위에 의한 형질변경을 거쳐 지목변경이 이루어질 것을 요하지 아니하고 건축물의 건축으로 인하여 사실상 또는 공부상의 지목변경이 되면 족하다고 봄이 상당하다.

수 필지의 토지에 걸친 건축물의 건축행위가 있고 그 중 일부 토지만에 관하여 사실상 또는 공부상의 지목변경이 이루어진 경우, 개발부담금 부과대상이 되는 규모의 판단기준

(대법원 98두17326 1999.7.23.)

[판시사항]

(2) 토지형질 변경 허가의 대상행위와 같은 유형의 개발행위가 없이 수 필지의 토지에 걸친 건축물의 건축행위가 있고 그 중 일부 토지만에 관하여 사실상 또는 공부상의 지목변경이 이루어진 경우, 구 개발이익 환수에 관한 시행령 제4조 제1항 소정의 개발부담금 부과대상이 되는 규모의 판단기준(= 지목변경이 이루어진 당해 토지만의 면적)

➲ 판결 요지

(2) 토지형질 변경 허가의 대상행위와 같은 유형의 개발행위가 없이 수 필지의 토지에 걸친 건축물의 건축행위가 있고 그 중 일부 토지만에 관하여 사실상 또는 공부상의 지목변경이 이루어진 경우 구 개발이익 환수에 관한 시행령(1997.6.25. 대통령령 제15398호로 개정되기 전의 것) 제4조 제1항 소정의 개발부담금 부과대상이 되는 규모의 판단기준은, 그 지목변경이 이루어진 당해 토지의 면적만을 토대로 하는 것이 상당하다.

수인이 공동으로 개발부담금 부과대상사업을 시행하는 경우 개발부담금 부과대상 여부의 판단방법 (대법원 1993.12.24. 선고 93누20337 판결)

[판시사항]

수인이 공동으로 개발부담금 부과대상사업을 시행하는 경우 개발부담금 부과대상 여부의 판단방법

➲ 판결 요지

개발부담금 부과대상이 되는 특정 토지 개발사업을 수인이 공동으로 시행하는 경우 개별적으로는 사업 규모가 구 개발이익 환수에 관한 시행령(1992.8.25. 대통령 제13718호로 개정되기 이전의 것) 제4조 소정의 3,300제곱미터 이하라 하더라도 그 전체면적을 합산하여 개발부담금 부과대상 여부를 판단하여야 한다.

➲ 이유

1. 제1점 및 제2점에 대하여

개발이익 환수에 관한 법률의 목적이 같은 법률 제1 내지 4조의 규정 내용에 비추어 보면, 국가 등으로부터 인허가 등을 받아 토지 개발사업을 시행하는 자가 그 사업을 시행함으로써 정상지가상승분을 초과하여 얻게 되는 개발이익을 환수하여 이를 적정하게 배분함으로써 토지에 대한 투기를 방지하고, 토지의 효율적인 이용을 촉진하여 국민경제를 건전하게 발전시키는 데에 있는 점, 개발부담금 부과대상사업의 규모를 같은 법률 구 시행령(1992.8.25. 대통령령 제13718호로 개정 개정되기 전의 것) 제4조에서 3,300㎡ 이상으로 한 것은 적어도 그 정도의 면적 이상이 되어야만 그 개발로 인하여 상당한 투기적 이득이 발생한다고 본데서 비롯한 점, 또한 그 시행령이 연접한 토지에서 동일한 사업을 시기를 달리하여 인가를 받아 분할하여 시행을 하더라도 각 사업의 대상 토지의 면적을 합한 토지에 하나의 개발사업이 시행되는 것으로 본다고 규정하고 있는 점을 종합하여 보면 개발부담금 부과대상이 되는 특정 토지 개발사업을 수인이 공동으로 시행하는 경우에는 개별적으로는 그 사업 규모가 3,300㎡ 이하라 하더라도 그 전체면적을 합산하여 개발부담금 부과대상 여부를 판단하여야 할 것이다.

원심판결 이유를 기록과 대조하여 살펴보면, 원고와 소외인이 공동으로 이 사건 임야를 공장부지로 조성하는 토지형질 변경 사업을 시행한 사실을 인정한 조치에 수

긍이 가고, 그 과정에 소론이 주장하는 바와 같이 심리미진 내지 채증법칙을 위배한 사실오인의 위법이 있다 할 수 없고, 또한 공장부지로 형질 변경된 위 4,079㎡ 중 원고에게 귀속되는 지분의 몫이 2,079㎡로서 3,300㎡에 미달된다 하더라도 2인 이상이 공동으로 사업을 시행하는 경우에 있어 각 사업시행자별 지분이 개발부담금 부과대상이 되는 위 최소규모에 해당하는지의 여부에도 불구하고 전체사업의 대상 토지의 면적이 위 규모 이상이면 그 공동사업자 모두에게 개발부담금을 부과할 수 있다는 이유로 원고가 행한 위 토지형질 변경 사업이 그 규모에 있어 개발부담금의 부과대상이 되는 사업에 해당한다고 본 원심의 판단은 앞서 본 위 견해에 따른 것으로서 정당하고, 거기에 소론과 같은 법리 오해의 위법이 있다고 할 수 없다. 논지는 모두 이유 없다.

2. 제3점에 관하여

원심이 적법하게 확정한 바와 같이, 피고는 원고가 도시계획법 제4조에 의하여 이 사건 임야를 공장용 부지로 조성하는 토지형질 변경 사업에 대하여 개발부담금을 부과하였는바, 이러한 토지형질 변경 사업이 「개발이익 환수에 관한 법률」 제5조 제1항 제11호, 같은 법 구 시행령(1991.9.13. 대통령령 제13465호로 개정되기 이전의 것) 제4조, 별표1의 사업종류 11호 소정의 도시계획법에 의한 사업 종류 1호 내지 9호의 대상 사업에 준하는 토지형질 변경 사업에 해당함이 당해 법조문의 취지에 비추어 명백하고, 또한 소론이 주장하는 바와 같이 위 구시행령에서 개발부담금 부과대상사업의 범위를 규정하는 별표1이 1991.9.13. 대통령령 제13465호로 개정되었으나, 그 개정된 시행령 부칙 제2조에서 별표1의 개정 규정은 그 영 시행일 이후에 사업인가 등을 받아 착수하는 사업분부터 적용한다고 규정하고 있어 1991.5.9. 도시계획법 제4조에 의하여 토지형질 변경 허가를 받아 같은 달 11. 그 시행에 착수한 이 사건의 경우에는 1991.9.13.자 개정 이전의 구 시행령이 적용되어야 하므로 위 구 시행령을 적용하여 원고의 위 토지형질 변경 사업이 개발부담금의 부과대상이라고 판단한 원심의 조치는 정당하고, 그 과정에 소론이 주장하는 바와 같이 법리 오해의 위법이 있다할 수 없다. 논지도 역시 이유 없다.

개발부담금 개발사업에 해당하기 위하여 물리적 개발행위에 의한 형질변경을 거쳐 지목변경이 이루어질 것을 요하는지 여부 (대법원 1999.12.28. 선고 98두17449 판결)

[판시사항]

구 「개발이익 환수에 관한 법률」 제5조 제1항 제10호 소정의 개발사업에 해당하기 위하여 반드시 그 부지에 대한 절토·성토·정지 등의 물리적 개발행위에 의한 형질변경을 거쳐 지목변경이 이루어질 것을 요하는지 여부(소극)

➲ 판결 요지

구 「개발이익 환수에 관한 법률」(1997.1.13. 법률 제5285호로 개정되기 전의 것) 제5조 제1항 제10호는 개발부담금 부과대상 개발사업의 하나로 '지목변경이 수반되는 사업으로서 대통령령이 정하는 사업'을 규정하고, 같은법시행령(1996.12.31. 대통령령 제15238호로 개정되기 전의 것) 제4조 제1항 [별표1] 제10호는 지목변경이 수반되는 개발사업으로서 '건설교통부령이 정하는 건축물의 건축으로 사실상 또는 공부상의 지목변경이 수반되는 사업'을 규정하고 있으며, 같은법 시행규칙(1997.2.15. 건설교통부령 제93호로 개정되기 전의 것) 제3조의2 제2항 [별표 2]는 그 건축물의 종류에 관하여 규정하고 있는바, 건축물의 건축으로 지목변경이 수반되는 사업이 개발부담금 부과대상으로 별도로 규정된 것은 건축물의 부지에 대한 물리적인 형질변경 없이 건축물의 건축만으로 그 부지의 지목이 변경되어 그로 인한 지가 상승의 이익이 발생한 경우에 이를 환수하고자 하는데 그 취지가 있다고 해석되므로, 이들 규정에 정해진 개발사업에 해당하기 위하여는 반드시 그 부지에 대한 절토·성토·정지 등의 물리적 개발행위에 의한 형질변경을 거쳐 지목변경이 이루어질 것을 요하지 아니하고 건축물의 건축으로 인하여 사실상 또는 공부상의 지목변경이 되면 족하다고 봄이 상당하다.

공부상 지목은 전(田)이나 사실상 대지로 이용되어 온 토지 상에 근린생활시설을 건축한 후 지목변경을 신청하여 그 지목을 '대(垈)'로 변경한 경우 개발부담금 대상 여부 (대법원 1999.7.23. 선고 98두17326 판결)

[판시사항]

(1) 공부상 지목은 전(田)이나 사실상 대지로 이용되어 온 토지 상에 근린생활시설을 건축한 후 지목변경을 신청하여 그 지목을 '대(垈)'로 변경한 경우, 그 토지는 근린생활시설의

건축으로 인하여 비로소 사실상 지목이 '대'로 변경되었다는 이유로 구 「개발이익 환수에 관한 법률 시행령」 제4조 [별표 1]의 제10호 소정의 '사실상 또는 공부상 지목변경이 수반되는 사업'에 해당한다고 한 사례

(2) 토지형질 변경 허가의 대상행위와 같은 유형의 개발행위가 없이 수 필지의 토지에 걸친 건축물의 건축행위가 있고 그 중 일부 토지만에 관하여 사실상 또는 공부상의 지목변경이 이루어진 경우, 구 「개발이익 환수에 관한 법률 시행령」 제4조 제1항 소정의 개발부담금 부과대상이 되는 규모의 판단기준(=지목변경이 이루어진 당해 토지만의 면적)

➲ 판결 요지

(1) 공부상 지목은 전(田)이나 사실상 대지로 이용되어 온 토지 상에 근린생활시설을 건축한 후 지목변경을 신청하여 그 지목을 '대(垈)'로 변경한 경우, 그 토지는 근린생활시설의 건축으로 인하여 비로소 사실상 지목이 '대'로 변경되었다는 이유로 구 「개발이익 환수에 관한 법률 시행령」(1997.6.25. 대통령령 제15398호로 개정되기 전의 것) 제4조 [별표1]의 제10호 소정의 '사실상 또는 공부상 지목변경이 수반되는 사업'에 해당한다고 한 사례.

(2) 토지형질 변경 허가의 대상행위와 같은 유형의 개발행위가 없이 수 필지의 토지에 걸친 건축물의 건축행위가 있고 그 중 일부 토지만에 관하여 사실상 또는 공부상의 지목변경이 이루어진 경우 구 「개발이익 환수에 관한 법률 시행령」(1997.6.25. 대통령령 제15398호로 개정되기 전의 것) 제4조 제1항 소정의 개발부담금 부과대상이 되는 규모의 판단기준은, 그 지목변경이 이루어진 당해 토지의 면적만을 토대로 하는 것이 상당하다.

개발부담금 부과대상인 지목변경이 수반되는 개발사업에 사실상 대지화 된 공장용지상의 건축행위가 포함되는지 여부 (광주고법 1997.10.10. 선고 97구897 판결 : 상고)

[판시사항]

개발부담금 부과대상인 지목변경이 수반되는 개발사업에 사실상 대지화 된 공장용지상의 건축행위가 포함되는지 여부(소극)

➲ 판결 요지

당해 토지는 택지조성 사업이 종료됨에 따라 사실상 그 지목이 공장용지에서 대지

로 변경되었을 뿐 아니라 도시계획구역의 공업지역 안에서 제조업을 목적으로 하는 공장시설의 부지에서 제외되고 영구적 건축물의 부지로 되어 당시 시행 중이던 지적법 시행령상 공장용지의 정의에도 합치하지 않게 됨으로써 위 지적법시행규칙 제21조 제1항 제3호 소정의 '토지의 사용 목적이 변경된 토지'에 해당하여 이미 지목변경 사유가 발생하였다고 봄이 상당하고, 또한 그 지상 건물의 신축시에 별도의 대지조성 작업을 요하지도 아니하여 위 건물의 신축을 위한 대지조성으로 비로소 지목변경 사유가 발생한 것도 아니므로 위 건물의 신축을 위한 대지조성사업이 사실상 또는 공부상의 지목변경이 수반되는 사업에 해당되지 아니한다.

창고시설의 설치로 사실상 또는 공부상 지목변경이 수반되는 사업을 위한 용지조성사업이 개발부담금 과세대상인지 여부 (대법원 2018.3.27. 선고 2014두43158 판결)

[판시사항]

(1) 구 「개발이익 환수에 관한 법률 시행령」 제4조 제1항[별표1]에서 개발부담금의 부과대상인 물류시설 용지조성사업의 하나로 규정된 '건축법에 근거하여 창고시설의 설치로 사실상 또는 공부상 지목변경이 수반되는 사업을 위한 용지조성사업'의 의미

(2) 국토의 계획 및 이용에 관한 법률 시행령 제53조 제3호 (다)목에서 정한 '조성이 완료된 기존 대지'의 의미 / 위와 같은 '조성이 완료된 기존 대지'에 절토나 성토 없이 건축물이나 그 밖의 공작물을 설치하기 위하여 경미한 형질변경을 하였을 뿐이고 해당 토지의 지목이 '건축물의 부지'에 해당하는 여러 지목들 사이에서 단지 지상 건물의 용도에 따라 변경되었을 뿐인 경우, 형질변경 허가 등을 받아야 하는지 여부(소극) / 형질변경 허가 등을 받을 필요가 없는 행위나 변경의 경우, 개발부담금의 부과대상인 '물류시설 용지조성사업'이 시행된 경우라고 볼 수 있는지 여부(소극)

(3) 구 「개발이익 환수에 관한 법률」 제5조 제2항 및 구 「개발이익 환수에 관한 법률 시행령」 제4조 제1항 제2문의 규정 취지 / 어느 개발사업이 개발부담금의 부과대상이 되는 개발사업의 범위 자체에 해당하지 않는 경우, 위 규정에 따라 그 개발사업의 면적을 포함한 합산 면적을 기준으로 개발부담금을 부과할 수 있는지 여부(소극)

➲ 판결 요지

(1) 구 「개발이익 환수에 관한 법률 시행령」(2013.3.23. 대통령령 제24443호로 개정되기 전의 것) 제4조 제1항[별표1]에서 개발부담금의 부과대상인 물류시설 용지조성사업의 하나로 규정된 '건축법에 근거하여 창고시설의 설치로 사실상 또는 공부상 지목변경이 수반되는 사업을 위한 용지조성사업'이란 단순히 창고시설을 건축하는 사

업을 의미하는 것이 아니라, 그 창고시설의 부지로 사용할 토지에 대한 형질변경 허가 등을 받아 그 부지를 조성하는 사업이 시행되는 경우를 의미한다.

(2) 국토의 계획 및 이용에 관한 법률 시행령(이하 '국토계획법 시행령'이라 한다) 제53조 제3호 (다)목에서 '조성이 완료된 기존 대지'는 이미 형질변경 허가 등을 통해 토지의 용도를 적법하게 변경하고 이미 평탄화 공사를 마쳐 절토나 성토 없이도 건축물이나 공작물을 설치할 수 있는 상태가 되어 있는 토지를 말하며, 그 토지의 지목이 '대(垈)'인 경우만을 의미하는 것은 아니다.

결국 국토계획법 시행령 제53조 제3호 (다)목이 정하는 바와 같은 '조성이 완료된 기존 대지'에 절토나 성토 없이 건축물이나 그 밖의 공작물을 설치하기 위하여 경미한 형질변경을 하였을 뿐이고, 해당 토지의 지목이 '건축물의 부지'에 해당하는 여러 지목들 사이에서 단지 지상 건물의 용도에 따라 변경되었을 뿐인 경우에는, 형질변경 허가 등을 받을 필요가 없다. 그리고 그와 같이 형질변경 허가 등을 받을 필요가 없는 행위나 변경의 경우라면, 공작물의 부지로 사용할 토지에 대한 형질변경 허가 등을 받아 그 부지를 조성하는 사업, 즉 개발부담금의 부과대상인 '물류시설 용지조성사업'이 시행된 경우라고 볼 수 없다.

(3) 구 「개발이익 환수에 관한 법률」(2014.1.14. 법률 제12245호로 개정되기 전의 것) 제5조 제2항 및 그 위임에 따른 구 「개발이익 환수에 관한 법률 시행령」(2013.3.23. 대통령령 제24443호로 개정되기 전의 것) 제4조 제1항 제2문은 동일인이 분할하여 시행하는 각각의 개발사업이 개발부담금의 부과대상이 되는 개발사업의 범위에는 해당하나 개발사업의 규모(최소면적 기준) 를 충족하지 못하여 부과대상이 되지 않는 경우에도 그 합산 면적을 기준으로 하나의 개발행위가 시행되는 것으로 간주하여 개발부담금을 부과한다는 취지이다. 따라서 어느 개발사업이 개발부담금의 부과대상이 되는 개발사업의 범위 자체에 해당하지 않는다면 그 개발사업의 면적을 포함한 합산 면적을 기준으로 개발부담금을 부과할 여지는 없다.

여러 필지의 토지에 걸친 건축물의 건축행위가 있고 그 중 일부 토지에만 사실상 또는 공부상의 지목변경이 이루어진 경우 개발부담금 부과대상이 되는 규모의 판단기준

(대법원 2008.2.1. 선고 2007두24920 판결)

[판시사항]

여러 필지의 토지에 걸친 건축물의 건축행위가 있고 그 중 일부 토지에만 사실상 또는 공부상의 지목변경이 이루어진 경우 구 「개발이익 환수에 관한 법률 시행령」 제4조 제1항에 정한 개발부담금 부과대상이 되는 규모의 판단기준

➲ 이유

「개발이익 환수에 관한 법률」 제5조 제1항 제10호는 개발부담금 부과대상이 되는 개발사업의 하나로 '지목변경이 수반되는 사업으로서 대통령령이 정하는 사업'을 규정하고, 법 시행령 제4조 [별표1]의 제9호는 지목변경이 수반되는 개발사업으로서 '건설교통부령이 정하는 건축물의 건축으로 사실상 또는 공부상의 지목변경이 수반되는 사업'을 규정하고, 같은 조 제1항 제1호는 그 규모를 특별시 지역 중 도시계획구역인 지역에서 시행하는 사업의 경우에는 660㎡ 이상으로 규정하고 있는바, 여러 필지의 토지에 걸친 건축물의 건축행위가 있고 그 중 일부 토지만에 관하여 사실상 또는 공부상의 지목변경이 이루어진 경우 법 시행령 제4조 제1항 소정의 개발부담금 부과대상이 되는 규모의 판단기준은, 그 지목변경이 이루어진 당해 토지의 면적만을 토대로 함이 상당하다고 할 것이다.(대법원 1999.7.23. 선고 98두17326 판결 참조)

원심은 그 채용 증거에 의하여, 원고가 2002.12.23. 피고로부터 도시계획구역 중 일반주거지역인 서울 마포구 상수동 156-2 잡종지 331㎡(이하 '이 사건 토지'라 한다), 같은 동 153-5 대 887㎡, 같은 동 157-1 대 887㎡, 같은 동 276-14 대 21㎡ 등 합계 2,217㎡의 토지 지상에 근린생활시설(오피스텔) 건축허가를 받아 그 공사(이하 '이 사건 개발사업'이라 하고, 이에 의하여 건축된 건축물을 '이 사건 건축물'이라 한다)를 시행하였고, 2005.5.25. 피고로부터 이 사건 건축물에 대한 사용승인을 받은 사실을 인정하였는바, 그렇다면 지목변경이 이루어진 것은 이 사건 토지뿐이라고 할 것이고, 그 면적은 660㎡에 미달하는 331㎡에 지나지 아니하므로 위 법령에 따른 개발부담금 부과대상에 해당하지 아니한다고 할 것이다. 원심판결이 들고 있는 대법원 2005.5.13. 선고 2004두2073 판결은 건축물에 대한 사용승인을 전후하여 지목이 답에서 도로 또는 대지로 변경된 토지의 면적의 합계가 990㎡를 초과하는 경우에 관한 것으로서 이 사건과는 사안이 달라 이 사건에 적용하기에 적절한 것이 아니다.

그럼에도 불구하고 원심은, 이와 다른 견해에서 이 사건 개발부담금 부과 처분이 적법하다고 판단하고 말았으니, 원심판결에는 개발부담금 부과대상에 관한 법리를 오해하여 판결에 영향을 미친 위법이 있다고 할 것이다.

건축물의 건축으로 인하여 토지의 지목이 사실상 변경된 경우 개발부담금 부과대상이 되는지 여부(대법원 1998.11.13. 선고 97누2153 판결)

[판시사항]

(1) 건축법상 건축허가를 받은 건축물의 건축으로 인하여 토지의 지목이 사실상 변경된 경우, 토지에 대한 물리적 개발행위 없이도 구 「개발이익 환수에 관한 법률 시행령」 제4조[별표1]의 10호 소정의 개발부담금 부과대상이 되는지 여부(적극)

(2) 구 「개발이익 환수에 관한 법률 시행령」 제4조[별표1]의 10호 소정의 '건설교통부령이 정하는 건축물의 건축으로 사실상 또는 공부상의 지목변경이 수반되는 사업'의 개발부담금 부과종료시점(=건축물 사용검사일 또는 건축물 임시사용승인일) 및 같은법시행령 제8조가 모법의 위임 근거가 없거나 위임 취지에 반하여 무효인지 여부(소극)

(3) 산출 근거를 누락한 개발부담금 납부고지서의 하자가 그 전에 산출 근거를 기재하여 한 예정 변경 통지에 따라 보완 또는 치유되는지 여부(적극)

➲ 판결 요지

(1) 건축법상 건축허가를 받아 지목이 전(田)인 토지상에 창고를 건축하여 사용검사를 받고 그 건축으로 인하여 토지의 지목이 사실상 대(垈)로 변경되었다면 그 토지상에 창고를 건축하는 내용의 개발사업은 그 건축시에 실제로 토지에 대한 절토·성토·정지 등의 물리적 개발행위를 하였는지 여부를 묻지 아니하고 「개발이익 환수에 관한 법률」(1993.6.11. 법률 제4563호로 개정된 것) 제5조 제1항 제10호 및 구 「개발이익 환수에 관한 법률 시행령」(1993.8.12. 대통령령 제13956호로 개정되고 1997.6.25. 대통령령 제15398호로 개정되기 전의 것) 제4조[별표1]의 10호 소정의 '건설교통부령이 정하는 건축물의 건축으로 사실상 또는 공부상의 지목변경이 수반되는 사업'에 해당하여 개발부담금 부과대상이 된다.

(2) 「개발이익 환수에 관한 법률」 제5조 제1항 제10호 및 구 「개발이익 환수에 관한 법률 시행령」(1997.6.25. 대통령령 제15398호로 개정되기 전의 것) 제4조[별표1]의 10호 소정의 '건설교통부령이 정하는 건축물의 건축으로 사실상 또는 공부상의 지목변

경이 수반되는 사업'은 같은법시행령 제8조 제1항 제2호 소정의 '토지의 개발과 건축물의 건축을 함께 행하는 개발사업'에 해당한다고 할 것이므로, 그 개발부담금 부과종료시점은 원칙적으로 같은 법 제9조 제3항 본문 및 같은법시행령 제7조 제1항[별표 2]의 10 규정에 따라 '건축물 사용검사일'이 되고, 만약 그 사용검사 전에 건축물 임시사용승인을 받았다면 예외적으로 같은 법 제9조 제3항 단서 제2호 및 같은법시행령 제8조 제2항 제3호 규정에 따라 '건축물 임시사용승인일'이 된다고 할 것이며, 이와 같이 토지의 개발과 건축물의 건축을 함께 행하는 개발사업의 예외적 부과종료시점을 건축물 임시사용승인 일로 정하고 있는 같은법시행령 제8조 제1항 제2호 및 제2항 제3호의 규정은 같은 법 제9조 제3항 단서 제2호 소정의 '목적 용도로 사용을 개시한 날'을 당해 조항의 위임에 의하여 그 위임 취지에 부합되게 '건축물 임시사용승인일'로 구체화한 것으로서 이를 모법의 위임 근거가 없거나 그 위임 취지에 위배된 무효의 규정이라고 할 수 없다.

(3) 당초 개발부담금 부과처분시 발부한 납부고지서에 개발부담금의 산출 근거를 누락시켰지만 그 이전에 개발부담금 예정 변경 통지를 하면서 산출 근거가 기재되어 있는 개발부담금 산정 내역서를 첨부하여 통지하였다면, 그와 같은 납부고지서의 하자는 위 예정 변경 통지에 의하여 보완 또는 치유된다.

토지형질변경행위허가 당시에 지목(전)에 불구하고 사실상 대지화 되어 있는 경우 개발부담금의 부과대상 여부 (대법원 1996.1.23. 선고 95누8287 판결)

[판시사항]

개발부담금 부과대상인 토지형질 변경에 해당한다고 한 사례

➲ 판결 요지

사업대상토지 부분은 토지형질변경행위허가 당시에 이미 그 지목(전)에 불구하고 사실상 대지화되어 있었다고 할 것이지만, 그 사실상 대지화된 토지 상태가 최고 2.74m의 높이 차가 나는 경사진 토지로서 이 사건 토지형질변경행위허가 후에 절토·성토·정지 등의 행위를 통하여 이를 740m²와 1,243m²로 나누어 약 1.5m의 높이 차이가 나는 계단식의 평탄한 토지로 변경한 이상, 사업대상토지 부분이 토지형질변경행위허가 당시에 이미 건축물의 건축을 위하여 별도의 절토·성토·정지 등의 행위를 할 필요가 없는 토지였다거나 별도의 절토·성토·정지 등의 행위가 필요했더라도

그것이 건축물의 설치를 위한 것으로써 토지형질변경행위허가를 얻을 필요가 없는 경미한 것이었기 때문에 별다른 인·허가 절차 없이 건축허가만으로서 건축물의 건축이 가능했거나 지적법상의 지목변경절차에 의해서 단순히 지목을 대지로 변경할 수 있었던 경우에 해당한다고 볼 수는 없고, 건축물의 건축에 적합한 상태로 대지로서의 효용을 높이기 위하여 공사를 한 경우에 해당한다고 할 것이므로, 사업대상토지 부분은 개발부담금의 부과대상토지라고 한 원심을 정당하다고 한 사례

주변 도로 침수 방지를 위한 옹벽 또는 석축을 설치하여 대지조성을 한 경우 개발부담금 부과대상사업인지 여부 (서울고법 1992.9.22. 선고 91구25514 제6 특별부 판결 : 상고)

[판시사항]

아파트 건설사업의 승인 조건에 따른 공사로서 주변 도로 침수 방지를 위한 옹벽 또는 석축을 설치하여 대지조성을 한 경우 개발부담금 부과대상사업이라 볼 수 없다고 한 사례

➲ 이유

2. 본안에 관한 판단

원고 조합이 1988.8.24. 피고로부터 주택조합설립 인가를 받아 같은 해 9.30. 서울 성동구 광장동 484, 484의 3, 같은 구 구의동 541의 5 3필지 대지 합계 39,775㎡를 매입하여 소유권이전등기를 경료한 후 같은 해 12.30. 주택건설촉진법 제33조의 규정에 의한 민영주택 건설사업(아파트 건설사업)의 승인을 받아 사업을 착수한 다음 같은 달 31.에 착공하여 1990.10.19.에 위 사업을 준공한 사실, 피고는 원고 조합이 위 주택건설사업을 수행함에 있어 그 주택건설사업뿐만 아니라 주택건설촉진법상의 대지조성사업도 함께 하였다 하여 「개발이익 환수에 관한 법률」 제5조, 같은법시행령 제4조에 의하여 원고 조합에 같은 해 12.26.자로 그 개발부담금 1,814,878,440원과 1991.5.1.자로 추가로 개발부담금 2,495,823,480원을 각 부과 처분한 사실은 당사자 사이에 다툼이 없는 바이고, 을 제1호증의 1, 2, 3, 을 제2호증의 1, 2, 7, 8, 9, 10, 을 제3, 5호증, 을 제4호증의 1, 2,의 각 기재와 증인 이정권, 김달기의 각 일부증언에 변론의 전취지를 보태어 보면,

피고가 원고에게 위 민영주택 건설사업을 승인함에 있어 그 승인 조건 중의 일부로 "아파트 단지가 쓰레기 매립으로 인한 가스발생의 대책으로 단지 계획고 조정이 불가할 시는 아파트부지 계획고가 도로계획고보다 높은 구간은 집중강우시 도로 침

수 방지를 위한 옹벽 또는 석축을 설치할 것" 등의 조건을 붙인 사실, 원고는 이에 따라 1989.2.경 피고에게 대지조성공사 착공신고를 함과 아울러 대지조성 착공검사 신청을 하고 위 승인 조건 등에 따른 공사로서 성토, 절토, 옹벽, 석축 등의 공사를 한 다음 1990.9.26.에 위 대지조성에 대한 준공검사를 마친 사실을 인정할 수 있다.

이에 피고는, 원고 조합이 한 위 대지조성은 원고 조합이 주택건설촉진법 제33조의 규정에 의한 민영주택 아파트 건설사업의 승인을 받아 그 사업을 시행하면서 동시에 주택건설촉진법에 따른 대지조성사업도 함께 시행한 것이므로 이는 「개발이익 환수에 관한 법률」 제5조 제1항 제1호 및 제2항, 같은법시행령 제4조에 규정한 개발부담금 부과대상사업 중의 하나인 대지조성사업에 포함되는 "주택건설사업계획 승인을 얻은 자가 주택건설을 위하여 시행한 대지조성"이라 할 것이어서 피고의 원고에 대한 이 사건 개발부담금 부과 처분은 개발부담금 부과대상사업에 부과한 것이므로 적법하다고 주장한다.

그러나 「개발이익 환수에 관한 법률」 제5조[대상 사업] 제1항은 "개발부담금의 부과대상인 개발사업은 다음 각호의 1에 해당하는 사업 등으로 한다."라고 규정하고 그 제1호로 "택지개발사업"을 열거하고, 그 제2항은 "제1항 각호의 개발사업의 범위 및 규모 등에 관하여 필요한 사항은 대통령령으로 정한다."라고 규정하고, 같은법시행령 제4조[대상 사업] 에 의하면, "법 제5조의 규정에 의하여 부담금의 부과대상이 되는 개발사업의 범위는 별표1과 같고…."라고 규정하고, 그 별표에 의하면, 개발부담금 부과대상사업 중 "택지개발사업"의 종류 가운데, 대지조성사업을 그 하나로 열거하면서 "주택건설사업계획 승인을 얻은 자가 주택건설을 위하여 시행하는 대지조성을 포함한다."라고 규정하고 있으므로 위 전후의 규정 취지들을 종합하여 보면, 여기에서 "주택건설을 위하여 시행하는 대지조성"이 개발부담금 부과대상이 되려면, 그것이 "택지 개발"의 범주에 속하는 것이어야 하며, 여기의 "택지 개발"이라 함은 기본적으로 대지가 아닌 토지를 대지로 바꾸는 것을 의미할 것이나, 예외적으로 이미 대지인 토지를 보다 나은 대지로 개량하는 경우에 이를 "택지 개발"에 해당한다고 하려면, 그것이 대지가 아닌 토지를 대지화 하는 것에 버금할 정도의 대지 개량의 경우만을 포함하는 것으로 풀이함이 상당하다 할 것인데, 이 사건에 있어 원고 조합이, 피고가 주장하는 대지조성을 함에 있어서 그 절차상 대지조성 착공 및 대지조성 준공이라는 절차를 거쳤기는 하나, 그 실질관계에 있어서는, 원고 조합이 일단 조성된 위 대지상에 피고로부터 민영주택건설사업승인을 받아 아파트 건물을 건축함에 있어, 위에서 본 바와 같이 다만 피고가 원고 조합의 아파트 건물 건축공사와 관련하여 위 대지의 안전을 위하여 필요한 범위 내에서 "단지계획고 조정이 불가할 때…집중강우시 도로 침수 방지를 위한 옹벽 또는 석축을 설치할 것"이라는 승인 조건(이외에도 "올림픽대로 및 폭 20m 도로변에 접하는 아파트 동 주변 녹지고를 20.50으로 낮추어 계획하고 폭 20m 도로에 시공하는 석축 대신 옹벽으로 시공하고 옹벽고를 20.50으로 단지고와 일정하게 할 것"이라는 토목에 관한 승인 조건도 있었다)을 붙여 이에 따라 그 범위 내에서 공사를 시행한 것이니, 피고가 붙인 위 승인 조건은 여러 승인 조건들 중 형식상 "대지조성"의 란에 붙인 조건이기는 하나, 그 내용상 "택지 개발"을 위한 대지조성의 목적으로 이를 붙인 것이라 볼 것도 못되고, 그 승인 조건에 따라 원고 조합이 시행한 위 대지에 관한 공사를 놓고 위 법률이 규정한 "택지 개발의 범주"에 속하는 정도로 대지를 개량한 대지조성이라 볼 것도 또한 못된다 할 것이어서 그 승인 조건에 따라 원고 조합이 시행한 위 대지에 관한 공사를 「개발이익 환수에 관한 법률」 제5조 및 같은법시행령 제4조에 규정한 개발부담금 부과대상사업이라 볼 수는 없을 것인즉, 이와 반대의 견지에서 한 피고의 위 개발부담금 부과 처분은 더 나아가 살펴볼 필요도 없이 적법하다 볼 수 없고, 원고 조합의 같은 취지의 주장은 이유 있다.

그렇다면, 피고의 원고 조합에 대한 위 개발부담금 부과 처분이 위법하다 하여 그 취소를 구하는 원고 조합의 이 사건 청구는 정당하므로 이를 인용하기로 하여 주문과 같이 판결한다.

기존의 주차장 부지 등에 관하여 건축목적을 위한 토지형질변경허가를 받아 하수관 이설공사를 마치고 그 지목을 '전' 또는 '도로'에서 '대'로 변경한 경우, 개발부담금 부과대상인 개발사업에 해당하는지 여부 (소극) (대법원 1998.7.14. 선고 97누775 판결)

[판시사항]

기존의 주차장 부지 등에 관하여 건축목적을 위한 토지형질변경허가를 받아 하수관 이설공사를 마치고 그 지목을 '전' 또는 '도로'에서 '대'로 변경한 경우, 개발부담금 부과대상인 개발사업에 해당하는지 여부(소극)

➲ 판결 요지

구 「개발이익 환수에 관한 법률」(1995.12.29. 법률 제5108호로 개정되기 전의 것) 제5조 제1항 제11호, 구 「개발이익 환수에 관한 법률 시행령」(1996.12.31. 대통령령 제15238호로 개정되기 전의 것) 제4조 제1항 [별표1], 구 「개발이익 환수에 관한 법률 시행규칙」

(1997.2.15. 건설교통부령 제93호로 개정되기 전의 것) 제3조의2 제6항[별표 2]에서 정하고 있는 도시계획법상의 토지형질변경허가에 의하여 시행하는 사업이 개발부담금 부과대상이 되는 개발사업에 해당하기 위해서는 절토·성토·정지 또는 매립 등 토지의 형질변경행위에 의하여 대지가 아닌 토지를 대지로 바꾸는 경우는 물론, 본래 대지인 토지라도 대지로서의 효용을 높이기 위한 공사를 하는 경우도 이에 포함되는 것이나, 그 허가 당시에 이미 건축물의 건축을 위하여 별도의 절토·성토·정지 등의 행위를 할 필요가 없는 토지이거나 그러한 행위가 필요하더라도 그것이 건축물의 설치를 위한 것으로서 토지형질변경행위허가를 받을 필요가 없는 경미한 것이기 때문에 별다른 인·허가 절차 없이 건축허가만으로 건축물의 건축이 가능하거나 지적법상의 지목변경절차에 의하여 단순히 지목을 대로 변경할 수 있는 경우에는 그 사업대상 토지는 개발부담금의 부과대상에서 제외된다. 따라서 당해 각 토지는 위 법률시행일 이전부터 이미 사실상 대지화가 완료되어 근린생활시설 및 주차장의 부지로 사용되어 오면서 토지형질 변경 허가 당시 토지 형상의 변경이 따로 필요하지 아니한 상태에 있었으므로, 당해 각 토지에 대하여 개발부담금 부과대상이 되는 위 허가에 터잡은 토지형질 변경 사업이 있었다고 볼 수 없고, 따라서 이를 부과대상으로 삼은 당해 개발부담금 부과 처분은 위법하다.

나. 개발사업의 규모

택지개발사업 속에 임대주택 건설사업이 포함되어 있는 경우 면적산정 방법

(대법원 2017.12.7. 선고 2014두2737 판결)

[판시사항]

개발부담금 부과대상인 택지개발사업 속에 부과대상 제외 사업인 임대주택 건설사업이 포함되어 있는 경우, 임대주택 건설사업 대상 토지를 제외한 나머지 택지개발사업 대상 토지의 지가를 기준으로 개발이익을 산정하여 개발부담금을 부과하여야 하는지 여부(적극)

➲ 판결 요지

「개발이익 환수에 관한 법률」 제5조 제1항 제1호, 구 「개발이익 환수에 관한 법률 시행령」(2008.6.25. 대통령령 제20878호로 개정되기 전의 것) 제4조 제1항 [별표1] 제1호는 개발부담금의 부과대상에 '택지개발사업'을 포함하면서도, 5년 이상 임대하기 위하여 임대주택법에 따라 임대주택을 건설하는 사업은 부과대상에서 제외하고 있다.

위 조항의 내용과 취지에 따르면, 택지개발사업 속에 포함되어 있는 임대주택 건설사업은 개발부담금 부과와 관련한 규범적 측면에서는 택지개발사업과 구별되는 별개의 사업이라고 봄이 타당하다. 따라서 이러한 경우에는 임대주택 건설사업 대상 토지를 제외한 나머지 택지개발사업 대상 토지의 지가를 기준으로 개발이익을 산정하여 개발부담금을 부과하여야 한다.

개발부담금의 부과대상이 되는 개발사업 규모의 판단기준(대법원 2005.5.13. 선고 2004두2073 판결)

[판시사항]

(1) 개발부담금의 부과대상이 되는 개발사업 규모의 판단기준(=인가 등을 받은 사업 대상 토지의 면적)

(2) 개발부담금의 부과대상이 되는지 여부는 건축한 면적이 아니라 기부채납된 대지면적을 포함한 실제로 건축허가를 받은 면적을 기준으로 하여야 한다고 한 사례

➲ 이유

1. 원심판결의 요지

원심은 그 채용 증거들에 의하여, 원고가 그 소유의 성남시 분당구 율동 275 답 1,126㎡ 지상에 지하 1층, 지상 4층의 휴게음식점 등 근린생활시설을 신축하기 위하여 2000.11.18. 분당구청장에게 건축허가 및 개발행위(토지형질 변경) 허가신청을 하였는데 건축허가신청은 대지면적을 984㎡로, 토지형질 변경 허가신청은 신청 면적을 1,058㎡(위 대지면적 984㎡에 기부채납 도로 면적 74㎡를 더한 면적임. 이하 '이 사건 신청토지'라 한다)로 한 사실, 이에 대하여 분당구청장은 2000.12.30. 원고에게 대지면적을 984㎡로 하여 건축허가를 하였고, 2001.12.3. 원고에게 위 건축허가에 기하여 신축한 건물에 대하여 건축물 사용승인을 한 사실, 피고는 2002.4.25. 원고에게, 위 토지형질 변경사업(이하 '이 사건 개발사업'이라고 한다)이 「개발이익 환수에 관한 법률」 제5조 제1항 제10호, 같은법시행령 제4조 제1항 [별표1] 제9호의 규정에 의한 '지목변경이 수반되는 개발사업'에 해당하고 그 시행 면적이 위 건축허가에 의하여 의제되는 개발행위허가의 신청 면적인 1,058㎡ 이어서 같은법시행령 제4조 제1항 제2호의 규정에 의한 기준면적인 990㎡를 초과하여 개발부담금의 부과대상이 된다고 보아 부과개시시점은 건축허가일인 2000.12.30., 부과종료시점은 건축물 사용 승인일인 2001.

12.3.로 정하여 산정한 금 75,035,520원의 개발부담금을 부과하는 이 사건 처분을 한 사실을 인정하였다.

이어 원심은 위 인정 사실에 기초하여, 피고가 이 사건 개발사업이 '지목변경이 수반되는 개발사업'에 해당한다고 보고, 그에 따라 부과개시시점과 부과종료시점을 정하여 이 사건 처분에 이르렀으므로, 원고가 시행한 개발사업이 규모 면에서 개발부담금의 부과대상이 되는지 여부도 어디까지나 실제로 건축허가를 받은 면적을 기준으로 하여야 할 것인데, 이 사건 개발사업에 대한 토지형질 변경 허가 및 농지전용협의를 포함하는 의미의 건축허가는 그 대상 면적이 어디까지나 984㎡이었고, 위 기부채납된 74㎡는 위 건축허가의 대지면적에 포함되지 않았으므로, 결국 이 사건 개발사업의 대상 토지 면적은 개발부담금 부과대상 기준인 990㎡에 미치지 못한다고 할 것임에도 이 사건 개발사업의 시행 면적이 1,058㎡가 됨을 전제로 한 이 사건 처분은 위법하다고 판단하였다.

2. 이 법원의 판단

「개발이익 환수에 관한 법률 시행령」 제4조 제1항 제2호는 "개발부담금 부과대상이 되는 개발사업의 규모는 관계 법률의 규정에 의하여 국가 또는 지방자치단체로부터 인가·허가·면허 등을 받은 사업 대상 토지의 면적이 제1호 외의 도시계획구역인 지역에서 시행하는 사업의 경우 990㎡ 이상에 해당하는 경우로 한다."고 규정하고 있고, 개발부담금 부과대상이 되는 개발사업의 규모는 실제 개발한 면적이 아닌 관련 법령의 규정에 의하여 인가 등을 받은 사업 대상 토지의 면적을 기준으로 하여야 한다. (대법원 1999.12.10. 선고 98두2881 판결 참조)

기록에 의하면, 피고는 이 사건 건축허가를 함에 있어 그 전제로서 이 사건 신청토지의 분할 전 토지인 위 율동 275 답 1,126㎡ 중 원심 판시의 74㎡ 부분을 포함한 이 사건 신청토지 1,058㎡에 대하여 농지법 제36조 제2항의 규정에 의한 농지전용협의를 거쳐 도시계획법 제46조의 규정에 의한 토지형질 변경 허가의 가부를 심사한 후 구 건축법(2002.2.4. 법률 제6655호로 개정되기 전의 것) 제8조 제6항 제3호의 규정에 따라 별도의 토지형질 변경 허가를 하지 아니한 채 위 1,058㎡ 전체에 대한 토지형질 변경 허가 및 농지전용협의를 포함하는 의미에서 이 사건 건축허가를 하게 되었으며, (다만, 건축허가서에는 대지면적이 위 74㎡를 제외한 984㎡로 기재되었다) 이에 따라 이 사건 건축물에 대한 사용승인을 전후하여 이 사건 신청토지 1,058㎡ 중 위 74㎡ 부분은 율동 275-5 답 35㎡, 율동 275-6 답 39㎡로 분할되었다가 도로로 지목이 변경된 사실을 알 수 있는바, 이러한 사정에 비추어 보면, 위 74㎡ 부분도 근린생활시설의 건축으로 인하여 지목이 답에서 도로로 변경되었다고 할 것이므로, 비록 건축허가서에 대지면적이 위 74㎡ 부분을 제외한 984㎡로 기재되었다고 하더라도 이 사건 개발사업의 대상 토지는 위 74㎡ 부분을 포함한 이 사건 신청 토지 1,058㎡ 전체라고 보아야 할 것이고, 따라서 이 사건 개발사업의 사업 대상 토지의 면적은 개발부담금의 부과대상이 된다고 할 것이다.

그럼에도 불구하고, 원심이 이와는 달리 그 판시와 같은 이유로 이 사건 개발사업의 대상 토지 면적이 984㎡에 불과하여 개발부담금의 부과대상사업에 해당하지 아니한다고 판단한 것은 개발부담금의 부과대상이 되는 개발사업의 규모에 관한 법리를 오해한 위법이 있다고 할 것이다. 이 점을 지적하는 상고이유의 주장은 이유 있다.

다. 부과제외 및 감면

개발부담금의 감면을 규정하고 있는 「농업협동조합법」과 「개발이익 환수에 관한 법률」 중 우선 적용되는 규정(대법원 2008.4.24. 선고 2006두13473 판결)

[판시사항]

부과금의 면제를 규정하고 있는 구 「농업협동조합법」 제8조와 개발부담금의 감면을 규정하고 있는 구 「개발이익 환수에 관한 법률」 제7조 및 같은 법 시행령 제5조 중 우선 적용되는 규정 (=전자)

➲ 판결 요지

부과금의 면제를 규정하고 있는 구 「농업협동조합법」(2004.12.31. 법률 제7273호로 개정되기 전의 것) 제8조와 개발부담금의 감면을 규정하고 있는 구 「개발이익 환수에 관한 법률」(1995.12.29. 법률 제5108호로 개정되기 전의 것) 제7조 및 같은 법 시행령(1994.9.1. 대통령령 제14373호로 개정되기 전의 것) 제5조의 규정은, 개발부담금 부과에 관한 일반법인 「개발이익 환수에 관한 법률」 제3조, 제5조, 제6조, 제13조에 대한 특별규정으로서 서로 모순·저촉되는 관계에 있는바, 비록 구 「농업협동조합법」(1999.9.7. 법률 제6018호로 폐지되기 전의 것) 제8조에서도 조합과 중앙회의 업무 및 재산에 대해 국가 및 지방자치단체의 부과금을 면제하도록 규정하고 있었다고 하더라도, 농업인의 자주적인 협동조직을 바탕으로 농업인의 경제적·사회적·문화적 지위의 향상과 농업의 경쟁력 강화를 통하여 농업인의 삶의 질을 높이고 국민경제의 균형 있는 발전에 이바지하기 위한 목적에서, 농업협동조합중앙회·축산업협동조합중앙회 및 인삼협동조합 중앙회로 분산되어 있는 중앙조직을 농업협동조합중앙회로 통합하여 일원화하는 방향 등으로 「농업협동조합법」이 새로이 제정되어 2000.7.1.부터 시행되고 있는 이상, 신법 우선의 원칙에 따라 신법인 구 「농업협동조합법」 제8조의 규정이 구 「개발이익 환수에 관한 법률」 제7조 및 같은 법 시행령 제5조의 규정보다 우선 적용된다고 해석하여야 한다.

라. 납부의무자

개발이익의 실질적인 귀속자로서 개발부담금 부과대상자인지 여부 등 (수원지법 2001.8.29. 선고 99구4228 판결 : 항소)

[판시사항]

(1) 개발부담금 부과대상토지에 대하여 사실상 소유권을 행사하는 자도 개발이익의 실질적인 귀속자로서 개발부담금 부과대상자인지 여부(적극)

(2) 납부의무자가 신고한 매입가액이 구 개발이익 환수에 관한 시행령 제9조 제5항 소정의 매입가액에 해당하지 않더라도 그 가액이 실제의 매입가액으로 인정되면 이를 기준으로 부과개시시점지가를 산정하여야 하는지 여부(적극) 및 그 매입가액의 입증 시기(=사실심 변론 종결 시)

(3) 개발부담금 부과종료시점을 기준으로 하여 개발부담금 부과 처분이 있은 후 사업시행자가 원상복구를 하는 등의 사정변경이 있는 경우, 당초의 부과 처분이 무효로 되거나 위법하게 되는지 여부(소극)

(4) 개발부담금 부과 관련 법령의 제정 또는 개정이 있은 경우, 부과요건사실 결정을 위해 적용할 법령(=개발사업 종료시에 시행되는 법령)

(5) 1998.9.19. 개정된 「개발이익 환수에 관한 법률」 제13조에 의하여 개발부담금의 부담률을 개발이익의 50/100에서 25/100로 감액하여 놓고서 그 시행 시기를 2000.1.1. 이후에 인가 등을 받는 개발사업부터 적용한다고 규정하여 개정 전에 인가를 받은 개발사업에는 종전 규정에 의하도록 규정하고 있는 부칙(1998.9.19.) 제2조가 위헌무효인지 여부(소극)

➲ 판결 요지

(1) 개발부담금을 부과하는 취지가 개발이익의 적정한 환수에 있는 것이어서 그 부과대상자는 개발이익이 실질적으로 귀속되는 자라고 할 것인 만큼, 개발사업 종료

당시 당해 토지의 등기부상 소유자가 아니라 하더라도 당해 토지를 매수한 후 그 대금을 지급하고서 이를 인도받고 그 지상에 개발사업을 시행하여 완료한 자와 같이 당해 토지에 대하여 사실상 소유권을 행사하는 자도 개발이익의 실질적인 귀속자로서 개발부담금 부과대상자로 봄이 상당하다.

(2) 「개발이익 환수에 관한 법률」(1993.6.11. 법률 제4563호로 개정된 것) 제10조 제3항 단서 중 대통령령이 정하는 경우에만 실제 매입가액을 기준으로 개발부담금 부과대상토지의 개시시점지가를 산정하게 한 부분은 헌법재판소의 위헌결정으로 그 효력을 상실하였으므로, 납부의무자가 신고한 매입가액이 같은법시행령(1996.6.29. 대통령령 제15096호로 개정되기 전의 것) 제9조 제5항 각호 소정의 가격에 해당하지 아니한다고 하더라도 그 가액이 실제의 매입가액으로 인정되면 이를 기준으로 개시시점지가를 산정하여야 할 것이고, 그 매입 가격의 입증 시기는 사실심 변론 종결 시까지 가능하다.

(3) 개발부담금은 개발이 종료된 시점을 기준으로 부과하는 것이므로 부과종료시점을 기준으로 하여 개발부담금 부과 처분이 있은 뒤 사업시행자 등이 스스로 원상복구를 하는 등의 사정변경이 있었다고 하여 위 부과 처분이 무효가 되거나 위법하게 된다고 할 수는 없다.

(4) 「개발이익 환수에 관한 법률」 소정의 개발부담금은 조세와 마찬가지로 납부의무자가 국가 등에 대하여 금전 급부의무를 부담하게 하는 것이어서 납부의무자의 재산권을 제약하는 것이므로 소급 부과가 금지된다고 할 것이므로 개발부담금 부과 관련 법령의 제정 또는 개정이 있은 경우 그 효력 발생 전에 종결한 부과요건사실에 관하여 변경된 법령 등을 소급하여 적용할 수는 없다 할 것이고, 따라서 개발부담금 부과대상사업이 완료된 이후 즉, 개발사업 종료 이후에 새로 제·개정된 법률에 따라 개발부담금 부과대상에 해당하는지 여부 및 개발부담금의 부과 범위를 결정할 수는 없고 원칙적으로 개발사업 종료시에 시행되는 법령을 적용하여 판단하여야 할 것이며, 그와 같은 법리는 조세 공평 부담의 원칙, 엄격한 해석의 원칙 등에 비추어 새로운 법에 따라 그 부담금이 증가하여 개발자에게 불이익하게 변경되는 경우는 물론 개발자에게 유리하게 변경되는 경우에도 마찬가지로 적용된다 할 것이고, 더욱이 개별공시지가는 지가공시및토지등의평가에관한법률에 따라 매년 1.1. 기준으로 새로이 결정되는 것이지, 전년도 1.1.자 개별공시지가에 단지 정상지가상승분만을 더한 가액이 다음 연도의 개별공시지가로 결정되는 것이 아닌 이상, 부과종료시점의 지가를

신·구법이 정하는 것 중 어떠한 방식으로 산정하느냐에 따라 개발부담금의 산정기준인 개발이익의 존부와 범위가 달라지게 되므로 부과종료시점지가 산정 방식은 단순한 산술 방식의 차이에 그치지 아니하고 개발부담금 부과여부 및 부과액을 결정하는 중요한 요소를 이룬다고 할 것이고 따라서 그에 관한 규정은 위와 같은 법리에 따라 원칙적으로 개발사업 종료시에 시행되는 법령을 적용하여야 할 것이므로, 개정 후 「개발이익 환수에 관한 법률」(1997.8.30. 법률 제5409호로 개정된 것) 제10조는 위 법 공포일 이후 개발사업이 종료되는 개발행위에 대하여만 적용되고 그 이전에 개발행위가 완료된 개발행위에 대하여는 적용이 없다고 봄이 상당하다고 할 것이며, 비록 개정 후 법률 부칙 제2항에서 "위 개정법률 시행 이전에 개발부담금이 부과된 사업에 대한 지가의 산정은 제10조의 개정 규정에도 불구하고 종전의 규정에 의한다."고 규정하고 있다고 하여도 이를 반대해석하여 위 법 시행 전에 개발부담금이 부과된 사업에 한하여 개정 전 법률을 적용하여야 한다거나 위 법 시행 후에 개발부담금이 부과된 때에는 부과요건이 발생한 시기를 가리지 아니하고 위 법을 적용하여야 하는 것을 규정한 것으로 해석할 수는 없다.

(5) 구 「개발이익 환수에 관한 법률」(1998.9.19. 법률 제5572호로 개정되기 전의 것) 제13조가 개발이익에 대하여 부담률을 50/100으로 하여 개발부담금을 일률적으로 부과하고 있기는 하나, 일정 규모 이상의 개발사업에 대하여만 개발부담금을 부과하도록 규정하고, 이어 소득세법상 양도차익의 계산에 있어서 개발부담금을 필요경비로 공제하도록 규정함으로써 개발부담금 납부의무자의 재산권 보장과 법이 추구하는 목적 달성과의 조화를 꾀하고 있는바, 이러한 점과 함께 개발부담금제도의 취지를 종합해 보면, 위 조항이 헌법이 규정한 국민의 재산권 등을 침해하는 것이라 보기도 어렵다고 할 것이고, 나아가 1998.9.19. 법률 제5572호로 개정된 「개발이익 환수에 관한 법률」에 그 부담률을 25/100으로 낮추면서 그 부칙(1998.9.19.) 제2조로 그 개정 전에 인가 등을 받은 개발사업에는 종전 규정에 의하도록 규정하고 있다고 하여 그 부칙 조항에 재산권 침해의 위헌적 요소가 있다고 할 수도 없다.

토지소유자와 명의상 사업시행자가 다른 경우 납부의무자(대법원 1993.7.16. 선고 93누2940 판결)

[판시사항]

토지소유자와 명의상 사업시행자가 다른 경우 구 「개발이익 환수에 관한 법률」(1993.6.11. 법률 제4563호로 개정되기 전의 것) 제6조 제1항 소정의 개발부담금 납부의무자

➲ 판결 요지

개발부담금을 부과하는 취지가 개발이익의 적정한 환수에 있는 것이어서 그 부과대상자는 개발이익이 실질적으로 귀속되는 자라야 하는 만큼, 구 「개발이익 환수에 관한 법률」(1993.6.11. 법률 제4563호로 개정되기 전의 것) 제6조에서 규정하는 개발부담금 납부의무자인 사업시행자라 함은 개발사업 시행계획승인서 등에 나와 있는 사업시행자의 명의와 관계없이 실질적으로 개발이익이 귀속되는 자 예컨대 당해 토지의 소유자 등으로 보아야 할 것이므로 개발이익의 실질적 귀속 주체인 당해 개발토지의 소유자와 명의상 사업시행자가 다른 경우에도 그 토지소유자는 실질적 사업시행자인 만큼 같은 법 제3조 제1항에 의하여 개발부담금을 부과하여야 한다.

건설회사가 편의상 토지소유자와 공동명의로 주택건설사업계획 승인을 받은 경우(서울고법 1992.11.12. 선고 92구10472 제10특별부 판결 : 상고)

[판시사항]

건설회사가 편의상 토지소유자와 공동명의로 주택건설사업계획 승인을 받은 경우 개발부담금 납부의무가 있는지 여부(적극)

➲ 판결 요지

건설회사가 토지소유자와 공동사업시행자가 되어 주택건설사업계획 승인을 받았으나 그것이 편의상 토지소유자에게 명의만을 빌려 준 것에 불과하다 하여도 주택건설촉진법 제33조의4 단서의 규정에 토지소유자가 등록업자와 공동으로 주택을 건설하는 경우 이들을 공동사업 주체로 본다고 규정하고 있음에 비추어 볼 때 과세 관청에 대한 관계에서 건설회사는 「개발이익 환수에 관한 법률」 제6조 소정의 사업시행자로서 개발부담금 납부의무가 있다.

타인의 토지를 임차하여 개발사업을 시행한 경우 납부의무자, 가산금의 법적성질 및 징수절차 등(대법원 1993.10.8. 선고 93누10521 판결)

[판시사항]

가. 가산금의 법적성질 및 징수절차
나. 타인의 토지를 임차하여 개발사업을 시행한 자가 구 「개발이익 환수에 관한 법률」(1993.6.11. 법률 제4563호로 개정되기 전의 것) 소정의 개발부담금 납부의무자인지 여부
다. 골프연습장 건설사업이 개발부담금 부과대상사업에 해당하는지 여부

➲ 판결 요지

가. 「개발이익 환수에 관한 법률」 제18조 제2항에 의해 준용되는 국세징수법 제21조, 제22조 소정의 가산금 및 중가산금은 국세를 납부 기한까지 납부하지 않는 경우, 미납분에 관한 지연이자의 의미로 부과되는 부대세의 일종으로서, 과세권자의 가산금 확정 절차 없이 국세를 납부 기한까지 납부하지 아니하면 위 법 규정에 따라 가산금이 당연히 발생하여 그 액수도 확정되나 그 징수절차는 독촉장에 의하여 납부를 독촉함으로써 개시되며 납부독촉이 부당하거나 절차에 하자가 있는 경우에는 그 징수 처분에 대하여 취소소송에 의한 불복이 가능할 뿐이다.

나. 구 「개발이익 환수에 관한 법률」(1993.6.11. 법률 제4563호로 개정되기 전의 것) 제6조 소정의 개발부담금 납부의무자인 “사업시행자” 중 실질적으로 개발이익이 귀속되지 아니한 자는 그 부과대상자에 해당하지 않는다 할 것인바, 타인 소유의 토지를 임차하여 개발사업을 시행한 경우 그 토지 가액 증가로 인한 개발이익은 특별한 사정이 없는 한 토지소유자에게 귀속된다 할 것이므로 그와 같은 경우 임차인에 불과한 사업시행자는 개발부담금 납부의무자가 아니다.

다. 골프연습장 건설사업은 같은 법 제5조 제1항 제9호에서 규정하고 있는 “골프장 건설사업”으로 볼 수 없을 뿐만 아니라 나아가 같은 법 제5조 제1항 및 같은법시행령(1991.9.13. 대통령령 제13465호로 개정되기 전의 것) 제4조 별표1의 각 제11호에서 규정하고 있는 “골프장 건설사업에 유사하거나 그에 준하는 사업”이라고도 볼 수 없어 결국 골프연습장 건설사업을 명문으로 개발부담금 부과대상사업으로 규정하고 있지 않은 같은 법령 적용 시기 하의 골프연습장 건설사업은 개발부담금 부과대상사업에 해당되지 않는다.

부동산신탁회사에 토지를 신탁하고 개발사업을 시행한 경우 납부의무자(대법원 2012두26166 2014.9.4.)

[판시사항]

(1) 「개발이익 환수에 관한 법률」 제6조 제1항 본문에서 정한 개발부담금 납부의무자로서 사업시행자의 의미

(2) 토지소유자인 사업시행자가 부동산신탁회사에 토지를 신탁하고 부동산신탁회사가 수탁자로서 사업시행자의 지위를 승계하여 신탁된 토지 상에서 개발사업을 시행한 경우, 토지 가액의 증가로 나타나는 개발이익의 귀속 주체와 개발부담금의 납부의무자(=수탁자)

(3) 개발부담금 납부의무자에 관하여 정한 「개발이익 환수에 관한 법률」 제6조 제1항 단서 제3호의 규정 취지

➲ 판결 요지

1. 상고이유 제1, 2점에 대하여

토지로부터 발생되는 개발이익을 환수하여 이를 적정하게 배분함으로써 토지에 대한 투기를 방지하고 토지의 효율적인 이용을 촉진하여 국민경제의 건전한 발전에 이바지 한다는 「개발이익 환수에 관한 법률」(이하 '개발이익환수법'이라고 한다)의 제정 목적이나, 개발사업 시행으로 정상지가상승분을 초과하여 개발사업을 시행하는 자(이하 '사업시행자'라고 한다)나 토지 소유자에게 귀속되는 토지 가액 증가분이 개발부담금 부과대상임을 고려하면, 개발이익환수법 제6조 제1항 본문에서 정한 개발부담금 납부의무자로서의 사업시행자는 특별한 사정이 없는 한 개발사업의 시행으로 불로소득적 개발이익을 얻게 되는 토지소유자인 사업시행자를 말한다.(대법원 1993.8.24. 선고 92누19354 판결 등 참조)

부동산 신탁에서 수탁자 앞으로 소유권이전등기를 마치게 되면 대내외적으로 소유권이 수탁자에게 완전히 이전되고, 위탁자의 내부 관계에서 소유권이 위탁자에게 유보되는 것은 아니며(대법원 2012.6.14. 선고 2010두2395 판결 등 참조), 신탁재산의 관리·처분·멸실·훼손 기타의 사유로 수탁자가 얻은 재산은 신탁재산에 속하게 되므로(신탁법 제19조), 토지소유자인 사업시행자가 부동산신탁회사에 토지를 신탁하고 부동산신탁회사가 수탁자로서 사업시행자의 지위를 승계하여 신탁된 토지 상에서 개발사업을 시행한 경우에 그 토지 가액의 증가로 나타나는 개발이익은 당해 개발토지의 소유자이자 사업시행자인 수탁자에게 실질적으로 귀속된다고 봄이 타당하고, 수탁자를 개발부담금의 납부의무자로 보아야 한다.

원심은 그 판시와 같은 이유로, 원고는 주식회사 000(이하 '000'이라고 한다)과 체결한 이 사건 신탁계약에 따라 이 사건 토지에 관한 소유권이전등기를 마친 수탁자로서 개발이익환수법 제6조 제1항 본문에서 정한 토지소유자인 사업시행자이므로 개발부담금 납부의 무자에 해당하고, 개발이익환수법 제6조 제1항 단서 제1호에서 정한 개발사업만을 위탁받아 시행한 자에 해당한다고 볼 수는 없다고 판단하였다.

위 법리와 기록에 비추어 살펴보면, 원심의 위와 같은 판단은 정당하고, 거기에 상고이유의 주장과 같이 개발이익환수법 제6조에서 정한 개발부담금 납부의무자에 관한 법리나 같은 조 제1항 단서 제1호에서 정한 '개발사업을 위탁한 경우'에 관한 법리 등을 오해한 위법이 없다.

2. 상고이유 제3점에 대하여

개발이익환수법 제6조 제1항 단서 제3호는 개발사업 완료 전에 사업시행자의 지위가 승계된 경우 그 지위를 승계한 자가 개발부담금을 납부할 의무가 있다고 규정하고 있다. 위 법률조항은 개발사업이 승계된 경우 그 승계 시까지 발생한 개발이익과 승계 후에 발생한 개발이익을 가려내는 것이 쉽지 아니한 점을 고려하여 마련된 규정으로서, 개발사업의 승계 당사자들 사이에 개발이익과 개발부담금의 승계에 관한 약정이 가능함을 전제로 하여 그러한 약정이 불가능하다는 등의 특별한 사정이 없는 한 사업시행자의 지위를 승계한 자로 하여금 개발부담금의 납부의무를 부담하도록 하는 것이다.(대법원 2009.3.12. 선고 2008두19321 판결 등 참조)

원심은 그 판시와 같은 사실을 인정한 다음, 원고와 반도주택이 이 사건 신탁계약 체결 당시 이 사건 사업의 시행에 따른 개발부담금의 분담과 승계에 관한 약정을 하였다고 보아, 원고는 개발이익환수법 제6조 제1항 단서 제3호에서 정한 개발사업을 완료하기 전에 사업시행자의 지위를 승계한 자에도 해당한다고 판단하였다.

원심판결 이유를 위 법리에 비추어 살펴보면, 원심의 이유 설시에 다소 미흡한 부분이 있으나, 원고와 반도주택 사이에 개발이익과 개발부담금의 승계에 관한 약정을 하는 것이 불가능하였다고 볼 사정을 찾을 수 없는 이 사건에서, 원고는 위 규정에서 정한 사업시행자의 지위를 승계한 자로서 그 승계 시까지 발생한 개발이익을 포함하여 산정한 전체의 개발부담금을 납부할 의무가 있다고 보아야 하므로, 원고가 사업시행자의 지위를 승계한 자에 해당한다고 본 원심의 결론은 수긍할 수 있고, 거기에 상고이유의 주장과 같이 논리와 경험의 법칙을 위반하고 자유심증주의의 한계를 벗어나거나, 개발이익환수법 제6조 제1항 단서 제3호에서 정한 '개발사업을 완료하기 전에 사업시행자의 지위를 승계한 자'에 관한 법리를 오해하는 등의 위법이 없다.

분양형 토지 신탁 계약을 체결하고 토지소유권 이전등기를 넘겨받은 후 사업 주체를 乙 회사에서 甲 회사로 변경하는 승인을 받은경우 납부의무자(대구고법 2012.10.26. 선고 2012누1243 판결 : 상고)

[판시사항]

토지신탁회사인 甲 주식회사가 乙 주식회사로부터 토지를 신탁받아 주택건설 개발사업을 시행하기로 하는 토지신탁사업 약정 및 분양형 토지 신탁계약을 체결하고 토지소유권 이전등기를 넘겨받은 후 사업 주체를 乙 회사에서 甲 회사로 변경하는 승인을 받고 주택을 완공하여 주택 사용승인을 받자, 관할 행정청이 甲 회사에 개발부담금 부과 처분을 한 사안에서, 개발이익의 실질적 귀속자가 甲 회사로 변경되었고 개발부담금 승계 약정도 있었다는 이유로 위 처분은 적법하다고 한 사례

판결 요지

토지신탁회사인 甲 주식회사가 乙 주식회사로부터 乙 회사의 토지를 신탁받아 주택건설 개발사업을 시행하기로 하는 토지신탁사업 약정 및 분양형 토지 신탁계약을 체결하고 토지소유권 이전등기를 넘겨받은 후 사업 주체를 乙 회사에서 甲 회사로 변경하는 승인을 받고 주택을 완공하여 주택 사용승인을 받자, 관할 행정청이 甲 회사가 「개발이익 환수에 관한 법률」 제6조 제1항 제3호의 '개발사업을 완료하기 전에 사업시행자의 지위를 승계한 자'에 해당한다는 이유로 甲 회사에 개발부담금 부과 처분을 한 사안에서,

개발이익은 제3자인 관할 행정청과의 관계에서 토지소유자인 甲 회사에 실질적으로 귀속되고, 다만 신탁계약상의 수익분배 약정은 신탁계약 종료 시 甲 회사와 乙 회사 사이에서 실시할 사업 정산에 관한 내부적인 약정에 불과하고, 신탁계약을 체결한 후 乙 회사로부터 사업시행자 지위를 넘겨받음으로써 개발이익의 실질적 귀속자가 甲 회사로 변경된 경우

같은 법 제6조 제1항 단서 제1호에서 정하는 '개발사업을 위탁한 경우'에 해당되지 않는다고 보아야 하며, 위 신탁계약에서 甲 회사가 개발사업의 추진에 따라 부과되는 제세공과금이 발생한 경우 신탁재산에서 납부할 수 있도록 정하여 개발부담금의 승계에 관한 약정도 한 것으로 봄이 상당하므로, 甲 회사는 '개발사업을 완료하기 전에 사업시행자의 지위를 승계한 자'에 해당하여 위 처분은 적법하다고 한 사례

개별 주택조합이 개발부담금의 납부의무자가 될 수 있는지 여부 (대법원 1999.12.24. 선고 97누3569 판결)

[판시사항]

(1) 개별 주택조합의 연합체인 연합주택조합이 구 주택건설촉진법에 의한 주택건설사업인 조합주택 건설사업의 시행자 및 조합주택 건설사업의 시행으로 인하여 부과되는 개발부담금의 납부의무자가 될 수 있는지 여부(소극)

➲ 판결 요지

(1) 개별 주택조합의 연합체인 연합주택조합은 구 주택건설촉진법(1992.12.8. 법률 제4530호로 개정되기 전의 것)에서 같은 법에 의한 주택건설사업을 시행할 수 있는 주택조합으로 허용하고 있는 지역조합이나 직장 조합, 재건축조합의 어느 것에도 해당하지 아니하여 같은 법에 의한 주택건설사업인 조합주택 건설사업의 시행자 및 조합주택 건설사업의 시행으로 인하여 부과되는 개발부담금의 납부의무자가 될 수 없다.

납부의무 승계규정의 취지 (대법원 2021.12.30. 선고 2021두45534 판결)

[판시사항]

개발사업 완료 전에 사업시행자의 지위가 승계된 경우 그 지위를 승계한 사람이 개발부담금을 납부할 의무가 있다고 정한 「개발이익 환수에 관한 법률」 제6조 제1항 제3호의 규정 취지

➲ 판결 요지

「개발이익 환수에 관한 법률」 제6조 제1항 제3호는 개발사업 완료 전에 사업시행자의 지위가 승계된 경우 그 지위를 승계한 사람이 개발부담금을 납부할 의무가 있다고 정하고 있다.

이 조항은 개발사업이 승계된 경우 그 승계 시까지 발생한 개발이익과 승계 후에 발생한 개발이익을 가려내기가 쉽지 않다는 사정을 고려하여 마련된 규정으로서, 개발사업의 승계 당사자 사이에 개발이익과 개발부담금의 승계에 관한 약정이 가능함을 전제로 그러한 약정이 불가능하다는 등의 특별한 사정이 없는 한 사업시행자의 지위를 승계한 사람으로 하여금 개발부담금의 납부의무를 부담하도록 한 것이다.

납부의무 승계, 지가산정, 양도세의 비용 인정 여부(대법원 2009.3.12. 선고 2008두19321 판결)

[판시사항]

(1) 개발부담금 납부의무자에 관한 규정인 구 「개발이익 환수에 관한 법률」 제6조 제1항 제3호의 규정 취지

(2) 개발부담금 산출의 기초가 되는 지가의 산정에 관한 구 「개발이익 환수에 관한 법률」 제10조 제1항 및 제3항이 헌법에 위배되는지 여부(소극)

(3) 법인이 당해 토지의 양도로 얻은 소득에 다른 소득이 합산되어 그 전체 소득에 대하여 법인세가 부과된 경우, 당해 토지의 양도 등으로 인한 소득에 대하여 부과된 법인세액 부분 중 부과개시시점부터 양도 시점까지에 상당하는 세액을 개발비용에 계상할 수 있는지 여부(적극)

판결 요지

(1) 구 「개발이익 환수에 관한 법률」(2008.3.28. 법률 제9045호로 전문 개정되기 전의 것) 제6조 제1항 제3호는 개발사업 완료 전에 사업시행자의 지위가 승계된 경우 그 지위를 승계한 자가 개발부담금을 납부할 의무가 있다고 규정하고 있는바, 위 법률조항은 개발사업이 승계된 경우 그 승계시까지 발생한 개발이익과 승계 후에 발생한 개발이익을 가려내는 것이 쉽지 아니한 점을 고려하여 마련된 규정으로서, 개발사업의 승계 당사자들 사이에 개발이익 및 개발부담금의 승계에 관한 약정이 가능함을 전제로 하여 그러한 약정이 불가능하다는 등의 특별한 사정이 없는 한 사업시행자의 지위를 승계한 자로 하여금 개발부담금의 납부의무를 부담하도록 하는 것이다.

(2) (가) 개발부담금 산출의 기초가 되는 지가의 산정에 관한 구 「개발이익 환수에 관한 법률」(2008.3.28. 법률 제9045호로 전문 개정되기 전의 것) 제10조 제1항, 제3항에서 종료시점지가 산정의 기초로 삼고 있는 표준지공시지가는 건설교통부 장관이 매년 토지 이용 상황이나 주변 상황 기타 자연적·사회적 조건이 일반적으로 유사하다고 인정되는 일단의 토지 가운데서 표준지를 선정한 후 2인 이상의 감정평가업자가 평가한 적정가격을 산술 평균한 가격을 기준으로 산정하고, 개시시점지가 산정의 기초로 삼고 있는 개별공시지가는 위와 같은 표준지공시지가와 건설교통부에서 매년 발표하는 '지가 형성 요인에 관한 표준적인 비준표'를 활용하여 산정하는 것이다. 이에 더하여 모두 감정평가업자의 검증을 받고, 시·군·구 토지평가위원회 및 중앙토지평가위원회의 심의를 거치며, 이의신청이라는 불복절차까지 마련되어 있어, 상당한 정

도로 객관성과 합리성을 가지고 있으므로, 위 법률조항에 따른 지가의 산정 방법이 개발이익을 실제보다 지나치게 많이 계산되도록 한다고 할 수 없다. 따라서 위 법률조항이 헌법상의 재산권과 평등권을 침해한다거나 실질과세의 원칙과 기본권 제한에 관한 과잉 금지의 원칙에 위배된다고 보기 어렵다.

(나) 실제의 매입가액을 기초로 개발부담금의 개시시점지가를 산정하는 경우 중 하나로서 "실제의 매입 가격이 정상적인 거래가격이라고 객관적으로 인정되는 경우로서 대통령령이 정하는 경우"를 규정한 위 법률 제10조 제3항 제5호는, 대통령령에 규정될 대강의 기준이 예측 가능하도록 위임의 범위를 구체적으로 명확하게 규정하여 포괄위임금지의 원칙에 위배되지 않고, 위 법률에서 규정하고 있는 부담금 비율과 지가산정의 적정성 및 불복절차 등 여러 사정을 종합하면 실질과세의 원칙과 헌법상의 과잉 금지의 원칙에 위배된다거나 헌법상의 재산권과 평등권을 침해한다고 보기 어려울 뿐 아니라, 이에 따른 구 「개발이익 환수에 관한 법률 시행령」(2006.12.15. 대통령령 제19752호로 개정되기 전의 것) 제9조 제5항 제1호가 모법의 위임범위를 벗어나 법이 예정하고 있지 아니한 사항을 국민에게 불리하게 규정하고 있다고 볼 수도 없다.

(3) 구 「개발이익 환수에 관한 법률」(2008.3.28. 법률 제9045호로 전문 개정되기 전의 것) 제12조 제1항은 양도소득세의 부과대상인 토지 또는 사업의 양도 등으로 인한 소득과 개발부담금의 부과대상인 개발이익이 그 실질에서는 동일하다는 점을 고려하여 그 양도세액을 개발비용으로 계상할 수 있도록 한 것이고, 위 법 조항은 당초 법인의 양도차익에 대하여 부과되는 특별부가세도 양도소득세와 마찬가지로 개발비용에 계상할 수 있도록 규정하다가 2001.12.31. 법률 제6558호로 법인세법이 개정되어 특별부가세가 폐지됨에 따라 그 부칙 제24조에 의하여 개정된 것으로서, 이러한 개정이 개인에게 양도소득세가 부과된 경우와 달리 법인의 양도차익에 대하여 부과되는 세액에 관하여는 이를 개발비용 계상 대상에서 제외하려는 취지라고 볼 수 없다. 그러므로 법인이 당해 토지의 양도로 인하여 얻은 소득이 다른 소득과 합산되어 그 전체 소득에 대하여 법인세가 부과된 경우에도, 위 법률조항을 유추 적용하여 그 법인 세액의 당해 토지의 양도 등으로 인한 소득에 대하여 부과된 부분 중 부과개시시점부터 양도 시점까지에 상당하는 세액은 개발비용에 계상할 수 있다고 봄이 상당하다.

승계에 관한 약정이 불가능한 경우에도 납부의무가 승계되는지 여부 등
(대법원 2002.4.12. 선고 2000두2655 판결)

[판시사항]

(1) 「개발이익 환수에 관한 법률」 제6조 제1항 제3호의 규정이 개발사업의 승계 당사자들 사이에 개발이익 및 개발부담금의 승계에 관한 약정이 불가능한 경우에도 적용되는지 여부(소극)

(2) 개발사업 진행 중 사업시행자의 부도 등으로 사업이 완료되지 못한 토지를 경락받은 자가 그 개발사업을 계속 진행하여 완료한 경우, 경락인은 개발부담금 납부의무가 있는 '사업시행자의 지위를 승계한 자'에 해당하지 않는다고 한 사례

판결 요지

(1) 「개발이익 환수에 관한 법률」 제6조 제1항 제3호는, 개발사업 완료 전에 사업시행자의 지위가 승계된 경우 그 지위를 승계한 자가 개발부담금을 납부할 의무가 있다고 규정하고 있는바, 이 규정은 원칙적으로 개발이익이 실질적으로 귀속되는 자에게 개발부담금을 부과하여야 하나, 개발사업이 승계된 경우 그 승계시까지 발생한 개발이익과 승계 후에 발생한 개발이익을 가려내는 것이 쉽지 아니한 점을 고려하여 마련된 규정으로서 개발사업의 승계 당사자들 사이에 개발이익 및 개발부담금의 승계에 관한 약정이 가능함을 전제로 하는 것이므로, 이러한 약정이 불가능한 경우까지 이 규정을 적용할 것은 아니다.

(2) 개발사업 진행 중 사업시행자의 부도 등으로 사업이 완료되지 못한 토지를 경락받은 자가 그 개발사업을 계속 진행하여 완료한 경우, 경락인은 개발부담금 납부의무가 있는 '사업시행자의 지위를 승계한 자'에 해당하지 않는다고 한 사례

이유

원심은, 한상길이 1995.1.14. 그 소유의 농지 2,636㎡에 대하여 농지전용허가를 받아 근린생활시설 부지조성 및 휴게소 신축 사업을 시행하다가 그 사업 대상 토지에 대하여 경매 절차가 개시되어 원고가 이를 경락받은 후, 1996.7.15. 사업시행자를 한상길에서 원고로, 사업 면적을 2,636㎡에서 2,462㎡로 변경하는 농지전용 변경 허가를 받아 1997.11.5. 그 사업을 완료한 사실 및 피고가 이에 따른 개발부담금을 부과하면서, 부과개시시점을 한상길에 대한 농지전용허가일인 1995.1.14.로 보고 그 당시 부과대상토지의 개별공시지가를 기준으로 개발부담금을 산출한 사실을 인정한 다음,

부과개시시점을 1996.7.15.로 하고, 원고의 실제 매입 가액인 경락가액을 부과개시시점지가로 산정하여야 한다는 원고의 주장에 대하여, 원고는 한상길이 받은 당초의 농지전용허가를 기초로 동일한 사업을 진행하여 사업을 준공한 것이므로, 부과개시시점은 한상길에 대한 농지전용허가일로 보아야 하고, 부과개시시점 지가산정에 반영될 매입가액은 부과개시시점 당시의 납부의무자의 매입가액, 즉 한상길의 매입가액을 가리키는 것으로 보아야 한다는 이유로 그 주장을 모두 배척하였다.

「개발이익 환수에 관한 법률」(이하 '법'이라 한다) 제6조 제1항 제3호는, 개발사업 완료 전에 사업시행자의 지위가 승계된 경우 그 지위를 승계한 자가 개발부담금을 납부할 의무가 있다고 규정하고 있는바, 이 규정은, 원칙적으로 개발이익이 실질적으로 귀속되는 자에게 개발부담금을 부과하여야 하나, 개발사업이 승계된 경우 그 승계시까지 발생한 개발이익과 승계 후에 발생한 개발이익을 가려내는 것이 쉽지 아니한 점을 고려하여 마련된 규정으로서 개발사업의 승계 당사자들 사이에 개발이익 및 개발부담금의 승계에 관한 약정이 가능함을 전제로 하는 것이므로, 이러한 약정이 불가능한 경우까지 이 규정을 적용할 것은 아니다.

또한 법 제9조 제3항 제3호, 법 시행령 제8조 제3항 제2호에 의하면, 개발사업에 착수한 후 사업시행자의 파산 기타의 사유로 개발사업의 시행이 중단되어 사업의 완료가 불가능하게 된 경우에는 그에 해당하게 된 날을 부과종료시점으로 보도록 되어 있으므로, 한상길의 개발사업이 이러한 경우에 해당되지 않아 한상길에 대하여 개발부담금을 부과할 수 없는 경우라야 비로소 원고가 사업시행자의 지위 승계자로서 한상길의 개발사업으로 인한 개발이익에 대하여 개발부담금을 납부할 의무가 있는 것이고, 이는 원고가 한상길의 농지전용허가에 대한 취소절차를 밟은 뒤 자신 명의로 새로운 농지전용허가를 밟는 대신 간편한 농지전용 변경 허가를 받았다 하여도 마찬가지이다.

그럼에도 이러한 점을 살피지 아니한 채, 원고가 한상길의 개발사업을 승계받은 자로서 한상길의 사업으로 인한 개발이익에 대한 개발부담금까지 부담하여야 한다고 단정한 원심판결에는 사업시행자 지위 승계로 인한 개발부담금 납부의무자에 관한 법리를 오해한 위법이 있고, 이는 판결 결과에 영향을 미쳤음이 분명하다.

제3장

개발부담금의 부과기준 및 산정

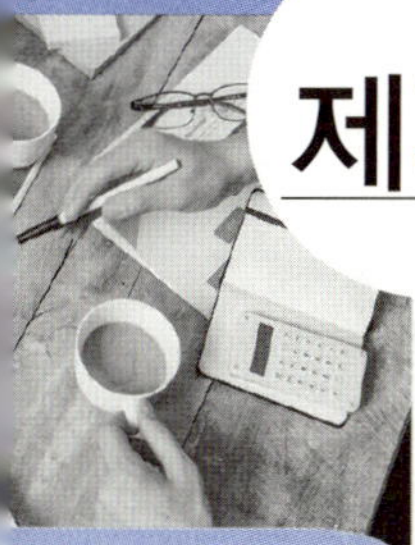

제3장 개발부담금의 부과기준 및 산정

제1절 개발부담금의 부과기준 및 부담률

1. 부과기준(과세표준)의 개념

개발부담금의 부과기준은 토지개발로 인해 발생하는 개발이익 일부를 국가 또는 지방자치단체가 환수하는 원칙과 절차를 구체적으로 규정하는 제도적 기준을 의미한다. 이는 개발이익을 객관적으로 평가하고 공정하게 분배하기 위한 핵심 요소로 작용하며, 조세의 과세표준과 유사한 개념으로 볼 수 있다.

부과기준이 명확하면 개발사업 시행자가 부담 금액을 예측하고 원활한 사업 추진이 가능하다. 또한, 공공재원의 효과적 배분과 조세 형평성 강화에 기여하며, 행정 절차의 투명성을 높이고 법적 분쟁을 예방하는 역할을 한다. 결과적으로, 개발부담금 부과기준은 공정한 개발이익 환수와 형평성 유지를 위한 핵심 정책 도구가 된다.

2. 부과기준의 산정

개발부담금의 부과기준은 부과종료시점의 부과대상토지의 가액에서 다음의 금액을 차감한 금액으로 산정한다. (법 제8조)

① 부과개시시점의 부과대상토지의 가액
② 부과기간의 정상지가상승분

③ 개발비용(법 제11조, 영 제12조)

- **개발부담금** = 개발이익 × 부담률
  (㉠ 계획입지사업 : 20%, ㉡ 개별입지사업 : 25%)
- **부과기준**(개발이익) = 종료시점지가 − (개시시점지가 + 정상지가상승분 + 개발비용)

3. 부담률

가. 개 념

개발부담금 부담률은 개발사업을 통해 발생한 개발이익 중 일정 비율을 정부 또는 지방자치단체가 환수하는 비율을 의미한다. 이는 조세의 세율과 유사한 개념이지만, 적용 대상과 목적에서 분명한 차이가 있다.

조세가 일반적인 경제활동에서 발생하는 소득이나 재산을 기준으로 일정 비율을 부과하여 국가 재정을 확보하는 데 목적이 있다. 반면 개발부담금 부담률은 특정 개발사업으로 발생한 초과 이익(개발이익)에 일정 비율을 적용해 부과함으로써, 개발이익을 환수하고 사회적 형평성을 유지하는 데 목적이 있다.
즉, 조세는 광범위한 경제활동을 대상으로 하지만, 개발부담금 부담률은 개발로 인해 발생한 이익을 환수하는 목적을 가지고 부과된다는 점이 다르다.

개발부담금 부담률은 법령에 따라 구분되며, 계획적으로 추진되는 택지개발이나 산업단지 조성사업 등 공공성이 높은 개발사업에는 20%가 적용된다. 반대로 개별입지개발사업처럼 기반시설 기여도가 낮고 공공성이 부족한 사업에는 25%의 부담률이 적용된다.

개발부담금 부담률은 사업의 성격, 규모, 그리고 사회적·공공적 기여 정도에 따라 달라진다. 기본적으로 20%와 25%라는 두 가지 비율이 적용되며, 이는 단순한 세율 개념이 아니라 개발사업이 지니는 특성을 반영하는 정책적 장치다. 예를 들어 계획입지사업은 도시계획에 따라 체계적으로 추진되고, 도로·상하수도 등 기반시설에 대한 기여도가 크며 공공성도 높다. 이러한 점을 고려해 부담률이 개별입지사업보다 낮은 20%가 적용된다. 반대로 개별입지사업은 독립적으로 추진되는 경우가 많아 기반시설에 대한 기여가 부족하고, 공공성 역시 상대적으로 낮다. 이 때문에 난개발의 위험성이 크고, 환경적·사회적 문제를 초래할 가능성이 높아 계획입지사업보다 높은 25%의 부담률이 적용된다. 결국 개발부담금 부과율은 사업의 유형별 특성과 사회적 파급효과를 조정하는 장치로서, 공익적 균형을 맞추기 위한 제도적 의미를 지닌다.

나. 부담률

(1) 계획입지사업(택지개발사업 등) - 부담률 20% 적용

정부 또는 지방자치단체가 계획적으로 추진하는 택지개발사업, 산업단지 조성 사업 등 대규모 개발사업의 경우, 개발부담금 부담률이 20%로 적용된다.

이러한 대규모 계획입지사업은 공공이 일정한 계획에 따라 개발을 추진하는 것이기 때문에, 개발이익 일부를 환수하되 부담률을 상대적으로 낮게 설정하여 사업을 원활하게 추진할 수 있도록 한다.

(2) 개별 입지사업(지목변경이 수반되는 건축사업 등) - 부담률 25% 적용

지목변경이 필요한 건축사업 등 개별적으로 시행되는 개발사업의 경우, 개발부담금 부담률이 25%로 상대적으로 높게 적용된다.

이는 개별 입지사업이 특정 사업자의 개발이익 창출을 목적으로 이루어지는 경우가 많아, 대규모 계획입지사업보다 공공성이 낮고 개발이익이 일부 사업자에게 집중될 가능성이 크기 때문이다. 따라서, 이러한 개발이익의 환수 비율을 높여 공공 이익을 확보하고, 조세 형평성을 유지하려는 취지가 반영된 것이다.

(3) 개발제한구역에서 시행되는 개발사업 - 부담률 완화(20% 적용 가능)

일반적으로 개별 입지사업에 해당하는 개발사업(지목변경이 수반되는 건축사업 등)은 부담률이 25%가 적용되지만, 개발제한구역(그린벨트) 내에서 시행되는 경우 특정 요건을 충족하면 부담률이 20%로 완화될 수 있다.

이때 부담률이 완화되는 조건은 다음과 같다.

① 해당 개발사업이 국토의 계획 및 이용에 관한 법률 제38조에 따라 지정된 개발제한구역 내에서 시행되는 경우

② 납부의무자가 해당 토지를 개발제한구역으로 지정될 당시부터 보유하고 있었던 경우

이러한 부담률 완화 조치는, 개발제한구역 지정으로 인해 토지 이용이 제한되었던 기존 토지 소유자의 부담을 경감하기 위한 정책적 배려라고 볼 수 있다.

【개발부담금 부담률】

사 업 종 류	구 분	부담률
① 택지개발사업(주택단지조성사업 포함)	계획입지 사업	20%
② 산업단지개발사업		
③ 관광단지조성사업(온천 개발사업 포함)		
④ 도시개발사업, 지역개발사업 및 도시환경정비사업		
⑤ 교통시설 및 물류시설 용지조성사업		
⑥ 체육시설 부지조성사업(골프장 건설사업 및 경륜장·경정장 설치사업 포함)		
⑦ 국토교통부령으로 정하는 건축물로 건축으로 사실상 또는 공부상의 지목변경이 수반되는 사업(「건축법」 따른 용도변경 포함)	개별입지 사업	25%
⑧ 그 밖에 위와 유사한 사업으로서 대통령령으로 정하는 사업		

제2절 개발부담금 부과의 기준시점

개발부담금 부과의 기준시점은 개발사업의 시행 전후의 토지의 가치를 비교하여 개발이익을 산정하는 기준이 되는 시점을 의미한다. 일반적으로 국가 또는 지방자치단체로부터 "개발사업 인가일" 또는 "개발행위 허가일"을 기준으로 개발 전 토지의 가치를 산정하며, 사업이 완료된 후 "준공 인가일"을 기준으로 개발 후 토지의 가치를 평가하여 부담금을 부과한다. 법률에서 정한 기준시점을 통해 개발이익을 객관적으로 평가하고, 부과금의 형평성을 확보하는 역할을 한다.

1. 부과종료시점

개발부담금의 부과종료시점은 개발사업이 완료된 후, 개발이익을 산정하여 개발부담금을 최종적으로 부과하는 기준이 되는 시점을 의미한다. 이는 개발이익 환수의 확정 시점으로서, 해당 개발사업의 효과가 실현된 시점을 기준으로 부담금을 결정하는 것이 핵심이다.

원칙적인 개발부담금의 부과종료시점은 국가 또는 지방자치단체로부터 개발사업의 준공 인가 등을 받은 날을 기준으로 한다. 다만, 부과대상토지의 전부 또는 일부가 특정 요건에 해당하는 경우 당해 토지에 대하여는 해당 요건이 충족된 날을 부과종료시점으로 본다. 이는 개발사업 진행 상황을 반영하여 적절한 시점에 부담금을 부과하기 위한 조치이다.

가. 원칙적인 부과종료시점

원칙적으로 개발부담금의 부과종료시점은 관계 법령에 따라 국가나 지자체로부터 개발사업의 준공 인가 등을 받은 날로 한다. 이는 개발이익이 최종적으로 확정되는 시점으로, 국가 또는 지방자치단체가 적절한 개발부담금을 징수할 수 있도록 한다.(법 제9조 제3항)

나. 부과종료시점의 예외

부과대상토지의 전부 또는 일부가 다음 하나에 해당하면 당해 토지에 대해 다음에 해당하게 된 날을 부과종료시점으로 한다. (법 제9조 제3항 단서)

(1) 관계 법령에 따라 부과대상토지의 일부가 준공된 경우 : 일부 준공일

(2) 개발사업의 목적 용도로 사용을 개시하거나 타인에게 분양하는 등 처분하는 경우로서 다음의 경우 (영 제10조 제1항)

① 토지만을 개발하는 개발사업의 경우
- 개발사업 시행자가 부과대상토지를 개발 목적에 맞게 사용을 시작하는 경우 : 착공 신고일 (건축법 제21조)
- 타인에게 분양 또는 처분하는 경우 : 대금 청산일 (소득세법 시행령 제162조)

② 주택건설사업 등 토지개발과 건축물의 건축을 함께 하는 개발사업의 경우에는 관계 행정청의 인가 등을 받아 건축물 사용을 시작하는 경우 : 임시 사용 승인일 (건축법 제22조의 규정)

※ 위 제2항의 경우 준공 전 완료 시점의 부과대상토지의 면적은 아래 표와 같이 산정하도록 하고 있다.(개발이익환수령 제10조 제4항, 개발이익환수칙 제5조)

<table>
<tr><th>건축물</th><th colspan="2">부과대상토지의 면적</th></tr>
<tr><td rowspan="2">1. 공장 외 건축물</td><td>가. 도시지역</td><td>1) 전용주거지역 : 건축물 바닥면적의 5배
2) 일반주거지역 · 전용공업지역 · 일반공업지역 · 준공업지역 : 건축물 바닥면적의 4배
3) 준주거지역 · 중심상업지역 · 일반상업지역 · 근린상업지역 · 유통상업지역 : 건축물 바닥면적의 3배
4) 보전녹지지역 · 생산녹지지역 · 자연녹지지역 : 건축물 바닥면적의 7배
5) 용도지역이 지정되지 아니한 지역 : 건축물 바닥면적의 4배</td></tr>
<tr><td>나. 도시지역 외의 지역</td><td>건축물 바닥면적의 7배</td></tr>
<tr><td>2. 공장용 건축물</td><td colspan="2">「지방세법 시행령」 제102조 제1항 제1호에 따른 공장입지기준면적</td></tr>
</table>

(3) 기타 개발사업에 착수한 후 다음에 해당하는 사유가 발생한 경우(영 제10조 제3항)

① 개발사업에 대한 인가 등이 당해 법률이 정하는 바에 따라 취소된 경우 : 허가취소일
② 사업시행자의 파산 기타의 사유로 개발사업의 시행이 중단되어 사업의 완료가 불가능하게 된 경우 : 파산, 부도일 등

(4) 부과종료시점이 되는 준공 인가 등을 받은 날이 관계 법령에 따라 정해져 있지 않은 경우에는 다음에 해당하는 날을 부과종료시점으로 한다.

① 납부의무자가 실제로 개발사업이 끝난 날을 증명할 수 있는 서류를 첨부하여 시장·군수·구청장에게 이를 신고한 경우에는 개발사업이 끝난 것으로 증명된 날
② 납부의무자가 실제로 개발사업이 끝난 날을 신고하지 않거나 이를 증명하지 못하는 경우에는 시장·군수·구청장이 현지를 확인하여 납부의무자에게 개발사업이 끝난 날로 통지한 날

※ 부과종료시점 기준(법 제9조 제2항 및 제4항, 시행령 제7조 또는 제10조)

구 분		부과기준일
관계 법령에 따라 부과대상토지의 일부가 준공된 경우		시행령 별표 3의 준공일
개발사업의 목적용도로 사용을개시하거나 타인에게 분양 등처분하는 경우	토지만을 개발하는 경우로서 사실상 개발이 끝난 토지를 타인에게 양도하는 경우	대금 청산일 (소득세법 시행령 제162조)
	토지만을 개발하는 경우로서 사실상 개발이 끝난 토지에 건축물을 건축하는 등 토지 사용을 시작하는 경우	착공 신고일(건축법 제21조)
	주택건설사업 등 토지개발과 건축물의 건축을 함께하는 경우로서 행정청의 인가 등을 받아 건축물 사용을 시작하는 경우	임시 사용 승인일 (건축법 제22조)
허가의 취소나 완료가 불가능한 경우	개발사업에 대한 인가 등이 해당 법률에서 정하는 바에 따라 취소된 경우	허가취소일
	사업시행자의 파산 그 밖의 사유로 개발사업의 시행이 중단되어 사업을 끝낼 수 없게 된 경우	파산, 부도 등에 해당한 날
준공 인가 등을 받은 날이 관계법령에 없는 경우	납부의무자가 실제로 개발사업이 끝난 날을 증명할 수 있는 서류를 첨부하여 부과징수권자에게 이를 신고한 경우	개발사업이 끝난 것으로 증명된 날

구	분	부과기준일
	납부의무자가 실제로 개발사업이 끝난 날을 신고하지 아니하거나 이를 증명하지 못하는 경우	부과 징수권자가 현지를 확인하여 납부의무자에게 개발사업이 끝난 날로 통지한 날

관련법령 | 부과종료시점의 적용 특례 (업무처리규정 제9조의2)

세종특별자치시장, 제주특별자치도지사, 시장·군수·구청장은 관계 법령에 준공일이 정하여져 있지 않아 영 제9조 제3항에 따라 부과 징수권자가 현지 확인하여 납부의무자에게 개발사업이 완료된 날로 통지한 날 등을 부과종료시점으로 하거나 영 제10조 제1항 내지 제3항에 따라 준공 전 부과종료시점이 인정될 때는 지체없이 법 제14조 제1항에 따라 개발부담금을 결정·부과하여야 한다.

2. 부과개시시점

개발부담금의 부과개시시점은 개발사업이 본격적으로 진행되면서 개발이익 산정의 기준이 되는 시점을 의미한다. 이는 개발부담금 적용 대상 사업의 시작 시점을 명확히 규정하여 개발로 발생하는 초과이익을 효과적으로 환수하기 위한 법적 기준이다.

부과개시시점을 설정하는 목적은 개발이익을 객관적으로 평가하고, 부과대상사업을 명확히 구분하며, 공정하고 적정한 부담금을 부과하는 데 있다. 개발부담금은 개발 전후의 토지 가치 변화를 비교하여 산정되므로, 정확한 부과개시시점을 확정하는 것이 필수적이다.

일반적으로 부과개시시점은 사업시행자가 국가 또는 지방자치단체로부터 개발사업의 인가·허가를 받은 날 또는 착공일을 기준으로 한다. 다만, 토지이용계획 등이 변경된 경우에는 법령에서 정한 기준일을 부과개시시점으로 적용한다.

이처럼 부과개시시점은 개발사업의 성격과 토지이용 여건에 따라 달라지며, 개발이익을 공정하게 평가하고 과세 형평성을 확보하기 위한 핵심적 장치로 작용한다.

가. 원칙적인 부과개시시점

부과개시시점은 사업시행자가 국가나 지방자치단체로부터 개발사업의 인가 등을 받은 날로 한다. 다만, 토지 이용 계획 변경이나 인가 변경 등의 예외적인 경우에는 해당 사유에 따라 부과개시시점이 달라진다.(법 제9조)

나. 부과개시시점의 예외

(1) 토지 이용 계획 변경 관련

① 인가 등을 받기 전 5년 이내에 대통령령으로 정하는 토지 이용 계획 등이 변경된 경우, 그 변경 이전에 취득한 토지는 취득일을 부과개시시점으로 한다.

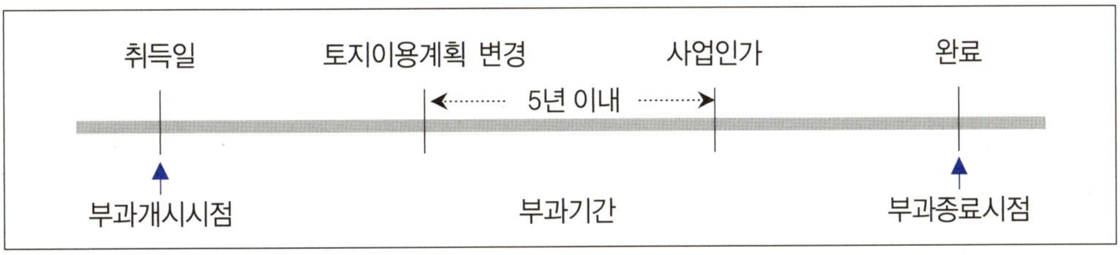

② 토지 취득일부터 2년 이상이 경과한 후에 토지 이용 계획 등이 변경된 경우, 토지 이용 계획 등이 변경된 날의 2년 전에 해당하는 날을 부과개시시점으로 한다.(영 제8조 제1항 제1호)

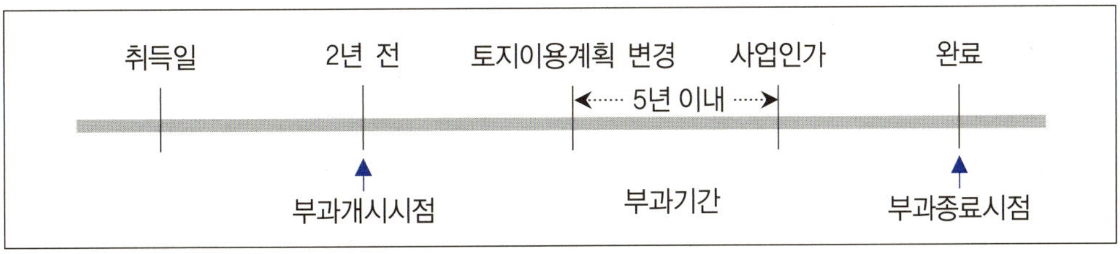

③ 「중소기업기본법」 제2조에 따른 중소기업자가 공장부지를 조성하기 위하여 토지를 취득한 후, 토지 이용 계획 등이 변경된 경우에는 토지 이용 계획 등의 변경일을 부과개시시점으로 한다.(영 제8조 제1항 제2호)

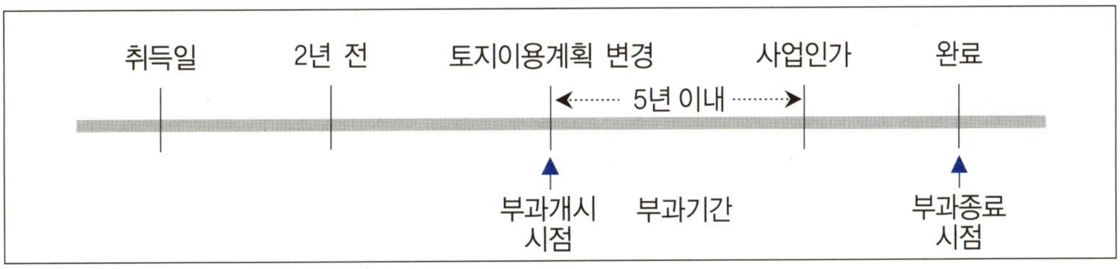

(2) 인가 등의 변경으로 부과대상토지의 면적 변경시 부과개시시점

변경인가 등을 받기 전에 용도지역·용도지구 등으로 지정 또는 변경되거나 그 토지에 지정된 용도지역·용도지구 등이 해제되는 경우(다만, 토지 취득 당시의 용도지역·용도지구 등과 같은 용도지역·지구 등으로 되돌리는 경우는 제외한다)로서 인가 등의 변경으로 부과 대상 토지에 새로 편입된 토지에 대한 부과개시시점은 다음에서 정하는 날로 한다. 다만, 토지 이용 계획 등의 변경이 두 번 이상 이루어진 경우에는 인가등을 받기 전 5년 이내에 최초로 이루어진 날을 토지 이용 계획 등의 변경일로 본다.(법 제9조 제1항 제2호, 영 제7조 및 제8조 제2항)

① 토지이용계획 등의 변경 전에 취득한 토지 : "토지 취득일"
② 토지이용계획 등의 변경일부터 변경인가 등을 받기 전의 사이에 토지를 취득한 경우 : "토지 취득일"
③ 위 외의 토지인 경우 : "인가등의 변경일"

(3) 기타

변경인가 등을 통하여 비로소 개발부담금 부과대상 규모에 해당하게 된 경우에는 다음에 해당하는 날을 부과개시시점으로 본다.(대법원 2009.10.15., 선고 2007두20263)

① 최초 인가등을 받은 토지 : 최초 인가등을 받은 날
② 새로이 편입된 토지 : 토지이용계획 등의 변경이 없는 한 변경인가 등을 받은 날로 함이 상당하다.(법 제9조 제1항 제2호, 영 제8조 제2항 제3호)

【부과개시시점(법 제9조 제1항 및 제3항, 시행령 제7조 또는 제8조)】

구 분		부과개시시점
인가받기 전 5년 이내에 토지 이용 계획 변경된 경우	토지의 취득 후 2년 이내에 토지이용계획등이 변경된 경우	취득일
	토지의 취득 후 2년 이상 지난 후 토지이용계획 등이 변경된 경우	• 토지이용계획 변경일 2년 전 • 중소기업 공장의 경우 토지이용계획 변경일
	토지이용계획 등이 변경된 이후 취득한 경우	인가일

구	분	부과개시시점
인가 등의 변경으로 면적이 변경된 경우(변경인가로 편입된 토지의 면적에 대하여만 적용함)	토지이용계획 등의 변경 전에 취득하였고, 취득일로부터 2년 이내에 토지이용계획 등이 변경된 경우	취득일
	토지이용계획 등의 변경 전에 취득하였고, 취득일로부터 2년 이상이 지난 후 토지이용계획 등이 변경된 경우	• 토지이용계획 변경일 2년 전 • 중소기업 공장의 경우 토지이용계획 변경일
	토지이용계획 등의 변경일과 변경인가 등을 받기 전의 사이에 토지를 취득한 경우	취득일
	위에 해당하지 않는 경우	변경인가일

3. 개발사업의 인가일 및 준공일

개발사업에서 인가일과 준공일은 개발부담금 산정의 출발점과 종착점을 규정하는 핵심 기준으로 개발부담금 부과 및 사업 진행 과정에서 매우 중요한 기준이 되는 개념이다.

인가일은 국가나 지방자치단체로부터 개발사업 시행을 위한 인가·허가·승인을 받은 날을 의미한다. 이 날 이후 발생하는 토지가격 변동이 개발이익 산정에 반영되므로, 인가일은 사업자가 개발을 시작할 수 있는 법적 근거이자 개발이익 계산의 출발점이다.

준공일은 개발사업이 실제로 완료되어 사용승인이나 준공검사필증을 교부받은 날을 말한다. 이 날은 개발부담금의 부과종료시점이 되며, 종료 시점지가를 기준으로 최종 개발이익이 계산된다. 즉, 준공일은 사업이 공식적으로 마무리되고, 개발이익이 확정되는 기준점이다.

결국 인가일은 사업 개시와 개발이익 산정의 기준이 되고, 준공일은 사업 종료와 최종 개발이익 확정의 기준이 된다. 두 기준일을 명확히 구분해야 초과 개발이익을 정확히 계산할 수 있으며, 이를 통해 공정한 부담금 부과가 가능하다.

따라서 인가일과 준공일은 단순한 날짜 이상의 의미를 가지며, 제도의 법적 정당성, 과세 공정성, 실무적 안정성을 뒷받침하는 핵심 요소다. 이러한 기준은 「개발이익 환수에 관한 법률」 제9조와 시행령 제9조 제1항, 별표 3에서 구체적으로 규정되어 있다.

가. 개발사업의 인가 등을 받은 날(법 제9조 제2항), 개발사업의 준공 인가 등을 받은 날(법 제9조 제4항)은 다음 표와 같다. (영 제9조 제1항 관련 별표 3)

나. 인가 등을 받기 전에 토지 이용 계획 등의 변경이 있는 경우로서 그 토지 이용 계획 등의 변경 전에 취득한 토지의 취득일(법 제9조 제1항)은 당해 자산의 대금을 청산한 날(소득세법 시행령 제162조)로 한다. (영 제9조 제2항)

다. 부과종료시점이 되는 준공 인가 등을 받은 날이 관계 법령에 따라 정하여져 있지 아니한 경우에는 다음의 날을 부과종료시점으로 한다. (영 제9조 제3항)

1) 납부의무자가 실제로 개발사업이 끝난 날을 증명할 수 있는 서류를 첨부하여 국토교통부 장관에게 이를 신고하면 개발사업이 끝난 것으로 증명된 날

2) 납부의무자가 실제로 개발사업이 끝난 날을 신고하지 아니하거나 이를 증명하지 못하는 경우에는 국토교통부 장관이 현지를 확인하여 납부의무자에게 개발사업이 끝난 날로 통지한 날

■ 〈개발이익환수법 시행령 별표 3〉 (개정 2023.6.27.)

【부담금 부과대상 개발사업의 인가 등을 받은 날과 준공 인가 등을 받은 날】

(제9조 제1항 관련)

사업 종류	근거 법률 및 사업명	인가등을 받은 날	준공인가 등을 받은 날
1. 택지개발사업(주택지조성사업을포함 한다)	가. 삭제 <2016.12.30.>		
	나. 「주택법」에 따른 대지조성사업	사업계획 승인일	사용검사일
	다. 「주택법」에 따른 주택건설사업		
	라. 「택지개발촉진법」에 따른 택지개발사업	택지개발지구 지정일	준공검사일
2. 산업단지 개발사업	가. 「산업입지 및 개발에 관한 법률」에 따른 국가산업단지 개발사업	실시계획 승인일	준공인가일
	나. 「산업입지 및 개발에 관한 법률」에 따른 일반산업단지 개발사업		
	다. 「산업입지 및 개발에 관한 법률」에 따른 도시첨단산업단지 개발사업		

사업 종류	근거 법률 및 사업명	인가등을 받은 날	준공인가 등을 받은 날
	라. 「산업입지 및 개발에 관한 법률」에 따른 농공단지 개발사업		
	마. 「중소기업진흥에 관한 법률」에 따른 협동화사업 단지조성사업	실시계획 승인일	준공인가일
3. 관광단지조성사업(온천개발사업을 포함한다)	가. 「관광진흥법」에 따른 관광지조성사업	조성계획 승인일	준공검사일 또는 제9조 제3항에 따른 날
	나. 「관광진흥법」에 따른 관광단지조성사업		
	다. 「국토의 계획 및 이용에 관한 법률」에 따른 유원지 설치사업	실시계획 인가일	준공검사일
	라. 「도시공원 및 녹지 등에 관한 법률」에 따른 공원사업	실시계획 인가일	준공검사일
	마. 「온천법」에 따른 굴착사업	굴착허가일	제9조제3항에 따른 날
	바. 「온천법」에 따른 온천 개발사업	온천개발계획 승인일	온천이용 허가일
	사. 「자연공원법」에 따른 공원사업	사업시행 허가일	제9조제3항에 따른 날
4. 도시개발사업, 지역개발사업 및 도시환경정비사업	가. 「경제자유구역의 지정 및 운영에 관한 특별법」에 따른 경제자유구역개발사업	실시계획 승인일	준공검사일
	나. 「도시개발법」에 따른 도시개발사업	실시계획 인가일	준공검사일
	다. 「도시 및 주거환경정비법」에 따른 정비사업	사업시행 인가일	준공인가일
	라. 「제주특별자치도 설치 및 국제자유도시 조성을 위한 특별법」에 따른 국제자유도시개발사업	사업계획 승인일	제9조제3항에 따른 날
	마. 「주한미군기지 이전에 따른 평택시 등의 지원 등에 관한 특별법」에 따른 평택시 개발사업	사업계획 승인일	제9조제3항에 따른 날
	바. 「주한미군기지 이전에 따른 평택시 등의 지원 등에 관한 특별법」에 따른 국제화계획지구 개발사업	개발계획 승인일	제9조제3항에 따른 날

사업 종류	근거 법률 및 사업명	인가등을 받은 날	준공인가 등을 받은 날
	사.「지역 개발 및 지원에 관한 법률」에 따른 지역개발사업	실시계획 승인일	준공인가일
	아.「규제자유특구 및 지역특화발전특구에 관한 규제특례법」에 따른 특화사업	특구계획 승인일	제9조제3항에 따른 날
5. 교통시설및 물류시설용 지조성사업	다음 각 목의 어느 하나에 해당하는 사업을 위한 용지 조성사업	실시계획 인가일	준공검사일
	가.「국토의 계획 및 이용에 관한 법률」에 따른 자동차 및 건설기계 운전학원 설치 사업		
	나.「국토의 계획 및 이용에 관한 법률」에 따른 여객자동차터미널사업		
	다.「국토의 계획 및 이용에 관한 법률」에 따른 유통업무설비 설치사업		
	라.「물류시설의 개발 및 운영에 관한 법률」에 따른 물류단지개발사업	실시계획 승인일	준공인가일
	마.「물류시설의 개발 및 운영에 관한 법률」에 따른 물류터미널사업	공사시행 인가일	건축물 사용승인일
	바.「여객자동차 운수사업법」에 따른 여객자동차터미널사업	공사시행 인가일	시설확인일
6. 체육시설 부지조성사업(골프장건설사업 및 경륜장·경정장 설치사업을 포함한다)	가. 경륜·경정법」에 따른 경륜장 설치사업	설치허가일	제9조제3항에 따른 날
	나.「경륜·경정법」에 따른 경정장 설치사업		
	다.「국토의 계획 및 이용에 관한 법률」에 따른 골프장 건설사업	실시계획 인가일	준공검사일
	라.「체육시설의 설치·이용에 관한 법률」에 따른 체육시설업을 위한 부지조성사업	사업계획 승인일	제9조제3항에 따른 날
7. 지목변경이 수반되는 사업	「건축법」에 따른 건축물(국토교통부령으로 정하는 건축물로 한정한다)의 건축(「건축법」 제19조에 따른 용도변경을 포함한다)으로 사실상 또는 공부상의 지목변경이 수반되는 사업	건축허가(신고), 용도변경허가(신고) 또는 건축물대장 기재내용 변경신청일	건축물 사용승인일 또는 제9조제3항에 따른 날

사업 종류	근거 법률 및 사업명	인가등을 받은 날	준공인가 등을 받은 날
8. 그 밖에 제1호부터 제6호까지의 사업과 유사한 사업	가. 「건축법」에 따른 창고시설의 설치로 사실상 또는 공부상의 지목변경이 수반되는 사업을 위한 용지조성사업	건축허가(신고)일	건축물 사용승인일
	나. 「국토의 계획 및 이용에 관한 법률」에 따른 창고시설의 설치를 위한 용지조성사업	행위허가일 또는 실시계획 인가일	준공검사일
	다. 「중소기업창업 지원법」에 따른 공장용지 조성사업	사업계획 승인일	건축물 사용승인일
	라. 「산업집적활성화 및 공장설립에 관한 법률」에 따른 산업단지 외의 지역에서의 공장용지조성사업 및 공장설립을 위한 부지조성사업	공장설립 승인일	건축물 사용승인일
	마. 「국토의 계획 및 이용에 관한 법률」에 따른 개발행위 허가(신고), 「농지법」에 따른 농지전용 허가(신고), 「산지관리법」에 따른 산지전용 허가(신고), 「초지법」에 따른 초지전용 허가(신고)에 따라 시행하는 사업으로서 다음의 어느 하나에 해당하는 사업		
	1) 주택을 건축하기 위한 용도로 토지를 개발하는 사업 등 국토교통부령으로 정하는 사업 2) 사실상 또는 공부상의 지목변경이 수반되는 사업	개발행위, 농지전용, 산지전용또는 초지전용 허가(신고)일	준공검사일, 건축물(시설물) 사용승인일 또는 제9조 제3항에 따른 날

제3절 지가의 산정

"지가(地價) 산정"이란 법적 및 경제적 기준을 바탕으로 토지의 가치를 평가하고 객관적인 가격을 산출하는 절차를 의미한다. 이는 단순한 가격 평가를 넘어, 개발부담금 부과의 기초 자료를 마련하고 개발이익의 공정한 환수를 위한 필수적인 과정이다. 지가산정이 정확하게 이루어져야 개발사업으로 인해 발생하는 토지 가치 상승분(개발이익)이 객관적으로 평가될 수 있으며, 공정한 부담금 부과가 가능해진다.

개발부담금 부과 과정에서 지가산정은 공정성과 형평성을 보장하는 핵심 요소로 작용한다. 토지가 개발되면서 상승하는 가치의 일부를 공공 이익으로 환수하기 위해, 부과개시시점과 종료 시점의 지가를 산정하여 개발이익을 평가하는 것이 일반적이다. 이를 위해 정부는 개별공시지가, 감정평가 결과, 시장 거래 사례 등을 참고하여 객관적이고 합리적인 기준을 설정하고 있으며, 이를 통해 개발부담금 부과의 일관성과 신뢰성을 유지하고 있다.

1. 종료시점지가

가. 원칙

종료시점지가는 부과종료시점 당시의 부과대상 토지와 이용상황이 가장 유사한 표준지의 공시지가를 기준으로 산정한다. 표준지를 선정할 때에는 지리적 근접성, 용도지역, 도로 접근성, 주변 기반시설의 유무, 인근 거래사례 등 다양한 요소를 종합적으로 고려해야 한다. 이러한 기준에 따라 선정된 표준지와 대상토지 간의 지가 형성 요인을 세부 항목별로 비교한 표준적인 비교표에 따라 가액을 산정하고, 해당 연도 1월 1일부터 종료시점까지의 정상적인 지가상승분을 합산하여 최종 종료시점지가를 확정한다.

종료시점지가는 표준지 공시지가와 합리적인 균형을 유지해야 하며, 개발이익이 발생하지 않을 것이 명백한 경우를 제외하고는 반드시 감정평가업자의 검증을 받아야 한다. 검증은 평가방법의 타당성, 비교표의 합리성, 표준지 선정의 적정성을 중심으로 수행되며, 필요할 경우 현장조사를 병행하여 평가의 신뢰도를 높인다.

또한, 시장·군수·구청장은 종료시점지가를 산정하기 전에 반드시 「부동산가격공시에 관한 시행규칙」 제8조에 따라 설치된 시·군·구 부동산가격공시위원회의 심의를 거쳐야 한다. 심의 과정에서는 평가기준과 비교표의 타당성, 지역 간 형평성 여부 등을 면밀히 검토하고, 필요 시 외부 전문가를 참여시켜 공정성과 객관성을 확보한다.

종료시점지가 = 표준지의 공시지가 기준으로 산정 가액 + 정상 지가상승분 (1.1.~부과종료시점)

나. 예 외(처분 가액의 적용)

(1) 부과대상토지를 분양 등 처분함에 있어서 그 처분 가격에 대하여 국가나 지방자치단체의 인가 등을 받는 경우 등 다음의 경우에는 예외적으로 그 처분 가격을 종료시점지가로 할 수 있다. (법 제10조 제2항, 영 제11조 제1항)

① 특별자치시장 특별자치도지사 시장·군수의 승인을 얻어 주택의 분양가가 결정된 경우 다만, 주택의 분양가를 국토교통부 장관이 정하여 고시하는(제3항 제1호) 건축비를 적용하여 결정하는 경우에 한한다. (주택법 제54조 제1항 제1호)
② 사업 주체가 조성한 대지의 공급 조건 등에 대하여 국토교통부 장관 또는 지방자치단체의 장의 승인을 받은 경우(주택법 제15조 제1항 및 같은 법 시행령 제27조 제6항)
③ 택지의 공급 가격 결정 방법 등이 포함된 택지 개발 사업 실시 계획에 대하여 국토교통부 장관 또는 지방자치단체의 장의 승인을 얻은 경우(택지개발촉진법 제9조 및 같은 법 시행령 제8조)
④ 개발된 토지의 분양가가 결정된 경우(산업입지 및 개발에 관한 법률 제38조 및 같은 법 시행령 제40조)
⑤ 「산업입지 및 개발에 관한 법률」 제39조에 따른 특수지역 개발사업으로 개발된 토지의 분양가가 같은 법 시행령 제40조의 분양 가격의 결정 방법과 같은 방법으로 결정된 경우
⑥ 한국토지주택공사가 매입하여 개발한 토지의 분양가가 결정된 경우(한국토지주택공사법 제16조)
⑦ 위 ① 내지 ⑥의 경우와 유사한 경우로서 국가 또는 지방자치단체의 인가 등을 받아 토지의 분양 가격이 결정된 경우

(2) 처분 가격을 종료시점지가로 하는 경우는 매입 가격으로 개시시점지가를 산정하는 경우에 한한다.(법 제10조 제3항 단서의 규정, 영 제11조 제2항)

① 처분 가격 적용 요건

처분 가격을 종료시점지가로 인정받기 위해서는 반드시 처분 가격을 시장·군수 등의 승인을 받아야 하며, 매입 가격을 개시시점지가로 산정해야 한다. 이는 개발사업자가 임의로 가격을 조정하여 개발부담금을 회피하는 것을 방지하기 위한 조치이다.

② 승인된 처분 가격만 인정하는 이유

처분 가격을 종료시점지가로 인정하는 것은 개발사업자의 이익을 적절하게 평가하고 공공 이익을 보호하기 위한 조치다. 만약 제한 없이 처분 가격을 인정할 경우, 개발사업자가 가격을 조작하여 개발부담금을 회피할 가능성이 있으므로, 공공기관의 승인을 받은 가격만 적용된다.

③ 법적 근거 및 적용

「개발이익 환수에 관한 법률」과 그 시행령에 따라, 개시시점지가를 매입 가격으로 산정한 경우에도 종료시점지가는 반드시 공공기관이 승인한 처분 가격을 기준으로 결정해야 한다. 이는 개발부담금 산정의 공정성과 일관성을 확보하기 위한 조치다.

(3) 「주택 공급에 관한 규칙」에 의하여 시장·군수·구청장의 승인을 얻어 주택의 분양가가 결정된 경우에 처분 가액 산정 특례

「주택공급에 관한 규칙」 에 의하여 시장·군수의 승인을 얻어 주택의 분양가가 결정된 경우에는 그 분양가에서 다음 금액을 뺀 가액을 처분가격으로 한다.

① 국토교통부 장관이 정하여 고시하는 건축비
② 건축과 관련된 부대 경비로서 다음의 경비(규칙 제6조)
- 주택분양보증 또는 주택임대보증에 따른 수수료
- 건설업자와의 도급계약에 의하여 지출한 건축비 명세서를 제출한 경우 도급을 한자가 그 건축과 관련하여 지출한 일반관리비

③ 지하 주차장 설치에 들어간 비용
④ 「건축법」 등 관계 법령에 따라 설치하게 되어있는 지하층을 초과하여 설치한 경우 그 초과 설치에 들어간 비용

다만, 납부의무자가 「건설산업기본법」에 따라 등록을 한 건설업자와의 도급계약에 따라 지출한 건축비 명세서를 제출한 경우에는 분양가에서 그 건축비와 주택분양보증

또는 주택임대보증에 따른 수수료, 당해 건축과 관련하여 지출한 일반관리비를 뺀 가액을 처분가격으로 할 수 있다. (영 제11조 제3항)

> 종료시점 지가 = 처분 가액 − (건축비 + 주택 분양, 임대보증에 따른 수수료 + 지하 주차장 설치비용)

다. 감정평가사의 검증 절차 및 예외

(1) 감정평가 검증 절차

① 시장·군수·구청장은 종료시점지가의 적정성에 대하여 감정평가법인 등에 검증을 의뢰하는 경우 표준지와 비교하여 산정한 종료시점지가에 관한 지가 현황도면, 종료시점지가의 산정 조서, 토지 특성 조사표, 그 밖에 종료시점지가 검증에 필요한 자료를 제공해야 한다. (영 제10조의2 제2항)

② 종료시점지가의 적정성에 대하여 검증을 의뢰받은 감정평가법인 등은 표준지 선정의 적정성에 관한 사항, 토지의 이용 상황 등 토지 특성 조사 내용의 적정성에 관한 사항, 토지가격비준표 적용의 타당성에 관한 사항, 종료시점지가와 표준지 공시지가의 균형 유지에 관한 사항, 그 밖에 시장·군수·구청장이 검토를 의뢰한 사항을 검토·확인하고 검증 결과서를 시장·군수·구청장에게 제출해야 한다. (영 제10조의2 제3항)

(2) 감정평가를 받지 않아도 되는 경우(영 제10조의2 ①항 1, 2호)

개발이익이 발생하지 않을 것이 명백하다고 인정되는 다음의 해당하는 경우 감정평가를 받지 않아도 된다.

① 산정한 개발이익이 없는 경우 : 개발부담금 부과 종료시점지가 산정의 기준이 되는 표준지가 1개 이상 있으면 그중 공시지가가 가장 높은 표준지를 기준으로 산정한다.

② 부과대상토지의 일부가 준공된 경우 : 분할 토지에 대하여 개발부담금이 결정·부과된 경우로서 분할 토지의 종료시점지가 산정 시 적용된 표준지를 기준으로 부과대상토지의 종료시점지가를 산정한 경우

관련법령 | 개발부담금 부과 · 징수 업무처리규정 제9조 (지가의 산정)

① 종료시점지가는 다음 각 호의 기준에 따라 산정한다.

1. 매입가격으로 개시시점지가를 산정한 경우(사업토지 중 일부를 매입가격으로 산정한 경우를 포함한다) 또는 개시시점지가 산정할 때 부과대상토지의 개별공시지가가 없는 경우에는 2인의 감정평가업자가 감정평가한 가액을 산술평균하여 산정한다.
2. 매입가격으로 개시시점지가를 산정한 경우(사업토지중 일부를 매입가격으로 산정한 경우를 포함한다)로서 영 제11조 제1항 에 의하여 분양가가 결정된 경우에 분양가를 종료시점 지가로 산정하는 경우에는 제1호의 규정에 불구하고 그 분양가에서 영 제11조제3항 에 따른 금액을 뺀 가액으로 한다.
3. 제1호 및 제2호 외의 경우에는 부과대상토지와 이용상황이 가장 유사한 표준지의 공시지가에 「부동산 가격공시 및 감정평가에 관한 법률」에 따른 비교표에 의하여 산정한 가액에 1월 1일부터 부과종료시점까지의 정상지가상승분을 합한 가액으로 한다.

③ 영 제11조 제1항 에 따라 종료시점지가를 산정하는 경우로서 사업토지 안의 상업용 토지 등 그 처분가격에 대하여 국가나 지방자치단체의 인가등이 없는 토지의 가액은 제1항 제1호 또는 제3호의 규정에 의하여 산정한다.

⑤ 개발부담금 산정시점이 5월 31일 이전인 경우의 지가는 당해 연도 1월 1일 현재의 지가가 확정된 후에, 이를 산정 할 수 있다. 이 경우 그 내용을 납부의무자에게 통보하여야 한다. <신설 2000.8.25.>

2. 개시시점지가

개발부담금 부과 시 개시시점지가는 원칙적으로 부과개시시점이 속한 연도의 개별공시지가를 기준으로 산정되지만, 특정한 경우 실제 매입가액 또는 취득가액을 개시시점지가로 할 수 있다. 특히, 납부의무자가 토지와 그 토지에 정착된 건축물 등을 함께 매입한 경우, 해당 매입가액 또는 취득가액에서 토지와 건축물의 가액을 명확히 구분해야 한다.

가. 산정 원칙

개발부담금의 개시시점지가는 부과개시시점이 속한 연도의 부과대상토지의 개별공시지가(부과개시시점으로부터 가장 최근에 공시된 지가를 말한다)에 그 공시지가의 기준일부터 부과개시시점까지의 정상지가상승분을 합한 가액으로 한다. (법 제10조 제3항)

관계 행정청으로부터 개발사업에 관한 인가 등의 통보를 받은 시장·군수·구청장은

지체 없이 부과대상토지를 조사하고 개시시점지가를 산정해야 한다. (영 제11조 제4항)

개시시점지가 = 부과개시시점 개별공시지가 + 정상 지가상승분(1.1.~부과개시시점)

나. 예외(실제 매입 및 취득가액)

개발부담금의 개시시점지가는 원칙적으로 부과개시시점이 속한 연도의 부과 대상 토지 개별공시지가를 기준으로 산정한다. 그러나 다음에 해당하는 경우로서 납부 의무자가 매입 가액 또는 취득 가액을 증명할 수 있는 매입증서 사본 등의 서류를 갖추어 부담금 예정 통지를 받은 날로부터 15일 이내에 시장군수구청장에게 제출하는 경우에는 그 실제의 매입가액 또는 취득가액에 그 매입일 또는 취득일부터 부과개시시점까지의 정상지가상승분을 가감한 가액을 부과 시점 지가로 할 수 있다.(법 제10조 제3항 단서, 영 제11조 제5항) 또한 시장·군수·구청장은 「전자정부법」에 따른 행정정보 공동이용을 통해 토지의 등기사항증명서를 확인해야 한다. 한편, 개시시점지가를 실제 매입가격으로 산정한 경우에는 종료시점지가를 두 명의 감정평가업자가 평가한 금액의 산술평균값으로 결정한다.

(1) 국가·지방자치단체 또는 다음의 기관으로부터 매입한 경우(시행규칙 제7조)
   ㉠ 「공공기관의 운영에 관한 법률」에 따른 공공기관
   ㉡ 「지방공기업법」에 따른 지방공기업
   ㉢ 「지방세특례제한법」 제21조, 제23조, 제36조, 제37조, 제38조 제1항·제3항, 제40조, 제42조 제3항, 제45조, 제47조 제1항, 제49조, 제52조 제1항, 제53조, 제54조 제5항 제1호, 제69조 및 제88조 제2항에 따른 기관

(2) 경매나 입찰로 매입한 경우

(3) 지방자치단체나 법 제7조 제2항 제2호에 따른 공공기관이 매입한 경우

(4) 「공익사업을 위한 토지 등의 취득 및 보상에 관한 법률」에 따른 협의 또는 수용(收用)에 의하여 취득한 경우

(5) 실제의 매입한 가액이 정상적인 거래 가격이라고 객관적으로 인정되는 경우(영 제11조 제5항)
   ㉠ 부과개시시점 이전에 매입한 경우(부과개시시점 이전에 매매계약을 체결하여 부과개시시점 이후에 그 계약에서 약정한 금액대로 매매대금을 지급한 경우로서 국토교통부령으로 정하는 증명서류를 제출한 경우 포함) 로서 그 매입 가격이 취득세의 과세표준이 된 경우

㉡ 사업시행자가 「지방세특례제한법」 제21조, 제23조, 제36조, 제37조, 제38조 제1항·제3항, 제40조, 제42조 제3항, 제45조, 제47조 제1항, 제49조, 제52조 제1항, 제53조, 제54조 제5항 제1호, 제69조 및 제88조 제2항에 따른 법인 등인 경우로서 그 매입 가격이 법인 등의 장부에 기록된 매입 가격인 경우

다. 실제 매입가액을 개시시점지가로 적용할 경우, 토지와 건축물의 가액이 명확히 구분되지 않은 경우

개발부담금 납부의무자가 개발부담금 산정 시 실제 매입가액 또는 취득가액을 개시시점지가로 적용할 경우, 토지와 해당 토지에 정착된 건축물을 함께 매입하였으나 각각의 가액이 명확히 구분되지 않은 경우에는 「부가가치세법 시행령」 제64조를 적용하여 합리적으로 배분하여 산정해야 한다. (영 제11조 제6항)

부가가치세법 시행령에서는 건물과 토지를 함께 매입하는 경우, 총 매입가액을 일정한 기준에 따라 배분하는 방식을 규정하고 있다. 이에 따라 총 매입가액을 공시지가, 감정평가액, 기준시가, 건축물의 감가상각비 등을 고려하여 가액을 배분하며, 감정평가액이 있는 경우 이를 기준으로 한다. 감정평가액이 없는 경우에는 공시지가와 기준시가를 반영하여 합리적인 비율을 산정해야 한다.

3. 지가산정 특례

가. 기부토지 또는 국공유지 산정면적 제외

종료시점지가와 개시시점지가를 산정할 때 부과대상토지에 국가 또는 지방자치단체에 기부하는 토지 또는 국공유지가 포함되어 있으면그 부분은 종료시점지가와 개시시점지가의 산정 면적에서 제외한다. (법 제10조 제4항)

나. 지목변경이 수반되는 개발사업의 예외

지목변경이 수반되는 개발사업(시행령 별표 1 제7호)의 경우 부담금 부과대상이 되는 규모는 국가 또는 지방자치단체로부터 인가 등을 받은토지의 면적 중 사실상 또는 공

부상 지목이 변경되는 토지의 면적이 부과대상 면적에 해당되는 경우로 한다. (하나의 필지가 사실상 둘 이상의 용도로 이용되고 있는 토지의 지목은 「공간정보의 구축 및 관리 등에 관한 법률 시행령」 제59조(아래)에 따름)

또한, 시행령 별표 1 제7호에 따른 지목변경이 수반되는 개발사업의 경우 인가 등을 받은 면적 중 그 사업이 종료된 후 사실상 또는 공부상 지목이 변경된 면적에 한하여 개발이익이 발생한 것으로 본다. (영 제4조 제4항, 영 제14조 제2항)

관련법령 | 「공간정보의 구축 및 관리 등에 관한 법률 시행령」 제59조(지목의 설정방법 등)

① 법 제67조 제1항에 따른 지목의 설정은 다음 각 호의 방법에 따른다.
 1. 필지마다 하나의 지목을 설정할 것
 2. 1필지가 둘 이상의 용도로 활용되는 경우에는 주된 용도에 따라 지목을 설정할 것
② 토지가 일시적 또는 임시적인 용도로 사용될 때에는 지목을 변경하지 아니한다.

다. 개별공시지가가 없는 경우

종료시점지가 및 개시시점지가를 산정함에 있어 당해 토지의 개별공시지가가 없는 경우 등 다음의 경우에는 「감정평가 및 감정평가사에 관한 법률」에 따른 둘 이상의 감정평가업자가 감정평가한 가액을 산술 평균한 가액으로 해당 지가를 산정하여야 한다. (법 제10조 제5항, 영 제11조 제7항, 규칙 제8조 제2항)

① 개시시점지가 및 종료시점지가를 산정함에 있어서 부과대상토지의 개별공시지가가 없는 경우
② 종료시점지가를 산정함에 있어 법 제10조 제3항 단서에 따라 매입 가격으로 개시시점지가를 산정한 경우

제4절 개발비용의 산정

1. 개발비용의 개념

"개발비용"이란 개발사업을 수행하는 과정에서 토지의 가치를 높이기 위해 지출된 비용을 의미한다. 이는 단순한 공사비용이 아니라, 토지의 활용도를 극대화하고 그 가치를 상승시키기 위한 투자에 해당한다. 일반적으로 개발비용에는 건축물과 직접 관련된 비용이 포함되지 않는다. 그러나 예외적으로, 개발사업자가 공공시설로 기부채납하는 대상이 건축물인 경우, 해당 건축물과 관련된 비용은 개발비용으로 인정될 수 있다. 즉, 단순한 상업적 건축물이 아니라, 개발사업의 공공적 성격을 반영하여 제공되는 건축물이라면 개발비용의 범위 안에서 고려될 수 있는 것이다.

개발비용은 원칙적으로 사업시행자가 실제로 지출한 비용은 인정된다. 하지만 모든 지출이 무조건 인정되는 것은 아니다. 특히, 순공사비, 조사비, 설계비, 일반관리비 등은 일정 기준을 초과하는 경우, 초과분은 개발비용으로 인정되지 않는다. 이는 개발사업자가 과도한 비용을 산정하여 개발부담금의 산정에 영향을 미치는 것을 방지하고, 비용의 적정성을 유지하기 위한 조치다.

이와 더불어, 개발비용으로 인정되는 기부채납 비용 또한 일정한 요건을 충족해야 한다. 기부채납이 개발비용으로 인정받기 위해서는 개발사업의 성격, 처분 가격의 승인 여부, 가격 산정 방식, 그리고 관련 법령의 기준을 충실히 따를 필요가 있다. 만약 이러한 요건을 충족하지 못한다면, 해당 기부채납 비용은 개발비용으로 인정받기 어려울 수 있다. 개발사업을 추진하는 과정에서 기부채납이 필요한 경우라면, 이에 대한 사전 검토와 법적 요건을 충분히 확인하는 것이 필수적이다.

결국, 개발비용의 인정 기준은 단순한 행정 절차가 아니라, 개발이익을 공정하게 평가하고, 개발사업자가 부담해야 할 비용의 범위를 명확하게 정의하기 위한 필수적인 규정이라 할 수 있다. 이를 통해 개발부담금이 합리적으로 산정되며, 불필요한 비용이 포함되는 것을 방지할 수 있다. 개발사업은 개별 기업이나 시행자의 이익을 넘어, 지역사회와 공공의 가치를 함께 고려해야 하는 사업이다. 따라서 개발비용의 산정은 공정성과 투명성을 유지하는 중요한 기준이 되는 것이다.

2. 개발비용의 산정기준

개발이익을 산정하기 위해 종료시점지가에서 공제하는 개발비용은 개발사업 시행과 관련하여 직접 지출된 비용 중 토지의 가치 상승에 기여한 항목을 포함하며, 건축물과 관련된 비용은 제외된다. 다만, 기부채납하는 공공시설이 건축물인 경우에는 개발비용에 포함될 수 있다.

개발비용은 원칙적으로 사업시행자가 지출한 금액을 인정하는 것이 기본 원칙이다. 그러나 순공사비, 조사비, 설계비, 일반관리비의 경우, 납부의무자가 제시한 개발비용이 일정 기준에 의해 산출된 금액을 초과하면 그 초과분은 개발비용으로 인정되지 않는다.

또한 개발비용은 개발사업자가 실제로 지출한 비용이라 하더라도 이를 공식적으로 증명할 수 있는 자료가 있어야 개발비용으로 인정된다. 즉, 개발비용은 개발사업 시행과 관련하여 지출된 비용 중 산출명세서와 증빙서류를 갖춘 금액을 기준으로 산정되며, 다음 항목을 합산하여 계산한다.(법 제11조 제1항)

① 순공사비, 조사비, 설계비 및 일반관리비
② 관계 법령이나 해당 개발사업 인가 등의 조건에 따른 다음 금액
- 납부의무자가 국가나 지방자치단체에 공공시설이나 토지 등을 기부채납 하였을 경우에는 그 가액
- 납부의무자가 부담금을 납부하였을 때는 그 금액

③ 해당 토지의 개량비, 각종 세금과 공과금, 보상비 및 그 밖에 대통령령으로 정하는 금액

3. 개발비용 인정의 예외

가. 부과대상토지 이외에서 지출한 비용의 인정

개발비용은 부과대상토지의 개발에 지출한 비용을 말한다. 다만, 다음의 경우에는 부과대상토지 밖에서 해당 개발사업의 시행과 관련하여 지출한 비용도 포함할 수 있

다. (개발부담금 부과·징수 업무처리규정 제11조 제2항)

① 진입로 개설로 인하여 부과대상토지의 가치가 상승한 경우
② 관계 법령이나 해당 개발사업 인가 등의 조건에 따라 국가 또는 지방자치단체에 토지 또는 공공시설 등을 기부채납 등을 한 경우
③ 개발부담금 결정·부과 이후 지출한 다음 각 목의 비용
가. 「학교 용지 확보 등에 관한 특례법」에 따른 학교 용지부담금을 납부한 경우
나. 영 제12조 제1항 제5호에 따른 기부채납액을 납부한 경우

나. 개발비용 지출기간 산정의 예외

개발비용은 부과개시시점부터 부과종료시점까지 지출한 비용을 말한다. 다만, 다음 각호의 어느 하나에 해당하는 경우에는 위 기간 외에 지출한 경우에도 포함할 수 있다. (개발부담금 부과·징수 업무처리규정 제11조 제3항)

(1) 부과개시시점 이전에 지출한 다음 각 목의 비용
① 해당 개발사업의 시행을 위해 지출한 조사비 및 설계비
② 해당 개발사업의 인가 등을 받은 날을 기준으로 그 이전 3년 이내에 부과대상토지를 개량하기 위하여 지출한 비용으로서 개시시점지가에 반영되지 아니한 비용

(2) 부과종료시점 이후에 지출한 다음 각 목의 비용
① 부과종료시점 이후 개발부담금을 부과하기 전에 부과되는 지목변경으로 인한 취득세, 학교 용지부담금, 양도소득세 또는 법인세 등의 납부액
② 해당 개발사업의 인가 등의 조건에 의하여 준공 인가 등을 받은 날까지 지출할 것이 확정된 비용
③ 대규모 사업의 일부가 준공되어 부분 준공일을 부과종료시점으로 하여 개발 비용을 산정할 때는 해당 개발사업 전체에 대하여 준공 인가 등을 받은 날까지 지출할 것이 확정된 비용

다. 개발비용에서 제외되는 비용

개발사업의 시행과 관련하여 지출된 비용인 경우에도 다음의 어느 하나에 해당하는 금액은 법 제11조에 따른 개발비용에 포함되지 않는다. (개발부담금 부과·징수 업무처리규정 제11조 제4항)

① 개발사업 시행 과정에서 발생하는 민원 보상비
② 산업단지 조성 사업 시행 시 폐수처리장 시설물 설치비용
③ 사업지구 밖에서 철거되는 건축물 이전비(건축물이 개발사업 구역 경계에 걸친 경우 또는 제2항 각호 외의 부분 단서에 따라 개발비용으로 인정되는 경우에는 개발비용에 포함한다) <개정 2016.7.20.>
④ 아파트 공사 시 건축물에 부수하여 설치하는 단지 내 전기·도로·상하수도·가스공급시설·주차장·조경·담장·포장비 <개정 2016.7.20.>
⑤ 토지 매입비 또는 공사비 등 개발사업 시행에 소요되는 비용의 조달을 위하여 금융기관 등에 지급한 이자 등의 자본비용

4. 개발비용의 구체적인 산정기준

개발비용의 구체적인 산정기준은 「개발이익 환수에 관한 법률 시행령」 제12조 제1항에서 구체적으로 규정하고 있으며, 납부의무자가 해당 사업의 시행과 관련하여 지출한 비용의 합계액으로서 산출명세서와 증명서를 갖춘 금액을 말한다.(영 제12조 제2항 본문) 다만, 일반관리비는 「국가를 당사자로 하는 계약에 관한 법률 시행령」 제9조 및 「지방자치단체를 당사자로 하는 계약에 관한 법률 시행령」 제10조에 따른 예정가격 결정기준과 요율을 적용하여 산정한 금액으로 한다.(영 제12조 제2항 제1호 단서)

가. 순공사비

순공사비는 해당 개발사업을 위하여 지출한 재료비·노무비·경비의 합계액으로서 개발부담금 산정 시 인정되는 공사 항목은 다음과 같다.(개발부담금 부과·징수 업무처리규정 제11조의2)

① 토공사, 구조물 공사, 배수 공사, 포장 공사, 연약지반 공사
② 조경공사, 진입로 개설 공사, 철거 및 폐기물 처리 공사
③ 오염된 토양 정화 공사(「토양환경보전법」 준수)

(1) 순공사비 인정 기준

개발부담금 산정 시 인정되는 순(純)공사비는 개발사업 부지조성 및 기반 시설 구축을 위한 필수 공사비(재료비, 노무비, 경비)만 포함되며, 건축물 자체와 관련된 비용은

제외된다.

순공사비가 개발비용으로 인정되기 위해서는 다음 요건을 충족해야 한다.

① 개발사업 부지조성을 위한 필수적인 토목공사 및 기반 시설 조성 공사일 것

② 공사 계약서, 설계도서, 세금계산서, 대금 지급 관련 증빙 자료 등 필수 입증자료를 제출할 것

(2) 순공사비(재료비, 노무비, 경비) 산정기준

순공사비는 『건설공사 표준품셈(국토교통부 고시)』 등을 기준으로 산정하며, 주요 항목은 다음과 같다.

① 재료비

재료비는 공사에 사용되는 자재(콘크리트, 철근, 목재 등)의 총비용을 의미하며, 정부 고시가격(국토교통부·조달청 발표 단가)을 기준으로 적용된다. 정부 고시가격이 없는 경우, 시중 가격 또는 발주처 기준 가격을 적용할 수 있다. 재료비는 직접재료비와 간접재료비로 구분된다.

㉠ 직접재료비

직접재료비는 공사 목적물의 실체를 형성하는 재료의 가치로, 다음과 같이 세분된다.

- 주요 재료비 : 공사 목적물의 기본적인 구조를 이루는 주요 자재(콘크리트, 철근 등)의 비용
- 부분품비 : 공사 목적물에 원형대로 부착되어 구성 요소가 되는 매입 부품, 수입 부품, 외장재료 및 외주품의 비용(단, 경비로 계상되는 항목 제외)

㉡ 간접재료비

간접재료비는 공사 목적물의 실체를 형성하지 않지만, 공사 진행에 필요한 보조적인 재료의 비용을 포함한다.

- 소모재료비 : 기계오일, 접착제, 용접 가스, 장갑 등 소모성 물품의 비용
- 소모 공구 및 기구 비품비 : 내용 연수가 1년 미만이며, 법인세법 또는 소득세법에 따라 감가상각 대상에서 제외되는 공구, 기구, 비품의 비용
- 가설재료비 : 비계, 거푸집, 동바리 등 공사 진행을 위해 필요하지만 최종 목적물의 실체를 형성하지 않는 가설재의 비용

㉢ 부대 비용

재료 구입 과정에서 발생하는 운임, 보험료, 보관비 등의 부대 비용은 재료비에 포함된다. 다만, 재료 구입 후 발생하는 추가 비용은 경비 항목으로 계상된다.

㉣ 부산물 처리

공사 중 발생하는 작업설 및 부산물의 매각액 또는 이용 가치는 재료비에서 공제한다. 단, 기존 시설물의 철거, 해체, 이설 등으로 발생한 부산물은 별도로 계상된다.

㉤ 재료비 산정 공식

- 재료비 = 재료량 × 단위당 가격
- 표준품셈을 적용하지 않는 경우 : 재료량 = 정미량 × (1 + 할증률)

② 노무비

노무비는 건설업종별 고용노동부가 발표한 표준노임 단가를 기준으로 적용하며, 실제 지급 금액이 표준노임을 초과하는 경우 초과분은 인정되지 않는다. 노무비는 직접노무비와 간접노무비로 구분된다.

㉠ 직접노무비

직접노무비는 건설 현장에서 계약 목적물을 완성하기 위해 직접 작업에 종사하는 노동자의 인건비로, 다음 항목의 합계액으로 산정된다. 단, 상여금은 기본급의 연 400% 이내로, 제 수당 및 퇴직급여충당금은 근로기준법에서 인정하는 범위를 초과하여 계상할 수 없다.

- 기본급 : 통계법 제15조에 따른 지정기관이 공표한 단위당 가격 또는 기획재정부 장관이 고시한 단위당 가격을 적용하며, 정근수당, 가족수당, 위험수당 등이 포함됨
- 제 수당 : 기본급 외에 지급되는 시간외수당, 야간수당, 휴일수당, 주휴수당 등
- 상여금 : 기본급의 일정 비율로 지급되는 추가 급여
- 퇴직급여충당금 : 근로자가 퇴직 시 지급되는 금액의 일부로 적립

㉡ 간접노무비

간접노무비는 직접 제조 작업에 종사하지 않지만, 작업 현장에서 보조작업을 수행하는 노무자, 종업원 및 현장 감독자의 인건비로서 기본급, 제 수당, 상여금, 퇴직급여충당금 등을 포함한다. 간접노무비는 직접노무비를 초과하여 계상할 수 없으며, 단, 현장의 기계화, 자동화 등으로 인해 불가피한 경우, 증빙 자료를 제출하면 초과 계상이 가능하다.

㉢ 직접노무비 산정 방법

- 노무비 = 노무량 × 단위당 가격

단위당 가격은 "국가를 당사자로 하는 계약에 관한 법률 시행규칙" 제7조에 따른 원가계산 기준과 대한건설협회에서 공표한 직종별 노임단가를 적용

㉣ 간접노무비 산정

- 직접 계상 방법 : 간접노무비 = 노무량 × 노무비 단가
- 간접 계상 방법 : 간접노무비 = 직접노무비 × 간접 노무 비율
- 보완적 계상 방법 : 공사의 규모, 내용, 공종, 기간 등을 고려하여 간접 노무 비율을 적용하여 계상

③ 경비

경비는 공사 시공 과정에서 발생하는 장비 사용료, 현장 유지비, 전력비, 수도광열비, 지급 임차료, 기타 부대비용 등을 포함하며, 「공공공사 원가계산 기준(기획재정부)」을 적용하여 산정한다. 이는 공사원가 중 재료비 및 노무비를 제외한 모든 비용을 의미하며, 기업의 일반관리비와는 구분된다. 또한, 공사 수행 과정에서 직접 소요되는 비용으로, 계약 목적물의 시공 기간 동안 발생하는 항목을 포함한다. 특정 공정(굴착, 도로포장 등)에 필요한 장비 구매비는 표준품셈 기준을 초과할 수 없다.

㉠ 경비 산정기준

경비는 공사 수행에 필요한 소요량을 측정하거나, 「예정가격 작성 기준」 제34조에 따른 원가계산 자료, 계약서, 영수증 등을 근거로 산정하여야 한다.

㉡ 경비 산정 방법

- 직접경비 산정

  경비 항목 중 직접 산출이 가능한 항목은 직접재료비 및 직접노무비와 동일한 기준으로, 소요량과 단위당 가격을 조사하여 계산한다.
- 관련 비율이 고시된 항목의 경비 산정

  공사원가 계산에서 기계경비를 제외한 대부분의 경비는 직접 산출이 어려우므로, 간접재료비나 간접노무비와 같이 관련 비율을 적용하여 산출한다.
- 기타 경비 산정 방법
  - 완성된 공사의 종류별 경비율을 적용하여 산정
  - 조달청 제 비율표를 적용하여 산정

(3) 순공사비 개발비용 인정 한도(정부 표준품셈 및 고시가격 적용)

① 개발비용 중 순공사비(재료비 · 노무비 · 경비)는 예정가격 결정 기준 중 '공사 원가계

산' 산출 방법을 적용하여 금액을 산정하되 정부표준품셈 및 고시가격이 있는 경우에는 해당 금액을 한도로 하여 결정한다.

② 개발사업 시행자가 제출한 세금계산서, 계약서, 송금 내역 등을 통해 실제 지출된 금액을 검토하여 관련 법령에 따른 기준금액을 초과하여 발생하는 경우 초과하는 금액은 개발부담금 계산에서 순공사비로 인정되지 않으며, 기준금액 미달할 경우에는 실제 지출 금액을 한도로 한다.

(4) 추가 고려 사항

① 물가 변동 반영 : 공사 기간 중 물가 변동이 일정 비율 이상 발생하면 순공사비 조정이 가능하다.

② 설계 변경 시 적용 기준 : 공사 규모 및 공법 변경이 있는 경우, 순공사비 항목별 조정이 필요하다.

③ 최신 단가 적용 : 재료비, 노무비, 경비 산정 시 실제 시공 시점에서 가장 최근 고시·공표된 정부 표준품셈과 단가를 적용해야 한다.(개발부담금 부과·징수 업무처리규정 제11조의2 제7항)

(5) 순공사비 주요 항목별 인정 기준

1) 토공사

개발부담금 산정 시 인정되는 토공사비는 토지를 개발 가능한 상태로 조성하는 데 필요한 직접적인 비용으로 제한된다. 이는 개발사업을 원활하게 추진하고 안정적인 건축 기반을 마련하기 위한 필수적인 과정으로, 부지조성을 위한 부지 정지, 지반의 틈 처리, 구덩이파기, 되메우기, 흙쌓기, 땅 고르기, 잔토 처분 등의 공사를 의미한다. 다만, 지하층 터파기 등 건축물의 시공을 위한 토공사는 포함하지 아니한다.(개발부담금 부과·징수 업무처리규정 제11조의2 제2항 제1호)

주요 인정 항목은 다음과 같다.

① 토지 정지 및 평탄화 작업

부지조성을 위해 지면을 정리하고 균형을 맞추어 건축 및 활용 가능한 상태로 만드는 작업이다. 토지의 기복을 제거하고 평탄하게 조성하는 것이 목적이며, 이는 건축물의 안전성과 기반 시설 구축을 위해 필수적이다.

② 성토·절토 공사

경사지 개발을 위해 흙을 제거(절토)하거나 추가(성토)하는 공사를 포함한다. 절토는 불필요한 흙을 제거하여 평지를 조성하는 과정이며, 성토는 부족한 흙을 보충하여 적정한 높이로 조성하는 과정이다. 이러한 작업은 경사지 개발 시 필수적으로 수행되어야 하며, 개발비용으로 인정될 수 있다.

③ 연약지반 공사

연약지반 안정화 공사는 연약하거나 불안정한 지반을 보강하여 건축물, 도로, 교량, 항만 등의 구조물이 안전하게 건설될 수 있도록 하는 공사 과정으로 개발사업에서 필수적인 요소이다. 이는 지반의 강도를 증가시키고 침하를 방지하며, 지반의 하중 지지력을 향상시키는 역할을 하며, 이에 따른 비용은 개발부담금 산정 시 고려된다.

지반 안정화의 대표적인 공법으로 다짐, 치환, 압밀, 연직 배수, 화학적 개량, 말뚝 보강 등이 있으며, 각 방법은 지반 상태에 따라 적용된다. 다짐은 토양을 압축하여 밀도를 높이고, 치환은 연약 지반을 단단한 재료로 교체하는 방식이다. 압밀은 하중을 가해 지반을 압축하고, 연직 배수는 배수를 촉진해 압밀 속도를 높인다. 화학적 개량은 특수 화학 물질로 토양의 결합력을 강화하며, 말뚝 보강은 말뚝을 이용해 하중을 분산하는 방식이다. 이러한 연약지반 공사 비용은 개발사업 시행자의 주요 지출 항목으로, 개발이익 산정 시 공제 가능한 개발비용으로 포함될 수 있다. (개발부담금 부과·징수 업무처리규정 제11조의2 제4항)

㉠ 연약지반 공사의 경우 지질조사보고서 등 사실 확인이 가능한 자료에 근거하여 산정한다.
㉡ 아파트 등 건축물의 기초를 보강하기 위하여 시공하는 파일 공사는 포함하지 아니한다

관련법령 | 토공사 인정 요건 (개발부담금 부과·징수 업무처리규정 §11의2 ② 3)

① 암 절취 공사비는 납부의무자가 제시한 설계서, 지질조사보고서 등 사실 확인할 수 있는 자료에 근거하여 산정한다.(개발부담금 부과·징수 업무처리규정 제11조의2 ② 2)
② 토사 운반공사비는 설계서 등의 종·횡 단면도에 반입토(부족토) 또는 반출토(잔토)가 발생한 것이 확인되는 경우로서 토사 운반 공사의 계약을 체결하여 계약 금액대로 지급한 것이 세금계산서(간이과세자의 경우에는 세무서장에게 제출한 자료)에 의하여 객관적으로 확인되는 경우를 근거하여 산정한다. 다만, 세금계산서가 없는 경우에는 담당 공무원이 현지 조사하여 실제 토사 반·출입 여부를 확인하고, 토사 반·출입 토지 소유자의 확인을 근거로 산정할 수 있다.

2) 구조물 공사 (개발부담금 부과·징수 업무처리규정 제11조의2 제3항)

구조물 공사는 부지조성 및 토사의 유출 방지 목적으로 시공하는 옹벽, 석축 등의 공사를 말하며 다음과 같이 산정한다.

① 옹벽 구조물의 지하 매설 깊이는 납부의무자가 제시한 지하 매설 깊이가 객관적으로 확인되는 경우 등에는 실제 지하 매설 깊이를 근거하여 산정한다. 다만, 납부의무자가 제시한 지하 매설 깊이가 객관적으로 확인할 수 없는 경우에는 국토교통부장관이 간행한 "도로옹벽 표준도"를 기준으로 산정할 수 있다.
② 건축물 지하층 시공을 위한 흙막이가 시설은 포함하지 아니한다.
③ 건축 벽체와 일체화된 구조물은 포함하지 아니한다.

3) 조경공사 (개발부담금 부과·징수 업무처리규정 제11조의2 제5항)

조경공사는 부지조성 공사에 필수적으로 수반하는 다음 하나에 해당하는 경우에는 개발비용에 포함한다.

① 토사의 유출 방지 목적으로 설치하는 잔디·수목 식재 공사
② 관계 법령 또는 해당 개발사업 인가 등의 조건에 따라 의무적으로 설치하여야 하는 차폐 목적 수목 식재 공사

다만, 조경을 위한 고가의 수목 식재와 단순 경관 개선 목적의 다음 조경 시설비용은 개발비용에서 제외된다.

- 건물 주변 정원, 분수대, 장식 조경
- 미관 개선을 위한 식수 및 조경석 설치. 단, 도시계획법에 따라 공공공원·녹지 조성이 필수인 경우 개발비용으로 인정될 수 있다.

4) 진입로 개설 공사

진입로 개설로 인하여 부과대상토지의 가치가 상승한 경우 그 개설 비용은 개발비용에 포함한다. 단, 도로점용료, 하천 점용료 등은 포함하지 아니한다. (개발부담금 부과·징수 업무처리규정 제11조의2 제6항)

① 개발사업 해당 부지 안에 개설되는 필수적인 도로 개설 비용
  - 아파트 단지 내 필수 도로
  - 산업단지 내 주요 도로 및 물류 차량 이동로

② 공공 도로 연결을 위한 진입로 공사 포함 가능

※ 건물 내부 주차장 진입로는 개발비용으로 인정되지 않음.

※ 단순 차량 진입로(건물 진입도로)는 개발비용에서 제외될 가능성이 높음.

5) 전기·상하수도·가스·통신 공사비 등 (건축물 내부 전기·통신 배선 공사는 제외됨)

① 개발사업 부지 내 전력 공급 및 기반 시설 조성 비용

② 변전소, 공공 전력선 설치

③ 단지 내 가스 배관 및 통신선 설치, 상수도 배관 연결 공사

④ 환경 보호시설 공사비 : 방음벽, 방수시설 등 필수 시설

6) 옹벽 및 구조물 공사비

옹벽 설치 공사는 법적 요구사항을 충족하거나 개발부지의 안전성을 확보하는 필수적인 경우에 한하여 개발비용으로 인정된다. 즉, 단순한 미관 개선이나 경관 조성을 위한 옹벽은 인정 대상에서 제외된다. 옹벽 공사가 개발비용으로 인정되기 위해서는 다음과 같은 기준을 충족해야 한다.

(가) 옹벽 설치 공사의 인정 기준

① 경사지 개발을 위한 필수 옹벽

경사지에 주택 단지를 조성할 때, 대지가 경사져 있어 직접 개발이 어려운 경우 옹벽을 설치하여 대지를 평탄화해야 하며, 이는 개발부지의 안정성을 확보하고 붕괴를 방지하는 필수적인 토지 조성 공사로서 건축이 가능하도록 하는 핵심 요소이므로 개발비용으로 인정된다.

② 도로 개설을 위한 옹벽 설치

새로운 도로를 개설하는 과정에서 도로 양측이 경사지로 이루어져 토사 유출을 방지하기 위해 옹벽이 필요할 수 있으며, 이는 안전성 확보 및 도로 교통 법규상 필수적인 기반 시설로 간주되어 공사 비용이 개발비용으로 인정될 수 있으며, 이를 입증하기 위해 도로 공사 도면 및 건설 인허가 문서를 제출해야 한다.

(나) 개발비용으로 인정되는 옹벽 설치 사례

① 대지조성을 위한 지반 보호 목적의 옹벽 설치

② 경사지 대지조성을 위해 필수적으로 설치되는 옹벽

③ 토사 유출을 방지하기 위한 구조물

(다) 옹벽 설치 공사가 인정되지 않는 경우

① 건축물 자체와 관련되거나 미관 및 경관 개선을 목적으로 설치된 옹벽
② 조경용 옹벽, 장식용 석축 등 미관을 위한 구조물
③ 부지조성과 직접적인 관련이 없는 옹벽
④ 개발부담금 산정 시 부지조성과의 연관성이 부족한 경우

(라) 옹벽 설치 공사 시 고려해야 할 사항

개발비용으로 인정받기 위해서는 다음 사항을 고려해야 한다.

① 필수 시설임을 입증하기 위해 설계도서, 인허가 서류, 감리보고서 등을 제출해야 한다.
② 법적 요건을 충족하는 시설인지 반드시 확인하고, 개발부담금 산정 시 필요한 자료를 사전에 준비해야 한다.

참고_ 순공사비 개발비용 검토시 유의사항

개발부담금 산정 시 순공사비를 정확히 산정하는 것이 매우 중요하며, 이를 위해 표준품셈, 정부 고시가격, 공공공사 원가계산 기준 등을 철저히 준수해야 한다. 순공사비로 인정받기 위해서는 해당 공사가 개발사업의 시행 과정에서 반드시 수행해야 하는 토지 조성 및 기반 시설 구축을 위한 필수적인 공사인지 여부가 핵심이다. 관계 법령을 명확히 이해하고 이를 준수해야 한다.

① 순공사비 항목별 요건 검토 : 개발사업자는 순공사비 요건을 면밀히 검토하고, 증빙 서류를 철저히 준비해야 한다.
② 필수 공사 여부 확인 : 해당 공사가 부지조성과 직접적으로 관련된 토목공사 및 기반 시설 조성인지 판단해야 한다.
③ 입증 자료 준비 : 공사 계약서, 설계도면, 세금계산서, 지급증빙 등의 사실관계 확인 자료를 철저히 준비해야 한다.
④ 개발비용 제외 항목 숙지 : 건축물 자체와 관련된 비용(건축 공사비, 건물 내부 배관 등)은 개발비용으로 인정되지 않는다.

나. 조사비

조사비는 개발사업 시행을 위해 필수적으로 수행해야 하는 조사 및 분석 비용으로, 순공사비에 해당하지 않는 항목을 포함한다. 「개발이익 환수에 관한 법률 시행령」 제12조 제1항 제2호에 근거하며, 다음과 같은 항목이 이에 해당한다.

① 해당 개발사업의 시행을 위한 측량비
② 관계 법령이나 해당 개발사업의 인가 등의 조건에 따라 의무적으로 실시하여야 하는 각종 영향평가에 드는 비용
③ 「매장 유산 보호 및 조사에 관한 법률」 제6조 제1항 및 제11조 제3항에 따른 매장 유산의 지표조사 및 발굴에 드는 비용
④ 개발사업 토지에 대한 지반조사에 드는 비용

(1) 조사비 인정 항목

① 지질 및 지반조사 비용

개발 용지의 규모 및 토지 특성과 안정성을 분석하기 위해에 지질조사가 법적 요건에 의해 필수적으로 요구되어 수행하는 다음에 해당하는 경우 인정된다.

- 시추 조사, 표준관입시험(SPT)
- 토질 분석(지반 강도, 침하 가능성 분석 등)
- 지질구조 및 암반 상태 조사

② 환경영향평가 및 사전 환경 조사 비용

환경 보호 및 지속 가능한 개발을 위한 필수적인 조사비용으로서 다음에 해당하는 경우 인정된다.

- 대기·수질·토양 오염 조사비용
- 소음·진동 영향평가 조사비용
- 생태계 영향 조사비용
- 환경보전 대책 수립 조사비용

③ 교통영향평가 및 교통 분석 비용

개발사업으로 인해 예상되는 교통량 변화 및 대책 수립을 위한 필수적인 조사에 해당하는 다음 요건에 해당하는 경우 인정된다.

- 「교통영향평가에 관한 규정」 등에 의해 법적 요건으로 수행된 경우

- 지방자치단체(국토교통부, 지자체)에서 평가를 요구한 경우

④ 문화재 지표조사 및 발굴 조사 비용

개발사업 지역이 문화재 보호구역과 겹칠 가능성이 있는 경우 「매장문화재 보호 및 조사에 관한 법률」에 따라 필수적으로 수행해야 하는 다음에 해당하는 조사로서 법적 요건이 충족되는 범위 내에서 인정된다.

- 문화재 현황 조사
- 유적 발굴 및 분석
- 발굴된 유물의 복구·보존 조치 비용

⑤ 측량·용역 비용

개발사업 부지의 면적, 경계, 위치 등을 명확히 파악하기 위한 필수 측량 비용으로 인정될 수 있다. 다만, 법적 요건이 없는 단순 내부 검토용 측량은 인정되지 않을 가능성이 있다.

⑥ 기타 법적 요건에 의해 수행된 조사

해당 개발사업과 직접적으로 관련된 법적 조사 중 필수적으로 수행해야 하는 경우로서 법적 요건이 있거나, 사업 인허가를 위해 필수적으로 수행된 경우 인정되며, 주요 항목은 다음과 같다.

- 홍수위험 분석(홍수 방지 대책이 필수적인 지역)
- 사전재해 영향성 검토(자연재해 발생 가능성이 높은 지역)
- 전파환경 영향평가(대형 건축물이 설치되는 경우)

(2) 조사비 산정기준(개발부담금 부과 · 징수 업무처리규정 제11조의3)

① 측량비 : 「공간정보의 구축 및 관리 등에 관한 법률 시행령」 제48조의 규정에 의한 측량대가의 기준 또는 「공간정보의 구축 및 관리 등에 관한 법률 시행규칙」 제116조 제2항에 따른 지적 측량수수료 산정기준 등에 관한 규정

② 환경영향평가 대행비용 : 「환경영향평가법」 제53조에 따른 환경영향평가 등의 대행비용 산정기준

③ 교통영향분석·개선 대책 수립 대행비용 : 「도시교통정비 촉진법」 제32조에 따른 교통영향분석·개선 대책 수립 대행비용 산정기준

④ 방재 안전대책 수립 업무 대행비용 : 「자연재해대책법」 제38조의2에 따른 방재 안전대책 수립 업무 대행비용의 산정기준

⑤ 매장문화재 조사용역비 :「매장문화재 보호 및 조사에 관한 법률」 제27조에 따른 매장문화재 조사용역대가의 기준
⑥ 그 밖의 조사비 :「엔지니어링산업 진흥법」 제31조에 따른 엔지니어링 사업대가의 기준

다. 설계비

(1) 설계비의 개념과 범위

설계비는 개발사업 시행을 위한 기본설계, 실시설계 및 공사감리 비용의 합계액을 의미하며, 관련 법령에 따라 산정된다. 기본설계 및 실시설계는「엔지니어링산업 진흥법」 제31조에 따른 엔지니어링 사업 대가 기준을 적용하며, 공사감리 비용은「건설기술 진흥법」 제37조에 따른 건설사업관리 대가 기준을 따른다. 단, 공사감리는「건설기술 진흥법」 제39조에 따라 건설사업관리를 의무적으로 수행한 경우에 한하여 인정된다. 또한, 설계비는 토지 조성 및 기반 시설 구축과 직접적으로 관련된 항목만 포함되며, 건축물 자체의 설계비(건축설계, 구조 설계, 실내장식 설계 등)는 개발비용으로 인정되지 않는다.

(2) 설계비 인정 항목

① 도시계획 및 개발계획 설계비

개발사업 인허가를 위한 필수 계획 수립 비용으로,「국토의 계획 및 이용에 관한 법률」 등의 법적 요건을 충족하는 경우 인정된다.

- 도시계획 수립(토지 이용 계획, 용도지역 변경 등)
- 개발행위허가 관련 설계
- 기반 시설 배치 및 도로 계획 설계

② 토목공사 설계비

부지조성 및 기반 시설 설치와 직접적으로 관련된 필수 토목 설계 비용만 인정되며, 건축물 자체의 구조 설계는 인정되지 않는다.

- 부지조성 설계(절·성토 계획, 경사도 조정 등)
- 배수시설 및 수로 설계
- 도로 및 교통 시설 설계

※ 공공시설(공원, 광장 등) 설계비는 인정되지 않음.

③ 도로 및 교통 시설 설계비

「교통영향평가에 관한 규정」 등에 따라 법적으로 요구되는 경우 인정된다.

- 단지 내 도로 설계
- 교차로 및 진·출입로 설계
- 주차시설 및 보행로 설계

※ 개발사업으로 인해 신규 도로·교통 시설을 조성해야 하는 경우 인정되며, 기존 도로 유지·보수 목적의 설계비는 인정되지 않는다.

④ 상·하수도 및 전기·통신 설계비

개발사업 시행지 내 필수적인 기반 시설 및 기반 시설 구축을 위한 설계 비용만 인정되며, 개별 건축물 내부 설비(건물 내부 전기·통신 설계)는 제외된다.

- 상·하수도 배관 및 정화시설 설계
- 전력 및 가스 배관망 설계
- 통신·광케이블 설치 설계

⑤ 환경·재해 관련 설계비

「환경영향평가법」 및 「사전재해 영향성 검토 기준」 등에 따라 법적으로 요구되는 경우 인정된다.

- 환경 보전계획 및 녹지 설계
- 방재시설 설계(배수펌프장, 저수지 등)
- 소음 차단벽 및 방풍림 설계

※ 건축물 자체의 환경 설비 (방음벽, 단열 설계 등)는 인정되지 않는다.

⑥ 기타 기반 시설 및 부대시설 설계비

개발부담금 부과대상이 되는 개발사업과 직접 관련된 필수 기반시설 및 공공시설 설계 비용이 인정된다.

- 공원·녹지 조성 설계
- 배수지 및 저류지 설계
- 폐기물 처리 시설 설계

(3) 설계비 산정 시 유의 사항

① 개발부담금 산정 시 인정되는 설계비는 해당 개발사업 부지 내 토지 조성 및 기반 시설 조성과 직접 관련된 필수 설계비만 인정
② 건축물 자체의 설계비(건축설계, 구조 설계, 실내장식 설계 등)는 인정되지 않음
③ 법적 요건이 있는 도시계획, 토목공사, 도로·교통 시설, 상·하수도 설계비 등이 주요 인정 대상
④ 「엔지니어링산업 진흥법」 제31조에 따른 엔지니어링 사업 대가의 기준에 따라 산정한 금액에 의거 산정 금액을 한도로 인정

라. 일반관리비

(1) 일반관리비의 개념

개발사업을 수행하는 과정에서 기업의 유지를 위한 관리활동 부문에서 발생하는 관리 및 운영 관련 제비용으로, 직접적인 공사비(순공사비, 조사비, 설계비, 토지 개량비)에 포함되지 않는 영업비용 중 판매비를 제외한 간접비용을 말한다. 이러한 비용은 기업이 개발사업을 체계적으로 관리하고, 인적·물적 자원을 효율적으로 운용하기 위해 필수적으로 발생하는 항목이다. 일반관리비에는 인건비, 사무공간 유지비, 조직의 경영관리비용 등 기업 운영 전반에 소요되는 제비용이 포함된다. 기획재정부 계약예규 「예정가격 작성기준」 제12조에 명시된 임원급료, 복리후생비, 수도광열비, 세금과 공과, 지급임차료, 보험료 등이 이에 해당하며, 기업의 손익계산서를 기준으로 종합적으로 산정된다.

(2) 일반관리비 산정

① 일반관리비는 순공사비, 조사비, 설계비, 토지의 개량비에 속하지 아니하는 비용 중 「예정가격작성기준」(기획재정부 계약예규) 제12조에 열거된 임원급료, 사무실 직원의 급료, 제 수당, 퇴직급여충당금, 복리후생비, 여비, 교통·통신비, 수도광열비, 세금과 공과, 지급 임차료, 감가상각비, 운반비, 차량비, 경상 시험연구개발비, 보험료 등을 말하며 기업 손익계산서를 기준으로 하여 산정한다.

② 제1항에 따라 산정한 일반관리비는 영 제12조 제1항에 따라 산정한 순공사비(재료비, 노무비, 경비)에 다음과 같이 순공사비 규모에 따른 비율을 곱하여 산정한 금액을

초과할 수 없다. 즉, 일반관리비 산정 시 적용하는 요율은 공사원가 규모에 따라 차등 적용되며, 「예정가격 작성 기준」에 따라 법적으로 정해진 요율을 초과하지 않도록 해야 한다. 순공사비 규모에 따른 비율은 다음과 같다.

【공사 규모별 적용 요율】

순공사비 금액	적용 요율
50억원 미만	6.0%
50억원 이상 300억원 미만	5.5%
300억원 이상	5.0%

(3) 일반관리비 산정 시 유의 사항

① 공사원가 규모에 따라 적용 요율이 차등 적용되므로, 공사원가를 정확하게 산정한 후 기획재정부 계약예규 「예정가격 작성기준」 제13조(일반관리비의 계상방법)에 따른 법정 요율을 반영해야 한다.

② 일반관리비는 사업 운영에 필수적인 비용만 인정되며, 판매비 등 불필요한 간접비용이 포함되지 않도록 세부 내역을 명확히 구분해야 한다.

마. 기부채납비

개발사업자가 국가, 지방자치단체 또는 공공기관에 무상으로 제공하는 토지, 건축물, 기반 시설 등의 가치를 금액으로 환산한 것을 기부채납액이라 한다. 개발사업을 추진하는 과정에서 사업자는 도로, 공원, 하수처리시설과 같은 공공시설을 조성하여 해당 지역에 기부채납하는 경우가 많다. 이러한 기부채납은 개발사업의 허가 조건으로 요구될 수도 있으며, 지역사회에 대한 공공 기여의 일환으로 시행되기도 한다.

즉, 기부채납액은 납부의무자가 관계 법령이나 해당 개발사업의 인가 조건에 따라 국가 또는 지방자치단체에 기부하는 토지 또는 공공시설 등의 가액으로, 법령에 따라 산정된 금액을 의미한다.

개발비용으로 인정되는 기부채납 비용은 일정한 요건을 반드시 충족해야 한다. 기부채납이 개발비용으로 인정받기 위해서는 개발사업의 성격, 처분 가격의 승인 여부, 가격 산정 방식, 그리고 관련 법령의 기준을 충족해야 한다. 이러한 요건을 충족하지 못할 경우 해당 기부채납 비용은 개발비용으로 인정받기 어려울 수 있다. 따라서 개발사업을 추진하는 과정에서 기부채납이 필요한 경우, 사전 검토와 법적 요건의 충분한 확인이 필수적이다.

(1) 개발비용으로 인정받기 위한 필수 요건

① 개발사업 목적 : 개발된 부지를 타인에게 분양 또는 처분하는 경우에 해당하여야 한다.
② 기부채납 목적 : 기부채납이 개발사업 인허가 조건 또는 법적 요건에 부합해야 한다.
③ 처분 가격 승인 : 국가 또는 지방자치단체의 승인을 받은 해당 처분 가격에 기부하는 토지 또는 공공시설의 가액이 포함되어야 한다.
④ 종료·개시시점지가 산정기준
- 종료시점지가 : 처분 가격을 종료시점지가로 산정해야 한다.
- 개시시점지가 : 매입 가격을 개시시점지가로 적용해야 한다.

⑤ 분양가(처분 가액) 산정기준 :
분양가상한제 적용 주택의 경우[기본형 건축비 및 가산 비용을 기준]로 건축비를 산정하여 분양가를 결정해야 한다.
⑥ 공공시설 조성용지(도로, 상하수도 등)의 경우 기획재정부 '공공공사 원가계산 기준'을 적용하여 산정해야 한다.

(2) 기부채납 비용의 가액 산정 방법

기부채납 비용은 개발사업과 연계하여 조성되는 공공시설 및 토지의 가치를 합산하여 산정되며, 다음의 두 가지 기준에 의해 결정된다.(「개발이익 환수에 관한 법률 시행령」 제12조 제1항 제5호 기준)

① 토지의 가액 : 개시시점지가에 부과기간의 정상지가상승분을 합한 금액
② 공공시설 등의 가액 : 토지의 가액에 해당 시설의 조성원가를 합산한 금액

(3) 기부채납의 주요 목적

기부채납은 개발사업 과정에서 필수적인 공공 기여의 한 형태로, 다음과 같은 주요 목적을 갖는다.

① 도시 기반 시설 확충 : 도로, 공원, 상하수도, 학교 등의 공공시설을 조성하여 지역사회의 기반을 개선하고, 도시 기능을 강화한다.

② 개발 인허가 요건 충족 : 개발사업이 허가받기 위한 법적 요건으로 요구되는 경우가 많으며, 이에 따른 공공 기여를 통해 원활한 사업 추진을 가능하게 한다.
③ 공공 편익 증진 : 개발사업으로 인해 발생하는 이익이 특정 사업자에게만 집중되지 않도록 하고, 지역사회에 환원하여 균형 있는 도시 발전을 도모한다.
④ 환경 및 생활 개선 : 녹지 조성, 대기 및 수질 개선, 교통망 확충 등 기부채납을 통해 환경적·사회적 가치를 증대할 수 있다.
⑤ 공공 자산 가치 상승 : 기부채납을 통해 공공시설이 확충됨으로써 지역 경제 활성화 및 토지 가치 상승효과를 기대할 수 있다.

(4) 기부채납비 산정 시 유의 사항

① 기부채납 비용을 개발비용으로 인정받기 위해서는 공공시설 평가 기준 「부동산 가격공시 및 감정평가에 관한 법률」에 따라 감정평가를 거쳐 적정 금액을 산정해야 한다.
② 「국유재산법」, 「지방재정법」 등에 따른 국가 및 지자체의 기부채납 평가 기준을 적용해야 한다.
③ 도로, 상하수도 등 공공시설 조성 비용은 기획재정부의 "공공공사 원가계산 기준"에 따라 산정되어야 한다.

관련법령 | 기부채납 비용의 개발비용 인정 관련 주요 판례 및 법령 해석

❖ 법제처 법령 해석 사례 [번호 : 17-0122 (2017.5.25.)]

- 주요 내용 : 개발사업 목적이 타인에게 분양하는 등 처분하는 경우, 그 처분 가격에 기부채납한 토지나 공공시설의 가액이 포함되었지만, 해당 처분 가격을 종료시점 지가로 산정하지 않은 경우, 기부채납액을 개발비용으로 인정할 수 있는지에 대한 질의.
- 법제처의 해석 : 처분 가격을 종료시점 지가로 산정하지 않는다면, 기부채납액은 개발비용으로 공제되지 않는다는 것입니다.

[기부채납(寄附採納) 가액 개발비용 인정 관련 유의 사항]
(토지정책과-953, 2023.2.9.)

□ 배경

- 「개발이익 환수에 관한 법률」 제11조 및 같은 법 시행령 제12조에 따르면 개발비용으로 인정되지 않는 기부채납(寄附採納) 가액을 개발비용으로 잘못 인정하여 개발부담금을 과소 부과하지 않도록 하기 위함.

□ 유의사항

- 「개발이익 환수에 관한 법률」 제11조 제1항 및 제3항, 같은 법 시행령 제12조 제1항 제5호에 따라 "관계 법령이나 해당 개발사업 인가 등의 조건에 따른 납부의무자가 국가나 지방자치단체에 공공시설이나 토지 등을 기부채납(寄附採納)하였을 경우에는 그 가액"을 개발비용으로 인정하는 경우는 다음과 같음.

개발사업 목적	처분(분양) 가격에 기부채납액 포함 여부	종료시점지가	기부채납액 개발비용 인정 여부
분양처분	기부채납액 포함	공시지가 산정가액	미인정
		감정평가액	미인정
		처분 가격	인정
자가보유		공시지가 산정가액	인정
		감정평가액	인정

* 개시시점지가는 '매입가격', 종료시점지가는 '처분가격'으로 하는 경우를 말하며, 특히 「개발이익 환수에 관한 법률 시행령」 제11조 제1항 제1호의 경우에는 주택의 분양가를 "분양가상한제 적용 주택의 기본형건축비 및 가산 비용"에 따른 건축비를 적용하여 결정하는 경우로 한정됨에 유의할 것

바. 부담금 납부액

「부담금관리 기본법」에 따라 토지 개발사업 시행과 관련하여 지출된 부담금 중 관계 법령이나 해당 개발사업의 인가 조건에 따라 국가 또는 지방자치단체에 납부한 부담금의 합계액으로서 도로, 주차장, 공원, 하천, 운동 시설, 학교, 도서관 등 공공시설의 설치비용은 개발비용에 포함될 수 있다. 즉, 개발비용으로 인정받기 위해서는 해당 부담금이 개발사업 시행과 직접적으로 연관되어야 하며, 법적 근거가 명확해야 한다. 따라서 관련 법령에 따른 부담금 납부 내역과 그 사용 목적이 개발사업의 공공적 기여와 직결된 경우, 해당 비용을 개발비용으로 공제할 수 있다.

(1) 학교용지부담금(「학교용지 확보 등에 관한 특례법」 제5조)

① 개요

대규모 택지개발이나 도시개발사업이 시행되면 신규 주택단지의 입주로 인해 학령인구가 급격히 증가한다. 이러한 인구증가는 기존 학교의 수용 능력을 초과시켜 과밀학급, 통학 거리 증가, 교육환경 악화 등의 문제를 발생시키며, 결국 지역사회 전체의 생활환경에도 부정적 영향을 미친다. 이와 같은 문제를 예방하고 안정적인 교육환경을 조성하기 위하여 제정된 법률이 「학교용지 확보 등에 관한 특례법」이다.

학교용지부담금은 개발사업 시행자에게 학교용지 확보에 필요한 비용을 부담하도록 규정한 제도로, 「학교용지 확보에 관한 특례법」을 근거로 한다. 이 제도는 개발로 인해 증가하는 교육수요에 대응하기 위한 특정 목적부담금으로, 개발이익의 일부를 교육시설 확충에 직접 투입하도록 하는 제도적 장치다.

즉, 개발로 인해 발생하는 사회적 비용을 공공이 아닌 개발사업 시행자가 부담하게 함으로써, 공공이 부담해야 할 교육시설 설치비용을 경감시키고 개발이익의 사유화를 방지하는 것을 목적으로 한다. 따라서 학교용지부담금은 개발로 인한 교육수요 증가라는 사회적 비용을 민간 개발주체가 분담하게 하는 사회적 비용 분담 제도로서, 교육 인프라의 적정한 확충과 지역사회 공공성 확보에 기여하는 제도라 할 수 있다.

학교용지부담금의 부과 주체는 지방자치단체의 장(특별자치시장・특별자치도지사・시장・군수・구청장)이다. 반면 교육감은 학교 수요 검토 및 협의 절차에 참여하나, 부담금의 부과권자는 아니다. 징수된 부담금은 해당 지방자치단체의 학교용지 확보 및 교육환경 개선사업 재원으로 사용된다,

또한, 지방자치단체는 지역 특성과 교육수요를 반영해 조례로 세부 산정기준, 감면사유, 납부방법 등을 정할 수 있다. 아울러 교육청과 협의하여 학교용지 확보계획을 수립함으로써 중앙정부의 법체계와 지방자치단체의 자율적 정책이 조화를 이루게 된다. 이러한 구조는 지역 교육환경의 질적 향상과 도시의 지속가능한 발전을 동시에 실현하기 위한 제도적 기반이 된다.

② 부과대상사업

학교용지부담금은 「학교용지 확보 등에 관한 특례법」 제5조에 따라 개발사업 지역에서 일정 규모 이상의 단독주택을 건축하기 위한 토지를 개발하여 분양하거나, 공동주택 및 준주택(오피스텔 포함)을 분양하는 자에게 부과・징수할 수 있다.(학교용지법 제5조 제1항)

"개발사업"의 개념은 같은 법 제2조 제2호에서 정의하고 있으며, 그 구체적인 범위는 「학교용지 확보 등에 관한 특례법 시행령」 제2조에서 23개의 개별 법률로 열거되어 있다. 따라서 해당 23개 법률 중 어느 하나에 근거하여 시행되는 사업의 경우에 학교용지부담금의 부과대상이 된다. 즉, 단순한 건축행위나 소규모 개발이 아닌, 법률에 근거한 일정 규모 이상의 개발사업만이 부담금 부과의 전제가 된다.

다만, 이미 학교용지를 기부했거나 「노인복지법」 제32조에 따른 노인복지주택 개발사업을 시행하는 경우, 또는 개발사업시행자가 학교용지나 학교시설을 시·도 교육비특별회계 소관 공유재산으로 무상공급하는 경우에는 부담금을 면제한다. 또한 '최근 3년 이상 취학 인구가 지속적으로 감소하여 학교 신설의 수요가 없는 지역에서 개발사업을 시행하는 경우' 등 지방자치단체 조례에서 정하는 사유가 있는 때에는 감면 또는 면제할 수 있다.

주택건설용 토지를 조성·개발사업

「건축법」·「주택법」 등 「학교용지법」 제2조의2에서 규정하고 있는 23개 법률 중 어느 하나에 근거하여 시행하는 사업 중 300세대 규모 이상의 단독주택을 건축하기 위한 토지를 조성 개발하여 분양하는 사업에 대하여는 학교용지부담금이 부과된다.(학교용지법 제2조 제2호) 다만 사업시행자가 이미 학교용지를 기부채납하였거나 해당 사업의 공공임대주택 비율이 일정 기준 이상인 경우에는 각 지방자치단체의 조례가 정하는 바에 따라 부담금을 감면하거나 면제할 수 있다.

공동주택·오피스텔 등 건설사업

「건축법」·「주택법」 등 「학교용지법」 제2조의2에서 규정하고 있는 23개 법률 중 어느 하나에 근거하여 시행하는 사업 중 300세대 규모 이상의 공동주택(준주택 대통령령으로 정하는 오피스텔 등 포함)을 건설하여 분양하는 사업에 대하여는 학교용지부담금이 부과된다.(학교용지법 제2조 제2호, 제5조) 이 경우 오피스텔 등 준주택은 실질적으로 주거용으로 사용되는 경우에 한정하여 부담금이 부과된다.

따라서 상업용 오피스텔 등 비주거용 건축물은 부과대상에서 제외되며, 실질적 용도와 건축물의 사용승인 내용에 따라 과세 여부가 달라질 수 있다.

③ 산정기준 및 부과율

학교용지부담금은 개발사업자가 공동주택이나 단독주택지를 분양할 때 그 분양가격을 기준으로 산정한다. 공동주택의 경우에는 세대별 분양가격을 기준으로 산정하고, 단독주택을 건축하기 위한 토지를 분양하는 경우에는 단독주택용지의 분양가격을 기준으로 한다. 즉, 부담금 산정의 출발점은 주택의 형태에 따라 각각 세대별 또는 필지별 분양가격이 된다.

학교용지부담금 산정 시 유의해야 할 점은 분양가격에 포함된 부가가치세를 반드시 제외해야 한다는 것이다. 「학교용지 확보 등에 관한 특례법 시행령」 제5조의2 제4항은 "공동주택 분양가격 및 단독주택용지의 분양가격은 「부가가치세법」에 따른 부가가치세액이 제외된 금액으로 한다"라고 규정하고 있다. 따라서 실무에서는 부가가치세를 제외한 순수한 분양금액을 기준으로 부담금을 계산하여야 하며, 이를 누락할 경우 부담금이 과다 산정되어 과오납이 발생할 우려가 있다.

부과율

- 공동주택의 경우 세대별 : 공동주택 분양가격 × 0.4%
- 단독주택을 건축하기 위한 토지의 경우 : 단독주택지 분양가격 × 1.4%

(2) 공공시설의 수익자 분담금(「지방자치법」 제155조)

① 개요

공공시설의 수익자 분담금은 도로, 상하수도, 공원, 학교 등 공공시설의 설치·운영·유지보수 과정에서 직접적인 혜택을 받는 수익자가 그 비용의 일부를 부담하도록 하는 제도를 의미한다. 지방자치단체는 그 재산 또는 공공시설의 설치로 주민의 일부가 이익을 받으면 이익을 받는 자로부터 그 이익의 범위에서 분담금을 징수할 수 있다. 이는 공공기반시설 조성으로 인한 혜택이 특정인에게 집중되는 것을 방지하고, 공평한 비용분담을 통해 지방재정의 건전성과 시설의 지속 가능한 관리를 도모하려는 목적을 갖는다.

지방자치단체장은 시설의 종류, 이용자 수, 개발 규모, 이용 빈도 및 수익 정도 등을 종합적으로 고려하여 부담금을 산정·부과할 수 있다. 이를 통해 시설 이용자나 개발사업 시행자는 혜택에 비례한 부담을 지게 되며, 징수된 재원은 해당 시설의 유지·보수 및 확충에 사용된다.

② 산정기준 및 부과율

공공시설 수익자 분담금은 공공시설의 설치와 유지에 필요한 총비용을 수익자별로 합리적으로 배분하는 원칙에 따라 산정된다. 구체적인 부과대상, 산정 기준(비율), 절차 및 감면 규정은 각 지방자치단체의 조례로 정하고 있다.

부담률은 시설의 성격과 이용자의 혜택 정도, 공공시설의 목적 등을 반영해 지방

자치단체가 조례로 정하며, 지자체별로 차등 적용된다.(일반적으로 10~50% 수준에서 조례로 정함)

(3) 농지보전부담금(「농지법」 제38조)

① 개요

농지 보전 부담금은 농지전용으로 인한 손실을 보전하고, 농지의 보전 및 효율적인 관리 재원을 확보하기 위해 부과되는 부담금이다. 단순한 금전적 부과를 넘어, 농업 기반의 유지와 국가 식량안보를 위한 재정적 장치로 기능한다. 특히 도시 확장과 산업 개발로 인해 농지가 급격히 줄어드는 현실 속에서, 농지 보전 부담금은 농업 생산 기반을 보호하고 지속 가능한 국토 이용을 유도하기 위한 중요한 제도적 장치로 작용한다.

이 부담금은 「농지법」 제38조에 근거하며, 농지를 농업 외의 용도로 전용하려는 경우 농지전용 허가를 받은 자가 납부의무를 진다. 부담금은 전용 대상 농지의 위치, 면적, 용도변경 목적, 지목, 생산력 수준 등에 따라 차등 부과되며, 산정기준은 농림축산식품부 장관이 매년 고시하는 단가를 따른다. 생산성이 높은 농림지역은 상대적으로 높은 부담금이 부과되고, 이미 개발압력이 높은 도시지역의 농지는 비교적 낮은 금액이 적용된다. 이러한 구조는 농지의 무분별한 전용을 억제하고, 사회적 비용을 전용 행위자가 일정 부분 부담하도록 함으로써 공공의 형평성을 확보하는 기능을 한다.

다만, 공공시설 건설이나 농업진흥을 위한 사업 등 공익성이 인정되는 경우에는 부담금의 일부 또는 전부가 면제될 수 있다. 징수된 부담금은 간척, 개간, 농지 정비, 배수시설 개선 등 농지조성사업에 재투입되어 전용으로 감소한 농지의 기능을 복원하고, 장기적으로 농업환경을 개선하는 재원으로 활용된다. 이를 통해 농지보전부담금은 농업 기반의 유지와 농촌의 균형발전, 그리고 지속 가능한 국토관리에 이바지하는 제도로 평가된다.

또한, 농지 보전 부담금의 단위면적당 부과금액은 「농지법 시행령」 및 농림축산식품부 고시에 따라 매년 조정·고시된다. 산정의 기본 원리는 농지의 공익적 가치와 생산력 손실을 금전적으로 환산한다는 점에 있으며, 지역의 입지 여건, 지목, 생산력, 개발 수요 등을 종합적으로 고려해 금액이 결정된다. 이 단가 체계는 농지를 무분별하게 전용하는 것을 방지하고, 전용 시 발생하는 사회적 손실을 금전적으로 환수하여 농지조성사업에 재투입하기 위한 장치로 기능한다.

② 산정기준 및 부과율

농지 보전 부담금은 「부동산 가격공시에 관한 법률」에 따른 해당 농지의 개별공시지가를 기준으로 산정되는 부담금으로, 농지의 위치와 성격에 따라 차등 부과된다. 즉, 농업진흥지역과 농업진흥지역 밖의 농지를 구분하여 부과함으로써 농지의 보전가치와 개발압력의 정도를 반영하는 제도다.

이 제도는 농지의 개별공시지가를 기준으로 부담금을 산정하되, 농업진흥지역의 농지에는 상대적으로 높은 30%를 적용하여 전용을 억제하고, 농업진흥지역 밖의 농지에는 낮은 20%를 적용함으로써 지역 간 형평성과 합리성을 동시에 확보하도록 설계되어 있다.

「농지법 시행령」 제53조에서는 농지보전부담금의 ㎡당 금액은 부과 기준일 현재 가장 최근에 공시된 「부동산 가격공시에 관한 법률」에 따른 해당 농지의 개별공시지가에 다음 각호의 비율을 곱한 금액으로 한다.

- 농업진흥지역의 농지 : 개별공시지가의 30%
- 농업진흥지역 밖의 농지 : 개별공시지가의 20%

(4) 대체초지조성비(「초지법」 제23조 제8항)

① 개요

대체초지조성비는 초지를 다른 용도로 전용할 때 초지의 보전과 조성에 필요한 재원을 확보하기 위해 부과되는 부담금이다. 이 제도는 초지의 무분별한 전용을 억제하고, 축산 기반의 안정적 유지와 환경보전을 도모하기 위한 목적을 가진다.

「초지법」 제23조는 초지를 전용하려는 자에게 대체 초지를 직접 조성할 의무를 부과하고 있다. 그러나 부지 여건이나 입지 제한 등으로 직접 조성이 곤란한 경우에는 대체초지조성비를 납부하여야 한다. 납부된 대체초지조성비는 「축산법」 제43조에 따른 축산발전기금에 편입되어 대체 초지의 조성, 초지 개량, 방목지 확보 및 축산기반 확충사업 등에 사용된다.

이로써 초지 전용으로 인한 손실을 다른 지역에서 보전하고, 국가의 축산 및 환경 정책이 지속 가능하게 유지될 수 있도록 하고 있다.

다만, 국가나 지방자치단체가 시행하는 공익 목적의 개발사업 등 법령에서 정한 일정한 요건을 충족하는 경우에는 시장·군수·구청장이 대체초지조성비를 감면하거나 면제할 수 있다.

② 산정기준 및 부과율

대체초지조성비의 납부기준 금액은 초지 1㎡를 조성하는 데 필요한 비용으로서 농림축산식품부 장관이 매년 산출·고시하는 금액과 초지 조성 후 3년간의 초지 관리비를 합한 금액으로 한다.

(5) 수도 원인자부담금(「수도법」 제71조)

① 개요

수도 원인자부담금은 「수도법」 제71조에 근거한 제도로, 수도시설의 신설 또는 증설이 특정 개발행위나 신규 수요로 인해 필요하게 될 경우 그 비용의 전부 또는 일부를 원인을 제공한 개발사업자 등에게 부담시키는 제도다. 대규모 택지개발, 산업단지 조성, 공동주택 건설 등으로 수도시설 확충이 필요한 경우뿐만 아니라, 수도시설을 손괴하거나 수도공사 비용의 발생 원인을 제공한 경우에도 적용된다.

이 제도는 수도시설 확충에 필요한 재원을 확보하고, 기존 이용자와 신규 이용자 간의 비용부담 형평성을 유지하기 위한 목적을 가진다. 부담금의 산정기준과 부과방식은 「수도법 시행령」에서 정하며, 각 지방자치단체의 조례를 통해 구체적으로 운영된다.

또한, 수도 원인자부담금은 '수익자 부담의 원칙'과 '원인자 부담의 원칙'에 근거하여, 특정 개발로 인해 발생한 수도시설 확충 비용을 공공 전체가 아닌 해당 원인자에게 귀속시키는 역할을 한다. 이를 통해 수도사업의 재정 건전성을 확보하고, 개발이익 일부를 공공시설 확충에 재투입함으로써 공평하고 지속 가능한 비용분담 구조를 실현한다.

② 산정기준 및 부과율

공공시설 수익자 분담금은 공공시설의 설치와 유지에 필요한 총비용을 수익자별로 합리적으로 배분하는 원칙에 따라 산정된다. 구체적인 부과대상, 산정 기준(비율), 절차 및 감면 규정은 각 지방자치단체의 조례로 정하고 있다.

부담률은 시설의 성격과 이용자의 혜택 정도, 공공시설의 목적 등을 반영해 지방자치단체가 조례로 정하며, 지자체별로 차등 적용된다.(일반적으로 10~50% 수준에서 조례로 정함)

부담금의 산정기준과 납부방법은 사전에 협의하되, 협의가 되지 않을 경우 수도사업자가 수돗물 사용량과 공사비 등을 고려해 금액을 정할 수 있다. 또한, 이러한 비용 산출의 세부기준은 지방자치단체의 조례에서 정하도록 규정되어 있다. 부과 시에는 공사비 산출내역, 납부 기한, 납부장소 등이 명시된 고지서를 발급해야 하며, 부담금은 다음과 같은 비용을 합산하여 산정한다.

- 수도시설의 신설·증설 비용 및 복구비
- 수도시설 세척, 단수로 인한 급수차 운영, 도로복구 등 부수 경비
- 수도시설 파손 시 수선·유지비 및 파손 예방시설 설치비

(6) 생태계 보전부담금(「자연환경보전법」 제46조)

① 개요

생태계 보전부담금은 개발행위로 인해 자연환경과 생태계가 훼손되는 경우, 그 보전 및 복원을 위한 재원을 확보하기 위해 부과되는 부담금이다. 『자연환경보전법』 제46조에 근거하여 시행되며, 개발사업 시행자가 부담한다.

『자연환경보전법』 제46조에 따르면, 환경부 장관은 생태계에 미치는 영향을 고려하여 생태계 보전부담금의 부과 기준과 산정 방법을 정한다. 부담금은 개발사업의 규모, 환경영향 평가 결과, 훼손되는 생태자원의 가치 등을 종합적으로 반영하여 산출된다.

이 부담금은 생태계 보전 및 복원을 위한 사업에 사용되며, 생태자원의 복구, 생태공원 조성, 자연환경 조사 및 연구 등에 활용된다. 다만, 친환경적인 개발 방식이 적용되거나 공익성이 높은 사업의 경우 일부 감면 또는 면제될 수 있다.

② 산정기준 및 부과율

생태계 보전부담금은 실제로 생태계 훼손이 발생한 토지 또는 구역의 총면적을 기준으로 산정하며, 단위 면적당 부과 금액에 지역 계수를 곱하여 계산한다. 단위 면적당 부과 금액은 제곱미터(㎡)당 300원으로 하며, 매년 환경부 장관이 고시하는 기준에 따라 조정될 수 있다. 지역 계수는 생태·자연도의 권역 및 「국토의 계획 및 이용에 관한 법률」에 따른 토지의 용도지역을 기준으로 결정한다.

- 생태계 보전부담금 = 개발 면적(㎡) × 단위 면적당 부과금액(원/㎡) × 지역 계수

(7) 하수도 원인자부담금(「하수도법」 제61조)

① 개요

하수도 원인자부담금은 건축물의 신축·증축 또는 용도변경으로 인해 오수 배출량이 일정 기준(하루 10㎥ 이상)을 초과할 때, 공공하수도의 설치·확충·개축에 필요한 비용 중 일부를 개발사업자나 건축물 소유자가 부담하도록 한 제도다.

이 제도는 도시개발과 환경관리의 균형을 유지하기 위한 재정적 장치로, 하수도 시설 확충에 필요한 비용을 오수 배출의 원인을 제공한 자가 부담하게 하는 것을 원칙으로 한다. 예를 들어, 대규모 아파트 단지나 산업시설이 신축되어 오수량이 증가하는 경우, 추가로 필요한 하수처리시설의 설치·개축비용을 해당 개발자가 일부 부담한다. 이를 통해 공공하수도 확충에 필요한 재원을 합리적으로 조달하고, 도시 인프라의 지속 가능한 발전을 뒷받침하는 중요한 환경 재정 제도로 기능한다.

② 산정기준 및 부과율

하수도 원인자부담금은 하수처리시설, 하수관로, 배수시설 등의 설치·개축비용을 기준으로 하고, 오수 발생량과 건축물의 특성, 배출량 증가 정도 등을 종합적으로 고려하여 결정된다. 부과 기준과 절차는 지방자치단체의 조례에 따라 구체적으로 정해지며, 공공하수도의 설치 및 개축에 소요되는 총비용을 기본으로 한다.

공공하수도 설치 및 개축비용에는 하수처리시설, 하수관로, 배수펌프장 등의 신설·개축에 드는 총비용이 포함된다. 부담률은 하수 배출량, 건축물의 용도와 규모, 지역의 하수도 처리 여건 등을 고려하여 산정하며, 연결공사비는 개발부지와 기존 공공하수도 시설을 연결하는 데 필요한 직접 공사비를 의미한다.

또한, 일부 지방자치단체에서는 다음과 같은 세부식이 활용된다.

- 하수도 원인자부담금 = 오수 발생량(㎥/일) × 구역별 단위 단가(원/㎥)

(8) 개발제한구역 보전부담금(「개발제한구역의 지정 및 관리에 관한 특별조치법」 제21조)

① 개요

개발제한구역은 도시의 무질서한 확산을 방지하고 자연환경을 보전하기 위해 지정된 지역으로, 내부에서는 원칙적으로 토지형질변경이나 건축행위가 제한된다. 그러나 불가피한 사유로 개발이 이루어질 경우, 환경 훼손이나 가치 손실을 보전하기 위해 부과되는 금전적 부담이 바로 보전부담금이다.

이 제도는 「개발제한구역의 지정 및 관리에 관한 특별조치법」 제21조에 근거하여 시행되며, 개발행위를 허가받은 자와 해제지역에서 복구계획을 제출하지 않거나 복구를 포기한 자가 납부의무를 진다.

보전부담금은 개발제한구역의 환경적 가치를 보전하고 공익적 기능의 저하를 방지하기 위한 제도다. 징수된 금액은 훼손 지역의 복원과 환경보전 사업에 활용되어 개발과 환경의 균형을 이루는 재원으로 쓰인다. 궁극적으로는 개발이익을 사회에 환원하고 지속 가능한 국토관리를 실현하는 핵심 재원으로 기능한다.

② 산정기준 및 부과율

보전부담금은 개발제한구역 외 지역의 같은 지목에 대한 평균지가와 허가 대상 토지의 개별공시지가 간의 차이를 기준으로 산정된다. 여기에 개발행위가 이루어지는 면적과 시설별 부과율을 곱해 부담금을 계산하며, 부과율은 시설의 종류와 규모에 따라 차등 적용된다.

- 부담금 = (개발제한구역이 있는 시·군·구의 개발제한구역 외 같은 지목의 개별공시지가 평균치 − 허가 대상 토지의 개별공시지가) × (토지형질변경 면적과 건축물 바닥면적의 2배) × 시설별 부과율(상한 100분의 150)

(9) 광역교통시설 부담금 (「대도시권 광역교통관리에 관한 특별법」 제11조)

① 개요

광역시설부담금은 대규모 개발사업으로 인해 증가하는 교통, 상하수도, 공원 등 광역기반시설의 수요를 충당하기 위해 도입된 제도다. 도시의 급속한 팽창과 산업화로 발생한 기반시설 부족 문제를 해결하기 위한 공공부담금 제도로, 개발이익을 얻는 사업시행자가 사회기반시설 설치비용의 일부를 부담하도록 하고 있다.

특히 광역교통 시행계획이 수립되거나 고시된 대도시 지역의 개발사업은 교통 혼잡과 환경 부담을 유발하기 때문에, 그 수혜자인 개발사업자가 이에 따른 사회적 비용을 분담하도록 규정되어 있다. 이를 통해 공공이 모든 재정 부담을 지는 것을 방지하고, 개발이익이 지역사회와 공공시설 확충으로 환원되도록 하는 것이 목적이다. 다시 말해, 도시의 발전이 특정 개인이나 기업의 이익에 그치지 않고 사회 전체의 발전으로 이어지게 하는 장치다.

광역시설부담금은 도시개발, 택지개발, 산업단지 조성 등 일정 규모 이상의 개발사업에 적용된다. 이러한 사업들은 주변 지역의 교통량과 기반시설 수요를 급격히 늘리기 때문에, 사업시행자는 광역시설 확충에 필요한 비용 중 일부를 부담하게 된다. 이 재원은 광역도로, 광역철도, 환승시설 등 광역교통시설의 신설 및 확충에 사용되며, 교통 혼잡을 완화하고 대중교통 이용을 촉진하는 데 기여한다.

또한, 부담금의 산정은 개발 규모, 교통영향평가 결과, 예상 교통량 증가 수준 등을 종합적으로 고려해 결정된다. 이러한 구조를 통해 광역시설부담금은 개발이익 일부를 사회에 환원함과 동시에, 시설 이용자에게 합리적인 비용을 분담시키는 제도적 장치로 기능한다. 궁극적으로는 도시의 균형발전, 재정의 건전성, 그리고 공공복리 증진을 함께 실현하는 제도라 할 수 있다.

② 부과대상 지역

광역교통시설부담금은 광역교통 시행계획이 수립 고시된 전국 5대 대도시권에서 부과된다.(대도시권 광역교통 관리에 관한 특별법 제11조 제1항) "대도시권"이란 「지방자치법」 제2조 제1항 제1호에 따른 특별시·광역시 및 그 도시와 같은 교통생활권에 있는 지역 중 대통령령으로 정하는 지역을 말한다. 구체적인 행정구역의 범위는 「대도시권 광역교통 관리에 관한 특별법 시행령」 제2조에서 다음과 같이 정하고 있다.

【대도시권의 범위(대도시권 광역교통 관리에 관한 특별법 제2조 관련)】

권역별	범 위
수도권	수도권 서울특별시, 인천광역시 및 경기도
부산·울산권	부산광역시, 울산광역시, 경상북도 경주시 및 경상남도 양산시·김해시·창원시
대구권	대구광역시, 경상북도 구미시·경산시·영천시·군위군·청도군·고령군·성주군·칠곡군 및 경상남도 창녕군
광주권	광주광역시 및 전라남도 나주시·담양군·화순군·함평군·장성군
대전권	대전광역시, 세종특별자치시, 충청남도 공주시·논산시·계룡시 금산군 및 충청북도 청주시·보은군·옥천군

③ 부과대상사업 및 면제

광역교통 시행계획이 수립·고시된 대도시권에서 다음의 어느 하나에 해당하는 사업을 시행하는 자는 광역교통시설 등의 건설 및 개량, 광역버스 운송사업에 대한 지원 등을 위한 광역교통시설 부담금을 내야 한다. (대도시권 광역교통 관리에 관한 특별

법 제11조 제1항)

1. 「택지개발촉진법」에 따른 택지개발사업
2. 「도시개발법」에 따른 도시개발사업
3. 「주택법」에 따른 대지조성 사업 및 법률 제6916호 주택건설촉진법 개정법률 부칙 제9조에 따라 종전의 규정에 따르도록 한 아파트지구개발사업
4. 「주택법」에 따른 주택건설사업(다른 법령에 따라 사업승인이 간주하는 협의를 거친 경우를 포함한다)
5. 「도시 및 주거환경정비법」에 따른 재개발사업 및 재건축사업. 다만, 재개발사업의 경우에는 20세대 이상의 공동주택을 건설하는 경우만 해당한다.
6. 「건축법」 제11조에 따른 건축허가를 받아 주택 외의 시설과 20세대 이상의 주택을 동일 건축물로 건축하는 사업
7. 그 밖에 위 사업과 유사한 사업으로서 대통령령으로 정하는 사업

이 제도는 단순히 개발이익을 환수하는 데 그치지 않고, 도시의 균형발전과 사회적 형평성을 함께 고려한다. 공공성이 높거나 정책적으로 중요한 사업은 예외적으로 면제되어, 개발이익 환수와 공익적 개발 간의 조화를 도모한다.

예를 들어 「도시 및 주거환경정비법」에 따른 주거환경개선사업은 노후 주거지의 정비를 통해 주민의 생활환경을 개선하려는 공익 목적의 사업으로 면제된다.

또한 4년 이상 임대하기 위하여 「민간임대주택에 관한 특별법」에 따른 민간임대주택 또는 「공공주택 특별법」에 따른 공공임대주택을 건설하는 사업으로서 대통령령으로 정하는 사업은 서민 주거 안정을 위한 정책적 사업으로 인정받아 부담금이 부과되지 않는다.

아울러 「공익사업을 위한 토지 등의 취득 및 보상에 관한 법률」에 따른 주택지의 조성 및 주택의 건설사업은 공익사업으로 인한 이주민의 재정착을 돕는다는 점에서 면제 대상에 포함된다. 이와 함께 「사회기반시설에 대한 민간투자법」상 부대사업은 공공 기반 시설 확충을 유도하기 위한 민자사업의 일환으로, 「신행정수도 후속대책 특별법」에 따른 행정중심복합도시 내 주택 건설사업은 국가균형발전을 위한 정책적 성격으로 각각 부담금이 면제된다.

④ 산정기준 및 부과율

■ 택지개발, 도시개발, 대지조성 사업

- 산식 : [1m당 표준개발비 × 부과율 × 개발면적 × (용적률 ÷ 200)] − 공제액

※ 공공시설, 학교, 임대주택건설 용지 등은 개발면적에서 제외

- 부과율 : 수도권 30%, 지방 15%(지자체 조례로 50% 범위 내 가감조정 가능)

■ 주택건설, 재개발·재건축사업

- 산식 : [1m당 표준건축비 × 부과율 × 건축 연면적] – 공제액
  ※ 광역교통시설설치비용 공제
- 부과율 : 수도권 4%, 지방 2%(지자체 조례로 50% 범위 내 가감조정 가능)

(10) 도로 원인자부담금(「도로법」 제91조)

① 제도의 개요

도로 원인자부담금은 도로공사 외의 공사(타 공사)나 행위(타 행위)로 인해 도로가 파손되거나 기능이 저하된 경우, 그 원인을 제공한 자가 복구 공사에 필요한 비용의 전부 또는 일부를 부담하도록 하는 제도다. 「도로법」 제91조를 근거로 하며, 도로 시설의 안정적 유지관리와 공정한 비용 분담을 통해 공공 기반 시설의 지속 가능한 이용을 도모하는 데 목적이 있다.

도로 원인자부담금은 개발사업의 규모, 교통량 증가 정도, 도로의 신설·확장 필요성, 교통 안전성 확보 여부 등 여러 요인을 종합적으로 고려해 산정된다. 징수된 부담금은 도로 확장, 보수, 교통안전시설 설치, 차선 정비, 배수시설 보강 등 광범위한 교통 기반 시설 개선 사업에 사용된다.

결국 도로 원인자부담금 제도는 공공 도로 시설을 훼손하거나 이용 부하를 증가시킨 행위에 대해 원인자에게 합리적 책임을 부과함으로써, 도로 유지관리비의 형평성을 높이고 사회 전체의 공공비용을 절감하는 제도적 장치라 할 수 있다.

② 산정기준

도로 원인자부담금은 단순히 면적이나 공사비 기준으로 산정하지 않는다. 개발 전후의 교통량 변화, 도로 이용 증가율 등을 분석하여 합리적 부담금 수준을 결정하는 제도다. 원칙적으로 직접 복구 및 간접 복구에 드는 비용과 감독업무에 필요한 비용의 합계액으로 산정하며, 산정된 금액은 공사 착수 전에 납부해야 한다.

도로 원인자부담금의 구체적 산정 방식과 징수 절차는 국토교통부령 또는 도로관리청이 속한 지방자치단체의 조례로 정하도록 되어 있다. 따라서 지자체별로 운영기준과 부담금 수준이 다를 수 있으므로, 사업자는 반드시 관할 지자체의 조례와 고시를 확인해야 한다.

지방자치단체장은 「도로법」에 따라 타 공사나 행위로 인해 도로 복구 비용을

부담해야 할 자에게 도로공사 비용의 전부 또는 일부를 부담시키려는 경우, 국토교통부령으로 정하는 '원인자 비용 부담 명령서'에 설계도서 또는 유지·관리 방법에 관한 설명서를 첨부해야 한다.

부담금 산정의 일반식은 다음과 같다.

- 부담금 = 직접 복구비 + 간접 복구비 + 감독업무비

(11) 도시개발구역 밖의 도시기반시설의 설치 비용 부담금(「도시개발법」 제58조)

① 개요

도시개발구역 밖의 도시기반시설 설치비용 부담금은 도시개발사업이 인접 지역의 기반시설에 미치는 영향을 고려하여, 개발사업 시행자가 도시 개발구역에 이용하기 위하여 도시개발구역 외부에 기반시설을 설치하거나 확충해야 하는 경우 그 비용을 부담하도록 한 제도다. 이는 「도시개발법」 제58조에 근거하며, 도시개발로 인해 발생하는 외부 기반시설 수요에 대응하고, 도시개발구역 외부의 기반시설 확충 및 유지에 필요한 재원을 확보하기 위한 제도적 장치다.

이 제도는 도시개발사업으로 인해 기존 기반시설의 용량이 초과하거나, 교통량 증가·환경 부담 등 추가적인 공공비용이 발생할 때, 그 원인을 제공한 개발사업 시행자가 이에 상응하는 비용을 부담하도록 하는 데 목적이 있다. 따라서 도시개발구역 외부의 도로, 철도, 항만, 공항, 주차장 등 교통시설을 비롯한 기반시설을 설치할 필요가 있는 경우, 지정권자는 개발계획에 비용부담 계획을 포함시켜 시행자로 하여금 직접 설치하게 하거나 그 설치비용을 부담하도록 할 수 있다.(도시개발법 제58조 제1항)

결국, 시행자는 이러한 설치비용 부담에 있어 도시기반시설 수요를 유발한 '원인자'이며, 동시에 개발행위를 통해 경제적 이익을 얻는 '수익자'이므로, 도시개발구역 밖의 기반시설 설치비용을 부담하는 것은 정당한 환원 조치로 평가된다.

② 산정기준 및 부과율

개발사업 시행자는 사업 계획 승인 신청 시 반드시 '외부 기반 시설 비용 부담 계획서'를 제출해야 한다. 이 계획서에는 도시개발구역 외부에 설치될 기반 시설의 종류, 설치 필요성, 예상 비용 및 분담 방식이 구체적으로 포함되어야 한다. 부담금은 개발계획서와 설계도를 근거로 산정하며, 지정권자는 사업의 규모, 위치, 주변 교통 및 환경 여건, 기존 기반 시설의 용량과 수용 한계를 종합적으로 검토해 신설 또는

확장에 필요한 비용 중 합리적인 비율을 시행자에게 부담시키는 방식으로 결정한다.

부담금 총액은 해당 기반 시설 설치비용의 3분의 1을 초과할 수 없다. 설치비용에는 조사비, 측량비, 설계비, 관리비 등 부수적인 행정 비용이 포함되지 않으며, 실제 시공과 직접 관련된 순수 공사비만을 기준으로 부담금 상한을 산정한다.

또한, 국가나 지방자치단체가 공공시설 관리자인 경우에는 해당 기관에 부담금을 부과하기 전에 기반 시설 설치비용 총액과 부담금 금액을 명시하여 관계 중앙행정기관 또는 지방자치단체에 송부해야 한다. 부담금의 산정과 배분은 국토교통부 장관이 제정한 「도시개발업무지침」에 따라 시행된다.

(12) 대체산림자원조성비 (「산지관리법」 제19조)

① 개요

대체산림자원조성비는 산지 전용이나 일시적 사용으로 인해 감소하는 산림자원을 보존하고, 지속 가능한 산림관리를 추진하기 위해 부과되는 부담금이다. 「산지관리법」 제19조에 따라 산지를 개발하거나 다른 용도로 전환하려는 사람은 그에 상응하는 금액을 납부해야 하며, 이 금액은 산림 복원과 대체 조성에 필요한 재원으로 사용된다.

산지 전용허가나 산지 일시 사용 허가를 신청하는 사람, 또는 해당 허가가 의제되거나 배제되는 행정처분을 받으려는 경우에도 대체산림자원 조성비를 사전에 납부해야 한다. 이 제도의 목적은 산림의 공익적 기능을 유지하고 불필요한 훼손을 방지하는 데 있으며, 전용이 불가피할 때는 부담금을 통해 훼손된 산림을 복원하거나 새로운 산림을 조성하기 위한 재원을 확보한다. 납부된 금액은 산림 생태계 복원, 나무 심기, 산지 복구 등 산림자원 보전사업에 활용되며, 일정 요건을 충족할 경우 감면이나 면제를 받을 수도 있다.

② 산정기준 및 부과율

부담금은 전용 면적, 산림의 환경적 가치, 복원 및 조성 비용 등을 종합적으로 고려하여 산정된다. 대체산림자원조성비는 산지 전용 또는 산지 일시사용되는 산지의 면적에 부과 시점의 단위면적당 금액을 곱한 금액으로 하되, 단위면적당 금액은 산림청장이 결정·고시한다. 이 경우 산림청장은 산지별 또는 지역별로 단위면적당 금액을 달리할 수 있다.

- 대체산림자원 조성비 = 산지 전용 면적(㎡) × 단위면적당 금액(원/㎡)

(13) 해양생태계보전부담금(「해양생태계의 보전 및 관리에 관한 법률」 제49조)

① 개요

해양생태계 보전부담금은 해양생태계에 영향을 미치거나 해양생물 다양성 감소를 초래하는 개발사업에 부과되는 환경부담금이다. 「해양생태계의 보전 및 관리에 관한 법률」 제49조를 근거로 하며, 해양환경을 훼손한 사업자가 그 손실에 상응하는 비용을 부담하도록 하는 '환경오염자 부담원칙'에 따라 운영된다.

이 제도의 목적은 해양생태계의 기능을 유지하고 해양환경의 보전 및 복원을 위한 재원을 확보하는 데 있다. 해양생태계 보전부담금은 무분별한 개발로 인한 해양환경의 악화를 방지하고, 지속가능한 해양이용 체계를 확립하기 위한 예방적 제도적 장치로서 기능한다.

부과대상사업은 항만 건설, 매립, 해저터널, 해양플랜트, 해양자원(광물·석유 등) 탐사 및 채굴, 해양에너지 개발 등 다양한 형태의 해양공간 이용 행위를 포함한다. 또한, 해양생태계에 미치는 영향이 현저하거나 해양자산을 직접 이용하는 공유수면 내 사업 중 대통령령으로 정하는 사업도 포함된다. 그러나 국방 목적의 일부 사업은 공익성을 고려하여 대통령령으로 정하는 바에 따라 부담금의 감면이 가능하다.

부과된 부담금은 해양환경의 보전과 복원을 위한 공공사업에 사용된다. 주요 활용처는 해양생태계 복원사업, 해양보호구역의 지정 및 관리, 해양생물 서식지의 개선·복구, 해양환경 조사·연구 및 모니터링 등이며, 이를 통해 해양보전의 사회적 기반을 강화하는 역할을 한다.

결과적으로 해양생태계 보전부담금은 해양개발로 인한 환경적 손실을 복원할 재원을 확보하고, 사업자에게 해양환경 보전의 사회적 책임을 부여하는 제도적 장치라 할 수 있다.

② 산정기준 및 부과율

해양생태계 보전부담금은 해양개발 과정에서 발생하는 생태계 훼손의 정도와 범위를 반영해 산정된다. 부담금은 해양환경 보전과 복원에 필요한 실질적 비용을 고려하여 계산되며, 다음의 기본 산식을 따른다.

• 해양생태계 보전부담금 = 훼손 면적(㎡) × 단위면적당 부과금액(원/㎡) × 지역 계수

여기서 단위면적당 부과금액과 지역 계수는 대통령령에서 정하며, 해당 금액은 해양생태계 복원 및 관리에 필요한 평균비용과 지역적 특성을 반영해 결정된다.

(14) 기반시설설치비용 부과금(「국토의 계획 및 이용에 관한 법률」 제67조, 제68조)

① 개요

기반시설설치비용 부과금은 기반시설 부담구역으로 지정된 지역에서 개발사업으로 인해 증가하는 기반시설 수요를 충당하고, 도시 내 공공 인프라 확충과 유지에 필요한 재원을 마련하기 위해 부과되는 부담금이다.

이 제도의 핵심 목적은 개발로 인한 공공시설 수요 증가에 대응하고, 안정적인 재원을 확보해 도시 기능을 효율적으로 유지·관리하는 것이다. 즉, 개발로 이익을 얻는 사업자가 도시 인프라 확충 비용의 일부를 부담함으로써, 개발과 공공복리 간의 균형을 이루도록 하는 제도적 장치다.

② 부과대상 지역

기반시설 부담구역은 「국토의 계획 및 이용에 관한 법률」 제67조에 따라 지정된다. 특별시장·광역시장·특별자치시장·특별자치도지사·시장 또는 군수는 다음의 어느 하나에 해당하는 지역을 기반시설 부담구역으로 지정해야 한다.

- 법령의 제정·개정으로 행위 제한이 완화되거나 해제된 지역
- 용도지역 등의 변경으로 행위 제한이 완화된 지역
- 개발행위허가 현황이나 인구증가율 등을 고려해 대통령령으로 정하는 지역

또한, 위 요건에 해당하지 않더라도 개발행위가 집중되어 계획적 관리가 필요하다고 판단되는 지역은 행정청의 재량으로 지정할 수 있다.

③ 부과대상사업

기반시설 부담구역에서 기반시설설치비용의 부과대상이 되는 건축행위는 「국토의 계획 및 이용에 관한 법률」 제68조에 따라 정의된다. 이는 단독주택, 숙박 시설 등 「건축법 시행령」 별표 1에 따른 용도별 건축물 중 전체면적이 200㎡를 초과하는 신축 또는 증축 행위를 말한다. 이때 기존 건축물의 전체면적을 포함하여 계산하며, 대규모 건축으로 인해 도로·공원·상하수도 등 도시 기반시설에 추가적인 수요가 발생하는 경우가 이에 해당한다.

다만 기존 건축물을 철거하고 신축하는 경우에는 철거된 건축물의 전체면적을 제외한 초과 면적에 대해서만 비용을 부과한다. 이는 기존 시설의 단순 재건축이나 개선행위에 대해 불필요한 중복 부담을 방지하고, 실질적으로 기반시설 수요를 증가시키는 부분에 관해서만 공공부담을 지우기 위한 것이다.

④ 산정기준 및 부과율

기반시설 설치에 필요한 표준시설비용과 용지비용을 합산한 금액에 부과대상 건축 전체면적과 기반시설 설치를 위하여 사용되는 총비용 중 국가·지방자치단체의 부담분을 제외하고 민간 개발사업자가 부담하는 부담률(20%)을 곱하여 산정한 금액으로 한다. 다만, 지체장이 해당 지역의 기반시설 소요량 등을 고려하여 기반시설 부담계획을 수립한 경우에는 그 부담계획에 따른다.

- 기반시설설치비용＝(표준시설비용＋용지비용)×부과대상 건축 전체면적×부담률
  - 표준시설비용은 도로·상하수도·공원 등 기반시설 조성에 필요한 단위당 시설비를 의미하며, 국토교통부 장관이 매년 생산자물가상승률 등을 반영하여 고시한다.
  - 용지비용은 부과대상토지의 개별공시지가 평균에 용지환산계수와 기반시설유발계수를 곱하여 산정하며, 용지환산계수는 0.4 범위 내에서 지방자치단체 조례로 정한다.
  - 부담률은 기본적으로 민간 개발사업자가 총비용의 20%를 부담하도록 규정되어 있으나, 특별시장·광역시장·도지사 등은 지역 여건이나 건물 규모를 고려하여 25% 범위에서 조정할 수 있다.

(15) 과밀부담금(「수도정비계획법」 제12조)

① 과밀부담금의 개요

과밀부담금은 수도권을 포함한 과밀억제권역(서울특별시) 내에서 인구와 산업시설의 집중으로 인해 발생하는 도시 기능의 비효율성과 사회적 비용을 억제하기 위해 도입된 제도다. 「수도권정비계획법」을 근거로 하며, 수도권의 인구집중을 완화하고 지역 간 균형발전을 도모하는 것을 주요 목적으로 한다.

이 제도는 수도권 내에서 대규모 건축물의 신축, 공장·업무시설의 신설·증축·이전 등 인구집중을 유발하는 행위를 억제하기 위한 것이다. 대규모 개발로 인한 교통 혼잡, 환경오염, 기반 시설의 과부하 등의 문제를 방지하고, 이에 따른 사회적 비용을 부담금 형태로 부과함으로써 과도한 개발을 억제한다. 따라서 과밀부담금은 단순한 개발 규제가 아니라 수도권의 과밀 해소와 지역 균형발전을 유도하기 위한 정책적 장치로 기능한다.

또한 과밀부담금은 '원인자부담금'과 '수익자부담금'의 성격을 함께 가진다. 수도권 내 대규모 건축행위가 교통·환경·기반 시설에 과도한 부담을 주는 만큼, 그 원인을 제공한 자에게 비용을 부담시키는 '원인자부담금'의 성격이 있다. 동시에, 기반 시설이 잘 갖추어진 수도권 입지를 통해 얻는 이익을 일부 환수하여 낙후 지역개발에

재투자한다는 점에서 '수익자부담금'의 성격도 가진다. 즉, 과밀부담금은 수도권의 과도한 집중을 완화하고 국가적 차원의 지역 균형발전을 실현하기 위한 정책적 수단으로서 특별부담금의 성격을 가진다.

② 부과대상 및 감면

과밀부담금은 서울특별시 내 일정 규모 이상의 업무용·판매용·복합용·공공 청사 건축물에 부과되며, 신축·증축·용도변경 행위 모두를 포함한다. 특히 업무용이나 복합용 건축물은 연면적 25,000㎡ 이상, 판매용 건축물은 15,000㎡ 이상일 경우 부과대상이 된다. 또한 인접한 대지의 건축물이 동일 소유자(공공 청사의 경우 사용자 포함)인 경우 각 건축물의 연면적을 합산하여 산정하므로, 개별 건축물이 기준면적 미만이라도 합산 결과 기준을 초과하면 부과대상이 된다.

과밀부담금 감면은 「수도권정비계획법」 제13조 및 같은 법 시행령 제17조를 근거로 하며, 공공성·정책성·산업 육성 등의 요소를 종합적으로 고려하여 일정한 건축물에 부과되는 부담금을 면제하거나 감면한다. 이러한 감면제도는 국가 정책상 필요한 개발사업이나 공익적 건축 추진 과정에서 발생하는 경제적 부담을 완화하기 위한 것이다.

면제 대상에는 국가 또는 지방자치단체가 건축하는 건축물, 수도권만을 관할하는 공공법인의 사무소, 이미 부담금이 부과된 시설을 용도변경 하는 경우가 포함된다. 또한 주차장·주택·직장어린이집·기부채납시설 등 대통령령으로 정한 용도의 건축물은 관련 기준에 따라 감면을 받을 수 있다. 아울러 「산업입지 및 개발에 관한 법률」에 따른 산업단지, 「과학기술기본법」에 따른 과학연구단지, 「나노기술개발촉진법」에 따른 나노기술 연구단지, 「산업기술단지 지원에 관한 특례법」에 따른 산업기술단지 내 연구소 등은 일정 요건을 충족할 경우 부담금이 감면된다. 또한 「금융중심지의 조성과 발전에 관한 법률」에 따라 지정된 금융중심지 내 금융업소 역시 감면 대상에 포함된다. 마지막으로 「도시 및 주거환경정비법」에 따른 재개발사업으로 건축되는 건축물은 부담금의 50%가 감면된다.

③ 산정기준 및 부과율

과밀부담금은 건축 총면적에 표준건축비와 부과율을 곱하여 산정한다. 여기서 건축비는 국토교통부 장관이 고시하는 표준건축비를 의미하며, 부과율은 건축비의 100분의 10으로 한다. 다만, 지역별 여건 등을 고려하여 대통령령으로 정하는 바에 따라 100분의 5까지 조정할 수 있다.(수도권정비계획법 제14조)

일반적으로 신축의 경우 다음 산식에 따라 부담금이 산정된다.

- 과밀부담금 = (신축 면적 − 주차장 면적 − 기초공제 면적) × 단위 면적당 건축비 × 0.1

※ 기초공제 면적 : 5천 ㎡

사. 토지의 개량비

(1) 개념

토지의 개량비는 개발부담금을 계산할 때 핵심적인 역할을 하는 항목이다. 이는 단순히 사업자가 비용을 지출했다는 사실만을 기록하는 것이 아니라, 토지의 실제 가치를 높이기 위해 사용된 비용을 반영함으로써 개발부담금 산정의 공정성과 합리성을 보장하는 기능을 한다. 만약 이러한 개량비가 개시시점지가에 반영되지 않았다면, 개발부담금 산정 과정에서 별도로 인정하여 실제 개발이익이 과대 계산되지 않도록 해야 한다. 따라서 개량비는 개발이익 산정의 정확성을 담보하고 불필요한 과세 부담을 줄이는 중요한 역할을 한다.

(2) 인정 요건

법령은 토지 개량비의 인정 범위를 명확히 규정하고 있다. 개발사업의 인가·허가일을 기준으로 그 이전 3년 이내에 사용된 비용만 인정된다. 이는 일정한 기간을 두어 사업자가 미리 토지 가치를 높이기 위해 지출한 준비 비용을 공정하게 반영하기 위함이다.

① **인정되는 비용 사례** : 토지 형질 변경 공사, 지반 보강 작업, 배수 시설 설치, 토지 활용도를 높이기 위한 기반시설 공사 등. 예를 들어, 건축을 위해 경사진 토지를 평탄화하거나 홍수 위험을 줄이기 위해 배수 시설을 설치한 경우가 이에 해당한다.

② **인정되지 않는 비용** : 단순한 유지·관리 성격의 비용(예 : 잡초 제거, 쓰레기 처리, 단순 정리 작업 등)은 토지 가치를 실질적으로 높이는 행위가 아니므로 개량비에서 제외된다.

(3) 증빙자료 요건

개량비를 인정받기 위해서는 객관적이고 구체적인 증빙자료가 필요하다. 계약서, 영수증, 세금계산서, 공사내역서 등은 행정청이 해당 비용을 실제로 지출했음을 입증하는 중요한 근거로 활용된다. 따라서 사업자는 개량비 관련 자료를 체계적으로 기록·관리하고 필요 시 제출할 수 있어야 한다.

아. 제세공과금

개발부담금 산정 시 제세공과금은 개발사업 수행과 관련하여 국가 또는 지방자치단체에에 납부한 세금 및 공과금의 합계액을 의미한다. 단순한 토지의 취득·보유로 납부한 세금은 제외되지만, 지목변경에 따른 취득세는 개발과정상 필수비용이므로 개발비용으로 인정된다. 다만, 벌금, 과태료, 과징금, 가산금 등 다음에 해당하는 금액은 개발비용에서 제외된다.

① 개발사업 대상 토지의 취득이나 보유로 인하여 납부한 금액. 다만, 지목변경으로 인한 취득세는 제외한다.

② 벌금, 과태료, 과징금 또는 가산금 등 각종 법령이나 의무 위반으로 납부한 금액

실무적으로는 개발과정에서 발생한 부가가치세 중 환급되지 않는 매입세액이 자주 논의된다. 국토교통부의 해석과 업무편람에서는 개발과 직접 관련된 경우 이 환급불가 매입세액을 개발비용에 포함할 수 있다고 본다. 예를 들어 형질변경이나 공장부지, 택지 조성 과정에서 발생한 매입세액은 실제 공사비의 일부로서 개발비용으로 처리된다.

자. 보상비

보상비는 토지 가액에 포함되지 않은 개발사업 구역 내 건축물, 공작물, 입목 및 영업권 등에 대한 보상을 의미하며, 공익사업 추진 과정에서 필수적으로 고려되어야 하는 항목이다. 보상비는 개발사업 시행으로 인해 재산권이 제한되거나 이전이 필요한 경우 공정한 보상을 제공하기 위해 산정된다.

토지의 가액에 포함되지 아니한 개발사업 구역의 건축물, 공작물, 입목 및 영업권 등에 대한 보상비. 이 경우 건물에 대한 보상비를 산정할 때는 다음 각 목에 따른다.

① 개발사업을 시행하기 위하여 매입한 건물인 경우 : 취득세의 과세표준이 된 실제 매입 가격

② 기존에 소유한 건물인 경우 : 「지방세법」 제4조에 따른 시가표준액. 다만, 시가표준액이 없거나 납부의무자가 원하는 경우에는 시장·군수·구청장이 지정하는 감정평가업자(「감정평가 및 감정평가사에 관한 법률」 제2조 제4호에 따른 감정평가업자를 말한다)가 감정평가한 금액으로 한다.

관련법령 | 보상비의 산정기준 (개발부담금 부과·징수 업무처리규정 제11조의10)

① 영 제12조 제1항 제9호의 보상비는 다음의 어느 하나에 해당하는 경우에 포함한다.
  1. 공작물, 입목 및 그 밖에 토지에 정착한 물건의 이전에 소요되는 비용
  2. 분묘 이장(移葬)에 소요되는 비용
  3. 영업을 폐지하거나 휴업함에 따른 영업손실은 영업이익과 시설의 이전에 소요되는 비용
  4. 주거 이전비 또는 이주대책비

② 제1항에 따른 공작물 등에 대한 보상비는 다음 각호의 어느 하나에 해당하는 경우에 한하여 인정한다.
  1. 납부의무자가 국가 또는 지방자치단체에 보상비를 지급한 경우
  2. 납부의무자가 지방자치단체 또는 법 제7조 제2항 제2호에 따른 공공기관인 경우로서 보상비를 지급한 경우
  3. 납부의무자가 경매 또는 입찰에 의하여 보상비를 지급한 경우
  4. 납부의무자가 「공익사업을 위한 토지 등의 취득 및 보상에 관한 법률」에 따른 협의 또는 수용에 의하여 보상비를 지급한 경우
  5. 납부의무자가 보상 대상이 존재한 사실과 보상비 지급을 객관적으로 입증하는 경우로서 보상계약이 체결되고 그 계약에서 약정한 대로 보상비가 지급된 사실이 확인되는 경우

③ 제2항 제5호의 경우 보상 대상이 존재한 사실과 보상비 지급 사실이 확인은 되나 그 보상금액의 적정함이 객관적으로 입증되지 아니한 경우로서 납부의무자가 원하는 경우에는 국토교통부 장관이 지정하는 감정평가업자(「감정평가 및 감정평가사에 관한 법률」 제2조 제4호에 따른 감정평가업자를 말한다)가 「공익사업을 위한 토지 등의 취득 및 보상에 관한 법률」에서 정하는 평가 방법에 따라 평가한 금액을 보상비로 할 수 있다. 이 경우 감정평가수수료는 납부의무자가 부담한다.

5. 양도소득세 등의 개발비용 인정

부과개시시점 후 개발부담금을 부과하기 전에 개발부담금 부과대상토지를 양도하여 발생한 소득에 대하여 양도소득세 또는 법인세가 부과되었으면 제11조에도 불구하고 해당 세액 중 부과개시시점부터 양도 시점까지에 상당하는 세액을 같은 조에 따른 개발비용에 계상할 수 있다.(법 제12조 제1항, 영 제13조)

개발비용으로 계상되는 양도소득세 또는 법인세의 세액 범위는 부과종료시점 이전에 토지가 양도된 때에는 해당 세액 중 부과개시시점부터 양도할 때까지, 부과종료시점 이후에 토지가 양도된 때에는 부과개시시점부터 부과종료시점까지에 상당하는 세액으로 한다. 이 경우 개발비용으로 계상되는 세액의 산정은 양도소득세 또는 법인세를 일(日) 단위로 똑같이 나누어 산정한다.(법 제13조)

관련 법령	개발비용으로 인정하는 양도소득세액 계산 방법(개발부담금 부과·징수 업무처리규정 제11조의11)

◉ 제11조의11 (양도소득세 등의 산정)

① 법 제12조에 따라 개발비용으로 계상되는 양도소득세 또는 법인세의 세액 범위는 다음에 따라 산정한다.

1. 부과개시시점 이전 취득한 토지를 부과종료시점 이전에 양도한 경우에는 부과개시시점부터 양도할 때까지에 상당하는 세액

$$\text{양도소득세(또는 법인세)} \times \frac{\text{부과기간(부과개시시점} \sim \text{양도일)}}{\text{토지보유기간(취득일} \sim \text{양도일)}}$$

2. 부과개시시점 이전 취득한 토지를 부과종료시점 이후에 양도한 경우에는 부과개시시점부터 부과종료시점까지에 상당하는 세액

$$\text{양도소득세(또는 법인세)} \times \frac{\text{부과기간(부과개시시점} \sim \text{부과종료시점)}}{\text{토지보유기간(취득일} \sim \text{양도일)}}$$

3. 부과개시시점 이후 취득한 토지를 부과종료시점 이후에 토지를 양도한 경우에는 취득일로부터 부과종료시점까지에 상당한 세액

$$\text{양도소득세(또는 법인세)} \times \frac{\text{부과기간(취득일} \sim \text{부과종료시점)}}{\text{토지보유기간(취득일} \sim \text{양도일)}}$$

4. 부과개시시점 이후 취득한 토지를 부과종료시점 이전에 토지를 양도한 경우에는 전체 세액

② 개발부담금 부과 고지 후 토지를 양도하여 발생한 양도소득세 또는 법인세는 포함하지 아니한다.

③ 양도소득세 또는 법인세를 납부 기한까지 납부하지 아니함으로 인하여 발생하는 가산세, 가산금, 체납처분비 등은 포함하지 아니한다.

6. 개발비용 산정기준의 특례(표준비용)

2,700제곱미터 이하의 개발사업(토지개발 비용의 지출 없이 용도변경 등으로 완료되는 개발사업은 제외한다)의 경우에는 법 제11조 제1항 제1호에 따른 순 공사비, 조사비, 설계비 및 일반관리비의 합계액을 산정할 때 국토교통부 장관이 고시하는 단위 면적당 표준비용을 적용할 수 있다. 다만, 제6조에 따른 납부의무자가 원하지 아니하는 경우에는 그러하지 아니하다. (법 제11조 제2항)

※ 표준비용 방식을 적용 시 개발비용 산출 방법

개발비용 = (사업 면적(㎡) × 단위 면적당 표준비용) + 기부채납액 + 부담금 납부액 + 토지의 개량비 + 제세공과금 + 보상비

개발부담금을 계산할 때 2,700㎡ 이하의 개발사업은 일반적인 경우와 달리 간단한 방식으로 비용을 산정할 수 있다. 법 제11조 제2항에 따라 국토교통부 장관이 정한 단위면적당 표준비용을 적용하여 개발비용을 계산할 수 있으며, 이를 통해 복잡한 계산 절차를 단순화하고 사업자의 행정적 부담을 줄여 준다. 이 제도는 특히 소규모 개발사업에서 시간과 비용을 절약하는 효과가 크다. 다만 단순한 용도변경처럼 실제 개발비용이 발생하지 않은 경우에는 적용되지 않으며, 적용 요건을 충족해야만 표준비용을 선택할 수 있다.

개발비용에 포함되는 항목으로는 순공사비, 조사비, 설계비, 일반관리비가 있다. 이 네 가지 항목은 실제로 개발사업을 추진할 때 반드시 발생하는 비용으로, 건설 현장의 직접 비용뿐 아니라 조사와 계획 과정에서의 간접 비용까지 포함한다. 표준비용을 적용하면 이 항목들이 국토교통부 장관이 고시한 단가에 의해 일괄적으로 계산되므로, 복잡한 증빙 자료 제출이나 세부 내역 산출 과정을 줄일 수 있다. 그러나 납부의무자가

원한다면 표준비용 대신 실제 지출 자료를 토대로 비용을 산정할 수 있다. 이 선택권은 사업자에게 유리한 방식을 취할 수 있는 여지를 제공하며, 결과적으로 사업자는 표준비용 방식과 실제 비용 산정 방식을 비교하여 가장 적합한 방법을 선택해야 한다.

이 제도가 도입된 근본적인 목적은 단순히 행정적 편의성에 그치지 않는다. 소규모 개발사업의 비용 산정을 간편화함으로써 과세관청과 납부의무자 사이에서 발생할 수 있는 분쟁을 예방하고, 제도의 공정성을 유지하는 중요한 역할을 한다. 표준화된 비용을 적용함으로써 객관성을 높이고, 지역과 사업자 간의 형평성을 보장할 수 있다. 또한 제도 운영 과정에서 발생할 수 있는 불필요한 지연을 방지하고, 개발부담금 산정의 신뢰성을 강화하는 효과도 기대할 수 있다.

다만 표준비용은 강제 규정이 아니라 선택 사항이라는 점을 반드시 유념해야 한다. 실제 비용이 표준비용보다 낮은 경우 표준비용을 선택하면 오히려 불리할 수 있으며, 반대로 실제 비용이 더 높다면 표준비용이 유리할 수 있다. 따라서 사업자는 표준비용과 실제 비용을 각각 면밀히 검토하고, 사업 규모와 성격, 예상 지출 내역을 종합적으로 고려하여 결정해야 한다.

※ 표준비용 제도 실무상 유의사항

구 분	주요 내용	비 고
적용 대상	- 2,700㎡ 이하 개발사업 - 실제 개발비용 발생 사업	단순 용도변경은 제외
산출 방식	개발비용 = (사업면적 × 표준단가) + 기부채납액 + 부담금 납부액 + 토지 개량비 + 제세공과금 + 보상비	순공사비·조사비·설계비·일반관리비는 표준단가 일괄 산출
선택권	- 납부의무자가 원하지 않으면 실제 지출 비용 방식 선택 가능	사업자 선택 사항
비교 전략	- 실제 비용 < 표준비용 → 실제 비용 방식 유리 - 실제 비용 > 표준비용 → 표준비용 방식 유리	사전 비교 필수
제도 목적	- 소규모 개발사업의 행정 부담 경감 - 과세관청과 사업자 간 분쟁 예방 - 산정 과정의 객관성 및 형평성 확보	신뢰성 강화

[단위면적당 표준비용 및 적용기준]

국토교통부 고시 제2021-1413호

「개발이익 환수에 관한 법률」 제11조제2항에 의한 단위면적당 표준비용 및 적용기준을 다음과 같이 고시한다.

2021년 12월 28일
국 토 교 통 부 장 관

단위면적당 표준비용 및 적용기준

제1조(목 적) 개발부담금 부과액을 산정할 때 개발비용 산정의 간소화 및 투명화를 도모하기 위한 단위면적당 표준비용을 국토교통부장관이 결정하여 고시하도록 규정한 「개발이익 환수에 관한 법률」 제11조 제2항에 의거하여 그 세부기준 및 적용기준을 정하는데 그 목적이 있다.

제2조(적용 범위)
① 이 고시에 의한 단위면적당 표준비용은 개발사업 면적이 2,700㎡ 이하 구간에서만 적용할 수 있으며, 「개발이익 환수에 관한 법률 시행령」 제4조 제1항에 의한 연접사업일 경우에는 각각의 개발사업면적이 2,700㎡ 이하에 해당하면 단위면적당 표준비용을 적용할 수 있다.
② 「개발이익 환수에 관한 법률」 제11조 제2항에 의거 토목공사를 수반하지 아니하고 단순히 용도변경 등만으로 완성되는 개발사업인 경우 단위면적당 표준비용을 적용하지 아니한다.

제3조(단위면적당 표준비용) 개발부담금을 산정함에 있어 개발비용으로 공제되는 순공사비, 조사비, 설계비 및 일반관리비의 합계액에 대한 단위면적당 표준비용은 다음과 같다.

지역별		지형별	단위면적당 표준비용 단가
서울특별시, 부산광역시, 대구광역시, 인천광역시, 광주광역시, 대전광역시, 울산광역시, 세종특별자치시, 경기도	시·구 (세종특별자치시 읍·면·동)	산 지	56,990원/㎡
		산지외	42,290원/㎡
	군	산 지	49,000원/㎡
		산지외	36,380원/㎡
강원도, 충청북도, 충청남도, 전라북도, 전라남도, 경상북도, 경상남도, 제주특별자치도	시	산 지	48,800원/㎡
		산지외	36,280원/㎡
	군	산 지	42,000원/㎡
		산지외	31,160원/㎡

제4조(적용기준 및 특례) 제3조의 단위면적당 표준비용을 적용하는 기준 및 특례사항은 다음 각 호와 같다.

1. 둘 이상의 지역에서 하나의 개발사업을 시행할 경우에는 각각의 개발사업 면적에 해당 단위면적당 표준비용을 곱하여 산정한다.
2. "산지"와 "산지외"는 다음 각 목과 같은 기준에 따라 이를 구분한다.
   가. "산지"라 함은 「공간정보의 구축 및 관리 등에 관한 법률 시행령」 제58조에 따른 지목이 "임야"인 토지를 말한다.
   나. "산지외"라 함은 지목이 "임야"이외인 모든 토지를 말한다.
3. 제2호에도 불구하고 공부상 지목과 사실상 지목이 서로 다를 경우에는 사실상 지목을 우선시하되, 개발부담금 부과관청과 납부의무자간에 지목판단에 관하여 다툼이 있을 경우에는 실비정산방식에 의한다.
4. 일단의 개발사업 면적에 "산지"와 "산지외"가 혼용된 경우에는 각각의 개발사업 면적에 해당 단위면적당 표준비용을 곱하여 산정한다.
5. "시·군·구"라 함은 자치권이 있는 시·군·구와 자치권이 없는 시·군·구를 전부 포함하는 개념으로 본다.
6. 건축물의 용도변경으로 완료되는 개발사업으로서 포장공사 등 경미한 토지개발 비용의 지출이 있는 경우에는 제3조에 따른 단위면적당 표준비용 중 해당 지역 산지외 단위면적당 표준비용 단가의 40%를 적용하여 산정한다.

부 칙

제1조(시행일) 이 고시는 2022년 1월 1일부터 시행한다.

제2조(유효기간) 이 고시는 2023년 12월 31일까지 효력을 가진다.

제3조(적용례) 이 고시는 2022년 1월 1일 이후 개발부담금을 결정·부과하는 개발사업부터 적용한다.

7. 개발비용의 한도

가. 일반적인 개발비용의 산정 및 한도

개발비용은 원칙적으로 납부의무자가 해당사업의 시행과 관련하여 지출한 비용으로서 산출명세서와 증빙서를 제시한 금액을 인정하는 것이 원칙이다. 그러나 순공사비, 조사비, 설계비, 일반관리비의 경우에는 납부의무자가 제시한 개발비용의 금액이 일정 기준에 의하여 산출한 금액을 초과하는 때에는 그 초과하는 금액은 이를 개발비용으로 보지 아니한다. 이는 개발부담금 산정의 객관성을 확보하고, 과다 산정 또는 불필요한 비용의 반영을 방지하기 위한 조치이다.

(1) 순공사비

재료비·노무비·경비는 「국가를 당사자로 하는 계약에 관한 법률 시행령」 제9조 및 「지방자치단체를 당사자로 하는 계약에 관한 법률 시행령」 제10조에 따른 예정가격 결정 기준 중 공사 원가계산을 위한 재료비·노무비·경비의 산출 방법을 적용하여 산출하되, 정부표준품셈과 단가(정부 고시가격이 있는 경우에는 그 금액을 말한다)에 따라 산정한 금액을 한도로 한다.

(2) 조사비와 설계비

「엔지니어링산업 진흥법」 제31조에 따른 엔지니어링 사업 대가의 기준에 따라 산정한 금액을 한도로 한다.

(3) 일반관리비

개발비용으로 인정되는 일반관리비는 '공사원가(재료비 + 노무비 + 경비)'에 공사의 유형(종합공사 또는 전문·전기·정보통신·소방·기타공사)과 공사원가 규모에 따라 [기획재정부 계약예규 '예정가격 작성 기준' 제13조(일반관리비의 계상 방법)] 차등 적용되는 다음 요율을 적용하여 산정한 금액을 한도로 한다.

종합공사		전문·전기·정보통신·소방 및 기타공사	
순공사비 금액	적용 요율	순공사비 금액	적용 요율
50억 미만	6.0%	5억 미만	6.0%

종합공사		전문·전기·정보통신·소방 및 기타공사	
순공사비 금액	적용 요율	순공사비 금액	적용 요율
50억 ~ 300억 미만	5.5%	5억 ~ 30억 미만	5.5%
300억 이상	5.0%	30억 이상	5.0%

【개발비용 한도 요약】

구 분	한 도 기 준
순공사비	• 예정가격 결정 기준 중 공사 원가계산을 위한 재료비·노무비·경비의 산출 방법을 적용하여 산출 • 정부표준품셈과 단가에 따른 금액
조사비와 설계비	「엔지니어링산업 진흥법」 제31조에 따른 엔지니어링 사업 대가의 기준에 따라 산정한 금액
일반관리비	기획재정부 계약예규 '예정가격 작성 기준'에 따른 금액

나. 한도 기준의 예외

납부의무자가 제시한 개발비용의 금액이 정부표준품셈과 단가에 따라 산정된 재료비 노무비 경비, 엔지니어링 사업 대가 기준에 따라 산정된 조사비와 설계비를 초과하는 경우로서 다음의 어느 하나에 해당하는 경우에는 위 원칙에도 불구하고 그 금액을 법 제11조에 따른 개발비용으로 인정할 수 있다. (영 제12조 제4항)

① 지방자치단체 또는 감면 기관이 「지방재정법」 또는 「공공기관의 운영에 관한 법률」에 따라 지출한 개발비용

② 시장·군수·구청장이 납부의무자가 제시한 금액에 대하여 국토교통부령으로 정하는 요건을 갖춘 다음 각 목의 어느 하나에 해당하는 회사나 기관(이하 "개발비용 산정기관"이라 한다)에 의뢰하여 정부표준품셈과 단가에 따라 산정된 재료비 노무비 경비, 엔지니어링 사업 대가 기준에 따라 산정된 조사비와 설계비에 적합한 것으로 확인한 경우 그 개발비용

가. 건설기술 진흥법 제26조에 따라 등록된 건설기술용역업자
나. 기술사법 제6조에 따라 등록된 기술사사무소
다. 감정평가 및 감정평가사에 관한 법률 제29조에 따른 감정평가법인
라. 「엔지니어링산업 진흥법」 제21조에 따라 신고된 엔지니어링 사업자

마. 국가를 당사자로 하는 계약에 관한 법령에 따른 원가계산 용역기관

③ 「건설산업기본법」에 따라 등록을 한 건설업자와의 도급계약, 「엔지니어링산업 진흥법」 제21조에 따라 신고한 엔지니어링 사업자와의 엔지니어링 사업 계약 등 명백한 원인에 따라 지출한 비용을 근거로 산정한 개발비용

④ 국토교통부 장관이 정하는 규정(영 제12조 제3항) 에 따른 정부표준품셈과 단가에 따라 산정된 재료비 노무비 경비, 엔지니어링 사업 대가 기준에 따라 산정된 조사비와 설계비에 따른 개발비용의 세부 항목별 산출 기준에 적합하다고 인정되는 경우

8. 개발비용의 산정 절차

가. 개발비용 산출명세서의 제출(법 제24조 및 영 제25조의2)

납부의무자는 국가 또는 지방자치단체로부터 개발사업의 준공 인가 등을 받은 경우, 부과종료시점부터 40일 이내에 개발비용 산출명세서를 시·군·구청장에게 제출하여야 한다. 이는 개발부담금의 적정한 부과 및 징수를 위해 개발사업 시행자가 실제로 지출한 비용을 명확하게 확인하는 중요한 절차이다.

부과대상토지 중 일부가 준공되었거나, 납부의무자가 개발사업의 목적 용도로 사용을 시작하거나 타인에게 분양하는 등 사업이 준공되기 전에 사업 완료로 간주하는 경우로서 해당 개발 사업별로 개발비용을 산출하기 어려운 경우에는 전체 개발사업이 완료된 날부터 40일 이내에 명세서를 제출하여야 한다. 이때, 부과종료시점이 서로 다른 대상 토지는 개별적으로 명세서를 구분하여 작성하여야 하며, 각 개발사업의 진행 상황과 비용 집행 내역을 명확히 구분하여 기재해야 한다.

개발비용 산출명세서에는 설계도서, 공사 계약서, 세금계산서, 지출 내역서 등 개발비용을 입증할 수 있는 관련 증빙서류를 첨부해야 한다. 이러한 서류를 통해 개발사업 시행자가 실제로 투입한 비용을 객관적으로 확인하고, 부과대상 비용이 적절하게 반영될 수 있도록 한다. 다만, 법 제11조 제2항에 따라 국토교통부 장관이 고시하는 단위면적당 표준비용을 적용하는 경우에는 영 제12조 제1항 제1호부터 제4호까지 규정된 개발비용 산출 증명서류를 첨부하지 않아도 된다. 이 경우 개발비용은 표준비용을 적용하여 산정되며, 개별적인 증빙 절차를 간소화할 수 있다.

나. 개발비용 산정기관에의 의뢰

부과권자가 영 제12조 제2항에 따라 납부의무자가 제시한 금액의 사실 여부를 확인하고 제3항에 따른 금액을 산출할 때, 해당 개발사업의 내용·성질 등이 특수하여 그 확인 또는 금액 산출이 곤란한 경우에는 개발비용 산정기관에 그 확인 또는 금액 산출을 의뢰할 수 있다. (영 제12조 제5항)

관련 법령 | 개발비용의 산정·확인 의뢰 시 유의사항(개발부담금 부과·징수 업무처리규정 제13조)

① 부과 징수권자는 영 제12조 제5항에 따라 개발비용의 산정·확인을 의뢰하고자 할 경우에는 규칙 제10조의2에 따른 개발비용 산정기관의 적격 여부를 판단하기 위한 다음 각호의 서류를 징구하여야 한다. 이 경우 부과 징수권자는 「전자정부법」 제36조 제1항에 따른 행정정보의 공동이용을 통해 법인등기사항증명서(법인인 경우만 해당한다)를 확인해야 한다. <개정 2012.8.20., 2022.7.15.>

1. 정관 또는 학칙 1부
2. 삭제 <2022.7.15.>
3. 영 제12조 제4항 제2호에서 정하는 기관임을 증명할 수 있는 설립 허가서 1부
4. 규칙 제10조의2 제2 호의 요건 충족을 증명할 수 있는 경력·학위·자격증명서, 이력서, 재직증명서 및 갑종근로소득세 증명서 1부 <개정 2014.12.29.>
5. 규칙 제10조의2 제3호를 증명할 수 있는 최근 연도 재무제표 등 1부
6. 개발비용 산정 실적자료 1부(신설법인의 경우에는 고용된 인력의 실적자료를 제시할 수 있다)
7. 개발비용 산정을 위한 시설의 소유 또는 임차증명서 1부
8. 개발 비용산정기관으로서 공신력과 책임 있는 업무수행을 확약하는 각서 1부
9. 기타 국토교통부 장관이 필요하다고 인정하는 서류 또는 보고서

② 부과 징수권자는 산정기관을 대표하는 자와 개발비용 산정·확인에 관한 계약을 체결할 경우에는 다음 각호의 사항을 계약의 내용에 포함하여야 한다. <개정 2012.8.20.>

1. 개발비용 산정·확인에 오류가 있는 경우 그 책임에 관한 사항
2. 계약의 해제 또는 해지에 관한 사항
3. 개발비용 산정·확인에 대한 수수료에 관한 사항
4. 기타 개발 비용산정기관 대표자 및 전문자격 있는 자의 서명날인 등 개발비용산정·확인 의뢰에 필요한 사항

③ 부과 징수권자는 제1항에 불구하고, 규칙 제10조의2의 개발비용 산정기관의 요건을 충족한 회사나 기관들이 협의체를 구성하여 「민법」 제32조에 따라 비영리법인으로 국토교통부 장관에게 설립 허가를 신청하여 개발비용 산정기관 및 개발비용 검토기관(규칙 제10

조의2 제2호 나목 단서 및 같은 조제 3호 단서의 요건을 충족한 개발비용 산정기관을 말한다. 이하 같다) 의 자격을 확인할 수 있는 협의체로 인정받아 설립 허가를 받은 경우, 동 법인의 대표자가 개발비용 산정기관 및 개발비용 검토기관의 요건을 충족한 것으로 확인한 회사나 기관에 대하여는 별도의 서류 징구·검토를 거치지 않고 개발비용의 산정·확인을 의뢰할 수 있다. <개정 2012.8.20., 2013.7.5.>

다. 개발비용 산정

부과권자는 사업시행자가 제출한 개발비용 산출명세서가 증빙 자료 등과 비교하여 실제로 지출한 사실이 입증되고 위에서 열거한 산정기준과 맞는 경우에는 이를 개발비용으로 인정하여 부담금을 산정한다.

【개발비용 항목별 기준 요약】

항 목	내 용
1. 순공사비	• 개발사업이 시행되는 토지(대지) 조성을 위한 필수공사 및 기반 시설 구축을 위한 직접적인 공사비(재료비, 노무비, 경비)의 합계액(정부표준품셈과 정부 고시가격이 있는 경우에는 그 금액에 따른 금액을 한도) • 예정가격 결정 기준 중 '공사 원가계산' 산출 방법을 적용하여 금액을 산정하되 정부표준품셈 및 고시가격이 있는 경우에는 해당 금액을 한도로 하여 결정함. • 초과하는 금액은 순공사비로 인정되지 않으며, 기준금액 미달할 경우에는 실제 지출 금액을 한도로 함 건축물 자체와 관련된 비용(건축 공사비, 건물 내부 배관 등)은 개발비용에서 제외됨
2. 조사비	• 해당 개발사업을 시행하기 위해 필수적으로 수행해야 하는 조사 및 분석 비용(지질 및 지반조사, 환경영향평가, 교통영향평가, 문화재 조사, 측량 용역비 등) • 「엔지니어링산업 진흥법」 제31조에 따른 엔지니어링 사업 대가의 기준에 따라 산정한 금액을 한도로 함
3. 설계비	• 해당 개발사업 부지의 조성 및 기반 시설 설치를 위하여 직접적으로 관련된 토목 설계 비용만 인정 • 「엔지니어링산업 진흥법」 제31조에 따른 엔지니어링 사업 대가의 기준에 따라 산정한 금액을 한도로 함

항 목	내 용
4. 일반관리비	• 개발사업을 수행하는 과정에서 발생하는 관리 및 운영 비용으로, 사업을 원활하게 추진하기 위해 필수적으로 소요되는 간접비용의 합계액 중 예정가격 결정 기준과 요율을 적용하여 산정한 금액
5. 기부채납 가액	• 개발사업 시행자가 개발사업 인허가 조건 또는 법적 요건에 의거 국가 또는 지방자치단체에 공공시설이나 토지를 무상으로 제공하는 금액으로서 법률 규정에 의한 금액
6. 부담금 납부액	• 관계 법령이나 해당 개발사업의 인가 등의 조건에 따라 국가 또는 지방자치단체에 납부한 부담금의 합계액
7. 토지의 개량비	• 해당 개발사업의 인가 등을 받은 날을 기준으로 그 이전 3년 이내에 부과대상토지를 개량하기 위하여 지출한 비용으로서 개시시점지가에 반영되지 아니한 비용
8. 제세공과금	• 해당 개발사업의 시행과 관련하여 국가 또는 지방자치단체에 납부한 제세공과금의 합계액
9. 보상비	• 토지의 가액에 포함되지 않은 개발사업 구역의 건축물, 공작물, 입목 및 영업권 등에 대한 보상비
10. 양도소득세 등	• 부과개시시점 후 개발부담금을 부과하기 전에 개발부담금 부과대상 토지를 양도하여 발생한 소득에 대하여 양도소득세 또는 법인세가 부과되었으면 해당 세액

제5절 정상지가상승분

정상지가상승분은 개발부담금 산정에서 핵심적인 개념으로, 개발사업과 무관하게 시장의 자연적 요인으로 인해 상승하는 토지가격을 의미한다. 즉, 개발사업이 없어도 토지는 시장 상황에 따라 자연스럽게 가격이 오르는데, 이러한 자연적인 상승분을 먼저 계산하여 개발이익에서 공제하여 개발이익을 산정해야 실제 토지 개발사업으로 인해 발생한 초과이익만을 구분해 과세할 수 있다.

「개발이익 환수에 관한 법률」 제2조 제3호는 정상지가상승분을 금융기관의 정기예금 이자율 또는 「부동산 거래신고 등에 관한 법률」 제19조에 따라 국토교통부 장관이 조사한 평균지가변동률을 기준으로 대통령령이 정하는 방식에 따라 산정된 금액이라고 정의한다. 평균지가변동률은 해당 토지가 속하는 시·군·자치구의 토지가격 변동률을 기준으로 한다.

부과기간이 1년 미만이거나 연도 중에 부과 개시 또는 종료 시점이 포함되는 경우에는 그 기간에 해당하는 평균지가변동률을 적용한다. 또한 시행령 제12조 제1항 제5호 가목과 법 제8조 제2호는 정상지가상승분을 산정할 때 평균지가변동률과 정기예금 이자율 중 더 높은 비율을 적용하도록 규정하고 있다.

정상지가상승분을 반영하는 이유는 개발부담금 산정 과정에서 시장의 자연스러운 변동을 고려해 사업시행자의 부담을 합리적으로 조정하기 위함이다. 이를 통해 사업시행자에게 과도한 부담을 방지하고, 공공과 사업시행자 간의 균형을 맞추어 공정하고 합리적인 개발이익 환수가 이루어질 수 있도록 한다.

가. 정상지가상승분의 산정

(1) 일반적인 원칙

정상지가상승분은 부과기간중 각 연도의 정상지가상승분을 합하여 산정하며, 각 연도의 정상지가상승분은 해당 연도 1월 1일 현재의 지가에 해당 연도의 정상지가변동률

을 곱하여 산정한다. (영 제2조 제1항)

가. 정상지가상승분 = 해당 연도 1.1. 현재의 지가 × 해당 연도 정상지가변동률
나. 각 연도의 정상지가상승분 = 당해연도 1월 1일 현재의 지가 × 정상지가변동률

(2) 부과기간이 1년 이내인 경우

부과기간이 1년 이내인 경우(연도 중에 부과개시시점 또는 부과종료시점이 속한 경우를 포함한다)에는 월별 정상지가상승분(각 월의 정상지가상승분은 해당 월 1일 현재의 지가에 그 월의 정상지가변동률을 곱하여 산정한다)을 합하여 산정한 금액을 그 부과기간 중의 정상지가상승분으로 하되, 월 중 일부 기간의 정상지가상승분은 그 월의 정상지가상승분을 일 단위로 나누어 산정한 금액으로 한다. (영 제2조 제2항)

(3) 부과기간 중 제2차 연도 이후

부과기간에 제2차 연도 이후의 각 연도 1월 1일 현재의 지가는 부과개시시점 또는 전년도 1월 1일 현재의 지가에 전년도 부과기간 중의 정상지가상승분을 합한 금액으로 한다. (영 제2조 제3항)

나. 정상지가변동률의 산정

(1) 정상지가변동률의 개념

정상지가변동률은 개발부담금 산정에서 토지의 자연적 가격 상승분을 반영하기 위해 사용되는 지표로 개발부담금 산정에서 중요한 역할을 한다. 토지는 개발사업이 없더라도 경제 여건이나 시장 수급 상황에 따라 가격이 오를 수 있다. 이 자연적인 상승분을 고려하지 않으면 실제 개발이익이 과도하게 계산될 수 있으므로, 정상지가변동률을 적용해 자연적 상승분을 공제해야 한다. 이를 통해 개발사업으로 발생한 순수한 초과이익만을 과세할 수 있으며, 제도의 공정성과 합리성을 확보할 수 있다.

정상지가변동률은 「부동산 거래신고 등에 관한 법률」 제19조에 따라 국토교통부 장관이 연도별 또는 월별로 조사·발표하는 평균지가변동률을 기준으로 한다. 평균지가변동률은 특정 필지의 개별 변동률이 아니라 해당 토지가 속한 시·군·자치구 전체의 토지가격 변화를 종합한 값으로, 지역 단위의 평균적인 지가 변화를 나타낸다. 따라서

이는 단순한 참고치가 아니라 개발부담금 산정에 직접 활용되는 법적 기준이라는 점에서 의미가 크다.

다만, 기부채납액 또는 부과기간의 정상지가상승분을 산정할 때는 연도별 평균지가변동률(부과기간이 1년 미만인 경우와 연도 중에 부과개시시점 또는 부과종료시점이 속한 경우에는 해당 연도 내에 속하는 부과기간의 평균지가변동률을 말한다)과 같은 기간의 정기예금 이자율 중 높은 비율로 한다. (영 제2조 제4항)

(2) 정상지가변동률의 적용 구분

정상지가변동률의 적용 방식은 크게 두 가지로 구분된다. 첫째, 일반적인 경우에는 해당 시·군·자치구의 평균지가변동률을 적용한다. 둘째, 기부채납액이나 부과기간 산정 시에는 평균지가변동률과 정기예금 이자율 중 더 높은 비율을 적용한다. 이러한 체계는 시장의 자연적 요인과 금융 환경을 동시에 반영함으로써 개발이익 환수 제도의 객관성과 형평성을 보장하는 데 기여한다.

① 평균지가변동률과 정기예금이자율 중 높은 비율을 적용하는 경우(영 제2조 제4항 단서)

- 개발이익 산정 시의 부담금 부과기간 정상지가상승분(법 제8조 제2호)
- 기부채납토지의 부담금 부과기간동안의 정상지가상승분(영 제12조 제1항 제5호 가목)

② 평균지가변동률을 적용하는 경우

- 개시시점지가 : 부과대상토지의 개별공시지가 기준일로부터 부과개시시점까지의 정상지가상승분 (법 제10조 제3항)
- 종료시점지가 : 부과종료시점 당시의 부과대상토지와 이용 상황이 가장 비슷한 표준지의 공시지가를 기준으로 「부동산 가격공시에 관한 법률」 제3조 제7항에 따른 표준지와 지가산정 대상 토지의 지가 형성 요인에 관한 표준적인 비교표에 따라 산정한 가액(價額)에 해당 연도 1월 1일부터 부과종료시점까지의 정상지가상승분을 합한 가액 (법 제10조 제1항)
- 물납토지 가격산정 : 종료시점부터 물납 인정 일까지 정상지가상승분

(3) 정상지가변동률 산정을 위한 정기예금 이자율

정기예금 이자율은 개발부담금을 계산할 때 정상지가변동률과 함께 비교되는 중요한 기준이다. 부과기간 동안 정상지가상승분을 산정할 때는 해당 지역의 평균지가변동

률과 정기예금 이자율을 비교하여 두 값 중 더 높은 비율을 적용한다.

정기예금 이자율은 시중은행의 1년 만기 정기예금 평균 수신금리를 기준으로 산출되며, 국토교통부 장관이 매년 금융시장 상황, 금리 변동 추이, 경제 여건 등을 종합적으로 고려하여 결정·고시한다.

따라서 정기예금 이자율은 단순한 금융 지표가 아니라 개발부담금 제도의 공정성과 합리성을 보장하는 제도적 장치다. 이는 토지시장과 금융시장을 함께 반영하여 개발부담금을 합리적으로 산정할 수 있게 하는 중요한 역할을 한다.

(4) 정상지가변동률의 정산(부과종료시점이 월 중에 속하는 경우)

부담금 산정 시 부과종료시점이 월 중에 속하는 경우는 부과종료시점이 속한 월의 전월 정상지가변동률을 적용하여 부담금을 산정한다. 이 경우 부과종료시점이 속한 월의 정상지가변동률이 공포된 때에는 지체없이 그 차액을 산정하여 정산하여야 한다. (영 제14조 제1항)

질의회신 및 판례

질의회신

제1절 부담금 부과의 기준시점

1. 부과종료시점

가. 준공 인가일

[질의 요지]

준도시지역 내에서 주택건설사업 계획 승인(2000.9.8.)을 받아 임대아파트를 건축하여 건축물 사용승인(2004.3.13.)을 받았으나, 임대 기간 2년 6개월 만인 일반분양전환(2006.9.20.)을 받아 개발부담금 부과대상이 되었을 경우 부과종료시점이 건축물 사용승인일(2004.3.14.)인지, 일반분양으로 전환 승인받은 날(2006.9.20.)인지 여부

➲ 회신 내용

「개발이익 환수에 관한 법률 시행령」 별표1 및 별표2 제1호에 따라 주택법에 의거 시행하는 대지조성사업 또는 주택건설사업의 부과종료시점은 사용검사일임.

[질의 요지]

2003년 12월 건축물 사용승인을 득한 후 부설 주차장 설치 목적의 개발행위허가를 2003년 12월20일 득한 후 2005년 5월26일 개발행위 준공을 하였으나, 현실적으로는 건축물 사용승인 당시부터 주차장으로 사용하여 왔음.

이 경우, 부설 주차장에 대한 개발부담금 부과종료시점을 현실적으로 사용 개시한 2003년 12월로 보아야 하는지 아니면 개발행위 준공일인 2005년 5월 26일로 보아야 하는지의 여부

➲ 회신 내용

개발부담금의 부과종료시점은 「개발이익 환수에 관한 법률」 제9조 제3항의 규정에 따라 판단하여야 할 것이므로, 부과권자의 사실 판단에 따라 같은 법 시행령 제8조의 규정에 해당하지 아니하는 경우는 사업의 준공시점을 종료 시점으로 하여야 할 것입니다.

나. 예외

(1) 토지만을 개발하는 사업

▦ 착공신고일

[질의 요지]

2001년 7월 27일 구 도시계획법 제25조 및 같은 법 시행령 제26조의 규정에 의하여 건축물의 건축을 포함하지 않고 토지만을 개발하는 개발사업으로 실시계획인가를 득하여 일단의 주택지조성사업(대지조성사업)을 조성하였으며 준공 인가 전 건축법 제8조의 규정에 따라 건축허가를 득하여 토지의 사용을 개시하는바 개발부담금 부과종료시점이 언제인지

➲ 회신 내용 (토지정책팀-87, 2007.2.26.)

「개발이익 환수에 관한 법률」 제9조 제3항 및 같은 법 시행령 제8조 제1항의 규정에 의하면, 개발부담금의 부과종료시점은 원칙적으로 관계 법령에 의하여 국가 또는 지방자치단체로부터 개발사업의 준공 인가 등을 받은 날로 하도록 되어 있으며,

다만 납부의무자가 개발사업의 목적 용도로 사용을 개시하거나 타인에게 분양 등 처분하는 경우로서 ① 토지만을 개발하는 개발사업의 경우에는 사실상 개발이 완료된 토지에 건축물을 건축하는 등 토지의 사용을 개시하는 날을 부과종료시점으로 하고 있고, ② 주택건설사업 등 토지의 개발과 건축물의 건축을 함께하는 개발사업의 경우에는 관계행정청의 인가 등을 받아 건축물의 사용을 개시하는 날을 부과종료시점으로 보도록 되어 있습니다.

귀 질의 내용이 건축물의 건축을 포함하지 않고 토지만을 개발하는 개발사업인 경우라면 상기 ①에 해당 된다고 일견 보여지며, 이 경우 종료 시점은 「개발이익 환수에 관한 법률 시행령」 제8조 제2항 제2호에 따라 사실상 개발이 완료된 토지에

건축물을 건축하는 등 토지의 사용을 개시하는 경우에는 건축법 제16조의 규정에 의한 착공신고일이 됩니다.

다만 귀 질의에 폐사의 "일단의 주택지조성사업"의 경우 적용법인 「도시계획법」이 2000년 1월 1일 개정되어 2000년 7월부터 시행된 법률에서는 "일단의 주택지조성사업" 규정이 없고 부칙 제11조 경과규정의 적용을 받게 되어 있으므로, 적용법률에 대한 검토가 우선 필요할 것으로 사료됩니다.

아울러 이에 대한 구체적인 사항은 개발사업의 인·허가권자 및 부담금 부과·징수권자인 당해 지자체에 문의하시길 바랍니다.

"착공신고일"을 준공 전 부과종료시점으로 인정

[질의 요지]

○○도시공사가 도시개발법에 따라 시행한 도시개발사업 부지 중 공동 주택 부지에 대하여 준공 전 토지 사용 허가(2017.9.26.)를 받았고, 2017.9월 토지 수 분양자들이 해당 토지에 대하여 건축법 제21조에 따라 착공 신고하여 건축 완료 또는 공사 중에 있음.

▶ 건축 '착공신고일'을 준공 전 부과종료시점으로 볼 수 있는지?

* (준공 전 사용 허가 조건) 현재 토지를 사용하기 어려운 공동 주택 블록에 대하여는 공사 추진 일정 등을 감안하여 토지매수자와 토지 사용(건축공사 등) 시기를 조정하여 잔여 공사 시행 및 사업준공에 지장을 초래하지 않도록 조치 하시기 바람.

➲ 회신 내용 (토지정책과-6400, 2020.7.21.)

「개발이익 환수에 관한 법률」(이하 "법") 제9조 제3항에 따르면, '부과종료시점'은 관계 법령에 따라 지방자치단체 등으로부터 개발사업의 '준공 인가 등을 받은 날'로 하는 것을 원칙으로 하며,

다만, 부과대상토지의 전부 또는 일부가 "납부의무자가 개발사업의 목적 용도로 사용을 시작하거나 타인에게 분양하는 등 처분하는 경우로서 대통령령으로 정하는 경우" 등에 해당하면 해당 토지에 대하여는 그에 해당하게 된 날을 부과종료시점으로 합니다.

같은 법 시행령(이하 "영") 제10조 제1항 제1호 나목 및 제2항 제2호에 따르면, '토지만을 개발하는 개발사업으로서 사실상 개발이 끝난 토지에 건축물을 건축하는 등 토지 사용을 시작하는 경우'는 「건축법」 제21조에 따른 '착공신고일'을 부과종료시

점으로 합니다.

「개발부담금 부과·징수 업무처리규정」 제10조 제2항에 따르면, 개발사업의 목적 용도로 사용을 개시한 경우에는 대상 토지는 건축물의 착공 또는 실제 사용개시 시점에서 목적 용도로 사용할 수 있도록 완전히 조성된 상태이어야 하는 것으로 규정하고 있습니다.

따라서, 「건축법」 제21조에 따른 '착공신고일'을 부과종료시점으로 적용하는 것은 "사실상 개발이 끝난 토지"를 전제로 하는 것이므로,

귀 질의 사업의 '착공신고일'을 부과종료시점으로 할 수 있는지에 대하여는 「건축법」 제21조에 따른 착공신고를 하고 건축 착공을 하였다고 할지라도 그 토지가 착공신고일 당시에 사실상 개발이 완료되었다고 볼 수 있는지에 대한 사실 판단이 필요한 사안으로 귀 시가 해당 사업의 인허가 내용 및 관계 법률 등을 종합적으로 검토하여 부과종료시점을 결정하시기를 바랍니다.

(2) 토지와 건축을 함께 개발하는 사업

[질의 요지]

주택건설촉진법에 의한 대지조성 사업허가('95.4.7.)를 득하여, 대지조성 사업준공 예정('96.11.30.)이 되기 전 동일한 지번에 주택건설 사업승인('96.8.)을 득하여 아파트를 신축할 경우 개발부담금 부과종료시점은

➲ **회신 내용** (토재 58307-438, '96.7.5.)

「개발이익 환수에 관한 법률 시행령」 제8조 제1항 제2호의 규정에 의거 토지의 개발과 건축물의 건축을 함께 행하는 개발사업의 경우에는 건축물의 사용 개시일이 개발사업의 준공 전 부과종료시점이 되는 것이므로,

귀 질의의 경우 대지조성사업이 완료되지 않은 상태에서 주택건설사업을 시행한 경우에는 토지의 개발과 건축물의 건축을 함께 행하는 경우에 해당되어 주택의 사용개시일이 부과종료시점이 되는 것임.

[질의 요지]

주택건립 부지조성 목적으로 도시계획법에 의한 토지형질변경허가를 받아 개발사업을 시행하는 경우에 개발부담금의 부과종료시점은?

➲ 회신 내용

「개발이익 환수에 관한 법률」 제9조 제3항의 규정에 의거 개발부담금의 부과종료시점은 관계 법령의 규정에 의하여 국가 또는 지방자치단체로부터 개발사업의 준공인가 등을 받은 날로 하도록 되어 있는바

귀 질의의 경우, 토지형질변경허가를 받아 주택사업 부지를 조성하는 경우에는 토지 형질변경 사업에 대한 준공검사일이 개발부담금의 부과종료시점이 되는 것이며

토지 형질변경 사업에 대한 별도의 준공검사 없이 당해 토지에 건축물을 건축하는 경우에는 토지의 개발과 건축물의 건축을 함께 행하는 경우로 보아 같은 법 시행령 제8조의 규정에 의거 건축물의 사용승인일이 개발부담금의 부과종료시점이 되는 것임.

[질의 요지]

온천지구로 지정 고시된 지역에서 370,630㎡의 토지에 '93.2.7. 지방자치 단체가 온천개발계획 승인을 받고, 같은 토지 330,423㎡에 '94.6.3. 일반법인이 관광객이용시설업(종합휴양업) 사업계획승인을 받아 토지를 개발하던 중, '95년부터 '98년 사이 3차에 걸쳐 당해 토지 중 일부에 일반법인이 숙박시설, 근린생활시설 또는 주유소 등을 건축하여 부분적으로 개발사업이 준공된경우, 그 준공일을 각각의 부과종료시점으로 보아 개발부담금을 부과할 수 있는지, 또는 계속사업으로 보아 전체 기반 시설 사업이 모두 완료된 후 개발부담금을 부과하여야 하는지 여부

➲ 회신 내용 (토정 58383-1283, 1998.10.19.)

「개발이익 환수에 관한 법률」 제9조 제3항 및 같은 법 시행령 제8조 제1항 제2호, 같은 법 제14조 제1항 단서 및 같은 법 시행령 제13조 제4항, 같은 법 시행규칙 제14조 제1항 제2호의 규정에 의하면 개발부담금의 부과종료시점은 원칙적으로 관계 법령에 의하여 국가 또는 지방자치단체로부터 개발사업의 준공 인가 등을 받은 날로 하도록 되어 있으나 다만 토지의 개발과 건축물의 건축을 함께 행하는 개발사업의 경우에는 관계행정청의 인가 등을 받아 건축물의 사용을 개시하는 시점을 개발사업

의 준공 전 부과종료시점으로 보도록 되어 있으므로

귀 질의와 같이 일반법인이 온천 이용 시설 설치 사업을 시행함에 있어 사업대상 토지 중 일부에 시설물이 준공되어 건축물의 사용승인을 부분적으로 받은 경우에는 그 사용승인일을 각각의 부과종료시점으로 보아 부분적으로 개발부담금을 부과할 수 있는 것이며

다만, 위의 부분 준공 사업이 대규모 사업의 일부에 해당하여 납부의무자가 그 부분 준공된 사업별로 개발비용의 내역을 제출할 수 없는 경우에는 전체 개발사업이 완료된 날로부터 25일 이내에 개발비용 내역서를 제출하여 위의 부분 준공된 토지별로 개발부담금을 산정 부과할 수 있음.

[질의 요지]

2003년 11월 1일 "갑" 공장설립 승인, 2005년 3월 4일 "갑" 건축사용 승인, 2006년 5월 현재 공장 사용 중인 경우(공장설립 완료 신고 안 된 상태)

부과종료시점은 건축사용 승인일인 2005년 3월 4일인지, 현재 가동 중인 사실을 부과권자가(사업시행자) 인지한 날을 부과종료시점으로 보아야 하는지

➲ 회신 내용

공장설립 승인을 받았을 경우 부과종료시점은 공장설립 완료 신고일이나, 사업시행자가 공장설립 완료 신고 이전에 건물 사용검사를 받고 공장을 실제 운영하는 경우는 건물 사용승인일을 부과종료시점으로 할 수 있을 것입니다.

[질의 요지]

○○ Digital Park 일반산업단지 조성 사업의 경우 「개발이익 환수에 관한 법률 시행령」 제10조(개발사업 준공 전 부과종료시점) 제1항 제1호의 토지만을 개발하는 사업에 해당하는지? 동조 동항 제2호의 토지개발과 건축물의 건축을 함께하는 개발사업에 해당하는지?

상기와 같이 준공 전 부과종료시점이 적용될 경우 「개발이익 환수에 관한 법률」 제7조 제2항 제5호에 따른 주한미군 공여구역 등 개발사업에 대한 부담금 50% 감면 규정 적용이 가능한지?

➲ 회신 내용 (토지정책과-10196, 2016.12.20.)

[질의 1]

「개발이익 환수에 관한 법률」 제9조 제3항 및 제4항에 따르면 부과종료시점은 관계 법령에 따라 국가 또는 지자체로부터 개발사업의 준공 인가 등을 받은 날로 규정하고 있으며,

동법 시행령 제9조 제1항 및 [별표3] 제2호 나목에 따르면 산업입지 및 개발에 관한 법률에 따른 일반산업단지 개발사업의 부과종료시점은 준공 인가일로 규정하고 있습니다.

다만, 상기 법률 제9조 제3항 단서 규정에 따르면 납부의무자가 개발사업의 목적 용도로 사용을 개시하거나 타인에게 분양 등 처분하는 경우로서 대통령령으로 정하는 경우에는 그날을 부과종료시점으로 하고 있으며,

동법 시행령 제10조 제1항 및 제2항에 따르면 토지만을 개발하는 개발사업의 경우에는 ①사실상 개발이 완료된 토지를 타인에게 양도하는 경우는 소득세법시행령 제162조의 규정에 해당하게 된 날(대금 청산일 등)을 ②사실상 개발이 끝난 토지에 건축물을 건축하는 등 토지 사용을 시작하는 경우는 건축법 제21조에 따른 착공신고일을 각각 부과종료시점으로 규정하고 있고,

주택건설사업 등 토지개발과 건축물의 건축을 함께 개발하는 사업의 경우에는 관계행정청의 인가 등을 받아 건축물의 사용을 시작하는 경우로서 건축법 제22조에 따른 임시사용승인을 부과종료시점으로 규정하고 있습니다.

한편, 귀 질의의 ○○Digital Park 일반산업단지 조성 사업의 경우에는 산업단지계획을 검토한 결과 ①개발사업 시행자(○○전자(주))가 동 산업단지를 개발하여 그 토지를 타인에게 분양·임대하는 것이 아닌 점, ②개발사업 시행자가 유일한 단지 내 입주기업인 점, ③개발사업 시행자가 토지개발과 함께 산업시설(공장 시설, 기숙사 등)을 직접 건축·사용하는 것으로 보이는 점 등을 고려할 경우 토지개발과 건축물의 건축을 함께하는 개발사업에 해당 되는 것으로 판단됩니다.

따라서, 동 개발사업의 준공 전 부과종료시점은 상기 규정에 따라 건축법 제22조에 따른 임시사용승인을 부과종료시점으로 보는 것이 적정할 것으로 판단되나, 개발사업 준공 전 부과종료시점 적용에 대한 최종 판단은 부과권자인 귀 시에서 관계법령 검토(시행령 제10조 제4항 및 시행규칙 제5조의 준공 인가 등을 받기 전 사실상 개발이 끝난 토지의 면적 등) 및 당해 개발사업 인허가 서류, 현지 확인 등 사실관계를 조사하여 최종 결정하시기 바랍니다.

[질의 2]

구「개발이익 환수에 관한 법률」제13699호, 2015.12.29. 시행 제7조 제2항 제5호에 따르면「주한미군 공여구역주변지역 등 지원 특별법」제2조 제2호부터 제4호까지에 따른 공여구역 주변 지역, 반환공여구역 또는 반환공여구역주변지역에서 시행하는 개발사업[다만, 공여구역 또는 반환공여구역이 소재한 읍·면·동(행정동을 말한다. 이하 같다)에 연접한 읍·면·동 지역의 경우에는 동법 제8조에 따라 법률 제13699호「개발이익 환수에 관한 법률」일부 개정 법률 시행 전에 확정된 공여구역 주변 지역 등 발전 종합계획에 따라 시행하는 개발사업만 해당]의 경우 개발부담금을 50% 경감 하도록 규정하고 있고,

동 법률 부칙 제2조(개발부담금 감면에 관한 적용례)에 따르면 제7조 제2항 제5호의 개정 규정은 이 법 시행 후 최초로 개발부담금을 결정·부과하는 개발사업부터 적용하도록 규정하고 있습니다.

따라서, 상기 법령상의 감면요건을 충족하는 경우라면 상기 법령 시행일 이전에 인가 등을 받은 사업이더라도 시행일 이후에 개발부담금 부과종료시점이 도래하여 개발부담금을 결정·부과하는 경우에도 50% 감면 규정을 적용할 수 있을 것으로 판단되나, 귀 질의의 감면요건충족 여부에 대하여는 사업 시행 지역이 공여구역 주변 지역·반환공여구역 또는 반환공여구역 주변 지역에 해당하는지 여부 등에 관하여 부과권자인 귀 시에서 주한미군 공여구역 주변 지역 등 지원 특별법령 등 관계 법령 검토 및 사실관계를 조사하여 결정하시기를 바랍니다.

[질의 요지]

1) ○○일반산업단지 개발사업의 경우 개발이익 환수법 시행규칙 제5조 및 같은 법 시행규칙 별표3(개발사업 준공 전 완료의 경우 개발부담금 부과대상토지 면적)의 기준에 따라 산업단지 개발사업의 전체 토지 면적(125,312㎡)이 공장입지 기준면적 (1,014,870㎡) 내에 해당하는 경우 해당 사업이 완료되었다고 보는 것인지? 토지의 면적이 공장입지 기준면적을 넘어야 해당 사업이 완료되었다고 보는 것인지?

2) 상기 규정의 해당 사업이 완료되었다고 보는 부과대상토지 면적이 되어야 개발사업 준공 전 부과종료시점을 적용할 수 있는지? 아니면 동 규정은 부과대상토지 면적 상한을 정해 놓은 것이므로 질의 대상 ○○일반산업단지 개발사업은 준공 전 부과종료시점을 적용할 수 있는지?

3) 개발이익 환수법 제9조 제3항(기준시점) 및 동법 시행령 제10조(준공 전 부과종료시점)의 법률조항 해석에 있어 임시사용승인을 받은 토지(전체사업 토지 중 일부 공장 시설 등)에 대해서는 임시 사용승인일을 종료 시점으로 하고 나머지 토지에 대하여는 ㅇㅇ일반산업단지 준공인가일을 종료 시점으로 적용해야 하는지?

아니면 ㅇㅇ일반산업단지 개발사업 인가 등을 받은 토지의 면적(125,312㎡)이 동법 시행령 제10조 제4항 및 시행규칙 제5조에 따라 개발사업의 준공 인가 등을 받기 전에 해당 사업이 완료된 것으로 보는 토지 기준 면적(1,014,870㎡) 내에 있으므로 전체 산업단지 개발사업이 완료되었다고 보고 종료 시점을 공장 시설의 임시사용승인일 기준으로 일괄 적용할 수 있는지?

➲ **회신 내용** (토지정책과-1051, 2017.2.10.)

[질의 1, 2]

「개발이익 환수법」 제9조 제3항의 단서 규정 및 동법 시행령 제10조 제1항 및 제2항에 따르면 주택건설사업 등 토지개발과 건축물의 건축을 함께 개발하는 사업의 경우에는 관계행정청의 인가 등을 받아 건축물의 사용을 시작하는 경우로서 「건축법」 제22조에 따른 임시 사용승인일을 부과종료시점으로 규정하고 있습니다.

아울러, 동법 시행령 10조 제4항 및 동법 시행규칙 제5조와 별표3(개발사업 준공 전 완료의 경우 개발부담금 부과대상토지 면적)에 따르면 해당 개발사업의 준공 인가 등을 받기 전에 해당 개발사업이 완료되는 것으로 보는 토지 면적에 대하여 규정하고 있으나, 동 규정은 법 제9조 제3항 단서 규정 및 시행령 10조 제1항 및 제2항에 따라 개발사업 준공 전 부과종료시점이 적용될 경우 개발사업이 완료된 것으로 볼 수 있는 상한 기준면적을 정한 것으로 판단됩니다.

따라서, 귀 질의의 ㅇㅇ일반산업단지 개발사업 중 산업시설용지(공장 시설 및 기숙사 등 부대 시설 포함)의 조성이 완료된 상태에서 동 산업시설이 건축법 등 관계 법령에 따라 임시 사용 승인을 받아 목적 용도로 사용을 시작하는 경우 그 부지면적이 상기 시행규칙 제5조와 별표3의 기준면적 범위내에 해당된다면 개발사업 준공 전 부과종료시점을 적용할 수 있을 것으로 판단됩니다.

[질의 3]

귀 질의의 ㅇㅇ일반산업단지 개발사업의 산업단지계획 및 실시계획에 따르면 토지이용계획은 산업시설용지(공장 시설 및 기숙사 등 부대 시설 포함)와 공원·녹지 등으로 구성되어 있으나,

귀 질의의 경우 전체 산업단지 개발사업 부지 중 일부 산업시설용지만 조성이 완료된 상태에서 건축법 등 관계 법령에 따라 임시사용승인을 받아 목적 용도로 사용을 하는 것으로 보이며, 나머지 공원·녹지 등의 부지는 조성이 완료되지 않은 것으로 판단됩니다.

한편, 「개발부담금 부과·징수 업무처리규정」 제10조(부분 준공된 토지 등에 대한 부담금 부과대상 면적 산정) 제2항에 따르면 개발사업의 목적 용도로 사용을 개시한 경우에는 그 사용 면적을 기준으로 하되, 실제 사용개시 시점에서 목적 용도로 사용할 수 있도록 완전히 조성된 상태이어야 하며, 그 허가 관청의 사용승인이 필요한 경우 그 사용승인 받은 토지를 기준으로 개발부담금을 부과대상 면적을 산정할 수 있도록 규정하고 있습니다.

따라서, 귀 질의의 경우 건축법 등 관계 법령에 따라 임시사용승인을 받아 목적 용도로 사용을 개시한 산업시설용지(공장 시설 및 주차장 등 부대 시설 포함)는 동 산업시설의 임시 사용승인일을 부과종료시점으로 적용하고, 나머지 토지에 대하여는 ○○일반산업단지 준공인가일을 부과종료시점으로 적용하는 것이 적정할 것으로 판단되나, 개발부담금 부과종료시점 적용 및 부과대상 면적에 최종 판단은 귀 시에서 관련 인허가 서류 및 임시 사용승인 서류, 현장 조사 등 사실관계를 조사하여 결정하시기를 바랍니다.

(3) 준공 인가 등을 받은 날이 관계 법령에 따라 정하여져 있지 아니한 경우

[질의 요지]

개발부담금이 부과 징수되는 기간에 하나의 지번으로 지목 : 임야, 산림 총 면적 : 11,465㎡에 2002년 12월 9일 산지전용 허가(면적 : 9,322㎡) 행위를 득하여 2005년 6월 21일 자로 산지전용허가 복구준공검사를 받아서 준공 처리가 되었고, 나머지 면적(2,078㎡)은 2003년도 산지관리법 변경으로 산지전용허가 행위를 의제 처리하여 2003년 2월에 건축허가를 득하여 2005년 12월 20일에 산지관리법 제42조 제1항 및 동법 시행규칙 제43조 제1항 규정에 의하여 산지전용 협의지 복구 준공검사를 받았음.

이럴 경우, 부과종료시점은 산지전용 협의지 준공검사일이 되는지

➲ 회신 내용

「산지관리법」상 산지전용허가를 득하여 개발부담금 부과대상인 건축물을 건축할

용도로 토지를 개발하는 사업의 경우 부과종료시점에 대하여 「개발이익 환수에 관한 법률 시행령」 별표2 제10호는 "시행령 제7조 제3항의 규정에 의한 신고일(대지조성사업에 한한다) 또는 시설물의 사용승인일"이라고 규정하고 있습니다.

이에 대해 "시행령 제7조 제3항"의 제1호는 납부의무자가 실제로 개발사업이 완료된 날을 입증할 수 있는 서류를 첨부하여 부과권자에게 이를 신고한 경우에는 개발사업이 완료된 것으로 입증된 날, 제2호는 납부의무자가 실제로 개발사업이 완료된 날을 신고하지 아니하거나 이를 입증하지 못하는 경우에는 부과권자가 현지 확인하여 납부의무자에게 개발사업이 완료된 날로 통지한 날을 부과종료시점으로 한다고 규정하고 있습니다.

개발부담금 부과종료시점은?

[질의 요지]

2008.10.30. 일반창고 부지조성 목적으로 산지전용 허가 및 2008.11.12. 창고시설 건축허가를 받았고 2015.5.14. 산지전용 복구 준공검사를 받은 경우 산지전용 복구 준공검사 완료시점을 개발부담금 부과종료시점으로 보고 개발 부담금을 부과가 가능한지? (별도로 개발행위 허가를 받지 않았으며, 창고시설 건축물은 현재 준공되지 않은 상태임)

회신 내용 (토지정책과-7381, 2016.9.13.)

구 「개발이익 환수에 관한 법률」 제9045호(2008.6.29. 시행) 제9조의 규정에 따르면 개발부담금의 부과개시시점은 사업시행자가 국가나 지방자치단체로부터 개발사업의 인가 등을 받은 날로 되어 있고, 부과종료시점은 관계 법령에 따라 국가나 지방자치단체로부터 개발사업의 준공 인가 등을 받은 날로 되어 있습니다. 또한, 구 「개발이익 환수에 관한 법률 시행령」 제20878호(2008.6.29. 시행) 제9조 제1항 및 [별표3] 제10호에 따르면 「산지 관리법」에 따른 산지전용 허가를 받아 국토해양부령으로 정하는 사업(주택 건축 등) 부과개시시점은 행위허가일로 되어 있고 부과종료시점은 제9조 제3항에 따른 신고일(대지조성사업으로 한정함) 또는 시설물의 사용승인일로 되어 있으며,

구 「개발이익 환수에 관한 법률 시행령」 제25452호(2014.7.14. 시행) 부칙 제7조에 따르면 동법 시행령 시행 전에 인가 등을 받은 개발사업에 대해서는 [별표3]의 개정 규정에도 불구하고 종전의 규정을 따르도록 규정하고 있습니다.

따라서, 귀 질의의 경우 창고시설 건축 목적으로 산지전용 허가('08.10.30.)를 받았고, 산지전용 허가 이후 창고시설 건축허가('08.11.12.)를 받아 건축물 공사가 진행 중인 점 등을 감안할 경우 대지조성사업에 한정되는 제9조 제3항에 따른 신고일을 부과종료시점으로 적용하는 것보다는 산지전용 허가의 목적인 일반창고시설의 사용승인일을 부과종료시점으로 보고 개발부담금을 부과하는 것이 적정할 것으로 판단되나, 구체적인 사항은 귀 시에서 사실관계를 판단하여 결정하여야 할 것으로 봅니다.

(4) 개발사업의 시행이 중단된 경우

개발사업을 끝낼 수 없게 된 날

[질의 요지]

주택부지 조성을 위해 개발행위허가('00.7.7. 등 3건)를 받아 개발사업을 진행 중에 신탁법에 따라 국민자산신탁에 신탁('04.2.17.)한 후 공매('05.11.18.)를 통해 제삼자가 토지소유권을 갖게 되고, 개발행위허가가 취소('06.5.11.)된 경우 개발부담금의 부과종료시점 및 납부의무자 문의

* 개발사업 토지소유자 변천 현황

A 토지	최초 허가 (2000.07.07.)	설계변경 (2003.08.07.)	'04.02.17.	취소 (2006.05.11.)
	박*학 / 박*미	㈜알*** 서울 (02.07.29. 매매)	○○○○신탁 (04.02.17. 신탁)	**의료재단 (05.11.18. 공매)

B 토지	최초 허가 (2003.03.27.)	설계변경 (2005.06.29.)	취소 (2006.05.11.)
	㈜알*** 서울 (02.07.29. 매매)	○○○○신탁 (04.02.17. 신탁)	**의료재단 (05.11.18. 공매)

C 및 D 토지	최초 허가 (2003.04.16.)	설계변경 (2005.06.29.)	취소 (2006.05.11.)
	㈜알*** 서울 (02.07.29. 매매)	○○○○신탁 (04.02.17. 신탁)	**의료재단 (05.11.18. 공매)

➲ **회신 내용** (토지정책과-1109, 2009.3.9.)

「개발이익 환수에 관한 법률」 제9조 및 같은 법 시행령 제10조에 따라 개발사업의 부과종료시점은 원칙적으로 준공인가등을 받은 날이나 예외적으로 사업시행자의 파

산이나 그 밖의 사유로 개발사업의 시행이 중단되어 사업을 끝낼 수 없게 된 경우에 해당하게 된 날입니다.

또한 같은 법 제6조에 따라 납부의무자는 원칙적으로 사업시행자가 되며, 예외적으로 타인이 소유하는 토지를 임차하여 개발사업을 시행한 경우에는 그 토지의 소유자가 납부의무자가 됩니다.

따라서 동 질의의 경우 부과종료시점은 사업시행자의 파산이나 그 밖의 사유로 개발사업의 시행이 중단되어 사업을 끝낼 수 없게 된 경우에 해당 된 날, 즉 파산일(부도일) 또는 경매절차가 개시되는 등의 사유로 사업완료가 불가능한 날(대법원 2002.4.12. 선고 2000두2655 판결 참조)이 될 것으로 사료됩니다.

아울러 납부의무자는 부과종료시점 당시 사업시행자(또는 토지소유자)가 됩니다.

다만, 개발사업의 시행이 중단되어 사업을 끝낼 수 없게 된 경우에 해당 하는지 여부 및 납부의무자 등 개별사업에 대한 구체적인 사실판단은 귀 구에서 판단하시기 바랍니다.

2. 부과개시시점

가. 원칙적인 부과개시시점

(1) 인가 등을 받은 날

[질의 요지]

도시지역 안에서 1필지(1,630㎡)에 건축허가를 받아 개발사업을 착수한 후에 사업계획 변경으로 2필지(83㎡)가 추가되어 총 1,713㎡가 준공 처리되어 지목이 잡종지에서 대지로 변경된 경우

1. 추가된 2필지의 부과개시시점은 사업계획 변경 시점인지, 최초 건축허가 일인지 여부
2. 정상지가상승분 산출 시 기간이 사업계획 변경일부터 준공까지인지, 최초허가일부터 준공일까지인지 여부

➲ 회신 내용

1. 개발부담금의 부과개시시점은 부과대상사업의 인가 등을 받은 날이 됨.
   다만, 사업이 완료되기 전에 인가 등의 변경으로 면적이 변경된 경우 새로이 편입된 토지에 대해 인가 등의 변경일이 부과개시시점이 됨.

2. 정상지가상승분도 인가 등의 변경일부터 준공일까지의 기간으로 산정함.

[질의 요지]

가. 토지분할 및 건축허가 사항 사실관계

당초 A 토지에 창고신축을 위하여 건축허가를 받은 상태에서 A 토지를 A, B, C로 분할한 다음 A 토지에 대하여서는 설계변경으로 면적으로 축소(9,670㎡→3,960㎡)하여 준공시켰으며, B와 C 토지에 대하여서는 별도로 건축허가를 새로 받아 준공 처리함.

나. 질의 내용

위 상황에서 B와 C 토지에 대한 개발부담금을 산정함에 있어서 그 부과개시시점을 A 토지의 건축허가일로 볼 수 있는지 여부

➲ **회신 내용** (토지정책과-1104, 2013.5.15.)

[질의 가]

B와 C 토지에 대한 건축허가 사항이 A 토지에 대한 건축허가 사항과 동일하다면 B와 C 토지에 대한 부과개시시점을 A 토지의 건축허가일로 볼 수도 있으나,

[질의 나]

가령 A 토지 건축허가와는 무관하게 별도로 B와 C 토지에 대한 건축허가를 새로 받았다면 B와 C 토지에 대한 부과개시시점은 A 토지의 개시시점 기준일로 적용할 수는 없다고 봅니다.

[질의 다]

위 민원 사건이 위 답변 내용 중 어느 것에 해당하는지에 대하여서는 건축허가 관련 서류 등을 피신청인으로부터 제출받아 확인해 보시기 바랍니다.

개발부담금 부과개시시점 적용, 건축제한 기간을 제외하고 부담금 산정가능 여부

[질의 요지]

최초 건축허가('02.07.05.) 이후 건축 제한, 개발행위 제한('04.09.04.∼'10.9.3.)이 되었고, 동 제한사항이 해제된 후에 실질적인 건축행위가 가능하게 되었다면 제한사항 해제 이후 허가(신고) 사항 변경일('15.3.19.)을 개발부담금 부과개시시점으로 적용이 가능한지?

개발부담금 산정시 건축허가 제한 등의 기간은 제외하고 산정이 가능한지?

➲ **회신 내용** (토지정책과-8707, 2016.10.26.)

구 「개발이익 환수에 관한 법률」(2002.1.1. 시행) 제9조 제1항의 규정에 따르면 개발부담금의 부과개시시점은 사업시행자가 국가나 지방자치단체로부터 개발사업의 인가 등을 받은 날로 되어 있고,

구 「개발이익 환수에 관한 법률 시행령」(2002.3.2. 시행) 제7조 제1항 및 [별표2] 제9호에 따르면 건설교통부령으로 정하는 건축물의 건축으로 사실상 또는 공부상 지목변경 수반 사업의 경우 부과개시시점은 건축허가일로 규정하고 있습니다.

한편, 상기 법률 제8조(부과기준)에 따르면 개발부담금 산정은 종료시점지가에서 개시시점지가, 부과기간의 정상지가상승분 및 개발비용을 뺀 금액으로 산정하도록 규정하고 있습니다.

따라서, 귀 질의의 사례가 지목변경 수반 사업에 해당하는 경우에 해당하고, 인가 등을 받기 전에 토지이용계획 변경이 없는 경우라면 상기 규정에 따라 최초인가 등을 받은 건축허가일을 부과개시시점으로 하여 개발부담금을 산정하여야 할 것으로 판단 되나, 개발부담금 부과개시시점 적용에 대한 최종 판단은 부과권자인 귀 구에서 관계 법령 및 인허가 서류 등 사실관계를 조사하여 결정하시기 바랍니다.

(2) 부과제외사업에서 부과대상사업으로 설계변경

[질의 요지]

’07.1월 야적장으로 변경 허가를 득하여 ’08.4월 준공을 한 경우 개발부담금 부과 개시 및 종료 시점, 감면 대상 여부 질의

* ’06.12.15.일 개발이익환수법 시행령 별표1 제10호의 개정으로 “사실상 또는 공부상의 지목변경이 수반되는 사업”이 추가되었으며 개정법 시행 후 인허가 받는 사업부터 적용됨.

➲ **회신 내용** (토지정책과-189, 2009.1.14.)

「개발이익 환수에 관한 법률」 제9조 제1항 및 제3항에 따라 부과개시시점은 원칙적으로 인가 등을 받은 날이며, 부과종료시점은 관계 법령에 따라 국가나 지방자치단체로부터 개발사업의 준공 인가 등을 받은 날로 합니다.

또한 「개발부담금 부과·징수 업무처리규정」 제2조의2 제2항에 따라 지목변경, 개발행위허가 등을 수반하는 건축물의 건축으로서 건축사업의 시행 기간 중에 건축법

제16조에 따른 변경에 의하여 건축물의 종류가 규칙 별표1의 부과대상인 건축물의 종류에 해당하는지에 따라 부과대상사업 여부가 결정되며, 부과개시시점은 부과대상사업에서 부과대상사업으로 변경된 경우에는 최초 인허가를 받은 날, 부과제외 사업에서 부과대상사업으로 변경된 경우는 변경 인가 등을 받은 날이 됩니다.

따라서 질의하신 내용에 대하여 부과개시시점은 '02.11월이 되고 종료 시점은 '08.4월이 되며, 구 「개발이익 환수에 관한 법률」(법률 7703호) 제7조 제2항 제5호에 따른 감면 대상이 되지 않을 것으로 사료됩니다.

(3) 부과제외사업에서 부과대상사업으로 설계변경

[질의 요지]

(질의1) 「개발부담금 부과·징수 업무처리규정」 제2조의2 제2항의 규정에 따르면 개발행위허가 등을 수반하는 건축물의 건축으로서 건축사업의 시행기간 중에 건축법 제16조에 따른 변경에 의하여 건축물의 종류가 변경되는 경우 부과개시시점은 부과제외 사업에서 부과대상사업으로 변경된 경우는 변경인가 등을 받은 날이 된다고 되어 있으므로, 위 사안에서는 산지전용 변경 신고일(2013.5.30.)과 건축신고 변경일(2013.11.13.) 중 어느 시점을 부과개시시점으로 적용하여야 하는지?

(질의2) 「산지관리법」 제16조 제1항의 규정에 따르면 산지전용허가 등의 효력은 그 허가를 받거나 신고를 하고 산지를 다른 용도로 사용하려는 목적사업의 시행을 위하여 다른 법률에 따른 인가·허가·승인 등의 행정처분이 필요한 경우에는 그 행정처분을 받을 때까지 발생하지 아니한다고 규정되어 있는바, 위 사안의 경우 2013.5.30. 산지전용 변경 신고를 하였으나 그 효력이 건축신고(변경)일인 2013.11.13.부터 발생한다면 부과개시시점을 2013.11.13.로 보아야 하는지?

(질의3) 「개발이익 환수에 관한 법률」 제10조(지가의산정) 제3항의 "부과개시시점으로부터 가장 최근에 공시된 지가를 말한다"는 의미가 1.1일 기준공시지가만이 아닌 7.1일 기준 공시지가도 적용이 가능하다는 의미인지?

➲ **회신 내용** (토지정책과-6738, 2016.8.29.)

[질의 1, 2]

구 「개발이익 환수에 관한 법률」(2013.3.23. 시행, 법률 제11690호) 부과개시시점은 사업시행자가 국가나 지방자치단체로부터 개발사업의 인가 등을 받은 날로 되어 있고, 제1항에 따른 개발사업의 인가 등을 받은 날은 대통령령으로 정하도록 하고 있으며,

구 「개발이익 환수에 관한 법률 시행령」(2013.3.23. 시행, 제24443호 제9조 제1항) 및

같은 법 시행령 [별표3] 제10호에 따르면 산지전용 허가(신고를 포함)를 받아 국토교통부령으로 정하는 사업(주택 건축 등)의 부과개시시점은 행위허가일로 되어 있습니다.

한편, 「개발부담금 부과·징수 업무처리규정」 제2조의2 제2항에 따르면 지목변경, 개발행위허가 등을 수반하는 건축물의 건축으로서 건축사업의 시행 기간에 건축법 제16조에 따른 변경에 의하여 건축물의 종류가 변경되는 경우에는 최종 사용승인을 득한 건축물의 종류가 시행규칙 [별표2]의 부과대상인 건축물의 종류에 해당하는지에 따라 부과대상사업 여부가 결정되며,

이 경우 부과개시시점은 부과대상사업에서 부과대상사업으로 변경된 경우에는 최초 인허가를 받은 날, 부과제외 사업에서 부과대상사업으로 변경된 경우에는 변경인가 등을 받은 날이 됩니다.

따라서, 귀 질의의 경우 건축사업 시행 기간 중에 「건축법」 제16조(허가 사항의 변경 등)에 따라 변경 인가[종교시설→근린생활시설(종교집회장)]를 받은 사항이라면 개발부담금 부과대상에 해당하며, 이 경우 부과개시시점은 상기 구 「개발이익 환수에 관한 법률」 제9조 및 구 「개발이익 환수에 관한 법률 시행령」 제9조와 동 시행령 [별표3] 제10호의 규정에 따라 근린생활시설(종교집회장) 건축목적으로인가 등을 받은 산지전용 변경신고일(2013.5.30.)로 판단됩니다.

[질의 3]

「개발이익 환수에 관한 법률」 제10조 제3항에 따르면 개시시점지가는 부과개시시점이 속한 연도의 부과대상토지의 개별공시지가(부과개시시점으로부터 가장 최근에 공시된 지가를 말함)에 그 공시지가의 기준일로부터 부과개시시점까지의 정상지가상승분을 합하여 산정하도록 규정하고 있습니다.

따라서, 개발부담금 부과개시시점 이전에 부과개시시점이 속한 연도의 7.1.일 기준의 개별공시지가가 있는 경우에는 7.1.일 기준 개별공시지가로 개시시점지가를 산정할 수 있을 것으로 판단됨을 알려 드립니다.

(4) 개발사업 준공 후 용도변경시

[질의 요지]

1,770㎡에 '93.1.15. 농지전용허가를 받아 농기계 수리점을 운영하다가, 다시 '96.12.11. 농지전용 용도변경 허가를 득하여 일반음식점으로 사용하는 경우에 개발부담금 부과대상 여부와 부과대상인이면 부과 개시 및 종료 시점은 언제인가

➲ **회신 내용** (토재 58307-613.1997.8.25.)

「개발이익 환수에 관한 법률 시행령」 별표1 제9호 및 같은 법 시행규칙 별표2의 규정에 의거 근린생활시설 설치를 목적으로 건축허가를 받아 지목변경이 수반되는 경우에는 개발부담금 부과대상으로 보도록 되어 있고, 건축법 제14조의 규정에 의거 건축물의 용도변경은 이를 새로운 건축으로 보도록 되어 있으므로,

귀 질의의 경우 건축물의 용도가 농기계 수리점에서 일반음식점으로 변경됨에 따라 지목이 잡종지에서 대지로 변경되었으므로 위 규정에 의거 개발부담금 부과대상에 해당되며,

이 경우 부과개시시점은 건축법 시행령 제14조의 규정에 의한 용도 변경허가일이 되고 종료 시점은 동법 제18조의 규정에 의한 건축물의 사용승인일이 되는 것임.

(5) 취소 후 다시 허가를 받은 경우

[질의 요지]

토지형질 변경 허가 및 건축허가를 '95년 12월에 받았으나 자금난으로 인하여 '96년 4월에 건축허가 취소를 하고, '96년 12월에 동일 사업부지, 동일 면적, 동일 용도로 토지형질 변경 허가 및 건축허가를 다시 득하여 익년 '97년 3월에 건축물 사용검사를 받은 경우 개발부담금의 부과개시시점의 기준시점은 당초 허가를 받았던 '95년 12월인지 아니면 '96년 5월로 보아야 하는지

➲ **회신 내용** (토재 58307-311, 1997.5.8.)

「개발이익 환수에 관한 법률」 제9조 제1항의 규정에 의거 개발부담금의 부과개시 시점은 사업시행자가 국가 또는 지방자치단체로부터 개발사업의 인가 등을 받은 날로 되어 있고, 같은 법 시행령 제8조 제3항의 규정에 의하면 개발사업을 착수한 후 그 개발사업에 대한 인가 등이 취소된 경우에는 그 취소일을 개발사업의 종료 시점으

로 보도록 되어 있으므로,

귀 질의에서 당초 토지형질 변경 허가 및 건축허가를 받아 전혀 사업을 착수하지 않은 상태에서 사업이 취소되고 추후에 다시 개발사업의 허가를 받았다면 추후에 다시 허가받은 날을 부과개시시점으로, 당해 사업의 건축물 사용검사일을 종료 시점으로 하여 개발부담금이 부과되는 것이나,

당초 형질변경 허가를 받아 일부 사업을 착수한 상태에서 그 개발사업을 취소하고 추후에 다시 개발사업의 인가 등을 받았다면 각각의 개발사업 인가 등을 별개의 사업으로 보아 개발부담금이 부과되는 것임.

나. 예외적인 부과 시점

개발제한구역 해제 후 인가받은 사업 매매 시 부과개시시점의 승계

[질의 요지]

토지이용계획이 변경(2006.1.18. 개발제한 구역→제1종 일반주거지역)된 토지에 토지소유자(갑, 1999.12.27. 취득)로부터 대지 사용 승낙을 받은 을이 건축허가(2006.12.20.)를 받아 사업을 시행한 경우 개발부담금 부과개시시점은 언제인지

➲ **회신 내용** (토지정책과-1831, 2009.4.19.)

「개발이익 환수에 관한 법률」 제9조 제1항 제1호 및 같은 법 시행령 제8조의 규정에 따라 인가 등을 받기 전 5년 이내에 토지이용 계획 변경이 있는 경우로서 그 토지이용계획 변경 전에 취득한 토지의 경우에는 취득일(다만, 그 취득일부터 2년 이상이 지나간 후 토지이용계획 등이 변경된 경우 등은 변경된 날의 2년 전에 해당하는 날)을 개발부담금 부과개시시점으로 보도록 되어 있습니다.

따라서 토지이용계획이 변경된 날의 2년 전에 해당하는 날이 개발부담금 부과개시시점이 될 것으로 사료됩니다. 다만 개별사업에 대한 구체적인 사실 판단은 귀 구에서 판단하시기를 바랍니다.

[질의 요지]

'06.01.18일 토지이용계획 변경(개발제한구역 해제)되고 '06.2.22일 개발부담금 부과대상 사업으로 건축허가를 받은 후 개발사업을 완료하기 전에 매매한 경우 개발부담금 부과개시 시점 등도 승계되는지

➲ **회신 내용** (토지정책과-17, 2008.3.21.)

「개발이익 환수에 관한 법률」 제9조 제1항 제1호 및 같은 법 시행령 제6조의2의 규정에 따르면 인가 등을 받기 전에 토지이용계획 변경이 있는 경우로서 그 토지이용계획 변경 전에 취득한 토지의 경우에는 취득일(다만, 그 취득일부터 2년 이상이 경과한 후 토지이용계획 등이 변경된 경우 등은 변경된 날의 2년 전에 해당하는 날)을 개발부담금 부과개시시점으로 보도록 되어 있습니다.

또한 같은 법 제6조 제1항 제3호의 규정에 의거 개발사업을 완료하기 전에 사업시행자 등의 지위를 승계한 경우에는 그 지위를 승계한 자가 개발부담금 부과개시시점 등을 포함한 개발부담금 납부의무를 승계 받게 됩니다.

다만, 토지이용계획 변경 시점 및 토지 취득 시점 등 구체적인 사실 판단은 부과징수권자가 판단할 사항입니다.

[질의 요지]

'05.07.22일 토지이용계획 변경(개발제한구역 해제)되고 '06.01.29일 개발부담금 비부과대상사업으로 건축허가(집회장)를 받은 후 '06.05.05일 개발부담금 부과대상사업으로 용도변경허가(집회장 → 1종 근린생활시설)를 받은 경우 개발부담금 부과개시시점은 언제인지

➲ **회신 내용** (토지정책과-632, 2007.8.22.)

「개발이익 환수에 관한 법률 시행령」 제4조 별표1 및 같은 법 시행규칙 별표2에 의거 건축법 제18조에 따른 사용승인을 얻은 날부터 5년 이내 부과대상 건축물로 용도변경을 한 경우에는 개발부담금 부과대상이며,

같은 법 제9조 제1항 제1호 및 같은 법 시행령 제6조의2의 규정에 의하면 인가 등을 받기 전에 토지이용계획 변경이 있는 경우로서 그 토지이용계획 변경 전에 취득한 토지의 경우에는 취득일(다만, 그 취득일부터 2년 이상이 경과한 후 토지이용계획 등이 변경된 경우 등은 변경된 날의 2년 전에 해당하는 날)을 개발부담금 부과개시시점으로

보도록 되어 있으므로

귀 질의의 경우는 개발사업의 인가 등을 받기 전에 토지이용계획 변경이 있는 경우로서 부과개시시점은 개발제한구역 해제일 2년 전으로 소급될 것으로 사료됩니다. 다만, 토지 취득 시점 등에 대한 구체적인 사실 판단은 부과 징수권자가 판단할 사항입니다.

사업인가 및 토지이용 계획 변경이 같은 날 이루어진 경우

[질의 요지]

「개발이익 환수에 관한 법률」 제9조 제1항 제1호를 적용함에 있어서 사업인가 및 토지이용 계획 변경의 고시가 같은 날 이루어진 경우에도 동 조항을 적용 가능한지 여부

➲ 회신 내용 (토지정책과-2140, 2013.7.15.)

귀 질의하신 바와 같이 사업인가일과 토지이용계획의 변경일이 동일한 경우에는 「개발이익 환수에 관한 법률」 제9조 제1항 제1호의 “인가 등을 받기 전 5년 이내에 토지이용계획 등이 변경된 경우”로 볼 수 있어 다음과 같이 부과개시시점을 각각 산정해야 함을 알려 드립니다.

가. 당초 인허가 대상 토지(10,242㎡)의 부과개시시점 : 토지취득일('06.11.27.)

나. 사업 변경으로 추가된 토지(469㎡)의 부과개시시점 : 토지취득일로부터 2년 이상이 지난 후 토지이용계획이 변경된 경우로서 변경된 날('09.11.26.)의 2년 전에 해당하는 날('07.11.25.)

사업면적 증가로 개발부담금 부과대상이 된 경우, 부과개시시점

[질의 요지]

「개발이익 환수에 관한 법률 시행령」 제4조의2에 따른 개발부담금 부과대상사업의 토지면적에 관한 특례기간 중 최초 인가 시 부담금 부과대상이 아니었으나, 특례기간 종료 후 면적 증가로 변경 인가를 받아 부과대상이 된 경우, 부과개시시점은?

➲ 회신 내용 (토지정책과-1972, 2020.2.27.)

「개발이익 환수에 관한 법률」(이하 “법”) 제9조 제1항에 따르면, 부과개시시점은 사업

시행자가 지방자치단체 등으로부터 "개발사업의 인가 등을 받은 날"로 규정하고 있고,

법 제9조 제2항 및 같은 법 시행령(이하 "영") 제9조 제1항에 따르면, "개발사업의 인가 등을 받은 날"은 별표3에서 "건축허가(신고)", "개발행위 허가(신고)일" 등으로 규정하고 있습니다.

다만, 법 제9조 제1항 제2호 및 영 제8조(부과개시시점의 예외) 제2항에 따르면, 인가 등의 변경으로 부과대상토지의 면적이 변경된 경우에는 인가 등의 변경으로 부과대상토지에 새로 편입된 토지에 대한 부과개시시점은 "인가 등의 변경일" 등으로 규정하고 있습니다.

따라서, 변경인가를 통하여 개발부담금 부과대상 규모에 해당하게 된 경우의 부과개시시점은 최초 인가 등을 받은 토지에 대하여는 최초 인가 등을 받은 날로, 변경인가를 받아 새로 편입된 토지에 대하여는 변경인가 등을 받은 날 등으로 보아야 할 것으로 판단됩니다.

참고로, 대법원은 변경인가 등을 통하여 비로소 개발부담금 부과대상 규모에 해당하게 된 개발사업에 대하여 만약 최초 인가 등을 받은 토지에 대하여도 변경인가 등을 받은 날을 부과개시시점으로 한다면 사업시행자로서는 부과대상 규모에 미달하도록 인가 등을 받은 후 개발사업 종료 무렵 부과대상 규모에 해당하는 변경인가 등을 받음으로써 개발부담금 부담을 회피하거나 경감시킬 우려가 있어 개발부담금 제도의 취지에 어긋나게 되는 점 등을 비추어 보면, 변경인가 등을 통하여 비로소 개발부담금 부과대상 규모에 해당하게 된 경우의 부과개시시점도 최초 인가 등을 받은 토지에 대하여는 최초 인가 등을 받은 날로, 새로이 편입된 토지에 대해 토지이용계획 등의 변경이 없는 한 변경인가 등을 받은 날로함이 상당하다 라고 판시(대법원 2009.10.15., 선고, 2007두) 알려 드립니다.

3. 기타

골프장 건설사업의 부과개시시점

[질의 요지]

① '08년 11월 7일 [국토의 계획 및 이용에 관한 법률] △△도청에서 실시계획 인가
② '09년 9월 4일 [국토의 계획 및 이용에 관한 법률]로 OO 시청에서 실시계획인가?

③ '09년 9월 5일 [체육시설의 설치 및 이용에 관한 법률]로 OO 시청에서 사업계획 승인
④ '12년 11월 [체육시설의 설치 및 이용에 관한 법률]로 임시사용승인을 취득

위와 같은 경우 최초 사업 개시 시점은 언제로 보아야 하는지요?

➲ **회신 내용** (국민신문고 2013.11.7.)

「개발이익 환수에 관한 법률 시행령」 별표3 제8 골프장 건설사업의 경우에는 실시계획 인가일 또는 사업계획 승인일이 시행령 제9조 제1항의 개발사업의 인가 등을 받은 날이 됩니다. 귀 질의하신 건은 「국토의 계획 및 이용에 관한 법률」을 운영하는 국토부(도시정책과) 및 △△도에 문의한 결과, 골프장 도시계획시설 결정은 △△도에서 하고 도시 계획 시설 조례로 골프장 건설사업 실시계획의 인허가 권한이 시군구청장에게 권한이 위임되어 있습니다.

따라서 귀 질의하신 개발부담금 부과개시시점인 실시계획 인가일은 OO시청에서 실시계획 인가를 받은 날이 부과개시시점이 됩니다.

제2절 지가의 산정

1. 종료시점지가

가. 원칙적인 지가산정 방법

(1) 표준지 선정 기준

▣ 종료시점지가 산정을 위한 표준지 선정 기준

[질의 요지]

개발부담금 종료시점지가 산정을 위한 표준지 선정에 있어서 부과대상토지가 **동 373번지(자연녹지, 체육 용지, 골프연습장)인 경우 어느 설이 타당한지

- 갑설 : **동 548번지(자연녹지, 상업용, 210,000원/㎡ 등)
- 을설 : **동 337-1번지(자연녹지, 전 22,500원/㎡ 등)

➲ **회신 내용** (토지정책과-3934, 2009.8.25.)

「개발이익 환수에 관한 법률」 제10조 제1항 및 같은 법 시행규칙 제8조의 규정에 의하면 종료시점지가는 부과종료시점 당시의 부과대상토지와 이용 상황이 가장 비슷한 표준지의 공시지가를 기준으로 부동산 가격공시 및 감정평가에 관한 법률 제9조 제2항에 따른 비교표에 따라 산정한 가액에 해당연도 1월 1일부터 부과종료시점까지의 정상지가상승분을 합한 가액으로 하도록 되어 있으므로, 종료시점지가는 부과대상토지와 가장 비슷한 표준지를 기준으로 산정하되 종료시점지가 산정을 위한 표준지 선정은 「개별공시지가 조사·산정 지침」 등을 참고할 수 있을 것으로 사료되며,

동법 시행규칙 제8조 제1항은 법 제10조 제1항에 따라 종료시점지가를 산정하려면 미리 「부동산 가격공시 및 감정평가에 관한 법률」 제20조에 따라 설치된 시·군·구 부동산평가위원회의 심의를 거쳐 산정하도록 되어 있음을 참고하시기를 바랍니다.

(2) 인근에 유사한 표준지가 없는 경우

주 용도가 다른 유사 가격권의 표준지 적용

[질의 요지]

종료시점지가 산정에 있어 동일 용도지역에서도 이용 상황이 유사한 표준지가 없을 경우 어떤 기준으로 표준지를 선정해야 하는지요

- 갑설 : **동 548번지(자연녹지, 상업용, 210,000원/㎡ 등)
- 을설 : **동 337-1번지(자연녹지, 전 22,500원/㎡ 등)

➲ 회신 내용

비교표준지 선정과 관련해서는 개별공시지가 조사 산정 지침에 따라 선정하여야 할 것으로 판단되며, 동 지침에는 동일한 용도지역 내에 토지이용 상황(주 용도)이

같은 유사 가격권의 표준지가 없는 경우에는 주 용도가 다르더라도 조사 대상 필지 인근의 토지이용 상황을 감안하여 유사 가격권의 표준지를 선정하여 산정 하도록 되어 있습니다.

개별공시지가를 적용할 수 있는지

[질의 요지]

개발부담금의 종료시점지가를 산정함에 있어, 주변에 부과대상토지와 토지이용 상황이 유사한 표준지가 없을 경우, 당해 토지와 토지이용 상황 등이 유사한 조건의 「지가공시및토지등의평가에관한법률」 제10조의2 및 같은 법 시행령 제12조의4의 규정에 의한 검증을 거친 개별공시지가에 의하여 종료시점지가 산정이 가능한지

➲ 회신 내용(토정 58383-1209, 1998.7.29.)

「개발이익 환수에 관한 법률」 제10조 제1항의 규정에 의거 개발부담금의 부과종료시점지가는 부과종료시점 당시의 부과대상토지와 이용 상황이 가장 유사한 표준지의 공시지가를 기준으로 「지가공시 및 토지 등의 평가에 관한 법률」 제10조 제2항의 규정에 의한 비교표에 의하여 산정한 가액에 당해연도 1월 1일부터 부과종료시점까지의 정상지가상승분을 합한 가액으로 하도록 되어 있으므로, 인근에 유사 표준지가 없다 하여 인근 유사 토지의 개별공시지가를 기준으로 종료시점지가를 산정할 수는 없는 것임.

종료시점지가 산정 시 유사한 표준지가 없을 경우 감정평가로 산정하여도 되는지

[질의 요지]

운동시설(풋살구장) 부지조성 사업 개발행위 허가받아 준공 후 개발부담금 종료시점지가를 이용 상황이 가장 유사한 표준지를 선정하여 산정하였으나 표준지 선정에 대하여 고지 전 심사청구가 접수된 경우 감정평가방식으로 종료시점지가 산정 가능한지

회신 내용(토지정책팀-633, 2007.8.22.)

개발부담금의 종료시점지가는「개발이익 환수에 관한 법률」제10조 제1항에의 거 부과종료시점 당시의 부과대상토지와 이용 상황이 가장 유사한 표준지의 공시지가를 기준으로 비교표(부동산가격공시 및 감정평가에 관한 법률 제9조 제2항의 규정)에 의하여 산정한 가액에 당해 연도 1월 1일부터 부과종료시점까지의 정상지가상승분을 합한 가액으로 하도록 되어 있습니다.

다만 같은 법 제10조 제2항, 제5항 및 시행령 제9조 1항, 제6항, 시행규칙 제4조의3 제2항에 의거 예외적인 경우에 해당하는 경우에는 처분가격에 의하거나 감정평가 방식으로 종료시점지가를 산정할 수 있습니다.

감정 평가에 의해 종료시점지가를 산정하는 경우는 ①부과대상토지의 개시 시점의 개별공시지가가 없는 경우, ②종료시점지가를 산정함에 있어 법 제10조 제3항 단서에 의하여 매입 가격으로 개시시점지가를 산정한 경우이므로 귀 질의와 같이 이용 상황이 가장 유사한 표준지가 없다 하여 감정평가를 하는 것은 아닙니다.

(3) 토지평가위원회 심의 시 가감 조정할 수 있는지

[질의 요지]

「개발이익 환수에 관한 법률」제10조 제1항 및 동법 시행규칙 제4조의3 제1항의 규정에 의하여 부과종료시점 지가를 산출하기 위한 시·군·구 토지평가위원회 심의 시 가감 조정하여 결정한 조정 지가를 종료시점 지가로 할 수 있는지 여부

회신 내용(토정 58300-1231, 2001.12.3.)

「개발이익 환수에 관한 법률 시행규칙」제4조의3 제1항의 규정에 의하면 부과종료시점지가를 산정하고자 하는 경우에는 미리 시·군·구 토지평가위원회에 심의를 거치도록 하고 있는 바,

동법 제10조 제1항의 규정에 의하여 산정된 지가에 대하여 토지평가위원회에서는 표준지 선정이나 비교표 적용이 적정한지를 심의하고 원칙적으로 금액 조정을 하지 않는 것이 바람직하나,

개발이 초기 단계에 있는 지역 등에서 표준지 선정이 어려워 산정된 지가가 인근 유사 용도의 토지거래 가격과 제반 가격 형성 요인을 감안하여 현저히 잘못된 경우에는 예외적으로 토지평가위원회에서 충분한 토의를 거쳐 조정하는 것이 타당하다고 판단됨.

주상복합건물의 주택 부분에 대해서만 지자체로부터 분양가를 승인받은 경우

[질의 요지]

주택 및 상가, 오피스텔 등이 혼재한 주상복합 건물에 대해서 분양가 상한제의 적용을 받는 "주택" 부분의 분양 가격은 지자체의 승인을 받아 결정되었고 그 외 나머지 건물 부분에 대해서는 지자체의 승인 절차가 없이 분양가가 결정된 경우 「개발이익 환수에 관한 법률」 제10조 제2항 및 동법시행령 제11조 제1항 제1호를 적용하여 처분가격을 종료시점지가로 할 수 있는지 여부

➲ 회신 내용 (토지정책과-3404, 2013.9.25.)

개발부담금 산정시 종료 시점의 지가는 부과종료시점 당시의 부과대상토지와 이용상황이 비슷한 표준지의 공시지가를 기준으로 「부동산 가격공시 및 감정평가에 관한 법률」 제9조 제2항에 따른 비교표에 따라 산정한 가액에 해당연도 1월 1일부터 부과종료시점까지의 정상지가상승분을 합한 가액으로 함이 원칙이나,

예외적으로 「주택법」 제38조 제1항 제1호에 따라 시장·군수 등의 승인을 받아 주택의 분양가가 결정된 경우에는 「개발이익 환수에 관한 법률」 제10조 제2항 및 동법 시행령 제11조 제1항 제1호에 의거 이를 종료시점지가로 할 수는 있으나,

이 경우에도 개발부담금 부과대상토지상에 있는 건물 전체에 대한 분양 가격을 국가나 지자체로부터 인가받아야만 가능하다고 보기 때문에, 귀 구에서 질의하신 바와 같이 주상복합 건물 중 주택 부분의 분양 가격만을 지자체로부터 승인 받았다면 그 분양 처분가격은 종료시점지가로 볼 수 없음을 알려 드리오니 업무에 참고하여 주시기를 바랍니다.

나. 예외적으로 처분가격에 의하는 경우

(1) 주택 분양의 경우

[질의 요지]

분양가 자율화 시기에 입주자 모집공고 승인을 받아 사업을 시행한 경우 국토해양부 장관이 정하여 고시하는 건축비를 적용하여 결정하지 아니한 경우에도 분양가를 종료시점지가로 할 수 있는지 여부

➲ **회신 내용** (토지정책과-2231, 2008.7.29.)

「개발이익 환수에 관한 법률」 제10조 제2항 및 같은 법 시행령 제11조 제1항 제1호에 의거 「주택법」 제38조 제1항 제1호에 따라 시장·군수의 승인을 받아 주택의 분양가가 결정된 경우(주택의 분양가를 제3항 제1호에 따른 건축비를 적용하여 결정하는 경우로 한정한다)에는 처분가격을 종료시점지가로 할 수 있습니다. 따라서 국토해양부 장관이 정하여 고시하는 건축비를 적용하여 결정하지 아니한 경우 등 동 요건에 해당되지 않는 경우는 처분가격을 종료시점지가로 할 수 없습니다.

다만, 종료시점지가를 처분가격으로 하는 경우에 해당되는지 여부에 대한 구체적인 판단은 부과 징수권자가 판단할 사항입니다.

[질의 요지]

종료시점지가 산정 시 시장·군수의 승인을 얻어 주택의 분양가가 결정되었으나, 이를 국토해양부 장관이 정하여 고시하는 건축비를 적용하여 결정하지 아니한 경우에도 분양가로 할 수 있는지 여부

➲ **회신 내용** (토지정책과-1848, 2008.07.07.)

「개발이익 환수에 관한 법률」 제10조 제2항 및 같은 법 시행령 제11조 제1항 제1호에 의거 주택법 제38조 제1항 제1호에 따라 시장·군수의 승인을 받아 주택의 분양가가 결정된 경우(주택의 분양가를 제3항 제1호에 따른 건축비를 적용하여 결정하는 경우로 한정한다)에는 처분가격을 종료시점지가로 할 수 있습니다.

따라서 국토해양부 장관이 정하여 고시하는 건축비를 적용하여 결정하지 아니한 경우 등 동 요건에 해당되지 않는 경우는 처분가격을 종료시점지가로 할 수 없습니다.

참고로 같은 법 시행령 제11조 제1항 제7호의 "제1호부터 제6호까지의 경우와 비슷한 경우로서 국가 또는 지방자치단체의 인가 등을 받아 토지의 분양 가격이 결정된 경우"라 함은 제1호 내지 제6조에 열거하지 않았으나 유사한 경우에 해당할 경우에 적용하는 규정입니다. 다만, 종료시점지가를 처분가격으로 하는 경우에 해당 되는지 여부에 대한 구체적인 판단은 부과 징수권자가 판단할 사항입니다.

주택 분양가를 국토해양부 장관이 정하여 고시하는 건축비를 적용한 경우

[질의 요지]

'97.6.25. 개정된 개발이익 환수에 관한 시행령 제9조 제2항의 규정에 의거 처분가격을 개발부담금의 부과종료시점지가로 함에 있어, 주택공급 시 분양 가능성 등을 고려하여 택지비, 건축비, 지하 주차장비 등을 할인한 금액으로 분양가 승인을 받은 경우에도 그 처분가격으로 종료시점지가를 산정할 수 있는지

➲ 회신 내용

「개발이익 환수에 관한 법률」 제10조 및 같은 법 시행령 제9조의 규정에 의하면, 개발부담금을 산정함에 있어 매입 가격으로 개시시점지가를 산정한 경우 그 부과대상토지에 대하여 국가나 지방자치단체로부터 인가 등을 받은 처분가격이 있는 경우에는 그 처분가격으로, 처분가격이 없는 경우에는 2개 감정평가 법인이 감정평가한 가액의 산술 평균한 가액으로 종료시점지가를 산정하도록 되어 있고

처분가격으로 종료시점지가를 산정함에 있어 「주택공급에 관한 규칙」 제8조 및 제9조의 규정에 의하여 시장·군수의 승인을 얻어 주택의 분양가가 결정된 경우(주택의 분양가를 건설교통부 장관이 정하여 고시하는 건축비 등을 적용하여 결정하는 경우에 한함)에는 분양가에서 같은법시행령 제9조 제3항 각호의 금액을 뺀 가액으로 종료시점지가를 산정하도록 되어 있는바

귀 질의의 경우에도 위 규정에 의한 시장·군수의 승인을 얻어 분양가가 결정된 경우라면 그 분양가에서 건축비 등을 뺀 가액으로 종료시점지가를 산정할 수 있음.

주택 공사가 제출한 처분가격(분양 가격)

[질의 요지]

도시환경정비사업의 사업시행자인 주택 공사가 제출한 처분가격(분양 가격) 을 개발부담금 산정시 종료시점지가로 인정할 수 있는지 여부

➲ 회신 내용

「개발이익 환수에 관한 법률」 제10조 제2항의 규정은 개발부담금 부과대상토지를 분양 등 처분함에 있어 대통령령이 정하는 경우 그 처분가격을 동조 제1항의 "표준지 공시지가를 기준으로 산정한 가액"에 대신하여 종료시점지가로 할 수 있도록 하고 있음.

질의하신 경우는 동법 시행령 제9조 제1항 제1호에 의한 "「주택공급규칙」 제8조 등의 규정에 의하여 시장·군수의 승인을 얻어 주택의 분양가가 결정된 경우"에 해당하지 않으며, 동조 동항 제7호에 의한 "이와 유사한 경우로서 국가 또는 지방자치단체의 인가 등을 받아 토지의 분양 가격이 결정된 경우"에도 해당하지 않으므로 당해 처분가격을 종료시점지가로 인정할 수 없다고 봄.

(2) 처분가격 적용 규정이 없는 경우

(가) 물류시설법에 의한 물류단지

[질의 요지]

「물류시설의 개발 및 운영에 관한 법률」 및 같은 법 시행령 제39조에 따른 분양 가격에 따라 조성 분양하는 △△공사의 "ㅁㅁ물류단지"에 대하여 「개발이익 환수에 관한 법률」 제10조 제2항에 따른 처분가격을 종료시점지가로 산정할 수 있는지 여부

➲ 회신 내용(토지정책과-3306, 2013.9.17.)

「개발이익 환수에 관한 법률」 제10조 제1항 및 제2항을 종합해 보면 종료시점지가는 부과종료시점 당시의 부과대상토지와 이용 상황이 유사한 표준지의 공시지가를 기준으로 산정한 가액에 해당 연도 1월 1일부터 종료 시점까지의 정상지가상승분을 합한 가액으로 할 수 있으나, 예외적으로 부과대상토지를 분양 처분하는 경우에는 그 처분가격을 종료시점지가로 선정할 수 있도록 명시하고 있습니다.

따라서, 귀 공사에서 질의하신 "ㅁㅁ물류단지"에 대한 개발부담금을 산정함에 있어서 다음 두 가지 요건이 동시에 충족하는 경우에는 분양 처분 가격을 종료시점지가로 할 수 있음을 알려 드립니다.

「물류시설의 개발 및 운영에 관한 법률 시행령」 제39조에 의한 토지·시설 등의 분양 가격 결정 기준에 따라 산정된 분양 가격을 국가나 지자체로부터 승인을 받을 것,

「개발이익 환수에 관한 법률 시행령」 제11조 제2항에 따라 매입 가격을 개시시점지가로 한 경우이라야 함.

다. 지가산정 면적

종료시점지가 산정 시 필지 대상 여부

[질의 요지]

한 필지 중 일부에 농지전용허가를 받아 창고를 지어 개발부담금 부과대상이 된 경우로서 부과종료시점지가 산정 시 부과대상토지를 포함하는 필지 전체를 기준으로 하는지, 부과대상토지를 기준으로 하는지 문의

➲ 회신 내용 (토지정책과-1090, 2009.3.6.)

「개발이익 환수에 관한 법률」 제10조 제1항에 따라 종료시점지가는 부과종료시점 당시의 부과대상토지와 이용 상황이 가장 비슷한 표준지의 공시지가를 기준으로 「부동산 가격공시 및 감정평가에 관한 법률」 제9조 제2항에 따른 비교표에 따라 산정한 가액에 해당 연도 1월 1일부터 부과종료시점까지의 정상지가상승분을 합한 가액으로 합니다. 따라서 부과종료시점지가는 부과대상토지를 기준으로 산정하여야 할 것입니다. 다만, 종료시점 지가산정을 위한 표준지 선정 등 개별사업에 대한 구체적인 사실 판단은 귀 구에서 판단하시기를 바랍니다.

2. 개시시점지가

가. 개별공시지가

1차 사업의 종료시점지가를 2차 사업의 개시시점지가로 사용 가능한지 여부

[질의 요지]

- 개시시점지가 산정 시 1차 사업(사업 기간 : '11.12.7. ~ '14.6.3., 건축물대장
- 용도 : 제1종 근린생활시설 소매점, 지목 : 대지, 건축물신축) 의 종료시점
- 지가를 2차 사업(사업 기간 : '14.10.28. ~ '15.3.17., 건축물대장 용도 : 공장, 지목 : 공장용지, 용도변경)의 개시시점지가로 사용 가능한지 여부

➲ **회신 내용** (토지정책과-2021, '18.3.23.)

「개발이익 환수에 관한 법률 시행령」 제4조 및 같은 법 시행령 별표1 제7호에 따르면 「건축법」에 따른 건축물의 건축(건축법 제19조에 따른 용도변경 포함)으로 사실상 또는 공부상의 지목변경 수반 사업은 개발부담금 부과대상에 해당합니다.

또한, 같은 법 제10조 제3항에는 개시시점지가는 부과개시시점이 속한 연도에 부과대상토지의 개별 공시 지가에 그 공시지가의 기준일부터 부과개시시점까지의 정상지가상승분을 합한 가액으로 한다고 규정되어 있습니다.

따라서, 건축물신축 사업인 1차 사업과 제1종 근린생활시설에서 공장용지로 건축물 용도 변경하는 2차 사업은 별개의 개발부담금 부과대상사업에 해당하므로 2차 사업의 개시시점지가는 「개발이익 환수에 관한 법률」 제10조 제3항에 따라 산정하여야 할 것으로 판단됨을 알려 드립니다.

나. 매입 가격

(1) 국가 등으로부터 매입한 경우

品 지자체로부터 매입한 토지의 매입 가격 인정 여부

[질의 요지]

2002.12.18. 아파트지구 개발사업 승인을 받아 시유지 땅을 2005.7.28. 매입한 경우 개시시점이 지난 후 매입한 토지에 대해서도 매입 가격을 개시시점지가로 인정할 수 있는지

➲ 회신 내용

「개발이익 환수에 관한 법률」 제9조 제3항은 개시시점지가로 실제 매입 가격이 인정되는 경우로서 “국가·지방자치단체 또는 건설교통부령이 정하는 기관으로부터 매입한 경우”를 규정하고 있으며, 이때 개시시점지가는 그 매입일로부터 부과개시시점까지의 정상지가상승분을 가감한 가액으로 하도록 규정하고 있음.

이 경우는 시로부터 매입한 경우이므로 부과개시시점 이후 매입한 매입 가격을 개시시점지가로 인정할 수 있음.

品 △△공사가 OO의 시로부터 부과개시시점 이후 현물출자 받은 경우 매입가 인정 여부

[질의 요지]

△△공사가 OO의 시로부터 OO시 소유의 땅을 부과개시시점 이후에 현물 출자받아 주택건설사업을 실시하는 경우 당해 토지에 대한 현물출자 금액(감정평가액)을 「개발이익 환수에 관한 법률」 제10조 제3항의 단서 규정에 따른 매입가로 인정할 수 있는지 여부

➲ 회신 내용(토지정책과-6134, ’14.9.30.)

「개발이익 환수에 관한 법률」 제10조 제3항 단서 및 제1호에 따르면 “국가·지자체 또는 국토교통부령으로 정하는 기관으로부터 매입한 경우”에는 그 실제의 매입가액이나 취득가액에 그 매입일이나 취득일로부터 부과개시시점까지의 정상지가상승분을 더하거나 뺀 가액을 개시시점지가로 할 수 있도록 규정하고 있습니다.

토지의 현물출자는 현금 대신 토지로 자본금을 투자하는 것으로 현물출자의 효과는 △△공사가 OO시로부터 당해 토지를 매입하는 것과 유사하므로 법 제10조 제3항

제1호에 따른 지자체로부터 매입한 경우로 볼 수 있어 현물출자 토지 가액을 기준으로 부과개시시점지가를 산정 할 수 있음을 알려 드립니다.

국공유지의 매입 가격을 신고하지 아니한 경우

[질의 요지]

사업추진을 위해 국공유지를 매입하였는데 부과권자가 국공유지에 대한 공시지가를 산정, 적용하지 않고 실제 매입 가격을 적용한 것이 적법한 것인지 여부

➲ 회신 내용

동법 제10조 제3항은 국가·지방자치단체로부터 매입한 경우에는 그 실제의 매입가격을 개시시점지가로 할 수 있다고 규정하고 있으며, 동법 제10조 제5항 및 시행령 제9조 제6항, 시행규칙 제4조의3 제2항은 "개시시점지가를 산정함에 있어 부과대상 토지의 개별공시지가가 없는 경우"에는 "「부동산 가격공시 및 감정평가에 관한 법률」에 의한 2 이상의 감정평가법인이 감정평가한 가액을 산술 평균한 가액으로 당해 지가를 산정" 하도록 규정하고 있습니다.

따라서 납부의무자가 실제 매입 가격을 주장하지 않는 경우 개별공시지가가 없는 국공유지에 대한 개시시점지가는 감정평가 가액으로 하여야 합니다.

사업시행자가 국가기관으로부터 매매가 아닌 토지교환계약으로 취득한 경우

[질의 요지]

사업시행자가 사업대상지(국유지)에 대한 직접 현금매매가 불가능하여 국가기관과 사업부지와 대체 토지에 대한 토지교환 계약을 체결하여 소유권이전등기가 된 경우, 「개발이익 환수에 관한 법률」 제10조 제3항 제1호에 의거 취득가액을 국가기관으로부터의 매입가로 볼 수 있는지 여부

➲ 회신 내용 (토지정책과-1583, 2013.6.10.)

개발사업 시행자가 국유지를 매매가 아닌 교환계약에 따라 사업부지를 취득한 경우에도 「개발이익 환수에 관한 법률」 제10조 제3항 제1호에 따른 "국가·지방자치단체 또는 국토교통부령으로 정하는 기관으로부터 매입한 경우"로 볼 수 있음을 알려 드립니다.

개발부담금 부과대상 여부, 납부의무자, 양여가액 매입가 인정 가능 여부

[질의 요지]

1) 국방부와 LH 간 기부대양여 사업으로 추진 중인 "용산 미군기지 복합시설 조성 사업"이 개발부담금 부과대상사업에 해당하는지?
2) 부과대상일 경우 개발부담금 납부의무자는 누구인지?
3) 양여가액을 개시시점지가로 산정가능 여부?

➲ **회신 내용** (토지정책과-5191, 2016.7.12.)

[질의 1]

「개발이익 환수에 관한 법률 시행령」 [별표1] 하단의 비고란에 따르면 개별 법령에서 특정한 사업에 대하여 인가 등을 받으면 시행령 [별표1]의 제1호부터 제8호까지 규정한 개발사업의 인가 등을 받은 것으로 보는 경우에는 개발부담금 부과대상사업으로 보도록 규정하고 있습니다.

한편, 「용산공원 조성 특별법」 제27조에 따르면 복합시설 사업시행자는 복합시설 조성 실시계획을 작성하여 국토교통부 장관의 승인을 받아야 하며, 동법 제28 조에 따르면 제27조에 따라 복합시설 조성 실시계획을 승인을 받으면 「도시개발법」 제17조에 따른 도시개발사업의 실시계획 등 개발부담금 부과대상사업의 인·허가 등을 받은 것으로 보도록 규정하고 있습니다.

따라서, 귀 질의의 "용산 미군기지 복합시설 조성 사업"은 상기 규정에 따라 개발부담금 부과대상사업에 해당하는 것으로 판단됩니다.

[질의 2]

「개발이익 환수에 관한 법률」 제6조 제1항에 따르면 법 제5조 각호의 사업시행자가 원칙적으로 개발부담금 납부의무자가 되며, 타인이 소유하는 토지를 임차하여 개발사업을 시행하는 경우에는 그 토지의 소유자가 개발부담금 납부의무자가 되고, 개발사업 완료 전에 사업시행자의 지위나 토지소유자의 지위를 승계하는 경우 그 지위를 승계한 자가 개발부담금 납부의무자가 됩니다.

한편, 「개발이익 환수에 관한 법률」 제10조 제4항에 따르면 종료시점지가와 개시시점지가를 산정할 때 개발부담금 부과대상토지에 국공유지가 포함되어 있으면 개발부담금 산정 면적에서 제외하도록 규정하고 있습니다.

따라서, 귀 질의의 "용산 미군기지 복합시설 조성 사업"이 사업시행자(LH)가 국유지(국방부 소관)에서 사업 시행을 완료하는 경우라면 그 토지소유자인 국가(국방부)에 개발이익이 실질적으로 귀속되나, 법 제10조 제4항에 따라 개발부담금 산정 면적에서 제외되므로 실제 개발부담금이 부과되지 않으나,

사업 시행 완료 전에 사업 시행 부지의 토지소유권이 국가에서 사업시행자(LH)에게 이전되는 경우라면 법 제6조의 규정에 따라 개발부담금 납부의무가 사업시행자에게 승계되므로 개발부담금 납부의무자는 사업시행자(LH)가 됩니다.

[질의 3]

「개발이익 환수에 관한 법률」 제10조 제3항에 따르면 개시시점지가는 원칙적으로 부과개시시점이 속한 연도의 부과대상토지의 개별공시지가에 그 공시지가의 기준일로부터 부과개시시점까지의 정상지가상승분을 합한 가액으로 산정하되,

다만, 국가나 지방자치단체로부터 매입한 경우에는 그 실제 매입가액이나 취득가액에 그 매입일이나 취득일로부터 부과개시시점까지의 정상지가상승분을 더하거나 뺀 가액을 개시시점지가로 산정할 수 있도록 규정하고 있습니다.

한편, 우리 부에서는 사업시행자인 ○○공사가 ○○지자체로부터 현물출자에 의한 방법으로 토지를 취득한 경우 법 제10조 제3항의 매입 가격 인정 대상으로 보고 있으며, 사업시행자가 국가기관으로부터 토지교환의 형식으로 토지를 취득한 경우에도 매입 가격 인정 대상으로 보고 있습니다.

따라서, 귀 질의의 국방부와 LH 간 기부대양여 사업으로 추진하는 "용산 미군 기지복합시설 조성 사업"의 경우 주한미군 기지 이전시설(대체 시설)에 대한 "기부"에 대한 대가로 기존 용산 미군기지의 국유지를 "양여" 받은 것이므로 그 "양여"의 효과가 매입과 유사하고, 기존 국가기관으로부터 토지교환 형식으로 취득한 사례와 유사하므로 매입 가격 인정 대상으로 판단되오니 구체적인 사항은 부과 징수권자와 협의하여 처리하시기를 바랍니다.

(2) 경매나 입찰로 매입한 경우

경매받은 토지 전체가 아닌 일부 토지가 부과대상인 경우 지가산정 방법

[질의 요지]

3필지의 경매토지가 필지별로 감정평가되지 않고 일괄 평가된 경우 이 중 일부 부과대상토지의 개시시점지가를 경매 가액이 아닌 개별공시지가로 안분 산정 가능한지 여부

➲ **회신 내용** (토지정책과-2285, 2012. 5.10.)

「개발이익 환수에 관한 법률」 제10조 제3에 의하면, 개시시점지가는 부과개시시점이 속한 연도의 부과대상토지의 개별공시지가를 기준으로 산정하되, 다만, 경매나 입찰로 매입한 경우 등에는 그 실제의 매입가액이나 취득가액을 개시시점지가로 할 수 있도록 규정하고 있습니다.

이는 개발부담금 납부의무자가 현실적으로 얻게 되는 개발이익을 실제와 가장 가깝도록 산정하기 위함(대법원 1996.1.26. 선고 95다7451 판결 등 참조)이므로 부과대상토지가 경매에 의하여 취득된 경우에는 위 규정에 따라 실제 취득가액을 개시시점지가로 산정할 수 있다고 보며,

귀 질의와 같이 여러 필지가 일괄 평가된 경우에는 부담금 관할 관청에서 감정평가서의 산출 근거 및 결정 내용 등을 검토하여 부과대상토지의 개시시점지가를 산정하여야 할 것으로 봅니다.

법원 경매로 낙찰받은 토지에 대한 부과개시시점 및 지가산정 방법

[질의 요지]

기존 허가받은 사람의 부도로 인해 타인이 경락받은 경우 개발부담금 산정 시 개시시점 및 개시시점지가에 대한 질의

- 허가받은 자가 부도로 법원 경매를 통하여 토지를 경락받고 매수인은 이미 허가사업을 취소하지 아니하고 명의자 변경을 통하여 준공을 득한 경우 개발부담금 산정 시 경락인의 개시시점 및 경락 금액을 개시시점지가로 가능한지?
- 위 경우에서 경락인이 법원 경매를 통하여 토지를 경락받고 기 허가 사업을 취소하지 않고 제3자에게 매도하였으며 제3자가 기 허가받은 사업을 명의자 변경만을 통하여 개발사업을 준공한 경우 개시 시점의 기준일 및 경락 금액을 개시 시점의 지가로 가능한지?

➲ **회신 내용** (토지정책과-5495호, '14.9.2.)

「개발이익 환수에 관한 법률」 제9조 및 같은 법 시행령 제10조에 따라 개발사업의 부과종료시점은 원칙적으로 준공 인가 등을 받은 날이나 예외적으로 사업시행자의 파산이나 그 밖의 사유로 개발사업의 시행이 중단되어 사업을 끝낼 수 없게 된 경우에 해당하게 된 날입니다.

법원 경매로 낙찰받은 자는 당해 토지에 대한 소유권을 원시취득하고 당사자 간

개발부담금 납부의무 승계에 대한 약정이 불가능하므로 기 허가자의 부담금 납부의무를 승계한다고 볼 수 없으며 경락자가 당해 토지의 기 허가를 취소하지 않고 개발사업을 계속하여 개발사업을 준공한 경우에는 인허가 사항을 변경한 날이 새로운 부과개시시점이 됩니다. 이 경우 경매 낙찰받은 가격을 기준으로 부과개시시점지가를 산정할 수 있다고 봅니다.

또한, 법원 경매로 낙찰받은 토지를 낙찰받은 사람이 이미 허가를 취소하지 않고 제3자에게 매도한 경우에는 부과개시시점은 인허가 사항 변경일이 되고 경매 낙찰가액을 기준으로 부과개시시점 지가를 산정할 수 있다고 보지만 단순히 경매 낙찰받은 토지를 제3자에게 매도한 경우에는 이를 적용하기는 어렵다고 판단됩니다.

전 토지소유자가 취득한 경매 낙찰 가액을 개시시점지가로 산정가능 여부

[질의 요지]

타인의 소유 토지를 임차하여 개발사업을 시행하는 사업시행자가 사업 완료 전에 임차한 토지를 취득한 경우 전(前) 토지소유자가 경매로 취득한 낙찰 가액을 개시시점지가로 산정할 수 있는지?

회신 내용 (토지정책과-4381, 2016.6.20.)

「개발이익 환수에 관한 법률」(이하 '개발이익 환수법'이라 함) 제10조 제3항에 따르면 개발부담금 부과개시시점지가는 원칙적으로 부과개시시점이 속한 연도의 부과대상토지의 개별공시지가에 그 공시지가 기준일로부터 부과개시시점까지의 정상지가상승분을 합한 가액으로 하되,

다만, 경매나 입찰로 부과대상토지를 매입한 경우 그 실제 매입가액이나 취득가액에 그 매입일이나 취득일로부터 부과 개시점까지의 정상지가상승분을 더하거나 뺀 가액을 개시시 지가로 산정할 수 있도록 규정하고 있습니다.

경매나 입찰로 매입하거나 취득한 가액을 개시시점지가로 산정할 수 있도록 한 것은 개발부담금 납부의무자가 현실적으로 얻게 되는 개발이익을 실제와 가장 가깝게 산정하기 위한 것입니다.

또한, 「개발이익 환수법」 제6조 제1항에 따르면 타인의 소유 토지를 임차하여 개발사업을 시행하는 경우 그 토지소유자가 개발부담금 납부의무자가 되고, 개발사업

을 완료하기 전에 토지소유자의 지위를 승계하는 경우에는 그 지위를 승계한 자가 개발부담금 납부의무자가 됩니다.

따라서, 귀 질의의 사례에서 타인의 소유 토지를 임차하여 개발사업을 시행하는 사업시행자가 개발사업 완료 전에 임차한 토지를 취득하여 개발사업을 완료한 경우에는 「개발이익 환수법」 제6조의 규정에 따라 전(前) 토지소유자의 개발부담금 납부의무를 승계하게 되어 있으므로 전(前) 토지소유자가 경매로 취득한 가액을 개시시점지가로 산정할 수 있을 것으로 판단됩니다.

(3) 지방자치단체 또는 감면 기관이 매입한 경우

토지의 매입 가격을 개시시점지가로 인정 여부

[질의 요지]

「개발이익 환수에 관한 법률」 제7조 제2항 제2호에 의거 개발부담금을 100분의 50을 경감받고 있는 교통안전공단은 개발행위 허가(2002.10.12.) 이후 매입 완료(2006.12.19.)한 토지의 매입가액을 개시시점지가 산정시 인정받을 수 있는지 여부

회신 내용 (토지정책과-126, 2007.3.8.)

「개발이익 환수에 관한 법률」 제10조 제3항 제3호에 따르면 "지방자치단체 또는 제7조 제2항 제2호의 규정에 의한 공공기관이 매입한 경우"에는 그 실제의 매입 가액 또는 취득가액에 그 매입일 또는 취득일부터 부과개시시점까지의 정상지가상승분을 가감한 가액을 개시시점지가로 할 수 있습니다.

따라서, 「개발이익 환수에 관한 법률」 제7조 제2항 제2호 및 같은 법 시행령 제5조 제2항 제3호 차목에 의거 「교통안전 공단법」에 의하여 설립된 교통안전공단의 경우 부과개시시점 이후 매입한 매입가액을 개시시점지가 산정시 인정받을 수 있습니다.

(4) 공익사업을 위한 토지 등의 취득 및 보상에 관한 법률

토지보상법에 따른 협의 및 수용에 의한 취득가액

[질의 요지]

- 도시환경정비사업(구 도시재개발사업) 시행자가 토지소유자와 협의가 지연되자 일부 토지는 당초 협의 보상액보다 2~3배 상향된 수준으로 매입하고 나머지 일부 토지는 토지수용위원회 재결에 따라 수용취득 하였으나, 토지소유자가 소송을 제기하여 법원의 화해·조정을 통해 현금 보상 대신 대물(상가, 오피스텔) 보상으로 협의가 완료된 경우
- 「개발이익 환수에 관한 법률」 제10조 제3항 제4호와 공익사업을 위한 토지 등의 취득 및 보상에 관한 법률(이하 "토지보상법")에 따른 협의 및 수용에 의하여 취득한 경우로 간주하여 그 매입이나 취득가액을 개시시점지가로 인정할 수 있는지 여부에 대해 문의

➲ **회신 내용** (토지정책과-5243, 2010.11.10.)

「개발이익 환수에 관한 법률」 제10조 제1항에서는 개발사업의 부과개시시점의 지가는 개별공시지가로 산정하는 것이 원칙이나 국가 등으로부터 매입한 경우 또는 토지보상법에 따른 협의 또는 수용에 의하여 취득한 경우 등 5가지에 대해서는 예외적으로 산정하도록 규정하고 있습니다.

이에 따라 개별공시지가가 외의 지가로 개시시점지가를 산정할 경우에는 위의 규정에서 정한 매입 가격이나 취득가액에 해당되는 경우이거나, 그와 동일한 정도의 객관성을 갖춘 가격으로 납부의무자가 입증하는 경우에 부과권자인 시장·군수·구청장이 그 타당성 여부를 판단하여 결정하게 되는 것입니다.

따라서 질의와 같이 「토지보상법」에 따른 협의나 수용에 의하여 취득한 경우에는 개시시점지가로 산정할 수 있을 것입니다. 다만, 당초의 협의가액보다 2~3배 높고 또한 수용에 의한 취득가액이 아닌 법원의 화해·조정으로 현금 대신 상가 등 대물보상으로 협의한 가액이 관련 법령에 의거 객관성을 갖춘 가격인지는 검토가 필요할 것으로 사료됩니다.

(5) 정상적인 거래 가격이라고 객관적으로 인정되는 경우

(가) 정상적인 거래 가격에 대하여

[질의 요지]

1. 분양 승인을 거쳐 입주자모집 공고상에 대지비를 처분가격으로 하여 종료시점지가로 볼 수 있는지
2. 개시시점지가의 경우 인가 전 동법 제10조에 의한 실제의 매입가액이 정상적인 거래 가격이라고 객관적으로 인정되는 경우로서 대통령령이 정하는경우(동법 시행령 제9조 제1항 부과개시시점 이전에 매입한 경우로서 그 매입 가격이 취득세 또는 등록세의 과세표준이 된 경우)일 때 그 가액을 개시시점지가로 산정하는 것인지
3. 상기와 같이 종료시점지가와 개시시점지가를 산정한다 할 경우 실제 매입한 날로부터 분양 일까지 발생한 지가의 상승분을 개발이익이라 볼 수 있는지

➲ 회신 내용

1. 「개발이익 환수에 관한 법률 시행령」 제9조 제1항 제2호의 규정에 따라 건설교통부 장관 등의 승인을 얻은 경우라면 볼 수 있을 것으로 판단되며,

2. 개시시점지가에 대하여 같은 법 제10조 제3항은 "실제의 매입 가격이 정상적인 거래 가격이라고 객관적으로 인정되는 경우로서 대통령령이 정하는 경우" 대상 토지의 개별공시지가 대신 실제 매입 가격을 개시시점지가로 인정할 수 있도록 규정하고 있고, 동법 시행령 제9조 제5항 제1호는 법률 규정의 "대통령령이 정하는 경우"라 함은 "부과개시시점 이전에 매입한 경우로서 그 매입 가격이 취득세 또는 등록세의 과세표준이 된 경우" 등으로 규정하고 있습니다.

이 경우 사실상 부과개시시점 이전에 매매계약 및 중도금을 지불하고 그 매매계약 가액으로 취득세 또는 등록세를 납부하였다면 위 규정에 의한 부과개시시점 이전에 매입한 경우로 볼 수 있습니다만, 신고된 매입 가격이 취득세 또는 등록세의 과세표준이 된 경우라 할지라도 그 가격이 정상적인 거래 가격이라고 객관적으로 인정할 수 없는 경우에는 개시시점지가로 인정할 수 없을 것입니다.

3. 주택건설사업은 사업계획승인일이 개시 시점이 되며, 사용검사일이 종료 시점이 됩니다.

실제 거래 가격으로 취등록세를 정정 납부한 경우

[질의 요지]

납부의무자가 매입 가격을 신고하여 검토한 바 그 매입 가격을 과세표준으로 하여 취득세 또는 등록세가 납부되지 않아 매입 가격을 인정하지 않자, 납부의무자가 실제 매매가격이라고 주장하는 가격을 세무부서에 재신고하여 취득세 및 등록세를 납부한 경우 당해 매매가격을 기준으로 개시시점지가를 산정할 수 있는지 여부

➲ 회신 내용

「개발이익 환수에 관한 법률」 제10조 제3항 제5호 및 동법 시행령 제9조 제5항 제1호의 규정에 의거 실제의 매입 가격이 정상적인 거래 가격이라고 객관적으로 인정되는 경우로서 부과개시시점 이전에 매입하고 그 매입 가격이 취득세 또는 등록세의 과세표준이 된 경우에는 그 실제의 매입 가격을 기준으로 개시시점지가를 산정할 수 있으나,

귀 질의의 경우에는 매매가격을 번복한 점 등을 볼 때 번복한 매매가격을 정상적인 거래 가격으로 볼 수는 없을 것으로 사료되므로 매매가격을 기준으로 개시시점지가를 산정할 수 없을 것으로 판단됩니다.

(나) 납부의무 승계가 된 경우 매입 가격

[질의 요지]

도시계획구역이 아닌 지역에서 1필지의 면적이 3,333㎡인 토지 중 1,369㎡의 토지에 A 회사가 '96.3.25. 공업 배치 및 공장설립에 관한 법률에 의한 공장설립 허가만 받고 사업을 전혀 착수하지 않고 있던 중에 B 회사가 당해 토지 전체(3,333㎡)를 A 회사로부터 매입하여 B 회사 명의로 공장설립 변경 승인을 받아 공장을 설립한 경우 당해 매입가를 기준으로 개발부담금 부과개시시점지가를 산정할 수 있는지

➲ 회신 내용

「개발이익 환수에 관한 법률 시행령」 제9조 제5항 제5호의 규정에 의거 "부과개시시점 이전에 매입한 경우로서 취득세 또는 등록세의 과세표준"은 이를 개발부담금의 부과개시시점지가 산정을 위한 매입 가격으로 인정할 수 있게 되어있고, 같은 법 제6조 제1항 제3호의 규정에 의거 개발사업을 완료하기 전에 사업시행자의 지위나 토지 소유자의 지위 등을 승계하는 경우에는 개발부담금의 납부의무도 승계받게 되어있

으므로, 개발부담금 부과대상사업을 시행함에 있어 변경인가 등으로 새로이 편입되는 토지를 사업승계인이 매입하는 경우는 위 규정에 의한 부과개시시점 이전에 매입한 경우에 해당된다고 볼 수 없어 그 매입가를 기준으로 개발부담금 부과개시시점지가를 산정할 수 없는 것이나,

귀 질의와 같이 A 회사가 당초 개발부담금 부과대상 면적 미만(1,369㎡)인 토지에 공장설립 승인을 받았으나 사업을 전혀 착수하지 않은 상태에서, B 회사가 당해 토지를 포함한 개발부담금 부과대상 면적 이상인 토지 전체(3,333㎡)를 A 회사로부터 매입하여 사업시행자 및 업종 등을 변경하여 승인을 받은 경우라면, 이러한 경우에는 사업의 승계가 아니라 B 회사가 개발부담금 부과대상이 되는 토지에 공장설립 승인을 새로이 받아 개발사업을 추진한 경우에 해당된다고 보아야 하므로, 그 변경승인일 이전에 매입한 가격은 부과개시시점지가 산정을 위한 매입 가격으로 인정받을 수 있을 것으로 판단됨.

▣ 최초 인허가자가 매입가 인정 요건을 갖춘 경우 후순위 토지매수자(개발부담금 납부의무 승계자)의 매입가 인정 가능 여부

[질의 요지]

"을"이 건축허가 이전에 "갑"에게 토지를 매입하여 허가를 득한 후, 사업을 시행 도중 "병"에게 매매(소유권 이전)를 하고 "병"은 건축관계자 변경 신고를 한 후 준공까지 마쳐 "병"이 납부의무자가 된 경우

"을"이 "갑"과 거래한 매입가 인정 여부 ("갑"과 "을"의 거래 서류인 매매계약서와 매입가격의 취·등록 영수증 첨부한 경우)

➲ 회신 내용

"을"이 당해 사업 대상 토지를 부과개시시점 이전에 매매계약을 체결하고 중도금까지 지급한 사실이 입증되고 그 매매계약 가액으로 취득세, 등록세를 납부하였다면 그 과세표준을 기준으로 개발부담금의 개시시점지가를 산정할 수 있을 것으로 판단됩니다.

(다) 부과개시시점 이후 매매계약 체결

[질의 요지]

'20.4.28. 갑(매도인)과 을(매수인)이 매매계약 체결 후 '20.7.20. 을이 건축허가를 신청하였으나, '20.8.12. 갑과 을 간 매매계약 취소
- '20.8.19. 을(매수인)이 건축허가를 받음
- '20.9.1. 갑(매도인)과 병(新매수인)이 새로운 매매계약 체결(기존 갑, 을매매계약거래금액과 동일) 후, '20.9.7.을 → 병으로 사업시행자를 변경하고, '20.9.25. 매매대금(잔금) 지급

〈질의〉 병이 갑에게 지급한 토지매입가를 개시 시점지가로 인정받을 수 있는지

「개발이익 환수에 관한 법률」 제10조 제3항 제5호, 같은 법 시행령 제11조 제5항 제1호 및 같은 법 시행규칙 제9조 제4항 제1호에 따르면 실제로 매입한 가액이 정상적인 거래 가격이라고 객관적으로 인정되는 경우로서, "부과개시시점 이전에 매입한 경우로(부과개시시점 이전에 매매계약을 체결하여 부과개시시점 이후에 그 계약에서 약정한 금액대로 매매대금의 지급이 이루어진 경우로서 「부동산거래신고 등에 관한 법률」 제3조에 따른 신고필증 사본을 제출한 경우를 포함) 그 매입 가격이 취득세의 과세표준이 된 경우"에는 그 실제의 매입 가액이나

취득 가액에 그 매입일이나 취득일부터 부과 개시시는 점까지의 정상지가상승분을 더하거나 뺀 가액을 개시시점지가로 할 수 있도록 규정하고 있습니다.

따라서, 부과개시시점 이전 체결한 계약을 해지하고 부과개시시점 이후 새로운 거래상대방과 계약을 체결한 경우라면 갑과 병의 계약은 개시시점 이전에 매매계약을 체결한 것으로 볼 수 없으므로 매입가를 개시시점지가로 할 수 없을 것으로 판단되나, 최종적인 개시시점지가 인정 여부는 부과권자가 조사·검토하여 최종 판단하시기 바랍니다.

(라) 토지거래허가구역

開 개발부담금 산정 시 개시시점지가로 인정해 줄 수 있는 매입가 인정 가능 범위

[질의 요지]

- 「개발이익 환수에 관한 법률」 제10조 제3항 및 같은 법 시행령 제9조 제5항 제1호에서는 개발부담금은 부과개시시점 이전에 매매계약을 체결한 경우에는 그 매입 가격에 정상지가

상승분을 합한 금액을 개발부담금 부과개시시점지가로 보도록 규정하고 있음

- 동 규정의 매매계약에는 국토의 계획 및 이용에 관한 법률 제118조 제1항의 토지거래계약에 관한 허가를 전제로 체결한 매매계약이 포함된다는 법제처 해석이 있는데, 동 규정을 적용하려면 계약서상에 "토지거래 허가"에 대한 문장이 명시되어야 하는지 아닌지

➲ **회신 내용** (토지정책팀-901, 2007.11.28.)

「개발이익 환수에 관한 법률」 제10조 제3항 및 같은 법 시행령 제9조 제5항 제1호 규정에 의거 부과개시시점 이전에 체결된 매매계약으로서 토지거래계약에 관한 허가를 전제로 체결한 매매계약을 포함하는 것으로 인정하여 주기 위해서 반드시 계약서상에 "토지거래 허가를 전제로 한"이라는 문구가 명시적으로 있어야 하는 것으로 한정하기보다는 계약서 내용상 토지거래계약에 관한 허가를 전제로 한 것으로 판단할 수 있으면 가능할 것입니다.

다만 납부의무자가 매입 가격으로 개시시점지가를 인정받기 위해서는 같은 법시행규칙 제4조 규정에 의거 부과개시시점 이전에 체결된 매매계약임을 증빙할 수 있는 자료를 제출하여야 하며, 이에 대한 인정 여부는 사실 판단이 필요한 사항으로 해당 지자체에서 판단하여야 할 사항입니다.

토지거래허가구역 매입가 인정 가능 여부

[질의 요지]

개발부담금 매입가 인정 가능 여부?

- 당초 토지거래 허가구역 내 토지에 대해 토지거래 허가를 받는 전제조건으로 부동산매매계약을 체결('10.7.15.)하였으나, 토지거래 허가구역이 해제('12.1.31.)되었고, 이후 공장설립 승인(개발부담금 부과개시시점, '12.3.14.)을 받은 후 부동산 매매계약을 다시 체결('12.4.25.)하여 부동산 거래계약 신고('12.5.3., 신고서상의 매매계약일 '12.4.25.)를 한 경우

➲ **회신 내용** (토지정책과-5517, 2016.7.20.)

「개발이익 환수에 관한 법률」 제10조 제3항 제5호 및 같은 법 시행령 제11조 제5항 제1호에 따르면 실제로 매입한 가격이 정상적인 거래 가격이라고 객관적으로 인정되는 경우로서 부과개시시점 이전에 매입한 경우(부과개시시점 이전에 매매계약을 체결하여 부과개시시점 이후에 그 계약에서 약정한 금액대로 매매대금의 지급이 이루어진 경우로

서 국토교통부령으로 정하는 증명서류를 제출한 경우 포함)로서 그 매입 가격이 취득세의 과세표준이 된 경우에 매입가를 인정할 수 있도록 규정하고 있습니다.

또한, 위 국토교통부령으로 정하는 증명서류란 동법 시행규칙 제9조 제 4항1호에 따라 부동산거래 신고에 관한 법률 제3조에 따른 신고필증 사본이며 담당 공무원이 신고필증 내용대로 거래대금이 지급된 것을 확인하도록 하고 있으며, 신고필증상의 거래계약일이 부과개시시점 이전으로 확인된 경우 매입가 인정이 가능합니다.

한편, 우리 부의 기존 유권해석 사례에 의하면 "부과개시시점 이전에 체결한 매매계약에는 토지거래 계약에 관한 허가를 전제로 체결한 부동산매매 약정서도 포함된다"고 해석한 사례가 있으나, 이 경우에도 토지거래 계약에 관한 허가를 받은 유효한 계약이어야 하며, 동 계약 사항에 대하여 부동산거래 신고에 관한 법률에 따른 부동산 거래계약 신고를 이행하여 동 신고필증상의 거래계약일이 개발부담금 부과개시시점 이전으로 확인되어야 합니다.

그러나, 귀 질의의 사안은 토지거래 허가구역 내에서 토지거래 허가를 받기 위한 전제조건으로 2010.7.15.자로 부동산매매계약서를 작성하였으나, 2012.1.31.자로 토지거래 허가 구역이 해제되기 전까지 개발사업 인·허가 및 토지거래 계약에 관한 허가를 받지 아니하였으며, 만일 동 계약이 유효한 계약이라면 토지거래허가구역이 해제되었을 때 부동산거래 신고에 관한 법률에 따른 부동산 거래계약 신고를 할 수 있었음에도 이를 이행하지 않고 있다가 2012.3.14.자로 공장설립 승인(개발부담금 부과개시시점)을 받은 후에 2012.4.25.자에 새로운 매매계약을 체결한 후에 2012.5.3.자로 부동산 거래계약 신고(신고서상의 거래계약일 : 2012.4.25.)를 한 사례에 해당합니다.

따라서, 귀 질의의 경우 매입가 인정을 받기 위한 부동산 매매계약일을 입증하는 부동산 거래계약 신고필증상의 거래계약일이 개발부담금 부과대상사업 인·허가일(개발부담금 부과개시시점)보다 늦은 경우에 해당되므로 상기 법령에서 정한 매입가 인정 요건을 충족하지 않아 매입가 인정은 곤란할 것으로 판단되나, 매입가 인정 여부에 대한 최종 판단은 귀 시에서 인허가 서류, 부동산 매매계약서, 부동산 거래계약 신고필증 등 사실관계를 조사하여 결정하시기를 바랍니다.

(마) 거래 가격의 포함 범위

[질의 요지]

계약금과 중도금을 납부하고 잔금을 제때에 납부하지 아니하여 연체료를 지급하게 된 경우 매입가에 연체료가 포함되는지 여부 참고로 최초 거래 가격과 연체료까지 포함된 금액이 과세표준으로 되어 취득세 및 등록세를 납부하였음.

➲ 회신 내용

연체료는 당해 토지의 가격으로서 지불된 것으로 볼 수 없으므로 개발부담금 개시시점지가인 실제 매입 가격에 포함되지 않을 것으로 판단됩니다.

(바) 부동산거래 신고를 잘못(허위신고 포함) 한 경우 매입가 인정 방법

※ 부동산 실거래 신고를 위임받은 공인중개사 또는 법무사 등이 과태료를 피하기 위해 실제 매매계약일 및 중도금 잔금 지급일을 잘못 신고하여 매입가 인정이 안 되어 고액의 개발부담금을 부과고지 받아 각종 쟁송이 많이 발생하므로 이에 대한 유권해석 사항

[질의 요지]

부동산 실거래 신고 시 매매계약일을 부과개시시점(인허가일)보다 늦게 신고한 경우로서 신고필증 내용과 달리 실제 매매계약 체결일은 인허가일 보다 앞서고 계약금, 중도금, 잔금 지급에 대한 금융 거래 내역이 명백히 부과개시시점(인허가일)보다 앞서거나 실제 부동산 거래계약서 내용대로 부과개시시점 이전에 계약을 체결하고 계약금을 지급하고 부과개시시점 이후에 그 계약에서 약정한 금액대로 매매대금의 지급이 이루어진 것이 증명되면 매입가 인정이 가능한지 여부

➲ 회신 내용(토지정책과- 7961, '14.12.10.)

「개발이익 환수에 관한 법률」 제10조 제3항 제5호 및 같은 법 시행령 제11조 제5항에 따르면 실제로 매입한 가격이 정상적인 거래 가격이라고 객관적으로 인정되는 경우로서 부과개시시점 이전에 매입한 경우(부과개시시점 이전에 매매계약을 체결하여 부과개시시점 이후에 그 계약에서 약정한 금액대로 매매대금의 지급이 이루어진 경우로서 국토교통부령으로 정하는 증명서류를 제출한 경우 포함)로서그 매입 가격이 취득세의 과세표준이 된 경우에 매입가를 인정할 수 있도록 규정하고 있습니다.

또한, 위 국토부령으로 정하는 증명서류란 「부동산거래 신고에 관한 법률」 제3조에 따른 신고필증 사본이며 담당 공무원이 신고필증 내용대로 거래대금이 지급된 것

을 확인하도록 하고 있습니다.

따라서, 귀 사례에서 매입가 인정을 위한 매매계약일을 입증하는 부동산거래 신고필증의 매매계약일이 인허가 일보다 늦은 경우에는 매입가 인정이 불가능함을 알려드립니다.

다만, 「부동산거래 신고에 관한 법률 시행규칙」 제5조 제1항에 따라 실제 매매계약일을 정정 신고하여 부동산거래 신고필증을 재교부받아 매입가 인정 여부를 부담금 관할 관청에 재요청할 수 있으나 과태료 등 처벌이 따를 수 있으니 세부 사항은 관할 시군구청 담당 부서와 협의하시기를 바랍니다.

(사) 매입일 및 취득일

[질의 요지]

「개발이익 환수에 관한 법률」 제10조 제3항 단서 규정의 "매입일 또는 취득일"을 어느 시점 기준으로 보아야 하는지 여부

➲ 회신 내용

세법의 관련 규정(소득세법 제162조, 지방세법 제73조)을 준용하여 대금을 청산한 날로 합니다.

[질의 요지]

「개발이익 환수에 관한 법률」 10조 1항3호에서 매입일 또는 취득일은 구체적으로 언제로 봐야 좋을지 법에서 규정하는 매입일 취득일을 계약 또는 중도금을 지급한 날로 봐야 하는지요

➲ 회신 내용

「개발이익 환수에 관한 법률」 제10조 제3항 단서 규정의 매입일 또는 취득일은 현실적으로 당해 토지를 인도받은 날, 즉 잔금 지급일을 기준으로 함이 타당할 것으로 판단됩니다.

(아) 기 타

납부의무자의 매입가 신고 없이 부과 관청이 직권으로 개시시점지가 산정 가능한지?

[질의 요지]

납부의무자가 실제의 매입가액을 신고하지 않더라도 부과권자는「개발이익 환수에 관한 법률」제10조 제3항의 매입가 인정 요건에 해당하면 그 가액을 기준으로 개시시점지가를 산정할 수 있는지?

회신 내용 (토지정책과-9794, 2015.12.23.)

「개발이익 환수에 관한 법률」제10조 제3항의 규정에 따르면 개발부담금 개시시점지가는 원칙적으로 부과개시시점이 속한 연도의 개별공시지가로 하되, 예외적으로 동 규정의 단서에 따라 법 제10조 제3항 각호의 어느 하나(국가, 지자체로부터 매입한 경우 등 5가지)에 해당하면 그 실제 매입가액이나 취득가액을 개시시점지가로 할 수 있도록 규정하고 있으며,

같은 법 제10조 제6항의 규정에 따르면 개시시점지가에 대하여 제3항 각호 외의 부분 단서를 적용받으려는 납부의무자는 같은 항 각호의 어느 하나에 해당한다는 사실을 증명하는 자료를 국토교통부령으로 정하는 기간에 국토교통부 장관에게 제출하도록 하고 있고, 같은 법 시행규칙 제9조에 따르면 법 제10조 제6항에 따라 매입가격 등을 증명하려는 자료를 제출하려는 납부의무자는 부담금 예정 - 265 - 통지를 받은 날로부터 15일 이내에 별지 제1호서식(거래 가격 신고서)에 매입 증서 사본 등 증명서류를 첨부하여 시장·군수·구청장에게 제출하도록 하고 있습니다.

아울러, 법 제10조 제6항 규정에서 "제3항 각호 외의 부분 단서를 적용받으려는" 부분의 의미는 "제3항 각호에서 열거된 5가지 중 어느 하나에 해당하는 경우 동 규정의 단서를 적용할 수 있다" 것으로 해석해야 합니다.

위 법률 규정상 실제 매입가액을 기준으로 개시시점지가를 산정하려면 납부의무자가 실제의 매입 가격을 신고하여야 하고 납부의무자가 실제 매입 가격 신고가 없는 경우에는 법 제10조 제3항 본문의 규정에 따라 개별공시지가 기준으로 개시시점지가를 산정하여야 하는 것으로 해석하는 것이 법 규정 취지에 부합한다고 생각합니다.

회사 분할·합병의 원인에 의해 토지 취득 시 매입 가격 인정 대상 여부

[질의 요지]

회사 분할·합병의 원인에 의해 토지를 취득한 경우 매입 가격 인정 대상이 되는지?

회신 내용 (토지정책과-3405, 2017.6.5.)

「개발이익 환수에 관한 법률」 제10조 제3항 제5호 및 같은 법 시행령 제11조 제5항 제1호에 따르면 실제로 매입한 가격이 정상적인 거래 가격이라고 객관적으로 인정되는 경우로서 부과개시시점 이전에 매입한 경우(부과개시시점 이전에 매매계약을 체결하여 부과개시시점 이후에 그 계약에서 약정한 금액대로 매매대금의 지급이 이루어진 경우로서 국토교통부령으로 정하는 증명서류를 제출한 경우 포함)로서 그 매입 가격이 취득세의 과세표준이 된 경우에 매입 가격을 인정하여 개시시점지가를 산정할 수 있도록 규정하고 있습니다.

따라서, 귀 질의하신 상법상의 회사 분할·합병의 원인에 의해 기존 회사의 토지가 분할·합병으로 존속되거나 새로 설립된 회사로 이전(승계)되는 경우라면 상기 매입 가격 인정 대상이 아닌 것으로 판단되나, 매입 가격 인정 여부에 대한 최종 판단은 귀 구에서 상법 등 관계 법령 및 관련 증빙자료 등 사실관계를 조사하여 결정하시기를 바랍니다.

일부 토지만 매입가의 개시시점지가 인정 여부

[질의 요지]

일부 필지의 토지는 공시지가로 일부 필지의 토지는 매입 가격을 적용하여 개발부담금 개시시점지가를 산정할 수 있는지?

회신 내용 (국민신문고, 2022.10.28.)

개발부담금의 "개시시점지가"는 「개발이익 환수에 관한 법률」 (이하 "법") 제10조 제3항 각호 이외의 부분 본문에 따르면, 부과개시시점에 속한 연도의 부과대상토지의 개별공시지가(부과개시시점으로부터 가장 최근에 공시된 지가를 말함)에 그 공시지가의 기준일부터 부과개시시점까지의 정상지가상승분을 합한 가액으로 하는 것을 원칙으로 하고 있으나,

예외적으로, 법 제10조 제3항 각호 외의 부분 단서 및 같은 법 시행령(이하 "영") 제11조 제5항 제1호에 따르면 ① 실제로 매입한 가액이 정상적인 거래 가격이라고 객관적으로 인정되는 경우로서 ② '부과개시시점 이전에 매입한 경우(부과개시시점 이전에 매매계약을 체결하여 부과개시시점 이후에 그 계약에서 약정한 금액대로 매매대금의 지급이 이루어진 경우로서 "국토교통부령으로 정하는 증명서류"를 제출한 경우 포함)로서 ③ 그 매입 가격이 취득세의 과세표준이 된 경우'에 해당하면, 그 실제의 매입 가액이나 취득가액에 그 매입일이나 취득일로부터 부과개시시점까지의 정상지가상승분을 더하거나 뺀 가액을 개시시점지가로 할 수 있도록 규정하고 있습니다.

대법원은 "부과대상토지가 여러 필지로서 일부 토지에 대하여만 매입 가격을 소명한 경우와 같이 어느 한쪽의 기준에 의하여만 산정할 수 없는 때에는 공시지가에 의한 가액을 기준으로 산정한 가액과 매입 가격을 기준으로 산정한 가액을 합산하여 착수 시점의 가액을 산정하여야 한다."(대법원 1996.12.20., 선고 95누8270)고 판시하였습니다.

따라서, 납부의무자가 일부 토지에 대하여만 매입 가격을 개시시점지가로 적용하기를 원하면서 그 매입 가격이 위에서 규정한 개시시점지가로의 요건을 갖춘 경우라면 해당 토지는 매입가를 적용할 수 있을 것으로 사료되나, 개발부담금 산정은 관련 법령, 해당 인·허가 내용 및 현지 현황 등 사실관계를 당해 개발부담금 부과권자가 조사·검토하여 판단할 사항이오니 구체적인 사항에 대하여는 시장·군수·구청장에게 문의하여 주시기를 바랍니다.

매입 가격 신고 기한

[질의 요지]

'고지 전 심사청구'는 개발부담금 부과 예정 통지를 받은 날로부터 30일 이내 하고, 매입 가격 신고는 예정 통지를 받은 날로부터 15일 이내로 하는데, 고지 전 심사청구 기간 내에 매입 가격 신고를 해도 되는지?

➲ 회신 내용(국민신문고, 2019.12.13.)

가. 「개발이익 환수에 관한 법률 시행령」 제16조 제1항 및 제2항에 따르면 개발부담금 예정 통지를 받은 납부의무자가 이에 이의가 있으면 예정 통지를 받은 날부터 30일 이내에 고지 전 심사청구서를 제출할 수 있으며,

나. 「개발이익 환수에 관한 법률」 제10조 제6항 및 같은 법 시행규칙 제9조에 따르면, 실제의 매입가액에 그 매입일이나 취득일부터 부과개시시점까지의 정상지가상승분을 더하거나 뺀 가액을 개시시점지가로 적용받으려는 납부의무자는 영 제15조에 따른 부담금 예정 통지를 받은 날부터 15일 이내에 이를 증명하는 자료를 제출하여야 합니다.

다. 따라서, 매입가액을 인정받기 위해서는 개발부담금 예정 통지를 받은 날부터 15일 이내에 증명자료를 제출하여야 할 것이나, 대법원(1993.5.11. 선고, 92누13677, 1998.10.2. 선고, 97누15579)은 시행규칙에서 정한 신고 기간이 지나서 매입 가격의 신고를 하였다고 할지라도 개발부담금 부과대상토지의 개발사업 착수 시점의 지가를 매입 가격을 적용하여 산출할 수 없게 되는 것은 아니라 할 것이라 판시하였음을 알려드리니,

이에 해당하는지 여부는 해당 개발부담금 부과권자가 인허가 내용 및 현지 현황 등을 고려하여 판단할 사항이오니 보다 구체적인 사항에 대해 자세한 자료를 구비하시어 시장 군수 구청장에게 문의하여 주시기를 바랍니다.

▶ … 시행규칙의 규정들은 비록 법률의 위임을 받은 것이기는 하지만, 개발부담금의 신속·정확한 부과 징수라는 행정편의를 도모하기 위한 절차 규정으로서 단순한 행정규칙의 성질을 갖는 것이고, 부과대상토지와 기부 토지의 부과개시시점지가를, 매입가액을 기준으로 산정할 것인지 아니면 개별공시지가를 기준으로 산정할 것인지 여부는 부과 관청이 개발부담금의 부과 처분을 하면서 이를 결정하는 것이므로, 같은 법 시행규칙 제4조, 제14조에 규정된 신고 기간 또는 제출 기간을 도과하더라도 개발부담금의 부과 처분 시까지 부과대상토지와 기부 토지의 매입가액을 신고하고 제출된 증빙서류 등에 의하여 이를 인정할 수 있다면 그 매입가액을 기준으로 부과개시시점지가를 산정하여야 하고, 또 매입가액의 신고가 요식행위라고 볼 수는 없으므로, 같은법시행규칙 제4조, 제14조에 규정된 서류를 제출하지 않더라도 부과대상토지나 기부 토지의 매입가액의 구체적인 액수를 그 증빙서류와 함께 부과 관청에 제시하는 것으로 족하다고 봄이 상당하다.[대법원 1998.10.2., 선고, 97누15579, 판결]

(6) 매입 가격 철회

[질의 요지]

개발부담금 매입 가격 인정 신청하여 감정평가를 실시하고 개발부담금이 부과되었는데 공시지가로 산정한 금액보다 많은 경우 매입 가격 신청의 철회가 가능한지 여부

➲ 회신 내용 (토지정책과-5878호, '14.9.19.)

「개발이익 환수에 관한 법률」 제10조 제3항의 규정에 의거 개발부담금의 부과개시 시점지가는 부과개시시점이 속한 연도의 부과대상토지의 개별공시지가를 기준으로 산정하는 것을 원칙으로 하되 납부의무자가 대통령령이 정하는 매입 가격을 부담금 예, 정통지를 받은 날로부터 15일 이내에 신고하는 경우에는 예외적으로 그 신고된 매입가액을 기준으로 개시시점지가를 산정할 수 있도록 되어 있습니다.

위와 같이 부과개시시점지가에 매입 가격을 인정토록 한 것은 납부의무자의 편의를 도모하기 위하여 마련된 규정이므로, 귀 질의와 같이 개발부담금이 확정 부과되기 전에는 납부의무자는 매입 가격 신고서의 철회가 가능하다고 보지만 그 외의 경우에는 어려울 것으로 판단됩니다.

참고_ 공시지가 산정방식 외의 방식으로 지가산정 요청 시 업무처리요령

지가산정에 있어 공시지가 방식이 원칙이고, 매입 가액 등을 인정하는 것은 납부의무자가 유리한 방식을 선택할 수 있도록 하려는 취지임을 고려하여 납부의무자가 매입 가액 등으로 신청하는 경우에도 공시지가 방식이 유리한 경우에는 납부의무자에게 안내하여 공시지가 방식으로 산정할 필요가 있음.

3. 지가산정의 특례

가. 기부토지 또는 국공유지의 제외

지자체가 사업시행자인 경우 국공유지 산정 면적 제외 여부

[질의 요지]

지자체가 시행하는 ○○개발사업은 「개발이익 환수에 관한 법률」 제7조 제2항 제1호에 따라 개발부담금 50% 경감 사업에 해당하는데, 법 제10조 제4항에 따르면 종료시점지가와 개시시점지가를 산정할 때 부과대상토지에 국공유지가 포함되어 있으면 그 부분은 종료시점지가와 개시시점지가의 산정 면적에서 제외된다고 규정되어 있는데,

→ 지자체가 시행하는 사업 부지 전체가 국공유지인 경우 부과대상 여부

회신 내용 (토지정책과-1522, 2019.2.25.)

「개발이익 환수에 관한 법률」(이하 "법") 제7조 제2항 제1호에 따르면 지방자치단체가 시행하는 개발사업으로서 택지개발사업, 산업단지개발사업, 관광지조성사업 및 관광단지조성사업, 도시개발사업, 지역개발사업 및 도시환경정비사업, 물류단지개발사업 및 물류터미널사업을 위한 용지조성사업에 해당하지 아니하는 개발사업에 대하여는 개발부담금의 100분의 50을 경감한다고 규정하고 있고, 법 제10조 제4항에 따르면 종료시점지가와 개시시점지가를 산정할 때 부과대상토지에 국가나 지방자치단체에 기부하는 토지나 국공유지가 포함되어 있으면 그 부분은 종료시점지가와 개시시점지가의 산정 면적에서 제외한다고 규정하고 있습니다.

법 제10조는 개발부담금을 부과하기 위한 지가산정에 관한 규정으로 지방자치단체가 시행하는 개발사업의 경우에도 국공유지가 포함되어 있으면 그 부분은 종료시점지가와 개시시점지가의 산정 면적에서 제외해야 하므로 지방자치단체가 시행하는 개발사업의 부지 전체가 국공유지에 해당하면 법 제7조의 개발부담금 부과제외 및 감면에 관한 규정에도 불구하고 개발부담금을 부과할 수 없을 것으로 판단됩니다.

부과대상 면적 중 기부채납토지 면적의 제외

[질의 요지]

'05년 사업 승인을 받아 주택건설사업을 진행하던 중 '06년 토지를 추가 매입하여 사업 변경 승인을 받으면서 기부채납토지 면적이 변경되었을 경우 부과 산정 면적에서 제외되는 기부채납토지 면적 인정 질의

※ 사업 승인 내역
- 사업 승인(2005.5.30.) : 허가 면적 7,282㎡/ 기부채납 : 729㎡
- 사업 변경 승인(2006.9.4.) : 허가 면적 12,215㎡/ 기부 토지 1,489㎡
  1차 부지 : 허가 면적 7,282㎡/ 기부 토지 : 397㎡(변경, 축소)
  2차 부지 : 허가 면적 4,933㎡/ 기부 토지 : 1,092㎡

회신 내용 (토지정책과-1633, '08.12.30.)

「개발이익 환수에 관한 법률」 제10조 제4항에 따라 종료시점지가와 개시시점지가를 산정할 때 부과대상토지에 국가나 지방자치단체에 기부하는 토지나 국공유지가 포함되어 있으면 그 부분은 종료시점지가의 산정 면적에서 제외하고,

같은 법 부칙(제9045호, '08.3.28.) 제4조 및 같은 법 시행령 부칙 제4조에 따라 수도권지역에서는 2004.1.1.부터 2005.12.31.까지, 수도권 외 지역에서는 2002.1.1.부터 2005.12.31.까지 각각 인가 등을 받은 사업은 개발부담금을 징수하지 아니하며, 징수하지 아니하는 기간에 인가 등을 받은 개발사업의 사업 대상 토지의 면적은 같은 기간이 지난 후에 인가 등의 변경으로 사업 대상 토지의 면적이 증가한 경우에도 개발부담금이 부과되는 대상 토지 면적에 합산하지 아니합니다.

따라서 귀 질의의 경우와 같이 2005년에 사업 승인을 받은 면적은 같은 법 부칙 제4조에 따라 개발부담금을 징수하지 아니하며 2006년 사업 변경 승인으로 증가한 면적에 대하여 개발부담금을 부과합니다. 또한 개시시점지가 및 종료시점지가에서 제외되는 기부채납토지 면적은 사업 변경 승인으로 증가된 면적을 기준으로 산정하여야 할 것으로 사료됩니다. 다만, 기부채납 공공시설 또는 토지가 관계 법령이나 인가 조건에 따라 이루어지는지 등 인정 여부에 관한 결정은 개발부담금 부과 징수권자가 승인 관계 서류 등을 검토하여 판단할 사항입니다.

무상 양도된 국공유지 가액에 대한 개시(종료)시점지가 산출문의

[질의 요지]

주택건설사업 승인 부관에 따라 공동주택 부지 내 국공유지(100제곱미터)를 사업시행자에게 무상 양도하고 사업시행자가 대체 부지(1,000제곱미터-도로 등)를 기부채납한 경우 사업시행자에게 무상 양도된 국공유지 가액에 대한 개시(종료)시점지가 산출 방법

➲ 회신 내용 (토지정책과-3434, 2008.10.20.)

「개발이익 환수에 관한 법률」 제10조 제3항 및 제5항, 같은 법 시행령 제11조 제7항, 같은 법 시행규칙 제8조 제2항에 따라 사업시행자가 무상으로 양여받은 공공시설 부지의 개시시점지가는 "영"으로 산정하고, 종료시점지가는 "부동산가격공시 및 감정평가에 관한 법률"에 따른 둘 이상의 감정평가법인이 감정평가한 가액을 산술 평균한 가액으로 해당 지가를 산정하여야 할 것으로 판단됩니다.

또한 기부채납된 토지 등에 대하여는「개발이익 환수에 관한 법률」 제11조, 같은 법 시행령 제12조 제1항 제6호에 따라 개발사업의 시행과 관련하여 관계 법령의 규정 또는 인가 등의 조건에 따라 납부의무자가 국가 또는 지방자치단체에 기부하는 공공시설 또는 토지 등의 가액으로서 개발비용으로 산정하여 인정하여야 할 것입니다.

[질의 요지]

개발이익 환수금 산정기준에 사업 토지에만 해당하는지 아니면 사업 토지 진입을 위한 가감 차선로(국도변 건설부 소유땅)도 산정기준 면적에 해당 되는지요

➲ 회신 내용

개발부담금의 산정은 부과대상사업으로서 인가 등을 받은 당해 사업부지 면적 전체를 대상으로 산정하는 것이 원칙입니다. 다만,「개발이익 환수에 관한 법률」 제10조 제4항의 규정에 따라 "부과대상토지에 국가 또는 지방자치단체에 기부하는 토지 또는 국·공유지가 포함되어 있는 경우에는 그 부분"은 개발부담금 산정(종료시점지가 및 개시시점지가) 면적에서 제외합니다.

나. 개별공시지가가 없는 경우

[질의 요지]

「개발이익 환수에 관한 법률」 제10조 제5항, 같은 법 시행령 제11조 제7항 및 같은 법 시행규칙 제8조 제2항에 따라 감정평가법인이 개발부담금 부과를 위한 개시 및 종료시점지가 감정평가를 의뢰받은 경우, 일반적인 감정평가와 같이 「감정평가에 관한 규칙」 제4조의 '정상가격'을 기준으로 평가하는지, 아니면 개별공시지가 산정 방식에 의한 가격으로 평가해야 하는지 여부?

➲ **회신 내용** (토지정책과-1628, 2013.3.13.)

「개발이익 환수에 관한 법률 시행령」 제11조 제7항에 개시시점지가 및 종료시점지가를 산정할 때 부과대상토지의 개별공시지가가 없는 경우나, 종료시점지가를 산정할 때 제10조 제3항 단서에 따라 매입 가격으로 개시시점지가를 산정한 경우에는 「부동산 가격공시 및 감정평가에 관한 법률」에 따른 둘 이상의 감정평가법인이 평가한 가액을 산술 평균한 가액으로 해당 지가를 산정하도록 규정하고 있습니다.

따라서, 매입 가격을 개시시점지가로 인정하는 경우 종료시점지가는 「부동산가격공시 및 감정평가에 관한 법률」에 따라 정상가격으로 평가하여 개시 및 종료시점지가의 산정 방식을 동일하게 적용하고 있으므로, 개별공시지가가 없는 경우에는 개시 및 종료시점지가의 감정평가도 정상가격으로 산정하여 적용하는 것이 타당할 것으로 판단됩니다.

뭄 개발사업으로 토지대장이 폐쇄되고 새로운 지번이 형성된 경우

[질의 요지]

토지개발 사업으로 인가, 준공 당시 토지대장이 폐쇄되고, 좌표방식으로 면적을 산정하여 지적을 확정함에 따라 준공 당시의 지번, 면적, 지목 등과 상이할 경우 종료시점 지가는 어떻게 산정하는지?

➲ **회신 내용** (토지정책과-2058, 2013.7.10.)

토지개발 사업으로 인가 준공 당시 토지대장이 폐쇄되고 좌표방식으로 면적을 산정한 경우에 토지의 면적, 지번의 결정은 「측량·수로조사 및 지적에 관한 법률」 제86

조 및 동법 시행령 제55조 및 제56조에 따라 산정하면 되고,

종료 시점의 지가는 "부과종료시점 당시의 부과대상토지"와 이용 상황이 가장 비슷한 표준지의 공시지가를 비교 형량하여 산정하도록 되어 있습니다.

그런데, 개발사업이 시행될 경우 통상적으로 종전의 토지대장과 지적도가 폐쇄되고 그 대신 당해 개발사업 시행자가 공사 시행을 위하여 작성한 토지이용계획서 따른 구획 (브럭, 노트)별로 임시지번이 부여되고 있습니다.

따라서 "부과종료시점 당시의 부과대상토지"는 종전 지번의 위치와 경계선에 해당하는 토지이용계획서상의 브럭과 노트를 추적한 후 그 브럭과 노트의 토지이용 상황과 비슷한 인근 주변의 표준지를 선택하여 비교표에 따라 산정하면 된다고 봅니다.

사례연구

- 공사 착공 전 토지 상태(종전 지적공부 등) : 임야, 자연환경보전지역
- 공사 완공 후 종전 토지의 바로 그 위치 : 대지조성사업이 완료된 상태
- 비교표준지 : 해당 지역의 인근에 고시된 표준지 중 지리적으로 가장 가깝고 지목·대지, 용도지역이 주거지역인 표준지를 하나 선택하여 위치, 형상, 환경 등 제반 요소와 상호 비교 형량하여 종료시점지가를 산정

토지 합병 후 인허가시 개시시점지가 산정 방법

[질의 요지]

'14.2월에 A, B 두 토지를 일단지로 합병. 5월 근린상가로 건축허가를 받아 착공하였고, 12월 준공하여 지목변경 수반 사업으로 개발부담금 부과대상인 경우에 개시시점지가 산정은 감정평가를 하는지 공시지가로 하는지?

➲ 회신 내용 (국민신문고, '14.12.11.)

부과대상토지가 합병이 된 후 인허가를 받더라도 인허가 당해 연도 1.1 일자 개별공시지가가 있는 경우에는 합병 후 토지 특성 중 면적, 형상, 주된 이용 상황 등의 변경으로 합병 전 개별공시지가로 산정하는 것이 불합리하다고 볼 특별한 사정이 없으면 개발부담금 관할 관청에서는 개시시점지가를 산정함에 있어서 합병 전 각 개별필지 공시지가에 인허가 면적을 곱하여 개시시점지가를 산정할 수 있다고 봅니다.

하지만 합병 후 중요한 토지 특성의 변동으로 합병 전 개별공시지가로 산정하는

것이 불합리하다고 볼 특별한 사정이 있는 경우에는 개별공시지가가 없는 경우로 간주하여 「개발이익 환수에 관한 법률」 제10조 제5항 및 동법 시행규칙 제8조 제2항에 따라 「부동산 가격공시 및 감정평가에 관한 법률」에 따른 둘 이상의 감정평가업자가 감정평가한 가액을 산술 평균한 가액으로 해당 지가를 산정하여야 할 것입니다.

이를 적용할지 여부는 유권해석이 아닌 개발부담금 관할 관청(시군구)에서 현장 상황 등을 확인하여 결정할 사항입니다.

추가로 합병을 2, 3월에 받고 5월에 건축허가를 받은 경우 개별공시지가는 당년도 1.1일 개별공시지가를 기준으로 개시시점지가를 산정하여야 할 것입니다. 법 제10조 제3항에 따르면 부과개시시점으로부터 가장 최근에 공시된 지가는 7.1 공시지가가 아닌 5월 인허가 당시이므로 최근 공시된 지가는 당년도 1.1일 지가가 됩니다.

또한, 이와 관련하여 대법원 판례 선고 2,002두 868 판결(2004.7.22.)을 참고하시기를 바랍니다.

토지 분할 후 인허가시 개시시점지가 산정 방법

부과대상토지	토지분할	건축허가	착 공	사용승인
○○동 10-40	2015.8.6. (모번지 : ○10-11)	2015.9.21.	2015.12.10.	2016.8.25.

[질의 요지]
1) 모 번지에서 분할된 토지의 경우 '개별공시지가가 없는 경우'에 해당되는 것으로 보아 감정평가 방식을 통해 개시시점지가를 산정할 수 있는지?
2) 질의의 사항이 토지분할로 인하여 토지 특성이 달라지는 지 등 분할 전 토지의 개별공시지가를 분할 후 토지의 지가로 보는 것이 불합리하다고 볼 특별한 사정이 있는 경우에 해당하는 지?
3) 개시시점지가를 감정평가 방식으로 산정한 경우 종료시점지가를 개별공시지가로 산정이 가능한지?
4) 대법원 판결(2013두22451)을 질의 사례에 동일하게 적용이 가능한지?

➲ **회신 내용** (토지정책과-490, 2017.1.18.)

[질의 1, 2, 4]

「개발이익 환수에 관한 법률」 제10조 제3항에 따르면 개시시점지가는 부과개시시점이 속한 연도의 부과대상토지의 개별공시지가(부과개시시점으로부터 가장 최근에 공시된 지가를 말함)에 그 공시지가의 기준일로부터 부과개시시점까지의 정상지가상승분을 합한 가액으로 산정하도록 규정하고 있고, 부과개시시점지가를 산정할 때 해당 토지의 개별공시지가가 없는 경우에는 법 제10조 제5항, 같은 법 시행령 제11조 제7항, 같은 법 시행규칙 제8조 제2항에 따라 「감정평가 및 감정평가사에 관한 법률」에 따른 둘 이상의 감정평가업자가 감정평가한 가액을 산술 평균한 가액으로 해당 지가를 산정하도록 규정하고 있습니다.

따라서, 토지가 분할된 경우라도 부과개시시점에 속한 연도의 1.1일 기준 개별공시지가 있는 경우에는 원칙적으로 이를 토대로 개시시점지가 산정이 가능하나, 개별공시지가 조사 누락 등 다른 원인으로 개별공시지가가 없는 상황에 해당하거나, 토지분할로 인하여 토지 특성 중 면적, 형상, 주된 이용 상황 등의 변경으로 분할 전 개별공시지가로 산정하는 것이 불합리하다고 볼 특별한 사정이 있는 경우에는 개별공시지가 없는 경우로 간주하여 상기 규정에 따라 둘 이상의 감정평가업자가 감정평가한 가액을 산술 평균한 가액으로 개시시점지가를 산정하여야 할 것으로 판단되며,

귀 질의의 사례가 분할 전 개별공시지가로 산정하는 것이 불합리하다고 볼 특별한 사정이 있는 경우에 해당하지는 지, 상기 대법원 판례가 귀 질의의 사례에 동일하게 적용되는지에 대하여는 법령해석 사항이 아닌 사실 판단 사항으로서 부과권자인 귀 구에서 현장 상황 등 확인하여 결정할 사항임을 알려 드립니다.

[질의 3]

「개발이익 환수에 관한 법률」 제10조 제3항 및 같은 법 시행령 제11조 제7항, 같은 법 시행규칙 제8조 제2항에 따르면 개시시점지가 및 종료시점지가를 산정할 때 부과대상토지의 개별공시지가가 없는 경우나, 종료시점지가를 산정할 때 제10조 제3항 단서에 따라 매입 가격으로 개시시점지가를 산정한 경우에는 감정평가 및 감정평가사에 관한 법률에 따른 둘 이상의 감정평가업자가 감정평가한 가액을 산술 평균한 가액으로 해당 지가를 산정하도록 규정하고 있습니다.

매입 가격으로 개시시점지가를 산정하는 경우 종료시점지가는 감정평가 및 감정평가사에 관한 법률 따라 감정평가한 가액으로 산정하여 개시시점 및 종료시점 지가의 산정 방식을 동일하게 적용하고 있으므로, 개별공시지가가 없는 경우 개시시점지가 및 종료시점지가의 산정도 감정평가 가액으로 산정하여 적용하는 것이 타당할 것으로 판단됨을 알려 드립니다.

당연도 개별공시지가가 없고 과거의 공시지가로 개시시점지가 산정 가능한지 여부

[질의 요지]

법 제10조 3항에 따르면 개시시점지가는 부과개시시점이 속한 연도의 부과대상토지의 개별공시지가(부과개시시점으로부터 가장 최근에 공시된 지가를 말한다.)에 그 공시지가의 기준일부터 부과개시시점까지의 정상지가상승분을 합한 가액으로 한다. 라고 명기 되어 있습니다.

그렇다면 부과개시시점이 ’10.5.15일이라면 ’10.1.1. 공시지가를 적용하는게 맞지만 ‘96.1.1. 지가와 ’12.1.1. 지가가 조회된다면 어떤 지가를 적용해야 하는지요?

➲ **회신 내용** (국민신문고, ’14.11.5.)

「개발이익 환수에 관한 법률」 제10조 제3항에 따르면 개시시점지가는 부과개시시점이 속한 연도의 부과대상토지의 개별공시지가(부과개시시점으로부터 가장 최근에 공시된 지가를 말함)에 그 공시지가의 기준일로부터 부과개시시점까지의 정상지가상승분을 합한 가액으로 한다고 규정하고 있습니다.

또한, 제10조 제5항에 따르면 종료시점지가와 개시시점지가를 산정할 때 해당 토지의 개별공시지가가 없는 경우 등 대통령령으로 정하는 경우에는 국토부령으로 정하는 방법으로 산정하도록 규정되어 있습니다.

귀 질의 사례에서 우선 해당 토지의 공시지가가 없는 사유를 먼저 검토해야 할 것으로 판단 됩니다. 토지가 분할된 경우 당초 1.1일 지가가 있는 경우는 이를 토대로 지가산정이 가능할 것이나 공시지가 조사 누락 등 다른 원인으로 개별공시지가가 없는 경우에는 감정평가에 의한 방법으로 산정해야 할 것으로 판단됩니다.

위 조문에서 부과개시시점이 속한 연도의 개별공시지가만을 사용할 수 있도록 규정하고 있어 당년도 지가가 없는 경우에는 공시지가가 없는 것으로 간주하여 지가를 산정해야 할 것으로 판단됩니다.

제3절 개발비용

1. 개발비용의 산정기준

가. 순공사비

[질의 요지]

개발비용을 실제 지출한 비용(조달청 낙찰가 및 실 지출 비용)으로 산정해야 하는지 아니면 예정가격(정부표준품셈과 단가에 따른 원가계산)으로 산정해야 하는지 여부

➲ **회신 내용** (토지정책과-3052, 2018.5.4.)

「개발이익 환수에 관한 법률」 제11조 및 같은 법 시행령 제12조에 따르면 개발사업의 시행과 관련하여 지출된 순공사비, 조사비, 설계비 및 일반관리비 등은 개발비용으로 산정하도록 규정되어 있고,

아울러, 개발비용은 납부의무자가 해당 사업의 시행과 관련하여 지출한 비용의 합계액으로서 산출명세서와 증명서를 갖춘 금액으로 하되, 일반관리비는 「국가를 당사자로 하는 계약에 관한 법률 시행령」 제9조 및 지방자치단체를 당사자로 하는 계약에 관한 법률 시행령 제10조에 따른 예정가격 결정 기준과 요율을 적용하여 산정한 금액으로 한다고 규정되어 있으며,

또한, 개발비용을 산정할 때 납부의무자가 제시한 금액 중 순공사비(재료비 노무비 경비)는 「국가를 당사자로 하는 계약에 관한 법률 시행령」 제9조 및 「지방자치단체를 당사자로 하는 계약에 관한 법률 시행령」 제10조에 따른 예정가격 결정 기준 중 공사원가 계산을 위한 재료비 노무비 경비의 산출 방법을 적용하여 산출하되, 정부표준품셈과 단가(정부 고시가격이 있는 경우에는 그 금액을 말한다)에 따른 금액을 초과하는 경우에는 그 초과하는 금액은 개발비용으로 보지 아니한다 라고 규정되어 있습니다.

따라서, 개발비용 중 순공사비(재료비 노무비 경비)는 예정가격 결정 기준 중 공사원가 계산을 위한 재료비 노무비 경비의 산출 방법을 적용하여 산출하되 정부표준품셈과 단가(정부 고시가격이 있는 경우에는 그 금액을 말한다)에 따른 금액을 한도로 하여 납부의무자가 지출한 산출명세서와 증명서를 갖춘 금액으로 하여야 하므로 실제 지

출 비용인 조달청 낙찰가로 개발비용을 산정하는 것이 타당한 것으로 판단됩니다.

(1) 포장 공사비

[질의 요지]

중기 주기장 설치를 목적으로 토지개발을 시행함에 있어서 흙이 도로에 묻어 나오는 것을 방지하기 위하여 콘크리트포장을 하였을 경우 포장비용을 개발비용으로 인정 여부

➲ **회신 내용** (토재 58307-144. '97.3.12.)

「개발이익 환수에 관한 법률 시행령」 제12조 제3항의 규정에 의거 지목변경 수반 사업의 경우 개발비용은 실제로 지목이 변경된 부분에 지출된 공사비 등에 한하여 인정 하도록 되어 있으며 중기 주기장 설치에 따른 콘크리트포장은 개발비용으로 인정이 가능할 것임.

[질의 요지]

- 「개발이익 환수에 관한 법률」 제11조와 동법 시행령 제10조에 의거 개발비용을 산정함에 있어 자동차운전학원 부지조성 사업인 경우 부지 내 포장 공사를 개별 법률에 의거 의무적으로 하게 되어 있는 바 동 사업의 포장 공사비를 개발비용으로 인정할 수 있는지 여부와
- 물류창고 부지조성 사업 및 건설자재 야적장 부지조성 사업인 경우에도 부지 내 포장 공사비를 개발비용으로 인정할 수 있는지 여부

➲ **회신 내용** (토재 58307-474. '96.7.18.)

「개발이익 환수에 관한 법률」 제11조의 규정에 의거 개발비용은 개발사업의 시행과 관련하여 지출된 순공사비 등을 말하는 것으로 귀 질의와 같이 자동차 운전학원 부지 내 및 물류창고 등의 부지 내의 포장 공사가 개별법에 의하여 의무적으로 포장 공사를 하도록 되어 있는 경우와 또는 포장 공사가 단지 조성의 일부분으로서 시행한 경우에는 동 공사비를 개발비용으로 인정이 가능할 것임.

진입로 목적으로 교량 사업을 한 경우, 개발비용 인정 여부

[질의 요지]

제2종 근생 부지조성 사업을 위한 건축허가와 진입로 개설을 위한 하천점용 허가를 받아 교량 공사를 한 경우, 교량 공사를 개발비용으로 인정 가능한지?

➲ 회신 내용 (국민신문고, 2023.1.4.)

「개발이익 환수에 관한 법률」 제11조, 같은 법 시행령 제12조, 「개발부담금 부과 징수 업무처리규정」(이하 “업무처리규정”) 제11조 제1항 및 2항에 따르면 개발비용은 해당 개발사업의 시행과 관련하여 지출한 비용으로서 토지의 가치 상승을 가져온 비용을 말하고,

업무처리규정 제11조의2 제6항에 따르면, 진입로 개설로 인하여 부과대상토지의 가치가 상승한 경우 그 개설 비용은 개발비용에 포함하며, 도로점용료, 하천 점용료 등은 포함하지 아니하도록 규정하고 있습니다.

따라서, 교량을 포함한 진입로 개설로 인하여 부과대상토지의 가치가 상승한 경우라면 개발비용에 포함하여야 할 것으로 판단되나, 구체적인 사항에 대해서는 인·허가 내용 및 사실관계 등을 확인하여 판단할 사항으로 해당 개발부담금 부과 징수권자인 시장·군수·구청장에게 문의하여 주시기를 바랍니다.

[질의 요지]

공장부지 조성을 하면서 실시한 단지 내 포장 공사가 개발비용에 포함되는지

➲ 회신 내용 (토재 58307-696. ’96.10.25.)

「개발이익 환수에 관한 법률」 제11조의 규정에 의거 개발사업의 시행과 관련하여 지출된 순공사비 등은 개발비용으로 산정하도록 되어 있으므로, 공장단지 내 포장 공사비는 순공사비로 보아 개발 비용으로 인정이 가능함.

[질의 요지]

토목공사 준공검사 신청 시 토목 담당자가 우천 시 포토 유실을 예상하여 부지 포장 조건으로 준공 승인을 하였을 경우 개발 비용으로 인정이 가능한지 여부

➲ **회신 내용** (토재 58383-274. '96.4.23.)

「개발이익 환수에 관한 법률」 제11조의 규정에 의거 개발비용은 개발사업의 시행과 관련하여 지출된 순공사비 등을 말하는 것으로 토지 형질변경 준공 조건으로 포장공사를 시행하였다면 동 공사비를 개발비용으로 인정이 가능할 것임.

▣ 동일인 연접사업의 개발비용을 별개의 인허가 사업별로 합산하는지 전체를 합산하여 처리가 가능한 지 여부

[질의 요지]

개발부담금 연접 시행에 의하여 부과대상인 토지 A, B에 관한 질의입니다.

A와 B필지는 배우자 관계이며, 같은 날 인허가를 득하였으며, 각각은 대상이 아니나, 연접 시행에 의해 합산 면적이 부과대상입니다.

A필지는 12년 준공, B필지는 13년 준공이며, A필지는 개발이익이 (-)인상태이고, B필지는 개발이익이 (+)인 상태입니다.

이럴 경우, 연접사업이기 때문에 개발이익도 합산하여, 일부 상쇄된 상태에서 부과받는 것인지요? 아니면, 각자의 사업이니 각자 부과받는 것인지요?

(연접이라고 합산하여 부과대상이라고 하고, 각자 사업이라고 각자 부과한다면, 이것도 모순 아닌가요?)

➲ **회신 내용** (국민신문고, '13.12.5.)

「개발이익환수법 시행령」 제4조 제1항의 동일인(배우자 직계존비속 포함) 연접사업 5년 내 합산 부과 규정은 부과대상 규모를 파악하기 위한 조항입니다.

귀 질의하신 각각 인허가 받은 1차 사업과 2차 사업간에 동일인 연접사업에 해당하더라도 위 시행령 제4조 제1항은 부과대상 규모를 판단하기 위한 규정일 뿐 개발부담금 부과고지를 위한 개발비용 산정 등의 과정은 관계 법률에 따라 인허가받은 건별로 산정하여 개발부담금을 산정하여야 합니다.

당해 개발사업이 연접사업에 해당하고 각종 토목공사 등이 하나의 개발사업으로

실시되었고 비용을 한군데로 통합하여 정산하기 위해서는 개발부담금 관할 관청(시 군 구청)에서 현장 확인 인허가 서류 확인 등을 통해서 결정할 사항이라고 봅니다.

즉, 정리하면 동일인 연접사업의 경우 개발부담금 산정은 각각 인허가 받은 사업별로 개발비용 등을 공제하여 부담금을 각각 산정하고 한 토지는 개발이익이 발생하고 한 토지는 개발이익이 적어 오히려 마이너스가 나오더라도 마이너스가 발생한 토지의 개발이익을 플러스 개발이익이 발생한 토지에 합산하여 개발부담금을 산정할 수는 없다고 봅니다.

(2) 구조물 공사

자연석 쌓기

[질의 요지]

사업 부지의 대지조성공사 중 사업 부지와 경계에 있는 토지와의 높이 차이로 인하여 토사의 붕괴를 막기 위하여 석축 또는 옹벽 대신 자연석 쌓기를 시공했을 때 이 부분의 비용을 개발비용으로 인정받을 수 있는지

➲ 회신 내용

「개발이익 환수에 관한 법률」 제11조의 규정에 의거 개발사업의 시행과 관련하여 지출된 순공사비 등은 이를 개발비용으로 산정 하도록 되어 있으므로, 개발사업 부지 내의 토사 유출 방지를 위하여 석축을 쌓는 경우에는 이를 순공사비로 보아 개발비용 산정이 가능할 것으로 판단되나,

귀 질의의 경우가 이에 해당되는지의 여부는 법령해석이 아닌 사실 판단에 관한 사항이므로 관할 부과권자가 사업인가 등의 서류나 현장 조사 등을 실시하여 판단할 사항임.

흙막이 및 옹벽공사

[질의 요지]

공장부지 조성 시 임야의 급격한 경사로 인해 부지에 비해 가용면적이 협소하여 이를 최대한 활용하고자 부지 경사도 최정점을 기준으로 흙막이 공사 및 옹벽 공사를 한 경우 이 비용을 개발비용으로 인정받을 수 있는지

➲ 회신 내용

「개발이익 환수에 관한 법률」 제11조의 규정에 의거 개발사업의 시행과 관련하여 지출된 순공사비 등은 개발비용으로 산정할 수 있도록 되어 있고, 귀 질의에서 흙막이공사 및 옹벽 공사가 당해 개발사업의 시행과 직접 관련하여 부지 조성의 일환으로 실시한 경우라면 위 규정에 의한 개발비용으로 인정할 수 있을 것으로 판단되나,

다만, 귀 질의의 경우가 이에 해당 되는지의 여부는 법령해석이 아닌 사실 판단에 관한 사항으로서 부과권자가 설계도면 및 현지 확인 등을 통해 판단 처리할 사항임.

준공 전 축조된 옹벽을 철거하게 된 경우

[질의 요지]

사업 기간 중 (준공 전)에 부지조성 시 축조되었던 옹벽을 부득이하게 일부를 철거하게 됨.
이런 경우 개발비용으로 옹벽 공사비가 인정 가능한지

➲ 회신 내용

「개발이익 환수에 관한 법률」 제11조 제1항 제1호의 규정에 의거 당해 사업과 관련하여 지출된 순공사비 등을 개발비용으로 산정하도록 되어 있습니다. 따라서 부지 조성의 일환으로 실시한 옹벽 시설은 순공사비로 보아 개발비용으로 인정할 수 있을 것이나 준공 후 확인되지 않는 옹벽이라면 개발비용으로 인정할 수 없을 것입니다.

건물을 옹벽에 걸쳐 시공한 경우(한쪽 벽체를 옹벽으로 시공한 경우 등)

[질의 요지]

건축물 건축 시 지붕 일부를 옹벽에 걸쳐 시공한 경우, 해당 옹벽 공사비가 「개발이익 환수에 관한 법률」 제11조에 따른 "개발비용"으로 인정 가능한지 여부

➲ 회신 내용(토지정책과-509, 2013.4.19.)

「개발이익 환수에 관한 법률」 제11조 및 동법 시행령 제12조에 따르면 개발사업의 시행과 관련하여 지출된 순공사비 등은 개발비용으로 인정하여 개발부담금 산정이 이를 공제해 주도록 규정하고 있습니다.

개발비용으로 공제받을 수 있는 순공사비는 당해 개발 사업 인·허가서 및 공사설계서에 그 내용이 포함되어 있어야 하고 또한 그 공사의 시행으로 인하여 토지가치를 증대시킨 경우에 이를 개발비용으로 인정하는 것인 바,

근본적으로 개발부담금은 토지의 개발행위에 대하여 부과하는 것이므로 개발비용도 토목공사에 투입된 비용만을 의미하는 것입니다.

그런데 특정한 구축물을 축조하였는데 이것이 토목공사가 아닌 건축물의 일부분에 해당할 경우에는 여기에 투입된 비용은 개발비용으로 인정하기 곤란하다고 사료됩니다.

귀하께서 질의하신 옹벽 공사비가 위 사항 중 어디에 해당 하는지에 관해서는 사실 판단 문제에 속하기 때문에 개발부담금 관할 관청이 인·허가 관련 서류 및 현지조사 등을 통하여 개발비용으로 인정할 것인지 여부를 결정할 사항이라고 봅니다.

(3) 진입로 공사비

도로점용허가 토목공사비 및 점용료

[질의 요지]

사업 승인 조건상 도로점용허가에 의해 투입된 토목공사 비용은 개발비용으로 인정이 가능한지 여부와 도로점용료 및 구거 점용료는 개발비용 중 기타 경비로 인정 가능한지 여부

➲ 회신 내용(토재 58307-39. '97.1.20.)

「개발이익 환수에 관한 법률」 제11조의 규정에 의거 개발비용은 개발사업의 시행

과 관련하여 지출된 순공사비 등을 말하는 것으로, 개발사업인가 등의 조건에 따라 도로점용허가를 받아 투입된 공사비는 개발비용으로 인정이 가능하나, 도로점용료 및 구거 점용료는 개발사업과 관련하여 지출된 비용이 아니므로 개발비용으로 인정되지 않음.

(4) 조경공사비

토사 유출 방지를 위한 잔디식재

[질의 요지]

골프연습장을 설치함에 있어, 우천시 토지 유출을 방지하기 위한 잔디를 식재한 경우 개발부담금 산정을 위한 개발비용으로 인정이 가능한지

➲ 회신 내용

「개발이익 환수에 관한 법률」 제11조의 규정에 의거 개발사업의 시행과 관련하여 지출된 순공사비 등은 이를 개발비용으로 산정할 수 있도록 되어 있는 바

귀 질의의 경우, 사업 구역 내 부지 조성의 일환으로 토사 유출 방지를 위한 잔디를 식재한 경우라면, 그 비용은 위 규정에 의한 개발비용으로 인정이 가능할 것으로 판단됨.

골프장 조경공사

[질의 요지]

일반골프장 건설사업 시 조경공사(나무식재) 및 스프링쿨러 공사비가 개발비용으로 인정되는지 여부

➲ 회신 내용 (토재 58307-259. '97.4.18.)

「개발이익 환수에 관한 법률」 제11조 및 같은 법 시행령 제10조의 규정에 의거 개발비용은 개발사업의 시행과 관련하여 지출된 순공사비, 조사비, 설계비, 일반관리비 등을 말하는 바, 귀 질의에서 일반골프장 건설사업에 따른 조경공사(나무식재) 및 스프링쿨러 공사비는 개발사업 시행과 직접 관련하여 지출된 비용이라고 볼 수 없으

므로 개발비용으로 볼 수 없음.

녹지공간 조경공사

[질의 요지]

도로변 휴게소 설치 시 주차장, 광장을 설치토록 되어 있을 경우에 포장비와 녹지공간 조경 공사비를 개발비용으로 인정 여부

➲ 회신 내용

「개발이익 환수에 관한 법률 시행령」 제10조 제1항의 규정에 의거 개발사업과 관련하여 지출된 순공사비 등을 개발비용으로 산정하도록 되어 있는바, 귀 질의의 경우 휴게소 설치에 따른 포장 공사비와 부지조성을 위한 성토 비용은 개발비용에 해당되나 조경공사비는 개발비용에 해당되지 않음.

(5) 개량비

개발비용 인정 여부

[질의 요지]

'07년도에 인가를 받아 '10.3.19자로 준공된 개발사업(제2종 근린생활시설)의 개발비용 산정시 '99년도에 완료한 진입도로(임야→도로) 공사비를 개량비로 인정할 수 있는지

➲ 회신 내용 (토지정책과-2919, 2010.6.1.)

「개발이익 환수에 관한 법률」 제11조 제1항 제3호 및 시행령 제12조 제1항 제7호의 규정에 의거 개량비는 해당 개발사업을 시행하기 전에 부과대상토지를 개량하기 위하여 지출한 비용으로서 개시시점지가에 반영되지 아니한 비용을 말합니다.

상기의 진입도로 공사비를 개량비로 인정할 수 있는지의 여부는 위 개발이익환수 법령에 따라 부과권자가 인가 사항 및 설계서 등을 면밀히 검토하여 판단할 사항입니다.

별도의 인허가 절차 없이 개량한 경우

[질의 요지]

토지(전)를 구입하여 1년 전에 자력으로 성토(토지개량)를 하고 금년도에 건축하기 위하여 건축허가 및 개발행위허가, 농지전용허가를 받음.

건축이 완공되어 개발부담금과 관련하여 비용산출 내역서를 작성하는데 허가 이전 1년 전에 성토를 한 비용(성토비)을 개발비용에 포함 할 수 있는지

회신 내용

개발사업의 착수 전에 부과대상토지의 개량을 위한 지출한 비용으로서 개시시점 지가에 반영되지 아니한 비용은 이를 개량비로 보아 개발비용으로 산정할 수 있을 것이며, 개발사업 착수 전에 지출한 공사비가 위 규정에 의한 개량비에 해당 되는지의 여부는 법령해석이 아닌 사실 판단 사항으로서 부과권자가 현지 확인 등을 통해 판단할 사항입니다.

오염토 치환 공사비

[질의 요지]

사업 인가 전 관계기관에 의해서 주유소 운영 부지에 대한 특정 토양 오염관리 대상 시설 누출검사 및 정화 조치 명령을 받아 처리한 토양 정화공사비용 및 오염토 치환 공사비용을 개발비용으로 인정할 수 있는지 여부 질의

회신 내용 (토지정책과-4646, 2013.11.21.)

「개발이익 환수에 관한 법률 시행령」 제12조 제1항 제1호에 따르면 순공사비는 해당 개발사업을 위해 지출한 재료비, 노무비, 경비, 제세공과금의 합계액을 개발비용을 인정하도록 규정하고 있습니다.

귀 질의하신 토양 정화공사비 및 오염토 치환 공사비의 개발비용 인정과 관련해서는 토양환경보전법에 주유소 폐지시 오염 토양에 대한 정화를 의무화 하고 있는 등 관계 법령에 따라 당해 개발사업과 직접 관련된 필수 불가결한 공사비 항목으로 판단되므로 토양 정화 공사비 및 오염토 치환 공사비는 개발비용으로 인정해야 할 것으로 판단됨을 알려 드립니다.

(6) 경비

산재보험료

[질의 요지]

개발사업 시행 시 납부한 산재보험료는 「개발이익 환수에 관한 법률 시행령」 제10조 제1항 제1호의 규정에 의한 순공사비로 개발비용으로 인정될 것인 바, 개발 비용산정 내역서 상의 공사 금액이 4천만원 미만인 공사에도 산재보험료를 개발비용으로 인정할 수 있는지 여부

회신 내용 (토재 58383-671. '97.4.28.)

「개발이익 환수에 관한 법률 시행령」 제10조의 규정에 의거 개발사업의 시행과 관련하여 지출된 순공사비 등은 개발비용으로 산정하도록 되어 있고, 산재보험료는 순공사비 중 경비에 포함되는 것이므로, 사업시행자가 사업준공 전에 보험료를 납부하였다면 총 공사비 중 건축공사비를 제외한 비용에 대한 산재보험료를 안분하여 개발비용으로 인정할 수 있음.

(7) 제세공과금

지목변경 취득세에 따른 농어촌특별세

[질의 요지]

건축물 사용 승인 후 지목변경 목적으로 납부하는 지목변경 취득세 중 농어촌특별세는 개발비용으로 인정이 가능한지

회신 내용

지목변경에 따른 취득세에 포함된 농어촌특별세는 개발비용으로 인정이 가능합니다.

이윤, 부가가치세

[질의 요지]

「개발이익 환수에 관한 법률」 제11조 및 같은 법 시행령 제12조의 개발비용에 이윤 및 부가가치세를 개발비용으로 인정 여부

회신 내용 (토지정책과-1130, 2013.2.19.)

「개발이익 환수에 관한 법률」 제11조 및 같은 법 시행령 제12조의 규정에 따르면 개발사업의 시행과 관련하여 지출한 순공사비(제세공과금을 포함) 등은 개발비용으로 산정이 가능하며, 「건설산업기본법」에 따라 등록을 한 건설업자와의 도급계약, 「엔지니어링산업 진흥법」 제21조에 따라 신고한 엔지니어링 사업자와의 엔지니어링 사업계약 등 명백한 원인에 따라 지출한 비용을 근거로 산정한 개발비용을 포함하도록 규정하고 있습니다.

따라서 사업시행자가 제3의 공사 도급 계약자 등에게 지급한 공사 계약 금액에는 이윤 및 부가가치세가 포함되어 매입 세액은 있으나, 그 생산된 재화를 판매시에는 면세가 되어 매출세액이 없을 경우 그 이윤과 부가가치세는 개발비용으로 인정하는 것이 가능할 것으로 봅니다. 다만 개발비용 인정 여부는 개발부담금 부과권자가 사업시행자의 제출 증빙서류 등 사실관계를 확인하여 판단할 사항입니다.

(8) 사업지구 외 공사비

사업지구 내 국공유지에 투입한 비용

[질의 요지]

골프장 부지 내에 국공유지가 포함 되어 있는 경우 당해 국공유지에 투입된 비용을 개발비용으로 인정 여부

회신 내용

개발사업 시행 지역에 포함된 국공유지에 대해서는 개발부담금 산정 면적에서 제외하도록 되어 있으며, 국공유지에 투입된 비용은 개발비용으로 인정됨.

사업지구 외 공사비

[질의 요지]

- 인허가 받은 사업 토지 내의 차폐림 공사비가 개발비용에 해당 되는지 여부
- 인허가 조건에 따라 설치하는 사업 토지 밖(국가 등에 기부하지는 않음)에 간선도로의 측구 공사비 등 및 인허가 받은 사업 토지에 인접한 토지의 암사면 정밀안전 진단비 등이 개발비용에 포함되는지 여부

회신 내용 (토지정책과-3177, 2008.10.5.)

개발비용은「개발이익 환수에 관한 법률 시행령」제12조에 따라 부과 징수권자가 납부의무자가 제시한 금액의 사실 여부 확인 등을 하여 산정기준에 맞게 산정하여야 하며, 당해 개발사업의 내용, 성질 등이 특수하여 직접 산출이 곤란한 경우에는 개발비용 산정기관에 의뢰하여 산정할 수 있습니다.

참고로 개발비용은 당해 토지개발 사업의 시행과 관련하여 지출된 순공사비 등을 의미하므로 차폐림 공사비는 개발비용으로 인정되지 않을 것으로 사료되며, 인접한 토지의 개발비용은 인허가 조건 등에 의하여 국가 등에 기부 채납하는 토지에 대하여는 같은 법 시행령 제12조 제1항에 따라 개발비용으로 인정되나

귀 질의의 경우에는 기부채납이 되지 않으므로 비용으로 인정하지 않습니다. 다만, 개발사업의 시행과 관련하여 지출된 비용에 해당되는지의 여부는 법령해석이 아닌 사실 판단 사항으로 부과권자가 판단할 사항입니다.

사업지구 외 공사비

[질의 요지]

물류창고 부지를 조성하는데 진입로 옆에 구거가 있어서 차량이 통행할 때 제방이 붕괴될 위험이 있으므로 구거 제방에 옹벽을 설치하는 경우 옹벽 시설이 개발비용으로 인정이 되는지 여부

회신 내용 (토재 58307-747. '96.11.21.)

「개발이익 환수에 관한 법률」제11조 제1항 제1호의 규정에 의거 당해 사업과 관련하여 지출된 순공사비 등을 개발비용으로 산정하도록 되어 있으므로 귀 질의의 경우 사업 토지의 붕괴 방지를 위한 옹벽 시설은 순공사비로 보아 개발비용으로 인정이

가능하나 구거 제방이 사업지구 외에 위치한 경우라면 개발비용으로 인정할 수 없음.

(9) 아파트 공사

아파트 공사 시 건물에 부수하여 설치하는 공사비

[질의 요지]

「개발부담금 부과·징수 업무처리규정」(건설교통부 훈령 제655호, '07.1.31. 개정) 제11조 제2항 제5호에 의하면 "아파트 공사 시 건물에 부수하여 설치하는 단지 내 전기·도로·상하수도·가스공급시설·주차장·조경·담장·포장비는 개발비용으로 산정하지 아니한다"고 규정되어 있는 바, 그 규정의 취지 및 구체적인 근거

➲ 회신 내용 (토지정책과-938, 2007.12.11.)

개발비용은 개발이익을 위해 지출되는 비용이며, 개발이익이란 정상지가상승분을 초과하여 개발사업을 시행하는 자 또는 토지소유자에게 귀속되는 토지 가액의 증가분을 의미하므로(「개발이익 환수에 관한 법률」 제1조, 제2조, 제8조의3호, 제11조) 토지의 가치증진을 위해 지출되지 아니한 "아파트 공사 시 건물에 부수하여 설치하는 단지 내 전기·도로·상하수도·가스공급시설·주차장·조경·담장·포장비" 등을 개발비용에 포함 시키지 않고 있음.

※ 참고 판례 : 대법원 2000.6.9.선고. 98두15566판결, 대법원 1999.5.14.선고. 97누11621판결, 대법원 1998.2.13.선고. 96누17912판결, 대법원 2000.6.9.선고. 98두1556판결 등

연약지반 공사비

[질의 요지]

아파트 건설사업 부지 내의 지반이 연약하여 사업 변경 승인을 득한 후 연약지반공사를 추가로 시공하였고, 그 비용이 표준건축비에 포함되지 않은 경우 개발부담금 산정을 위한 개발 비용으로 인정이 가능한지

➲ 회신 내용

「개발이익 환수에 관한 법률」 제11조의 규정에 의거 개발사업의 시행과 관련하여 지출된 순공사비 등은 이를 개발비용으로 산정할 수 있도록 되어 있는 바 귀 질의의

경우, 사업 구역 내 부지 조성의 일환으로 연약지반 공사를 실시하였고 그 공사비가 공동 주택 표준건축비에 포함되지 않은 경우라면, 그 비용은 위 규정에 의한 개발비용으로 인정이 가능할 것으로 판단됨.

연약지반 공사비

[질의 요지]

아파트 건설 사업부지내 지반이 연약하여 연약 지반 공사를 추가로 시공하였고 연약 지반 공사 후 그 위에 공동 주택을 신축할 경우 Φ350㎜ 기준 10m는 아파트 표준건축비로 공제하고 10m 이상 추가되는 공사비는 개발비용 산정 시 연약지반 공사비로 인정이 가능한 지 여부

➲ 회신 내용

「개발이익 환수에 관한 법률」 제11조에 의하면 개발비용은 당해 개발사업의 시행과 관련하여 지출된 순공사비 등을 합하여 산정하도록 규정되어 있습니다. 질의하신 연약지반공사비용이 아파트의 표준건축비에 포함되지 않고, 순수하게 당해 토지개발사업과 관련하여 발생한 비용이라면 개발부담금 산정 시 개발비용으로 인정받을 수 있을 것으로 판단됩니다.

지반보강, 수목 이식 비용

[질의 요지]

아파트 개발사업과 관련하여 기존 석축 주변의 지반보강 비용, 사업부지 노거수(고목) 이식 비용의 개발비용 인정 여부

➲ 회신 내용

「개발이익 환수에 관한 법률」 제11조 및 시행령 제10조는 당해 개발사업의 시행과 관련하여 지출한 순공사비 등을 개발비용으로 인정하도록 규정하고 있음.

당해 개발사업과 관련되어 개발비용으로 인정되는지 여부는 법령해석 사항이 아닌 사실 판단에 관한 사항으로서 부과권자가 설계서 등 관련 서류 및 현장 확인을 통하여 판단할 사항임.

일반적으로 당해 사업 부지의 토지개발과 관련 되기보다 건축물의 건축과 관련되는 비용, 아파트 공사시 사업부지내 조경을 위한 수목 이식 비용 등은 개발비용으로 인정되지 못할 것이니 참고하시기 바람.

▣ 비산먼지 방지시설, 오수관 매설, 도시가스 시설

[질의 요지]

주택건설사업(아파트사업) 승인을 받아 공동 주택을 건립하는 사업으로서 승인 조건으로 설치한 공사 시행 전 대기환경보전법시행규칙 제49조 제2항 "비산먼지 발생 억제시설 및 필요한 조치에 관한 기준"에 의하여 투여된 비산먼지 방지시설과 단지 내·외 시행한 오수관 매설 비용 및 추후 L.N.G 전환 시 가스 배관과 저장시설 설치비용을 사업 주체 부담으로 한다는 승인 조건으로 설치한 경우에 도시가스 시설 설치비용의 개발비용 인정 여부

➲ **회신 내용** (토재 58307-332, 1997.5.20.)

「개발이익 환수에 관한 법률」 제11조의 규정에 의거 개발사업의 시행과 관련하여 지출된 순공사비 등은 개발비용으로 산정하도록 되어 있으나,

귀 질의에서 비산먼지 방지시설은 건축과 관련된 사항으로 토지의 개발과 직접 관련된 비용이라고 볼 수 없고, 단지 내 오수관 배설 공사나 도시가스 시설 설치비용 등 표준건축비에 포함되는 사항은 개발비용으로 인정이 불가함.

(10) 준공 후 추가 공사비

▣ 인가 조건이 없는 상태의 추가 공사비

[질의 요지]

사업 준공일 이후 추가로 지원되는 자금에 대해 개발비용으로 인정 여부

➲ **회신 내용** (토재 58307-460, 1997.7.8.)

「개발이익 환수에 관한 법률 시행령」 제11조의 규정에 의거 개발사업의 시행과 관련하여 지출된 순공사비 등과 관계 법령의 규정 또는 인가 등의 조건에 의하여 납부의무자가 공공시설 또는 토지 등을 국가 또는 지방자치단체에 제공하거나 기부

한 경우에는 그 가액을 개발비용으로 산정하도록 되어 있으나,

귀 질의와 같이 사업 승인 당시의 인가 등의 조건이 없는 상태에서 개발사업이 종료된 후에 추가로 발생한 공사비는 위의 규정에 의한 개발비용으로 인정할 수 없음.

準 준공 후 옹벽 붕괴 위험성이 있어 정밀안전진단을 받아 실시한 보강토 옹벽 공사비

[질의 요지]

개발사업 준공 이후 집중호우로 인한 연접 필지의 옹벽 붕괴로 개발사업부지도 옹벽붕괴 위험성이 있어 정밀안전 진단을 받아 보강토 옹벽 공사를 실시한 경우 개발비용 인정 여부

➲ 회신 내용 (토지정책과-239, 2013.4.9.)

「개발이익 환수에 관한 법률」 제11조 및 같은 법 시행령 제12조 규정에 의거 개발사업의 시행과 관련하여 지출한 순공사비 등은 개발비용으로 산정이 가능하나, 이는 당해 토지의 부지 조성 일환으로 소요된 비용인지의 여부를 검토하여 판단됩니다.

귀 질의의 경우, 개발사업부지 내의 토사 유출 방지를 위하여 옹벽을 설치한 경우에는 이를 순공사비로 보아 개발비용 산정이 가능할 것으로 보나, 해당 사업 부지 준공 이후 연접 부지의 보강토 옹벽 붕괴로 인하여 추가로 설치하는 경우에는 당해 토지의 부지 조성 일환으로 소요된 비용으로 인정이 곤란할 것으로 봅니다.

다만 이에 해당 되는지의 여부는 법령해석이 아닌 현장 조사 등 사실관계를 확인하여 판단할 사항이므로 개별적인 사례에 대하여는 당해 부과권자가 판단할 사항으로 봅니다.

準 준공 전 확정된 공사비, 확정되지 않은 공사비

[질의 요지]

사업준공시점 현재 지출하기로 확정된 공사비 중 지출되지 아니한 공사비와 지출하기로 확정되지 아니한 공사비를 개발비용으로 인정할 수 있는지 여부

➲ 회신 내용 (토재 58383-134. '97.3.6.)

개발사업의 준공 전에 이미 공사를 시행하였으나 그 공사비를 준공 후에 지불한 경우이거나 공사 시행을 조건으로 준공을 한 경우라면 그 소요경비를 개발비용으로

볼 수 있으나 사업준공 후에 새로이 공사를 시행하는 경우에는 그 공사비를 개발비용으로 인정 할 수 없음.

부지조성 공사의 경우

[질의 요지]

부지조성 공사가 완료되어 준공을 받아 개발비용을 신청하였으나 준공 당시 사업부지 안의 조경공사 부분이 완료가 안 되어 준공 당시 도급계약서의 금액을 개발비용으로 신청하였으나 준공을 하고 난 이후 조경공사를 하는 도중 부득이하게 설계변경을 하게 되어 공사비가 증가되므로 이 증가된 공사비도 개발비용으로 추가로 신청을 할 수 있는지

➲ 회신 내용

질의하신 공사비가 준공시점 현재 지출하기로 확정되지 아니한 공사비라면 개발비용으로 인정이 곤란할 것입니다.

토지형질 변경 허가의 경우

[질의 요지]

토지형질 변경 허가를 받아 근린생활시설 및 숙박시설의 건축을 준공하여 개발비용 산정 내역서를 제출한 후 개발부담금이 부과되었으나, 부지조성 공사는 추후에 완료된 경우, 추가로 개발비용 산정이 가능한지

➲ 회신 내용

「개발이익 환수에 관한 법률」 제11조의 규정에 의거 개발비용은 개발사업의 시행과 관련하여 직접 지출된 비용을 의미하고, 같은 법 시행령 제8조의 규정에 의거 토지의 개발과 건축물의 건축을 함께 행하는 개발사업의 경우에는 건축물의 사용승인일을 준공 전 부과종료시점으로 보아 개발부담금을 산정하도록 되어 있는 바,

귀 질의에서, 근린생활시설 및 숙박시설에 대한 건축물의 사용승인일을 위 규정에 의한 부과종료시점으로 보아 개발부담금을 산정한 경우에는 그 부과종료시점 이후에 투입된 공사비는 개발비용으로 인정되지 않는 것임.

(11) 기타 인정 불가 비용

미곡처리 설비

[질의 요지]

미곡종합처리장 설치사업 중 산물벼 수집·건조·가공의 자동화 설비 금으로 국고보조금이 지급된 경우 전체 개발비용에서 이를 공제하여야 하는지 여부

회신 내용 (토재 58383-133. '97.3.6.)

개발비용은「개발이익 환수에 관한 법률」제11조의 규정에 의거 당해 개발사업의 시행과 관련하여 지출된 순공사비 등을 말하는 것인 바, 귀 질의에서 산물벼 수집·건조·가공의 자동화 설비는 개발사업과 무관한 시설공사이므로 개발비용과 국고보조금을 연계시켜 개발비용에서 국고보조금을 공제할 수 없음.

석유 탱크

[질의 요지]

석유류 판매업을 영위하기 위하여 지하에 탱크를 매설하는 경우에 이를 개발비용으로 인정 여부

회신 내용

개발비용은 개발사업의 시행과 관련하여 지출된 순공사비, 조사비, 설계비, 일반관리비 등을 말하는 것이므로 석유류 판매업을 위한 탱크 매설 비용은 개발비용으로 인정되지 않음.

대중골프장 조성비

[질의 요지]

대중골프장 건설사업의 경우 대중골프장 조성비를 개발비용으로 인정할 수 있는지 여부

회신 내용

「개발이익 환수에 관한 법률 시행령」제4조 별표1 제9호에서 일반 골프장 및 간이 골프장을 건설하여 국가나 지방자치단체에 기부 채납하는 경우에는 이를 개발부담

금 부과대상에서 제외하도록 되어 있으나, 대중골프장 조성비의 경우는 「체육시설의 설치·이용에 관한 법률」 제15조의 규정에 의거 골프장 사업자가 대중골프장을 건설하는 대신 대중골프장 관리기관에 대중골프장 조성비를 예치하고, 추후 예치자는 공동으로 법인을 설립한 후 위 관리기관으로부터 예치한 조성비를 이관받아 대중골프장의 설치·운영에 투자하도록 되어 있어, 결국 동 조성비는 국가나 지방자치단체에 귀속되는 것이 아니라 사업시행자의 자산이 되는 것이므로 개발비용 인정이 곤란함.

국민 채권 및 지역개발 공채

[질의 요지]

개발허가 당시 납부한 국민 채권이나 지역개발공채도 개발비용 중 기타 경비에 포함이 돼야 하는 것 아닌가요

회신 내용

국민 채권이나 지역개발공채는 개발사업 자체에 포함된 비용이라 볼 수 없으므로 개발비용으로 인정될 수 없을 것으로 판단됩니다.

사업 지연에 따른 금융비용

[질의 요지]

주택건설사업 사전결정 허가 후 주택건설사업계획 승인이 지연됨에 따른 사업시행자의 금융비용에 대해 개발비용으로 산정 가능한지 여부

회신 내용 (토지정책과-686, 2012.2.7.)

「개발이익 환수에 관한 법률」 제11조 및 같은 법 시행령 제12조 규정에 의하면, 개발사업의 시행과 관련하여 지출한 순공사비, 조사비, 설계비, 일반관리비 및 그 밖의 경비, 관계 법령이나 인가 등의 조건에 따라 납부의무자가 공공시설이나 토지 등을 국가나 지방자치단체에 제공하거나 기부한 경우에는 그 가액과 해당 토지의 개량비는 개발비용으로 산정이 가능하도록 규정하고 있으나,

귀 질의의 개발사업 지연에 따른 사업시행자의 금융비용에 대하여는 위 규정에서 정한 개발비용 산정 항목에 해당되지 않는다고 봅니다.

개발부담금 개발비용 공제 주체

[질의 요지]

「개발이익 환수에 관한 법률」 6조 1항 2호. 타인이 소유하는 토지를 임차하여 개발사업을 시행한 경우에는 그 토지의 소유자로 되어 있는 바, 토지주가 타인에게 임대하여, 토지 사용 승인(또는 지상권 제공)하고 타인이 개발사업을 진행함(준공 후 건물 등에 대하여는 타인이 소유)에 따라 개발에 따른 제비용을 그 타인이 지출하게 되는 경우 토지주가 그 타인이 개발에 지출한 금액에 대하여 개발비용 공제를 받을 수 있는 것인지요?

➲ **회신 내용** (국민신문고 2013.10.19.)

「개발이익 환수에 관한 법률」 제6조 제1항 제2호에 따라 타인이 소유하는 토지를 임차하여 개발사업을 시행한 경우에는 그 토지의 소유자가 개발부담금 납부의무자가 됩니다.

따라서 납부의무자인 토지소유자는 토지 임차인에게 해당 개발 사업에 소요된 개발비용 명세서를 받아 관할 관청에 신고할 수 있습니다. 이 경우 세금계산서의 명의가 토지소유자와 다른 것은 당연한 사실이며 토지소유주와 토지 임차인 간의 임차 사실관계 입증 자료를 관할 관청에 제출하고 세금계산서 제출 등 소명을 할 경우 임차인의 개발비용을 토지소유주의 개발비용으로 인정이 가능할 것으로 판단됩니다.

나. 조사비

문화재 시굴 및 발굴 비용

[질의 요지]

- 개발사업 시행 기간 중에 사업부지 내 실시한 문화재 시굴 및 발굴 비용을 개발비용으로 인정할 수 있는지 여부
- '05.12.31. 아파트 사용검사를 받으려고 계획하였으나 문화재 시굴 및 발굴에 따른 개발사업의 지연으로 '06.3.24. 사용검사를 받았으므로 '05년을 종료 시점으로 하여 개발부담금을 산정할 수 있는지 여부

➲ **회신 내용** (토지정책팀-1538, 2006.4.13.)

「문화재보호법」상 개발사업 시행자가 부담하는 문화재 발굴 비용은 「개발이익 환수에 관한 법률」 제11조 및 같은 법 시행령 제10조의 규정에 의한 조사비 등으로

인정받을 수 있을 것으로 보이나,

이 비용이 당해 아파트의 건축비에 포함되어 분양가 등으로 전가할 수 있는 경우에는 개발비용으로 인정받지 못하게 되니, 사실 판단에 관한 사항은 부과권자에게 문의하시기 바랍니다.

종료시점지가는 같은 법 제9조의 규정에 따르면 관계 법령의 규정에 의하여 국가 또는 지방자치단체로부터 개발사업의 준공 인가 등을 받은 날이 되므로 아파트 사용검사일이 이건 개발사업의 종료 시점이 됩니다.

지적 측량비

[질의 요지]

개발부담금을 산정함에 있어, 사업준공 이전에 실시한 대한지적공사의 측량 업무 수수료를 개발 비용으로 인정이 가능한지

➲ 회신 내용

「개발이익 환수에 관한 법률 시행령」 제10조 제1항 제2호의 규정에 의거 직접 당해 개발사업의 시행을 위한 측량비로서 순공사비에 해당하지 아니하는 비용은 이를 개발 비용으로 인정할 수 있음.

다. 기부채납액

(1) 기부채납 가액

(가) 기부채납 가액의 인정 조건

[질의 요지]

산업단지개발사업의 "기부채납액"(도로 등의 도시기반시설 토지 가액)을 개발부담금 산정 시의 개발비용으로 인정받을 수 있는지

➲ 회신 내용 (토지정책과-11992, 2021.12.22.)

「개발이익 환수에 관한 법률」(이하 "법") 제11조 제1항 제2호 가목 및 같은 법 시행령

(이하 "영") 제12조 제1항 제5호 본문에 따르면, 관계 법령이나 해당 개발사업 인가 등의 조건에 따라 납부의무자가 국가나 지방자치단체에 공공시설이 나토지 등을 기부채납하였을 경우에는 그 가액을 개발비용에 포함하여 산출하도록 규정하면서,

영 제12조 제1항 제5호 각 목 외의 부분 단서에 따르면, 개발사업 목적이 타인에게 분양하는 등 처분하는 것으로서 그 처분가격에 기부하는 토지 등의 가액이 포함된 경우에는 그 처분가격을 종료시점지가로 산정하는 경우로 한정하고 있습니다.

따라서, 개발사업 목적이 타인에게 분양하는 등 처분하는 것으로서 그 처분가격에 기부채납액이 포함된 경우에는, 법 제10조 제2항에 따라 그 처분가격을 종료시점지가로 산정하는 경우에만 기부채납액을 개발비용으로 인정될 수 있습니다.

즉, 그 처분가격을 종료시점지가로 산정하지 않고 법 제10조 제1항에 따른 종료시점지가를 산정한 경우에는 그 기부채납액을 개발비용으로 인정할 수 없습니다.

법 제10조 제2항에 따라, 부과대상토지를 분양하는 등 처분할 때에 그 처분가격에 대하여 지방자치단체 등의 인가 등을 받는 경우 등 "대통령령으로 정하는 경우"에는 제1항에도 불구하고 대통령령으로 정하는 바에 따라 그 처분가격을 종료시점지가로 할 수 있도록 규정하고 있습니다.

위의 "대통령령으로 정하는 경우"란 영 제11조 제1항에 따라 "「산업입지 및 개발에 관한 법률」 제38조 및 같은 법 시행령 제40조에 따라 개발된 토지의 분양가가 결정된 경우" 등의 경우를 말합니다.

질의의 산업단지개발사업의 기부채납액이 관계 법령이나 해당 개발사업 인가 등의 조건에 따라 납부의무자가 국가나 지방자치단체에 공공시설이나 토지 등을 기부채납한 경우이면서, 개발사업 목적이 타인에게 분양하는 등 처분하는 것으로서 그 처분가격에 대하여 지방자치단체 등의 인가 등을 받아 처분가격 제한(「산업입지 및 개발에 관한 법률」 제38조 및 같은 법 시행령 제40조에 따라 개발된 토지의 분양가가 결정)을 받았으면서, 그 처분가격에 기부하는 토지 등의 가액이 포함된 경우로 그 처분가격을 종료시점지가로 산정하는 경우라면 기부채납액을 개발비용으로 인정할 수 있을 것으로 판단됩니다.

인가 조건에 없는 기부채납

[질의 요지]

건축허가 시에 기부채납 등의 조건은 없었으나, 일반주거지역에서 건물을 건축하고 남은 잔여 땅이 도시계획도로에 포함되어 있으므로, 그 부분을 분할하고 도로로 지목변경하여 기부채납한 경우에, 그 기부채납 가액을 개발부담금 산정을 위한 개발비용으로 인정해 줄 수 있는지

회신 내용

「개발이익 환수에 관한 법률」 제11조 제1항 제2호 및 같은 법 시행령 제10조 제1항 제6호의 규정에 의한 기부채납 비용은 관계 법령의 규정 또는 인가 등의 조건에 의하여 납부의무자가 국가 또는 지방자치단체에 기부하는 공공시설 또는 토지 등의 가액(개발사업의 목적이 타인에게 분양 등 처분하는 경우로서 그 처분가격에 공공시설 또는 토지 등의 가액이 포함된 경우에는 그 처분가격으로 종료시점지가를 산정하는 경우에 한함)을 말하므로 질의와 같이 건축허가 조건 없이 납부의무자 임의로 기부채납한 경우에는 위 규정에 의한 기부채납 비용요건에 해당되지 아니하므로 개발비용으로 인정되지 않음.

[기부채납(寄附採納) 가액 개발비용 인정 관련 유의 사항]

(토지정책과-953, '23.2.9.)

□ 배경

○ 「개발이익 환수에 관한 법률」 제11조 및 같은 법 시행령 제12조에 따르면 개발비용으로 인정되지 않는 기부채납(寄附採納) 가액을 개발비용으로 잘못 인정하여 개발부담금을 과소 부과하지 않도록 하기 위함.

□ 유의사항

○ 「개발이익 환수에 관한 법률」 제11조 제1항 및 제3항, 같은 법 시행령 제12조 제1항 제5호에 따라 "관계 법령이나 해당 개발사업 인가 등의 조건에 따른 납부의무자가 국가나 지방자치단체에 공공시설이나 토지 등을 기부채납(寄附採納)하였을 경우에는 그 가액"을 개발비용으로 인정하는 경우는 다음과 같음.

개발사업 목적	처분(분양) 가격에 기부채납액 포함 여부	종료시점지가	기부채납액 개발비용 인정 여부
분양 처분	기부채납액 포함	공시지가 산정가액	미인정
		감정평가액	미인정
		처분 가격	인정
자가보유		공시지가 산정가액	인정
		감정평가액	인정

* 개시시점지가는 '매입가격', 종료시점지가는 '처분가격'으로 하는 경우를 말하며, 특히 「개발이익 환수에 관한 법률 시행령」 제11조 제1항 제1호의 경우에는 주택의 분양가를 "분양가상한제 적용 주택의 기본형건축비 및 가산 비용"에 따른 건축비를 적용하여 결정하는 경우로 한정됨에 유의할 것

※ 「개발이익 환수에 관한 법률」에서 종료시점지가를 처분가격으로 할 수 있는 경우 (시행령 제11조 제1항)

1. 「주택법」 제54조 제1항 제1호에 따라 시장·군수·구청장의 승인을 받아 주택의 분양가가 결정된 경우(주택의 분양가를 제3항 제1호에 따른 건축비를 적용하여 결정하는 경우로 한정한다)
2. 「주택법」 제15조 제1항 및 같은 법 시행령 제27조 제6항에 따라 사업 주체가 조성한 대지의 공급조건 등에 대하여 국토교통부 장관 또는 지방자치단체의 장의 승인을 받은 경우
3. 「택지개발촉진법」 제9조 및 같은 법 시행령 제8조에 따라 택지의 공급가격 결정방법 등이 포함된 택지개발 사업실시계획에 대하여 국토교통부 장관 또는 지방자치단체의 장의 승인을 받은 경우
4. 「산업입지 및 개발에 관한 법률」 제38조 및 같은 법 시행령 제40조에 따라 개발된 토지의 분양가가 결정된 경우
5. 「산업입지 및 개발에 관한 법률」 제39조에 따른 특수지역 개발사업으로 개발된 토지의 분양가가 같은 법 시행령 제40조의 분양 가격의 결정방법과 같은 방법으로 결정된 경우
6. 「한국토지주택공사법」 제16조에 따라 한국토지주택공사가 매입하여 개발한 토지의 분양가가 결정된 경우
7. 제1호부터 제6호까지의 경우와 비슷한 경우로서 국가 또는 지방자치단체의 인가 등을 받아 토지의 분양 가격이 결정된 경우

학교 증축 공사비

[질의 요지]

주택건설사업계획 승인 시 교육청의 검토 의견에 따라 개발사업 대상지 인근의 초등학교 교실 등을 증축하여 기부채납한 경우 학교증축비가 개발비용으로 인정할 수 있는지 여부

회신 내용 (토지정책과-1368, 2008.12.18.)

「개발이익 환수에 관한 법률」 제11조 및 같은 법 시행령 제12조에 따라 관계 법령이나 인가 등의 조건에 따라 납부의무자가 공공시설이나 토지 등을 국가나 지방자치단체에 제공하거나 기부한 경우에는 그 가액을 개발사업의 시행과 관련된 비용으로서 인정합니다.

따라서 귀 질의의 경우의 학교증축 후 기부채납하는 것이 관계 법령이나 인가 등의 조건에 따라 국가나 지방자치단체에 제공하거나 기부하는 경우에 해당한다면 공공시설 또는 토지 등의 가액으로서 개발비용으로 산정하여 인정하여야 할 것입니다. 다만, 기부채납 공공시설 또는 토지가 관계 법령이나 인가 조건에 따라 이루어지는지 여부 등은 개발부담금 부과 징수권자가 승인 관계 서류 등을 검토하여 판단할 사항입니다.

(나) 공공시설 가액

[질의 요지]

국가 또는 지방자치단체에 기부하는 공공시설 가액을 개발비용으로 산정함에 있어, 그 시설에 대한 조성원가를 신청 당시의 개략적인 사업계획서에 의하여 산출하는지, 또는 공사원가 계산 보고서에 의한 가액을 기준으로 산출하는지 여부

회신 내용 (토지정책과-1368, 2008.12.18.)

「개발이익 환수에 관한 법률 시행령」 제10조의 규정에 의거 개발비용은 납부의무자가 당해 사업 시행과 관련하여 지출한 비용으로서 그 산출내역서와 증빙서류를 갖추어 제시한 금액으로 하도록 되어 있으므로

귀 질의의 경우, 공공시설 설치를 위하여 실제 지출된 비용으로서 증빙서류를 갖추어 제시한 금액을 기준으로 개발비용을 산정하게 되는 것이며, 반드시 사업계획서에 의한 산출이나 공사원가 계산 보고서에 의한 가액으로 개발비용을 산출해야 하는 것은 아님.

도로의 무상귀속에 따른 개발비용(기부채납액) 인정 여부

[질의 요지]

지목변경 수반 사업시행자가 건축허가 전(건축심의 진행 중)에 도시 계획 도로 부분을 분할 후 건축허가를 받고, 허가부서에서 기부채납 등의 조건이 부여되지 않은 상태에서 건물을 사용승인해 준 경우에 도시계획선 분할되어 개설된 도로를 사업 완료 후 기부채납 할 경우, 개발비용(기부채납액) 인정 여부

➲ 회신 내용(토지정책과-6835, 2018.10.26.)

「개발이익 환수에 관한 법률」 제11조 제1항 제2호 및 같은 법 시행령 제12조 제1항 제5호에 따르면 관계 법령이나 해당 개발사업 인가 등의 조건에 따라 납부의무자가 국가나 지방자치단체에 공공시설이나 토지 등을 기부채납 하였을 경우에는 그 가액을 개발비용으로 산정하도록 규정하고 있습니다.

그리고, 국토의 계획 및 이용에 관한 법률 제56조 제1항에 따르면 개발행위(토지분할 등)를 하려는 자는 특별시장·광역시장·특별자치시장·특별자치도지사·시장 또는 군수의 허가를 받아야 한다라고 규정하고 있고,

같은 법률 제65조 제2항에 따르면 개발행위허가를 받은 자가 행정청이 아닌 경우 개발행위허가를 받은 자가 새로 설치한 공공시설은 그 시설을 관리할 관리청에 무상으로 귀속된다고 규정하고 있으며,

「건축법」 제11조 제5항 제3호에 따르면 건축허가를 받으면 국토의 계획 및 이용에 관한 법률 제56조에 따른 개발행위허가를 한 것으로 본다고 규정하고 있습니다.

따라서, 질의의 토지가 건축허가 시 위 「국토의 계획 및 이용에 관한 법률」에 따라 의제된 개발행위허가에 의하여 분할되고, 그 토지를 도로로 개설하여 관리청에 무상으로 귀속된 경우에는 「개발이익 환수에 관한 법률」 제11조 제1항 제2호에 의거 관계 법령에 따라 국가 또는 지방자치단체에 공공시설이나 토지를 기부채납한 것으로 보아 개발비용에 포함하여야 할 것으로 판단되나, 개별사례가 이에 해당하는지 여부는 건축허가 서류 등 사실관계를 검토하여 개발부담금 부과 징수권자가 결정할 사항임을 알려 드립니다.

사업부지 외의 무상귀속 도로에 대한 개발비용 인정 여부

[질의 요지]

개발부담금 부과대상사업 사업시행자가 개발사업 부지 밖에 설치하는 지하 공공보도 시설이 건축허가 후 도시계획시설(도로 : 지하차도)로 결정되어 ○○○구에 무상 귀속되는 경우, 동 시설 등의 가액을 「개발이익 환수에 관한 법률」 제11조 제1항 및 같은 법 시행령 제12조 제5호에 따른 "기부채납액"의 개발비용으로 볼 수 있는지

▶ 토지는 시유지이고 시설물은 준공 후 「국토의 계획 및 이용에 관한 법률」 제99조에 따라 ○○○구에 무상귀속 예정

➲ 회신 내용 (토지정책과-9361, 2020.10.27.)

「개발이익 환수에 관한 법률」 제11조 제1항 및 같은 법 시행령 제12조 제1항 제5호에 따르면, 납부의무자가 관계 법령이나 해당 개발사업의 인가 등의 조건에 따라 국가 또는 지방자치단체에 기부하는 토지 또는 공공시설 등의 가액으로서 아래 구분에 따라 산정한 가액을 "기부채납액"의 개발비용으로 산정하도록 규정하고 있습니다.

- 토지의 가액 : 개시시점지가에 부과기간의 정상지가상승분을 합한 금액
- 공공시설 등의 가액 : 토지의 가액에 그 시설의 조성원가를 합산한 금액

「개발부담금 부과 징수 업무처리규정」 제11조 제2항 제2호에 따르면, 개발비용은 부과대상토지의 개발에 지출한 비용을 말하며, 예외적으로 관계 법령이나 해당 개발사업 인가 등의 조건에 따라 국가 또는 지방자치단체에 토지 또는 공공시설 등을 기부채납 등을 한 경우에는 부과대상토지 밖에서 해당 개발사업의 시행과 관련하여 지출한 비용도 포함할 수 있도록 규정하고 있습니다.

「국토의 계획 및 이용에 관한 법률」 제99조(공공시설 등의 귀속)에 따르면, 도시·군계획시설 사업에 의하여 새로 공공시설을 설치하거나 기존의 공공시설에 대체되는 공공시설을 설치한 경우에는 제65조를 준용하며,

같은 법 제65조 제2항에 따르면, 개발행위허가를 받은 자가 행정청이 아닌 경우 개발행위허가를 받은 자가 새로 설치한 공공시설은 그 시설을 관리할 관리청에 무상으로 귀속된다고 규정하고 있습니다.

* **"공공시설"** (법 제2조 제13호) : 도로·공원·철도·수도, 그 밖에 대통령령으로 정하는 공공용시설

따라서, 「국토의 계획 및 이용에 관한 법률」에 따라 지방자치단체에 무상귀속 되는 공공시설(도로 등) 등의 가액에 대한 지출 비용을 기부채납액으로 인정하여 개발

비용으로 산정할 수 있을 것으로 판단됩니다.

(다) 토지 가액의 산정

[질의 요지]

「개발이익 환수에 관한 법률 시행령」 제10조 제1항 제6호에서는 "관계 법령의 규정 또는 인가 등의 조건에 의하여 납부의무자가 국가 또는 지방자치단체에 기부하는 공공시설 또는 토지 등의 가액, 공공시설 등의 가액은 토지의 가액에 그 시설의 조성원가를 합산한 가액으로 하고, 토지의 가액은 개시시점지가에 부과기간의 정상지가상승분을 합한 가액으로 한다"에서의 부과기간의 의미는?

➲ 회신 내용(토정 58383-1652, 1998.10.14.)

「개발이익 환수에 관한 법률 시행령」 제10조 제1항 제6호의 규정에 의하면, "관계 법령의 규정 또는 인가 등의 조건에 의하여 납부의무자가 국가 또는 지방자치단체에 기부하는 공공시설 또는 토지 등의 가액"은 이를 개발비용으로 산정할 수 있도록 되어 있고,

이 경우 "토지의 가액은 개시시점지가에 부과기간동안의 정상지가상승분을 합한 가액"으로 산정하도록 되어 있는바

위 규정에서 "부과기간동안"이란 당해 개발사업의 부과개시시점부터 부과종료시점까지를 의미하는 것임.

사업시행자와 기부채납 명의자가 다른 경우

[질의 요지]

한 필지의 임야를 일반주거지역과 도시계획도로로 분할하여 일반주거지역은 법인 명의로 매입하고 도시 계획 도로 부분은 개인 명의로 매입하여 개발사업을 시행한 경우, 사업인가 등의 조건에 의하여 도로 부분을 개인 명의로 기부채납 하였다면 그 기부채납토지 가액을 개별공시지가로 산정하는지 또는 실제 매입 가격으로 산정하는지 여부

➲ 회신 내용

「개발이익 환수에 관한 법률 시행령」 제10조 제1항 제6호의 규정에 의거 기부채납 토지의 가액은 개시시점지가에 부과기간 동안의 정상지가상승분을 합한 가액으로

산정하도록 되어 있고 개시시점지가 산정은 같은 법 제10조 제3항 및 제5항의 규정에 의거 원칙적으로 부과개시시점이 속한 연도의 당해 토지의 개별공시지가(당해 토지의 개별공시지가가 없는 경우에는 감정평가)에 의하여 산정하도록 되어 있고

다만, 납부의무자가 같은 법 시행령 제9조 제5항의 규정에 의한 매입 가격을 종료시점부터 25일 이내에 신고하는 경우에 한하여 그 매입 가격을 기준으로 개시시점지가를 산정할 수 있도록 되어 있으므로

귀 질의의 경우에도 위 규정에 의한 매입 가격을 소명하였다면 그 매입 가격을 기준으로 기부채납토지 가액을 산정할 수 있으며, 이 경우 당해 기부채납토지가 당해 사업의 시행과 관련하여 기부채납한 것이 명백한 경우라면 반드시 기부채납 명의자와 사업시행자가 일치되어야 하는 것은 아님.

기부채납액 산정 시 국유지 매입가를 개시시점지가로 할 수 있는지

[질의 요지]

아파트 개발사업과 관련하여 사업시행자가 허가 조건으로 국유지(재정경제부)를 매입하여 기부채납하였을 경우 기부채납토지의 가액 산정시 개시시점지가를 공시지가가 아닌 매입 가격으로 산정 가능한지 여부

회신 내용

「개발이익 환수에 관한 법률 시행령」 제10조 제1항 제6호는 기부채납토지의 가액은 개시시점지가에 정상지가상승분을 합한 가액으로 한다고 되어 있고, 법률 제10조 제3항 제1호는 국가 등으로부터 매입한 경우 그 실제 매입 가액에 부과개시시점까지의 정상지가상승분을 가감한 가액을 개시시점지가로 할 수 있다고 규정되어 있습니다.

기부채납한 토지의 매입가를 개시시점지가로 할 수 있는지

[질의 요지]

개발부담금 부과 시 사업 부지는 개시시점 및 종료시점 지가를 공시지가로 하고, 기부채납 부지는 매입가 신고가 가능한지요.

➲ 회신 내용

「개발이익 환수에 관한 법률」 제10조 제4항에 의거 기부채납토지는 부담금 산정 면적에서 제외하며, 동법 시행령 제10조 제1항 제6호에 의거 개발비용으로 인정되는 기부채납토지 가액의 산정은 개시시점지가에 부과기간의 정상지가상승분을 합한 가액으로 하고 있습니다. 그러므로 시행령 제9조 제5항 등의 요건에 해당하여 실제 매입 가격을 개시시점지가로 하는 경우에는 이를 기준으로 개발비용을 산정할 수 있습니다.

기부채납토지 가액의 산정 방법은?

[질의 요지]

사업인가 조건에 일부 토지를 기부채납 하도록 인가 조건이 부여된 사업의 경우 기부채납토지의 가액을 산정할 때 「개발이익 환수에 관한 법률」 제10조 제3항을 적용하여 개별공시지가로 산정하여야 하는지 사업시행자가 실제로 매입한 가액을 개시시점지가로 환산한 후 정상지가상승분을 합한 가액으로 하여야 하는지 여부

➲ 회신 내용(토지정책과-564, 2014.1.24.)

「개발이익 환수에 관한 법률 시행령」 제12조 제1항 제6호에 따르면 관계 법령의 규정 또는 인가 등의 조건에 따라 납부의무자가 국가 또는 지자체에 기부하는 토지 등의 가액은 법 제11조 제1항에 따른 개발비용으로 인정하고 있으며, 토지의 가액은 개시시점지가에 부과기간의 정상지가상승분을 합한 가액으로 하도록 하고 있습니다.

위 기부채납토지 가액은 법 제11조 제1항 제2호, 제3항의 규정의 위임에 의하여 규정된 것으로 개시시점지가란 개발행위 인허가 이후 개발이익이 반영되지 아니한 가액으로 산정하여야 하며 개발비용으로 공제하여 주는 성격이므로 다음과 같이 정상적인 거래 가격으로 인정되거나 신뢰성 있는 경우에 한하여 실제 매입한 토지 가액을 인정하여야 할 것입니다.

- 국가·지자체 또는 공법인으로부터 매입한 경우
- 경매나 입찰 또는 협의 또는 수용에 의하여 매입한 경우
- 매입가격이 취득세의 과세표준이 된 경우 등

기부채납토지를 사업 개시시점 이전부터 이미 보유하고 있던 것이면 개시 시점을 기준으로 환산해 적용하고, 개시시점 이후에 취득한 것이면 그 취득시기의 가액을

적용해 부과종료시점까지의 지가상승분을 합산해 산정하도록 하여야 할 것으로 판단됩니다.

기부채납토지가 개발사업 구역 내 포함된 경우 정상적인 거래 가격 판단 여부

[질의 요지]

개발부담금 산정 시 '기부채납토지'의 매입 가격 인정 여부를 판단할 경우 부과대상토지와 마찬가지로 정상적인 거래 가격인지 여부에 대하여 개발부담금 부과 징수 관청에서 판단하여야 하는지?

▶ 질의 대상 기부채납토지는 당해 개발부담금 부과대상 개발사업 구역 내에 포함

➲ 회신 내용 (토지정책과-4005, 2016.6.7.)

「개발이익 환수에 관한 법률 시행령」 제12조 제1항 제6호에 따르면 관계 법령의 규정 또는 인가 등의 조건에 따라 납부의무자가 국가 또는 지자체에 기부하는 토지 등의 가액은 법 제11조 제1항에 따른 개발비용으로 인정하고 있으며, 기부채납토지의 가액은 개시시점지가에 부과기간의 정상지가상승분을 합한 가액으로 하도록 하고 있습니다.

따라서, 기부채납토지 가액 산정 시 개시시점지가는 「개발이익 환수에 관한 법률」 제10조 제3항의 규정에 따라 부과대상토지와 마찬가지로 원칙적으로 기부채납토지의 개별공시지가에 그 공시지가 기준일로부터 부과개시시점까지의 정상지가상승분을 합한 가액으로 산정하여야 하나, 다만, 예외적으로 다음과 같이 정상적인 거래 가격으로 인정되거나 신뢰성 있는 경우에 한하여 실제 매입 한 토지 가액을 기준으로 개시시점지가를 산정할 수 있을 것으로 판단되며,

- 국가·지자체 또는 공법인으로부터 매입한 경우
- 경매나 입찰 또는 협의 또는 수용에 의하여 매입한 경우
- 매입 가격이 취득세의 과세표준이 된 경우 등

아울러, 귀 질의의 기부채납토지가 당해 개발부담금 부과대상 개발사업 구역에 포함된 경우라면 기부채납토지의 실제 매입 가격이 취득세의 과세표준이 된 경우라도 그 실제 매입 가격이 정상적인 거래 가격인지 여부에 대하여 판단하여야 하며, 정상적인 거래 가격인지 여부에 대하여는 인근 유사 토지거래 가격 사례 등 사실관계를 조사하여 부과 징수권자인 귀 구에서 판단할 사항임을 알려 드립니다.

기부채납 비용 개발비용 인정 여부

[질의 요지]

납부의무자가 개발사업 인가 등의 조건으로 일정 면적의 토지를 기부채납 하기로 하였으나 사업 완료 시점에 이행되지 않아 허가권자와 사업시행자의 합의로 이행 담보금 (합의 시점의 기부채납토지 1.1.기준 개별공시지가로 산정한 가액)을 예치한 후 사업이 완료되었으며, 예치한 담보금액을 개발비용(기부채납액)으로 신고하였을 경우 개발부담금 부과 시 기부채납액으로 인정할 수 있는지 여부?

회신 내용 (토지정책과-3646, 2016.5.23.)

「개발이익 환수에 관한 법률 시행령」 제12조 제1항 제5호의 규정에 따르면 관계 법령의 규정 또는 인가 조건에 따라 납부의무자가 국가 또는 지자체에 기부하는 토지 또는 공공시설 등의 가액은 개발 비용으로 인정이 가능하고, 기부채납 가액 산정은 토지 가액은 개시시점지가에 부과기간의 정상지가상승분을 합한 금액으로 산정합니다.

아울러, 같은 법 제20조 제2항에 따르면 특별한 사유 없이 법 제18조에 따른 납부기일까지 기부하기로 한 토지 또는 공공시설 등을 기부하지 아니한 경우에는 납부기일이 지난 날부터 1개월 이내에 기부채납 관련 개발비용으로 산입한 금액에 해당하는 부담금을 징수할 수 있도록 규정하고 있습니다.

따라서, 귀 질의의 경우 당해 개발사업의 인가 등의 조건에 따라 일정 면적의 토지를 기부채납하기로 하였고 기부채납 이행을 담보하기 위해 이행 담보금(해당 기부채납토지의 개별공시지가 상당액, 기부채납 이행시만 반환 가능)을 지자체에 예치한 경우라면 개발비용으로 인정이 가능할 것으로 판단되며,

아직 기부채납을 이행하지 않았으므로 예치금을 개발비용으로 인정하여 개발부담금을 부과한 후 납부 기일까지 기부하였을 경우 개시시점지가에 부과기간의 정상지가상승분을 합하여 개발부담금을 정정 부과하는 것이 바람직할 것으로 사료됨을 알려 드리며, 개발비용 인정 여부에 대한 최종 판단은 귀 구에서 관계 법령 검토 및 인허가 서류 등 사실관계를 조사하여 결정하여야 할 것으로 봅니다.

조합원분 주택이 함께 있는 경우 기부채납 비용 개발비용 인정 여부

[질의 요지]

조합원분 주택과 일반분양분 주택이 함께 있는 경우, 기부채납액의 개발비용 인정여부

➲ 회신 내용 (국민신문고, 2024.12.12.)

「개발이익 환수에 관한 법률」(이하 "법") 제11조 제1항 제2호 가목에 따르면, 관계 법령이나 해당 개발사업인가 등의 조건에 따라 납부의무 자가국가나 지방자치단체에 공공시설이나 토지 등을 기부하였을 경우에는 그 가액을 개발비용에 포함하여 산출하도록 규정하면서,

같은 법 시행령(이하 "영") 제12조 제1항 제5호 각 목 외의 부분 단서에 따르면, 개발사업 목적이 타인에게 분양하는 등 처분하는 것으로서 그 처분가격에 기부하는 토지 또는 공공시설 등의 가액이 포함된 경우에는 제11조 제2항에 따라 그 처분가격을 종료시점지가로 산정하는 경우로 한정하고 있고,

법 제10조 제2항에 따라 처분가격을 종료시점지가로 산정하는 경우는 부과대상토지를 분양하는 등 처분할 때에 그 처분가격에 대하여 지방자치단체 등의 인가 등을 받는 경우 등 "대통령령으로 정하는 경우"에는 제1항에도 불구하고 대통령령으로 정하는 바에 따라 그 처분가격을 종료시점지가로 할 수 있도록 규정하고 있고, "대통령령으로 정하는 경우"란 영 제11조 제1항에 따라 아래의 경우를 말합니다.

1. 「주택법」 제54조 제1항 제1호에 따라 특별자치시장·특별자치도지사·시장·군수 또는 구청장(자치구의 구청장을 말한다. 이하 같다) 의성인을 받아 주택의 분양가가 결정된 경우(주택의 분양가를 제3항 제1호에 따른 건축비를 적용하여 결정하는 경우로 한정)
2. 「주택법」 제15조 제1항 및 같은 법 시행령 제27조 제6항에 따라 사업 주체가 조성한 대지의 공급조건 등에 대하여 국토교통부 장관 또는 지방자치단체의 장의 승인을 받은 경우
3. 「택지개발촉진법」 제9조 및 같은 법 시행령 제8조에 따라 택지의 공급가격 결정방법 등이 포함된 택지개발사업실시계획에 대하여 국토교통부 장관 또는 지방자치단체의 장의 승인을 받은 경우
4. 「산업입지 및 개발에 관한 법률」 제38조 및 같은 법 시행령 제40조에 따라 개발된 토지의 분양가가 결정된 경우

5. 「산업입지 및 개발에 관한 법률」 제39조에 따른 특수 지역개발사업으로 개발된 토지의 분양가가 같은 법 시행령 제40조의 분양 가격의 결정방법과 같은 방법으로 결정된 경우
6. 「한국토지주택공사법」 제16조에 따라 한국토지주택공사가 매입하여 개발한 토지의 분양가가 결정된 경우
7. 제1호부터 제6호까지의 경우와 비슷한 경우로서 국가 또는 지방자치단체의 인가 등을 받아 토지의 분양 가격이 결정된 경우

참고로, 대법원은 "처분가격에 기부채납시설 가액이 전부 혹은 일부 포함되지 않는 극히 예외적인 경우가 있을 수 있다……. 처분가격에 기부채납시설 가액이 전혀 포함되지 않을 때는 이사건 괄호 규정의 적용을 받지 않고 시행령 제12조 제1항 제6호 본문에 따라 기부채납시설 가액 전부가 개발비용으로 공제되므로 처분가격에 기부채납시설 가액이 '일부' 포함되지 않을 때도 그 부분을 개발비용으로 공제하는 것이 형평에 부합하는 점등에 비추어 볼 때, 기부채납시설의 가액을 개발비용으로 공제하여야 한다고 주장하는 사업시행자가 처분가격에 포함되지 않는 기부채납시설 가액 부분의 존재 및 액수를 증명하면, 그 액수 상당을 개발비용으로 공제할 수 있다고 보아야 한다."라고 판시(2021.2.4. 선고 2016두40863)하였습니다.

따라서 조합원분 주택의 경우에는 조합원분 주택가격에 일반분양분 주택가격에 포함되지 않는 기부채납액 부분이 존재하는 경우라면, 영 제12조 제1항 제5호 본문에 따라 그 기부채납액 상당은 개발비용으로 인정할 수 있을 그것으로 판단되나, 구체적인 사항에 대해서는 인가 등의 내용 및 사실관계 등을 확인하여 판단할 사항으로 해당 개발부담금 부과징수권자인 시장·군수·구청장에게 문의하여 주시기 바랍니다.

1차 사업의 기부채납 비용을 2, 3, 4차 사업에 순차적으로 공제 가능 여부

[질의 요지]

지구단위계획 구역 (특별계획 구역)내 세부 개발 계획에 의거 동일한 사업시행자가 1~4차 사업(공동 주택, 주상 업무 복합시설, 관광호텔 등) 을 시행하며, 기반 시설을 공동 사용하는 것으로 1차 사업준공 완료 시점에 기부채납 비용을 공제해 주고 남은 기부채납 비용을 완료되는 2차, 3차, 4차 사업에 순차적으로 개발비용으로 공제하여 줄 수 있는지?

➲ **회신 내용** (토지정책과-8874, 2016.10.31.)

「개발이익 환수에 관한 법률 시행령」 제4조와 [별표1] 제1호에 따르면 주택법에

의한 주택건설사업은 개발부담금 부과대상사업으로 규정하고 있고, 동 [별표1] 제7호, 제8호에 따르면 같은 법 시행규칙의 건축물의 건축(건축법 제19조에 따른 용도변경 포함)으로 사실상 또는 공부상 지목변경이 수반되는 사업과 개발행위허가, 농지전용허가 등을 받아 주택을 건축하기 위한 용도로 토지를 개발하는 사업 등 동법 시행규칙 [별표2]에서 정하는 사업은 각각 개발부담금 부과대상사업으로 규정하고 있으며,

「개발이익 환수에 관한 법률 시행령」 제12조 제1항 제6호에 따르면 관계 법령이나 해당 개발사업의 인가 등의 조건에 따라 납부의무자가 국가 또는 지자체에 기부하는 토지 등의 가액은 법 제11조 제1항에 따른 개발비용으로 인정하고 있습니다.

한편, 개발부담금 산정은 개발부담금 부과대상 각각의 사업 대상 건별로 종료시점지가에서 개시시점지가, 부과기간의 정상지가상승분 및 개발비용을 뺀 금액으로 산정하여야 합니다.

따라서, 귀 질의의 기부채납시설의 개발비용 공제도 각각의 사업 대상 건별로 관계 법령이나 해당 개발사업의 인가 등의 조건에 따라 국가 또는 지자체에 기부하는 것인지 여부에 대하여 검토하여 적용하여야 하며, 어느 하나의 사업은 개발이익이 적어 마이너스가 나오고 다른 사업은 개발이익이 발생하더라도, 마이너스가 발생한 사업의 개발비용(기부채납 비용)을 플러스 개발이익이 발생한 사업에 적용하여 개발부담금을 산정할 수 없을 것으로 판단되나, 기부채납 비용 개발비용 인정 여부에 대한 최종 판단은 기부채납 공공시설 또는 - 312 - 토지가 관계 법령이나 해당 개발사업의 인가 등의 조건에 따라 이루어지는지 여부에 대하여 부과권자인 귀 구에서 관계 법령 및 인허가 서류 등을 검토하여 결정하시기 바랍니다.

[질의 요지]

도심지 재개발 사업으로서 가사용 승인 시점을 준공 전 완료 시점으로 보아 개발부담금을 부과하였는데 나중에 전체사업 준공 시 허가 조건에 의거 도로 등을 기부채납하는 경우, 그 개발비용을 정상지가상승분 정산 시 인정하여 산정할 수 있는지 여부

➲ 회신 내용

국가 또는 지자체에 기부한 도로 등은 개발비용으로 인정할 수 있으므로 기부채납이 개발부담금 부과시까지 이루어지지 않고 그 후에 기부채납이 완료된 경우에는 정상지가상승분 정산시 이를 개발비용으로 인정하여 정산할 수 있음.

[질의 요지]

개발사업에 대한 인가의 조건 등에 의하여 국가·지방자치단체에 납부한 부담금의 합계액을 개발비용으로 산정토록 규정하고 있으므로 공업단지 조성 사업은 준공되었으나 부대 시설이 준공되지 않았으므로 아직 납부하지 아니한 폐수종말처리장 설치부담금을 개발비용으로 인정하여야 하는지의 여부와 부대 시설인 폐수종말처리장 건설사업비를 개발비용으로 인정하면 2차 연도(1996년도)에는 국가보조금의 55억이 책정되었으므로 이의 보조금을 개발비용에서 제외하고 97년 이후에도 국비 또는 도비 보조금이 따를 경우에도 개발비용에서 제외하여 개발부담금을 추가로 부과하여야 하는지 여부

➲ **회신 내용** (토재 58383-108. '96.2.16.)

「개발이익 환수에 관한 법률 시행령」 제10조 제1항 제6호의 규정에 의거 관계 법령의 규정 또는 인가 등의 조건에 의하여 납부의무자가 국가 또는 지방자치단체에 기부하는 공공시설 또는 토지 등의 가액을 개발비용으로 산정하도록 되어 있고, 제17조 제2항에는 납부의무자가 국가나 지방자치단체에 기부하기로 된 공공시설 또는 토지 등을 특별한 사유 없이 기부하지 아니한 경우에는 개발비용으로 산입한 금액에 해당하는 부담금을 징수하도록 되어 있으므로

귀 질의의 경우 사업시행자가 부담하기로 한 폐수종말처리장 설치부담금은 개발비용으로 인정하여 개발부담금을 산정하고 추후 사업시행자가 설치부담금 의미납부나 과소하게 납부한 경우에는 부담금을 추징하여야 하며, 설치부담금 중에 국비 또는 도비 보조금이 있는 경우에는 그 해당 금액은 개발비용에서 제외되어야 할 것임.

산업단지개발사업 시행 시 공공폐수처리시설 설치비용의 개발비용 인정 여부

[질의 요지]

산업단지개발사업 시행 시 "공공폐수처리시설"에 대한 설치비용이 「개발이익 환수에 관한 법률」 제11조 및 같은 법 시행령 제12조 제1항에 따른 개발비용으로 인정되는지

➲ **회신 내용** (토지정책과-5378, 2020.6.25.)

「개발이익 환수에 관한 법률」(이하 "법") 제11조 제1항 제2호 가목에 따르면, 관계 법령이나 해당 개발사업 인가 등의 조건에 따라 납부의무자가 국가나 지방자치단체에 공공시설이나 토지 등을 기부채납하였을 경우에는 그 가액을 개발비용에 포함하여 산출하도록 규정하면서,

같은 법 시행령(이하 "영") 제12조 제1항 제5호 각 목 외의 부분 단서에 따르면, 개발사업 목적이 타인에게 분양하는 등 처분하는 것으로서 그 처분가격에 기부하는 토지 또는 공공시설 등의 가액이 포함된 경우에는 그 처분가격을 종료시점지가로 산정하는 경우로 한정하고 있습니다.

따라서, 개발사업 목적이 타인에게 분양하는 등 처분하는 것으로서 그 처분가격에 기부채납액이 포함된 경우에는, 법 제10조 제2항에 따라 그 처분가격을 종료시점지가로 산정하는 경우에만 기부채납액을 개발비용으로 인정될 수 있습니다.

즉, 그 처분가격을 종료시점지가로 산정하지 않고 법 제10조 제1항에 따른 종료시점지가를 산정한 경우에는 그 기부채납액을 개발비용으로 인정할 수 없습니다.

아울러, 2020.5.27. 국토교통부 제3회 규제혁신심의회(및 적극행정 지원위원회)에서는 산업단지개발사업의 폐수종말처리시설이 관계 법령이나 해당 개발사업의 인가 등의 조건에 따라 국가 또는 지방자치단체에 기부되고, 사업목적이 타인에게 분양하는 등 처분하는 것으로서 그 처분가격에 기부하는 토지 등의 가액이 포함되고 그 처분가격을 종료시점지가로 산정하는 경우에는 폐수종말처리시설의 설치비용을 개발비용으로 인정하는 것으로 의결하였습니다.

따라서, 산업단지개발사업 시행 시 사업시행자가 지출한 '공공폐수처리시설'의 설치비용이 위 법령의 요건에 맞는 경우라면 개발비용으로 인정할 수 있을 것으로 판단됩니다.(다만, 국가 등으로부터 비용을 보조받은 경우에는 그 해당 금액은 제외)

라. 그 밖의 경비

(1) 보상비

철거 건물 가액

[질의 요지]

기존 건축물을 철거 후 상당한 기간이 경과 된 후 개발행위허가를 받은 경우에도 기존 건축물의 가액을 개발 비용으로 인정이 가능한지

➲ 회신 내용 (토지정책과-5053, 2009.10.29.)

「개발이익 환수에 관한 법률」 제11조 및 제12조 제1항 제5호의 규정에 의하면 개

발사업의 시행과 관련하여 지출된 비용으로 토지 가액에 포함되지 아니한 개발사업 구역의 철거하는 건물의 가액을 포함하여 건물·입목·영업권 등에 대한 보상비는 개발비용으로 산정하도록 되어 있습니다. 다만, 개발사업의 시행과 관련하여 지출된 비용인지의 여부는 법령해석이 아닌 사실관계를 확인하여 부과권자가 판단할 사항입니다.

건물 가액이 실제 매입 가격인 경우

[질의 요지]

건축허가('07.3.28./근생)를 받아 지목변경을 수반하는 사업으로 기존 건축물을 포함하여 토지를 매입('06.12.21.)하였는바 기존건물의 취득가액을 취득세 또는 등록세의 과세표준이 된 실제 매입 가격일 경우 개발비용으로 인정할 수 있는지 여부

➲ **회신 내용** (토지정책과-284, 2009.1.20.)

「개발이익 환수에 관한 법률 시행령」 제12조 제1항 제5호에 따라 개발비용에는 해당 개발사업을 시행하기 위하여 철거하는 건물의 가액이 포함되고, 건물 가액은 개발사업을 시행하기 위하여 매입한 건물의 경우에는 취득세 또는 등록세의 과세표준이 된 실제 매입 가격으로 하며, 기존 소유 건물의 경우에는 지방세법 제111조 제2항에 따른 시가 표준액이 없거나 납부의무자가 원할 때는 국토해양부 장관이 지정하는 감정평가법인이 감정평가한 가액으로 합니다.

귀 질의의 경우와 같이 개발사업을 시행하기 위하여 매입한 건물의 경우에는 취득세 또는 등록세의 과세표준이 된 실제 매입 가격으로 하게 될 것으로 사료됩니다.

참고로 납부의무자가 토지와 그 토지에 정착된 건물 등을 함께 매입한 경우로서 실제 매입가액 또는 취득가액 중 토지의 가액과 건물 등의 가액의 구분이 불분명한 경우에는 「개발이익 환수에 관한 법률 시행령」 제11조 제6항을 준용하여 부가가치세법 시행령 제48조의2 제4항에서 정하는 바에 따라 똑같이 나누어 계산한 가액을 토대로 산정할 수 있을 것으로 사료됩니다.

다만, 개발비용의 인정 여부 등은 사실 판단이 필요한 사항으로 부과 징수권자가 판단할 사항입니다.

아파트 사업부 지내기에서 매입비의 개발비용 인정 여부

[질의 요지]

사업 개시시점 이후 사업시행자가 매입한 시·국유지 매입 가액의 개시시점지가 인정 여부

➲ **회신 내용** (토지정책팀-1785, 2006.5.1.)

「개발이익 환수에 관한 법률」 제9조 제3항은 개시시점지가로 실제 매입 가격이 인정되는 경우로서 "국가·지방자치단체 또는 건설교통부령이 정하는 기관으로부터 매입한 경우"를 규정하고 있으며, 이때 개시시점지가는 그 매입일로부터 부과개시시점까지의 정상지가상승분을 가감한 가액으로 하도록 규정하고 있는바, 시·국유지의 경우 부과개시시점 이후 매입한 매입 가격을 개시시점지가로 인정할 수 있을 것임.

무허가 철거보상비

[질의 요지]

토지 수용 절차에 따라 무허가 건물 점유자에게 지급한 보상비와 사업시행자가 매입한 사업부지 내에 있던 무허가 건물(무허가 대장 기재) 점유자에게 지급한 철거보상비가 「개발이익 환수에 관한 법률 시행령」 제12조 제1항 제5호에 따른 개발비용으로 인정 가능한지 여부

➲ **회신 내용** (토지정책과-1875, 2013.7.1.)

「개발이익 환수에 관한 법률 시행령」 제12조 제1항 제5호에 따르면 "토지 가액에 포함되지 않은 건물·입목·영업권 등에 대한 보상비, 건물 등에 대한 보상비에는 해당 개발사업을 시행하기 위하여 철거하는 건물의 가액이 포함되며"로 규정하고 있습니다.

귀 질의하신 토지 수용 절차에 따라 무허가 건물점유자에게 지급한 보상비와 사업시행자가 사업부지 내에 있던 무허가 건물점유자에게 지급한 철거보상비는 「개발이익 환수에 관한 법률 시행령」 제12조 제1항 제5호에 따른 개발비용으로 인정 가능할 것으로 판단됩니다.

개발 제한구역 내 이축권 구입 비용

[질의 요지]

"개발 제한구역 내 이축권 구입 비용"을 「개발이익 환수에 관한 법률」 제11조 및 같은 법 시행령 제10조 제1항에서 규정하고 있는 기타 경비인 보상비로 보아 개발비용으로 인정 가능한지

➲ 회신 내용 (토지정책팀-4821, 2006.12.22.)

「개발이익 환수에 관한 법률」 제11조 및 같은 법 시행령 제10조는 토지개발 사업의 시행과 관련하여 지출된 순공사비 등을 개발비용으로 산정하도록 규정하고 있습니다.

개발 제한구역에서 이축권 구입 비용은 토지의 개발에 지출된 비용이 아니므로 개발비용으로 인정될 수 없을 것으로 판단됩니다.

수목 굴취 이식비

[질의 요지]

개발행위 허가를 득하여 (자동차 관련 시설부지 조성 사업)을 시행하고 있습니다. 본 토지에 조경수 (소나무) 약 500여 그루가 식재되어 있었던바 매도인과의 매매계약 조건 약속에 따라 조경수 500여 그루를 약 8km 거리로 매수인이 옮겨줬다면 개발비용으로 인정할 수 있는지?

수목 이식 비용은 매수인이 지급한다고 매매 계약서에 명시하였고 실제 사업시행자가 수목의 굴취, 운반, 이식, 비용을 지불하였습니다.

➲ 회신 내용 (국민신문고, '14.8.6.)

「개발이익 환수에 관한 법률 시행령」 제12조 제1항 제9호에 따르면 토지의 가액에 포함되지 아니한 개발사업 구역의 건물, 공작물, 입목 및 영업권 등에 대한 보상비는 개발비용으로 공제할 수 있도록 규정하고 있습니다.

위 조문에서 말하는 입목에 대한 보상비는 입목에 관한 법률에 따라 소유권 보존등기 또는 민법에 따른 명인방법을 갖추어 수목에 대한 소유권이 공시된 경우에만 제한적으로 보상비 성격의 개발비용 항목으로 공제가 가능하다고 판단됩니다.

또한 공익사업을 위한 토지 등의 취득 및 보상에 관한 법률 제75조 제1항에 따르면 ① 건축물·입목·공작물과 그 밖에 토지에 정착한 물건(이하 "건축물 등"이라 한다)에 대하여는 이전에 필요한 비용(이하 "이전비"라 한다)으로 보상하여야 한다.고 규정하고 있습니다.

위 토지보상법 등 관련 규정을 준용하여 판단해 볼 때 입목 등에 대한 이전비를 인정하는 것은 보상비 성격으로 볼 수 있고, 귀 사례에서 당해 토지상의 입목 등을 등기하지 않은 경우에는 보상비를 적용할 수 없으므로 개발비용으로 인정이 불가능할 것으로 판단됩니다.

일반적인 토지 매매시 입목 등을 등기하지 않은 경우에는 해당 입목은 해당 토지에 부속된 종물(從物)로서 토지 매매시 토지 가액에 포함하여 거래된다고 볼 수 밖에 없습니다.

보상비는 등기된 입목에 한하여 적용할 수 있기 때문에 개발 이익환수법상의 개발비용으로 인정할 수 없게 됩니다.

다만, 개발사업 시행을 위한 수목 벌채비용(수목 이전비용 제외)은 순공사비에 해당하여 개발비용으로 공제가 가능할 것으로 판단 됩니다. 자세한 개별사례에 대한 문의는 해당 시군구청 개발부담금 관할 관청과 협의하여 주시기 바랍니다.

민원 보상비

[질의 요지]

아파트 건설사업 시행 중 기초공사(발파·굴착)로 인하여 인접 피해(인근 주택 균열, 지반 침하) 보상비를 인근 주민에게 지급한 경우, 개발비용 인정 여부

➲ 회신 내용 (토재 58307-325. '97.5.16.)

「개발이익 환수에 관한 법률」 제11조 및 같은법시행령 제10조 제1항 제5호의 규정에 의거 개발사업의 시행과 관련하여 지출된 비용으로서 토지 가액에 포함되지 아니한 개발사업 구역 안의 건물, 입목, 영업권 등에 대한 보상비는 이를 개발비용으로 산정할 수 있도록 되어 있으나, 귀 질의와 같이 사업 구역이 아닌 인접 지역 주민에 대한 피해보상비는 개발사업과 직접 관련하여 지출된 비용으로 볼수 없어 개발비용으로 산정이 불가함.

농작물 보상비

[질의 요지]

사업 시행 기간 ('01.7.4~'04.6.23) 이전인 '96.10.13 사업시행자와 당시 토지 소유자간의 계약에 따라 농작물 보상비를 지급하기로 하고 총 3회('96년 1회, '02년 2회)에 걸쳐 보상금을 지불한 경우 이를 개발비용으로 인정 가능한지 여부

➲ 회신 내용

동법 제11조 제1항에 따라 개발비용은 개발사업의 시행과 관련하여 지출된 순공사비 등을 합산하여 산정하도록 규정하고 있으므로 귀 질의와 같이 개발사업 시행일 이전인 '96년에 당사자 간의 사적 계약에 따라 지출된 사항은 동 개발사업의 시행과 관련하여 지출된 비용으로 볼 수 없을 것으로 판단됩니다.

진입로 영구사용료(임차료) 개발비용 인정 여부

[질의 요지]

개발사업을 시행하면서 진입로에 대하여 토지소유자에게 영구사용료(임차료)를 지출하였는 바, 동 임차료가 개발비용으로 인정되는 지 여부?

➲ 회신 내용(토지정책과-9698, 2015.12.21.)

구 「개발이익 환수에 관한 법률」(2010.7.26 시행) 제11조의 규정에 의거 개발사업의 시행과 관련하여 지출된 순공사비 등은 이를 개발비용으로 산정할 수 있도록 되어 있습니다.

따라서 개발사업 구역 내 포함된 진입도로 개설에 소요된 공사비는 개발비용으로 인정이 가능하나, 진입도로 개설 시 토지소유자에게 지출한 영구사용료(임차료)는 개발사업의 시행과 관련하여 지출된 비용으로 보기 어려워 개발비용으로 인정되지 않습니다.

또한, 구 「개발이익 환수에 관한 법률 시행령」(2011.1.17. 시행) 제12조 제1항 제5호의 규정에 따르면 개발사업의 시행과 관련하여 지출된 비용으로 토지 가액에 포함되지 아니한 개발사업 구역의 건물· 입목· 영업권 등에 대한 보상비는 그 밖의 경비로 개발비용으로 산정이 가능하나,

귀 민원의 토지소유자에게 지출한 진입도로 영구사용료(임차료)는 동 규정에 의한 보상비에도 해당하지 않는 것으로 보아야 합니다.

(2) 부담금

과밀부담금이 개발비용으로 인정 가능한지 여부

[질의 요지]

과밀부담금이 개발이익환수법 시행령 제12조 제1항 제5호에 의한 다른 법령의 규정이나 개발사업에 대한 인가 조건 등에 따라 국가지자체에 납부한 부담금에 해당하여 개발 비용으로 공제가 가능한지 여부

➲ 회신 내용 (토지정책과-1594호, 2014.3.10.)

우리부는 「개발이익 환수에 관한 법률(법률 제7709호, '05.12.7.)」 제11조 제1항 제2호 및 「개발이익 환수에 관한 법률 시행령(대통령령 제19752호, 2006.12.15.)」 제10조 제1항 제5호에 규정된 개발비용으로 공제하는 부담금의 종류를 명확히 하고자 「개발부담금 부과·징수 업무처리규정」(건설교통부 훈령 제655호, '07.1.31.)을 개정한 바 있습니다.

위 부담금 업무처리규정을 개정할 당시 「부담금관리기본법」(법률 제8014호, '06.9.27.)」 제3조(별표)에 규정된 전체 부담금에 대하여 「개발이익환수법 시행령」 제10조 제1항 제5호에 해당하여 개발비용으로 공제하는 부담금을 판단하면서 다음의 기준을 적용한 바 있습니다.

① "개발사업의 시행과 관련하여 지출"된 부담금(법 제11조)
- 해당 부과대상인 개발사업과 관련하여 지출한 부담금
- 토지의 개발과 관련한 부담금이어야 하며, 건축물의 건축과 관련하여 지출한 부담금은 불포함
- 사업시행자가 납부한 부담금이어야 하며, 개발된 토지를 분양받는 자 등이 납부하는 부담금은 불포함

② "법령이나 인가 조건에 의하여 국가·지자체에 납부한 부담금"(영 제10조)
- 법령이나 인가 조건에 의하여 납부하는 부담금
- 국가·지자체에 납부한 부담금이어야 하며, 기반 시설 공급자 등에게 납부한 부담금은 불포함

③ "납부의무자가 국가·지자체에 기부하는 공공시설·토지"는 개발비용에 포함되므로

- 기반 시설은 직접 설치하는 대신 부담금으로 납부하는 성격을 가진 경우(기반 시설 설치와 관련한 부담금)은 개발비용으로 인정함이 타당

「개발부담금 부과·징수 업무처리규정」 훈령 개정 시 검토한 총 114개 부담금 중 "수도권정비계획법 제12조의 규정에 의한 과밀부담금"은 토지개발과 무관한 건축물의 건축과 관련된 부담금에 해당하고,

또한, 과밀부담금은 건축물의 연면적 및 단위 면적당 건축비를 기준으로 산정 부과되므로 당해 개발사업의 시행과 관련하여 토지개발에 투입된 비용을 개발비용으로 공제하는 개발이익환수법의 취지에 맞지 않아 개발비용으로 공제할 수 없다고 판단됩니다.

* 대법원 2014두12918(2015.10.29. 선고) 판결 결과 : 과밀부담금은 토지 개발에 소요되는 비용과 관련이 없어 개발비용으로 인정되지 않음.

마. 양도소득세 등의 개발비용 인정

양도소득세액을 개발비용으로 인정할 수 있는지 여부와 인정 시 인정 범위

[질의 요지]

(1) 사업 부지를 개발부담금 부과개시시점 이후에 매입한 후 부과종료시점 이후에 양도하고 양도소득세를 납부한 경우 당해 양도소득세액을 개발비용으로 인정할 수 있는지 여부와 인정 시 인정 범위

(2) 여러 필지의 토지에 대하여 장인과 사위가 다가구주택 등으로 같은 날 각각 건축허가, 건축 변경 허가, 건축주 변경 신고(장인과 사위 간 상호 변경), 건축물 사용승인을 득하였다면 개발부담금 부과대상 여부

➲ **회신 내용** (토지정책팀-107, 2006.1.9.)

(1) 「개발이익 환수에 관한 법률」 제12조 제1항의 규정은 "부과개시시점 후 개발부담금의 부과 전에 토지 또는 사업의 양도 등으로 인하여 발생한 소득에 대하여 양도소득세가 부과된 경우"에는 "당해 세액 중 부과개시시점부터 양도 등의 시점까지에 상당하는 세액을 개발비용"으로 인정하도록 하고 있음.

따라서 부과개시시점 이후에 매입한 경우도 개발비용으로 인정되며, 이 경우 개발비용으로 계상되는 세액의 산정은 매입 시점부터 부과종료시점까지에 상당하는 세액으로 하는 것이 타당하다고 판단됨.

(2) 동법 시행령 제4조는 "동일인(배우자 및 직계 존·비속을 포함한다. 이하 같다) 이 연접한 토지에 하나의 개발사업이 종료된 후 5년 이내에 개발사업의 인가 등을 받아 사실상 분할하여 시행하는 경우에는 각 사업의 대상 토지 면적을 합한 토지에 하나의 개발사업이 시행되는 것으로 본다."고 규정하고 있음.

질의하신 경우가 장인과 사위가 자기 소유의 서로 다른 필지의 토지에 각각 건축허가를 받아 사업을 시행한 경우라면 "동일인"에 해당하지 않아 개발부담금이 부과되는 "하나의 개발사업"으로 볼 수 없으나, 동일 필지를 공유하면서 각각 건축허가를 받아 사업을 시행한 경우라면 "하나의 개발사업"이 시행된 것으로 보아야 할 것임.

종합소득세(개인사업자)를 개발비용 인정 여부(기존 해석 변경)

[질의 요지]

부과대상토지의 개발부담금 납부의무자가 부동산 매매업자로 소득세법 제69조의 규정에 따라 양도소득세 계산 방법을 준용[소득세법 제97조(필요 경비 계산) 및 제104조(양도세의 세율)] 하여 산출된 세액으로 토지 등 매매차익 예정신고를 하고, 산출 세액을 납부하고 차년도 종합소득세가 과세표준 확정신고로 확정되어 납부한 경우 양도소득세와 동일하게 개발비용으로 인정 가능한지 여부와 만약 양도소득세와 동일하게 개발비용 인정시 금액 산출 방법은?

➲ 회신 내용 (토지정책과-478, 2015.1.19.)

「개발이익 환수에 관한 법률」 제12조 제1항에 따르면 부과개시시점 후 개발부담금을 부과하기 전에 개발부담금 부과대상토지를 양도하여 발생한 소득에 대하여 양도소득세 또는 법인세가 부과된 경우에는 해당 세액 중 부과개시시점부터 양도 시점까지에 상당하는 세액을 개발비용에 계상할 수 있도록 규정하고 있습니다.

부동산 매매업자가 토지 등 매매차익 예정신고에 따라 세액을 납부한 경우 그 세액은 중간 예납적인 성격으로서 양도소득세에 준하는 확정금액으로 볼 수 없으나 종합소득세 과세표준 확정신고 및 납부로 토지 매매차익에 대한 세액이 확정되어 양도소득세 성격을 가지는 경우라면 개발이익환수법 제12조 제1항에 따라 양도소득세로 개발비용 공제가 가능할 것으로 판단됩니다.

다만, 양도소득세 인정 여부는 귀 구에서 사실관계를 확인하여 결정하시기 바랍니다.

법인세 개발비용 인정 여부

[질의 요지]

「개발이익 환수에 관한 법률」 제12조에서 개발비용 인정 가능한 법인세는 사업 기간 중 개발사업 토지의 양도·양수가 이루어진 경우 양수자가 개발부담금을 납부하되, 양수자에게는 양도자가 납부한 양도소득세 또는 법인세를 개발비용으로 인정해 주라는 것인지?

- 사업 기간 중 소유권 변동이 없었던 아파트 분양의 경우 토지 분양으로 인한 소득(토지분 매출 소득)을 부과종료시점 이후에 토지가 양도된 때로 보아 위 법에서 말하는 토지 등 양도소득에 해당하는 법인세로 인정할 수 있는지?

회신 내용(토지정책과-8705, 2016.10.26.)

「개발이익 환수에 관한 법률」 제12조 제1항에 따르면 부과개시시점 후 개발부담금을 부과하기 전에 개발부담금 부과대상토지를 양도하여 발생한 소득에 대하여 양도소득세 또는 법인세가 부과된 경우에는 법 제11조에도 불구하고 해당 세액 중 부과개시시점부터 양도 등의 시점까지에 상당하는 세액을 같은 조에 따른 개발비용에 계상할 수 있도록 규정하고 있습니다.

상기 규정에서 양도소득세, 법인세를 개발비용으로 계상할 수 있도록 한 취지는 양도소득세 또는 법인세 부과대상인 토지의 양도로 인한 소득과 개발부담금의 부과대상인 개발이익이 그 실질에 있어서는 동일하다는 점을 고려하여 그 양도세액 등을 개발비용으로 계상하여 공제할 수 있도록 한 것으로 판단됩니다.

따라서, 법인이 개발부담금 부과대상토지의 양도로 인하여 얻은 소득이 다른 소득과 합산되어 그 전체 소득에 대하여 법인세가 부과된 경우에도 그 법인세액 중 개발부담금 부과대상토지의 양도로 인한 소득에 대하여 법인세가 부과된 부분 중 부과개시시점부터 양도 시점까지에 상당하는 세액은 개발비용으로 인정할 수 있을 것으로 판단되나,

귀 질의의 법인세에 대한 개발비용 인정 여부에 대한 최종 판단은 개발부담금 부과권자인 귀 시에서 법인세법 등 관계 법령 검토 및 산출명세서, 증빙자료 등 사실관계를 조사하여 결정하시기 바랍니다.

참고사항_ 법제처 24-0629, 2024.11.26., 민원인

- 질의요지 : 토지 양도(분양)로 인한 소득에 대해 법인세를 미리 납부하였으나, 분양된 토지의 잔금 청산이 이루어지지 않은 시점에서 개발부담금을 결정·부과할 때, 그 분양된 토지의 양도소득에 대해 이미 납부한 법인세액 중 잔금청산이 이루어지지 않은 부분에 상당하는 세액을 개발비용에 계상할 수 있는지?
- 법령해석 : 분양된 토지의 양도소득에 대해 이미 납부한 법인세액 중 잔금청산이 이루어지지 않은 부분에 상당하는 세액은 개발이익환수법 제12조 제1항을 근거로 개발비용에 계상할 수 없음.

▣ 개발부담금 부과·고지 후 법인세 개발비용 인정 여부

[질의 요지]

개발부담금이 부과·고지된 상태에서 개발부담금 납부 기한 내에 법인세를 납부한 경우 이를 개발비용으로 추가 인정 가능한지와 가능하다면 「개발이익 환수에 관한 법률 시행령」 제20조 제1항에 따른 정정 부과를 하여야 하는지?

또는 환급 청구에 따라 환급을 하여야 하는지? 개발부담금이 부과·고지된 상태에서 개발부담금 납부 기한이 지난 이후 법인세를 납부한 경우 이를 개발비용으로 추가 인정 가능한지와 가능하다면 「개발이익 환수에 관한 법률 시행령」 제20조 제1항에 따른 정정 부과를 하여야 하는지? 또는 환급 청구에 따라 환급을 하여야 하는지?

➲ **회신 내용** (토지정책과-10459, 2016.12.29.)

「개발이익 환수에 관한 법률」 제12조 제1항에 따르면 부과개시시점 후 개발부담금을 부과하기 전에 개발부담금 부과대상토지를 양도하여 발생한 소득에 대하여 양도소득세 또는 법인세가 부과되었으면 법 제11조에도 불구하고 해당 세액 중 부과개시시점부터 양도 등의 시점까지에 상당하는 세액을 같은 조에 따른 개발비용에 계상할 수 있도록 규정하고 있습니다.

상기 규정에서 양도소득세, 법인세를 개발비용으로 계상할 수 있도록 한 취지는 양도소득세 또는 법인세 부과대상토지의 양도로 발생한 소득과 개발부담금의 부과대상인 개발이익이 그 실질에 있어서는 동일하다는 점을 고려하여 그 양도세액 또는 법인세액을 개발비용으로 계상하여 공제할 수 있도록 한 것입니다.

따라서, 상기 규정에 따라 개발비용으로 인정이 가능한 법인세액은 실제 납부한 금액과 상관없이 부과개시시점 후 개발부담금을 부과하기 전에 개발부담금 부과대

상토지의 양도 등으로 발생한 소득에 대하여 확정·부과된 법인세(가산세, 연체이자 제외) 중 부과개시시점부터 양도 등의 시점까지의 상당하는 법인세액을 개발비용으로 계상할 수 있습니다.

한편, 「개발이익 환수에 관한 법률 시행령」 제20조 제1항에 따르면 개발부담금을 결정한 후에 그 결정 내용에 누락 또는 오류가 있는 것을 발견한 경우에는 즉시 그 개발부담금을 조사하여 정정하도록 규정하고 있습니다.

따라서, 개발부담금을 부과하기 전에 개발부담금 부과대상토지의 양도로 인하여 법인세가 부과되어 관련 법인세액을 개발비용으로 인정받으려고 납부의무자가 개발비용 산출명세서 및 관련 증빙자료(법인세 고지서, 개발비용으로 인정 가능한 법인세액 산출 근거 등)를 부과권자에게 제출하였으나 개발비용으로 인정받지 못하였다면 상기 규정에 따라 개발비용으로 인정하여 개발부담금을 정정 부과가 가능하나, 귀 질의의 사례가 이에 해당되는지는 부과권자인 귀 구에서 법인세법 등 관계 법령 검토 및 사실관계 조사하여 판단하기기 바라며,

아울러, 상기 규정에 따라 개발부담금이 부과된 이후에 개발부담금 부과대상토지의 양도로 인하여 발생한 법인세액은 개발비용으로 인정은 곤란할 것으로 판단됨을 알려 드립니다.

개발부담금 부과·고지 후 법인세 개발비용 인정 여부

[질의 요지]

개발부담금 부과고지(2015.3.20.) 이후 납부의무자가 양도소득세를 관할세무서에 신고(2016.10.24.)하여 양도소득세가 부과된 경우 개발비용으로 인정하여 개발부담금 정정 부과 및 환급이 가능한지?

➲ 회신 내용 (토지정책과-10460, 2016.12.29.)

「개발이익 환수에 관한 법률」 제12조 제1항에 따르면 부과개시시점 후 개발부담금을 부과하기 전에 개발부담금 부과대상토지를 양도하여 발생한 소득에 대하여 양도소득세 또는 법인세가 부과된 경우에는 법 제11조에도 불구하고 해당세액 중 부과개시시점부터 양도 등의 시점까지에 상당하는 세액을 같은 조에 따른 개발비용에 계상할 수 있도록 규정하고 있습니다.

상기 규정에서 양도소득세, 법인세를 개발비용으로 계상할 수 있도록 한 취지는 양도소득세 또는 법인세 부과대상토지의 양도로 발생한 소득과 개발부담금의 부과대상인 개발이익이 그 실질에 있어서는 동일하다는 점을 고려하여 그 양도세액 또는 법인세액을 개발비용으로 계상하여 공제할 수 있도록 한 것입니다.

따라서, 상기 규정에 따라 개발부담금이 부과된 이후에 개발부담금 부과대상토지의 양도로 인하여 양도소득세가 부과된 경우에는 개발비용으로 인정되지 않으므로 개발부담금 정정 부과 및 환급은 곤란할 것으로 판단됨을 알려 드립니다.

개발사업 준공 전 토지소유주가 변경된 경우 납부된 양도소득세액만 개발비용으로 인정되는지 부과된 양도소득세 전체가 인정되는지 여부

[질의 요지]

甲이 개발사업의 인가 등을 받아 시행하던 중 토지를 乙이 매수하여 준공한 경우, 당해 토지 양도에 따라 甲에게 양도소득세가 부과되었고 甲이 양도소득세 부과 금액 중 일부를 납부하고 일부를 체납한 경우 개발비용으로 인정되는 양도소득세는 甲에게 부과된 양도소득세 본세 전체인지 甲이 납부한 양도소득세만을 말하는 지 여부

➲ 회신 내용 (토지정책과-5287호, 2013.12.13.)

「개발이익 환수에 관한 법률」 제12조 제1항에 따르면 부과개시시점 후 개발부담금을 부과하기 전에 토지나 사업의 양도 등으로 발생한 소득에 대하여 양도소득세가 부과된 경우에는 제11조에도 불구하고 해당 세액 중 부과개시시점부터 양도 등의 시점까지에 상당하는 세액을 같은 조에 따른 개발비용에 계상할 수 있다고 규정되어 있습니다.

귀 질의하신 경우 위 조문에 따라서 개발비용으로 인정 가능한 양도소득세액은 납부한 금액과 상관없이 부과개시시점 후 개발부담금을 부과하기 전에 토지 양도 등으로 발생한 소득에 대하여 확정·부과된 양도소득세 본세(가산세, 연체이자 제외) 중 부과개시시점부터 양도 등의 시점까지의 상당하는 세액을 개발비용으로 계상할 수 있음을 알려 드립니다.

바. 표준비용

건축물의 용도변경 사업과 건축물의 증축 사업 혼합개발 시 표준비용 적용범위

[질의 요지]

건축법상 증축 및 용도변경으로 인한 지목변경사업[주유소(지목 : 주유소) → 근린생활시설(지목 : 대지)]의 경우 표준비용 적용 시 용도변경을 포함하여 허가증을 받은 전체 면적에 대하여 표준비용을 적용하여야 하는지? 아니면 증축 부분의 토지 면적에 대해서만 안분 계산하여 표준비용을 적용해야 하는지?

회신 내용 (토지정책과-112, 2016.1.7.)

「개발이익 환수에 관한 법률」 제11조 제2항에 및 동법 시행령 제12조 제6항에 따르면 면적이 2,700㎡ 이하의 개발사업(토지개발 비용의 지출 없이 용도변경 등으로 완료되는 개발사업은 제외한다)의 경우에는 법 제11조 제1항 제1호에 따른 순공사비, 조사비, 설계비 및 일반관리비의 합계액을 산정할 때 국토교통부 장관이 고시하는 단위면적당 표준비용을 적용할 수 있도록 규정하고 있습니다.

아울러, 「개발부담금 부과·징수 업무처리규정」 제11조의12의 제1호의 규정에 따르면 법 제11조 제2항 본문 괄호 안의 "토지개발 비용의 지출 없이 용도변경 등으로 완료되는" 사업으로 「개발이익 환수에 관한 법률 시행령」 [별표1] 제7호의 근거 법률 및 사업명란의 건축법 제19조에 따른 용도변경을 하는 경우를 규정하고 있습니다.

따라서, 귀 질의하신 사항은 토지개발 비용이 수반되는 「건축법」 제11조에 따른 건축물 증축(수평)허가 사업과 토지개발 비용이 수반되지 않는 「건축법」 제19조에 따른 용도변경 사업을 복합적으로 시행하는 것으로, 이 경우 표준비용적용은 토지개발 비용이 수반되는 증축 부분의 토지 면적에 대해서만 안분 계산하여 표준비용을 적용하여야 할 것으로 판단되나, 표준비용 적용 여부에 대한 결정은 부과 징수 관청인 사상구에서 관련 인허가 서류, 현지 확인 등 사실관계를 조사하여 판단하시기 바랍니다.

표준비용과 문화재 발굴비용을 혼용하여 개발비용으로 할 수 있는지

[질의 요지]

개발사업 대상지역 중 특정부분에서 문화재 발굴에 지출된 비용이 표준 개발비용으로 산정한 비용보다 더 큰 경우에는 표준비용으로 산정한 비용과 문화재 발굴 비용을 더하여 개발비용으로 인정할 수 있는지

➲ 회신 내용 (국민신문고-2023.2.14.)

「개발이익 환수에 관한 법률」 제11조 제2항 및 같은 법 시행령 제12조 제6항에 따르면, 2,700㎡ 이하의 개발사업("토지개발비용의 지출 없이 용도변경 등으로 완료되는 개발사업"은 제외한다)의 경우에는 제1항 제1호에 따른 순공사비, 조사비, 설계비 및 일반관리비의 합계액을 산정할 때 국토교통부장관이 고시하는 단위면적당 표준비용을 적용할 수 있고, 납부의무자가 원하지 아니하는 경우에는 그러하지 아니한다고 규정하고 있습니다.

따라서 납부의무자는 개발비용을 산정할 때 표준비용 방식과 실비정산 방식중에서 유리한 방식을 선택할 수 있을 뿐, 양 방식을 혼용하여 개발비용을 산정할 수는 없을것으로 판단되나, 구체적인 사항에 대해서는 인·허가 내용 및 사실관계 등을 확인하여 판단할 사항으로 해당 개발부담금 부과징수권자인 시장·군수·구청장에게 문의하여 주시기 바랍니다.

개발사업 도중 인허가가 취소된 경우 표준비용 적용 가능 여부

[질의 요지]

개발사업이 취소되어 개발부담금 산정·부과 시 표준비용 적용 가능 여부?

➲ 회신 내용 (토지정책과-8708, 2016.10.26.)

「개발이익 환수에 관한 법률」 제11조 제2항 및 동법 시행령 제12조 제6항에 따르면 면적 2,700㎡ 이하의 개발사업의 경우에는 법 제11조 제1항 제1호에 따른 순공사비, 조사비, 설계비 및 일반관리비의 합계액을 산정할 때 국토교통부 장관이 고시하는 단위 면적당 표준비용을 적용할 수 있도록 규정하고 있습니다.

표준비용 제도는 면적 2,700㎡ 이하의 1건의 개발사업 시행 시 소요되는 개발비용

중 순공사비 조사비 설계비 일반관리비의 합계액을 국토교통부 장관이 산정하여 고시하는 단위 면적당 표준비용을 적용하여 간편하게 산정하도록 함으로써 개발비용 산정 절차를 간소화하여 부과권자와 납부의무자의 편의(시간 및 비용 절약 등)를 증진하고, 적정 개발이익을 환수하기 위하여 마련한 것입니다.

따라서, 개발사업 시행 도중 관계 법령에 따라 해당 인가 등이 취소되어 개발부담금 산정·부과 시 표준비용을 적용할 경우 과도한 개발비용이 인정되어 적정 개발이익의 환수가 되지 않는 문제점이 발생하므로 귀 질의의 사례의 경우에는 표준비용 적용은 곤란할 것으로 판단되나, 표준비용 적용 여부에 대한 최종 판단은 관계 법령 및 인허가 서류 등 사실관계를 조사하여 부과권자인 귀 시에서 결정하시기를 바랍니다.

건축물의 용도변경 사업의 표준비용 적용 가능 여부

[질의 요지]

동물 및 식물 관련 시설(축사, 지목 : 목장 용지) 을 창고시설로 용도변경 신고 후 바닥 포장 공사를 실시한 경우 표준비용 적용 가능 여부?

회신 내용 (토지정책과-7045, 2015.9.24.)

「개발이익 환수에 관한 법률」 제11조 제2항 및 동법 시행령 제12조 제6항에 따르면 면적이 2,700㎡ 이하의 개발사업(토지개발 비용의 지출 없이 용도변경 등으로 완료되는 개발사업은 제외한다)의 경우에는 법 제11조 제1항 제1호에 따른 순공사비, 조사비, 설계비 및 일반관리비의 합계액을 산정할 때 국토교통부 장관이 고시하는 단위 면적당 표준비용을 적용할 수 있도록 규정하고 있습니다. 아울러, 「개발부담금 부과·징수 업무처리규정」 제11조의12의 제1항의 규정에 따르면 법 제11조 제2항 본문 괄호 안의 "토지개발 비용의 지출 없이 용도변경 등으로 완료되는 개발사업"으로 「개발이익 환수에 관한 법률 시행령」 [별표1] 제7호의 근거 법률 및 사업명란의 건축법 제19조에 따른 용도변경을 하는 경우, 농지전용허가 등을 통하여 토지의 형질변경이 수반되지 않는 공부상의 지목변경으로 규정하고 있습니다.

따라서, 귀 질의하신 사항이 「건축법」 제19조에 따라 축사용 건물을 창고시설로 용도변경을 하는 경우에 해당하면 위 규정에 따라 표준비용을 적용할 수 없을 것으로 판단되나, 귀 질의의 경우가 이에 해당하는 지는 인허가 서류, 현지 확인 등 사실관계를 조사하여 귀 군에서 판단하시기 바랍니다.

제도개선 참고사항_ 국토교통부 고시 제2015-953호(2015.12.18) 표준비용 적용 기준

(제4조 제6호) 건축물의 용도변경으로 완료되는 개발사업으로서 포장 공사 등 경미한 토지개발 비용의 지출이 있는 경우에는 제3조에 따른 단위 면적당 표준비용 중 해당 지역 산지 외 단위 면적당 표준비용 단가의 40%를 적용하여 산정한다.

2. 개발비용의 산정 절차

가. 개발비용 산출명세서의 제출

(1) 제출 시기

(가) 대규모 개발사업의 경우

[질의 요지]

1990년 6월 20일에 약 3,640,100㎡의 토지에 '산업입지 및 개발에 관한 법률'에 의한 산업단지 개발사업 승인을 받아 그 면적의 일부인 489,228㎡를 10여 차례에 걸쳐 준공 전 사용허가(분양)를 받은 경우 개발부담금 부과대상에 해당되는지와 만약 개발부담금 부과대상에 해당 된다면 각 사용 허가 면적별로 개발비용을 명확하게 구분하여 내역서를 제출할 수 없는 경우 개발부담금 산정 방법은

➲ 회신 내용

1997.1.13. 개정된「개발이익 환수에 관한 법률」제7조 제3항의 규정에 의거 산업입지 및 개발에 관한 법률에 따른 산업단지개발사업(수도권에 소재하는 산업단지는 제외)은 개발부담금을 면제하게 되어 있으나,

이 개정 규정은 같은 법 부칙 제2항의 규정에 의거 이 법 시행 당시 부과종료시점부터 3월이 지나지 아니한 경우로서 개발부담금이 부과되지 아니한 사업분부터 적용하도록 되어 있고, 또한 같은 법 제9조 제3항 단서의 규정에 의거 "관계 법령에 따라 부과대상토지의 일부가 준공된 경우"나 "납부의무자가 개발사업의 목적 용도로 사용을 개시하거나 타인에게 분양 등 처분하는 경우로서 대통령령이 정하는 경우" 등에는 이를 준공 전 부과종료시점으로 보아 개발부담금을 부과하도록 되어 있으므로

귀 질의에서 위 개정법률 시행일인 1997.1.13.부터 3개월 전에 관계 법률의 규정에 의하여 사용 허가(분양)를 받은 토지는 개발부담금 부과대상에 해당되는 것이며

이 경우, 같은 법 제14조 및 같은 법 시행령 제13조 제4항의 규정에 의거 당해 사업이 대규모 사업의 일부에 해당되어 각 사업별로 구분하여 개발비용 내역서를 제출할 수 없는 경우에는 전체 개발사업이 완료된 후에 개발비용 내역서를 제출하여 각 사업별로 개발부담금을 산정 부과할 수 있도록 되어 있음.

[질의 요지]

장기 개발사업인 ********건설사업에 대하여「개발이익 환수에 관한 법률」제14조 제1항 본문에 따라, 단계별 사업 완료 후 개발부담금 부과 가능 여부

➲ **회신 내용** (토지정책과-3851, 2020.5.8.)

「개발이익 환수에 관한 법률」(이하 "법") 제9조 제3항 각호 외의 부분 단서에 따라 개발부담금 부과대상토지의 전부 또는 일부가 "1. 관계 법령에 따라 부과대상토지의 일부가 준공된 경우" 등에 해당하면 해당 토지에 대하여는 그에 해당하게 된 날을 '부과종료시점'으로 하도록 규정하고 있습니다.

법 제14조 제1항에 따르면, 국토교통부 장관은 '부과종료시점'부터 5개월 이내에 개발부담금을 결정·부과하여야 합니다. 다만 예외적으로, 법 제14조 제1항 단서에 따라 제9조 제3항 각호 외의 부분 단서에 해당하는 경우로서 해당 사업이 대규모 사업의 일부에 해당되어 제11조에 따른 개발비용의 명세를 제출할 수 없는 경우에는 전체 개발사업이 끝난 후에 법 제9조 제3항 각호의 어느 하나에 해당하는 토지별로 부담금을 산정하여 부과할 수 있도록 규정하고 있습니다.

위 사항은 예외적으로 인정되는 경우로서 개발비용 명세를 제출할 수 없는 경우에 개발부담금 부과권자의 재량으로 적용하는 사항이고, 반드시 전체공정이 끝난 후 개발부담금을 부과하여야만 하는 것은 아닌 점, 개발부담금 제도의 취지와 20년 이상의 장기 개발사업이 끝난 후 부과시의 문제점(금전 가치의 변동, 제도 변동 가능성 등) 등을 종합적으로 고려해 볼 때, 일부 준공된 토지별로 부담금을 부과하고 각 단계별 공통 지출된 개발비용과 관련한 개발부담금은 전체 개발사업이 끝난 후에 같은 법 시행령 제15조의2 및 제20조에 따라 재산정·조정 또는 정정 부과할 수 있을 것으로 판단됩니다.

(나) 개발비용 내역서 제출 후 증빙자료를 보완하는 경우

[질의 요지]

개발비용 산정 내역서 제출시에는 우선 성토 비용만 입증하여 개발비용으로 인정받고, 성토를 위한 상차비 및 운반비는 추후 증빙자료를 구비하여 추가로 제시한 경우, 그 상차비 및 운반비를 개발비용으로 인정받을 수 있는지

➲ 회신 내용

「개발이익 환수에 관한 법률」 제11조의 규정에 의거 개발사업의 시행과 관련하여 지출된 순공사비 등은 이를 개발비용으로 산정할 수 있도록 되어 있고, 같은 법 시행령 제17조 제1항의 규정에 의거 부담금을 결정한 후 그 결정 내용에 탈루 또는 오류가 있는 것을 발견한 때에는 이를 정정할 수 있도록 되어 있으므로

귀 질의의 경우, 당해 개발사업의 시행과 직접 관련하여 지출된 순공사비 등으로서 당초 개발비용 산정 내역서 제출 시 증빙서류를 갖추지 못하여 개발비용으로 인정받지 못한 부분이 있다면, 추후에라도 증빙서류를 제출하여 개발비용으로 인정받을 수 있을 것으로 판단됨.

(다) 부과고지 후 개발비용 내역서를 제출하는 경우

[질의 요지]

불가피한 사유로 개발비용 산출 내역서를 제출하지 않아 개발비용이 없는 것으로 간주하고 개발부담금이 부과된 경우에 차후 정산 부과하기 전 또는 후에라도 개발비용 내역서를 제출하면 이를 개발비용으로 인정 가능 여부

➲ 회신 내용 (토재 58307-794. '96.12.10)

「개발이익 환수에 관한 법률 시행규칙」 제14조의 규정에 의거 개발비용 내역서는 부과종료시점부터 25일 이내에 제출토록 되어 있으며, 위 기일을 위반하여 제출한 경우에는 200만원 이하의 과태료에 처하도록 되어 있으므로, 개발비용은 적어도 개발부담금 부과고지 전에 내역서를 제출할 경우에 한하여 인정되는 것이 원칙이나,

귀 질의와 같이 개발비용으로 지출된 사실이 명백하나 부과권자가 이를 전혀 인정치 않고 개발부담금을 산정 부과하였다면 부과권자는 추후 같은 법 시행령 제17조 제1항의 규정에 의거 부담금의 정정 등으로 개발비용 인정이 가능할 것임.

[질의 요지]

1. 개발부담금 납부 기간이 경과하여 개발비용의 인정이 가능한지
2. 개발부담금 본 부과 후 개발부담금 대상지의 사업부지를 매각하여 발생한 양도소득세는 개발 비용으로 인정이 가능한지

➲ 회신 내용

1. 「개발이익 환수에 관한 법률」 제11조 등의 규정에 의하면 개발부담금 부과기간이 경과한 후에 시행한 공사비 등은 개발비용으로 인정되지 않습니다.

2. 또한, 「개발이익 환수에 관한 법률」 제12조의 규정에 의하면 양도소득세가 개발비용으로 인정되는 경우는 부과개시시점 후 부과 전에 양도소득세가 부과된 경우로 한정하고 있으므로 개발부담금 부과 후에 사업 부지를 양도한 경우에는 개발비용으로 인정되지 않습니다.

(2) 증빙서류

실제 지출한 비용으로 산정

[질의 요지]

개발비용을 실제 지출한 비용(조달청 낙찰가 및 실 지출 비용)으로 산정해야 하는지 아니면 예정가격(정부표준품셈과 단가에 따른 원가계산)으로 산정해야 하는지 여부

➲ 회신 내용 (토지정책과-3052, 2018.5.4.)

「개발이익 환수에 관한 법률」 제11조 및 같은 법 시행령 제12조에 따르면 개발사업의 시행과 관련하여 지출된 순공사비, 조사비, 설계비 및 일반관리비 등은 개발비용으로 산정하도록 규정되어 있고, 아울러, 개발비용은 납부의무자가 해당 사업의 시행과 관련하여 지출한 비용의 합계액으로서 산출명세서와 증명서를 갖춘 금액으로 하되, 일반관리비는 「국가를 당사자로 하는 계약에 관한 법률 시행령」 제9조 및 「지방자치단체를 당사자로 하는 계약에 관한 법률 시행령」 제10조에 따른 예정가격 결정 기준과 요율을 적용하여 산정한 금액으로 한다고 규정되어 있으며,

또한, 개발비용을 산정할 때 납부의무자가 제시한 금액 중 순공사비(재료비 노무비 경비)는 「국가를 당사자로 하는 계약에 관한 법률 시행령」 제9조 및 「지방자치단체를

당사자로 하는 계약에 관한 법률 시행령」 제10조에 따른 예정가격 결정기 준 중 공사원가 계산을 위한 재료비 노무비 경비의 산출 방법을 적용하여 산출하되, 정부표준품셈과 단가(정부 고시가격이 있는 경우에는 그 금액을 말한다)에 따른 금액을 초과하는 경우에는 그 초과하는 금액은 개발비용으로 보지 아니한다고 규정되어 있습니다.

따라서, 개발비용 중 순공사비(재료비 노무비 경비)는 예정가격 결정 기준 중 공사원가 계산을 위한 재료비 노무비 경비의 산출 방법을 적용하여 산출하되 정부표준품셈과 단가(정부 고시가격이 있는 경우에는 그 금액을 말한다)에 따른 금액을 한도로 하여 납부의무자가 지출한 산출명세서와 증명서를 갖춘 금액으로 하여야 하므로 실제 지출 비용인 조달청 낙찰가로 개발비용을 산정하는 것이 타당한 것으로 판단됨을 알려드립니다.

개발비용 명세서에 세금계산서, 영수증이 첨부되어야 하는지

[질의 요지]

개발비용 산출내역서를 첨부하고, 개발비용 명세서에 세금계산서, 영수증이 첨부되지 않아도 개발 비용으로 인정이 가능한지 여부

➲ 회신 내용 (토지정책과-5447, 2010.11.22.)

「개발이익 환수에 관한 법률」 제11조 및 시행령 제10조에 의거 당해 사업의 시행과 관련하여 지출한 순공사비 등을 개발비용으로 인정하고 있으며, 사업시행자가 개발비용 산출내역서 및 증명서류를 갖추어 제시한 금액으로 하도록 되어 있음을 알려드리며, 실질적인 인정 가능 여부는 부과 징수권자가 증명서류 등을 검토하여 결정할 사실 판단 사항입니다.

순공사비, 조사비, 설계비 산정의 한도
• 원 칙 개발비용은 개발부담금 납부의무자가 해당 사업의 시행과 관련하여 지출한 순공사비, 조사비, 설계비 등 비용의 합계액으로서 산출명세서와 증명서를 갖춘 금액으로 산정 • 개발비용의 최고한도 ▶ 순공사비, 조사비, 설계비의 개발비용 납부의무자가 제시한 금액 중 순공사비, 조사비, 설계비 등 개발비용의 금액이 다음 기준에 따라 산출한 금액을 초과하는 금액은 개발비용으로 보지 아니함.

순공사비, 조사비, 설계비 산정의 한도
○ 순공사비 예정가격 결정 기준 중 공사원가 계산을 위한 재료비·노무비·경비의 산출 방법을 적용(정부 고시가격이 있는 경우에는 정부표준품셈과 단가)하여 산출한 금액의 범위 안에서 인정 ○ 조사비, 설계비 엔지니어링사업 대가의 기준에 따라 산정한 금액의 범위 안에서 인정 → 위에서 산정한 금액을 초과하는 경우 개발비용 산정기관이 적합한 것으로 확인한 경우 등 「개발이익환수법 시행령」 제12조 제4항에서 정한 사항에 한하여 인정

나. 개발비용 산정

(1) 개발비용 산정 면적

(가) 부과대상사업과 부과면제사업이 혼용된 경우

▦ 부과대상 면적이 일부인 경우

[질의 요지]

지목변경이 수반되는 개발사업에 따라 전체 개발사업 토지 중 일부 면적만이 지목변경이 수반되는 부과대상인 경우, 건축허가 조건으로 기부채납한 토지 가액을 어느 범위까지 개발비용으로 인정할 수 있는지 여부

➲ **회신 내용**(토지정책과-6117, 2009.12.22.)

「개발이익 환수에 관한 법률」 제11조 및 시행령 제12조 제1항 제6호의 규정에 따라 개발비용으로 인정되는 기부채납 비용은 개발사업의 시행과 관련하여 지출된 비용으로서 관계 법령의 규정 또는 인가 등의 조건에 따라 납부의무자가 국가 또는 지방자치단체에 기부하는 공공시설 또는 토지 등의 가액을 말하며 동 시행령 제14조 제3항의 규정에 의하면 별표 1 제9호에 따라 지목변경이 수반되는 개발사업에 대한 부담금을 산정할 때, 그 개발비용은 총지출 비용 중 지목이 변경된 해당 부분에 지출된 비용으로 하되, 지목이 변경된 부분에 지출된 비용을 명확하게 구분할 수 없는 경우에는 면적 비율에 따르도록 되어 있습니다.

따라서 귀 구에서 동 건의 기부채납이 해당 지목변경 부분에 대한 개발사업과의 관련성을 판단하여 개발비용으로 인정 비율을 정해야 할 것으로 보입니다.

부과대상 면적이 일부인 경우

[질의 요지]

지목이 전·답·대·잡종지 등으로 혼용되어 있는 토지에 창고 및 물류센터를 건축하여 개발부담금 부과대상이 된 경우, 기존의 잡종지 부분은 개발부담금 부과 면적에서 제외되는지, 이 경우 개발비용 산정 방법은?

➲ 회신 내용

「개발이익 환수에 관한 법률 시행령」 별표1 제9호 및 같은 법 시행규칙 별표2의 규정에 의거 창고 및 물류센터 등의 건축으로 지목변경 수반 사업을 시행하여 개발부담금 부과대상이 된 경우에, 부과 금액의 산정은 같은 법 시행령 제12조 제2항의 규정에 의거 인가 등을 받은 면적 중 당해 사업이 종료된 후 사실상 또는 공부상 지목이 변경된 면적에 한하여 산정 부과하도록 되어 있으므로

귀 질의의 경우, 지목이 전·답·대·잡종지 등으로 되어 있는 토지에 위 규정에 의거 창고 및 물류센터 등을 건축하여 지목이 잡종지로 변경된 경우, 사실상 또는 공부상의 지목이 변경되지 않는 잡종지 부분은 개발부담금 산정에서 제외되며

이 경우, 개발비용은 같은 법 시행령 제12조 제3항의 규정에 의거 총지출 비용 중 지목이 변경된 부분에 지출된 비용으로 산정하도록 되어 있으므로, 지목이 변경되지 않는 잡종지 부분에 지출된 비용은 개발비용으로 산정할 수 없으며, 지목이 변경된 부분에 지출된 비용을 명확하게 구분할 수 없는 경우에는 면적 비율에 따라 산정하도록 되어 있음.

분양아파트와 임대아파트 혼용된 경우

[질의 요지]

대한주택공사에서 전체 면적 중 20,187㎡는 영구임대아파트, 31,929㎡는 분양아파트를 건설하였을 때 부과대상인 분양아파트 부분의 면적에 대하여 개발부담금을 부과할 때 도시계획도로의 기부채납 면적의 범위는 전체 기부채납 면적에 대하여 인정하는지 또는 임대아파트와 분양아파트의 면적 비율로 안분하는지의 여부

➲ 회신 내용 (토재 58306-355. 96.5.29.)

일단의 단지 내에 주택건설사업(영구임대 및 분양아파트 면적 52,116㎡)을 승인하면서 승인 조건으로 도시계획도로를 개설하여 기부채납 하도록 한 사항이므로 영구 임대 및 분양아파트의 면적 비율로 안분하여 개발비용을 인정하여야 함.

(나) 연접사업의 경우

[질의 요지]

개발부담금을 산정함에 있어 "동일인이 연접한 토지에 하나의 개발사업이 종료된 후 5년 이내에 개발사업의 인가 등을 받아 사실상 분할하여 시행하는 경우에는 각 사업의 대상 토지 면적을 합한 토지에 하나의 개발사업이 시행되는것"으로 보도록 되어 있는데, 개발비용은 왜 각각의 사업으로 보아 산정하는지

➲ 회신 내용

「개발이익 환수에 관한 법률 시행령」 제4조 제1항의 규정에 의하면, 개발부담금의 부과대상이 되는 개발사업의 규모를 관계 법률의 규정에 의하여 국가 또는 지방자치단체로부터 인가 등을 받은 사업 대상 토지의 면적을 기준으로 산정하도록 하고,

이 경우 동일인이 연접한 토지에 하나의 개발사업이 종료된 후 5년 이내에 개발사업의 인가 등을 받아 사실상 분할하여 시행하는 경우에는 각 사업의 대상 토지 면적을 합산한 면적에 하나의 개발사업이 시행되는 것으로 보도록 되어 있는바, 위 규정은 개발부담금의 부과대상이 되는 면적규모를 정하는 경우에 적용되는 규정이며 개발부담금의 산정에 있어서는 같은 법 제8조의 규정에 의거 부과종료시점의 부과대상토지의 가액에서 부과개시시점의 부과대상토지의 가액과 부과기간의 정상지가상승분 및 개발비용 등을 뺀 금액으로 산정하여 부과하도록 되어 있으므로, 위 연접사업

의 경우에도 개발부담금의 산정은 각 사업의 개시 및 종료 시점을 기준으로 산정하게 되고, 이에 따른 개발비용도 각각의 사업별로 산정하게 되는 것임.

연접사업의 개발부담금 산정 방법

[질의 요지]

연접사업의 개발부담금 산정 시 인가등을 받은 사업별로 각각 부과하는것인지, 연접사업 전체를 1개의 사업으로 보아 면적을 합산하여 1건으로 부과하는 것인지

➲ 회신 내용 (토지정책과-2188, 2023.4.4.)

「개발이익 환수에 관한 법률 시행령」 제4조 제1항에 따르면 동일인(법인을 포함하여, 자연인인 경우에는 배우자 및 직계존비속을 포함)이 연접한 토지(동일인이 소유한 연속된 일단의 토지인 경우를 포함한다)에 하나의 개발사업이 끝난 후 5년 이내에 개발사업의 인가등을 받아 사실상 분할하여 시행하는 경우에는 각 사업의 대상토지면적을 합한 토지에 하나의 개발사업이 시행되는 것으로 보도록 규정하고 있고,

「개발부담금 부과·징수 업무처리규정」 제4조 제4항에 따르면 동일인이 연접한 토지에 둘 이상의 개발사업을 각각 다른 시기에 인가 등을 받아 사실상 분할하여 시행하는 경우에는 그 사업지구의 면적을 합하여 모두 개발부담금 부과대상으로 하며, 먼저 착수한 사업지구가 이미 완료되었다 하더라도 모두 합산하여 개발부담금을 부과하도록 규정하고 있습니다.

따라서, 위 규정은 동일인이 둘 이상의 개발사업을 각각 다른 시기에 인가등을 받아 사실상 분할하여 시행하는 경우에 연접사업을 합산한 면적이 부과대상규모인지 판단하기 위한 규정으로, 개발부담금은 인가등을 받은 사업별로 각각 산정하여 부과하여야 할 것으로 판단되나, 개발부담금 산정에 대해서는 부과권자가 관련 법령, 해당 인·허가 내용 등을 종합적으로 조사·검토하여 최종 판단하시기 바랍니다.

3. 개발비용 산정기관

개발비용 산출내역서 재 산정

[질의 요지]

개발비용을 산정함에 있어서, 납부의무자가 제출한 산출내역서(예정가격 작성 준칙에 준하여 산출)를 부과권자 확인 산정할 때 도급 내역 단가(예정가격에 낙찰률을 곱한 단가)를 기준으로 재산정하여 당초 산출내역서를 감액할 수 있는지

➲ 회신 내용

「개발이익 환수에 관한 법률 시행령」 제10조의 규정에 의하면 개발비용은 납부의무자가 당해 사업 시행과 관련하여 지출한 금액으로서 그 산출내역서와 증빙서류를 갖추어 제시한 금액으로 하며, 이 경우 재료비·노무비·경비는 「국가를 당사자로 하는 계약에 관한 법률 시행령」 제9조의 규정에 의한 예정가격 결정 기준 중 공사원가계산을 위한 재료비·노무비·경비의 산출 방법을 적용하여 산출하되 정부표준품셈과 단가에 의한 금액의 범위 내에서 인정하도록 하고 있습니다.

다만, 개발비용 산정기관이 동 기준에 적합한 것으로 확인한 경우에는 당해 개발비용이 위 금액을 초과하는 경우에도 인정하도록 하고 있으며, 부과권자는 납부의무자가 제시한 금액의 사실 여부 확인 등을 위하여 별도로 개발비용 산정기관에 검토의뢰를 할 수 있다고 규정하고 있습니다.

제4절 정상지가상승분

1. 정상지가상승분의 종류

가. 개시시점지가 산정을 위한 정상지가상승분

[질의 요지]

’92.2.26. 토지를 취득하여 ’96.4.12. 공장부지 조성 목적으로 초지전용 허가를 받아 ’98. 1.10. 준공검사를 받은 경우, 동 개발사업에 대한 개발부담금 부과개시시점 지가를 매입가를 기준으로 산정하고자 한다면, 동 부과개시시점 지가산정을 위한 정상지가상승분 적용 기간은 언제부터 언제까지인지

➲ 회신 내용

「개발이익 환수에 관한 법률」 제10조 제3항 단서 및 같은 법 시행령 제9조 제5항 제5호의 규정에 의거 납부의무자가 “부과개시시점 이전에 매입한 경우로서 취득세 또는 등록세의 과세표준”에 의한 매입가액을 부과종료시점부터 25일 이내에 신고할 때에는 “그 가액에 매입일부터 부과개시시점까지의 정상지가상승분을 가감한 가액”으로 개발부담금 부과개시시점지가를 산정할 수 있도록 되어 있고,

같은 법 제9조 제1항의 규정에 의거 개발부담금의 부과개시시점은 사업시행자가 국가 또는 지방자치단체로부터 개발사업의 인가 등을 받은 날로 하도록 되어 있으므로 귀 질의에서, 개발부담금의 부과개시시점지가 산정을 위한 정상지가상승분 적용 기간은 토지의 매입일부터 초지전용 허가일까지가 되는 것임.

나. 부과기간동안의 정상지가상승분

[질의 요지]

인허가일이 ’06.12.28일이나 개발이익 환수에 관한 법률 시행령 제6조의2에 의하여 부과개시시점이 개발제한구역 해제일 2년 전으로 소급되는 경우에 같은 법 시행령 제2조 제5항 규정의 개정된 정기예금이자율(연 8% → 연 6%)의 적용이 가능한지 여부

➲ 회신 내용

'06.12.15일 개정된 「개발이익 환수에 관한 법률 시행령」 제2조 제5항의 정기예금 이자율의 적용 시점은 같은 법 시행령 부칙(제19752호) 제2조 제2항에 의하여 '06.12.15일 이후 최초로 인가 등을 받는 사업부터 적용됩니다. 따라서 「개발이익 환수에 관한 법률 시행령」 제6조의2에 의하여 부과개시시점이 개발제한구역 해제일 2년 전으로 소급된다고 하더라도 적용 시점은 동일하게 적용될 것으로 판단되어 귀 질의와 같이 인허가 일이 '06.12.15일 이후인 경우에는 연 6%의 정기예금이자율이 적용될 것입니다.

질의회신 및 판례

판 례

가. 부과종료시점

개발사업의 준공 인가 후 개발사업이 취소된 경우 개발부담금의 부과종료시점

(「개발이익 환수에 관한 법률」 제9조 등 관련)[법제처 법령해석 24-0791, 2025.1.15.]

[질의 요지]

「개발이익 환수에 관한 법률」(이하 "개발이익환수법"이라 함) 제8조에서는 개발부담금의 부과기준은 부과종료시점의 부과대상토지의 가액에서 부과개시시점의 부과대상토지의 가액(제1호), 부과기간의 정상지가상승분(제2호), 같은 법 제11조에 따른 개발비용(제3호)을 뺀 금액으로 한다고 규정하고 있고, 같은 법 제9조 제3항 본문에서는 부과종료시점은 관계 법령에 따라 국가나 지방자치단체로부터 개발사업의 준공인가 등을 받은 날로 한다고 규정하고 있으며, 같은 항 단서에서는 부과대상토지의 전부 또는 일부가 같은 항 각호의 어느 하나에 해당하면 해당 토지에 대하여는 같은 항 각호의 어느 하나에 해당하게 된 날을 부과종료시점으로 한다고 규정하면서 각호에서는 관계 법령에 따라 부과대상토지의 일부가 준공된 경우(제1호), 그 밖에 대통령령으로 정하는 경우(제3호) 등을 규정하고 있고, 그 위임에 따라 마련된 같은 법 시행령 제10조 제3항에서는 같은 법 제9조 제3항 제3호에서 "그 밖에 대통령령으로 정하는 경우"란 개발사업을 시작한 후 개발사업에 대한 인가 등[15] 이 해당 법률에서 정하는 바에 따라 취소된 경우(제1호) 등에 해당하는 사유가 발생한 경우를 말한다고 규정하고 있는바,

개발사업의 준공 인가 후 개발사업과 관련된 위법행위로 인하여 개발사업의 허가가 취소된 경우, 해당 개발사업에 적용되는 개발부담금의 부과종료시점은 개발사업의 준공 인가를 받은 날인지, 아니면 개발사업에 대한 허가가 취소된 날인지?

---

15) 국가나 지방자치단체로부터 받는 인가·허가·면허 등을 말하며,(개발이익환수법 제2조 제2호 참조) 이하 같음.

➲ 회답

개발사업의 준공 인가 후 개발사업과 관련된 위법행위로 인하여 개발사업의 허가가 취소된 경우, 해당 개발사업에 적용되는 개발부담금의 부과종료시점은 개발사업의 준공 인가를 받은 날입니다.

➲ 이유

먼저 개발이익환수법 제9조 제3항 본문에서는 개발부담금의 부과종료시점은 관계 법령에 따라 국가나 지방자치단체로부터 개발사업의 준공인가 등을 받은 날로 한다고 규정하고 있고, 같은 항 단서에서는 부과대상토지의 전부 또는 일부에 대해 부과종료시점을 달리 정할 수 있는 사유들을 각호로 규정하고 있으며, 그 위임에 따라 마련된 같은 법 시행령 제10조에서는 조 제목을 "개발사업의 준공 전 부과종료시점"으로 규정하면서 같은 조 제3항 각호에서는 부과종료시점을 준공인가일과 달리 정할 수 있는 사유들에 대하여 규정하고 있는바, 개발이익환수법 제9조 제3항 및 같은 법 시행령 제10조의 규정 체계와 조 제목 등에 비추어 보면 개발부담금의 부과종료시점을 준공인가일과 달리 정할 수 있는 경우는 개발사업의 준공 전에 해당 사유가 발생한 경우로 한정된다고 할 것이고,[16] 이 사안과 같이 개발사업의 준공 인가 후에 개발사업의 허가가 취소된 경우의 개발부담금의 부과종료시점은 개발이익환수법 제9조 제3항 본문에 따라 개발사업의 준공 인가를 받은 날이라고 해석하는 것이 규정 체계에 부합한다고 할 것입니다.

그리고 법령에서 일정한 원칙에 관한 규정을 둔 후 이러한 원칙에 대한 예외 규정을 두는 경우, 이러한 예외 규정을 해석할 때는 합리적인 이유 없이 문언의 의미를 확대하여 해석해서는 안 되고 보다 엄격하게 해석할 필요가 있다고 할 것인데,[17] 개발이익환수법 제9조 제3항에서는 부과종료시점은 원칙적으로 관계 법령에 따라 국가나 지방자치단체로부터 개발사업의 준공인가 등을 받은 날로 한다고 규정하면서(본문), 개발사업이 취소되거나 개발사업이 파산되거나 중단되어 사업을 끝낼 수 없게 된 경우 등 개발사업의 준공 인가를 받기 곤란하거나 불합리한 경우 등에는 예외적으로 부과대상토지의 전부 또는 일부에 대해 부과종료시점을 달리 정할 수 있도록 규정하고(단서) 있는바, 이미 개발사업의 준공 인가를 받아 원칙적인 개발부담금의 부과종료시점에 따라 개발부담금을 부과할 수 있는 경우라면 그 부과종료시점은 개발사업의

16) 대법원 1993.5.24. 선고 93누4069 판결례 참조
17) 법제처 2012.11.3. 회신 12-0596 해석례 참조

준공 인가를 받은 날로 해석해야 할 것이지, 준공 인가 후에 개발사업의 허가가 취소되었다는 이유로 그 허가가 취소된 날을 부과종료시점으로 해석하는 것은 합리적인 이유 없이 예외 규정의 의미를 확대하여 해석하는 것으로서 타당하지 않습니다.

따라서 개발사업의 준공 인가 후 개발사업과 관련된 위법행위로 인하여 개발사업의 허가가 취소된 경우, 해당 사업에 적용되는 개발부담금의 부과종료시점은 준공 인가를 받은 날입니다.

※ 법령 정비 권고사항

개발사업의 준공 인가를 받은 후 개발사업의 허가가 취소된 경우, 그 개발부담금의 부과종료시점에 대하여 개발이익 환수 법령에서 명확하게 규정할 필요가 있습니다.

개발부담금의 부과종료시점, 개발비용 등(대법원 2004.7.9. 선고 2002두8916 판결)

[판시사항]

(1) 합동 개발 방식에 의한 토지개발의 경우, 각 공구별 공사준공일을 기준으로 그 각 공구에 해당하는 택지들에 대한 개발부담금의 부과종료시점을 산정하여야 한다고 한 사례

(2) 도시 간선 시설비는 개발비용에 포함되고, 농어촌특별세와 종합토지세 및 용지부대비는 개발비용에 포함되지 아니한다고 한 사례

(3) 원래 국가나 지방자치단체가 설치하거나 비용을 부담하여야 할 사항을 행정청의 요구에 기하여 개발사업 사업시행자가 부담하게 된 경우,
구「개발이익 환수에 관한 법률 시행령」제10조 제1항 제5호가 정한 '다른 법령의 규정이나 개발사업에 대한 인가의 조건 등에 의하여 지방자치단체 등에 납부한 부담금'에 해당하는지 여부(적극)

➲ 이유

가. 부과종료시점에 대하여

원심은, 그 채용 증거들을 종합하여, 원고가 이 사건 개발사업을 주택건설사업자 등과 합동 개발 방식에 의하여 시행하면서, 효율적인 공사 진행을 위하여 사업지구를 2공구로 나누어 공구별로 조성 공사를 진행하고 공정에 따른 기성 대금도 공구별로 분할하여 지급하였으며, 주택건설업자 등에게 위 택지를 분양한 후 첫 회 부불금을 지급받은 날 또는 건축 착공신고일 이후에도 조성 공사를 계속하여 공구별 준공검사를 받을 무렵에 이르러 전기, 가스, 상하수도 등 택지로서의 사용 목적에 부합하는 제반 기반시설의 공사가 완료되고 각 그 무렵 공사대금도 완납한 사실을 인정한 다음, 위 첫 회 부불금을 지급받은 날 또는 건축 착공신고일에 사실상 개발이 완료되었다는 피고의

주장을 배척하면서, 위 각 공구에 해당하는 택지들에 대하여 「개발이익 환수에 관한 법률」(1993.6.11. 법률 제4563호로 개정된 것, 이하 '법'이라 한다) 제9조 제3항 제2호, 법 시행령(1997.6.25. 대통령령 제15398호로 개정되기 전의 것) 제8조 제1항 제1호, 제2항 제1호, 제2호의 규정에 따른 첫 회 부불금을 지급받은 날 또는 건축 착공신고일 이후로서 사업 전체의 최종 준공일 이전인 각 공구별 공사준공일에 사실상 개발이 완료되었다고 봄이 상당하다는 이유로, 위 각 공구별 공사준공일을 기준으로 그 각 공구에 해당하는 택지들에 대한 개발부담금의 부과종료시점을 산정하여야 한다고 판단하였다.

관계 법령 및 기록에 의하여 살펴보면, 이러한 원심의 사실인정과 판단은 정당하고, 거기에 채증법칙을 위배하여 사실을 오인하거나 합동 개발 방식의 택지개발사업에 있어서 부과종료시점에 관한 법리를 오해한 위법 등이 있다고 할 수 없다.

나. 개발비용에 대하여

개발사업 시행자가 사업 대상 토지의 양도로 인하여 발생한 소득에 대하여 구 조세감면규제법(1998.12.28. 법률 제5584호에 의하여 조세특례제한법으로 전문 개정되기 전의 것) 제64조 제1항에 따라 양도소득세 또는 특별부가세의 50%를 감면받음과 아울러 구 농어촌특별세법(1998.12.28. 법률 제5584호로 개정되기 전의 것) 제5조 제1항에 따라 위 감면 세액의 20%에 상당하는 농어촌특별세를 부과받은 경우에, 그 양도소득세 또는 특별부가세 중 부과개시시점부터 양도 시점까지에 상당하는 세액이 법 제12조에 따라 개발비용에 계상될 수 있다면, 위 감면 세액을 과세표준으로 하여 부과된 농어촌특별세에 대하여도 법 제12조를 유추 적용하여 그 중 부과개시시점부터 양도 시점까지에 상당하는 세액은 개발비용에 계상될 수 있다고 할 것이나(대법원 2001.11.27. 선고 2001두2362 판결 참조), 이는 법 제11조 제1항 제1호의 순공사비(제세공과금을 포함한다)에 해당하는 것은 아니므로, 개발비용으로 위 세액에 대한 5%의 일반관리비가 추가로 인정되는 것은 아니라고 할 것이다.

그럼에도 불구하고, 원심은 위 세액을 법 제11조 제1항 제1호에 의한 순공사비로 본 나머지 그에 따른 일반관리비까지 개발비용에 계상시키고 말았으니, 거기에는 법 제12조의 유추 적용에 관한 법리를 오해하여 판결에 영향을 미친 위법이 있다고 할 것이다.

2. 다음으로 개발비용에 대한 원고의 상고이유를 본다.

가. 도시간선시설비

원심은, 이 사건 도시 간선 시설비는 원래 지방자치단체 등이 설치하거나 비용을 부담하여야 할 것인데 수도권정비계획법 제20조에 따른 이 사건 택지 개발 사업계획 승인 조건에 의하여 원고가 지출한 것으로서 법 제11조 제1항 제1호, 법 시행령 제10조 제1항 제5호 후단의 기타 경비 또는 제6호 소정의 비용에 해당한다고 판단하였다.

기록 및 관계 법령의 규정에 의하면, 이러한 원심의 판단은 옳고, 거기에 도시 간선시설비의 개발비용 해당 여부에 관한 법리를 오해한 위법이 있다고 할 수 없다.

나. 종합토지세 및 용지부대비

종합토지세는 기본적으로 토지의 보유와 관련하여 부과되는 재산세이므로 원고가 이 사건 개발사업을 시행하면서 이 사건 토지에 대한 종합토지세를 납부하였다고 하더라도 그것이 개발비용에 포함된다고 할 수 없고, 이 사건 용지부대비는 사업 시행대상 토지의 취득과 관련된 부수비용에 불과할 뿐 당해 사업 대상 토지에 투입되어 그 편익 혹은 가치의 증가를 가져온 개발비용에 해당하지 아니한다고 할 것이다.(대법원 2000.6.9. 선고 98두15566 판결 등 참조)

같은 취지의 원심 판단은 정당하고, 거기에 종합토지세 및 용지부대비의 개발비용 해당 여부에 관한 법리를 오해한 위법이 있다고 할 수 없다.

다. 공공시설 지원금

(1) 원심은, 원고가 지출한 공공시설 지원금 22억 8,500만 원은 원고가 택지개발사업을 시행하면서 공공시설물 인계와 관련하여 시설물 유지관리비, 도로 유지관리 및 관련 장비구입비 등 명목으로 원고가 피고에게 지급한 것으로서 택지개발사업 토지의 편익을 증진시키기 위하여 지출된 비용이라고 할 수 없을 뿐 아니라, 어디까지나 피고와의 합의에 의하여 원고가 임의로 위 비용을 부담하기로 한 데 따른 것으로서 위 법령 소정의 부담금의 일종으로 볼 수는 없고, 위와 같이 해석한다고 하여 상위법의 위임 취지에 반하는 것이라고 할 수도 없다는 이유로 위 비용을 개발비용에 산입하여야 한다는 원고의 주장을 배척하였다.

(2) 개발사업의 시행자가 개발사업과 관련하여 국가나 지방자치단체에 납부한 비용이 다른 법령의 규정이나 개발사업에 대한 인가의 조건에 의한 것이 아니라고 하더라도, 원래 국가나 지방자치단체 등이 설치하거나 비용을 부담하여야 할 사항을 행정청의 요구에 기하여 사업시행자가 부담하게 된 것으로 볼 수 있다면, 법 제11조 제1항 제1호의 기타 경비의 하나로서 법 시행령 제10조 제1항 제5호가 정한 ‘다른 법령의 규정이나 개발사업에 대한 인가의 조건 등에 의하여 국가나 지방자치단체에 납부한 부담금’에 해당한다고 볼 수 있을 것이며, 국가나 지방자치단체와의 합의에 의하

여 납부하는 형식을 취하였다고 하더라도 달리 볼 것은 아니다.

그렇다면 원심으로서는 원고가 어떠한 경위에 의하여 위 비용을 부담하게 되었으며 위 비용의 구체적인 용도는 무엇인지, 원래 국가나 지방자치단체 등이 설치하거나 비용을 부담하여야 할 사항에 해당하는 것인지 여부에 대하여 좀 더 살펴보았어야 함에도, 이에 관한 심리를 하지 아니한 채 그 판시와 같은 이유만으로 이를 위 법령 소정의 기타 경비로 인정할 수 없다고 판단하였으니, 거기에는 심리를 다하지 아니하고 개발비용 중 기타 경비에 관한 법리를 오해하여 판결에 영향을 미친 위법이 있다고 할 것이다.

부과종료시점의 의미, 보상비의 지급 대상의 입법재량 상 허용되는 범위 내의 것인지 여부
(대법원 1998.7.10. 선고 97누20946 판결)

[판시사항]

(1) 「개발이익 환수에 관한 법률 시행령」 제8조가 토지의 개발과 건축물의 건축을 함께 행하는 개발사업의 경우, 임시사용승인일을 부과종료시점으로 규정한 것이 모법의 위임 취지를 벗어나 무효인지 여부(소극)

(2) 「개발이익 환수에 관한 법률」 제11조 소정의 위임에 따라 같은법시행령 제10조 제1항 제5호에서 기타 경비로 인정되는 보상비의 지급 대상을 '개발사업 구역 안의 건물·입목·영업권 등'으로 한정한 것이 모법의 위임 취지에 따라 입법재량 상 허용되는 범위 내의 것인지 여부(적극)

➲ 판결 요지

(1) 「개발이익 환수에 관한 법률」(1993.6.11. 법률 제4563호로 개정된 것) 제9조 제3항 본문이 원칙적으로 부과종료시점은 관계 법령에 의하여 국가 또는 지방자치단체로부터 개발사업의 준공인가 등을 받은 날로 하되, 다만 납부의무자가 개발사업의 목적 용도로 사용을 개시하거나 타인에게 분양 등 처분하는 경우에 한정하여 대통령령이 정하는 경우에는 예외적으로 부과종료시점을 그에 따르도록 규정하고, 이 규정에 따라 같은법시행령(1993.8.12. 대통령령 제13956호로 개정된 것) 제8조는 제1항 제2호와 제2항 제3호로, 주택건설사업 등 토지의 개발과 건축물의 건축을 함께 행하는 개발사업의 경우로서 관계행정청의 인가 등을 받아 건축물의 사용을 개시하는 경우에는 건축법 제18조의 규정에 의한 임시 사용 승인일을 부과종료시점으로 규정하고 있는바, 이는 모법의 위임 취지에 부합되게 그 범위를 구체화한 것으로 볼 것이어서 무효라 할 수 없다.

(2) 「개발이익 환수에 관한 법률 시행령」(1993.8.12. 대통령령 제13956호로 개정된 것) 제10조에서 「개발이익 환수에 관한 법률」 제11조 제1, 2항의 위임에 따라 개발비용의 산정 방법을 규정하면서 그 제1항 제5호로, 기타 경비로 인정되는 보상비의 지급 대상을 '개발사업 구역 안의 건물·입목·영업권 등'으로 한정한 것은, 모법의 위임 취지에 따라 입법재량 상 허용되는 범위 내의 것으로 봄이 상당하므로, 그 위임범위를 벗어나 개발비의 범위를 부당하게 축소한 것이라 할 수 없다.

분양 등 처분이 개발사업의 준공인가 등을 받은 후에 이루어진 경우 개발사업 완료 시점
(대법원 1993.5.14. 선고 93누4069 판결)

[판시사항]

분양 등 처분이 개발사업의 준공인가 등을 받은 후에 이루어진 경우 「개발이익 환수에 관한 법률」 제9조 제3항 제2호에 따른 개발사업 완료 시점(=준공인가 등을 받은 날)

➲ 판결 요지

「개발이익 환수에 관한 법률」 제9조 제3항에 의하면 개발사업 완료 시점은 관계법령에 의하여 국가 또는 지방자치단체로부터 개발사업의 준공인가 등을 받은 날로 하되, 다만 사업시행자가 개발사업의 목적 용도로 사용을 개시하거나 타인에게 분양 등 처분을 하는 경우(같은 조항 제2호)에는 그에 해당하게 된 날을 개발사업 완료 시점으로 하도록 규정되어 있는바, 타인에게 분양 등 처분을 함으로써 그에 해당하게 된 날을 개발사업 완료 시점으로 보게 되는 것은 분양 등 처분이 개발사업의 준공인가 등을 받기 전에 이루어진 때에 한하고, 분양 등 처분이 개발사업의 준공인가 등을 받은 후에 이루어진 때에는 준공인가 등을 받은 날을 개발사업 완료 시점으로 보아야 한다.

아파트 등 분양의 경우 개발 완료 시점의 예외적 사유의 하나로 "분양"을 규정한 취지
(대법원 1995.9.15. 선고 95누6014 판결)

[판시사항]

구 「개발이익 환수에 관한 법률」 제9조 제3항 제2호에서 개발 완료 시점의 예외적 사유의 하나로 "분양"을 규정한 취지

➲ 판결 요지

구 「개발이익 환수에 관한 법률」(1993.6.11. 법률 제4563호)로 개정되기 제3항 제2호에서 개발 완료 시점의 예외적 사유의 하나로 "분양"을 규정한 것은 통상 아파트 건설사업 시행자가 아파트나 상가를 분양할 시점에는 분양 가격은 정하여져 있고 또 분양하게 되면 그때로부터 아파트나 상가를 임의로 처분할 수 없고, 그 아파트나 상가의 부지가격이 그 후 상승한다 한들 이미 분양을 마친 사업시행자로서는 가격상승으로 인한 이익을 차지할 방법이 없어 같은 법에서 예상하고 있는 개발이익은 이를 얻을 수 없게 된다는 점을 고려하여 같은 법에서 개발 완료 시점의 예외 사유의 하나로서 분양 등을 규정한 것으로 해석되므로, 아파트 건설의 사업시행자가 준공검사를 받기 전에 건설 중인 아파트의 분양을 완료한 경우에는 같은 법 제9조 제3항 제2호에 따라 분양 완료 시점을 개발 완료 시점으로 보아야 할 것이다.

개발부담금의 부과종료시점을 건축물의 임시사용승인 일로 규정하고 있는 규정이 모법의 위임 취지를 벗어나 무효인지 여부 등(소극) [대법원 2001.10.9. 선고 99두4563 판결]

[판시사항]

(1) 개발부담금의 부과종료시점을 건축물의 임시사용승인 일로 규정하고 있는 구 개발이익 환수에 관한 법률 시행령 제8조 제1항 제2호, 제2항 제3호의 규정이 모법의 위임 취지를 벗어나 무효인지 여부(소극)

(2) 주택건설사업의 승인 조건상 토지구획정리사업에 따른 환지계획 확정으로 추가 감보되는 토지는 개발부담금 납부의무자가 지방자치단체에 제공하거나 기부한 토지에 해당한다는 이유로, 그 토지가 주택건설사업 승인지역 밖에 위치하고 있다 하더라도 그 토지의 가액은 「개발이익 환수에 관한 법률」 제11조 제1항 제2호 소정의 개발비용에 포함된다고 한 사례

➲ 판결 요지

(1) 주택건설사업 등 토지의 개발과 건축물의 건축을 함께 행하는 개발사업으로서 관계행정청의 인가 등을 받아 건축물의 사용을 개시하는 경우에는 건축법 제18조의 규정에 의한 임시사용승인 일을 부과종료시점으로 규정하고 있는 구 개발이익 환수에 관한 법률 시행령(1997.6.25. 대통령령 제15398호로 개정되기 전의 것) 제8조 제1항 제2호, 제2항 제3호의 규정은 「개발이익 환수에 관한 법률」 제9조 제3항 단서 제2호의 위임 취지에 따라 그 범위를 구체화한 것으로서 유효하다.

(2) 주택건설사업의 승인 조건상 토지구획정리사업에 따른 환지계획 확정으로 추가 감보되는 토지는 개발부담금 납부의무자가 지방자치단체에 제공하거나 기부한 토지에 해당한다는 이유로, 그 토지가 주택건설사업 승인지역 밖에 위치하고 있다 하더라도 그 토지의 가액은 「개발이익 환수에 관한 법률」 제11조 제1항 제2호 소정의 개발비용에 포함된다고 한 사례

➲ 이유

1. 원심이, ① 인천광역시가 1994.8.22. 인천 계양구(주소 생략) 일대 326,695㎡에 대하여 토지구획정리사업에 관한 도시 계획을 결정하여 고시하였고, ② 원고는 1995. 3.23. 인천광역시장으로부터 위 토지구획정리 사업지구 안에 있는 36필지의 토지 위에 면적 57,034㎡의 대지를 조성하여 아파트와 상가 등을 신축하는 내용의 주택건설 사업계획을 승인받아 그 건설사업을 마친 뒤 1997.3.26. 사용검사를 받았으며, ③ 이에 피고가 1997.9.3. 원고에게 개발부담금 1,712,048,070원을 부과한 사실을 인정한 다음, 원고의 위 주택건설사업은 「개발이익 환수에 관한 법률」(아래에서는 '법'이라고 한다) 제5조 제1항 제1호, 법 시행령(1997.6.25. 대통령령 제15398호로 개정되기 전의 것) 제4조 제1항 [별표 1] 제1호의 주택건설촉진법에 따른 '대지조성사업 및 주택건설사업'으로서 개발부담금의 부과대상사업이라고 판단한 것은 옳고, 거기에 상고이유의 주장과 같은 개발부담금에 관한 법리 오해나 헌법상 평등의 원칙 위반 등의 잘못이 없다. 따라서 이 부분 상고이유는 받아들이지 아니한다.

2. 또한 주택건설사업 등 토지의 개발과 건축물의 건축을 함께 행하는 개발사업으로서 관계행정청의 인가 등을 받아 건축물의 사용을 개시하는 경우에는 건축법 제18조의 규정에 의한 임시사용승인 일을 부과종료시점으로 규정하고 있는 법 시행령 제8조 제1항 제2호, 제2항 제3호의 규정은 법 제9조 제3항 단서 제2호의 위임 취지에 따라 그 범위를 구체화한 것으로서 유효하므로(대법원 1998.7.10. 선고 97누20946 판결, 1998.11.13. 선고 97누2153 판결 등 참조), 원심이 그 규정에 따라 이 사건 개발부담금의 부과종료시점을 원고가 피고로부터 건축물의 사용검사를 받은 날로 인정한 것은 옳고, 거기에 상고이유의 주장과 같은 심리미진이나 법리 오해 등의 잘못이 없다. 따라서 이 부분 상고이유도 받아들이지 아니한다.

3. 원심은, 원고가 주택건설사업을 시행하면서 그 승인 조건에 따라 위 토지구획정리 사업지구 안에 있는 46필지의 토지 21,956.1㎡를 피고에게 기부채납하였는데, 피고의 토지구획정리사업에 따른 환지계획에서 추가로 원고의 토지 10,397㎡가 감보되

는 것으로 환지예정지가 지정된 사실을 인정한 다음, 이 감보 예정 토지는 주택건설사업 승인 지역 외곽에 소재한 토지들로서 원고가 국가나 지방자치단체에 기부채납한 토지가 아니므로, 그 토지의 가액을 개발비용으로써 공제할 수 없다고 판단하였다.

그러나 이 사건에서 보면, 인천광역시장은 원고의 주택건설사업을 승인하면서 ① 피고가 시행할 토지구획정리사업에 따른 원고 토지의 감보면적이 당해 사업지구의 평균 감보율 이상 되어야 하고, ② 환지계획에 따라 감보가 예상되는 토지를 별도의 약정에 따라 기부채납하며, ③ 추후 감보율이 확정되어 추가로 원고의 토지가 감보되는 경우 그 부분도 원고가 부담한다는 등의 조건을 부가하였고, 그 조건에 따라 원고가 위와 같이 피고에게 토지를 기부채납하였을 뿐만 아니라, 환지계획에서 추가로 원고의 토지 10,397㎡가 감보되었으므로, 원고가 기부채납한 토지나 피고의 토지구획정리사업에 따라 추가감보되는 토지는 모두 주택건설사업 승인의 조건에 의하여 납부의무자가 지방자치단체에 제공하거나 기부한 토지에 해당한다. 따라서 환지계획 확정에 따라 추가 감보되는 토지가 주택건설사업 승인 지역 밖에 위치하고 있다고 하더라도 그 토지의 가액은 법 제11조 제1항 제2호의 개발비용에 포함된다.

그럼에도 불구하고, 추가 감보되는 10,397㎡ 토지의 가액이 개발비용에 포함되지 아니한다고 판단한 원심은 개발부담금 산정에 있어 개발비용의 법리를 오해하여 판결에 영향을 미친 잘못을 저질렀고, 이 점을 지적하는 상고이유는 이유가 있다.

나. 부과개시시점

변경인가 등을 통하여 비로소 개발부담금 부과대상 규모에 해당하게 된 경우의 부과개시시점(대법원 2009.10.15. 선고 2007두20263 판결)

[판시사항]

(1) 개발부담금의 부과대상이 되는 개발사업 범위의 판단기준(=인가 등을 받은 사업 대상 토지의 면적)

(2) 개발부담금의 부과를 위한 부과개시시점의 지가산정에서, 변경인가 등을 통하여 비로소 개발부담금 부과대상 규모에 해당하게 된 경우의 부과개시시점

➲ 판결 요지

(1) 개발부담금의 부과대상이 되는 개발사업의 범위는 사업 시행으로 인하여 시행자에게 귀속되는 토지의 면적과 관계없이, 관계 법령의 규정에 의하여 인가 등을 받

은 사업 대상 토지의 면적을 기준으로 판단하여야 한다.

(2) 구 「개발이익 환수에 관한 법률」(2008.3.28. 법률 제9045호로 전부 개정되기 전의 것) 제9조 제1항 제3호, 같은 법 시행령(2006.12.15. 대통령령 제19752호로 개정되기 전의 것) 제6조의2 제3항 제3호는 "개발부담금의 부과개시시점은 사업시행자가 국가 또는 지방자치단체로부터 개발사업의 인가 등을 받은 날로 하되, 인가 등의 변경으로 부과대상토지의 면적이 변경된 경우 부과대상토지에 새로이 편입된 토지에 대하여는 변경인가 등을 받기 전에 토지이용계획 등의 변경이 있는 경우 외에는 인가 등의 변경일로 한다"고 규정하고 있는 점,

위 시행령 제4조 제1항 후문은 '동일인이 연접한 토지에 하나의 개발사업이 종료된 후 5년 이내에 개발사업의 인가 등을 받아 사실상 분할하여 시행하는 경우에는 각 사업의 대상 토지 면적을 합한 토지에 하나의 개발사업이 시행되는 것으로 본다'라고 규정하고 있고, 이 경우 부과개시시점은 각 토지에 대하여 각 인가 등을 받은 날로 하고 있는데, 변경인가 등을 통하여 비로소 개발부담금 부과대상 규모에 해당하게 된 개발사업은 위와 같이 연접한 토지에 개발사업을 하는 경우와 유사한 점, 만약 최초 인가 등을 받은 토지에 대하여도 변경인가 등을 받은 날을 부과개시시점으로 한다면 사업시행자로서는 부과대상 규모에 미달하도록 인가 등을 받은 후 개발사업 종료 무렵 부과대상 규모에 해당하는 변경인가 등을 받음으로써 개발부담금 부담을 회피하거나 경감시킬 우려가 있어 개발부담금 제도의 취지에 어긋나게 되는 점 등에 비추어 보면, 변경인가 등을 통하여 비로소 개발부담금 부과대상 규모에 해당하게 된 경우의 부과개시시점도 위 법 제9조 제1항 제3호, 위 시행령 제6조의2 제3항 제3호에 따라 최초 인가 등을 받은 토지에 대하여는 최초 인가 등을 받은 날로, 새로이 편입된 토지에 대하여는 토지이용계획 등의 변경이 없는 한 변경인가 등을 받은 날로 함이 상당하다.

'부과개시시점 이전에 매입한 경우'에 해당하는지 여부(대법원 2008.4.11. 선고 2006두750 판결)

[판시사항]

사업시행자가 개발부담금 부과개시시점 이전에 토지에 대한 매매계약을 체결하고 부과개시시점 이후에 중도금 및 잔금을 지급한 경우,

구 「개발이익 환수에 관한 법률 시행령」 제9조 제5항 제1호에 정한 '부과개시시점 이전에 매입한 경우'에 해당하는지 여부(적극)

➲ 이유

개발부담금 산정의 기초가 되는 개시시점지가와 관련하여 「개발이익 환수에 관한 법률」은 제10조 제3항 본문에서 부과개시시점이 속한 연도의 부과대상토지의 개별공시지가에 그 공시지가의 기준일부터 부과개시시점까지의 정상지가상승분을 합한 가액으로 한다고 하면서, 같은 항 단서 제5호에서는 실제의 매입가액이 정상적인 거래가격이라고 객관적으로 인정되는 경우로서 대통령령이 정하는 경우에는 그 실제의 매입가액 또는 취득가액에 그 매입일 또는 취득일부터 부과개시시점까지의 정상지가상승분을 가감한 가액을 개시시점지가로 할 수 있다고 규정하고 있고, 같은 법 시행령(2006.12.15. 대통령령 제19752호로 개정되기 전의 것) 제9조 제5항 제1호에서는 이에 해당하는 경우로서, "부과개시시점 이전에 매입한 경우로서 그 매입 가격이 취득세 또는 등록세의 과세표준이 된 경우"를 규정하고 있는바, 이러한 규정 및 관련 규정들의 내용과 실제의 매입가액 또는 취득가액을 기준으로 개시시점지가를 산정할 수 있는 경우를 정하고 있는 위 단서 규정의 입법 연혁 및 그 취지 그리고 개발부담금 제도의 목적과 그 제도적 의의 등을 종합하여 보면, 부과개시시점 이전에 매매계약이 체결되고 그 계약에서 약정한 금액대로 매매대금이 지급된 경우에는 비록 부과개시시점 이후에 중도금 및 잔금이 지급된 경우라 하더라도 위 규정에서 말하는 '부과개시시점 이전에 매입한 경우'에 해당한다고 봄이 상당하다.

원심이 이와 같은 취지에서, 원고가 부과개시시점 이전에 이 사건 토지들을 매입하는 매매계약을 체결하고 부과개시시점 이후 그 계약에서 정한 바에 따라 중도금 및 잔금을 지급하였으며, 그 매매대금이 취득세의 과세표준이 된 이 사건의 경우에는 위 시행령 제9조 제5항 제1항에서 정하는 "부과개시시점 이전에 매입한 경우로서 그 매입 가격이 취득세 또는 등록세의 과세표준이 된 경우"에 해당하므로, 피고가 이에 해당되지 않음을 전제로 위 법 제10조 제3항 본문에 따라 실제 매입가액이 아닌 개별공시지가를 기준으로 개시시점지가를 산정하여 원고에게 개발부담금을 부과한 이 사건 처분은 위법하다고 하여 이를 취소한 것은 정당하고, 거기에 상고이유 주장과 같은 개시시점지가의 산정에 관한 법리 오해 등의 위법이 없다.

"개발사업 완료 이후 최초로 공시되는 공시지가"의 의미 등(대법원 1995.2.28. 선고 94누2206 판결)

[판시사항]

가. 구 「개발이익 환수에 관한 법률」 제10조 제1항 단서의 규정 취지
나. 소규모 사업의 경우 사업시행자가 처분청의 평가 방식 선택의 당부를 다툴 수 있는지 여부
다. 같은 법 제10조 제2항의 규정 취지와 그 적용 범위
라. 같은 법 제10조 제2항과 제1항 본문 및 제1항 단서와의 관계
마. 같은 법 제10조 제1항 단서 소정의 "개발사업 완료 이후 최초로 공시되는 공시지가"의 의미

판결 요지

가. 구 「개발이익 환수에 관한 법률」(1993.6.11. 법률 제4563호로 개정되기 전의 것) 제10조 제1항, 제2항, 구 「개발이익 환수에 관한 법률 시행령」(1993.8.12. 대통령령 제13956호로 개정되기 전의 것) 제9조 제2항의 각 규정과 개발부담금제도의 취지에 비추어 볼 때, 같은 법 제10조 제1항 단서의 규정 취지는 대상 토지의 면적이 1만㎡ 미만인 개발사업의 경우 그 개발사업으로 발생한 개발이익에 비하여 불필요하게 감정평가수수료가 지출되고 절차가 번잡하게 되는 것을 방지하기 위하여 본문의 평가가액에 의한 방식에 대하여 예외적으로 인정한 것이다.

나. 대상 토지의 면적이 1만㎡ 미만인 소규모 사업의 경우 구 「개발이익 환수에 관한 법률」 제10조 제1항 단서에 의하여 산정한 개발사업 완료 시점의 부과대상토지의 가액이 본문에 의하여 산정한 경우보다 더 적다면 이는 행정청의 부담 경감과 절차상의 편의에 의한 결과 사업시행자가 반사적으로 이익을 얻는 것에 불과한 것이므로 사업시행자는 단서 소정의 개별공시지가에 의하여 사업 완료 시점의 가액을 산정한 결과가 본문 소정의 감정평가액에 의한 경우보다 오히려 높게 산정되어 사업시행자에게 불리한 결과를 초래하는 경우가 아닌 이상 원칙적으로 처분청의 평가 방식 선택의 당부를 이유로 하여 다툴 수는 없다.

다. 구 「개발이익 환수에 관한 법률」 제10조 제2항이 관계 법령의 규정에 의하여 처분가격이 제한된 경우에 그 처분가격을 개발사업 완료 시점의 부과대상토지의 가액으로 할 수 있도록 규정한 것은 주택가격의 안정이나 기타 특별한 필요에 의하여 처분가격을 법령에서 제한하여 놓고도 그 제한 가격보다 높은 가격으로 개발사업 완

료 시점의 가액을 인정하여 개발부담금을 부과한다는 것이 개발부담금제도의 취지에 반한다는 데에 근거하여 제1항 본문에 관한 예외 조항으로 규정한 것이므로 위 제2항은 그 제한 가격이 제1항 본문에 의한 감정평가액보다 낮은 경우에 한하여 적용되는 규정으로 보아야 할 것이고, 따라서 사업시행자로서는 개발사업 완료 시점의 부과대상토지의 가액이 제1항 본문 소정의 감정평가액으로 산정되어 부과된 개발부담금에 대하여는 제2항 소정의 제한 가격에 의하지 아니한 위법을 들어 이를 다툴 수 있을 것이고, 제한 가격으로 부과된 개발부담금에 대하여는 그것이 감정평가액으로 부과될 경우보다 높은 가액임을 주장·입증하여 이를 다툴 수 있을 것이다.

라. 구 「개발이익 환수에 관한 법률」 제10조의 제1항 단서 및 제2항의 규정이 각각 제1항 본문에 대한 예외 규정인 점에다가 앞서 본 제1항 단서 및 제2항의 각 규정 취지를 종합하여 보면, 소규모 사업으로서 관계 법령에 따라 그 처분가격이 제한된 경우에는 제2항과 제1항 본문과의 관계만 따지면 되는 것이지 같은 예외 규정인 제1항 단서와의 관계까지 따져야 할 것은 아니라고 보여진다.

마. 원래 공시지가는 그 공시기준일을 기준으로 그 효력이 있는 것이고, 또 「개발이익 환수에 관한 법률」 제10조는 개정 전의 법 제10조 제1항 단서의 규정을 삭제함과 동시에 종료 시점(법 개정 전의 완료 시점)의 지가를 "종료 시점이 속한 연도의 다음 연도 1월 1일 기준으로 한 개별공시지가"라고 명시하고 완료 시점 이후 다음 연도 1.1.까지의 정상지가상승분을 공제하도록 규정하여 개정 전 법의 입법상의 미비 및 해석상의 의문점을 해소한 점을 아울러 고려하면, 구 「개발이익 환수에 관한 법률」 제10조 제1항 단서 소정의 "개발사업 완료 이후 최초로 공시되는 공시지가"는 개발사업 완료 이후 최초의 공시기준일을 기준으로 공시되는 공시지가를 의미한다고 보아야 할 것이고, 다만 사업 완료 이후 발생하는 토지 가액의 증가분은 완료 시점 이후 다음 연도 1.1.까지의 정상지가상승분을 공제하면 될 것이다.

다. 지가의 선정

개시시점 지가산정

개별공시지가가 없는 토지 등에 대하여 개발부담금을 부과하기 위하여 산정한 해당 토지의 종료시점지가 및 개시시점지가의 의미 [법제처 법령해석 14-0223, 2014.5.22., 민원인]

(「개발이익 환수에 관한 법률」 제10조 등 관련)

[질의 요지]

「개발이익 환수에 관한 법률」 제10조 제5항 및 같은 법 시행규칙 제8조 제2항에 따르면 개발부담금을 부과하기 위하여 그 부과대상토지의 종료시점지가와 개시시점지가를 산정할 때, 해당 토지의 개별공시지가가 없는 경우 등 대통령령으로 정하는 경우에는 「부동산가격공시 및 감정평가에 관한 법률」에 따른 둘 이상의 감정평가법인이 감정평가한 가액을 산술평균한 가액으로 해당 지가를 산정하여야 하는바,

개별공시지가가 없는 토지 등에 대하여 개발부담금을 부과하기 위하여 「개발이익 환수에 관한 법률 시행규칙」 제8조 제2항에 따라 산정한 종료시점지가 및 개시시점지가가 개별공시지가를 의미하는지?

➲ 회답

개별공시지가가 없는 토지 등에 대하여 개발부담금을 부과하기 위하여 「개발이익 환수에 관한 법률 시행규칙」 제8조 제2항에 따라 산정한 종료시점지가 및 개시시점지가가 개별공시지가를 의미하는 것은 아니라고 할 것입니다.

➲ 이유

「개발이익 환수에 관한 법률」 제2조 제1호에 따르면 "개발이익"이란 개발사업의 시행 또는 토지이용계획의 변경, 기타 사회적·경제적 요인에 따라 정상지가상승분을 초과하여 개발사업을 시행하는 자 또는 토지소유자에게 귀속되는 토지 가액의 증가분을 말하고, 같은 조 제4호에 따르면 "개발부담금"이란 개발이익 중 같은 법에 따라 국가가 부과·징수하는 금액을 말한다고 정의하고 있으며, 같은 법 제8조에 따르면 개발부담금의 부과기준은 부과종료시점의 부과대상토지의 가액(이하 "종료시점지가"라 한다)에서 부과개시시점의 부과대상토지의 가액(이하 "개시시점지가"라 한다), 부과기간의 정상지가상승분, 같은 법 제11조에 따른 개발비용을 뺀 금액으로 한다고 규정하고 있고, 같은 법 제9조 제1항에 따르면 "부과개시시점"은 사업시행자가 국가나

지방자치단체로부터 개발사업의 인가 등을 받은 날로 한다고 규정하고 있으며, 같은 조 제3항에 따르면 "부과종료시점"은 관계 법령에 따라 국가나 지방자치단체로부터 개발사업의 준공인가 등을 받은 날로 한다고 규정하고 있고, 같은 법 제14조 제1항 본문에 따르면 부과종료시점부터 3개월 이내에 개발부담금을 결정·부과하여야 한다고 규정하고 있습니다.

한편, 「개발이익 환수에 관한 법률」 제10조 제1항에 따르면 종료시점지가는 부과종료시점 당시의 부과대상토지와 이용 상황이 가장 비슷한 표준지의 공시지가를 기준으로 「부동산 가격공시 및 감정평가에 관한 법률」 제9조 제2항에 따른 비교표에 따라 산정한 가액(價額)에 해당 연도 1월 1일부터 부과종료시점까지의 정상지가상승분을 합한 가액으로 한다고 규정하고 있고, 같은 조 제3항에 따르면 개시시점지가는 부과개시시점이 속한 연도의 부과대상토지의 개별공시지가(부과개시시점으로부터 가장 최근에 공시된 지가를 말함)에 그 공시지가의 기준일부터 부과개시시점까지의 정상지가상승분을 합한 가액으로 한다고 규정하고 있으며, 같은 조 제5항에서는 같은 조 제1항 및 제3항에 따라 종료시점지가와 개시시점지가를 산정할 때 해당 토지의 개별공시지가가 없는 경우 등 대통령령으로 정하는 경우에는 국토교통부령으로 정하는 방법으로 산정한다고 규정하고 있고, 이에 따라 같은 법 시행령 제11조 제7항 각호에서는 개시시점지가 및 종료시점지가를 산정할 때 부과대상토지의 개별공시지가가 없는 경우와 종료시점지가를 산정할 때 법 제10조 제3항 단서에 따라 매입 가격으로 개시시점지가를 산정한 경우를 규정하고 있으며, 같은 법 시행규칙 제8조 제2항에서는 「부동산가격공시 및 감정평가에 관한 법률」에 따른 둘 이상의 감정평가법인이 감정평가한 가액을 산술 평균한 가액으로 해당 지가를 산정하여야 한다고 규정하고 있는바,

이 사안에서는 개별공시지가가 없는 토지 등에 대하여 개발부담금을 부과하기 위하여 「개발이익 환수에 관한 법률 시행규칙」 제8조 제2항에 따라 산정한 종료시점지가 및 개시시점지가가 개별공시지가를 의미하는지 여부가 문제가 될 수 있습니다.

살피건대, 「개발이익 환수에 관한 법률」 제10조 제5항에서 개발부담금 부과대상토지의 종료시점지가 및 개시시점지가를 국토교통부령으로 정하는 방법으로 산정하도록 한 취지는 개발부담금의 부과기준을 산정하기 위한 종료시점지가 및 개시시점지가는 원칙적으로 개별공시지가가 있는 부과대상토지에 대하여 같은 법 제10조 제1항 및 제3항에 따라 표준지의 공시지가 및 부과대상토지의 개별공시지가를 활용하여 산

정하여야 하나, 해당 토지에 대한 개별공시지가가 없는 경우 등 대통령령으로 정하는 경우에는 국토교통부령에서 정하는 별도의 방법에 따라 산정하도록 함으로써 개발이익 환수에 합리성을 도모하려는 것이라는 점에 비추어 볼 때, 별도의 규정이 없는 이상 「개발이익 환수에 관한 법률」 제10조 제5항의 위임에 따른 같은 법 시행규칙 제8조 제2항에 따라 산정한 종료시점지가 및 개시시점지가가 개별공시지가를 의미하는 것으로 볼 수는 없다고 할 것입니다.

또한, 「부동산 가격공시 및 감정평가에 관한 법률」 제11조, 제12조 및 제13조 등을 종합하면, 개별공시지가는 「개발이익 환수에 관한 법률」에 따른 개발부담금의 부과 등을 위한 지가산정에 사용하게 하려면 제공하는 것으로서, 시장·군수 또는 구청장이 같은 법 제20조에 따른 시·군·구 부동산평가위원회의 심의를 거쳐 매년 공시지가의 공시기준일 현재 안 개별토지의 단위면 적당 가격인바, 이는 감정평가업자의 검증 등을 통하여 결정·공시하여야 하며, 공시된 개별공시지가에 대하여 이의신청 및 정정 등의 절차를 마련하고 있는 반면,

「개발이익 환수에 관한 법률」에 따른 종료시점지가 및 개시시점지가는 개발부담금의 부과기준을 산출하기 위한 해당 토지의 가액으로서 같은 법 제10조에서 해당 지가를 산정하는 방법을 별도로 규정하고 있고, 더구나 해당 토지의 개별공시지가가 없는 경우 등에는 「개발이익 환수에 관한 법률 시행규칙」 제8조 제2항에 따라 시장·군수 또는 구청장이 「부동산가격공시 및 감정평가에 관한 법률」에 따른 둘 이상의 감정평가법인이 감정평가한 가액을 산술 평균한 가액으로 종료시점지가 및 개시시점지가를 산정하여야 한다고 규정하고 있는 점 등에 비추어 볼 때, 「부동산 가격공시 및 감정평가에 관한 법률」에 따른 개별공시지가와 「개발이익 환수에 관한 법률」에 따른 종료시점지가·개시시점지가는 그 산정 목적, 산정 절차 및 방법 등이 다르다고 할 것입니다.

따라서, 개별공시지가가 없는 토지 등에 대하여 개발부담금을 부과하기 위하여 「개발이익 환수에 관한 법률 시행규칙」 제8조 제2항에 따라 산정한 종료시점지가 및 개시시점지가가 개별공시지가를 의미하는 것은 아니라고 할 것입니다.

실제로 매입한 가액을 기준으로 개발부담금의 부과개시시점지가를 산정하기 위한 요건
(대법원 2013.12.12. 선고 2012두18783 판결)

[판시사항]

개별공시지가가 아닌 실제로 매입한 가액을 기준으로 개발부담금의 부과개시시점지가를 산정하기 위한 요건

➲ 이유

「개발이익 환수에 관한 법률」(이하 '법'이라 한다) 제10조 제3항 단서 제5호는 개별공시지가가 아닌 실제로 매입한 가액을 기준으로 개발부담금의 부과개시시점지가를 산정할 수 있는 경우로 "실제로 매입한 가액이 정상적인 거래가격이라고 객관적으로 인정되는 경우로서 대통령령이 정하는 경우"를 들고 있고, 그 '대통령령이 정하는 경우'에 관하여 구 「개발이익 환수에 관한 법률 시행령」(2010.9.20. 대통령령 제22395호로 개정되기 전의 것) 제11조 제5항 제1호는 "부과개시시점 이전에 매입한 경우(부과개시시점 이전에 매매계약을 체결하여 부과개시시점 이후에 그 계약에서 약정한 금액대로 매매대금의 지급이 이루어진 경우로서 국토해양부령으로 정하는 증명서류를 제출한 경우를 포함한다)로서 그 매입 가격이 취득세 또는 등록세의 과세표준이 된 경우"를 들고 있다. 이러한 규정 내용 및 개발부담금 제도의 취지 등에 비추어 보면, 실제로 매입한 가액을 기준으로 개시시점지가를 산정하기 위해서는 부과개시시점 이전에 매입한 경우로서 그 매입 가격이 취득세 또는 등록세의 과세표준이 될 뿐만 아니라 매입가격이 개발이익이 포함되지 아니한 정상적인 거래가격이라고 객관적으로 인정될 수 있어야 한다.(대법원 2010.7.22. 선고 2009두4623 판결, 대법원 2012.1.27. 선고 2010두23774 판결 등 참조)

원심은, 이 사건 토지의 매입가액 20억 원이 매입 당시 개별공시지가로 계산한 금액보다 186배 이상이고 매입 후 6년이 지난 개발종료 시점의 지가보다도 2배 가까이 높은 점, 이 사건 회사가 이 사건 토지를 매수하기 불과 3일 전에 광주시 (주소 1 생략) 임야 10,837㎡가 이 사건 토지(주소 1 생략 임야 910㎡)와 (주소 2 생략) 임야 9,927㎡로 분할되었고 이 중 (주소 2 생략) 임야는 이 사건 회사의 직원이 이 사건 토지의 매도인으로부터 매수하였는데, 그 면적이 이 사건 토지의 면적보다 10배가량 넓은데도 그 매입가액은 1억 원으로서 이 사건 토지 매입가액의 1/20 정도에 불과한 점 등 그 판시와 같은 사정을 종합하여, 이 사건 토지의 매입가액 20억 원은 부과개시시점 당시의

정상적인 거래가격이라고 객관적으로 인정된다고 보기 어렵다고 판단하였다.

원심판결 이유를 앞서 본 법리와 기록에 비추어 살펴보면 원심의 위와 같은 판단은 정당하고, 거기에 상고이유의 주장과 같이 개발부담금의 지가산정에 관한 법 제10조 제3항 단서에 관한 법리를 오해하거나, 개발부담금 제도의 입법 취지에 반하여 잘못 판단하거나, 채증 법칙을 위반하고 필요한 심리를 다하지 아니하는 등으로 판결 결과에 영향을 미친 위법이 없다.

그리고 상고이유에서 들고 있는 검인계약서에 관한 대법원판결은 이 사건과 사안을 달리하는 것이므로, 원심판결에 상고이유의 주장과 같은 대법원 판례에 반하는 위법도 없다.

납부의무자가 실제의 매입 가액을 신고하지 않더라도, 매입 가액을 기준으로 개시시점지가를 산정할 수 있는지 여부(「개발이익 환수에 관한 법률」 제10조 제3항 등 관련)

[법제처 법령 해석 11-0420, 2011.8.19., 인천광역시 남동구]

[질의 요지]

납부의무자가 실제의 매입 가액을 신고하지 않더라도, 부과권자는 「개발이익 환수에 관한 법률」 제10조 제3항 각호의 어느 하나에 해당하면, 그 실제의 매입 가액을 기준으로 개시시점지가를 산정할 수 있는지?

회답

납부의무자가 실제의 매입 가액을 신고하지 않는 경우, 부과권자는 「개발이익 환수에 관한 법률」 제10조 제3항 각호의 어느 하나에 해당하더라도, 그 실제의 매입 가액을 기준으로 개시시점지가를 산정할 수 없습니다.

이유

「개발이익 환수에 관한 법률」 제8조는 개발부담금의 부과기준은 부과종료시점의 부과대상토지의 가액에서 부과개시시점의 부과대상토지의 가액(이하 “개시시점지가”라 함), 부과기간의 정상지가상승분 및 제11조에 따른 개발비용을 뺀 금액으로 한다고 규정하고 있고, 같은 법 제10조 제3항은 개시시점지가는 부과개시시점이 속한 연도의 부과대상토지의 개별공시지가(부과개시시점으로부터 가장 최근에 공시된 지가를 말한다)에 그 공시지가의 기준일부터 부과개시시점까지의 정상지가상승분을 합한 가액으로 하되, 다음 각호의 어느 하나에 해당하면 그 실제의 매입 가액이나 취득 금액에 그 매입일이나 취득일부터 부과개시시점까지의 정상지가상승분을 더하거나 뺀 가액을 개시시점지가로 할 수 있도록 규정하면서, 제5호에서는 실제로 매입한 가액이 정상적인 거래 가격이라고 객관적으로 인정되는 경우로서 대통령령으로 정하는 경우를 열거하고 있으며, 같은 법 제10조 제6항은 개시시점지가에 대하여 제3항 각호 외의 부분 단서를 적용받으려는 납부의무자는 같은 항 각호의 어느 하나에 해당한다는 사실을 증명하는 자료를 국토해양부령으로 정하는 기간에 국토해양부 장관에게 제출하도록 규정하고 있는데, 같은 법 시행규칙 제9조에 따르면, 법 제10조 제6항에 따라 매입 가격을 증명하려는 자료를 제출하려는 납부의무자는 부담금 예정 통지를 받은 날부터 15일 이내에 별지 제1호서식에 따라 매입 가격을 기재한 거래 가격신고서에 매입 증서 사본을 첨부하여 시장·군수·구청장에게 제출하도록 규정하고 있습니다.

위에서 보는 바와 같이, 법령에서 개발부담금의 부과기준과 그 기준에 따른 지가의 산정기준 및 방법을 구체적으로 정하고 있을 뿐 아니라, 부과대상토지를 실제로 매입하는 가액이 정상적인 거래 가격이라고 객관적으로 인정되는 경우 등에 해당하면, 그 실제의 매입 가액을 기준으로 개시시점지가를 산정할 수 있도록 하면서, 그 경우에는 납부의무자로 하여금 부담금 예정 통지를 받은 날부터 15일 이내에 매입 증서 사본을 첨부하여 제출하도록 의무를 부과하는 등 지가의 산정 절차를 구체적으로 규정하고 있는 점, 성문 법령의 해석은 특별한 사정이 없으면 원칙적으로 문리해석에 근거하여 해석하는 것이라는 점 등을 종합적으로 고려할 때, 문언상 실제의 매입 가액을 기준으로 개시시점지가를 산정하려면, 납부의무자가 실제의 매입 가격을 신고하여야 하며, 실제의 매입 가격 신고가 없는 경우에는 「개발이익 환수에 관한 법률」 제10조 제3항 본문에 따라 원칙적으로 개별공시지가를 기준으로 하여 개시시점지가를 산정하는 것으로 해석하는 것이 개발부담금의 부과기준과 절차를 구체적으로 규정하고 있는 법률의 취지에 합당하다고 할 것입니다.

따라서 납부의무자가 실제의 매입 가액을 신고하지 않는 경우, 부과권자는 「개발이익 환수에 관한 법률」 제10조 제3항 각호의 어느 하나에 해당하더라도, 그 실제의 매입 가액을 기준으로 개시시점지가를 산정할 수 없습니다.

실제의 매입가액으로 개발부담금 부과개시시점의 지가를 산정하는 경우 (대법원 2006. 3.10. 선고 2005두14486 판결)

[판시사항]

(1) 실제의 매입가액으로 개발부담금 부과개시시점의 지가를 산정하는 경우, 객관적으로 실제의 매입가액의 진실성이 담보되어야 하는지 여부(적극)

(2) 실제의 매입가액으로 개발부담금 부과개시시점의 지가를 산정한 원심판결을 실제의 매입가액을 인정할 만한 증거를 찾아보기 어렵다는 이유로 파기한 사례

➲ 이유

1. 원심은, 개발부담금의 부과개시시점 이전에 토지에 대한 매매계약이 일단 체결되었고 그 매매계약에서 정한 매매대금이 실제의 매입가액으로서 정상적인 거래 가격으로 인정되는 경우에는, 비록 잔금의 지급이 부과개시시점 이후에 이루어졌다고 하더라도, 「개발이익 환수에 관한 법률 시행령」 제9조 제5항 제1호에 규정된 '부과개시시점 이전에 매입한 경우'에 해당하는 것으로 보아야 한다고 판단하고, 이어 그 설시의 증거들에 의하여 인정되는 판시와 같은 사실관계에 터잡아 원고가 이 사건 개발부담금의 부과개시시점인 2002.8.28. 이전에 이 사건 토지를 13억 3,000만 원에 일괄 매수한 다음 이에 따라 그 계약금과 중도금으로 합계 5억 3,000만 원을 실제로 지급하였으며, 그 실제의 매입가액을 과세표준으로 하여 취득세 등도 납부하였을 뿐만 아니라 그 매입 가격은 정상적인 거래 가격이라고 객관적으로 인정되므로 이 사건 개발부담금의 부과개시시점의 지가는 이러한 실제의 매입가액으로 산정하여야 한다는 취지로 판단하여, 이와 달리 부과개시시점과 부과종료시점의 각 지가를 모두 개별공시지가로 산정한 이 사건 개발부담금 부과 처분의 취소를 구하는 원고의 청구를 받아들였다.

2. 그러나 원심의 사실인정은 다음과 같은 이유로 수긍하기 어렵다.

「개발이익 환수에 관한 법률」 제10조 제3항 본문에서 정하고 있는 바에 따라 개발부담금의 부과개시시점지가를 개별공시지가로 산정하는 것이 원칙이고, 다만 '실제의 매입가액이 정상적인 거래 가격이라고 객관적으로 인정되는 경우로서 대통령령이 정하는 경우' 등에만 예외적으로 실제의 매입 가격으로 그 부과개시시점의 지가를 산정하도록 규정하고 있는 점 등에 비추어 볼 때, 객관적으로 실제의 매입가액의 진실성이 담보될 수 있는 경우에 한하여 그 매입가액으로 부과개시시점의 지가를 산정할 수 있는 것으로 보아야 한다.

그런데 '원고가 2002.8.28. 이전에 이 사건 토지를 13억 3,000만 원에 일괄 매수하는 내용의 매매계약을 실제로 체결하였다.'라는 점을 인정하기 위하여 원심이 채용한 증거들로는 갑 제5호증의 1, 2(각 영수증), 갑 제7호증(부동산 매매계약서), 갑 제15호증의 1(거래 사실 확인서) 등이 있는데, 갑 제15호증의 2(주민등록증), 갑 제17호증(인증진술서)의 각 기재만으로는 그 각 진정성립을 인정하기에 부족하고, 그 밖에 그 각 진정성립을 인정할 만한 자료가 없으므로 이를 각 증거로 선뜻 채용할 수 없고, 특히 원고는 당초 대주주인 OOO의 개인 명의로 2002.5.6. 이 사건 토지를 매수하면서 매매계약서를 작성하면서 계약금 1억 3,000만 원을 지급하였다가 2002.5.24. 중도금 4억 원을 지급할 무렵 매도인들의 양해를 얻어 매수인 명의를 원고 회사로 바꾸면서 새로 매매계약서를 작성하였으며 그것이 갑 제7호증이라고 주장하고 있는데(기록 185~186쪽), 정작 최초로 작성하였다는 매매계약서를 제출하지 못하고 있고 그 매매계약일(2002. 5. 6)은 OOO의 계좌에서 1억 3,600만 원이 인출된 2001.2.21.보다 1년 2월 남짓 이후여서 사리에 맞지 않으며, 원고 주장의 매매대금을 전제로 한 원고 또는 OOO로부터 매도인에게로의 대금 지급 사실을 직접 입증할 금융자료가 제출되어 있지 않으며 기껏 OOO나 원고의 예금계좌에서 원고 주장과 비슷한 금액이 인출된 사실이 기재된 갑 제13호증의 2, 갑 제14호증의 2만으로는 이를 선뜻 인정하기 어렵다.

사정이 이러하다면 원심이 채용한 나머지 증거들, 즉 갑 제2호증(부동산 매매계약서), 갑 제3호증(등록세 영수증), 갑 제4호증의 1(건축허가서), 2(건축관계자 변경 신고 수리 통보), 3(건축관계자 변경 신고필증), 갑 제6호증(취득세 영수증), 갑 제11호증의 1, 2(각 폐쇄등기부 등본), 갑 제12호증(주주명부), 갑 제13, 14호증의 각 1, 2(각 통장 표지 및 내용), 갑 제16호증의 1 내지 14(확인서 등)의 각 기재만으로는, '원고가 2002.8.28. 이전에 이 사건 토지를 13억 3,000만 원에 일괄 매수하는 내용의 매매계약을 실제로 체결하였다.'라는 점을 인정하기에는 부족한 것으로 보이며, 그 밖에 기록상 원고의 위 주장 사실을 인정할 만한 증거를 찾아보기 어렵다.

그럼에도 불구하고, 원심이 이와 달리 갑 제5호증의 1, 2, 갑 제7호증, 갑 제15호증의 1의 각 진정성립이나 신빙성을 가볍게 인정한 다음 주로 그것들에 터잡아 이 사건에서 핵심적인 요증사실에 관한 원고의 주장을 받아들이면서 결국, 원고의 이 사건 청구를 선뜻 인용한 데에는, 판결에 영향을 미친 채증법칙 위반이나 심리미진 등의 위법이 있다고 아니할 수 없다.

개시시점지가 및 종료시점지가 중 어느 하나만 개별공시지가를 기준으로 산정할 수 있는지 여부 (대법원 2021.2.4. 선고 2016두40863 판결)

[판시사항]

(1) 개발부담금 부과기준이 되는 '개발이익'을 산정할 때 예외적으로 실제 매입 가격을 기준으로 개시시점지가를 산정하고 실제 처분가격을 종료시점지가로 적용하는 경우 / 개시시점지가 및 종료시점지가 중 어느 하나만 개별공시지가를 기준으로 산정할 수 있는지 여부(소극)

(2) 구 「개발이익 환수에 관한 법률 시행령」 제12조 제1항 제6호 괄호 부분의 의미

➲ 이유

1. 사안의 개요와 쟁점

가. 원심판결 이유와 기록에 의하면, 다음과 같은 사정들을 알 수 있다.

(1) 원고는 2008.5.16. 피고로부터 울산 북구 (주소 1 생략) 외 16필지 합계 34,054㎡에 430세대 규모의 아파트를 신축하는 내용의 주택건설사업계획 승인을 받았고, 2011.4.6. 울산광역시장으로부터 (주소 2 생략) 외 24필지 합계 26,788㎡에 527세대 규모의 아파트를 신축하는 내용으로 주택건설사업계획 변경승인을 받은 다음, 아파트 신축공사를 마치고 2013.11.25. 사용검사를 받은 사업시행자이다. (이하 위 주택건설사업을 '이 사건 사업'이라고 하고, 위 아파트를 '이 사건 아파트'라고 한다)

(2) 피고는 2014.3.22. 원고에 대하여 구 「개발이익 환수에 관한 법률」(2014.1.14. 법률 제12245호로 개정되기 전의 것, 이하 '개발이익환수법' 또는 '법'이라고 한다)에 따라 이 사건 아파트의 사용승인일인 2013.11.25.을 부과종료시점으로, 최초 사업계획승인일인 2008.5.16.을 부과개시시점으로 하고, 개별공시지가를 기준으로 종료시점지가 및 개시시점지가를 산정한 후 개발부담금 394,130,340원을 부과하는 처분을 하였다.(그 후 피고는 원고가 납부한 지목변경 취득세 62,349,240원을 개발비용으로 추가 인정하여, 2014.12.24. 개발부담금을 378,565,550원으로 감액하는 경정처분을 하였다. 이하 감액분을 제외한 개발부담금 부과 처분을 '이 사건 처분'이라고 한다)

(3) 원고는 이 사건 사업의 사업계획승인 조건에 따라 이 사건 아파트 단지 인근에 도시계획시설인 중로 2-147호선 길이 397m, 소로 3-32호선 길이 113m, 소로 3-33호선 길이 58m 및 제32호 소공원 1,082㎡를 설치하는 내용의 도시계획시설사업의 시행자로도 지정되어 그 사업을 완료하였으며, 위 도시계획시설은 「국토의 계획 및 이용에

관한 법률」 제99조, 제65조에 따라 피고에게 무상으로 귀속되었다. (이하 위 도시계획시설을 '이 사건 기부채납시설'이라 한다) 이에 원고는 이 사건 사업의 개발부담금 산정에서 이 사건 기부채납시설의 설치에 원고가 투입한 비용 합계 5,390,046,638원(= 토지비 2,662,046,638원 + 공사비 2,728,000,000원, 이하 '이 사건 기부채납시설 가액'이라고 한다)을 '개발비용'에 포함하여 종료시점지가에서 공제하여야 한다는 취지에서, 이 사건 처분의 취소를 구하는 이 사건 소를 제기하였다.

(4) 한편 피고의 분양가심사위원회는 2011.6.13. 이 사건 사업의 아파트 분양 가격 상한금액을 합계 143,349,937,676원(그중 택지비는 40,334,348,500원이다)으로 의결하였고, 원고는 위 분양가 상한금액의 범위 내에서 합계 124,009,000,000원을 분양 가격으로 책정하였으며, 피고는 2011.6.15. 이러한 분양 가격으로 원고의 입주자모집 승인을 하였다.

나. 이 사건 쟁점은, 이 사건 사업의 개발부담금 부과기준이 되는 '개발이익'을 산정할 때 구 「개발이익 환수에 관한 법률 시행령」 (2014.7.14. 대통령령 제25452호로 개정되기 전의 것, 이하 '시행령'이라고만 한다) 제12조 제1항 제6호 중 괄호 부분(이하 '이 사건 괄호 규정'이라고 한다)에 의하여 이 사건 기부채납시설 가액을 '개발비용'에서 제외하여야 하는지 여부이다.

2. 관련 규정과 법리

가. 개발 이익환수 법령의 규정 내용

(1) 법에 의하면, 납부의무자가 납부하여야 할 개발부담금은 제8조에 따라 산정된 개발이익의 100분의 25로 한다. (제13조 본문) 개발이익은 부과종료시점의 부과대상토지의 가액(이하 '종료시점지가'라고 한다)에서 ① 부과개시시점의 부과대상토지의 가액(이하 '개시시점지가'라고 한다), ② 부과기간의 정상지가상승분, ③ 제11조에 따른 개발비용을 뺀 금액으로 한다.(제8조) 개발비용은 ① 순공사비, 조사비, 설계비, 일반관리비 및 그 밖의 경비, ② 관계 법령이나 인가 등의 조건에 따라 납부의무자가 공공시설이나 토지 등을 국가나 지방자치단체에 제공하거나 기부한 경우에는 그 가액(이하 '기부채납시설 가액'이라고 한다), ③ 해당 토지의 개량비를 합하여 산출하며(제11조 제1항), 개발비용의 산정 방법 등에 필요한 사항은 대통령령으로 정하도록 위임하고 있다.(제11조 제3항)

(2) 그 위임에 따른 시행령 제12조 제1항은 개발비용의 세부 종류별로 산정기준을 정하면서, 그 제6호에서 기부채납시설 가액의 경우 '토지의 가액에 그 시설의 조성원

가를 합산한 가액으로 하고, 토지의 가액은 개시시점지가에 부과기간의 정상지가상승분을 합한 가액으로 한다.'라고 규정하면서, 그 괄호 부분에서 "개발사업의 목적이 타인에게 분양 등 처분을 하는 것으로써 그 처분가격에 공공시설 또는 토지 등의 가액이 포함된 경우에는 제11조 제2항에 따라 그 처분가격을 종료시점지가로 산정하는 경우로 한정한다."라고 규정하고 있다.

(3) 법에 의하면, 개시시점지가 및 종료시점지가는 개별공시지가를 기준으로 산정하는 것을 원칙으로 하고(제10조 제1항, 제3항 본문), 다만 예외적으로 부과대상토지를 분양하는 등 처분할 때에 그 처분가격에 대하여 국가나 지방자치단체의 인가 등을 받는 경우 등 대통령령으로 정하는 경우에는 그 처분가격을 종료시점지가로 할 수 있고(제10조 제2항), 국가 등으로부터 매입한 경우 등 실제로 매입한 가액이 정상적인 거래가격이라고 객관적으로 인정되는 일정한 경우에는 그 실제의 매입 가액이나 취득 가액(이하 '실제 매입 가격'이라고 한다)에 그 매입일이나 취득일부터 부과개시시점까지의 정상적인 지가상승분을 더하거나 뺀 가액을 개시시점지가로 할 수 있다.(제10조 제3항 단서) 개시시점지가에 대하여 제10조 제3항 단서를 적용받으려는 납부의무자는 제10조 제3항 단서 각호에 해당한다는 사실을 증명하는 자료를 국토교통부령으로 정하는 기간 내에 개발부담금 징수를 관할하는 행정청에 제출하여야 한다.(제10조 제6항)

(4) 법 제10조 제2항의 위임에 따른 시행령 제11조는 제1항 각호에서 법 제10조 제2항에 따라 예외적으로 처분가격을 종료시점지가로 할 수 있는 경우를 7가지로 열거하면서, 제2항에서 '법 제10조 제2항에 따라 예외적으로 처분가격을 종료시점지가로 산정하는 경우는 법 제10조 제3항 단서에 따라 매입 가격으로 개시시점지가를 산정하는 경우로 한정한다.'라고 규정하고 있다.

나. 이 사건 괄호 규정의 의미

(1) 1993.6.11. 법률 제4563호로 개정된 개발이익환수법 제10조는, 구법하에서 개시시점지가 및 종료시점지가의 산정기준을 달리함으로써 야기되는 여러 가지 문제와 매입 가격의 신빙성 등 그 인정 여부에 따른 사업시행자와 관할 행정청 사이의 분쟁을 예방하고, 새로 도입된 개별공시지가 제도 운용의 활성화를 도모하기 위하여, 감정평가액에서 매입 가격을 공제하는 종전의 개발이익 산정 방식에서 탈피하여 개시시점지가 및 종료시점지가의 지가산정기준을 통일하여 모두 개별공시지가를 기준으로 개발이익을 산정하되, 다만 납부의무자가 일정 기간 내에 신고하는 경우로서 객관적으로 그 진실성이 담보될 수 있다고 보이는 5가지 경우에 한하여 예외적으로 실제

매입 가격을 기준으로 개시시점지가를 산정할 수 있도록 규정하였다.(대법원 1997. 3.20. 선고 96누1382 전원합의체 판결 참조)

(2) 이러한 입법 취지에 비추어 법 제10조, 시행령 제11조 등의 규정 내용을 살펴보면, 개발부담금 부과기준이 되는 '개발이익'을 산정할 때 개시시점지가 및 종료시점지가는 개별공시지가를 기준으로 산정하는 것이 원칙이고, 예외적으로 납부의무자가 실제 매입 가격을 기준으로 개시시점지가를 산정하고자 하는 경우에는 일정한 기간 이내에 행정청에 법 제10조 제3항 단서 각호에 해당한다는 사실을 증명하는 자료를 제출하여야 하며, 매입 가격으로 개시시점지가를 산정하는 경우에 한하여 실제 처분가격을 종료시점지가로 할 수 있다. 또한 실제 처분가격을 종료시점지가로 할 수 있는 경우는 시행령 제11조 제1항 각호에서 열거한 7가지 분양 사업에 해당하는 경우이어야 한다. 따라서 예외적으로 실제 매입 가격을 기준으로 개시시점지가를 산정하고 실제 처분가격을 종료시점지가로 적용하는 경우는 ① 사업시행자가 시행령 제11조 제1항 각호에서 열거한 7가지 분양 사업 중 어느 하나를 시행하면서 ② 부과대상토지를 법 제10조 제3항 단서 각호의 방법으로 매입한 다음 이를 증명하는 자료를 제출하는 경우를 말하며, 개시시점지가 및 종료시점지가 중 어느 하나만을 개별공시지가를 기준으로 산정하는 것은 허용되지 않는다.

(3) 한편 법 제8조 제3호, 제11조 제1항 제2호 및 시행령 제12조 제1항 제6호 본문에 의하면, 기부채납시설 가액은 사업시행자가 해당 개발사업의 시행과 관련하여 지출한 비용에 해당하므로 개발부담금 부과기준이 되는 '개발이익'을 산정할 때 종료시점지가에서 공제하여야 하는 '개발비용'에 포함되는 것이 원칙이다. 그러나 법 제11조 제3항의 위임에 따른 이 사건 괄호 규정은 시행령 제12조 제1항 제6호 본문에 대한 예외로서, "개발사업의 목적이 타인에게 분양 등 처분을 하는 것으로써 그 처분가격에 공공시설 또는 토지 등의 가액이 포함된 경우에는 제11조 제2항에 따라 그 처분가격을 종료시점지가로 산정하는 경우로 한정한다."라고 규정하고 있다.

여기에서 '개발사업의 목적이 타인에게 분양 등 처분을 하는 것으로써 그 처분가격에 공공시설 또는 토지 등의 가액이 포함된 경우'란 이 사건 괄호 규정의 '적용대상'이 되는 개발사업을 정한 것으로, 사업시행자가 시행령 제11조 제1항 각호에서 정한 분양 사업을 시행하여 관할 행정청의 인가 등을 받은 분양 가격으로 처분하는 경우를 말한다. 그리고 '시행령 제11조 제2항에 따라 그 처분가격을 종료시점지가로 산정하는 경우'란 그 적용 대상에 대하여 제6호 본문의 적용을 제한적으로 허용하는 '적용 요건'을 정한 것으로, 앞서 살펴본 바와 같이 예외적으로 실제 매입 가격을 기준으로 개시시점지가를 산정하고 실제 처분가격을 종료시점지가로 적용하는 경우를 의미한다.

일반적으로 사업시행자는 기부채납시설 가액 등의 제반 사업비용을 포함한 '조성원가'에다가 일정한 이윤을 붙여 분양 가격을 책정함으로써 결과적으로 기부채납시설 가액을 수분양자에게 전가하게 되므로, 이 사건 괄호 규정은 위와 같이 처분가격에 공공시설 또는 토지 등의 가액이 '전부' 포함되는 일반적인 경우를 전제로 한 규정이다. 그러나 처분가격에 기부채납시설 가액이 전부 혹은 일부 포함되지 않는 극히 예외적인 경우가 있을 수 있다. 이는 이 사건 괄호 규정이 예정하지 않은 경우인데, 법 제8조 제3호, 제11조 제1항 제2호가 개발부담금을 부과할 때 기부채납시설 가액 등 개발비용을 반드시 공제하도록 규정하고 있는 점, 이 사건 괄호 규정을 포함하여 시행령 제12조 제1항 제6호 규정이 기부채납시설 가액 '전부'를 개발비용으로 인정하거나 배제하여야 하는 근거라고 볼 수 없는 점, 처분가격에 기부채납시설 가액이 전혀 포함되지 않는 경우에는 이 사건 괄호 규정의 적용을 받지 않고 시행령 제12조 제1항 제6호 본문에 따라 기부채납시설 가액 전부가 개발비용으로 공제되므로 처분가격에 기부채납시설 가액이 '일부' 포함되지 않는 경우에도 그 부분을 개발비용으로 공제하는 것이 형평에 부합하는 점 등에 비추어 볼 때, 기부채납시설의 가액을 개발비용으로 공제하여야 한다고 주장하는 사업시행자가 처분가격에 포함되지 않는 기부채납시설 가액 부분의 존재 및 액수를 증명하면, 그 액수 상당을 개발비용으로 공제할 수 있다고 보아야 한다.

이상을 종합하면, 이 사건 괄호 규정은 시행령 제12조 제1항 제6호 본문에 대한 예외로서, 사업시행자가 시행령 제11조 제1항 각호에서 정한 분양 사업을 시행하여 관할 행정청의 인가 등을 받은 분양 가격으로 처분하는 경우에는 그 처분가격에 공공시설 또는 토지 등의 가액 전부가 포함된 것이 아니라는 이례적인 사정이 없는 한 실제 매입 가격을 기준으로 개시시점지가를 산정하고 실제 처분가격을 종료시점지가로 적용하는 경우에 한하여 기부채납시설 가액 전부를 '개발비용'에 포함하여 종료시점지가에서 공제하여야 하고, 개시시점지가 및 종료시점지가를, 개별공시지가를 기준으로 산정하는 경우에는 기부채납시설 가액 전부를 '개발비용'에 포함하지 않고 종료시점지가에서도 공제하지 않는다는 의미로 이해하여야 한다.

3. 이 사건 사안에 관한 판단

가. 원심은 다음과 같은 이유로 이 사건 처분이 위법하다고 판단하였다.

(1) 개발사업의 목적이 타인에게 분양 등 처분을 하는 것인 경우에도 그 처분가격에 기부채납시설 가액이 '일부'만 포함되었다면, 이 사건 괄호 규정을 근거로 처분가격에 포함되지 않은 부분까지 개발비용에서 배제하는 것은 헌법상 비례의 원칙에 반하는 것이 되므로, 이 사건 괄호 규정은 그 처분가격에 기부채납시설 가액이 전부 포함되어 있어야 적용될 수 있고, 그렇지 않은 경우에는 적용되지 않는다.

(2) 이 사건 사업의 경우 분양가심사위원회가 심사·의결한 분양가 상한금액보다 낮은 분양 가격으로 피고의 분양 승인을 받음으로써, 이 사건 아파트의 분양 가격에 포함되어 있는 택지비는 위 심사·의결 당시 이 사건 기부채납시설 가액을 반영하여 산정한 택지비보다 감액된 것으로 보아야 하므로, 이 사건 아파트의 분양 가격에 이 사건 기부채납시설 가액이 전부 포함되었다고 단정하기는 어렵다. 따라서 이 사건 사업의 경우 이 사건 괄호 규정을 적용할 수 없으므로, 이 사건 괄호 규정을 적용하여 이 사건 기부채납시설 가액 전부를 개발비용에서 제외하여 이루어진 이 사건 처분은 위법하다.

나. 그러나 원심 판단은 다음과 같은 이유로 그대로 수긍하기 어렵다.

(1) 이 사건 사업은 시행령 제11조 제1항 제1호에서 정하고 있는 개발사업으로, 이 사건 괄호 규정의 적용 대상에 해당한다.

원심은 헌법상 비례의 원칙을 고려하여 이 사건 괄호 규정의 '적용 대상'을 임의로 축소하였다. 그러나 원칙적인 방식으로 개별공시지가를 기준으로 산정되는 '개발이익'이란 개발이익 환수 법령에서 정한 방법으로 산정되는 '객관적인 기준의 이익'을 의미하는 것이며, 사업시행자에게 실제로 귀속되는 개발이익과는 일정한 차이가 있을 수밖에 없다. (대법원 1997.3.20. 선고 96누1382 전원합의체 판결 참조) 사업시행자가 해당 개발사업의 시행과 관련하여 실제로 지출한 각종 비용을 '개발비용'에 포함하여 종료시점지가에서 공제할 것인지 여부는 광범위한 입법 형성의 재량에 속하는 문제로서(헌법재판소 1998.5.28. 선고 95헌바37 전원재판부 결정 참조), 법 제11조 제3항이 대통령령으로 정하도록 위임하고 있다. 그 위임에 따른 시행령 제12조가 이 사건 괄호 규정을 포함하여 '개발비용' 산정에 포함하는 비용의 종류와 산정 방법, 산정 절차를 제한하고 있다고 하더라도, 이 사건 괄호 규정을 앞서 살펴본 바와 같이 해석하는 것이 가능한 이상 이 사건 괄호 규정이 '개발이익을 가능한 한 실제에 가깝도록 산정하여야 한다.'라는 원칙이나 헌법상 비례의 원칙(최소침해의 원칙)에 반한다고 볼 수 없다.

(2) 앞서 언급한 바와 같이, 시행령 제11조 제1항 각호에서 정한 분양 사업을 시행

하여 관할 행정청의 인가 등을 받은 분양 가격으로 처분하는 경우에는 사업시행자는 특별한 사정이 없으면 기부채납시설 가액 등의 제반 사업비용을 포함한 '조성원가'에다가 일정한 이윤을 붙여 분양 가격을 책정함으로써 결과적으로 기부채납시설 가액을 수분양자에게 전가하게 된다. 구 주택법(2016.1.19. 법률 제13805호로 전부 개정되기 전의 것) 제38조의2에 따른 분양가 상한제는 공동주택 건설사업자가 주택 공급가격을 지나치게 높게 정하여 부동산 투기가 과열되고 중산·서민층의 주거비 부담이 증가하는 문제에 대한 대응책으로서 분양 가격의 상한을 정하여 그 이하로 분양 가격을 정하도록 규제하는 제도일 뿐, 공동주택 건설사업자가 합리적인 수준에서 이윤을 붙여 분양 가격을 책정하는 것을 금지하는 제도는 아니다. 따라서 사업시행자가 분양가 상한금액 범위 내에서 책정한 '분양 가격'이 '조성원가'에도 못 미치는 극히 이례적인 경우가 아닌 한, 사업시행자가 책정한 '분양 가격'에는 기부채납시설 가액 등 제반 사업비용이 전부 포함되어 있는 것으로 보아야 한다.

이처럼 '분양 가격'이 '조성원가'에도 못 미치는 특별한 사정은 이를 주장하는 원고가 증명하여야 할 것임에도 원고는 '분양 가격'을 분양가 상한금액보다 낮게 책정하였다고만 주장할 뿐, 위와 같은 특별한 사정에 대한 증명을 하지 아니하였다.

(3) 그렇다면, 원고가 책정한 '분양 가격'에는 이 사건 기부채납시설 가액이 모두 포함되어 있다고 보아야 하고, 이 사건 처분에서 개발부담금 산정의 기초가 되는 항목인 개시시점지가 및 종료시점지가는 실제 매입 가격 및 처분가격이 적용된 것이 아니라, 지가산정의 원칙적인 방식인 개별공시지가를 기준으로 산정되었으므로, 이 사건 괄호 규정의 개발비용 인정 요건을 갖추지 못하였다. 따라서 이 사건 기부채납시설 가액은 이 사건 괄호 규정에 의하여 개발이익을 산정할 때 종료시점지가에서 공제하여야 하는 개발비용에 해당하지 않으므로, 피고가 개발비용에서 이 사건 기부채납시설 가액 전부를 제외하여 개발부담금을 산정한 이 사건 처분은 적법하다.

다. 그런데도 원심은 이와 달리, 이 사건 사업처럼 개별공시지가를 기준으로 개시시점지가 및 종료시점지가를 산정하더라도 그 처분가격에 기부채납시설 가액이 전부 포함되어 있지 않은 경우에는 이 사건 괄호 규정을 적용할 수 없으므로, 이 사건 괄호 규정을 적용한 이 사건 처분이 위법하다고 판단하였다. 이러한 원심 판단에는 이 사건 괄호 규정의 해석·적용에 관한 법리 등을 오해하여 판결에 영향을 미친 잘못이 있다. 이 점을 지적하는 상고이유 주장은 이유 있다.

라. 종료시점지가의 산정

「개발이익 환수에 관한 법률 시행령」 제11조 제1항 제1호에 따라 처분가격을 종료시점지가로 할 수 있는 부과대상토지의 범위 (「개발이익 환수에 관한 법률 시행령」 제11조 제1항 제1호 등 관련) [법제처 23-0814, 2023.12.27., 민원인]

[질의 요지]

「개발이익 환수에 관한 법률」(이하 "개발이익환수법"이라 함) 제10조 제1항에서는 개발부담금의 부과기준이 되는 부과종료시점의 부과대상토지의 가액(이하 "종료시점지가"라 함)은 해당 토지와 이용 상황이 가장 비슷한 표준지의 공시지가를 기준으로 산정하도록 규정하고 있고, 같은 조 제2항에서는 '부과대상토지를 분양하는 등 처분할 때에 그 처분가격에 대하여 국가나 지방자치단체의 인가·허가·면허 등(신고를 포함하며, 이하 "인가 등"이라 함) 을 받는 경우 등 대통령령으로 정하는 경우'에는 같은 조 제1항에도 불구하고 대통령령으로 정하는 바에 따라 그 '처분가격'을 종료시점지가로 할 수 있다고 규정하고 있는데,

개발이익환수법 시행령 제11조 제1항 제1호에서는 개발이익환수법 제10조 제2항에 따라 처분가격을 종료시점지가로 할 수 있는 경우 중 하나로 '「주택법」 제54조 제1항 제1호에 따라 시장·군수·구청장의 승인을 받아 주택의 분양가가 결정된 경우(주택의 분양가를 개발이익환수법 시행령 제11조 제3항 제1호[18])'를 규정하고 있고, 개발이익환수법 시행령 제11조 제3항 제1호에서는 처분가격 산정 시 분양가에서 빼는 금액 중 하나로 "국토교통부 장관이 정하여 고시하는 건축비"를 규정하고 있으며, 이에 따라 고시된 「분양가상한제 적용 주택의 기본형건축비 및 가산 비용」(국토교통부 고시 제2023-535호) 에서는 「주택법」 제57조 제4항에 따른 분양가상한제 적용 주택[19]의 기본형건축비 및 가산비를 규정하고 있는바,

개발부담금 부과대상토지에 소재한 주택이 분양가상한제 적용 주택에 해당하지는 않으나 개발이익환수법 시행령 제11조 제3항 제1호에 따라 국토교통부 장관이 정하여 고시한 건축비(이하 "고시된 건축비"라 함)를 적용하여 「주택법」 제54조 제1항 제1호에 따라 시장·군수·구청장의 승인을 받아 주택의 분양가를 결정[20]한 경우, 개발이익환수법 제10조 제2항 및 같은 법 시행령 제11조 제1항 제1호에 따라 부과대상토지의 처분가격[21]을 종료시점지가로 할 수 있는지?

---

18) 국토교통부 장관이 정하여 고시하는 건축비) 에 따른 건축비를 적용하여 결정하는 경우로 한정함.
19) 「주택법」 제57조 제1항의 분양가상한제 적용 주택을 말하며, 이하 같음.
20) 고시된 건축비를 적용하여 분양가를 산정한 것이 객관적으로 확인된 경우를 전제함.
21) 이 사안의 경우 주택의 실제 분양가 중 토지 지분에 상당하는 가액을 말하며, 이하 같음.

➲ 회답

이 사안의 경우, 개발이익환수법 제10조 제2항 및 같은 법 시행령 제11조 제1항 제1호에 따라 부과대상토지의 처분가격을 종료시점지가로 할 수 있습니다.

➲ 이유

「개발이익환수법 시행령」 제11조 제3항 본문에서는 「개발이익환수법」 제10조 제2항에 따라 토지의 처분가격을 종료시점지가로 할 때 같은 영 제11조 제1항 제1호의 경우에는 그 처분가격을 분양가에서 같은 조 제3항 각호의 금액을 뺀 가액으로 한다고 규정하고 있고, 같은 항 제1호에서는 "국토교통부 장관이 정하여 고시하는 건축비"를 규정하고 있으며, 이에 따라 고시된 「분양가상한제 적용 주택의 기본형건축비 및 가산 비용」(국토교통부 고시 제2023-535호)에서는 「주택법」 제57조 제4항에 따른 분양가상한제 적용 주택의 기본형건축비 및 가산비를 규정하고 있는바, 이 사안에서는 개발이익환수법 시행령 제11조 제1항 제1호 괄호 안의 '주택의 분양가를 같은 조 제3항 제1호에 따른 건축비를 적용하여 결정하는 경우'가 분양가상한제 적용주택인지 여부를 따지지 않고 고시된 건축비를 적용하여 주택의 분양가를 결정한 경우를 말하는지, 아니면 분양가상한제 적용 주택의 분양가를 고시된 건축비를 적용하여 결정하는 경우로 한정되는지가 문제됩니다.

그런데 「개발이익환수법 시행령」 제11조 제1항 제1호에서는 「개발이익환수법」 제10조 제2항에 따라 처분가격을 종료시점지가로 할 수 있는 경우를 "「주택법」 제54조 제1항 제1호에 따라 시장·군수·구청장의 승인을 받아 주택의 분양가가 결정된 경우"로서, 그 주택의 분양가를 「개발이익환수법 시행령」 제11조 제3항 제1호에 따른 건축비, 즉 "국토교통부 장관이 정하여 고시하는 건축비"를 적용하여 결정하는 경우로 한정하고 있을 뿐, 해당 주택을 '분양가상한제 적용 주택'으로 한정하여 규정하고 있지 않으므로,[22] 분양가상한제 적용 주택에 해당하지 않는 주택이라 하더라도 같은 법 제10조 제2항 및 같은 법 시행령 제11조 제1항 제1호에 따라 고시된 건축비를 적용하여 「주택법」 제54조 제1항 제1호에 따라 시장·군수·구청장의 승인을 받아 분양가를 결정한 주택의 경우에는 부과대상토지의 처분가격을 종료시점지가로 할 수 있다고 보는 것이 해당 규정의 문언과 체계에 부합하는 해석이라 할 것입니다.

한편 「개발이익환수법」 제10조 제2항은 법령에서 그 처분가격을 제한하도록 하여

22) 수원고등법원 2022.4.8. 선고 2021누14444 판결례 참조

그 처분가격에 대하여 국가나 지방자치단체의 인가 등을 받는 경우의 토지에 대해서만 토지의 처분가격을 종료시점 시가로 산정할 수 있도록 하려는 것으로서, 「주택법」 제57조 제1항 및 제4항에 따라 분양가가 제한되는 분양가상한제 적용 주택에 대해서만 「개발이익환수법」 제10조 제2항 및 같은 법 시행령 제11조 제1항 제1호에 따라 부과대상토지의 처분가격을 종료시점지가로 할 수 있다는 의견이 있습니다.

그러나 「주택법」 제57조 제1항에 따르면, 사업 주체가 같은 법 제54조에 따라 일반인에게 공급하는 공동주택 중 같은 법 제57조 제1항 각호의 어느 하나에 해당하는 지역에서 공급하는 주택이 "분양가상한제 적용 주택"에 해당하는데, 개발이익환수법 제10조 제2항에서는 부과대상토지의 처분가격을 종료시점지가로 할 수 있는 요건을 '처분가격에 대하여 국가나 지방자치단체의 인가 등을 받는 경우 등 대통령령으로 정하는 경우'로 규정하고 있고, 같은 항의 위임에 따라 마련된 같은 법 시행령 제11조 제1항 제1호에서는 "「주택법」 제54조 제1항 제1호에 따라 시장·군수·구청장의 승인을 받아 주택의 분양가가 결정된 경우"라고 규정하면서, 해당 주택을 같은 법 제57조에 따른 분양가상한제 적용 주택으로 한정하는 대신, '분양가를 고시된 건축비를 적용하여 결정하는 주택'으로 규정하고 있으며, 같은 법 제10조 제2항의 입법 취지는 토지의 분양가가 국가나 지방자치단체의 인가 등을 받아 공정성이 담보되는 방식[23]으로 결정되었다면, 그 결정된 가격보다 높은 가격을 종료시점지가로 보아 개발부담금을 부과하는 것이 개발부담금제도의 취지에 반한다는 데에 근거한 것[24]으로서, 분양가상한제 적용 주택이 아니라 하더라도, 그 주택에 대하여 고시된 건축비를 적용하여 「주택법」 제54조 제1항 제1호에 따라 시장·군수·구청장의 승인을 받아 주택의 분양가가 결정된 경우라면 같은 법 제10조 제2항 및 같은 법 시행령 제11조 제1항 제1호를 적용하여 토지의 처분가격을 종료시점지가로 할 수 있다고 보는 것이 법령의 문언 및 체계에 부합하는 해석이라 할 것이므로, 그러한 의견은 타당하지 않습니다.

따라서 이 사안의 경우, 「개발이익환수법」 제10조 제2항 및 같은 법 시행령 제11조 제1항 제1호에 따라 부과대상토지의 처분가격을 종료시점지가로 할 수 있습니다.

---

23) 대법원 2013.6.28. 선고 2011두2897 판결례 참조

24) 수원고등법원 2022.4.8. 선고 2021누14444 판결례 참조

'개별공시지가가 없는 경우'의 의미(대법원 2004.7.22. 선고 2002두868 판결)

[판시사항]

(1)「개발이익 환수에 관한 법률 시행령」 제9조 제6항 제1호에서 정하는 '개별공시지가가 없는 경우'의 의미

(2) 소유자를 달리하는 수 필지 토지에 대하여 동일한 개발사업이 시행된 경우, 개발부담금 산정의 기초가 되는 개발이익 및 개발비용의 산정 방식

(3) 개발부담금 부과 처분 취소소송에 있어서 취소의 범위

➲ 판결 요지

(1)「개발이익 환수에 관한 법률」 제10조 제5항, 같은법시행령 제9조 제6항 제1호, 같은법시행규칙 제4조의3 제2항에 의하면, 개발부담금의 부과개시시점지가를 산정함에 있어 '당해 토지의 개별공시지가가 없는 경우'에는 지가공시및토지등의평가에관한법률에 의하여 감정평가한 가액으로 당해 지가를 산정하여야 하는바, 여기에서 말하는 '개별공시지가가 없는 경우'라 함은 지적법에 의한 신규등록 토지나 개별공시지가의 결정·고시가 누락된 토지의 경우만을 의미하는 것이 아니라, 토지의 분할로 인하여 개별공시지가 산정의 기초자료가 되는 토지 특성이 달라지는 등으로 분할 전 토지의 개별공시지가를 분할 후 토지의 지가로 보는 것이 불합리하다고 볼 특별한 사정이 있는 경우도 포함된다고 봄이 상당하다.

(2) 개발부담금 산정의 기초가 되는 개발이익은 소유자를 달리하는 수 필지 토지에 대하여 동일한 개발사업이 시행된 경우에도 각 토지별로 산정하여 소유자별로 합산하는 것이 원칙이라고 할 것이나, 개발비용은 개발사업 자체가 대상 토지별로 각각 시행되어 특정·구분이 가능하고 사업시행자도 각 토지별로 개발비용을 구분·산정하여 오는 등의 특별한 사정이 없으면 각 토지면적에 따라 안분할 수밖에 없다.

(3) 개발부담금 부과 처분 취소소송에 있어 당사자가 제출한 자료에 의하여 적법하게 부과될 정당한 부과 금액이 산출할 수 없을 경우에는 부과 처분 전부를 취소할 수밖에 없으나, 그렇지 않은 경우에는 그 정당한 금액을 초과하는 부분만 취소하여야 한다.

종료시점지가를 처분가격으로 산정해야 하는지 여부(대법원 2013.6.28. 선고 2011두2897 판결)

[판시사항]

(1) 개발부담금 산정 시 개발부담금 부과기준이 되는 개시시점지가를 실제 매입가액을 기준으로 산정한 경우, 종료시점지가도 반드시 처분가격으로 산정해야 하는지 여부(소극) 및 해당 주택에 분양가상한제가 적용되어 건축비 산정에 공정성이 담보되는 경우 개발부담금 부과대상토지의 처분가격을 종료시점지가로 인정할 수 있는지 여부(적극)

(2) 공사원가가 개발이익의 산정에서 공제 대상이 되는 개발비용 중 순공사비에 해당하기 위한 요건

(3) 사업시행자가 개발사업을 시행하면서 토지 매입과 주택건설에 필요하여 차입한 돈에 대한 금융비용인 '건설자금이자'가 순공사비로서 개발비용에 해당하는지 여부(소극)

(4) 사업시행자가 동일한 사업 승인에 근거하여 한꺼번에 택지개발사업이 시행된 甲, 乙 두 토지를 위하여 구 「개발이익 환수에 관한 법률 시행령」 제10조 제1항 제5호, 제6호에 규정된 부담금을 지출하였으나 그중 甲 토지만 개발부담금 부과대상인 경우, 지출한 부담금을 甲 토지에 대한 개발비용으로 산정하는 방법

➲ 이유

가. 상고이유 제1점

개발부담금 부과대상토지를 분양하는 등 처분할 때에 그 처분가격에 대하여 국가나 지방자치단체의 인가 등을 받는 경우 등 대통령령이 정하는 경우에는 그 처분가격을 종료시점지가로 할 수 있다는 구 「개발이익 환수에 관한 법률」(2008.2.29. 법률 제8852호로 개정되기 전의 것, 이하 '법'이라 한다) 제10조 제2항은, 부과종료시점 당시의 부과대상토지와 이용 상황이 가장 유사한 표준지의 공시지가를 기준으로 부동산가격공시 및 감정평가에 관한 법률 제9조 제2항의 규정에 의한 비교표에 의하여 산정한 가액에 당해 연도 1월 1일부터 부과종료시점까지의 정상지가상승분을 합한 가액으로 종료시점지가를 산정하는 같은 조 제1항에 대한 예외 규정으로서, 별도의 규정이 없는 이상 개발부담금 부과기준이 되는 개시시점지가를 실제 매입가액을 기준으로 산정하였다고 하여 종료시점지가도 반드시 처분가격으로 산정하여야 한다고 할 수 없다.(대법원 1998.9.22. 선고 98두5859 판결 참조)

한편 구 「개발이익 환수에 관한 법률 시행령」(2007.9.28. 대통령령 제20299호로 개정되기 전의 것, 이하 '시행령'이라 한다) 제9조 제1항 제1호에 따르면 해당 주택에 분양가상한제가 적용되어 그 건축비 산정에 공정성이 담보되는 경우에는 개발부담금 부과

대상토지의 처분가격을 종료시점지가로 인정할 수 있다.

원심판결 이유를 위 법리에 비추어 살펴보면, 원고가 이 사건 주택을 신축·분양할 때에 분양가상한제에 따른 건축비를 적용하였음을 입증하지 못하였다는 이유로, 이 사건 대지에 관한 개발부담금을 산정함에 있어서 개시시점지가를 실제 매입가액을 기준으로 하였다고 하더라도, 이 사건 대지의 처분가격으로 그 부과종료시점의 지가를 산정할 수는 없다고 본 원심의 판단은 정당하고, 거기에 상고이유로 주장하는 바와 같은 종료시점지가의 산정 방법에 관한 법리 오해의 위법이 없다.

또한 법 제9조 제3항 제2호, 시행령 제8조 제1항 제2호에 의하면, 주택건설사업 등 토지의 개발과 건축물의 건축을 함께 행하는 개발사업의 경우에는 관계행정청의 인가 등을 받아 건축물의 사용을 개시하게 된 날을 부과종료시점으로 삼아야 하므로, 이와 달리 이 사건 대지를 조성하고 그 지상에 이 사건 주택을 신축·분양한 사업시행자인 원고에 대한 개발부담금은 대지조성사업이 사실상 완료된 날 당시의 처분가격 또는 개별공시지가를 종료시점지가로 산정하여야 한다는 상고이유의 주장은 받아들일 수 없다.

나. 상고이유 제2점

'구 정부투자기관관리기본법'(2007.1.19. 법률 제8258호 공공기관의 운영에 관한 법률로 폐지되기 전의 것) 제20조 제3항, '구 정부투자기관회계규칙'(2007.6.29. 재정경제부령 제567호 공기업·준정부기관 회계 규칙으로 폐지되기 전의 것) 제37조 제1항, 제2항에 근거한 원고의 '정부 투자기관 회계기준 시행세칙'(대한주택공사 제20차 개정, 2006.12.26.)은 정부 투자기관인 원고의 회계처리 기준에 관하여 규정한 것에 불과하므로, 개발부담금을 산정하여 부과하는 행정청이 원고가 사업시행자로서 지출한 특정 비용이 법과 시행령에서 정한 개발비용에 해당하는지를 판단함에 있어서 위 시행세칙에 기속된다고 볼 수 없다.

또한 재정경제부 회계예규로서 국가를 당사자로 하는 계약에 관한 법률 시행령 제9조 제1항 제2호, 같은 법 시행규칙 제6조에 따라 원가계산에 의한 예정가격을 작성함에 있어 적용하여야 할 기준을 정한 '예정가격 작성 기준'에 의하면, 개발이익의 산정에 있어 공제 대상이 되는 개발비용 중 순공사비는 위 작성 기준의 재료비(직접재료비 및 간접재료비)·노무비(직접노무비 및 간접노무비)·경비를 합한 이른바 공사원가 등을 그 구성요소로 하지만, 개발이익은 개발사업을 통하여 얻게 되는 토지의 가치증진으로 인한 이득을 가리키는 것이어서, 위와 같은 세 가지 항목의 공사원가라고 하더라도, 그것이 해당 개발사업의 시행을 위하여 사업 대상 토지에 투입되어 그 편익 혹은 가치의 증가를 가져온 것이라야 법 제11조 제1항 제1호, 시행령 제10조 제1항 제1호에서 정한 순공사비로서 개발비용에 해당될 수 있다.(대법원 2002.1.22. 선고 99두8923 판결 참조)

원심이 이와 같은 취지에서, 위 작성 기준에 공사원가로 기재되어 있는 비용이라고 하더라도, 위 시행세칙 등의 규정만을 근거로 이를 개발비용에 포함시킬 수는 없다고 본 것은 정당하고, 거기에 상고이유로 주장하는 바와 같은 개발비용의 산정 근거에 관한 법리 오해의 위법이 없다.

또한 원심판결 이유를 앞서 본 법리에 비추어 살펴보면, 원심이 그 판시와 같은 이유를 들어 건설간접비(대법원 2002.1.22. 선고 99두8923 판결 등 참조), 용지부대비와 일반관리비(수급인의 도급공사비에 포함되어 있는 부가가치세, 일반관리비, 이윤 부분을 말한다. 대법원 2000.6.9. 선고 98두15566 판결 등 참조), 전기요금 등을 개발비용으로 인정하지 않은 것은 정당하고, 거기에 상고이유로 주장하는 바와 같은 위 각 항목으로 지출된 비용의 개발비용 인정에 관한 법리 오해의 위법이 없다.

다. 상고이유 제3점

시행령 제10조 제1항에 의하면, 개발비용의 산정기준인 순공사비는 '당해 개발사업을 위하여 지출한 재료비·노무비·경비·제세공과금의 합계액'을 말하고, 시행령 제10조 제3항 제1호, 구 국가를 당사자로 하는 계약에 관한 법률 시행령(2007.10.10. 대통령령 제20319호로 개정되기 전의 것) 제9조 제1항 제2호, 같은 법 시행규칙(2007.10.10. 재정경제부령 제578호로 개정되기 전의 것) 제6조 제1항 제3호에 의하면, 순공사비 중 경비에는 '계약목적물의 제조·시공 또는 용역 등에 소요되는 비목별 경비의 합계액'만 포함되므로, 원고가 개발사업을 시행하면서 토지를 매입하고 주택을 건설하는데 필요하여 차입한 돈에 대한 금융비용을 뜻하는 건설자금이자는 개발사업의 공사에 드는 비용(재료비, 노무비)에 대한 경비가 아닐 뿐만 아니라 해당 개발사업의 시행을 위하여 사업 대상 토지에 투입되어 그 편익 혹은 가치의 증가를 가져오는 비용도 아니다.

원심이 이와 같은 취지에서, 건설자금이자가 순공사비 항목 중 '경비'에 해당한다는 원고의 주장을 배척한 것은 정당하고, 거기에 상고이유로 주장하는 바와 같은 건설자금이자의 개발비용 인정에 관한 법리 오해의 위법이 없다.

라. 상고이유 제4점

사업시행자가 동일한 사업 승인에 근거하여 한꺼번에 택지개발사업이 시행된 갑, 을 두 토지를 위하여 시행령 제10조 제1항 제5호, 제6호에 규정된 부담금을 지출하였으나, 그중 갑 토지만 개발부담금 부과대상이고 을 토지는 그 부과대상이 아닌 경우, 그와 같이 지출한 부담금을 갑 토지에 대한 개발비용으로 산정함에 있어서는 갑, 을 두 토지의 면적 비율에 따라 안분하여 갑 토지에 관한 부분을 산출함이 상당하다.

원심은 그 판시와 같은 사실을 인정한 다음, 이 사건 주변 도로를 개설하게 된 경위, 개설 후 실제 이용 상황, 도로개설에 따라 분양아파트 지구와 임대주택 지구가 함께 편익을 얻고 있는 점 등에 비추어 볼 때, 이 사건 주변 도로개설 부담금은 위 각 지구의 면적에 따라 안분함이 상당하다고 판단하였다.

원심판결 이유를 앞서 본 법리에 비추어 살펴보면, 원심의 위와 같은 판단은 정당하고, 거기에 상고이유로 주장하는 바와 같은 주변 도로개설 부담금의 개발비용 인정에 관한 법리 오해의 위법이 없고, 필요한 심리를 다하지 아니하여 자유심증주의의 한계를 벗어난 위법이 없다.

2. 피고의 상고이유에 대하여

원심판결 이유를 앞서 본 법리와 기록에 비추어 살펴보면, 원심이 그 판시와 같은 이유를 들어 이 사건 전력선 지중화 공사는 이 사건 대지 전체의 편익이나 가치 상승을 가져오는 기반 시설 공사이고, 관계 법령에 따라 원고가 그 공사비를 모두 부담하여야 하므로 그 공사에 소요된 비용은 순공사비로서 개발비용에 해당하며, 그 공사비에 관한 일반관리비 또한 관련 규정에서 정한 개발비용에 포함된다고 판단한 것은 정당하고, 거기에 상고이유로 주장하는 바와 같은 전력선 지중화 공사비의 개발비용 인정에 관한 법리 오해의 위법이 없다. 이 사건 전력선 지중화 공사비는 원래 한국전력공사가 부담하여야 할 의무가 있는 비용이므로, 시행령 제10조 제1항 제5호의 부담금에 유사한 성격을 갖는다는 상고이유의 주장은 독자적인 견해에 불과하여 받아들일 수 없다.

1필지의 토지가 현실적으로 여러 용도로 혼재되어 이용되는 경우, 개별토지가격의 산정 방법 등(대법원 2000.2.8. 선고 97누11577 판결)

[판시사항]

(1) 개발부담금 부과대상토지의 종료시점지가 산정을 위한 비교표준지의 선택 기준

(2) 1필지의 토지가 현실적으로 여러 용도로 혼재되어 이용되는 경우, 개별토지가격의 산정 방법

(3) 주유소 설치를 위하여 1필지의 토지 전체에 관한 토지형질 변경 허가를 받아 공사완공 후 준공검사까지 받고 이에 따라 1필지의 토지 전체의 지목이 전에서 잡종지로 변경된 경우, 토지 전체의 주 용도는 주유소 부지이므로 그 토지의 사실상 이용 상황이 주유소 부지, 법면 부지, 3m 가량 낮은 저지인 토지 등으로 구별되더라도 1필지의 토지의 개별토지가격을 토지 특성별로 가중평균하는 방법으로 산정할 수는 없다고 한 사례

➲ 판결 요지

(1) 구 「개발이익 환수에 관한 법률 시행령」(1995.12.29. 법률 제5108호로 개정되기 전의 것) 제10조 제1항 본문, 구 지가공시 및 토지 등의 평가에 관한 법률(1995.12.29. 법률 제5108호로 개정되기 전의 것) 제10조 제2항에 의하면 개발부담금 부과대상토지의 종료시점지가를 산정하기 위한 비교표준지는 부과종료시점이 속한 연도의 다음 연도 1월 1일을 기준으로 결정 고시된 표준지 중에서 부과대상토지와 이용 상황이 가장 유사한 표준지를 선정함이 타당하고 부과종료시점이 속한 연도의 1월 1일을 기준으로 결정 고시된 표준지 중에서만 선정되어야 한다고 할 수 없다.

(2) 구 「지가공시 및 토지 등의 평가에 관한 법률」(1995.12.29. 법률 제5108호로 개정되기 전의 것)의 관련 규정이나 토지가격비준표 등에 의하면, 개별토지가격은 독립한 필지에 대하여 당해 토지 전체의 특성에 따라 1필지 전체의 단위 면적당 가격으로 산정되는 것이므로 비록 1필지의 토지가 현실적으로 여러 용도로 혼재되어 이용되는 경우에도 용도별 면적과 가치면을 고려하여 주 용도를 판단하고 주 용도와 부 용도를 구별하기 어려운 경우에는 지가가 더 높게 형성되는 용도를 주 용도로 구분하여 그 특성에 따라 1필지 토지 전체의 개별토지가격을 산정하여야 할 것이고, 다만 1필지의 토지가 2개 이상의 용도지역으로 구분 지정되거나 1필지 토지 일부가 도시계획시설 용지로 지정된 경우 등 예외적인 경우에만 그 면적별로 가중평균하는 방법으로 산정할 수 있다.

(3) 주유소 설치를 위하여 1필지의 토지 전체에 관한 토지형질 변경 허가를 받아

공사완공 후 준공검사까지 받고 이에 따라 1필지의 토지 전체의 지목이 전에서 잡종지로 변경된 경우, 토지 전체의 주 용도는 주유소 부지이므로 그 토지의 사실상 이용상황이 주유소 부지, 법면 부지, 3m 가량 낮은 저지인 토지 등으로 구별되더라도 1필지의 토지의 개별토지가격을 토지 특성별로 가중평균하는 방법으로 산정할 수는 없다고 한 사례

➲ 이유

1. 상고이유 제1점에 대하여

구「개발이익 환수에 관한 법률」(1995.12.29. 법률 제5108호로 개정되기 전의 것) 제10조 제1항 본문, 구「지가공시 및 토지 등의 평가에 관한 법률」(1995.12.29. 법률 제5108호로 개정되기 전의 것, 이하 '지가공시법'이라고 한다) 제10조 제2항에 의하면 개발부담금 부과대상토지의 종료시점지가를 산정하기 위한 비교표준지는 부과종료시점이 속한 연도의 다음 연도 1월 1일을 기준으로 결정 고시된 표준지 중에서 부과대상토지와 이용 상황이 가장 유사한 표준지를 선정함이 타당하고 부과종료시점이 속한 연도의 1월 1일을 기준으로 결정 고시된 표준지 중에서만 선정되어야 한다고 할 수 없다.

원심판결 이유를 기록에 비추어 살펴보면 원심이, 피고가 1995.4.10. 이 사건 개발부담금 부과 처분을 함에 있어 이 사건 토지의 종료시점지가를 산정하기 위하여 비교표준지로 선정한 구미시 (주소 1 생략) 대 711㎡보다 1995년도에 표준지로 지정·공시된 (주소 2 생략) 대 496㎡가 이 사건 토지와 이용 상황이 더 유사하다고 하여 이를 비교표준지로 선정한 조치는 위 법리에 따른 것으로 정당하고, 거기에 상고이유에서 지적하는 바와 같은 비교표준지 선정 등의 법리 위배 등의 위법이 없다. 또한 상고이유에서 들고 있는 판결은 이 사건과 사안을 달리하는 것으로 이를 원용하기에 적절하지 아니하다.

따라서 이 점을 지적하는 상고이유의 주장은 그 이유가 없다.

2. 상고이유 제2점에 대하여

지가공시법의 관련 규정이나 토지가격비준표 등에 의하면, 개별토지가격은 독립한 필지에 대하여 당해 토지 전체의 특성에 따라 1필지 전체의 단위 면적당 가격으로 산정되는 것이므로 비록 1필지의 토지가 현실적으로 여러 용도로 혼재되어 이용되는 경우에도 용도별 면적과 가치면을 고려하여 주 용도를 판단하고 주 용도와 부 용도를 구별하기 어려운 경우에는 지가가 더 높게 형성되는 용도를 주 용도로 구분하여 그

특성에 따라 1필지 토지 전체의 개별토지가격을 산정하여야 할 것이고, 다만 1필지의 토지가 2개 이상의 용도지역으로 구분지정 되거나 1필지 토지 일부가 도시계획시설 용지로 지정된 경우 등 예외적인 경우에만 그 면적별로 가중평균하는 방법으로 산정할 수 있다고 할 것이다.

원심판결 이유에 의하면, 원심은 1필지인 이 사건 토지가 사실상 이용 상황이 주유소부지, 법면 부지, 3m 가량 낮은 저지인 토지 등으로 서로 구별된다는 이유로 각각의 면적을 측량으로 확정한 다음 위 각각의 토지 면적에 대한 가격 배율을 달리하여 지가를 평가하고 그 면적에 따라 이를 가중 평균하는 방법으로 이 사건 토지 전체의 개별토지가격을 산정하였으나, 기록에 의하면 원고는 이 사건 토지에 주유소를 설치하기 위하여 토지 전체에 관하여 토지형질 변경 허가를 받아 공사를 완공하여 준공검사까지 받았고 이에 따라 이 사건 토지 전체가 전에서 잡종지로 지목이 변경되었으므로 이 사건 토지 전체의 주 용도는 주유소 부지에 해당한다고 할 것이고, 1필지의 토지의 개별토지가격을 토지 특성별로 가중평균하는 방법으로 산정하는 예외적인 경우에 해당한다고 볼 아무런 자료가 없으므로 1필지인 이 사건 토지의 개별토지가격을 원심 판시와 같은 방법으로 산정할 수는 없다고 할 것이다.

따라서 원심판결에는 1필지의 토지에 관한 개별토지가격의 산정 방법에 관한 법리를 오해하여 판결 결과에 영향을 미친 위법이 있다.

신의 성실의 원칙 적용, 종료시점지가의 산정 방식, 부과개시시점 지가의 산정 방식 등 (대법원 2004.7.22. 선고 2002두11233 판결)

[판시사항]

(1) 신의성실의 원칙의 의미와 그 위배를 이유로 권리행사를 부정하기 위한 요건 및 일반 행정법률 관계에서 관청의 행위에 대하여 신의칙이 적용되는 경우

(2) 개발부담금의 산정에 있어서 개시시점지가의 기초가 되는 개별공시지가의 의미 및 1필의 토지 중 도시계획시설 용지로 지정된 부분을 제외한 부분에 대하여 개발사업이 시행된 경우, 종료시점지가의 산정 방식

(3) 개발사업을 시행할 당시에는 1필지의 일부였던 토지가 개발행위 도중에 분할되어 개발사업이 종료될 당시에는 별도의 1필지의 토지가 된 경우, 부과개시시점 지가의 산정 방식

(4) 개발부담금 부과 처분 취소소송에 있어서 취소의 범위

➲ 판결 요지

(1) 신의성실의 원칙은 법률관계의 당사자는 상대방의 이익을 배려하여 형평에 어긋나거나 신뢰를 저버리는 내용 또는 방법으로 권리를 행사하거나 의무를 이행하여서는 아니된다는 추상적 규범을 말하는 것으로서, 신의성실의 원칙에 위배 된다는 이유로 그 권리의 행사를 부정하기 위해서는 상대방에게 신의를 주었다거나 객관적으로 보아 상대방이 그러한 신의를 가짐이 정당한 상태에 이르러야 하고, 이와 같은 상대방의 신의에 반하여 권리를 행사하는 것이 정의 관념에 비추어 용인될 수 없는 정도의 상태에 이르러야 하고, 일반 행정법률 관계에서 관청의 행위에 대하여 신의칙이 적용되기 위해서는 합법성의 원칙을 희생하여서라도 처분 상대방의 신뢰를 보호함이 정의의 관념에 부합하는 것으로 인정되는 특별한 사정이 있을 경우에 한하여 예외적으로 적용된다.

(2) 구 「지가공시 및 토지 등의 평가에 관한 법률」(2000.1.28. 법률 제6237호로 개정되기 전의 것) 제10조의2, 같은법시행령의 각 규정 등에 의하여, 행정청이 개발부담금 산정 기초항목의 하나인 개발사업 착수 시점의 토지가격을 산정하여야 할 경우에 개별토지가격이 결정 공고된 토지에 대해서는 그 개별토지가격 결정에 잘못이 있다거나 개별토지가격 결정 당시의 토지 현황이 현저히 변동되었다는 등의 특별한 사정이 없으면 원칙적으로 개별토지가격에 의하여야 할 것이고 그와 다른 토지가격은 인정되지 않는다 할 것이며, 한편 개발부담금의 산정에 있어서 개시시점지가의 기초가 되는 개별공시지가란 같은 법 제10조의2 제1항에 규정된 '개별토지의 단위 면적당 가격'으로서 1필의 토지 전체에 관한 단위 면적당 가격을 의미하므로, 개시시점지가의 기초가 되는 토지 가액을 산정함에 있어서도 1필의 토지가 현실적으로 여러 용도로 나뉘어 이용되는 경우에는 그 중 주된 용도를 파악하여 이를 기초로 토지 전체의 가액을 산정하는 것이 원칙이고, 다만 1필의 토지가 둘 이상의 용도지역으로 구분 지정되어 있거나 일부가 도시계획시설 용지로 지정되어 있는 등의 예외적인 경우에는 그 면적별로 가중평균하는 방식에 의할 수 있는 것인데, 1필의 토지 중 일부는 도시 계획 시설 용지로 지정되어 있어 개발사업에서 제외하고 나머지 부분만에 대하여 개발사업을 시행한 경우의 종료시점지가를 산정함에 있어서도, 그 제외 부분과 사업 시행 부분을 포함한 토지 전체의 지가를 가중 평균의 방법으로 산정하여 이에 의한 단위 면적당 가격에 사업 시행 면적을 곱하여야 하는 것이지, 사업 시행 부분의 토지가격만을 따로 산출하여 적용하여서는 안 된다.

(3) 개발사업을 시행할 당시에는 1필지의 일부였던 토지가 개발행위 도중에 분할

되어 개발사업이 종료될 당시에는 별도의 1필지의 토지가 된 경우, 그 부과종료시점의 지가를 분할된 이후의 1필지 토지만을 기준으로 산정하였다고 하더라도, 부과개시시점의 지가는 분할되기 전의 1필지의 토지 중 개발사업이 시행된 부분의 토지가격만을 따로 산출하여 산정할 수는 없고, 개발사업에서 제외된 부분과 개발사업을 시행한 부분을 포함한 분할 전의 토지 전체의 지가를 기준으로 한 단위 면적당 가격에 사업 시행 면적을 곱하여 산정하는 것이 타당하다고 할 것이며, 자연녹지지역과 준공업지역이 섞여 있는 1필지의 토지인 이 사건 종전 토지와 그 중 준공업지역 부분에서 분할되어 나와 그 전체가 준공업지역인 이 사건 토지를 비교하여 개발부담금을 산정하였다는 사정만으로 이 사건 처분이 당연히 공평의 원칙에 반하는 것이라고 할 수는 없다.

(4) 개발부담금 부과 처분 취소소송에 있어 당사자가 제출한 자료에 의하여 적법하게 부과될 정당한 부과 금액이 산출할 수 없을 경우에는 부과 처분 전부를 취소할 수밖에 없으나, 그렇지 않은 경우에는 그 정당한 금액을 초과하는 부분만 취소하여야 한다.

종료시점지가의 산정 방식 (대법원 2001.12.24. 선고 2000두10564 판결)

[판시사항]

1필의 토지 중 도시계획시설 용지로 지정된 부분을 제외한 부분에 대하여 개발사업이 시행된 경우, 개발부담금 부과 종료시점지가의 산정 방식

➲ 판결 요지

「개발이익 환수에 관한 법률」 제8조, 제10조 제1항과 제3항의 규정에 의하면, 개발부담금의 산정에 있어서, 종료시점지가는 부과종료시점 당시의 부과대상토지와 이용상황이 가장 유사한 표준지의 공시지가를 기준으로 지가공시및토지등의평가에관한법률 제10조 제2항의 규정에 의한 비교표에 따라 산정한 가액을, 그리고 개시시점지가는 부과개시시점이 속한 연도의 개별공시지가를, 각각 기초로 하여 산정하도록 되어 있는데, 여기서 개시시점지가의 기초가 되는 개별공시지가란 「지가공시 및 토지등의 평가에 관한 법률」 제10조의2 제1항에 규정된 '개별토지의 단위 면적당 가격'으로서 1필의 토지 전체에 관한 단위 면적당 가격을 의미하므로, 종료시점지가의 기초가 되는 토지 가액을 산정함에 있어서도 1필의 토지가 현실적으로 여러 용도로 나뉘

어 이용되는 경우에는 그 중 주된 용도를 파악하여 이를 기초로 토지 전체의 가액을 산정하는 것이 원칙이고, 다만 1필의 토지가 둘 이상의 용도지역으로 구분 지정되어 있거나 일부가 도시계획시설 용지로 지정되어 있는 등의 예외적인 경우에는 그 면적별로 가중평균하는 방식에 의할 수 있는 것인바, 1필의 토지 중 일부는 도시계획시설 용지로 지정되어 있어 개발사업에서 제외하고 나머지 부분만에 대하여 개발사업을 시행한 경우의 종료시점지가를 산정함에 있어서도, 그 제외 부분과 사업 시행 부분을 포함한 토지 전체의 지가를 가중 평균의 방법으로 산정하여, 이에 의한 단위 면적당 가격에 사업 시행 면적을 곱하여야 하는 것이지, 사업 시행 부분의 토지가격만을 따로 산출하여 적용하여서는 안된다.

부과종료시점지가 산정을 위한 표준지 선정 방법(대법원 2013.5.9. 선고 2011두30496 판결)

[판시사항]

(1) 개발부담금 부과대상토지의 부과종료시점지가 산정을 위한 표준지 선정 방법

(2) 국토해양부 장관이 부동산 가격공시 및 감정평가에 관한 법률 제9조 제2항에 따라 작성하여 제공하는 토지가격비준표가 법규적 성질을 가지는지 여부(적극)

➲ 이유

1.「개발이익 환수에 관한 법률」 제10조 제1항은, 개발부담금의 부과기준을 정하기 위한 부과종료시점의 부과대상토지의 가액(이하 '종료시점지가'라 한다)은 그 당시의 부과대상토지와 이용 상황이 가장 비슷한 표준지의 공시지가를 기준으로 부동산 가격공시 및 감정평가에 관한 법률(이하 '가격공시법'이라 한다) 제9조 제2항에 따른 비교표에 따라 산정한 가액에 해당 연도 1월 1일부터 부과종료시점까지의 정상지가상승분을 합한 가액으로 하도록 규정하고 있는데, 이때 종료시점지가를 산정하기 위한 표준지로는 부과대상토지와 이용 상황이 가장 유사한 표준지, 즉 용도지역, 지목, 토지용도(실제용도), 주위 환경, 위치, 기타 자연적·사회적 조건이 가장 유사한 인근 지역 소재 표준지를 선정하여야 한다. (대법원 2009.11.12. 선고 2009두13771 판결 등 참조)

그리고 가격공시법 제9조 제2항은 '국토해양부 장관은 지가산정을 위하여 필요하다고 인정하는 경우에는 표준지와 지가산정 대상 토지의 지가 형성 요인에 관한 표준적인 비교표를 작성하여 관계 행정기관 등에 제공하여야 하고, 관계 행정기관 등은 이를 사용하여 지가를 산정하여야 한다'고 규정하고 있으므로, 국토해양부 장관이

위 규정에 따라 작성하여 제공하는 토지가격비준표는 가격공시법 시행령 제16조 제1항에 따라 국토해양부 장관이 정하는 '개별공시지가의 조사·산정 지침'과 더불어 법률 보충적인 역할을 하는 법규적 성질을 가진다고 할 것이다. (대법원 1998.5.26. 선고 96누17103 판결 등 참조)

2. 원심판결 이유에 의하면, 원심은 그 채택 증거에 의하여 판시와 같은 사실을 인정한 다음, 이 사건 개발부담금의 부과기준을 정하기 위하여 가격공시법 제9조 제2항에 따라 작성된 토지가격비준표인 '2008년도 적용 토지가격비준표(지가 형성 요인에 관한 표준적인 비교표) – 경기도(VII) [화성, 광주, 양주, 포천]'(이하 '이 사건 토지가격비준표'라 한다)에 의하면 원고 소유의 이 사건 토지는 이 사건 토지가격비준표가 정한 도시계획시설이나 공공용지에 해당하지 아니하고 피고가 선정한 판시 표준지의 공시지가를 기준으로 이 사건 토지에 대하여 도시계획시설 중 위험시설의 가격 배율 0.85와 공공용지 중 위험시설의 가격 배율 0.70 가운데 어느 것도 적용할 수 없다고 보아, 피고가 이 사건 토지의 종료시점지가를 산정함에 있어서 표준지 선정이나 가격 배율 적용에 이 사건 토지가격비준표의 해석을 잘못한 것으로 볼 수 없다는 이유로, 이 사건 개발부담금 부과 처분을 위법하지 않다고 판단하였다.

앞서 본 법리와 기록에 비추어 살펴보면, 원심의 위와 같은 판단은 정당한 것으로 수긍할 수 있고, 거기에 개발부담금의 부과기준을 정하기 위한 종료시점지가 산정에 있어서 토지가격비준표의 해석 등에 관한 법리를 오해하여 표준지의 선정이나 가격 배율의 적용에 위법을 저질러 판결에 영향을 미친 잘못이 있다고 할 수 없다.

부과종료시점지가 산정을 위한 표준지의 선정 기준(대법원 2013.8.22. 선고 2012두21529 판결)

[판시사항]
개발부담금 부과대상토지의 부과종료시점지가 산정을 위한 표준지의 선정 기준

➲ 이유

「개발이익 환수에 관한 법률」 제10조 제1항에서는 종료시점지가는 부과종료시점 당시의 부과대상토지와 이용 상황이 가장 비슷한 표준지의 공시지가를 기준으로 부동산 가격공시 및 감정평가에 관한 법률 제9조 제2항에 따른 비교표에 따라 산정한 가액에 해당 연도 1월 1일부터 부과종료시점까지의 정상지가상승분을 합한 가액으로 한다고 규정하고 있고, 종료시점지가를 결정하기 위한 표준지로는 대상 토지와

이용 상황이 가장 유사한 표준지, 즉 용도지역, 지목, 토지용도(실제용도), 주위 환경, 위치, 기타 자연적·사회적 조건이 가장 유사한 인근 지역 소재 표준지를 선정하여야 하며, 대상 토지에 대한 표준지 선정의 적정 여부를 판단하는 데에는 그 표준지에 의거하여 결정된 개별공시지가가 인근 유사 토지들의 개별공시지가와 균형을 유지하고 있는지의 여부도 참작할 수 있다고 할 것이다. (대법원 1997.4.11. 선고 96누9096 판결, 대법원 2009.11.12. 선고 2009두13771 판결 등 참조)

원심판결 이유에 의하면, 원심은 그 채택 증거에 의하여 판시와 같은 사실을 인정한 다음, 피고 적용 표준지와 원고 주장 표준지 모두 이 사건 토지와 용도지역·지목이 같은 점, 토지의 실제 용도와 주위 환경 측면에 있어서는 피고 적용 표준지가 원고 주장 표준지에 비하여 이 사건 토지와 더 유사하다고 볼 수 있으나, 도로 조건 측면에 있어서는 원고 주장 표준지가 이 사건 토지와 더 유사한 점, 이 사건 토지와 바로 연접해 있는 광주 남구 (주소 생략) 토지는 용도지역, 지목, 토지의 실제용도, 위치, 지상 건물의 건축 시점, 주위 환경 그 밖의 자연적·사회적 조건 등 거의 모든 면에서 이 사건 토지와 유사한데도, 피고는 위 (주소 생략) 토지의 개별공시지가를 산정함에 있어서는 원고 주장 표준지를 표준지로 선정한 점, 피고는 이 사건 토지에 대한 개발부담금 부과종료시점 이후인 2011.7.1. 기준 이 사건 토지의 개별공시지가를 결정하면서 원고 주장 표준지를 표준지로 선정하여 개별공시지가를 결정하였다가 이 사건 제1심 소송 중에서야 피고 적용 표준지로 표준지를 변경한 점, 피고 적용 표준지와 같은 광로변에서 조금만 떨어져도 토지의 경제적 이용 가치가 급격히 저하되는 것으로 보이는바, 이 사건 토지나 위 (주소 생략) 토지는 거리상으로는 피고 적용 표준지와 가까우나 도로접면, 경제적 이용 가치 면에서는 원고 주장 표준지와 더 유사하다고 할 수 있는 점, 국토해양부의 개별공시지가 조사·산정 지침에 의하면 토지 이용 상황에 따라 표준지를 선정할 경우 인접 토지와 지가 불균형이 초래되는 경우 도로접면이 유사한 표준지를 우선 선정할 수 있다고 규정하고 있는바, 위에서 본 바와 같이 피고 적용 표준지를 적용할 경우 이 사건 토지와 바로 연접해 있는 위 (주소 생략) 토지 및 인근 토지와의 지가 불균형이 현저하다고 보이므로 이 사건 토지와 도로접면, 경제적 이용 가치 면에서 더 유사한 원고 주장 표준지를 표준지로 선정함이 상당한 점 등을 종합하면, 이 사건 토지의 종료시점지가 산정을 위한 표준지를 선정함에 있어 피고가 피고 적용 표준지를 기준으로 한 것은 표준지 선정에 관한 하자가 있어 위법하다고 판단하였다.

앞서 본 법리 및 기록에 비추어 살펴보면, 원심의 위와 같은 판단은 정당하여 수긍할 수 있고, 거기에 상고이유의 주장과 같이 종료시점지가 산정을 위한 표준지 선정에 관한 법리 오해 등의 위법은 없다.

개발부담금 부과종료시점지가의 산정 방식(대법원 2001.12.24. 선고 2000두10564 판결)

[판시사항]

1필의 토지 중 도시계획시설 용지로 지정된 부분을 제외한 부분에 대하여 개발사업이 시행된 경우, 개발부담금 부과 종료시점지가의 산정 방식

➲ 판결 요지

「개발이익 환수에 관한 법률」 제8조, 제10조 제1항과 제3항의 규정에 의하면, 개발부담금의 산정에 있어서, 종료시점지가는 부과종료시점 당시의 부과대상토지와 이용상황이 가장 유사한 표준지의 공시지가를 기준으로 지가공시및토지등의평가에관한법률 제10조 제2항의 규정에 의한 비교표에 따라 산정한 가액을, 그리고 개시시점지가는 부과개시시점이 속한 연도의 개별공시지가를, 각각 기초로 하여 산정하도록 되어 있는데, 여기서 개시시점지가의 기초가 되는 개별공시지가란 「지가공시 및 토지 등의 평가에 관한 법률」 제10조의2 제1항에 규정된 '개별토지의 단위 면적당 가격'으로서 1필의 토지 전체에 관한 단위 면적당 가격을 의미하므로, 종료시점지가의 기초가 되는 토지 가액을 산정함에 있어서도 1필의 토지가 현실적으로 여러 용도로 나뉘어 이용되는 경우에는 그 중 주된 용도를 파악하여 이를 기초로 토지 전체의 가액을 산정하는 것이 원칙이고, 다만 1필의 토지가 둘 이상의 용도지역으로 구분 지정되어 있거나 일부가 도시계획시설 용지로 지정되어 있는 등의 예외적인 경우에는 그 면적별로 가중평균하는 방식에 의할 수 있는 것인바, 1필의 토지 중 일부는 도시계획시설 용지로 지정되어 있어 개발사업에서 제외하고 나머지 부분만에 대하여 개발사업을 시행한 경우의 종료시점지가를 산정함에 있어서도, 그 제외 부분과 사업 시행 부분을 포함한 토지 전체의 지가를 가중 평균의 방법으로 산정하여, 이에 의한 단위 면적당 가격에 사업 시행 면적을 곱하여야 하는 것이지, 사업 시행 부분의 토지가격만을 따로 산출하여 적용하여서는 안된다.

➲ 이유

「개발이익 환수에 관한 법률」 제8조, 제10조 제1항과 제3항의 규정에 의하면, 개발부담금의 산정에 있어서, 종료시점지가는 부과종료시점 당시의 부과대상토지와 이용상황이 가장 유사한 표준지의 공시지가를 기준으로 지가공시및토지등의평가에관한법률(이하 '지가공시법'이라 줄인다) 제10조 제2항의 규정에 의한 비교표에 따라 산정한 가액을, 그리고 개시시점지가는 부과개시시점이 속한 연도의 개별공시지가를, 각각 기초로 하여 산정하도록 되어 있다. 여기서 개시시점지가의 기초가 되는 개별공시지가란 지가공시법 제10조의2 제1항에 규정된 '개별토지의 단위 면적당 가격'으로서 1필의 토지 전체에 관한 단위 면적당 가격을 의미하므로, 종료시점지가의 기초가 되는 토지 가액을 산정함에 있어서도 1필의 토지가 현실적으로 여러 용도로 나뉘어 이용되는 경우에는 그 중 주된 용도를 파악하여 이를 기초로 토지 전체의 가액을 산정하는 것이 원칙이고, 다만 1필의 토지가 둘 이상의 용도지역으로 구분 지정되어 있거나 일부가 도시계획시설 용지로 지정되어 있는 등의 예외적인 경우에는 그 면적별로 가중평균하는 방식에 의할 수 있는 것인바(대법원 2000.2.8. 선고 97누11577 판결 참조), 1필의 토지 중 일부는 도시계획시설 용지로 지정되어 있어 개발사업에서 제외하고 나머지 부분만에 대하여 개발사업을 시행한 경우의 종료시점지가를 산정함에 있어서도, 그 제외 부분과 사업 시행 부분을 포함한 토지 전체의 지가를 가중 평균의 방법으로 산정하여(산림 전용 부담금에 관한 대법원 2001.7.10. 선고 99두9476 판결 참조), 이에 의한 단위 면적당 가격에 사업 시행 면적을 곱하여야 하는 것이지, 사업 시행 부분의 토지가격만을 따로 산출하여 적용하여서는 안된다고 할 것이다.

원심은, 피고가 원고들 소유의 2필지 토지 중 도시계획시설 용지로 지정되어 있는 부분을 제외한 나머지 부분에 대하여 건물을 신축한 사업에 대한 개발부담금을 부과함에 있어서, 개시시점지가에 대하여는 이미 결정·공시되어 있는 토지 전체의 개별공시지가를 기초로 산정한 반면, 종료시점지가에 대하여는 그 중 도시계획시설 용지 부분을 제외한 나머지 사업 시행 부분만을 대상으로 비교표준지를 선정하고 토지 특성 조사를 거쳐 그 부분만의 지가를 산정하여, 이를 토대로 개발부담금을 산출·부과한 사실을 인정한 다음, 지가공시법의 관련 규정이나 감정평가에 관한 규칙, 토지가격비준표 등에 의하면, 개별토지가격은 독립한 필지에 대하여 당해 토지 전체의 특성에 따라 1필지 전체의 단위 면적당 가격으로 산정되는 것이고, 1필의 토지 일부가 도시계획시설 용지로 지정된 경우에는 그 면적별로 가중평균하는 방법으로 1필의 토지 전체의 개별토지가격을 산정하여야 하는 것이므로, 피고가 1필의 토지 중 도시계획시설 용지를 제외한 사업 시행 부분의 지가만을 따로 산정하여 적용한 것은 위법하다고 판단하고 있는바, 이는 앞에서 본 법리에 따른 것이어서 옳고, 거기에 종료시점지가 산정에 관한 법리 오해 등의 위법이 없으므로, 상고이유의 주장은 이유 없다.

표준지의 공시지가를 기준으로 개발부담금 부과종료시점의 지가를 산정한 것이 적법한지 여부 (대법원 2002.7.12. 선고 2001두7480 판결)

[판시사항]

면적 대부분이 차고지로 사용되는 토지에 개발사업 당시에 시행되던 자동차운수사업 법령상의 전세 버스운송 사업 등록 기준 규정에 따른 시설을 갖추고 차량의 정비 및 관리, 배차 및 운행 대기 등 버스운송사업자의 영업을 영위하고 있는 경우, 위 토지의 이용 상황을 '상업용'에 해당한다고 봄이 상당하다고 한 사례

➲ 판결 요지

면적 대부분이 차고지로 사용되는 토지에 개발사업 당시에 시행되던 자동차운수사업 법령상의 전세 버스운송 사업 등록 기준 규정에 따른 시설을 갖추고 차량의 정비 및 관리, 배차 및 운행 대기 등 버스운송사업자의 영업을 영위하고 있는 경우, 위 토지의 이용 상황을 '상업용'에 해당한다고 봄이 상당하다고 한 사례

➲ 이유

1. 상고이유 제1점에 대한 판단

원심은, 이 사건 토지에 건축된 사무실은 주로 보유 차량의 배차관리 등을 위한 용도로 사용되고 있으며, 그 바닥면적도 133㎡에 불과하고 나머지 부분은 나지 상태의 차고지로 사용되고 있기는 하나, 이 사건 개발사업 당시에 시행되던 자동차운수사업 법령상의 전세 버스운송 사업 등록 기준 규정에 따른 시설을 갖추고 차량의 정비 및 관리, 배차 및 운행 대기 등 버스운송사업자의 영업을 영위하고 있으므로, 이 사건 토지의 개발부담금을 산정함에 있어서 이 사건 토지의 이용 상황을 '상업용'에 해당한다고 봄이 상당하고, 이를 비교적 대규모 필지로서 거래 사례가 극히 희소하고 일률적 가치측정이 어려운 토지이거나 기타 특수용도로 조성, 이용되고 있는 '특수토지'나 '특수기타'로 분류할 수는 없으며, 또 이 사건 토지는 전, 답, 임야 등이 주위를 둘러싸고는 있으나 전세버스 운송 사업을 위한 차고지 등으로 사용하고 있어 이를

전 또는 답과 동일하게 평가할 수는 없다고 판단하였다.

기록과 관계 법령의 규정에 비추어 살펴보면, 이러한 원심의 사실인정 및 판단은 정당한 것으로 수긍이 가고, 거기에 상고이유에서 주장하는 바와 같은 개별공시지가 산정에 있어서 토지 이용 상황에 관한 법리 오해나 어떠한 사실오인 등의 위법이 있다고 할 수 없다. 이 부분 상고이유는 이유 없다.

2. 상고이유 제2점에 대한 판단

기록(특히 갑 제25호증의 1, 2, 을 제23호증)에 의하면, 원고가 피고를 상대로 제기한 수원지방법원 98구5408호, 99구7111호 각 개별공시지가 결정 처분 취소 사건에서 이 사건 토지의 용도가 특수기타(차고지)에 해당한다고 판시하였고, 이에 피고가 항소를 포기하고 판결 내용대로 이 사건 토지의 개별공시지가를 평가함으로써 ㎡당 개별공시지가로 1998.1.1. 기준 101,000원, 1999.1.1. 기준 86,800원, 2000.1.1. 기준 92,200원, 2001.1.1. 기준 92,200원을 각 책정한 사실은 인정되나, 위 각 사건과 이 사건은 소송물을 달리하는 것임이 분명하고, 또 「개발이익 환수에 관한 법률」 제10조 제1항에 의하면, 개발부담금은 부과종료시점 당시의 표준지 공시지가를 기준으로 산정한 지가에 따라 부과하는 것이지, 그 다음해의 당해 토지의 개별공시지가에 따라 부과하는 것이 아니므로, 원심이 이 사건에서 이 사건 토지의 용도를 상업(업무)용으로 인정하고 이 사건 표준지의 공시지가를 기준으로 이 사건 개발부담금 부과종료시점의 지가를 산정한 것이 적법하다고 판단한 것이 위법하다고 볼 수는 없다 할 것이다.

그리고 기록(특히 갑 제24호증)에 의하면, 한국감정원이 이 사건 토지에 관하여 1998.1.1. 기준으로 그 시가를 498,300,000원으로 감정한 사실은 인정되나, 개발부담금은 토지의 시가에 따라 부과하는 것이 아니고, 표준지의 공시지가를 기준으로 지가공시및토지등의평가에관한법률 제10조 제2항의 규정에 의한 비교표에 의하여 산정한 지가에 따라 부과하는 것이므로, 그 지가와 위 시가 감정 결과가 상이하다 하여 이 사건 개발부담금 부과 처분이 위법하다고 볼 것도 아니라 할 것이다.

따라서 이 사건 토지의 토지 이용 상황을 업무용으로 보고 이 사건 표준지를 비교표준지로 선정하여 부과종료시점 지가를 ㎡당 217,772원으로 산정한 후 이를 기초로 개발부담금을 부과한 이 사건 처분이 정당하다고 본 원심의 판단은 정당하다 할 것이고, 거기에 상고이유에서 주장하는 바와 같은 어떠한 위법이 있다고 할 수 없다. 이 부분 상고이유 역시 받아들일 수 없다.

개별공시지가조사구거산정 지침상의 토지 특성 중 '도로접면'의 조건을 갖춘 것으로 볼 수 있는지 여부 (대법원 2000.12.8. 선고 99두2123 판결)

[판시사항]

토지가 도로에 직접 접속되어 있지 아니하고 구거 등을 사이에 두고 있으나 그 구거 등의 원래 용도를 해하지 않는 범위 내에서 복개 시설 등을 설치하여 도로로 통행할 수 있는 경우, 그 토지가 개별공시지가 조사·산정 지침상의 토지 특성 중 '도로접면'의 조건을 갖춘 것으로 볼 수 있는지 여부(한정 적극)

판결 요지

구 지가공시및토지등의평가에관한법률(2000.1.28. 법률 제6237호로 개정되기 전의 것) 제10조의2 제2항, 같은법시행령(2000.5.16. 대통령령 제16814호로 개정되기 전의 것) 제12조의3의 규정에 기하여 건설교통부 장관이 정하는 개별공시지가조사·산정 지침상의 토지 특성 항목별 조사 요령 중 '도로접면' 조건은 주로 그것이 건축과 교통 등의 면에서 해당 토지의 이용 가치에 영향을 미쳐 그 지가 형성 요인으로 작용한다는 점에 근거하여 토지 특성의 한 항목으로 조사되는 것으로서 거기서의 도로접면은 위에서 나온 폭 8m 이상 12m 미만의 도로에 한 면이 접하고 있는 토지는 소로한면으로 하고 리어카나 경운기의 통행이 불가능한 토지를 맹지로 구분케 규정되어 있는 점에 비추어 볼 때, 해당 토지가 도로에 직접 접속되어 있지 아니하고 구거 등을 사이에 두고 있는 경우라도 그 구거 등의 원래 용도를 해하지 않는 범위 내에서 복개 시설 등을 설치하여 도로로 통행할 수 있게 하였다면 그러한 복개 시설 등의 설치가 그 구조와 형태 등에 비추어 일시적·잠정적이라거나 혹은 소요 비용이나 관련 법령상의 제한 등에 비추어 극히 예외적으로만 가능하다고 하는 등의 특별한 사정이 달리 나타나 있지 않는 한, 그 해당 토지는 도로로의 통행 등의 면에서 직접 도로에 접속하고 있는 경우와 다를 바가 없어 그로써 그 개별공시지가조사·산정 지침상의 도로접면 조건을 갖춘 것으로 보아야 하고 따라서 토지가격비준표상의 가격 배율도 그에 따라 적용하여야 한다.

이유

1. 원심은, 원고가 1995.11.23. 지목이 답으로서 편도 1차로의 도로와 폭2~3m의 구거를 사이에 두고 마주 향하고 있던 이 사건 토지를 취득하여 같은 해 12월 1일 피고로부터 2층 차고 건물에 대한 건축허가를 받고 이를 준공하고 도로와 그 토지 사이의

구거 위에 차량 통행 시설을 설치하여 1996.4.17. 사용검사를 마침과 아울러 그 토지의 지목을 잡종지로 변경하였는데, 피고는 위 건물 신축을 위한 대지조성사업이 「개발이익 환수에 관한 법률」 제5조 제1항 제10호에서 정하는 개발부담금 부과대상사업이라고 하여 1997.9.5. 그 토지의 특성 중 도로접면 조건을 소로한면으로 보고 1.13의 배율을 적용하는 등 총가격 배율을 1.582로 산출하여 그 판시 표준지의 공시지가에 곱하는 방법으로 결정한 이 사건 토지의 1997년도 개별공시지가에 터잡아, 부과종료시점지가를 산정하여 원고에게 이 사건 개발부담금 부과 처분을 하였다는 요지의 사실을 인정하였다.

원심은 나아가, 이 사건 토지 자체는 도로법 제2조 제1항의 규정에 의한 도로나 도로법의 적용을 받는 도로와 접하지도 아니하고 사도법 제3조에 의하여 사도법의 적용도 제외되는 시설을 통하여 도로와 접하게 되어 그 구거상의 시설물을 통하여 도로와 통행은 가능하나 도로접면 조건상 맹지로 보아야 할 것임에도 피고가 소로한면으로 토지 특성을 조사하여 가격조정률을 적용·산출하여 개별공시지가를 결정한 것은 위법하고 따라서 이에 터잡은 이 사건 처분도 위법하다고 판단하였다.

2. 구 「지가공시 및 토지 등의 평가에 관한 법률」(2000.1.28. 법률 제6237호로 개정되기 전의 것) 제10조의2 제2항, 같은법시행령(2000.5.16. 대통령령 제16814호로 개정되기 전의 것) 제12조의3의 규정에 기하여 건설교통부 장관이 정하는 원심 판시의 개별공시지가조사·산정 지침(이하 '산정 지침'이라고 한다) 상의 토지 특성 항목별 조사 요령 중 '도로접면' 조건은 주로 그것이 건축과 교통 등의 면에서 해당 토지의 이용 가치에 영향을 미쳐 그 지가 형성 요인으로 작용한다는 점에 근거하여 토지 특성의 한 항목으로 조사되는 것으로서 거기서의 도로접면은 위에서 나온 폭 8m 이상 12m 미만의 도로에 한 면이 접하고 있는 토지는 소로한면으로 하고 리어카나 경운기의 통행이 불가능한 토지를 맹지로 구분케 규정되어 있는 점에 비추어 볼 때, 해당 토지가 도로에 직접 접속되어 있지 아니하고 구거 등을 사이에 두고 있는 경우라도 그 구거 등의 원래 용도를 해하지 않는 범위 내에서 복개 시설 등을 설치하여 도로로 통행할 수 있게 하였다면 그러한 복개 시설 등의 설치가 그 구조와 형태 등에 비추어 일시적·잠정적이라거나 혹은 소요 비용이나 관련 법령상의 제한 등에 비추어 극히 예외적으로만 가능하다고 하는 등의 특별한 사정이 달리 나타나 있지 않는 한, 그 해당 토지는 도로로의 통행 등의 면에서 직접 도로에 접속하고 있는 경우와 다를 바가 없어 그로써 그 산정 지침상의 도로접면 조건을 갖춘 것으로 보아야 하고 따라서 토지가격비준표상의 가격 배율도 그에 따라 적용하여야 할 것이다.

그런데 기록과 원심이 확정한 사실에 의하니, 이 사건 토지는 그 한쪽으로만 폭 8m 이상 12m 미만의 도로가 있고 그 사이에 폭 2~3m인 구거가 있으나, 원고가 이 사건 토지상에 차고 건물을 신축하기 위한 건축허가를 받는 과정에서 건축법상의 도로접면 조건을 갖추기 위하여 그 구거에 대한 점·사용 허가를 받아 그 위로 그 도로와 그 토지의 지표면과 같은 높이에 차량이 통행할 수 있는 콘크리트 구조의 견고한 복개 시설을 설치함으로써 이 사건 토지가 위 도로에 접하게 된 한편, 그 구거는 원래의 용도를 그대로 유지하고 있음을 알 수 있다.

그러하니, 비록 이 사건 토지가 원래 그 도로에 직접 접하고 있지 않았다고 하더라도 원고가 설치한 복개 시설로써 연접하게 되었으니 그 시설이 일시적·잠정적인 것이라거나 혹은 그 설치가 극히 예외적으로 허용된 상태라고 볼 자료가 달리 나타나지 않는다면 위와 같은 복개 시설의 설치로써 도로접면의 조건을 갖춘 것이라고 볼 여지가 있음에도 원심이 이 사건 토지가 도로접면의 조건을 갖추지 못하였다고 단정한 것은 필요한 심리를 다하지 아니하였거나 개별공시지가 결정에 있어서의 토지 특성에 관하여 견해를 달리한 결과라고 할 것이다.

비교표준지의 선정 방법등 (대법원 2001.7.13. 선고 99두10391 판결)

[판시사항]

(1) 비교표준지의 선정 방법

(2) 종전의 비교표준지를 바꾼 것만으로 비교표준지 선정에 위법이 있다고 할 수 있는지 여부(소극)

(3) 자동차운전학원 부지로 이용되는 토지의 이용 상황을 개별공시지가조사·산정 지침상의 '특수기타'가 아닌 상업용으로 적용함이 상당하다고 판단한 원심의 조치를 수긍한 사례

➲ 판결 요지

(1) 비교표준지는 대상 토지와 용도지역, 지목, 토지용도(실제용도), 주위 환경, 위치, 기타 자연적·사회적 조건이 가장 유사한 인근 지역 소재 표준지 중에서 선정하는 것이 가장 합리적인 선정 방법이다.

(2) 적합한 표준지를 비교표준지로 선정한 이상 종전의 비교표준지를 바꾼 것만으로는 비교표준지 선정에 있어 어떠한 위법이 있다고 할 수 없다.

(3) 자동차운전학원 부지로 이용되는 토지의 전체 면적이 다소 크기는 하나 자동차운전학원은 소규모의 도시에도 설치, 운영되고 있는 점 등에 비추어 개별공시지가 조사·산정 지침상의 비교적 대규모의 필지의 토지로서 거래 사례가 희귀하거나 가치측정이 어려운 경우에 적용하는 '특수기타'를 적용하기는 어렵고, 오히려 '특수기타'의 예외로서 예시되는 녹지지역 및 비도시지역 내의 주유소, 골프연습장 등을 상업용으로 적용하는 점에 비추어 자동차운전학원 부지로 이용되는 토지의 이용 상황을 상업용으로 적용함이 상당하다고 판단한 원심의 조치를 수긍한 사례

개별공시지가 토지 특성 항목별 조사 요령 중 도로접면 조건의 산정 방법(대법원 2006.9.8. 선고 2006두9276 판결)

[판시사항]

(1) 지가공시 및 토지 등의 평가에 관한 법률 등에 기한 개별공시지가 조사·산정 지침상의 토지 특성 항목별 조사 요령 중 도로접면 조건의 산정 방법

(2) 평가대상 토지의 해당도로 접면 조건을 조사·산정함에 있어, 토지와 직접 접촉한 지방도의 현 도로 폭만을 현황으로 고려하여 접면 조건을 판단한 것은 위법하다고 한 사례

➲ 판결 요지

(1) 지가공시 및 토지 등의 평가에 관한 법률 제10조의2 제2항, 같은 법 시행령 제12조의3의 규정에 기하여 건설교통부 장관이 정하는 개별공시지가 조사·산정 지침상의 토지 특성 항목별 조사 요령 중 '도로접면' 조건은 주로 그것이 건축과 교통 등의 면에서 해당 토지의 이용 가치에 영향을 미쳐 그 지가 형성 요인으로 작용한다는 점에 근거하여 토지 특성의 한 항목으로 조사하는 것으로서 원칙적으로 사실상 이용되는 현황도로를 기준으로 하여 산정하는 것이라 할 것이지만, 도로접면 조건을 산정할 당시에 특수한 사정에 의하여 일시적·잠정적으로 일부분이 도로로 이용되거나 혹은 이용되지 못하고 있는 상황은 현황으로 고려할 수 없고, 또한 현황도로 중 평가대상 토지와 직접 접촉한 부분의 노폭이 다른 부분보다 특수하게 넓거나 좁은 경우에는 공법상의 제한이나 현황도로의 전체적인 이용 상황을 감안하지 아니한 채 평가대상 토지와 직접 접촉한 부분만을 현황으로 고려하여서는 안 된다.

(2) 평가대상 토지의 해당 도로 접면 조건을 조사·산정함에 있어, 토지와 직접 접촉한 지방도의 현 도로 폭만을 현황으로 고려하여 접면 조건을 판단한 것이 위법하다

고 한 사례

➲ 이유

지가공시 및 토지 등의 평가에 관한 법률 제10조의2 제2항, 같은 법 시행령 제12조의3의 규정에 기하여 건설교통부 장관이 정하는 개별공시지가조사·산정 지침상의 토지 특성 항목별 조사 요령 중 '도로접면' 조건은 주로 그것이 건축과 교통 등의 면에서 해당 토지의 이용 가치에 영향을 미쳐 그 지가 형성 요인으로 작용한다는 점에 근거하여 토지 특성의 한 항목으로 조사하는 것으로서(대법원 2000.12.8. 선고 99두2123 판결 참조) 원칙적으로 사실상 이용되는 현황 도로를 기준으로 하여 산정하는 것이라 할 것이지만, 도로접면 조건을 산정할 당시에 특수한 사정에 의하여 일시적·잠정적으로 일부분이 도로로 이용되거나 혹은 이용되지 못하고 있는 상황을 현황으로 고려할 수는 없고, 또한 현황도로 중 평가대상 토지와 직접 접촉한 부분의 노폭이 다른 부분보다 특수하게 넓거나 좁은 경우에는 공법상의 제한이나 현황도로의 전체적인 이용 상황을 감안하지 아니한 채 평가대상 토지와 직접 접촉한 부분만을 현황으로 고려할 수도 없는 것이다.

원심은 "이 사건 토지들 중 양주시 (주소 생략) 대 730㎡(이하 '쟁점 토지'라 한다)의 도로접면에 관한 조사·산정에 있어 쟁점 토지의 서쪽으로 접해있는 '347번 지방도'는 실제 도로 폭이 약 5m이므로 '세로(가)'에 해당한다."라는 취지로 판단한 제1심 판결을 유지하고 있다.

그런데 제1심법원이 채택한 감정인 소외인의 시가 감정 결과는 '쟁점 토지에 접하고 있는 해당 도로의 폭이 약 5m임'을 전제로 한 것이나(기록 146면), 그 근거를 명확하게 알 수 없을 뿐만 아니라 그것이 인도까지 포함한 것인지 여부 및 쟁점 토지에 직접 접촉한 부분을 포함한 '347번 지방도'의 도로 폭이 전체적으로 약 5m라는 것인지 여부도 명확하게 알 수 없고, 또한 기록에 의하여 인정되는 다음과 같은 사정, 즉 이 사건 토지에 직접 접촉한 서쪽 도로는 도로법상 '지방도'로 '347번 노선'을 이루고 있다는 점, 해당 도로의 지적도상 도로 폭은 8m로 되어 있는 점, 쟁점 토지와 마찬가지로 해당 도로에 접하여 있고 도로 이용 상황이 유사한 다른 토지들의 도로접면 조건은 모두 '소로한면'으로 산정되어 있는 점 등에 비추어 보면, 나머지 증거들만으로 설령 쟁점 토지에 직접 접촉한 부분의 현 도로 폭이 인도를 포함하여 약 5m일지라도 그것이 일시적·잠정적인 것이 아니라거나 지적도의 폭으로 조만간에 복원될 가능성이 없다고 단정할 수 없음에도 불구하고, 이들을 종합적으로 심리해 보지도 않은 채 그 채용 증거들만으로 쟁점 토지의 해당 도로 접면 조건을 '세로(가)'에 해당한다고 단정한 원심판결은 채증법칙을 위배하여 사실을 오인하였거나 심리를 다하지 아니한 채 사실을 인정하여 판결에 영향을 미친 위법이 있다. 이 점을 지적하는 상고이유의 주장은 이유 있다.

토지가격의 평가를 함에 있어 공부상 지목과 실제 현황이 다른 경우의 평가 기준 등

(대법원 1994.4.12. 선고 93누6904 판결)

[판시사항]

가. 개발 사업착수 시점의 토지 가액을 공시지가에 의하여 산정할 경우 개별토지가격이 결정 공고된 토지에 대해서는 그에 의하여 산정하여야 하는지 여부

나. 토지가격의 평가를 함에 있어 공부상 지목과 실제 현황이 다른 경우의 평가 기준

판결 요지

가. 개발 사업착수 시점의 토지 가액을 공시지가에 의하여 산정할 경우 개별토지가격이 결정 공고된 토지에 대해서는 그에 의하여 산정하여야 하는지 여부

나. 토지가격의 평가를 함에 있어 공부상 지목과 실제 현황이 다른 경우의 평가 기준

판결 요지

가. 구 「개발이익 환수에 관한 법률」(1993.6.11. 법률 제4563호로 개정되기 전의 것) 제10조 제3항, 제1항의 각 규정내용 및 개별토지가격합동조사지침(1990.4.14. 국무총리훈령 제241호 및 1991.4.2. 국무총리훈령 제248호)에 의한 개별토지가격제도의 취지에 비추어 볼 때, 행정청이 행정목적을 위하여 표준지의 공시지가를 기준으로 「지가공시 및 토지 등의 평가에 관한 법률」 제10조에 의한 비교표를 적용하여 토지가격을 산정하여야 할 경우에 개별토지가격이 결정 공고된 토지에 대해서는 그 개별토지가격결정에 잘못이 있다거나 개별토지가격결정 당시의 토지현황이 현저히 변동되었다는 등의 특별한 사정이 없는 한 원칙적으로 개별토지가격에 의하여야 할 것이고 그와 다른 토지가격은 인정되지 않는다 할 것이어서, 개발부담금산정 기초항목의 하나인 위 개발사업착수시점의 토지가액 역시 그에 의거하여 산정함이 상당하다.

나. 토지가격의 평가를 함에 있어 공부상 지목과 실제 현황이 다른 경우에는 공부

상 지목보다는 실제 현황을 기준으로 하여 평가하여야 함이 원칙이며, 평가대상 토지에 형질변경이 행하여지는 경우 형질변경행위가 완료되어 현황의 변경이 이루어졌다고 보여지는 경우에는 비록 공부상 지목변경절차를 마치기 전이라고 하더라도 변경된 실제 현황을 기준으로 평가함이 상당하다.

➲ 이유

구「개발이익 환수에 관한 법률」(1993.6.11. 법률 제4563호로 개정되기 전의 것) 제10조 제3항은 개발부담금 산정을 위한 개발 사업착수 시점의 부과대상토지의 가액은 그 당시의 공시지가에 의한 가액에 그 공시지가의 기준일로부터 개발 사업착수 시점까지의 정상지가상승분을 합한 금액으로 한다고 규정하고 있고, 동조 제1항은 위 "공시지가에 의한 가액"의 의미에 대해 "공시지가를 기준으로 지가공시및토지등의평가에관한법률(이하 지가공시법이라 한다) 제10조의 규정에 의한 비교표에 의하여 산정한 가액"이라고 규정하고 있다.

그런데 1990.4.11. 국무총리훈령 제241호(그 후 1991.4.2. 국무총리 훈령 제248호로 일부 내용 개정됨)로 개별토지가격 합동 조사 지침이 마련되어 국가 또는 지방자치단체가 행정 목적을 위하여 공시지가를 기준으로 지가공시법 제10조에 의한 비교표를 적용하여 토지가격을 산정하여야 하는 경우에 통일적으로 사용할 목적으로 시장, 군수, 구청장이 매년 지방 토지평가위원회의 심의와 건설부 장관의 확인을 거쳐 개별토지가격을 결정하여 공고하고 있는바, 이러한 개별토지가격 제도의 취지 등에 비추어 볼 때 행정청이 행정 목적을 위하여 표준지의 공시지가를 기준으로 지가공시법 제10조에 의한 비교표를 적용하여 토지가격을 산정하여야 할 경우에 개별토지가격이 결정 공고된 토지에 대해서는 그 개별토지 가격결정에 잘못이 있다거나 개별토지 가격결정 당시의 토지 현황이 현저히 변동되었다는 등의 특별한 사정이 없으면 원칙적으로 개별토지가격에 의하여야 할 것이고 그와 다른 토지가격은 인정되지 않는다 할 것이어서, 개발부담금 산정 기초항목의 하나인 위 개발 사업착수 시점의 토지 가액 역시 그에 의거하여 산정함이 상당하다 할 것이다.

그리고 토지가격의 평가를 함에 있어 공부상 지목과 실제 현황이 다른 경우에는 공부상 지목보다는 실제 현황을 기준으로 하여 평가하여야 함이 원칙이라 할 것이며, 평가대상 토지에 형질변경이 행하여지는 경우 형질변경 행위가 완료되어 현황의 변경이 이루어졌다고 보여지는 경우에는 비록 공부상 지목변경절차를 마치기 전이라고 하더라도 변경된 실제 현황을 기준으로 평가함이 상당하다고 할 것이다.

원심이 적법하게 확정한 사실관계와 을 제17호증의 1 내지 25(각 토지 특성 조사표)의 기재에 의하면 이 사건 개발 사업착수 시점으로 보게 되는 1990.1.1. 당시 이 사건 토지들은 이미 성토회 되어 그 위에 아파트 골조 공사가 진행 중이었다는 것이므로 이 사건 토지들의 상당 부분에 형질변경 행위가 완료되어 토지 현황의 변경이 이루어진 상태로 보이고, 이 사건 토지들에 관한 1990.1.1.자 기준의 개별토지가격은 모두 그 기준시점의 변경된 실제 현황을 토대로 산정된 가격이라 할 것이며 이 사건 토지 중 위 1990.1.1.자 개별토지가격이 결정 고시된 토지들에 대하여 그 개별토지가격을 적용하지 아니하여야 할 특별한 사정이 있다고 보이지 아니하므로 이 사건 개발 사업 착수 시점의 부과대상토지 가액과 기부채납토지의 가액을 산정함에 있어 1990.1.1.자 개별토지가격이 공시되어 있는 토지에 대해 그 개별토지가격을 기준으로 한 원심의 조치는 정당한 것으로 수긍이 되고, 그렇게 본다 하여 개발이익환수법의 취지에 반한다고도 볼 수 없으며 또한 거기에 소론과 같은 법리 오해의 위법도 없다.

복합용도 토지의 지가산정 방법 (대법원 1993.10.12. 선고 93누9149 판결)

[판시사항]

용도별 면적 구분이 명확한 복합용도 토지 가액을 평가함에 있어 건설부 장관이 정한 "표준지와 지가산정 대상 토지의 지가 형성 요인에 대한 표준적인 비교표(1990.3. 작성)" 소정 조정률의 적용 여부

➲ 판결 요지

지가공시및토지등의평가에관한법률 제10조 제2항에 의거하여 건설부 장관이 마련하여 행정기관에 제공한 "표준지와 지가산정 대상 토지의 지가 형성 요인에 대한 표준적인 비교표(1990.3. 작성)"에 의하면, 동 비교표를 활용함에 있어 여러 용도로 복합되어 사용되고 있는 토지의 경우에는 복합되어 있는 용도 중 그 점유면적이 많거나 또는 이용가치 면에서 고가치인 용도를 주 용도로 보아 그에 따른 조정률을 적용하도록 되어 있으나 이는 복합용도로 사용되고 있는 한 필지의 토지를 각 용도별 면적 구분이 불가능하거나 적절치 않아 용도별로 구분 평가할 수 없고 일괄 평가할 경우에 적용될 내용의 것이지 각 용도별 면적 구분이 명확하여 각 용도별로 토지를 구분 평가하여 합산할 수 있는 경우에까지 적용되는 내용은 아니다.

부과개시시점 및 부과종료시점, 개별공시지가의 의미 등 (대법원 2000.1.18. 선고 97누16787 판결)

[판시사항]

(1) 토지형질 변경 허가나 농지전용허가를 받지 아니하고 구 건축법 제8조의 규정에 의한 건축허가를 받아 구 「개발이익 환수에 관한 법률」 제5조 제1항 제10호, 같은법시행령 제4조 제1항 [별표 1] 제10호 소정의 개발사업을 시행함에 있어 토지에 대한 절토·성토·정지 등의 물리적 개발행위를 한 경우, 개발부담금의 부과개시시점(=건축허가일) 및 부과종료시점(=건축물 사용검사일 또는 건축물 임시사용승인일)

(2) 구 「개발이익 환수에 관한 법률」 제5조 제1항 제10호, 같은법시행령 제4조 제1항 [별표 1] 제10호 소정의 개발사업에 있어서는 건축 당시에 반드시 토지 자체에 물리적인 개발행위가 요구되는지 여부(소극)

(3) 구 「개발이익 환수에 관한 법률」 제10조 제1항, 제3항에 규정된 종료시점지가 및 개시시점지가 산정의 기초가 되는 개별공시지가의 의미

(4) 구 「개발이익 환수에 관한 법률」 제5조 제1항, 제2항, 같은법시행령 제4조 제1항, 같은법 시행규칙 제3조의2가 개발제한구역 내의 토지에 대한 개발사업에 대하여 다른 토지에 대한 개발사업에 비하여 개발부담금의 부과대상이 되는 개발사업의 범위를 축소하거나 개발부담금을 감면하거나 그 밖에 특별한 예외를 인정하는 규정을 두지 않고 있는 것이 헌법에 위반되는지 여부(소극)

(5) 구 「개발이익 환수에 관한 법률」 제8조에서 기초공제에 관한 규정을 두지 않고 있는 것이 헌법에 위반되는지 여부(소극)

(6) 구 「개발이익 환수에 관한 법률」 제14조 제1항 및 제16조 제1항에서 개발부담금의 부과 및 납부의무를 규정하면서 부과종료시점 이후에 토지의 가격이 하락할 경우를 고려하여 이미 부과·납부된 개발부담금을 정산 내지 환급하는 제도를 함께 규정하지 아니한 것이 헌법에 위반되는지 여부(소극)

➲ 판결 요지

(1) 구 건축법(1995.1.5. 법률 제4919호로 개정되기 전의 것) 제8조 제4항, 제7조 제3항 제1호, 제5호 등에 의하면 건축허가를 받은 경우에는 도시계획법상의 토지형질 변경 허가나 구 농지의 보전 및 이용에 관한 법률(1994.12.22. 법률 제4817호 농지법 부칙 제2조로 폐지)상의 농지전용허가를 받은 것으로 간주되므로, 별도의 토지형질 변경 허가나 농지전용허가를 받지 아니한 채 구 건축법 제8조의 규정에 의한 건축허가를 받아 구 「개발이익 환수에 관한 법률」(1997.1.13. 법률 제5285호로 개정되기 전의 것) 제5조

제1항 제10호, 같은법시행령(1996.12.31. 대통령령 제15238호로 개정되기 전의 것) 제4조 제1항[별표 1]의 제10호에서 규정하는 개발사업을 시행함에 있어 토지에 대한 절토·성토·정지 등의 물리적 개발행위를 하였다면, 그 개발사업 중 토지에 대한 물리적 개발행위를 한 범위 내에서는 이를 같은 법 제5조 제1항 제11호, 같은법시행령 제4조 제1항[별표 1]의 제11호에서 규정하는 토지형질 변경 허가나 농지전용허가에 의하여 시행하는 개발사업에 해당하는 것으로 볼 수도 있으나, 그 개발사업으로 인하여 증가된 개발이익 중에는 토지에 대한 물리적 개발행위로 인하여 증가된 개발이익뿐만 아니라 건축물의 건축과 그에 따른 지목변경으로 인하여 증가된 개발이익까지 포함되므로, 이러한 경우 개발부담금을 산정하기 위하여 부과개시시점 및 부과종료시점을 결정함에 있어서는 같은법시행령 제7조 제1항 [별표 2] 제10호, 제8조 제1항 제2호, 제2항 제3호 등을 적용하여야 하고, 같은법시행령 제7조 제1항 [별표 2] 제11호, 제8조 제1항 제1호, 제2항 제2호 등을 적용할 것은 아니라고 할 것이고, 따라서 이러한 개발사업에 있어 개발부담금의 부과개시시점은 같은 법 제9조 제1항 본문, 같은법시행령 제7조 제1항 [별표 2] 제10호의 규정에 의하여 '건축허가일'이 되고, 그 부과종료시점은 원칙적으로 같은 법 제9조 제3항 본문 및 같은법시행령 제7조 제1항 [별표 2] 제10호의 규정에 따라 '건축물 사용검사일'이 되며, 만약 그 사용검사 전에 건축물 임시사용승인을 받았다면 예외적으로 같은 법 제9조 제3항 단서 제2호, 같은법시행령 제8조 제1항 제2호, 제2항 제3호의 규정에 의하여 '건축물 임시사용승인일'이 된다.

(2) 구 「개발이익 환수에 관한 법률」(1997.1.13. 법률 제5285호로 개정되기 전의 것) 제5조 제1항 제10호, 같은법시행령(1996.12.31. 대통령령 제15238호로 개정되기 전의 것) 제4조 제1항[별표 1]의 제10호의 각 문언과 불로소득적인 개발이익의 환수라는 개발부담금 부과 제도의 목적에 비추어 볼 때, 위 법령에서 규정하는 개발사업에 있어서는 건축 당시에 반드시 토지 자체에 대한 절토·성토·정지 등의 물리적인 개발행위가 요구되는 것은 아니다.

(3) 구 「개발이익 환수에 관한 법률」(1997.1.13. 법률 제5285호로 개정되기 전의 것) 제10조 제1항, 제3항, 구 지가공시및토지등의평가에관한법률(1995.12.29. 법률 제5108호로 개정되기 전의 것) 제10조 제1항 제6호, 같은법시행령(1996.6.29. 대통령령 제15093호로 개정되기 전의 것) 제12조 제2호의 각 규정과 개별토지가격 합동 조사 지침(1990.4.14. 국무총리 훈령 제241호, 1991.4.2. 국무총리 훈령 제248호, 1993.7.19. 국무총리 훈

령 제281호) 에 의한 개별토지가격 제도의 취지에 비추어 볼 때, 구 「개발이익 환수에 관한 법률」 제10조 제1항, 제3항에 규정된 종료시점지가 및 개시시점지가 산정의 기초가 되는 개별공시지가라 함은 개별토지가격이 결정·공고된 토지의 경우 그 개별토지가격의 결정에 잘못이 있다거나 개별토지가격 결정 당시의 토지 현황이 현저히 변동되었다는 등의 특별한 사정이 없으면 원칙적으로 개별토지가격을 가리키고 그와 다른 토지가격은 인정되지 아니한다.

(4) 구 「개발이익 환수에 관한 법률」(1997.1.13. 법률 제5285호로 개정되기 전의 것) 소정의 부과대상이 되는 개발사업에 해당하는 이상 그로 인하여 개발 대상 토지에서 발생하는 개발이익은 개발부담금 부과대상이 되는 개발이익인 것이고, 개발사업이 개발제한구역 내 행위 제한의 일부 해제에 따라 시행된 것이었다고 하여 그 개발이익이 인접 토지의 가격수준으로 회복된 보상적인 것에 불과하다거나 실질적으로 정상지가상승분 그 자체에 해당하는 것이어서 개발부담금의 부과대상이 되지 않는다고 할 수 없고, 같은 법 제5조 제1항, 제2항, 같은법시행령(1996.12.31. 대통령령 제15238호로 개정되기 전의 것) 제4조 제1항, 같은법시행규칙(1997.2.15. 건설교통부령 제93호로 개정되기 전의 것) 제3조의2가 개발제한구역 내의 토지에 대한 개발사업에 대하여 다른 토지에 대한 개발사업에 비하여 개발부담금의 부과대상이 되는 개발사업의 범위를 축소하거나 개발부담금을 감면하거나 그 밖에 특별한 예외를 인정하는 규정을 두지 않고 있다고 하여 위 각 규정이 형평에 어긋나거나 불합리한 것으로서 헌법 제11조, 제23조, 제38조, 제59조, 제75조, 구 「개발이익 환수에 관한 법률」 제1조 및 국세기본법 제14조, 제18조 등에 위반된다고 할 수 없다.

(5) 개발이익환수제도에 있어 어떠한 개발이익을 어떠한 기준에 의하여 환수할 것인가는 기본적으로 입법 정책적으로 결정될 문제라고 할 것인데, 구 「개발이익 환수에 관한 법률」(1997.1.13. 법률 제5285호로 개정되기 전의 것) 제8조는 종료시점지가에서 개시시점지가와 부과기간의 정상지가상승분 및 개발비용을 공제한 금액을 개발부담금의 부과기준으로 규정함으로써 개발부담금 납부의무자의 재산권 보장과 같은 법이 추구하는 같은 법 제1조 소정의 목적 달성과의 조화를 꾀하고 있으므로, 같은 법 제8조에서 기초공제에 관한 규정을 두지 아니하였다고 하여 헌법 제11조, 제23조에 위반된다고 볼 수 없다.

(6) 구 「개발이익 환수에 관한 법률」(1997.1.13. 법률 제5285호로 개정되기 전의 것) 제1조, 제2조 제1호, 제3조 제1항, 제8조, 제9조, 제10조의 각 규정에 비추어 보면,

개발부담금에 의한 환수의 대상이 되는 개발이익은 개발사업의 시행 기타 사회·경제적 요인에 의하여 개발부담금의 부과대상사업이 시행되는 지역에서 개발사업의 시행되는 기간 동안에 발생하는 토지 가액의 증가분이라고 할 것이므로, 이는 개발사업의 완료 시점 즉 부과종료시점에서 확정된다고 볼 것이지 부과종료시점 이후 개발사업의 시행자 또는 토지소유자가 개발된 토지를 현실적으로 처분할 때 확정되는 것으로 볼 것은 아니라고 할 것이고, 따라서 부과종료시점 이후에 토지의 가격이 하락한다고 하더라도 이는 개발부담금에 의한 환수의 대상이 되는 개발이익과는 무관한 것이므로, 같은 법이 제14조 제1항 및 제16조 제1항에서 개발부담금의 부과 및 납부의무를 규정하면서 부과종료시점 이후에 토지의 가격이 하락할 경우를 고려하여 이미 부과·납부된 개발부담금을 정산 내지는 환급하는 제도를 함께 규정하지 아니하였다고 하여 헌법 제11조, 제23조에 위반되는 것이라고는 할 수 없다.

처분가격이 제한되어 있는 경우 개발사업완료시점의 지가산정방법(대법원 1993.6.11. 선고 92누17242 판결)

[판시사항]

개발부담금 부과대상토지에 건축물이 건축되어 있고 토지와 건물을 합한 처분가격이 제한되어 있는 경우 개발사업 완료 시점의 지가산정 방법

판결 요지

개발부담금 부과대상토지에 건축물이 건축되어 있으면서 토지와 건물을 합한 처분가격이 제한되어 있어 「개발이익 환수에 관한 법률」 제10조 제1항, 제2항, 구 「개발이익 환수에 관한 법률 시행령」(1991.9.13. 대통령령 제13465호로 개정되기 전의 것) 제9조 제3항에 따라 개발사업 완료 시점의 부과대상토지의 가액을 산출하여야 할 경우에는 건축물을 포함하여 평가한 토지의 가액에서 건축물의 가액을 뺀 금액으로 하도록 하고 있는바, "건축물을 포함하여 평가한 토지의 가액"은 당연히 제한된 처분가격으로 하여야 하되 "건축물의 가액"은 실제로 지출된 건축비가 아니라 건설부 장관이 정하는 표준건축비, 유사 건물 평가 전례 등을 종합적으로 참작하여 합리적으로 평가한 가액으로 함이 상당하다.

이유

개발부담금 산출의 기초항목 중 하나인 개발사업 완료 시점의 부과대상토지의 가

액의 산정에 관하여 「개발이익 환수에 관한 법률」 제10조 제1항은 원칙적으로 공시지가를 기준으로 감정평가업자가 평가한 가액으로 하도록 하면서, 동조 제2항에서는 관계 법령의 규정에 따라 처분가격이 제한된 경우에는 그 처분가격으로 하도록 하고 있고, 한편 구 「개발이익 환수에 관한 법률 시행령」(1991.9.13. 영 제13465호로 개정되기 전의 것) 제9조 제3항에서는 부과대상토지에 건축물이 건축되어 있는 경우에는 건축물을 포함하여 평가한 토지의 가액에서 건축물의 가액을 뺀 금액으로 하도록 하고 있는바, 부과대상토지에 건축물이 건축되어 있으면서 그 토지와 건물을 합한 처분가격이 제한되어 있어 위 법령에 따라 개발사업 완료 시점의 부과대상토지의 가액을 산출하여야 할 경우에 위 시행령 제9조 제3항에서 말하는 '건축물을 포함하여 평가한 토지의 가액'은 당연히 위 제한된 처분가격으로 하여야 할 것이로되, '건축물의 가액'은 실제로 지출된 건축비가 아니라 건설부 장관이 정하는 표준건축비, 유사 건물평가 전례 등을 종합적으로 참작하여 합리적으로 평가한 가액으로 함이 상당하다 할 것이다.

기록에 의하면, 원심 및 처분청인 피고가 그 평가 방법이 정당하다고 하여 채택한 감정평가인들은 모두 이 사건 개발사업 완료 시점의 부과대상토지의 가액을 산정함에 있어서 건축물을 포함하여 평가한 토지의 가액은 이 사건 민영주택의 분양 가격으로 하고 건축물의 가액은 표준건축비, 유사 건물평가 전례 건물의 시공 정도 등을 종합 참작하여 평가한 금액으로 한 다음 전자에서 후자를 빼는 방법으로 그 가액을 산정하였는바, 위와 같은 산정 방법은 위 법리에 비추어 정당한 것으로 수긍이 가고 거기에 개발사업 완료 시점의 지가산정 방법에 관한 법리를 오해한 위법이 있다고 할 수 없다.

공시지가에 의한 가액, 개발사업 완료 시점, 대지조성사업 등의 의미, 시효중단의 효력 등

(대법원 1999.4.9. 선고 98두6982 판결)

[판시사항]

(1) 구 「개발이익 환수에 관한 법률」 제10조 제3항 소정의 개발사업 착수시점 지가산정의 기초가 되는 '공시지가에 의한 가액'의 의미

(2) 주택건설을 위하여 시행하는 대지조성사업에 있어서 구 「개발이익 환수에 관한 법률」 제9조 제3항 제2호 소정의 개발사업 완료 시점이 되는 개발사업의 목적 용도로 사용을 개시한 시기(=주택건설 공사 착공시)

(3) 「개발이익 환수에 관한 법률」상 개발사업인 주택건설을 위한 대지조성사업의 범위
(4) 「개발이익 환수에 관한 법률」 제15조 제2항 소정의 개발부담금 부과권 존속기간의 법적 성질(=제척기간)과 위 규정 시행 이전에 발생한 개발부담금 부과권에 있어서 납입고지가 시효의 중단 사유가 되는지 여부(적극) 및 위 납입고지에 의한 부과 처분이 추후 취소되면 시효중단의 효력이 상실되는지 여부(소극)

➲ 판결 요지

(1) 구 「개발이익 환수에 관한 법률」(1993.6.11. 법률 제4563호로 개정되기 전의 것) 제10조 제3항에 규정된 개발사업 착수 시점 지가 산정의 기초가 되는 '공시지가에 의한 가액'이라 함은 개별토지가격이 결정·공고된 토지의 경우 그 개별토지가격의 결정에 잘못이 있다거나 개별토지가격 결정 당시의 토지 현황이 현저히 변동되었다는 등의 특별한 사정이 없으면 원칙적으로 개별토지가격을 가리키고 그와 다른 토지가격은 인정되지 아니하며, 이는 같은 법 시행 이전에 개발사업이 개시되었으나 같은 법 시행 당시 완료되지 아니하여 같은 법 부칙 제2조에 의하여 같은 법의 적용 대상이 되면서 같은 법 시행일인 1990.1.1.이 사업착수일로 의제되는 개발사업에 있어서도 마찬가지라고 할 것이다.

(2) 주택건설을 위하여 시행하는 대지조성사업에 있어서 구 「개발이익 환수에 관한 법률」(1993.6.11. 법률 제4563호로 개정되기 전의 것) 제9조 제3항 제2호 소정의 '개발사업의 목적용도'란 '주택건설'을 가리키므로 사업시행자가 주택건설을 위하여 대지조성을 마친 후 그 토지에 주택 건설공사를 착공하였으면 그 착공 시기가 바로 개발사업의 완료 시점이 되는 '개발사업의 목적 용도로 사용을 개시한 때'가 된다.

(3) 구 「개발이익 환수에 관한 법률」(1993.6.11. 법률 제4563호로 개정되기 전의 것)상의 개발사업인 주택건설을 위한 대지조성사업에는 절토, 성토, 정지 작업, 매립 등 토지형질 변경 행위를 통하여 대지가 아닌 토지를 대지로 바꾸는 경우는 물론 본래 대지인 토지라도 대지로서의 효용을 높이기 위한 공사를 하는 경우도 포함된다.

(4) 구 「개발이익 환수에 관한 법률」(1993.6.11. 법률 제4563호로 개정되기 전의 것)은 개발부담금의 부과권의 존속기간에 관하여 아무런 규정을 두고 있지 아니하였으나, 1993.6.11. 법률 제4563호로 개정된 「개발이익 환수에 관한 법률」 제15조 제2항은 "개발부담금은 이를 부과 고지할 수 있는 날부터 5년이 경과한 후에는 부과할 수 없다."라고 규정하고 있는데, 개정법이 규정하고 있는 이러한 부과권의 존속기간은 법

문의 내용과 형식 등에 비추어 볼 때 부과권의 제척기간을 규정하고 있는 것이라 할 것인바, 개정법은 그 부칙 제1조에서 "개정법은 공포 후 2월이 경과한 날부터 시행한다."라고 규정하고 있을 뿐 제척기간에 관한 위 규정의 적용에 관하여 별도의 경과규정을 두고 있지 않으므로 개정법의 시행 이전에 개발사업이 이미 완료되어 부담금의 부과권을 행사할 수 있게 된 경우에는 부과권의 제척기간에 관한 개정법의 위 규정은 적용될 수 없고, 금전의 급부를 목적으로 하는 국가의 권리에 관하여 5년의 소멸시효기간을 규정하고 있는 일반 규정인 예산회계법 제96조 제1항이 적용될 수 있을 뿐이고, 따라서 개정법 시행 이전에 발생한 개발부담금의 부과권에 있어서는 예산회계법 제98조에 의하여 법령의 규정에 의한 납입고지는 시효의 중단 사유가 되고, 이러한 납입고지에 의한 시효의 중단은 그 납입고지에 의한 부과 처분이 추후 취소되더라도 그 효력이 상실되지 않는다.

➲ 이유

1. 개발사업 착수 시점의 지가에 관한 부분에 대하여

「개발이익 환수에 관한 법률」(1993.6.11. 법률 제4563호로 개정되기 전의 것, 이하 이를 '법'이라고 하고, 개정 후의 법률을 '개정법'이라고 한다) 제10조 제3항에 규정된 개발사업 착수시점 지가산정의 기초가 되는 '공시지가에 의한 가액'이라 함은 개별토지가격이 결정·공고된 토지의 경우 그 개별토지가격의 결정에 잘못이 있다거나 개별토지가격 결정 당시의 토지 현황이 현저히 변동되었다는 등의 특별한 사정이 없으면 원칙적으로 개별토지가격을 가리키고 그와 다른 토지가격은 인정되지 아니하며(대법원 1994.4.26. 선고 93누7617 판결 참조), 이는 법 시행 이전에 개발사업이 개시되었으나 법 시행 당시 완료되지 아니하여 법 부칙 제2조에 의하여 법의 적용 대상이 되면서 법 시행일인 1990.1.1.이 사업착수일로 의제되는 개발사업에 있어서도 마찬가지라고 할 것이다.

원심판결 이유를 이러한 법리와 기록에 비추어 살펴보면, 원심이 법 시행 당시 아직 완료되지 아니한 원고들의 이 사건 개발사업의 착수 시점 지가는 법 부칙 제2조에 의하여 사업착수일로 의제되는 1990.1.1. 당시의 개별토지가격에 의하여 산정하여야 한다고 판단한 조치는 정당하고, 거기에 개발사업 착수시점의 지가산정에 관한 법리를 오해하여 판결 결과에 영향을 미친 위법이 있다고 할 수 없다. 이 점에 관한 상고 이유는 받아들일 수 없다.

2. 개발사업 종료 시점에 관한 부분에 대하여

주택건설을 위하여 시행하는 대지조성사업에 있어서 법 제9조 제3항 제2호 소정의 '개발사업의 목적용도'란 '주택건설'을 가리키므로 사업시행자가 주택건설을 위하여 대지조성을 마친 후 그 토지에 주택 건설공사를 착공하였으면 그 착공 시기가 바로 개발사업의 완료 시점이 되는 '개발사업의 목적 용도로 사용을 개시한 때'가 된다고 할 것이다.(대법원 1994.3.22. 선고 93누7495 전원합의체 판결 참조)

원심판결 이유를 기록에 비추어 살펴보면, 원고들의 이 사건 개발사업의 완료 시점이 대지조성공사를 마치고 그 지상에 아파트를 건립하기 위한 기초공사를 시행하던 무렵인 1991.2.18.경이라고 본 원심의 조치는 수긍이 가고, 거기에 상고이유에서 들고 있는 바와 같은 채증법칙의 위배나 개발사업 완료 시점에 관한 법리 오해의 위법이 있다고 할 수 없다. 이 점에 관한 상고이유도 받아들일 수 없다.

3. 개발 사업종료 시점의 지가에 관한 부분에 대하여

법상의 개발사업인 주택건설을 위한 대지조성사업에는 절토, 성토, 정지 작업, 매립 등 토지형질 변경 행위를 통하여 대지가 아닌 토지를 대지로 바꾸는 경우는 물론 본래 대지인 토지라도 대지로서의 효용을 높이기 위한 공사를 하는 경우도 포함되고(대법원 1994.3.22. 선고 93누6256 판결 참조), 한편 법 제10조 제1항과 법 시행령(1993.8.12. 대통령령 제13956호로 개정되기 전의 것) 제9조 제2항에 의하면, 개발사업 완료 시점의 지가는 공시지가를 기준으로 둘 이상의 감정평가업자가 평가한 가액의 산술평균 가액에 의하여 산정하되, 개발사업 대상 토지의 면적이 10,000㎡ 미만인 경우에는 공시지가에 의한 가액에 의하여 산정하여야 한다.

원심판결 이유를 기록에 비추어 살펴보면, 원고들의 이 사건 개발사업의 시행 면적이 대지로서의 효용을 높이기 위한 공사를 시행한 면적까지 포함하여 10,000㎡를 초과하는 것임이 분명하므로, 같은 취지에서 이 사건 개발사업 대상 토지의 완료 시점의 지가는 둘 이상의 감정가액을 산술 평균한 금액에 의하여 산정하여야 한다고 판단한 원심의 조치는 그 결론에 있어 정당한 것으로 수긍이 가고, 거기에 채증법칙의 위배나 완료 시점의 지가에 관한 법리 오해의 위법이 없다. 이 점에 관한 상고이유도 받아들일 수 없다.

4. 개발비용에 관한 부분에 대하여

원심판결 이유를 기록에 비추어 살펴보면, 원심이 이 사건 개발사업의 착수 시점으로 의제되는 1990.1.1. 이후 지출한 개발비용을 그 판시와 같은 금액으로 인정한 조치는 수긍이 가고, 거기에 채증법칙을 위배하거나 그 입증책임에 관한 법리 오해의 위법이 없다. 이 점에 관한 상고이유 역시 받아들일 수 없다.

5. 소멸시효와 그 중단에 관한 부분에 대하여

가. 원심판결 이유에 의하면, 원심은 피고가 이 사건 개발사업이 종료 시점인 1991. 2.18.로부터 5년이 경과되기 전인 1993.5.17. 자로 개발부담금 부과 처분(이하 '1차 처분'이라고 한다)을 하였다가 부산고등법원 1996.6.21. 선고 94구(사건번호 1 생략) 판결에서 산정 방법의 위법을 이유로 1차 처분이 취소되고 그 무렵 그 판결이 확정되자 그 판결에서 지적된 위법 사항을 시정하여 1997.1.6. 자로 다시 이 사건 처분을 하기에 이른 사실을 인정한 다음, 그에 터잡아, 개정법(1993.6.11. 법률 제4563호로 개정된 법률) 제15조 제2항의 규정은 개발부담금의 부과권에 대하여 5년의 소멸시효를 규정한 것으로 해석되므로, 이 사건 개발사업의 종료 시점인 1991.2.18.부터 3개월이 경과한 날로부터 5년이 경과하기 전에 이루어진 1차 처분에 의하여 이 사건 개발사업에 대한 부담금 부과권의 소멸시효가 중단되었고, 이 사건 처분은 그로부터 다시 5년의 소멸시효가 완성되기 전에 이루어진 것이어서 적법하다고 판단하고 있다.

나. 법은 개발부담금의 부과권의 존속기간에 관하여 아무런 규정을 두고 있지 아니하였으나, 개정법 제15조 제2항은 "개발부담금은 이를 부과고지할 수 있는 날부터 5년이 경과한 후에는 부과할 수 없다."라고 규정하고 있는데, 개정법이 규정하고 있는 이러한 부과권의 존속기간은 법문의 내용과 형식 등에 비추어 볼 때 부과권의 제척기간을 규정하고 있는 것이라 할 것이다.

그런데 개정법은 그 부칙 제1조에서 "개정법은 공포 후 2월이 경과한 날부터 시행한다."라고 규정하고 있을 뿐 제척기간에 관한 위 규정의 적용에 관하여 별도의 경과규정을 두고 있지 않으므로 개정법의 시행 이전에 개발사업이 이미 완료되어 부담금의 부과권을 행사할 수 있게 된 경우에는 부과권의 제척기간에 관한 개정법의 위 규정은 적용될 수 없고, 금전의 급부를 목적으로 하는 국가의 권리에 관하여 5년의 소멸시효기간을 규정하고 있는 일반 규정인 예산회계법 제96조 제1항이 적용될 수 있을 뿐이다. 따라서 개정법 시행 이전에 발생한 개발부담금의 부과권에 있어서는 예산회계법 제98조에 의하여 법령의 규정에 의한 납입고지는 시효의 중단 사유가 되고, 이러한 납입고지에 의한 시효의 중단은 그 납입고지에 의한 부과 처분이 추후 취소되더라도 그 효력이 상실되지 않는다고 할 것이다.(대법원 1996.3.8. 선고 95누12804 판결 등 참조)

그러므로 개정법 제15조 제2항의 규정이 시행되기 이전에 발생한 이 사건 개발사업에 대한 개발부담금의 부과권은 예산회계법상의 소멸시효와 그 중단에 관한 규정이 적용되고, 5년의 소멸시효기간 내에 일단 1차 처분이 있었던 이상 그것이 추후 취소되었다고 하더라도 그에 의하여 소멸시효는 중단된 것이라고 할 것이므로, 원심의 판단은 그 결론에 있어 정당하고, 거기에 소멸시효와 그 중단에 관한 법리를 오해하여 판결 결과에 영향을 미친 위법이 있다고 할 수 없다. 이 점에 관한 상고이유도 받아들일 수 없다.

법 제10조 제2항 소정의 "처분가격이 제한된 경우"의 의미 등(대법원 1993.10.8. 선고 93누10996 판결)

[판시사항]

가. 구「개발이익 환수에 관한 법률 시행령」(1991.9.13. 대통령령 제13465호로 개정되기 전의 것) 제9조 제5항 제1호 내지 제4호에 해당하지 아니하는 경우에도 매입 가격을 소명하여 개발사업 착수 시점의 지가를 산정받을 수 있는지 여부

나. 같은법 시행규칙(1991.11.29. 건설부령 제495호로 개정되기 전의 것) 제4조의 법적성질 및 매입 가격의 입증이 가능한 최종시기

다. 같은법 시행령(1992.8.25. 대통령령 제13718호로 개정되기 전의 것) 제10조 제1항 제5호 소정의 "보상비"에 해당하는지 여부에 대한 결정방법

라. 같은 법 제10조 제2항 소정의 "처분가격이 제한된 경우"의 의미

➲ 판결 요지

가. 구「개발이익 환수에 관한 법률 시행령」(1991.9.13. 대통령령 제13465호로 개정되기 전의 것) 제9조 제5항은 같은 법(1993.6.11. 법률 제4563호로 개정되기 전의 것) 제10조 제3항 단서를 비롯한 모법에 위임 근거가 없어 무효이므로 개발사업 시행자는 위 시행령 제9조 제5항 제1호 내지 제4호의 경우에 해당하지 아니하는 경우에도 위 법 제10조 제3항 단서에 의하여 매입 가격을 소명하면 이를 기초로 개발사업 착수 시점의 개발부담금 부과대상토지의 지가를 산정받을 수 있다.

나. 같은법시행규칙(1991.11.29. 건설부령 제495호로 개정되기 전의 것) 제4조는 개발부

담금의 신속 정확한 부과 징수를 위한 행정편의를 도모하기 위하여 마련한 절차 규정으로서 단순한 행정규칙의 성격을 갖는 것이므로 개발사업 시행자가 위 시행규칙이 정한 신고 기간이 지나서 매입 가격을 신고하였다 할지라도 그 때문에 개발부담금 부과대상토지의 개발사업 착수 시점의 지가를 매입 가격을 적용하여 산출할 수 없게 되는 것은 아니고, 매입 가격의 입증은 개발부담금 부과 처분을 다투는 소송의 사실심 종결 때까지 할 수 있다.

다. 같은법시행령(1992.8.25. 대통령령 제13718호로 개정되기 전의 것) 제10조 제1항 제5호에 기타 경비의 하나로서 정하여진 "보상비"의 대상으로 열거되어 있는 건물·입목·영업권 등은 한정적이 아닌 예시적인 것으로 보아야 하며, 문제된 지출 비용이 그에 해당하는지 여부는 위 규정에서 열거된 건물·입목·영업권 등과 유사성이 인정되는지 여부에 의하여 정하여야 하고, 또한 위 시행령에서는 개정 후와는 달리 보상대상이 되는 건물·입목·영업권 등에 관하여 개발사업 구역 안의 것에 한정하지 아니하였으므로 당해 개발사업과 관련이 있는 한 반드시 개발사업 구역 안의 것에 한정되는 것은 아니다.

라. 같은 법 제10조 제2항은 개발부담금 부과대상토지를 분양 등 처분함에 있어서 관계 법령의 규정에 따라 처분가격이 제한된 경우에는 제1항의 규정에 불구하고 대통령령이 정하는 바에 의하여 그 처분가격을 개발사업 완료 시점의 부과대상토지의 가액으로 할 수 있다고 규정하고 있는바, 여기서 "처분가격이 제한된 경우"라 함은 행정관청의 승인에 의하여 분양가가 결정된 경우 등을 말한다.

개발부담금 부과 예정 통지에 관한 규정의 법적성질, 표준지의 선택 기준 등

(대법원 1998.12.8. 선고 97누6636 판결)

[판시사항]

(1) 「개발이익 환수에 관한 법률」 제14조 제2항 소정의 개발부담금 부과 예정 통지에 관한 규정의 법적성질(=훈시규정)

(2) 부과종료시점을 기준으로 하여 개발부담금 부과 처분이 있은 후 사업시행자가 원상복구를 하는 등의 사정변경이 있는 경우, 당초의 부과 처분이 위법하게 되는지 여부(소극)

(3) 개발부담금 부과대상토지의 부과종료시점지가 산정을 위한 표준지의 선택 기준

(4) 개발부담금 부과대상토지의 부과종료시점지가 산정을 위한 표준지의 선정에 위법이 있다고 본 사례

➲ 판결 요지

(1) 구 「개발이익 환수에 관한 법률」(1995.12.29. 법률 제5108호로 개정되기 전의 것) 제14조, 제15조, 같은법시행령(1995.7.6. 대통령령 제14721호로 개정되기 전의 것) 제13조 내지 제17조의2 등의 관련 규정과 개발부담금제도의 취지 등을 종합하여 보면, 구 「개발이익 환수에 관한 법률」 제14조 제2항의 개발부담금 부과 예정 통지에 관한 규정은 행정청에 대한 직무상 훈시규정이다.

(2) 개발부담금은 개발이 종료된 시점을 기준으로 부과하는 것이므로 부과종료시점을 기준으로 하여 개발부담금 부과 처분이 있은 뒤 사업시행자 등이 스스로 원상복구를 하는 등의 사정변경이 있었다고 하여 위 부과 처분이 무효가 되거나 위법하게 된다고 할 수 없다.

(3) 구 「개발이익 환수에 관한 법률」(1995.12.29. 법률 제5108호로 개정되기 전의 것) 제10조 제1항과 같은법시행령(1995.7.6. 대통령령 제14721호로 개정되기 전의 것) 제8조의2 제1항, 제2항의 규정에 따르면, 부과종료시점지가는 부과종료시점 당시의 부과대상토지와 이용 상황이 가장 유사한 표준지의 공시지가를 기준으로 지가공시및토지등의평가에관한법률 제10조 제2항의 규정에 의한 비교표에 의하여 산정한 가액으로 하고, 개별공시지가를 결정하기 위한 표준지로는 대상 토지의 이용 상황이 가장 유사한 표준지 즉, 용도지역, 지목, 토지용도(실제용도), 주위 환경, 위치, 기타 자연적·사회적 조건이 가장 유사한 인근 지역 소재 표준지를 선정하여야 한다.

(4) 개발부담금 부과대상토지와 그 부과종료시점지가 산정을 위한 표준지가 용도지역, 토지용도 및 주위 환경 등이 다르다는 이유로 표준지의 선정에 위법이 있다고 본 사례

➲ 이유

1. 상고이유를 판단하기에 앞서 원고 1의 주위적 청구에 관하여 직권으로 판단한다.

구 행정소송법(1994.7.27. 법률 제4770호로 개정되어 1998.3.1.부터 시행되기 전의 것) 제20조 제2항은 "행정심판을 제기하지 아니하거나 그 재결을 거치지 아니하는 사건에 대한 소는 처분이 있음을 안 날로부터 180일을, 처분이 있은 날로부터 1년을 경과하면 이를 제기하지 못한다. 다만, 정당한 사유가 있는 경우는 그러하지 아니하다."고 규정하고 있는바, 이 조항은 행정심판을 제기하지 아니하거나 그 재결을 거치지 아니하는 사건을 적용 대상으로 한 것으로서 이와 같이 행정심판전치주의에 대한 예외

사유에 해당하는 때에는 행정심판에 대한 재결서의 송달이란 있을 수 없으므로 그러한 때에는 정당한 사유가 있음을 증명하지 못하는 한 당해 취소소송의 대상인 처분이 있는 것을 안 날로부터 180일, 처분이 있은 날로부터 1년 이내에 취소소송을 제기하지 않으면 안 된다.(대법원 1991.6.28. 선고 90누6521 판결 참조)

기록에 의하면 원고 1은 1995.8.11.자 이 사건 처분을 그 무렵 고지받은 후 원고 2, 원고 3이 청구한 행정심판에 대하여 1996.2.27. 중앙토지수용위원회의 기각 재결이 있자 동종사건에 대하여 기각 재결이 있는 때에 해당한다는 이유로 행정심판을 제기함이 없이 위 원고들과 함께 같은 해 4.16. 이 사건 소를 제기하면서 주위적 청구로 이 사건 처분의 취소를 구하고 예비적 청구로 이 사건 처분의 무효확인을 구하고 있음을 알 수 있다. 그렇다면 원고 1은 이 사건 처분이 있음을 안 날로부터 180일이 훨씬 지나 이 사건 소를 제기하였으므로 위 원고의 소 중 주위적 청구는 부적법하여 각하할 것인데 원심은 이를 지나치고 본안에 관하여 판단하였으므로 파기를 면치 못한다. 다만 이 부분 사건은 이 법원이 직접 판결하기에 충분하므로 행정소송법 제8조 제2항, 민사소송법 제407조 제1호에 따라 자판하기로 하여 이를 각하하기로 한다.

2. 원고 1의 예비적 청구에 관한 상고이유 및 원고 2, 원고 3의 청구에 관한 상고이유를 판단한다. (상고이유서 제출 기간 후에 제출된 원고 1의 상고이유 참고 서면과 원고 1 대리인의 상고 이유보충서의 각 기재는 상고이유를 보충하는 범위 내에서 판단한다)

가. 원고 1 대리인 변호사 1과 원고 2, 원고 3 대리인 변호사 2의 각 상고이유 제1점에 대하여 구 「개발이익 환수에 관한 법률」(1995.12.29. 법률 제5108호로 개정되기 전의 것, 이하 법이라고 한다) 제14조, 제15조, 같은법시행령(1995.7.6. 대통령령 제14721호로 개정되기 전의 것) 제13조 내지 제17조의2 등의 관련 규정과 개발부담금제도의 취지 등을 종합하여 보면, 법 제14조 제2항의 개발부담금 부과 예정 통지에 관한 규정은 행정청에 대한 직무상 훈시규정이라고 할 것이다. 같은 취지의 원심 판단은 옳고 이 점에 관한 상고이유의 주장은 이유 없다.

나. 원고 1 대리인 변호사 1과 원고 2, 원고 3 대리인 변호사 2의 각 상고이유 제3점에 대하여 원심이 그 판결이유에서 개발부담금은 개발이 종료된 시점을 기준으로 부과하는 것이고 이 사건에서 개발부담금을 부과할 수 있는 시점은 건축물에 대한 사용검사일인 1994.12.7.인데 이때를 기준으로 하여 이 사건 부과 처분이 있은 뒤 사업시행자 등이 스스로 원상복구를 하는 등의 사정변경이 있었다고 하여 이 사건 부과 처분이 무효가 되거나 위법하게 된다고 할 수 없다는 취지로 판단한 것은 옳고, 거기

에 상고이유로 주장하는 개발부담금의 부과기준 및 시점에 관한 법리 오해, 개발이익의 존재 여부에 대한 심리미진 및 신의칙 위배 등의 위법이 없다.

다. 원고 2, 원고 3 대리인 변호사 2의 상고이유 제2점에 대하여

법 제10조 제1항과 법 시행령 제8조의2 제1항, 제2항의 규정에 따르면, 부과종료시점지가는 부과종료시점 당시의 부과대상토지와 이용 상황이 가장 유사한 표준지의 공시지가를 기준으로 지가공시및토지등의평가에관한법률 제10조 제2항의 규정에 의한 비교표에 의하여 산정한 가액으로 하고, 개별공시지가를 결정하기 위한 표준지로는 대상 토지의 이용 상황이 가장 유사한 표준지 즉, 용도지역, 지목, 토지용도(실제용도), 주위 환경, 위치, 기타 자연적·사회적 조건이 가장 유사한 인근 지역 소재 표준지를 선정하여야 한다.(대법원 1997.4.11. 선고 96누9096 판결, 대법원 1995.7.11. 선고 95누3442 판결 등 참조)

원심판결 이유에 의하면 원심은, 피고가 부과종료시점지가 산정의 기준이 된 이 사건 토지들의 1995년 개별공시지가(98,900원/㎡)를 결정하는 데 선정한 비교표준지인 안동시 (주소 1 생략) 대 460㎡(95,000원/㎡)에 관하여 인근의 다른 표준지와 비교하지 않은 채 위 표준지의 토지 특성이 이 사건 토지들과 비슷하므로 표준지 선정에 아무런 잘못이 없다고 판단하였다. 그러나 기록에 의하면, 위 표준지는 이 사건 토지들로부터 직선거리로 약 420m 떨어진 표준지로서 이 사건 토지들과는 용도지역(준도시지역, 이 사건 토지는 준농림지역), 토지용도(단독주택부지, 이 사건 토지는 공장용지)가 다를 뿐만 아니라 주위 환경도 이 사건 토지들은 국도에 인접한 농경지 사이에 있는 데 반하여 위 표준지는 국도에서 약 200m 떨어진 주거지역(마을) 안에 자리 잡고 있으므로 위 표준지가 이 사건 토지들 인근에 있는 표준지 중에서 이 사건 토지들과 이용 상황이 가장 유사하다고 단정하기 어렵다.

그렇다면 원심으로서는 이 사건 토지들 인근에 있는 표준지 중에서 그 이용 상황이 더욱 유사한 표준지가 있는지 여부를 심리하여 이 사건 토지들에 대한 1995년 개별공시지가 결정에 표준지 선정을 잘못하여 부과종료시점지가를 높게 결정한 위법이 있는지 여부를 판단하여야 하는데도 이에 이르지 아니한 채 이 사건 부과 처분이 적법하다고 판단하고 말았으니, 거기에는 개별공시지가 결정 시의 표준지 선정에 관한 법리 오해 또는 심리미진의 위법이 있다. 이 점을 지적하는 상고이유의 주장은 이유 있다.

라. 원고 1 대리인 변호사 1의 상고이유 제2점에 대하여

원심이 인근 표준지 중 어느 것이 이 사건 토지들과 비교하여 그 이용 상황이 더욱 유사한지 여부를 심리하여 이 사건 토지들에 대한 1995년 개별공시지가 결정에 표준지 선정을 잘못하여 부과종료시점지가를 높게 결정한 위법이 있는지 여부를 판단하여야 하는데도 이에 이르지 아니한 채 이 사건 부과 처분이 적법하다고 판단함으로써 개별공시지가 결정 시의 표준지 선정에 관한 법리 오해 또는 심리미진의 위법이 있음은 위에서 본 바와 같으나, 그러한 하자가 이 사건 부과 처분을 당연무효로 할 만큼 중대하고 객관적으로 명백하다고는 할 수 없다. 그리고 위 원고는 이 사건 토지들 중 자신의 소유 토지는 도로접면 조건이 맹지인 데도 토지 특성 조사가 잘못되어 그 개별공시지가가 비교표준지보다 높게 결정되었다는 취지의 주장을 하나 그러한 잘못이 있다 하더라도 이 사건 부과 처분이 당연무효라고 할 수도 없다. 이 점에 관한 상고이유는 받아들일 수 없다.

3. 그러므로 원심판결 중 원고 2, 원고 3에 대한 부분을 파기하고 그 부분 사건을 더 심리·판단하게 하기 위하여 원심법원에 환송하며, 원고 1의 주위적 청구 부분을 파기하고 그 부분의 소를 각하하고, 동 원고의 예비적 청구 부분에 관한 상고를 기각하며, 동 원고의 청구에 관한 소송의 총비용은 동 원고의 부담으로 하기로 관여 법관들의 의견이 일치되어 주문과 같이 판결한다.

마. 개발비용

순공사비, 개발비용 해당 여부(대법원 2000.6.9. 선고 98두15566 판결)

[판시사항]

(1) 공사원가와 제세공과금이 개발이익의 산정시 공제 대상이 되는 순공사비에 해당하기 위한 요건

(2) 한국토지공사가 택지개발사업을 시행하면서 수급업체에 공사대금을 지급한 경우, 그 공사대금 중 수급업체의 일반관리비와 이윤 등에 해당하는 부분을 제외한 나머지 공사원가만을 기초로 일반관리비를 계산하여 개발비용을 산정하여야 한다고 한 사례

(3) 한국토지공사가 택지개발사업을 시행하면서 지출한 조성부대비가 순공사비에 해당한다고 한 사례

➲ 판결 요지

(1) 구 「개발이익 환수에 관한 법률」(1993.6.11. 법률 제4563호로 개정되기 전의 것) 제11조 제1항 제1호 및 제3호와 같은법시행령(1993.8.12. 대통령령 제13956호로 개정되기 전의 것) 제10조 제1항 제1호 및 제4호, 구 「예산회계법 시행령」(1995.7.6. 대통령령 제14710호 「국가를 당사자로 하는 계약에 관한 법률 시행령」에 따라 개정되기 전의 것) 제78조, 구 계약사무처리규칙(1995.7.6. 총리령 제511호 국가를당사자로하는계약에관한법률 시행규칙 부칙 제3조 제1항으로 폐지) 제6조 및 제8조, 원가계산에 의한 예정가격 작성준칙(1993.4.6. 재무부 회계예규 2200.04-105-7) 제11조, 제13조, 제15조 또는 제18조 등의 관련 규정에 의하면, 개발이익의 산정에 있어 공제 대상이 되는 개발비용 중 순공사비는 예정가격 준칙상의 재료비(직접재료비 및 간접재료비 등)·노무비(직접노무비 및 간접노무비)·경비를 합한 이른바 공사원가와 제세공과금을 그 구성요소로 하는 한편 또 다른 개발비용의 항목인 일반관리비는 위와 같은 세 가지 항목의 공사원가를 그 산정 기초로 하는 것이나, 개발이익 자체가 개발사업을 통하여 얻게 되는 토지의 가치증진으로 인한 이득을 가리키는 것인 이상, 위와 같은 공사원가와 제세공과금은 그것이 당해 개발사업의 시행을 위하여 사업 대상 토지에 투입되어 그 편익 혹은 가치의 증가를 가져온 것으로 볼 수 있는 경우에만 순공사비로서 개발비용에 해당하고 아울러 그러한 공사원가라야 일반관리비의 산정 기초가 될 수 있다.

(2) 한국토지공사가 택지개발사업을 시행하면서 수급업체에 공사대금을 지급한 경우, 개발사업의 시행이 도급에 의하여 이루어진 경우에도 일반관리비는 순공사비 중 재료비와 노무비 및 경비라는 3개 항목의 공사원가만을 그 선출 기초로 하는 것이므로 그 공사대금 중 수급업체의 일반관리비와 이윤 등에 해당하는 부분을 제외한 나머지 공사원가만을 기초로 일반관리비를 계산하여 개발비용을 산정하여야 한다고 한 사례

(3) 한국토지공사가 택지개발사업을 시행하면서 지출한 조성부대비가 택지조성 등의 공사비를 주된 비용으로 하여 발생·지출되는 부대비용으로서 구체적으로 지급수수료, 여비, 교통비, 통신비, 광고 통신비 등을 가리키는 것이라면 이는 개발사업 자체에 투입되어 대상 토지의 가치증대를 가져온 원가계산에 의한 예정가격 준칙(1993.4.6. 재무부 회계예규 2200.04-105-7)상의 경비로서 순공사비에 해당한다고 한 사례

부과종료시점, 순공사비에 해당하기 위한 요건 등 (대법원 2002.1.22. 선고 99두8923 판결)

[판시사항]

(1) 토지만을 개발하는 개발사업에 있어서 개발부담금 부과종료시점
(2) 합동 개발 방식에 의하여 택지조성 사업을 할 경우, 그 택지가 분양 잔금 지급일 또는 착공신고일에 사실상 개발이 완료되었다고 볼 수 있는지 여부(소극)
(3) 공사원가가 개발이익의 산정시 공제 대상이 되는 개발비용 중 순공사비에 해당하기 위한 요건
(4) 개발사업자가 쓰레기를 사업대상토지 내의 다른 곳으로 옮겨 매립하였다가 그 후 이를 다시 사업대상토지 밖의 적법한 쓰레기매립장으로 반출한 경우, 당초부터 사업대상토지 밖의 적법한 쓰레기매립장으로 반출하는데 소요되었을 비용만큼을 순공사비로서 개발비용에 포함시켜야 한다고 한 사례

➲ 판결 요지

(1) 토지만을 개발하는 개발사업에 있어 준공인가 등을 받은 날 이전의 시점을 개발부담금 부과종료시점으로 보기 위하여는, 「개발이익 환수에 관한 법률」(1993.6.11. 법률 제4563호로 개정된 것) 제9조 제3항 제2호, 구 「개발이익 환수에 관한 법률 시행령」(1997.6.25. 대통령령 제15398호로 개정되기 전의 것) 제8조 제1항 제1호, 제2항 제1호, 제2호의 규정에 따라, 구 「소득세법시행령」(1994.12.31. 대통령령 제14467호로 전문 개정되기 전의 것) 제53조의 규정에 해당하게 된 날 또는 건축법 제16조의 규정에 의한 착공신고를 한 날 당시 당해 토지에 대하여 사실상 개발이 완료되어야 하고, 만일 그 당시까지 사실상 개발이 완료되지 아니한 경우에는 그 이후 사실상 개발이 완료된 날이 그 부과종료시점이 된다 할 것이며, 이러한 해석은 1993.6.11. 법률 제4563호로 개정되기 전의 「개발이익 환수에 관한 법률」 제9조 제3항 제2호 및 1993.8.12. 대통령령 제13956호로 개정되기 전의 같은법시행령 제8조 제1항 제1호의 해석에 있어서도 마찬가지이다.

(2) 택지조성을 완료한 후 타에 분양하는 방식과는 달리 합동 개발 방식에 의한 택지조성 사업에 있어서는 공사의 중복을 방지하고 주택건설 기간을 단축하기 위하여 택지조성이 완료되기 전에 미리 주택건설사업자 등에게 택지를 선공급하고, 그 후 택지조성사업자가 택지를 선공급 받은 주택건설사업자 등과 함께 택지조성 공사의 남은 부분을 수행하므로, 합동 개발 방식에 의하여 택지조성 사업을 할 경우에 있어서 택지조성사업자가 주택건설업자 등에게 장차 조성될 택지를 선공급하고 그

분양 잔금을 모두 지급받았거나, 주택건설업자 등이 건축공사에 착공하였다 하더라도, 특별한 사정이 없으면 이로써 곧 그 택지가 잔금 지급일 또는 착공신고일 당시에 사실상 개발이 완료되었다고 볼 수는 없다.

(3) 「개발이익 환수에 관한 법률」(1993.6.11. 법률 제4563호로 개정된 것) 제11조 제1항 제1호와 구 「개발이익 환수에 관한 법률 시행령」(1997.6.25. 대통령령 제15398호로 개정되기 전의 것) 제10조 제1항 제1호, 구 「예산회계법 시행령」(1995.7.6. 대통령령 제14710호로 개정되기 전의 것) 제78조, 구 계약사무처리규칙(1995.7.6. 총리령 제511호로 폐지되기 전의 것) 제6조 및 제8조, 원가계산에 의한 예정가격 작성 준칙 제13조, 제15조 또는 제18조 등의 관련 규정에 의하면, 개발이익의 산정에 있어 공제 대상이 되는 개발비용 중 순공사비는 위 준칙상의 재료비(직접재료비 및 간접재료비 등)·노무비(직접노무비 및 간접노무비)·경비를 합한 이른바 공사원가 등을 그 구성요소로 하지만, 개발이익 자체가 개발사업을 통하여 얻게 되는 토지의 가치증진으로 인한 이득을 가리키는 것이어서, 위와 같은 세 가지 항목의 공사원가라 하더라도 그것이 당해 개발사업의 시행을 위하여 사업 대상 토지에 투입되어 그 편익 혹은 가치의 증가를 가져온 것이라야 순공사비로서 개발비용에 해당될 수 있다.

(4) 개발사업자가 쓰레기를 사업대상토지 내의 다른 곳으로 옮겨 매립하였다가 그 부당성이 지적되자 그 후 이를 다시 사업대상토지 밖의 적법한 쓰레기매립장으로 반출한 경우, 당초부터 사업대상토지 밖의 적법한 쓰레기매립장으로 반출하는데 소요되었을 비용만큼을 순공사비로서 개발비용에 포함시켜야 한다고 한 사례

➲ 이유

1. 부과종료시점에 대하여

원심은, 토지만을 개발하는 사업시행자인 원고가 합동 개발 방식에 의하여 이 사건 부과대상토지 중 일부를 전체사업의 준공인가일 전에 실수요자·주택건설업자에게 분양하여 주택건설업자가 건축에 착수하거나 착공이 가능한 상태에서 분양 잔금이 청산되었다면 그 당시에 이미 택지조성에 필요한 기초공사는 마무리되었다고 봄이 상당하므로, 그 시점에서 납부의무자에 의하여 「개발이익 환수에 관한 법률」(1993.6.11. 법률 제4563호로 개정된 것, 이하 '법'이라 한다) 제9조 제3항 제2호, 구 개발이익 환수에 관한 법률 시행령(1997.6.25. 대통령령 제15398호로 개정되기 전의 것, 이하 '법 시행령'이라 한다) 제8조 제1항 제1호 소정의 '사실상 개발이 완료'된 것으로 보여지

고, 이와 같이 전체 사업의 준공인가일 전에 분양되거나 건축에 착수한 '사실상 개발이 완료'된 토지에 대해 그 후에 토지가격이 상승하더라도 이미 분양 등을 마친 원고에게 그 가격상승으로 인한 이익이 귀속되지 않는 점을 고려하여 볼 때 위 각 시점을 부과종료시점으로 보아 정상지가상승분을 산정한 이 사건 처분이 정당하다는 이유로, 부과종료시점에 관한 원고의 주장을 배척하였다.

그러나 토지만을 개발하는 개발사업에 있어 준공인가 등을 받은 날 이전의 시점을 부과종료시점으로 보기 위하여는, 법 제9조 제3항 제2호, 법 시행령 제8조 제1항 제1호, 제2항 제1호, 제2호의 규정에 따라, 구 「소득세법시행령」(1994.12.31. 대통령령 제14467호로 전문 개정되기 전의 것) 제53조의 규정에 해당하게 된 날 또는 건축법 제16조의 규정에 의한 착공신고를 한 날 당시 당해 토지에 대하여 사실상 개발이 완료되어야 하고, 만일 그 당시까지 사실상 개발이 완료되지 아니한 경우에는 그 이후 사실상 개발이 완료된 날이 그 부과종료시점이 된다 할 것이며(대법원 2000.6.23. 선고 97누19328 판결 참조), 이러한 해석은 1993.6.11. 법률 제4563호로 개정되기 전의 법 제9조 제3항 제2호 및 1993.8.12. 대통령령 제13956호로 개정되기 전의 법시행령 제8조 제1항 제1호의 해석에 있어서도 마찬가지라 할 것이다.

한편, 택지조성을 완료한 후 타에 분양하는 방식과는 달리 이 사건에 있어서와 같은 합동 개발 방식에 의한 택지조성 사업에 있어서는 공사의 중복을 방지하고 주택건설 기간을 단축하기 위하여 택지조성이 완료되기 전에 미리 주택건설사업자 등에게 택지를 선공급하고, 그 후 택지조성사업자가 택지를 선공급 받은 주택건설사업자 등과 함께 택지조성 공사의 남은 부분을 수행하므로, 합동 개발 방식에 의하여 택지조성 사업을 할 경우에 있어서 택지조성사업자가 주택건설업자 등에게 장차 조성될 택지를 선공급하고 그 분양 잔금을 모두 지급받았거나, 주택건설업자 등이 건축공사에 착공하였다 하더라도, 특별한 사정이 없으면 이로써 곧 그 택지가 잔금 지급일 또는 착공신고일 당시에 사실상 개발이 완료되었다고 볼 수는 없다.

그럼에도 불구하고, 원심은 합동 개발 방식에 의한 택지조성 사업에 있어서 주택건설업자 등의 잔금 지급일 또는 착공신고일 당시에 이미 당해 택지에 대하여 사실상 개발이 완료되었다고 단정한 나머지 이 사건 개발사업의 준공 인가 전의 어느 시점에 사실상 개발이 완료되었는지에 대하여 더 나아가 심리하지 아니한 채 그 판시와 같은 이유로 부과종료시점을 잔금 지급일 또는 착공신고일로 보고 말았으니, 이러한 원심의 조치에는 심리를 다하지 아니하였거나, 개발부담금의 부과종료시점에 관한 법리를 오해하여 판결 결과에 영향을 미친 위법이 있다. 상고이유 중 이 점을 지적하는 부분은 이유 있다.

2. 개발비용에 대하여

가. 법 제11조 제1항 제1호와 법 시행령 제10조 제1항 제1호, 구 「예산회계법 시행령」(1995.7.6. 대통령령 제14710호로 개정되기 전의 것) 제78조, 구 계약사무처리규칙(1995.7.6. 총리령 제511호로 폐지되기 전의 것) 제6조 및 제8조, 원가계산에 의한 예정가격 작성 준칙(이하 '예정가격 준칙'이라고 한다) 제13조, 제15조 또는 제18조 등의 관련 규정에 따르면, 개발이익의 산정에 있어 공제 대상이 되는 개발비용 중 순공사비는 예정가격 준칙상의 재료비(직접재료비 및 간접재료비 등)·노무비(직접노무비 및 간접노무비)·경비를 합한 이른바 공사원가 등을 그 구성요소로 하지만, 개발이익 자체가 개발사업을 통하여 얻게 되는 토지의 가치증진으로 인한 이득을 가리키는 것이어서, 위와 같은 세 가지 항목의 공사원가라 하더라도 그것이 당해 개발사업의 시행을 위하여 사업 대상 토지에 투입되어 그 편익 혹은 가치의 증가를 가져온 것이라야 순공사비로서 개발비용에 해당될 수 있다.(대법원 2000.6.9. 선고 98두15566 판결 참조)

이러한 법리와 기록에 비추어 보면, ① 이 사건 용지부대비가 사업 시행 대상 토지의 취득에 관련된 부수비용에 불과할 뿐 당해 대상 토지에 투입되어 그 편익 혹은 가치의 증가를 가져온 개발비용에 해당하지 아니하고, ② 원심이 받아들이지 아니한 간접비는 그 지급 대상을 원고의 본·지사에서 근무하는 관련 부서의 직원으로 하고 있는 점에서 작업 현장에서 보조작업에 종사하는 노무자나 종업원 및 현장감독자 등을 지급 대상으로 하는 예정가격 준칙상의 간접노무비와 성격을 달리하여 그러한 간접비를 법 시행령 제10조 제1항 제1호 소정의 노무비로서 순공사비에 해당한다고는 볼 수 없다는 취지의 원심 판단은 정당하고, 거기에 상고이유의 주장과 같은 법리오해 등의 위법이 없다.

나. 다음으로, 원고가 주장하는 쓰레기 처리비용에 관하여 보건대, 원심이 적법하게 인정한 사실에 의하면, 원고는 당초 사업대상토지 내에 있던 쓰레기를 손쉽게 처리하는 방법으로 사업대상토지 내의 다른 곳으로 옮겨 매립하였다가(1차 처리), 그 부당성이 지적되자 그 후 이를 다시 사업대상토지 밖의 적법한 쓰레기매립장으로 반출했다는 것이고(2차 처리), 원심은 그중 1차 처리비용만을 토공사비용으로 개발비용에 산입시킨 이 사건 처분이 적법하다고 판단하고 있는바, 원고가 지출한 1, 2차 처리비용 중 당초부터 사업대상토지 밖의 적법한 쓰레기매립장으로 반출하는데 소요되

었을 비용만큼은 순공사비로서 개발비용에 포함시켜야 할 것인데도, 원심은 그 비용을 심리함이 없이 1차 처리비용 상당액만을 개발비용에 산입한 이 사건 부과 처분이 적법하다고 하였으니, 이에는 심리를 다하지 아니한 위법이 있다 할 것이고, 이 점을 지적하는 상고이유의 주장은 정당하다.

상수도 본관인입공사비 및 시설 부담금이 개발비용에 해당하는지 여부 (대법원 1999.11.12. 선고 97누11850 판결)

[판시사항]

아파트지구 개발사업 시행자가 주택건설사업계획 승인 조건에 의하여 지방자치단체에 납부한 상수도 본관인입공사비 및 시설 부담금이 구 「개발이익 환수에 관한 법률」 제11조 제1항 제1호, 같은법시행령 제10조 제1항 제5호 후단 소정의 기타 경비인 개발비용에 해당하는지 여부(한정 적극)

판결 요지

지방자치단체가 아파트지구 개발사업 시행자에 대하여 아파트 건설사업 계획을 승인하여 주면서 상수도 본관 분기점으로부터 상수도 본관인입공사에 따른 공사비를 납부하도록 하는 것을 그 승인조건으로 함에 따라 사업시행자가 그 공사비와 시설부담금을 납부한 경우, 구 「주택건설촉진법」(1999.2.8. 법률 제5908호로 개정되기 전의 것) 제36조 제1항 제1호, 같은법시행령 제35조 제1항, 제4항 [별표 6] 제2호의 각 규정에 따르면 100호 이상 집단으로 건설하는 주택 단지 밖의 기간이 되는 상·하수도시설로부터 동 단지 경계선까지의 시설 중 그 길이가 200m를 초과하는 부분의 상·하수도 공사는 그 설치 의무자 및 비용 부담자가 지방자치단체이므로 사업시행자가 지방자치단체에게 납부한 상수도 공사비 및 시설 부담금이 아파트 단지 경계선에서 200m를 초과하는 부분에 대한 상수도 본관인입공사 등에 소요된 비용으로서 원래 지방자치단체에게 설치 및 비용 부담의 의무가 있는 것이라면 그 상수도 본관인입공사비 등은 개발사업인 주택건설사업계획 승인 조건에 의하여 납부한 것으로서 구 「개발이익 환수에 관한 법률」(1995.12.29. 법률 제5108호로 개정되기 전의 것) 제11조 제1항 제1호, 같은법시행령 제10조 제1항 제5호 후단에 규정하는 기타 경비인 개발비용에 해당한다고 보아야 한다.

지하수 관정 시설 설치 공사의 개발비용 인정 여부 (대법원 2022.5.26. 선고 2022두32900 판결)

[판시사항]

(1) 구 「개발이익 환수에 관한 법률」상 개발이익에서 공제되는 개발비용의 의미
(2) 행정청의 공적 관리 방법에 따른 규제의 범위에 속하는 지하수개발·이용권이 토지소유권의 범위에 속하는지 여부(소극)

➲ 이유

1. 사건의 개요와 원심 판단

가. 사건의 개요

1) 원고는 2015.3.경 지하수 관정 시설 등의 기부채납을 조건으로 서귀포시 ㅇㅇ동 소재 토지들에 대한 지하수개발·이용 허가 및 숙박시설을 신축하는 개발사업(이하 '이 사건 개발사업'이라 한다)을 위한 건축허가를 받았는데, 위 지하수개발·이용 허가는 구 「제주특별자치도 설치 및 국제자유도시 조성을 위한 특별법」(2015.7.24. 법률 제13426호로 전부 개정되기 전의 것) 제312조 제1항에 의한 것이다.

2) 원고는 위 숙박시설의 신축을 완료하고 2017.10.20. 지하수 관정 시설의 기부채납을 조건으로 사용승인을 받았다.

3) 위 토지들은 합병과 등록전환 등을 거쳐 이 사건 토지가 되었다.

4) 피고는 2018.10.11. 원고에 대하여 구 「개발이익 환수에 관한 법률」(2020.2.18. 법률 제17007호로 개정되기 전의 것, 이하 '구 개발이익환수법'이라 한다) 제8조에 따라 개발부담금 부과 처분을 내렸다가 2019.2.1. 부과 금액을 직권 감액하였는데, 원고가 들인 지하수 관정 시설 설치비용을 개발비용으로 인정하지 않았다.

5) 한편 원고가 지하수 관정 시설의 기부채납 조건을 이행하지 않자, 피고는 2021.3.4. 원고에 대한 지하수개발·이용 허가를 취소하였다.

나. 원심은, 지하수 관정 시설 설치 공사가 이 사건 토지의 이용에 필요한 용수를 확보하기 위하여 이 사건 개발사업의 시행과 관련하여 이루어진 것으로 이 사건 토지의 객관적인 편익 및 가치의 증가를 가져오는 것이라는 전제하에 원고가 들인 지하수 관정 시설 설치비용은 개발비용에 관하여 규정한 구 개발이익환수법 제11조 제1항 제1호의 '순공사비'에 해당하여 개발이익에서 공제되어야 하고, 지하수 관정 시설 설

치 공사와 관련된 설계비 및 일반관리비 역시 마찬가지라고 판단하였다.

2. 대법원의 판단

가. 구 개발이익환수법 제1조는 '토지에서 발생하는 개발이익을 환수하여 이를 적정하게 배분하여서 토지에 대한 투기를 방지하고 토지의 효율적인 이용을 촉진하여 국민경제의 건전한 발전에 이바지하는 것'을 개발이익환수법의 목적으로 규정하고 있고, 같은 법 제2조 제1호는 개발이익을 '개발사업의 시행이나 토지이용계획의 변경, 그 밖에 사회적·경제적 요인에 따라 정상지가상승분을 초과하여 개발사업을 시행하는 자나 토지소유자에게 귀속되는 토지 가액의 증가분'이라고 정의하고 있으며, 같은 법 제8조에 의하면, 개발부담금은 부과종료시점의 부과대상토지의 가액에서 부과개시시점의 부과대상토지의 가액, 부과기간의 정상지가상승분, 개발비용을 뺀 금액을 기준으로 부과하도록 되어 있는데, 같은 법 제11조 제1항은 "개발사업의 시행과 관련하여 지출된 비용(이하 '개발비용'이라 한다)은 다음 각호의 금액을 합하여 산출한다."라고 규정하면서, 제1호에서 '순공사비, 조사비, 설계비 및 일반관리비'를 들고 있다.

이와 같은 구 개발이익환수법의 입법목적과 개발이익의 정의, 개발부담금의 부과기준 등에 비추어 볼 때, 개발이익에서 공제되는 개발비용이란 개발사업의 시행과 관련하여 지출한 비용으로서 토지 자체의 객관적인 가치의 증가에 기여한 것을 말한다.

나. 자연히 용출하는 지하수나 동력장치를 사용하지 아니한 가정용 우물 또는 공동우물 및 기타 경미한 개발·이용 등 공공의 이해에 직접 영향을 미치지 아니하는 범위에 속하는 지하수의 이용은 토지소유권에 기한 것으로서 토지소유권에 부수하여 인정되는 권리로 보아야 할 것이지만, 그 범위를 넘어선 지하수 개발·이용은 토지소유권에 부수되는 것이 아니라 지하수의 공적 수자원으로서의 성질과 기능 등을 고려하여 행정청의 허가·감시·감독·이용 제한·공동이용 명령·허가취소 등 공적 관리 방법에 따른 규제를 받게 하고 있다. 이러한 규제의 범위에 속하는 지하수개발·이용권은 토지소유권의 범위에 속하지 않는다. (대법원 2001.10.23. 선고 99두7470 판결 등 참조)

다. 원고가 지하수 관정 시설을 설치하여 보유하는 지하수개발·이용권은 이 사건 토지의 소유권과는 별개의 경제적 가치를 가진다. 또한 원고가 설치한 지하수 관정은 이 사건 토지상에서 숙박업을 영위하는 데 필요한 음용수를 얻기 위한 목적의 시설이고, 이 사건 개발사업의 일부인 숙박시설 건축허가 조건으로 기부채납이 예정되어 있었다. 이에 따라 이 사건 토지에 관한 종료시점지가를 산정함에 있어 지하수 관정 시설이 설치되어 있는 사정이 반영되지도 않았다.

위 사정을 종합하면, 원고가 지하수 관정 시설을 설치하는 데에 들인 비용은 이 사건 토지 자체의 객관적인 가치의 증가에 기여한 비용에 포함되지 않는다.

라. 그런데도 원심은, 지하수 관정 시설 설치비용이 개발이익에서 공제되어야 한다고 판단하였다. 이러한 원심 판단에는 구 「개발이익환수법」 제11조 소정의 개발비용에 관한 법리를 오해하여 판결 결과에 영향을 미친 잘못이 있다. 이 점을 지적하는 취지의 상고이유 주장은 이유 있다.

부과종료시점 및 진입로 부지의 매수 비용이 개발비용에 해당하는지 여부(소극)

(대법원 2017.3.9. 선고 2015두929 판결)

[판시사항]

(1) 개발부담금에 의한 환수의 대상이 되는 개발이익을 확정하는 기준 시점(=부과종료시점)
(2) 개발사업 구역 밖의 진입로 부지의 매수 비용이 개발부담금 산정 시 공제되는 개발비용에 해당하는지 여부(소극)

➲ 이유

1. 상고이유 제1점에 대하여

구 「개발이익 환수에 관한 법률」(2011.5.19. 법률 제10662호로 개정되기 전의 것, 이하 '구 개발이익환수법'이라 한다) 제1조, 제2조 제1호, 제3조, 제8조, 제9조, 제10조의 각 규정에 비추어 보면, 개발부담금에 의한 환수의 대상이 되는 개발이익은 개발사업의 시행 기타 사회·경제적 요인에 의하여 개발부담금의 부과대상사업이 시행되는 지역에서 개발사업이 시행되는 기간 동안에 발생하는 토지 가액의 증가분이라고 할 것이므로, 이는 개발사업의 완료 시점 즉 부과종료시점에서 확정된다고 볼 것이지 부과종료시점 이후 개발사업의 시행자 또는 토지소유자가 개발된 토지를 현실적으로 처분할 때 확정되는 것으로 볼 것은 아니라고 할 것이다.(대법원 2000.5.26. 선고 98두6692 판결 참조) 따라서 부과종료시점 이후에 상고이유에서 적시하는 바와 같은 사유로 토지의 가격이 하락한다고 하더라도 이는 개발부담금에 의한 환수의 대상이 되는 개발이익과는 무관한 것이다.

원심은, 이 사건 개발사업이 개발부담금 부과대상인 구개발이익환수법 제5조 제1항 제9호의 '지목변경이 수반되는 개발사업'인 점은 당사자 사이에 다툼이 없고, 원고가 인천 중구 (주소 1 생략) 유원지 1,331㎡(이하 '이 사건 토지'라 한다)에 신축한 건축물에 관하여 2010.3.12. 인천광역시 경제자유구역청장으로부터 사용승인을 받은 사실, 피고가 위 사용승인 당시 이 사건 토지와 이용 상황이 가장 비슷한 표준지인 (주소 2 생략) 토지의 공시지가를 기준으로 위 법 제10조 제1항이 정한 대로 이 사건 토지의 종료시점지가를 산정한 사실을 인정할 수 있으므로, 피고의 이 사건 토지에 관한 종료시점지가의 산정은 법 규정에 따른 것으로 적법하다고 판단하였다.

원심판결 이유를 적법하게 채택된 증거들에 비추어 살펴보면, 위와 같은 원심의 판단에 상고이유 주장과 같이 개발부담금 부과를 위한 종료시점지가의 산정에 관한 법리를 오해하여 판결에 영향을 미친 잘못이 없다.

2. 상고이유 제2점에 대하여

가. 개발비용 산정에 관한 법령의 규정

구 개발이익환수법 제11조에 의하면, 개발비용은 개발사업의 시행과 관련하여 지출된 '순공사비(제세공과금을 포함한다)·조사비·설계비·일반관리비 및 기타 경비' (제1호), '관계 법령의 규정 또는 인가 등의 조건에 의하여 납부의무자가 공공시설 또는 토지 등을 국가 또는 지방자치단체에 제공하거나 기부한 경우에는 그 가액' (제2호), '당해 토지의 개량비'(제3호)를 합하여 산출하고(제1항), 위 각호에 따른 개발비용의 산정기준은 대통령령으로 정하도록 위임하고 있다.(제2항)

그 위임에 따른 구 「개발이익 환수에 관한 법률 시행령」(2010.9.20. 대통령령 제22395호로 개정되기 전의 것, 이하 '구개발이익환수법 시행령'이라 한다) 제12조 제1항은 개발비용의 산정기준에 관하여, ① '순공사비'는 당해 개발사업을 위하여 지출한 재료비·노무비·경비·제세공과금의 합계액으로(제1호), ② '일반관리비'는 당해 개발사업과 관련하여 관리 활동 부문에서 발생한 제비용의 합계액으로(제4호), ③ '기타 경비'는 토지 가액에 포함되지 아니한 개발사업 구역의 건물·입목·영업권 등에 대한 보상비와 다른 법령의 규정이나 개발사업에 대한 인가 조건 등에 따라 국가·지방자치단체에 납부한 부담금의 합계액(제5호)으로, ④ '관계 법령의 규정 또는 인가 등의 조건에 의하여 납부의무자가 국가 또는 지방자치단체에 기부하는 공공시설 또는 토지 등의 가액'에 관하여, '공공시설'의 가액은 토지의 가액에 그 시설의 조성원가를 합산한 가액으로, '토지'의 가액은 개시시점지가에 부과기간의 정상지가상승분을 합한 가액으로(제6호), ⑤ '개량비'는 개발사업의 착수 전에 부과대상토지의 개량을 위하여 지출한 비용으로서 개시시점지가에 반영되지 아니한 비용으로(제7호) 각 정하고 있다.

나. 원심 판시 진입로 개설 비용 및 보험료 관련 비용에 관하여

(1) 원심은 그 판시와 같은 사실을 인정한 다음, 개발부담금 부과대상토지의 소유자가 그의 비용으로 당해 개발사업 구역 밖에 위치한 진입로를 개설하여 개발부담금 부과대상토지의 지가 상승에 기여한 경우, 부과대상토지의 개발이익을 산정함에 있어서는 그 진입로 개설 비용을 개발비용으로 보아 이를 공제하여야 함을 전제로 원고가 시행한 진입로 부지에 대한 성토 및 도로개설 공사비는 순공사비의 개발비용(구개발이익환수법 시행령 제12조 제1항 제1호)으로서 구개발이익환수법 시행령 제12조에 따라 산정된 범위 내에서 개발비용에 해당한다고 판단하였다. 또한 원심은 원고가 납부한 산재보험료 및 고용보험료 중 이 사건 토지의 부지조성 및 지목변경을 위한 공사와 관련된 부분 역시 순공사비의 개발비용(구 개발이익환수법 시행령 제12조 제1항 제1호) 으로서 구개발이익환수법 시행령 제12조에 따라 산정된 범위 내에서 개발비용에 해당한다고 판단하였다.

(2) 이 부분 상고이유 주장은 원고가 개발비용으로 주장하는 진입로 개설 비용 및 보험료 중 원심이 인정하지 않은 나머지 금액을 개발비용으로 인정하여 달라는 취지로서, 이는 원심 판단의 기초가 된 사실인정을 다투는 취지이고 실질적으로 사실심 법원의 자유심증에 속하는 증거의 취사선택과 증거가치의 판단을 탓하는 것에 불과하며, 원심판결 이유를 위 법리와 원심 판시 관련 법리 및 적법하게 채택된 증거들에 비추어 살펴보아도 원심의 판단에 상고이유 주장과 같이 논리와 경험의 법칙에 반하여 자유심증주의의 한계를 벗어난 위법이 없다.

다. 원심 판시 이 사건 토지 지상 건물 건축비용 및 이 사건 토지 매수 비용에 관하여

(1) 원심은, 지목변경이 수반되는 개발사업에 대한 개발부담금을 산정함에 있어 개발비용이라 함은 부지조성 내지 지목변경을 위하여 투입된 비용으로서 토지 자체의 객관적인 가치의 증가에 기여한 것을 의미하므로, 이 사건 토지의 지목변경에 연속하여 이루어진 지상 건물의 건축비용은 개발비용에 해당하지 아니함이 명백하다고 하여 이 사건 토지 지상 건물 건축비용과 이 사건 토지 매수 비용이 개발비용에 해당한다는 원고의 주장을 배척하였고, 같은 취지에서 개발사업 대상 토지인 이 사건 토지의 매수 비용을 개발비용으로 인정하지 아니하였다.

(2) 원심판결 이유를 관련 법리와 적법하게 채택된 증거들에 비추어 살펴보면, 원심의 판단에 상고이유 주장과 같이 개발이익 및 개발비용에 관한 법리를 오해하여 판결에 영향을 미친 잘못이 없다.

라. 원심 판시 진입로 부지매입 관련 비용에 관하여

(1) 원심은, 개발부담금 부과에서 공제되는 개발비용은 구개발이익환수법 제11조 제1항의 각호에서 정한 종류의 비용으로 한정되고, 그러한 종류의 비용이라 하더라도 구개발이익환수법 시행령 제12조 제1항에서 정한 개발비용의 산정기준에 부합하지 아니하는 경우에는 개발비용으로 인정될 수 없으므로, 개발사업 구역 밖에 위치한 진입로의 부지매입비 및 부지매입과 관련된 비용은 개발비용에 해당하지 아니함을 전제로, 이 사건 개발사업 구역 밖에 위치한 진입로 부지 매입비 및 관련 비용들은 모두 개발비용에 해당하지 아니한다고 판단하였다.

(2) 구개발이익환수법 제11조 제1항 및 구개발이익환수법 시행령 제12조 제1항의 규정의 문언·체제·취지 등에 더하여, ① 개발사업 구역 밖의 진입로 개설을 위하여 부지 매입비용을 지출하였다고 하더라도 그 대가로 진입로 부지의 소유권을 취득하였으므로, 부지 매입비용을 오로지 개발 대상 토지의 가치를 증가시키기 위하여 지출된 비용으로 보기 어려운 점, ② 구개발이익환수법 제11조 제1항 제1호, 구개발이익환수법 시행령 제12조 제1항 제5호는 개발비용으로 인정되는 '기타 비용' 중 보상비의 보상 대상을 개발사업 구역 안의 것으로 한정하여 규정하고 있으므로 개발사업 구역 밖의 부지매입비는 위 보상비에 해당하지 아니하고, 구개발이익환수법 제11조 제1항 제3호의 개량비에도 해당하지 아니하는 점, ③ 원고가 진입로를 개설하여 국가 또는 지방자치단체에 제공했다거나 기부했다고 볼 수 없으므로 구개발이익환수법 제11조 제1항 제2호가 적용될 수 없는 점 등을 종합하면, 개발사업 구역 밖의 진입로 부지의 매수 비용은 개발부담금 산정 시 공제되는 개발비용으로 볼 수 없다.

원심이 같은 취지에서 이 사건 개발사업 구역 밖에 위치한 진입로 부지 매입비 및 관련 비용들은 모두 개발비용에 해당하지 아니한다고 판단한 것은 정당하고, 거기에 상고이유 주장과 같이 개발비용 공제에 관한 법리를 오해하여 판결에 영향을 미친 잘못이 없다.

진입로 개설 비용을 개발비용으로 공제할 것인지 여부(대법원 1995.3.14. 선고 94누4981 판결)

[판시사항]

개발사업 구역 내에 있는 타인 소유의 토지에 진입로를 개설하여 부과대상토지의 편익이 증진된 경우, 그 진입로 개설 비용을 개발비용으로 공제할 것인지 여부

➲ 판결 요지

개발부담금 산정의 기초가 되는 개발이익이란 것은 결국 개발사업을 통하여 얻게 되는 토지의 가치증진으로 인한 이득이어서 개발 대상이 되는 토지의 편익을 증진시키기 위하여 지출된 비용은 가능한 한 개발비용으로 인정하도록 하여야 하므로, 개발부담금 부과대상토지의 소유자가 그의 비용으로 당해 개발사업 구역 내에 있는 타인 소유의 토지에 진입로를 개설하고 이로 인하여 자기 소유 토지의 편익이 증진되었다면, 부과대상토지의 개발이익을 산정함에 있어서는, 그 진입로 개설 비용을 개발비용으로 보아 이를 공제하여야 한다.

➲ 이유

1. 상고이유 제1점을 본다.

원심판결 이유에 의하면, 원심은 원고가 원고 소유의 2필지와 타인 소유의 7 필지 등 9필지의 토지에 대하여 토지형질 변경 허가를 받아 그 공사를 완료하게 되자 이에 피고가 위 9필지 전체에 발생한 개발이익이 원고에게 귀속된 것으로 보고 원고에게 위 9필지에 관한 개발부담금 37,512,220원을 부과한 사실을 인정한 다음, 원고에게 실질적으로 귀속된 개발이익은 원고 소유의 2필지에 발생한 개발이익뿐이므로, 피고가 위 9필지 전체에 발생한 개발이익이 모두 원고에게 귀속되었음을 전제로 하여 원고에게 한 이 사건 개발부담금 부과 처분은 위법하다고 할 것이나, 원고 소유 2필지의 완료 시점 지가에서 착수 시점 지가와 정상지가상승분 및 원고 소유 2필지에 지출된 개발비용만을 순차로 공제하는 방법에 의하여 원고 소유 2필지에 대한 정당한 개발부담금의 액수를 산정하면 이것이 이 사건 부과 처분상의 개 발부담금액보다 많으므로, 이 사건 개발부담금 부과 처분의 취소를 구하는 원고의 청구는 이유 없다고 판단하였다.

살피건대, 개발부담금 산정의 기초가 되는 개발이익이란 것은 결국 개발사업을 통하여 얻게 되는 토지의 가치증진으로 인한 이득이라 할 것이어서 개발 대상이 되는

토지의 편익을 증진시키기 위하여 지출된 비용은 가능한 한 개발비용으로 인정하도록 하여야 할 것이므로(당원 1993.10.8. 선고 93누10996 판결 참조), 개발부담금 부과대상토지의 소유자가 그의 비용으로 당해 개발사업 구역 내에 있는 타인 소유의 토지에 진입로를 개설하고 이로 인하여 자기 소유 토지의 편익이 증진되었다면, 부과대상토지의 개발이익을 산정함에 있어서는, 그 진입로 개설 비용을 개발비용으로 보아 이를 공제하여야 할 것이다.

이 사건의 경우, 기록에 의하면, 원고가 자기의 비용으로 이 사건 개발사업 구역 내에 있는 타인 소유의 7필지에 진입로를 개설하고 이로 인하여 원고 소유의 2필지의 토지의 편익을 증진시키게 되었음을 알 수 있으므로, 원고 소유의 2필지에 대한 정당한 개발부담금을 산정함에 있어서는, 원고가 그 소유의 2필지에 지출한 비용뿐만 아니라 타인 소유의 위 7필지에 지출한 진입로 개설 비용도 개발비용으로 보아야 할 것이다. 그럼에도 불구하고, 원심이 원고가 타인 소유의 위 7필지에 지출한 진입로 개설 비용을 개발비용으로 보지 아니하였음은 개발이익을 산정함에 있어서 공제하여야 할 개발비용에 관한 법리를 오해한 것이라 할 것이다.

다만, 기록에 따라, 원고가 위 7필지에 지출한 비용이라고 주장하는 금액을 모두 공제하는 방법으로 산정한 개발이익을 기초로 하여 원고 소유의 2필지에 대한 정당한 개발부담금의 액수를 산정하여 보면, 그 정당한 금액이 이 사건 부과 처분상의 금액보다 많은 것임을 알 수 있으므로, 결국, 이 사건 개발부담금 부과 처분의 취소를 구하는 원고의 청구를 받아들이지 아니한 원심판결은 결과적으로 정당하다 할 것이다. 논지는 이유 없다.

2. 상고이유 제2점을 본다.

소론은 원고가 타인 소유의 위 7필지에 지출한 비용이 원고 소유 2필지에 대한 개발비용으로 공제될 수 없음을 전제로 하여 원심판결에 원고 소유 2필지에 지출된 개발비용의 수액에 대한 심리를 다하지 아니한 위법 등이 있다는 것인바, 타인 소유의 위 7필지에 지출된 비용 또한 원고 소유 2필지에 대한 개발비용으로 보아야 한다는 점에 대해 위에서 본 바와 같으므로, 위 주장의 당부에 대하여 더 나아가 살펴볼 필요 없이 받아들일 수 없다고 할 것이다. 논지도 이유 없다.

기부채납토지의 개발비용 계산 방법(대법원 1997.10.10. 선고 95누2968 판결)

[판시사항]

택지개발사업 중 「개발이익 환수에 관한 법률」 시행 전 일부 토지에 대한 개발사업이 완료되고 위 법률 시행 후 나머지 토지의 개발사업이 완료되어 그 중 일부를 기부채납한 경우, 위 법률 시행 이후에 개발 완료된 나머지 토지의 개발이익 산정 방법(=기부채납토지의 개발비용 전액 공제)

판결 요지

토지개발 공사가 택지개발사업 계획 승인을 받아 전체 토지에 대한 택지개발사업에 착수한 후 먼저 일부 토지(제1토지)를 택지로 개발 완료하여 타에 처분하고 그 후 나머지 토지를 택지로 개발 완료하여 그 중이 일부(제2토지)를 타에 처분하고 나머지(제3토지)를 공공용지로 국가 등에 기부채납하고, 지방자치단체장이 구 「개발이익 환수에 관한 법률」(1989.12.30. 법률 제4175호로 제정된 것)의 시행일(1990.1.1.) 이후에 개발 완료된 제2토지를 부과대상토지로 보고 위 공사에게 개발부담금을 결정·부과한 경우, 그 개발이익을 산정함에 있어, 당해 제1, 2토지의 완료 시점 지가에서 제1, 2토지의 착수 시점 지가와 개발비용 및 정상지가상승분을 공제함은 물론 공공용지로 국가 등에 기부채납된 제3토지의 개발비용(공사비+토지 가액)도 이를 전액 공제하여 제1, 2토지의 전체 사업 기간분 개발이익을 산출한 다음, 제1토지와 제2토지의 완료 시점 지가 비율 등 합리적인 안분 방식에 의하여 부과대상이 되는 제2토지의 전체 사업시행기간분 개발이익만을 안분 산출하고, 이어서 전체 사업 시행 기간과 위 법률(제4175호)의 실제 적용 시기인 1990.3.2. 이후의 사업 시행 기간의 비율에 의하여 부과대상 제2토지의 부과대상사업시행기간분 개발이익을 안분 산출하여야 한다.

기부채납토지의 가액 산정의 위헌 여부(대법원 1997.7.8. 선고 97누3613 판결)

[판시사항]

개발비용으로서의 기부채납토지의 가액을 개발사업 착수 시점 지가에 개발사업 시행 기간 중의 정상지가상승분을 합한 가액으로 하도록 규정한 구 개발이익 환수에 관한 법률 시행령 제10조 제1항 제6호 단서의 위헌·무효 여부(소극)

판결 요지

개발비용으로서의 기부채납토지의 가액을 개발사업 착수 시점 지가에 개발사업

시행 기간 중의 정상지가상승분을 합한 가액으로 하도록 규정한 구 「개발이익 환수에 관한 법률 시행령」(1993.8.12. 대통령령 제13956호로 개정되기 전의 것) 제10조 제1항 제6호 단서의 규정은 같은 법(1993.6.11. 법률 제4563호로 개정되기 전의 것) 제8조 제3호, 제11조 제1항 제2호, 제2항의 규정의 위임에 의하여 규정된 것으로서 기부한 토지 가액을 그 토지에서 발생하는 개발이익을 반영하지 아니한 가액으로 산정하도록 한 것인데, 기부한 토지가 개발이익 산정의 부과 항목인 개발사업 완료 시점 지가의 산출 및 공제 항목인 개발사업 착수 시점 지가의 산출에 각 포함되지 아니하는 것이지만 인가 등의 조건에 의하여 국가 등에게 이를 무상으로 기부하여야 하기 때문에 개발사업의 시행을 위하여 지출하는 공사비 등의 비용과 다를 바 없어 그 가액을 공제 항목으로 정한 것이라는 점과 기부한 토지에서 발생하는 개발이익은 사업시행자에게 귀속되는 것이 아니라 기부받은 지방자치단체에 귀속되는 것이어서 개발부담금 부과대상이 아니라는 점에 비추어 볼 때, 이는 위 모법의 규정들 및 그 취지에 부합하는 것이라 할 것이고 그것이 헌법상 재산권 보장의 원칙을 침해하는 것이라고 볼 수도 없다.

보상비 개발비용 인정 여부(대법원 1998.2.13. 선고 96누17912 판결)

[판시사항]

(1) 구 「개발이익 환수에 관한 법률 시행령」 제10조 제1항 제5호 소정의 '보상비'에 해당하는지 여부에 대한 결정방법

(2) 당사자가 다른 법령의 규정이나 개발사업에 대한 인가 조건 등에 의하여 납부한 것이 아니라 임의로 기부한 금원으로서 개발 대상 토지의 가치를 증진시키기 위하여 지출된 비용에 해당하지 아니하는 경우, 기타 경비의 하나인 '부담금'에 해당하는지 여부(소극)

(3) 아파트건축사업 시행 중 집중호우로 사업 구역 내에 있는 토사가 붕괴되어 인근 주민들에게 피해를 입힌 경우, 사업시행자가 관할 지방자치단체장에게 피해 주민들에 대한 조위금조로 기탁한 출연금이 개발비용으로서 공제되어야 하는지 여부(소극)

판결 요지

(1) 개발부담금 산정의 기초가 되는 개발이익이란 개발사업을 통하여 얻게 되는 토지의 가치증진으로 인한 이득을 말하므로 개발 대상이 되는 토지의 편익을 증가시킴으로써 토지의 가치를 증진시키기 위하여 지출된 비용은 가능한 한 개발비용으로서 인정하도록 하여야 하고, 이러한 취지에 비추어 보면, 「개발이익 환수에 관한 법

률 시행령」(1992.8.25. 대통령령 제13718호로 개정되기 전후의 것) 규정에 기타 경비의 하나로서 정하여진 '보상비'의 대상으로 열거되어 있는 건물·입목·영업권 등은 한정적으로 열거된 것으로는 볼 수 없고, 예시적으로 열거된 것으로 보아야 하며, 문제된 지출 비용이 그에 해당하는지의 여부는 위 개발이익 산출의 취지에 비추어 위 규정에서 열거된 건물·입목·영업권 등과 유사성이 인정되는지 여부에 의하여 정하여야 하고, 또한 보상 대상이 되는 건물·입목·영업권 등에 관하여 당해 기탁금의 지출 당시에 적용되던 위 개정 전의 시행령 제10조 제1항 제5호에서는 개발사업 구역 안의 것에 한정하지는 아니하였으므로 위 시행령 조항이 위와 같이 개정된 후와는 달리 당해 개발사업과 관련이 있는 한 반드시 개발사업 구역 안의 것에 한정되는 것은 아니라고 보아야 한다.

(2) 당사자가 다른 법령의 규정이나 개발사업에 대한 인가의 조건 등에 의하여 납부한 것이 아니라 임의로 기부한 금원으로서 개발 대상 토지의 가치를 증진시키기 위하여 지출된 비용에 해당하지 아니하는 경우에는 기타 경비의 하나인 '부담금'에 해당한다고 할 수 없다.

(3) 아파트 건설사업 시행자가 아파트 건설사업의 시행 중 집중호우로 사업 구역 내에 있는 토사가 붕괴되어 인근 가옥을 덮치는 바람에 가옥파손, 인명 사상 등의 피해가 발생하여 피해 주민들이 당해 사업의 시행으로 인한 산사태임을 주장하면서 피해보상과 공사중단을 요구하는 등 집단민원을 제기하자, 위 사업시행자가 피해 주민들에 대한 조위금 및 위로금 조로 지방자치단체장에게 기탁금을 출연한 경우, 위 기탁금은 지방자치단체장을 통하여 피해 주민들에게 지급한 손해배상금이거나 수재의연금 형식으로 위 단체장에게 기탁한 출연금이라 봄이 상당하고, 당해 개발부담금 산정시 공제되어야 할 위 시행령 소정의 개발비용에 해당하지 아니하므로 위 금원을 개발비용으로 산입하지 아니한 당해 처분은 적법하다.

일반관리비의 산정에서 개별 항목을 실비로 합산하는 방식을 취하지 않고 일률적인 산정 방법에 따르게 한 취지(대법원 2014.5.16. 선고 2011두20970 판결)

[판시사항]

구 「개발이익 환수에 관한 법률 시행령」 제12조 제1항 제4호, 제2항, 국가를 당사자로 하는 계약에 관한 법률 시행규칙 제6조 제1항 제4호가 일반관리비의 산정에서 개별 항목을 실비로 합산하는 방식을 취하지 않고 일률적인 산정 방법에 따르게 한 취지 및 일반관리비를 산정할 때 재료비·노무비·경비 외의 비용을 추가로 합산하여 산정의 기초로 삼을 수 있는지 여부(원칙적 소극)

➲ 판결 요지

구 「개발이익 환수에 관한 법률」(2011.5.19. 법률 제10662호로 개정되기 전의 것) 제11조 제2항의 위임에 따른 구 「개발이익 환수에 관한 법률 시행령」(2010.9.20. 대통령령 제22395호로 개정되기 전의 것) 제12조 제1항 제4호, 제2항, 국가를 당사자로 하는 계약에 관한 법률 시행령 제9조 제4항에 따른 국가를 당사자로 하는 계약에 관한 법률 시행규칙 제6조 제1항 제4호가 일반관리비의 산정에서 개별 항목을 실비로 합산하는 방식을 취하지 않고 일률적인 산정 방법에 따르게 한 취지는, 일반관리비에 포함될 항목이 매우 다양하고 포괄적이어서 한계를 정하기가 쉽지 않으므로 상대적으로 증명이 용이한 공사원가를 기준으로 일반관리비를 산정하도록 함으로써 사업시행자 및 행정청에게는 일반관리비의 실비 사용 내역을 일일이 증명하고 산정하여야 할 부담을 덜어 업무의 편의를 도모하는 한편, 공사와 무관한 비용 등이 일반관리비라는 명목으로 개발비용에 과다계상되는 것을 방지하고자 함에 있다. 따라서 일반관리비는 재료비·노무비 및 경비의 합계액을 기초로 산정하여야 하고, 원칙적으로 그 항목 외의 비용을 추가 합산하여 산정의 기초로 삼을 수 없다.

➲ 이유

1. 건설간접비, 기타 원가의 개발비용 인정 여부에 관하여

구 「개발이익 환수에 관한 법률」(2011.5.19. 법률 제10662호로 개정되기 전의 것, 이하 '개발이익환수법'이라 한다) 제2조 제1호는 "개발이익"이란 개발사업의 시행이나 토지이용계획의 변경, 그 밖에 사회적·경제적 요인에 따라 정상지가상승분을 초과하여 개발사업을 시행하는 자(이하 "사업시행자"라 한다)나 토지소유자에게 귀속되는 토지가액의 증가분을 말한다고 규정하고 있는바, 여기서 개발이익은 개발사업을 통하여 얻게 되는 토지의 가치증진으로 인한 이득을 가리키는 것이다. 따라서 국가를 당사자로 하는 계약에 관한 법률 시행령(이하 '국가계약법 시행령') 제9조 제1항 제2호, 제4항, 같은 법 시행규칙 제6조에 따라 원가계산에 의한 예정가격을 작성함에 있어 적용하여야 할 기준을 정한 '예정가격 작성 기준(재정경제부 회계예규)'의 회계 항목 중 재료비(직접재료비 및 간접재료비)·노무비(직접노무비 및 간접노무비)·경비 등 이른바 공사원가 항목에 해당하더라도 그것이 해당 개발사업의 시행을 위하여 사업 대상 토지에 투입되어 그 편익 혹은 가치의 증가를 가져온 것이라야 개발이익환수법 제11조 제1항 제1호, 구「개발이익 환수에 관한 법률 시행령」(2010.9.20. 대통령령 제22395호로 개정되기 전의 것, 이하 '개발이익환수법 시행령'이라 한다) 제12조 제1항 제1호에서 정한 순공사비로서 개발비용에 해당될 수 있다고 할 것이다.(대법원 2002.1.22. 선고 99두8923 판결 참조)

원심판결 이유에 의하면, 원심은 그 채택 증거들을 종합하여 판시와 같은 사실을 인정한 다음, 원고가 순공사비 산입의 근거로 삼고 있는 '공기업·준정부기관 회계기준(재정경제부고시 제2007-63호)' 및 '정부 투자기관 회계기준 시행세칙(대한주택공사 제20차 개정, 2006.12.26.)' 등에서 규정한 건설 원가계산은, 공기업·준정부기관의 회계처리 원칙에 필요한 사항을 정한 것이어서 개발비용의 항목 및 산정 목적과 반드시 일치하는 것이 아닌 점, 원고가 주장하는 건설간접비(원고 본사, 각 지역본부, 현장에서의 인건비), 기타 원가(현장사무실 운영 시 공사 감독 교육비, 교통비, 통신비) 가 이 사건 택지개발사업의 시행을 위하여 사업 대상 토지에 투입되어 그 편익 혹은 가치의 증가를 가져온 것이라고 볼 만한 자료가 부족한 점 등을 근거로 건설간접비, 기타 원가가 순공사비 항목 중 '노무비'나 '경비' 등에 해당한다는 원고의 주장을 배척하였다.

원심판결 이유를 위 법리에 비추어 살펴보면, 원심의 위와 같은 판단은 정당하므로 수긍할 수 있고, 거기에 상고이유로 주장하는 바와 같은 위 각 항목으로 지출된 비용의 개발비용 인정에 관한 법리 등을 오해한 위법이 없다.

2. 건설자금이자의 개발비용 인정 여부에 관하여

개발이익환수법 제11조 제2항의 위임에 따른 그 시행령 제12조 제1항 제1호에 의하면, 개발비용의 산정기준인 순공사비는 '해당 개발사업을 위하여 지출한 재료비·노무비·경비·제세공과금의 합계액'을 말하고, 위 시행령 제12조 제3항 제1호, 국가계약법 시행령 제9조 제1항 제2호, 같은 법 시행규칙(2009.3.5. 재정경제부령 제58호로 개정되기 전의 것, 이하 '국가계약법 시행규칙'이라 한다) 제6조 제1항 제3호에 의하면, 순공사비 중 경비에는 '계약목적물의 제조·시공 또는 용역 등에 소요되는 비목별 경비의 합계액'만이 포함된다. 그런데 건설자금이자는 개발사업을 시행하면서 토지를 매입하고 주택을 건설하는 데 필요하여 차입한 돈에 대한 금융비용이므로, 개발사업의 공사에 드는 비용(재료비, 노무비)에 대한 경비가 아닐 뿐만 아니라 기타 해당 개발사업의 시행을 위하여 사업 대상 토지에 투입되어 그 편익 혹은 가치의 증가를 가져오는 비용으로 볼 수 없다.(대법원 2013.6.28. 선고 2011두2897 판결 참조)

원심이 이와 같은 취지에서, 건설자금이자가 순공사비 항목 중 '경비' 등에 해당한다는 원고의 주장을 배척한 것은 정당하고, 거기에 상고이유로 주장하는 바와 같은 건설자금이자의 개발비용 인정에 관한 법리 등을 오해한 위법이 없다.

3. 일반관리비의 산정 방법에 관하여

개발이익환수법 제11조 제2항의 위임에 따라 그 시행령 제12조 제1항 제4호는 개발비용 중 일반관리비를 '해당 개발사업과 관련하여 관리 활동 부문에서 발생한 모든 비용의 합계액'이라고 정의하면서, 그 제2항 단서에서 이를 국가계약법 시행령 제9조 등에 따른 예정가격 결정 기준과 요율을 적용하여 산정하도록 하고 있다. 국가계약법 시행령 제9조 제4항은 그 예정가격의 결정에 관하여 필요한 사항을 기획재정부장관으로 하여금 정하도록 하고 있고, 그에 따라 기획재정부령인 국가계약법 시행규칙 제6조 제1항 제4호는 일반관리비를 재료비·노무비 및 경비의 합계액에 일반관리비율을 곱한 금액으로 산정한다고 규정하고 있다.

이와 같이 일반관리비의 산정에서 개별 항목을 실비로 합산하는 방식을 취하지 않고 일률적인 산정 방법에 따르게 한 취지는, 일반관리비에 포함될 항목이 매우 다양하고 포괄적이어서 그 한계를 정하기가 쉽지 아니하므로 상대적으로 증명이 용이한 공사원가를 기준으로 일반관리비를 산정하도록 함으로써 사업시행자 및 행정청에게는 일반관리비의 실비 사용 내역을 일일이 증명하고 산정하여야 할 부담을 덜어 업무의 편의를 도모하는 한편, 공사와 무관한 비용 등이 일반관리비라는 명목으로 개발비용에 과다계상되는 것을 방지하고자 함에 있다. 따라서 일반관리비는 재료비·노무비 및 경비의 합계액을 기초로 산정하여야 하고, 원칙적으로 그 항목 외의 비용을 추가 합산하여 그 산정의 기초로 삼을 수 없다.

한편 국토교통부 훈령인 개발부담금 부과·징수 업무처리규정 제11조의2 제2항은 일반관리비를 순공사비, 조사비, 설계비, 개량비를 합산한 금액에 일정 비율을 곱하여 산정한 금액을 초과할 수 없도록 규정하고 있으나, 이것은 법규적 효력이 없는 행정기관 내부의 사무처리 준칙에 불과할 뿐만 아니라, 그 취지도 일반관리비의 상한을 정한 것에 지나지 아니하므로, 그 규정을 들어 일반관리비를 산정할 때 재료비·노무비·경비 외에 조사비, 설계비 등까지 추가로 합산한 금액을 기초로 하여야 한다고 볼 수 없다.

원심판결 이유에 의하면, 원심은 그 채택 증거들을 종합하여 판시와 같은 사실을 인정한 다음, 이 사건 일반관리비를 국가계약 법령의 위 조항에 따라 산정하여야 함을 전제로 재료비·노무비·경비에 조사비와 설계비까지 추가로 합산한 금액에 일반관리비율을 곱하여 산정하여야 한다는 취지의 원고 주장을 배척하였다.

원심판결 이유를 앞서 본 법리에 비추어 살펴보면, 원심의 위와 같은 판단은 정당하고, 거기에 상고이유로 주장하는 바와 같은 일반관리비의 산정 방법에 관한 법리 등을 오해한 위법이 없다.

4. 지구 외 도로 개설 부담금의 인정 범위에 관하여

사업시행자가 동일한 사업 승인에 터 잡아 한꺼번에 택지개발사업이 시행된 갑, 을 두 토지를 위하여 개발이익환수법 시행령 제12조 제1항 제5호 내지 제6호에 규정된 부담금을 지출하였으나, 그 중 갑 토지만이 개발부담금 부과대상이고 을 토지는 그 부과대상이 아닌 경우, 그와 같이 지출한 부담금을 갑 토지에 대한 개발비용으로 산정함에 있어서는 갑, 을 두 토지의 면적 비율에 따라 안분하여 갑 토지에 관한 부분을 산출함이 상당하다.(대법원 2013.6.28. 선고 2011두2897 판결 참조)

원심판결 이유에 의하면, 원심은 그 채택 증거들을 종합하여 판시와 같은 사실을 인정한 다음, 전체 사업지구 내에서 개발부담금 부과대상토지(분양아파트 지구)와 부과제외 토지(임대주택 지구)가 공존하는 경우 도로개설에 따라 분양아파트 지구와 임대주택 지구가 함께 편익을 얻고 있음에도 국민 임대주택단지조성사업(임대주택 지구)에 대해 개발부담금 부과대상에서 제외되고 있는 특수한 사정이 있는 점, 개발이익환수법 시행령 제12조 제1항 제5호 또는 제6호 규정이 그 부담금이나 기부하는 공공시설 또는 토지 등의 가액 '전부'를 개발비용으로 인정하여야 하는 근거라고 볼 수 없고, 개발비용은 개발사업을 통하여 얻게 되는 토지의 가치증진으로 인한 개발이익의 환수라는 입법목적을 고려하여 그 범위를 정함이 그 목적 달성을 위하여 필요하고 합리적이라고 보이는 점 등에 비추어 볼 때, 이 사건 지구 외 도로 개설 부담금은 위 각 지구의 면적에 따라 안분함이 타당하다고 판단하였다.

원심판결 이유를 앞서 본 법리에 비추어 살펴보면, 원심의 위와 같은 판단은 정당하고, 거기에 상고이유로 주장하는 바와 같은 지구 외 도로 개설 부담금의 개발비용 인정 범위에 관한 법리 등을 오해한 위법이 없다.

토지 양도에 관한 법인세를 잔금 청산 전에 미리 납부한 경우, 개발부담금 부과 시 해당 법인세를 개발비용에 계상할 수 있는지(「개발이익 환수에 관한 법률」 제12조 등)

[법제처 법령해석 24-0629, 2024.11.26., 민원인]

[판시사항]

「개발이익 환수에 관한 법률」(이하 "개발이익환수법"이라 함) 제11조 제1항에서는 개발비용[25]은 순(純) 공사비, 조사비, 해당 토지의 개량비, 각종 세금과 공과금 등 같은 항 각호의 금액을 합하여 산출하도록 하되, 같은 법 제12조에서는 부과개시시점 후 개발부담금[26]을 부과하기 전에 개발부담금 부과대상토지를 양도하여 발생한 소득에 대하여 양도소득세 또는 법인세가 부과된 경우에는 같은 법 제11조에도 불구하고 해당 세액 중 부과개시시점부터 양도 시점까지에 상당하는 세액을 같은 법 제11조에 따른 개발비용에 계상할 수 있다고 하면서(제1항), 그 개발비용으로 계상되는 세액의 범위 등은 대통령령으로 정한다고 규정하고 있고(제2항), 그 위임에 따라 개발비용으로 계상되는 세액의 범위 등을 정한 같은 법 시행령 제13조에서는 같은 법 제12조에 따라 개발비용으로 계상되는 양도소득세 또는 법인세의 세액 범위는 부과종료시점 이전에 토지가 양도된 때에는 해당 세액 중 부과개시시점부터 양도 시까지, 부과종료시점 이후에 토지가 양도된 때에는 부과개시시점부터 부과종료시점까지에 상당하는 세액으로 하며(전단), 이 경우 개발비용으로 계상되는 세액의 산정은 양도소득세 또는 법인세를 일(日) 단위로 똑같이 나누어 산정한다고 규정(후단)하고 있는바,

공동주택 건설사업과 관련하여 분양된 토지에 대해 해당 사업을 시행한 법인이 그 토지 양도(분양)로 인한 소득에 대해 법인세법령에 따라 법인세를 납부[27]하였으나, 분양된 토지의 잔금 청산이 이루어지지 않은 시점에서 시장등[28]이 개발이익환수법 제14조 제1항에 따라 개발부담금을 결정·부과할 때, 그 분양된 토지의 양도소득에 대해 이미 납부한 법인 세액 중 잔금 청산이 이루어지지 않은 부분에 상당하는 세액은 같은 법 제12조 제1항을 근거로 개발비용에 계상할 수 있는지?

➲ 회답

이 사안의 경우, 공동주택 건설사업과 관련하여 분양된 토지의 양도소득에 대해 이미 납부한 법인 세액 중 잔금 청산이 이루어지지 않은 부분에 상당하는 세액은 개발이익환수법 제12조 제1항을 근거로 개발비용에 계상할 수 없습니다.

---

25) 개발사업의 시행과 관련하여 지출된 비용을 말하며, 이하 같음.

26) 개발이익 중 개발이익환수법에 따라 시장·군수·구청장이 부과·징수하는 금액을 말하며, 이하 같음.

27) 실무적으로는 실제 분양에 따라 잔금 청산이 되지 않더라도 공동주택의 준공일이 속한 사업연도까지 양도에 따른 법인세를 모두 납부하게 됨(「법인세법」 제13조 제1항, 제14조 제1항 및 같은 법 시행령 제69조 제1항 등 참조)

28) 시장·군수 및 자치구의 구청장을 말하며, 이하 같음.

➲ 이유

먼저 개발이익환수법 제12조 제1항에서는 부과개시시점 후 개발부담금을 부과하기 전에 개발부담금 부과대상토지를 양도하여 발생한 소득에 대하여 양도소득세 또는 법인세가 부과된 경우에 부과개시시점부터 “양도 시점”까지에 상당하는 세액을 개발비용에 계상할 수 있다고 규정하고 있고, 같은 법 시행령 제13조에서는 개발비용으로 계상되는 법인세의 세액 범위를 “부과종료시점 이전에 토지가 양도된 때에는 해당 세액 중 부과개시시점부터 양도시까지, 부과종료시점 이후에 토지가 양도된 때에는 부과개시시점부터 부과종료시점까지에 상당하는 세액”으로 정하여 “토지가 양도된 시점”을 개발비용에 계상되는 법인 세액 산정기준의 하나로 규정하고 있는바, 토지의 양도소득에 관한 법인 세액에 대하여 같은 법 제12조 제1항이 적용되려면 문언상 개발부담금 부과를 하기 전에 토지가 양도된 경우여야 할 것입니다.

그런데 양도란 일반적으로 재산, 물건, 법률상 권리를 남에게 넘겨주는 것으로서,[29] 부동산의 매매계약이 체결된 경우에는 매도인의 소유권등기 의무, 인도 의무와 매수인의 잔금 지급 의무는 동시이행의 관계에 있는 것이 원칙이므로[30] 토지 양도의 경우 대금 지급 의무를 이행한 잔금 청산일을 양도 시점으로 볼 수 있고, 「법인세법」 등 세법상의 양도는 행위 또는 거래의 명칭과 관계없이 그 실질 내용에 따라 적용해야 한다는 실질과세의 원칙[31] 등을 고려하여 자산이 유상으로 사실상 이전되는 경우를 의미한다고 보고 있는데,[32] 자산이 유상으로 사실상 이전되는 경우란 일반적으로 토지 등 자산의 대가가 사회 통념상 거의 전부 지급되었다고 볼 만한 정도의 지급이 이행되었는지 여부,[33] 즉 양도에 관한 대금의 지급 여부를 기준으로 판단하고 있습니다.

그리고 개발이익환수법 제12조 제1항에서는 법인세뿐만 아니라 개인이 개발부담금 부과대상토지를 양도하여 발생한 소득에 대하여 양도소득세를 부과한 경우에도 개발비용에 계상할 수 있도록 규정하고 있고, 양도소득세에 관한 사항을 규정하고 있는 「소득세법」 제98조 전단에서는 양도 시기는 원칙적으로 “해당 자산의 대금을 청산한 날”로 하도록 하고 있으며, 「개발이익환수법 시행령」 제10조 제2항 제1호에

---

29) 국립국어원 표준국어대사전 참조

30) 대법원 2000.11.28. 선고 2000다8533 판결례 등 참조

31) 세법 중 과세표준의 계산에 관한 규정은 소득, 수익, 재산, 행위 또는 거래의 명칭이나 형식과 관계없이 그 실질 내용에 따라 적용하도록 하고 있음.(「법인세법」 제14조 등 참조)

32) 서울고등법원 2014.10.17. 선고 2013누51291 판결례 등 참조

33) 대법원 1984.2.14. 선고 82누286 판결례 등 참조

서는 토지만을 개발하는 개발사업의 경우로서 사실상 개발이 끝난 토지를 타인에게 "양도"하는 경우에는「소득세법 시행령」제162조에 따른 시기에 해당하는 날, 즉 소득세 법령상의 양도 시점을 따르도록 규정하고 있는 점 등을 종합하여 보면 양도 시점에 관한「소득세법」등 관계 법령과 개발이익환수법상의 관계 규정 등을 고려할 때「개발이익환수법」제12조에 따른 토지의 양도 시점은 잔금을 청산한 날을 기준으로 보는 것이 합리적입니다.

그렇다면「개발이익환수법」제12조 제1항에서는 부과개시시점 후 개발부담금을 부과하기 전에 개발부담금 부과대상토지를 양도하여 발생한 소득에 대하여 양도소득세 또는 법인세가 부과된 경우에 해당 세액의 일부를 개발비용에 계상할 수 있도록 규정하고 있는데, 이 사안에서와 같이 공동주택 건설사업과 관련하여 분양된 토지로 인한 소득에 대해 법인세법령에 따라 법인세를 납부하였다고 하더라도, 공동주택 건설사업과 관련하여 분양된 토지의 잔금 청산이 모두 이루어지지 않은 시점에 개발부담금을 부과한다면, 공동주택 건설사업과 관련하여 분양된 토지의 양도소득에 대해 이미 납부한 법인 세액 중 잔금 청산이 이루어진 부분에 상당하는 세액에 관하여는 개발이익환수법 제12조 제1항에 따라 개발비용에 계상할 수 있으나, 잔금 청산이 이루어지지 않은 부분에 상당하는 세액에 관하여는 개발비용에 계상할 수는 없다고 할 것입니다.

한편, 토지의 양도소득에 대해 법인세가 부과되었다면 그 법인세가 부과되기 전에 이미 양도가 있었다고 보아야 하고, 이때 기간과 세라는 법인세의 특성상 해당 토지의 양도소득에 대해 법인세가 부과된 마지막 사업연도의 손익귀속 시기를 토지의 양도시기로 보아 이 사안에서의 법인세를 개발비용에 포함시켜야 한다는 의견이 있으나, 조세나 부담금에 관한 법률은 그 부과요건 또는 감면요건을 막론하고 특별한 사정이 없으면 법문대로 해석할 것이고 합리적 이유 없이 확장해석하거나 유추해석하는 것은 허용되지 않는다고 할 것[34]인데, 법인세의 경우에만 법인세의 손익귀속 시기인 해당 사업연도의 말일을 양도 시점으로 보는 것은 양도의 일반적인 의미나 관계 법령에서 규정하고 있는 양도 시점과는 차이가 있고, 개발이익 환수 법령과 법인세 법령 간의 관계 등을 종합해 보면 이중과세 방지를 위하여 양도소득세나 법인세가 개발부담금보다 먼저 부과되는 경우에는 개발부담금 산정 시 이를 개발비용으로 계상하고, 개발부담금이 양도소득세나 법인세보다 먼저 부과되는 경우에는 양도소득세

34) 법제처 2023.6.7. 회신 23-0086 해석례 등 참조

나 법인세 산정 시 개발부담금을 필요경비 내지 손금으로 계상하게 되는바,[35] 결과적으로 이 사안의 법인세가 개발비용으로 계상되지 않더라도 차후 법인세 산정 시 해당 개발부담금을 손금으로 계상하여 최종적으로 법인세가 감소될 수 있는 점 등을 고려할 때 이러한 의견은 타당하지 않습니다.

따라서 이 사안의 경우, 공동주택 건설사업과 관련하여 분양된 토지의 양도소득에 대해 이미 납부한 법인 세액 중 잔금 청산이 이루어지지 않은 부분에 상당하는 세액은 개발이익환수법 제12조 제1항을 근거로 개발비용에 계상할 수 없습니다.

▶ 법령 정비 권고사항

토지를 아직 양도하지 않은 경우로서 미리 토지의 양도로 발생할 소득을 예상하여 개발부담금 부과대상토지의 양도소득에 대한 법인세가 부과·납부된 경우에는 예외적으로 납부한 법인세를 개발비용에 계상할 필요가 있는지를 정책적으로 검토하여 법인세를 개발비용에 계상할 수 있는 합리적 범위를 개발이익환수법 제12조 제1항에 명확히 규정할 필요가 있습니다.

부과 처분 후에 납부한 학교 용지부담금에 대한 개발비용 인정 여부 등 (대법원 2016.1.28. 선고 2013두2938 판결)

[판시사항]

개발부담금 제도의 취지 및 개발부담금 산정의 전제가 되는 개발이익을 산출하는 방법 / 개발사업 시행자가 납부한 개발부담금 중 부과 처분 후에 납부한 학교 용지부담금에 대하여 조리상 환급에 필요한 처분을 신청할 권리가 인정되는지 여부(적극)

➲ 판결 요지

개발부담금 제도는 사업시행자가 개발사업을 시행한 결과 개발 대상 토지의 지가가 상승하여 정상지가상승분을 초과하는 개발이익이 생긴 경우에 이를 일부 환수함으로써 경제정의를 실현하고 토지에 대한 투기를 방지하여 토지의 효율적인 이용의 촉진을 도모하기 위한 제도이므로, 개발사업 시행자에게 부과할 개발부담금 산정의 전제가 되는 개발이익을 산출할 때는 가능한 한 부과대상자가 현실적으로 얻게 되는 개발이익을 실제에 가깝도록 산정하여야 한다.

위 법리에 비추어 보면, 개발부담금을 부과할 때는 가능한 한 모든 개발비용을 공제함이 마땅하다. 개발 공사를 위해 직접 투입되는 순공사비, 조사비, 설계비, 일반관

35) 대법원 2009.3.12. 선고 2008두19321 판결례, 인천지방법원 2024.2.8. 선고 2021구합56309 판결례, 서울행정법원 2017.8.17. 선고 2017구합60260 판결례 등 참조)

리비 등은 통상 개발부담금의 원칙적인 부과종료시점인 개발사업의 준공인가일 전에 지출되므로 준공인가일로부터 3개월 이내에 개발부담금을 부과하여도 개발비용으로 공제받는 데 특별한 문제가 없다.

그러나 분양계약 체결 후 납부 절차를 밟도록 정하고 있는 학교 용지부담금은 준공 인가를 받은 후 분양계약이 장기간 지연되거나 분양이 이루어지지 않을 수도 있어 준공인가일로부터 3개월 이내에 납부되지 않을 가능성이 높다. 그럼에도 관련 법령이 일괄적으로 개발사업의 준공인가일로부터 3개월 이내에 개발부담금을 부과하도록 하면서 분양계약 후 실제 납부한 학교용지부담금에 한하여 개발비용으로 공제받을 수 있도록 정하고 있는 바람에, 개발사업에 따른 분양계약이 준공인가일로부터 2개월이 지나 체결된 경우에는 그로부터 1개월 이내에 학교 용지부담금 납부 절차가 마쳐지지 않아 개발부담금 부과 처분 시 학교 용지부담금이 공제되지 않을 가능성이 높고, 급기야 준공인가일로부터 3개월 후에 체결된 경우에는 학교 용지부담금이 공제될 여지가 아예 없다.

이러한 경우 개발부담금 부과 처분 후에 학교 용지부담금을 납부한 개발사업 시행자는 마땅히 공제받아야 할 개발비용을 전혀 공제받지 못하는 법률상 불이익을 입게 될 수 있는데도 구 「개발이익 환수에 관한 법률」(2014.1.14. 법률 제12245호로 개정되기 전의 것), 같은 법 시행령(2014.7.14. 대통령령 제25452호로 개정되기 전의 것)은 불복방법에 관하여 아무런 규정을 두지 않고 있다. 위와 같은 사정을 앞서 본 법리에 비추어 보면, 개발사업 시행자가 납부한 개발부담금 중 부과 처분 후에 납부한 학교 용지부담금에 해당하는 금액에 대해 조리상 개발부담금 부과 처분의 취소나 변경 등 개발부담금의 환급에 필요한 처분을 신청할 권리를 인정함이 타당하다.

"공시지가에 의한 가액"의 의미, 개발비용의 인정 범위 등(대법원 1994.4.26. 선고 93누7617 판결)

[판시사항]

가. 구 개발이익 환수에 관한 법률 시행령 부칙(1990.3.2.) 제2조 제2항이 모법인 구 「개발이익 환수에 관한 법률」 부칙(1989.12.30.) 제2조에 위반되는지 여부

나. 구 「개발이익 환수에 관한 법률」 제10조 제3항에서 개발 사업착수 시점의 지가산정 기준으로 규정한 "공시지가에 의한 가액"의 의미

다. 시행일 전후에 걸쳐 개발사업이 이루어진 경우 완료 시점 지가에서 공제하여야 할 개발비용이 시행일 이후에 소요된 비용에 한정되는지 여부

➲ 판결 요지

가. 개발이익 환수에 관한 법률 시행령(1991.9.13. 대통령령 제13465호로 개정되기 전의 것과 개정된 후의 것) 각 부칙(1990.3.2.) 제2조 제2항의 규정들은 구 「개발이익 환수에 관한 법률」(1993.6.11. 법률 제4563호로 개정되기 전의 것) 의 시행일을 당해 개발사업의 착수 시점으로 보도록 하여 같은 법 시행일 당시 사업 시행이 완료되지 아니한 사업은 당해 개발사업의 착수 시점을 같은 법의 시행일인 1990.1.1.로 의제하도록 규정한 같은 법(1993.6.11. 법률 제4563호로 개정되기 전의 것) 부칙(1989.12.30.) 제2조의 규정에 위반되어 무효이다.

나. 구 「개발이익 환수에 관한 법률」(1993.6.11. 법률 제4563호로 개정되기 전의 것) 제10조 제3항, 제1항의 각 규정에 따라 개별토지가격 합동 조사 지침이 마련되어 국가 또는 지방자치단체가 행정 목적을 위하여 공시지가를 기준으로 지가공시및토지등의평가에관한법률 제10조에 의한 비교표를 적용하여 토지가격을 산정하여야 하는 경우에 통일적으로 사용할 목적으로 시장, 군수, 구청장이 매년 지방 토지평가위원회의 심의와 건설부 장관의 확인을 거쳐 개별토지가격을 결정하여 공고하고 있는바, 이러한 개별토지가격 제도의 취지 등에 비추어 볼 때 행정청이 행정 목적을 위하여 표준지의 공시지가를 기준으로 같은 법 제10조에 의한 비교표를 적용하여 토지가격을 산정하여야 할 경우에 개별토지가격이 결정 공고된 토지에 대해서는 그 개별토지 가격결정에 잘못이 있다거나 개별토지 가격결정 당시의 토지 현황이 현저히 변동되었다는 등의 특별한 사정이 없으면 원칙적으로 개별토지가격에 의하여야 할 것이고 그와 다른 토지가격은 인정되지 않는다 할 것이어서, 개발부담금 산정 기초항목의 하나인 개발 사업착수 시점의 토지 가액 역시 그에 의거하여 산정함이 상당하다.

다. 구 「개발이익 환수에 관한 법률」(1993.6.11. 법률 제4563호로 개정되기 전의 것) 부칙(1989.12.30.) 제2조는 같은 법 시행일인 1990.1.1.을 개발 사업착수 시점으로 의제하고 있고 이는 개발부담금 산출에 있어서 같은 법 시행일 이전의 상태는 고려하지 말고 그 이후의 상태만을 고려하여 산출하라는 취지이므로, 실제로는 같은 법 시행일 이전에 사업을 시작한 경우일지라도 위 부칙 제2조의 규정에 의해 개발 사업착수 시점으로 의제된 같은 법 시행일에 이르러서야 개발사업의 시행이 시작된 것으로 간

주할 수밖에 없을 것이고, 따라서 그 경우에 같은 법 제11조 제1항, 같은법시행령(1993.8.12. 대통령령 제13956호로 개정되기 전의 것) 제10조 제1항에서 말하는 당해 개발사업의 시행과 관련하여 지출된 비용이라 함은 같은 법 시행일인 1990.1.1. 이후에 소요된 비용만을 말하는 것으로 봄이 상당하다.

원가계산 의뢰기관이 확인한 금액을 개발비용으로 인정하기 위한 요건 등(대법원 1999.5.14. 선고 97누11621 판결)

[판시사항]

(1) 구「개발이익 환수에 관한 법률 시행령」제10조 제4항 제2호 소정의 원가계산 의뢰기관이 확인한 금액을 개발비용으로 인정하기 위한 요건

(2) 구「개발이익 환수에 관한 법률 시행령」제10조 제1항 제5호 소정의 보상비의 범위

(3) 개발사업을 시행하기 위하여 지급한 사업대상토지 상의 무허가건물 철거보상비 및 경작농작물에 대한 작물보상비가 구「개발이익 환수에 관한 법률 시행령」제10조 제1항 제5호 소정의 보상비에 해당한다고 한 사례

➲ 판결 요지

(1) 구「개발이익 환수에 관한 법률」(1993.6.11. 법률 제4563호로 개정되기 전의 것) 제8조 제3호 및 제11조와 같은법시행령(1991.9.13. 대통령령 제13465호로 개정되기 전의 것) 제10조 제1항 제1호, 제4항 제2호 등의 규정에 따르면, 개발사업을 위하여 지출한 재료비·노무비·경비는 순공사비로서 개발이익 산정시 공제 대상이 되는 개발비용에 포함되고, 그에 관하여 재무부 장관이 지정·고시한 원가계산 의뢰기관의 확인이 있는 경우에는 그 금액을 순공사비액으로 인정할 수가 있으나, 이와 같이 원가계산 의뢰기관이 확인한 금액을 순공사비액으로 인정하기 위하여는 그 확인이 실제의 공사 내용에 따라 법과 시행령상의 순공사비 항목에 포함되는 것에 대하여 이루어진 것임을 요한다.

(2) 구「개발이익 환수에 관한 법률 시행령 (1992.8.25. 대통령령 제13718호로 개정되기 전의 것) 제10조 제1항 제5호에 의하면, 토지 가액에 포함되지 아니한 건물·입목·영업권 등에 대한 보상비 등은 기타 경비로서 역시 개발비용에 산입되나, 개발이익이란 개발사업을 통하여 얻게 된 토지의 가치증진으로 인한 이득을 말하므로 개발대상이 되는 토지의 편익을 증가시킴으로서 토지의 가치를 증진시키기 위하여 지출

된 비용은 가능한 한 개발비용으로 인정하여야 할 것이므로, 여기서 말하는 보상비는 반드시 건물·입목·영업권 등에 대한 보상비에 제한되는 것이 아니라 그와 유사성이 인정되는 한 역시 기타 경비로서 개발비용에 산입하여야 한다.

(3) 개발사업을 시행하기 위하여 지급한 사업대상토지 상의 무허가건물 철거보상비 및 경작 농작물에 대한 작물보상비가 구「개발이익 환수에 관한 법률 시행령」(1992.8.25. 대통령령 제13718호로 개정되기 전의 것) 제10조 제1항 제5호 소정의 보상비에 해당한다고 한 사례

➲ 이유

1. 원심판결 이유에 의하면, 원심은 그 판결에서 채용하고 있는 증거들을 종합하여, 원고가 1990.7.19. 피고로부터 부산 금정구 금사동의 3필지 토지 4,900.37㎡(이하 '이 사건 토지'라고 한다) 지상에 아파트를 건립하기 위한 주택건설사업계획 승인을 받고 대지조성공사(이하 '이 사건 개발사업'이라고 한다) 착수하여 같은 해 9.17.경 그 공사를 완공하자 피고가 1995.7.5. 자로 그에 관하여 금 430,627,410원의 개발부담금을 부과하는 이 사건 처분을 한 사실, 피고는 이 사건 처분시 개발이익을 산정하면서 순공사비로 금 267,616,118원을 산입하는 등 합계 금 379,361,645원을 개발비용에 산입한 사실을 인정한 다음, 이 사건 개발사업의 시행 과정에서 순공사비 금 604,614,482원, 무허가 건물보상비 금 3,500,000원, 부지내 작물보상비 금 8,100,000원 등 합계 금 758,405,623원의 개발비용을 지출하였고 그에 관하여「개발이익 환수에 관한 법률 시행령」제10조 제4항 제2호 소정의 원가 감정 의뢰기관인 부산대학교 생산기술연구소(이하 '이 사건 연구소'라고 한다)의 감정 결과가 있음에도 이를 모두 개발비용에 산입하지 아니한 것은 위법하다는 원고의 주장에 대하여, 이 사건 개발사업의 개발비용에 있어 피고가 산입한 금액을 초과하는 부분은 그 지출사실을 인정할 증거가 없거나 이 사건 개발사업과 직접적으로 관계가 없는 비용 또는 아파트 건축에 소요된 비용의 지출에 해당하여 이 사건 개발사업의 개발비용에 해당하지 아니한다는 이유로 배척한 끝에, 원고의 이 사건 청구 중 원고 주장 금액을 개발비용에 산입하여 산정한 개발부담금액과 이 사건 처분상의 개발부담금액의 차액 부분에 대한 취소 청구 부분은 이를 기각하고 있다.

2. 구「개발이익 환수에 관한 법률」(1993.6.11. 법률 제4563호로 개정되기 전의 것, 이하 '법'이라고 한다) 제8조 제3호 및 제11조와 법 시행령(1991.9.13. 대통령령 제13465호로 개정되기 전의 것, 이하 같다) 제10조 제1항 제1호, 제4항 제2호 등의 규정에 따르면,

개발사업을 위하여 지출한 재료비·노무비·경비는 순공사비로서 개발이익 산정시 공제 대상이 되는 개발비용에 포함되고, 그에 관하여 재무부 장관이 지정·고시한 원가계산 의뢰기관(이하 '원가계산 의뢰기관'이라고만 한다)의 확인이 있는 경우에는 그 금액을 순공사비액으로 인정할 수가 있으나, 이와 같이 원가계산 의뢰기관이 확인한 금액을 순공사비액으로 인정하기 위하여는 그 확인이 실제의 공사 내용에 따라 법과 시행령상의 순공사비 항목에 포함되는 것에 대하여 이루어진 것임을 요한다고 할 것이다.

원심판결 이유를 기록에 비추어 살펴보면, 원가계산 의뢰기관인 이 사건 연구소가 이 사건 개발사업인 대지조성사업에 소요된 순공사비를 산정하면서 원고가 이 사건 토지에 대하여 시공한 흙막이공사 역시 대지조성사업의 일환으로 시행한 것이라고 보아 그 공사비를 순공사비에 산입하고, 또 이 사건 개발사업에서 발생한 잔토의 처리 장소가 공사 현장으로부터 38km 떨어진 곳임을 전제로 계상한 잔토처리공사비를 순공사비에 산입함으로써 이 사건 개발사업의 순공사비를 합계 금 604,614,482원으로 산정한 반면, 피고는 이 사건 처분시 흙막이공사는 이 사건 개발사업에 포함되지 않는다는 이유로 그 공사비를 순공사비에 산입하지 않고 이 사건 개발사업에서 발생한 잔토의 처리 장소와 공사 현장과의 거리가 10km임을 전제로 계상한 남은 흙의 처리 공사비만을 순공사비에 산입함으로써 이 사건 개발사업의 전체 순공사비를 금 267,616,118원으로 산정하였음이 분명하다.

그런데 기록에 의하면, 이 사건 연구소가 이 사건 개발사업에 포함된다고 본 흙막이공사는 그 시공 시기 등에 비추어 볼 때 이 사건 개발사업인 대지조성사업을 일환으로 시공되었다고 보기가 어려우므로 피고가 이 사건 처분에서 그 공사비를 순공사비에 산입하지 아니한 것은 잘못이라고 할 수 없다. 반면 잔 토 처리 공사비의 경우 피고가 전제로 삼은 잔 토 처리 장소와 공사 현장과의 이격거리는 원고가 주택건설사업계획 승인 시 제출한 설계예산서에 따른 것인데 비하여, 이 사건 연구소가 전제로 한 이격거리는 공사 현장 등을 실측한 결과임을 알 수 있을 뿐만 아니라 실제로 피고가 잔토처리장소로 삼은 곳에서는 이 사건 개발사업에서 나온 잔토가 처리되지 않았다고 볼 수 있는 내용의 자료(갑 제5호증의 43, 44 등)가 기록상 나타나 있으므로, 이 사건 연구소의 순공사비 산정 중 잔토처리공사비는 달리 특별한 사정이 없으면 이를 배척하기가 어렵다고 할 것이다.

3. 또한 법 시행령 제10조 제1항 제5호에 의하면, 토지 가액에 포함되지 아니한 건물·입목·영업권 등에 대한 보상비 등은 기타 경비로서 역시 개발비용에 산입되나,

개발이익이란 개발사업을 통하여 얻게 된 토지의 가치증진으로 인한 이득을 말하므로 개발 대상이 되는 토지의 편익을 증가시킴으로서 토지의 가치를 증진시키기 위하여 지출된 비용은 가능한 한 개발비용으로 인정하여야 할 것이므로, 여기서 말하는 보상비는 반드시 건물·입목·영업권 등에 대한 보상비에 제한되는 것이 아니라 그와 유사성이 인정되는 한 역시 기타 경비로서 개발비용에 산입하여야 할 것이다.(대법원 1993.10.8. 선고 93누10996 판결, 1998.2.13. 선고 96누17912 판결 참조)

그런데 기록에 의하면, 원고가 주장하는 금 3,500,000원의 무허가건물 보상비와 금 8,100,000원의 작물보상비는 원고가 이 사건 개발사업을 시행하기 위하여 그 사업대상 토지인 이 사건 토지 상의 무허가건물을 철거시키면서 그 보상금을 지급한 것이거나 그 지상의 경작 농작물에 대한 피해보상금조로 지급한 것임을 알 수 있으므로, 이는 법 시행령 제10조 제1항 제5호 소정의 보상비에 해당하거나 그렇지 않더라도 그와 유사성이 있어 같은 규정 소정의 기타 경비에 해당한다고 볼 여지가 충분하다고 할 것이다.

4. 그런데도 원심은 이 사건 연구소의 개발비용 산정에 포함된 잔토처리공사비가 순공사비에 해당하고 또 원고 주장의 무허가건물 보상비와 작물보상비가 기타 경비에 해당하여 이 사건 개발사업의 개발비용에 산입될 수 있는지 여부를 살펴보지 아니한 채 별다른 근거 없이 그에 관한 원고의 주장을 모두 배척하고 있으므로, 이는 결국 개발비용의 산정에 관한 법리를 오해하는 등의 위법을 저질러 판결 결과에 영향을 미친 것이라고 할 것이다. 상고이유 중 이 점을 지적하는 부분은 이유가 있다.

개발비용의 산정에 필요한 내역서로 볼 수 있는지 여부 (대법원 1997.4.25. 선고 96누10027 판결)

[판시사항]

한국토지공사가 작성하여 재무부 장관의 승인을 얻은 정부투자기관관리기본법 제25조 소정의 '결산서'를 개발비용의 산정에 필요한 내역서로 볼 수 있다고 한 사례

➲ 판결 요지

한국토지공사가 정부투자기관관리기본법 제25조에 따라 토지 개발사업을 시행하면서 지출한 비용을 포함한 사업 전부에 관한 재무제표와 부속서류 등을 첨부하여 작성한 결산서는, 매년 재무부 장관의 승인을 얻고, 감사원의 검사를 받은 후 그 검사 결과

가 첨부되어 국무회의에 보고되었으며, 또한 그 결산서에 기재된 용지부대비, 조성부대비의 내용이 「개발이익 환수에 관한 법률 시행령」 제10조 제1항 제1호에 규정된 순공사비의 내용과 일치하는 점 등에 비추어 공정성과 객관성이 담보되어 있을 뿐 아니라 용지부대비, 조성부대비의 내용이 그 내역 여하에 따라서는 개발비용에 해당한다고 볼 여지가 있다는 이유로, 이와 달리 그 결산서를 구 「개발이익 환수에 관한 법률」(1995.12.29. 법률 제5116호로 개정되기 전의 것) 제20조 소정의 개발비용 산정에 필요한 내역서로 볼 수 없다고 한 원심판결을 파기한 사례

개발부담금 제도의 취지 및 개발이익 산정 방법, 개발비용에 포함되는 양도소득세의 범위 등 [대법원 1996.7.30. 선고 95누11177 판결]

[판시사항]

(1) 개발부담금 제도의 취지 및 개발이익 산정 방법

(2) 사업시행자가 부담하기로 한 양도소득세가 구 「개발이익 환수에 관한 법률」 제10조 제3항 소정의 매입 가격에 포함되는지 여부(적극)

(3) 위 (2)항의 경우 매입 가격에 포함되는 양도소득세액은 양도소득세 본세만을 의미하는지 여부(적극)

➲ 판결 요지

(1) 개발부담금제도는 사업시행자가 개발사업을 시행한 결과 사업 대상 토지의 지가가 상승하여 정상지가상승분을 초과하는 불로소득적인 개발이익이 생긴 경우에 이를 일부 환수함으로써 경제정의를 실현하고 토지에 대한 투기를 방지하여 토지의 효율적인 이용을 촉진하려는 제도이므로, 사업시행자에게 부과할 개발부담금 산정의 전제가 되는 개발이익을 산출함에 있어서는 가능한 한 부과대상자가 현실적으로 얻게 되는 개발이익을 실제에 가깝도록 산정하여야 한다.

(2) 구 「개발이익 환수에 관한 법률」(1993.6.11. 법률 제4563호로 개정되기 전의 것) 제10조 제3항 단서에 의하여 사업시행자가 소명한 매입 가격에 의하여 개발사업 착수시점의 지가를 산정할 경우에 있어서의 매입 가격은 그 명목 여하에 관계없이 사업시행자가 그 토지 취득의 대가로 매도인에게 지급하기로 약정한 모든 금액으로서 정상적인 거래 가격으로 인정되는 것을 말하고, 그 매입 가격은 개발부담금을 다투는 사실심 변론 종결 때까지 확정·소명된 이상 사업시행자가 실제로 매도인에게 이를 지

급하였는지 여부에 관계없이 개발이익을 산정함에 있어 이를 공제하여야 한다. 따라서 사업시행자가 사업 대상 토지를 매입하면서 매매계약에서 일정 금액으로 정해진 매매대금 이외에 매도인이 납부하여야 할 양도소득세도 이를 사업시행자 자신이 부담하기로 약정하였고, 그 부담 약정을 한 양도소득세액이 매매대금과 합하여 당해 토지 취득의 대가로서 정상적인 거래 가격으로 인정되는 경우에는, 개발부담금을 다투는 사실심 변론 종결 때까지 양도소득세 부과 처분 등에 의하여 그 세액 및 매도인의 납부의무가 확정됨으로써 사업시행자의 매도인에 대한 당해 세액의 지급 의무가 구체적으로 확정되었다면, 특별한 사정이 없으면 사업시행자가 그 세액을 매도인에게 실제로 지급하였는지 여부에 관계없이 이를 매입 가격에 포함시켜 공제하는 방법으로 개발이익을 산정하여야 한다.

(3) 위 (2)항의 경우 매입 가격에 포함되는 양도소득세액은 매도인이 정상적으로 납부하였어야 할 양도소득세액 즉 양도소득세 본세액만을 의미하고, 사업시행자(매수인)의 부담 약정 불이행 때문에 매도인이 양도소득세를 제때에 납부하지 아니함으로 인하여 추가되는 가산세, 가산금, 체납처분비 등은 이에 포함되지 아니한다.

개발사업을 통하여 조성된 용지 중 임대 주택용지 개발사업으로 인한 개발 이익금을 산정함에 있어 위 용지의 조성으로 인한 손실을 공제해야 하는지 여부[서울고등법원 2014.1.10. 선고 2011누30047 판결]

➲ 이유

2. 이 사건 처분의 적법 여부

원고는, 먼저 이 사건 개발사업을 통하여 조성된 용지 중 임대주택 용지는 그 성격상 조성원가 이하의 가격으로 공급될 수밖에 없으므로, 이 사건 개발사업으로 인한 개발 이익금을 산정함에 있어 위 용지의 조성으로 인한 손실을 공제하여야 한다는 취지로 주장하므로 보건대, 「개발이익 환수에 관한 법률」(이하 '법'이라 한다) 소정의 개발부담금 제도는, 사업시행자가 국가 또는 지방자치단체로부터 인가 등을 받아 개발사업을 시행한 결과 개발사업 대상 토지의 지가가 상승하여 정상지가상승분을 초과하는 불로소득적인 개발이익이 생긴 경우, 이를 사업시행자에게 독점시키지 아니하고 국가가 그 일부를 환수하여 그 토지가 속하는 지방자치단체 등에게 배분함으로써 경제정의를 실현하고, 토지에 대한 투기를 방지하며, 토지의 효율적인 이용의 촉진을 도모하기 위한 제도인 점, 이와 같은 개발부담금의 부과대상사업인 개발사업에는 택지개발사업이 포함되고, 여기에서의 택지개발사업에는 택지개발촉진법에 의한 택지개발사업과 주택건설촉진법에 의한 대지조성사업 및 아파트 지구개발 사업 등은 포함되나, 5년 이상 임대하기 위하여 임대주택법에 따른 임대주택 건설사업 등은 제외되는 점,(법 제5조 제1항 제1호, 법 시행령 제4조 제1항 [별표 1] 제1호, 원고는 원고가 공제를 주장하는 임대주택 용지가 위와 같은 개발부담금 부과제외 토지라는 취지의 피고의 주장에 대하여 아무런 이의를 제기하지 아니하였다) 위와 같은 임대주택 용지의 조성이 이 사건 사업부지의 편익 또는 가치의 증가에 기여한 것으로 보이지도 않는 점 등 개발부담금 제도 및 개발부담금 부과제외 토지 등에 관한 관계 법령의 규정 내용 및 입법 취지 등을 고려하면 이 사건 개발사업으로 인한 개발 이익금을 산정함에 있어 임대 주택용지의 조성에 따른 손실을 공제하여야 한다는 원고의 주장은 받아들이지 아니한다.

원고는 또, 관계 법령에 의하면 이주대책 용지는 개발부담금 부과제외 토지임에도 피고가 이를 간과하고 이주대책 용지에도 개발부담금을 부과하였다고 주장하나, 원고의 위 주장을 인정할 만한 증거가 없으므로, 원고의 위 주장 역시 이유 없다.

개발이익의 의미, 설계변경 허가를 받은 경우, 개발부담금 부과개시시점 등 (대법원 1998. 5.26. 선고 96누17103 판결)

[판시사항]

(1) 개발부담금의 부과대상이 되는 개발이익의 의미

(2) 토지형질 변경 허가를 받은 자가 사전 변경 허가 등을 받지 아니한 채 설계도서 등과 다른 위법 시공을 한 다음 사후에 설계변경 허가를 받은 경우, 개발부담금 부과개시시점이 설계변경허가시로 변경될 수 있는지 여부(소극)

(3) 구 「지가공시 및 토지 등의 평가에 관한 법률」 제10조 제2항에 근거한 토지가격비준표에 의하여 부과종료시점의 지가를 산정한 것이 조세법률주의나 재산권 보장의 원칙을 위반한 것인지 여부(소극)

➲ 판결 요지

(1) 「개발이익 환수에 관한 법률」(1993.6.11. 법률 제4563호로 개정된 것)하에서 개발부담금의 부과대상이 되는 개발이익이란 개발사업의 시행 또는 토지이용계획의 변경 기타 사회·경제적 요인에 의하여 정상지가상승분을 초과하여 사업시행자 또는 토지소유자에게 귀속되는 토지 가액의 증가분을 말하는 것(같은 법 제2조 제1호)으로

서, 직접적인 토지개발뿐 아니라 주변 지역의 개발, 토지의 용도지역 변경, 행정청의 개발사업인가 등 사회·경제적 요인에 의하여 발생하는 지가상승분을 모두 포함하는 것이고, 그 부과기준상 종료시점지가는 물론 개시시점지가 역시 원칙적으로 개별공시지가에 의하여 법에서 정한 시점을 기준으로 하여 법에서 정한 방법에 따라 산정한 객관적인 기준의 이익을 의미하는 것이다.

(2) 도시계획법 제78조, 제92조 제1호, 토지의 형질변경 등 행위허가 기준 등에 관한 규칙 제7조의 각 규정 등에 의하면, 토지형질 변경의 허가를 받은 자는 그 허가신청시 제출한 설계도서 등에 따라 허가된 대로 시공하여야 할 것이고, 설계도서대로 시공하지 못할 사정이 있을 경우에는 사전 변경 허가 등을 받아야 할 것이며, 사전 변경 허가 등을 받지 아니한 채 설계도서 등과 다른 시공을 하게 되면 이는 형사처벌의 대상이 될 뿐만 아니라 허가 관청으로서는 그 위법 시설물이나 건축물의 철거 등을 명할 수 있고, 토지형질변경허가에 있어서의 설계변경 허가는 준공검사 전에 원래의 허가 사항이나 설계도서대로 시공하지 못할 사유가 발생한 경우에 그로 인한 위법 상태를 방지 또는 시정하기 위하여 거치는 절차로서 종전의 토지형질변경허가의 변경에 해당하는 것일 뿐, 원래의 허가가 실효되는 등의 특별한 사정이 없으면 개발부담금 부과대상이 되는 새로운 토지형질변경허가에 해당하는 것이 아니다.

(3) 구 「지가공시 및 토지 등의 평가에 관한 법률」(1995.12.29. 법률 제5108호로 개정되기 전의 것) 제10조 제2항에 근거하여 건설부 장관이 표준지와 지가산정 대상 토지의 지가 형성 요인에 관한 표준적인 비교표로서 매년 관계 행정기관에 제공하는 토지가격비준표는 같은 법 제10조의 시행을 위한 집행명령인 개별토지가격 합동 조사지침과 더불어 법률 보충적인 구실을 하는 법규적 성질을 가지고 있는 것으로 보아야 할 것인바, 「개발이익 환수에 관한 법률」(1993.6.11. 법률 제4563호로 개정된 것) 제10조 제1항에 의하면 개발부담금의 부과기준으로서 부과종료시점의 지가는 구 「지가공시 및 토지 등의 평가에 관한 법률」(1995.12.29. 법률 제5108호로 개정되기 전의 것) 제10조 제2항의 규정에 의한 비교표에 의하여 산정하도록 규정하고 있으므로, 토지가격비준표에 의하여 부과종료시점의 지가를 산정한 것은 정당하고, 조세법률주의나 재산권 보장의 원칙을 위반한 잘못 등이 없다.

➲ 이유

1. 먼저 피고의 상고이유를 판단한다.

원심판결 이유에 의하면 원심은, 원고가 1987.4.10. 피고로부터 도시계획법 제4조에 의하여 원고 소유의 수원시 팔달구 (주소 생략) 임야 외 1필지 합계 3,933㎡(이하 이 사건 토지라 한다)에 대하여 자동차 정비공장 용지조성을 위한 토지형질 변경 허가를 받았고, 1992.12.29. 그 설계변경 허가를 받은 뒤 위 허가에 따른 사업을 시행하여 1993.12.9. 준공검사를 받은 사실, 피고는 원고에게 1994.3.24. 개발부담금 부과대상인 이 사건 사업에 관하여 부과개시시점을 토지형질 변경허가일로, 부과종료시점을 위 준공검사일로 보고 개발부담금 514,332,700원을 부과 고지 하였다가, 같은 해 10.12. 증액된 부과종료시점지가를 기준으로 개발부담금을 금 542,119,650원으로 증액 경정하고, 그 차액 금 27,786,950원을 부과 고지 하였고, 이어 1995.10.30. 원고의 재조사청구에 기한 행정심판 절차에서 이 사건 토지의 1994년도 개별공시지가가 감액 경정됨에 따라 개발부담금을 금 491,272,390원으로 감액 경정한 사실(이하 1994. 10.12.자 처분 중 위와 같이 감액 경정된 부분을 이 사건 처분이라 한다) 이외에 원고가 그 판시와 같이 위 토지형질 변경 허가 및 설계변경 허가를 받게 된 경위와 그에 따른 공사시행 내역, 이 사건 토지에 관하여 자동차정비업허가를 받게 된 경위 등에 관한 사실을 인정한 다음, 위 설계변경 허가는 외형상으로는 종전의 토지형질 변경 허가에 대한 변경 허가의 형식을 취하고 있으나 그 실질은 새로운 토지형질 변경 허가에 해당한다고 봄이 상당하므로, 이 사건 개발부담금의 부과개시시점은 1992. 12.29.로 보아야 할 것임에도 1987.4.10.로 본 개발부담금을 산정한 이 사건 처분은 위법하다고 판단하였다.

그러나 1993.6.11. 법률 제4563호로 개정된 「개발이익 환수에 관한 법률」(이하 신법이라 한다)하에서 개발부담금의 부과대상이 되는 개발이익이란 개발사업의 시행 또는 토지이용계획의 변경 기타 사회·경제적 요인에 의하여 정상지가상승분을 초과하여 사업시행자 또는 토지소유자에게 귀속되는 토지 가액의 증가분을 말하는 것(신법 제2조 제1호)으로서, 직접적인 토지개발뿐 아니라 주변 지역의 개발, 토지의 용도지역 변경, 행정청의 개발사업인가 등 사회·경제적 요인에 의하여 발생하는 지가상승분을 모두 포함하는 것이고(당원 1997.4.25. 선고 96누9324 판결), 그 부과기준상 종료시점지가는 물론 개시시점지가 역시 원칙적으로 개별공시지가에 의하여 법에서 정한 시점을 기준으로 하여 법에서 정한 방법에 따라 산정한 객관적인 기준의 이익을 의미하는 것이라 할 것이다.

한편 도시계획법 제78조, 제92조 제1호, 토지의 형질변경 등 행위허가 기준 등에 관한 규칙 제7조의 각 규정 등에 의하면, 토지형질 변경의 허가를 받은 자는 그 허가 신청 시 제출한 설계도서 등에 따라 허가된 대로 시공하여야 할 것이고, 설계도서대로 시공하지 못할 사정이 있을 경우에는 사전 변경 허가 등을 받아야 할 것이며, 사전 변경 허가 등을 받지 아니한 채 설계도서 등과 다른 시공을 하게 되면 이는 형사처벌의 대상이 될 뿐만 아니라 허가 관청으로서는 그 위법 시설물이나 건축물의 철거 등을 명할 수 있고(당원 1994.6.24. 선고 93누23480 판결 참조), 토지형질 변경 허가에서 설계변경 허가는 준공검사 전에 원래의 허가 사항이나 설계도서대로 시공하지 못할 사유가 발생한 경우에 그로 인한 위법 상태를 방지 또는 시정하기 위하여 거치는 절차로서 종전의 토지형질 변경 허가의 변경에 해당하는 것일 뿐, 원래의 허가가 실효되는 등의 특별한 사정이 없으면 개발부담금 부과대상이 되는 새로운 토지형질 변경 허가에 해당하는 것이 아니라 할 것이다.

원심판결 이유와 기록에 의하면, 위 설계변경의 전후에 걸쳐 원고의 사업목적이나 공사의 내용이 종전과 비교하여 다소 달라지게 되었다고 하여도, 이러한 사정만으로는 위 토지형질 변경 허가에 의하여 시행하는 사업 자체가 부담금 부과대상인 점에서는 아무런 변동이 없고(신법 제5조 제1항 제11호, 제2항 등), 원고가 원래의 토지형질 변경 허가를 전제로 수회에 걸친 설계변경 허가 및 준공기한의 연장 허가 외에 사업장 위치 변경 신청, 허가 및 신청취소 등의 절차를 거치면서 이 사건 준공검사에 이르고 있는 사정에 비추어 볼 때, 위 설계변경이 실질적으로 새로운 토지형질 변경 허가에 해당하는 것이라 할 수 없음에도, 이와 달리 위 설계변경 허가일이 부과개시시점에 해당한다는 전제하에서 이 사건 처분을 위법하다고 본 원심 판단은 부과개시시점에 관한 법리를 오해하여 판결에 영향을 미쳤음이 분명하므로, 이 점을 지적하는 논지는 이유가 있다.

2. 다음 원고의 상고이유를 판단한다.

가. 구 「지가공시 및 토지 등의 평가에 관한 법률」(1995.12.29. 법률 제5108호로 개정되기 전의 것, 이하 「지가공시법」이라 한다) 제10조 제2항에 근거하여 건설부 장관이 표준지와 지가산정 대상 토지의 지가 형성 요인에 관한 표준적인 비교표로서 매년 관계 행정기관에 제공하는 토지가격비준표는 지가공시법 제10조의 시행을 위한 집행명령인 개별토지가격 합동 조사 지침과 더불어 법률 보충적인 구실을 하는 법규적 성질을

가지고 있는 것으로 보아야 할 것인바, 신법 제10조 제1항에 의하면 개발부담금의 부과기준으로서 부과종료시점의 지가는 지가공시법 제10조 제2항의 규정에 의한 비교표에 의하여 산정하도록 규정하고 있으므로, 원심이 토지가격비준표에 의하여 부과종료시점의 지가를 산정한 것은 정당하고, 거기에 논하는 바와 같은 조세법률주의나 재산권 보장의 원칙을 위반한 잘못 등이 있다고 할 수 없다.

나. 원심판결 이유를 기록과 관계 법령에 비추어 살펴보면, 부과종료시점의 지가를 산정함에 있어서 이 사건 토지가 상업용에 해당하는 것으로 본 원심의 조치는 수긍할 수 있고, 거기에 논하는 바와 같은 개별공시지가 결정에 관한 채증법칙 위배나 심리미진, 법리 오해 등의 위법이 있다고 할 수 없다.

「개발이익 환수에 관한 법률」 제8조 등 위헌소원 [전원재판부 95헌바37, 1998.5.28.]

[판시사항]

1. 개발 대상 토지의 취득세, 등록세 및 방위세(이하 '토지 매입 관련 경비')가 개발부담금 산정시 공제되는 개발비용에 포함되는지 여부(소극)
2. 개발부담금 산정시 공제되는 개발비용의 범위와 입법재량
3. 청구인이 지출한 토지 매입 관련 경비, 사업 구역에 진입하기 위한 도로 개설 비용 및 사업 구역 밖의 주민들에게 지급한 민원 보상비용을 개발비용에 포함시키지 아니한 「개발이익 환수에 관한 법률」 제8조 제3호 및 제11조 제1항이 헌법상 보장된 청구인의 평등권을 침해하는지 여부(소극)
4. 위 법률조항이 재산권을 침해하는지 여부(소극)

결정 요지

1. 개발부담금은 공시지가에 의하여 그 금액을 산정하고 있는데, 공시지가는 당해 토지에 대하여 자유로운 거래가 이루어지는 경우 합리적으로 성립한다고 인정되는 적정가격을 말하고, 이 적정가격은 인근 유사 토지의 거래 가격·임료 및 당해 토지와 유사한 이용 가치를 지닌다고 인정되는 토지의 조성에 필요한 비용추정액 등으로 종합적으로 참작하여 평가하는 것이므로, 부과대상토지 가액을 공시지가로 평가한 이 사건에서 토지 매입 관련 경비는 개발비용 산정 대상의 경비로 볼 수 없다.

2. 개발부담금의 부과기준은 부과대상토지에 든 개발비용만을 말하므로, 청구인이 주장하는 바와 같은 비용(사업 구역에 진입하기 위한 도로개설 비용 및 사업 구역 밖의 주민들에게 지급한 민원 보상비용 등)을 개발비용에 포함시켜 공제할 것인지 여부는 입

법재량에 속하는 문제이고, 입법자의 입법목적에 비추어 개발사업과 직접 관련이 없는 것으로 보아 개발비용의 범위에서 제외한 것에 재량의 범위를 벗어난 위법이 있다고 할 수 없다.

3. 청구인이 대지조성사업에 지출한 총경비 중 위 법률 조항에서 규정된 비용만을 개발비용으로 인정하고 토지 매입 관련 경비와 사업 구역에 진입하기 위한 도로 개설비용 및 사업 구역 밖의 주민들에게 지급한 민원 보상비용을 개발비용으로 인정하지 아니하는 차별 취급은 모두 합리적인 이유가 있으므로 지출한 위 비용들을 모두 개발비용으로 규정하지 않았다 하더라도 헌법상의 평등원칙에 위반된다고 볼 수 없다.

4. 위 법률 조항이 개발사업 대상 토지에 지출된 비용만을 공제 대상 비용으로 규정하고 있는 것은 개발비용 산정기준을 개발 대상 토지에 한정하는 것이 개발이익의 환수라는 입법목적을 달성하기 위한 수단으로써 필요하고 합리성을 갖춘 것이다. 법률이 추구하는 입법목적을 달성함으로써 얻어지는 공익이 차지하는 비중과 효과가 더 큰 반면 개발부담금의 부과대상인 청구인의 토지 재산권에 대한 부담은 보다 크지 않다. 따라서 개발비용의 산정 수단을 통한 토지 재산권에 대한 부담은 추구하는 입법목적과의 관계에서 수단의 적정성과 법익 균형성의 원칙에도 어긋나지 않으므로 헌법상의 재산권 보장에 관한 규정을 침해한다고 볼 수 없다.

제4장

개발부담금의 부과와 징수

제1절 개발부담금의 결정 및 부과

제2절 개발부담금의 납부 및 환급

제3절 물납

제4절 추징

제5절 부과제척기간 및 징수권 소멸시효

- 질의회신 및 판례

제4장 개발부담금의 부과와 징수

제1절 개발부담금의 결정 및 부과

1. 대상 사업의 고지

가. 개발사업 인가 등의 자료 통보

개발부담금의 부과대상인 개발사업에 관하여 인가 등을 한 행정청은 인가 등을 한 날부터 15일 이내에 그 사실을 시장·군수·구청장에게 알려야 한다. (법 제25조 제1항)

나. 대상 사업 사전 고지

시장·군수·구청장은 관계 행정청의 통보를 받은 때에는 납부의무자에게 국토교통부령으로 정하는 다음 사항을 미리 고지하여야 한다. (영 제27조)

■ 납부의무자에게 고지하는 사항 (규칙 제22조 제2항)

1. 해당 개발사업에 대한 인가등의 내용
2. 개발부담금 납부 의무자
3. 개발부담금 산정방법
4. 법 제24조 및 제29조에 따른 개발비용 산출명세서의 제출의무 및 과태료 부과에 관한 사항

5. 개발부담금 납부 및 이의신청 방법 등
6. 그 밖에 개발부담금 부과 대상 개발사업의 고지에 필요한 사항

다. 부과대상 개발사업 미통보 시 조치

개발부담금의 부과대상인 개발사업에 관하여 인가 등을 한 행정청은 인가 등을 한 날부터 15일 이내에 그 사실을 시장·군수·구청장에게 알려야 한다. 그러나 관계 행정청의 통보가 없는 경우에는 부과대상인 개발사업의 누락을 방지하기 위하여 진행 중인 개발사업에 대한 현지 조사 또는 관계 행정청에 대한 사실조회 등 필요한 조치를 해야 한다. (영 제26조)

라. 개발부담금 부과대상사업의 고지 규정 해석

(1) 개념 정리

개발부담금 부과대상사업에 대한 고지는 행정청이 납부의무자에게 당해 사업이 개발부담금 부과대상임을 알려 주는 절차를 의미한다. 「개발이익 환수에 관한 법률 시행령」 제27조는 행정청이 개발부담금 부과대상이 되는 개발사업과 관련해 인가 등을 한 관계기관으로부터 통보를 받으면, 반드시 납부의무자에게 「개발이익 환수에 관한 법률 시행규칙」 제22조 제2항에서 정한 사항을 사전에 고지해야 한다고 규정한다. 이런 고지 제도는 납부의무자가 자신의 사업이 개발부담금 부과대상임을 미리 파악하고 준비할 수 있도록 도와주며, 과세 절차의 투명성과 예측 가능성을 높이는 역할을 한다. 다만, 이 규정의 법적 성격을 어떻게 해석할지는 논란의 여지가 있다. 즉, 단순히 행정 내부에서 준수해야 하는 절차 지침으로 볼 것인지, 아니면 납세자의 권리와 의무에 직접적인 영향을 주는 강행규정으로 해석할 것인지에 따라 그 효과가 달라질 수 있다.

(2) 규정의 의미 및 법적 효과

「개발이익 환수에 관한 법률 시행령」 제27조 규정과 개발부담금 제도의 근본 취지를 종합적으로 검토하면, 개발부담금 부과대상사업의 고지에 관한 규정은 행정청에 대한 직무상 훈시규정으로 이해하는 것이 타당하다.(대법원 2006.6.9. 선고 2004두46 판결 참조) 훈시규정이란 행정청 내부의 직무 수행 절차를 지시·지도하기 위한 규정으로,

이를 준수하지 않았다고 해서 곧바로 행정행위가 무효가 되거나 위법으로 확정되는 것은 아니다. 따라서 "행정청은 부과대상사업에 대해 고지해야 한다"라는 규정은 행정청에게 일정한 직무상의 의무를 부여하는 성격을 가지지만, 이를 근거로 납부의무자가 행정청에게 직접적인 강제를 요구하거나, 고지 누락을 이유로 부과 처분 자체의 무효를 주장하기는 어렵다.

결국, 개발부담금 부과대상사업에 대한 고지 규정은 납세자의 권리 보호와 행정절차의 투명성 확보를 위한 장치로서 중요하지만, 법적 성격은 행정청을 대상으로 한 직무상 훈시규정으로 해석하는 것이 일반적이다. 그러나 그 준수 여부가 납부의무자의 권리 행사에 실질적 영향을 줄 수 있는 만큼, 행정청은 고지 절차를 철저히 지켜야 하며, 납부의무자 또한 고지 여부와 그 시점을 면밀히 확인할 필요가 있다.

2. 개발부담금의 예정 통지

시장·군수·구청장은 개발부담금을 결정·부과하려면 미리 납부의무자에게 결정될 부과기준 및 부과 금액을 알려야 한다. 이에 따른 통지는 비용명세서가 제출된 날부터 60일 이내에 하여야 한다. (법 제14조 제2항, 영 제15조 제1항 및 제2항)

3. 개발부담금 결정 부과기간

가. 일반적인 결정 및 부과기간 원칙

시장·군수·구청장은 부과종료시점부터 5개월 이내에 개발부담금을 결정·부과하여야 한다. (법 제14조 제1항)

나. 예외적인 결정 및 부과기간

(1) 개발비용 명세서를 제출할 수 없는 경우

다음에 해당하는 경우로서 해당 사업이 대규모 사업의 일부에 해당하여 개발비용의 명세(明細)를 제출할 수 없는 경우에는 시장·군수·구청장이 전체 개발사업이 끝난 후에 다음에 해당하는 토지별로 개발부담금을 산정하여 결정·부과할 수 있다. (법 제14조

제1항 단서, 영 제15 제3항)

1) 관계 법령에 따라 부과대상토지의 일부가 준공된 경우
2) 납부의무자가 개발사업의 목적 용도로 사용을 시작하거나 타인에게 분양하는 등 처분하는 경우로서 다음 각호에 해당하면
   ㉠ 개발사업에 대한 인가 등이 해당 법률에서 정하는 바에 따라 취소된 경우
   ㉡ 사업시행자의 파산이나 그 밖의 사유로 개발사업의 시행이 중단되어 사업을 끝낼 수 없게 된 경우

4. 부담금의 결정 및 재산정

가. 부담금의 결정

시장·군수·구청장은 예정 통지에 이의가 없는 경우 또는 고지 전 심사청구에 대한 심사 결과를 알린 경우에는 그 알린 금액에 따라 부담금을 결정한다. (영 제18조)

나. 부담금의 재 산정 및 정정

(1) 부담금 정정의 원칙

개발부담금이 결정·부과된 이후에도 특정한 사유가 발생하는 경우, 부과된 부담금을 다시 산정하여 조정할 필요가 있다. 이에 따라 시장·군수·구청장은 법령에 근거하여 부담금의 재 산정 및 정정을 수행해야 하며, 오류 또는 누락이 확인될 경우 즉시 시정 조치를 취해야 한다.

(2) 부담금의 재 산정 및 정정 사유

① 학교 용지부담금 및 기부채납액의 반영

시장·군수·구청장은 개발부담금을 결정·부과 한 후 「학교 용지 확보 등에 관한 특례법」에 따른 학교 용지부담금의 납부 또는 「개발이익 환수에 관한 법률 시행령」 제12조 제1항 제5호에 따른 기부채납액의 납부 사유가 발생한 경우에는 이를 반영하여 개발부담금을 다시 산정·조정하여 그 차액을 부과하거나 환급해야 한다. (법 제14조의2, 영 제15조의2)

② 누락 및 오류 정정

부담금이 결정된 이후 그 내용에 오류 또는 누락이 있는 것이 발견될 경우, 시장·군수·구청장은 즉시 부담금을 재조사하여 정정 조치해야 한다. 이는 부담금 부과의 정확성을 확보하고 납부자의 권익을 보호하기 위한 조치이다. (영 제20조 제1항)

③ 기타 재 산정 및 환급이 필요한 경우

시장·군수·구청장은 부담금 부과 이후 재 산정 및 조정이 필요한 사유가 발생한 경우, 신속히 부담금을 다시 산정하고, 이에 따른 차액을 부과하거나 환급하는 절차를 진행해야 한다. 이때 그 차액을 환급하는 경우에는 해당 부담금의 납부일부터 그 차액의 환급을 결정하는 날까지의 기간에 대하여 국세기본법 시행령 제43조의3 제2항 본문에 따른 기본이자율에 따라 계산한 금액을 더하여 지급한다. (영 제15조의2 제2항 및 제3항)

관련법령 국세환급 가산금 (국세기본법 시행령 제43조의3 제2항 본문)

법 제52조 제1항에서 "대통령령으로 정하는 이자율"이란 시중은행의 1년 만기정기예금 평균 수신금리를 고려하여 기획재정부령으로 정하는 이자율(이하 이 항에서 "기본이자율"이라 한다)을 말한다.

(3) 부담금 정정 절차

① 부담금 조정 사유 발생

개발부담금 결정 이후 부담금 조정이 필요한 사유가 발생하는 경우, 시장·군수·구청장은 해당 사유를 즉시 확인하고 조정 필요성을 검토해야 한다.

② 재 산정 및 정정 조치

부담금 조정 사유가 확인되면, 기존 부과기준을 검토하고 법령에 근거하여 재 산정 및 정정 절차를 진행한다. 이 과정에서 조정의 타당성을 검토하고, 조정된 부담금이 기존 부담금과 비교하여 변동이 있는지를 확인한다. 필요한 경우 추가적인 감정평가나 비용 산정 작업이 이루어질 수 있다.

③ 부과 또는 환급 결정

재산정된 부담금이 기존 부담금과 차이가 발생하는 경우, 차액을 추가 부과하거나 초과 징수된 금액을 국세기본법 시행령 제43조의3 제2항 본문에 따른 기본이자율에 따라 계산한 금액을 더하여 환급한다.

제2절 개발부담금의 납부 및 환급

1. 납부 고지

시장·군수·구청장은 「개발이익 환수에 관한 법률」에 따라 개발부담금을 부과 결정한 경우, 납부의무자에게 등기우편으로 납부고지서를 발부해야 한다. 납부고지서에는 단순히 납부할 금액만 기재되는 것이 아니라, 부과기준및 산출근거와 납부 기한 등 법에서 정한 요건이 함께 명시되어야 한다. 따라서 납부고지는 단순한 통지가 아니라 법적 절차를 충족하는 공식 행정 행위로서, 공정성과 명확성을 보장하는 중요한 과정이라고 할 수 있다.

납부의무자는 이를 받은 후 정해진 기한 내에 개발부담금을 납부해야 한다. 기한 내 미납 시 가산금이 부과되며, 계속된 미납이 발생할 경우 체납처분 절차가 진행될 수 있다. 또한, 납부 고지 내용에 대한 이의가 있는 경우, 고지서를 받은 날부터 일정 기간 내에 이의신청을 제기할 수 있다.

시장·군수·구청장이 법 제15조에 따라 납부의무자에게 납부고지서를 발부할 때에는 다음의 사항을 명시하여야 한다. (영 제19조)

① 부과대상 개발사업의 명칭
② 납부의무자
③ 부과기준 및 산출 근거
④ 납부 금액 및 납부 기한
⑤ 납부 방법

2. 납부 원칙

개발부담금의 납부의무자는 부과일로부터 6개월 이내에 개발부담금을 납부해야 한다. 납부 방식으로는 현금뿐만 아니라 지방세 외 수입 수납 대행 기관 또는 금융결제원을 통한 신용카드, 직불카드 등의 전자 결제 수단을 이용할 수 있다. 개발부담금을 신용카드 등 전자 결제 방식으로 납부하는 경우, 납부 대행 기관의 승인일이 공식적인 납부일로 간주하며, 대행 기관은 납부 서비스를 제공하는 대가로 일정액 수수료를 부과할 수 있다. 단, 이 수수료는 납부 금액의 1%를 초과할 수 없다.

또한, 일정 요건을 충족하는 경우, 개발부담금을 해당 부과대상토지 또는 유사한 토지 및 건축물로 납부하는 물납(物納) 방식으로 인정받을 수 있다. 물납이 허용되는 경우, 납부 대상 자산의 평가 기준과 절차는 관련 법령에 따라 정해지며, 이를 준수해야 한다.

아울러, 납부의무자가 경제적 어려움 등으로 인해 개발부담금 납부가 곤란하다고 인정되는 경우, 최대 3년의 범위에서 납부 기일 연기가 가능하며, 최대 5년의 범위에서 분할납부가 허용될 수 있다. 이러한 조치는 시장·군수·구청장의 승인을 받아야 하며, 납부 기한 연장 또는 분할납부 신청 시 관련 증빙 자료를 제출해야 한다. 이를 통해 납세자의 부담을 완화하고 개발부담금 납부의 유연성을 확보할 수 있도록 한다.

3. 납부 기일 전 징수

가. 징수 대상 사유

시장·군수·구청장은 개발부담금 납부의무자가 다음 특정한 사유에 해당하는 경우, 납부 기일 전이라도 이미 부과된 개발부담금을 징수할 수 있다. 이는 부담금 회피를 방지하고 공공 재정의 안정성을 확보하기 위한 조치로서, 「개발이익 환수에 관한 법률」 제19조 제1항에 근거한다. 다음 하나에 해당하는 사유가 있을 때는 납부 기일 전이라도 이미 부과된 개발부담금을 징수할 수 있다. (법 제19조 제1항)

① 국세·지방세 그 밖의 공과금에 대하여 체납처분을 받은 경우
② 강제집행을 받은 경우
③ 파산선고를 받은 경우
④ 경매가 개시된 경우
⑤ 법인이 해산한 경우
⑥ 개발부담금을 포탈하려는 행위가 있다고 인정되는 경우
⑦ 개발부담금에 대한 납부 관리인을 두지 아니하고 국내에 주소나 거소(居所)를 두지 아니하게 된 경우

나. 납부 기일과 통지

시장·군수·구청장은 납부 기일 전에 징수하고자 하는 때에는 그 납부 기일을 부담금 고지일부터 5일 이상이 경과된 날로 하여야 하고, 그 고지서에는 납부 기일 전에 징수한다는 뜻과 납부 기일이 변경된 사실을 적어야 한다. (법 제19조 제2항, 영 제23조)

4. 납부의 연기 및 분할납부

가. 납부 연기 및 분할납부의 대상

시장·군수·구청장은 개발부담금의 납부의무자가 다음의 어느 하나에 해당하여 개발부담금을 납부하기가 곤란하다고 인정되면 대통령령으로 정하는 바에 따라 해당 개발사업의 목적에 따른 이용 상황 등을 고려하여 3년의 범위에서 납부 기일을 연기하거나 5년의 범위에서 분할납부를 인정할 수 있다. (법 제20조 제1항)

① 재해나 도난으로 재산에 심한 손실을 받은 경우
② 사업에 뚜렷한 손실을 본 경우
③ 사업이 중대한 위기에 처한 경우
④ 납부의무자 또는 그 동거 가족의 질병이나 중상해로 장기 치료가 필요한 경우
⑤ 부담금 부과 금액이 1천만원을 초과하고, 납부의무자가 국세기본법 제31조에 따른 담보를 제공하는 경우 (영 제24조 제3항)

나. 개발부담금 납부 기일 연기 및 분할납부 신청 절차

(1) 신청 절차

개발부담금 납부의무자가 납부 기일 연기 또는 분할납부를 원할 경우, 대통령령이 정한 절차에 따라 시장·군수·구청장에게 납부 기일 연기 또는 분할납부 사유를 기재한 납부 기일 연기신청서 또는 분할납부 신청서를 작성하여 제출해야 하며, 이를 통해 연기 또는 분할납부의 필요성을 입증해야 한다. (법 제20조 제2항, 영 제24조 제1항)

(2) 행정기관의 승인 절차

시장·군수·구청장은 납부기일 연기신청서 및 분할납부 신청서를 접수한 날로부터

30일 이내에 신청인에게 연기 또는 분할납부 승인 여부를 서면으로 통지해야 한다. 이 과정에서 신청 요건충족 여부를 검토한 후 최종 결정을 내린다. (영 제24조 제2항)

개발부담금 납부 기한의 연장 통지를 받지 못한 경우에는 원칙적으로 당초 고지서에 기재된 기한 내에 납부해야 한다. 「개발이익 환수에 관한 법률」 제21조 및 「지방세징수법」 제26조 등에 따라 납부기한 연장은 납부의무자의 신청 또는 행정청의 직권에 의해 가능하지만, 반드시 서면 통지로 확정되어야 효력이 발생한다.

따라서 연장 통지를 받지 못했다면 연장 효력은 인정되지 않으며, 기한을 넘겨 납부할 경우 가산금이 부과될 수 있다. 납부자는 연장 신청을 했음에도 불구하고 통지가 누락된 경우, 행정기관에 확인을 요청하거나 이의신청 절차를 통해 권리구제를 받을 수 있다.

다. 가산금의 징수

시장·군수·구청장은 납부를 연기한 기간 또는 분할납부로 납부가 유예된 기간이 1년 이상일 경우 그 1년을 초과하는 기간에 대해 개발부담금에 다음과 같이 산정한 금액을 가산하여 징수하여야 한다. (법 제20조 제3항, 영 제24조 제4항)

가산금 = 부담금 × 국토교통부 장관이 매년 결정·고시하는 이자율 × 납부를 연기한 기간 또는 분할납부로 납부가 유예된 기간

5. 납부지연에 따른 가산금

납부의무자(연대납부의무자, 제2차 납부의무자와 보증인을 포함)가 개발부담금을 납부기한까지 납부하지 아니하거나 납부하여야 할 개발부담금보다 부족하게 납부한 경우 및 체납한 개발부담금을 계속하여 납부하지 아니하는 경우에는 「지방세기본법」 제55조를 준용하여 가산금(납부 기한 1일 경과해도 미납부 부담금의 3%를 정액 부과)과 중가산금(미납부 부담금의 월 0.66%를 60개월 한도로 부과)을 다음의 계산식에 따라 산출한 합계금액을 가산금으로 부과한다. 다만, 국가 및 지방자치단체와 지방자치단체조합에 대해서는 가산금 및 중가산금이 부과되지 않는다.(지방세기본법 제55조 제1항, 제5항)

가산금 총액 = (미납부 개발부담금 × 3%) + (체납 개발부담금 × 0.66% × 체납 월수)

(1) 가산금

개발부담금을 납부 기한까지 납부하지 아니하거나 납부하여야 할 부담금보다 부족하게 납부한 경우에는 미납부한 개발부담금(개발이익환수법에 따라 가산하여 납부하여야 할 이자 상당액이 있는 경우 그 금액을 포함한다)의 3%에 해당하는 가산금이 부과된다. 납부 기한을 단 하루만 경과하여도 3%가 부과됨을 유의하여야 한다.(지방세기본법 제55조 제1항 제3호)

(2) 중가산금

① 납부 기한이 경과한 후에도 개발부담금을 계속하여 납부하지 아니하는 경우에는 미납부한 개발부담금(개발이익환수법에 따라 가산하여 납부하여야 할 이자 상당액이 있는 경우 그 금액을 포함한다)에 대해 납부 기한이 지난날부터 1개월이 지날 때마다 0.66%의 가산금이 추가로 부과된다. 단, 중가산금 부과기간은 최대 60개월을 초과할 수 없으며 1개월 미만은 없는 것으로 본다.(지방세기본법 제55조 제1항 제4호, 영 제34조 제2항)

② 납부고지서별 개발부담금이 45만원 미만일 경우 중가산금이 부과되지 않는다.(지방세기본법 제55조 제4항)

6. 체납 시 징수절차 및 결손처분

가. 독촉장 발부

시장·군수·구청장은 개발부담금 납부의무자가 지정된 기한 내에 개발부담금을 완납하지 않을 경우, 납부 기한이 지난 후 10일 이내에 독촉장을 발부해야 한다. (법 제21조 제1항)

납부의무자가 기한 내에 개발부담금을 납부하지 않을 경우, 체납된 금액에 대해 가산금이 부과되며, 체납 상태가 지속될 경우 강제징수 절차가 개시된다. 강제징수 조치에는 재산 압류, 공매, 급여 압류 등이 포함되며, 이는 납부의무자의 재정적 부담을 가중하는 결과를 초래할 수 있다.

나. 체납처분 및 일괄 징수

(1) 강제징수

시장·군수·구청장은 개발부담금 납부의무자가 독촉장을 받은 후에도 지정된 기한까지 개발부담금과 가산금을 완납하지 않을 경우, 「지방 행정제재·부과금의 징수 등에 관한 법률」에 따라 징수할 수 있다. (법 제22조 제1항)

이러한 강제징수 절차는 체납자의 재산 압류, 공매 등의 조치를 포함하며, 이를 통해 개발부담금의 징수를 더욱 효과적으로 수행할 수 있도록 한다. 또한, 체납 상태가 지속될 경우 신용정보 기관에 체납 사실이 통보될 수 있으며, 이에 따라 체납자의 금융거래 제한 등의 불이익이 발생할 수 있다.

(2) 부담금 우선징수 및 예외

개발부담금 및 가산금 등은 국세와 지방세를 제외한 그 밖의 채권에 우선하여 징수한다. 다만, 개발부담금 납부 고지일 전에 전세권, 질권 또는 저당권의 설정을 등기하거나 등록한 사실이 증명되는 재산을 매각할 때 그 매각 대금 중에서 개발부담금과 가산금 등을 징수하는 경우 그 전세권, 질권 또는 저당권으로 담보된 채권에 대해 그러하지 아니하다. (법 제22조 제2항)

(3) 분할 납부액의 체납 시 일괄 징수

분할납부가 인정된 개발부담금을 징수할 때 1회의 분할납부가 체납된 경우에는 체납처분 할 때 그 납부 기간 이후 분할 납부하여야 할 개발부담금과 가산금 등의 전액을 일괄하여 징수한다. (법 제22 제3항)

(4) 기부채납 미이행 시 부담금의 징수

납부의무자가 영 제12조 제1항 제5호에 따라 국가 또는 지방자치단체에 기부하기로 한 토지 또는 공공시설 등을 특별한 사유 없이 법 제18조에 따른 납부 기일까지 납부하지 아니하는 경우에는 납부 기일이 지난날부터 1개월 이내에 그 토지 또는 공공시설 등과 관련하여 개발비용으로 산입한 금액에 해당하는 부담금을 징수한다. 이 경우 부담금의 납부 기한은 부과 고지일부터 30일로 한다. (영 제20조 제2항)

다. 결손처분

(1) 개념

결손처분이란 개발부담금 등의 체납액이 징수 가능성이 없다고 판단되는 경우, 해당 체납액을 징수 대상에서 제외하는 행정 절차를 의미한다. 이는 체납자의 재산 상태, 채권 확보 가능성, 법적 절차 진행 여부 등을 종합적으로 검토하여 이루어지며, 불필요한 행정 비용을 절감하고 효율적인 조세 행정을 운영하기 위한 조치로 시행된다.

시장·군수·구청장은 체납자의 행방을 알 수 없거나 재산이 없다는 것으로 결손처분을 하려면 관할 세무서 등 관계 행정기관 등에 조회하여 그 체납자의 행방 또는 재산의 유무를 조사 확인해야 한다. 다만, 체납된 부담금이 10만원 미만인 경우는 제외한다.(영 제25조)

(2) 결손처분 사유

시장·군수·구청장은 체납자에게 다음의 어느 하나에 해당하는 사유가 있으면 결손처분을 할 수 있다.(법 제23조 제1항)

① 체납처분이 끝나고 그 체납액에 충당된 배분 금액이 체납액보다 부족할 때
② 제17조 제1항에 따라 소멸시효가 완성될 때
③ 체납처분의 목적물인 총재산의 추산 가액이 체납처분비에 충당하고 잔액이 생길여지가 없는 때
④ 체납자의 행방을 알 수 없거나 재산이 없다는 것이 밝혀져 체납액을 징수할 가망이 없는 때

(3) 결손처분의 취소

시장·군수·구청장은 결손처분을 한 후 압류할 수 있는 다른 재산을 발견하면 지체없이 그 처분을 취소하고 체납처분을 하여야 한다. 다만, 징수권의 소멸시효가 완성된 경우에는 그러하지 아니하다.(법 제23조 제2항)

7. 개발부담금의 환급

시장·군수·구청장은 개발부담금의 재 산정, 행정심판 또는 소송 결과 과오납이 확인된 경우, 납부일부터 환급 결정일까지의 이자를 포함하여 환급해야 한다. 이는 「국세

기본법 시행령」에 따른 기본이자율을 적용하여 계산된다. 또한, 납부의무자가 부과일로부터 6개월 이내에 개발부담금을 완납하면, 조기 납부에 따른 일정 금액을 환급할 수 있다. 이는 조기 납부를 유도하고 재정 운영의 안정성을 확보하기 위한 조치이다.

가. 과오납금의 환급

시장·군수·구청장은 개발부담금을 재 산정 후 이미 납부한 금액 중 차액을 환급하는 경우와 행정심판 등에 따라 이미 납부된 부담금 중에 과오납금이 발생한 경우에는 부담금의 납부일부터 지급 결정을 하는 날까지의 기간에 대하여 「국세기본법 시행령」 제43조의3 제2항 본문에 따른 기본이자율에 따라 계산한 금액을 더하여 지급한다. (영 제15조의2 제3항, 영 제20조 제3항)

관련법령 | 국세환급 가산금 (「국세기본법 시행령」 제43조의3 제2항 본문)

법 제52조 제1항에서 "대통령령으로 정하는 이자율"이란 시중은행의 1년 만기 정기예금 평균 수신 금리를 고려하여 기획재정부령으로 정하는 이자율을 말한다.

나. 조기 납부에 따른 환급

시장·군수·구청장은 개발부담금의 납부의무자가 부과 일로부터 6개월 이내에 개발부담금의 납부를 완료한 경우에는 부과 일로부터 납부일까지 기간 등을 고려하여 다음 방법에 따라 산정된 금액을 납부의무자에게 되돌려줄 수 있다.

조기 납부 환급액은 국토교통부 장관이 매년 고시하는 이자율(시중은행의 1년 만기 정기예금 평균 수신 금리 기준)을 적용하여 산정되며, 조기 납부 일수에 비례하여 계산된다. 단, 납부 연기 또는 분할납부를 받은 경우에는 조기 납부 환급이 적용되지 않으며, 환급액이 10만원 미만인 경우에는 환급하지 않는다. (법 제18조의2, 영 제22조의2)

부담금 환급액 = 납부 금액 × 요율(%) × (조기 납부 일수 / 365일)

(비고1) "요율"이란 시중은행의 1년 만기 정기예금 평균 수신금리를 고려하여 국토교통부장관이 매년 결정·고시하는 이자율을 말한다.

(비고2) "조기 납부 일수"란 법 제18조 제1항에서 정한 6개월의 납부기한에서 부과일부터 납부일까지의 일수를 제외하고 남은 일수를 말한다.

제3절 물 납

물납(物納)은 납세자가 현금 대신 부동산(토지 또는 건축물)으로 조세나 부담금을 납부하는 제도로, 일정한 법적 요건을 충족할 경우 국가 또는 지방자치단체가 이를 수납할 수 있는 제도적 장치이다. 이는 납세자의 현금 유동성 부족을 완화하고, 공공기관이 필요한 부동산을 확보할 수 있도록 하는 역할을 한다.

개발부담금의 경우, 납부의무자가 현금 납부가 어려운 경우 부과대상토지나 이와 유사한 재산을 대신 물납으로 제공할 수 있으며, 해당 재산은 감정평가를 통해 적정 가치가 산정된 후 물납 여부가 결정된다. 물납 신청 절차는 일정한 기준에 따라 진행되며, 시장·군수·구청장의 승인을 받아야 한다.

1. 물납의 신청과 통지

가. 물납 신청

시장·군수·구청장은 개발부담금의 납부 수단으로 해당 부과대상토지 및 유사한 토지 또는 건축물의 물납(物納)을 인정할 수 있다. 물납을 신청하려는 납부의무자는 부담금의 금액, 물납 대상 부동산의 소재지, 면적, 위치 및 가격 등의 정보를 포함한 물납 신청서를 시장·군수·구청장에게 제출해야 한다. (법 제18조 제2항 단서, 영 제22조 제1항)

나. 결과 통지

시장·군수·구청장은 물납 신청서를 접수한 날로부터 30일 이내에 국토교통부령에 따라 물납 수납 여부를 결정하고, 그 결과를 서면으로 신청인에게 통지해야 한다. (영 제22조 제2항)

2. 물납청구의 제한

물납하려는 부동산 가액이 개발부담금 부과 금액을 초과할 수 없으며 납부의무자는 부과 금액과 물납 부동산 가액과의 차액을 현금으로 내야 한다. (영 제22조 제3항, 규칙 제16조 제3항)

시장·군수·구청장은 영 제22조 제1항에 따른 물납신청을 받은 경우 토지(개발부담금 부과대상토지 또는 이와 유사한 토지) 또는 건축물로서 지방자치단체가 직접 사용할 수 있거나 처분이 가능한 토지에 한정하여 물납을 인정할 수 있다.

다만, 다음의 어느 하나에 해당하는 경우에는 물납 대상에서 제외한다.

① 물납하려는 토지의 가액과 건축물의 가액을 합한 금액이 개발부담금 부과 금액을 초과하는 경우
② 물납하려는 토지 또는 건축물에 도시·군 계획시설이 결정·고시되어 있는 경우.
다만, 지방자치단체가 직접 사용하기 위한 토지 또는 건축물에 대해서는 물납을 인정할 수 있다.
③ 물납하려는 토지에 저당권·가등기담보권·가압류·지상권 등이 설정되어 있는 경우
④ 물납하려는 토지에 건물, 공작물, 수목 또는 분묘가 있는 경우
⑤ 건축물이 속한 토지를 제외하고 건축물만 물납하려는 경우

3. 물납 부동산의 가액 산정

물납 부동산의 가액은 다음과 같이 산정한다. (영 제22조 제4항)

구 분	산정기준
토지	부과종료시점 당시의 개별공시지가(물납 토지가 부과대상토지인 경우에는 종료시점지가)에 부과종료시점부터 제2항에 따라 서면으로 알린 날까지의 정상지가상승분을 합한 금액
건축물 (주택과 부수 토지 포함)	부과종료시점 당시의 시가표준액
개별공시지가, 시가표준액이 없는 경우	감정평가 금액

다만 개별공시지가 또는 시가표준액이 없는 경우의 물납 부동산 가액은 시장·군수

· 구청장이 지정하는 「감정평가 및 감정평가사에 관한 법률」 제2조 제4호에 따른 감정평가업자가 감정평가한 금액으로 하며, 이 경우 감정평가수수료는 납부의무자 부담으로 함. (영 제22조 제5항, 개발부담금 부과·징수 업무처리규정 제11조의13)

4. 차액의 정산

납부의무자는 개발부담금을 물납(物納) 방식으로 납부하는 경우, 부과된 개발부담금 총액과 제공하는 부동산(토지 또는 건축물)의 감정평가액 간에 차액이 발생하면 해당 차액을 현금 또는 신용카드 등의 결제 수단을 통해 추가로 납부해야 한다. 이는 개발이익 환수의 공정성을 유지하고, 물납 재산의 가액이 과다 또는 과소 평가되는 것을 방지하기 위한 조치이다. (영 제22조 제3항)

제4절 추 징

가. 개발사업의 목적 용도로 사용하지 않는 경우

(1) 추징 사유

개발부담금 감면 대상 사업(다른 법률에서 감면 대상으로 정한 사업을 포함한다)을 시행한 후 특별한 사유 없이 부과종료시점 후 5년 이내에 토지를 해당 개발사업의 목적 용도로 이용하지 아니하는 등 아래의 사유가 있으면 부과권자는 감면한 개발부담금을 징수한다. (법 제16조 제1항, 영 제21조 제1항·제2항·제3항)

① 당초 개발사업의 목적 용도와 다른 용도로 토지를 이용하는 경우

② 당초 개발사업의 목적 용도 외의 용도로 토지를 이용하려는 자에게 그 토지를 양도하는 경우

(2) 감면분 추징 배제 사유

① 천재지변이나 그 밖에 이와 유사한 사유로 해당 재산에 현저한 손실을 본 경우
② 기업의 도산 등으로 개발사업을 계속하는 것이 곤란한 경우

(3) 추징 절차

1) 경감분 추징

시장·군수·구청장은 경감한 부담금을 추징하려면 해당 사유가 발생한 날부터 15일 이내에 경감한 부담금에 대한 납부고지서를 납부의무자에게 보내야 한다. 이 경우 추징하는 부담금에 대한 납부 기한은 고지일부터 30일로 한다. (영 제21조 제4항)

2) 면제분 추징

시장·군수·구청장은 면제한 부담금을 추징하려면 해당 사유가 발생한 날부터 15일 이내에 납부의무자에게 추징을 통보해야 하며, 납부의무자는 통보를 받은 날부터 30일 이내에 개발비용 산정에 필요한 명세서를 시장·군수·구청장에게 제출해야 한다. (영 제21조 제5항)

나. 기부채납 미이행 한 경우

납부의무자가 영 제12조 제1항 제5호에 따라 국가 또는 지방자치단체에 기부하기로 한 토지 또는 공공시설 등을 특별한 사유 없이 법 제18조에 따른 납부 기일까지 기부하지 아니하는 경우에는 납부 기일이 지난날부터 1개월 이내에 그 토지 또는 공공시설 등과 관련하여 개발비용으로 산입한 금액에 해당하는 부담금을 징수한다. 이 경우 부담금의 납부 기한은 부과 고지일부터 30일로 한다. (영 제20조 제2항)

제5절 부과제척기간 및 징수권 소멸시효

1. 개발부담금의 제척기간

가. 제척기간의 개념

제척기간이란 법률이 정한 특정 행위의 법적 권한이 일정 기간이 지나면 자동으로 소멸하는 것을 의미한다. 개발부담금의 경우, 국가 또는 지방자치단체는 법에서 규정한 기한 내에만 부담금을 부과할 수 있으며, 해당 기간이 경과하면 부과 권한이 소멸한다. 이는 행정 절차의 예측 가능성을 높이고, 납세자의 법적 안정성을 보호하는 동시에, 장기간 미부과로 인한 법적 혼란을 방지하기 위한 제도적 장치이다.

나. 원칙적인 제척기간

개발부담금의 일반적인 제척기간은 부과할 수 있는 날로부터 5년이며, 해당 기간이 경과하면 법적으로 부과할 수 있는 권리가 소멸한다. 즉, 부과 사유가 발생한 후 5년이 지나면 국가 또는 지방자치단체는 개발부담금을 부과할 수 없다. (법 제15조 제2항 전단)

다. 제척기간의 기산일

제척기간의 기산일은 법적 권리의 행사 가능 기간이 언제부터 시작되는지를 결정하는 기준점을 의미한다. 이는 법률이 정한 일정한 기간 내에 행정기관이 권리를 행사하지 않으면 해당 권리가 소멸하는 법적 효력을 발생시키기 때문에 중요한 개념이다.

제척기간의 기산일은 일반적으로 과세 요건이 충족된 시점, 법적 의무가 발생한 날, 또는 행정청이 과세 또는 부과할 수 있는 권리를 행사할 수 있게 된 날을 기준으로 설정된다. 다만, 관련 법령에 따라 예외적으로 기산일이 달라질 수 있으며, 납세자의 신고 여부, 부과 처분의 성격 등에 따라 적용 방식이 다를 수 있다.

법 제15조 제3항에 따른 개발부담금을 부과할 수 있는 기한은 다음과 같이 규정된다.

① 개발사업이 종료된 경우 : 전체 개발사업이 끝난 날로부터 5개월이 경과한 날
② 부담금이 추징되는 경우 : 부담금 추징 사유가 발생한 날로부터 5개월이 경과한 날
③ 기타의 경우 : 부과종료시점으로부터 5개월이 경과한 날

라. 제척기간의 특례(행정심판 및 소송의 경우)

개발부담금 부과에 대해 행정심판이나 소송이 제기된 경우, 원칙적인 5년의 제척기간이 만료되더라도, 해당 재결이나 판결이 확정된 날로부터 1년 이내에는 개발부담금을 정정하여 부과하거나 필요한 처분을 할 수 있다.(법 제15조 제2항) 이는 행정 및 사법 절차가 진행되는 동안 부과권이 소멸하는 것을 방지하기 위한 조치이다.

2. 개발부담금의 징수권 소멸시효

가. 소멸시효의 개념

소멸시효란 일정 기간 권리를 행사하지 않을 경우, 그 권리가 소멸하는 것을 의미한다. 개발부담금의 경우, 국가 또는 지방자치단체가 부과한 부담금을 징수할 수 있는 기간이 정해져 있으며, 이 기간이 경과 하면 더 이상 부담금을 징수할 수 없게 된다.

나. 징수권의 소멸시효 기간

개발부담금을 징수할 수 있는 권리는 부과 고지일부터 5년간 행사되지 않으면 소멸시효가 완성된다. 즉, 행정청이 5년 이내에 개발부담금을 징수하지 않으면 납부의무자는 더 이상 부담금을 납부할 법적 의무가 없다.(법 제17조 제1항)

또한, 납부 기일 연기 또는 분할납부가 승인된 경우 해당 기간 동안 소멸시효는 진행되지 않는다. 이는 과세권자의 법적 안정성을 보장하기 위한 조치이다.(법 제17조 제4항)

소멸시효와 관련하여 법률에서 특별히 규정한 사항이 없는 경우에는 「민법」의 소멸시효 규정을 준용한다.(법 제17조 제6항)

다. 소멸시효의 중단 및 재 기산

개발부담금 징수권의 소멸시효는 원칙적으로 5년이지만 다음과 같은 법적 절차가 진행되는 경우 중단된다. 소멸시효가 중단되면 기존에 진행되던 시효가 소멸하고, 해당 사유가 종료된 이후 새로운 소멸시효가 새로 진행된다. (법 제17조 제2항 및 제3항)

이는 국가 및 지방자치단체의 징수권을 보호하고, 납부의무자가 행정 절차를 악용하여 부담금을 회피하는 것을 방지하기 위한 조치이다.

소멸시효 중단 사유	재 기산일
1. 납부 고지 2. 납부 독촉 3. 교부 청구 4. 압류	1. 고지한 납부 기간 2. 독촉으로 재설정된 납부 기간 3. 교부 청구 중의 기간 4. 압류 해제까지의 기간

라. 환급청구권의 소멸시효 및 중단 사유

개발부담금이 과오납 되었을 경우, 납부의무자는 환급을 청구할 수 있으나 과오납금을 환급받을 권리는 행사할 수 있는 시점부터 5년간 행사하지 아니하면 소멸시효가 완성된다. (법 제17조 제1항)

납부자가 환급을 신청하면 소멸시효는 중단되며, 환급과 관련된 행정심판이나 소송이 진행되는 경우, 그 절차가 종료될 때까지 소멸시효가 일시 정지된다.

마. 소멸시효 중단 및 재 기산의 법적 효과

소멸시효가 중단되면 기존 시효는 소멸하고, 중단 사유가 종료된 날을 기준으로 새로운 소멸시효가 다시 시작된다. 따라서 납부의무자는 행정 절차의 진행 여부를 주의깊게 살펴야 하며, 환급 청구권자 또한 법정 기한 내에 권리를 행사해야 한다.

바. 소멸시효의 정지

(1) 소멸시효의 정지 개념

소멸시효의 정지는 일정한 사유로 인해 시효의 진행이 일시적으로 멈추는 것을 의미한다. 이는 행정적 또는 법적 절차가 진행되는 동안 채권자의 권리를 보호하고, 권리 행사 기회를 보장하기 위한 법적 장치로 작용한다.

즉, 행정적 심판이나 사법적 소송이 진행되는 동안 소멸시효의 기간은 정지되며, 해당 절차가 완료되기 전까지는 새로운 시효가 진행되지 않는다. 심판이나 소송이 종료된 이후에는 남은 소멸시효 기간이 다시 진행되므로, 법적 절차가 종료된 시점을 기준으로 시효가 재개된다.

(2) 환급청구권과 소멸시효의 정지

개발부담금과 관련된 환급청구권의 경우, 납부의무자가 환급을 신청하면 해당 청구가 접수된 시점부터 소멸시효가 중단된다. 또한, 환급 청구와 관련하여 행정심판 또는 소송이 제기된 경우, 그 절차가 진행되는 동안 소멸시효는 정지된다. 즉, 행정적 또는 사법적 심리가 진행되는 동안 소멸시효의 기간은 새롭게 계산되지 않으며, 심판이나 소송이 종료된 이후부터 남은 기간의 소멸시효가 다시 진행된다.

【제척기간과 소멸시효의 비교】

구 분	개 념	기 간	주요내용
제척기간	행정기관이 개발부담금을 부과할 수 있는 법정 기간	부과 할 수 있는 날부터 5년	기한이 지나면 부과 자체가 불가능함
소멸시효	부과된 개발부담금을 징수할 수 있는 법정 기간	부과 고지 후 5년	시효가 경과하면 징수 불가능, 독촉 등으로 중단 가능

| 질의회신 및 판례

질의회신

제1절 부담금의 부과

1. 대상 사업의 고지

가. 준공 인가일

[질의 요지]

「개발이익 환수에 관한 법률 시행규칙」 제15조의2*에서는 시장·군수·구청장은 개발사업의 승인 후 15일 이내에 대상 사업의 고지를 해야 한다고 하고 있습니다.
알림의 통지 사항도 아닌 의무 사항으로 규정하고 있습니다.
그렇다면 이 시장·군수·구청장이 이 의무를 지키지 않았을 때 어떻게 되는지

* 현 「개발이익 환수에 관한 법률 시행규칙」 제22조(대상 사업의 고지) ① 영 제27조에 따른 대상 사업의 고지는 법 제25조 제1항에 따른 인가 등이 통보된 날부터 15일 이내에 하여야 한다.

➲ 회신 내용

「개발이익 환수에 관한 법률」 제15조 제2항의 규정에 의하면 개발부담금은 이를 부과 고지할 수 있는 날부터 5년이 경과한 후에는 이를 부과할 수 없도록 되어 있습니다. 같은 법 시행규칙 제15조의2 규정에 따라 대상 사업을 고지를 하지 않았다고 하더라도 부과 징수할 수 없는 것은 아닙니다.

[질의 요지]

1. 당 법인은 건축법에 의한 문화 및 집회시설 중 전시장으로 규모 1만평 이상에 해당되는 사업 규모로 2006년에 인허가를 받았습니다. 개발부담금 대상에서 제외되는 것이 아닌지요
2. 개발사업의 승인이 있은 후 15일 내 개발부담금의 부과대상의 고지가 없었습니다. 부과대상에서 제외되는 것인지요

회신 내용

1. 건축법 시행령 별표1 문화 및 집회시설 중 마목의 전시장인 경우는 개발부담금 부과대상이 되지 않습니다.

2. 「개발이익 환수에 관한 법률」 제14조의 규정에 의거 개발부담금은 부과종료시점부터 3월 이내(법률 제12245호, 2014.1.14., 일부개정으로 5개월로 변경됨)에 결정·부과하도록 되어 있으나, 같은 법 제15조 제2항에는 개발부담금은 이를 부과고지 할 수 있는 날부터 5년이 경과한 후에는 부과할 수 없다고 규정되어 있으므로, 가령 부과종료시점부터 3월이 경과 되었다하여 개발부담금을 부과할 수 없는 것은 아니고 개발부담금을 부과고지 할 수 있는 날부터 5년이 경과 되지 않는 한 개발부담금 부과가 가능합니다.

2. 부담금의 결정·부과

(1) 개발부담금 부과기간의 법적성질

[질의 요지]

1. 「개발이익 환수에 관한 법률」 제14조에서 건설교통부 장관은 부과종료시점 3개월 이내에 개발부담금을 결정 부과하여야 한다는 의미는?
2. 「개발이익 환수에 관한 법률」 제20조에 의하면 납부의무자는 건설교통부령이 정하는 바에 의하여 제11조의 규정에 의한 개발비용 산정 내역서를 제출하여야 한다고 규정하고 있는데 이 규정에서 납부의무자는

회신 내용

가. 질의1에 대하여

「개발이익 환수에 관한 법률」 제14조 제1항의 규정에 의거 건설교통부 장관은 부

과종료시점부터 3월 이내(법률 제12245호, 2014.1.14., 일부개정으로 5개월로 변경됨)에 개발부담금을 결정·부과하여야 한다고 규정하고 있는바, 이 규정은 부과권자에 대한 의무 규정일 뿐 납부의무자의 부담금 납부의무가 소멸한다는 의미는 아니므로, 납부의무자는 같은 법 제15조 제2항의 규정에 따른 부과고지 할 수 있는 날부터 5년이 경과 되지 않는 한 부담금의 납부의무가 있다고 보아야 함.

나. 질의 2에 대하여

같은 법 제6조의 규정에 의거 개발부담금 부과대상사업의 시행자는 같은 법 시행령 제20조의2의 규정에 의한 대상 사업의 고지 여부에 불구하고 개발부담금 납부의무자로서 자료제출 의무가 있음.

(2) 대규모 개발사업의 개발이익 산정

[질의 요지]

「개발이익 환수에 관한 법률 시행령」 제13조 제4항에 의하면 대규모개발사업에 대하여 부담금을 부과하는 경우에는 전체 개발사업이 완료된 후에 준공 전 부과종료시점에 해당하는 토지별로 부담금을 산정하여 부과 할 경우의 처리

➲ **회신 내용** (토정 58383-1024, 1998.6.29.)

「개발이익 환수에 관한 법률」 제14조 제1항 단서 및 같은 법 시행령 제13조 제4항*(현 시행령 제15조 제3항)의 규정에 의하면, 개발부담금을 결정 부과함에 있어 당해 사업이 대규모 사업의 일부에 해당되어 준공 전 부과종료시점이 도래된 토지에 대한 개발비용의 내역서를 제출할 수 없는 경우에는 전체 개발사업이 완료된 후에 개발비용 내역서를 제출하여 각각 준공된 토지별로 부담금을 산정하여 부과할 수 있도록 되어 있는바,

이 경우 부담금 산정은 각각의 준공시점을 기준으로 산정한 부과종료시점의 토지가액의 합계액에 전체 부과개시시점의 가액 및 개발비용과 정상지가상승분을 공제하여 산정하여야 하는 것임.

* **제13조 (부과기준과 부담금의 예정 통지)** ④ 건설교통부 장관은 법 제14조 제1항 단서에 해당하는 사업에 대하여 부담금을 부과하는 경우에는 전체 개발사업이 완료된 후에 법 제9조 제3항 각호의 1에 해당하는 토지별로 부담금을 산정하여 부과할 수 있다.

(3) 개발부담금 결정·부과 유예 가능 여부

[질의 요지]

양도소득세를 개발비용으로 포함하기 위해 지목변경 처리 지연에 따른 개발부담금 결정·부과의 유예가 가능한지?

➲ **회신 내용** (토지정책과-2480, 2017.4.12.)

「개발이익 환수에 관한 법률」 제14조에 따르면 부과종료시점(개발부담금 부과대상 개발사업의 준공인가일 등)부터 5개월 이내에 결정·부과하게 되며, 동법 제20조 제1항 각호의 어느 하나에 해당될 경우 납부 연기 또는 분할 납부는 가능하나, 개발부담금 결정·부과 유예에 대해서는 개발이익 환수 법령에서 별도로 규정하고 있지 아니함을 알려 드립니다.

(4) 추징

개발부담금 추징 대상 여부

[질의 요지]

중소기업 기본법 제2조 제1항에 해당하는 중소기업 甲(부동산 및 임대업, 제조업 등록)이 연접한 나지 1,953㎡를 취득하여 '14.5.19 연접사업으로 4필지를 적법한 허가를 거쳐 공장부지로 준공하고 그 부지 위에 4개의 공장을 건축하여 준공 후 乙, 丙, 丁에게 매매하였음이 경우 갑이 개발이익환수법 제7조 제2항 제3호의 개발부담금 50% 경감대상인지와 5년 이내에 타인에게 매도하였으므로 개발부담금 추징 대상이 되는지 여부

➲ **회신 내용** (토지정책과-6088호, '14.9.30.)

「개발이익 환수에 관한 법률」 제7조 제2항 제3호에 따르면 "「중소기업기본법」 제2조 제1항에 따른 중소기업이 시행하는 공장용지조성사업은 개발부담금의 50%를 경감하도록 규정하고 있습니다.

또한, 「개발이익 환수에 관한 법률」 제16조 및 동법 시행령 제21조 제3항 제2호에 따르면 개발부담금 감면 대상 사업을 시행한 후 특별한 사유 없이 부과종료시점 후 5년 이내에 당초 개발사업의 목적용도 외의 용도로 토지를 이용하려는 자에게 그 토지를 양도하는 경우에는 개발부담금의 추징 대상으로 규정하고 있습니다.

따라서, 귀 질의의 경우 乙, 丙, 丁이 甲과 동일한 법 제7조 제2항 제3호의 중소기업요건을 충족하고 있고 당초 개발사업의 목적 용도로 토지를 이용하는 경우라면, 추징 대상이 아님을 알려 드리니 귀 군에서 구체적인 사실관계를 파악하여 처리하여 주시기를 바랍니다.

개발부담금 추징 대상 여부

[질의 요지]

A가 지방세특례제한법 제58조의3 제1항에 의거 감면받은 토지에 대하여 2년 이내에 미사용한 사실을 근거로, 「개발이익 환수에 관한 법률 시행령」 제21조 제3항에 따른 "당초 개발사업의 목적 용도와 다른 용도로 토지를 이용하는 경우"와 "당초 개발사업의 목적용도 외의 용도로 토지를 이용하려는 자에게 그 토지를 양도하는 경우"로 보아 이미 면제한 개발부담금을 추징하여야 되는지?

회신 내용 (토지정책과-8403, 2016.10.17.)

「개발이익 환수에 관한 법률」 제7조 제3항 제2호의 규정에 따르면 중소기업창업지원법에 따라 사업계획 승인을 받아 시행하는 공장용지 조성 사업은 제2항의 규정에도 불구하고 개발부담금을 면제하도록 하고 있습니다.

이는 「중소기업창업 지원법」은 중소기업의 설립을 촉진하고 성장 기반을 조성하여 중소기업의 건전한 발전을 통한 건실한 산업구조의 구축을 위한 것으로써, 범정부적인 협력 지원을 위하여 개발부담금을 면제하고 있는 것입니다.

또한, 「개발이익 환수에 관한 법률」 제16조 및 같은 법 시행령 제21조 제3항 제1호에 따르면 개발부담금 감면 대상 사업을 시행한 후 특별한 사유 없이 부과종료시점 후 5년 이내에 당초 개발사업의 목적 용도와 다른 용도로 토지를 이용하는 경우에는 개발부담금의 추징 대상으로 규정하고 있고, 「중소기업창업 지원법」 제37조 제1항 제3호의 규정에 따르면 사업계획의 승인을 받은 공장용지를 다른 사람에게 임대하거나 공장이 아닌 용도로 활용하는 경우 사업계획 승인을 취소할 수 있도록 규정하고 있습니다.

따라서, 상기 법령에 따라 중소기업이 사업계획 승인을 받아 시행하는 공장용지 사업에 대한 개발부담금 면제에 대한 입법취지를 고려할 경우 부과종료시점 이후 5년 이내에 공장부지(공장)를 임대하거나, 공장이 아닌 다른 용도로 활용할 경우에는

당초 면제 받은 개발부담금 전부를 추징하여야 하여야 하나,

귀 질의의 사례와 같이 공장용지 조성 사업을 완료한 후 공장부지를 다른 사람에게 임대하거나, 다른 용도(공장 이외의 용도)로 사용하지 않고 있는 상태에서 단지 공장이 공실 상태에 있거나 미사용하고 있는 사유만으로는 상기 추징 사유에 해당하지 않은 것으로 판단되나, 추징 여부에 대한 최종 판단은 귀 군에서 관계 법령 및 현장조사 등 사실관계를 조사하여 귀 군에서 결정하시기를 바랍니다.

※ [법제처 법령해석, 17-0189, 2017.9.13. "공장을 제3자에게 임대한 경우에 감면한 개발부담금을 추징하여야 하는지 여부 등"]

개발부담금 면제 개발사업(중소기업 창업) 추징 여부

[질의 요지]

1) 중소기업창업 지원법에 따른 사업계획 승인 취소사유*에 해당하면 개발부담금 추징 대상 여부?

   * 사업계획 승인 받은 공장용지를 다른 사람에게 임대하거나 공장이 아닌 용도로 활용 등

2) 「개발이익 환수에 관한 법률 시행령」 제21조(부담금의 추징)에 규정한 목적 용도는 인허가 및 사용승인에 의한 건물 자체의 객관적인 용도인지 실제 이용 상황에 의한 것인지

3) 중소기업창업 지원법에 의한 사업계획 승인 취소사유 발생 시 창업지원법 관련 부서에의 인허가 취소 등 통보에 의해 추징하여야 하는 것인지?

회신 내용 (토지정책과-3645, 2016.5.23.)

[질의 1, 2]

「개발이익 환수에 관한 법률」 제7조 제2항 제3호에 따르면 수도권 외의 지역에서 중소기업기본법 제2조 제1항에 따른 중소기업이 시행하는 공장용지 조성 사업은 개발부담금의 50%를 경감 하도록 규정하고 있으나, 같은 법 제7조 제3항 제2호의 규정에 따르면 중소기업창업 지원법에 따라 사업계획 승인을 받아 시행하는 공장용지 조성 사업은 제2항의 규정에도 불구하고 개발부담금을 면제하도록 규정하고 있습니다.

이는 「중소기업창업 지원법」은 중소기업의 설립을 촉진하고 성장 기반을 조성하여 중소기업의 건전한 발전을 통한 건실한 산업구조의 구축을 위한 것으로써, 범정부적인 협력 지원을 위하여 개발부담금을 면제하고 있는 것입니다.

또한, 「개발이익 환수에 관한 법률」 제16조 및 같은 법 시행령 제21조 제3항 제1호

에 따르면 개발부담금 감면 대상 사업을 시행한 후 특별한 사유 없이 부과종료시점 후 5년 이내에 당초 개발사업의 목적 용도와 다른 용도로 토지를 이용하는 경우에는 개발부담금의 추징 대상으로 규정하고 있고, 「중소기업창업 지원법」 제37조 제1항 제3호의 규정에 따르면 사업계획의 승인을 받은 공장용지를 다른 사람에게 임대하거나 공장이 아닌 용도로 활용하는 경우 사업계획 승인을 취소할 수 있도록 규정하고 있습니다.

따라서, 상기 법령에 따라 중소기업이 시행하는 공장용지 사업에 대한 개발부담금 면제에 대한 입법취지를 고려할 경우 부과종료시점 이후 5년 이내에 공장부지(공장)를 임대하거나, 공장이 아닌 다른 용도로 활용할 경우에는 당초 면제 받은 개발부담금 전부를 추징하여야 할 것으로 판단되며,

개발이익 환수 법령에서 추징 사유로 규정한 목적 용도와 다른 용도는 건물(공장) 자체의 객관적 이용 상황 (건축물대장 등에 공장으로 기재) 뿐만 아니라 실제 이용 상황(공장 아닌 다른 용도로 활용)도 함께 고려하여야 할 것으로 판단됩니다.

[질의 3]

중소기업창업 지원법 등 관련 인허가 부서의 사업계획 승인 취소 등의 통보가 없더라도 개발부담금 징수부서 등 타 부서(기관)의 현장 조사 등에 의해 개발부담금 추징 사유(목적 용도와 다른 용도로 이용 등) 적발된 경우에도 개발부담금을 추징하여야 할 것으로 판단됨을 알려 드립니다.

개발부담금 면제 개발사업(중소기업 창업) 추징 여부

[질의 요지]

A라는 법인이 중소기업 창업('13.8.30.)을 사유로 개발부담금을 면제 받고, '15.4.15. 공장 설립 완료 신고 및 공장등록을 마친 상태에서 '15.6.18. A 법인이 B 법인으로 흡수합병 되고 해당 토지는 B 법인이 운영하는 공장부지로 이용되고 있다면 A 법인에게 개발부담금을 추징하여야 하는지?

회신 내용 (토지정책과-9479, 2015.12.14.)

「개발이익 환수에 관한 법률」 제7조 제2항 제3호에 따르면 수도권 외의 지역에서 「중소기업기본법」 제2조 제1항에 따른 중소기업이 시행하는 공장용지 조성 사업은 개발부담금의 50%를 경감하도록 규정하고 있으나, 같은 법 제7조 제3항 제2호의 규

정에 따르면 중소기업창업 지원법에 따라 사업계획 승인을 받아 시행하는 공장용지 조성 사업은 제2항의 규정에도 불구하고 개발부담금을 면제하도록 하고 있습니다.

이는 「중소기업창업 지원법」은 중소기업의 설립을 촉진하고 성장 기반을 조성하여 중소기업의 건전한 발전을 통한 건실한 산업구조의 구축을 위한 것으로써, 범정부적인 협력 지원을 위하여 개발부담금을 면제하고 있는 것입니다.

또한, 「개발이익 환수에 관한 법률」 제16조 및 같은 법 시행령 제21조 제3항 제2호에 따르면 개발부담금 감면 대상 사업을 시행한 후 특별한 사유 없이 부과종료시점 후 5년 이내에 당초 개발사업의 목적용도 외의 용도로 토지를 이용하려는 자에게 그 토지를 양도하는 경우에는 개발부담금의 추징 대상으로 규정하고 있습니다.

따라서, 귀 시에서 질의한 추징 여부에 대하여는 「중소기업창업 지원법」에 따른 사업계획승인을 받아 공장용지를 조성하는 사업에 대한 개발부담금 면제에 관한 입법취지도 함께 고려할 경우 비록 B 법인이 비록 중소기업이고 A 법인이 조성한 공장용지를 이용하더라도 B 법인이 「중소기업창업 지원 법령」상의 창업 요건을 갖춘 기업이 아니라면 추징 대상으로 판단됨을 알려 드립니다.

3. 부담금의 고지 전 심사청구

가. 부담금의 부과 기한

[질의 요지]

주택조합이 주택건설사업을 시행하여 '91.12.18. 건축물 준공검사 필증을 교부하였으나 준공 당시의 「개발이익 환수에 관한 법률」에는 개발부담금 부과고지 할 수 있는 기간이 규정되지 않아('93.6.11. 법 제15조 제2항 신설 : 5년) 지금이라도 부과 고지하여 채권을 확보하고자 하며,

주택건설사업계획 승인 시 승인 조건에 준공 시 개발부담금을 납부하여야 한다는 조건을 부여 했음에도 주택조합이 납부하지 않고 임의로 해산했으므로 이를 국세기본법 제26조의2(국세 부과의 제척기간) 제1항 제1호의 납세자가 사기 기타 부정한 행위로 국세를 포탈하거나 환급·공제받는 경우로 인정하여 부과고지의 제척기간을 10년으로 적용 주택조합에 개발부담금을 부과고지 할 수 있는지

➲ **회신 내용** (토정 58383-1388, 1998.9.1.)

「개발이익 환수에 관한 법률」 제15조 제2항의 규정에 의거 개발부담금은 이를 고

지 할 수 있는 날부터 5년이 경과한 후에는 부과할 수 없다고 되어 있으나, 이는 어떠한 경우라도 5년이 경과하면 개발부담금을 부과하지 못한다는 의미가 아니라 소송이나 납부고지 및 독촉 등 일정한 사유가 있는 경우에는 그 시효가 중단되는 것으로 보아야 함.

[질의 요지]

사업이 준공된 후 1년이 경과된 시점에서 개발부담금 부과 통지를 할 수 있는지

➲ 회신 내용 (토재 58307-274, '97.4.23.)

「개발이익 환수에 관한 법률」 제14조의 규정에 의거 개발부담금은 부과종료시점부터 3월 이내에 결정·부과하도록 되어 있으나, 같은 법 제15조 제2항에는 개발부담금은 이를 부과 고지할 수 있는 날부터 5년이 경과한 후에는 부과할 수 없다고 규정되어 있으므로, 설사 부과종료시점부터 3월이 경과 되었다 하여 개발부담금 부과를 할 수 없는 것이 아니고 개발부담금을 부과고지 할 수 있는 날부터 5년이 경과 되지 않는 한 개발부담금 부과가 가능함.

[질의 요지]

개발부담금의 납부독촉은 1차 독촉장을 발부한 후 지정된 기한까지 징수금을 완납하지 않을 경우, 행정당국이 부득이한 사유로 인하여 납세의무자의 재산을 파악하지 못하여 재산압류를 하지 못하고 수시로 최고장(독촉장)만을 발부한다면 이때의 "최고(독촉)" 행위도 시효 제도의 뜻으로 보아 개발부담금의 징수권 시효중단 원인이 되는지 여부

➲ 회신 내용

「개발이익 환수에 관한 법률」 제15조의3 제2항의 규정에 의거 개발부담금 징수권의 소멸시효는 납부고지, 납부독촉, 교부청구, 압류 중 어느 하나를 사유로 중단됩니다.

4. 부담금의 결정 및 정정

가. 부담금의 정정

(1) 정정 절차

▣ 개발부담금 재 산정 부과 시 부과 예정 통지 등 행정절차 시행 여부

[질의 요지]

행정소송 판결 취지에 따라 개발부담금을 재산정하여 부과할 경우 부담금 부과 예정 통지 등 행정절차를 거쳐야 하는지 여부

➲ 회신 내용 (토지정책과-914, 2009.2.25.)

행정소송 판결 취지에 따라 개발부담금을 재산정하여 부과할 경우에는 원칙적으로 「개발이익 환수에 관한 법률 시행령」 제15조 또는 제19조의 부과 절차를 거쳐야 하며, 같은 법 시행령 제20조 제3항에 따라 행정심판 등에 따라 이미 납부된 부담금 중에 과오납금이 발생한 경우에는 부담금의 납부일부터 지급 결정을 하는 날까지의 기간에 대하여 국세기본법 시행령 제30조 제2항에 따른 가산금을 더하여 지급합니다.

▣ 행정소송 판결에 따라 지가 선정 시 종료시점지가에 대한 행정절차 여부

[질의 요지]

행정소송 판결에 따라 개시시점지가를 재산정하여 정정 부과한 경우 정정 부과와 전혀 관련이 없는 종료시점지가에 대한 행정절차도 다시 거쳐야 하는지

➲ 회신 내용 (토지정책과-143, 2008.1.15.)

「개발이익 환수에 관한 법률」 제10조 등에 의거 개시시점지가를 산정하는 방법에 따라 종료시점지가의 산정 방법도 달리하는 경우에는 개시시점지가가 재산정되면 종료시점지가도 재산정하여야 하나, 그와 전혀 무관할 경우에는 종료시점지가를 재산정할 필요는 없을 것으로 사료됩니다. 다만, 개시시점지가 및 종료시점지가의 산정에 대한 구체적 판단은 원칙적으로 부과 징수권자가 판단할 사안입니다.

고지 전 심사청구 단계에서의 종료시점지가 정정

[질의 요지]

부과예정통지 후 심사청구단계에서 종료시점지가산정에 있어 토지이용상황을 잘못 적용한 것을 발견한 경우 정정이 가능한지?

➲ 회신 내용 (토지정책과-592, 2008.2.14.)

「개발이익 환수에 관한 법률 시행령」 제17조에 의거 종료시점지가를 산정할 시 주변의 토지이용 상황을 착오로 잘못 적용하였다면 정정하여 부과하는 것이 마땅할 것으로 사료됩니다. 다만, 표준지 선정 등에 대한 구체적 판단은 원칙적으로 부과징수권자가 판단할 사안입니다.

[질의 요지]

개발부담금 부과 처분 취소판결에 따라 개발부담금을 정정 부과하고자 하는 경우 정정부과의 시한, 과오납금 환급이자. 미집행사업비의 개발비용 인정 여부

➲ 회신 내용

개발부담금의 정정 부과에 대하여 「개발이익 환수에 관한 법률」 제15조 제2항은 '개발부담금은 이를 부과고지 할 수 있는 날부터 5년이 경과한 후에는 부과할 수 없다. 이 경우 행정심판 또는 소송에 의한 재결 또는 판결이 확정된 날부터 1년이 경과되기 전까지 개발부담금을 정정 부과 또는 그 밖에 필요한 처분을 할 수 있다.'라고 규정하고 있습니다.

동법 시행령 제17조 제3항은 '부담금을 정정하는 경우와 법 제22조의 규정에 따른 행정심판 등에 의하여 이미 납부된 부담금 중에 과오납금이 발생한 경우에는 부담금의 납부일부터 지급 결정을 하는 날까지의 기간에 대하여 「국세기본법시행령」 제30조 제2항의 규정에 의한 가산금을 가산하여 지급한다.'라고 규정하고 있습니다.

개발비용 산출에 대하여 동법 제11조 제1항 및 시행령 제10조 제1항은 당해 '개발사업의 시행과 관련하여 지출된 금액'으로서 순공사비, 인가 등의 조건에 의하여 기부하는 공공시설 등의 가액 등으로 규정하고 있습니다. 따라서 인가 등의 조건에는 있으나 실제로 집행되지 아니한 비용은 개발비용에 포함할 수 없습니다.

(2) 정정 범위

개발부담금 부과 후 개발비용 증명서류를 제출한 경우 정정 가능 여부

[질의 요지]

개발부담금을 부과하고 1년이 지난 후 납부의무자가 개발비용 증명서류를 제출하는 경우 개발부담금을 정정할 수 있는지 여부

➲ **회신 내용** (토지정책과-5894, 2023.9.9.)

「개발이익 환수에 관한 법률」 제26조 제1항에 따르면 개발부담금 등의 부과·징수에 이의가 있는 자는 「공익사업을 위한 토지 등의 취득 및 보상에 관한 법률」에 따른 중앙토지수용위원회에 행정심판을 청구할 수 있다고 규정하고 있고, 「행정소송법」 제19조, 제20조에 따르면 제소기간 내 처분 등을 대상으로 취소소송을 제기할 수 있도록 규정하고 있습니다.

같은 법 시행령 제20조에 따르면 시장·군수·구청장은 제18조에 따라 부담금을 결정한 후에 그 결정 내용에 누락 또는 오류가 있는 것을 발견한 경우에는 즉시 그 부담금을 조사하여 정정해야 한다고 규정하고 있습니다.

따라서 개발부담금 부과·징수에 대해 행정심판 또는 행정소송을 제기할 수 있는 기간이 지난 경우라면 납부의무자는 개발부담금 부과·징수에 대해 행정심판 또는 행정소송을 제기할 수 없으며, 개발부담금 결정 내용에 누락 또는 오류가 있어 정정할지에 대해서는 부과권자인 시장·군수·구청장이 판단할 사항임.

법원 판결에 반해 원고의 요청에 따라 부과 처분 할 수 있는지

[질의 요지]

개시시점지가를 매입가로 적용(종료시점지가는 감정평가)하여 산정하라는 법원 판결에 반해 원고가 원하고 있는 개별공시지가에 의한 부과 처분을 할 수 있는지 여부

➲ **회신 내용** (토지정책과-1688, 2008.6.26.)

「행정소송법」 제30조 제1항은 "처분 등을 취소하는 확정판결은 그 사건에 관하여 당사자인 행정청과 그 밖의 관계행정청을 기속한다"라고 규정하고 이러한 기속력의

내용은 행정청에게 반복 금지효를 가진다는 것이므로, 판결의 취지에 따라 개발부담금을 산정·부과하는 것이 판결의 기속력에 부합하는 것입니다.

소송을 제기하지 않은 조합원에 대해서도 기납부한 부담금을 환급하는지

[질의 요지]

주택건설사업 계획 승인을 받아 준공한 후 사업시행자의 폐업으로 개발부담금을 조합원(64명)에게 부과하였으나 조합원 일부(24명)가 소를 제기하여 조합원에게 개발부담금을 부과할 수 없다는 판결에 대하여 소를 제기하지 않은 조합원(40명)에 대하여도 개발부담금 부과 처분을 직권으로 취소하고 납부한 개발부담금을 환급하여야 하는지 여부

➲ 회신 내용 (토지정책과-1830, 2013.3.22.)

귀 시에서 요청한 질의는 개발이익환수법에 대한 유권해석이 아닌 행정소송법에 의하여 판단할 사항이며, 이는 부과권자가 관계 법령을 검토하여 판단할 사항으로 봅니다. 다만 이와 관련하여 우리부에서 법률 검토한 결과를 붙임과 같이 알려 드리니 업무에 참고하시기 바랍니다.

국토부 검토 결과

「행정소송법」 제29조 제1항에 따르면 처분 등을 취소하는 확정판결은 제삼자에 대하여도 효력이 있다고 규정하고 있어 당해 사안과 같이 동일한 쟁점으로 소를 제기하지 않은 제3자까지 당해 취소판결의 효력이 미치는 것으로 볼 여지도 있지만,

「행정소송법」 제30조 제1항에서는 처분 등을 취소하는 확정판결은 "그 사건에 관하여" 당사자인 행정청과 그 밖의 관계행정청을 기속한다고 하여 당해 사건에 한정됨을 명확히 규정하고 있으며, 「행정소송법」 제20조에 의하면 취소소송을 제기할 수 있는 기간을 처분이 있음을 안 날로부터 90일, 있은 날로부터 1년으로 불변기간으로 하여 행정의 안정성을 보장하고 있는 점 등을 고려해 볼 때, 위 소의 당사자가 아닌 나머지 조합원 40명에게까지 당해 판결의 효력이 미친다고 보기는 어려울 것으로 판단됩니다.

따라서 소를 제기하지 않은 나머지 조합원에 대하여 개발부담금 및 그에 대한 이자를 지급할 법적인 의무는 없는 것으로 판단됩니다.

행정쟁송 미 제기자에 대한 환급 여부

[질의 요지]

개발부담금 납부의무자인 A, B, C, D 중 B, C가 행정소송을 제기하여 개발부담금 부과처분이 취소된 후 행정소송을 제기하지 않은 A가 개발부담금 부과대상에 해당하지 않으므로 개발부담금 부과 처분 취소를 요청하고 있으며

국민권익위원회에 민원을 제기하였고 권익위는 이에 대하여 개발부담금 부과 처분을 취소하라는 시정 권고를 내린 경우에 A에게 개발부담금을 환급해야 하는지 여부

회신 내용 (토지정책과-7599호, '14.11.27.)

귀 시에서 요청한 질의는 「개발이익 환수에 관한 법률」에 대한 유권해석이 아닌 행정소송법에 의하여 판단할 사항이며, 이는 개발부담금 관할 관청에서 관계 법령을 검토하여 판단할 사항으로 봅니다. 다만 이와 관련하여 법률 검토한 결과를 붙임과 같이 알려 드리니 업무에 참고하시기 바랍니다.

법률 검토서

□ 소를 제기하지 않은 자에 대한 개발부담금 환급 검토 결과

- 「행정소송법」 제29조 제1항에 따르면 처분 등을 취소하는 확정판결은 제삼자에 대하여도 효력이 있다고 규정하고 있어 당해 사안과 같이 동일한 쟁점으로 소를 제기하지 않은 제3자까지 당해 취소판결의 효력이 미치는 것으로 볼 여지도 있지만
- 귀 사례에서 개발부담금 부과 처분 취소 사건 관련의 당사자는 B, C와 00시청으로서 A와는 아무런 관련성이 없으므로 제3자까지 효력을 미친다고 볼 수 없고 해당 확정판결의 기판력은 「행정소송법」 제30조 제1항에서는 처분 등을 취소하는 확정판결은 "그 사건에 관하여" 당사자인 행정청과 그 밖의 관계 행정청을 기속한다고 하여 당해 사건에 한정됨을 명확히 규정하고 있으며,
- 「행정소송법」 제20조에 의하면 취소소송을 제기할 수 있는 기간을 처분이 있음을 안날로 부터 90일, 있은 날로부터 1년으로 불변기간으로 하여 행정의 안정성을 보장하고 있는 점 등을 고려해 볼 때,
- 위 소의 당사자가 아닌 A 에게 당해 판결의 효력이 미친다고 보기는 어려울 것으로 판단됩니다. 따라서, 소를 제기하지 않은 A에 대하여 개발부담금 및 그에 대한 환급 이자를 지급할 법적인 의무는 없는 것으로 판단됩니다.

□ 관련 규정

[행정소송법]

- 제20조(제소기간)

① 취소소송은 처분 등이 있음을 안 날부터 90일 이내에 제기하여야 한다. 다만, 제18조 제1항 단서에 규정한 경우와 그 밖에 행정심판 청구를 할 수 있는 경우 또는 행정청이 행정심판 청구를 할 수 있다고 잘못 알린 경우에 행정심판 청구가 있은 때의 기간은 재결서의 정본을 송달받은 날부터 기산한다.
② 취소소송은 처분 등이 있은 날부터 1년(제1항 단서의 경우는 재결이 있은 날부터 1년)을 경과하면 이를 제기하지 못한다. 다만, 정당한 사유가 있는 때에는 그러하지 아니하다.
③ 제1항의 규정에 의한 기간은 불변기간으로 한다.

• 제29조(취소판결 등의 효력)
① 처분 등을 취소하는 확정판결은 제삼자에 대하여도 효력이 있다.
② 제1항의 규정은 제23조의 규정에 의한 집행정지의 결정 또는 제24조의 규정에 의한 그 집행정지 결정의 취소 결정에 준용한다.

• 제30조(취소판결 등의 기속력)
① 처분 등을 취소하는 확정판결은 그 사건에 관하여 당사자인 행정청과 그 밖의 관계행정청을 기속한다.
② 판결에 의하여 취소되는 처분이 당사자의 신청을 거부하는 것을 내용으로 하는 경우에는 그 처분을 행한 행정청은 판결의 취지에 따라 다시 이전의 신청에 대한 처분을 하여야 한다.
③ 제2항의 규정은 신청에 따른 처분이 절차의 위법을 이유로 취소되는 경우에 준용한다.

개별공시지가가 직권 경정 결정한 경우 개발부담금도 경정해야 하는지

[질의 요지]

개발부담금을 부과하면서 「개발이익 환수에 관한 법률」 제10조 각호에 의하여 개발부담금 부과의 기초자료가 되는 개별공시지가가 잘못 조사되어(토지 특성을 명백히 착오) 개별토지가격 합동 조사 지침(국무총리 훈령 제281호) 제12조의3의 규정에 의거 합법적인 절차에 따라 과년도 개별공시지가를 직권으로 경정 결정한 후 경정된 개별공시지가를 적용(또는 소급 적용) 하여 개발부담금을 부과할 수 있는지 여부

➲ 회신 내용 (토재 58323-227, 1996.3.28.)

개발부담금은 「개발이익 환수에 관한 법률」 제10조의 규정에 의하여 개별공시지가를 기준으로 부과하고 잘못 조사된 개별공시지가는 개별토지가격 합동 조사 지침(국무총리 훈령 281호) 제12조의3(지가의 경정결정)에 의하여 직권 경정할 수 있게 되어 있으므로 동 개별공시지가가 명백히 잘못되어 법절차에 의하여 경정한 경우에는 그 경정된 지가에 의하여 개발부담금을 부과하여야 함.

(3) 환급가산금

물납 토지로 환급하는 경우

[질의 요지]

중앙토지수용위원회의 행정심판 취소 재결에 의하여 이미 납부한 개발부담금 중 일부를 과오납으로 결정하여 개발부담금을 재 부과하고 그 차액을 환급하고자 하는 경우, 당초 납부의무자가 물납한 토지로 환급하는 경우에도 가산금을 지급하여야 하는지?

회신 내용(토정 58383-855, 1998.6.5.)

「개발이익 환수에 관한 법률 시행령」 제17조 제3항의 규정에 의하면 "행정심판 등에 의하여 이미 납부된 부담금 중에 과오납금이 발생한 경우에는 부담금의 납부일부터 지급 결정을 하는 날까지의 기간에 대하여 「국세기본법 시행령」 제30조 제2항의 규정에 의한 가산금을 가산하여 지급"하도록 되어 있으나 위 규정은 개발부담금을 현금으로 납부한 경우에 그 이자에 상당하는 금액을 가산금으로 지급하라는 의미이므로, 당초 납부의무자가 개발부담금을 현금 대신 토지로 물납한 경우에, 그 물납 토지를 일부 과오납으로 결정하여 물납 허가를 취소하고 현물 그대로 반환하는 경우에는, 위 규정에 의한 가산금 지급 규정은 적용되지 않는 것으로 판단됨.

기존 개발부담금의 환급금과 새로 부과할 개발부담금의 상계 처리

[질의 요지]

기존에 납부한 개발부담금의 환급금 발생 시 새로 부과한 개발부담금과 상계 처리 가능 여부

회신 내용

지자체에서 환급해 주어야 할 개발부담금을 새로이 부과한 개발부담금에서 지자체 분과 상계할 수 있는지와 관련해서는 「개발이익 환수에 관한 법률」에서 관련 규정이 없고 결국 국고와는 아무런 관련이 없으므로 지자체의 자금 관리 규정 등에 따라 처리하여야 할 것으로 판단되고 해당 지자체 분에서 환급하지 아니한 금액을 새로이 부과한 개발부담금의 국고 분으로 상계 처리할 수 있는지에 대하여는 같은 법 제4조 제1항에 의하여 개발부담금의 100분의 50은 국가에 귀속하게 되어 있는바, 지자체에서 환급해 주어야 할 금액을 국고 분에서 상계 처리할 수는 없을 것으로 사료됩니다.

제2절 부담금의 징수

1. 납부의 고지

(1) 연대납부

[질의 요지]

• 단독주택을 건축하기 위한 사업으로 토지 3필지(토지1 : 소유자-"갑", "을","병", "정", 토지2 : 소유자-"갑", "을", "병", "정", 토지3 : 소유자-"갑", "을","병", "정", 토지4 :" 갑")에 건축허가 및 건축 사용승인을 받았음. "갑"은 신탁회사임.

→ 납부의무자를 연대하여 개발부담금 총액을 부과하지 않고 "갑", "을", "병","정" 각 소유자에게 지분별 금액을 구분 특정하여 분리 납부고지가 가능한지? 분리 납부고지가 안 될 경우, 소유자들은 연대 납부의무가 있는지?

➲ **회신 내용** (신문고, 2020.11.)

「개발이익 환수에 관한 법률」 제6조 제1항 단서 및 제2호에 따르면, 개발부담금 부과대상인 개발사업의 사업시행자는 개발부담금을 납부할 의무가 있으며, 다만, 타인이 소유하는 토지를 임차하여 개발사업을 시행한 경우에는 그 토지의 소유자가 개발부담금을 납부하여야 합니다. 같은 조 제3항에 따르면, 개발부담금 연대납부의무에 관하여는 「국세기본법」 제25조, 「민법」 제413조부터 제416조까지, 제419조, 제421조, 제423조 및 제425조부터 제427조까지의 규정을 준용하도록 규정하고 있습니다.

「국세기본법」 제25조(연대납세의무) 제1항에 따르면, 공유물(共有物), 공동사업 또는 그 공동사업에 속하는 재산과 관계되는 국세 및 체납처분비는 공유자 또는 공동사업자가 연대하여 납부할 의무를 지도록 규정하고 있습니다.

따라서, 하나의 개발사업에 납부의무자가 여러 명일 경우에 납부자 전원에게 개발부담금을 고지하여야 하며, 토지공유 지분별로 안분하여 개발부담금을 고지할지 여부에 대하여는 관련 법령, 해당 인·허가 내용 및 현지현 황 등 사실관계를 당해 개발부담금 부과권자가 조사·검토하여 판단할 사항이오니 구체적인 사항에 대하여는 시장·군수·구청장에게 문의하여 주시기를 바랍니다.

[질의 요지]

개발부담금 연대 납부의무로 인해 체납 중인 상태이나, 현 시점에서는 연대납부의무자 3인 각자의 필지로 분할되어 있으므로 필지 면적별로 개별 고지서를 발급받을 수 있는지?

➲ **회신 내용** (신문고, 2023.8.)

「개발이익 환수에 관한 법률」 제6조 제3항에 따르면, 개발부담금 연대납부의무에 관하여는 「지방세기본법」 제44조를 준용하도록 규정하고 있고, 같은 조 제5항에 따르면 「민법」 제413조부터 제416조까지, 제419조, 제421조, 제423조 및 제425조부터 제427조까지의 규정을 준용하도록 규정하고 있습니다.

같은 법 제44조 제1항에 따르면, 공유물(공동 주택의 공유물은 제외한다), 공동사업 또는 그 공동사업에 속하는 재산에 관계되는 지방자치단체의 징수금은 공유자 또는 공동사업자가 연대하여 납부할 의무를 지도록 규정하고 있습니다.

따라서, 하나의 개발사업에 납부의무자가 여러명일 경우에 납부자 전원에게 개발부담금을 고지하여야 하며, 토지공유 지분별로 안분하여 개발부담금을 고지할 지 여부 등 구체적인 사항에 대해서는 인가 등의 내용 및 사실관계 등을 확인하여 판단할 사항으로 해당 개발부담금 부과 징수권자인 시장·군수·구청장에게 문의하여 주시기 바랍니다.

2. 납부의 원칙

연접개발에 의한 개발부담금 부과대상 여부

[질의 요지]

'97.6.18. 개발부담금을 부과하여 '97.12.17. 까지 납부토록 통지하였으나, 납부의무자가 중앙토지수용위원회에 행정심판을 제기하여 '98.2.20. 개시시점지가산정, 개발비용배분 등의 오류로 개발부담금 부과를 취소하라는 재결에 의하여 기 부과된 개발부담금을 취소하고, 개발부담금을 재산정 부과하는 경우 개발부담금의 납부기한은?

➲ **회신 내용** (토정 58383-1089, 1998.7.9.)

중앙토지수용위원회의 행정심판 재결에 의하여 당초의 개발부담금 부과 처분이 취소되어 재 부과 처분을 하는 경우에는, 당초의 부과 처분에서 정한 납부 기간도 함께 취소되었다고 보아야 하므로, 개발부담금을 재 부과하는 경우 당초의 부과 처분에서 정한 납부 기간을 그대로 적용할 수는 없는 것임.

(「개발이익 환수에 관한 법률」 제16조의 규정에 의거 개발부담금의 납부의무자는 부과일부터 6월 이내에 개발부담금을 납부하도록 되어 있는 바, 중앙토지수용위원회의 행정심판 재결에 의하여 기 부과된 개발부담금을 취소하고 동일인에게 개발부담금을 재 산정 부과하는 것은, 당초의 행정처분은 취소된 경우이므로, 그 취소된 행정처분에 의하여 부여했던 납부 기한도 그 효력을 상실한 것으로 보아야 하고, 따라서 새로운 행정처분에 의하여 개발부담금을 재 부과하는 경우는 그에 따른 개발부담금의 납부 기한도 새로 부여하는 것이 타당할 것으로 판단됨)

3. 납부의 연기 및 분할 납부

가. 연기 및 분할의 대상

사업이 중대한 위기에 처한 때

[질의 요지]

조합 재산에 관하여 조합과 조합원의 소송이 진행 중에 있을 때 이를 사업이 중대한 위기에 처한 때로 인정하여 납부 연기가 가능한지 및 법률적 검토와 별개로 징수권자의 판단에 따라 납부 연기가 가능한지?

➲ **회신 내용** (토지정책과-312, 2008.4.4.)

「개발이익 환수에 관한 법률」 제17조 제1항에 의거 재해 또는 도난으로 재산에 심한 손실을 받은 때, 사업에 현저한 손실을 받은 때, 사업이 중대한 위기에 처한 때, 납부의무자 또는 그 동거 가족의 질병이나 중상해로 장기치료를 요하는 때, 기타 택지개발 사업, 공장용지 조성 사업, 지목변경 수반 사업의 경우로서 부담금 부과액이 2천만원을 초과하고, 납부의무자가 담보를 제공(국세기본법 제31조의 규정)하는 경우에는 3년의 범위 내에서 납부 기일을 연기할 수 있으며, 다만 납부 연기허가 여부에 대한 구체적인 판단은 부과 징수권자가 판단할 사항입니다.

참고로 사업의 중대한 위기라 함은 판매의 급격한 감소, 재고의 누적, 매출채권의 회수 곤란, 노동쟁의로 인한 조업 중단 기타의 사정에 의한 자금경색으로 부도 발생 또는 기업도산의 우려가 있는 경우 등을 말합니다.

부과 징수권자의 납부 연기 가능 여부 판단은 법률에 기초하여 사실조사 등을 통해 법적용 여부에 대한 검토가 이루어져야 하며, 자의적이고 법률과 무관하게 할 수는 없는 것입니다.

[질의 요지]

개발부담금 분할 납부 요건 중 부도 위기를 몇 번이나 겪고 있는 현실을 "사업이 중대한 위기에 처한 때"로 보아 개발부담금 분할 납부를 신청할 수 있는지

➲ 회신 내용

「개발이익 환수에 관한 법률」 제17조 및 같은 법 시행령 제19조 제2항의 규정에 의거 공장용지 조성 사업의 경우 등으로서 부담금 부과액이 2천만원을 초과하고 납부의무자가 국세기본법 제31조의 규정에 의한 담보를 제공하는 경우에는 3년의 범위 내에서 개발부담금의 납부 기일을 연기하거나 5년의 범위 내에서 분할 납부를 인정할 수 있도록 되어 있고,

귀하의 경우 위 분할 납부 신청 요건에 해당되는 것으로 판단되니 같은 법 시행령 제19조 제1항 소정의 절차에 따라 관할 부과권자에게 분할 납부 신청하시기 바람.

나. 납부 연기 및 분할 납부의 신청

납부 기일 연기 후 추가 분할 납부 인정 여부

[질의 요지]

개발부담금 납부 기일을 연기(3년)한 건에 대하여 다시 추가로 분할 납부(2년)를 인정해 줄 수 있는지?

➲ 회신 내용 (토지정책과-6384, 2022.11.1.)

「개발이익 환수에 관한 법률」 제20조 제1항에 따르면, 시장·군수·구청장은 개발부담금의 납부의무자가 아래 어느 하나에 해당하여 개발부담금을 납부하기가 곤란하다고 인정되면 대통령령으로 정하는 바에 따라 해당 개발사업의 목적에 따른 이용 상황 등을 고려하여 3년의 범위에서 납부 기일을 연기하거나 5년의 범위에서 분할

납부를 인정할 수 있다고 규정하고 있습니다.

① 재해나 도난으로 재산에 심한 손실을 받은 경우
② 사업에 뚜렷한 손실을 입은 경우
③ 사업이 중대한 위기에 처한 경우
④ 납부의무자 또는 그 동거 가족의 질병이나 중상해로 장기 치료가 필요한 경우
⑤ 그 밖에 대통령령으로 정하는 경우

이는 개발부담금 납부의무자가 3년의 범위에서 납부 기일 연기 또는 5년의 범위에서 분할 납부 둘 중 하나를 선택하여 신청하면 시장·군수·구청장이 이를 인정할 수 있다는 의미로 보입니다.

따라서, 이미 납부 기일을 연기(3년 범위)하였던 부과 건에 대하여 추가로 다시 분할 납부(5년 범위)를 인정하기는 어려울 것으로 판단됩니다.

※ [법제처 23-0086, 2023.6.7.], [법제처 23-0352, 2023.7.17.], [법제처 23-0443, 2023.7.17.]에서도 동일한 취지로 법령해석

분할 납부 신청 시기 및 분할납부이자율

[질의 요지]

개발부담금 분할 납부의 신청 시기를 납부 기한 전에 하여야 하는지 및 분할 납부 이자율 등 문의

➲ 회신 내용 (토지정책과-16, 2008.3.21.)

「개발이익 환수에 관한 법률」 제17조 제1항에 의거 재해 또는 도난으로 재산에 심한 손실을 받은 때, 사업에 현저한 손실을 받은 때, 사업이 중대한 위기에 처한 때, 납부의무자 또는 그 동거 가족의 질병이나 중상해로 장기치료를 요하는 때, 기타 택지개발 사업, 공장용지 조성 사업, 지목변경 수반 사업의 경우로서 부담금 부과액이 2천만 원을 초과하고, 납부의무자가 담보를 제공(국세기본법 제31조의 규정)할 때는 5년의 범위 내에서 분할 납부를 인정할 수 있으며,(분할 납부 허가 시기에 대한 별도의 규정은 없음)

다만 분할 납부 허가 여부에 대한 구체적인 판단은 부과 징수권자가 판단할 사항입니다.

아울러 분할 납부로 납부가 유예된 기간에 대하여는 개발부담금에 정기예금 이자율에 상당하는 연 6/100을 가산하여 징수하도록 되어 있습니다. 다만 체납된 기간(납부 기한('08.1.18일)이 도과한 후부터 분할 납부 허가일까지의 기간)에는 개발이익 환수에 관한 법률 제18조 제2항 및 국세징수법 제21조, 제22조에 따라 3/100의 가산금과 월 12/1000의 중가산금이 가산됩니다.

분할 납부 변경 허가 가능 여부 및 가산금 이자율 적용 관련

[질의 요지]

1) 납부의무자가 분할 납부 기한 내에 납부의무를 이행하지 않았을 경우 분할 납부 변경 허가가 가능한지?
2) 구 「개발이익 환수에 관한 법률」 (2014.1.14. 개정, 2014.7.15. 시행) 시행일 전에 개발부담금 분할 납부 허가를 받아 개발부담금 분할 납부 기간 중 가산금 적용 이자율이 변동된 경우 변동된 이자율을 적용받을 수 있는지?

회신 내용 (토지정책과-4380, 2016.6.20.)

[질의1]

「개발이익 환수에 관한 법률」 제20조 제1항에 따르면 개발부담금 납부의무자가 재해나 도난으로 재산에 심한 손실을 받은 경우 등에 해당되어 개발부담금을 납부하기가 곤란하다고 인정되는 경우에는 동법 시행령 제24조에서 정하는 바에 따라 해당 개발사업의 목적에 따른 이용 상황 등을 고려하여 3년의 범위에서 납부 기일을 연기하거나 5년의 범위내에서 분할 납부를 인정할 수 있도록 규정하고 있으나,

동 법 제22조 제3항에 따르면 분할 납부가 인정된 개발부담금을 징수할 때는 제20조 제1항에도 불구하고 1회의 분할 납부가 체납된 경우에는 체납처분을 할 때에 그 납부 기간 이후 분할 납부하여야 할 개발부담금과 가산금 등의 전액을 일괄하여 징수하도록 규정하고 있습니다.

따라서, 개발부담금 분할 납부가 인정된 이후 1회의 분할 납부가 체납된 경우에는 그 납부 기간 이후 분할 납부하여야 할 개발부담금과 가산금 등의 전액을 일괄 징수하여야 하므로 납부의무자가 분할 납부 기한 내에 납부의무를 이행하지 않았다면 분할 납부 변경 허가는 곤란할 것으로 판단됩니다.

[질의2]

동 질의 내용은 붙임 우리 부 토지정책과-9447(2015.12.14.)호로 기 알려드린 "개발부담금 분할·연기 납부시 가산금 적용 관련 법제처 법령해석 결과"에 따라 조치하시기 바랍니다.

[법제처 법령해석 15-0527(2015.12.4.) 사례]

개정 「개발이익 환수에 관한 법률」 시행일 전에 납부 연기가 가능하다는 통지를 받은 경우로서 가산금의 기산일이 개정 「개발이익 환수에 관한 법률」의 시행일 전이고 그 납부 기일이 시행일 이후인 경우에도 시행일 이후의 기간에 대해서는 개정 「개발이익 환수에 관한 법률」 제20조 제3항의 개정 규정이 적용됩니다.

개발부담금 분할·연기 납부 가능 여부

[질의 요지]

개발부담금 납부 연기 및 분할 납부 신청이 최초 납기일이 지난 체납 상태에서 가능한지?

➲ 회신 내용 (토지정책과-8400, 2016.10.17.)

「개발이익 환수에 관한 법률」 제20조 및 시행령 제24조의 규정에 따라 개발부담금 납부의무자가 재해나 도난으로 재산에 심한 손실을 받은 경우 등 법령에서 정하는 사유에 해당되는 경우에는 해당 개발사업의 목적에 따른 이용 상황 등을 고려하여 3년의 범위에서 납부 기일을 연기하거나 5년의 범위에서 분할 납부를 인정할 수 있으나, 연체중에 있는 부담금은 분할 납부가 원칙적으로 분할 또는 연기 납부가 곤란하다고 보나

다만, 연체된 가산금 등을 전액 납부하고 체납되지 않은 상태에서 개발부담금 부과 징수권자가 분할 또는 연기 사유 및 담보제공 등으로 납부 능력을 평가하여 분할 또는 연기 납부를 허용할 수 있을 것으로 판단됨을 알려 드리니 분할·연기 납부에 대한 허용 여부에 대하여는 귀 시에서 분할 또는 연기 납부 사유, 담보제공 등 납부 능력을 평가하여 최종 결정하시기 바랍니다.

참고로, 「개발이익 환수에 관한 법률」 제20조에 따른 납부 기일 연기에 따른 가산금은 납부 연기 따른 지연 이자 성격으로, 납부 불이행에 대한 제재적 성격의 가산금(예컨대 「개발이익 환수에 관한 법률」 제21조 및 국세징수법 제21조 등)과는 구분됨을 알려 드립니다.

법원 확정판결(개발부담금 부과 처분 일부취소)에 따라 개발부담금을 재산정하여 부과하는 경우 납부의무자가 납부하지 않았던 가산금을 다시 부과해야 하는지?

[질의 요지]

개발부담금 납부의무자가 개발부담금을 납부하지 않고 개발부담금 부과 처분 일부취소 확정판결을 받은 경우에 행정청이 판결에 따라 개발부담금을 재산정하여 부과할 때 당초 부과하였던 개발부담금에 대한 납부 지체 사유로 발생한 가산금의 부과여부

회신 내용 (토지정책과-12181, 2021.12.30.)

대법원은 가산금 환급에 대하여 아래와 같이 판시(2016두50990, 2018.6.28.) 하였습니다.

구 「기반시설부담금에 관한 법률」(2008.3.28. 법률 제9051호로 폐지, 이하 '법'이라 한다) 제16조 제2항에 따른 지체 가산금은 납부의무자가 부과된 기반 시설 부담금의 납부의무 이행을 지체하는 경우에 부담하는 지연배상금의 성질을 띤 것으로 납부 기한이 경과함으로써 당연히 발생한다.

기반시설부담금 부과 처분에 처분 당시부터 위법 사유가 있어 부과 처분이 당연무효이거나 부과 처분을 소급하여 취소하는 경우에는 지체 가산금도 그 기초를 상실하는 것이어서, 행정청이 납부의무자에게 기반시설부담금과 함께 지체 가산금도 환급할 의무가 있다고 보아야 한다.

그러나 기반시설부담금 부과 처분이 처분 당시에는 적법하였고 납부의무자의 납부의무 이행지체에도 정당한 사유가 없어 행정청이 지체 가산금을 정당하게 징수하였던 경우에는, 그 후 납부의무자에게 법 제17조 제1항, 구 「기반시설부담금에 관한 법률 시행령」(2008.9.25. 대통령령 제21038호 국토의 계획 및 이용에 관한 법률 시행령 부칙 제2조로 폐지, 이하 '시행령'이라 한다) 제15조 제2항 각호의 환급 사유가 발생하였더라도 행정청이 당초 적법하게 부과·징수하였던 기반시설부담금의 전부 또는 일부를 납부의무자에게 환급하여야 할 의무가 그때 비로소 성립하는 것일 뿐(행정청의 환급결정에는 당초 적법하였던 기반시설부담금 부과 처분을, 장래를 향하여 일부 취소하는 결정의 의미가 포함되어 있는 것으로 보아야 한다),

그러한 사정만으로 행정청이 당초 정당하게 징수한 지체 가산금까지 납부의무자에게 환급하여야 할 의무가 발생한다고 볼 수는 없다. 따라서 이러한 경우에는 행정청이 납부의무자에게 법 제17조 제1항, 제2항, 시행령 제15조 제2항, 제4항에 따라 부담금 환급금과 그에 대한 법정이자에 해당하는 환급가산금을 지급할 의무가 있을

뿐이라고 보아야 한다.

아울러, 대법원은 “개발부담금 부과 처분 취소소송에 있어 당사자가 제출한 자료에 의하여 적법하게 부과될 정당한 부과 금액이 산출할 수 없을 경우에는 부과 처분 전부를 취소할 수밖에 없으나, 그렇지 않은 경우에는 그 정당한 금액을 초과하는 부분만 취소하여야 한다.”라고 판시(2004.7.22., 선고, 2002두868)

위 대법원 판례에 비추어 볼 때, 개발부담금 부과 처분의 일부가 취소된 경우라면 취소되지 않은(당초 정당하게 부과한 금액의) 개발부담금에 대하여 납부의무자가 납부이행을 지체한 경우에는 「개발이익 환수에 관한 법률」 제21조 제2항에 따라 「지방세징수법」 제30조(가산금) 및 제31조(중가산금)를 준용하여 납부의무자에게 가산금 등을 부과하여야 할 것으로 판단됩니다.

開 개발부담금 분할 납부 허가에 따른 중가산금 부과여부

[질의 요지]

개발부담금 납부 기한이 2017.9월이었으나 2019.9월까지 2년간 납부하지 않았으며, 2019.9월 분할 납부를 신청하여 10회 분할 납부 허가해 줌.

→ 체납된 기간부터 중가산금을 납부하였는데, ‘분할 납부 허가일’ 이후에도 중가산금을 계속 부과하여야 하는지?

➲ 회신 내용 (토지정책과-5550, 2020.6.30.)

「개발이익 환수에 관한 법률」(이하 “법”) 제21조 제2항에 따르면, 개발부담금 또는 체납된 개발부담금을 납부 기한까지 완납하지 아니한 경우에는 「국세징수법」 제21조를 준용한다 라고 규정하고 있습니다.

[「국세징수법」 제21조(가산금)]

① 국세를 납부 기한까지 완납하지 아니하였을 때에는 그 납부 기한이 지난날부터 체납된 국세의 100분의 3에 상당하는 가산금을 징수한다.

② 체납된 국세를 납부하지 아니하였을 때에는 납부 기한이 지난날부터 매 1개월이 지날 때마다 체납된 국세의 1천분의 12에 상당하는 가산금을 제1항에 따른 가산금에 가산하여 징수한다. 다만, 체납된 국세의 납세고지서별·세목별 세액이 100만원 미만인 경우는 제외한다.

③ 제2항에 따른 가산금을 가산하여 징수하는 기간은 60개월을 초과하지 못한다.

참고로, 2018.12.31. 법률 제16098호로 「국세징수법」 이 일부개정(시행 2019.1.1.) 되어 제21조(가산금)가 삭제되었으며, 부칙 제3조(가산금 폐지에 관한 특례)에 따라 제21조의 개정 규정에도 불구하고 2019년 12월 31일까지 납세의무가 성립된 분에 대해서는 종전의 규정을 적용하며, 부칙 제5조(다른 법령과의 관계)에 따르면 2020년 1월 1일 이후에도 다른 법령에서 종전의 제21조를 인용하고 있는 경우에는 제21조의 개정 규정에도 불구하고 종전의 제21조를 인용하는 것으로 보되, 종전의 제21조 제2항 본문 중 "1천분의 12"를 "1만분의 75"로 보도록 하고 있습니다.

그러나, 분할 납부 허가는 납부의무자에게 새로운 납부 기한을 다시 부여하여 개발부담금을 납부할 수 있도록 하는 것으로 분할 납부를 허가한 기간 중에 납부 불이행에 대한 제재적 성격인 위의 중가산금(체납액의 1만분의 75)까지 가산하여 부과하는 것은 타당하지 않다고 판단됩니다.

다만, 분할 납부의 납부 기한을 경과하여 체납하였을 경우에는 이때부터 다시 중가산금을 가산하여야 할 것입니다.

4. 납부의 독촉과 체납처분

가. 납부의 독촉

(1) 연체가산금

[질의 요지]

납부 기한이 2005.2월인 개발부담금에 대하여 납부 기한이 지난 2005.5월에 분할 납부 허가를 하였고, 납부의무자는 최초 분할납부기일인 2005.12월까지 납부하지 아니하였음. 개발이익 환수에 관한 법률 제19조 제3항은 "분할 납부가 인정된 개발부담금을 징수함에 있어서는 제17조 제1항의 규정에 불구하고 1회의 분할 납부가 체납된때에는 동 납부 기간 이후 분할납부하여야 할 개발부담금 및 가산금 등의 전액을 체납처분시에 일괄 징수한다." 고 규정하고 있는바, 가산금의 산정을 2005.2월부터 산정하여야 하는지, 2005.12월부터 산정(2005.12월 이전은 정기예금이자율만 가산)하여야 하는 지 여부

➲ 회신 내용

납부 기한인 2005.2월까지 부담금을 납부하지 않았으므로 「개발이익 환수에 관한 법률」 제18조 제2항 및 국세징수법 제21조, 제22조에 따라 3%의 가산금과 월 1.2%의

중가산금이 2005.5월 분할 납부 허가 시까지 가산됩니다. 2005.12월 분할 납부를 체납하였으므로 이때부터 다시 중가산금이 가산됩니다.

[질의 요지]

분할 납부 허가 현황

- 부과 금액 : 238,226,940 • 허가 : 6회 분할(39,704,490) • 이자율 : 년 10%
- 가산금 : 11,911,340(238,226,940 × 5/100) 국세징수법 제21조에 의거 5/100
  - ▸ 1회분(98.4.25.) 원금(39,704,490) + 가산금(11,911,340) = 51,615,830
  - ▸ 2회분(98.5.25.) 원금(39,704,490) + 이자(1,654,350) = 41,358,840
    이자산정내역 : (238,226,940 − 39,704,490) × 10% × 1/12 = 1,654,350
  - ▸ 3회분(98.7.24.) 원금(39,704,490) + 이자(2,646,960) = 42,351,450
    이자산정내역 : (198,522,450 − 39,704,490) × 10% × 2/12 = 2,646,960
  - ▸ 4회분(98.9.25.) 원금(39,704,490) + 이자(1,985,220) = 41,689,710
    이자산정내역 : (158,817,960 − 39,704,490) × 10% × 2/12 = 1,985,220
  - ▸ 5회분(98.11.25.) 원금(39,704,490) + 이자(1,323,480) = 41,027,970
    이자산정내역 : (119,113,470 − 39,704,490) × 10% × 2/12 = 1,323,480
  - ▸ 6회분(99.1.25.) 원금(39,704,490) + 이자(661,740) = 40,366,230
    이자산정내역 : (79,408,980 − 39,704,490) × 10% × 2/12 = 66,740

개발부담금을 납부기간까지 납부하지 않은 상태에서 분할 납부신청이 있어 부과금액(238,226,940) 전체에 대하여 국세징수법 제21조에 의거 5/100의 가산금(11,911,340)을 조정하여 6회에 걸쳐 분할납부토록 허가를 하였더니, 가산금을 분할 납부할 1회분(39,704,490)에 대해서만 재조정(39,704,490 × 5/100 = 1,985,224)하여 줄 것을 건의 시 1회분의 납부금액(39,704,490 + 1,985,224 = 41,689,714)에 대해서만 조정이 가능한지

➲ **회신 내용** (토정 58383-1025, 1998.6.29.)

「개발이익 환수에 관한 법률」 제16조의 규정에 의거 개발부담금의 납부의무자는 부과일부터 6월 이내에 개발부담금을 납부 하도록 되어 있고, 같은 법제 18조 제2항의 규정에 의거 납부의무자가 개발부담금을 납부 기한까지 완납하지 아니한 경우에는 가산금을 부과하도록 되어 있으므로, 귀 질의에서 납부의무자가 분할 납부를 신청하여 납부 기간이 경과한 상태에서 분할 납부가 허용된 경우에는 체납된 개발부담금 전액에 대하여 체납가산금이 적용되는 것임.

[질의 요지]

개발부담금 부과권자는 미이행 기부채납액과 미납 지목변경 취득세를 개발비용에 포함하지 않고 개발부담금을 산정·부과하였으며, 사업시행자는 납부기한 내 부담금을 납부하지 않아 가산금과 중가산금을 납부하였으며, 이후 기부채납 이행과 지목변경 취득세를 납부함으로써, 이에 대한 개발비용을 인정하여 개발부담금을 정정 부과하는 경우

→ 개발부담금 환급금에 상응하는 가산금과 중가산금도 환급해야 하는 지

➲ **회신 내용** (토지정책과-5506, 2020.6.29.)

대법원은 가산금 환급에 대하여 아래와 같이 판시하였습니다.(2016두50990, '18.6.28.)

구 기반시설부담금에 관한 법률(2008.3.28. 법률 제9051호로 폐지, 이하 '법'이라 한다) 제16조 제2항에 따른 지체 가산금은 납부의무자가 부과된 기반시설부담금의 납부의무 이행을 지체하는 경우에 부담하는 지연배상금의 성질을 띤 것으로 납부 기한이 경과함으로써 당연히 발생한다. 기반시설부담금 부과 처분에 처분 당시부터 위법 사유가 있어 부과 처분이 당연무효이거나 부과 처분을 소급적으로 취소하는 경우에는 지체 가산금도 그 기초를 상실하는 것이어서, 행정청이 납부의무자에게 기반시설부담금과 함께 지체 가산금도 환급할 의무가 있다고 보아야 한다.

그러나 기반시설부담금 부과 처분이 처분 당시에는 적법하였고 납부의무자의 납부의무 이행지체에도 정당한 사유가 없어 행정청이 지체 가산금을 정당하게 징수하였던 경우에는, 그 후 납부의무자에게 법 제17조 제1항, 구 기반시설부담금에 관한 법률 시행령(2008.9.25. 대통령령 제21038호 국토의 계획 및 이용에 관한 법률 시행령 부칙 제2조로 폐지, 이하 '시행령'이라 한다) 제15조 제2항 각호의 환급 사유가 발생하였더라도 행정청이 당초 적법하게 부과·징수하였던 기반시설부담금의 전부 또는 일부를 납부의무자에게 환급하여야 할 의무가 그때 비로소 성립하는 것일 뿐(행정청의 환급 결정에는 당초 적법하였던 기반시설부담금 부과 처분을 장래를 향하여 일부 취소하는 결정의 의미가 포함되어 있는 것으로 보아야 한다), 그러한 사정만으로 행정청이 당초 정당하게 징수한 지체 가산금까지 납부의무자에게 환급하여야 할 의무가 발생한다고 볼 수는 없다.

따라서 이러한 경우에는 행정청이 납부의무자에게 법제 17조 제1항, 제2항, 시행령 제15조 제2항, 제4항에 따라 부담금 환급금과 그에 대한 법정이자에 해당하는 환급가산금을 지급할 의무가 있을 뿐이라고 보아야 한다.

위 대법원 판례에 비추어 볼 때, 개발부담금 부과 처분이 처분 당시 적법하였다면 납부의무자가 개발부담금 납부 기한을 지키지 않아 징수된 가산금과 중가산금을 환급할 의무는 없다고 판단됩니다.

[질의 요지]

건축물의 임시 사용승인일을 부과종료시점으로 하여 개발부담금을 부과하였으나 임시사용일을 기준으로 부과한 토지 면적과 최종 준공 시 확정된 면적과 차이가 있으므로 대지부분 준공시점에서 최종 확정된 면적으로 부과개시시점의 면적 및 부과종료시점의 면적을 구하여 최종 확정된 개발부담금을 정산한 경우에 개발부담금 감액이 있을시 당초 부과된 개발부담금 미납에 따른 가산금 산정 방법은?

➲ **회신 내용** (토재 58383-241, '97.4.8.)

「개발이익 환수에 관한 법률 시행령」 제17조의 규정에 의거 부담금을 정정하는 경우에는 부담금의 체납에 따른 가산금은 정정된 금액을 기준으로 산정하는 것임.

나. 체납처분

[질의 요지]

개발부담금 체납액에 대해 서울보증보험(주) 발행 이행보증보험으로 담보제공시 기존 압류 부동산에 대한 압류 해제가 가능한지 여부

➲ **회신 내용**

「개발이익 환수에 관한 법률」 제19조는 개발부담금을 지정된 기한까지 완납하지 아니한 때에는 국세체납처분의 예에 의하여 징수할 수 있다고 규정하고 있습니다. 귀하께서 질의하신 바와 같이 특정한 담보를 제공한 경우 기존 압류를 해제할 것인지 여부는 부과 징수권자가 담보로 제공한 재산이 적절한지 여부 등 사실 판단에 따라 결정할 사항이므로 부과 징수권자인 시장·군수·구청장에게 문의하시기 바랍니다.

제3절 물 납

1. 물납청구의 제한

가. 물납 대상

[질의 요지]

개발부담금 부과대상토지와 붙어있는 토지를 「개발이익 환수에 관한 법률」 제18조에 따른 물납하고자 신청하였으나 관할 관청에서는 유사한 토지가 아니라는 이유로 물납 받는 것을 거절하고 있으므로 물납을 수용해 줄 것을 요망

➲ **회신 내용** (토지정책과-771, 2013.5.2.)

「개발이익 환수에 관한 법률」 제18조에 따르면 개발부담금은 현금 납부를 원칙으로 하되, 해당 부과대상토지 및 그와 유사한 토지로 하는 납부("물납")를 인정할 수 있도록 규정되어 있습니다.

위 규정은 어디까지나 자유재량 행위에 속하기 때문에 물납신청이 있을 경우 이를 수용할 것인지 여부는 개발부담금 부과 징수 업무를 국토교통부 장관으로부터 권한 위임받은 시장·군수 또는 구청장이 결정할 사항이라고 봅니다.

다만, 우리부로서는 민원인의 편의를 도모하는 차원에서 귀하께서 물납 신청한 토지가 다음 사항을 모두 충족할 경우 개발부담금 징수액 중 국고 귀속분으로 물납을 받아도 무방하다는 의견을 관할 관청에 제시하였음을 알려 드립니다.

물납이 인정되는 토지는 당해 부과대상토지 또는 그와 유사한 토지로서 국가 또는 당해 지자체에서 직접 활용할 수 있거나 처분이 가능한 토지이어야 함. 물납 대상 토지 가액이 부담금 부과액을 초과하는 토지, 도시·군 계획시설로 결정된 토지 또는 공용청사 부지 등 특정 용도로 사용이 지정된 토지가 아니어야 함.

나. 물납 대상 제외

1) 도시계획도로

[질의 요지]

개발부담금을 물납으로 납부하고자 하는 경우 도시계획도로에 편입된 토지를 물납신청할 수 있는지 여부

➲ 회신 내용

개발부담금은 현금에 의한 납부를 원칙으로 하되 사업시행자가 신청하는 경우에는 물납에 의한 납부를 인정하고 있으나 이 경우 물납이 인정되는 것은 당해 부과대상토지로서 처분이 가능한 토지이어야 할 것이며, 따라서 도시계획도로 부지는 물납토지로 납부할 수 없음.

2) 학교 용지, 물납 토지 가액이 개발부담금을 초과하는 경우

[질의 요지]

1. 학교 용지를 물납 받을 수 있는 지 여부
2. 위 토지를 물납 허가할 경우 소유권을 지방자치단체로 이전할 수 있는지 여부
3. 물납 토지가 개발부담금을 초과하는 경우 정산 방법

➲ 회신 내용

「개발부담금부과·징수업무처리규정」 제18조 제1항의 규정에 의하면 지방자치단체가 직접 활용할 수 있거나, 처분이 가능한 토지만 물납 허가 할 수 있으며, 같은 조 제2항의 규정에 의하면 도시계획시설로 결정되어 특정 용도로 사용이 지정된 토지는 지방자치단체가 직접 활용할 토지가 아니면 물납허가할 수 없으며, 물납 토지가 개발부담금을 초과하는 경우도 같은 규정에 의하여 허가할 수 없습니다.

2. 물납 토지의 가액

[질의 요지]

개발부담금 부과대상 아파트 건설사업자가 인근 임야(과거 아파트부지)로 부담금을 물납하고자 하는 경우 물납 가능 여부와 물납이 가능한 경우 지가의 산정 방식

➲ 회신 내용

물납 대상 토지는 개발부담금의 부과대상토지 또는 그와 유사한 토지로서 당해 지방자치단체에서 직접 활용할 수 있거나 처분이 가능한 토지이어야 하며, 이의 인정 여부는 부과권자의 사실 판단 사항임.

물납에 충당할 토지의 가액은 「개발이익 환수에 관한 법률 시행령」 제18조 제4항에 의거 부과종료시점의 개별공시지가에 부과종료시점부터 물납 수납을 통지한 날까지의 정상지가상승분을 합한 금액으로 하도록 하고 있음.

다만, 당해 개별공시지가 산정의 기준이 되는 사실이 변경(아파트부지에서 임야로 변경) 되어 종전의 개별공시지가를 적용하는 것이 부당한 경우의 물납 토지 가액 산정 방법에 대하여는 개발이익 환수에 관한 법령이 별도의 규정을 두고 있지 아니하므로 개발이익 환수에 관한 법령 및 관계 법령의 관련 규정을 준용하여 개별공시지가를 재 산정 적용하여야 할 것으로 판단됨.

| 질의회신 및 판례

판 례

납부고지서에 납부 기한을 법정납부기한보다 단축하여 기재한 경우, 그 부과 처분이 위법 여부(대법원 2002.7.23. 선고 2000두9946 판결)

[판시사항]

(1) 개발부담금 부과 처분을 하면서 납부고지서에 납부 기한을 법정납부기한보다 단축하여 기재한 경우, 그 부과 처분이 위법하게 되는지 여부(소극)

(2) 1997.8.30. 법률 제5409호로 개정된 「개발이익 환수에 관한 법률」 부칙 제2항의 해석

(3) 개발사업 대상 토지가 아니나 개발사업의 인가 조건에 따라 그 지상 건물이 철거되고 농지로 형질 변경되어 토지의 가격이 하락한 경우, 그러한 사정만으로 그 토지가 개발부담금 부과대상토지에 포함되거나 부과대상토지에서 그 면적만큼 공제될 수는 없고, 도시계획법령에 따른 이축권이 발생하였다고 할 수도 없으며, 위 토지의 가격하락분이 개발비용에 해당하지도 않는다고 한 사례

판결 요지

(1) 개발부담금의 납부 기한은 「개발이익 환수에 관한 법률」 제16조의 규정에 따라 정하여지고 납부고지서의 기재는 그 정하여진 날짜를 그대로 기재하는 것에 불과하여 납부 기한을 잘못 기재한 것만으로는 납부 기한이 단축되는 효력이 발생되는 것이 아니고, 따라서 처분에 대한 불복 여부의 결정과 불복신청에 지장을 주었다고 단정하기 어려우므로 그 처분이 위법하게 되는 것은 아니다.

(2) 1997.8.30. 법률 제5409호로 개정된
「개발이익 환수에 관한 법률」 부칙 제2항에 따라서 그 개정 전의 법이 시행될 당시에 개발사업이 종료되었다면 그에 대해 개정 전의 법으로 개발부담금이 부과되었는지 여부를 가리지 아니하고 개정 전의 법 규정이 적용된다.

(3) 개발사업 대상 토지가 아니나 개발사업의 인가 조건에 따라 그 지상 건물이 철거되고 농지로 형질 변경되어 토지의 가격이 하락한 경우, 그러한 사정만으로 그 토지가 개발부담금 부과대상토지에 포함되거나 부과대상토지에서 그 면적만큼 공제될 수는 없고, 도시계획법령에 따른 이축권이 발생하였다고 할 수도 없으며, 위 토지의 가격하락분이 개발비용에 해당하지도 않는다고 한 사례.

➲ 이유

1. 원심이, 피고가 1999.7.26. 원고에게 한 이 사건 처분은 당초 1999.2.8.의 개발부담금 부과 처분과 다른 독립한 처분으로서 그 납부 기한도 「개발이익 환수에 관한 법률」(다음부터는 '법'이라고만 한다) 제16조에 따라 부과 일부터 6월이고, 다만 피고가 납부고지서에 납부 기한을 1999.8.8.로 기재한 것은 잘못이나, 개발부담금의 납부 기한은 법 제16조의 규정에 따라 정하여지고 납부고지서의 기재는 그 정하여진 날짜를 그대로 기재하는 것에 불과하여 납부 기한을 잘못 기재한 것만으로는 납부 기한이 단축되는 효력이 발생되는 것이 아니고, 따라서 처분에 대한 불복 여부의 결정과 불복신청에 지장을 주었다고 단정하기 어려우므로 그 처분이 위법하지 아니하다고 판단한 것은 옳고, 거기에 상고이유의 주장과 같은 개발부담금 부과 고지의 하자에 관한 법리 오해의 잘못이 없다.

2. 1997.8.30. 법률 제5409호로 개정된 법 부칙 제2항에 따라서 그 개정 전의 법이 시행될 당시에 개발사업이 종료되었다면 그에 대해 개정 전의 법으로 개발부담금이 부과되었는지 여부를 가리지 아니하고 개정 전의 법 규정이 적용된다. (대법원 2001. 4.24. 선고 99두10834 판결 참조) 따라서 같은 취지의 원심 판단은 정당하고, 거기에 상고이유의 주장과 같은 개정된 법 부칙 제2항에 관한 법리 오해의 잘못이 없다.

3. 원심이, 그 판시의 계쟁 토지가 이 사건 개발사업의 인가 조건에 따라 그 지상 건물이 철거되고 농지로 형질 변경되어 토지의 가격이 하락하였다고 하더라도, 그러한 사정만으로 그 계쟁 토지가 개발부담금 부과대상토지에 포함되거나 부과대상토지에서 그 면적만큼 공제될 수 없고, 도시계획법령에 따른 이축권이 발생하였다고 할 수도 없으며, 원고 주장의 이축권 소멸에 따른 손해나 계쟁 토지의 가격하락분은 개발비용에 해당하지 아니한다고 판단한 것은 옳고, 거기에 상고이유의 주장과 같은 법리 오해의 잘못이 없다.

필요적 기재 사항이 누락된 납부고지서에 의한 개발부담금 부과 처분의 효력(대법원 1994.3.25. 선고 93누19542 판결)

[판시사항]

가. 납부 금액 및 산출 근거 등의 기재가 누락된 납부고지서에 의한 개발부담금 부과 처분의 효력

나. 부담금 예정 통지서에 의해 납부고지서 기재 사항 누락의 하자를 보완할 수 있는지 여부

판결 요지

가. 구 「개발이익 환수에 관한 법률」(1993.6.11. 법률 제4563호로 개정되기 전의 것) 제15조 및 「개발이익 환수에 관한 법률 시행령」 제16조는 국민에게 경제적 부담을 지우는 공법상의 금전 급부의무의 일종인 개발부담금에 있어서 부과 관청의 자의를 배제하고 신중하고 합리적인 처분을 행하게 함으로써 공정을 기함과 동시에 납부의무자에게 부과 처분의 내용을 상세히 알려 이에 대한 불복 여부의 결정과 불복신청의 편의를 주려는 데 그 근본 취지가 있는 강행규정으로서 납부고지서에 납부 금액 및 산출 근거, 납부 기한과 납부 장소의 기재가 누락되었다면 그 부과 처분은 위법하다.

나. 부과 관청이 부과 처분에 앞서 같은법시행령(1993.8.12. 대통령령 제13956호로 개정되기 전의 것) 제13조에 의거하여 납부의무자에게 교부한 부담금 예정 통지서에 납부고지서의 필요적 기재 사항이 제대로 기재되어 있어 납부의무자가 이를 기초로 같은법시행령 제14조에 의거한 고지 전 심사청구까지 할 수 있었다면 이로써 납부고지서의 흠결이 보완되거나 하자가 치유될 수 있다.

개발부담금 증액 정정 처분을 한 경우 당초 부과 처분의 효력(대법원 2014.5.16. 선고 2013두26699 판결)

[판시사항]

(1) 개발부담금의 증액 정정 처분을 한 경우, 처음 부과결정은 독립된 존재가치를 잃고 효력을 소멸하는지 여부(적극)

(2) 국토해양부 장관이 개발부담금을 부과하기로 결정하면 납부의무자에게 납부 금액과 산출 근거, 납부 기한 및 납부 장소가 명시된 납부고지서를 발부하도록 규정한 구 「개발이익 환수에 관한 법률」 제15조 제1항과 「개발이익 환수에 관한 법률 시행령」 제19조가 강행규정인지 여부(적극)

➲ 이유

개발부담금의 증액 정정 처분은 당초 결정된 개발이익과 개발부담금을 그대로 둔 채 증가되는 부분만을 추가하는 것이 아니라 증액되는 부분을 포함하여 전체로서 하나의 개발이익과 개발부담금을 다시 결정하는 것이어서, 당초의 부과결정은 증액 부과 처분에 흡수되어 독립된 존재가치를 잃고 그 효력이 소멸된다.(대법원 2007.3.30. 선고 2005두11760 판결 등 참조) 또한, 구 「개발이익 환수에 관한 법률」(2013.3.23. 법률 제11690호로 개정되기 전의 것, 이하 '법'이라고 한다) 제15조 제1항과 같은 법 시행령(2013.3.23. 대통령령 제24443호로 개정되기 전의 것, 이하 '시행령'이라고 한다) 제19조는 국토해양부 장관이 개발부담금을 부과하기로 결정하면 납부의무자에게 납부 금액과 그 산출근거, 납부 기한 및 납부 장소가 명시된 납부고지서를 발부하도록 규정하고 있는데, 위 규정은 부과 관청의 자의를 배제하고 신중하고 합리적인 처분을 행하게 함으로써 공정을 기함과 동시에 납부의무자에게 부과 처분의 내용을 상세히 알려 이에 대한 불복 여부의 결정과 불복신청의 편의를 주려는 데 그 근본 취지가 있는 강행규정이다.(대법원 1996.4.12. 선고 95누12293 판결 등 참조)

원심판결과 원심이 인용한 제1심판결 이유에 의하면, 피고가 2009.12.1. 원고에게 이 사건 사업으로 인한 개발부담금 826,342,920원을 부과하였다가, 2011.10.31. 개발부담금을 984,629,700원으로 정정하는 내용의 납부 고지 정정통지서를 발부하여 위 통지서가 2011.11.4. 원고에게 송달된 사실, 피고가 2011.11.9. 원고에게 증액된 개발부담금 158,286,780원의 납부고지서를 발부하여 위 고지서가 2011.11.14. 원고에게 송달된 사실, 원고가 2012.5.7. 중앙토지수용위원회에 개발부담금 984,629,700원의 부과처분의 취소를 구하는 행정심판을 청구하였는데, 중앙토지수용위원회는 위 납부 고지 정정통지서 송달일부터 행정심판법 제27조 제6항, 제3항에서 정한 180일의 심판청구기간이 지난 후에 행정심판청구를 하였음을 이유로 원고의 행정심판청구를 각하한 사실을 알 수 있다.

제1심은, 「개발이익 환수에 관한 법률 시행규칙」(이하 '시행규칙'이라고 한다) 제14조에서 정한 별지 제6호 서식에 따른 위 정정통지서의 송달로써 이 사건 개발부담금의 정정 처분이 완료되었고, 그 후 송달된 납부고지서는 납부 편의를 위한 것에 불과하므로, 위 정정통지서 송달일부터 심판청구기간이 지난 원고의 행정심판 청구에 대한 각하 재결 후 제기된 이 사건 소가 부적법하다는 피고의 항변을 받아들여 이 사건 소를 각하하였다. 원심은 제1심의 판단에다가 위 납부고지서 발부는 납부 기한과 납부 장소를 정정하는 내용이 누락된 위 정정통지서의 하자를 치유하는 행위에 불과하고 이 사건 정정 통지를 정정 처분으로 봄이 타당하다는 이유를 덧붙여 제1심판결을 유지하였다.

그러나 원심과 제1심의 판단은 앞서 본 법리에 비추어 볼 때, 다음과 같은 이유로 수긍하기 어렵다.

이 사건 증액 정정 처분으로 종전의 부과 처분은 독립된 존재가치를 잃고 이 사건 증액 정정 처분이 새로운 처분이 되므로, 개발부담금 부과결정 시 필요적 기재 사항이 기재된 납부고지서를 발부하도록 한 법 제15조 제1항과 시행령 제19조는 새로운 부과 처분인 증액 정정 처분에도 그대로 적용된다고 해석하여야 한다. 이 사건 정정 통지서에는 납부고지서의 필요적 기재 사항 중 납부 기한과 납부 장소가 누락되어 있고, 위 정정된 납부고지서에 납부 기한과 납부 장소가 기재되어 있으므로, 정정 통지가 아니라 정정된 납부고지서의 발부를 이 사건 증액 정정 처분으로 봄이 상당하다.

그렇다면 원고가 행정심판법 제27조 제6항, 제3항에서 정한 '처분이 있었던 날'인 위 정정된 납부고지서 발부의 효력발생일, 즉 그 송달일부터 180일 내에 적법하게 행정심판청구를 하였으므로, 그 재결서를 송달받은 날부터 90일 내에 적법하게 이 사건 소를 제기하였다고 보기에 충분한데도, 제1심이 이와 달리 판단하여 이 사건 소를 각하하고 원심이 제1심판결을 그대로 유지한 데에는 개발부담금 정정 처분에 관한 법리를 오해함으로써 판결에 영향을 미친 잘못이 있다.

가산금의 법적성질 및 징수절차(대법원 1993.10.8. 선고 93누10521 판결)

[판시사항]

가. 가산금의 법적성질 및 징수절차
나. 타인의 토지를 임차하여 개발사업을 시행한 자가 구 「개발이익 환수에 관한 법률」(1993. 6.11. 법률 제4563호로 개정되기 전의 것) 소정의 개발부담금 납부의무자인지 여부
다. 골프연습장 건설사업이 개발부담금 부과대상사업에 해당하는지 여부

판결 요지

가. 「개발이익 환수에 관한 법률」 제18조 제2항에 의해 준용되는 국세징수법 제21조, 제22조 소정의 가산금 및 중가산금은 국세를 납부 기한까지 납부하지 않는 경우, 미납분에 관한 지연이자의 의미로 부과되는 부대세의 일종으로서, 과세권자의 가산금 확정 절차 없이 국세를 납부 기한까지 납부하지 아니하면 위 법규정에 의하여

가산금이 당연히 발생하여 그 액수도 확정되나 그 징수절차는 독촉장에 의하여 납부를 독촉함으로써 개시되며 납부독촉이 부당하거나 절차에 하자가 있는 경우에는 그 징수 처분에 대하여 취소소송에 의한 불복이 가능할 뿐이다.

나. 구 「개발이익 환수에 관한 법률」(1993.6.11. 법률 제4563호로 개정되기 전의 것) 제6조 소정의 개발부담금 납부의무자인 "사업시행자" 중 실질적으로 개발이익이 귀속되지 아니한 자는 그 부과대상자에 해당하지 않는다 할 것인바, 타인 소유의 토지를 임차하여 개발사업을 시행한 경우 그 토지 가액 증가로 인한 개발이익은 특별한 사정이 없으면 토지소유자에게 귀속된다 할 것이므로 그와 같은 경우 임차인에 불과한 사업시행자는 개발부담금 납부의무자가 아니다.

다. 골프연습장 건설사업은 같은 법 제5조 제1항 제9호에서 규정하고 있는 "골프장 건설사업"으로 볼 수 없을 뿐만 아니라 나아가 같은 법 제5조 제1항 및 같은법시행령(1991.9.13. 대통령령 제13465호로 개정되기 전의 것) 제4조 별표 1의 각 제11호에서 규정하고 있는 "골프장 건설사업에 유사하거나 그에 준하는 사업"이라고도 볼 수 없어 결국 골프연습장 건설사업을 명문으로 개발부담금 부과대상사업으로 규정하고 있지 않은 같은 법령 적용 시기 하의 골프연습장 건설사업은 개발부담금 부과대상사업에 해당되지 않는다.

압류 채권의 효력 등(대법원 1998.10.27. 선고 98다18414 판결)

[판시사항]

(1) 아파트 건설·분양 사업을 완료한 후 해산된 주택조합에 개발부담금을 부과하는 처분의 효력(유효)

(2) 비법인사단인 주택조합에 부과된 개발부담금에 관한 조합원 분담금을 구청장이 임의로 확정하여 국세징수법상 채권압류의 통지를 한 경우, 조합원들에게 압류의 효력이 미치는지 여부(소극)

➲ 판결 요지

(1) 주택조합이 민영주택건설 사업 계획의 승인을 받아 아파트 건설을 완료하고 이를 조합원들에게 분양한 다음 해산하여 설립인가가 취소되었는데 그 후 구청장이 해산된 주택조합에 개발부담금을 부과하는 처분을 한 경우, 위 주택조합이 해산되었다 하여도 권리·의무 관계가 남아 있다면 그 범위 안에서 아직 소멸하지 않고 존속하

는 것이므로 주택조합들에 대하여 개발부담금을 부과한 처분은 무효가 아니다.

(2) 비법인사단인 주택조합에 부과된 개발부담금을 조합원들에게 어떻게 분담하게 하는가는 정관 기타 규약에 따라 조합원총회 등에서 조합의 자산과 부채를 정산하여 조합원들이 납부하여야 할 금액을 결정하고 이를 조합원에게 분담시키는 결의를 하였을 때 비로소 확정적으로 발생하는 것이므로 이러한 결의 등의 절차 없이 구청장이 분담금을 임의로 확정하여 이에 대한 국세징수법상의 채권압류통지를 하였다 하여도 조합원들에게 압류의 효력이 미치지 아니한다.

공장을 제3자에게 임대한 경우에 감면한 개발부담금의 추징 범위(「개발이익 환수에 관한 법률 시행령」 제21조 등 관련) (법제처 법령해석 17-0317, 2017.9.13., 민원인)

[질의 요지]

「개발이익 환수에 관한 법률」(이하 "개발이익환수법"이라 함) 제7조 제3항 제2호에서는 「중소기업창업 지원법」에 따라 사업 계획 승인을 받아 시행하는 공장용지 조성 사업에 대하여 개발부담금을 면제하도록 규정하고 있고, 개발이익환수법 제16조 제1항 및 같은 법 시행령 제21조 제2항에서는 같은 법 제7조 제2항부터 제4항까지의 규정에 따른 개발부담금 감면대상 사업을 시행한 후 특별한 사유 없이 부과종료시점 후 5년 이내에 토지를 해당 개발사업의 목적 용도로 이용하지 아니하는 등 대통령령으로 정하는 사유가 있으면 감면한 개발부담금을 징수하도록 규정하고 있으며, 그 위임에 따라 「개발이익 환수에 관한 법률 시행령」(이하 "개발이익환수법 시행령"이라 함) 제21조 제3항 제1호에서는 "당초 개발사업의 목적 용도와 다른 용도로 토지를 이용하는 경우"를 감면한 개발부담금을 징수하여야 하는 사유로 규정하고 있는바,

가. 「중소기업창업 지원법」에 따라 사업 계획 승인을 받아 공장용지 조성 사업을 시행하여 개발부담금을 감면받은 자가 부과종료시점 후 5년 이내에 공장을 제3자에게 임대하여 제3자가 공장으로 사용한 경우가 개발이익환수법 시행령 제21조 제3항 제1호의 "당초 개발사업의 목적 용도와 다른 용도로 토지를 이용하는 경우"에 해당하는지?

나. 「중소기업창업 지원법」에 따라 사업 계획 승인을 받아 공장용지 조성 사업을 시행하여 개발부담금을 감면받은 자가 부과종료시점 후 5년 이내에 공장 일부를 제3자에게 임대하여 제3자가 공장으로 사용한 경우, 개발이익환수법 제16조 제1항에 따라 감면한 개발부담금을 추징할 때에는 그 전부를 추징하는지 아니면 제3자에게 임대한 부분에 비례하여 추징하는지?

< 질의 배경 >

- 민원인은 「중소기업창업 지원법」에 따라 사업 계획 승인을 받아 공장용지 조성 사업을

시행한 후 공장의 일부를 제3자에게 임대하는 경우 감면받은 개발부담금을 추징하는지에 대하여 국토교통부에 질의함.

- 국토교통부에서 공장용지 조성 사업을 시행한 후 공장의 일부를 제3자에게 임대한 경우에는 감면받은 개발부담금 전액을 추징하여야 한다고 회신하자, 민원인이 이에 이견이 있어 해석을 요청한 사안임.

➲ 회답

가. 질의 가에 대하여

「중소기업창업 지원법」에 따라 사업 계획 승인을 받아 공장용지 조성 사업을 시행하여 개발부담금을 감면받은 자가 부과종료시점 후 5년 이내에 공장을 제3자에게 임대하여 제3자가 공장으로 사용한 경우는 「개발이익환수법 시행령」 제21조 제3항 제1호의 "당초 개발사업의 목적 용도와 다른 용도로 토지를 이용하는 경우"에 해당합니다.

나. 질의 나에 대하여

「중소기업창업 지원법」에 따라 사업 계획 승인을 받아 공장용지 조성 사업을 시행하여 개발부담금을 감면받은 자가 부과종료시점 후 5년 이내에 공장 일부를 제3자에게 임대하여 제3자가 공장으로 사용한 경우, 「개발이익환수법」 제16조 제1항에 따라 감면한 개발부담금을 추징할 때에는 그 전부를 추징합니다.

➲ 이유

가. 질의 가 및 질의 나의 공통 사항

개발이익환수법 제3조에서는 국가는 같은 법 제5조에 따른 개발부담금 부과대상 사업이 시행되는 지역에서 발생하는 개발이익을 개발부담금으로 징수하도록 규정하고 있고, 같은 법 제5조 제1항에서는 택지개발사업(제1호), 체육시설 부지조성사업(제6호), 지목변경이 수반되는 사업으로서 대통령령으로 정하는 사업(제7호) 및 그 밖에 제1호부터 제6호까지의 사업과 유사한 사업으로서 대통령령으로 정하는 사업(제8호) 등을 개발부담금의 부과대상인 개발사업으로 규정하고 있으며, 그 위임에 따라 「개발이익환수법 시행령」별표 1 제8호 다목에서는 "「중소기업창업 지원법」에 따른 공장용지조성사업"을 부담금 부과대상 개발사업으로 규정하고 있습니다.

한편, 「개발이익환수법」 제7조 제3항 제2호에서는 「중소기업창업 지원법」에 따라 사업 계획 승인을 받아 시행하는 공장용지 조성 사업에 대하여 개발부담금을 면제하도록 규정하고 있고, 「개발이익환수법」 제16조 제1항에서는 같은 법 제7조 제2항부터 제4항까지의 규정에 따른 개발부담금 감면 대상 사업을 시행한 후 특별한 사유 없이 부과종료시점 후 5년 이내에 토지를 해당 개발사업의 목적 용도로 이용하지 아니하는 등 대통령령으로 정하는 사유가 있으면 감면한 개발부담금을 징수하도록 규정하고 있으며, 그 위임에 따라 개발이익환수법 시행령 제21조 제3항 제1호에서는 "당초 개발사업의 목적 용도와 다른 용도로 토지를 이용하는 경우"를 감면한 개발부담금을 징수하여야 하는 사유로 규정하고 있습니다.

나. 질의 가에 대하여

이 사안은 「중소기업창업 지원법」에 따라 사업 계획 승인을 받아 공장용지 조성 사업을 시행하여 개발부담금을 감면받은 자가 부과종료시점 후 5년 이내에 공장을 제3자에게 임대하여 제3자가 공장으로 사용한 경우가 「개발이익환수법 시행령」 제21조 제3항 제1호의 "당초 개발사업의 목적 용도와 다른 용도로 토지를 이용하는 경우"에 해당하는지에 관한 것이라 하겠습니다.

먼저, 개발부담금제도는 사업시행자나 토지소유자가 국가 또는 지방자치단체로부터 인가 등을 받아 개발사업을 시행한 결과 개발사업 대상 토지의 지가가 상승하여 정상지가(正常地價) 상승분을 초과하는 불로소득적인 개발이익이 생긴 경우, 이를 사업시행자에게 독점시키지 않고 국가가 이를 환수하여 그 토지가 속하는 지방자치단체 등에 배분함으로써 경제정의를 실현하고 토지에 대한 투기를 방지하고 토지의 효율적인 이용의 촉진을 도모하기 위한 제도로서, 개발사업을 시행한 결과 개발사업 대상 토지의 지가가 상승하여 정상지가상승분을 초과하는 불로소득적인 개발이익이 생긴 경우에는 개발사업의 규모와 관계없이 이를 환수하려는 제도입니다. (헌법재판소 2009.3.26. 선고 2008헌바7 결정례)

그리고, 조세법률주의의 원칙상 과세요건이거나 비과세 요건 또는 조세 감면요건을 막론하고 조세 법규의 해석은 특별한 사정이 없으면 법문대로 해석하여야 할 것이고 합리적 이유 없이 확장해석하거나 유추해석하는 것은 허용되지 아니합니다. (대법원 2011.1.27. 선고 2011도1191 판결례 참조)

그런데, 「개발이익환수법」 제7조 제3항 제2호에서는 중소기업의 창업지원을 위해 개발부담금 면제 대상을 "「중소기업창업 지원법」에 따라 사업 계획 승인을 받아 시행하는 공장용지 조성 사업"으로 규정하고 있는바, 「개발이익환수법 시행령」 제21조 제3항 제1호의 "당초 개발사업의 목적 용도와 다른 용도로 토지를 이용하는 경우"에 해당하는지 여부는 창업자의 개발사업 목적인 승인받은 사업 계획을 기준으로 하여야 할 것인데, 「중소기업창업 지원법」 제33조 제1항에서는 창업자는 사업 계획의 승인을 받아 사업을 할 수 있도록 규정하고 있고, 같은 법 제37조 제1항 제3호에서는 "사업 계획의 승인을 받은 공장용지를 다른 사람에게 임대하거나 공장이 아닌 용도로 활용하는 경우"에는 사업 계획의 승인을 취소하거나 해당 토지의 원상회복을 명할 수 있도록 규정하고 있으므로, 중소기업 창업지원의 목적을 위해 개발부담금을 면제받은 창업 중소기업이 당초 승인받은 사업 계획과 달리 제3자에게 공장을 임대하여 조성된 공장용지를 이용하게 한 경우는 당초 개발사업의 목적 용도로 토지를 이용한 것으로 볼 수 없다고 할 것입니다.

그리고, 개발이익환수법 제16조의 추징에 관한 규정은 종래 누락된 징수절차상의 규정과 부과 방법상의 불합리한 점을 보완하려는 것이 그 입법 목적이고[의안 번호 제140241호 「개발이익 환수에 관한 법률」 일부개정법률안(정부 제출) 국회 건설위원회 심사보고서 참조], 같은 법 제7조 제3항에서 「중소기업창업 지원법」에 따라 사업 계획 승인을 얻어 시행하는 공장용지조성사업에 대하여 개발부담금을 면제하도록 한 입법 취지 역시 사업시행자가 당초 개발사업의 목적 용도와 다른 용도로 토지를 이용하거나 당초 개발사업의 목적용도 외의 용도로 토지를 이용하고자 하는 자에게 토지를 양도하는 경우에 그동안 면제받은 개발부담금을 사업시행자로부터 추징하여야 함에도 불구하고, 「중소기업창업 지원법」에 따른 공장용지조성사업이 개발이익환수법 제7조 제2항 및 제3항의 개발부담금 감면 대상 사업에 포함되어 있지 않아 개발부담금을 추징할 수 없는 문제가 발생하자, 공장용지조성사업에 대한 개발부담금 추징의 근거를 마련하기 위한 것이라는 점[의안 번호 제176030호 「개발이익 환수에 관한 법률」 일부개정법률안(강부길 의원 대표 발의) 국회 건설 교통위원회 심사보고서 참조]을 고려하면, 개발이익환수법 시행령 제21조 제3항 제1호의 "당초 개발사업의 목적 용도와 다른 용도로 토지를 이용하는 경우"에 해당하여 개발부담금을 추징하는 경우는 개발부담금 면제 대상인 "창업 중소기업"을 전제로 그 창업 중소기업이 그 목적 용도대로 토지를 사용하지 않는 때에 추징하는 경우를 의미한다고 할 것이므로, 공장 일부를 제3자에게 임대하여 제3자가 공장으로 사용하는 경우까지 개발부담금 면제 대상으로 해석하는 것은 개발이익환수법 제16조 및 같은 법 제7조 제3항의 입법 취지에 부합하지 않는다고 할 것입니다.

한편, 「중소기업창업 지원법」에 따라 공장용지조성사업 및 공장설립을 이미 완료한 후에 공장 일부를 제3자에게 임대한 경우에 대해서까지 감면한 개발부담금을 추징하는 것은 타당하지 않다는 의견이 있을 수 있으나, 개발이익환수법 제16조 제1항에서는 개발부담금 감면 대상 사업을 시행한 후 특별한 사유 없이 부과종료시점 후 5년 이내에 토지를 해당 개발사업의 목적 용도로 이용하지 아니하는 등에 대해서 감면한 개발부담금을 추징하도록 규정하여, 개발사업 시행 이후에도 일정 기간 해당 개발사업의 목적 용도로 이용한 경우에만 개발부담금을 감면하도록 규정하고 있으므로 그러한 의견은 타당하지 않다고 할 것입니다.

이상과 같은 점을 종합해 볼 때, 「중소기업창업 지원법」에 따라 사업 계획 승인을 받아 공장용지 조성 사업을 시행하여 개발부담금을 감면받은 자가 부과종료시점 후 5년 이내에 공장을 제3자에게 임대하여 제3자가 공장으로 사용한 경우는 개발이익환수법 시행령 제21조 제3항 제1호의 "당초 개발사업의 목적 용도와 다른 용도로 토지를 이용하는 경우"에 해당한다고 할 것입니다.

다. 질의 나에 대하여

이 사안은 「중소기업창업 지원법」에 따라 사업 계획 승인을 받아 공장용지 조성 사업을 시행하여 개발부담금을 감면받은 자가 부과종료시점 후 5년 이내에 공장 일부를 제3자에게 임대하여 제3자가 공장으로 사용한 경우, 개발이익환수법 제16조 제1항에 따라 감면한 개발부담금을 추징할 때에 그 전부를 추징하는지 아니면 제3자에게 임대한 부분에 비례하여 추징하는지에 관한 것이라 하겠습니다.

먼저, 법령을 해석할 때는 법률에 사용된 문언의 통상적인 의미에 충실하게 해석하는 것을 원칙으로 하면서도 법률의 입법 취지와 목적, 그 제·개정 연혁, 법질서 전체와의 조화, 다른 법령과의 관계 등을 고려하는 체계적·논리적 해석방법을 추가적으로 동원하여야 할 것입니다. (대법원 2013.1.17. 선고 2011다83431 전원합의체 판결례 참조)

그런데, 개발이익환수법 제7조 제3항 제2호에서 "「중소기업창업 지원법」에 따라 사업 계획 승인을 받아 시행하는 공장용지 조성 사업"에 대하여 개발부담금을 면제하는 것은 창업자의 중소기업 창업을 지원하기 위하여 공장용지 조성에 따른 개발부담금을 면제하려는 것이지, 창업자가 아닌 제3자에게 그 혜택을 주려는 취지가 아니라고 할 것인바, 공장 일부라도 제3자가 사용하고 있다면, 이는 「중소기업창업 지원법」에 따라 승인받은 사업 계획에 맞지 않는 것으로서 개발부담금을 면제한 개발사업의 목적과 달리 이용되는 것에 해당한다고 할 것이고, 중소기업 창업자로서는 창업하려는 사업에 비하여 공장 및 공장용지의 규모가 커서 유휴(遊休) 시설 및 용지가 발생할 개연성이 있다고 판단된다면 당초 개발사업 추진 시에 이를 변경하였어야 함에도 그러한 절차 없이 개발을 완료한 후에 공장 등을 제3자에게 임대하는 것은 창업지원을 위한 개발부담금 면제의 목적에도 부합하지 않기 때문에 중소기업 창업자로부터 감면된 개발부담금 전액을 추징하는 것이 개발부담금제도의 목적과 개발이익환수법 제7조 제3항 제2호 및 같은 법 제16조의 입법 취지에 부합한다고 할 것입니다.

그리고, "공장"의 범위에는 제조 활동이 직접 이루어지는 공장 건축물뿐만 아니라 공장부지 등 제조업을 영위하는 데 필요한 제반 활동이 이루어지는 공간 전체가 포함된다고 보는 것이 합리적이라고 할 것(법제처 2017.1.23. 회신 16-0702 해석례 참조)인 반면, 개발부담금은 개발사업의 시행이나 토지이용계획의 변경, 그 밖에 사회적·경제적 요인에 따라 정상지가상승분을 초과하여 개발사업을 시행하는 사업시행자나 토지소유자에게 귀속되는 토지 가액의 증가분 중 일부에 대하여 국가가 부과·징수하는 금액으로서 토지를 그 대상으로 하는 점에 비추어 볼 때(개발이익환수법 제2조 제1호 및 제4호 참조), 공장 건물의 일부를 제3자가 임차하여 사용하는 경우에도 그에 필요한 제반 활동이 이루어지는 공간인 공장용지 전체를 본래 개발부담금을 면제하려는 개발사업의 용도 외로 사용되는 것으로 보아야 하고, 개발부담금의 부과대상인 공장용지의 일부분만을 목적 외 사용으로 분리하여 보기는 어렵다고 할 것입니다.

따라서, 「중소기업창업 지원법」에 따라 사업 계획 승인을 받아 공장용지 조성 사업을 시행하여 개발부담금을 감면받은 자가 부과종료시점 후 5년 이내에 공장 일부를 제3자에게 임대하여 제3자가 공장으로 사용한 경우, 개발이익환수법 제16조 제1항에 따라 감면한 개발부담금을 추징할 때에는 그 전부를 추징하여야 합니다.

제5장

개발부담금의 권리구제절차

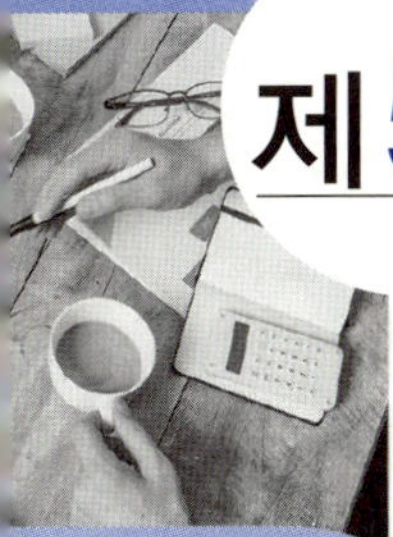

제5장 개발부담금의 권리구제절차

개발부담금은 국가 또는 지방자치단체가 개발사업으로 인해 발생한 개발이익을 환수하기 위해 부과하는 부담금으로, 그 산정 과정에서 다양한 법적 쟁점이 발생할 수 있다. 이에 따라, 개발부담금이 부당하게 부과되었거나 감면요건이 적절하게 적용되지 않은 경우, 사업자는 이에 대한 권리구제절차를 통해 적정성을 다툴 수 있다.

개발부담금과 관련한 권리구제절차는 고지 전 심사, 행정심판, 행정소송의 단계로 구분되며, 각 절차는 신청 방법과 요건이 상이하다.

제1절 고지 전 심사청구

1. 개 요

고지 전 심사청구는 개발부담금이 최종 부과되기 전에 납부의무자가 부과기준 및 산정 금액의 적정성을 검토하고, 필요시 조정을 요청할 수 있도록 마련된 절차이다.

이 제도는 개발부담금 부과의 적정성을 사전에 검토하여 부당한 부담을 방지하고, 납세자의 권익을 보호하는 역할을 한다. 또한, 부과 과정에서 발생할 수 있는 법적·행정적 쟁점을 해소하고, 부담금 산정 오류나 감면요건 미적용 등의 문제를 조정하여 행정적 오류를 신속히 시정하는 기능을 한다.

2. 고지 전 심사의 청구 기한

개발부담금 납부 예정 통지를 받은 납부의무자는 부과기준 및 부담금 금액에 이의가 있을 경우, 예정 통지를 받은 날부터 30일 이내에 시장·군수·구청장에게 고지 전 심사를 청구할 수 있다. 이는 「개발이익 환수에 관한 법률」 제14조 제3항 및 같은 법 시행령 제16조 제1항에 근거하여 시행된다.

3. 심사청구 요건 및 절차

고지 전 심사를 청구하는 납부의무자는 다음 사항을 기재한 고지 전 심사청구서를 작성하여 시장·군수·구청장에게 제출해야 한다. 또한, 청구의 근거를 입증할 수 있는 관련 증명서류를 함께 첨부해야 한다. (영 제16조 제2항)

1. 청구인의 정보 : 개인의 경우 성명 및 주소, 법인의 경우 명칭 및 대표자 성명
2. 부담금 부과대상토지 명세 : 해당 토지의 위치, 면적 등 세부 사항
3. 예정 통지된 부과기준 및 부담금 금액 : 산정 방식 및 결과 포함
4. 고지 전 심사청구의 이유 : 부과 금액의 오류, 평가 기준의 부적절성 등

4. 심사 처리 절차 및 결과 통지

고지 전 심사청구를 접수한 시장·군수·구청장은 신청인이 제기한 이의 내용을 바탕으로 개발부담금 산정 방식의 적법성 여부, 감면요건 적용 가능성, 평가 방식의 타당성 등을 종합적으로 검토한 후, 그 청구를 받은 날부터 15일 이내에 이를 심사하여 그 결과를 다음 사항을 기재한 고지 전 심사 결정 통지서를 통해 청구인에게 통지해야 한다. (영 제16조 제3항 및 제4항)

1. 청구인의 성명(법인의 경우에는 명칭 및 대표자의 성명)·주소 또는 거소
2. 부담금 부과대상토지의 명세
3. 부과기준 및 부과 금액
4. 심사결과

심사청구 신청 시 유의 사항

고지 전 심사를 신청할 때는 부담금 산정의 오류를 입증할 수 있는 객관적인 자료를 충분히 확보하는 것이 중요하다. 또한, 심사청구가 인용된 사례와 기각된 사례를 비교하여 유사한 선례를 활용하는 것도 중요한 전략이 될 수 있다. 고지 전 심사에서 불리한 결과를 받았더라도, 이를 근거로 향후 행정심판이나 행정소송을 제기할 수 있으므로, 심사 과정에서 제시된 논리와 대응 자료를 정리해 두는 것이 바람직하다.

제2절 행정심판

1. 개 요

행정심판은 개발부담금의 부과 및 징수 처분에 이의가 있는 법인 또는 개인이 부과금액 및 산정 방식의 위법성 또는 부당성에 대한 법적 쟁점을 제기하기 위해 행정기관을 대상으로 청구하는 행정적 구제 절차이다.

개발이익 환수에 관한 법률에 따라 개발부담금과 관련된 행정심판은 공익사업을 위한 토지 등의 취득 및 보상에 관한 법률에 근거하여 중앙토지수용위원회가 담당하며, 접수된 청구에 대해 심리·의결을 거쳐 재결(裁決)을 내리게 된다.

2. 심판청구 요건 및 절차

① 개발부담금 등의 부과·징수에 이의가 있는 자는 「공익사업을 위한 토지 등의 취득 및 보상에 관한 법률」에 따른 중앙토지수용위원회에 행정심판을 청구할 수 있다. (법 제26조 제1항)

② 개발부담금의 부과·징수에 대하여 이의가 있는 자는 처분이 있음을 알게 된 날로부터 90일 또는 처분이 있었던 날로부터 180일 이내에, 중앙토지수용위원회에 서면으로 행정심판을 청구할 수 있다.(행정심판법 제27조, 제28조) 다만 행정청이 행정심판 청구 가능 여부에 대해 잘못된 안내를 한 경우, 청구인이 행정심판을 제기하게 되면

소송 제기 기한은 재결서 정본을 송달받은 날부터 기산된다. 이는 행정청의 잘못된 안내로 인해 납세자의 권리가 침해되는 것을 방지하기 위한 조치이다.

③ 행정심판이 접수되면 중앙토지수용위원회가 이를 심리하며, 청구인이 제기한 법적 쟁점과 제출된 증빙 자료를 검토하여 개발부담금 부과의 적법성과 타당성을 판단하게 된다. 재결은 행정심판 청구가 접수된 날로부터 60일 이내에 이루어져야 하며, 부득이한 경우 30일의 범위에서 한 차례 연장할 수 있다 따라서, 최대 심리 기간은 90일이며, 이 기간 내에 심판 결과가 결정되어야 한다.

행정심판의 실무적 중요성 및 활용 방안

행정심판은 개발부담금 부과에 대한 신속하고 비용 부담이 적은 행정적 구제 절차로, 부과처분의 적법성과 적정성을 검토하여 원처분 변경 가능성이 상대적으로 높으며, 불리한 결과를 받더라도 이후 행정소송을 제기할 수 있다 심판 과정에서 축적된 법적 논거와 증빙 자료는 소송을 보다 유리하게 진행하는 데 활용될 수 있다.

개발부담금 부과의 조정 및 감면을 위한 주요 절차로서, 행정소송을 준비하는 과정에서도 효과적인 법적 대응 수단으로 활용될 수 있다.

제3절 행정소송

1. 행정소송의 개념과 절차

행정소송은 행정심판 결과에 불복하거나, 행정심판 절차를 거치지 않고 직접 법원에 부담금 부과 처분의 취소를 청구하는 법적 절차이다 「행정소송법」에 근거하여 진행되며, 청구인은 관할 법원에 소송을 제기하여 행정처분의 위법성 및 부당성을 다툴 수 있다.

2. 행정소송 제기 기간(불변기간)

① 행정소송은 처분 등이 있음을 안 날부터 90일 이내에 제기하여야 한다. 다만, 다른 법률에 당해 처분에 대한 행정심판의 재결을 거치지 아니하면 취소소송을 제기할 수 없다는 규정이 있는 경우와 그 밖에 행정심판 청구를 할 수 있는 경우 또는 행정청이 행정심판 청구를 할 수 있다고 잘못 알린 경우에 행정심판 청구가 있었던 때의 기간은 재결서의 정본을 송달받은 날부터 기산 한다. (행정소송법 제20조 제1항)

② 취소소송은 처분 등이 있은 날부터 1년을 경과하면 이를 제기하지 못한다. 다만, 정당한 사유가 있는 때에는 그러하지 아니하다. (행정소송법 제20조 제2항)

③ 다른 법률에 당해 처분에 대한 행정심판의 재결을 거치지 아니하면 취소소송을 제기할 수 없다는 규정이 있는 경우와 그 밖에 행정심판 청구를 할 수 있는 경우 또는 행정청이 행정심판 청구를 할 수 있다고 잘못 알린 경우에 행정심판 청구가 있었던 때의 기간은 재결서의 정본을 송달받은 날부터 기산 하여 1년을 경과하면 행정소송을 제기하지 못한다. (행정소송법 제20조 제2항)

3. 예외(행정심판의 재결을 거치지 아니하고 행정소송을 제기할 수 있는 경우)

다음에 해당하는 사유가 있는 때에는 행정심판의 재결을 거치지 아니하고 취소소송을 제기할 수 있다. 다음의 사유는 소송을 제기하는 자가 이를 소명 하여야 한다. (행정

소송법 제18조 제2항·제3항·제4항)

가. 행정심판 청구가 있은 날로부터 60일이 지나도 재결이 없는 때
나. 처분의 집행 또는 절차의 속행으로 생길 중대한 손해를 예방하여야 할 긴급한 필요가 있는 때
다. 법령의 규정에 의한 행정심판기관이 의결 또는 재결을 하지 못할 사유가 있는 때
라. 그 밖의 정당한 사유가 있는 때
마. 동종사건에 관하여 이미 행정심판의 기각 재결이 있은 때
바. 서로 내용상 관련되는 처분 또는 같은 목적을 위하여 단계적으로 진행되는 처분 중 어느 하나가 이미 행정심판의 재결을 거친 때
사. 행정청이 사실심의 변론 종결 후 소송의 대상인 처분을 변경하여 당해 변경된 처분에 관하여 소를 제기하는 때
아. 처분을 행한 행정청이 행정심판을 거칠 필요가 없다고 잘못 알린 때

【권리구제절차(법 제26조)】

구 분	행 정 심 판	행 정 소 송
청구권자	사업 시행자(납부의무자)	사업 시행자(납부의무자)
청구 기한	납부 고지일(처분이 있음을 안날)로부터 90일 이내 ※ 처분이 있은 날로부터 180일 경과 시 청구 못 함	납부 고지일(처분이 있음을 안날)로부터 90일 이내 ※ 처분이 있음을 안 날로부터 1년 경과 시 청구 못함
피청구기관	중앙토지수용위원회	소재지 관할 행정법원
(재결)기한	청구서를 받은 날부터 60일 이내(연장 30일 가능)	패소시 항소(상고)여부 : 판결문 접수된 날부터 14일이내
관련 법령	「개발이익 환수에 관한 법률」 제26조 및 「행정심판법」 제27조	「행정소송법」 제18조 ~ 제20조

[소송을 제기하지 않은 조합원에 대해서도 기납부한 부담금을 환급하는지]

(토지정책과-1830, 2013.3.22.)

□ 질의 요지

주택건설사업 계획 승인을 받아 준공한 후 사업 시행자의 폐업으로 개발부담금을 조합원(64명)에게 부과하였으나 조합원 일부(24명)가 소를 제기하여 조합원에게 개발부담금을 부과할 수 없다는 판결에 대하여 소를 제기하지 않은 조합원(40명)에 대하여도 개발부담금 부과 처분을 직권으로 취소하고 납부한 개발부담금을 환급하여야 하는지 여부?

□ 회신 내용

귀 시에서 요청한 질의는 개발이익환수법에 대한 유권해석이 아닌 행정소송법에 의하여 판단할 사항이며, 이는 부과권자가 관계 법령을 검토하여 판단할 사항으로 봅니다. 다만 이와 관련하여 우리부에서 법률 검토한 결과를 붙임과 같이 알려드리니 업무에 참고하시기 바랍니다.

국토부 검토 결과

「행정소송법」 제29조 제1항에 따르면 처분 등을 취소하는 확정판결은 제3자에 대하여도 효력이 있다고 규정하고 있어 당해 사안과 같이 동일한 쟁점으로 소를 제기하지 않은 제3자까지 당해 취소판결의 효력이 미치는 것으로 볼 여지도 있지만,

「행정소송법」 제30조 제1항에서는 처분 등을 취소하는 확정판결은 "그 사건에 관하여" 당사자인 행정청과 그 밖의 관계 행정청을 기속한다고 하여 당해 사건에 한정됨을 명확히 규정하고 있으며, 행정소송법 제20조에 의하면 취소소송을 제기할 수 있는 기간을 처분이 있음을 안 날로 부터 90일, 있은 날로부터 1년으로 불변기간으로 하여 행정의 안정성을 보장하고 있는 점 등을 고려해 볼 때, 위 소의 당사자가 아닌 나머지 조합원 40명에게까지 당해 판결의 효력이 미친다고 보기는 어려울 것으로 판단됩니다.

따라서 소를 제기하지 않은 나머지 조합원에 대하여 개발부담금 및 그에 대한 이자를 지급할 법적인 의무는 없는 것으로 판단됩니다.

제4절 자료제출의무

1. 개발비용 명세서 제출

납부의무자는 국가나 지방자치단체로부터 개발사업의 준공 인가 등을 받은 경우를 포함하여 다음에 해당하면 개발비용의 산정에 필요한 명세서를 시장·군수·구청장에게 제출하여야 한다. 개발비용 산출명세서에는 설계서 등 개발비용 산출 증명서류를 첨부하여야 한다. 다만, 국토교통부 장관이 고시하는 단위 면적당 표준비용을 적용하는 경우에는 개발비용에 대한 개발비용 산출 증명서류는 첨부하지 아니한다. (법 제24조 및 영 제25조의2 제2항)

① 관계 법령에 따라 부과대상토지의 일부가 준공된 경우
② 개발사업의 목적 용도로 사용을 개시하거나 타인에게 분양하는 등 처분하는 경우로서
- 토지만을 개발하는 개발사업의 경우(영 제10조 제1항)
- 사실상 개발이 끝난 토지를 타인에게 양도하는 경우
- 사실상 개발이 끝난 토지에 건축물을 건축하는 등 토지 사용을 시작하는 경우

③ 주택건설 사업 등 토지개발과 건축물의 건축을 함께 하는 개발사업의 경우에는 관계 행정청의 인가 등을 받아 건축물 사용을 시작하는 경우
④ 개발사업에 대한 인가 등이 당해 법률이 정하는 바에 따라 취소된 경우
⑤ 사업시행자의 파산 기타의 사유로 개발사업의 시행이 중단되어 사업의 완료가 불가능하게 된 경우

2. 개발비용 명세서 제출 기한

개발비용의 산정에 필요한 명세서를 제출하려는 자는 다음에서 정하는 기한 내에 개발비용 산출명세서를 시장·군수·구청장에게 제출해야 한다. (영 제25조의2 제1항)

① 국가 또는 지방자치단체로부터 개발사업의 준공 인가 등을 받은 경우에는 부과종료시점부터 40일 이내에 제출할 것
② 부과대상토지가 법 제9조 제3항 단서에 해당하는 경우로서 준공된 개발 사업별로 개발비용을 산출하기 곤란한 경우에는 전체 개발사업이 완료된 날부터 40일 이내에 명세서를 제출할 것. 이 경우 부과종료시점이 서로 다른 대상 토지는 그 명세서를 별도로 구분하여 작성하여야 한다.

제5절 위반행위에 대한 벌칙 등

1. 개념

행정관청은 납부의무자가 개발부담금 관련 법령을 위반한 경우, 행정질서 유지와 공익 실현을 위해 법령에 따라 제재를 부과한다. 이러한 제재는 크게 행정벌과 과태료로 구분된다.

행정벌은 범죄행위로 평가되는 위반에 대해 국가가 형벌권을 행사하는 것으로, 징역이나 벌금형 등 신체나 재산의 자유를 제한하는 제재를 말한다. 반면 과태료는 행정상의 절차나 의무를 위반한 경우에 부과되는 금전적 제재로, 행정질서 유지를 목적으로 한다.

2. 행정벌

개발부담금 제도는 개발이익을 공정하게 사회에 환원하기 위한 장치다. 이를 피하거나 감경받기 위해 거짓 계약을 체결한 자는 3년 이하의 징역 또는 면탈·감경 금액의 3배 이하 벌금에 처한다. 또한 법인의 대표자나 직원이 이러한 행위를 하면 행위자뿐 아니라 해당 법인이나 개인도 처벌받는다. 다만, 위반을 방지하기 위해 충분한 주의와 감독을 다한 경우에는 예외로 인정된다. 따라서 허위 계약, 거짓 서류 제출, 개발이익을 부당하게 줄이려는 다음과 같은 행위 등은 모두 행정벌(형사벌)의 대상이 된다.

① 개발부담금을 면탈(免脫)·감경(減輕)할 목적으로 거짓으로 계약을 체결한 자는 3년 이하의 징역에 처하거나, 면탈·감경을 하였거나 면탈·감경을 하려고 한 개발부담금의 3배 이하에 해당하는 벌금에 처한다. (법 제28조 제1항)

② 법인의 대표자나 법인 또는 개인의 대리인, 사용인, 그 밖의 종업원이 그 법인 또는 개인의 업무에 관하여 법 제28조 제1항의 위반행위를 하면 그 행위자를 벌하는 외에 그 법인 또는 개인에게도 해당 조문의 벌금형을 과(科)한다. 다만, 법인 또는 개인이 그 위반행위를 방지하기 위하여 해당 업무에 관하여 상당한 주의와 감독을 게을리하지 아니한 경우에는 그러하지 아니하다. (법 제28조 제2항)

3. 과태료

가. 개발부담금 납부 의무자는 개발부담금 부과 종료 후 40일 이내에 개발비용 산출명세서를 시장·군수·구청장에게 제출해야 하며, 이를 위반하거나 허위로 제출하면 최대 200만원의 과태료가 부과될 수 있다. (법 제29조 ①)

나. 과태료 부과기준(영 제29조)

① 납부 의무자가 개발비용 산출명세서를 부과종료시점부터 40일 이내에 제출하지 아니한 경우 : 100만원

② 납부 의무자가 개발비용 산출명세서를 부과종료시점부터 3개월 이내에 제출하지 아니하거나 거짓으로 제출한 경우 : 200만원

제6절 개발부담금 부과·징수 권한의 시·군·구로 이양

1. 이양 대상 업무

시장·군수·구청장이 국토교통부 장관으로부터 권한위임 받아 수행하던 개발부담금 부과·징수 사무에 대하여 중앙행정 권한 및 사무 등의 지방 일괄 이양을 위한 물가안정에 관한 법률 등 46개 법률 일부개정을 위한 법률('20.2.18. 공포, '21.1.1. 시행) 일괄 개정으로 개발부담금 부과·징수 권한이 국가에서 시·군·구로 이양됨.

※ 「개발이익 환수에 관한 법률」 제27조 및 같은 법 시행령 제28조 삭제됨.

관련법령

제27조(권한의 위임)

② 국토교통부 장관은 이 법에 따른 개발부담금의 결정·부과 및 징수에 관한 권한을 대통령령으로 정하는 바에 따라 특별자치시장, 특별자치도지사, 시장, 군수 또는 구청장(자치구의 구청장을 말한다)에게 위임할 수 있다. 이 경우 징수하는 데에 드는 실제 비용의 범위에서 대통령령으로 정하는 바에 따라 해당 지방자치단체에 위임 수수료를 지급할 수 있다.

제28조(권한의 위임 등)

① 국토교통부 장관은 법 제27조 제2항에 따라 다음 각호의 권한을 특별자치시장·특별자치도지사·시장·군수 또는 구청장에게 위임한다.

2. 이양 사무에 대한 조치

가. 징수된 부담금의 납입

시장·군수·구청장은 부담금을 징수한 경우 다음의 조치를 해야 한다. (영 제3조 제4항)

1. 지역균형발전 특별회계 귀속분인 경우 : 「한국은행법」에 따른 한국은행(국고 대리점을 포함한다. 이하 같다) 또는 체신관서에 지체 없이 납입할 것. 다만, 물납부동산인 경우 특별회계 소속 국유재산으로 하기 위한 등기이전과 그 밖에 필요한 조치를 해야 한다.
2. 특별시·광역시·도 귀속분인 경우 : 지방회계법 제38조에 따라 지정된 특별시·광역시 또는 도의 금고에 지체 없이 납입할 것

나. 물납 토지 등의 등기 이전

특별자치시장·특별자치도지사·시장·군수 또는 구청장은 법 제18조 제2항 단서에 따라 부담금을 물납(物納)으로 받은 경우 그 물납으로 받은 토지 또는 건축물("물납 부동산")을 법 제4조에 따라 특별회계에 귀속하는 부담금으로 배분하며, 특별회계 소속 국유재산으로 하기 위한 등기이전과 그 밖에 필요한 조치를 해야 한다. (영 제3조 제3항, 제4항)

(1) 징수 실적의 제출

시장·군수·구청장은 법 제3조에 따라 징수한 분기별 부담금의 부과·징수 실적 및 납입·물납 실적을 다음 분기 첫째 달 10일까지 국토교통부 장관에게 통보해야 한다. (영 제3조 제5항)

(2) 위임사항의 처리 보고(「개발부담금 부과·징수 업무처리규정」 제19조)

부과 징수권자는 영 제3조 제5항에 따른 부담금의 부과·징수 실적 및 납입·물납 실적을 분기별로 시행규칙 제2조의2 별지 제1호 서식에 따라 다음 분기 첫째 달 10일까지 작성하여 국토교통부 장관에게 제출하여야 한다.

3. 징수 수수료

국토교통부 장관은 제5항에 따라 통보받은 실적을 근거로 납부액(시장·군수·구청장이 제4항 제1호에 따라 한국은행 또는 체신관서에 납입한 금액 및 제3항 본문에 따라 특별회계에 귀속하는 물납부동산의 가액을 말하며, 징수금을 배분할 때 정산한 금액은 제외한다)의 100분의 7을 법 제4조 제4항에 따라 시장·군수·구청장에게 징수 수수료로 지급해야 한다.

이 경우 징수 수수료는 법 제3조에 따라 개발부담금을 징수한 분기의 다음 분기 첫째 달의 말일까지 지급한다. (영 제3조 제6항)

질의회신 및 판례

질의회신

과태료

[질의 요지]

개발부담금 부과대상사업이 아니나 잘못 부과한 경우 이와 관련하여 부과한 과태료 부과 처분을 취소해야 하는지?

회신 내용 (토지정책과-24.2008.3.24.)

이의제기 기간이 경과한 과태료 부과 처분이라 하더라도 동 과태료 처분이 위법·부당한 경우 과태료 부과권자가 직권으로 취소할 수 있을 것으로 사료됨.

판 례

행정심판의 대상, 행정심판을 청구하기 위한 요건등 (대법원 1999.4.27. 선고 98두19179 판결)

[판시사항]

(1) 구 「개발이익 환수에 관한 법률」 제10조 제1항 단서에 따라 개발부담금 감액 경정처분을 한 경우, 같은 법 제22조 제1항에 의한 행정심판의 대상(=당초 처분 중 감액 경정처분에 의하여 취소되지 않고 남은 부분)

(2) 구 「개발이익 환수에 관한 법률」 제22조 제2항에 의하여 개발부담금 정산 처분에 대한

행정심판을 청구하기 위한 요건
(3) 구「개발이익 환수에 관한 법률」제22조 제2항이 재판청구권이나 평등권을 침해한 위헌 규정인지 여부(소극)

➲ 판결 요지

(1) 구「개발이익 환수에 관한 법률」(1997.8.30. 법률 제5409호로 개정되기 전의 것) 제10조 제1항 및 같은법시행령(1998.12.31. 대통령령 제15983호로 개정되기 전의 것) 제8조의2에 의하면, 개발부담금은 부과종료시점 당시의 부과대상토지와 이용 상황이 가장 유사한 표준지의 공시지가를 기준으로 지가공시및토지등의평가에관한법률 제10조 제2항의 규정에 의한 비교표에 의하여 산정한 가액으로 부과종료시점지가를 정하여 부과하였다가 다음 해에 부과대상토지의 개별공시지가가 결정·공고되면 이를 기준으로 부과종료시점지가를 재산정하여 당초의 개발부담금액을 정산하도록 되어 있는 바, 위 규정에 의한 개발부담금의 감액정산은 당초의 부과 처분과 다른 별개의 처분이 아니라 당초의 부과 처분에 대한 감액의 변경 처분에 해당하고, 이 경우 구「개발이익 환수에 관한 법률」제22조 제1항의 규정에 의한 행정심판의 대상은 정산 자체에 고유한 위법이 있음을 이유로 하지 아니하는 한 감액 경정처분이 아니라 당초 처분 중 감액 경정처분에 의하여 취소되지 않고 남은 부분이 되므로 심판청구기간의 준수 여부도 여전히 당초 처분을 기준으로 판단하여야 한다.

(2) 구「개발이익 환수에 관한 법률」(1997.8.30. 법률 제5409호로 개정되기 전의 것) 제22조 제2항은 같은 법 제10조 제1항 단서의 규정에 의한 개발부담금 정산에 이의가 있는 자는 그 정산을 별개의 처분으로 보아 제1항의 규정에 의한 행정심판을 청구할 수 있다고 규정하고 있으나, 이 규정은 개발부담금 정산이 다음 해에 결정·공고되는 개별공시지가에 의하여 이루어지는 관계로 당초의 부과 처분 당시에는 이에 관하여 다툴 수 없었다는 사정 등을 감안, 정산 자체에 고유한 위법이 있으면 이에 대하여도 다툴 수 있는 기회를 주기 위하여 추가적인 별도의 쟁송방법을 마련한 것으로 위 규정에 따라 행정심판을 청구하려면 정산 자체에 고유한 위법이 있어야 한다.

(3) 구「개발이익 환수에 관한 법률」(1997.8.30. 법률 제5409호로 개정되기 전의 것) 제22조 제2항이 개발부담금 정산이 다음 해에 결정·공고되는 개별공시지가에 의하여 이루어지는 관계로 당초의 부과 처분 당시에는 이에 관하여 다툴 수 없었다는 사정 등을 감안, 정산 자체에 고유한 위법이 있으면 이에 대하여도 다툴 수 있는 기회

를 주기 위하여 추가적인 별도의 쟁송방법을 인정한 것일 뿐이라면 위 규정에 의한 행정심판청구의 사유가 정산 자체에 고유한 위법이 있는 경우로 한정된다하여 위 규정이 재판청구권이나 평등권을 침해한 위헌규정이라고 볼 수도 없다.

➲ 이유

구「개발이익 환수에 관한 법률」(1997.8.30. 법률 제5409호로 개정되기 전의 것, 다음부터는 '법'이라고 한다) 제10조 제1항 및 같은법시행령(1998.12.31. 대통령령 제15983호로 개정되기 전의 것) 제8조의2에 의하면, 개발부담금은 부과종료시점 당시의 부과대상토지와 이용 상황이 가장 유사한 표준지의 공시지가를 기준으로 지가공시및토지등의평가에관한법률 제10조 제2항의 규정에 의한 비교표에 의하여 산정한 가액으로 부과종료시점지가를 정하여 부과하였다가 다음 해에 부과대상토지의 개별공시지가가 결정·공고되면 이를 기준으로 부과종료시점지가를 재산정하여 당초의 개발부담금액을 정산하도록 되어 있는바, 위 규정에 의한 개발부담금의 감액정산은 당초의 부과처분과 다른 별개의 처분이 아니라 당초의 부과 처분에 대한 감액의 변경 처분에 해당하고, 이 경우 법 제22조 제1항의 규정에 의한 행정심판의 대상은 정산 자체에 고유한 위법이 있음을 이유로 하지 아니하는 한 감액 경정처분이 아니라 당초 처분 중 감액 경정처분에 의하여 취소되지 않고 남은 부분이 되므로 심판청구기간의 준수 여부도 여전히 당초 처분을 기준으로 판단하여야 한다.(대법원 1998.10.13. 선고 96누10621, 10638 판결 참조) 그리고 법 제22조 제2항은 법 제10조 제1항 단서의 규정에 의한 개발부담금 정산에 이의가 있는 자는 그 정산을 별개의 처분으로 보아 제1항의 규정에 의한 행정심판을 청구할 수 있다고 규정하고 있으나, 이 규정은 개발부담금 정산이 다음 해에 결정·공고되는 개별공시지가에 의하여 이루어지는 관계로 당초의 부과 처분 당시에는 이에 관하여 다툴 수 없었다는 사정 등을 감안, 정산 자체에 고유한 위법이 있으면 이에 대하여도 다툴 수 있는 기회를 주기 위하여 추가적인 별도의 쟁송방법을 마련한 것으로 위 규정에 따라 행정심판을 청구하려면 정산 자체에 고유한 위법이 있어야 한다.(대법원 1998.5.12. 선고 98두1772 판결 참조)

이 사건에서 보면, 피고(재심피고, 다음부터는 피고라고 한다)는 1996.3.25. 법 제10조 제1항 본문이 정한 방법으로 부과대상토지의 부과종료시점지가를 산정하여 원고(재심원고, 다음부터는 원고라고 한다)에게 219,159,360원의 개발부담금을 부과하였다가 그 후 부과대상토지에 대한 개별공시지가가 결정·공고되자 같은 해 12.17. 부과종료시점지가를 재산정하여 개발부담금을 193,066,130원으로 감액 정산하였고, 이에 원고는 1997.2.5. 위 개발부담금 부과 처분에 대하여 부과개시시점지가의 산정에 위법이 있음을 들어 감액되지 않고 남아 있는 부분에 대하여 취소를 구하는 취지에서 1996.12.17.자 처분의 취소를 구하는 행정심판을 제기하였다가 기각 재결을 받자 같은 취지에서 이 사건 소를 제기하였음을 알 수 있다.

그렇다면 원고의 이 사건 소는 피고가 1996.12.17.에 한 개발부담금 감액정산 자체에 고유한 위법이 있음을 이유로 하지 아니하고 당초의 개발부담금 부과 처분에 위법이 있음을 이유로 하여 제기된 것이므로 이는 독립하여 항고소송의 대상으로 삼을 수 없는 처분을 대상으로 한 것으로서 부적법하고, 원고의 청구를 당초의 부과 처분 중 감액 경정처분에 의하여 취소되지 않고 남아 있는 부분에 대하여 취소를 구하는 취지로 보더라도 원고가 정당한 사유 없이 당초 처분이 있은 날로부터 180일 이내에 행정심판청구를 하지 아니하였으므로 이 사건 소는 적법한 전심절차를 거치지 아니하여 역시 부적법하다.

같은 취지의 원심판결은 옳고, 거기에 법 제22조 제2항의 법리를 오해한 잘못이 없다. 법 제22조 제2항이 위에서 본 취지에서 추가적인 별도의 쟁송방법을 인정한 것일 뿐이라면 위 규정에 의한 행정심판청구의 사유가 정산 자체에 고유한 위법이 있는 경우로 한정된다 하여 위 규정이 재판청구권이나 평등권을 침해한 위헌규정이라고 볼 수도 없다. 따라서 상고이유는 받아들이지 아니한다.

감액정산 처분 후 다시 증액 경정처분이 있는 경우 쟁송의 대상 등(대법원 2001.6.26. 선고 99두11592 판결)

[판시사항]

(1) 구「개발이익 환수에 관한 법률」제10조 제1항 단서에 따른 개발부담금의 감액정산의 성질(=감액 변경 처분) 및 감액정산 처분 후 다시 증액 경정처분이 있는 경우, 쟁송의 대상(=증액 경정처분) 및 당초 부과 처분 중 감액정산 처분에 의하여 취소되지 아니한 부분의 위법 사유도 다툴 수 있는지 여부(적극)

(2) 하자 있는 행정행위에 있어서 하자의 치유의 허용 여부(한정 소극)

(3) 선행처분인 개별공시지가 결정이 위법하여 그에 기초한 개발부담금 부과 처분도 위법하게 된 경우, 그 후 적법한 절차를 거쳐 공시된 개별공시지가 결정이 종전의 위법한 공시지가 결정과 그 내용이 동일하다는 사정만으로 그 개발부담금 부과 처분의 하자가 치유되어 적법하게 되는지 여부(소극)

➲ 판결 요지

(1) 구 「개발이익 환수에 관한 법률」(1997.8.30. 법률 제5409호로 개정되기 전의 것) 제10조 제1항 단서에 따른 개발부담금의 감액정산은 당초 부과 처분과 다른 별개의 처분이 아니라 그 감액 변경 처분에 해당하고, 감액정산 처분 후 다시 증액 경정처분이 있는 경우에는 감액정산 처분에 의하여 취소되지 아니한 부분에 해당하는 당초 부과 처분은 증액 경정처분에 흡수되어 소멸하고 증액 경정처분만이 쟁송의 대상이 되며, 이때 증액 경정처분의 위법 사유뿐만 아니라 당초 부과 처분 중 감액정산 처분에 의하여 취소되지 아니한 부분의 위법 사유도 다툴 수 있다.

(2) 하자 있는 행정행위에 있어서 하자의 치유는 행정행위의 성질이나 법치주의의 관점에서 원칙적으로 허용될 수 없고, 행정행위의 무용한 반복을 피하고 당사자의 법적 안정성을 보호하기 위하여 국민의 권익을 침해하지 아니하는 범위 내에서 예외적으로만 허용된다.

(3) 선행처분인 개별공시지가 결정이 위법하여 그에 기초한 개발부담금 부과 처분도 위법하게 된 경우 그 하자의 치유를 인정하면 개발부담금 납부의무자로서는 위법한 처분에 대한 가산금 납부의무를 부담하게 되는 등 불이익이 있을 수 있으므로, 그 후 적법한 절차를 거쳐 공시된 개별공시지가 결정이 종전의 위법한 공시지가 결정과 그 내용이 동일하다는 사정만으로는 위법한 개별공시지가 결정에 기초한 개발부담금 부과 처분이 적법하게 된다고 볼 수 없다.

➲ 이유

1. 가. 원심은, 소외인이 원고들 소유의 부산 동래구 (주소 1 생략) 소재 8필지의 토지 8,833㎡(아래에서는 '이 사건 토지'라 한다)를 임차한 후 1994.6.17. 건축허가를 받아 그 지상에 자동차 관련 시설을 건축하고 1994.9.7. 사용승인을 받음으로써 이 사건 토지의 지목이 전(田)에서 잡종지로 변경되었고, 이에 피고는 1995.3.15. 구 「개발이익 환수에 관한 법률」(1997.8.30. 법률 제5409호로 개정되기 전의 것, 아래에서는 '법'이라고 한다) 제10조 제1항 본문에 따라 이 사건 토지의 부과종료시점지가를 산정하여 원고들에게 개발부담금 707,721,130원을 부과하였다가 이 사건 토지에 대한 1995.1.1. 기준 개별공시지가가 공시되자 법 제10조 제1항 단서에 따라 부과종료시점지가를 다시 산정하여 1995.7.19. 개발부담금을 173,291,070원으로 감액 정산하였고(아래에서는 '이 사건 정산 처분'이라고 한다), 그 후 1996.4.12. 정상지가상승분에 대한 계산 착오를 이유로 개발부담금을 180,041,140원으로 증액 경정한(아래에서는 '이 사건 증액 경정처분'

이라고 한다) 사실을 인정한 다음, 법 제10조 제1항 단서에 따라 개발부담금 정산 처분이 있고 불복 기간이 경과하여 당초 부과 처분에 대해 더 이상 다툴 수 없게 되었으므로 이 사건 정산 처분을 소송 대상으로 하여 정산 그 자체에 고유한 위법 사유만을 다툴 수 있을 뿐이고 이때 당초 부과 처분의 위법 사유를 주장할 수 없다고 판단하였다.

나. 그러나 법 제10조 제1항 단서에 따른 개발부담금의 감액정산은 당초 부과 처분과 다른 별개의 처분이 아니라 그 감액 변경 처분에 해당하고(대법원 1999.4.27. 선고 98두19179 판결), 감액정산 처분 후 다시 증액 경정처분이 있는 경우에는 감액정산 처분에 의하여 취소되지 아니한 부분에 해당하는 당초 부과 처분은 증액 경정처분에 흡수되어 소멸하고 증액 경정처분만이 쟁송의 대상이 되며, 이때 증액 경정처분의 위법 사유뿐만 아니라 당초 부과 처분 중 감액정산 처분에 의하여 취소되지 아니한 부분의 위법 사유도 다툴 수 있다.(대법원 1999.5.28. 선고 97누16329 판결 참조) 이 사건에서 피고는 정산 처분 후 다시 증액 경정처분을 하였으므로, 원고들은 당초 개발부담금 부과 처분의 위법 사유도 다툴 수 있음에도 불구하고, 이 사건 정산 처분에 고유한 위법 사유만 다툴 수 있다고 한 원심의 판단은 잘못이다.

다. 그런데 원심이 원고들의 당초 부과 처분에 대한 위법 사유 주장에 대하여 부가적으로 판단하면서 ① 원고들의 이 사건 토지 개발사업으로 그 지목이 사실상 변경된 이상 이 사건 토지에 대하여 물리적 개발행위를 하였는지 여부나 공부상 지목이 변경되었는지 여부를 묻지 아니하고 개발부담금 부과대상이 되며, ② 법 제6조 제3항, 국세기본법 제25조 제1항에 따라 공유물에 관계되는 개발부담금은 공유자가 연대하여 납부할 의무가 있으므로, 원고들은 연대하여 이 사건 토지에 대한 개발부담금을 납부할 의무가 있다고 판단한 것은 옳고, 거기에 상고이유의 주장과 같은 법리 오해 등의 잘못이 없다.

라. 따라서 당초 부과 처분의 위법 사유를 다툴 수 없다고 한 원심의 잘못은 판결에 영향을 미치지 아니하였으므로 이 부분 상고이유는 모두 받아들이지 아니한다.

2. 원심은, 이 사건 토지 중 부산 동래구 (주소 2 생략) 전 707㎡에 대한 1995.1.1. 기준 개별공시지가 결정이 그 산정 절차에 위법 사유가 있어 부산고등법원 1996.12.4. 선고 96구4671 판결에 따라 취소되었고 1998.7.10.이 판결이 확정되었으며, 이에 피고가 1999.2.8. 위 (주소 2 생략) 토지에 대한 1995년도 개별공시지가를 적법한 절차를 거쳐 종전과 같은 금액으로 다시 결정하고 공시한 사실을 인정한 다음, 이 사건 증액

경정처분은 위법한 개별공시지가를 기초로 한 것이어서 위법하지만 그 후 적법한 절차를 거쳐 새로 공시된 개별공시지가를 기초로 하여 산정한 개발부담금이 이 사건 증액 경정처분의 개발부담금과 동일한 금액이 된 이상 개발부담금 산정 과정에서의 하자는 치유되었다고 판단하였다.

그러나 하자 있는 행정행위에 있어서 하자의 치유는 행정행위의 성질이나 법치주의의 관점에서 원칙적으로 허용될 수 없고, 행정행위의 무용한 반복을 피하고 당사자의 법적 안정성을 보호하기 위하여 국민의 권익을 침해하지 아니하는 범위 내에서 예외적으로만 허용된다.(대법원 1992.5.8. 선고 91누13274 판결 참조) 선행처분인 개별공시지가 결정이 위법하여 그에 기초한 개발부담금 부과 처분도 위법하게 된 경우 그 하자의 치유를 인정하면 개발부담금 납부의무자로서는 위법한 처분에 대한 가산금 납부의무를 부담하게 되는 등 불이익이 있을 수 있으므로, 그 후 적법한 절차를 거쳐 공시된 개별공시지가 결정이 종전의 위법한 공시지가 결정과 그 내용이 동일하다는 사정만으로는 위법한 개별공시지가 결정에 기초한 개발부담금 부과 처분이 적법하게 된다고 볼 수 없다.

그럼에도 불구하고 위법한 개별공시지가 결정에 기초한 이 사건 증액 경정처분의 하자가 치유되었다고 판단한 원심은 행정행위 하자의 치유에 관한 법리를 오해하여 판결에 영향을 미친 잘못을 저지른 것이고, 따라서 이 점을 지적하는 상고이유는 이유가 있다.[이 사건 증액 경정처분 중 위법하여 취소되어야 할 부분은 위 (주소 2 생략) 토지에 관한 부분이므로 원심판결은 그 토지에 대한 개발부담금 부과 처분이 적법하다고 판단한 부분에 한하여 위법하지만, 이 사건에서는 이 사건 토지 전체에 대하여 개발부담금이 부과되었고 원심에서 각 필지별 개발부담금 액수에 대한 심리가 이루어지지 아니하였으므로, 원심판결 전부가 위법하다고 할 수밖에 없다]

3. 원심이, 개발부담금의 부과대상인 개발사업의 하나로 "지목변경이 수반되는 사업으로서 대통령령이 정하는 사업"이라고 규정하고 있는 법 제5조 제1항 제10호가 포괄위임입법금지원칙에 위반되지 아니하고, 개발부담금의 산정 기초가 되는 개시시점지가와 종료시점지가를 개별공시지가에 의하도록 규정하고 있는 법 제10조 제1항, 제3항이 납부의무자의 재산권 등 기본권을 침해하거나 과잉 금지원리에 위배되지 아니한다고 판단한 것은 옳고, 거기에 상고이유의 주장과 같은 법리 오해 등의 잘못이 없다. 따라서 이 부분 상고이유는 받아들일 수 없다.

심판청구기간 기산점인 '처분이 있음을 안 날'의 의미(대법원 1999.12.28. 선고 99두9742 판결)

[판시사항]

(1) 행정심판법 제18조 제1항 소정의 심판청구기간 기산점인 '처분이 있음을 안 날'의 의미
(2) 아르바이트 직원이 납부고지서를 수령한 경우, 납부의무자는 그때 부과 처분이 있음을 알았다고 추정할 수 있다고 한 사례

➲ 판결 요지

(1) 행정심판법 제18조 제1항 소정의 심판청구기간 기산점인 '처분이 있음을 안 날'이라 함은 당사자가 통지·공고 기타의 방법에 의하여 당해 처분이 있었다는 사실을 현실적으로 안 날을 의미하고, 추상적으로 알 수 있었던 날을 의미하는 것은 아니지만, 처분에 관한 서류가 당사자의 주소지에 송달되는 등 사회 통념상 처분이 있음을 당사자가 알 수 있는 상태에 놓여진 때에는 반증이 없는 한 그 처분이 있음을 알았다고 추정할 수 있다.

(2) 아르바이트 직원이 납부고지서를 수령한 경우, 납부의무자는 그때 부과 처분이 있음을 알았다고 추정할 수 있다고 한 사례

➲ 이유

원심이 확정한 사실관계에 의하면, 1997.12.26. 피고가 원고에 대한 이 사건 개발부담금의 납부고지서를 송부하여 관할 우체국은 같은 달 27. 이를 원고의 중앙우체국(사서함 번호 생략) 에 투입하였고, 원고로부터 우편물 배달 업무를 위임받은 소외 주식회사 성화인터내셔널 소속 직원인 소외인은 같은 날 10:30경 이 사건 납부고지서를 수령하여 원고에게 우송된 다른 우편물과 함께 같은 날 11:30경 원고의 주소지 건물 21층에 있는 문서실로 운반하였는데, 그날은 마침 토요일이라 원고 직원들은 11:00경 퇴근하여 문서실에 근무하는 아르바이트 직원이 소외인으로부터 이 사건 납부고지서를 다른 우편물과 함께 수령한 후 퇴근하였고, 그 후 이 사건 납부고지서는 월요일인 같은 해 12.29. 원고의 담당 부서인 부동산팀에 전달되었다는 것이다.

행정심판법 제18조 제1항 소정의 심판청구기간 기산점인 '처분이 있음을 안 날'이라 함은 당사자가 통지·공고 기타의 방법에 따라 당해 처분이 있었다는 사실을 현실적으로 안 날을 의미하고, 추상적으로 알 수 있었던 날을 의미하는 것은 아니지만, 처분에 관한 서류가 당사자의 주소지에 송달되는 등 사회 통념상 처분이 있음을 당사

자가 알 수 있는 상태에 놓여진 때에는 반증이 없는 한 그 처분이 있음을 알았다고 추정할 수 있으므로(대법원 1995.11.24. 선고 95누11535 판결 참조), 위와 같이 원고의 주소지에서 원고의 아르바이트 직원이 납부고지서를 수령한 이상, 원고로서는 그때 처분이 있음을 알 수 있는 상태에 있었다고 볼 수 있고, 따라서 원고는 그때 처분이 있음을 알았다고 추정함이 상당하다.

원심이 이와 같은 견해에서, 원고는 납부고지서가 원고의 담당 부서에 전달된 1997.12.29. 처분이 있음을 알았다는 원고의 주장을 배척하고서, 원고는 같은 달 27. 처분이 있음을 알았다고 판단한 것은 정당하고, 거기에 상고이유에서 주장하는 바와 같은 채증법칙 위배로 인한 사실오인, 행정심판법 제18조에 관한 법리 오해의 위법이 있다고 할 수 없다.

부과 고지된 개발부담금을 이미 납입한 자가 처분 취소를 구할 소송을 할 수 있는지(대법원 1995.6.9. 선고 94누15271 판결)

[판시사항]

부과 고지된 개발부담금을 이미 납입한 자가 그 처분의 무효 선언을 구하는 뜻에서의 처분 취소를 구할 소송상 이익이 있는지 여부

➲ 판결 요지

부과 고지된 개발부담금을 이미 납입하였다면 그 부과 처분에 따른 현재의 개발부담금 납부의무를 부담하고 있지 아니함이 명백하므로, 그 부과 처분이 무효라는 이유로 무효 선언을 구하는 뜻에서 처분 취소를 구하는 행정소송을 소구할 소송상의 이익이 없다.

➲ 이유

1. 상고이유 제1점에 대하여 본다.

원심판결 이유에 의하면, 원심은 판시 증거에 의하여 피고가 이 사건 주택조합들에 대하여 개발부담금 부과 처분을 하였는데, 그 후 이 사건 주택조합들이 해산되어 1992.12.31.자로 부과받은 위 개발부담금을 위 납기일까지 납부하지 못하게 되자 이 사건 주택조합들의 조합원들로서 이 사건 주택조합들이 건립한 위 아파트의 수분양자들인 원고들 역시 개발부담금의 부과 의무자가 된다고 보아 원고들이 각자 분양받

은 아파트의 평형 비율에 따라 위 개발부담금을 분할하여 원고들에 대하여 1993.5.20. 자로 개발부담금의 부과 처분을 한 사실을 인정하였는바, 기록에 의하여 살펴보면 원심의 사실인정은 정당하고 거기에 채증법칙을 위배하거나 심리를 다하지 아니하여 사실을 오인하는 등의 위법이 없다. 논지는 이유 없다.

2. 상고이유 제2점에 대하여 본다.

원심판결 이유에 의하면, 원심은 그 판시의 사실을 인정한 다음 이에 터잡아 이 사건 주택조합들은 그 실체가 민법상의 조합이 아니라 이른바 비법인사단에 해당된다 할 것이므로 결국 이 사건 주택조합들이 이 사건 주택건설사업계획 승인을 받은 사업시행자로서 개발부담금을 납부할 의무를 부담할 뿐이라고 할 것이어서 그 구성원에 불과한 원고들에게는 그 개발부담금을 나누어 부과할 수 없다 할 것이고, 따라서 납부의무자가 아닌 원고들에 대하여 한 이 사건 부과 처분은 모두 그 처분의 법적 근거가 없는 것으로서 그 하자가 중대하고도 명백하여 당연무효의 것이라는 이유로 그 확인을 구하는 의미에서 이 사건 부과 처분의 취소 청구를 인용하였는바 원고들에 대한, 이 사건 개발부담금 부과 처분이 당연무효라는 원심의 위 판단 자체는 정당하다.

그런데, 기록(갑 제3호증의 1 내지 53, 55 내지 63, 65 내지 70, 71 내지 73의 각 기재)에 의하면 원고 69를 제외한 나머지 원고들은 부과 고지된 개발부담금을 이미 납부하고서 그 납부영수증을 증거로 제출하고 있음을 알 수 있는바, 그렇다면 위 원고들은 위 부과 처분에 따른 현재의 개발부담금 납부의무를 부담하고 있지 아니함이 명백하다고 할 것이니 위 처분이 무효라는 이유로 무효 선언을 구하는 뜻에서 처분 취소를 구하는 행정소송을 소구할 소송상의 이익이 없다고 할 것이고(당원 1975.11.25.선과 74누238 판결 참조), 소의 이익의 존재 여부는 소송요건으로서 직권조사사항이라 할 것이니 설사 그 존재를 당사자들이 다투지 아니한다고 하더라도 그 존부에 관하여 의심이 있는 경우에는 법원이 직권으로 심리 판단하여야 할 것이다.

그런데도 원심은 마치 원고 69를 제외한 나머지 위 원고들의 이 사건 부과 처분의 취소소송에 소의 이익이 있는 것처럼 본안에 들어가 판단하였는바, 이는 소의 이익을 잘못 판단한 위법을 범한 것이므로 원심은 그대로 유지될 수 없다. 이 점을 지적하는 논지는 이유 있다.

3. 이에 원심판결 중 원고 69를 제외한 나머지 원고들에 대한 개발부담금 부과처분 취소 청구에 관한 부분을 파기하고 이 부분 사건은 민사소송법 제407조 제1호

에 의하여 당원에게서 직접 판결하기로 하는바, 이 사건 소 중 원고 69를 제외한 나머지 원고들의 소는 앞서 본 바와 같이 소의 이익이 없으므로 부적법하여 이를 각하하고, 이 부분에 대한 소송 총비용은 패소자인 위 원고들이 부담하기로 하며, 피고의 원고 69에 대한 상고는 이유 없으므로 이를 기각하고, 이 부분에 대한 상고 비용은 패소자인 피고의 부담으로 하여 관여 법관의 일치된 의견으로 주문과 같이 판결한다.

행정소송법 제18조 제3항 제2호의 규정 취지(대법원 2000.12.8. 선고 99두1953 판결)

[판시사항]

(1) 행정심판을 제기함이 없이 취소소송을 제기할 수 있는 사유에 관한 구 행정소송법 제18조 제3항 제2호의 규정 취지

(2) 구 「개발이익 환수에 관한 법률」 제10조 제1항 단서 및 제22조 제2항에 의하여 개발부담금의 정산 처분이 이루어진 경우, 당초 개발부담금 부과 처분에 있어 개시시점지가의 산정 기초가 된 개별공시지가 결정에 관하여 행정심판을 제기한 바 있다고 하더라도 위 개발부담금의 정산 처분에 관하여 취소소송을 제기함에 있어서 별도의 행정심판을 제기하여야 하는지 여부(적극)

(3) 개별공시지가를 결정함에 있어서 당해 토지의 장래 이용가능성 등을 미리 참작할 수 있는지 여부(소극)

➲ 판결 요지

(1) 구 행정소송법(1994.7.27. 법률 제4770호로 개정되어 1998.3.1. 시행되기 전의 것) 제18조 제3항 제2호에서 '서로 내용상 관련되는 처분 또는 같은 목적을 위하여 단계적으로 진행되는 처분 중 어느 하나가 이미 행정심판의 재결을 거친 때'에는 다른 처분에 관하여 행정심판을 거치지 아니하고도 취소소송을 제기할 수 있는 것으로 규정하고 있는 것은 비록 형식적으로는 그 각 처분이 별개의 처분이라고 하더라도 그 위법사유나 분쟁의 내용이 서로 공통되어 어느 한 처분에 대하여 행정심판을 경유하면 다른 처분과 관련하여서도 그 처분청에게 재고 또는 시정의 기회를 부여한 것으로 볼 수 있는 경우에는 그에 대하여 별도의 행정심판을 거치지 아니하고도 취소소송을 제기할 수 있도록 함으로써 무용한 절차의 반복을 피하고 행정구제 제도의 실효를 거두게 하기 위한 것으로 풀이된다.

(2) 구 「개발이익 환수에 관한 법률」(1997.8.30. 법률 제5409호로 개정되기 전의 것) 제10조 제1항 단서와 제22조 제2항의 규정에 따르면, 개발부담금의 산정·부과 후에 부

과종료시점이 속한 연도의 다음 연도 개별공시지가가 결정·공시됨으로써 그 개별공시지가를 기준으로 종료시점지가를 다시 산정하여 당초 부과 금액과의 차액 부분에 대하여 하게 되는 정산 처분은 당초 부과 처분과는 법률상 별개의 처분으로서 그에 대해 위와 같은 정산 그 자체에 고유한 위법 사유를 주장할 수 있을 뿐 당초 부과 처분에 관한 위법 사유를 주장할 수는 없는 것이므로, 당초 부과 처분에 있어 개시시점지가의 산정 기초가 되었던 개별공시지가 결정에 관한 위법 사유는 위와 같이 종료시점지가와 관련하여 이루어지는 개발부담금의 정산 처분에 관한 위법 사유와 공통될 여지가 없고, 따라서 개시시점지가의 산정 기초가 된 개별공시지가 결정과 위와 같은 개발부담금의 정산 처분은 구 행정소송법(1994.7.27. 법률 제4770호로 개정되어 1998.3.1. 시행되기 전의 것) 제18조 제3항 제2호 소정의 서로 내용상 관련되는 처분 또는 같은 목적을 위하여 단계적으로 진행되는 처분의 관계에 있다고 할 수 없으므로, 그러한 개별공시지가 결정에 대하여 토지 이용 상황과 같은 토지 특성 항목 적용 등에 관한 위법 사유를 내세워 행정심판을 제기한 바 있다고 하더라도 위와 같은 개발부담금의 정산 처분에 관하여 취소소송을 제기함에 있어서는 그와 상관없이 별도의 행정심판을 제기하여야만 한다.

(3) 구 「지가공시 및 토지 등의 평가에 관한 법률」(2000.1.28. 법률 제6237호로 개정되기 전의 것) 제10조 제2항과 같은법시행령(2000.5.16. 대통령령 제16814호로 개정되기 전의 것) 제12조의3의 각 규정에 의한 개별공시지가를 결정·공시함에 있어 그 대상 토지의 이용 상황은 그 현실적인 이용 상황을 기준으로 하되 일시적인 이용 상황은 이를 고려하여서는 아니되는 한편, 개별공시지가가 각종 조세와 부담금의 부과 등 일정한 행정 목적을 위한 지가산정의 기준으로 쓰이는 것으로서 매년 1월 1일을 기준으로 하여 결정·공시되는 것인 점에 비추어 보면 그 결정에 있어서는 당해 토지의 기준시점 당시의 현실적 이용 상황을 기준으로 하여야 하고 그 장래의 이용가능성 등을 미리 참작할 수는 없다.

새로운 납부고지서를 발부하였다면 항고소송의 대상이 될 수 있는 독립된 행정처분이라고 볼 수 있는지 여부 (대법원 1996.4.12. 선고 95누12293 판결)

[판시사항]

부과 관청이 종전과 다른 납부 금액 및 그 산출근거, 납부 기한 등이 명시된 새로운 납부고지서를 발부하였다면 이는 항고소송의 대상이 될 수 있는 독립된 행정처분이라고 본 사례

➲ 판결 요지

관계 법령에서 보는 바와 같이 개발부담금 부과 처분으로서의 '납부 고지'와 부과 처분의 내용에 탈루 또는 오류가 있는 경우에 하는 '정정 통지'를 엄격하게 구별하고 있고, 「개발이익 환수에 관한 법률」 제15조 및 같은법시행령 제16조의 규정이 개발부담금의 납부고지서에 납부 금액 및 그 산출근거, 납부 기한과 납부 장소를 명시하도록 하여 부과 관청의 자의를 배제하고 신중하고 합리적인 처분을 행하게 함으로써 공정을 기함과 동시에 납부의무자에게 부과 처분의 내용을 상세히 알려 이에 대한 불복 여부의 결정과 불복신청의 편의를 주려는 데 그 근본 취지가 있는 강행규정인 점 등에 비추어 보면, 부과 관청이 기왕의 개발부담금 납부 고지와는 별도로 납부의무자에 대하여 같은법시행규칙 제7조 소정의 별지 제5호 서식에 의하여 종전과 다른 내용의 납부 금액 및 그 산출근거, 납부 기한 등이 명시된 새로운 납부고지서를 발부하였다면 당초에 한 납부 고지는 취소·철회되고 새로운 납부 고지를 한 것으로 봄이 상당하므로 위 새로운 납부 고지는 당초의 납부 고지와는 다른 별개의 독립된 부과 처분으로 보아야 한다는 이유로 반대의 입장에서 위 부과 처분 취소를 구하는 소를 부적법하다 하여 소를 각하한 원심판결을 파기한 사례

➲ 이유

1. 원심판결 이유에 의하면 원심은, 그 판결에서 들고 있는 증거들에 의하여, 원고는 "클럽 700"이라는 이름으로 골프장업을 영위하고 있는 회사로서 1989.1.25.부터 1992.3.9.까지 경기 여주시 (주소 생략) 외 52필지의 토지 위에 골프장을 건설하는 사업을 시행한 사실, 피고는 원고의 위 골프장 건설사업 시행 결과 금 5,476,100,887원의 개발이익이 발생하였다고 인정하고 1992.5.26. 원고에게 개발부담금 2,716,841,100원을 부과하는 처분(1차 처분)을 하였는데, 원고가 이에 불복하여 중앙토지수용위원회에 심사청구를 제기한 결과 중앙토지수용위원회는 그 해 12.7. 피고의 위 개발부담금 부과 처분을 전부 취소하는 재결을 한 사실, 그러자 피고는 1993.1.13. 다시 원고에게 개발부담금 2,684,059,930원을 부과하는 처분(2차 처분)을 하였고, 원고가 역시 이에 대하여 심사청구를 제기한 결과 중앙토지수용위원회는 그 해 5.27. 위 2차 처분 전부를 취소하는 재결을 한 사실, 이에 피고는 그 해 6.29. 다시 원고에게 개발부담금 2,563,044,800원을 부과하는 처분(3차 처분)을 하였고, 원고가 이에 불복하여 심사청구를 제기한 결과 중앙토지수용위원회는 그 해 12.23. 3차 처분 중 금 1,776,487,500원을 넘는 부분을 취소하는 재결을 한 사실, 피고는 위 재결 취지에 따라 1994.2.22. 당초

부과하였던 3차 처분상의 개발부담금을 금 1,776,447,100원으로 정정하여 부과하기로 하는 결정을 하고(4차 처분) 원고에게 그 다음 날짜로 납부고지서를 발부한 사실을 각 인정한 다음, 위 4차 처분의 취소를 구하는 원고의 이 사건 청구에 대하여, 위 3차 처분은 중앙토지수용위원회의 재결에 의하여 그 중 금 1,776,487,500원을 넘는 부분은 취소되었고, 이는 별도의 취소 처분이 없이도 그 취소의 효과가 발생하는 것이므로 위 3차 처분은 금 1,776,487,500원의 범위에서만 존속하고 있었다 할 것인데, 피고는 그 후 나아가 3차 처분의 부과 금액을 위 재결에서 취소하지 않고 남겨둔 금액보다 더 적은 금액인 금 1,776,447,100원으로 정정하는 결정(4차 처분)을 하였으므로 결국 위 3차 처분은 위 재결에 의하여 일차적으로 그 중 일부가 취소되고 위 4차 처분에 의하여 다시 그 나머지 중 일부가 취소됨으로써 위 3차 처분은 금 1,776,447,100원에 해당하는 부분만 존속하게 되었다 할 것이고, 따라서 피고가 한 위 일련의 개발부담금 부과 처분 중 항고소송의 대상으로 될 수 있는 것은 위 3차 처분 중 취소되지 않고 남아 있는 위 금 1,776,447,100원에 해당하는 부분이라 할 것인데, 위 3차 처분 중 일부 금액을 취소하는 것에 불과한 위 4차 처분은 그 자체로서 항고소송의 대상이 될 수 있는 독립된 행정처분이라고 볼 수 없다 할 것이므로 이를 대상으로 하여 그 취소를 구하는 원고의 이 사건 소는 부적법하다고 판단하였다.

2. 그러나, 「개발이익 환수에 관한 법률」과 시행령, 시행규칙 등 관계 법령(이하 '법', '시행령', '시행규칙' 등으로 표시한다)에 의하면 건설부 장관은 이 법에 의하여 개발부담금을 부과 결정한 때에는 납부의무자에게 대통령령이 정하는 바에 의하여 납부고지서를 발부하여야 하고(법 제15조 제1항) 개발부담금의 납부의무자는 부과 일로부터 6월 이내에 개발부담금을 납부하여야 하며(법 제16조 제1항), 건설부 장관이 법 제15조의 규정에 따라 납부고지서를 발부할 때에는 납부의무자에게 납부 금액 및 그 산출근거·납부 기한과 납부 장소를 명시하여야 하고, 부담금을 결정한 후에 그 결정 내용에 탈루 또는 오류가 있는 것을 발견한 때에는 즉시 그 부담금을 조사하여 정정하여야 하며(시행령 제16조, 제17조 제1항) 영 제16조·제17조 및 제17조의2 제3항의 규정에 의한 개발부담금 납부고지서와 그 영수증서는 별지 제5호 서식에 의하고 영 제17조의 규정에 의한 개발부담금 부과 고지 내용에 대한 정정의 통지는 별지 제6호 서식에 의한다(시행규칙 제7조, 제8조)고 규정하고 있는바, 위 관계 법령에서 보는 바와 같이 개발부담금 부과 처분으로서의 '납부 고지'와 부과 처분의 내용에 탈루 또는 오류가 있는 경우에 하는 '정정 통지'를 엄격하게 구별하고 있고, 법 제15조 및 시행령 제16조의 규정이 개발부담금의 납부고지서에 납부 금액 및 그 산출근거, 납부

기한과 납부 장소를 명시하도록 하여 부과 관청의 자의를 배제하고 신중하고 합리적인 처분을 행하게 함으로써 공정을 기함과 동시에 납부의무자에게 부과 처분의 내용을 상세히 알려 이에 대한 불복 여부의 결정과 불복신청의 편의를 주려는데 그 근본 취지가 있는 강행규정이라고 할 것인 점(대법원 1994.3.25. 선고 93누19542 판결, 1995. 4.25. 선고 93누13728 판결 등 참조) 등에 비추어 보면, 부과 관청이 기왕의 개발부담금 납부 고지와는 별도로 납부의무자에 대하여 시행규칙 제7조 소정의 별지 제5호 서식에 의하여 종전과 다른 내용의 납부 금액 및 그 산출근거, 납부 기한 등이 명시된 새로운 납부고지서를 발부하였다면 당초에 한 납부 고지는 취소·철회되고 새로운 납부 고지를 한 것으로 봄이 상당하다 할 것이므로 위 새로운 납부 고지는 당초의 납부 고지와는 다른 별개의 독립된 부과 처분으로 보아야 할 것이다.

3. 돌이켜 이 사건에 관하여 보건대, 기록에 의하면(특히 갑 제2, 8, 9호증의 각 1, 2 참조), 이 사건 3차 처분 중 일부 금액을 취소하는 내용의 중앙토지수용위원회의 1993.12.23.자 재결이 원고에게 1994.1.17. 송달된 사실(갑 제8호증의 1에 그 수령인으로 되어 있는 '두양산업 개발 주식회사'는 1994.5.28. 상호변경 전의 원고의 상호이다. 기록 27쪽의 법인 등기부 등본 참조), 피고는 그 해 2.22. 원고에 대하여 별도의 산출 근거를 첨부하여 납부 금액을 3차 처분상의 금 2,563,044,800원에서 금 1,776,447,100원으로, 납부 기한을 3차 처분상의 1993.6.30.부터 그 해 12.29.까지 1994.2.23.부터 그 해 8.22.까지로, 납부 장소를 농협중앙회 여주군지부 여주군금고로 하여 개발부담금을 부과하기로 결정하고 그 다음 날짜로 별지 제5호 서식에 의한 납부고지서를 발부한 사실, 원고는 위 납부고지서를 그 해 2.24. 송달받은 다음 이에 불복하여 중앙토지수용위원회에 심사청구를 제기한 결과 중앙토지수용위원회로부터 1994.7.15. 위 심사청구를 각하한다는 재결을 받고 이 사건 소송을 제기하게 된 사실을 인정할 수 있다.

따라서 위 인정 사실에 나타난 다음과 같은 사정, 즉 (1) 피고는 부담 금액(3차 처분에 대한 재결에서 중앙토지수용위원회가 당초의 부담금 2,563,044,800원 중 금 1,776,487,500원을 넘는 부분을 취소하였음에도 피고는 새로이 그 부담금을 금 1,776,447,100원으로 결정하였다) 및 납부 기한을 새로이 결정하고 원고에게 별지 제5호 서식에 의하여 납부고지서를 발부한 점, (2) 위 납부고지서에는 이 사건 4차 처분이 3차 처분의 감액경정처분 내지 그 정정 통지에 불과하다는 징표의 하나로 볼 수 있는 가산금, 즉 당초 3차 처분에서 정한 납부 기한 내에 그 처분상의 금액을 납부하지 아니한 원고에 대하여 법 제8조 제2항, 국세징수법 제21조에 따라 당연히 발생하고 그 액수도 확정되는 가산금에 관하여는 아무런 기재가 없는 점 등을 종합하여 고려하면 이 사건 3차 처분은 취소, 철회되고 이와는 다른 위 4차 처분이 별개의 독립된 처분으로 이루어진 것으로 보아야 할 것이다.

그럼에도 불구하고 원심은 그 판시와 같은 이유에서 이 사건 4차 처분이 별개의 독립된 처분이 아니므로 그 취소를 구하는 원고의 이 사건 소를 부적법하다 하여 각하하고 말았으니, 원심판결에는 개발부담금의 납부 고지에 관한 법리를 오해한 위법이 있다 할 것이고, 따라서 이 점을 지적하는 상고이유는 이유가 있다.

개발부담금 부과권 존속기간의 법적성질 등 (대법원 1999.9.21. 선고 97누1211 판결)

[판시사항]

(1) 「개발이익 환수에 관한 법률」 제14조 제1항 소정의 개발부담금 결정·부과기간의 법적성질(=훈시규정)

(2) 「개발이익 환수에 관한 법률」 제15조 제2항 소정의 개발부담금 부과권 존속기간의 법적성질(=제척기간)

(3) 명의이전 비용, 등록세, 교육세, 취득세 등이 개발부담금 산정시 공제할 개발비용에 포함되는지 여부(소극)

(4) 구 개발이익 환수에 관한 법률 시행령 제10조 제1항 제7호 소정의 개량비의 산정기준, 산정 방법 및 상한액에 관하여도 같은 조 제1항 제1호 또는 제5호 및 제2항 내지 제5항의 규정이 적용 또는 유추 적용되는지 여부(적극)

(5) 개발사업 착수일 이전에 개발사업 구역 밖에 위치한 진입로를 개설하여 개발부담금 부과대상토지의 지가 상승에 기여한 경우, 그 부지 사용료 및 개설공사비가 구 개발이익 환수에 관한 법률 시행령 제10조 제1항 제7호 소정의 개량비에 해당하는지 여부

➲ 판결 요지

(1) 구 「개발이익 환수에 관한 법률」(1997.1.13. 법률 제5285호로 개정되기 전의 것) 제14조 제1항 본문은 "건설부 장관은 부과종료시점부터 3월 이내에 개발부담금을 결정·부과하여야 한다."라고 규정하고 있는바, 개발부담금제도의 취지나 조문형식 및 내용, 관련 법규 등을 종합하여 볼 때, 위 조문은 개발부담금 부과권 행사의 제척기간을 규정한 것이 아니라 단지 행정청에 대한 직무상의 훈시규정이라고 할 것이다.

(2) 「개발이익 환수에 관한 법률」 제15조 제2항은 "개발부담금은 이를 부과 고지할 수 있는 날부터 5년이 경과한 후에는 부과할 수 없다. 이 경우 개발부담금을 부과

고지할 수 있는 날은 대통령령으로 정한다."라고 규정하고 있고, 그 위임에 의한 구 「개발이익 환수에 관한 법률 시행령」(1997.6.25. 대통령령 제15398호로 개정되기 전의 것) 제14조의2는 "법 제15조 제2항 단서의 규정에 의한 개발부담금을 부과고지할 수 있는 날은 부과종료시점부터 3월이 경과한 날로 한다."라고 규정하고 있는바, 같은 법 제15조 제2항이 규정하고 있는 이러한 부과권의 존속기간은 법문의 내용과 형식 등에 비추어 볼 때 부과권의 제척기간을 규정하고 있는 것이라고 할 것이다.

(3) 명의이전 비용, 등록세, 교육세, 취득세 등은 개발사업 자체에 투입된 비용이 아니므로 이를 개발부담금 산정시 공제할 개발비용에 포함시킬 수 없다.

(4) 「개발이익 환수에 관한 법률」 제11조 제1항 제3호 및 구 「개발이익 환수에 관한 법률 시행령」(1997.6.25. 대통령령 제15398호로 개정되기 전의 것) 제10조 제1항 제7호에서 개발비용에 포함되는 항목 중의 하나로서 규정하고 있는 개량비, 즉 개발사업의 착수 전에 부과대상토지의 개량을 위하여 지출한 비용이라 함은, 같은 영 제10조 제1항 제1호 또는 제5호 소정의 각 비용과 지출 시기만 다를 뿐 그 실질적 성질은 동일하다고 할 것이므로, 개량비의 산정기준, 산정 방법 및 상한액에 관하여도 같은 영 제10조 제1항 제1호 또는 제5호 및 제2항 내지 제5항에 관한 규정이 적용 또는 유추 적용된다고 보아야 할 것이다.

(5) 개발사업 착수일 이전에 개발사업 구역 밖에 위치한 진입로를 개설하여 개발부담금 부과대상토지의 지가 상승에 기여한 경우, 그 진입로 부지에 대한 사용료는 「개발이익 환수에 관한 법률 시행령」 제10조 제1항 제5호 소정의 기타 경비 중 보상비에 유사한 것이라고 할 것인데 같은 호가 기타 비용 중 보상비의 보상 대상을 개발사업 구역 안의 것으로 한정하여 규정하고 있으므로, 개발사업 구역 밖에 위치한 진입로 부지에 대한 사용료를 보상비에 해당한다고 할 수 없고, 따라서 같은 항 제7호 소정의 개량비에도 해당한다고 할 수 없으며, 한편 순공사비의 산정기준에 관하여 규정하고 있는 같은 항 제1호는 같은 항 제5호와는 달리 이러한 제한에 관한 규정을 두지 아니하고 있으므로, 위 진입로가 개발사업 구역 밖에 있더라도 그 개설공사에 소요된 순공사비는 「개발이익 환수에 관한 법률」 제11조 제1항 제3호 및 같은법시행령 제10조 제1항 제7호 소정의 개량비에 해당하는 것으로서 개발비용에 포함된다고 할 것이고, 다만 재료비, 노무비 및 경비의 각 상한액에 관하여는 같은법시행령 제10조 제3항 제1호의 규정이 적용 또는 유추 적용된다고 할 것이므로, 같은 호 소정의 상한액의 범위 내에 있는지 심리하여야 할 것이다.

위헌결정의 효력 (대법원 2002.12.24. 선고 2001두6111 판결)

[판시사항]

재판의 전제가 된 법률조항에 대하여 위헌결정이 내려진 후 비로소 위헌결정과 관련된 주장을 시작한 경우에도 위헌결정의 효력이 미치는지 여부(적극)

➲ 판결 요지

헌법재판소의 위헌결정 효력은, 그 위헌결정의 기초인 위헌 제청이 된 이른바 '당해 사건' 또는 동종의 위헌 제청신청이 있었던 이른바 '동종사건'은 물론이고, 따로 위헌 제청신청을 하지 아니하였지만, 당해 법률 또는 법률조항이 재판의 전제가 되어 위헌결정 당시 법원에 계속 중인 이른바 '병행사건'에도 미치는 것이므로,

구 「개발이익 환수에 관한 법률」(1995.12.29. 법률 제5108호로 개정된 것) 제10조 제3항 단서에 관한 헌법재판소의 위헌결정 당시 개발부담금 부과 처분을 다투는 소송이 법원에 계속 중인 경우, 납부의무자는 위 위헌결정에 따라 그 사실심 변론 종결 때까지 실제 매입가액을 입증하여 이를 인정받을 수 있다 할 것이고, 위헌결정 이후에 비로소 이에 관한 주장을 시작하였다 하여 달리 볼 것은 아니다.

➲ 이유

1. 원심이, 「개발이익 환수에 관한 법률 시행령」 부칙(1990.3.2. 대통령령 제12936호 부칙 중 1993.8.12. 대통령령 제13956호로 개정된 것) 제2조 제2항은 모법인 「개발이익 환수에 관한 법률」 부칙(1989.12.30. 법률 제4175호 부칙 중 1993.6.11. 법률 제4563호로 개정된 것) 제2조 및 「개발이익 환수에 관한 법률」(1995.12.29. 법률 제5108호로 개정되기 전의 것, 이하 '법'이라 한다) 제10조 제3항에 근거를 두고 그 규정이 예정하고 있는 범위 내에서 개시시점지가의 산정 방법을 구체화·명확화한 것이지, 모법에 위임 없이 법이 예정하고 있지 아니한 개시시점지가의 산정 방법을 국민에게 불리하게 변경하는 규정이 아니라고 판단한 것은, 환송판결 취지에 따른 것으로 정당하고, 거기에 위 시행령 부칙 제2조 제2항에 관한 법리 오해의 위법이 없다. 이 점에 관한 상고이유의 주장은 이유 없다.

2. 원심은, 원고가 이 사건 소송에서 당초에는 법(1993.6.11. 법률 제4563호로 개정된 것) 제10조 제3항의 유효성에 관하여 아무런 주장도 하지 아니하다가, 헌법재판소가 법 제10조 제3항 단서 중 '대통령령이 정하는 경우에만 실제 매입가액을 기준으로

부과개시시점지가를 산정하도록 한 부분'은 위헌이라는 결정(헌법재판소 1998.6.25. 선고 95헌바35, 97헌바81, 98헌바5·10 결정)을 한 후, 비로소 위 위헌결정과 관련된 주장을 하고 있으므로, 그 부분에 관하여는 위 위헌결정 후 비로소 제기된 소와 다를 바 없고, 그 판시와 같은 이유로 위 위헌결정의 소급효가 미치지 않는 경우라고 봄이 상당하고, 실제 매입가에 관하여도, 각 매매계약서나 영수증 등의 자료는 토지 외에 지상물의 가격 및 기타 시설물의 이전보상비 등이 포함되어 있으므로 이를 토지의 매입가액으로 인정할 수 없다고 하여, 실제 매입가액을 부과개시시점지가로 보아야 한다는 원고의 주장을 배척하였다.

헌법재판소의 위헌결정 효력은, 그 위헌결정의 기초인 위헌 제청이 된 이른바 '당해 사건' 또는 동종의 위헌 제청신청이 있었던 이른바 '동종사건'은 물론이고, 따로 위헌 제청신청을 하지 아니하였지만, 당해 법률 또는 법률조항이 재판의 전제가 되어 위헌결정 당시 법원에 계속 중인 이른바 '병행하건'에도 미치는 것이므로(대법원 2001.10.9. 선고 99다17180 판결 등 참조), 법 제10조 제3항 단서에 관한 위 위헌결정 당시 개발부담금 부과 처분을 다투는 소송이 법원에 계속 중인 이 사건에 있어서 원고는 위 위헌결정에 따라 그 사실심 변론 종결 때까지 실제 매입가액을 입증하여 이를 인정받을 수 있다 할 것이고(대법원 2001.8.21. 선고 99두4921 판결 등 참조), 위 위헌결정 이후에 비로소 이에 관한 주장을 시작하였다 하여 달리 볼 것은 아니다.

또한, 원고가 주장하는 실제 매입 가액 중 지상 건물의 가액이 포함되어 있다 하더라도, 피고 스스로 이 사건 부과대상토지에 대하여 토지 및 건물 가액에 대하여 감정평가를 한 바 있으므로(을 제8, 10호증 참조), 그 비율을 참작하여 원고가 주장하는 실제 매입 가액에서 토지만에 해당하는 실제 매입가액을 산출할 수 있을 뿐만 아니라, 부과대상토지 중 국유토지(갑 제18호증의 44, 45 참조)의 매입가액에 대해 합리적 이유 없이 이를 배척할 수는 없다 할 것인데도, 원심이 원고의 실제 매입가에 관한 주장을 모두 배척하고 말았으니, 거기에는 실제 매입가에 관한 심리를 다하지 아니하였거나 판결의 이유를 제대로 갖추지 아니함으로써 판결 결과에 영향을 미친 위법이 있다. (다만, 이 사건 개발사업의 종료 시점에 가까운 시기에 이루어진 매입에 따른 매입가액은 개발에 따른 이익이 포함되어 있을 개연성이 있으므로 이를 실제 매입가액으로 인정하지 아니함이 옳다고 볼 여지가 있을 것이다)

이 점을 지적하는 상고이유 주장은 이유 있다.

개발부담금 납부 고지일 후에 저당권 등으로 담보된 채권에 우선하여 징수권 위헌 여부

(「개발이익 환수에 관한 법률」 제22조 제2항 위헌소원) (전원재판부 2013헌바191, 2016. 6.30.)

[판시사항]

개발부담금을 개발부담금 납부 고지일 후에 저당권 등으로 담보된 채권에 우선하여 징수할 수 있도록 한 '개발이익 환수에 관한 법률'(2008.3.28. 법률 제9045호로 전부 개정된 것, 이하 '개발이익환수법'이라 한다) 제22조 제2항이 담보권자의 재산권을 침해하는지 여부(소극)

➲ 결정 요지

개발부담금은 실질적으로는 조세의 성격을 가지는 금전 급부로서 국가나 지방자치단체의 활동을 위한 재정수입의 원천이 되므로, 고도의 공공성과 공익성을 가져 그 징수의 확보를 보장할 필요가 있다. 심판 대상 조항은 개발부담금의 우선 징수권을 규정하면서도, 개발부담금의 '납부 고지일 전에' 설정된 저당권 등에 의하여 담보된 채권에 대해 개발부담금을 우선 징수할 수 없도록 함으로써, '개발부담금 징수의 확보'라는 공익 목적과 '담보권의 보호' 사이의 조화를 도모하고 있다. 개발부담금의 납부 고지일에는 이미 개발부담금 채권의 금액 및 납부 기한 등이 구체적으로 확정되고, 그 확정된 내용이 부과 관청의 외부에 드러나게 되므로, 심판 대상 조항이 정하고 있는 '납부 고지일'은 개발부담금 납부의무의 존부 및 범위가 부과 관청 등에 의하여 임의로 변경될 수 없는 시기이다.

또한 담보권을 설정하려는 금융기관 등은 납부의무자에게 개발부담금의 부과 및 체납 여부에 관한 확인 서류 등을 부과 관청으로부터 발급받아 줄 것을 요청하거나 납부의무자로부터 위 확인서류 발급에 관한 위임을 받아 상대방의 개발부담금 채무 존부와 범위를 확인할 수 있으므로, 현실적으로 담보권자의 예측 가능성은 어느 정도 보장되고 있으며, 개발부담금 채권의 공시 기능이 담보권의 공시 기능에 비하여 불완전하다는 사정으로 인한 위험은 담보권설정계약 당사자들 사이의 정보 교환과 자율적 판단으로 어느 정도 회피하거나 감소시킬 수 있다.

그렇다면 심판 대상 조항이 개발부담금 채권과 피담보채권 사이의 우열을 가리는 기준시기를 '납부 고지일'로 정한 것은 입법재량을 일탈하여 담보권자의 재산권을 침해한다고 보기 어렵다.

재판관 김이수, 재판관 이진성의 반대의견

개발이익환수법상 개발부담금은 투기 방지와 토지의 효율적 이용 및 개발이익에 관한 사회적 갈등을 조정하기 위해 정책적 측면에서 도입된 유도적·조정적 성격을 갖는 특별부담금이다. 조세는 공시되지 않는다고 하더라도 누구에게나 또는 어떤 재산에나 부과될 수 있어 거래상대방은 미납조세를 조사하여 불측의 손해를 방지할 수 있으나, 개발부담금은 공시되지 아니할 뿐만 아니라 일정 규모 이상의 개발사업에서 일정 수준 이상의 개발이익이 나온 경우에만 부과되어, 거래상대방으로서는 개발부담금의 존재 자체를 예측하기 어렵다. 그럼에도 거래상대방이 개발부담금의 부과 및 체납 여부에 대해서 알 수 있는 제도가 전혀 없어, 거래상대방은 개발부담금 납부의무자에게 계약 관계나 신뢰에 기초하여 개발부담금 부과 및 체납 여부를 확인할 수밖에 없는데, 거래상대방은 주택임차인, 하도급업자 등 사실상 개발부담금 납부의무자에게 이를 강제할 수 없는 지위에 있는 경우도 있어, 이로 인한 피해도 예상된다. 또한, 심판 대상 조항은 담보권자의 재산권 제한에 그치는 것이 아니라 나아가 거래안전을 포함한 기존 사법 질서를 훼손할 수 있는바, 제한되는 사익 또는 사법 질서의 훼손 정도가 가벼워 보이지 않고, 그럼에도 개발부담금의 징수를 확보해야 할 절실한 공익적 요청이 있다고 판단되지 아니한다.

따라서 심판 대상 조항은 과잉금지원칙을 위반하여 담보권자의 재산권을 침해한다.

[심판 대상 조문]

「개발이익 환수에 관한 법률」(2008.3.28. 법률 제9045호로 전부 개정된 것) 제22조 제2항, 제73조 제1항 전단

➲ 주문

「개발이익 환수에 관한 법률」(2008.3.8. 법률 제9045호로 전부 개정된 것) 제22조 제2항은 헌법에 위반되지 아니한다.

➲ 이유

1. 사건 개요

가. 2013헌바191 사건

(1) 용인시장은 2009.8.27. 김○주가 용인시 기흥구 ○○동 ○○ 등 토지에 시행한 근린생활시설 부지조성 사업에 대한 개발부담금 679,975,260원을 김○주에게 부과하면서 2010.2.24.까지 개발부담금을 납부할 것을 고지하였다. 그 후 김○주가 위 개발부담금을 납부하지 아니하자, 용인시는 그때까지 미납된 개발부담금의 납부를 독촉

한 후 2011.1.20. 김○주 소유의 용인시 기흥구 ○○동 ○○ 대지 및 그 지상 건물, 같은 동 ㅁㅁ 토지, 같은 동 △△ 토지에 관하여 압류등기를 마쳤다.

(2) 한편 청구인 주식회사 ○○저축은행은 2010.3.30. 김○주에게 40억 원을 대여하면서 위 각 부동산에 관하여 채권최고액 52억 원의 근저당권설정 등기를 마쳤는데, 이후 김○주가 위 차용금을 변제하지 아니하자 위 근저당권에 기한 경매신청을 하여 2011.5.11. 위 각 부동산에 관하여 경매개시결정을 받았다.(수원지방법원 2011타경19750)

(3) 위 경매 절차에서 용인시는 위 개발부담금과 가산금 합계 679,871,780원을 교부청구 하였고, 경매법원은 2012.9.14. 용인시장이 부과한 위 개발부담금 등이 청구인 주식회사 ○○저축은행의 위 근저당권에 의하여 담보된 채권보다 우선한다고 보아 위 각 부동산의 경락대금에서 집행비용 등을 공제하고 남은 3,586,468,891원 중 2순위로 용인시에 679,871,780원, 3순위로 청구인 주식회사 ○○저축은행에 2,878,707,963원을 각 배당하였다.

(4) 이에 불복하여 청구인 주식회사 ○○저축은행은 용인시에 대한 배당액 전부에 관하여 배당이의의 소를 제기하였으며(수원지방법원 2012가합19614), 그 소송 계속 중 개발부담금의 납부 고지일과 담보권 설정등기일의 선후를 기준으로 개발부담금의 우선권을 인정하고 있는 '개발이익 환수에 관한 법률' 제22조 제2항이 헌법에 위반된다며 2013.1.16. 위헌법률심판제청신청을 하였으나(수원지방법원 2013카기112), 2013.4.4. 위 청구가 기각됨과 동시에 위헌 제청신청도 기각되자, 2013.6.5. 위헌 제청신청 기각 결정문을 송달받고 2013.7.2. 이 사건 헌법소원 심판을 청구하였다.

나. 2014헌바473 사건

(1) 고양시장은 2009.2.18. 고양시 일산서구 ○○동 소재 토지상에 258세대 아파트 4개동을 건축하는 주택건설사업의 시행자인 ○○도시개발 주식회사 및 ○○건설 주식회사에 개발부담금 1,374,897,930원을 부과하면서 2009.8.18.까지 개발부담금을 납부할 것을 고지하였다. 그 후 위 회사들이 위 개발부담금을 납부하지 아니하자, 고양시는 그때까지 미납된 개발부담금의 납부를 독촉한 후 2010.4.27. 및 2013.8.20. ○○도시개발 주식회사 소유의 의왕시 ○○동 ○○ 소재 ○○아파트 중 8세대에 관하여 각 압류등기를 마쳤다.

(2) 한편 청구인 ○○신용협동조합과 청구인 ㅁㅁ신용협동조합은 2009.12.22. 및

2010.1.22. ○○도시개발 주식회사에 합계 1,210,000,000원을 대출하고 위 각 부동산에 관하여 근저당권설정 등기를 마쳤다.

(3) 이후 고양시장은 2013.10.7. 한국자산관리공사에 위 각 부동산에 대한 공매를 의뢰하였고, 이에 한국자산관리공사는 위 공매 절차에서 위 각 부동산을 매각한 다음, 2014.5.28. 고양시장이 부과한 위 개발부담금 등이 청구인 ○○신용협동조합 및 청구인 □□신용협동조합의 위 근저당권에 의하여 담보된 채권보다 우선한다고 보아 고양시에 배분될 금액 중 650,544,676원이 자신들에게 각 배분되어야 한다는 청구인 ○○신용협동조합 및 청구인 □□신용협동조합의 배분 신청을 거부하고, 위 매각으로 인한 대금 2,125,143,510원 중 3순위로 고양시에 1,320,439,950원, 4순위로 청구인 ○○신용협동조합에 451,841,637원, 청구인 □□신용협동조합에 261,313,243원을 각 배분하였다.

(4) 이에 청구인 ○○신용협동조합과 청구인 □□신용협동조합은 고양시장의 위 압류 처분 무효확인 및 한국자산관리공사의 위 배분 거부처분의 취소 등을 구하는 소를 제기하였고(서울행정법원 2014구합60214), 그 소송 계속 중 위 '개발이익 환수에 관한 법률' 제22조 제2항에 대하여 위헌법률심판제청신청을 하였으나(서울행정법원 2014아10799), 2014.11.14. 위 청구가 모두 기각됨과 동시에 위헌 제청신청도 기각되자, 청구인 ○○신용협동조합과 청구인 □□신용협동조합은 2014.11.17. 위헌 제청신청 기각결정문을 송달받고 2014.12.16. 이 사건 헌법소원 심판을 청구하였다.

2. 심판 대상

이 사건 심판 대상은 '개발이익 환수에 관한 법률'(2008.3.28. 법률 제9045호로 전부 개정된 것, 이하 '개발이익환수법'이라 한다) 제22조 제2항(이하 '심판 대상 조항'이라 한다)이 헌법에 위반되는지 여부이고, 심판 대상 조항 및 관련 조항의 내용은 다음과 같다.

[심판 대상 조항]

「개발이익 환수에 관한 법률」(2008.3.28. 법률 제9045호로 전부 개정된 것)

제22조(체납처분 등)

② 제1항에 따른 개발부담금 및 가산금 등은 국세와 지방세를 제외한 그 밖의 채권에 우선하여 징수한다. 다만, 제15조에 따른 개발부담금 납부 고지일 전에 전세권, 질권 또는 저당권의 설정을 등기하거나 등록한 사실이 증명되는 재산을 매각할 때 그 매각 대금 중에서 개발부담금과 가산금 등을 징수하는 경우 그 전세권, 질권 또는 저당권으로 담

보된 채권에 대해 그러하지 아니하다.

[관련 조항]

구 「개발이익 환수에 관한 법률」(2008.3.28. 법률 제9045호로 전부 개정되고, 2013.3.23. 법률 제11690호로 개정되기 전의 것)

제15조(납부의 고지)

① 국토해양부 장관은 이 법에 따라 개발부담금을 부과하기로 결정하면 납부의무자에게 대통령령으로 정하는 바에 따라 납부고지서를 발부하여야 한다.

제22조(체납처분 등)

① 국토해양부 장관은 개발부담금의 납부의무자가 독촉장을 받고도 지정된 기한까지 개발부담금과 가산금 등을 완납하지 아니하면 국세 체납처분의 예에 따라 징수할 수 있다.

제27조(권한의 위임)

① 국토해양부 장관은 이 법에 따른 권한(개발부담금의 부과와 징수에 관한 권한은 제외한다)의 일부를 대통령령으로 정하는 바에 따라 특별시장·광역시장·도지사 또는 특별자치도지사에게 위임할 수 있다.

② 국토해양부 장관은 이 법에 따른 개발부담금의 결정·부과 및 징수에 관한 권한을 대통령령으로 정하는 바에 따라 시장, 군수 또는 구청장(자치구의 구청장을 말한다)에게 위임할 수 있다. 이 경우 징수하는 데에 드는 실제 비용의 범위에서 대통령령으로 정하는 바에 따라 해당 지방자치단체에 위임 수수료를 지급할 수 있다.

3. 청구인들의 주장

가. 재산권 침해

심판 대상 조항은 개발부담금을 다른 채권에 우선하여 징수할 합리적인 이유가 없음에도 개발부담금 징수권자의 징수 편의만을 도모하기 위한 것으로서 그 목적의 정당성이 인정되지 아니하고, '부담금관리 기본법'에서 정하고 있는 다른 부담금에 대해서는 우선 징수권이 인정되지 아니함에도 개발부담금에 대해서만 조세와 같은 우선 징수권을 부여하는 것은 수단의 적합성도 결여되었다. 개발부담금의 '납부 고지일'은 외부적으로 공시되지 아니하여 제3자로서는 그 존재를 알 수 없고 조세도 아니어서 개발부담금의 부과 및 체납 여부를 확인할 수 있는 공식적인 방법이 없음에도 개발이익이 생긴 부동산이 아닌 개발부담금 납부의무자의 다른 일반재산에 대해서까지 개발부담금을 우선하여 징수할 수 있도록 함으로써 담보권자로 하여금 불측의 손해를 입게 하므로 피해의 최소성 및 법익의 균형성도 인정되지 아니한다. 따라서 심판 대상 조항은 과잉금지원칙에 위배되어 청구인의 재산권을 침해한다.

나. 평등원칙 위반

심판 대상 조항은 개발부담금을 다른 채권에 우선하여 징수하도록 규정함으로써 '부담금관리 기본법'에서 정하고 있는 다른 부담금에 비하여 개발부담금을 합리적인 이유 없이 우대하고 있으며, 개발부담금 납부의무자의 어느 일반재산에 대해서도 체납처분이 이루어질 수 있음에 따라 체납처분이 이루어지는 재산의 담보권자와 체납처분이 이루어지지 않는 재산의 담보권자를 합리적 이유 없이 차별하고 있으므로, 헌법상의 평등원칙에 위배된다.

4. 판단

가. 개발부담금 제도의 연혁 및 법적 성격

(1) 국가는 국토의 효율적이고 균형 있는 이용·개발과 보전을 위하여 법률이 정하는 바에 의하여 그에 관한 필요한 제한과 의무를 과할 수 있는바(헌법 제122조), 우리나라는 1960년대 이후 도시화·산업화가 급격히 진전되면서 각종 도시개발 및 주택개발 사업이 추진되었고, 그 과정에서 지가 상승과 토지 투기, 개발이익의 사유화 및 토지 소유의 편중 등이 커다란 사회문제로 부각되자, 이에 대응하여 정부 주도하에 토지공개념 제도의 일환으로 개발이익의 환수를 위하여 1989.12.30. 법률 제4175호로 '개발이익 환수에 관한 법률', 법률 제4177호로 '토지초과이득세법'이 각 제정되었다. 즉 개발이익환수법을 통해 도입된 '개발부담금'은, 사업시행자가 국가 또는 지방자치단체로부터 인가 등을 받아 개발사업을 시행한 결과 개발사업 대상 토지의 지가가 상승하여 정상지가상승분을 초과하는 불로소득적인 개발이익이 생긴 경우 이를 사업시행자에게 독점시키지 아니하고 국가가 이를 환수하여 그 토지가 속하는 지방자치단체 등에 배분함으로써 경제정의를 실현하고 토지에 대한 투기를 방지하며 토지의 효율적인 이용의 촉진을 도모하기 위한 제도이고(개발이익환수법 제1조, 헌재 1998.6.25. 95헌바35 등 참조), 구 토지초과이득세법(1998.12.28. 법률 제5586호로 폐지되기 전의 것) 소정의 '토지초과이득세'는, 각종 개발사업 및 기타 사회·경제적 요인으로 유휴토지 등의 지가가 상승함으로 인하여 토지소유자 개인의 노력과는 상관없이 얻게 되는 불로소득적인 개발이익을 조세로 환수함으로써 조세의 형평을 기하는 한편, 토지에 대한 투기적 수요를 억제하여 지가의 안정과 토지의 효율적 이용을 실현하고 나아가 국민경제의 건전한 발전에 이바지하기 위해 도입된 제도이다.

(헌재 1994.7.29. 92헌바49 등 참조) 이와 같이 개발사업 시행자가 얻는 개발이익은 개발이익환수법에 의한 개발부담금으로 징수하고, 개발사업 주변 지역의 토지소유자가 얻게 되는 개발이익은 토지초과이득세법에 의한 토지초과이득세로 징수하도록 함으로써(1998.12.28. 법률 제5586호로 개정되기 전의 「개발이익 환수에 관한 법률」 제3조) 개발이익을 환수하려는 것이 당초의 입법 의도였다. (헌재 2001.4.26. 99헌바39 참조)

(2) 한편 구 '부담금관리 기본법'(2010.3.31. 법률 제10193호로 개정되고, 2015.12.29. 법률 제13623호로 개정되기 전의 것, 이하 같다)은 제3조에서 "부담금은 별표에 규정된 법률에 따르지 아니하고는 설치할 수 없다."라고 규정하면서, 별표 제54호에서 "「개발이익 환수에 관한 법률」 제3조에 따른 개발부담금"을 동법에서 말하는 부담금 중의 하나로서 열거하고 있다. 그러나 어떤 공과금이 조세인지 아니면 부담금인지는 단순히 법률에서 그것을 무엇으로 성격 규정하고 있느냐를 기준으로 할 것이 아니라, 그 실질적인 내용을 결정적인 기준으로 삼아야 한다. (헌재 2004.7.15. 2002헌바42 참조)

그런데 개발부담금은 특정 개발사업에 대한 반대급부적 성격 없이 개발이익환수법에 규정된 요건에 해당하는 모든 사람에 대하여 일방적으로 부과·징수되는 점, 징수된 개발부담금의 100분의 50에 상당하는 금액은 개발이익이 발생한 토지가 속하는 지방자치단체에 귀속되고, 이를 제외한 나머지 개발부담금은 따로 법률이 정하는 지역발전 특별회계에 귀속됨으로써(개발이익환수법 제4조 제1항) 국가 및 지방자치단체의 재정수입에 충당되는 점, 개발부담금은 개발사업의 시행 등으로 인하여 우연히 발생한 불로소득적인 개발이익을 환수하여 국가 및 지방자치단체의 재정수입에 배분함으로써 부가적으로 토지에 대한 투기를 방지하고 토지의 효율적인 이용을 촉진하는 사회·경제 정책적 목적을 실현하는 기능도 수행하는 점, 앞서 본 바와 같은 개발부담금과 토지초과이득세의 입법 경위 및 연혁 등에 비추어 개발부담금과 토지초과이득세는 그 목적과 기능에 있어서 본질적으로 다르지 아니한 점 등을 종합해 보면, 개발부담금은 비록 그 명칭이 '부담금'이고 국세기본법이나 지방세기본법에서 나열하고 있는 국세나 지방세의 목록에 빠져 있다고 하더라도, '국가 또는 지방자치단체가 재정수요를 충족시키기 위하여 반대급부 없이 법률에 규정된 요건에 해당하는 모든 자에 대하여 일반적 기준에 의하여 부과하는 금전 급부'라는 조세로서의 특징을 지니고 있다는 점에서 실질적인 조세로 보아야 할 것이다. (헌재 2001.4.26. 99헌바39 참조)

나. 재산권 침해 여부

(1) 심판 대상 조항의 입법 취지

앞서 본 바와 같이 개발부담금은 실질적인 조세로서의 성격을 가지는 금전 급부로서 국가나 지방자치단체의 활동을 위한 재정수입의 원천이 되므로 고도의 공공성과 공익성을 가지며, 법률에 정해진 요건을 충족하면 개발부담금 채권이 필연적으로 성립하나 구체적인 대가 없이 징수하는 것이므로, 조세와 마찬가지로 그 징수의 확보를 보장할 필요가 있다. 이에 심판 대상 조항은 그 본문에서 채권 평등의 원칙에 대한 예외로서 국세와 지방세를 제외한 그 밖의 채권에 대한 개발부담금의 우선 징수권을 규정하고 있다.

한편 사법상 거래에 있어 저당권 등의 담보권은 피담보채권의 우선변제를 확보하기 위하여 등기 또는 등록 등의 공시방법을 취하여 설정되는데, 개발부담금 채권이 이러한 저당권 등의 피담보채권에 아무런 제한 없이 우선한다면 담보권자는 그가 예측할 수 없었던 개발부담금 채권의 체납 때문에 채권확보의 만족을 얻을 수 없는 손해를 입게 되고, 나아가 사법상 거래 질서에 커다란 혼란이 초래될 수도 있다. 이에 심판 대상 조항은 그 단서에서 담보권의 목적인 재산의 매각 대금 중에서 개발부담금을 징수하는 경우 당해 개발부담금의 '납부 고지일 전에' 설정된 저당권 등에 의하여 담보된 채권에 대해 개발부담금을 우선 징수할 수 없도록 규정함으로써, '개발부담금 징수의 확보'라는 공익 목적과 '담보권의 보호' 사이의 조화를 도모하고 있다.

(2) 개발부담금 채권과 피담보채권 사이의 우열 기준 및 심사 기준

저당권 등의 담보권은 등기나 등록이라는 명확한 공시방법이 있으나 개발부담금 채권은 그와 같은 특별한 공시방법이 없으므로, 만약 저당권 등의 담보권을 취득하려는 사람이 그 상대방의 개발부담금 부담 여부를 전혀 예측할 수 없는 시기나 부과 관청이 임의로 정하는 시기를 기준으로 그 개발부담금 채권이 피담보채권에 우선할 수 있다고 한다면, 이는 담보권자에게 불측의 손해를 가함으로써 담보권 취득자의 재산권을 침해하는 것이 될 수 있다.

그러므로 개발부담금 채권과 피담보채권 사이의 우열을 가리는 기준은 '개발부담금의 우선권'을 인정하는 공익 목적과 '담보권의 보호' 사이의 조화를 이루는 선에서 법률로써 명확하게 정하여야 할 것인바, 그 기준시기는 담보권자가 개발부담금 채무의 존부 및 범위를 확인할 수 있고 부과 관청 등에 의하여 임의로 변경될 수 없는 시기이어야 한다. 다만 그 구체적인 기준시기의 결정은 입법자가 위에서 본 기준시기에 관한 원칙을 지키는 한 합리적인 판단에 의하여 정할 입법재량에 속한다고 할 것이므로, 입법자가 그 합리적 재량의 범위를 일탈한 것이 아닌 한 헌법에 위반된다고 할 수 없다.(헌재 2012.8.23. 2011헌바97 참조)

(3) 구체적 판단

(가) 개발부담금 채무는 개발이익환수법에서 정한 요건이 충족되면 성립하고, 부과 관청이 그 부과기준과 금액을 결정하여 부과하는 때에 구체적으로 확정되며(개발이익환수법 제14조, 개발이익환수법 시행령 제15조, 제16조), 부과기준 및 산출 근거, 납부금액 및 납부 기한 등이 명시된 납부고지서의 발부를 통해 그 납부를 고지함으로써(개발이익환수법 제15조, 개발이익환수법 시행령 제17조 또는 제19조) 확정의 효력이 발생하여 이를 토대로 개발부담금 채무의 이행으로서 납부 또는 징수를 하게 된다. 이와 같은 일련의 단계 중 '납부 고지'는 구체적인 개발부담금의 부과기준과 금액이 확정된 후에 비로소 이루어지므로, 그 납부 고지일에는 이미 개발부담금 채권의 금액 및 납부 기한 등이 구체적으로 확정되어 있고, 그 확정된 내용이 부과 관청의 외부에 드러나게 되므로, 심판 대상 조항이 정하고 있는 '납부 고지일'은 개발부담금 납부의무의 존부 및 범위가 부과 관청 등에 의하여 임의로 변경될 수 없는 시기라고 할 것이다.

(나) 담보권을 설정하려는 금융기관 등은 그 우월적 지위를 이용하여 납부의무자에게 개발부담금의 부과 및 체납 여부에 대한 확인서류 등을 부과 관청으로부터 발급받아 줄 것을 요청하거나 납부의무자로부터 위 확인서류 발급에 관한 위임을 받아 상대방의 개발부담금 채무 존부와 범위를 확인할 수 있으므로, 현실적으로 담보권자의 예측 가능성은 어느 정도 보장되고 있다. 다만 현행법상 개발부담금 공시제도를 채택하고 있지 않고, 담보권자가 담보권설정자의 협력 없이 독자적으로 개발부담금 채권의 존부 및 범위를 확인할 수 없다는 제약이 있기는 하지만, 개발부담금 채권의 공시 기능이 담보권의 공시 기능에 비하여 불완전하다는 사정으로 인한 위험은 담보권 설정계약 당사자들 사이의 정보 교환과 자율적 판단으로 어느 정도 회피하거나 감소시킬 수 있으므로(헌재 2009.9.24. 2007헌바61 등 참조), 위와 같은 제약이 있다는 사정만으로 개발부담금의 납부 고지일에 담보권자가 개발부담금 채권의 존부 및 범위를 확인할 수 없다고 보기는 어렵다.

(다) 개발부담금은 그 성립에서 확정 및 납부고지서 송달에 이르기까지 상당한 시

일이 소요됨에 반하여 일반 민사 채권은 그 성립과 동시에 담보권을 설정할 수 있으므로, 개발부담금 채권과 피담보채권 사이의 우열을 가리는 기준시점을 개발부담금의 '납부 고지일'보다 이후의 시점으로 한다면, 납부의무자의 허위 담보권 설정 등을 통하여 개발부담금의 징수가 불가능해지거나 곤란해질 우려가 있다. 실질적으로 조세의 성격을 갖는 개발부담금이 국가 또는 지방자치단체의 활동을 위한 재정수입의 원천으로서 고도의 공공성·공익성을 가진다는 점을 고려할 때, 일반채권과의 형평성을 유지하고 허위 채권에 기한 담보권 설정을 통해 개발부담금 채무의 이행을 회피하는 악용 사례를 방지하기 위해서도 개발부담금 납부의무가 확정되고 난 후인 '납부 고지일' 이후에는 개발부담금 채권을 우선적으로 보호하는 것이 필요하다.(헌재 1997. 4.24. 93헌마83 참조)

(라) 이상의 사정을 종합해 보면, 심판 대상 조항이 개발부담금 채권과 피담보채권 사이의 우열을 가리는 기준시기로 '납부 고지일'을 정한 것은, 담보권자가 그 시점에서 담보권설정자의 개발부담금 채무 존부와 범위를 어느 정도 확인할 수 있어 담보권자의 예측 가능성을 해하지 아니하고, 부과 관청에 의하여 그 시기가 임의로 변경될 수 없다는 점에서 합리적인 기준이라 할 수 있으며, 달리 그 기준시기의 설정이 현저히 불합리하다고 볼 만한 사유가 없다. 따라서 심판 대상 조항이 입법재량의 범위를 벗어난 것이라고 할 수 없으므로, 재산권을 침해하지 아니한다.

다. 평등원칙 위반 여부

앞서 본 바와 같이 개발부담금은 국가나 지방자치단체의 활동을 위한 재정수입의 원천으로서 고도의 공공성과 공익성을 지니는 실질적 조세로서의 성격을 가지므로, 그 징수의 확보를 보장할 필요가 있다는 점에서 '부담금관리 기본법'에서 정하고 있는 다른 부담금들과 구별된다. 따라서 심판 대상 조항이 '부담금관리 기본법'상의 일반 부담금들과 달리 개발부담금에 대해서 우선 징수권을 인정하는 데에는 합리적인 이유가 있다.

또한 개발부담금 부과대상토지만이 아니라 개발부담금을 체납한 납부의무자의 총재산에 대하여 국세 체납처분의 예에 따라 개발부담금 등의 징수가 가능함에 따라 체납처분이 이루어지는 재산의 담보권자가 체납처분이 이루어지지 않은 재산의 담보권자에 비하여 채권확보의 만족을 얻을 수 없게 되는 경우가 발생할 수 있으나, 이는 개발부담금 징수 기관이 체납처분을 실행함에 있어 개발부담금 납부의무자의 총재산 중 특정 재산을 체납처분의 대상으로 선택함으로써 생겨나는 사실상의 결과일 뿐, 심판 대상 조항의 규정으로 인한 법률상의 차별이라고 볼 수 없다.

따라서 심판 대상 조항은 헌법상 평등원칙에 위반되지도 아니한다.

5. 결론

그렇다면 심판 대상 조항은 헌법에 위반되지 아니하므로 주문과 같이 결정한다. 이 결정은 아래 6과 같은 재판관 김이수, 재판관 이진성의 반대의견이 있는 외에는 나머지 관여 재판관의 일치된 의견에 따른 것이다.

6. 재판관 김이수, 재판관 이진성의 반대의견

우리는 심판 대상 조항이 담보권자의 재산권을 침해하여 헌법에 위반된다고 생각하므로, 아래와 같이 반대의견을 밝힌다.

가. 개발부담금의 법적 성격

(1) 헌법은 국가 또는 지방자치단체의 공적 과제 수행에 필요한 재정의 조달은 일차적으로 조세에 의해 이루어질 것을 예정하고 있으나(헌재 2004.7.15. 2002헌바42 참조), 국민이 부담하는 공과금에는 조세 외에도 사용료·수수료 등 수익자 부담금, 분담금, 사회보험료, 특별부담금 등이 있다.

헌법은 그중 조세에 관하여 특별히 규정하고 있는바, 제38조에서는 "모든 국민은 법률이 정하는 바에 의하여 납세의 의무를 진다."라고 함으로써 조세의 납부를 국민의 기본의무로 규정함과 동시에 국가에 의한 자의적인 조세 부과 및 징수를 막기 위해 제59조에서 "조세의 종목과 세율은 법률로 정한다."라고 규정하고 있다. 이에 따라 헌법 제38조 및 제59조에 근거하여 법률로써 성립한 조세는 재산권 등 개별기본권의 침해 여부는 별론으로 하더라도 그 자체로 헌법적 정당성을 부여받으므로 헌법상 조세의 개념에 포섭될 수 있는 범위는 매우 엄격하게 해석해야 한다.

(2) 토지공개념 제도의 일환으로 개발이익의 환수를 위하여 개발이익환수법과 토지초과이득세법이 각각 제정되었다. 토지초과이득세법은 개발사업 주변 지역의 토지 소유자가 얻게 되는 개발이익의 환수를 위하여 조세의 형식을 취하였지만, 개발이익환수법은 개발사업의 시행자가 얻는 불로소득적인 개발이익을 환수하기 위하여 양도소득세 등의 과세적 방법을 사용할 수 있음에도 조세의 형식을 취하지 않고 개발부담금제도를 도입하였다.

개발부담금은 사업시행자가 국가 또는 지방자치단체로부터 인가 등을 받아 개발사업을 시행한 결과 개발사업 대상 토지의 지가가 상승하여 정상지가상승분을 초과하는 불로소득적인 개발이익이 생긴 경우 이를 사업시행자에게 독점시키지 아니하고 국가가 이를 환수하여 그 토지가 속하는 지방자치단체 등에 배분함으로써 경제정의를 실현하고 토지에 대한 투기를 방지하며 토지의 효율적인 이용의 촉진을 도모하기 위한 제도이다.(개발이익환수법 제1조, 헌재 1998.6.25. 95헌바35 등 참조) 즉, 개발부담금제도는 개발이익의 환수를 통해, 개발이익을 목적으로 하는 투기가 성행하는 것을 방지하고, 난개발 등을 막아 토지의 효율적인 이용을 촉진하기 위한 것이므로, 징수된 개발부담금이 국가 및 지방자치단체의 재정수입에 충당되는 효과가 있다고 하더라도, 이것이 개발부담금의 본래 목적이라고 할 수 없다.

한편, 개발부담금은 '부담금관리 기본법'상의 부담금의 하나로서, '부담금관리 기본법'의 적용을 받는다.(부담금관리 기본법 제3조 중 별표 제54호) '부담금관리 기본법'은 부담금을 "분담금, 부과금, 기여금, 그 밖의 명칭에도 불구하고 재화 또는 용역의 제공과 관계없이 특정 공익사업과 관련하여 법률에서 정하는 바에 따라 부과하는 조세 외의 금전지급의무(특정한 의무이행을 담보하기 위한 예치금 또는 보증금의 성격을 가진 것은 제외한다)"라고 정의하고 있다.

(3) 이와 같은 사정을 종합해 볼 때, 개발이익환수법상 개발부담금은 헌법상 조세에 해당한다고 볼 수 없고, 투기 방지와 토지의 효율적 이용 및 개발이익에 관한 사회적 갈등을 조정하기 위해 정책적 측면에서 도입된 특별부담금으로서, 유도적·조정적 성격을 갖는 특별부담금으로 봄이 타당하다.

나. 재산권 침해 여부

심판 대상 조항은 채권 평등의 원칙에 대한 예외로서 개발부담금에 우선 징수권을 인정하는 조항인바, 재산권 침해 여부와 관련하여 피담보채권의 우선변제를 확보하려는 담보권의 효력에 관한 사법상 거래 질서에 예외를 인정할 필요가 있는지, 필요하다면 사법 질서의 존중, 즉 담보권의 우선변제적 효력을 가장 덜 훼손하는 방식을 택했는지 여부 등을 과잉금지원칙에 따라 심사함이 타당하다.

(1) 입법목적의 정당성 및 수단의 적절성

앞서 살펴본 바와 같이, '개발부담금'은, 사업시행자가 국가 또는 지방자치단체로부터 인가 등을 받아 개발사업을 시행한 결과 개발사업 대상 토지의 지가가 상승하여 정상지가상승분을 초과하는 불로소득적인 개발이익이 생긴 경우 이를 사업시행자에게 독점시키지 아니하고 국가가 이를 환수하여 그 토지가 속하는 지방자치단체 등에 배분함으로써 경제정의를 실현하고 토지에 대한 투기를 방지하며 토지의 효율적인 이용의 촉진을 도모하기 위한 제도이다. 이는 헌법 제23조 제2항의 재산권 행사의 공공복리 적합 의무, 헌법 제122조의 '국토의 효율적이고 균형있는 이용·개발을 위하여 필요한 제한과 의무의 부과'와도 관련되어 공공성과 공익성이 인정되는바, 그 징수의 확보를 보장할 필요가 있다. 그리하여 심판 대상 조항은 그 본문에서 채권평등의 원칙에 대한 예외로서 국세와 지방세를 제외한 그 밖의 채권에 대한 개발부담금의 우선 징수권을 규정한바, 심판 대상 조항의 입법목적은 정당하고 수단 또한 입법목적의 달성에 기여함을 인정할 수 있다.

(2) 피해의 최소성

한편 사법상 거래에 있어 저당권 등의 담보권은 피담보채권의 우선변제를 확보하기 위하여 등기 또는 등록 등의 공시방법을 취하여 설정되는데, 개발부담금 채권이 이러한 저당권 등의 피담보채권에 아무런 제한 없이 우선한다면 담보권자는 그가 예측할 수 없었던 개발부담금 채권의 체납 때문에 채권확보의 만족을 얻을 수 없는 손해를 입게 되고, 나아가 사법상 거래 질서에 커다란 혼란이 초래될 수도 있다. 따라서 심판 대상 조항은 그 단서에서 담보권의 목적인 재산의 매각 대금 중에서 개발부담금을 징수하는 경우 당해 개발부담금의 '납부 고지일 전에' 설정된 저당권 등에 의하여 담보된 채권에 대해 개발부담금을 우선 징수할 수 없도록 규정하였다. 이처럼 개발부담금의 우선 징수권 인정 시점을 '개발부담금의 납부 고지일'로 정한 것은 그 이후에는 개발부담금 납부의무자와 거래하고자 하는 상대방이 개발부담금의 존재를 예측할 수 있어 불측의 손해를 방지할 수 있다는 판단에 기초한 것으로 보인다.

조세는 헌법 제38조에 따라 모든 국민이 일반적인 납세의무를 부담하므로, 공시되지 않는다고 하더라도 누구에게나 또는 어떤 재산에나 부과될 수 있어 거래상대방은 미납조세가 있는지 여부를 조사하여 불측의 손해를 방지할 수 있으나, 개발부담금은 공시되지 아니할 뿐만 아니라, 일정 규모 이상의 개발사업에서 일정 수준 이상의 개발이익이 나온 경우에만 부과되어, 거래상대방으로서는 개발부담금의 존재 자체를 예측하기 어렵다. 또한, 개발부담금은 개발사업과 관련해서만 부과되므로 특히 개발부담금 납부의무자가 일반 사인에 불과하고, 담보권자에게 담보로 제공된 부동산도 개발사업과는 관련이 없는 등, 개발부담금과 관련된 외관이 전혀 없는 경우에는 거래

상대방이 개발부담금의 존재 자체를 예측하기가 더 어렵다.

그럼에도 불구하고, 심판 대상 조항은 거래상대방이 개발부담금의 부과 및 체납 여부에 대해서 알 수 있는 제도적 방안을 전혀 마련하지 않고 있다. 그 때문에 거래상대방은 개발부담금 납부의무자에게 계약 관계나 신뢰에 기초하여 개발부담금 부과 및 체납 여부를 확인할 수밖에 없는데, 이는 개발부담금 납부의무자의 자발적이고 적극적인 협력이 전제되지 않는 한, 실효적인 수단이 될 수 없다. 또한 개발부담금 채권은 심판 대상 조항에 따라 개발부담금 납부의무자의 재산 중 개발사업과 전혀 관련 없는 재산에 설정된 담보권에도 우선하는바, 거래상대방은 금융기관과 같이 통상 우월적 지위를 가지는 자뿐만 아니라, 주택이나 상가의 임차인, 하도급업자 등과 같이 사실상 개발부담금 납부의무자에게 개발부담금의 부과 및 체납 여부 확인을 강제할 수 없는 지위에 있는 경우도 있어, 이로 인한 피해도 예상되는데 심판 대상 조항은 이러한 피해를 최소화할 수 있는 수단을 전혀 마련하지 않고 있다.

또한, 국세나 지방세를 미납한 경우에는 납세증명서(국세징수법 제6조, 지방세기본법 제63조 제2항)가 발급되지 아니하므로 거래상대방이 납세의무자에게 납세증명서의 제출을 요구함으로써 세금 체납 여부를 쉽게 확인할 수 있는 것과 달리, 개발부담금의 경우는 이러한 입법상의 미비점으로 인하여 계약 등에 따라 납부의무자의 동의를 얻어 기초지방자치단체별로 그 미납 여부를 일일이 확인하여야 하므로, 납부의무자의 동의가 있다고 하더라도 쉽게 개발부담금 미납 여부를 확인할 수 없다.

국세나 지방세의 경우 전세권 또는 임차권을 설정하려고 하는 자는 국세징수법 제6조의2, 지방세기본법 제64조에 의한 미납국세 열람 제도를 활용하여 임대인에게 납세고지서가 발송된 세액이 있는지 여부를 확인할 수 있는 점 등과 비교해 보면 이러한 입법상의 미비점이 더 뚜렷해진다. (헌재 2012.8.23. 2011헌바97 참조)

(3) 법익의 균형성

심판 대상 조항으로 달성하려는 공익은 개발부담금의 징수 확보이다. 그런데 심판 대상 조항은 담보권자의 재산권 제한에 그치는 것이 아니라 여기에서 더 나아가 사법상 담보물권 제도의 근간을 흔들어 거래 안전을 포함한 기존 사법 질서를 훼손할 수 있다. 비록 심판 대상 조항이 개발부담금의 징수 확보와 사법 질서의 존중을 합리적으로 조정하기 위하여 개발부담금 납부 고지일을 기준으로 개발부담금의 우선 징수권을 제한하고 있으나, 법익 균형성 요건을 충족하기 위해서는 개발부담금의 징수 확보라는 공익이 거래 안전을 포함한 기존 사법 질서를 훼손하더라도 반드시 달성하여야 할 정도로 중요하거나, 사법 질서의 훼손 정도가 심하지 않아야 할 것인데, 앞서 본 바와 같은 담보권자가 입게 될 불측의 손해에 비추어 제한되는 사익 또는 사법 질서의 훼손 정도가 가벼워 보이지 않고, 그럼에도 개발부담금의 징수를 확보해야 할 절실한 공익적 요청이 있다고 판단되지 아니한다.

다. 소결론

그렇다면 심판 대상 조항은 과잉금지원칙을 위반하여 담보권자의 재산권을 침해하므로 헌법에 위반된다.

제6장

개발부담금의 실무사례와 전략

제1절 개발비용 산정 결과

제2절 공사원가 계산

제3절 개발비용의 산정기준

제4절 개발비용 산정 내용

제6장 개발부담금의 실무사례와 전략

제1절 개발비용 산정 결과

본 개발비용 산정보고서는 “00시 00동 000-00번지 일원 ”숙박시설 부지조성공사”의 개발비용 산정을 위해 작성된 보고서이다. 본 조사는 사업자가 제출한 설계도서와 관계 서류를 바탕으로 진행되었으며, 「개발이익 환수에 관한 법률」과 그 시행령 및 시행규칙, 국토교통부 훈령 제1539호(2022.7.15.) 「개발부담금 부과·징수 업무처리규정」, 그리고 기획재정부 계약예규 제647호(2023.6.16.) 「예정가격작성기준」의 관련 규정을 종합적으로 적용하여 수행되었다.

1. 사업내용

성 명	◇◇자산신탁(주)
공 사 명	숙박시설 부지조정사업
사 업 기 간	2015년 12월 2일 ~ 2023년 11월 30일
단 가 적 용 연 도	2019년 12월
소 재 지	○○도 ○○시 ○○면 ○○○리 ○○-○○외 ○필지

2. 대상토지 (토지이동연혁)

개시시점기준			종료시점기준		
토지지번	지목	면적(㎡)	토지지번	지목	면적(㎡)
○○-○○외	임	10,583.00	○○-○○외	대	10,583.00
전체면적(㎡)		10,583.00	전체면적(㎡)		10,583.00

3. 개발비용 산정결과

개발비용총액	1,341,235,578		
순공사비	일반관리비	설계비	조사비
801,644,235	48,098,654	70,664,618	144,830,000
기부채납액	부담금납부액	토지개량비	제세공과금
–	157,334,141	118,663,930	–
양도세 또는 법인세			
–	–	–	–

4. 근거자료 : 도면, 정부공인표준품셈, 개발이익 환수에 관한 법률 등 관계규정

제2절 공사원가 계산

1. 공사원가계산의 목적

본 공사원가계산은 사업자 [00000 주식회사]의 의뢰에 따라 "○○도 ○○시 ○○면 ○○○리 ○○-○ 외 ○필지 일원에서 시행되는 "숙박시설 부지조성공사"의 개발비용을 산정하기 위해 수행되었다. 본 계산은 「개발이익 환수에 관한 법률」 및 그 시행령의 규정에 따라 관계기관이 개발부담금을 부과할 때, 합리적이고 객관적인 개발비용을 산정할 수 있도록 신뢰성 있고 체계적인 자료를 제공하기 위한 것이다. 본 계산은 「개발이익 환수에 관한 법률」 및 그 시행령을 기본 근거로 하고, 국토교통부 훈령 제1539호(2022.7.15.) 「개발부담금 부과·징수 업무처리규정」과 기획재정부 계약예규 제647호(2023.6.16.) 「예정가격작성기준」의 관련 규정을 적용하여 산출되었다.

2. 공사원가계산의 방법

가. 본 공사원가계산은 「개발이익 환수에 관한 법률」 제11조·시행령 제12조에 준거하

여 작성하였습니다.

나. 본 공사원가계산은 기획재정부 계약예규에 준거하여 원가요소별로 구분, 계산하였습니다.

다. 본 원가계산은 위촉자측에서 제시하는 설계도면 및 지출증빙자료와 현장확인을 기초로 하고, 국내외 전문관련업체의 제반자료를 수집하여 이를 분석·집계하여 산출하였습니다.

3. 공사원가계산의 전제조건

본 원가계산은 2024년을 기준으로 다음과 같은 여건이 변동이 없다는 전제 하에서 작성되었으므로 여건의 변동이 있을 때에는 본 공사원가는 수정되어야 할 것입니다.

가. 공사방법 및 설계서와 계산기준 및 사양의 변동
나. 공사방법, 공사설비, 공사기간의 변동
다. 원단위 및 적용단가의 변동
라. 기타 본 원가변동요건의 발생

제3절 개발비용의 산정기준

본 개발비용은 「개발이익 환수에 관한 법률」 제11조·시행령 제12조에 의거하여 산출하였습니다.

1. 순공사비

재료비, 노무비, 경비는 「국가를 당사자로 하는 계약에 관한 법률」·시행령 제9조의 규정에 의한 예정가격 결정기준 중 공사원가계산을 위한 재료비, 노무비, 경비의 산출방법과 정부표준셈과 단가, 정부고시가격이 있는 경우에는 그 금액을 적용하여 산출하였습니다.

가. 재료비

재료비는 직접재료비와 간접재료비를 합산하였습니다.

(1) 공사재료의 원단위

① 직접재료 : 직접재료는 공사의 실체를 형성하는 공사재료 또는 부준품으로써 정미 소요량을 도면의 공사내역서를 참고하여 산출하였습니다.
② 간접재료 : 간접재료는 공사의 실체를 형성하지는 않으나 공사에 보조적으로 소비되는 소모성 공구 또는 소모성 재료로써 건설공사 표준품셈에 의하여 원단위를 산출하였습니다.

(2) 재료 단가

재료단가는 공사기간 중의 구입실적 단가 및 물가자료 단가를 적용하였으며, 이것은 부가가치세가 제외된 가격입니다.

(3) 재료비

산출된 원단위에 적용단가를 곱하여 계산하였습니다.

(4) 작업설, 부산물

작업설, 부산물 등은 평가의 가치가 있는 것에 한해서 부산물 산출량에 처분 단가를 곱하여 계산하고, 이를 재료비에서 차감 적용하였습니다.

나. 노무비

노무비는 직접노무비와 간접노무비로 구분, 계산하였습니다.

(1) 직접노무 원단위

직접노무 원단위는 공사 현장에서 본 공사의 완성을 위하여 직접 작업에 종사하는 작업자에 대한 공수원 단위로써, 작업별 일위대가표를 적용하여 산출하였습니다.

(2) 직접 노무비

직접 노무비는 산출된 일위대가표에 시중 노임 단가를 곱하여 산정하였습니다.

(3) 간접 노무비

간접 노무비는 직접 공사작업에 종사하지는 않으나 작업현장에서 보조작업에 종사하는 노무자, 종업원과 현장감독자 등의 급료, 상여금, 퇴직급여충당금 등으로써 원가계산자료(공사종류, 규격, 기간별)를 참고로 비율을 구한 후 직접 노무비 발생액을 참고로 비율을 구한 후 직접 노무비 발생액을 곱하여 간접 노무비를 계산하였습니다.

다. 경비

(1) 개발사업에 포함되는 경비는 완성공사 원가구성분석(경비 비목별 기준율)을 참고로 기획재정부 회계예규에 의해서 비목을 구분하여 계산하였습니다.
(2) 경비는 배부방법에 따라서 조사대상기간 중 비목별로 지급실적을 배부대상액으로 하여 배부율을 곱하여 계산하였습니다.

2. 일반관리비

「국가를 당사자로 하는 계약에 관한 법률」· 시행령 제9조의 규정에 의한 예정가격 결정을 위한 기준과 요율을 적용하여 산정하였습니다.

3. 조사비 · 설계비

엔지니어링사업 대가의 기준(산업통상자원부 고시 제2017-67호)에 의하여, 산정한 금액, 또는 직접 당해 개발사업의 시행을 위한 측량비, 기타 조사에 소요된 비용, 설계를 위하여 지출한 비용을 적용하였습니다.

4. 기타 경비

토지가액에 포함되지 아니한 개발사업구역안의 건물, 입목, 영업권 등에 대한 보상비와 다른 법령의 규정이나 개발사업에 대한 인가의 조건 등에 의하여 국가, 지방자치단체에 납부한 부담금의 합계액을 적용하였습니다.

5. 개량비

해당 개발사업의 인가등을 받은 날을 기준으로 그 이전 3년 이내에 부과대상토지를 개량하기 위하여 지출한 비용으로써 개시시점지가에 반영되지 아니한 비용을 적용하였습니다. (법률 제11조 제3항 및 시행령 제12조 제1항 제8호)

6. 개발비용 공사원가계산의 결론

개발비용 원가계산서에 대한 공사원가를 기획재정부 회계예규와 「개발이익 환수에 관한 법」 제11조·시행령 제12조에 준거하여 계산한 바 공사원가는 제4항의 개발비용 산정계산서와 같습니다.

제4절 개발비용 산정 내용

1. 개발비용산정계산서

비목 / 구분			금액	비고
순공사비	재료비	직접재료비	333,653,403	
		간접재료비		
		소계	333,653,403	
	노무비	직접노무비	224,420,586	
		간접노무비	34,403,676	직접 노무비의 15.33%
		소계	258,824,262	
	경비	기계경비	66,408,655	
		산재보험료	10,094,146	노무비의 3.90%
		안전관리비	15,729,176	(재료비+직접노무비)×안전관리비율
		수도광열비	3,566,715	노무비×배부율
		복리후생비	23,799,827	(재료비+직접노무비)×배부율
		소모품비	12,524,977	(재료비+직접노무비)×배부율
		여비·교통통신비	3,993,299	(재료비+직접노무비)×배부율
		세금과공과	9,224,877	(재료비+직접노무비)×배부율
		도서인쇄비	912,415	(재료비+직접노무비)×배부율
		지급수수료	41,224,595	(재료비+직접노무비)×배부율
		고용보험료	2,614,125	(노무비×1.01%)
		건강보험료	7,955,710	(직접노무비×3.545%)
		연금보험료	10,098,926	(직접노무비×4.5%)
		노인장기요양보험료	1,019,126	(건강보험료×12.81%)
		소계	209,166,570	
	공사원가		801,644,235	
일반관리비			48,098,654	공사원가의 6.00%
조사비			144,830,000	
설계비			70,664,618	
기부채납액			-	
부담금납부액			157,334,141	
토지개량비			118,663,930	
제세공과금			-	
양도소득세 또는 법인세			-	
합계			1,341,235,578	

2. 총괄 내역서

종 별	합 계	재료비	노무비	경 비
가. 토 공 사	268,691,314	99,254,262	116,234,382	53,202,670
나. 배 수 공 사	65,812,692	39,709,712	23,045,379	3,057,601
다. 구조물공사	146,220,722	85,728,317	53,114,339	7,378,066
라. 포 장 공 사	143,757,916	108,961,112	32,026,486	2,770,318
계	624,482,644	333,653,403	224,420,586	66,408,655

3. 공종별 내역서

가. 토공사

(단위 : 원)

구분 / 공종별	재질 및 규격	단위	수량	합계	재료비		직접 노무비		기계 경비	
					단가	금액	단가	금액	단가	금액
절 토		㎡	56,380.52	71,095,833	527	29,712,533	450	25,371,233	284	16,012,067
성 토		㎡	2,133.88	4,197,348	822	1,754,052	702	1,497,986	443	945,310
토사운반	L=0.00㎞	㎡	54,246.64	192,684,047	1,246	67,591,307	1,638	88,855,988	668	36,236,752
코아네트		㎡	73.00	714,086	2,690	196,370	6,975	509,175	117	8,541
합 계				268,691,314		99,254,262		116,234,382		53,202,670

나. 배수공사

(단위 : 원)

구분 / 공종별	재질 및 규격	단위	수량	합계	재료비		직접 노무비		기계 경비	
					단가	금액	단가	금액	단가	금액
원형맨홀	D900	EA	16.00	13,764,208	585,087	9,361,392	238,467	3,815,472	36,709	587,344
집 수 정	600×600	EA	18.00	6,060,168	236,272	4,252,896	83,668	1,506,024	16,736	301,248
이중벽관	D200	M	99.00	3,845,853	23,673	2,343,627	14,861	1,471,239	313	30,987
이중벽관	D300	M	306.00	17,963,730	40,794	12,482,964	17,497	5,354,082	414	126,684
이중벽관	D450	M	33.00	3,643,233	82,601	2,725,833	27,214	898,062	586	19,338
U형플륨관	#300	M	500.00	20,535,500	17,086	8,543,000	20,001	10,000,500	3,984	1,992,000
합 계				65,812,692		39,709,712		23,045,379		3,057,601

다. 구조물공사

(단위 : 원)

구분 / 공종별	재질 및 규격	단위	수량	합계	재료비		직접 노무비		기계 경비	
					단가	금액	단가	금액	단가	금액
보강토옹벽	H = 1.0	㎡	388.37	81,250,229	129,107	50,140,640	68,160	26,470,958	11,944	4,638,631
식생옹벽	H = 1.0	㎡	271.50	64,970,493	131,078	35,587,677	98,134	26,643,381	10,090	2,739,435
합 계				146,220,722		85,728,317		53,114,339		7,378,066

라. 포장공사

(단위 : 원)

구분 / 공종별	재질 및 규격	단위	수량	합계	재료비		직접 노무비		기계 경비	
					단가	금액	단가	금액	단가	금액
콘크리트포장	T=20.0	a	3.32	8,009,057	2,128,308	7,065,982	273,339	907,485	10,720	35,590
아스콘포장	T=65.0	a	24.02	100,465,522	3,417,215	82,081,504	656,924	15,779,314	108,439	2,604,704
고압블럭포장	T=20.0	a	4.56	14,512,464	1,419,094	6,471,069	1,755,484	8,005,007	7,980	36,388
현무암판석포장		㎡	208.00	15,109,441	50,103	10,421,409	22,539	4,688,032	-	-
보차도경계블럭	180×205 ×1000	M	108.00	4,429,080	22,872	2,470,176	17,271	1,865,268	867	93,636
L형측구	B 500	M	12.00	1,232,352	37,581	450,972	65,115	781,380	-	-
합 계				143,757,916		108,961,112		32,026,486		2,770,318

4. 노무비 산정 내역

가. 노무비 집계표

구분 / 비목	금 액	비 고
직 접 노 무 비	224,420,586	
간 접 노 무 비	34,403,675	직접노무비의 15.33%
계	258,824,261	

나. 간접노무비율 산출표

구분 / 비목	배 부 율			계	평 균
	공사 종류	공사 규모	공사 기간		
	토목 공사	5억~300억	12개월 이상		
간접노무비 발생율	15.00 %	14.00 %	17.00 %	46.00 %	15.33 %

다. 간접노무비율 명세서

구 분	비 율 (%)		비 고
공사 종류별	토목공사	15.0 %	예정가격 작성기준 기획재정부 계약예규 제577호, 2021.12.01. 시행
	건축공사	14.5 %	
	특수공사(포장, 준설)	15.5 %	
	기타(전문, 전기, 통신 등)	15.0 %	
공사 규모별	50억 미만	14.0 %	
	50억~300억 미만	15.0 %	
	300억 이상	16.0 %	
공사 기간별	6개월 미만	13.0 %	
	6~12개월 미만	15.0 %	
	12개월 이상	17.0 %	

노무비 = 직접노무비 + 간접노무비
= 직접노무비 + (직접노무비 × 간접노무비율)
= 직접노무비 + {직접노무비 × (공사종류 + 공사규모 + 공사기간) / 3}

5. 경비 산정 내역

가. 경비산출표

(경비배부율 산출표 참조)

비 목	배부율 %	원 단위	금 액	비 고
기 계 경 비	직접 배부			
보 험 료	3.90	258,824,262	10,094,146	
안 전 관 리 비	1.86% + 5349000	558,073,989	15,729,176	
수 도 광 열 비	0.602	592,477,665	3,566,715	
복 리 후 생 비	4.017	592,477,665	23,799,827	
소 모 품 비	2.114	592,477,665	12,524,977	
여비·교통통신비	0.674	592,477,665	3,993,299	
세 금 과 공 과	1.557	592,477,665	9,224,877	
도 서 인 쇄 비	0.154	592,477,665	912,415	
지 급 수 수 료	6.958	592,477,665	41,224,595	
계			121,070,027	

나. 경비배부율 산출표

비 목	공사 종류	공사 규모	공사 기간	적용률(평균)
	토목 공사	5~30억 미만	36개월 초과	
수 도 광 열 비	0.694	0.178	0.935	0.602
복 리 후 생 비	5.262	1.775	5.013	4.017
소 모 품 비	2.720	1.639	1.982	2.114
여비·교통통신비	0.930	0.425	0.668	0.674
세 금 과 공 과	0.832	0.655	3.184	1.557
도 서 인 쇄 비	0.229	0.066	0.168	0.154
지 급 수 수 료	8.900	2.521	9.452	6.958

※ 적 용 율 : 평균비율을 적용함.
※ 산재보험료 : 노무비(직·간접 노무비) × 3.7% (2021)
※ 안전관리비 : [(재료비 + 직접 노무비) × 안전관리비율]
※ 안전관리비 : (재료비 + 직접 노무비) 4000만원 이상 공사 적용

5억 미만	2.93 %
5~50억 미만	1.86 % + 5,349,000
50억 이상	1.97 %

※ 참고자료 : 2024 완성공사 원가구성 분석(경비 비목별 비율) - (대한건설협회)

다. 2024년 완성공사 원가구성분석(경비율)

비 목	공사 종류	공사 규모		
	토목 공사	5억 미만	5~30억 미만	30~50억 미만
수 도 광 열 비	0.694	0.162	0.178	0.334
복 리 후 생 비	5.262	1.546	1.775	2.650
소 모 품 비	2.720	1.732	1.639	1.862
여비·교통통신비	0.930	0.470	0.425	0.531
세 금 과 공 과	0.832	0.581	0.655	0.846
도 서 인 쇄 비	0.229	0.090	0.066	0.090
지 급 수 수 료	8.900	1.933	2.521	3.906

비 목	공사 종류	공사 규모		공사 기간
	50~300억 미만	300~1000억 미만	1000억 이상	6개월 이하
수 도 광 열 비	0.561	0.855	0.638	0.147
복 리 후 생 비	3.696	3.396	1.789	1.325
소 모 품 비	1.798	1.194	0.621	1.410
여비·교통통신비	0.599	0.365	0.152	0.347
세 금 과 공 과	1.548	3.877	3.946	0.585
도 서 인 쇄 비	0.109	0.067	0.053	0.055
지 급 수 수 료	6.017	7.544	10.294	1.994

비 목	공사 기간			비 고
	6개월초과~12개월	12개월초과~36개월	36개월초과	
수 도 광 열 비	0.180	0.620	0.935	
복 리 후 생 비	2.085	2.375	5.013	
소 모 품 비	1.557	1.069	1.982	
여비·교통통신비	0.403	0.316	0.668	
세 금 과 공 과	0.738	3.098	3.184	
도 서 인 쇄 비	0.055	0.061	0.168	
지 급 수 수 료	2.652	7.853	9.452	

6. 설계비 산정 내역

가. 설계비 계산표

비 목 \ 구 분	배부대상액	배부율	금 액	비 고
설 계 비	849,742,889	8.32 %	70,664,618	

* 엔지니어링 사업대가기준(산업통상자원부 고시 제2021-137호, 2021.7.29.)에 의거 공사비율에 의한 방식적용

500,000,000 ~	1,000,000,000	(6.16% ~ 6.16%)			
공가원가	×	6.1600 %	×	1.3500	= 8.32%

* 기본설계를 시행하지 않은 실시설계 발주는 해당 실시설계 요율의 1.35배를 적용(엔지니어링 사업대가기준)

나. 건설부분의 요율표

공사비 \ 비 율	비 율 (%)			
	기본 설계	실시 설계	공사 감리	계
10,000,000 까지	3.78	6.16	3.02	12.96
20,000,000 까지	3.78	6.16	3.02	12.96
30,000,000 까지	3.78	6.16	3.02	12.96
50,000,000 까지	3.78	6.16	3.02	12.96
100,000,000 까지	3.78	6.16	2.85	12.79
200,000,000 까지	3.78	6.16	2.26	12.20
300,000,000 까지	3.78	6.16	2.06	12.00
500,000,000 까지	3.78	6.16	1.89	11.83
1,000,000,000 까지	3.78	6.16	1.66	11.60
2,000,000,000 까지	3.33	5.47	1.53	10.33
3,000,000,000 까지	3.10	5.1	1.48	9.68
5,000,000,000 까지	2.82	4.67	1.45	8.94
10,000,000,000 까지	2.49	4.15	1.41	8.05
20,000,000,000 까지	2.20	3.63	1.37	7.20
30,000,000,000 까지	2.04	3.43	1.35	6.82
50,000,000,000 까지	1.86	3.15	1.33	6.34
100,000,000,000 까지	1.64	2.79	1.30	5.73

비 율 공사비	비 율 (%)			
	기본 설계	실시 설계	공사 감리	계
200,000,000,000 까지	1.45	2.48	1.28	5.21
300,000,000,000 까지	1.35	2.31	1.25	4.91
500,000,000,000 까지	1.23	2.12	1.23	4.58

7. 기타경비 산정내역

가. 조사비 산정 내역서

구 분	금 액	비 고
문 화 재 조 사 비	144,830,000	
계	144,830,000	

나. 부담금 납부액

구 분	금 액	비 고
대체산림자원조성비	20,137,300	
상수도원인자부담금	43,929,000	
한전표준시설부담금	52,800,000	
한 전 전 주 이 설 비	40,467,841	
계	157,334,141	

다. 제세공과금 납부액

구 분	금 액	비 고
지 목 변 경 취 득 세		
계	-	

라. 토지개량비 산정 내역서

구 분	금 액	비 고
철 거 공 사 비	60,500,000	
철 거 공 사 비	55,000,000	
국 유 재 산 대 부 료	507,390	
시 유 재 산 사 용 료	2,656,540	
계	118,663,930	

8. 단가 및 수량산출서

가. 단가산출내역서

1) 단가산출내역

① 공종 : 터파기

(단위 : 원/㎡)

산출근거	계	재료비	노무비	경비
1. 기계 (B/H 0.7㎥)				
q = 0.7 　　　　k = 0.9				
f = 1 / L = 1 / 1.25 = 0.80				
E = 0.7 − 0.05 = 0.65 　　Cm = 23 (180 °)				
Q = 3600 × q × k × f × E / Cm				
= 3600 × 0.7 × 0.9 × 0.80 × 0.65 / 23				
= 51.28 ㎥ / hr				
재료비 : 22,643 ÷ 51.28 × 0.8		353		
노무비 : 39,632 ÷ 51.28 × 0.8			618	
경 비 : 18,961 ÷ 51.28 × 0.8				295
2. 인력 (10%)				
보통인부 : 0.1 × 130,264 × 0.2			2,605	
계	3,871	353	3,223	295

② 공종 : 되메우기

(단위 : 원/㎡)

산출근거	계	재료비	노무비	경비
1. 기계 (B/H 0.7㎥)				
q = 0.7 k = 0.9				
f = C / L = 0.875 / 1.25 = 0.70				
E = 0.65 Cm = 23 (180 。)				
Q = 3600 × q × k × f × E / Cm				
= 3600 × 0.7 × 0.9 × 0.70 × 0.65 / 23				
= 44.87 ㎡ / hr				
재료비 : 22,643 ÷ 44.87 × 0.8		403		
노무비 : 39,632 ÷ 44.87 × 0.8			706	
경 비 : 18,961 ÷ 44.87 × 0.8				338
2. 인력 (10%)				
보통인부 : 0.1 × 130,264 × 0.2			2,605	
계	4,052	403	3,311	338

③ 공종 : 절토

(단위 : 원/㎡)

산출근거	계	재료비	노무비	경비
1. 절취 (D/Z19TON) L = 20M				
V_1 = 40, V_2 = 46, q = 3.2 × 0.96 = 3.072				
E = 0.65, f = 1 / L = 1 / 1.15 = 0.87				
Cm = 20 / 40 + 20 / 46 + 0.25 = 1.185				
Q = 60 × q × f × E / Cm				
= 60 × 3.072 × 0.87 × 0.65 × 1.185 = 87.94 ㎡ / hr				
재료비 : 46,400 ÷ 87.94		527		
노무비 : 39,632 ÷ 87.94			450	
경 비 : 25,040 ÷ 87.94				284
계	1,261	527	450	284

④ 공종 : 성토

(단위 : 원/㎡)

산출근거	계	재료비	노무비	경비
1. 성토 (D/Z19TON) L = 20M				
V_1 = 55, V_2 = 70, q = 3.2 × 0.96 = 3.072				
E = 0.7, f = C / L = 0.875 / 1.15 = 0.76				
Cm = 20 / 55 + 20 / 70 + 0.25 = 0.899				
Q = 60 × q × f × E / Cm				
= 60 × 3.072 × 0.76 × 0.7 × 0.899 = 109.16 ㎡ / hr				
재료비 : 46,400 ÷ 109.16		425		
노무비 : 39,632 ÷ 109.16			363	
경 비 : 25,040 ÷ 109.16				229
2. 전압 (D/Z19TON) L = 20M				
V_1 = 75, V_2 = 98				
q = 3.2 × 0.96 = 3.072 E = 0.7 − 0.1 = 0.6				
f = C / L = 0.875 / 1.15 = 0.76				
Cm = 20 / 75 + 20 / 98 + 0.25 = 0.721				
Q = 60 × q × f × E / Cm				
= 60 × 3.072 × 0.76 × 0.6 × 0.721				
= 116.75 ㎡ / hr				
재료비 : 46,400 ÷ 116.75		397		
노무비 : 39,632 ÷ 116.75			339	
경 비 : 25,040 ÷ 116.75				214
계	1,967	822	702	443

⑤ 공종 : 토사운반 (L = 0.0 Km)

(단위 : 원/㎡)

산출근거	계	재료비	노무비	경비
1. 적재 (B/H 0.7㎥)				
q = 0.7 k = 0.9				
f = 1 / L = 1 / 1.15 = 0.87				
E = 0.65 Cm = 21 (135 。)				
Q = 3600 × q × k × f × E / Cm				
= 3600 × 0.7 × 0.9 × 0.87 × 0.65 / 21				
= 61.05 ㎡ / hr				
재료비 : 22,643 ÷ 61.05		370		

산출근거	계	재료비	노무비	경비
노무비 : 39,632 ÷ 61.05			649	
경　비 : 18,961 ÷ 61.05				310
2. 운반 (D/T15TON)				
$q = T \times \gamma t = L$				
$= 15 / 1.7 \times 1.15 = 10.15$				
$f = 1 / L = 1 / 1.15 = 0.87 \quad E = 0.9$				
$n = q / (qb \times kb)$				
$= 10.15 / (0.7 \times 0.9) = 16.11$				
$t_1 = Cmb \times n / (60 \times Eb)$				
$= 21 \times 16.11 / (60 \times 0.65) = 8.67$				
$t_2 = [(0.0 / 25) + (0.0 / 30)] \times 60$				
$= 0.00 \quad t_3 = 0.8 \quad t_4 = 0.42 \quad t_5 = 0.50$				
$Cm = 11.89 \quad t_6 = 1.50$				
$Q = 60 \times q \times f \times E / Cm$				
$= 60 \times 10.15 \times 0.87 \times 0.9 \times 11.89$				
$= 40.07$ ㎥ / hr				
재료비 : 35,107 ÷ 40.07		876		
노무비 : 39,632 ÷ 40.07			989	
경　비 : 14,383 ÷ 40.07				358
계	3,552	1,246	1,638	668

2) 기계경비 산정기준

① 환율

2019년 1월 2일자 (매매기준율)

② 유류가격

명　칭	규　격	단　위	단　가	비　고
휘　발　유	보　통	ℓ	1,683.00	물가자료(VAT제외)
저유황경유	보　통	ℓ	1,600.00	물가자료(VAT제외)

③ 노무비 산정기준

건설기계운전사 : 190,235 × 1 / 8 × 16 / 12 × 25 / 20 = 39,632

일반기계운전사 : 131,528 × 1 / 8 × 16 / 12 × 25 / 20 = 27,401

화물차운전사 : 166,752 × 1 / 8 × 16 / 12 × 25 / 20 = 34,740

④ 기계경비 집계표

번호	기계종류	규격	단위	형 식	계	재료비	노무비	경비
1	불도우져	19	TON	무한궤도	111,072	46,400	39,632	25,040
2	불도우져	32	TON	무한궤도	150,098	77,209	39,632	33,257
3	유압식립퍼	19	TON		112,166	46,400	39,632	26,134
4	유압식립퍼	32	TON		159,076	77,209	39,632	42,235
5	굴삭기 프레이카	0.7	㎥	경암	97,778	22,643	39,632	35,503
6	굴삭기 프레이카	0.7	㎥	보통암	95,258	22,643	39,632	32,983
7	굴삭기 프레이카	0.7	㎥	구조물헐기	92,738	22,643	39,632	30,463
8	굴삭기 프레이카	0.7	㎥	연암	91,730	22,643	39,632	29,455
9	굴삭기	0.6	㎥	유압식백호우	59,909	9,680	39,632	10,597
10	굴삭기	0.7	㎥	유압식백호우	81,236	22,643	39,632	18,961
11	모우터 그레이더	3.6	M		97,095	36,028	39,632	21,435
12	덤프트럭	6	TON		58,521	17,664	34,740	6,117
13	덤프트럭	15	TON		89,122	35,107	39,632	14,383
14	머캐덤 로울러	8~10	TON	자주식	61,666	14,348	39,632	7,686
15	탠덤로울러	10~14	TON	자주식	64,387	15,859	39,632	8,869
16	진동로울러	10	TON	자주식	90,536	29,952	39,632	20,952
17	타이어 로울러	8~15	TON	자주식	68,664	15,744	39,632	13,288
18	트럭크레인	10	TON		71,519	8,451	39,632	23,436
19	트럭크레인	15.0	TON		84,680	10,452	39,632	34,596
20	트럭크레인	20.0	TON		96,002	12,009	39,632	44,361
21	아스팔트 페이퍼	3.0	M	휘니셔	95,742	22,256	39,632	33,854
22	공기압축기	10.3㎥/min		이동식	69,978	26,355	39,632	3,991
23	공기압축기	21㎥/min		이동식	97,342	51,225	39,632	6,485
24	착암기	2.7	㎥/min	래그햄머	680	-	-	680
25	디젤파일햄머	1.5	TON		62,257	15,884	39,632	6,741
26	물탱크	5500	ℓ		61,907	19,344	34,740	7,823
27	발전기	25	kW		38,638	8,531	27,401	2,706
28	발전기	50	kW		48,413	17,260	27,401	3,752
29	융착기	20~75	㎜		664	-	-	664
30	융착기	200~300	㎜		1,387	-	-	1,387
31	취부기	25	ℓ	녹생토 보호식재용	24,973	-	-	24,973
32	로우더	1.34	㎥		54,035	21,876	8,243	23,916
33	진동롤러(핸드가이드식)	0.70	TON		45,172	3,977	39,632	1,563

3) 일위대가

① 모르터(1:2)

(단위 : 원 / ㎡)

구분 \ 공종별	재질 및 규격	단위	수량	재료비		직접 노무비		기계 경비	
				단가	금액	단가	금액	단가	금액
시 멘 트		kg	680	112.50	76,500				
모 래		㎥	0.98	30,000	29,400				
보통인부		인	1.0			130,264	130,264		
계					105,900		130,264		

② 모르터(1:3)

(단위 : 원 / ㎡)

구분 \ 공종별	재질 및 규격	단위	수량	재료비		직접 노무비		기계 경비	
				단가	금액	단가	금액	단가	금액
시 멘 트		kg	510	112.50	57,375				
모 래		㎥	1.10	30,000	33,000				
보통인부		인	1.0			130,264	130,264		
계					90,375		130,264		

③ 레미콘 타설(무근)

(단위 : 원 / ㎡)

구분 \ 공종별	재질 및 규격	단위	수량	재료비		직접 노무비		기계 경비	
				단가	금액	단가	금액	단가	금액
레 미 콘		㎥	1	별	산				
콘크리트공		인	0.12			208,492	25,019		
보 통 인 부		인	0.15			130,264	19,539		
계							44,558		

④ 레미콘 타설(철근)

(단위 : 원 / ㎡)

구분 \ 공종별	재질 및 규격	단위	수량	재료비		직접 노무비		기계 경비	
				단가	금액	단가	금액	단가	금액
레 미 콘		㎥	1	별	산				
콘크리트공		인	0.14			208,492	29,188		
보 통 인 부		인	0.16			130,264	20,842		
계							50,030		

⑤ 철근가공조립(간단)

(단위 : 원 / ㎡)

공종별 \ 구분	재질 및 규격	단위	수량	재료비		직접 노무비		기계 경비	
				단가	금액	단가	금액	단가	금액
철 근		TON	1	별	산				
결 속 선	#20	kg	5	1,490	7,450				
철 근 공		인	2.8			212,935	587,700		
보 통 인 부		인	1.04			130,264	135,474		
기 구 손 료	품의 2%	식	1	14,463	14,463				
계					21,913		723,174		

⑥ 철근가공조립(보통)

(단위 : 원 / ㎡)

공종별 \ 구분	재질 및 규격	단위	수량	재료비		직접 노무비		기계 경비	
				단가	금액	단가	금액	단가	금액
철 근		TON	1	별	산				
결 속 선	#20	kg	6.5	1,490	9,685				
철 근 공		인	3.08			212,935	655,839		
보 통 인 부		인	1.2			130,264	156,316		
기 구 손 료	품의 2%	식	1	16,243	16,243				
계					25,928		812,155		

⑦ 합판거푸집

(단위 : 원 / ㎡)

공종별 \ 구분	재질 및 규격	단위	수량	재료비		직접 노무비		기계 경비	
				단가	금액	단가	금액	단가	금액
합 판	내수 T=12m/m	㎡	1.03	5,555	5,721				
각 재		㎥	0.038	449,100	17,065				
철 산	#8	kg	0.29	710	205				
못	N75F	kg	0.2	860	172				
박 리 제		ℓ	0.19	2,500	475				
형 틀 목 공		인	0.22			207,239	45,592		
보 통 인 부		인	0.12			130,264	15,631		
고 제 처 리	합판 각제의 23%	%	23.00		-5,241				
계					18,397		61,223		
	3회	㎡	1	0.461	8,481	0.471	28,836		
	4회	㎡	1	0.401	7,377	0.400	24,489		
	6회	㎡	1	0.347	6,383	0.320	19,591		

⑧ 문양거푸집

(단위 : 원 / ㎡)

구분 / 공종별	재질 및 규격	단위	수량	재료비		직접 노무비		기계 경비	
				단가	금액	단가	금액	단가	금액
문양거푸집	FRP 1050×1820	㎡	0.05	40,000	2,000				
폼 타 이	D형 1/2"×300㎜	조	2.14	850	1,819				
세파레이터	D형 1/2"×500㎜	본	2.14	140	299				
박 리 제	SIKA FORM OIL	ℓ	0.19	2,500	475				
보 조 자 재	문양거푸집의 20%	식	1	400	400				
사 용 고 재	보조자재의 10%	식	1	40	40				
형 틀 목 공		인	0.14			207,239	29,013		
보 통 인 부		인	0.12			130,264	15,631		
계					5,033		44,644		

⑨ 강관비계(3개월)

(단위 : 원 / ㎡)

구분 / 공종별	재질 및 규격	단위	수량	재료비		직접 노무비		기계 경비	
				단가	금액	단가	금액	단가	금액
강 관	48.6×2.4	M	0.2394	2,480	593				
이 음 철 물		개	0.06	1,200	72				
조 임 철 물	직교, 자재	개	0.2496	1,200	299				
받 침 철 물		개	0.0036	3,500	12				
연 결 핀	앵커용	개	0.04	750	30				
기 구 손 료	인건비의 5%	식	1	914	913				
비 계 공	조립, 해제	인	0.08			228,462	18,277		
계					1,919		18,277		

⑩ 잡석포설

(단위 : 원 / ㎡)

구분 / 공종별	재질 및 규격	단위	수량	재료비		직접 노무비		기계 경비	
				단가	금액	단가	금액	단가	금액
잡 석		㎡	1.04	18,000	18,720				
보통인부		인	0.65			130,264	84,671		
계					18,720		84,671		

⑪ P.V.C PIPE (Φ50m/m)

(단위 : 원 / ㎡)

구분 / 공종별	재질 및 규격	단위	수량	재료비		직접 노무비		기계 경비	
				단가	금액	단가	금액	단가	금액
P.V.C PIPE	Φ50m/m	M	1.0	3,108	3,107				
재료비의 5%		인	0.05			3,107	155		
계					3,107		155		

⑫ 유로폼

(단위 : 원 / ㎡)

구분 / 공종별	재질 및 규격	단위	수량	재료비		직접 노무비		기계 경비	
				단가	금액	단가	금액	단가	금액
패널(PANEL)	600×1200㎜	매	0.071	21,500	1,526				
내부코너팬널	150×150×1200	매	0.002	14,000	28				
웨 이 지 판		개	1.900	73	138				
플레트타이	L=200	개	2.023	140	283				
강관파이프	D48.6㎜	M	0.077	3,500	270				
훅크, 크램프	LARGE	개	0.283	1,500	424				
박 리 재	철제유로폼용	L	0.013	1,500	18				
잡 자 재	재료비의 5%	식	0.050	2,687	134				
기 구 손 료	노무비의 3%	식	0.030	12,773	383				
형 틀 목 공		인	0.096			207,239	19,894		
보 통 인 부		인	0.045			130,264	5,861		
계					3,204		25,755		

⑬ 원형맨홀(D900)

(단위 : 원 / EA)

구분 공종별	재질 및 규격	단위	수량	재료비		직접 노무비		기계 경비	
				단가	금액	단가	금액	단가	금액
원 형 맨 홀	기성제품	EA	1.0	280,000	280,000				
트 럭 크 레 인	10TON	hr	0.96	8,451	8,112	39,632	38,046	23,436	22,498
특 별 인 부		인	0.09			155,599	14,003		
보 통 인 부		인	0.30			130,264	39,079		
맨 홀 뚜 껑	Φ648	EA	1.0	280,000	280,000				
터 파 기	B/H 0.7㎥	㎥	24.4	353	8,602	3,223	78,547	295	7,189
되 메 우 기	B/H 0.7㎥	㎥	20.8	403	8,373	3,311	68,792	338	7,022
계					585,087		238,467		36,709

⑭ 집수정(600×600)

(단위 : 원 / EA)

구분 공종별	재질 및 규격	단위	수량	재료비		직접 노무비		기계 경비	
				단가	금액	단가	금액	단가	금액
집 수 정	기성제품	EA	1.0	108,000	108,000				
트 럭 크 레 인	10TON	hr	0.61	8,451	5,155	39,632	24,175	23,436	14,295
특 별 인 부		인	0.06			155,599	9,335		
보 통 인 부		인	0.19			130,264	24,750		
S . G 뚜 껑	700×700	EA	1.0	120,200	120,200				
터 파 기	B/H 0.7㎥	㎥	4.4	353	1,567	3,223	14,310	295	1,309
되 메 우 기	B/H 0.7㎥	㎥	3.4	403	1,350	3,311	11,098	338	1,132
계					236,272		83,668		16,736

⑮ 콘크리트포장(T=20.0 Cm)

(단위 : 원 / a)

구분 / 공종별	재질 및 규격	단위	수량	재료비		직접노무비		기계 경비	
				단가	금액	단가	금액	단가	금액
레 미 콘	25-210-8	m²	20.2	68,040	1,374,408				
와이어메쉬		m²	100.0	3,433	343,300	-	-		
양 생 제	비닐제	a	1.0	18,000	18,000	-	-		
보 조 기 층	T=20.0	m²	20.0	19,630	392,600	4,187	83,740	536	10,720
포 장 공		인	0.60			185,736	111,441		
보 통 인 부		인	0.60			130,264	78,158		
계					2,128,308		273,339		10,720

⑯ 와이어메쉬 깔기

(단위 : 원 / a)

구분 / 공종별	재질 및 규격	단위	수량	재료비		직접노무비		기계 경비	
				단가	금액	단가	금액	단가	금액
와이어메쉬	# 8, 100×100	m²	1.1664	2,880	3,359				
철 근 공		인	-			212,935	-		
결 속 선	# 20	kg	0.05	1,490	74				
계					3,433		-		

⑰ 양생제

(단위 : 원 / a)

구분 / 공종별	재질 및 규격	단위	수량	재료비		직접노무비		기계 경비	
				단가	금액	단가	금액	단가	금액
양 생 제	비닐제	kg	12.0	1,500	18,000				
보 통 인 부		인	-			130,264	-		
계					18,000		-		

⑱ ASCON 포장(T=65.0 Cm)

(단위 : 원 / a)

공종별＼구분	재질 및 규격	단위	수량	재료비		직접노무비		기계 경비	
				단가	금액	단가	금액	단가	금액
아스콘표층	T=5.0	TON	11.50	74,478	856,497	13,784	158,516	2,571	29,566
택 코 팅	40ℓ /a	a	1.0	13,352	13,352	32,010	32,010	1,822	1,822
아스콘기층	T=10	TON	23.00	67,004	1,541,092	11,086	254,978	2,132	49,036
프라임코팅	75ℓ /a	a	1.0	25,034	25,034	32,370	32,370	2,035	2,035
혼 합 기 층	T=20.0	m²	20.0	19,671	393,420	4,232	84,640	561	11,220
보 조 기 층	T=30.0	m²	30.0	19,594	587,820	3,147	94,410	492	14,760
계					3,417,215		656,924		108,439

⑲ 고압블럭포장(T=20.0 Cm)

(단위 : 원 / a)

공종별＼구분	재질 및 규격	단위	수량	재료비		직접노무비		기계 경비	
				단가	금액	단가	금액	단가	금액
고 압 블 럭	T=60㎜ 유색	m²	54.0	9,500	513,000				
고 압 블 럭	T=60㎜ 회색	m²	54.0	9,000	486,000				
모 래		m²	4.4	30,000	132,000				
보조기층	T=10.0	m²	10.0	20,032	200,320	7,470	74,700	798	7,980
특별인부		인	3.1			155,599	482,356		
보통인부		인	9.2			130,264	1,198,428		
잡 재 료	노무비의5%	식	1	87,774	87,774				
계					1,419,094		1,755,484		7,980

나. 수량산출서

1) 토량집계표

구분 / 공종	절 토				성토	터파기	되메우기	비고
	토사	풍화암	연암	경암				
1) 부 지	56,380.52	-	-	-	2,133.88			-
2) 도 로	-	-	-	-	-			
3) 배수구조물								
4) 옹벽구조물								
계	56,380.52	-	-	-	2,133.88	-	-	-

• 토사운반 = {(절토 + 터파기) − (성토 + 되메우기)}
= {(56,380.52 + −) − (2,133.88 + −)}
= 54,246.64 ㎡

• 풍화암 운반 = − ㎡
• 연암운반 = − ㎡
• 경암운반 = − ㎡

2) 옹벽구조물 집계표

구분 / 공종	재질 및 규격	단위	수량	비고
L형옹벽	H = 1.0	M	-	
L형옹벽	H = 2.0	M	-	
L형옹벽	H = 3.0	M	-	
L형옹벽	H = 4.0	M	-	
L형옹벽	H = 5.0	M	-	
L형옹벽	H = 6.0	M	-	
보강토옹벽	H = 1.0	㎡	388.37	
자연석쌓기	H = 1.0	㎡	-	
식생옹벽	H = 1.0	㎡	271.50	
계				

3) 토적표

측점	거리	절 토								성 토	
		토사		풍화함		연암		경암		토 사	
		단면	임적	단면	임적	단면	임적	단면	임적	단면	임적
NO 0.0	-	-	-	-	-	-	-	-	-	-	-
N + 14.7	14.7	216.26	1,589.51	-	-	-	-	-	-	-	-
NO 1.0	5.3	562.59	2,063.95	-	-	-	-	-	-	-	-
NO 2.0	20.0	587.98	11,505.70	-	-	-	-	-	-	-	-
NO 3.0	20.0	299.89	8,878.70	-	-	-	-	-	-	3.71	37.10
NO 4.0	20.0	300.04	5,999.30	-	-	-	-	-	-	15.96	196.70
NO 5.0	20.0	657.82	9,578.60	-	-	-	-	-	-	17.99	339.50
NO 6.0	20.0	436.70	10,945.20	-	-	-	-	-	-	4.85	228.40
NO 7.0	20.0	111.68	5,483.80	-	-	-	-	-	-	74.40	792.50
N + 3.9	3.9	17.35	251.61	-	-	-	-	-	-	58.03	258.24
N + 13.6	9.7	-	84.15	-	-	-	-	-	-	-	281.45
계			56,380.52		-		-		-		2,133.88

4) 식생옹벽수량환산표

구간	높이	연장	단면적	평균높이	환산높이	환산연장	옹벽종류
A-1	1.0~3.0	2.00	4.00	2.00	1.0	4.00	식생옹벽
2	3.0~3.0	9.00	27.00	3.00	1.0	27.00	
3	1.0~3.0	5.00	10.00	2.00	1.0	10.00	
4	1.0~3.0	2.00	4.00	2.00	1.0	4.00	
5	3.0~3.0	10.00	30.00	3.00	1.0	30.00	
6	2.5~4.0	2.00	6.50	3.25	1.0	6.50	
7	2.0~4.0	8.50	25.50	3.00	1.0	25.50	
8	2.0~2.0	2.00	4.00	2.00	1.0	4.00	
9	1.0~3.0	4.50	9.00	2.00	1.0	9.00	
10	3.0~3.0	37.00	111.00	3.00	1.0	111.00	
11	1.0~3.0	8.00	16.00	2.00	1.0	16.00	
12	2.0~2.0	7.00	14.00	2.00	1.0	14.00	
13	1.5~2.0	6.00	10.50	1.75	1.0	10.50	
계		103.00	271.50			271.50	

※ 식생옹벽기초높이 : H = 0.5M 적용

[옹벽높이별 환산연장산출]

옹벽종류	환산높이	환산연장	옹벽종류	환산높이	환산연장
식생옹벽	1.0	271.50		2.0	-
계			계		271.50

5) 보강토옹벽수량환산표

구간	높이	연장	단면적	평균높이	환산높이	환산연장	옹벽종류
A-1	2.0~4.3	41.50	130.73	3.15	1.0	130.73	보강토옹벽
2	4.3~4.3	14.20	61.06	4.30	1.0	61.06	
3	3.5~4.3	12.50	48.75	3.90	1.0	48.75	
4	2.5~2.5	20.80	52.00	2.50	1.0	52.00	
5	1.0~3.8	10.10	24.24	2.40	1.0	24.24	
6	3.8~4.3	15.80	63.99	4.05	1.0	63.99	
7	3.3~4.3	2.00	7.60	3.80	1.0	7.60	
계		116.90	388.37			388.37	

※ 보강토옹벽기초높이 : H = 0.5M 적용

[옹벽높이별 환산연장산출]

옹벽종류	환산높이	환산연장	옹벽종류	환산높이	환산연장
보강토옹벽	1.0	388.37		2.0	-
	3.0	-		4.0	-
	5.0	-		6.0	-
	7.0	-		8.0	-
계			계		388.37

제7장

부 록

부록1 | 개발이익 환수에 관한 법률

부록2 | 개발이익 환수에 관한 법률 시행령

개발이익 환수에 관한 법률 [법률 제19430호, 2023.6.9., 타법개정]	개발이익 환수에 관한 법률 시행령 [대통령령 제35261호, 2025.2.13., 타법개정]
제1장 총칙	
제1조(목적) 이 법은 토지에서 발생하는 개발이익을 환수하여 이를 적정하게 배분하여서 토지에 대한 투기를 방지하고 토지의 효율적인 이용을 촉진하여 국민경제의 건전한 발전에 이바지하는 것을 목적으로 한다.	제1조(목적) 이 영은 「개발이익 환수에 관한 법률」에서 위임된 사항과 그 시행에 필요한 사항을 정함을 목적으로 한다. <개정 2014.7.14.>
제2조(정의) 이 법에서 사용하는 용어의 뜻은 다음과 같다. <개정 2013.3.23., 2016.1.19., 2020.2.18.> 1. "개발이익"이란 개발사업의 시행이나 토지이용계획의 변경, 그 밖에 사회적·경제적 요인에 따라 정상지가(正常地價)상승분을 초과하여 개발사업을 시행하는 자(이하 "사업시행자"라 한다)나 토지 소유자에게 귀속되는 토지 가액의 증가분을 말한다. 2. "개발사업"이란 국가나 지방자치단체로부터 인가·허가·면허 등(신고를 포함하며, 이하 "인가등"이라 한다)을 받아 시행하는 택지개발사업이나 산업단지개발사업 등 제5조에 따른 사업을 말한다. 3. "정상지가상승분"이란 금융기관의 정기예금 이자율 또는 「부동산 거래신고 등에 관한 법률」 제19조에 따라 국토교통부장관이 조사한 평균지가변동률(그 개	제2조(정상지가상승분) ① 「개발이익 환수에 관한 법률」(이하 "법"이라 한다) 제2조제3호에 따른 정상지가상승분은 부과기간 중 각 연도의 정상지가상승분을 합하여 산정하며, 각 연도의 정상지가상승분은 해당 연도 1월 1일 현재의 지가에 해당 연도의 정상지가변동률을 곱하여 산정한다. <개정 2014.7.14.> ② 부과기간이 1년 이내인 경우(연도 중에 부과개시시점 또는 부과종료시점이 속한 경우를 포함한다)에는 월별 정상지가상승분(각 월의 정상지가상승분은 해당 월 1일 현재의 지가에 그 월의 정상지가변동률을 곱하여 산정한다)을 합하여 산정한 금액을 그 부과기간 중의 정상지가상승분으로 하되, 월 중 일부 기간의 정상지가상승분은 그 월의 정상지가상승분을 일 단위로 나누어 산정한 금액으로 한다. ③ 제1항에 따른 부과기간 중 제2차 연도

개발이익 환수에 관한 법률 [법률 제19430호, 2023.6.9., 타법개정]	개발이익 환수에 관한 법률 시행령 [대통령령 제35261호, 2025.2.13., 타법개정]
발사업 대상 토지가 속하는 해당 시·군·자치구의 평균지가변동률을 말한다) 등을 고려하여 대통령령으로 정하는 기준에 따라 산정한 금액을 말한다. 4. “개발부담금”이란 개발이익 중 이 법에 따라 특별자치시장·특별자치도지사·시장·군수 또는 구청장(구청장은 자치구의 구청장을 말하며, 이하 “시장·군수·구청장”이라 한다)이 부과·징수하는 금액을 말한다.	이후의 각 연도 1월 1일 현재의 지가는 부과개시시점 또는 전년도 1월 1일 현재의 지가에 전년도 부과기간 중의 정상지가상승분을 합한 금액으로 한다. ④ 제1항의 정상지가변동률은 「부동산 거래신고 등에 관한 법률」 제19조에 따라 국토교통부장관이 조사한 연도별 또는 월별 평균지가변동률(해당 개발사업 대상 토지가 속하는 시·군 또는 자치구의 평균지가변동률을 말한다. 이하 같다)로 한다. 다만, 제12조제1항제5호가목 또는 법 제8조제2호에 따른 정상지가상승분을 산정하는 경우에는 연도별 평균지가변동률(부과기간이 1년 미만인 경우와 연도 중에 부과개시시점 또는 부과종료시점이 속한 경우에는 해당 연도 내에 속하는 부과기간의 평균지가변동률을 말한다)과 같은 기간의 정기예금 이자율 중 높은 비율로 한다. <개정 2013.3.23., 2014.7.14., 2020.9.8.> ⑤ 제4항 단서에 따른 정기예금 이자율은 시중은행의 1년 만기 정기예금 평균 수신금리를 고려하여 국토교통부장관이 매년 결정·고시하는 이자율로 한다.<개정 2014.7.14.>
제3조(개발이익의 환수) 시장·군수·구청장은 제5조에 따른 개발부담금 부과대상 사업이 시행되는 지역에서 발생하는 개발이익을 이 법으로 정하는 바에 따라 개발부담금으로 징수하여야 한다. <개정 2020.2.18.>	제3조(징수금의 배분 등) ① 법 제3조에 따라 징수된 개발부담금(이하 “부담금”이라 한다)의 100분의 50이 귀속되는 지방자치단체는 특별자치시·특별자치도·시·군 또는 자치구(이하 “시·군·구”라 한다)로 한다. <개정 2014.7.14.> ② 「학교용지 확보 등에 관한 특례법」 제4조에 따라 특별시·광역시 또는 도가 학교용지의 확보에 필요한 경비를 부담하는 개발사업의 경우에는 제1항에도 불구하고 법

개발이익 환수에 관한 법률 [법률 제19430호, 2023.6.9., 타법개정]	개발이익 환수에 관한 법률 시행령 [대통령령 제35261호, 2025.2.13., 타법개정]
	제4조제1항에 따라 지방자치단체에 귀속되는 부담금의 2분의 1(특별시·광역시 또는 도가 학교용지의 확보를 위하여 부담하는 경비가 지방자치단체에 귀속되는 부담금의 2분의 1에 미달하는 경우에는 특별시·광역시 또는 도가 부담하는 경비에 해당하는 금액을 말한다)은 특별시·광역시 또는 도에, 이를 제외한 나머지 부담금은 시·군 또는 자치구에 귀속된다. <개정 2014.7.14., 2020.9.8.> ③ 특별자치시장·특별자치도지사·시장·군수 또는 구청장(구청장은 자치구의 구청장을 말하며, 이하 "시장·군수·구청장"이라 한다)은 법 제18조제2항 단서에 따라 부담금을 물납(物納)으로 받은 경우 그 물납으로 받은 토지 또는 건축물(이하 "물납부동산"이라 한다)을 법 제4조에 따라 특별회계에 귀속하는 부담금으로 배분한다. 다만, 시장·군수·구청장은 필요한 경우 시·군·구에 귀속되는 부담금으로 배분할 수 있다. <개정 2013.3.23., 2014.7.14., 2016.7.19., 2020.9.8.> ④ 시장·군수·구청장은 부담금을 징수한 경우 다음 각 호에 따른 조치를 해야 한다. <신설 2020.9.8.> 1. 법 제4조제1항에 따른 특별회계(이하 "특별회계"라 한다)에의 귀속분인 경우 : 「한국은행법」에 따른 한국은행(국고대리점을 포함한다. 이하 같다) 또는 체신관서에 지체 없이 납입할 것. 다만, 제3항 본문에 따른 물납부동산인 경우 특별회계 소속 국유재산으로 하기 위한 등기이전과 그 밖에 필요한 조치를 해야 한다. 2. 제2항에 따른 특별시·광역시 또는 도에의 귀속분인 경우 : 「지방회계법」 제38조

개발이익 환수에 관한 법률 [법률 제19430호, 2023.6.9., 타법개정]	개발이익 환수에 관한 법률 시행령 [대통령령 제35261호, 2025.2.13., 타법개정]
	에 따라 지정된 특별시·광역시 또는 도의 금고에 지체 없이 납입할 것 ⑤ 시장·군수·구청장은 법 제3조에 따라 징수한 분기별 부담금의 부과·징수 실적 및 납입·물납 실적을 다음 분기 첫째 달 10일까지 국토교통부장관에게 통보해야 한다. <신설 2020.9.8.> ⑥ 국토교통부장관은 제5항에 따라 통보받은 실적을 근거로 납입금액(시장·군수·구청장이 제4항제1호에 따라 한국은행 또는 체신관서에 납입한 금액 및 제3항 본문에 따라 특별회계에 귀속하는 물납부동산의 가액을 말하며, 징수금을 배분할 때 정산한 금액은 제외한다)의 100분의 7을 법 제4조제4항에 따라 시장·군수·구청장에게 징수 수수료로 지급해야 한다. 이 경우 징수 수수료는 법 제3조에 따라 개발부담금을 징수한 분기의 다음 분기 첫째 달의 말일까지 지급한다. <신설 2020.9.8.> ⑦ 시·군·구는 제1항부터 제3항까지의 규정에 따라 귀속되는 개발부담금을 해당 시·군·구의 토지 관리와 지역균형개발사업을 효율적으로 추진하기 위하여 사용하여야 하며, 필요한 경우에는 조례로 정하는 바에 따라 귀속되는 개발부담금을 재원으로 하는 토지관리특별회계를 설치할 수 있다. <개정 2014.7.14., 2020.9.8.>
제4조(징수금의 배분) ① 제3조에 따라 징수된 개발부담금의 100분의 50에 해당하는 금액은 개발이익이 발생한 토지가 속하는 지방자치단체에 귀속되고, 이를 제외한 나머지 개발부담금은 「지방자치분권 및 지역균형발전에 관한 특별법」에 따른 지역균형발전특별회계(이하 "특별회계"라 한다)에	제4조(대상 사업) ① 법 제5조에 따라 부담금의 부과대상이 되는 개발사업의 범위는 별표 1과 같고, 그 규모는 관계 법률에 따라 국가 또는 지방자치단체로부터 인가·허가·면허 등(신고를 포함하며, 이하 "인가등"이라 한다)을 받은 사업 대상 토지의 면적(부과종료시점 전에 「공간정보의 구축 및

개발이익 환수에 관한 법률 [법률 제19430호, 2023.6.9., 타법개정]	개발이익 환수에 관한 법률 시행령 [대통령령 제35261호, 2025.2.13., 타법개정]
귀속된다. <개정 2009.4.22., 2014.1.7., 2020.2.18., 2023.6.9.> ② 제1항에도 불구하고 제7조제4항에 따라 개발부담금을 경감한 경우에는 제3조에 따라 징수된 개발부담금 중 경감하기 전의 개발부담금의 100분의 50에 해당하는 금액에서 경감한 금액을 뺀 금액은 개발이익이 발생한 토지가 속하는 지방자치단체에 귀속되고, 이를 제외한 나머지 개발부담금은 특별회계에 귀속된다. <신설 2009.3.25.> ③ 제1항 및 제2항에 따른 귀속·양여(讓與) 또는 전입(轉入) 절차 등에 필요한 사항은 대통령령으로 정한다. <개정 2009.3.25.> ④ 국토교통부장관은 개발부담금 징수액 중 특별회계에 귀속되는 금액을 징수하는 데 드는 실제 비용의 범위에서 대통령령으로 정하는 바에 따라 해당 지방자치단체에 징수 수수료를 지급할 수 있다. <신설 2020.2.18.>	관리 등에 관한 법률」 제84조에 따라 등록사항 중 면적을 정정한 경우에는 그 정정된 면적을 말한다)이 다음 각 호에 해당하는 경우로 한다. 이 경우 동일인[법인을 포함하며, 자연인인 경우에는 배우자 및 직계존비속(直系尊卑屬)을 포함한다. 이하 같다]이 연접(連接)한 토지[동일인이 소유한 연속된 일단(一團)의 토지인 경우를 포함한다]에 하나의 개발사업이 끝난 후 5년 이내에 개발사업의 인가등을 받아 사실상 분할하여 시행하는 경우에는 각 사업의 대상 토지 면적을 합한 토지에 하나의 개발사업이 시행되는 것으로 본다. <개정 2009.12.14., 2014.7.14., 2015.6.1.> 1. 특별시·광역시 또는 특별자치시의 지역 중 도시지역인 지역에서 시행하는 사업(제3호의 사업은 제외한다)의 경우 660제곱미터 이상 2. 제1호 외의 도시지역인 지역에서 시행하는 사업(제3호의 사업은 제외한다)의 경우 990제곱미터 이상 3. 도시지역 중 개발제한구역에서 그 구역의 지정 당시부터 토지를 소유한 자가 그 토지에 대하여 시행하는 사업의 경우 1천650제곱미터 이상 4. 도시지역 외의 지역에서 시행하는 사업의 경우 1천650제곱미터 이상 ② 개발사업이 제1항 각 호의 지역 중 둘 이상의 지역에 걸쳐 시행되는 경우에는 부과대상이 되는 토지 면적을 다음 각 호의 기준에 따라 산정한다. 1. 제1항제1호에 해당하는 지역의 1제곱미터는 같은 항 제2호에 해당하는 지역의 1.5제곱미터, 같은 항 제3호 및 제4호에 해당하는 지역의 2.5제곱미터에 해당하

개발이익 환수에 관한 법률 [법률 제19430호, 2023.6.9., 타법개정]	개발이익 환수에 관한 법률 시행령 [대통령령 제35261호, 2025.2.13., 타법개정]
	는 것으로 본다. 2. 제1항제2호에 해당하는 지역의 1제곱미터는 같은 항 제3호 및 제4호에 해당하는 지역의 3분의 5제곱미터에 해당하는 것으로 본다. ③ 「중소기업진흥에 관한 법률」에 따라 시행하는 협동화사업단지조성사업의 규모를 산정하는 경우에는 제1항에도 불구하고 해당 협동화사업단지조성사업에 참여한 중소기업자별 면적(공동시설부지에 대하여 중소기업자별 지분에 따라 산정한 면적을 포함한다)의 토지에 각각의 개발사업이 시행되는 것으로 본다. <개정 2009.11.20.> ④ 별표 1 제7호에 따른 지목변경이 수반되는 개발사업의 경우 부담금 부과대상이 되는 규모는 제1항에도 불구하고 국가 또는 지방자치단체로부터 인가등을 받은 토지의 면적 중 사실상 또는 공부상(公簿上) 지목이 변경되는 토지의 면적이 제1항 각 호에 해당하는 경우로 한다. 이 경우 하나의 필지가 사실상 둘 이상의 용도로 이용되고 있는 토지의 지목은 「공간정보의 구축 및 관리 등에 관한 법률 시행령」 제59조에 따른다. <개정 2009.12.14., 2014.7.14., 2015.6.1.>
	제4조의2(개발부담금 부과대상 사업의 토지 면적에 관한 임시특례) 별표 1에 따른 개발사업으로서 2017년 1월 1일부터 2019년 12월 31일까지 인가등을 받은 사업의 개발부담금 부과대상토지 면적에 대해서는 제4조제1항제1호부터 제4호까지의 규정에도 불구하고 다음 각 호의 구분에 따른다. 이 경우 토지 면적의 산정에 관하여는 제4조제2항부터 제4항까지의 규정에 따른다. 1. 제4조제1항제1호에 따른 사업: 1천제곱

개발이익 환수에 관한 법률 [법률 제19430호, 2023.6.9., 타법개정]	개발이익 환수에 관한 법률 시행령 [대통령령 제35261호, 2025.2.13., 타법개정]
	미터 이상 2. 제4조제1항제2호에 따른 사업: 1천500제곱미터 이상 3. 제4조제1항제3호 또는 제4호에 따른 사업: 2천500제곱미터 이상 [본조신설 2016.12.30.]
	제4조의3(비수도권 지역에서 시행하는 개발부담금 부과대상 사업의 토지 면적에 관한 임시특례) 「수도권정비계획법」에 따른 수도권이 아닌 지역에서 시행하는 별표 1에 따른 개발사업으로서 2023년 9월 1일부터 2024년 12월 31일까지 인가등을 받은 사업의 개발부담금 부과대상토지 면적에 대해서는 제4조제1항제1호부터 제4호까지의 규정에도 불구하고 다음 각 호의 구분에 따른다. 이 경우 토지 면적의 산정에 관하여는 제4조제2항부터 제4항까지의 규정에 따른다. 1. 제4조제1항제1호에 따른 사업: 1천제곱미터 이상 2. 제4조제1항제2호에 따른 사업: 1천500제곱미터 이상 3. 제4조제1항제3호 또는 제4호에 따른 사업: 2천500제곱미터 이상 [본조신설 2023.8.29.]
제2장 개발부담금 제1절 통칙	
제5조(대상 사업) ① 개발부담금의 부과대상인 개발사업은 다음 각 호의 어느 하나에 해당하는 사업으로 한다. <개정 2014.1.14.> 1. 택지개발사업(주택단지조성사업을 포함한다. 이하 같다) 2. 산업단지개발사업 3. 관광단지조성사업(온천 개발사업을 포함한다. 이하 같다)	제5조(조합의 범위 등) ① 법 제6조제2항 각 호 외의 부분에서 "대통령령으로 정하는 조합"이란 다음 각 호의 조합을 말한다. <개정 2016.8.11., 2018.2.9.> 1. 「주택법」 제11조에 따른 주택조합 2. 「도시개발법」 제11조제1항제6호에 따른 조합 3. 「도시 및 주거환경정비법」 제35조에 따

개발이익 환수에 관한 법률 [법률 제19430호, 2023.6.9., 타법개정]	개발이익 환수에 관한 법률 시행령 [대통령령 제35261호, 2025.2.13., 타법개정]
4. 도시개발사업, 지역개발사업 및 도시환경정비사업 5. 교통시설 및 물류시설 용지조성사업 6. 체육시설 부지조성사업(골프장 건설사업 및 경륜장·경정장 설치사업을 포함한다) 7. 지목 변경이 수반되는 사업으로서 대통령령으로 정하는 사업 8. 그 밖에 제1호부터 제6호까지의 사업과 유사한 사업으로서 대통령령으로 정하는 사업 ② 동일인이 연접(連接)한 토지를 대통령령으로 정하는 기간 이내에 사실상 분할하여 개발사업을 시행한 경우에는 전체의 토지에 하나의 개발사업이 시행되는 것으로 본다. ③ 제1항 및 제2항에 따른 개발사업의 범위·규모 및 동일인의 범위 등에 관하여 필요한 사항은 대통령령으로 정한다.	른 재개발사업조합 ② 법 제6조제2항에 따라 조합원이 내야 할 부담금은 조합이 내야 할 부담금·가산금을 조합의 규약에 따라 각 조합원에게 배분하는 금액으로 한다. ③ 제2항에 따라 조합원에게 부담금을 부과할 때에는 제19조에 따른 납부고지서를 발부하여야 하며, 납부 기한은 부과 고지를 한 날부터 30일로 한다.
제6조(납부의무자) ① 제5조제1항 각 호의 사업시행자는 이 법으로 정하는 바에 따라 개발부담금을 납부할 의무가 있다. 다만, 다음 각 호의 어느 하나에 해당하면 그에 해당하는 자가 개발부담금을 납부하여야 한다. 1. 개발사업을 위탁하거나 도급한 경우에는 그 위탁이나 도급을 한 자 2. 타인이 소유하는 토지를 임차하여 개발사업을 시행한 경우에는 그 토지의 소유자 3. 개발사업을 완료하기 전에 사업시행자의 지위나 제1호 또는 제2호에 해당하는 자의 지위를 승계하는 경우에는 그 지위를 승계한 자 ② 개발부담금을 납부하여야 할 자가 대통령령으로 정하는 조합인 경우로서 다음 각 호의 어느 하나에 해당하면 그 조합원(조합이 해산한 경우에는 해산 당시의 조합원을	제6조(부과 제외 및 감면) ① 법 제7조제1항에서 "대통령령으로 정하는 개발사업"이란 다음 각 호의 사업을 말한다. <개정 2009.6.25., 2009.7.30., 2014.7.14., 2023.6.27.> 1. 별표 1 제1호에 따른 택지개발사업(주택단지조성사업을 포함한다) 2. 별표 1 제2호에 따른 산업단지개발사업 3. 별표 1 제3호에 따른 관광단지조성사업(온천 개발사업을 포함한다) 중 같은 호 가목 및 나목에 따른 관광지조성사업 및 관광단지조성사업 4. 별표 1 제4호에 따른 도시개발사업, 지역개발사업 및 도시환경정비사업(같은 호 사목에 따른 지역개발사업의 경우에는 투자선도지구에서 시행하는 사업만 해당한다) 5. 별표 1 제5호에 따른 교통시설 및 물류시

개발이익 환수에 관한 법률 [법률 제19430호, 2023.6.9., 타법개정]	개발이익 환수에 관한 법률 시행령 [대통령령 제35261호, 2025.2.13., 타법개정]
말한다)이 분담 비율 등 대통령령으로 정하는 바에 따라 개발부담금을 납부하여야 한다. 1. 조합이 해산한 경우 2. 조합의 재산으로 그 조합에 부과되거나 그 조합이 납부할 개발부담금·가산금 등에 충당하여도 부족한 경우 ③ 개발부담금 납부 의무의 승계 및 제2차 납부 의무에 관하여는 「지방세기본법」 제41조부터 제43조까지 및 제45조부터 제48조까지의 규정을 준용하고, 개발부담금 연대 납부 의무에 관하여는 「지방세기본법」 제44조를 준용한다.<개정 2014.1.14., 2020.2.18.>	설 용지조성사업 중 같은 호 라목 및 마목에 따른 물류단지개발사업 및 물류터미널사업을 위한 용지조성사업 6. 삭제 <2014.7.14.> ② 법 제7조제2항제2호에 따라 부담금의 100분의 50을 경감받는 공공기관(이하 “감면기관”이라 한다)은 다음 각 호의 기관으로 한다. <개정 2009.6.26., 2009.9.21., 2009.11.20., 2014.3.24., 2014.7.14., 2015.2.23., 2019.2.8., 2019.4.2., 2020.9.10., 2022.2.17.> 1. 「공공기관의 운영에 관한 법률」에 따른 공공기관 중 다음 각 목의 공공기관 가. 「한국토지주택공사법」에 따른 한국토지주택공사 나. 「한국수자원공사법」에 따라 설립된 한국수자원공사 다. 삭제 <2009.9.21.> 라. 「한국농어촌공사 및 농지관리기금법」에 따라 설립된 한국농어촌공사 마. 「한국관광공사법」에 따라 설립된 한국관광공사 바. 「한국철도공사법」에 따라 설립된 한국철도공사 2. 「지방공기업법」에 따라 설립된 지방공사 및 지방공단 중 제1항에 따른 개발사업을 목적으로 설립된 지방공사 및 지방공단 3. 특별법에 따른 공기업과 조합 중 다음 각 목의 공기업과 조합 가. 「중소기업진흥에 관한 법률」에 따라 설립된 중소벤처기업진흥공단 나. 「산업집적활성화 및 공장설립에 관한 법률」에 따라 설립된 한국산업단지공단 다. 「공무원연금법」에 따라 설립된 공무원연금공단 라. 「농업협동조합법」에 따라 설립된 조합,

개발이익 환수에 관한 법률 [법률 제19430호, 2023.6.9., 타법개정]	개발이익 환수에 관한 법률 시행령 [대통령령 제35261호, 2025.2.13., 타법개정]
	조합공동사업법인 및 중앙회(농협경제지주회사 및 그 자회사를 포함한다) 마. 「수산업협동조합법」에 따라 설립된 조합 및 중앙회 바. 「산림조합법」에 따라 설립된 조합, 중앙회 및 조합공동사업법인 사. 「국가철도공단법」에 따라 설립된 국가철도공단 아. 「한국교통안전공단법」에 따라 설립된 한국교통안전공단 자. 「한국공항공사법」에 따라 설립된 한국공항공사 차. 「한국도로공사법」에 따라 설립된 한국도로공사 카. 「인천국제공항공사법」에 따라 설립된 인천국제공항공사 타. 삭제 <2011.8.11.> 파. 「중소기업협동조합법」에 따라 설립된 중소기업협동조합 하. 「한국자산관리공사 설립 등에 관한 법률」에 따른 한국자산관리공사 거. 「항만공사법」에 따라 설립된 항만공사 너. 「제주특별자치도 설치 및 국제자유도시 조성을 위한 특별법」에 따라 설립된 제주국제자유도시개발센터 ③ 법 제7조제2항제2호에 따라 부담금의 100분의 50을 경감받는 개발사업은 다음 각 호의 사업으로 한다. <개정 2014.7.14., 2015.2.23., 2019.2.8., 2020.9.10.> 1. 제1항 각 호의 개발사업 2. 「국가철도공단법」 제23조에 따라 국가철도공단이 시행하는 철도의 역세권 및 철도 부근 지역 개발사업 3. 자동차 관련시설 부지조성사업(「한국교통안전공단법」에 따라 한국교통안전공

개발이익 환수에 관한 법률 [법률 제19430호, 2023.6.9., 타법개정]	개발이익 환수에 관한 법률 시행령 [대통령령 제35261호, 2025.2.13., 타법개정]
	단이 시행하는 경우로 한정한다) 4. 「양곡관리법」 제22조에 따라 농업협동조합 및 중앙회(농협경제지주회사 및 그 자회사를 포함한다)가 시행하는 미곡종합처리장 설치사업 5. 삭제 <2011.8.11.> 6. 「항만공사법」 제8조제1항제1호에 따라 항만공사가 시행하는 항만시설의 신설·개축(改築)·유지·보수·준설(浚渫) 등의 사업 7. 「한국철도공사법」 제9조제1항제5호 및 제6호, 같은 법 제13조에 따라 한국철도공사가 시행하는 역시설 및 역세권 개발사업 ④ 법 제7조제2항제3호 본문에서 "대통령령으로 정하는 관광단지조성사업과 교통시설 및 물류시설 용지조성사업"이란 다음 각 호의 어느 하나에 해당하는 사업을 말한다. <개정 2014.7.14.> 1. 별표 1 제3호가목에 따른 관광지조성사업 2. 별표 1 제5호마목에 따른 물류터미널사업을 위한 용지조성사업 3. 별표 1 제8호가목 및 나목에 따른 창고시설의 설치 등을 위한 용지조성사업 제6조의2(경감제외사유) 법 제7조제4항 후단에서 "해당 지방자치단체의 지가가 급격히 상승할 우려가 있는 등 대통령령으로 정하는 사유"란 다음 각 호의 모두에 해당하는 경우를 말한다. 1. 경감요청 직전 월의 지방자치단체 지가상승률이 전국 소비자 물가상승률의 100분의 130보다 높은 경우 2. 직전 월부터 소급하여 지방자치단체의 2개월간의 월평균 지가상승률이 전국지

개발이익 환수에 관한 법률 [법률 제19430호, 2023.6.9., 타법개정]	개발이익 환수에 관한 법률 시행령 [대통령령 제35261호, 2025.2.13., 타법개정]
	가상승률의 100분의 130보다 높은 경우 [본조신설 2009.6.25.]
	제6조의3(경감 대상·기준 및 경감 절차) ① 시장·군수·구청장은 법 제7조제4항 본문에 따라 부담금을 경감하려면 다음 각 호의 서류를 첨부하여 지방의회에 승인을 요청해야 한다. <개정 2020.9.8.> 1. 법 제5조제1항 각 호에 따른 개발사업으로서 경감할 사업 및 경감 기준 2. 제6조의2에 따른 경감 제외사유에 해당하지 않음을 증명하는 서류 ② 시장·군수·구청장은 제1항제1호에 따른 경감 기준을 정할 때 법 제6조에 따른 개발부담금 납부의무자, 개발사업의 종류 및 개발사업이 시행되는 토지의 용도지역·용도지구 등에 따라 경감률 및 경감기간을 달리 정할 수 있다. <개정 2020.9.8.> ③ 시장·군수·구청장은 지방의회의 승인을 받으면 개발부담금 경감 사업 및 경감 기준을 공고하고, 이를 국토교통부장관에게 통보해야 한다. <개정 2013.3.23., 2020. 9.8.> ④ 시장·군수·구청장은 제3항에 따른 개발부담금 경감 사업 및 경감 기준을 일반인이 열람할 수 있도록 해야 한다. <개정 2020.9.8.> [본조신설 2009.6.25.]
제7조(부과 제외 및 감면) ① 국가가 시행하는 개발사업과 지방자치단체가 공공의 목적을 위하여 시행하는 사업으로서 대통령령으로 정하는 개발사업에는 개발부담금을 부과하지 아니한다. ② 다음 각 호의 어느 하나에 해당하는 개발사업에 대하여는 개발부담금의 100분의 50을 경감한다. 이 경우 각 호의 규정을 중	제7조(토지 이용 계획 등의 변경) ① 법 제9조제1항제1호 본문에서 "대통령령으로 정하는 토지 이용 계획 등이 변경된 경우"란 개발사업이 시행되는 토지가 별표 2의 용도지역·용도지구 등으로 지정 또는 변경되거나 그 토지에 지정된 용도지역·용도지구 등이 해제되는 것을 말한다. 다만, 토지 취득 당시의 용도지역·용도지구 등과

개발이익 환수에 관한 법률 [법률 제19430호, 2023.6.9., 타법개정]	개발이익 환수에 관한 법률 시행령 [대통령령 제35261호, 2025.2.13., 타법개정]
복하여 적용하지 아니한다. <개정 2014.1.14., 2015.8.11., 2015.12.29., 2016.1.19.> 1. 지방자치단체가 시행하는 개발사업으로서 제1항에 해당하지 아니하는 사업 2. 「공공기관의 운영에 관한 법률」에 따른 공공기관, 「지방공기업법」에 따른 지방공기업 및 특별법에 따른 공기업 등 대통령령으로 정하는 공공기관이 시행하는 사업으로서 대통령령으로 정하는 사업 3. 「중소기업기본법」 제2조제1항에 따른 중소기업(이하 "중소기업"이라 한다)이 시행하는 공장용지조성사업, 대통령령으로 정하는 관광단지조성사업과 교통시설 및 물류시설 용지조성사업. 다만, 「수도권정비계획법」 제2조제1호에 따른 수도권(이하 "수도권"이라 한다)에서 시행하는 사업은 제외한다. 4. 「주택법」 제2조제5호나목의 국민주택 중 「주택도시기금법」에 따른 주택도시기금으로부터 자금을 지원받아 국민주택을 건설하기 위하여 시행하는 택지개발사업 5. 「주한미군 공여구역주변지역 등 지원 특별법」 제2조제2호부터 제4호까지에 따른 공여구역주변지역ㆍ반환공여구역 또는 반환공여구역주변지역에서 시행하는 개발사업. 다만, 공여구역 또는 반환공여구역이 소재한 읍ㆍ면ㆍ동(행정동을 말한다. 이하 같다)에 연접한 읍ㆍ면ㆍ동 지역의 경우에는 같은 법 제8조에 따라 법률 제13699호 개발이익 환수에 관한 법률 일부개정법률 시행 전에 확정된 공여구역주변지역등발전종합계획에 따라 시행하는 개발사업만 해당한다. 6. 「접경지역 지원 특별법」 제2조제1호에 따른 접경지역 중 비무장지대, 해상의 북	같은 용도지역ㆍ지구 등으로 되돌리는 경우는 제외한다. ② 제1항을 적용할 때 토지 이용 계획 등의 변경이 두 번 이상 이루어진 경우에는 인가 등을 받기 전 5년 이내에 최초로 이루어진 것을 제1항에 따른 토지 이용 계획 등의 변경으로 본다.

개발이익 환수에 관한 법률 [법률 제19430호, 2023.6.9., 타법개정]	개발이익 환수에 관한 법률 시행령 [대통령령 제35261호, 2025.2.13., 타법개정]
방한계선 또는 민간인통제선과 잇닿아 있는 읍·면·동지역에서 시행하는 개발사업 ③ 제2항에도 불구하고 다음 각 호의 어느 하나에 해당하는 개발사업에 대하여는 개발부담금을 면제한다. <개정 2009.3.25., 2014.1.14., 2020.6.9., 2021.12.28.> 1.「산업입지 및 개발에 관한 법률」에 따른 산업단지개발사업. 다만, 수도권에 있는 산업단지인 경우는 제외한다. 2.「중소기업창업 지원법」에 따라 공장 설립계획 승인을 받아 시행하는 공장용지 조성사업 3.「관광진흥법」에 따른 관광단지 조성사업. 다만, 수도권에 있는 관광단지인 경우는 제외한다. 4.「물류시설의 개발 및 운영에 관한 법률」에 따른 물류단지개발사업. 다만, 수도권에 있는 물류단지인 경우는 제외한다. ④ 시장·군수·구청장은 지역에 대한 민간투자의 활성화 등을 위하여 지방의회의 승인을 받아 관할 구역에서 시행되는 제5조제1항 각 호의 개발사업에 대한 개발부담금을 제4조제1항에 따라 지방자치단체에 귀속되는 귀속분의 범위에서 경감할 수 있다. 다만, 해당 지방자치단체의 지가가 급격히 상승할 우려가 있는 등 대통령령으로 정하는 사유가 있는 경우에는 그러하지 아니하다. <개정 2020.2.18.> ⑤ 제4항에 따른 개발부담금의 경감 대상, 경감 기준 및 경감 절차 등에 관하여 필요한 사항은 대통령령으로 정한다. <신설 2009.3.25.> 제7조의2(개발부담금 감면에 대한 임시특례) 제5조제1항제1호부터 제6호까지의 개발부담금 부과대상 사업으로서 2015년 7월 15	

개발이익 환수에 관한 법률 [법률 제19430호, 2023.6.9., 타법개정]	개발이익 환수에 관한 법률 시행령 [대통령령 제35261호, 2025.2.13., 타법개정]
일부터 2018년 6월 30일까지 인가등을 받은 개발사업에 대해서는 제7조제2항 및 제3항(제3항제2호는 제외한다)에도 불구하고 다음 각 호의 구분에 따라 개발부담금을 경감하거나 면제한다. 1. 수도권에서 시행하는 개발사업 : 개발부담금의 100분의 50 경감 2. 수도권 외의 지역에서 시행하는 개발사업 : 개발부담금 면제 [본조신설 2015.8.11.] 제2절 부과기준 및 부담률	
제8조(부과기준) 개발부담금의 부과기준은 부과종료시점의 부과대상토지의 가액(이하 "종료시점지가"라 한다)에서 다음 각 호의 금액을 뺀 금액으로 한다. 1. 부과개시시점의 부과대상토지의 가액(이하 "개시시점지가"라 한다) 2. 부과 기간의 정상지가상승분 3. 제11조에 따른 개발비용	제8조(부과개시시점의 예외) ① 법 제9조제1항제1호 단서에서 "대통령령으로 정하는 경우"와 "대통령령으로 정하는 날"이란 다음 각 호와 같다. 1. 토지 취득일부터 2년 이상이 지난 후에 토지 이용 계획 등이 변경된 경우에는 변경된 날의 2년 전에 해당하는 날 2. 「중소기업기본법」 제2조에 따른 중소기업자가 공장부지를 조성하기 위하여 토지를 취득한 후에 토지 이용 계획 등이 변경된 경우에는 토지 이용 계획 등의 변경일 ② 법 제9조제1항제2호에 따라 인가등의 변경으로 부과대상토지에 새로 편입된 토지에 대한 부과개시시점은 다음 각 호에서 정하는 날로 한다. 1. 변경인가 등을 받기 전에 제7조에 따른 토지 이용 계획 등이 변경된 경우로서 토지 이용 계획 등의 변경 전에 취득한 토지인 경우에는 취득일 또는 제1항제1호 및 제2호에 해당되는 날 2. 변경인가 등을 받기 전에 제7조에 따른 토지 이용 계획 등이 변경된 경우로서 토

개발이익 환수에 관한 법률 [법률 제19430호, 2023.6.9., 타법개정]	개발이익 환수에 관한 법률 시행령 [대통령령 제35261호, 2025.2.13., 타법개정]
	지 이용 계획 등의 변경일부터 변경인가 등을 받기 전의 사이에 토지를 취득한 경우에는 토지를 취득한 날 3. 제1호 또는 제2호 외의 토지인 경우에는 인가등의 변경일
제9조(기준 시점) ① 부과개시시점은 사업시행자가 국가나 지방자치단체로부터 개발사업의 인가등을 받은 날로 한다. 다만, 다음 각 호의 경우에는 그에 해당하는 날을 부과개시시점으로 한다. 1. 인가등을 받기 전 5년 이내에 대통령령으로 정하는 토지 이용 계획 등이 변경된 경우로서 그 토지 이용 계획 등이 변경되기 전에 취득한 토지의 경우에는 취득일. 다만, 그 취득일부터 2년 이상이 지난 후 토지 이용 계획 등이 변경된 경우 등 대통령령으로 정하는 경우에는 대통령령으로 정하는 날로 한다. 2. 인가등의 변경으로 부과대상토지의 면적이 변경된 경우에는 대통령령으로 정하는 시점 ② 제1항에 따른 개발사업의 인가등을 받은 날과 취득일은 대통령령으로 정한다. ③ 부과종료시점은 관계 법령에 따라 국가나 지방자치단체로부터 개발사업의 준공인가 등을 받은 날로 한다. 다만, 부과대상토지의 전부 또는 일부가 다음 각 호의 어느 하나에 해당하면 해당 토지에 대하여는 다음 각 호의 어느 하나에 해당하게 된 날을 부과종료시점으로 한다. 1. 관계 법령에 따라 부과대상토지의 일부가 준공된 경우 2. 납부의무자가 개발사업의 목적 용도로 사용을 시작하거나 타인에게 분양하는	제9조(개발사업의 인가일 등) ① 법 제9조제2항에 따른 개발사업의 인가등을 받은 날과 법 제9조제4항에 따른 준공인가 등을 받은 날은 별표 3과 같다. ② 법 제9조제2항에 따른 취득일에 관하여는「소득세법 시행령」제162조를 준용한다. ③ 법 제9조제3항에 따라 부과종료시점이 되는 준공인가 등을 받은 날이 관계 법령에 따라 정해져 있지 않은 경우에는 다음 각 호의 날을 부과종료시점으로 한다. <개정 2013.3.23., 2020.9.8.> 1. 납부의무자가 실제로 개발사업이 끝난 날을 증명할 수 있는 서류를 첨부하여 시장·군수·구청장에게 이를 신고한 경우에는 개발사업이 끝난 것으로 증명된 날 2. 납부의무자가 실제로 개발사업이 끝난 날을 신고하지 않거나 이를 증명하지 못하는 경우에는 시장·군수·구청장이 현지를 확인하여 납부의무자에게 개발사업이 끝난 날로 통지한 날

개발이익 환수에 관한 법률 [법률 제19430호, 2023.6.9., 타법개정]	개발이익 환수에 관한 법률 시행령 [대통령령 제35261호, 2025.2.13., 타법개정]
등 처분하는 경우로서 대통령령으로 정하는 경우 3. 그 밖에 대통령령으로 정하는 경우 ④ 제3항 각 호 외의 부분 본문에 따른 개발사업의 준공인가 등을 받은 날은 대통령령으로 정한다.	
제10조(지가의 산정) ① 종료시점지가는 부과종료시점 당시의 부과대상토지와 이용상황이 가장 비슷한 표준지의 공시지가를 기준으로 「부동산 가격공시에 관한 법률」 제3조제7항에 따른 표준지와 지가산정 대상토지의 지가형성 요인에 관한 표준적인 비교표에 따라 산정한 가액(價額)에 해당 연도 1월 1일부터 부과종료시점까지의 정상지가상승분을 합한 가액으로 한다. 이 경우 종료시점지가와 표준지의 공시지가가 균형을 유지하도록 하여야 하며, 개발이익이 발생하지 않을 것이 명백하다고 인정되는 경우 등 대통령령으로 정하는 경우 외에는 종료시점지가의 적정성에 대하여 감정평가법인등(「감정평가 및 감정평가사에 관한 법률」에 따른 감정평가사 또는 감정평가법인을 말한다)의 검증을 받아야 한다. <개정 2014.1.14., 2016.1.19., 2017.12.26., 2020.4.7.> ② 부과대상토지를 분양하는 등 처분할 때에 그 처분 가격에 대하여 국가나 지방자치단체의 인가등을 받는 경우 등 대통령령으로 정하는 경우에는 제1항에도 불구하고 대통령령으로 정하는 바에 따라 그 처분 가격을 종료시점지가로 할 수 있다. ③ 개시시점지가는 부과개시시점이 속한 연도의 부과대상토지의 개별공시지가(부과개시시점으로부터 가장 최근에 공시된 지	제10조(개발사업의 준공 전 부과종료시점) ① 법 제9조제3항제2호에서 "대통령령으로 정하는 경우"란 다음 각 호의 어느 하나에 해당하는 경우를 말한다. 1. 토지만을 개발하는 개발사업의 경우에는 다음 각 목의 어느 하나에 해당하는 경우 가. 사실상 개발이 끝난 토지를 타인에게 양도하는 경우 나. 사실상 개발이 끝난 토지에 건축물을 건축하는 등 토지 사용을 시작하는 경우 2. 주택건설사업 등 토지 개발과 건축물의 건축을 함께 하는 개발사업의 경우에는 관계 행정청의 인가등을 받아 건축물 사용을 시작하는 경우 ② 제1항의 경우 개발부담금의 부과종료시점은 다음 각 호와 같다. <개정 2014.7.14.> 1. 제1항제1호가목에 따라 토지를 타인에게 양도하는 경우에는 「소득세법 시행령」 제162조에 따른 시기에 해당하는 날 2. 제1항제1호나목에 따라 토지 사용을 시작하는 경우에는 「건축법」 제21조에 따른 착공 신고일 3. 제1항제2호에 따라 건축물 사용을 시작하는 경우에는 「건축법」 제22조에 따른 임시 사용 승인일 ③ 법 제9조제3항제3호에서 "그 밖에 대통령령으로 정하는 경우"란 개발사업을 시작한 후 다음 각 호의 어느 하나에 해당하는

<table>
<tr><th>개발이익 환수에 관한 법률
[법률 제19430호, 2023.6.9., 타법개정]</th><th>개발이익 환수에 관한 법률 시행령
[대통령령 제35261호, 2025.2.13., 타법개정]</th></tr>
<tr><td>가를 말한다)에 그 공시지가의 기준일부터 부과개시시점까지의 정상지가상승분을 합한 가액으로 한다. 다만, 다음 각 호의 어느 하나에 해당하면 그 실제의 매입 가액이나 취득 가액에 그 매입일이나 취득일부터 부과개시시점까지의 정상지가상승분을 더하거나 뺀 가액을 개시시점지가로 할 수 있다. <개정 2013.3.23.>
1. 국가·지방자치단체 또는 국토교통부령으로 정하는 기관으로부터 매입한 경우
2. 경매나 입찰로 매입한 경우
3. 지방자치단체나 제7조제2항제2호에 따른 공공기관이 매입한 경우
4. 「공익사업을 위한 토지 등의 취득 및 보상에 관한 법률」에 따른 협의 또는 수용(收用)에 의하여 취득한 경우
5. 실제로 매입한 가액이 정상적인 거래 가격이라고 객관적으로 인정되는 경우로서 대통령령으로 정하는 경우
④ 제1항 및 제3항에 따라 종료시점지가와 개시시점지가를 산정할 때 부과대상토지에 국가나 지방자치단체에 기부하는 토지나 국공유지가 포함되어 있으면 그 부분은 종료시점지가와 개시시점지가의 산정 면적에서 제외한다.
⑤ 제1항 및 제3항에 따라 종료시점지가와 개시시점지가를 산정할 때 해당 토지의 개별공시지가가 없는 경우 등 대통령령으로 정하는 경우에는 국토교통부령으로 정하는 방법으로 산정한다. <개정 2013.3.23.>
⑥ 개시시점지가에 대하여 제3항 각 호 외의 부분 단서를 적용받으려는 납부의무자는 같은 항 각 호의 어느 하나에 해당한다는 사실을 증명하는 자료를 국토교통부령으로 정하는 기간에 시장·군수·구청장에</td><td>사유가 발생한 경우를 말한다.
1. 개발사업에 대한 인가등이 해당 법률에서 정하는 바에 따라 취소된 경우
2. 사업시행자의 파산이나 그 밖의 사유로 개발사업의 시행이 중단되어 사업을 끝낼 수 없게 된 경우
④ 제1항의 경우 개발사업의 준공인가 등을 받기 전에 해당 사업이 끝난 것으로 보는 토지의 면적은 국토교통부령으로 정한다. <개정 2013.3.23.></td></tr>
</table>

개발이익 환수에 관한 법률 [법률 제19430호, 2023.6.9., 타법개정]	개발이익 환수에 관한 법률 시행령 [대통령령 제35261호, 2025.2.13., 타법개정]
게 제출하여야 한다. <개정 2013.3.23., 2020.2.18.> ⑦ 제1항 후단에 따른 종료시점지가의 검증 절차·방법 등에 필요한 사항은 대통령령으로 정하고, 종료시점지가 검증 수수료 지급 기준은 국토교통부장관이 정하여 고시한다. <신설 2017.12.26.>	
	제10조의2(종료시점지가의 검증) ① 법 제10조제1항 후단에서 "개발이익이 발생하지 않을 것이 명백하다고 인정되는 경우 등 대통령령으로 정하는 경우"란 다음 각 호의 어느 하나에 해당하는 경우를 말한다. <개정 2020.9.8.> 1. 법 제8조에 따라 산정한 개발이익이 없는 경우. 이 경우 개발부담금 부과종료시점의 부과대상토지의 가액(이하 "종료시점지가"라 한다) 산정의 기준이 되는 표준지가 1개 이상 있으면 그 중 공시지가가 가장 높은 표준지를 기준으로 산정한다. 2. 법 제9조제3항제1호에 해당하여 부과대상토지의 일부(이하 이 호에서 "분할토지"라 한다)에 대하여 개발부담금이 결정·부과된 경우로서 분할토지의 종료시점지가 산정 시 적용된 표준지를 기준으로 부과대상토지의 종료시점지가를 산정한 경우 ② 시장·군수·구청장은 법 제10조제1항 후단에 따라 종료시점지가의 적정성에 대하여 감정평가법인등(「감정평가 및 감정평가사에 관한 법률」 제2조제4호에 따른 감정평가법인등을 말한다. 이하 같다)에게 검증을 의뢰하는 경우 같은 조 제1항 전단에 따라 산정한 종료시점지가에 관한 다음 각 호

개발이익 환수에 관한 법률 [법률 제19430호, 2023.6.9., 타법개정]	개발이익 환수에 관한 법률 시행령 [대통령령 제35261호, 2025.2.13., 타법개정]
	의 자료를 제공해야 한다. <개정 2020.9.8.> 1. 지가현황도면(종료시점지가, 표준지 공시지가 및 용도지역 등을 표시한 도면을 말하며, 전자도면을 포함한다) 2. 종료시점지가의 산정조서 3. 토지특성조사표 4. 그 밖에 종료시점지가의 검증에 필요한 자료 ③ 법 제10조제1항 후단에 따라 종료시점지가의 적정성에 대하여 검증을 의뢰받은 감정평가법인등은 다음 각 호의 사항을 검토·확인하여 국토교통부령으로 정하는 검증결과서를 시장·군수·구청장에게 제출해야 한다. <개정 2020.9.8., 2020.10.8.> 1. 표준지 선정의 적정성에 관한 사항 2. 토지의 이용 상황 등 토지특성조사 내용의 적정성에 관한 사항 3. 토지가격비준표(「부동산 가격공시에 관한 법률」 제3조제8항에 따른 표준적인 비교표를 말한다) 적용의 타당성에 관한 사항 4. 법 제10조제1항 후단에 따른 종료시점지가와 표준지 공시지가의 균형 유지에 관한 사항 5. 그 밖에 시장·군수·구청장이 검토를 의뢰한 사항 [본조신설 2018.6.26.]
제11조(개발비용의 산정) ① 개발사업의 시행과 관련하여 지출된 비용(이하 "개발비용"이라 한다)은 다음 각 호의 금액을 합하여 산출한다. <개정 2014.1.14., 2020.6.9.> 1. 순(純) 공사비, 조사비, 설계비 및 일반관리비 2. 관계 법령이나 해당 개발사업 인가등의	제11조(지가의 산정) ① 법 제10조제2항에서 "대통령령으로 정하는 경우"란 다음 각 호의 경우를 말한다. <개정 2009.9.21., 2013.3.23., 2014.7.14., 2016.8.11., 2020.9.8.> 1. 「주택법」 제54조제1항제1호에 따라 시장·군수·구청장의 승인을 받아 주택의 분양가가 결정된 경우(주택의 분양가를 제

개발이익 환수에 관한 법률 [법률 제19430호, 2023.6.9., 타법개정]	개발이익 환수에 관한 법률 시행령 [대통령령 제35261호, 2025.2.13., 타법개정]
조건에 따른 다음 각 목의 금액 가. 납부의무자가 국가나 지방자치단체에 공공시설이나 토지 등을 기부채납(寄附採納)하였을 경우에는 그 가액 나. 납부의무자가 부담금을 납부하였을 경우에는 그 금액 3. 해당 토지의 개량비, 각종 세금과 공과금, 보상비 및 그 밖에 대통령령으로 정하는 금액 ② 제1항에도 불구하고 대통령령으로 정하는 일정 면적 이하의 개발사업(토지개발 비용의 지출 없이 용도변경 등으로 완료되는 개발사업은 제외한다)의 경우에는 제1항제1호에 따른 순 공사비, 조사비, 설계비 및 일반관리비의 합계액을 산정할 때 국토교통부장관이 고시하는 단위면적당 표준비용을 적용할 수 있다. 다만, 제6조에 따른 납부의무자가 원하지 아니하는 경우에는 그러하지 아니하다. <신설 2011.5.19., 2013.3.23., 2014.1.14.> ③ 제1항 각 호 및 제2항의 산정 방법 등에 필요한 사항은 대통령령으로 정한다. <개정 2011.5.19.>	3항제1호에 따른 건축비를 적용하여 결정하는 경우로 한정한다) 2. 「주택법」 제15조제1항 및 같은 법 시행령 제27조제6항에 따라 사업주체가 조성한 대지의 공급조건 등에 대하여 국토교통부장관 또는 지방자치단체의 장의 승인을 받은 경우 3. 「택지개발촉진법」 제9조 및 같은 법 시행령 제8조에 따라 택지의 공급가격결정방법 등이 포함된 택지개발사업실시계획에 대하여 국토교통부장관 또는 지방자치단체의 장의 승인을 받은 경우 4. 「산업입지 및 개발에 관한 법률」 제38조 및 같은 법 시행령 제40조에 따라 개발된 토지의 분양가가 결정된 경우 5. 「산업입지 및 개발에 관한 법률」 제39조에 따른 특수지역개발사업으로 개발된 토지의 분양가가 같은 법 시행령 제40조의 분양가격의 결정방법과 같은 방법으로 결정된 경우 6. 「한국토지주택공사법」 제16조에 따라 한국토지주택공사가 매입하여 개발한 토지의 분양가가 결정된 경우 7. 제1호부터 제6호까지의 경우와 비슷한 경우로서 국가 또는 지방자치단체의 인가등을 받아 토지의 분양가격이 결정된 경우 ② 법 제10조제2항에 따라 처분 가격을 종료시점지가로 산정하는 경우는 법 제10조제3항 단서에 따라 매입가격으로 개발부담금 부과개시시점의 부과대상토지의 가액(이하 "개시시점지가"라 한다)을 산정하는 경우로 한정한다. <개정 2020.9.8.> ③ 법 제10조제2항에 따라 처분 가격을 종료시점지가로 할 때 제1항제1호의 경우에

개발이익 환수에 관한 법률 [법률 제19430호, 2023.6.9., 타법개정]	개발이익 환수에 관한 법률 시행령 [대통령령 제35261호, 2025.2.13., 타법개정]
	는 그 처분 가격을 분양가에서 다음 각 호의 금액을 뺀 가액(價額)으로 한다. 다만, 납부의무자가 「건설산업기본법」에 따라 등록을 한 건설사업자와의 도급계약에 따라 지출한 건축비 명세서를 제출한 경우에는 분양가에서 그 건축비와 제2호의 경비를 뺀 가액으로 할 수 있다. <개정 2013.3. 23., 2020.2.18.> 1. 국토교통부장관이 정하여 고시하는 건축비 2. 건축과 관련된 부대경비로서 국토교통부령으로 정하는 경비 3. 지하주차장 설치에 들어간 비용 4. 「건축법」등 관계 법령에 따라 설치하도록 되어 있는 지하층을 초과하여 설치한 경우 그 초과 설치에 들어간 비용 ④ 시장·군수·구청장은 법 제25조에 따라 관계 행정청으로부터 개발사업에 관한 인가등의 통보를 받았을 때에는 지체 없이 부과대상토지를 조사하고 개시시점지가를 산정해야 한다. <개정 2013.3.23., 2020.9.8.> ⑤ 법 제10조제3항제5호에서 "대통령령으로 정하는 경우"란 다음 각 호의 어느 하나에 해당하는 경우를 말한다. <개정 2010.9.20., 2013.3.23., 2014.7.14., 2018.12.31., 2020.1.15.> 1. 부과개시시점 이전에 매입한 경우(부과개시시점 이전에 매매계약을 체결하여 부과개시시점 이후에 그 계약에서 약정한 금액대로 매매대금의 지급이 이루어진 경우로서 국토교통부령으로 정하는 증명서류를 제출한 경우를 포함한다)로서 그 매입가격이 취득세의 과세표준이 된 경우 2. 사업시행자가 「지방세특례제한법」 제21조, 제23조, 제36조, 제37조, 제38조제1항, 제40조, 제42조제3항, 제45조, 제47조

개발이익 환수에 관한 법률 [법률 제19430호, 2023.6.9., 타법개정]	개발이익 환수에 관한 법률 시행령 [대통령령 제35261호, 2025.2.13., 타법개정]
	제1항, 제49조, 제52조제1항·제2항, 제53조, 제54조제5항제1호, 제69조 및 제88조제2항에 따른 법인 등인 경우로서 그 매입가격이 법인 등의 장부에 기록된 매입가격인 경우 ⑥ 법 제10조제3항 각 호 외의 부분 단서에 따라 실제의 매입가액 또는 취득가액을 개시시점지가로 할 때 납부의무자가 토지와 그 토지에 정착된 건축물 등을 함께 매입한 경우로서 실제 매입가액 또는 취득가액 중 토지의 가액과 건축물 등의 가액의 구분이 불분명한 경우에는 「부가가치세법 시행령」 제64조에서 정하는 바에 따라 똑같이 나누어 계산한 가액을 그 토지의 매입가액 또는 취득가액으로 한다. <개정 2013.6.28., 2016.7.19.> ⑦ 법 제10조제5항에서 "대통령령으로 정하는 경우"란 다음 각 호의 어느 하나에 해당하는 경우를 말한다. 1. 개시시점지가 및 종료시점지가를 산정할 때 부과대상토지의 개별공시지가가 없는 경우 2. 종료시점지가를 산정할 때 법 제10조제3항 단서에 따라 매입가격으로 개시시점지가를 산정한 경우
제12조(양도소득세액 등의 개발비용 인정) ① 부과개시시점 후 개발부담금을 부과하기 전에 개발부담금 부과대상토지를 양도하여 발생한 소득에 대하여 양도소득세 또는 법인세가 부과된 경우에는 제11조에도 불구하고 해당 세액 중 부과개시시점부터 양도시점까지에 상당하는 세액을 같은 조에 따른 개발비용에 계상할 수 있다. <개정 2014.1.14.>	제12조(개발비용의 산정) ① 법 제11조제1항 각 호에 따른 개발비용의 산정기준은 각각 다음 각 호와 같다. <개정 2010.9.20., 2013.3.23., 2014.7.14., 2016.7.19., 2016.8.31., 2018.6.26., 2020.9.8., 2024.5.7., 2025.2.13.> 1. 순공사비 : 해당 개발사업을 위하여 지출한 재료비·노무비·경비의 합계액 2. 조사비: 직접 해당 개발사업의 시행을 위한 다음 각 목의 비용(순공사비에 해당하

개발이익 환수에 관한 법률 [법률 제19430호, 2023.6.9., 타법개정]	개발이익 환수에 관한 법률 시행령 [대통령령 제35261호, 2025.2.13., 타법개정]
② 제1항에 따라 개발비용으로 계상되는 세액의 범위 등은 대통령령으로 정한다. ③ 시장·군수·구청장은 제1항에 따른 개발비용의 계상에 필요한 경우 다음 각 호의 사항을 적은 문서로 관할 세무관서의 장에게 같은 항에 따른 양도소득세 또는 법인세의 부과금액 등 「국세기본법」 제81조의13에 따른 과세정보의 제공을 요청할 수 있다. <신설 2016.1.19., 2020.2.18.> 1. 납세자의 인적 사항 2. 사용 목적 3. 개발부담금 부과대상토지의 명세 ④ 제3항에 따른 과세정보의 제공 요청 및 그에 따른 과세정보의 제공은 「개인정보 보호법」에 의하여야 한다. <신설 2016.1.19.>	지 아니하는 비용을 말한다)의 합계액 가. 해당 개발사업의 시행을 위한 측량비 나. 관계 법령이나 해당 개발사업의 인가등의 조건에 따라 의무적으로 실시하여야 하는 각종 영향평가에 드는 비용 다. 「국가유산영향진단법」 제3조제9호에 따른 영향진단 및 「매장유산 보호 및 조사에 관한 법률」 제11조제3항에 따른 매장유산의 발굴에 드는 비용 라. 개발사업 토지에 대한 지반조사에 드는 비용 3. 설계비: 해당 개발사업의 설계를 위하여 지출한 비용의 합계액 4. 일반관리비: 해당 개발사업과 관련하여 관리활동 부문에서 발생한 모든 비용의 합계액 5. 기부채납액: 납부의무자가 관계 법령이나 해당 개발사업의 인가등의 조건에 따라 국가 또는 지방자치단체에 기부하는 토지 또는 공공시설 등의 가액으로서 다음 각 목의 구분에 따라 산정한 가액. 다만, 개발사업 목적이 타인에게 분양하는 등 처분하는 것으로서 그 처분가격에 기부하는 토지 또는 공공시설 등의 가액이 포함된 경우에는 제11조제2항에 따라 그 처분가격을 종료시점지가로 산정하는 경우로 한정한다. 가. 토지의 가액: 개시시점지가에 부과기간의 정상지가상승분을 합한 금액 나. 공공시설 등의 가액: 토지의 가액에 그 시설의 조성원가를 합산한 금액 6. 부담금 납부액: 관계 법령이나 해당 개발사업의 인가등의 조건에 따라 국가 또는 지방자치단체에 납부한 부담금의 합계액 7. 토지의 개량비: 해당 개발사업의 인가등

개발이익 환수에 관한 법률 [법률 제19430호, 2023.6.9., 타법개정]	개발이익 환수에 관한 법률 시행령 [대통령령 제35261호, 2025.2.13., 타법개정]
	을 받은 날을 기준으로 그 이전 3년 이내에 부과대상토지를 개량하기 위하여 지출한 비용으로서 개시시점지가에 반영되지 아니한 비용 8. 제세공과금: 해당 개발사업의 시행과 관련하여 국가 또는 지방자치단체에 납부한 제세공과금의 합계액. 다만, 다음 각 목의 어느 하나에 해당하는 금액은 제외한다. 가. 개발사업 대상 토지의 취득이나 보유로 인하여 납부한 금액. 다만, 지목변경으로 인한 취득세는 제외한다. 나. 벌금, 과태료, 과징금 또는 가산금 등 각종 법령이나 의무 위반으로 납부한 금액 9. 보상비: 토지의 가액에 포함되지 않은 개발사업구역의 건축물, 공작물, 입목 및 영업권 등에 대한 보상비. 이 경우 건축물에 대한 보상비를 산정할 때에는 다음 각 목에 따른다. 가. 개발사업을 시행하기 위하여 매입한 건축물인 경우: 취득세의 과세표준이 된 실제 매입가격 나. 기존에 소유한 건축물인 경우: 「지방세법」 제4조에 따른 시가표준액(이하 “시가표준액”이라 한다). 다만, 시가표준액이 없거나 납부의무자가 원하는 경우에는 시장·군수·구청장이 지정하는 감정평가법인등이 감정평가한 금액으로 한다. ② 제1항에 따른 개발비용은 다음 각 호의 구분에 따라 산정한다. <개정 2014.7.14.> 1. 법 제11조제1항에 따른 개발비용은 납부의무자가 해당 사업의 시행과 관련하여 지출한 제1항 각 호의 비용의 합계액으로서 산출명세서와 증명서를 갖춘 금액.

개발이익 환수에 관한 법률 [법률 제19430호, 2023.6.9., 타법개정]	개발이익 환수에 관한 법률 시행령 [대통령령 제35261호, 2025.2.13., 타법개정]
	다만, 제1항제4호의 일반관리비는 「국가를 당사자로 하는 계약에 관한 법률 시행령」 제9조 및 「지방자치단체를 당사자로 하는 계약에 관한 법률 시행령」 제10조에 따른 예정가격 결정기준과 요율을 적용하여 산정한 금액으로 한다. 2. 법 제11조제2항에 따라 개발비용을 산정하는 경우에는 다음 각 목의 금액의 합계액 가. 제1항제1호부터 제4호까지의 비용은 부과대상토지 면적에 국토교통부장관이 고시하는 단위면적당 표준비용을 곱하여 산정한 금액으로서 산출명세서를 갖춘 금액 나. 제1항제5호부터 제9호까지의 비용의 합계액으로서 산출명세서와 증명서를 갖춘 금액 ③ 제2항의 경우 납부의무자가 제시한 금액 중 제1항제1호부터 제3호까지의 개발비용의 금액이 다음 각 호의 기준에 따라 산출한 금액을 초과하는 경우에는 그 초과하는 금액은 법 제11조제1항에 따른 개발비용으로 보지 아니한다. <개정 2011.1.17., 2014.7.14.> 1. 재료비·노무비·경비는 「국가를 당사자로 하는 계약에 관한 법률 시행령」 제9조 및 「지방자치단체를 당사자로 하는 계약에 관한 법률 시행령」 제10조에 따른 예정가격 결정기준 중 공사원가계산을 위한 재료비·노무비·경비의 산출 방법을 적용하여 산출하되, 정부표준품셈과 단가(정부고시가격이 있는 경우에는 그 금액을 말한다)에 따른 금액 2. 조사비와 설계비는 「엔지니어링산업 진흥법」 제31조에 따른 엔지니어링사업대가의 기준에 따라 산정한 금액

개발이익 환수에 관한 법률 [법률 제19430호, 2023.6.9., 타법개정]	개발이익 환수에 관한 법률 시행령 [대통령령 제35261호, 2025.2.13., 타법개정]
	④ 납부의무자가 제시한 개발비용의 금액이 제3항에 따른 금액을 초과하는 경우로서 다음 각 호의 어느 하나에 해당하는 경우에는 제3항에도 불구하고 그 금액을 법 제11조에 따른 개발비용으로 인정할 수 있다. <개정 2011.1.17., 2013.3.23., 2014.5.22., 2014.7.14., 2016.8.31., 2016.11.29., 2018.6.26., 2020.1.7., 2020.2.18., 2020.9.8., 2021.9.14.> 1. 지방자치단체 또는 감면기관이 「지방재정법」, 「지방회계법」 또는 「공공기관의 운영에 관한 법률」에 따라 지출한 개발비용 2. 시장·군수·구청장이 납부의무자가 제시한 금액에 대하여 국토교통부령으로 정하는 요건을 갖춘 다음 각 목의 어느 하나에 해당하는 회사나 기관(이하 “개발비용산정기관”이라 한다)에 의뢰하여 제3항 각 호의 기준에 적합한 것으로 확인한 경우 그 개발비용 가. 「건설기술 진흥법」 제26조에 따라 등록된 건설엔지니어링사업자 나. 「기술사법」 제6조에 따라 등록된 기술사사무소 다. 감정평가법인등 라. 「엔지니어링산업 진흥법」 제21조에 따라 신고된 엔지니어링사업자 마. 국가를 당사자로 하는 계약에 관한 법령에 따른 원가계산용역기관 3. 「건설산업기본법」에 따라 등록을 한 건설사업자와의 도급계약, 「엔지니어링산업 진흥법」 제21조에 따라 신고한 엔지니어링사업자와의 엔지니어링사업계약 등 명백한 원인에 따라 지출한 비용을 근거로 산정한 개발비용 4. 국토교통부장관이 정하는 제3항에 따른

개발이익 환수에 관한 법률 [법률 제19430호, 2023.6.9., 타법개정]	개발이익 환수에 관한 법률 시행령 [대통령령 제35261호, 2025.2.13., 타법개정]
	개발비용의 세부 항목별 산출기준에 적합하다고 인정되는 경우 ⑤ 시장·군수·구청장은 제2항에 따라 납부의무자가 제시한 금액의 사실 여부를 확인하고 제3항에 따른 금액을 산출할 때, 해당 개발사업의 내용·성질 등이 특수하여 그 확인 또는 금액 산출이 곤란한 경우에는 개발비용산정기관에 그 확인 또는 금액 산출을 의뢰할 수 있다. <개정 2013.3.23., 2020.9.8.> ⑥ 법 제11조제2항에서 "대통령령으로 정하는 일정 면적"이란 2천700제곱미터를 말한다. <신설 2011.11.11.>
제13조(부담률) 납부의무자가 납부하여야 할 개발부담금은 제8조에 따라 산정된 개발이익에 다음 각 호의 구분에 따른 부담률을 곱하여 산정한다. 1. 제5조제1항제1호부터 제6호까지의 개발사업: 100분의 20 2. 제5조제1항제7호 및 제8호의 개발사업: 100분의 25. 다만,「국토의 계획 및 이용에 관한 법률」 제38조에 따른 개발제한구역에서 제5조제1항제7호 및 제8호의 개발사업을 시행하는 경우로서 납부의무자가 개발제한구역으로 지정될 당시부터 토지 소유자인 경우에는 100분의 20으로 한다. [전문개정 2014.1.14.] 제3절 부과·징수	제13조(양도소득세액 등의 개발비용 인정) 법 제12조에 따라 개발비용으로 계상되는 양도소득세 또는 법인세의 세액 범위는 부과종료시점 이전에 토지가 양도된 때에는 해당 세액 중 부과개시시점부터 양도시까지, 부과종료시점 이후에 토지가 양도된 때에는 부과개시시점부터 부과종료시점까지에 상당하는 세액으로 한다. 이 경우 개발비용으로 계상되는 세액의 산정은 양도소득세 또는 법인세를 일(日) 단위로 똑같이 나누어 산정한다. <개정 2014.7.14.>
제14조(부담금의 결정·부과) ① 시장·군수·구청장은 부과종료시점부터 5개월 이내에 개발부담금을 결정·부과하여야 한다. 다만, 제9조제3항 각 호 외의 부분 단서에 해당하는 경우로서 해당 사업이 대규모 사업	제14조(부과 금액의 산정) ① 법 제8조부터 제13조까지의 규정에 따라 부담금을 산정할 때 부과종료시점이 월 중에 속하는 경우에는 부과종료시점이 속한 월의 전월 정상지가변동률을 적용하여 부담금을 산정한

개발이익 환수에 관한 법률 [법률 제19430호, 2023.6.9., 타법개정]	개발이익 환수에 관한 법률 시행령 [대통령령 제35261호, 2025.2.13., 타법개정]
의 일부에 해당되어 제11조에 따른 개발비용의 명세(明細)를 제출할 수 없는 경우에는 대통령령으로 정하는 바에 따라 개발부담금을 결정·부과할 수 있다. <개정 2013.3.23., 2014.1.14., 2020.2.18.> ② 시장·군수·구청장은 제1항에 따라 개발부담금을 결정·부과하려면 대통령령으로 정하는 바에 따라 미리 납부의무자에게 그 부과기준과 부과 금액을 알려야 한다. <개정 2013.3.23., 2014.1.14., 2020.2.18.> ③ 제2항에 따라 통지받은 개발부담금에 대하여 이의가 있는 자는 대통령령으로 정하는 바에 따라 심사를 청구할 수 있다.	다. 이 경우 부과종료시점이 속한 월의 정상지가변동률이 공표된 때에는 지체 없이 그 차액을 산정하여 정산하여야 한다. ② 별표 1 제7호에 따른 지목변경이 수반되는 개발사업의 경우 인가등을 받은 면적 중 그 사업이 종료된 후 사실상 또는 공부상 지목이 변경된 면적에 한하여 개발이익이 발생한 것으로 본다. <개정 2014.7.14.> ③ 제2항에 따른 개발사업에 대한 부담금을 산정할 때 그 개발비용은 총지출비용 중 지목이 변경된 부분에 지출된 비용으로 하되, 지목이 변경된 부분에 지출된 비용을 명확하게 구분할 수 없는 경우에는 면적비율에 따른다.
제14조의2(부담금의 조정 등) ① 시장·군수·구청장은 개발부담금 결정·부과 후 「학교용지 확보 등에 관한 특례법」에 따른 학교용지부담금을 납부하는 등 대통령령으로 정하는 사유가 발생한 경우에는 이를 다시 산정·조정하여 그 차액을 부과하거나 되돌려주어야 한다. <개정 2020.2.18., 2020.6.9.> ② 제1항에 따른 산정·조정 방법 및 부과·환급 절차 등에 필요한 사항은 대통령령으로 정한다. [본조신설 2017.12.26.]	
제15조(납부의 고지) ① 시장·군수·구청장은 이 법에 따라 개발부담금을 부과하기로 결정하면 납부의무자에게 대통령령으로 정하는 바에 따라 납부고지서를 발부하여야 한다. <개정 2013.3.23., 2020.2.18.> ② 개발부담금은 부과 고지할 수 있는 날부터 5년이 지난 후에는 부과할 수 없다. 이 경우 행정심판이나 소송에 의한 재결이나 판결이 확정된 날부터 1년이 지나기 전까	제15조(부과기준과 부과 금액의 예정 통지) ① 시장·군수·구청장은 법 제14조에 따라 부담금을 부과하려면 미리 납부의무자에게 결정될 부과기준 및 부과 금액을 알려야 한다. <개정 2013.3.23., 2014.7.14., 2020.9.8.> ② 제1항에 따른 통지는 비용명세서가 제출된 날부터 60일 이내에 하여야 한다. <개정 2014.7.14.> ③ 시장·군수·구청장은 법 제14조제1항

개발이익 환수에 관한 법률 [법률 제19430호, 2023.6.9., 타법개정]	개발이익 환수에 관한 법률 시행령 [대통령령 제35261호, 2025.2.13., 타법개정]
지는 개발부담금을 정정하여 부과하거나 그 밖에 필요한 처분을 할 수 있다. ③ 제2항에 따른 개발부담금을 부과 고지할 수 있는 날은 대통령령으로 정한다.	단서에 해당하는 사업에 대하여 부담금을 부과하는 경우에는 전체 개발사업이 끝난 후에 법 제9조제3항 각 호의 어느 하나에 해당하는 토지별로 부담금을 산정하여 부과할 수 있다. <개정 2013.3.23., 2020.9.8.> [제목개정 2014.7.14.] 제15조의2(부담금의 재산정·조정) ① 법 제14조의2제1항에서 "「학교용지 확보 등에 관한 특례법」에 따른 학교용지부담금을 납부하는 등 대통령령으로 정하는 사유"란 다음 각 호의 어느 하나에 해당하는 경우를 말한다. 1. 「학교용지 확보 등에 관한 특례법」에 따른 학교용지부담금의 납부 2. 제12조제1항제5호에 따른 기부채납액의 납부 ② 시장·군수·구청장은 제1항 각 호의 어느 하나에 해당하는 사유가 발생한 경우 즉시 부담금을 다시 산정·조정하여 그 차액의 부과 또는 환급을 결정해야 한다. <개정 2020.9.8.> ③ 제2항에 따라 그 차액을 환급하는 경우에는 해당 부담금의 납부일부터 그 차액의 환급을 결정하는 날까지의 기간에 대하여 「국세기본법 시행령」 제43조의3제2항 본문에 따른 기본이자율에 따라 계산한 금액을 더하여 지급한다. <개정 2020.9.8.> [본조신설 2018.6.26.]
제16조(추징) ① 시장·군수·구청장은 제7조제2항부터 제4항까지의 규정에 따른 개발부담금 감면 대상 사업(다른 법률에서 감면 대상으로 정한 사업을 포함한다)을 시행한 후 특별한 사유 없이 대통령령으로 정하는 기간에 토지를 해당 개발사업의 목적 용도	제16조(고지 전 심사) ① 제15조에 따라 통지를 받은 부과기준 및 부과 금액에 대하여 이의가 있는 납부의무자는 예정 통지를 받은 날부터 30일 이내에 시장·군수·구청장에게 심사(이하 "고지 전 심사"라 한다)를 청구할 수 있다. <개정 2013.3.23., 2014.7.

개발이익 환수에 관한 법률 [법률 제19430호, 2023.6.9., 타법개정]	개발이익 환수에 관한 법률 시행령 [대통령령 제35261호, 2025.2.13., 타법개정]
로 이용하지 아니하는 등 대통령령으로 정하는 사유가 있으면 감면한 개발부담금을 징수한다. <개정 2009.3.25., 2020.2.18.> ② 제1항에 따른 개발부담금의 징수에 필요한 사항은 대통령령으로 정한다.	14., 2020.9.8.> ② 예정 통지를 받은 납부의무자가 고지 전 심사를 청구하려면 다음 각 호의 사항을 적은 고지 전 심사청구서를 시장·군수·구청장에게 제출해야 한다. 이 경우 관계 증명서류 등이 있으면 이를 고지 전 심사청구서에 첨부해야 한다. <개정 2013.3.23., 2014.7.14., 2020.9.8.> 1. 청구인의 성명(법인의 경우에는 명칭 및 대표자의 성명) 및 주소 또는 거소(居所) 2. 부담금 부과대상토지의 명세 3. 예정 통지된 부과기준 및 부과 금액 4. 고지 전 심사청구의 이유 ③ 제1항에 따라 고지 전 심사청구를 받은 시장·군수·구청장은 그 청구를 받은 날부터 15일 이내에 이를 심사하여 그 결과를 청구인에게 알려야 한다. <개정 2013.3.23., 2020.9.8.> ④ 고지 전 심사결과의 통지는 다음 각 호의 사항을 적은 고지 전 심사결정 통지서로 하여야 한다. <개정 2014.7.14.> 1. 청구인의 성명(법인의 경우에는 명칭 및 대표자의 성명)·주소 또는 거소 2. 부담금 부과대상토지의 명세 3. 부과기준 및 부과 금액 4. 심사결과
제17조(시효) ① 개발부담금을 징수할 수 있는 권리와 개발부담금의 과오납금을 환급받을 권리는 행사할 수 있는 시점부터 5년간 행사하지 아니하면 소멸시효가 완성된다. ② 제1항에 따른 개발부담금 징수권의 소멸시효는 다음 각 호의 어느 하나의 사유로 중단된다.	제17조(부담금의 부과 기한) 법 제15조제3항에 따른 부담금을 부과 고지할 수 있는 날은 다음 각 호의 날로 한다. <개정 2014.7.14.> 1. 제15조제3항에 따라 부담금을 부과하게 되는 경우에는 전체 개발사업이 끝난 날부터 5개월이 지난 날 2. 제21조에 따라 부담금을 추징하게 되는 경우에는 추징 사유가 발생한 날부터 5

개발이익 환수에 관한 법률 [법률 제19430호, 2023.6.9., 타법개정]	개발이익 환수에 관한 법률 시행령 [대통령령 제35261호, 2025.2.13., 타법개정]
1. 납부 고지 2. 납부 독촉 3. 교부 청구 4. 압류 ③ 제2항에 따라 중단된 소멸시효는 다음 각 호의 어느 하나에 해당하는 기간이 지난 시점부터 새로 진행한다. 1. 고지한 납부 기간 2. 독촉으로 재설정된 납부 기간 3. 교부 청구 중의 기간 4. 압류 해제까지의 기간 ④ 제1항에 따른 개발부담금 징수권의 소멸시효는 납부의 연기 또는 분할 납부의 기간 중에는 진행하지 아니한다. ⑤ 제1항에 따른 환급청구권의 소멸시효는 환급청구권 행사로 중단된다. ⑥ 소멸시효에 관하여 이 법에 규정되어 있는 것 외에는 「민법」을 준용한다.	개월이 지난 날 3. 제1호와 제2호 외의 경우에는 부과종료 시점부터 5개월이 지난 날
제18조(납부) ① 개발부담금의 납부의무자는 부과일부터 6개월 이내에 개발부담금을 납부하여야 한다. ② 개발부담금은 현금 또는 대통령령으로 정하는 납부대행기관을 통하여 신용카드·직불카드 등(이하 "신용카드등"이라 한다)으로 납부할 수 있다. 다만, 시장·군수·구청장은 토지(해당 부과대상토지 및 그와 유사한 토지를 말한다) 또는 건축물로 하는 납부[이하 "물납"(物納)이라 한다]를 인정할 수 있다. <개정 2017.12.26., 2020.2.18.> ③ 제2항 본문에 따라 개발부담금을 신용카드등으로 납부하는 경우에는 납부대행기관의 승인일을 납부일로 본다. <개정 2017.12.26.> ④ 납부대행기관은 개발부담금 납부를 대	제18조(부담금의 결정) 시장·군수·구청장은 제15조에 따른 예정 통지에 이의가 없는 경우 또는 제16조에 따른 고지 전 심사청구에 대한 심사결과를 알린 경우에는 그 알린 금액에 따라 부담금을 결정한다. <개정 2013.3.23., 2020.9.8.>

개발이익 환수에 관한 법률 [법률 제19430호, 2023.6.9., 타법개정]	개발이익 환수에 관한 법률 시행령 [대통령령 제35261호, 2025.2.13., 타법개정]
행하는 대가로 납부의무자로부터 수수료를 받을 수 있다. <신설 2017.12.26.> ⑤ 물납의 기준·절차, 납부대행기관의 지정·지정취소, 납부대행 수수료 등에 필요한 사항은 대통령령으로 정한다. <신설 2017.12.26.>	
제18조의2(개발부담금의 일부 환급) ① 시장·군수·구청장은 개발부담금의 납부의무자가 제18조제1항에서 정한 납부 기한 만료일까지 개발부담금의 납부를 완료한 경우에는 부과일부터 납부일까지 기간 등을 고려하여 대통령령으로 정하는 바에 따라 산정된 금액을 납부의무자에게 되돌려줄 수 있다. <개정 2020.2.18., 2020.6.9.> ② 제20조제1항에 따른 납부의 연기 및 분할 납부의 경우에는 제1항을 적용하지 아니한다. [본조신설 2014.1.14.]	
제19조(납부 기일 전 징수) ① 시장·군수·구청장은 납부의무자가 다음 각 호의 어느 하나에 해당하면 납부 기일 전이라도 이미 부과된 개발부담금을 징수할 수 있다. <개정 2013.3.23., 2020.2.18.> 1. 국세, 지방세, 그 밖의 공과금에 대하여 체납처분을 받은 경우 2. 강제집행을 받은 경우 3. 파산선고를 받은 경우 4. 경매가 개시된 경우 5. 법인이 해산한 경우 6. 개발부담금을 포탈하려는 행위가 있다고 인정되는 경우 7. 개발부담금에 대한 납부 관리인을 두지 아니하고 국내에 주소나 거소(居所)를 두지 아니하게 된 경우 ② 시장·군수·구청장은 제1항에 따라 납	제19조(납부의 고지) 시장·군수·구청장은 법 제15조에 따라 납부의무자에게 납부고지서를 발부할 때에는 다음 각 호의 사항을 명시해야 한다. <개정 2013.3.23., 2014.7.14., 2020.9.8.> 1. 부과대상 개발사업의 명칭 2. 납부의무자 3. 부과기준 및 산출 근거 4. 납부 금액 및 납부기한 5. 납부방법

개발이익 환수에 관한 법률 [법률 제19430호, 2023.6.9., 타법개정]	개발이익 환수에 관한 법률 시행령 [대통령령 제35261호, 2025.2.13., 타법개정]
부 기일 전에 개발부담금을 징수하려면 대통령령으로 정하는 바에 따라 납부 기일을 정하여 납부의무자에게 그 뜻과 납부 기일 변경 등을 고지하여야 한다. <개정 2013.3.23., 2020.2.18.>	
제20조(납부의 연기 및 분할 납부) ① 시장·군수·구청장은 개발부담금의 납부의무자가 다음 각 호의 어느 하나에 해당하여 개발부담금을 납부하기가 곤란하다고 인정되면 대통령령으로 정하는 바에 따라 해당 개발사업의 목적에 따른 이용 상황 등을 고려하여 3년의 범위에서 납부 기일을 연기하거나 5년의 범위에서 분할 납부를 인정할 수 있다. <개정 2013.3.23., 2020.2.18.> 1. 재해나 도난으로 재산에 심한 손실을 받은 경우 2. 사업에 뚜렷한 손실을 입은 경우 3. 사업이 중대한 위기에 처한 경우 4. 납부의무자 또는 그 동거 가족의 질병이나 중상해로 장기 치료가 필요한 경우 5. 그 밖에 대통령령으로 정하는 경우 ② 납부의무자가 제1항에 따라 개발부담금의 납부 기일의 연기 및 분할 납부를 인정받으려면 대통령령으로 정하는 바에 따라 시장·군수·구청장에게 신청하여야 한다. <개정 2013.3.23., 2020.2.18.> ③ 시장·군수·구청장은 제1항과 제2항의 경우에 납부를 연기한 기간 또는 분할 납부로 납부가 유예된 기간이 1년 이상일 경우 그 1년을 초과하는 기간에 대하여는 개발부담금에 대통령령으로 정하는 금액을 가산하여 징수하여야 한다. <개정 2014.1.14., 2020.2.18.>	제20조(부담금의 정정 등) ① 시장·군수·구청장은 제18조에 따라 부담금을 결정한 후에 그 결정 내용에 누락 또는 오류가 있는 것을 발견한 경우에는 즉시 그 부담금을 조사하여 정정해야 한다. <개정 2013.3.23., 2020.9.8.> ② 납부의무자가 제12조제1항제5호에 따라 국가 또는 지방자치단체에 기부하기로 한 토지 또는 공공시설 등을 특별한 사유 없이 법 제18조에 따른 납부 기일까지 기부하지 아니하는 경우에는 납부 기일이 지난 날부터 1개월 이내에 그 토지 또는 공공시설 등과 관련하여 개발비용으로 산입한 금액에 해당하는 부담금을 징수한다. 이 경우 부담금의 납부 기한은 부과 고지일부터 30일로 한다. <개정 2014.7.14.> ③ 제1항에 따라 부담금을 정정하는 경우와 법 제26조에 따른 행정심판 등에 따라 이미 납부된 부담금 중에 과오납금이 발생한 경우에는 부담금의 납부일부터 지급결정을 하는 날까지의 기간에 대하여 「국세기본법 시행령」 제43조의3제2항 본문에 따른 기본이자율에 따라 계산한 금액을 더하여 지급한다. <개정 2014.7.14., 2020.9.8.>
제21조(납부 독촉 및 가산금) ① 시장·군수	제21조(부담금의 추징) ① 법 제16조제1항에

<table>
<tr><th>개발이익 환수에 관한 법률
[법률 제19430호, 2023.6.9., 타법개정]</th><th>개발이익 환수에 관한 법률 시행령
[대통령령 제35261호, 2025.2.13., 타법개정]</th></tr>
<tr><td>· 구청장은 개발부담금의 납부의무자가 제18조제1항에 따라 지정된 기간에 그 개발부담금을 완납하지 아니하면 납부 기한이 지난 후 10일 이내에 독촉장을 발부하여야 한다. <개정 2013.3.23., 2020.2.18.>
② 개발부담금 또는 체납된 개발부담금을 납부 기한까지 완납하지 아니한 경우에는 「지방세징수법」 제30조 및 제31조를 준용한다. <개정 2014.1.14., 2020.2.18.>
[제목개정 2014.1.14.]</td><td>서 “특별한 사유”란 다음 각 호의 어느 하나에 해당하는 경우를 말한다.
1. 천재지변이나 그 밖에 이와 유사한 사유로 해당 재산에 현저한 손실을 입은 경우
2. 기업의 도산 등으로 개발사업을 계속하는 것이 곤란한 경우
② 법 제16조제1항에서 “대통령령으로 정하는 기간”이란 부과종료시점 후 5년 이내를 말한다.
③ 법 제16조제1항에서 “대통령령으로 정하는 사유”란 다음 각 호의 어느 하나에 해당하는 경우를 말한다.
1. 당초 개발사업의 목적용도와 다른 용도로 토지를 이용하는 경우
2. 당초 개발사업의 목적용도 외의 용도로 토지를 이용하려는 자에게 그 토지를 양도하는 경우
④ 시장·군수·구청장은 법 제7조제2항에 따라 경감한 부담금을 법 제16조제1항에 따라 추징하려면 제3항의 사유가 발생한 날부터 15일 이내에 경감한 부담금에 대한 납부고지서를 납부의무자에게 보내야 한다. 이 경우 추징하는 부담금에 대한 납부기한은 고지일부터 30일로 한다. <개정 2013.3.23., 2020.9.8.>
⑤ 시장·군수·구청장은 법 제7조제3항에 따라 면제한 부담금을 법 제16조제1항에 따라 추징하려면 제3항의 사유가 발생한 날부터 15일 이내에 납부의무자에게 추징을 통보해야 하며, 납부의무자는 통보를 받은 날부터 30일 이내에 법 제11조에 따른 개발비용 산정에 필요한 명세서를 시장·군수·구청장에게 제출해야 한다. <개정 2013.3.23., 2014.7.14., 2020.9.8.>
⑥ 제5항에 따라 부담금을 추징하는 경우</td></tr>
</table>

개발이익 환수에 관한 법률 [법률 제19430호, 2023.6.9., 타법개정]	개발이익 환수에 관한 법률 시행령 [대통령령 제35261호, 2025.2.13., 타법개정]
	에는 법 제18조와 이 영 제15조·제16조·제18조 및 제19조를 준용한다. 제21조의2(신용카드 등에 의한 개발부담금의 납부) ① 법 제18조제2항 본문에서 "대통령령으로 정하는 납부대행기관"이란 다음 각 호의 구분에 따른 기관을 말한다. <개정 2020.3.24., 2023.6.27.> 1. 법 제4조에 따라 지방자치단체에 귀속되는 개발부담금의 경우: 「지방행정제재·부과금의 징수 등에 관한 법률 시행령」 제19조제1항에 따른 지방세외수입수납대행기관 2. 법 제4조에 따라 특별회계에 귀속되는 개발부담금의 경우: 다음 각 목의 기관 가. 「민법」 제32조에 따라 금융위원회의 허가를 받아 설립된 금융결제원 나. 정보통신망을 이용하여 신용카드·직불카드 등(이하 "신용카드등"이라 한다)에 의한 결제를 수행하는 기관 중 시설, 자본금 규모, 업무수행능력 등을 고려하여 국토교통부장관이 납부대행기관으로 지정하여 고시한 기관. 이 경우 국토교통부장관은 납부대행기관의 지정에 관하여 행정안전부장관과 협의하여야 한다. ② 국토교통부장관은 제1항제2호나목에 따른 납부대행기관이 다음 각 호의 어느 하나에 해당하는 경우에는 행정안전부장관과 협의하여 납부대행기관의 지정을 취소할 수 있다. 이 경우 국토교통부장관은 그 지정 취소 사실을 관보에 고시하여야 한다. 1. 제1항제2호나목에 따른 시설 축소, 자본금 규모 감소 등으로 인하여 부담금 납부대행 업무를 정상적으로 수행하기 어렵

개발이익 환수에 관한 법률 [법률 제19430호, 2023.6.9., 타법개정]	개발이익 환수에 관한 법률 시행령 [대통령령 제35261호, 2025.2.13., 타법개정]
	다고 인정되는 경우 2. 신용카드등에 의한 부담금 납부대행 업무를 정상적으로 운영하지 못하는 등 업무수행능력에 문제가 있다고 판단되는 경우 ③ 법 제18조제4항에 따른 납부대행 수수료는 납부 금액의 1천분의 10을 초과할 수 없다. ④ 제1항부터 제3항까지에서 규정한 사항 외에 신용카드등에 의한 개발부담금의 납부에 필요한 사항은 국토교통부장관이 정한다. [본조신설 2018.6.26.]
제22조(체납처분 등) ① 시장·군수·구청장은 개발부담금의 납부의무자가 독촉장을 받고도 지정된 기한까지 개발부담금과 가산금 등을 완납하지 아니하면 「지방행정제재·부과금의 징수 등에 관한 법률」에 따라 징수할 수 있다. <개정 2013.3.23., 2017.12.26., 2020.2.18., 2020.3.24.> ② 제1항에 따른 개발부담금 및 가산금 등은 국세와 지방세를 제외한 그 밖의 채권에 우선하여 징수한다. 다만, 제15조에 따른 개발부담금 납부 고지일 전에 전세권, 질권 또는 저당권의 설정을 등기하거나 등록한 사실이 증명되는 재산을 매각할 때 그 매각대금 중에서 개발부담금과 가산금 등을 징수하는 경우 그 전세권, 질권 또는 저당권으로 담보된 채권에 대하여는 그러하지 아니하다. ③ 분할 납부가 인정된 개발부담금을 징수할 때에는 제20조제1항에도 불구하고 1회의 분할 납부가 체납된 경우에는 체납처분할 때에 그 납부 기간 이후 분할 납부하여	제22조(물납) ① 법 제18조제2항 단서에 따라 물납을 신청하려는 자는 부담금의 금액, 물납부동산의 소재지, 면적, 위치 및 가격 등을 적은 물납신청서를 시장·군수·구청장에게 제출해야 한다. <개정 2013.3.23., 2016.7.19., 2018.6.26., 2020.9.8.> ② 시장·군수·구청장은 제1항에 따른 물납신청서를 받은 날부터 30일 이내에 국토교통부령으로 정하는 바에 따라 수납 여부를 결정하여 신청인에게 서면으로 알려야 한다. <개정 2013.3.23., 2014.7.14., 2020.9.8.> ③ 납부의무자는 부과 금액과 물납부동산 가액과의 차액을 현금 또는 신용카드등으로 내야 한다. <개정 2014.7.14., 2016.7.19., 2023.6.27.> ④ 물납부동산의 가액은 다음 각 호의 구분에 따라 산정한다. <개정 2016.7.19.> 1. 토지: 부과종료시점 당시의 개별공시지가(물납 토지가 부과대상토지인 경우에는 종료시점지가)에 부과종료시점부터 제2항에 따라 서면으로 알린 날까지의

개발이익 환수에 관한 법률 [법률 제19430호, 2023.6.9., 타법개정]	개발이익 환수에 관한 법률 시행령 [대통령령 제35261호, 2025.2.13., 타법개정]
야 할 개발부담금과 가산금 등의 전액을 일괄하여 징수한다.	정상지가상승분을 합한 금액 2. 건축물(토지와 그 위의 주택을 함께 물납하는 경우에는 토지를 포함한다): 부과종료시점 당시의 시가표준액 ⑤ 제4항에도 불구하고 개별공시지가 또는 시가표준액이 없는 경우의 물납부동산 가액은 시장·군수·구청장이 지정하는 감정평가법인등이 감정평가한 금액으로 한다. <신설 2016.7.19., 2016.8.31., 2018.6.26., 2020.9.8.>
	제22조의2(부담금의 일부 환급) ① 법 제18조의2제1항에 따른 부담금의 일부 환급 금액(이하 "환급액"이라 한다)의 산정방법은 별표 4와 같다. 다만, 산정된 환급액이 10만원 미만인 경우에는 환급액이 없는 것으로 본다. ② 제1항에 따라 산정한 환급액(특별회계에의 귀속분에 해당하는 금액과 해당 지방자치단체에의 귀속분에 해당하는 금액을 합한 금액을 말한다)의 환급방법 등에 필요한 사항은 국토교통부령으로 정한다. <개정 2018.9.18., 2020.9.8.> [본조신설 2014.7.14.]
제23조(결손처분) ① 시장·군수·구청장은 체납자에게 다음 각 호의 어느 하나에 해당하는 사유가 있으면 결손처분을 할 수 있다. <개정 2013.3.23., 2020.2.18., 2020.6.9.> 1. 체납처분이 끝나고 그 체납액에 충당된 배분 금액이 체납액보다 부족할 때 2. 제17조제1항에 따라 소멸시효가 완성될 때 3. 체납처분의 목적물인 총재산의 추산 가액이 체납 처분비에 충당하고 잔액이 생길 여지가 없는 때 4. 체납자의 행방을 알 수 없거나 재산이 없다는 것이 밝혀져 체납액을 징수할 가망	제23조(납부 기일 전 징수) 시장·군수·구청장은 법 제19조제2항에 따라 납부 기일 전에 부담금을 징수하려는 경우에는 그 납부 기일을 부담금 고지일부터 5일 이상이 지난 날로 해야 하고, 그 고지서에는 납부 기일 전에 징수한다는 뜻과 납부 기일이 변경된 사실을 적어야 한다. <개정 2013.3.23., 2020.9.8.>

<table>
<tr><th>개발이익 환수에 관한 법률
[법률 제19430호, 2023.6.9., 타법개정]</th><th>개발이익 환수에 관한 법률 시행령
[대통령령 제35261호, 2025.2.13., 타법개정]</th></tr>
<tr><td>이 없는 때
② 시장·군수·구청장은 제1항에 따라 결손처분을 한 후 압류할 수 있는 다른 재산을 발견하면 지체 없이 그 처분을 취소하고 체납처분을 하여야 한다. 다만, 제1항제2호에 해당하는 경우에는 그러하지 아니하다. <개정 2013.3.23., 2020.2.18.></td><td></td></tr>
<tr><td>제24조(자료 제출 의무) 납부의무자는 다음 각 호의 구분에 따라 대통령령으로 정하는 바에 따라 제11조에 따른 개발비용의 산정에 필요한 명세서를 시장·군수·구청장에게 제출하여야 한다. <개정 2009.3.25., 2013.3.23., 2020.2.18.>
1. 국가나 지방자치단체로부터 개발사업의 준공인가 등을 받은 경우
2. 제9조제3항 단서의 경우</td><td>제24조(납부의 연기 및 분할 납부) ① 법 제20조에 따라 납부 기일을 연기하거나 분할 납부를 신청하려는 자는 납부 기일 연기 또는 분할 납부 사유 등을 적은 납부 기일 연기신청서 또는 분할 납부 신청서를 시장·군수·구청장에게 제출해야 한다. <개정 2013.3.23., 2020.9.8.>
② 시장·군수·구청장은 제1항에 따른 납부 기일 연기신청서 또는 분할 납부 신청서를 받은 날부터 30일 이내에 신청인에게 납부 기일 연기 또는 분할 납부 여부를 서면으로 알려야 한다. <개정 2013.3.23., 2020.9.8.>
③ 법 제20조제1항제5호에서 “대통령령으로 정하는 경우”란 부담금 부과 금액이 1천만원을 초과하고, 납부의무자가 「지방세기본법」 제67조에 따른 담보를 제공하는 경우를 말한다. <개정 2014.7.14., 2020.9.8.>
1. 삭제 <2014.7.14.>
2. 삭제 <2014.7.14.>
3. 삭제 <2014.7.14.>
④ 법 제20조제3항에서 “대통령령으로 정하는 금액”이란 다음의 계산식에 따라 산정한 금액을 말한다. <개정 2014.7.14.>

부담금 × 시중은행의 1년 만기 정기예금 평균 수신금리를 고려하여 국토교통부장관이 매년 결정·고시하는 이자율 × 납부를 연기한 기간 또는 분할 납부로 납부가 유예된 기간</td></tr>
</table>

개발이익 환수에 관한 법률 [법률 제19430호, 2023.6.9., 타법개정]	개발이익 환수에 관한 법률 시행령 [대통령령 제35261호, 2025.2.13., 타법개정]
제25조(자료의 통보) ① 개발부담금의 부과 대상인 개발사업에 관하여 인가등을 한 행정청은 인가등을 한 날부터 15일 이내에 그 사실을 시장·군수·구청장에게 알려야 한다. <개정 2013.3.23., 2020.2.18.> ② 시장·군수·구청장이 개발부담금을 부과한 경우에는 국토교통부령으로 정하는 바에 따라 대상 사업, 납부의무자, 부과 금액, 사업 기간 및 부과일 등에 관한 사항을 부과일부터 15일 이내에 국토교통부장관 및 국세청장에게 통보하여야 한다. <개정 2013.3.23., 2020.2.18.>	제25조(결손처분) 시장·군수·구청장은 법 제23조제1항제4호에 따라 결손처분을 하려면 관할 세무서 등 관계 행정기관 등에 조회하여 그 체납자의 행방 또는 재산의 유무를 조사·확인해야 한다. 다만, 체납된 부담금이 10만원 미만인 경우는 제외한다. <개정 2013.3.23., 2020.9.8.>
	제25조의2(개발비용 산출명세서) ① 법 제24조에 따라 개발비용의 산정에 필요한 명세서를 제출하려는 자는 다음 각 호에서 정하는 바에 따라 개발비용 산출명세서를 시장·군수·구청장에게 제출해야 한다. <개정 2013.3.23., 2020.9.8.> 1. 국가 또는 지방자치단체로부터 개발사업의 준공인가 등을 받은 경우에는 부과종료시점부터 40일 이내에 제출할 것 2. 부과대상토지가 법 제9조제3항 단서에 해당되는 경우로서 준공된 개발사업별로 개발비용을 산출하기 곤란한 경우에는 전체 개발사업이 완료된 날부터 40일 이내에 명세서를 제출할 것. 이 경우 부과종료시점이 서로 다른 대상 토지는 그 명세서를 별도로 구분하여 작성하여야 한다. ② 제1항에 따른 개발비용 산출명세서에는 설계서 등 개발비용 산출 증명서류를 첨부하여야 한다. 다만, 법 제11조제2항에 따라 국토교통부장관이 고시하는 단위면적당 표준비용을 적용하는 경우에는 제12조제1항제1호부터 제4호까지의 개발비용에 대한

개발이익 환수에 관한 법률 [법률 제19430호, 2023.6.9., 타법개정]	개발이익 환수에 관한 법률 시행령 [대통령령 제35261호, 2025.2.13., 타법개정]
	개발비용 산출 증명서류는 첨부하지 아니한다. <개정 2011.11.11., 2013.3.23.> [본조신설 2009.6.25.]
제3장 보칙	
제26조(행정심판의 특례) ① 개발부담금 등의 부과·징수에 이의가 있는 자는 「공익사업을 위한 토지 등의 취득 및 보상에 관한 법률」에 따른 중앙토지수용위원회에 행정심판을 청구할 수 있다. ② 제1항에 따른 행정심판청구에 대하여는 「행정심판법」 제6조에도 불구하고 「공익사업을 위한 토지 등의 취득 및 보상에 관한 법률」에 따른 중앙토지수용위원회가 심리·의결하여 재결(裁決)한다. <개정 2010.1.25.>	제26조(개발사업의 조사) 시장·군수·구청장은 부담금의 부과대상인 개발사업의 누락을 방지하기 위하여 법 제25조제1항에 따른 관계 행정청의 통보가 없는 경우에는 진행 중인 개발사업에 대한 현지조사 또는 관계 행정청에 대한 사실조회 등 필요한 조치를 해야 한다. <개정 2013.3.23., 2020.9.8.>
제27조 삭제 <2020.2.18.>	제27조(대상 사업의 고지) 시장·군수·구청장은 법 제25조제1항에 따라 관계 행정청의 통보를 받으면 법 제6조에 따른 납부의무자에게 국토교통부령으로 정하는 사항을 미리 고지해야 한다. <개정 2013.3.23., 2020.9.8.>
제28조(벌칙) ① 개발부담금을 면탈(免脫)·감경(減輕)할 목적 또는 면탈·감경하게 할 목적으로 거짓으로 계약을 체결한 자는 3년 이하의 징역에 처하거나, 면탈·감경을 하였거나 면탈·감경을 하려고 한 개발부담금의 3배 이하에 해당하는 벌금에 처한다. ② 법인의 대표자나 법인 또는 개인의 대리인, 사용인, 그 밖의 종업원이 그 법인 또는 개인의 업무에 관하여 제1항의 위반행위를 하면 그 행위자를 벌하는 외에 그 법인 또는 개인에게도 해당 조문의 벌금형을 과(科)한다. 다만, 법인 또는 개인이 그 위반행위를 방지하기 위하여 해당 업무에 관하여 상당한 주의와 감독을 게을리하지 아니한 경우	제28조 삭제 <2020.9.8.>

개발이익 환수에 관한 법률 [법률 제19430호, 2023.6.9., 타법개정]	개발이익 환수에 관한 법률 시행령 [대통령령 제35261호, 2025.2.13., 타법개정]
에는 그러하지 아니하다. <개정 2009.3.25.> ③ 삭제 <2009.3.25.>	제28조의2 삭제 <2020.3.3.>
제29조(과태료) ① 제24조에 따른 명세서를 기한까지 제출하지 아니하거나 거짓으로 제출한 자에게는 200만원 이하의 과태료를 부과한다. <개정 2009.3.25.> ② 제1항에 따른 과태료는 대통령령으로 정하는 바에 따라 시장·군수·구청장이 부과·징수한다. <개정 2013.3.23., 2020.2.18.> ③ 삭제 <2009.3.25.> ④ 삭제 <2009.3.25.> ⑤ 삭제 <2009.3.25.>	제29조(과태료의 부과기준) 법 제29조에 따른 과태료의 부과기준은 다음과 같다. 1. 납부의무자가 법 제24조에 따른 개발비용 산출명세서를 제25조의2에서 정한 기한 내에 제출하지 아니한 경우: 100만원 2. 납부의무자가 법 제24조에 따른 개발비용 산출명세서를 부과종료시점부터 3개월 이내에 제출하지 아니하거나 거짓으로 제출한 경우: 200만원 [본조신설 2009.6.25.]
부칙 <제19430호, 2023.6.9.> (지방자치분권 및 지역균형발전에 관한 특별법)	**부칙** <제35261호, 2025.2.13.> (국가유산영향진단법 시행령)
제1조(시행일) 이 법은 공포 후 1개월이 경과한 날부터 시행한다. <단서 생략> 제2조 부터 제20조까지 생략 제21조(다른 법률의 개정) ① 생략 ② 개발이익 환수에 관한 법률 일부를 다음과 같이 개정한다. 제4조제1항 중 "「국가균형발전 특별법」에 따른 국가균형발전특별회계"를 "「지방자치분권 및 지역균형발전에 관한 특별법」에 따른 지역균형발전특별회계"로 한다. ③부터 <54>까지 생략 제22조 생략	제1조(시행일) 이 영은 2025년 2월 14일부터 시행한다. 제2조(다른 법령의 개정) ① 개발이익 환수에 관한 법률 시행령 일부를 다음과 같이 개정한다. 제12조제1항제2호다목을 다음과 같이 한다. 다. 「국가유산영향진단법」 제3조제9호에 따른 영향진단 및 「매장유산 보호 및 조사에 관한 법률」 제11조제3항에 따른 매장유산의 발굴에 드는 비용 ②부터 ④까지 생략 제3조(「개발이익 환수에 관한 법률 시행령」의 개정에 관한 경과조치) 종전의 「매장유산 보호 및 조사에 관한 법률」 제6조제1항에 따른 매장유산의 지표조사에 드는 비용의 개발비용 산정기준에 관하여는 부칙 제2조제1항에 따라 개정되는 「개발이익 환수에 관한 법률 시행령」 제12조제1항제2호다목의 개정규정에도 불구하고 종전의 규정에 따른다.

부록3 | 개발이익 환수에 관한 법률 시행규칙

개발이익 환수에 관한 법률 시행규칙
[시행 2023.4.24.] [국토교통부령 제1205호, 2023.4.24., 일부개정]

제1조(목적) 이 규칙은 「개발이익 환수에 관한 법률」 및 같은 법 시행령에서 위임된 사항과 그 시행에 필요한 사항을 정함을 목적으로 한다. <개정 2014.7.14.>

제2조(징수금의 정산) ① 특별자치시장·특별자치도지사·시장·군수 또는 자치구의 구청장(이하 "시장·군수·구청장"이라 한다)은 「개발이익 환수에 관한 법률 시행령」(이하 "영"이라 한다) 제3조에 따른 징수금을 배분할 때 정산이 필요한 경우에는 같은 조 제5항에 따라 분기별 물납 실적을 통보할 때 국토교통부장관에게 정산을 신청해야 한다. <개정 2013.3.23., 2014.7.14., 2020.11.19.>

② 국토교통부장관은 제1항에 따른 정산신청을 받으면 징수 수수료를 지급할 때 시장·군수·구청장에게 정산금액을 지급해야 한다. <개정 2013.3.23., 2020.11.19.>

제2조의2(개발부담금의 부과·징수 실적 등의 통보) 영 제3조제5항에 따른 분기별 개발부담금의 부과·징수 실적 및 납입·물납 실적의 통보는 별지 제1호서식에 따른다.
[본조신설 2020.11.19.]

제3조(개발사업이 둘 이상의 시·군·구에 걸치는 경우) ① 「개발이익 환수에 관한 법률」(이하 "법"이라 한다) 제5조에 따른 개발부담금 부과대상 사업이 둘 이상의 특별자치시·특별자치도·시·군 또는 자치구(이하 "시·군·구"라 한다)에 걸치는 경우에는 해당 사업지구의 면적이 가장 많이 편입된 지역의 시장·군수·구청장이 개발부담금을 부과·징수한다. <개정 2014.7.14.>

② 제1항에 따라 부과·징수한 개발부담금의 지방자치단체 귀속분은 각 시·군·구별로 편입된 면적의 비율에 따라 배분한다.

제4조(부담금 부과대상 사업 등의 범위) ① 삭제 <2014.7.14.>

② 영 별표 1 제1호나목의 비고란 1)에서 "「택지개발촉진법」에 따른 택지개발사업 등 국토교통부령으로 정하는 개발부담금 부과대상 개발사업"이란 다음 각 호의 어느 하나에 해당하는 개발사업을 말한다. <개정 2014.7.14., 2016.12.30.>

1. 「택지개발촉진법」에 따른 택지개발사업
2. 「주택법」에 따른 대지조성사업

개발이익 환수에 관한 법률 시행규칙 [시행 2023.4.24.] [국토교통부령 제1205호, 2023.4.24., 일부개정]
3. 「산업입지 및 개발에 관한 법률」에 따른 산업단지개발사업 4. 「도시개발법」에 따른 도시개발사업 5. 그 밖에 개발부담금 부과대상 개발사업의 시행에 따른 주택지조성사업 ③ 영 별표 1 제3호다목·라목 및 사목의 비고란에서 각각 "국토교통부령으로 정하는 사업"이란 별표 1에서 정하는 사업을 말한다. <개정 2013.3.23., 2014.7.14.> ④ 영 별표 1 제5호다목의 비고란에서 "국토교통부령으로 정하는 경우"란 다음 각 호의 어느 하나에 해당하는 경우를 말한다. <개정 2013.3.23., 2014.7.8., 2014.7.14., 2019.3.20.> 1. 「철도의 건설 및 철도시설 유지관리에 관한 법률」 제2조제7호에 따른 철도건설사업 및 「도시철도법」 제2조제5호에 따른 도시철도건설사업으로서 화물적하시설 등 철도운영과 직접 관련되는 시설을 설치하는 경우 2. 「농수산물유통 및 가격안정에 관한 법률」 제43조·제50조·제51조 및 제69조에 따른 농수산물공판장·농수산물집하장·농수산물산지유통센터 및 농수산물종합유통센터를 설치하는 경우 3. 「임업 및 산촌 진흥촉진에 관한 법률」 제7조에 따라 임산물 유통시설을 설치하는 경우 4. 「유통산업발전법」 제2조제16호에 따른 공동집배송센터를 조성하는 경우 5. 「물류시설의 개발 및 운영에 관한 법률」 제2조제2호에 따른 물류터미널을 건설하거나 같은 조 제6호에 따른 물류단지를 개발하는 경우 6. 「건축법 시행령」 별표 1 제18호의 창고시설을 설치하는 경우 ⑤ 영 별표 1 제7호의 근거 법률 및 사업명란에서 "국토교통부령으로 정하는 건축물"이란 별표 2에 따른 개발사업의 용도로 건축하는 건축물(창고시설은 제외한다)을 말한다. <개정 2014.7.14.> ⑥ 영 별표 1 제8호마목1)의 근거 법률 및 사업명란에서 "주택을 건축하기 위한 용도로 토지를 개발하는 사업 등 국토교통부령으로 정하는 사업"이란 별표 2에 따른 사업(창고시설을 건축하기 위한 용도로 토지를 개발하는 사업으로서 「국토의 계획 및 이용에 관한 법률」 제56조에 따른 개발행위허가를 받아 시행하는 사업은 제외한다)을 말한다. <개정 2014.7.14.> 제5조(준공 전 완료시점의 경우 부과대상토지면적) 영 제10조제4항에 따라 개발사업의 준공인가 등을 받기 전에 해당 사업이 완료된 것으로 보는 토지의 면적은 별표 3과 같다. 제6조(건축과 관련된 부대경비) 영 제11조제3항제2호에서 "국토교통부령으로 정하는 경비"란 다음 각 호의 경비를 말한다. <개정 2013.3.23., 2014.7.14., 2016.8.12., 2020.3.2.> 1. 「주택도시기금법 시행령」 제21조제1항제1호에 따른 주택분양보증 또는 주택임대보증에 따른 수수료 2. 영 제11조제3항 각 호 외의 부분 단서에 따라 「건설산업기본법」에 따라 등록을 한 건설사업자와의 도급계약에 따라 지출한 건축비 명세서를 제출한 경우 도급을 한 자가 그

개발이익 환수에 관한 법률 시행규칙
[시행 2023.4.24.] [국토교통부령 제1205호, 2023.4.24., 일부개정]

건축과 관련하여 지출한 일반관리비. 이 경우 일반관리비의 산정에 관하여는 영 제12조 제2항제1호 단서를 준용한다.

3. 그 밖에 건축과 관련하여 국토교통부장관이 정하여 고시하는 경비

제7조(매입가격 인정기관) 법 제10조제3항제1호에서 "국토교통부령으로 정하는 기관"이란 다음 각 호의 기관을 말한다. <개정 2013.3.23., 2014.7.14.>

1. 「공공기관의 운영에 관한 법률」에 따른 공공기관
2. 「지방공기업법」에 따른 지방공기업
3. 「지방세특례제한법」 제21조, 제23조, 제36조, 제37조, 제38조제1항 · 제3항, 제40조, 제42조제3항, 제45조, 제47조제1항, 제49조, 제52조제1항, 제53조, 제54조제5항제1호, 제69조 및 제88조제2항에 따른 기관

제8조(지가 산정방법) ① 시장 · 군수 · 구청장은 법 제10조제1항에 따라 종료시점지가를 산정하려면 미리 「부동산 가격공시에 관한 법률」 제25조에 따라 설치된 시 · 군 · 구부동산가격공시위원회의 심의를 거쳐야 한다. <개정 2016. 8. 31.>

② 시장 · 군수 · 구청장은 법 제10조제5항에 따라 종료시점지가 및 개시시점지가를 산정하는 경우에는 둘 이상의 감정평가법인등(「감정평가 및 감정평가사에 관한 법률」 제2조제4호에 따른 감정평가법인등을 말한다. 이하 같다)이 감정평가한 가액을 산술평균한 가액으로 해당 지가를 산정해야 한다. <개정 2014.7.14., 2016.8.31., 2020.11.19.>

제8조의2(종료시점지가의 검증) ① 법 제10조제1항 후단에 따른 종료시점지가의 적정성에 대한 검증 의뢰는 별지 제1호의2서식에 따른다.

② 영 제10조의2제3항 각 호 외의 부분에서 "국토교통부령으로 정하는 검증결과서"란 별지 제1호의3서식의 개발부담금 종료시점지가 검증결과서를 말한다.

[본조신설 2018. 6. 27.]

제9조(매입가격의 신고) ① 법 제10조제6항에서 "국토교통부령으로 정하는 기간"이란 영 제15조에 따른 부담금 예정 통지를 받은 날부터 15일 이내를 말한다. <개정 2013. 3. 23.>

② 법 제10조제6항에 따라 같은 조 제3항 각 호 외의 부분 단서를 적용받으려는 납부의무자는 제1항에 따른 기간에 별지 제1호의4서식의 거래가격 신고서에 매입증서 사본 등 매입가액 또는 취득 가액을 증명할 수 있는 서류를 첨부하여 시장 · 군수 · 구청장에게 제출해야 한다. 이 경우 시장 · 군수 · 구청장은 「전자정부법」 제36조제1항에 따른 행정정보의 공동이용을 통하여 토지의 등기사항증명서를 확인해야 한다. <개정 2014.7.14., 2020.11.19.>

③ 삭제 <2014.7.14.>

④ 영 제11조제5항제1호에서 "국토교통부령으로 정하는 증명서류"란 다음 각 호의 어느 하나에 해당하는 서류를 말한다. 다만, 제2항 후단에 따른 시장 · 군수 · 구청장의 확인으로 토지의 등기사항증명서에 적힌 접수일이 개발부담금 부과개시시점 이전임이 확인되는 경우에는 그 확인으로 증명을 갈음한다. <개정 2009.6.25., 2013.3.23., 2014.7.14., 2014.7.29.,

개발이익 환수에 관한 법률 시행규칙
[시행 2023.4.24.] [국토교통부령 제1205호, 2023.4.24., 일부개정]

2017.1.20.>

1. 「부동산 거래신고 등에 관한 법률」 제3조에 따른 신고필증 사본(신고접수일을 기준으로 증명한다. 다만, 담당 공무원이 같은 법 시행령 제3조 각 호에 따른 서류를 확인하여 신고필증의 내용대로 거래대금이 지급된 것을 확인한 경우에는 거래계약일을 기준으로 증명할 수 있다)
2. 「공증인법」 제50조에 따른 증서의 등본(증서의 작성일을 기준으로 증명한다)
3. 「공증인법」 제57조에 따른 인증된 사서증서의 등본(사서증서의 인증일을 기준으로 증명한다)

제10조(감정평가법인등의 지정) 시장·군수·구청장은 법 제6조에 따른 납부의무자가 영 제12조제1항제9호나목 단서에 따라 감정평가법인등의 지정을 요청하면 지체 없이 지정해야 한다. <개정 2014.7.14., 2016.8.31., 2020.11.19.>
[제목개정 2020.11.19.]

제10조의2(개발비용산정기관) 영 제12조제4항제2호 각 목 외의 부분에서 "국토교통부령으로 정하는 요건"이란 다음 각 호의 요건을 말한다.

1. 정관[「고등교육법」 제2조 각 호에 따른 학교의 연구소(이하 "연구소"라 한다)의 경우는 학칙을 말한다]에 개발비용 산정업무가 사업내용으로 등재되어 있을 것
2. 다음 각 목의 요건을 갖춘 각각의 인력을 상시 고용할 것. 다만, 연구소의 경우에는 다음 각 목의 상시고용인원 중 1명 이상은 교수, 부교수, 조교수 또는 강사가 아니어야 한다.
 가. 개발비용 산정업무에 종사한 경력이 3년 이상인 사람 2명 이상
 나. 건축·토목 분야를 전공한 전문대학 이상의 졸업자(법령에 따라 이와 같은 수준 이상의 학력이 있다고 인정되는 사람을 포함한다) 또는 「국가기술자격법」에 따른 건축 또는 토목 분야의 산업기사 이상의 자격증을 소지한 사람 2명 이상. 다만, 영 제12조제5항에 따라 시장·군수·구청장이 금액 산출 등을 의뢰하는 개발비용산정기관(영 제12조제4항제2호에 따른 개발비용산정기관을 말한다)의 경우에는 건축 또는 토목 분야의 기사 이상의 자격증을 소지한 기간이 4년 이상인 사람 또는 산업기사 자격증을 소지한 기간이 7년 이상인 사람 2명 이상으로 한다.
 다. 회계·상경 분야를 전공한 전문대학 이상의 졸업자(법령에 따라 이와 같은 수준 이상의 학력이 있다고 인정되는 사람을 포함한다) 또는 감정평가사, 공인회계사, 전산회계운용사(2급 이상만 해당한다) 자격증을 소지한 사람 2명 이상
3. 기본재산이 1억원 이상일 것. 다만, 제2호나목 단서에 따른 개발비용산정기관인 경우에는 2억원 이상으로 한다.
 [전문개정 2020.11.19.]

제11조(예정 통지서) 영 제15조제1항에 따른 개발부담금 예정 통지는 별지 제2호서식에 따른다.

제12조(고지 전 심사청구서) ① 영 제16조제2항에 따른 개발부담금의 고지 전 심사청구서는

개발이익 환수에 관한 법률 시행규칙
[시행 2023.4.24.] [국토교통부령 제1205호, 2023.4.24., 일부개정]

별지 제3호서식에 따른다.
② 제1항에 따른 심사청구서에는 관계 증명서류 또는 증거물을 첨부하여야 한다.
③ 영 제16조제4항에 따른 고지 전 심사결정 통지서는 별지 제4호서식에 따른다.

제13조(납부고지서 등) 영 제19조·제20조 및 제21조제4항에 따른 개발부담금 납부고지서와 그 영수증서는 다음 각 호의 구분에 따른다. <개정 2014.7.14.>
1. 국가 귀속분: 별지 제5호서식
2. 지방자치단체 귀속분: 별지 제5호의2서식

제14조(정정 통지서) 영 제20조에 따른 개발부담금 납부 고지 내용에 대한 정정의 통지는 별지 제6호서식에 따른다. <개정 2014.7.14.>

제15조(개발부담금 부과·징수 대장) ① 시장·군수·구청장은 영 제18조부터 제25조까지의 규정에 따라 개발부담금의 결정·납부고지·징수 등을 하거나 영 제26조에 따라 개발사업에 대한 현지조사 또는 사실조회 등을 하였으면 별지 제7호서식의 개발부담금 부과·징수 대장에 그 내용을 기록하고 관리하여야 한다. <개정 2014.7.14.>
② 제1항에 따른 개발부담금 부과·징수 대장은 전자적 처리가 불가능한 특별한 사유가 없으면 전자적 처리가 가능한 방법으로 작성·관리하여야 한다.

제16조(물납신청 등) ① 영 제22조제1항에 따른 물납신청서는 별지 제8호서식에 따른다.
② 제1항에 따른 물납신청서에는 다음 각 호의 서류를 첨부하여야 한다. 이 경우 시장·군수·구청장은 「전자정부법」 제36조제1항에 따른 행정정보의 공동이용을 통하여 물납하려는 토지 또는 건축물의 등기사항증명서를 확인하여야 한다. <개정 2011.4.11., 2014.7.14., 2016.7.19.>
1. 물납토지 가액 또는 물납건축물 가액의 산출 근거
2. 차액 산정 근거
③ 시장·군수·구청장은 영 제22조제1항에 따른 물납신청을 받은 경우 토지(개발부담금 부과대상토지 및 그와 유사한 토지를 말한다. 이하 이 조에서 같다) 또는 건축물로서 지방자치단체가 직접 사용할 수 있거나 처분이 가능한 토지 또는 건축물에 한정하여 물납을 인정할 수 있다. 다만, 다음 각 호의 어느 하나에 해당하는 경우에는 물납대상에서 제외한다. <신설 2014.7.14., 2016.7.19.>
1. 물납하려는 토지의 가액과 건축물의 가액을 합한 금액이 개발부담금 부과 금액을 초과하는 경우
2. 물납하려는 토지 또는 건축물에 도시·군계획시설이 결정·고시되어 있는 경우. 다만, 지방자치단체가 직접 사용하기 위한 토지 또는 건축물에 대해서는 물납을 인정할 수 있다.
3. 물납하려는 토지 또는 건축물에 저당권·가등기담보권·가압류·지상권 등이 설정되어 있는 경우

개발이익 환수에 관한 법률 시행규칙
[시행 2023.4.24.] [국토교통부령 제1205호, 2023.4.24., 일부개정]

4. 물납하려는 토지에 공작물, 수목 또는 분묘가 있는 경우
5. 건축물이 속한 토지를 제외하고 건축물만 물납하려는 경우

④ 시장·군수·구청장은 영 제22조제2항에 따라 물납을 결정하였으면 별지 제9호서식의 물납인정서를 발급하여야 한다. <개정 2014.7.14., 2016.7.19.>

[제목개정 2014.7.14.]

제16조의2(개발부담금의 일부 환급) 시장·군수·구청장은 영 제22조의2제2항에 따른 개발부담금의 일부 환급 금액(이하 "환급액"이라 한다)을 환급하는 경우 납무 의무자에게 전액을 환급하고, 「국가균형발전 특별법」에 따른 국가균형발전특별회계에의 귀속분에 대한 환급액에 대해서는 국토교통부장관에게 정산을 요청할 수 있다. <개정 2020.11.19.>

[본조신설 2014.7.14.]

제17조(납부 기일 연기신청서 등) ① 영 제24조에 따른 납부 기일 연기신청서는 별지 제10호서식에 따른다.

② 제1항에 따른 신청서에는 연기 사유를 증명할 수 있는 자료를 첨부하여야 한다.

③ 시장·군수·구청장은 제1항에 따른 신청에 대하여 납부 기일 연기허가를 결정하였으면 별지 제11호서식의 납부 기일 연기 허가서를 발급하여야 한다.

제18조(분할 납부 신청서 등) ① 영 제24조에 따른 분할 납부 신청서는 별지 제12호서식에 따른다.

② 제1항에 따른 신청서에는 분할 납부 사유를 증명할 수 있는 자료를 첨부하여야 한다.

③ 시장·군수·구청장은 영 제24조에 따라 분할 납부 허가를 결정하였으면 별지 제13호서식의 분할 납부 허가서를 발급하여야 한다.

제19조(독촉장) 법 제21조에 따른 독촉장은 별지 제14호서식에 따른다.

제20조(개발비용 산출명세서) 법 제24조에 따른 개발비용 산출명세서는 별지 제15호 서식에 따른다.

[전문개정 2009.6.25.]

제21조(자료의 통보 등) ① 법 제25조제1항에 따른 인가·허가·면허 등(신고를 포함하며, 이하 "인가등"이라 한다)의 통보는 별지 제16호서식에 따른다. <개정 2014.7.14.>

② 제1항에 따라 통보한 사항이 변경된 경우에는 15일 이내에 별지 제17호서식에 따라 변경 사실을 통보하여야 한다.

③ 법 제25조제2항에 따른 개발부담금 부과 통보는 별지 제18호서식에 따른다.

제22조(대상사업의 고지) ① 영 제27조에 따른 대상 사업의 고지는 법 제25조제1항에 따른 인가등이 통보된 날부터 15일 이내에 하여야 한다.

② 영 제27조에서 "국토교통부령으로 정하는 사항"이란 다음 각 호의 사항을 말한다. <개정 2013.3.23., 2014.7.14.>

개발이익 환수에 관한 법률 시행규칙
[시행 2023.4.24.] [국토교통부령 제1205호, 2023.4.24., 일부개정]

1. 해당 개발사업에 대한 인가등의 내용
2. 개발부담금 납부의무자
3. 개발부담금 산정방법
4. 법 제24조 및 제29조에 따른 개발비용 산출명세서의 제출의무 및 과태료 부과에 관한 사항
5. 개발부담금 납부 및 이의신청 방법 등
6. 그 밖에 개발부담금 부과대상 개발사업의 고지에 필요한 사항

③ 제1항 및 제2항에 따른 개발부담금 부과대상 개발사업의 고지는 별지 제18호의2서식에 따른다. <신설 2014.7.14.>

제23조 삭제 <2020.11.19.>

제24조 삭제 <2020.11.19.>

부칙 <제1205호, 2023.4.24.>

제1조(시행일) 이 규칙은 공포한 날부터 시행한다.

제2조(개발부담금 부과대상 개발사업의 범위에 관한 적용례) 별표 2 제1호나목 및 마목의 개정규정은 이 규칙 시행 전에 다음 각 호의 어느 하나에 해당하는 사업(「건축법」 제22조에 따른 사용승인을 받은 날부터 5년 이내에 같은 법 제19조에 따라 전기자동차 충전소로 용도를 변경한 경우를 포함한다)에 대하여 인가등을 받은 경우에도 적용한다.

1. 전기자동차 충전소의 건축(「건축법」 제19조에 따른 용도변경을 포함한다)으로 사실상 또는 공부상의 지목변경이 수반되는 사업
2. 전기자동차 충전소를 건축하기 위한 용도로 토지를 개발하는 사업

부록4 | 개발부담금 부과·징수 업무처리규정

개발부담금 부과·징수 업무처리규정

[시행 2022.7.15.] [국토교통부훈령 제1539호, 2022.7.15., 일부개정]

제1장 총 칙

제1조(목적) 이 규정은 「개발이익 환수에 관한 법률」(이하 "법"이라 한다), 같은 법 시행령(이하 "영"이라 한다) 및 같은 법 시행규칙(이하 "규칙"이라 한다)에서 규정하고 있는 개발이익환수제의 시행에 필요한 사항을 구체적으로 규정함으로써 개발부담금의 부과·징수를 통한 개발이익의 환수가 보다 정확하고 효율적으로 이루어지도록 함을 목적으로 한다.

제2장 부과대상사업 및 납부의무자

제1절 부과대상사업

제2조(부과대상사업) ① 삭제 <2014.7.15.>

1. 삭제 <2007.1.31.>
2. 삭제 <2014.7.15.>
3. 삭제 <2014.7.15.>
4. 삭제 <2014.7.15.>
5. 삭 제 <2013.12.9>

② 다음 각 호의 어느 하나에 해당되는 사업은 영 제4조제1항 별표 1에 따른 개발부담금의 부과대상이 되는 개발사업의 범위에 포함되지 아니한다.<개정 2012.8.20.>

1. 삭제 <2008.8.26.>
2. 농지전용허가, 산림훼손허가를 받아 「가축분뇨의 관리 및 이용에 관한 법률」 제24조에 따라 설치하는 공공처리시설
3. 「도로법」에 따른 고속국도노선지정과 도로구역 결정고시가 있은후 고속도로사업으로서 고속도로 내에 휴게소를 설치하는 사업
4. 「도시 및 주거환경정비법」에 따른 주거환경개선사업, 재개발사업(다만, 영 별표1 제4호 다목에 따른 정비사업은 제외한다), 재건축사업 <2022.7.15.>
5. 「공유수면 관리 및 매립에 관한 법률」에 따라 시행하는 공유수면 매립사업

개발부담금 부과·징수 업무처리규정
[시행 2022.7.15.] [국토교통부훈령 제1539호, 2022.7.15., 일부개정]

6. 「벤처기업 육성에 관한 특별조치법」에 따라 벤처기업집적시설을 설치하는 사업
7. 「사회기반시설에 대한 민간 투자법」에 따른 민간투자사업(부대사업을 포함한다)
8. 「산업기술단지 지원에 관한 특례법」에 따라 시행하는 산업기술단지 조성사업
9. 「중소기업진흥에 관한 법률」에 따른 소기업 중 다음 각 목의 어느 하나에 해당하는 경우 <개정 2014.12.29.>
가. 「산업집적활성화 및 공장설립에 관한 법률」 제2조제1호에 따른 공장의 건축면적 또는 이에 준하는 사업장의 면적이 1천제곱미터 미만인 소기업이 「수도권정비계획법」 제2조 제1호에 따른 수도권 외의 지역에서 공장을 신축·증축 또는 이전하려는 경우
나. 「수도권정비계획법」 제2조제1호에 따른 수도권 외의 지역에서 소기업을 100분의 50 이상 유치하는 국가산업단지·일반산업단지·도시첨단산업단지 또는 농공단지를 조성하는 사업
10. 「주한미군기지 이전에 따른 평택시 등의 지원 등에 관한 특별법」에 따른 주한미군시설사업
11. 「기업도시개발특별법」에 따른 기업도시개발사업
12. 「공공주택 특별법」에 따른 공공주택사업<개정 2016.7.20.>
13. 「산업입지 및 개발에 관한 법률」에 따른 산업단지 재생사업<개정 2016.12.30.>
14. 「산업집적활성화 및 공장 설립에 관한 법률」에 따른 산업단지구조고도화사업<개정 2016.12.30.>

제2조의2(건축물의 건축 관련 부과대상사업) ① 지목변경, 개발행위허가 등을 수반하는 건축물의 건축으로서 당초에는 규칙 별표 2의 부과대상인 건축물의 종류에 해당하지 아니하였으나, 건축물 사용승인일부터 5년 이내에 부과대상인건축물의 종류로 「건축법」 제19조에 따라 용도변경을 하는 경우는 지목변경, 개발행위허가 등을 수반하지 않더라도 규칙 별표 2 제1호(본문 괄호 안)에 따라 개발부담금 부과대상사업에 포함되며, 이 경우 부과개시시점은 용도변경 인가일이 된다.<신설 2007.1.31.>
② 지목변경, 개발행위허가 등을 수반하는 건축물의 건축으로서 건축사업의 시행기간 중에 「건축법」 제16조에 따른 변경에 의하여 건축물의 종류가 변경되는 경우는 최종 사용승인을 득한 건축물의 종류가 규칙 별표 2의 부과대상인 건축물의 종류에 해당하는 지에 따라 부과대상사업 여부가 결정되며, 부과개시시점은 부과대상사업에서 부과대상사업으로 변경된 경우는 최초 인허가를 받은 날, 부과제외사업에서 부과대상사업으로 변경된 경우는 변경인가 등을 받은 날이 된다.<신설 2008.8.26>
③ 지목변경이나 별도의 개발행위허가 절차를 수반하지 않는 단순 건축물의 건축허가사업은 부과대상사업에 포함되지 않는다.<신설 2007.1.31.>

제3조(부과대상사업의 면적산정) 영 제4조에 따른 부과대상사업의 면적은 다음 각 호의 기준에 따라 산정한다.
1. 임대의무기간이 4년 이상인 국민주택규모 이하의 임대아파트와 분양아파트 건설사업을

개발부담금 부과·징수 업무처리규정
[시행 2022.7.15.] [국토교통부훈령 제1539호, 2022.7.15., 일부개정]

단일사업으로 시행할 경우에는 전체면적중 임대아파트에 해당하는 면적(임대아파트단지내 부대복리시설을 포함한다)을 제외한 분양아파트 면적(동 면적이 부과대상규모인 경우에 한한다)에 대해서만 개발부담금을 부과한다.

2. 사업종료에 따른 확정측량 결과 지적오차 등으로 인해 당초 인가등을 받은 면적과 차이가 있어 면적기재사항이 변경되는 경우에는 그 변경된 면적을 인가 등을 받은 면적으로 보아 개발부담금을 부과한다.
3. 관계법률의 규정에 의하여 국가 또는 지방자치단체로 부터 부과대상사업규모 이상으로 인가를 받아 개발사업을 착수한 후에 사업계획변경으로 사업면적이 축소된 경우에는, 사업계획의 변경으로 축소된 부분은 부과개시시점부터 사업계획변경시점까지의 기간에 대하여 개발부담금을 부과하고, 나머지 부분에 대해서는 전체 사업기간에 대하여 부과한다. 다만, 개발사업의 인가등을 받은 후 형질변경 등 사업착수를 하지 않은 상태에서 사업계획의 변경으로 사업면적만이 축소된 경우 또는 사업계획의 변경으로 대상사업 면적에서 제외된 부분에 사업을 착수하지 않은 경우(후자의 경우 해당 토지를 「공간정보의 구축 및 관리 등에 관한 법률」 제79조에 따라 분할한 경우에 한한다)에는 변경승인된 면적을 기준으로 개발부담금을 부과하되 축소된 면적이 영 제4조에서 정한 면적이하일 경우에는 개발부담금을 부과하지 않는다. 이 경우 사업에 착수하지 않았다는 사실증명은 해당 사업시행자가 하여야 한다. <개정 2012.8.20., 2016.7.20.〉
4. 토지형질변경허가사업과 관련하여 당해 사업면적에 도로용지 등 국가나 지방자치단체에 기부하는 토지나 국·공유지가 포함되어 있는 경우에는 종료시점지가와 개시시점지가의 산정 면적에서 이를 제외한다. <2022.7.15.>
5. 「지역특화발전 특구에 대한 규제 특례법」에 따른 특화사업의 경우 인가등을 받은 전체면적 중 토지개발이 이루어지는 면적에 대해서만 개발부담금을 부과한다.<신설 2007.1.31>

제4조(분할시행) ① 법 제5조제2항 및 영 제4조제1항에 따른 “연접” 여부는 반드시 필지가 붙어있는 경우만이 아니고 도로 등으로 구분된 토지라도 토지의 위치나 사업내용 등으로 보아 일단의 사업으로 판단되는 경우에는 연접한 토지로 본다.

② 삭제 <1997.9.30.>

③ 동일인인 수인이 동일 필지를 각각 부과대상규모 이하로 사실상 분할하여 개발사업을 시행한 후 소유권이전을 하는 경우에는 연접한 토지에 동일한 개발사업을 시행한 것으로 본다.

④ 동일인이 연접한 토지에 둘 이상의 개발사업을 각각 다른 시기에 인가등을 받아 사실상 분할하여 시행하는 경우에는 그 사업지구의 면적을 합하여 모두 개발부담금 부과대상으로 하며, 먼저 착수한 사업지구가 이미 완료되었다 하더라도 모두 합산하여 개발부담금을 부과한다.

개발부담금 부과·징수 업무처리규정
[시행 2022.7.15.] [국토교통부훈령 제1539호, 2022.7.15., 일부개정]

⑤ 1993.8.12. 이전에 부과대상규모 이하의 개발사업을 시행한 후 1993.8.12. 이후에 연접한 토지에 부과대상규모 이하의 개발사업을 시행하였을 경우에는 연접시행사업의 총 토지면적의 합이 최초로 인가등을 받을 당시 유효한 부과대상면적규모 이상인 경우에 개발부담금이 부과된다.

제2절 납부의무자

제5조(납부의무의 승계) ① 삭제 <2014.7.15.>
② 삭제 <2014.7.15.>
③ 주택건설사업의 사업시행자인 법인이 부도등의 원인으로 사실상 사업을 계속할 수 없게 됨으로써 입주자등이 조합을 구성하여 사업을 준공한 경우에는 그 조합(조합이 해산된 경우에는 조합원을 말한다)이 사업시행자의 지위를 승계한 것으로 본다.

제6조 삭제 <2014.7.15.>

제7조 삭제 <2014.7.15.>

제3절 부과제외 및 감면

제8조(부과제외 및 감면) ① 영 제6조제2항에 따른 감면기관이라 하더라도 영 제6조제3항에 따른 감면대상사업이 아닌 경우에는 개발부담금을 감면받지 못한다.
② 영 제6조제2항에 따른 감면기관이 당초의 사업시행자라 하더라도 위임·위탁 또는 허가등을 통해 실질적으로 사업시행을 제3자가 하는 경우에는 그 제3자를 사업시행자로 보아 개발부담금을 부과한다. 다만, 해당 사업으로 인한 개발이익이 제3자에게 귀속되지 않는 것으로 관계서류 등에 의하여 명백하게 입증되는 경우에는 개발부담금을 부과하지 아니한다.

제3장 개발부담금 산정방법

제1절 부과기준시점의 지가

제9조(지가의 산정) ① 종료시점지가는 다음 각 호의 기준에 따라 산정한다.

1. 매입가격으로 개시시점지가를 산정한 경우(사업토지 중 일부를 매입가격으로 산정한 경우를 포함한다) 또는 개시시점지가 산정할 때 부과대상토지의 개별공시지가가 없는 경우에는 2인의 감정평가업자가 감정평가한 가액을 산술평균하여 산정한다.
2. 매입가격으로 개시시점지가를 산정한 경우(사업토지중 일부를 매입가격으로 산정한 경우를 포함한다)로서 영 제11조제1항에 의하여 분양가가 결정된 경우에 분양가를 종료시점 지가로 산정하는 경우에는 제1호의 규정에 불구하고 그 분양가에서 영 제11조제3항에 따른 금액을 뺀 가액으로 한다.
3. 제1호 및 제2호외의 경우에는 부과대상토지와 이용상황이 가장 유사한 표준지의 공시지

개발부담금 부과·징수 업무처리규정
[시행 2022.7.15.] [국토교통부훈령 제1539호, 2022.7.15., 일부개정]

가에 「부동산 가격공시 및 감정평가에 관한 법률」에 따른 비교표에 의하여 산정한 가액에 1월 1일부터 부과종료시점까지의 정상지가상승분을 합한 가액으로 한다.

② 삭 제 <2007.1.31.>

③ 영 제11조제1항에 따라 종료시점지가를 산정하는 경우로서 사업토지 안의 상업용 토지 등 그 처분가격에 대하여 국가나 지방자치단체의 인가등이 없는 토지의 가액은 제1항제1호 또는 제3호의 규정에 의하여 산정한다.

④ 삭 제 <2003.5.7.>

⑤ 개발부담금 산정시점이 5월 31일 이전인 경우의 지가는 당해 연도 1월 1일 현재의 지가가 확정된 후에, 이를 산정 할 수 있다. 이 경우 그 내용을 납부의무자에게 통보하여야 한다. <신설 2000.8.25.>

제9조의2(부과종료시점의 적용) 세종특별자치시장, 제주특별자치도지사, 시장·군수·구청장(다만, 자치시·군·구가 아닌 경우에는 제외한다. 이하 "부과징수권자"라 한다.)은 관계법령에 준공일이 정하여져 있지 않아 영 제9조 제3항에 따라 부과징수권자가 현지확인하여 납부의무자에게 개발사업이 완료된 날로 통지한 날 등을 부과종료시점으로 하거나 영 제10조 제1항 내지 제3항에 따라 준공전 부과종료시점이 인정되는 경우에는 지체없이 법 제14조 제1항에 따라 개발부담금을 결정·부과하여야 한다.<신설 2007.1.31.><개정 2012.8.20.>

제10조(부분준공된 토지 등에 대한 부담금 부과대상 면적 산정) ① 관계법령에 의하여 부분준공된 토지의 경우에는 관계서류상 부분준공된 면적으로 한다.

② 개발사업의 목적용도로 사용을 개시한 경우에는 사용면적으로 하되, 그 사용면적을 서류등으로 알 수 없을 때에는 건축허가 또는 사업승인 받은 건축물 또는 구축물의 바닥면적에 시행규칙 제5조에 따른 배율을 곱한 면적으로 한다. 이 경우 대상토지는 건축물의 착공 또는 실제 사용개시시점에서 목적용도로 사용할 수 있도록 완전히 조성된 상태이어야 하며, 허가관청의 사용승인이 필요한 경우에는 그 사용승인을 받은 토지를 기준으로 한다. <개정 2016.7.20.>

③ 타인에게 분양등 처분한 경우에는 처분면적으로 하되, 처분한 토지가 사실상 개발이 완료된 상태이어야 한다.

제2절 개발비용

제11조(개발비용의 인정) ① 개발비용은 해당 개발사업의 시행과 관련하여 지출한 비용으로서 토지의 가치상승을 가져온 비용을 말하고 건축물과 관련하여 지출한 비용은 포함하지 아니한다. 다만, 기부채납하는 공공시설이 건축물인 경우에는 개발비용에 포함할 수 있다.

② 개발비용은 부과대상토지의 개발에 지출한 비용을 말한다. 다만, 다음 각 호의 경우에는 부과대상토지 밖에서 해당 개발사업의 시행과 관련하여 지출한 비용도 포함할 수 있다.

개발부담금 부과·징수 업무처리규정
[시행 2022.7.15.] [국토교통부훈령 제1539호, 2022.7.15., 일부개정]

1. 진입로 개설로 인하여 부과대상토지의 가치가 상승한 경우
2. 관계 법령이나 해당 개발사업 인가 등의 조건에 따라 국가 또는 지방자치단체에 토지 또는 공공시설 등을 기부채납 등을 한 경우
3. 개발부담금 결정·부과 이후 지출한 다음 각 목의 비용

가. 「학교용지 확보 등에 관한 특례법」에 따른 학교용지부담금을 납부한 경우

나. 영 제12조제1항제5호에 따른 기부채납액을 납부한 경우

③ 개발비용은 부과개시시점부터 부과종료시점까지 지출한 비용을 말한다. 다만, 다음 각 호의 어느 하나에 해당하는 경우에는 위 기간 외에 지출한 경우에도 포함할 수 있다.

1. 부과개시시점 이전에 지출한 다음 각 목의 비용

가. 해당 개발사업의 시행을 위해 지출한 영 제12조제1항제2호 및 제3호에 해당하는 조사비 및 설계비

나. 해당 개발사업의 인가 등을 받은 날을 기준으로 그 이전 3년 이내에 부과대상토지를 개량하기 위하여 지출한 비용으로서 개시시점지가에 반영되지 아니한 비용

2. 부과종료시점 이후에 지출한 다음 각 목의 비용

가. 부과종료시점 이후 개발부담금을 부과하기 전에 부과되는 지목변경으로 인한 취득세, 학교용지부담금, 양도소득세 또는 법인세 등의 납부액

나. 해당 개발사업의 인가 등의 조건에 의하여 준공인가 등을 받은 날까지 지출할 것이 확정된 비용

다. 대규모 사업의 일부가 준공되어 법 제9조제3항제1호에 따른 부분준공일을 부과종료시점으로 하여 개발비용을 산정하는 경우에는 해당 개발사업 전체에 대하여 준공인가 등을 받은 날까지 지출할 것이 확정된 비용

④ 개발사업의 시행과 관련하여 지출된 비용인 경우에도 다음 각 호의 어느 하나에 해당되는 금액은 법 제11조에 따른 개발비용에 포함되지 않는다.

1. 개발사업 시행과정에서 발생하는 민원보상비
2. 산업단지 조성사업 시행시 폐수처리장 시설물 설치비용
3. 사업지구 밖에서 철거되는 건축물이전비(건축물이 개발사업구역 경계에 걸친 경우 또는 제2항 각 호 외의 부분 단서에 따라 개발비용으로 인정되는 경우에는 개발비용에 포함한다)<개정 2016.7.20.>
4. 아파트 공사시 건축물에 부수하여 설치하는 단지 내 전기·도로·상하수도·가스공급시설·주차장·조경·담장·포장비<개정 2016.7.20.>
5. 토지 매입비 또는 공사비 등 개발사업 시행에 소요되는 비용의 조달을 위하여 금융기관 등에 지급한 이자 등의 자본비용

제11조의2(순공사비의 산정) ① 영 제12조제1항제1호의 순공사비의 공종은 다음 각 호와 같다.

1. 토공사
2. 구조물공사

개발부담금 부과·징수 업무처리규정
[시행 2022.7.15.] [국토교통부훈령 제1539호, 2022.7.15., 일부개정]

3. 배수공사
4. 포장공사
5. 연약지반공사
6. 조경공사
7. 진입로 개설공사
8. 철거공사 및 폐기물처리공사
9. 「토양환경보전법」에 따라 시행하는 오염토양 정화 공사
10. 그 밖의 공사

② 토공사

1. 토공사는 부지조성을 위한 부지정지, 지반의 틈처리, 구덩이파기, 되메우기, 흙쌓기, 땅고르기, 잔토처분 등의 공사를 의미한다. 다만, 지하층 터파기 등 건축물의 시공을 위한 토공사는 포함하지 아니한다.
2. 암 절취 공사비는 납부의무자가 제시한 설계서, 지질조사보고서 등 사실 확인이 가능한 자료에 근거하여 산정한다.
3. 토사 운반공사비는 설계서 등의 종·횡단면도에 반입토(부족토) 또는 반출토(잔토)가 발생한 것이 확인되는 경우로서 토사운반공사의 계약을 체결하여 계약금액대로 지급한 것이 세금계산서(간이과세자의 경우에는 세무서장에게 제출한 자료)에 의하여 객관적으로 확인되는 경우를 근거하여 산정한다. 다만, 세금계산서가 없는 경우에는 담당공무원이 현지 조사하여 실제 토사 반·출입 여부를 확인하고, 토사 반·출입 토지 소유자의 확인을 근거로 산정할 수 있다.

③ 구조물공사

1. 구조물공사는 부지조성 및 토사의 유출방지 목적으로 시공하는 옹벽, 석축 등의 공사를 말한다.
2. 옹벽구조물의 지하매설 깊이는 납부의무자가 제시한 지하매설 깊이가 객관적으로 확인되는 경우 등에는 실제 지하매설 깊이를 근거하여 산정한다. 다만, 납부의무자가 제시한 지하매설 깊이가 객관적으로 확인할 수 없는 경우에는 국토교통부장관이 간행한 "도로옹벽 표준도"를 기준으로 산정할 수 있다.
3. 건축물 지하층 시공을 위한 흙막이 가시설은 포함하지 아니한다.
4. 건축벽체와 일체화된 구조물은 포함하지 아니한다.

④ 연약지반공사

1. 불량한 지반의 전체 또는 일부를 양호한 지반으로 개량하거나, 지반의 밀도를 증대 또는 지반을 단단하게 굳어지게 하여 공사 목적에 맞는 양호한 지반으로 개량하는 지반처리공법(치환, 압밀, 다짐, 주입)을 말한다.
2. 연약지반공사의 경우 지질조사보고서 등 사실 확인이 가능한 자료에 근거하여 산정한다.
3. 아파트 등 건축물의 기초를 보강하기 위하여 시공하는 파일공사는 포함하지 아니한다.

개발부담금 부과·징수 업무처리규정
[시행 2022.7.15.] [국토교통부훈령 제1539호, 2022.7.15., 일부개정]

<개정 2016.7.20.>

⑤ 조경공사

조경공사는 부지조성공사에 필수적으로 수반하는 다음 각 목의 어느 하나에 해당하는 경우에는 개발비용에 포함한다. 다만, 조경을 위한 고가의 수목식재는 제외한다.

가. 토사의 유출방지 목적으로 설치하는 잔디·수목식재공사

나. 관계 법령 또는 해당 개발사업 인가 등의 조건에 따라 의무적으로 설치하여야 하는 차폐 목적 수목식재공사

⑥ 진입로 개설공사

1. 진입로 개설로 인하여 부과대상토지의 가치가 상승한 경우 그 개설비용은 개발비용에 포함한다.
2. 도로점용료, 하천점용료 등은 포함하지 아니한다.

⑦ 재료비, 노무비, 경비의 수량과 단가를 산출하는 경우에는 실제 공사를 시공한 시점으로부터 가장 최근에 고시·공표 등을 한 정부표준품셈과 단가를 적용하여야 한다.

제11조의3(조사비의 산정) 영 제12조제1항제2호의 조사비는 다음 각 목의 기준에 의하여 산정한다.

1. 측량비: 「공간정보의 구축 및 관리 등에 관한 법률 시행령」 제48조의 규정에 의한 측량대가의 기준 또는 「공간정보의 구축 및 관리 등에 관한 법률 시행규칙」 제116조제2항에 따른 지적측량수수료 산정기준 등에 관한 규정<개정 2016. 7. 20.>
2. 환경영향평가 대행비용: 「환경영향평가법」 제53조에 따른 환경영향평가 등의 대행비용 산정기준
3. 교통영향분석·개선대책수립 대행비용: 「도시교통정비 촉진법」 제32조에 따른 교통영향분석·개선대책수립 대행비용 산정기준
4. 방재안전대책수립 업무 대행비용: 「자연재해대책법」 제38조의2에 따른 방재안전대책수립 업무 대행비용의 산정기준
5. 매장문화재 조사용역비: 「매장문화재 보호 및 조사에 관한 법률」 제27조에 따른 매장문화재 조사용역 대가의 기준
6. 그 밖의 조사비: 「엔지니어링산업 진흥법」 제31조에 따른 엔지니어링사업대가의 기준

제11조의4(설계비의 산정) 영 제12조제1항제3호의 설계비는 기본설계, 실시설계 및 공사감리 비용의 합계액으로 산정하며, 기본설계 및 실시설계는 「엔지니어링산업 진흥법」 제31조에 따른 엔지니어링사업대가의 기준에 따라 산정하고, 공사감리는 「건설기술 진흥법」 제37조에 따른 건설사업관리 대가기준에 따라 산정한다. 다만, 공사감리의 경우 「건설기술 진흥법」 제39조에 따라 의무적으로 건설사업관리를 수행한 경우로 한정한다.

제11조의5(일반관리비의 산정) ① 일반관리비는 영 제12조제1항에 따라 산정한 순공사비, 조사비, 설계비, 토지의 개량비에 속하지 아니하는 비용중 「예정가격작성기준」(기획재정부

개발부담금 부과·징수 업무처리규정
[시행 2022.7.15.] [국토교통부훈령 제1539호, 2022.7.15., 일부개정]

계약예규) 제12조에 열거된 임원급료, 사무실직원의 급료 등의 비용으로서 동 규정을 준용하여 산정한다.

② 제1항에 따라 산정한 일반관리비는 영 제12조제1항에 따라 산정한 순공사비(재료비, 노무비, 경비)에 다음 각 호의 금액 규모에 따른 비율을 곱하여 산정한 금액을 초과할 수 없다.

1. 50억원 미만 : 6.0%
2. 50억원 이상 300억원 미만 : 5.5%
3. 300억원 이상 : 5.0%

제11조의6(기부채납액의 산정) ① 영 제12조제1항제5호의 기부채납액은 관계 법령이나 해당 개발사업의 인가 등의 조건에 따라 국가 또는 지방자치단체에 기부하는 토지 또는 공공시설 등의 가액에는 도로, 주차장, 공원, 하천, 운동시설, 학교, 도서관 등 공공시설의 설치비용을 포함한다.

② 영 제12조제1항제5호나목의 공공시설 등의 가액은 토지의 가액에 제11조의2부터 제11조의5까지, 제11조의7부터 제11조의11까지의 규정을 준용하여 산정한 금액을 합한다.

제11조의7(부담금 납부액의 산정) ①「부담금관리기본법」별표의 부담금 중 당해 토지개발사업의 시행과 관련하여 지출된 다음 각호의 어느 하나에 해당하는 부담금은 법 제11조에 따른 개발비용에 포함된다. <2022.7.15.>

1. 제80호의 학교용지부담금(학교용지 확보 등에 관한 특례법 제5조)
2. 제72호의 지방자치단체 공공시설의 수익자 분담금(지방자치법 제138조)
3. 제23호의 농지보전부담금(농지법 제38조)
4. 제76호의 대체초지조성비(초지법 제23조)
5. 제43호의 수도 원인자부담금(수도법 제71조)
6. 제62호의 생태계보전부담금(자연환경보전법 제46조)
7. 제79호의 하수도 원인자부담금(하수도법 제61조)
8. 제2호의 개발제한구역 보전부담금(개발제한구역의 지정 및 관리에 관한 특별조치법 제21조)
9. 제26호의 광역교통시설부담금(대도시권 광역교통관리에 관한 특별법 제11조)
10. 제28호의 도로 원인자부담금(도로법 제91조)
11. 제29호의 도시개발구역 밖의 도시기반시설의 설치비용부담금 및 추가 설치비용부담금(도시개발법 제58조)
12. 제39호중 대체산림자원조성비(산지관리법 제19조)
13. 제87호의 해양생태계보전협력금(해양생태계의 보전 및 관리에 관한 법률 제49조)
14. 제14호의 기반시설 설치비용 부과금(국토의 계획 및 이용에 관한 법률 제68조)

② 영 제12조제1항제6호의 부담금 납부액은 관계 법령이나 해당 개발사업의 인가 등의 조건에 따라 국가 또는 지방자치단체에 납부한 도로, 주차장, 공원, 하천, 운동시설, 학교, 도서관 등 공공시설의 설치비용을 포함한다.

개발부담금 부과·징수 업무처리규정
[시행 2022.7.15.] [국토교통부훈령 제1539호, 2022.7.15., 일부개정]

제11조의8(토지의 개량비의 산정) 영 제12조제1항제7호의 토지의 개량비는 제11조의2부터 제11조의7까지, 제11조의9부터 제11조의11까지의 규정을 준용하여 산정한 금액을 합한다.

제11조의9(제세공과금의 산정) 영 제12조제1항제8호의 제세공과금에는 「부가가치세법 시행령」 제80조제1호 및 제2호(토지 및 건축물의 취득과 관련된 매입세액은 제외한다)에 의한 토지에 관련된 매입세액을 포함한다.

제11조의10(보상비의 산정) ① 영 제12조제1항제9호의 보상비는 다음 각 호의 어느 하나에 해당하는 경우에 포함한다.

1. 공작물, 입목 및 그 밖에 토지에 정착한 물건의 이전에 소요되는 비용
2. 분묘 이장(移葬)에 소요되는 비용
3. 영업을 폐지하거나 휴업함에 따른 영업손실은 영업이익과 시설의 이전에 소요되는 비용
4. 주거이전비 또는 이주대책비

② 제1항에 따른 공작물 등에 대한 보상비는 다음 각 호의 어느 하나에 해당하는 경우에 한하여 인정한다.

1. 납부의무자가 국가 또는 지방자치단체에게 보상비를 지급한 경우
2. 납부의무자가 지방자치단체 또는 법 제7조제2항제2호에 따른 공공기관인 경우로서 보상비를 지급한 경우
3. 납부의무자가 경매 또는 입찰에 의하여 보상비를 지급한 경우
4. 납부의무자가 「공익사업을 위한 토지 등의 취득 및 보상에 관한 법률」에 따른 협의 또는 수용에 의하여 보상비를 지급한 경우
5. 납부의무자가 보상대상이 존재한 사실과 보상비 지급을 객관적으로 입증하는 경우로서 보상계약이 체결되고 그 계약에서 약정한 대로 보상비가 지급된 사실이 확인되는 경우

③ 제2항제5호의 경우 보상대상이 존재한 사실과 보상비 지급 사실이 확인은 되나 그 보상금액의 적정함이 객관적으로 입증되지 아니한 경우로서 납부의무자가 원하는 경우에는 국토교통부장관이 지정하는 감정평가업자(「감정평가 및 감정평가사에 관한 법률」 제2조제4호에 따른 감정평가업자를 말한다)가 「공익사업을 위한 토지 등의 취득 및 보상에 관한 법률」에서 정하는 평가방법에 따라 평가한 금액을 보상비로 할 수 있다. 이 경우 감정평가 수수료는 납부의무자의 부담으로 한다.

제11조의11(양도소득세 등의 산정) ① 법 제12조에 따라 개발비용으로 계상되는 양도소득세 또는 법인세의 세액 범위는 다음 각 호에 따라 산정한다.

1. 부과개시시점 이전 취득한 토지를 부과종료시점 이전에 양도한 경우에는 부과개시시점부터 양도시까지에 상당하는 세액

$$\text{양도소득세(또는 법인세)} \times \frac{\text{부과기간(부과개시점 − 양도일)}}{\text{토지보우기간(취득일 − 양도일)}}$$

개발부담금 부과·징수 업무처리규정
[시행 2022.7.15.] [국토교통부훈령 제1539호, 2022.7.15., 일부개정]

2. 부과개시시점 이전 취득한 토지를 부과종료시점 이후에 양도한 경우에는 부과개시시점부터 부과종료시점까지에 상당하는 세액

$$\text{양도소득세(또는 법인세)} \times \frac{\text{부과기간(부과개시점} - \text{부과종료시점)}}{\text{토지보우기간(취득일} - \text{양도일)}}$$

3. 부과개시시점 이후 취득한 토지를 부과종료시점 이후에 토지를 양도한 경우에는 취득일로부터 부과종료시점까지에 상당한 세액

$$\text{양도소득세(또는 법인세)} \times \frac{\text{부과기간(취득일} - \text{부과종료시점)}}{\text{토지보유기간(취득일} - \text{양도일)}}$$

4. 부과개시시점 이후 취득한 토지를 부과종료시점 이전에 토지를 양도한 경우에는 전체 세액

② 개발부담금 부과고지 후 토지를 양도하여 발생한 양도소득세 또는 법인세는 포함하지 아니한다.

③ 양도소득세 또는 법인세를 납부기한까지 납부하지 아니함으로 인하여 발생되는 가산세, 가산금, 체납처분비 등은 포함하지 아니한다.

제11조의12(표준비용을 적용할 수 없는 사업) ① 법 제11조제2항 본문 괄호안의 "토지개발비용의 지출 없이 용도변경 등으로 완료되는 개발사업"은 다음 각 호의 경우를 말한다.

1. 영 별표1 제7호의 근거법률 및 사업명란의 「건축법」 제19조에 따른 용도변경을 하는 경우
2. 농지전용 허가(신고), 산지전용 허가(신고), 초지전용 허가(신고) 등을 통하여 토지의 형질변경이 수반되지 않는 공부상의 지목변경

② 영 제12조제6항에 의한 2천700제곱미터 이상의 개발사업 인가등을 받은 후 토지분할 및 변경으로 인하여 2천700제곱미터 미만의 사업으로 준공인가를 받은 사업

제11조의13(감정평가수수료 비용부담) 영 제12조제1항제9호 나목 또는 영 제22조제5항에 따라 토지 또는 건축물의 가액을 감정평가하는 경우 해당 감정평가수수료는 납부의무자의 부담으로 한다. <개정 2016.7.20.>

제12조 삭제 <2014.7.15.>

제13조(개발비용의 산정·확인 의뢰시 유의사항) ① 부과징수권자는 영 제12조제5항에 따라 개발비용의 산정·확인을 의뢰하고자 할 경우에는 규칙 제10조의2에 따른 개발비용산정기관의 적격여부를 판단하기 위한 다음 각 호의 서류를 징구하여야 한다. 이 경우 부과징수권자는 「전자정부법」 제36조제1항에 따른 행정정보의 공동이용을 통해 법인등기사항증명서(법인인 경우만 해당한다)를 확인해야 한다. <개정 2012.8.20., 2022.7.15.>

1. 정관 또는 학칙 1부

개발부담금 부과·징수 업무처리규정
[시행 2022.7.15.] [국토교통부훈령 제1539호, 2022.7.15., 일부개정]

2. 삭제 < 2022.7.15.>
3. 영 제12조제4항제2호에서 정하는 기관임을 증명할 수 있는 설립허가서 1부
4. 규칙 제10조의2제2호의 요건충족을 증명할 수 있는 경력·학위·자격증명서, 이력서, 재직증명서 및 갑종근로소득세증명서 1부 <개정 2014.12.29.>
5. 규칙 제10조의2제3호를 증명할 수 있는 최근년도 재무제표 등 1부
6. 개발비용산정 실적자료 1부(신설법인의 경우에는 고용된 인력의 실적자료를 제시할 수 있다)
7. 개발비용산정을 위한 시설의 소유 또는 임차증명서 1부
8. 개발비용산정기관으로서 공신력과 책임있는 업무수행을 확약하는 각서 1부
9. 기타 국토교통부장관이 필요하다고 인정하는 서류 또는 보고서 <개정 2013.7.5>

② 부과징수권자는 산정기관을 대표하는 자와 개발비용산정·확인에 관한 계약을 체결할 경우에는 다음 각호의 사항을 계약의 내용에 포함하여야 한다. <개정 2012.8.20.>

1. 개발비용산정·확인에 오류가 있는 경우 그 책임에 관한 사항
2. 계약의 해제 또는 해지에 관한 사항
3. 개발비용산정·확인에 대한 수수료에 관한 사항
4. 기타 개발비용산정기관 대표자 및 전문자격있는 자의 서명날인등 개발비용산정·확인 의뢰에 필요한 사항

③ 부과징수권자는 제1항에 불구하고, 규칙 제10조의2의 개발비용산정기관의 요건을 충족한 회사나 기관들이 협의체를 구성하여 「민법」 제32조에 따라 비영리법인으로 국토교통부장관에게 설립허가를 신청하여 개발비용산정기관 및 개발비용검토기관(규칙 제10조의2제2호나목 단서 및 같은 조제3호 단서의 요건을 충족한 개발비용산정기관을 말한다. 이하 같다)의 자격을 확인할 수 있는 협의체로 인정받아 설립허가를 받은 경우, 동 법인의 대표자가 개발비용산정기관 및 개발비용검토기관의 요건을 충족한 것으로 확인한 회사나 기관에 대하여는 별도의 서류징구·검토를 거치지 않고 개발비용의 산정·확인을 의뢰할 수 있다. <개정 2012.8.20., 2013.7.5.>

제14조(개발비용산정기관의 책임 확보) ① 부과징수권자는 개발비용산정기관이 영 제12조제4항제2호에 따라 개발비용을 확인하거나 동조 제5항에 따라 부과징수권자에게 별지 제8호 서식에 따른 개발비용 검토보고서를 제출하는 경우 해당 기관의 대표자를 포함하여 용역업무를 수행한 자 4인 이상이 서명날인하고 생년월일를 기재하여 제출하도록 하여야 한다. <개정 2012.8.20., 2014.12.29.>

② 부과징수권자는 제1항의 각 개발비용을 한국토지정보시스템(KLIS)에 입력하는 경우 산정기관명과 서명날인한 자의 성명, 생년월일을 함께 기재하여야 한다. <개정 2012.8.20.>

③ 부과징수권자는 제1항의 각 개발비용과 최종 확정된 개발비용에 대해서 영 제12조제1항 각 호의 항목별로 기록을 관리하여야 하며, 제1항의 각 개발비용이 최종 확정된 개발비용

개발부담금 부과·징수 업무처리규정
[시행 2022.7.15.] [국토교통부훈령 제1539호, 2022.7.15., 일부개정]

보다 초과된 경우는 해당 산정기관, 서명날인한 자 및 초과된 내역에 대한 기록을 관리하여야 한다.

④ 부과징수권자는 국토교통부장관의 요청이 있는 경우 제3항에 따라 관리하고 있는 자료를 국토교통부장관에게 제출하여야 한다. <개정 2012.8.20., 2013.7.5.>

제14조의2 삭제 <2014.12.29.>

제15조 삭제 <2000.8.25.>

제3절 정상지가상승분

제16조 삭제 <1997.9.30.>

제17조(정상지가상승분 계산방법) ① 정상지가상승분은 부과기간 중 각 연도의 정상지가상승분을 합하여 산정하며, 부과기간 중 제2차년도 이후의 각 연도의 1월 1일 현재의 지가는 부과개시시점 또는 전년도 1월 1일 현재의 지가에 전년도 부과기간 중의 정상지가상승분을 합한 금액으로 한다.

② 부과기간이 1년 이내인 경우나 연도중에 부과개시시점 또는 부과종료시점이 속한 경우 해당 연도 내에 속하는 부과기간 동안의 정상지가상승분은 월별 정상지가상승분을 누적합(월별 지가변동률 또는 정기예금이자율을 복리로 계산)하여 계산한다. <신설 2007.1.31.>

제4장 부과 · 징수

제18조 ① 삭제 <2014.7.15.>

② 삭제 <2014.7.15.>

③ 부과징수권자가 물납을 허가한 경우 국가로 소유권이 이전되는 토지 또는 건축물에 대하여 허가 후 30일 이내에 물납허가서사본, 등기부사항증명서, 등기필증, 토지대장, 건축물대장, 지적도, 토지이용계획확인원, 지장물존부에 대한 담당자의 확인서등 서류를 첨부하여 국토교통부장관에게 보고하여야 한다.<개정 2012.8.20., 2013.7.5., 2013.12.9., 2016.7.20.>

제18조의2(대상사업의 통보) 개발부담금의 부과대상사업에 관하여 인가등을 한 부서의 장은 법 제25조에 따라 그 사실을 개발부담금 부과·징수업무 담당부서의 장에게 통보하여야 한다. <신설 2007.1.31.>

제18조의3(징수수수료의 우선 사용) 영 제3조제6항에 의한 징수수수료는 여비, 감정평가 및 종료시점지가 검증에 따른 수수료, 개발비용산정 확인 용역비, 변호사 수임료 등 개발부담금 부과·징수 업무 추진에 우선적으로 사용한다. <신설 2008.8.26.>

제18조의4(개발부담금 채권관리 강화) 부과징수권자는 개발부담금 장기체납현황을 파악하여 미납자에 대하여서는 법 제17조제2항제2호에 따른 납부독촉장을 매년 1회 이상 발부하여야 한다. <신설 2013.12.9.>

개발부담금 부과·징수 업무처리규정

[시행 2022.7.15.] [국토교통부훈령 제1539호, 2022.7.15., 일부개정]

제19조(부과·징수 실적 등의 보고) 부과징수권자는 영 제3조제5항에 따른 부담금의 부과·징수 실적 및 납입·물납실적을 분기별로 규칙 제2조의2 별지 제1호 서식에 따라 다음분기 첫째달 10일까지 작성하여 국토교통부장관에게 제출하여야 한다. <개정 2012.8.20., 2013.7.5.>

제20조(개발부담금 예정통지) 부과징수권자는 영 제25조의2제1항에서 정한기일이 25일 이상 경과한 후에도 개발비용산출명세서를 제출하지 아니하는 경우에는 개발비용이 발생하지 않은 것으로 보아 개발부담금 예정통지를 할 수 있다. <개정 2014.12.29.>

제20조의2 삭제 <2016.7.20.>

제5장 결손처분

제1절 개발부담금체납정리위원회

제21조(설치) 법 제23조에 따라 결손처분을 심의하기 위하여 세종특별자치시, 제주특별자치도, 관할 시·군 및 자치구에 개발부담금체납정리위원회(이하 "위원회"라 한다)를 둔다. <개정 2012.8.20.>

제22조(구성) ① 위원회는 위원장 1인을 포함하여 위원 5인 이상 7인 이내로 구성하되, 그 구성원은 부과징수권자가 다음 각호와 같이 임명 또는 위촉한다. <개정 2012.8.20.>

1. 위원장은 해당 지방자치단체의 부단체장 직위에 있는 자중에서 임명한다. 다만, 세종특별자치시 및 제주특별자치도인 경우 실·국장 직위에 있는 자중에서 임명할 수 있다. <개정 2013.12.9., 2016.7.20.>
2. 위원은 개발이익환수제도·재정세무회계·개발부담금 부과대상이 되는 개발사업 인·허가 담당부서의 공무원으로 임명하거나, 토지공법이나 세법 분야에 전문적인 지식과 경험이 있는 민간전문가중에서 위촉한다.

② 위원회의 회무를 보조하기 위하여 간사 1인을 두며 간사는 개발부담금 업무를 담당하는 사무관 또는 주무관이 된다. <개정 2012.8.20.>

제23조(위원장의 권한) ① 위원장은 당해 위원회를 대표하며 회무를 통리한다.

② 위원장이 사고가 있을 때에는 위원장이 지명하는 위원이 그 직무를 대행한다.

제24조(기능) 위원회는 세종특별자치시, 제주특별자치도, 관할 시·군 및 자치구에서 발생한 개발부담금 체납액의 정리에 관한 사항을 심의하되 다음 각호의 1에 해당하는 경우에는 반드시 위원회의 심의를 거쳐야 한다. <개정 2012.8.20.>

1. 체납처분을 중지하고자 할 때
2. 결손처분을 하고자 할 때

제25조(회의 등) ① 위원장은 위원회의 회의를 소집하고 그 의장이 된다.

개발부담금 부과·징수 업무처리규정
[시행 2022.7.15.] [국토교통부훈령 제1539호, 2022.7.15., 일부개정]

② 위원장은 회의일정과 의안을 미리 각 위원에게 통지하여야 한다.
③ 회의는 재적위원 과반수의 출석과 출석위원 과반수의 찬성으로 의결한다.
④ 위원장은 회의록을 작성, 비치하여야 한다.

제26조(의견청취 등) ① 위원회는 의안에 대하여 필요하다고 인정할 경우에는 체납자 또는 이해관계인의 의견을 들을 수 있다.
② 위원회의 위원은 자기 또는 친족이 관계되어 있는 체납액에 관한 의안의 심의에는 관여하지 못한다.

제27조(실비지급) 소속공무원이 아닌 위원이 위원회에 참석한 때에는 예산이 정하는 범위내에서 실비를 지급할 수 있다.

제28조(위원회 구성원의 해임·해촉) 부과징수권자는 위원회의 구성원에게 다음 각 호의 어느 하나에 해당하는 사유가 있을 때에는 그를 해임 또는 해촉할 수 있다. <개정 2012.8.20.>
1. 관할구역 내에 거주하지 아니하게 된 때
2. 위촉당시의 직위, 자격·신분 등을 상실하였을 때
3. 위원회 구성원으로서의 품위를 손상하였을 때
4. 기타 부과징수권자 또는 위원장이 필요하다고 인정할 때

제2절 결손처분 등

제29조(결손처분) ① 체납자에게 법 제23조제1항 각호의 어느 하나에 해당하는 사유가 있을 때에는 당해 체납액을 결손처분할 수 있다. 다만, 법 제23조제1항제3호 및 제4호의 경우에는 체납처분을 중지한 후 결손처분을 하여야 한다.
② 제1항의 결손처분은 다음 각호의 1의 방식으로 위원회의 심의를 거쳐 결손처분의 결의를 하여야 한다. 다만, 100만원 미만의 체납액 또는 법 제23조제1항제2호에 따른 결손처분에 대하여는 그러하지 아니한다.
1. 결손처분 심의안을 제출할 때는 위원회 심의안(별지 제1호 서식)을 작성한다.
2. 위원회 심의의결조서(별지 제2호 서식)에 표기하고 위원회의 서명날인을 받아 위원장이 간인한 의안가결 및 부결조서(별지 제3호 서식)를 첨부한다.
③ 제1항 단서에 따른 체납처분의 중지는 위원회의 심의를 거쳐야 하며, 1개월간 세종특별자치시, 제주특별자치도, 관할 시·군 및 자치구의 게시판 및 홈페이지에 공고하여야 한다. <개정 2012.8.20.>

제30조(결손처분시의 구비서류) ① 체납액을 결손처분하고자 할 때에는 다음 각호의 1의 서류를 구비하여야 한다.
1. 세입결손처분결의서(별지 제4호서식)
2. 결손처분표(별지 제5호서식)
3. 재산 및 거소조회서(별지 제6호서식)

개발부담금 부과·징수 업무처리규정

[시행 2022.7.15.] [국토교통부훈령 제1539호, 2022.7.15., 일부개정]

4. 우선채권조사서가 필요한 경우 그 조사서(별지 제7호서식)
5. 수색조서를 작성하는 경우 그 조서
6. 기타 관계서류

② 위원회의 심의대상이 아닌 100만원 미만의 체납액 또는 법 제23조제1항제2호에 따른 결손처분 하고자 하는 경우에는 다음 각호의 1의 서류를 구비하여야 한다. 다만, 체납된 부담금이 10만원 미만인 경우에는 제3, 4, 5호의 서류를 생략한다.

1. 세입결손처분결의서(별지 제4호서식)
2. 결손처분표(별지 제5호서식)
3. 재산 및 거소조회서(별지 제6호서식)
4. 수색조서를 작성하는 경우 그 조서
5. 기타 관계서류

③ 결손처분 결의는 제1항 또는 제2항의 구비서류에 제29조제2항제2호의 위원회심의의결조서에 의하여 매 분기말에 행한다.

제31조(결손처분의 취소 등) ① 결손처분된 자에 대하여는 소멸시효 만료기간까지 6월마다 계속 사후관리를 하여야 하며, 사후관리과정에서 결손처분된 자의 은닉재산이 발견되면 법 제23조제2항에 따라 결손처분을 취소하고 재산압류 등 체납처분을 속행하여야 한다.

② 결손처분은 정확과 신중을 기해야 하며 결손처분을 실시하였을 때는 다음 각호의 사항을 제19조에 따른 위임사항의 처리보고시 함께 보고하여야 한다.

1. 사업별, 연도별(분기별 포함) 결손처분 금액
2. 체납원인
3. 결손처분 사유

④ 개발부담금의 결손처분에 관하여 이 규정에서 정하지 아니한 재산조사 및 행방조사 등에 관한 사항에 대하여는 국세 결손처분의 예에 의하여 이를 처리한다.

제32조(재검토기한) 국토교통부장관은 「훈령·예규 등의 발령 및 관리에 관한 규정」에 따라 이 훈령에 대하여 2016년 7월 1일 기준으로 매3년이 되는 시점(매 3년째의 6월 30일까지를 말한다)마다 그 타당성을 검토하여 개선 등의 조치를 하여야 한다. <개정 2016.7.20.>

부칙 <제1539호, 2022.7.15.>

이 훈령은 공포한 날부터 시행한다.

■ 저자약력

세무사 이기재

- 이기재 세무회계사무소 대표
- 한국세무사회 운영위원회 위원
- 한국세무사회 고충조정위원장
- 서울지방세무사회 제도개선위원회 위원
- 서울시 위촉 <마을세무사>
- 역삼세무사회 운영위원
- 재단법인 한반도 평화재단 고문
- 재단법인 한마음 한몸 운동본부 감사
- 사단법인 100인의 여성 체육인 고문
- 한국 교원단체총연합회 고문
- 대한 테니스협회(KTA) 감사
- 대한건축사협회 고문
- GS건설 등 건설업 세무 실무 다수 강의

개발부담금 실무총론

2025년 10월 23일 초판 인쇄
2025년 11월 5일 초판 발행

지은이 / 이기재
펴낸이 / 김종상

창의력으로 선도하는 회사
펴낸곳 / (주)광교이택스

값 60,000 원

주 소 / 서울 은평구 증산로17길 43-1
전 화 / (02)749-8700 팩 스 / (02)749-8711
http : // www.etaxbook.com e-mail / etaxbook@naver.com
등 록 / 1993년 8월 23일 제313-1993-106호
ISBN 978-89-6477-167 9 93320